Ensina-me a fazer a tua vontade, pois tu és o meu Deus;
que o teu bondoso Espírito me conduza por terreno plano.

Salmo 143:10

LEGISLAÇÃO ELEITORAL BRASILEIRA

LEGISLAÇÃO ELEITORAL BRASILEIRA

MARCOS RAMAYANA

ANA LUIZA MORAES

Atualizada de acordo com a Emenda Constitucional nº 97, de 4 de outubro de 2017, e as Leis nºs 13.487/2017 e 13.488/2017, de 6 de outubro de 2017.
Legislação especialmente selecionada para CONCURSOS PÚBLICOS.

11ª edição, revista, ampliada e atualizada

Niterói, RJ
2018

© 2018, Editora Impetus Ltda.

Editora Impetus Ltda.
Rua Alexandre Moura, 51 – Gragoatá – Niterói – RJ
CEP: 24210-200 – Telefax: (21) 2621-7007

Conselho Editorial:
Ana Paula Caldeira • Benjamin Cesar de Azevedo Costa
Ed Luiz Ferrari • Eugênio Rosa de Araújo • Fábio Zambitte Ibrahim • Fernanda Pontes Pimentel
Izequias Estevam dos Santos • Marcelo Leonardo Tavares • Renato Monteiro de Aquino
Rogério Greco • Vitor Marcelo Aranha Afonso Rodrigues • William Douglas

Projeto Gráfico: Editora Impetus Ltda.
Editoração Eletrônica: SBNigri Artes e Textos Ltda.
Capa: Editora Impetus Ltda.
Revisão de Português: C&C Criações e Textos Ltda.
Impressão e encadernação: Editora e Gráfica Vozes Ltda

L526
    Legislação eleitoral brasileira / [organização:] Marcos Ramayana. – 11. ed., rev., e atual. – Niterói, RJ: Impetus, 2018.
    440 p.; 17 x 24 cm.

Inclui índice.
ISBN: 978-85-7626-954-0

1. Direito eleitoral - Brasil. I. Ramayana, Marcos

CDD: 342.8107

O autor é seu professor; respeite-o: não faça cópia ilegal.

TODOS OS DIREITOS RESERVADOS – É proibida a reprodução, salvo pequenos trechos, mencionando-se a fonte. A violação dos direitos autorais (Lei nº 9.610/98) é crime (art. 184 do Código Penal). Depósito legal na Biblioteca Nacional, conforme Decreto nº 1.825, de 20/12/1907.

A Editora Impetus informa que se responsabiliza pelos defeitos gráficos da obra. Quaisquer vícios do produto concernentes aos conceitos doutrinários, às concepções ideológicas, às referências, à originalidade e à atualização da obra são de total responsabilidade do autor/atualizador.

www.impetus.com.br

Os Autores

Marcos Ramayana é Procurador de Justiça no Estado do Rio de Janeiro.

O autor é professor de Direito Eleitoral, lecionando na Fundação Escola Superior do Ministério Público, na Escola de Direito do Ministério Público do Rio de Janeiro e na Escola da Magistratura do Estado do Rio de Janeiro.

Professor convidado da Fundação Getulio Vargas.

Destacam-se os livros: *Direito Eleitoral, Resumo de Direito Eleitoral* e *Direito Eleitoral – Questões Objetivas Comentadas e Questões Discursivas Resolvidas*.

O autor, em sua experiência profissional, já exerceu a função de Procurador do Estado de São Paulo, participou da Banca Examinadora do Concurso de Ingresso na Carreira do Ministério Público Estadual, atuou como Coordenador dos Promotores Eleitorais no Estado do Rio de Janeiro e auxiliou a Procuradoria Regional Eleitoral no Estado do Rio de Janeiro.

Site: <http://www.professorramayana.com>

Diversas aulas gravadas em vídeo explicativo.

Ana Luiza Moraes é Advogada.

Pós-Graduada em Direito Processual Civil pela Pontifícia Universidade Católica do Estado do Rio de Janeiro.

Apresentação

As principais leis eleitorais são: Lei nº 4.737, de 15 de julho de 1965, "Institui o Código Eleitoral"; Lei Complementar no 64, de 18 de maio de 1990, "Estabelece, de acordo com o art. 14, § 9º, da Constituição Federal, casos de inelegibilidade, prazos de cessação, e determina outras providências"; Lei nº 9.096, de 19 de setembro de 1995, "Dispõe sobre partidos políticos, regulamenta os arts. 17 e 14, § 3º, inciso V, da Constituição Federal"; Lei nº 9.504, de 30 de setembro de 1997, "Estabelece normas para as eleições"; Lei nº 6.091, de 15 de agosto de 1974, "Dispõe sobre o fornecimento gratuito de transporte, em dias de eleição, a eleitores residentes nas zonas rurais, e dá outras providências"; Lei nº 6.996, de 07 de junho de 1982, "Dispõe sobre a utilização de processamento eletrônico de dados nos serviços eleitorais e dá outras providências"; e a Lei nº 7.444, de 20 de dezembro de 1985, "Dispõe sobre a implantação do processamento eletrônico de dados no alistamento eleitoral e a revisão do eleitorado e dá outras providências".

O Código Eleitoral de 1965 deve ter sua leitura atualizada pela legislação superveniente acima referida, especialmente em razão do texto da Lei nº 9.504, de 30 de setembro de 1997, pois, sendo lei posterior, revogou expressa e tacitamente diversos artigos.

A Lei da Ficha Limpa (Lei Complementar nº 135/2010), Lei da Minirreforma Eleitoral de 2009 (Lei nº 12.034/2009), Lei da Minirreforma Eleitoral de 2013 (Lei nº 12.891/2013) e a Lei nº 12.875/2013 já constam da atualização.

Infere-se ainda nessa revisão, atualização e ampliação da legislação eleitoral alterações supervenientes pela Emenda Constitucional nº 97, de 4 de outubro de 2017 e Leis números 13.487 e 13.488, de 6 de outubro de 2017, bem como resoluções eleitorais selecionadas para as Eleições de 2018.

Salientamos nesta obra diversas leis correlatas à disciplina objetivada nos aspectos mais relevantes para a plena compreensão do direito especial eleitoral.

As leis eleitorais são complementadas por resoluções do Tribunal Superior Eleitoral, que se encontram destacadas na coletânea desta obra, mas não esgotadas em sua pesquisa, pois foram cuidadosamente selecionadas as mais importantes para a consulta diária dos intérpretes da legislação, especialmente dos candidatos aos concursos públicos, advogados, juízes e membros do Ministério Público.

Por fim, as leis e resoluções destacadas não possuem anotações ou comentários, o que permite a ampla consulta ao texto puro da legislação.

Diversas leis e resoluções eleitorais não estão inseridas com o texto integral, pois foram priorizados aspectos legislativos de maior incidência nas provas de concursos públicos e na abordagem sistemática da disciplina.

Os Autores.

Sumário

LEGISLAÇÃO ELEITORAL BRASILEIRA
Constituição da República Federativa do Brasil 3
Emenda Constitucional nº 91..18
Emenda Constitucional nº 97 18

CÓDIGO ELEITORAL
Lei nº 4.737, de 15 de julho de 1965 23

LEIS ORDINÁRIAS, LEIS COMPLEMENTARES, DECRETOS E DECRETOS-LEIS
Lei Complementar nº 35, de 14 de março de 1979*.. 71
    Dispõe sobre a Lei Orgânica da Magistratura Nacional.
Lei Complementar nº 64, de 18 de maio de 1990.. 72
    Estabelece, de acordo com o art. 14, § 9º, da Constituição Federal, casos de inelegibilidade, prazos de cessação, e determina outras providências.
Lei Complementar nº 75, de 20 de maio de 1993* 79
    Dispõe sobre a organização, as atribuições e o estatuto do Ministério Público da União.
Lei Complementar nº 78, de 30 de dezembro de 1993*..81
    Disciplina a fixação do número de Deputados, nos termos do art. 45, § 1º, da Constituição Federal.
Lei Complementar nº 80, de 12 de janeiro de 1994* 81
    Organiza a Defensoria Pública da União, do Distrito Federal e dos Territórios e prescreve normas gerais para sua organização nos Estados, e dá outras providências.
Lei Complementar nº 135, de 04 de junho de 2010 82
    Altera a Lei Complementar nº 64, de 18 de maio de 1990, que estabelece, de acordo com o § 9º do art. 14 da Constituição Federal, casos de inelegibilidade, prazos de cessação e determina outras providências, para incluir hipóteses de inelegibilidade que visam a proteger a probidade administrativa e a moralidade no exercício do mandato.
Lei nº 4.717, de 29 de junho de 1965* 84
    Regula a ação popular.
Lei nº 6.001, de 19 de dezembro de 1973... 84
    Dispõe sobre o Estatuto do Índio.
Lei nº 6.091, de 15 de agosto de 1974 85
    Dispõe sobre o fornecimento gratuito de transporte, em dias de eleição, a eleitores residentes nas zonas rurais, e dá outras providências.
Lei nº 6.236, de 18 de setembro de 1975 87
    Determina providências para cumprimento da obrigatoriedade do alistamento eleitoral.

Lei nº 6.815, de 19 de agosto de 1980* 87
    Define a situação jurídica do estrangeiro no Brasil, cria o Conselho Nacional de Imigração.

Lei nº 6.996, de 07 de junho de 1982* 88
    Dispõe sobre a utilização de processamento eletrônico de dados nos serviços eleitorais e dá outras providências.

Lei nº 6.999, de 07 de junho de 1982 89
    Dispõe sobre a requisição de servidores públicos pela Justiça Eleitoral e dá outras providências.

Lei nº 7.115, de 29 de agosto de 1983 90
    Dispõe sobre prova documental nos casos que indica e dá outras providências.

Lei nº 7.170, de 14 de dezembro de 1983 90
    Define os crimes contra a segurança nacional, a ordem política e social, estabelece seu processo e julgamento e dá outras providências.

Lei nº 7.444, de 20 de dezembro de 1985 91
    Dispõe sobre a implantação do processamento eletrônico de dados no alistamento eleitoral e a revisão do eleitorado e dá outras providências.

Lei nº 8.054, de 21 de junho de 1990 92
    Prorroga o prazo de vencimento do registro de partidos com representação parlamentar, federal ou estadual.

Lei nº 8.112, de 11 de dezembro de 1990* 92
    Dispõe sobre o Regime Jurídico dos Servidores Públicos Civis da União, das autarquias e das fundações públicas federais.

Lei nº 8.239, de 4 de outubro de 1991 92
    Regulamenta o art. 143, §§ 1º e 2º da Constituição Federal, que dispõem sobre a prestação de Serviço Alternativo ao Serviço Militar Obrigatório.

Lei nº 8.350, de 28 de dezembro de 1991 93
    Dispõe sobre gratificações e representações na Justiça Eleitoral.

Lei nº 8.429, de 2 de junho de 1992 93
    Dispõe sobre as sanções aplicáveis aos agentes públicos nos casos de enriquecimento ilícito no exercício de mandato, cargo, emprego ou função na administração pública direta, indireta ou fundacional e dá outras providências.

Lei nº 8.443, de 16 de julho de 1992* 97
    Dispõe sobre a Lei Orgânica do Tribunal de Contas da União e dá outras providências.

Lei nº 8.625, de 12 de fevereiro de 1993* 97
    Institui a Lei Orgânica Nacional do Ministério Público, dispõe sobre normas gerais para a organização do Ministério Público dos Estados e dá outras providências.

Lei nº 9.049, de 18 de maio de 1995 98
    Faculta o registro, nos documentos pessoais de identificação, das informações que especifica.

Lei nº 9.096, de 19 de setembro de 1995* 99
    Dispõe sobre partidos políticos, regulamenta os arts. 17 e 14, § 3º, inciso V, da Constituição Federal.

Lei nº 9.265, de 12 de fevereiro de 1996 107
    Regulamenta o inciso LXXVII do art. 5º da Constituição, dispondo sobre a gratuidade dos atos necessários ao exercício da cidadania.

Lei nº 9.504, de 30 de setembro de 1997 107
    Estabelece normas para as eleições.

Lei nº 9.709, de 18 de novembro de 1998 134
    Regulamenta a execução do disposto nos incisos I, II e III do art. 14 da Constituição Federal.

Lei nº 10.406, de 10 de janeiro de 2002 135
    Institui o Código Civil.

Lei nº 10.522, de 19 de julho de 2002 136
    Dispõe sobre o Cadastro Informativo dos créditos não quitados de órgãos e entidades federais e dá outras providências.

Lei nº 10.842, de 20 de fevereiro de 2004..136
    Cria e transforma cargos e funções nos Quadros de Pessoal dos Tribunais Regionais Eleitorais, destinados às Zonas Eleitorais.

Lei nº 11.300, de 10 de maio de 2006 137
    Dispõe sobre propaganda, financiamento e prestação de contas das despesas com campanhas eleitorais, alterando a Lei nº 9.504, de 30 de setembro de 1997.

Lei nº 12.016, de 7 de agosto de 2009 138
    Disciplina o mandado de segurança individual e coletivo e dá outras providências.

Lei nº 12.034, de 29 de setembro de 2009 141
    Altera as Leis nos 9.096, de 19 de setembro de 1995 – Lei dos Partidos Políticos, 9.504, de 30 de setembro de 1997, que estabelece normas para as eleições, e 4.737, de 15 de julho de 1965 – Código Eleitoral.

Lei nº 12.875, de 30 de outubro de 2013 149
    Altera as Leis nos 9.096, de 19 de setembro de 1995, e 9.504, de 30 de setembro de 1997, nos termos que especifica.

Lei nº 12.891, de 11 dezembro de 2013 150
    Altera as Leis nos 4.737, de 15 de julho de 1965, 9.096, de 19 de setembro de 1995, e 9.504, de 30 de setembro de 1997, para diminuir o custo das campanhas eleitorais, e revoga dispositivos das Leis nos 4.737, de 15 de julho de 1965, e 9.504, de 30 de setembro de 1997.

Lei nº 12.976, de 19 maio de 2014 154
    Altera o § 3º do art. 59 da Lei nº 9.504, de 30 de setembro de 1997, para estabelecer a ordem dos painéis na urna eletrônica.

Lei nº 13.105, de 16 de março de 2015..154
    Código de Processo Civil.

Lei nº 13.107, de 24 de março de 2015..155
    Altera as Leis nos 9.096, de 19 de setembro de 1995, e 9.504, de 30 de setembro de 1997, para dispor sobre fusão de partidos políticos.

Lei nº 13.146, de 6 de julho de 2015 155
    Institui a Lei Brasileira de Inclusão da Pessoa com Deficiência (Estatuto da Pessoa com Deficiência).

Lei nº 13.165, de 29 de setembro de 2015...157
    Altera as Leis nos 9.504, de 30 de setembro de 1997, 9.096, de 19 de setembro de 1995, e 4.737, de 15 de julho de 1965 – Código Eleitoral, para reduzir os custos das campanhas eleitorais, simplificar a administração dos Partidos Políticos e incentivar a participação feminina.

Lei nº 13.444, de 11 de maio de 2017 166
    Dispõe sobre a Identificação Civil Nacional (ICN).

Lei nº 13.487, de 6 de outubro de 2017...167
    Altera as Leis nos 9.504, de 30 de setembro de 1997, e 9.096, de 19 de setembro de 1995, para instituir o Fundo Especial de Financiamento de Campanha (FEFC) e extinguir a propaganda partidária no rádio e na televisão.

Lei nº 13.488, de 6 de outubro de 2017. 168
    Altera as Leis nºs 9.504, de 30 de setembro de 1997 (Lei das Eleições), 9.096, de 19 de setembro de 1995, e 4.737, de 15 de julho de 1965 (Código Eleitoral), e revoga dispositivos da Lei nº 13.165, de 29 de setembro de 2015 (Minirreforma Eleitoral de 2015), com o fim de promover reforma no ordenamento político-eleitoral.

DECRETOS

Decreto nº 4.199, de 16 de abril de 2002 172
    Dispõe sobre a prestação de informações institucionais relativas à Administração Pública Federal a partidos políticos, coligações e candidatos à Presidência da República até a data da divulgação oficial do resultado final das eleições.

Decreto nº 7.791, de 17 de agosto de 2012 172
    Regulamenta a compensação fiscal na apuração do Imposto sobre a Renda da Pessoa Jurídica – IRPJ pela divulgação gratuita da propaganda partidária e eleitoral, de plebiscitos e referendos.

Decreto-Lei nº 201, de 27 de fevereiro de 1967 173
    Dispõe sobre a responsabilidade dos Prefeitos e Vereadores, e dá outras providências.

Decreto-Lei nº 2.848, de 07 de dezembro de 1940 176
    Código Penal

Decreto-Lei nº 3.689, de 03 de outubro de 1941 176
    Código de Processo Penal

RESOLUÇÕES

Resolução-TSE nº 7.651/65 181
    Instruções fixando as atribuições dos corregedores da Justiça Eleitoral.

Resolução nº 9.195/1972 183
    Instruções sobre o Estatuto da Igualdade.

Resolução-TSE nº 19.481/96 183
    Instruções para o acesso gratuito ao rádio e à televisão pelos partidos políticos.

Resolução-TSE nº 19.994/97 185
    Estabelece normas para a criação e desmembramento de zonas eleitorais e dá outras providências.

Resolução-TSE nº 20.593/2000 186
    Administrativo. Regulamentação do art. 1º da Lei nº 8.350, de 28 de dezembro de 1991. Sessões dos tribunais eleitorais. Gratificação de presença dos seus membros. Limites de pagamento.

Resolução-TSE nº 20.843/2001 186
    Dispõe sobre o reembolso, aos oficiais de justiça, de despesas no cumprimento de mandados da Justiça Eleitoral.

Resolução-TSE nº 20.958/2001 186
    Instruções que regulam a investidura e o exercício dos membros dos tribunais eleitorais e o término dos respectivos mandatos.

Resolução-TSE nº 21.008/2002 187
    Dispõe sobre o voto dos eleitores portadores de deficiência.

Resolução-TSE nº 21.009/2002 188
    Estabelece normas relativas ao exercício da jurisdição eleitoral em primeiro grau.

Resolução-TSE nº 21.372/2003 188
    Estabelece rotina para realização de correições nas zonas eleitorais do país.

Resolução-TSE nº 21.477/2003 189
    Dispõe sobre a formação do agravo de instrumento contra decisão que não admitir o processamento do recurso especial.

Resolução-TSE nº 21.538/2003 190
    Dispõe sobre o alistamento e serviços eleitorais mediante processamento eletrônico de dados, a regularização de situação de eleitor, a administração e a manutenção do cadastro eleitoral, o sistema de alistamento eleitoral, a revisão do eleitorado e a fiscalização dos partidos políticos, entre outros.

Resolução-TSE nº 21.574/2003 201
    Dispõe sobre o Sistema de Filiação Partidária e dá outras providências.

Resolução-TSE nº 21.667/2004 202
    Dispõe sobre a utilização do serviço de emissão de certidão de quitação eleitoral por meio da Internet e dá outras providências.

Resolução-TSE nº 21.711/2004 202
    Dispõe sobre a utilização de sistema de transmissão eletrônica de dados e imagens por fac-símile ou pela Internet, para a prática de atos processuais no âmbito do Tribunal Superior Eleitoral.

Resolução-TSE nº 21.842/2004 204
    Dispõe sobre o afastamento de magistrados na Justiça Eleitoral do exercício dos cargos efetivos.

Resolução-TSE nº 21.843/2004 204
    Dispõe sobre a requisição de força federal, de que trata o art. 23, inciso XIV, do Código Eleitoral, e sobre a aplicação do art. 2º do Decreto-Lei nº 1.064, de 24 de outubro de 1969.

Resolução-TSE nº 21.875/2004 205
    Regulamenta o recolhimento do percentual de participação de institutos ou fundações de pesquisa e de doutrinação e educação política nas verbas do Fundo Partidário.

Resolução-TSE nº 21.920/2004 205
    Dispõe sobre o alistamento eleitoral e o voto dos cidadãos portadores de deficiência, cuja natureza e situação impossibilitem ou tornem extremamente oneroso o exercício de suas obrigações eleitorais.

Resolução-TSE nº 21.975/2004 206
    Disciplina o recolhimento e a cobrança das multas previstas no Código Eleitoral e leis conexas e a distribuição do Fundo Especial de Assistência Financeira aos Partidos Políticos (Fundo Partidário).

Resolução-TSE nº 21.991/2005 208
    Estabelece prazos para execução dos procedimentos relativos ao cancelamento de inscrições e à regularização da situação dos eleitores que deixaram de votar nas três últimas eleições consecutivas.

Resolução-TSE nº 22.121/2005 208
    Dispõe sobre as regras de adequação de institutos ou fundações de pesquisa e de doutrinação e educação política de partidos políticos às normas estabelecidas no Código Civil de 2002.

Resolução-TSE nº 22.166/2006 209
    Estabelece providências a serem adotadas em relação a inscrições identificadas como de pessoas falecidas, mediante cruzamento entre dados do cadastro eleitoral e registros de óbitos fornecidos pelo Instituto Nacional de Seguridade Social (INSS).

Resolução-TSE nº 22.205/2006..210
    Regulamenta a Lei nº 11.300, de 10 de maio de 2006, que dispõe sobre propaganda, financiamento e prestação de contas das despesas com campanhas eleitorais, alterando a Lei nº 9.504, de 30 de setembro de 1997.

Resolução-TSE nº 22.607/2007..212
    Dispõe sobre a residência do juiz eleitoral, nos termos dos arts. 93, VII, e 118, da Constituição Federal, do inciso V do art. 35, da Lei Orgânica da Magistratura Nacional, art. 32, do Código Eleitoral, e da Resolução-TSE nº 37, de 6 de junho de 2007, do Conselho Nacional de Justiça.

Resolução-TSE nº 22.610/2007..212
    O Tribunal Superior Eleitoral, no uso das atribuições que lhe confere o art. 23, XVIII, do Código Eleitoral, e na observância do que decidiu o Supremo Tribunal Federal nos Mandados de Segurança nºs 26.602, 26.603 e 26.604, resolve disciplinar o processo de perda de cargo eletivo, bem como de justificação de desfiliação partidária, nos termos seguintes:

Resolução-TSE nº 22.685/2007..213
    Estabelece normas para cessão de urnas e sistema de votação específico, por empréstimo, em eleições parametrizadas.

Resolução-TSE nº 22.733/2008..214
    Altera o art. 11 da Resolução-TSE nº 22.610, de 25 de outubro de 2007.

Resolução-TSE nº 22.747/2008..215
    Aprova instruções para aplicação do art. 98 da Lei nº 9.504/97, que dispõe sobre dispensa do serviço pelo dobro dos dias prestados à Justiça Eleitoral nos eventos relacionados à realização das eleições.

Resolução nº 30/2008..215
    Estabelece parâmetros para a indicação e a designação de membros do Ministério Público para exercer função eleitoral em 1º grau.

Resolução-TSE nº 23.088/2009..216
    Autoriza a expansão do projeto de modernização dos serviços eleitorais voltados ao pré-atendimento do cidadão, via Internet, para requerimento de operações de alistamento, transferência e revisão.

Resolução-TSE nº 23.117/2009..217
    Dispõe sobre a filiação partidária, aprova nova sistemática destinada ao encaminhamento de dados pelos partidos à Justiça Eleitoral e dá outras providências.

Resolução-TSE nº 23.207/2010..220
    Dispõe sobre o voto do eleitor residente no exterior, na eleição presidencial de 2010.

Resolução-TSE nº 23.255/2010..222
    Dispõe sobre a requisição de servidores públicos pela Justiça Eleitoral, de que trata a Lei nº 6.999, de 07 de junho de 1982.

Resolução-TSE nº 23.268/2010..223
    Dispõe sobre a Central do Eleitor no âmbito da Justiça Eleitoral.

Resolução-TSE nº 23.280/2010..224
    Estabelece instruções para a marcação de eleições suplementares.

Resolução-TSE nº 23.326/2010..225
    Dispõe sobre as diretrizes para a tramitação de documentos e processos sigilosos no âmbito da Justiça Eleitoral.

Resolução-TSE nº 23.328/2010 226
Dispõe sobre os procedimentos de intimação dos partidos políticos e respectivos representantes no âmbito da Justiça Eleitoral.

Resolução-TSE nº 23.332/2010 227
Dispõe sobre a realização de eleições suplementares em anos eleitorais.

Resolução TCU nº 241/2011 227
Estabelece procedimentos para envio da relação de responsáveis que tiveram as contas julgadas irregulares à Justiça Eleitoral e ao Ministério Público Eleitoral e dá outras providências.

Resolução-TSE nº 23.385/2012 228
Estabelece diretrizes gerais para a realização de consultas populares concomitante com eleições ordinárias.

Resolução-TSE nº 23.389/2013 231
Dispõe sobre o número de membros da Câmara dos Deputados e das Assembleias e Câmara Legislativa para as eleições de 2014.

Resolução-TSE nº 23.393/2013 232
Institui o Processo Judicial Eletrônico (PJE) da Justiça Eleitoral como o sistema informatizado de constituição e tramitação de processos judiciais na esfera da Justiça Eleitoral, por meio do qual serão realizados o processamento das informações judiciais e o gerenciamento dos atos processuais, e define os parâmetros de sua implementação e funcionamento.

Resolução-TSE nº 23.396/2013 239
Dispõe sobre a apuração de crimes eleitorais.

Resolução-TSE nº 23.401/2013 240
Altera a estrutura orgânica do Tribunal Superior Eleitoral e dá outras providências.

Resolução-TSE nº 23.402/2014 242
Dispõe sobre a fixação de prazo limite para o envio do movimento RAE/ASE para processamento no Tribunal Superior Eleitoral, em razão da realização das eleições gerais de 2014, estabelece orientações e medidas assecuratórias do exercício do voto, nas situações que especifica, e dá outras providências.

Resolução nº 23.381/2012 243
Institui o Programa de Acessibilidade da Justiça Eleitoral e dá outras providências.

Resolução nº 23.416/2014 245
Dispõe sobre as normas a serem observadas em procedimentos da Corregedoria-Geral da Justiça Eleitoral.

Resolução nº 23.417/2014 250
Institui o Processo Judicial Eletrônico (PJe) da Justiça Eleitoral como o sistema informatizado de constituição e tramitação de processos judiciais e administrativos nessa esfera da Justiça, por meio do qual serão realizados o processamento das informações judiciais e o gerenciamento dos atos processuais, e define os parâmetros de sua implementação e funcionamento.

Resolução nº 23.418/2014 257
Regulamenta a convocação de Magistrados no âmbito do Tribunal Superior Eleitoral.

Resolução nº 23.422/2014 259
Estabelece normas para criação e instalação de zonas eleitorais e dá outras providências.

Resolução gpgj nº 1.986/2015 262
Estabelece critérios para indicação de Promotores de Justiça para o exercício das funções eleitorais.

Resolução nº 23.464/2015 262
Regulamenta o disposto no Título III da Lei nº 9.096, de 19 de setembro de 1995 – Das Finanças e Contabilidade dos Partidos.

Resolução nº 23.465/2015 279
    Disciplina a criação, organização, fusão, incorporação e extinção de partidos políticos.

Resolução conjunta gpgj/pre nº 12/2016 286
    Disciplina as atribuições dos Promotores Eleitorais no Estado do Rio de Janeiro, de acordo com a Resolução CNMP nº 30/2008, revoga a Resolução Conjunta MPRJ/MPE nº 11, de 11 de maio de 2015, e estabelece outras providências.

Resolução nº 23.478/2016 288
    Estabelece diretrizes gerais para a aplicação da Lei nº 13.105, de 16 de março de 2015, Novo Código de Processo Civil, no âmbito da Justiça Eleitoral.

Resolução nº 23.517/2017 289
    Dispõe sobre a lista tríplice para preenchimento das vagas de juízes dos Tribunais Regionais Eleitorais, na classe dos advogados.

Resolução nº 23.547/2017 291
    Dispõe sobre representações, reclamações e pedidos de resposta previstos na Lei nº 9.504/1997 para as eleições.

Resolução nº 23.548/2017 297
    Dispõe sobre a escolha e o registro de candidatos para as eleições.

Resolução nº 23.549/2017 306
    Dispõe sobre pesquisas eleitorais para as eleições.

Resolução nº 23.550/2017 309
    Dispõe sobre a cerimônia de assinatura digital e fiscalização do sistema eletrônico de votação, do registro digital do voto, da auditoria de funcionamento das urnas eletrônicas e dos procedimentos de segurança dos dados dos sistemas eleitorais.

Resolução nº 23.551/2017 316
    Dispõe sobre propaganda eleitoral, utilização e geração do horário gratuito e condutas ilícitas em campanha eleitoral nas eleições.

Resolução nº 23.553/2017 335
    Dispõe sobre a arrecadação e os gastos de recursos por partidos políticos e candidatos e sobre a prestação de contas nas eleições.

Resolução nº 23.554/2017 358
    Dispõe sobre os atos preparatórios para as Eleições 2018.

Resolução nº 23.555/2017 388
    Calendário Eleitoral (Eleições 2018).

Resolução nº 23.521/2018 402
    Regulamenta os procedimentos nas seções eleitorais que utilizarão o módulo impressor nas eleições de 2018.

SÚMULAS

Súmulas do Tribunal Superior Eleitoral 409
Súmulas do Superior Tribunal de Justiça 411
Súmulas do Supremo Tribunal Federal 411
Súmula Vinculante 411

ÍNDICE REMISSIVO 413

Legislação Eleitoral Brasileira

Constituição da República Federativa do Brasil

TÍTULO I
DOS PRINCÍPIOS FUNDAMENTAIS

Art. 1º. A República Federativa do Brasil, formada pela união indissolúvel dos Estados e Municípios e do Distrito Federal, constitui-se em Estado democrático de direito e tem como fundamentos:
I. a soberania;
> » CF, art. 14.
> » CE, art. 82.

II. a cidadania;
> » CF, art. 14.

III. a dignidade da pessoa humana;
IV. os valores sociais do trabalho e da livre iniciativa;
V. o pluralismo político.
> » Lei nº 9.096/95, art. 2º.
> » Res.-TSE nº 23.464/2015.
> » Res.-TSE nº 23.465/2015.

Parágrafo único. Todo o poder emana do povo, que o exerce por meio de representantes eleitos ou diretamente, nos termos desta Constituição.
(..)
> » Lei nº 9.709/98.

TÍTULO II
DOS DIREITOS E GARANTIAS FUNDAMENTAIS

CAPÍTULO I
DOS DIREITOS E DEVERES INDIVIDUAIS E COLETIVOS

Art. 5º. Todos são iguais perante a lei, sem distinção de qualquer natureza, garantindo-se aos brasileiros e aos estrangeiros residentes no País a inviolabilidade do direito à vida, à liberdade, à igualdade, à segurança e à propriedade, nos termos seguintes:
(..)
VIII. ninguém será privado de direitos por motivo de crença religiosa ou de convicção filosófica ou política, salvo se as invocar para eximir-se de obrigação legal a todos imposta e recusar-se a cumprir prestação alternativa, fixada em lei;
> » CF, arts. 15, IV, e 143, § 1º.
> » CPP, art. 438.
> » Lei nº 8.239/91.

(..)
XXXIV. são a todos assegurados, independentemente do pagamento de taxas:
a) o direito de petição aos Poderes Públicos em defesa de direitos ou contra ilegalidade ou abuso de poder;
b) a obtenção de certidões em repartições públicas, para defesa de direitos e esclarecimento de situações de interesse pessoal;
XXXV. a lei não excluirá da apreciação do Poder Judiciário lesão ou ameaça a direito;
XXXVI. a lei não prejudicará o direito adquirido, o ato jurídico perfeito e a coisa julgada;
(..)

LXX. o mandado de segurança coletivo pode ser impetrado por:
a) partido político com representação no Congresso Nacional;
> » Lei nº 9.096/95, art. 13.

(..)
LXXVII. são gratuitas as ações de *habeas-corpus* e *habeas-data*, e, na forma da lei, os atos necessários ao exercício da cidadania.
> » Lei nº 9.265/96.

LXXVIII. a todos, no âmbito judicial e administrativo, são assegurados a razoável duração do processo e os meios que garantam a celeridade de sua tramitação (Incluído pela EC nº 45/2004)
> » Lei nº 9.504/97, art. 97-A.

§ 1º As normas definidoras dos direitos e garantias fundamentais têm aplicação imediata.

§ 2º Os direitos e garantias expressos nesta Constituição não excluem outros decorrentes do regime e dos princípios por ela adotados, ou dos tratados internacionais em que a República Federativa do Brasil seja parte.

§ 3º Os tratados e convenções internacionais sobre direitos humanos que forem aprovados, em cada Casa do Congresso Nacional, em dois turnos, por três quintos dos votos dos respectivos membros, serão equivalentes às emendas constitucionais. (Incluído pela EC nº 45, de 2004)..

CAPÍTULO III
DA NACIONALIDADE

Art. 12. São brasileiros:
I. natos:
> » CE, art. 8º.
> » Res.-TSE nº 21.538/2003, art. 15.

a) os nascidos na República Federativa do Brasil, ainda que de pais estrangeiros, desde que estes não estejam a serviço de seu país;
b) os nascidos no estrangeiro, de pai brasileiro ou de mãe brasileira, desde que qualquer deles esteja a serviço da República Federativa do Brasil;
c) os nascidos no estrangeiro, de pai brasileiro ou mãe brasileira, desde que sejam registrados em repartição brasileira competente, ou venham a residir na República Federativa do Brasil e optem, em qualquer tempo, depois de atingida a maioridade, pela nacionalidade brasileira;
> » Alínea com redação dada pela EC nº 54/2007.

II. naturalizados:
> » CE, art. 8º.
> » Res.-TSE nº 21.538/2003, art. 15.
> » Dec. nº 86.715/81, arts. 199-134.
> » Lei nº 6.815/80, arts. 111-124.

a) os que, na forma da lei, adquiram a nacionalidade brasileira, exigidas aos originários de países de língua portuguesa apenas residência por um ano ininterrupto e idoneidade moral;
b) os estrangeiros de qualquer nacionalidade residentes na República Federativa do Brasil há mais de quinze anos ininterruptos e sem condenação penal, desde que requeiram a nacionalidade brasileira.
> » Alínea com redação dada pela EC de Revisão nº 03/94.

Art. 12

§ 1º Aos portugueses com residência permanente no País, se houver reciprocidade em favor de brasileiros, serão atribuídos os direitos inerentes ao brasileiro, salvo os casos previstos nesta Constituição. *(Parágrafo com redação dada pela EC de Revisão nº 03/94)*
 » *CF, art. 14, § 2º.*
 » *Dec. nº 70.436/72, arts. 3º; 12; 20; 21, parágrafo único.*

§ 2º A lei não poderá estabelecer distinção entre brasileiros natos e naturalizados, salvo nos casos previstos nesta Constituição.

§ 3º São privativos de brasileiro nato os cargos:
I. de Presidente e Vice-Presidente da República;
 » *CF, art. 77.*
 » *Lei nº 9.504/97, art. 1º.*
II. de Presidente da Câmara dos Deputados;
III. de Presidente do Senado Federal;
IV. de Ministro do Supremo Tribunal Federal;
V. da carreira diplomática;
VI. de oficial das Forças Armadas;
VII. de Ministro de Estado da Defesa. *(Inciso acrescentado pela EC nº 23/99)*

§ 4º Será declarada a perda da nacionalidade do brasileiro que:
I. tiver cancelada sua naturalização, por sentença judicial, em virtude de atividade nociva ao interesse nacional;
 » *CF, art. 15, I.*
II. adquirir outra nacionalidade, salvo nos casos:
a) de reconhecimento de nacionalidade originária pela lei estrangeira;
b) de imposição de naturalização, pela norma estrangeira, ao brasileiro residente em Estado estrangeiro, como condição para permanência em seu território ou para o exercício de direitos civis. *(Inciso e alíneas com redação dada pela EC de Revisão nº 03/94)*
 » *CF, art. 15, I.*
(..)

CAPÍTULO IV
DOS DIREITOS POLÍTICOS

Art. 14. A soberania popular será exercida pelo sufrágio universal e pelo voto direto e secreto, com valor igual para todos, e, nos termos da lei, mediante:
 » *CF, arts. 60, § 4º, II; 81, § 1º.*
 » *CE, arts. 82; 103.*
I. plebiscito;
II. referendo;
III. iniciativa popular.
 » *Lei nº 9.709/98.*

§ 1º O alistamento eleitoral e o voto são:
 » *CE, art. 6º.*
I. obrigatórios para os maiores de 18 (dezoito) anos;
 » *Res.-TSE nº 21.538/2003, art. 15.*
II. facultativos para:
a) os analfabetos;
 » *CE, art. 5º, I.*
 » *Res.-TSE nº 21.538/2003, art. 16.*
 » *Súmula nº 15 do TSE.*
b) os maiores de 70 (setenta) anos;
 » *Res.-TSE nº 21.538/2003, art. 80, § 6º.*
c) os maiores de 16 (dezesseis) e menores de 18 (dezoito) anos.
 » *Res.-TSE nº 21.538/2003, art. 14.*
 » *Código Civil, art. 4º, inc. I.*

§ 2º Não podem alistar-se como eleitores os estrangeiros e, durante o período do serviço militar obrigatório, os conscritos.
 » *Neste artigo, § 4º.*
 » *CF, art. 12, § 1º.*
 » *Lei nº 4.375/1964.*
 » *Lei nº 12.336/2010.*

§ 3º São condições de elegibilidade, na forma da lei:
 » *Vide Súmula nº 64 do TSE.*
 » *Lei nº 9.504/97, art. 11, § 7º.*
I. a nacionalidade brasileira;
 » *CF, art. 12, § 3º.*
II. o pleno exercício dos direitos políticos;
 » *Vide Súmulas nºs 50, 56 e 63 do TSE.*
 » *CE, arts. 3º; 71, III, IV, V.*
 » *Lei nº 9.504/97, art. 11, VI, e § 7º.*
III. o alistamento eleitoral;
 » *Res.-TSE nº 21.538/2003.*
IV. o domicílio eleitoral na circunscrição;
 » *Vide Súmulas nºs 20 e 53 do TSE.*
 » *CE, art. 42, parágrafo único.*
 » *Lei nº 9.504/97, art. 9º.*
 » *Res.-TSE nº 21.538/2003, art. 65.*
V. a filiação partidária;
 » *Vide Súmula nº 67 do TSE.*
 » *EC nº 91/2016.*
 » *Lei nº 9.096/95, art. 18.*
 » *Lei nº 9.504/97, art. 9º.*
 » *Res.-TSE nº 22.610/2007.*
 » *Res.-TSE nº 23.465/2015.*
VI. a idade mínima de:
 » *Lei nº 9.504/97, art. 11, § 2º.*
a) 35 (trinta e cinco) anos para Presidente e Vice-Presidente da República e Senador;
b) 30 (trinta) anos para Governador e Vice-Governador de Estado e do Distrito Federal;
c) 21 (vinte e um) anos para Deputado Federal, Deputado Estadual ou Distrital, Prefeito, Vice-Prefeito e juiz de paz;
d) 18 (dezoito) anos para Vereador.

§ 4º São inelegíveis os inalistáveis e os analfabetos.
 » *Vide Súmulas nºs 15 e 55 do TSE.*
 » *Neste artigo, § 2º.*
 » *CE, art. 5º, I.*
 » *LC nº 64/90, art. 1º, I, "a".*
 » *Res.-TSE nº 21.538/2003, art. 16.*
 » *Súmula nº 15 do TSE.*

§ 5º O Presidente da República, os Governadores de Estado e do Distrito Federal, os Prefeitos e quem os houver sucedido ou substituído no curso dos mandatos poderão ser reeleitos para 1 (um) único período subsequente. *(Parágrafo com redação dada pela EC nº 16/97)*
 » *LC nº 64/90, art. 1º, § 1º.*

§ 6º Para concorrerem a outros cargos, o Presidente da República, os Governadores de Estado e do Distrito Federal e os Prefeitos devem renunciar aos respectivos mandatos até 6 (seis) meses antes do pleito.
 » *LC nº 64/90, art. 1º, § 2º.*

§ 7º São inelegíveis, no território de jurisdição do titular, o cônjuge e os parentes consanguíneos ou afins, até o segundo grau ou por adoção, do Presidente da República, de Governador de Estado

Art. 14

ou Território, do Distrito Federal, de Prefeito ou de quem os haja substituído dentro dos 6 (seis) meses anteriores ao pleito, salvo se já titular de mandato eletivo e candidato à reeleição.

» LC nº 64/90, art. 1º, I, "n" e § 3º.
» Súmula nº 6 do TSE.
» Súmula vinculante nº 18.
» Vide RE nº 758461 do STF.
» LC nº 64/90, art. 1º, I, alínea "n".

§ 8º O militar alistável é elegível, atendidas as seguintes condições:

» CE, art. 98.

I. se contar menos de 10 (dez) anos de serviço, deverá afastar-se da atividade;

II. se contar mais de 10 (dez) anos de serviço, será agregado pela autoridade superior e, se eleito, passará automaticamente, no ato da diplomação, para a inatividade.

§ 9º Lei complementar estabelecerá outros casos de inelegibilidade e os prazos de sua cessação, a fim de proteger a probidade administrativa, a moralidade para o exercício do mandato, considerada a vida pregressa do candidato, e a normalidade e legitimidade das eleições contra a influência do poder econômico ou o abuso do exercício de função, cargo ou emprego na administração direta ou indireta. *(Parágrafo com redação dada pela EC de Revisão nº 04/94)*

» CE, art. 237.
» CF, art. 37.
» LC nº 64/90.
» Súmula nº 13 do TSE.

§ 10. O mandato eletivo poderá ser impugnado ante a Justiça Eleitoral no prazo de 15 (quinze) dias contados da diplomação, instruída a ação com provas de abuso do poder econômico, corrupção ou fraude.

» Vide Súmula nº 38 do TSE.
» CE, arts. 237; 262.
» LC nº 64/90, arts. 1º, I, "d"; 22, XIV.
» Lei nº 9.504/97, art. 30-A.

§ 11. A ação de impugnação de mandato tramitará em segredo de justiça, respondendo o autor, na forma da lei, se temerária ou de manifesta má-fé.

» CF, art. 93, IX.
» LC nº 64/90, art. 3º.
» CPC, art. 189, I e II.
» CP, art. 154.

Art. 15. É vedada a cassação de direitos políticos, cuja perda ou suspensão só se dará nos casos de:

I. cancelamento da naturalização por sentença transitada em julgado;

» CF, arts. 12, § 3º; 14, § 3º, I.
» Lei nº 818/49, arts. 22-37.

II. incapacidade civil absoluta;

» CC, art. 3º.

III. condenação criminal transitada em julgado, enquanto durarem seus efeitos;

» LC nº 64/90, art. 1º, I, "e".
» Res.-TSE nº 21.538/2003, art. 51.
» Súmula nº 9 do TSE.
» CF, art. 55, VI.
» CP, art. 92.

IV. recusa de cumprir obrigação a todos imposta ou prestação alternativa, nos termos do art. 5º, VIII;

» CF, art. 143, § 1º.
» Lei nº 8.239/91.
» CPP, art. 438.

V. improbidade administrativa, nos termos do art. 37, § 4º.

» LC nº 64/90, art. 1º, I, "g" e "l".
» Lei nº 9.504/97, art. 73, § 7º.
» Súmula nº 1 do TSE.
» Lei nº 8.429/92.

Art. 16. A lei que alterar o processo eleitoral entrará em vigor na data de sua publicação, não se aplicando à eleição que ocorra até 1 (um) ano da data de sua vigência. *(Artigo com redação dada pela EC nº 04/93)*

» Lei nº 9.504/97, art. 105, § 3º.

CAPÍTULO V
DOS PARTIDOS POLÍTICOS

Art. 17. É livre a criação, fusão, incorporação e extinção de partidos políticos, resguardados a soberania nacional, o regime democrático, o pluripartidarismo, os direitos fundamentais da pessoa humana e observados os seguintes preceitos:

» Vide Súmula nº 40 do TSE.
» Lei nº 9.096/95.
» Res.-TSE nº 23.464/2015.
» Res.-TSE nº 23.465/2015.

I. caráter nacional;

» Lei nº 9.096/95, art. 5º.

II. proibição de recebimento de recursos financeiros de entidade ou governo estrangeiros ou de subordinação a estes;

» Lei nº 9.096/95, art. 31.

III. prestação de contas à Justiça Eleitoral;

» Lei nº 9.096/95, arts. 30 a 37.

IV. funcionamento parlamentar de acordo com a lei.

» Lei nº 9.096/95, arts. 12 e 13.

§ 1º É assegurada aos partidos políticos autonomia para definir sua estrutura interna e estabelecer regras sobre escolha, formação e duração de seus órgãos permanentes e provisórios e sobre sua organização e funcionamento e para adotar os critérios de escolha e o regime de suas coligações nas eleições majoritárias, vedada a sua celebração nas eleições proporcionais, sem obrigatoriedade de vinculação entre as candidaturas em âmbito nacional, estadual, distrital ou municipal, devendo seus estatutos estabelecer normas de disciplina e fidelidade partidária.

» STF – ADI nº 3.685-8, de 31/03/2006.
» Lei nº 9.096/95, art. 3º.

§ 2º Os partidos políticos, após adquirirem personalidade jurídica, na forma da lei civil, registrarão seus estatutos no Tribunal Superior Eleitoral.

» Lei nº 9.096/95, art. 7º.
» CC, art. 44, V, e § 3º.

§ 3º Somente terão direito a recursos do fundo partidário e acesso gratuito ao rádio e à televisão, na forma da lei, os partidos políticos que alternativamente: *(Redação dada pela Emenda Constitucional nº 97, de 2017)*

I - obtiverem, nas eleições para a Câmara dos Deputados, no mínimo, 3% (três por cento) dos votos válidos, distribuídos em pelo menos um terço das unidades da Federação, com um

mínimo de 2% (dois por cento) dos votos válidos em cada uma delas; ou (Incluído pela Emenda Constitucional nº 97, de 2017)
II - tiverem elegido pelo menos quinze Deputados Federais distribuídos em pelo menos um terço das unidades da Federação. (Incluído pela Emenda Constitucional nº 97, de 2017)
§ 4º É vedada a utilização pelos partidos políticos de organização paramilitar.
» Lei nº 9.096/95, art. 6º.

§ 5º Ao eleito por partido que não preencher os requisitos previstos no § 3º deste artigo é assegurado o mandato e facultada a filiação, sem perda do mandato, a outro partido que os tenha atingido, não sendo essa filiação considerada para fins de distribuição dos recursos do fundo partidário e de acesso gratuito ao tempo de rádio e de televisão. *(Incluído pela Emenda Constitucional nº 97, de 2017)*

TÍTULO III
DA ORGANIZAÇÃO DO ESTADO

CAPÍTULO I
DA ORGANIZAÇÃO POLÍTICO-ADMINISTRATIVA

Art. 18. A organização político-administrativa da República Federativa do Brasil compreende a União, os Estados, o Distrito Federal e os Municípios, todos autônomos, nos termos desta Constituição.
§ 1º Brasília é a Capital Federal.
§ 2º Os Territórios Federais integram a União, e sua criação, transformação em Estado ou reintegração ao Estado de origem serão reguladas em lei complementar.
§ 3º Os Estados podem incorporar-se entre si, subdividir-se ou desmembrar-se para se anexarem a outros, ou formarem novos Estados ou Territórios Federais, mediante aprovação da população diretamente interessada, através de plebiscito, e do Congresso Nacional, por lei complementar.
§ 4º A criação, a incorporação, a fusão e o desmembramento de Municípios, far-se-ão por lei estadual, dentro do período determinado por lei complementar federal, e dependerão de consulta prévia, mediante plebiscito, às populações dos Municípios envolvidos, após divulgação dos Estudos de Viabilidade Municipal, apresentados e publicados na forma da lei. *(Parágrafo com redação dada pela EC nº 15/96)*
» Lei nº 10.521/2002.
(..)

CAPÍTULO II
DA UNIÃO

Art. 22. Compete privativamente à União legislar sobre:
I. direito civil, comercial, penal, processual, eleitoral, agrário, marítimo, aeronáutico, espacial e do trabalho;
(..)
» Lei nº 4.737/65.
» Lei nº 9.096/95.
» Lei nº 9.504/97.
» LC nº 64/90.

CAPÍTULO III
DOS ESTADOS FEDERADOS

Art. 25. Os Estados organizam-se e regem-se pelas Constituições e leis que adotarem, observados os princípios desta Constituição.
§ 1º São reservadas aos Estados as competências que não lhes sejam vedadas por esta Constituição.
(..)

Art. 27. O número de Deputados à Assembleia Legislativa corresponderá ao triplo da representação do Estado na Câmara dos Deputados e, atingido o número de 36 (trinta e seis), será acrescido de tantos quantos forem os Deputados Federais acima de 12 (doze).
» CF, art. 45, § 1º.
» Lei Complementar nº 78, de 30 de dezembro de 1993.

§ 1º Será de 4 (quatro) anos o mandato dos Deputados Estaduais, aplicando-se-lhes as regras desta Constituição sobre sistema eleitoral, inviolabilidade, imunidades, remuneração, perda de mandato, licença, impedimentos e incorporação às Forças Armadas.
§ 2º O subsídio dos Deputados Estaduais será fixado por lei de iniciativa da Assembleia Legislativa, na razão de, no máximo, 75% (setenta e cinco por cento) daquele estabelecido, em espécie, para os Deputados Federais, observado o que dispõem os arts. 39, § 4º, 57, § 7º, 150, II, 153, III e 153, § 2º, I. *(Parágrafo com redação dada pela EC nº 19/98)*
(..)

Art. 28. A eleição do Governador e do Vice-Governador de Estado, para mandato de 4 (quatro) anos, realizar-se-á no primeiro domingo de outubro, em primeiro turno, e no último domingo de outubro, em segundo turno, se houver, do ano anterior ao do término do mandato de seus antecessores, e a posse ocorrerá em primeiro de janeiro do ano subsequente, observado, quanto ao mais, o disposto no art. 77. *(Caput com redação dada pela EC nº 16/97)*
§ 1º Perderá o mandato o Governador que assumir outro cargo ou função na administração pública direta ou indireta, ressalvada a posse em virtude de concurso público e observado o disposto no art. 38, I, IV e V. *(Parágrafo renumerado pela EC nº 19/98)*
§ 2º Os subsídios do Governador, do Vice-Governador e dos Secretários de Estado serão fixados por lei de iniciativa da Assembleia Legislativa, observado o que dispõem os arts. 37, XI, 39, § 4º, 150, II, 153, III e 153, § 2º, I. *(Parágrafo acrescentado pela EC nº 19/98)*

CAPÍTULO IV
DOS MUNICÍPIOS

Art. 29. O Município reger-se-á por lei orgânica, votada em 2 (dois) turnos, com o interstício mínimo de 10 (dez) dias, e aprovada por 2/3 (dois terços) dos membros da Câmara Municipal, que a promulgará, atendidos os princípios estabelecidos nesta Constituição, na Constituição do respectivo Estado e os seguintes preceitos:
I. eleição do Prefeito, do Vice-Prefeito e dos Vereadores, para mandato de 4 (quatro) anos, mediante pleito direto e simultâneo realizado em todo o País;

Art. 29

II. eleição do Prefeito e do Vice-Prefeito realizada no primeiro domingo de outubro do ano anterior ao término do mandato dos que devam suceder, aplicadas as regras do art. 77 no caso de Municípios com mais de duzentos mil eleitores; *(Inciso com redação dada pela EC nº 16/97)*

III. posse do Prefeito e do Vice-Prefeito no dia 1º de janeiro do ano subsequente ao da eleição;
 » *Lei nº 9.504/97, arts. 1º a 3º .*

IV. para a composição das Câmaras Municipais, será observado o limite máximo de: *(Redação dada pela EC nº 58/2009)*

a) 9 (nove) Vereadores, nos Municípios de até 15.000 (quinze mil) habitantes; *(Redação dada pela EC nº 58/2009)*

b) 11 (onze) Vereadores, nos Municípios de mais de 15.000 (quinze mil) habitantes e de até 30.000 (trinta mil) habitantes; *(Redação dada pela EC nº 58/2009)*

c) 13 (treze) Vereadores, nos Municípios com mais de 30.000 (trinta mil) habitantes e de até 50.000 (cinquenta mil) habitantes; *(Redação dada pela EC nº 58/2009)*

d) 15 (quinze) Vereadores, nos Municípios de mais de 50.000 (cinquenta mil) habitantes e de até 80.000 (oitenta mil) habitantes; *(Incluída pela EC nº 58/2009)*

e) 17 (dezessete) Vereadores, nos Municípios de mais de 80.000 (oitenta mil) habitantes e de até 120.000 (cento e vinte mil) habitantes; *(Incluída pela EC nº 58/2009)*

f) 19 (dezenove) Vereadores, nos Municípios de mais de 120.000 (cento e vinte mil) habitantes e de até 160.000 (cento sessenta mil) habitantes; *(Incluída pela EC nº 58/2009)*

g) 21 (vinte e um) Vereadores, nos Municípios de mais de 160.000 (cento e sessenta mil) habitantes e de até 300.000 (trezentos mil) habitantes; *(Incluída pela EC nº 58/2009)*

h) 23 (vinte e três) Vereadores, nos Municípios de mais de 300.000 (trezentos mil) habitantes e de até 450.000 (quatrocentos e cinquenta mil) habitantes; *(Incluída pela EC nº 58/2009)*

i) 25 (vinte e cinco) Vereadores, nos Municípios de mais de 450.000 (quatrocentos e cinquenta mil) habitantes e de até 600.000 (seiscentos mil) habitantes; *(Incluída pela EC nº 58/2009)*

j) 27 (vinte e sete) Vereadores, nos Municípios de mais de 600.000 (seiscentos mil) habitantes e de até 750.000 (setecentos cinquenta mil) habitantes; *(Incluída pela EC nº 58/2009)*

k) 29 (vinte e nove) Vereadores, nos Municípios de mais de 750.000 (setecentos e cinquenta mil) habitantes e de até 900.000 (novecentos mil) habitantes; *(Incluída pela EC nº 58/2009)*

l) 31 (trinta e um) Vereadores, nos Municípios de mais de 900.000 (novecentos mil) habitantes e de até 1.050.000 (um milhão e cinquenta mil) habitantes; *(Incluída pela EC nº 58/2009)*

m) 33 (trinta e três) Vereadores, nos Municípios de mais de 1.050.000 (um milhão e cinquenta mil) habitantes e de até 1.200.000 (um milhão e duzentos mil) habitantes; *(Incluída pela EC nº 58/2009)*

n) 35 (trinta e cinco) Vereadores, nos Municípios de mais de 1.200.000 (um milhão e duzentos mil) habitantes e de até 1.350.000 (um milhão e trezentos e cinquenta mil) habitantes; *(Incluída pela EC nº 58/2009)*

o) 37 (trinta e sete) Vereadores, nos Municípios de 1.350.000 (um milhão e trezentos e cinquenta mil) habitantes e de até 1.500.000 (um milhão e quinhentos mil) habitantes; *(Incluída pela EC nº 58/2009)*

p) 39 (trinta e nove) Vereadores, nos Municípios de mais de 1.500.000 (um milhão e quinhentos mil) habitantes e de até 1.800.000 (um milhão e oitocentos mil) habitantes; *(Incluída pela EC nº 58/2009)*

q) 41 (quarenta e um) Vereadores, nos Municípios de mais de 1.800.000 (um milhão e oitocentos mil) habitantes e de até 2.400.000 (dois milhões e quatrocentos mil) habitantes; *(Incluída pela EC nº 58/2009)*

r) 43 (quarenta e três) Vereadores, nos Municípios de mais de 2.400.000 (dois milhões e quatrocentos mil) habitantes e de até 3.000.000 (três milhões) de habitantes; *(Incluída pela EC nº 58/2009)*

s) 45 (quarenta e cinco) Vereadores, nos Municípios de mais de 3.000.000 (três milhões) de habitantes e de até 4.000.000 (quatro milhões) de habitantes; *(Incluída pela EC nº 58/2009)*

t) 47 (quarenta e sete) Vereadores, nos Municípios de mais de 4.000.000 (quatro milhões) de habitantes e de até 5.000.000 (cinco milhões) de habitantes; *(Incluída pela EC nº 58/2009)*

u) 49 (quarenta e nove) Vereadores, nos Municípios de mais de 5.000.000 (cinco milhões) de habitantes e de até 6.000.000 (seis milhões) de habitantes; *(Incluída pela EC nº 58/2009)*

v) 51 (cinquenta e um) Vereadores, nos Municípios de mais de 6.000.000 (seis milhões) de habitantes e de até 7.000.000 (sete milhões) de habitantes; *(Incluída pela EC nº 58/2009)*

w) 53 (cinquenta e três) Vereadores, nos Municípios de mais de 7.000.000 (sete milhões) de habitantes e de até 8.000.000 (oito milhões) de habitantes; *(Incluída pela EC nº 58/2009)*

x) 55 (cinquenta e cinco) Vereadores, nos Municípios de mais de 8.000.000 (oito milhões) de habitantes; *(Incluída pela EC nº 58/2009)*
 » *Res.-TSE nº 21.702/2004.*
 » *Res.-TSE nº 21.803/2004.*

VII. o total da despesa com a remuneração dos Vereadores não poderá ultrapassar o montante de 5% (cinco) por cento da receita do Município; *(Inciso com redação dada pela EC nº 1/92)*

VIII. inviolabilidade dos Vereadores por suas opiniões, palavras e votos no exercício do mandato e na circunscrição do Município;

IX. proibições e incompatibilidades, no exercício da vereança, similares, no que couber, ao disposto nesta Constituição para os membros do Congresso Nacional e na Constituição do respectivo Estado para os membros da Assembleia Legislativa;

X. julgamento do Prefeito perante o Tribunal de Justiça;
 » *CF, art. 96, III.*
 » *Decreto-Lei nº 201/67.*

XI. organização das funções legislativas e fiscalizadoras da Câmara Municipal;

XII. cooperação das associações representativas no planejamento municipal;

XIII. iniciativa popular de projetos de lei de interesse específico do Município, da cidade ou de bairros, através de manifestação de, pelo menos, 5% (cinco por cento) do eleitorado;

XIV. perda do mandato do Prefeito, nos termos do art. 28, parágrafo único. *(Incisos VIII a XIV renumerados pela EC nº 01/92)*

CAPÍTULO V
DO DISTRITO FEDERAL E DOS TERRITÓRIOS

Seção I
Do Distrito Federal

Art. 32. O Distrito Federal, vedada sua divisão em Municípios, reger-se-á por lei orgânica, votada em 2 (dois) turnos com interstício mínimo de 10 (dez) dias, e aprovada por 2/3 (dois terços) da Câmara Legislativa, que a promulgará, atendidos os princípios estabelecidos nesta Constituição.

§ 1º Ao Distrito Federal são atribuídas as competências legislativas reservadas aos Estados e Municípios.

§ 2º A eleição do Governador e do Vice-Governador, observadas as regras do art. 77, e dos Deputados Distritais coincidirá com a dos Governadores e Deputados Estaduais, para mandato de igual duração.

§ 3º Aos Deputados Distritais e à Câmara Legislativa aplica-se o disposto no art. 27.

§ 4º Lei federal disporá sobre a utilização, pelo Governo do Distrito Federal, das polícias civil e militar e do corpo de bombeiros militar.

(..)

CAPÍTULO VII
DA ADMINISTRAÇÃO PÚBLICA

Seção I
Disposições gerais

Art. 37. A administração pública direta e indireta de qualquer dos Poderes da União, dos Estados, do Distrito Federal e dos Municípios obedecerá aos princípios de legalidade, impessoalidade, moralidade, publicidade e eficiência e, também, ao seguinte: *(Caput com redação dada pela EC nº 19/98)*

(..)

§ 1º A publicidade dos atos, programas, obras, serviços e campanhas dos órgãos públicos deverá ter caráter educativo, informativo ou de orientação social, dela não podendo constar nomes, símbolos ou imagens que caracterizem promoção pessoal de autoridades ou servidores públicos.

(..)

§ 4º Os atos de improbidade administrativa importarão a suspensão dos direitos políticos, a perda da função pública, a indisponibilidade dos bens e o ressarcimento ao erário, na forma e gradação previstas em lei, sem prejuízo da ação penal cabível.

(..)

» *CF, art. 15, V.*
» *Lei nº 8.026/90.*
» *Lei nº 8.027/90.*
» *Lei nº 8.429/92.*
» *LC nº 64/90, art. 1º, inciso I, alínea "l".*
» *Decreto nº 4.410/2002.*

TÍTULO IV
DA ORGANIZAÇÃO DOS PODERES

CAPÍTULO I
DO PODER LEGISLATIVO

Seção I
Do Congresso Nacional

Art. 44. O Poder Legislativo é exercido pelo Congresso Nacional, que se compõe da Câmara dos Deputados e do Senado Federal.

Parágrafo único. Cada legislatura terá a duração de quatro anos.

Art. 45. A Câmara dos Deputados compõe-se de representantes do povo, eleitos, pelo sistema proporcional, em cada Estado, em cada Território e no Distrito Federal.

§ 1º O número total de Deputados, bem como a representação por Estado e pelo Distrito Federal, será estabelecido por lei complementar, proporcionalmente à população, procedendo-se aos ajustes necessários, no ano anterior às eleições, para que nenhuma daquelas unidades da Federação tenha menos de oito ou mais de setenta Deputados.

» *LC nº 78/93.*
» *CE, arts. 108 a 112.*

§ 2º Cada Território elegerá quatro Deputados.

Art. 46. O Senado Federal compõe-se de representantes dos Estados e do Distrito Federal, eleitos segundo o princípio majoritário.

§ 1º Cada Estado e o Distrito Federal elegerão três Senadores, com mandato de oito anos.

§ 2º A representação de cada Estado e do Distrito Federal será renovada de quatro em quatro anos, alternadamente, por um e dois terços.

§ 3º Cada Senador será eleito com dois suplentes.

Art. 47. Salvo disposição constitucional em contrário, as deliberações de cada Casa e de suas comissões serão tomadas por maioria dos votos, presente a maioria absoluta de seus membros.

(..)

Seção IV
Do Senado Federal

Art. 52. Compete privativamente ao Senado Federal:

I. processar e julgar o Presidente e o Vice-Presidente da República nos crimes de responsabilidade, bem como os Ministros de Estado e os Comandantes da Marinha, do Exército e da Aeronáutica nos crimes da mesma natureza conexos com aqueles; *(Inciso com redação dada pela EC nº 23/99)*

II. processar e julgar os Ministros do Supremo Tribunal Federal, os membros do Conselho Nacional de Justiça e do Conselho Nacional do Ministério Público, o Procurador-Geral da República e o Advogado-Geral da União nos crimes de responsabilidade; *(Inciso com redação dada pela EC nº 45/2004)*

(..)

Parágrafo único. Nos casos previstos nos incisos I e II, funcionará como Presidente o do Supremo Tribunal Federal, limitando-se a condenação, que somente será proferida por dois terços dos votos do Senado Federal, à perda do cargo, com inabilitação, por oito anos, para o exercício de função pública, sem prejuízo das demais sanções judiciais cabíveis.

Seção V
Dos Deputados e dos Senadores

Art. 53. Os Deputados e Senadores são invioláveis, civil e penalmente, por quaisquer de suas opiniões, palavras e votos.

§ 1º Os Deputados e Senadores, desde a expedição do diploma, serão submetidos a julgamento perante o Supremo Tribunal Federal.

Art. 53

§ 2º Desde a expedição do diploma, os membros do Congresso Nacional não poderão ser presos, salvo em flagrante de crime inafiançável. Neste caso, os autos serão remetidos dentro de 24 (vinte e quatro) horas à Casa respectiva, para que, pelo voto da maioria de seus membros, resolva sobre a prisão.

§ 3º Recebida a denúncia contra Senador ou Deputado, por crime ocorrido após a diplomação, o Supremo Tribunal Federal dará ciência à Casa respectiva, que, por iniciativa de partido político nela representado e pelo voto da maioria de seus membros, poderá, até a decisão final, sustar o andamento da ação.

§ 4º O pedido de sustação será apreciado pela Casa respectiva no prazo improrrogável de 45 (quarenta e cinco) dias do seu recebimento pela Mesa Diretora.

§ 5º A sustação do processo suspende a prescrição, enquanto durar o mandato. (Redação dada pela EC nº 35/2001).

§ 6º Os Deputados e Senadores não serão obrigados a testemunhar sobre informações recebidas ou prestadas em razão do exercício do mandato, nem sobre as pessoas que lhes confiaram ou deles receberam informações.

§ 7º A incorporação às Forças Armadas de Deputados e Senadores, embora militares e ainda que em tempo de guerra, dependerá de prévia licença da Casa respectiva.

§ 8º As imunidades de Deputados ou Senadores subsistirão durante o estado de sítio, só podendo ser suspensas mediante o voto de 2/3 (dois terços) dos membros da Casa respectiva, nos casos de atos, praticados fora do recinto do Congresso, que sejam incompatíveis com a execução da medida. *(Artigo com redação dada pela EC nº 35/2001)*

Art. 54. Os Deputados e Senadores não poderão:

I. desde a expedição do diploma:
» *CE, arts. 40, IV; 197, IV; 211, § 2º; 215.*

a) firmar ou manter contrato com pessoa jurídica de direito público, autarquia, empresa pública, sociedade de economia mista ou empresa concessionária de serviço público, salvo quando o contrato obedecer a cláusulas uniformes;

b) aceitar ou exercer cargo, função ou emprego remunerado, inclusive os de que sejam demissíveis ad nutum, nas entidades constantes da alínea anterior;

II. desde a posse:

a) ser proprietários, controladores ou diretores de empresa que goze de favor decorrente de contrato com pessoa jurídica de direito público, ou nela exercer função remunerada;

b) ocupar cargo ou função de que sejam demissíveis ad nutum, nas entidades referidas no inciso I, "a";

c) patrocinar causa em que seja interessada qualquer das entidades a que se refere o inciso I, "a";

d) ser titulares de mais de 1 (um) cargo ou mandato público eletivo.

Art. 55. Perderá o mandato o Deputado ou Senador:

I. que infringir qualquer das proibições estabelecidas no artigo anterior;

II. cujo procedimento for declarado incompatível com o decoro parlamentar;
» *LC nº 64/90, art. 1º, I, "b".*

III. que deixar de comparecer, em cada sessão legislativa, à terça parte das sessões ordinárias da Casa a que pertencer, salvo licença ou missão por esta autorizada;

IV. que perder ou tiver suspensos os direitos políticos;
» *CF, art. 15, III.*

V. quando o decretar a Justiça Eleitoral, nos casos previstos nesta Constituição;
» *CF, art. 14, §§ 10 e 11.*
» *CE, art. 262.*
» *Lei nº 9.504/97, arts. 30-A, 41-A, 45, VI, 73, 74, 75 e 77.*
» *LC nº 64/90, art. 22, XIV.*

VI. que sofrer condenação criminal em sentença transitada em julgado.
» *CF, art. 15, III.*
» *CP, art. 92.*

§ 1º É incompatível com o decoro parlamentar, além dos casos definidos no regimento interno, o abuso das prerrogativas asseguradas a membro do Congresso Nacional ou a percepção de vantagens indevidas.

§ 2º Nos casos dos incisos I, II e VI, a perda do mandato será decidida pela Câmara dos Deputados ou pelo Senado Federal, por maioria absoluta, mediante provocação da respectiva Mesa ou de partido político representado no Congresso Nacional, assegurada ampla defesa. *(Redação dada pela Emenda Constitucional nº 76, de 2013)*

§ 3º Nos casos previstos nos incisos III a V, a perda será declarada pela Mesa da Casa respectiva, de ofício ou mediante provocação de qualquer de seus membros ou de partido político representado no Congresso Nacional, assegurada ampla defesa.

§ 4º A renúncia de parlamentar submetido a processo que vise ou possa levar à perda do mandato, nos termos deste artigo, terá seus efeitos suspensos até as deliberações finais de que tratam os parágrafos 2º e 3º. *(Parágrafo acrescentado pela EC de Revisão nº 06/94)*

Art. 56. Não perderá o mandato o Deputado ou Senador:

I. investido no cargo de Ministro de Estado, Governador de Território, Secretário de Estado, do Distrito Federal, de Território, de Prefeitura de capital ou chefe de missão diplomática temporária;

II. licenciado pela respectiva Casa por motivo de doença, ou para tratar, sem remuneração, de interesse particular, desde que, neste caso, o afastamento não ultrapasse 120 (cento e vinte) dias por sessão legislativa.

§ 1º O suplente será convocado nos casos de vaga, de investidura em funções previstas neste artigo ou de licença superior a 120 (cento e vinte) dias.

§ 2º Ocorrendo vaga e não havendo suplente, far-se-á eleição para preenchê-la se faltarem mais de 15 (quinze) meses para o término do mandato.
» *CE, arts. 112, 113.*

§ 3º Na hipótese do inciso I, o Deputado ou Senador poderá optar pela remuneração do mandato.

(..)

Subseção II
Da emenda à Constituição

Art. 60. A Constituição poderá ser emendada mediante proposta:

(..)

§ 4º Não será objeto de deliberação a proposta de emenda tendente a abolir:

I. a forma federativa de Estado;

II. o voto direto, secreto, universal e periódico;
» *CF, art. 14.*
» *CE, art. 103.*

III. a separação dos Poderes;

IV. os direitos e garantias individuais.

§ 5º A matéria constante de proposta de emenda rejeitada ou havida por prejudicada não pode ser objeto de nova proposta na mesma sessão legislativa.

Subseção III
Das leis

Art. 61. A iniciativa das leis complementares e ordinárias cabe a qualquer membro ou comissão da Câmara dos Deputados, do Senado Federal ou do Congresso Nacional, ao Presidente da República, ao Supremo Tribunal Federal, aos Tribunais Superiores, ao Procurador-Geral da República e aos cidadãos, na forma e nos casos previstos nesta Constituição.

§ 2º A iniciativa popular pode ser exercida pela apresentação à Câmara dos Deputados de projeto de lei subscrito por, no mínimo, 1% (um por cento) do eleitorado nacional, distribuído pelo menos por 5 (cinco) Estados, com não menos de 0,3 (três décimos) por cento dos eleitores de cada um deles.

(..)

Art. 68. As leis delegadas serão elaboradas pelo Presidente da República, que deverá solicitar a delegação ao Congresso Nacional.

§ 1º Não serão objeto de delegação os atos de competência exclusiva do Congresso Nacional, os de competência privativa da Câmara dos Deputados ou do Senado Federal, a matéria reservada à lei complementar, nem a legislação sobre:

(..)

II. nacionalidade, cidadania, direitos individuais, políticos e eleitorais;

(..)

Seção IX
Da fiscalização contábil, financeira e orçamentária

(..)

Art. 71. O controle externo, a cargo do Congresso Nacional, será exercido com o auxílio do Tribunal de Contas da União, ao qual compete:

I. apreciar as contas prestadas anualmente pelo Presidente da República, mediante parecer prévio, que deverá ser elaborado em sessenta dias a contar de seu recebimento;

II. julgar as contas dos administradores e demais responsáveis por dinheiros, bens e valores públicos da administração direta e indireta, incluídas as fundações e sociedades instituídas e mantidas pelo poder público federal, e as contas daqueles que derem causa a perda, extravio ou outra irregularidade de que resulte prejuízo ao erário público;

(..)

CAPÍTULO II
DO PODER EXECUTIVO

Seção I
Do Presidente e do Vice-Presidente da República

Art. 76. O Poder Executivo é exercido pelo Presidente da República, auxiliado pelos Ministros de Estado.

Art. 77. A eleição do Presidente e do Vice-Presidente da República realizar-se-á, simultaneamente, no primeiro domingo de outubro, em primeiro turno, e no último domingo de outubro, em segundo turno, se houver, do ano anterior ao do término do mandato presidencial vigente. *(Caput com redação dada pela EC nº 16/97)*

§ 1º A eleição do Presidente da República importará a do Vice-Presidente com ele registrado.

» *Lei nº 9.504/97, art. 1º.*

§ 2º Será considerado eleito Presidente o candidato que, registrado por partido político, obtiver a maioria absoluta de votos, não computados os em branco e os nulos.

§ 3º Se nenhum candidato alcançar maioria absoluta na primeira votação, far-se-á nova eleição em até 20 (vinte) dias após a proclamação do resultado, concorrendo os 2 (dois) candidatos mais votados e considerando-se eleito aquele que obtiver a maioria dos votos válidos.

§ 4º Se, antes de realizado o segundo turno, ocorrer morte, desistência ou impedimento legal de candidato, convocar-se-á, dentre os remanescentes, o de maior votação.

§ 5º Se, na hipótese dos parágrafos anteriores, remanescer, em segundo lugar, mais de 1 (um) candidato com a mesma votação, qualificar-se-á o mais idoso.

Art. 78. O Presidente e o Vice-Presidente da República tomarão posse em sessão do Congresso Nacional, prestando o compromisso de manter, defender e cumprir a Constituição, observar as leis, promover o bem geral do povo brasileiro, sustentar a união, a integridade e a independência do Brasil.

Parágrafo único. Se, decorridos dez dias da data fixada para a posse, o Presidente ou o Vice-Presidente, salvo motivo de força maior, não tiver assumido o cargo, este será declarado vago.

Art. 79. Substituirá o Presidente, no caso de impedimento, e suceder-lhe-á, no de vaga, o Vice-Presidente.

Parágrafo único. O Vice-Presidente da República, além de outras atribuições que lhe forem conferidas por lei complementar, auxiliará o Presidente, sempre que por ele convocado para missões especiais.

Art. 80. Em caso de impedimento do Presidente e do Vice-Presidente, ou vacância dos respectivos cargos, serão sucessivamente chamados ao exercício da Presidência o Presidente da Câmara dos Deputados, o do Senado Federal e o do Supremo Tribunal Federal.

Art. 81. Vagando os cargos de Presidente e Vice-Presidente da República, far-se-á eleição noventa dias depois de aberta a última vaga.

§ 1º Ocorrendo a vacância nos últimos dois anos do período presidencial, a eleição para ambos os cargos será feita trinta dias depois da última vaga, pelo Congresso Nacional, na forma da lei.

» *CF, art. 14.*
» *CE, art. 224.*

§ 2º Em qualquer dos casos, os eleitos deverão completar o período de seus antecessores.

Art. 82. O mandato do Presidente da República é de quatro anos, e terá início em primeiro de janeiro do ano seguinte ao da sua eleição. *(Artigo com redação dada pela EC nº 16/97)*

Art. 83. O Presidente e o Vice-Presidente da República não poderão, sem licença do Congresso Nacional, ausentar-se do País por período superior a quinze dias, sob pena de perda do cargo.

(..)

CAPÍTULO III
DO PODER JUDICIÁRIO

Seção I
Disposições gerais

Art. 92. São órgãos do Poder Judiciário:

I. o Supremo Tribunal Federal;

I-A. o Conselho Nacional de Justiça; *(Inciso acrescentado pela EC nº 45/2004)*

II. o Superior Tribunal de Justiça;

II-A - o Tribunal Superior do Trabalho; *(Incluído pela Emenda Constitucional nº 92, de 2016)*

III. os Tribunais Regionais Federais e Juízes Federais;

IV. os Tribunais e Juízes do Trabalho;

V. os Tribunais e Juízes Eleitorais;

VI. os Tribunais e Juízes Militares;

VII. os Tribunais e Juízes dos Estados e do Distrito Federal e Territórios.

Art. 95. Os juízes gozam das seguintes garantias:

I. vitaliciedade, que, no primeiro grau, só será adquirida após dois anos de exercício, dependendo a perda do cargo, nesse período, de deliberação do tribunal a que o juiz estiver vinculado e, nos demais casos, de sentença judicial transitada em julgado;

II. inamovibilidade, salvo por motivo de interesse público, na forma do art. 93, VIII;

III. irredutibilidade de subsídio, ressalvado o disposto nos arts. 37, X e XI, 39, § 4º, 150, II, 153, III, e 153, § 2º, I. *(Inciso com redação dada pela EC nº 19/98)*

Parágrafo único. Aos juízes é vedado:

I. exercer, ainda que em disponibilidade, outro cargo ou função, salvo uma de magistério;

II. receber, a qualquer título ou pretexto, custas ou participação em processo;

III. dedicar-se a atividade político-partidária;
   » *Lei nº 9.096/95, arts. 18-22.*

IV. receber, a qualquer título ou pretexto, auxílios ou contribuições de pessoas físicas, entidades públicas ou privadas, ressalvadas as exceções previstas em lei;

V. exercer a advocacia no juízo ou tribunal do qual se afastou, antes de decorridos três anos do afastamento do cargo por aposentadoria ou exoneração. *(Incisos IV e V acrescentados pela EC nº 45/2004)*

Art. 96. Compete privativamente:

I. aos tribunais:

a) eleger seus órgãos diretivos e elaborar seus regimentos internos, com observância das normas de processo e das garantias processuais das partes, dispondo sobre a competência e o funcionamento dos respectivos órgãos jurisdicionais e administrativos;

b) organizar suas secretarias e serviços auxiliares e os dos juízos que lhes forem vinculados, velando pelo exercício da atividade correcional respectiva;

c) prover, na forma prevista nesta Constituição, os cargos de juiz de carreira da respectiva jurisdição;

d) propor a criação de novas varas judiciárias;

e) prover, por concurso público de provas, ou de provas e títulos, obedecido o disposto no art. 169, parágrafo único, os cargos necessários à administração da justiça, exceto os de confiança assim definidos em lei;

f) conceder licença, férias e outros afastamentos a seus membros e aos juízes e servidores que lhes forem imediatamente vinculados;

II. ao Supremo Tribunal Federal, aos Tribunais Superiores e aos Tribunais de Justiça propor ao Poder Legislativo respectivo, observado o disposto no art. 169:

a) a alteração do número de membros dos tribunais inferiores;

b) a criação e a extinção de cargos e a remuneração dos seus serviços auxiliares e dos juízos que lhes forem vinculados, bem como a fixação do subsídio de seus membros e dos juízes, inclusive dos tribunais inferiores, onde houver; *(Alínea com redação dada pela EC nº 41/2003)*

c) a criação ou extinção dos tribunais inferiores;

d) a alteração da organização e da divisão judiciárias;

III. aos Tribunais de Justiça julgar os juízes estaduais e do Distrito Federal e Territórios, bem como os membros do Ministério Público, nos crimes comuns e de responsabilidade, ressalvada a competência da Justiça Eleitoral.
   » *CF, art. 29, X.*

Art. 97. Somente pelo voto da maioria absoluta de seus membros ou dos membros do respectivo órgão especial poderão os tribunais declarar a inconstitucionalidade de lei ou ato normativo do poder público.
   » *CF, art. 52, X.*
   » *CPC, arts. 948 e 950.*
   » *Vide Lei nº 13.105/2015.*

Art. 98. A União, no Distrito Federal e nos Territórios, e os Estados criarão:

I. juizados especiais, providos por juízes togados, ou togados e leigos, competentes para a conciliação, o julgamento e a execução de causas cíveis de menor complexidade e infrações penais de menor potencial ofensivo, mediante os procedimentos oral e sumaríssimo, permitidos, nas hipóteses previstas em lei, a transação e o julgamento de recursos por turmas de juízes de primeiro grau;

II. justiça de paz, remunerada, composta de cidadãos eleitos pelo voto direto, universal e secreto, com mandato de quatro anos e competência para, na forma da lei, celebrar casamentos, verificar, de ofício ou em face de impugnação apresentada, o processo de habilitação e exercer atribuições conciliatórias, sem caráter jurisdicional, além de outras previstas na legislação.

(...)

Seção II
Do Supremo Tribunal Federal

Art. 101. O Supremo Tribunal Federal compõe-se de onze Ministros, escolhidos dentre cidadãos com mais de trinta e cinco e menos de sessenta e cinco anos de idade, de notável saber jurídico e reputação ilibada.

Parágrafo único. Os Ministros do Supremo Tribunal Federal serão nomeados pelo Presidente da República, depois de aprovada a escolha pela maioria absoluta do Senado Federal.

Art. 102. Compete ao Supremo Tribunal Federal, precipuamente, a guarda da Constituição, cabendo-lhe:

I. processar e julgar, originariamente:

a) a ação direta de inconstitucionalidade de lei ou ato normativo federal ou estadual e a ação declaratória de constitucionalidade de lei ou ato normativo federal; *(Alínea com redação dada pela EC nº 03/93)*

b) nas infrações penais comuns, o Presidente da República, o Vice-Presidente, os membros do Congresso Nacional, seus próprios Ministros e o Procurador-Geral da República;

» *CF, art. 51, I.*

c) nas infrações penais comuns e nos crimes de responsabilidade, os Ministros de Estado e os Comandantes da Marinha, do Exército e da Aeronáutica, ressalvado o disposto no art. 52, I, os membros dos Tribunais Superiores, os do Tribunal de Contas da União e os chefes de missão diplomática de caráter permanente; *(Inciso com redação dada pela EC nº 23/99)*

d) o *habeas corpus*, sendo paciente qualquer das pessoas referidas nas alíneas anteriores; o mandado de segurança e o *habeas data* contra atos do Presidente da República, das Mesas da Câmara dos Deputados e do Senado Federal, do Tribunal de Contas da União, do Procurador-Geral da República e do próprio Supremo Tribunal Federal;

e) o litígio entre Estado estrangeiro ou organismo internacional e a União, o Estado, o Distrito Federal ou o Território;

f) as causas e os conflitos entre a União e os Estados, a União e o Distrito Federal, ou entre uns e outros, inclusive as respectivas entidades da administração indireta;

g) a extradição solicitada por Estado estrangeiro;

h) *(Revogada pela EC nº 45/2004)*

i) o *habeas corpus*, quando o coator for Tribunal Superior ou quando o coator ou o paciente for autoridade ou funcionário cujos atos estejam sujeitos diretamente à jurisdição do Supremo Tribunal Federal, ou se trate de crime sujeito à mesma jurisdição em uma única instância; *(Alínea com redação dada pela EC nº 22/99)*

j) a revisão criminal e a ação rescisória de seus julgados;

l) a reclamação para a preservação de sua competência e garantia da autoridade de suas decisões;

m) a execução de sentença nas causas de sua competência originária, facultada a delegação de atribuições para a prática de atos processuais;

n) a ação em que todos os membros da magistratura sejam direta ou indiretamente interessados, e aquela em que mais da metade dos membros do tribunal de origem estejam impedidos ou sejam direta ou indiretamente interessados;

o) os conflitos de competência entre o Superior Tribunal de Justiça e quaisquer tribunais, entre Tribunais Superiores, ou entre estes e qualquer outro tribunal;

p) o pedido de medida cautelar das ações diretas de inconstitucionalidade;

q) o mandado de injunção, quando a elaboração da norma regulamentadora for atribuição do Presidente da República, do Congresso Nacional, da Câmara dos Deputados, do Senado Federal, da Mesa de uma dessas Casas Legislativas, do Tribunal de Contas da União, de um dos Tribunais Superiores, ou do próprio Supremo Tribunal Federal;

r) as ações contra o Conselho Nacional de Justiça e contra o Conselho Nacional do Ministério Público; *(Alínea acrescentada pela EC nº 45/2004)*

II. julgar, em recurso ordinário:

a) o *habeas corpus*, o mandado de segurança, o *habeas data* e o mandado de injunção decididos em única instância pelos Tribunais Superiores, se denegatória a decisão;

b) o crime político;

III. julgar, mediante recurso extraordinário, as causas decididas em única ou última instância, quando a decisão recorrida:

a) contrariar dispositivo desta Constituição;

b) declarar a inconstitucionalidade de tratado ou lei federal;

c) julgar válida lei ou ato de governo local contestado em face desta Constituição;

d) julgar válida lei local contestada em face de lei federal. *(Alínea acrescentada pela EC nº 45/2004)*

§ 1º A arguição de descumprimento de preceito fundamental, decorrente desta Constituição, será apreciada pelo Supremo Tribunal Federal, na forma da lei. *(Parágrafo renumerado pela EC nº 03/93)*

§ 2º As decisões definitivas de mérito, proferidas pelo Supremo Tribunal Federal, nas ações diretas de inconstitucionalidade e nas ações declaratórias de constitucionalidade produzirão eficácia contra todos e efeito vinculante, relativamente aos demais órgãos do Poder Judiciário e à administração pública direta e indireta, nas esferas federal, estadual e municipal. *(Parágrafo acrescentado pela EC nº 03/93 e com redação dada pela EC nº 45/2004)*

§ 3º No recurso extraordinário o recorrente deverá demonstrar a repercussão geral das questões constitucionais discutidas no caso, nos termos da lei, a fim de que o Tribunal examine a admissão do recurso, somente podendo recusá-lo pela manifestação de dois terços de seus membros. *(Parágrafo acrescentado pela EC nº 45/2004)*

Art. 103. Podem propor a ação direta de inconstitucionalidade e a ação declaratória de constitucionalidade: *(Caput com redação dada pela EC nº 45/2004)*

» *Vide Lei nº 13.105/2015.*

I. o Presidente da República;

II. a Mesa do Senado Federal;

III. a Mesa da Câmara dos Deputados;

IV. a Mesa de Assembleia Legislativa ou da Câmara Legislativa do Distrito Federal;

V. o Governador de Estado ou do Distrito Federal; *(Incisos IV e V com redação dada pela EC nº 45/2004)*

VI. o Procurador-Geral da República;

VII. o Conselho Federal da Ordem dos Advogados do Brasil;

VIII. partido político com representação no Congresso Nacional;

IX. confederação sindical ou entidade de classe de âmbito nacional.

§ 1º O Procurador-Geral da República deverá ser previamente ouvido nas ações de inconstitucionalidade e em todos os processos de competência do Supremo Tribunal Federal.

§ 2º Declarada a inconstitucionalidade por omissão de medida para tornar efetiva norma constitucional, será dada ciência ao Poder competente para a adoção das providências necessárias e, em se tratando de órgão administrativo, para fazê-lo em trinta dias.

§ 3º Quando o Supremo Tribunal Federal apreciar a inconstitucionalidade, em tese, de norma legal ou ato normativo, citará, previamente, o Advogado-Geral da União, que defenderá o ato ou texto impugnado.

Art. 103-A

§ 4º *(Revogado pela EC nº 45/2004)*
» *(Parágrafo acrescentado pela EC nº 03/93)*

Art. 103-A. O Supremo Tribunal Federal poderá, de ofício ou por provocação, mediante decisão de dois terços dos seus membros, após reiteradas decisões sobre matéria constitucional, aprovar súmula que, a partir de sua publicação na imprensa oficial, terá efeito vinculante em relação aos demais órgãos do Poder Judiciário e à administração pública direta e indireta, nas esferas federal, estadual e municipal, bem como proceder à sua revisão ou cancelamento, na forma estabelecida em lei.

§ 1º A súmula terá por objetivo a validade, a interpretação e a eficácia de normas determinadas, acerca das quais haja controvérsia atual entre órgãos judiciários ou entre esses e a administração pública que acarrete grave insegurança jurídica e relevante multiplicação de processos sobre questão idêntica.

§ 2º Sem prejuízo do que vier a ser estabelecido em lei, a aprovação, revisão ou cancelamento de súmula poderá ser provocada por aqueles que podem propor a ação direta de inconstitucionalidade.

§ 3º Do ato administrativo ou decisão judicial que contrariar a súmula aplicável ou que indevidamente a aplicar, caberá reclamação ao Supremo Tribunal Federal que, julgando-a procedente, anulará o ato administrativo ou cassará a decisão judicial reclamada, e determinará que outra seja proferida com ou sem a aplicação da súmula, conforme o caso. *(Artigo acrescentado pela EC nº 45/2004)*

Art. 103-B. O Conselho Nacional de Justiça compõe-se de quinze membros com mais de trinta e cinco e menos de sessenta e seis anos de idade, com mandato de dois anos, admitida uma recondução, sendo:

I. um Ministro do Supremo Tribunal Federal, indicado pelo respectivo tribunal;

II. um Ministro do Superior Tribunal de Justiça, indicado pelo respectivo tribunal;

III. um Ministro do Tribunal Superior do Trabalho, indicado pelo respectivo tribunal;

IV. um desembargador de Tribunal de Justiça, indicado pelo Supremo Tribunal Federal;

V. um juiz estadual, indicado pelo Supremo Tribunal Federal;

VI. um juiz de Tribunal Regional Federal, indicado pelo Superior Tribunal de Justiça;

VII. um juiz federal, indicado pelo Superior Tribunal de Justiça;

VIII. um juiz de Tribunal Regional do Trabalho, indicado pelo Tribunal Superior do Trabalho;

IX. um juiz do trabalho, indicado pelo Tribunal Superior do Trabalho;

X. um membro do Ministério Público da União, indicado pelo Procurador-Geral da República;

XI. um membro do Ministério Público estadual, escolhido pelo Procurador-Geral da República dentre os nomes indicados pelo órgão competente de cada instituição estadual;

XII. dois advogados, indicados pelo Conselho Federal da Ordem dos Advogados do Brasil;

XIII. dois cidadãos, de notável saber jurídico e reputação ilibada, indicados um pela Câmara dos Deputados e outro pelo Senado Federal.

§ 1º O Conselho será presidido pelo Ministro do Supremo Tribunal Federal, que votará em caso de empate, ficando excluído da distribuição de processos naquele tribunal.

§ 2º Os membros do Conselho serão nomeados pelo Presidente da República, depois de aprovada a escolha pela maioria absoluta do Senado Federal.

§ 3º Não efetuadas, no prazo legal, as indicações previstas neste artigo, caberá a escolha ao Supremo Tribunal Federal.

§ 4º Compete ao Conselho o controle da atuação administrativa e financeira do Poder Judiciário e do cumprimento dos deveres funcionais dos juízes, cabendo-lhe, além de outras atribuições que lhe forem conferidas pelo Estatuto da Magistratura:

I. zelar pela autonomia do Poder Judiciário e pelo cumprimento do Estatuto da Magistratura, podendo expedir atos regulamentares, no âmbito de sua competência, ou recomendar providências;

II. zelar pela observância do art. 37 e apreciar, de ofício ou mediante provocação, a legalidade dos atos administrativos praticados por membros ou órgãos do Poder Judiciário, podendo desconstituí-los, revê-los ou fixar prazo para que se adotem as providências necessárias ao exato cumprimento da lei, sem prejuízo da competência do Tribunal de Contas da União;

III. receber e conhecer das reclamações contra membros ou órgãos do Poder Judiciário, inclusive contra seus serviços auxiliares, serventias e órgãos prestadores de serviços notariais e de registro que atuem por delegação do poder público ou oficializados, sem prejuízo da competência disciplinar e correicional dos tribunais, podendo avocar processos disciplinares em curso e determinar a remoção, a disponibilidade ou a aposentadoria com subsídios ou proventos proporcionais ao tempo de serviço e aplicar outras sanções administrativas, assegurada ampla defesa;

IV. representar ao Ministério Público, no caso de crime contra a administração pública ou de abuso de autoridade;

V. rever, de ofício ou mediante provocação, os processos disciplinares de juízes e membros de tribunais julgados há menos de um ano;

VI. elaborar semestralmente relatório estatístico sobre processos e sentenças prolatadas, por unidade da Federação, nos diferentes órgãos do Poder Judiciário;

VII. elaborar relatório anual, propondo as providências que julgar necessárias, sobre a situação do Poder Judiciário no País e as atividades do Conselho, o qual deve integrar mensagem do Presidente do Supremo Tribunal Federal a ser remetida ao Congresso Nacional, por ocasião da abertura da sessão legislativa.

§ 5º O Ministro do Superior Tribunal de Justiça exercerá a função de Ministro-Corregedor e ficará excluído da distribuição de processos no Tribunal, competindo-lhe, além das atribuições que lhe forem conferidas pelo Estatuto da Magistratura, as seguintes:

I. receber as reclamações e denúncias, de qualquer interessado, relativas aos magistrados e aos serviços judiciários;

II. exercer funções executivas do Conselho, de inspeção e de correição geral;

III. requisitar e designar magistrados, delegando-lhes atribuições, e requisitar servidores de juízos ou tribunais, inclusive nos Estados, Distrito Federal e Territórios.

§ 6º Junto ao Conselho oficiarão o Procurador-Geral da República e o Presidente do Conselho Federal da Ordem dos Advogados do Brasil.

§ 7º A União, inclusive no Distrito Federal e nos Territórios, criará ouvidorias de justiça, competentes para receber reclamações e denúncias de qualquer interessado contra membros ou órgãos do Poder Judiciário, ou contra seus serviços auxiliares, representando diretamente ao Conselho Nacional de Justiça. *(Artigo acrescentado pela EC nº 45/2004)*

Seção III
Do Superior Tribunal de Justiça

Art. 104. O Superior Tribunal de Justiça compõe-se de, no mínimo, trinta e três Ministros.

Parágrafo único. Os Ministros do Superior Tribunal de Justiça serão nomeados pelo Presidente da República, dentre brasileiros com mais de trinta e cinco e menos de sessenta e cinco anos, de notável saber jurídico e reputação ilibada, depois de aprovada a escolha pela maioria absoluta do Senado Federal, sendo: *(Parágrafo com redação dada pela EC nº 45/2004)*

I. um terço dentre juízes dos Tribunais Regionais Federais e um terço dentre desembargadores dos Tribunais de Justiça, indicados em lista tríplice elaborada pelo próprio Tribunal;

II. um terço, em partes iguais, dentre advogados e membros do Ministério Público Federal, Estadual, do Distrito Federal e dos Territórios, alternadamente, indicados na forma do art. 94.

Art. 105. Compete ao Superior Tribunal de Justiça:

I. processar e julgar, originariamente:

a) nos crimes comuns, os Governadores dos Estados e do Distrito Federal, e, nestes e nos de responsabilidade, os desembargadores dos Tribunais de Justiça dos Estados e do Distrito Federal, os membros dos Tribunais de Contas dos Estados e do Distrito Federal, os dos Tribunais Regionais Federais, dos Tribunais Regionais Eleitorais e do Trabalho, os membros dos Conselhos ou Tribunais de Contas dos Municípios e os do Ministério Público da União que oficiem perante tribunais;

b) os mandados de segurança e os *habeas data* contra ato de Ministro de Estado, dos Comandantes da Marinha, do Exército e da Aeronáutica ou do próprio Tribunal; *(Alínea com redação dada pela EC nº 23/99)*

c) os *habeas corpus*, quando o coator ou paciente for qualquer das pessoas mencionadas na alínea "a", ou quando o coator for tribunal sujeito à sua jurisdição, Ministro de Estado ou Comandante da Marinha, do Exército ou da Aeronáutica, ressalvada a competência da Justiça Eleitoral; *(Alínea com redação dada pela EC nº 23/99)*

d) os conflitos de competência entre quaisquer tribunais, ressalvado o disposto no art. 102, I, "o", bem como entre tribunal e juízes a ele não vinculados e entre juízes vinculados a tribunais diversos;

e) as revisões criminais e as ações rescisórias de seus julgados;

f) a reclamação para a preservação de sua competência e garantia da autoridade de suas decisões;

g) os conflitos de atribuições entre autoridades administrativas e judiciárias da União, ou entre autoridades judiciárias de um Estado e administrativas de outro ou do Distrito Federal, ou entre as deste e da União;

h) o mandado de injunção, quando a elaboração da norma regulamentadora for atribuição de órgão, entidade ou autoridade federal, da administração direta ou indireta, excetuados os casos de competência do Supremo Tribunal Federal e dos órgãos da Justiça Militar, da Justiça Eleitoral, da Justiça do Trabalho e da Justiça Federal;

i) a homologação de sentenças estrangeiras e a concessão de exequatur às cartas rogatórias; *(Alínea acrescentada pela EC nº 45/2004)*

II. julgar, em recurso ordinário:

a) os *habeas corpus* decididos em única ou última instância pelos Tribunais Regionais Federais ou pelos tribunais dos Estados, do Distrito Federal e Territórios, quando a decisão for denegatória;

b) os mandados de segurança decididos em única instância pelos Tribunais Regionais Federais ou pelos tribunais dos Estados, do Distrito Federal e Territórios, quando denegatória a decisão;

c) as causas em que forem partes Estado estrangeiro ou organismo internacional, de um lado, e, do outro, Município ou pessoa residente ou domiciliada no País;

III. julgar, em recurso especial, as causas decididas, em única ou última instância, pelos Tribunais Regionais Federais ou pelos tribunais dos Estados, do Distrito Federal e Territórios, quando a decisão recorrida:

a) contrariar tratado ou lei federal, ou negar-lhes vigência;

b) julgar válido ato de governo local contestado em face de lei federal; *(Alínea com redação dada pela EC nº 45/2004)*

c) der a lei federal interpretação divergente da que lhe haja atribuído outro tribunal.

Parágrafo único. Funcionarão junto ao Superior Tribunal de Justiça *(Parágrafo com redação dada pela EC nº 45/2004)*

I. a Escola Nacional de Formação e Aperfeiçoamento de Magistrados, cabendo-lhe, dentre outras funções, regulamentar os cursos oficiais para o ingresso e promoção na carreira;

II. o Conselho da Justiça Federal, cabendo-lhe exercer, na forma da lei, a supervisão administrativa e orçamentária da Justiça Federal de primeiro e segundo graus, como órgão central do sistema e com poderes correicionais, cujas decisões terão caráter vinculante. *(Incisos acrescentados pela EC nº 45/2004)*

Seção IV
Dos Tribunais Regionais Federais e dos Juízes Federais

Art. 106. São órgãos da Justiça Federal:

I. os Tribunais Regionais Federais;

II. os Juízes Federais.

Art. 107. Os Tribunais Regionais Federais compõem-se de, no mínimo, sete juízes, recrutados, quando possível, na respectiva região e nomeados pelo Presidente da República dentre brasileiros com mais de trinta e menos de sessenta e cinco anos, sendo:

I. um quinto dentre advogados com mais de dez anos de efetiva atividade profissional e membros do Ministério Público Federal com mais de dez anos de carreira;

II. os demais, mediante promoção de juízes federais com mais de cinco anos de exercício, por antiguidade e merecimento, alternadamente.

Art. 107

§ 1º A lei disciplinará a remoção ou a permuta de juízes dos Tribunais Regionais Federais e determinará sua jurisdição e sede. *(Parágrafo renumerado pela EC nº 45/2004)*

§ 2º Os Tribunais Regionais Federais instalarão a justiça itinerante, com a realização de audiências e demais funções da atividade jurisdicional, nos limites territoriais da respectiva jurisdição, servindo-se de equipamentos públicos e comunitários.

§ 3º Os Tribunais Regionais Federais poderão funcionar descentralizadamente, constituindo Câmaras regionais, a fim de assegurar o pleno acesso do jurisdicionado à justiça em todas as fases do processo. *(Parágrafos 2º e 3º acrescentados pela EC nº 45/2004)*

Art. 108. Compete aos Tribunais Regionais Federais:

I. processar e julgar, originariamente:

a) os juízes federais da área de sua jurisdição, incluídos os da Justiça Militar e da Justiça do Trabalho, nos crimes comuns e de responsabilidade, e os membros do Ministério Público da União, ressalvada a competência da Justiça Eleitoral;

b) as revisões criminais e as ações rescisórias de julgados seus ou dos juízes federais da região;

c) os mandados de segurança e os *habeas data* contra ato do próprio Tribunal ou de juiz federal;

d) os *habeas corpus*, quando a autoridade coatora for juiz federal;

e) os conflitos de competência entre juízes federais vinculados ao Tribunal;

II. julgar, em grau de recurso, as causas decididas pelos juízes federais e pelos juízes estaduais no exercício da competência federal da área de sua jurisdição.

Art. 109. Aos juízes federais compete processar e julgar:

I. as causas em que a União, entidade autárquica ou empresa pública federal forem interessadas na condição de autoras, rés, assistentes ou oponentes, exceto as de falência, as de acidentes de trabalho e as sujeitas à Justiça Eleitoral e à Justiça do Trabalho;

II. as causas entre Estado estrangeiro ou organismo internacional e Município ou pessoa domiciliada ou residente no País;

III. as causas fundadas em tratado ou contrato da União com Estado estrangeiro ou organismo internacional;

IV. os crimes políticos e as infrações penais praticadas em detrimento de bens, serviços ou interesse da União ou de suas entidades autárquicas ou empresas públicas, excluídas as contravenções e ressalvada a competência da Justiça Militar e da Justiça Eleitoral;

V. os crimes previstos em tratado ou convenção internacional, quando, iniciada a execução no País, o resultado tenha ou devesse ter ocorrido no estrangeiro, ou reciprocamente;

V-A. as causas relativas a direitos humanos a que se refere o § 5º deste artigo; *(Inciso acrescentado pela EC nº 45/2004)*

VI. os crimes contra a organização do trabalho e, nos casos determinados por lei, contra o sistema financeiro e a ordem econômico-financeira;

VII. os *habeas corpus*, em matéria criminal de sua competência ou quando o constrangimento provier de autoridade cujos atos não estejam diretamente sujeitos a outra jurisdição;

VIII. os mandados de segurança e os *habeas data* contra ato de autoridade federal, excetuados os casos de competência dos tribunais federais;

IX. os crimes cometidos a bordo de navios ou aeronaves, ressalvada a competência da Justiça Militar;

X. os crimes de ingresso ou permanência irregular de estrangeiro, a execução de carta rogatória, após o exequatur, e de sentença estrangeira, após a homologação, as causas referentes à nacionalidade, inclusive a respectiva opção, e à naturalização;

XI. a disputa sobre direitos indígenas.

§ 1º As causas em que a União for autora serão aforadas na seção judiciária onde tiver domicílio a outra parte.

§ 2º As causas intentadas contra a União poderão ser aforadas na seção judiciária em que for domiciliado o autor, naquela onde houver ocorrido o ato ou fato que deu origem à demanda ou onde esteja situada a coisa, ou, ainda, no Distrito Federal.

§ 3º Serão processadas e julgadas na Justiça estadual, no foro do domicílio dos segurados ou beneficiários, as causas em que forem parte instituição de previdência social e segurado, sempre que a comarca não seja sede de vara do juízo federal, e, se verificada essa condição, a lei poderá permitir que outras causas sejam também processadas e julgadas pela Justiça estadual.

§ 4º Na hipótese do parágrafo anterior, o recurso cabível será sempre para o Tribunal Regional Federal na área de jurisdição do juiz de primeiro grau.

§ 5º Nas hipóteses de grave violação de direitos humanos, o Procurador-Geral da República, com a finalidade de assegurar o cumprimento de obrigações decorrentes de tratados internacionais de direitos humanos dos quais o Brasil seja parte, poderá suscitar, perante o Superior Tribunal de Justiça, em qualquer fase do inquérito ou processo, incidente de deslocamento de competência para a Justiça Federal. *(Parágrafo acrescentado pela EC nº 45/2004)*

Art. 110. Cada Estado, bem como o Distrito Federal, constituirá uma seção judiciária, que terá por sede a respectiva capital, e varas localizadas segundo o estabelecido em lei.

Parágrafo único. Nos Territórios Federais, a jurisdição e as atribuições cometidas aos juízes federais caberão aos juízes da Justiça local, na forma da lei.

(..)

Seção VI
Dos Tribunais e Juízes Eleitorais

Art. 118. São órgãos da Justiça Eleitoral:

I. o Tribunal Superior Eleitoral;
   » CE, art. 16.

II. os Tribunais Regionais Eleitorais;
   » CE, art. 25.

III. os juízes eleitorais;
   » CE, art. 32.
   » LC nº 35/1979, arts. 8º a 11, 15 e 21.
   » Res.-TSE nº 21.009/2002.

IV. as Juntas Eleitorais.
   » CE, art. 36.

Art. 119. O Tribunal Superior Eleitoral compor-se-á, no mínimo, de sete membros, escolhidos:

I. mediante eleição, pelo voto secreto:

a) três juízes dentre os Ministros do Supremo Tribunal Federal;

b) dois juízes dentre os Ministros do Superior Tribunal de Justiça;

II. por nomeação do Presidente da República, dois juízes dentre seis advogados de notável saber jurídico e idoneidade moral, indicados pelo Supremo Tribunal Federal.

Parágrafo único. O Tribunal Superior Eleitoral elegerá seu Presidente e o Vice-Presidente dentre os Ministros do Supremo Tribunal Federal, e o corregedor eleitoral dentre os Ministros do Superior Tribunal de Justiça.

Art. 120. Haverá um Tribunal Regional Eleitoral na capital de cada Estado e no Distrito Federal.

§ 1º Os Tribunais Regionais Eleitorais compor-se-ão:

I. mediante eleição, pelo voto secreto:

a) de dois juízes dentre os desembargadores do Tribunal de Justiça;

b) de dois juízes, dentre juízes de direito, escolhidos pelo Tribunal de Justiça;

II. de um juiz do Tribunal Regional Federal com sede na capital do Estado ou no Distrito Federal, ou, não havendo, de juiz federal, escolhido, em qualquer caso, pelo Tribunal Regional Federal respectivo;

III. por nomeação, pelo Presidente da República, de dois juízes dentre seis advogados de notável saber jurídico e idoneidade moral, indicados pelo Tribunal de Justiça.

» *Res.-TSE nº 21.461/2003.*

» *Res-TSE nº 20.958/2001.*

§ 2º O Tribunal Regional Eleitoral elegerá seu Presidente e o Vice-Presidente dentre os desembargadores.

Art. 121. Lei complementar disporá sobre a organização e competência dos Tribunais, dos juízes de direito e das Juntas Eleitorais.

» *CF, art. 16.*

§ 1º Os membros dos Tribunais, os juízes de direito e os integrantes das Juntas Eleitorais, no exercício de suas funções, e no que lhes for aplicável, gozarão de plenas garantias e serão inamovíveis.

§ 2º Os juízes dos Tribunais Eleitorais, salvo motivo justificado, servirão por dois anos, no mínimo, e nunca por mais de dois biênios consecutivos, sendo os substitutos escolhidos na mesma ocasião e pelo mesmo processo, em número igual para cada categoria.

§ 3º São irrecorríveis as decisões do Tribunal Superior Eleitoral, salvo as que contrariarem esta Constituição e as denegatórias de *habeas corpus* ou mandado de segurança.

» *Vide Súmulas nºs 33,34,35 e 37 do TSE.*

» *Súmula nº 728 do STF.*

» *CE, art. 281.*

§ 4º Das decisões dos Tribunais Regionais Eleitorais somente caberá recurso quando:

» *Vide Súmulas nºs 24,25,28,29,30,31,32,36,64 e 71 do TSE.*

» *CE, art. 276.*

I. forem proferidas contra disposição expressa desta Constituição ou de lei;

II. ocorrer divergência na interpretação de lei entre dois ou mais Tribunais Eleitorais;

III. versarem sobre inelegibilidade ou expedição de diplomas nas eleições federais ou estaduais;

IV. anularem diplomas ou decretarem a perda de mandatos eletivos federais ou estaduais;

V. denegarem *habeas corpus*, mandado de segurança, *habeas data* ou mandado de injunção.

(..)

CAPÍTULO IV
DAS FUNÇÕES ESSENCIAIS À JUSTIÇA

Seção I
Do Ministério Público

Art. 127. O Ministério Público é instituição permanente, essencial à função jurisdicional do Estado, incumbindo-lhe a defesa da ordem jurídica, do regime democrático e dos interesses sociais e individuais indisponíveis.

» *Lei nº 8.625/93, art. 32, III.*

» *LC nº 75/93, arts. 72-80.*

» *Res.-CNMP nº 30/2008.*

§ 1º São princípios institucionais do Ministério Público a unidade, a indivisibilidade e a independência funcional.

§ 2º Ao Ministério Público é assegurada autonomia funcional e administrativa, podendo, observado o disposto no art. 169, propor ao Poder Legislativo a criação e extinção de seus cargos e serviços auxiliares, provendo-os por concurso público de provas ou de provas e títulos, a política remuneratória e os planos de carreira; a lei disporá sobre sua organização e funcionamento. *(Parágrafo com redação dada pela EC nº 19/98)*

§ 3º O Ministério Público elaborará sua proposta orçamentária dentro dos limites estabelecidos na Lei de Diretrizes Orçamentárias.

§ 4º Se o Ministério Público não encaminhar a respectiva proposta orçamentária dentro do prazo estabelecido na lei de diretrizes orçamentárias, o Poder Executivo considerará, para fins de consolidação da proposta orçamentária anual, os valores aprovados na lei orçamentária vigente, ajustados de acordo com os limites estipulados na forma do § 3º.

§ 5º Se a proposta orçamentária de que trata este artigo for encaminhada em desacordo com os limites estipulados na forma do § 3º, o Poder Executivo procederá aos ajustes necessários para fins de consolidação da proposta orçamentária anual.

§ 6º Durante a execução orçamentária do exercício, não poderá haver a realização de despesas ou a assunção de obrigações que extrapolem os limites estabelecidos na lei de diretrizes orçamentárias, exceto se previamente autorizadas, mediante a abertura de créditos suplementares ou especiais. *(Parágrafos 4º a 6º acrescentados pela EC nº 45/2004)*

Art. 128. O Ministério Público abrange:

I. o Ministério Público da União, que compreende:

a) o Ministério Público Federal;

b) o Ministério Público do Trabalho;

c) o Ministério Público Militar;

d) o Ministério Público do Distrito Federal e Territórios;

II. os Ministérios Públicos dos Estados.

§ 1º O Ministério Público da União tem por chefe o Procurador-Geral da República, nomeado pelo Presidente da República dentre integrantes da carreira, maiores de trinta e cinco anos, após a aprovação de seu nome pela maioria absoluta dos membros do Senado Federal, para mandato de dois anos, permitida a recondução.

§ 2º A destituição do Procurador-Geral da República, por iniciativa do Presidente da República, deverá ser precedida de autorização da maioria absoluta do Senado Federal.

§ 3º Os Ministérios Públicos dos Estados e o do Distrito Federal e Territórios formarão lista tríplice dentre integrantes da carreira, na forma da lei respectiva, para escolha de seu Procurador--Geral, que será nomeado pelo Chefe do Poder Executivo, para mandato de dois anos, permitida uma recondução.

(...)

§ 5º Leis complementares da União e dos Estados, cuja iniciativa é facultada aos respectivos Procuradores-Gerais, estabelecerão a organização, as atribuições e o estatuto de cada Ministério Público, observadas, relativamente a seus membros:

I. as seguintes garantias:
  » Port. nº 74/92.

a) vitaliciedade, após dois anos de exercício, não podendo perder o cargo senão por sentença judicial transitada em julgado;

b) inamovibilidade, salvo por motivo de interesse público, mediante decisão do órgão colegiado competente do Ministério Público, pelo voto da maioria absoluta de seus membros, assegurada ampla defesa; *(Alínea com redação dada pela EC nº 45/2004)*

c) irredutibilidade de subsídio, fixado na forma do art. 39, § 4º, e ressalvado o disposto nos arts. 37, X e XI, 150, II, 153, III, 153, § 2º, I; *(Alínea com redação dada pela EC nº 19/98)*

II. as seguintes vedações:

a) receber, a qualquer título e sob qualquer pretexto, honorários, percentagens ou custas processuais;

b) exercer a advocacia;

c) participar de sociedade comercial, na forma da lei;

d) exercer, ainda que em disponibilidade, qualquer outra função pública, salvo uma de magistério;

e) exercer atividade político-partidária; *(Alínea com redação dada pela EC nº 45/2004)*
  » Res.-CNMP nº 30/2008, art. 4º.

f) receber, a qualquer título ou pretexto, auxílios ou contribuições de pessoas físicas, entidades públicas ou privadas, ressalvadas as exceções previstas em lei. *(Alínea acrescentada pela EC nº 45/2004)*

TÍTULO V
DA DEFESA DO ESTADO E DAS INSTITUIÇÕES DEMOCRÁTICAS

(..)

CAPÍTULO II
DAS FORÇAS ARMADAS

Art. 142. As Forças Armadas, constituídas pela Marinha, pelo Exército e pela Aeronáutica, são instituições nacionais permanentes e regulares, organizadas com base na hierarquia e na disciplina, sob a autoridade suprema do Presidente da República, e destinam-se à defesa da Pátria, à garantia dos poderes constitucionais e, por iniciativa de qualquer destes, da lei e da ordem.

(..)

§ 3º Os membros das Forças Armadas são denominados militares, aplicando-se-lhes, além das que vierem a ser fixadas em lei, as seguintes disposições:

(..)

V. o militar, enquanto em serviço ativo, não pode estar filiado a partidos políticos;

(..)

Art. 143. O serviço militar é obrigatório nos termos da lei.

§ 1º Às Forças Armadas compete, na forma da lei, atribuir serviço alternativo aos que, em tempo de paz, após alistados, alegarem imperativo de consciência, entendendo-se como tal o decorrente de crença religiosa e de convicção filosófica ou política, para se eximirem de atividades de caráter essencialmente militar.
  » CF, arts. 5º, VIII; 15, IV.
  » Lei nº 8.239/91, art. 4º, § 2º.
  » CPP, art. 438.

(..)

TÍTULO VI
DA TRIBUTAÇÃO E DO ORÇAMENTO

CAPÍTULO I
DO SISTEMA TRIBUTÁRIO NACIONAL

(..)

Seção II
Das limitações do poder de tributar

Art. 150. Sem prejuízo de outras garantias asseguradas ao contribuinte, é vedado à União, aos Estados, ao Distrito Federal e aos Municípios:

(..)

VI. instituir impostos sobre:

(..)

c) patrimônio, renda ou serviços dos partidos políticos, inclusive suas fundações, das entidades sindicais dos trabalhadores, das instituições de educação e de assistência social, sem fins lucrativos, atendidos os requisitos da lei;
  » Lei nº 9.096/95.
  » Res.-TSE nº 23.464/2015.
  » Res.-TSE nº 23.465/2015.

(..)

§ 4º As vedações expressas no inciso VI, alíneas "b" e "c", compreendem somente o patrimônio, a renda e os serviços relacionados com as finalidades essenciais das entidades nelas mencionadas.

(..)

ATO DAS DISPOSIÇÕES CONSTITUCIONAIS TRANSITÓRIAS

(..)

Art. 29. Enquanto não aprovadas as leis complementares relativas ao Ministério Público e à Advocacia-Geral da União, o Ministério Público Federal, a Procuradoria-Geral da Fazenda Nacional, as Consultorias Jurídicas dos Ministérios, as Procuradorias e Departamentos Jurídicos de autarquias federais com representação própria e os membros das Procuradorias das universidades fundacionais públicas continuarão a exercer suas atividades na área das respectivas atribuições.

§ 1º O Presidente da República, no prazo de cento e vinte dias, encaminhará ao Congresso Nacional projeto de lei complementar dispondo sobre a organização e o funcionamento da Advocacia-Geral da União.

§ 2º Aos atuais Procuradores da República, nos termos da lei complementar, será facultada a opção, de forma irretratável, entre as carreiras do Ministério Público Federal e da Advocacia-Geral da União.

§ 3º Poderá optar pelo regime anterior, no que respeita às garantias e vantagens, o membro do Ministério Público admitido antes da promulgação da Constituição, observando-se, quanto às vedações, a situação jurídica na data desta.

» LC nº 75/93, arts. 281 e 282.

§ 4º Os atuais integrantes do quadro suplementar dos Ministérios Públicos do Trabalho e Militar que tenham adquirido estabilidade nessas funções passam a integrar o quadro da respectiva carreira.

§ 5º Cabe à atual Procuradoria-Geral da Fazenda Nacional, diretamente ou por delegação, que pode ser ao Ministério Público estadual, representar judicialmente a União nas causas de natureza fiscal, na área da respectiva competência, até a promulgação das leis complementares previstas neste artigo.

(..)

EMENDA CONSTITUCIONAL Nº 91, DE 18 DE FEVEREIRO DE 2016

Altera a Constituição Federal para estabelecer a possibilidade, excepcional e em período determinado, de desfiliação partidária, sem prejuízo do mandato.

As Mesas da Câmara dos Deputados e do Senado Federal, nos termos do § 3º do art. 60 da Constituição Federal, promulgam a seguinte Emenda ao texto constitucional:

Art. 1º É facultado ao detentor de mandato eletivo desligar-se do partido pelo qual foi eleito nos trinta dias seguintes à promulgação desta Emenda Constitucional, sem prejuízo do mandato, não sendo essa desfiliação considerada para fins de distribuição dos recursos do Fundo Partidário e de acesso gratuito ao tempo de rádio e televisão.

Art. 2º Esta Emenda Constitucional entra em vigor na data de sua publicação.

Brasília, em 18 de fevereiro de 2016.

Mesa da Câmara dos Deputados
Deputado EDUARDO CUNHA – Presidente
Deputado WALDIR MARANHÃO – 1º Vice-Presidente
Deputado GIACOBO – 2º Vice-Presidente
Deputado BETO MANSUR – 1º Secretário
DEPUTADO Felipe Bornier – 2º Secretário
Deputada MARA GABRILLI – 3ª Secretária
Deputado ALEX CANZIANI – 4º Secretário
Mesa do Senado Federal
Senador RENAN CALHEIROS – Presidente
Senador JORGE VIANA – 1º Vice-Presidente
Senador ROMERO JUCÁ – 2º Vice-Presidente
Senador VICENTINHO ALVES – 1º Secretário
Senador ZEZE PERRELLA – 2º Secretário
Senador GLADSON CAMELI – 3º Secretário
Senadora ÂNGELA PORTELA – 4ª Secretária
Este texto não substitui o publicado no DOU 18/1/2015.

EMENDA CONSTITUCIONAL Nº 97, DE 4 DE OUTUBRO DE 2017

Altera a Constituição Federal para vedar as coligações partidárias nas eleições proporcionais, estabelecer normas sobre acesso dos partidos políticos aos recursos do fundo partidário e ao tempo de propaganda gratuito no rádio e na televisão e dispor sobre regras de transição.

As Mesas da Câmara dos Deputados e do Senado Federal, nos termos do § 3º do art. 60 da Constituição Federal, promulgam a seguinte Emenda ao texto constitucional:

Art. 1º A Constituição Federal passa a vigorar com as seguintes alterações:

Art. 17. [...]

§ 1º É assegurada aos partidos políticos autonomia para definir sua estrutura interna e estabelecer regras sobre escolha, formação e duração de seus órgãos permanentes e provisórios e sobre sua organização e funcionamento e para adotar os critérios de escolha e o regime de suas coligações nas eleições majoritárias, vedada a sua celebração nas eleições proporcionais, sem obrigatoriedade de vinculação entre as candidaturas em âmbito nacional, estadual, distrital ou municipal, devendo seus estatutos estabelecer normas de disciplina e fidelidade partidária.

[...]

§ 3º Somente terão direito a recursos do fundo partidário e acesso gratuito ao rádio e à televisão, na forma da lei, os partidos políticos que alternativamente:

I - obtiverem, nas eleições para a Câmara dos Deputados, no mínimo, 3% (três por cento) dos votos válidos, distribuídos em pelo menos um terço das unidades da Federação, com um mínimo de 2% (dois por cento) dos votos válidos em cada uma delas; ou

Art. 1º

II - tiverem elegido pelo menos quinze Deputados Federais distribuídos em pelo menos um terço das unidades da Federação.

§ 5º Ao eleito por partido que não preencher os requisitos previstos no § 3º deste artigo é assegurado o mandato e facultada a filiação, sem perda do mandato, a outro partido que os tenha atingido, não sendo essa filiação considerada para fins de distribuição dos recursos do fundo partidário e de acesso gratuito ao tempo de rádio e de televisão.

Art. 2º A vedação à celebração de coligações nas eleições proporcionais, prevista no § 1º do art. 17 da Constituição Federal, aplicar-se-á a partir das eleições de 2020.

Art. 3º O disposto no § 3º do art. 17 da Constituição Federal quanto ao acesso dos partidos políticos aos recursos do fundo partidário e à propaganda gratuita no rádio e na televisão aplicar-se-á a partir das eleições de 2030.

Parágrafo único. Terão acesso aos recursos do fundo partidário e à propaganda gratuita no rádio e na televisão os partidos políticos que:

I - na legislatura seguinte às eleições de 2018:

a) obtiverem, nas eleições para a Câmara dos Deputados, no mínimo, 1,5% (um e meio por cento) dos votos válidos, distribuídos em pelo menos um terço das unidades da Federação, com um mínimo de 1% (um por cento) dos votos válidos em cada uma delas; ou

b) tiverem elegido pelo menos nove Deputados Federais distribuídos em pelo menos um terço das unidades da Federação;

II - na legislatura seguinte às eleições de 2022:

a) obtiverem, nas eleições para a Câmara dos Deputados, no mínimo, 2% (dois por cento) dos votos válidos, distribuídos em pelo menos um terço das unidades da Federação, com um mínimo de 1% (um por cento) dos votos válidos em cada uma delas; ou

b) tiverem elegido pelo menos onze Deputados Federais distribuídos em pelo menos um terço das unidades da Federação;

III - na legislatura seguinte às eleições de 2026:

a) obtiverem, nas eleições para a Câmara dos Deputados, no mínimo, 2,5% (dois e meio por cento) dos votos válidos, distribuídos em pelo menos um terço das unidades da Federação, com um mínimo de 1,5% (um e meio por cento) dos votos válidos em cada uma delas; ou

b) tiverem elegido pelo menos treze Deputados Federais distribuídos em pelo menos um terço das unidades da Federação.

Art. 4º Esta Emenda Constitucional entra em vigor na data de sua publicação.

Brasília, em 4 de outubro de 2017.

Mesa do Senado Federal

Senador EUNÍCIO OLIVEIRA
Presidente

Senador CÁSSIO CUNHA LIMA
1º Vice-Presidente

Senador JOÃO ALBERTO SOUZA
2º Vice-Presidente

Senador JOSÉ PIMENTEL
1º Secretário

Senador GLADSON CAMELI
2º Secretário

Senador ANTONIO CARLOS VALADARES
3º Secretário

Senador ZEZE PERRELLA
4º Secretário

Mesa da Câmara dos Deputados

Deputado RODRIGO MAIA
Presidente

Deputado FÁBIO RAMALHO
1º Vice-Presidente

Deputado ANDRÉ FUFUCA
2º Vice-Presidente

Deputado GIACOBO
1º Secretário

Deputada MARIANA CARVALHO
2ª Secretária

Deputado JHC
3º Secretário

Deputado RÔMULO GOUVEIA
4º Secretário

Este texto não substitui o publicado no DOU 5/10/2017.

Legislação Eleitoral Brasileira

Código Eleitoral

Código Eleitoral
Lei nº 4.737,
de 15 de julho de 1965

| Institui o Código Eleitoral.

O Presidente da República,

Faço saber que sanciono a seguinte Lei, aprovada pelo Congresso Nacional, nos termos do art. 4º, caput, do Ato Institucional de 9 de abril de 1964:

PARTE PRIMEIRA
INTRODUÇÃO

Art. 1º. Este código contém normas destinadas a assegurar a organização e o exercício de direitos políticos, precipuamente os de votar e ser votado.

Parágrafo único. O Tribunal Superior Eleitoral expedirá instruções para sua fiel execução.
» CE, arts. 23, IX; 30, XVI.
» CF, arts. 1º, II, parágrafo único; 14, caput; 16.
» Lei nº 9.096/95, art. 61.
» Lei nº 9.504/97, art. 105.

Art. 2º. Todo poder emana do povo e será exercido em seu nome, por mandatários escolhidos, direta e secretamente, dentre candidatos indicados por partidos políticos nacionais, ressalvada a eleição indireta nos casos previstos na Constituição e leis específicas.
» CF, arts. 1º, parágrafo único; 14; 81, § 1º.
» Lei nº 9.709/98.

Art. 3º. Qualquer cidadão pode pretender investidura em cargo eletivo, respeitadas as condições constitucionais e legais de elegibilidade e incompatibilidade.
» CF, art. 14, § 3º, I-III, VI, "a"-"d", §§ 4º-8º.
» LC nº 64/90, arts. 1º; 2º.

Art. 4º. São eleitores os brasileiros maiores de 18 (dezoito) anos que se alistarem na forma da lei.
» CF, art. 14, § 1º, II, "c", § 2º.

Art. 5º. Não podem alistar-se eleitores:
» CF, art. 14, § 2º.

I. os analfabetos;
» CF, art. 14, § 1º, II, "a", § 4º.
» Súmula nº 15 do TSE.

II. os que não saibam exprimir-se na língua nacional;
» Lei nº 6.001/73.
» Lei nº 6.815/80, arts. 107, I, III; 125, XI; 128.
» Res.-TSE nº 23.274, de 01/06/2010.

III. os que estejam privados, temporária ou definitivamente, dos direitos políticos.
» CF, art. 15, I-V.
» LC nº 64/90, art. 1º, I, "e".
» CE, art. 71, II.

Parágrafo único. Os militares são alistáveis desde que oficiais, aspirantes a oficiais, guardas-marinha, subtenentes ou suboficiais, sargentos ou alunos das escolas militares de ensino superior para formação de oficiais.
» CE, art. 98.
» CF, arts. 5º, VIII; 14, § 2º, § 8º; 15, IV; 143, § 1º.
» Res.-TSE nº 15.850/89.

Art. 6º. O alistamento e o voto são obrigatórios para os brasileiros de um e outro sexo, salvo:
» CF, art. 14, § 1º, I, II.
» Lei nº 6.236/75.
» Res.-TSE nº 21.538/2003, art. 14.
» Res.-TSE nº 21.920/2004, art. 1º.

I. quanto ao alistamento:

a) os inválidos;
» Res.-TSE nº 21.920/2004, art. 1º.

b) os maiores de 70 (setenta) anos;
» CF, art. 14, § 1º, II, "b".
» Res.-TSE nº 21.538/2003, art. 80, § 6º.

c) os que se encontrem fora do País;
» CE, arts. 225-233.
» Lei nº 6.091/74, art. 16.
» Res.-TSE nº 20.104/98.

II. quanto ao voto:

a) os enfermos;
» Res.-TSE nº 21.920/2004.

b) os que se encontrem fora do seu domicílio;
» CE, arts. 7º; 8º; 9º; 124; 146; 159; 164; 184; 198; 279; 286; 344.
» CF, art. 7º, IV.
» Lei nº 9.504/97, art. 98.
» Lei nº 8.383/91.

c) os funcionários civis e os militares, em serviço que os impossibilite de votar.

Art. 7º. O eleitor que deixar de votar e não se justificar perante o juiz eleitoral até 30 (trinta) dias(1) após a realização da eleição incorrerá na multa de três a dez por cento sobre o salário-mínimo da região, imposta pelo juiz eleitoral e cobrada na forma prevista no art. 367.
» (1) Res.-TSE nº 21.538/2003, art. 80.
» (Caput com redação dada pela Lei nº 4.961/66)
» CE, art. 231.
» CF, art. 7º, IV.
» Lei nº 6.091/74, arts. 7º; 16, §§.
» Res.-TSE nº 21.538/2003, arts. 80, §§ 1º, 4º; 85.
» Res.-TSE nº 21.920/2004, art. 1º, parágrafo único.
» Lei nº 6.205/75.
» Lei nº 10.522/2002.

§ 1º Sem a prova de que votou na última eleição, pagou a respectiva multa ou de que se justificou devidamente, não poderá o eleitor:
» Lei nº 9.274/96.

I. inscrever-se em concurso ou prova para cargo ou função pública, investir-se ou empossar-se neles;
» CF, art. 37, II.
» Súmula nº 16 do STF.
» Lei nº 8.112/90.

II. receber vencimentos, remuneração, salário ou proventos de função ou emprego público, autárquico ou paraestatal, bem como fundações governamentais, empresas, institutos e sociedades de qualquer natureza, mantidas ou subvencionadas pelo governo ou que exerçam serviço público delegado, correspondentes ao segundo mês subsequente ao da eleição;

» CF, art. 39, §§.

III. participar de concorrência pública ou administrativa da União, dos Estados, dos Territórios, do Distrito Federal ou dos Municípios, ou das respectivas autarquias;

» CF, arts. 22, XXVII; 37, XXI, §§ 1º, 2º.

IV. obter empréstimos nas autarquias, sociedades de economia mista, caixas econômicas federais ou estaduais, nos institutos e caixas de previdência social, bem como em qualquer estabelecimento de crédito mantido pelo governo, ou de cuja administração este participe, e com essas entidades celebrar contratos;

V. obter passaporte ou carteira de identidade;

» Dec. nº 637/92.

VI. renovar matrícula em estabelecimento de ensino oficial ou fiscalizado pelo governo;

» Lei nº 6.236/75.

VII. praticar qualquer ato para o qual se exija quitação do serviço militar ou imposto de renda.

§ 2º Os brasileiros natos ou naturalizados, maiores de 18 anos, salvo os excetuados nos arts. 5º e 6º, I, sem prova de estarem alistados, não poderão praticar os atos relacionados no parágrafo anterior.

» CF, art. 12, I, II.

§ 3º Realizado o alistamento eleitoral pelo processo eletrônico de dados, será cancelada a inscrição do eleitor que não votar em 3 (três) eleições consecutivas, não pagar a multa ou não se justificar no prazo de 6 (seis) meses, a contar da data da última eleição a que deveria ter comparecido. *(Parágrafo acrescentado pela Lei nº 7.663/88)*

» CE, art. 71, V.

» Res.-TSE nº 21.538, art. 80, §§ 6º, 8º.

§ 4º. O disposto no inciso V do § 1º não se aplica ao eleitor no exterior que requeira novo passaporte para identificação e retorno ao Brasil. *(Incluído pela Lei nº 13.165, de 2015)*

Art. 8º. O brasileiro nato que não se alistar até os dezenove anos ou o naturalizado que não se alistar até um ano depois de adquirida a nacionalidade brasileira incorrerá na multa de três a dez por cento sobre o valor do salário-mínimo da região, imposta pelo juiz e cobrada no ato da inscrição eleitoral através de selo federal inutilizado no próprio requerimento. *(Caput com redação dada pela Lei nº 4.961/66)*

» Res.-TSE nº 21.538/2003, art. 15, parágrafo único.

» Res.-TSE nº 21.920/2004, art. 1º, parágrafo único.

» Res.-TSE nº 21.975/2004.

» Lei nº 5.143/66, art. 15.

» Port.-TSE nº 288/2005.

Parágrafo único. Não se aplicará a pena ao não alistado que requerer sua inscrição eleitoral até o centésimo primeiro dia anterior à eleição subsequente à data em que completar 19 (dezenove) anos. *(Parágrafo acrescentado pela Lei nº 9.041/95)*

» CF, arts. 5º, VIII; 15, IV; 143, § 1º.

» Lei nº 9.504/97, art. 91.

» Lei nº 4.375/64.

» Dec. nº 57.654/66.

» Port. nº 153/98.

Art. 9º. Os responsáveis pela inobservância do disposto nos arts. 7º e 8º incorrerão na multa de 1 (um) a 3 (três) salário-mínimo vigentes na Zona Eleitoral ou de suspensão disciplinar até 30 (trinta) dias.

Art. 10. O juiz eleitoral fornecerá aos que não votarem por motivo justificado e aos não alistados nos termos dos arts. 5º e 6º, I, documento que os isente das sanções legais.

» CE, arts. 165, VIII; 230, parágrafo único.

» Lei nº 6.996/82, art. 12.

» Res.-TSE nº 21.920/2004, art. 2º.

» Res.-TSE nº 22.545/2007, art. 2º.

Art. 11. O eleitor que não votar e não pagar a multa, se se encontrar fora de sua zona e necessitar documento de quitação com a Justiça Eleitoral, poderá efetuar o pagamento perante o juízo da zona em que estiver.

» Res.-TSE nº 21.538/2003, art. 82, § 4º.

» Res.-TSE nº 21.823/2004.

§ 1º A multa será cobrada no máximo previsto, salvo se o eleitor quiser aguardar que o juiz da zona em que se encontrar solicite informações sobre o arbitramento ao juízo da inscrição.

» CE, art. 367, I.

» Res.-TSE nº 21.538/2003, arts. 82-85.

§ 2º Em qualquer das hipóteses, efetuado o pagamento através de selos federais, inutilizados no próprio requerimento, o juiz que recolheu a multa comunicará o fato ao da zona de inscrição e fornecerá ao requerente comprovante do pagamento.

» Lei nº 6.091/74, art. 16.

» Res.-TSE nº 21.538/2003, art. 82.

» Lei nº 5.143/66.

» Res.-TSE nº 20.497/99.

» Res.-TSE nº 21.667/2004.

» Res.-TSE nº 22.621/2007.

**PARTE SEGUNDA
DOS ÓRGÃOS DA JUSTIÇA ELEITORAL**

Art. 12. São órgãos da Justiça Eleitoral:

» CF, art. 118.

I. o Tribunal Superior Eleitoral, com sede na Capital da República e jurisdição em todo o País;

» CE, art. 16.

II. um Tribunal Regional, na capital de cada Estado, no Distrito Federal e, mediante proposta do Tribunal Superior, na capital de Território;

» CE, art. 25.

» CF, art. 120.

III. juntas eleitorais;

» CE, art. 32.

IV. juízes eleitorais.

» CE, art. 36.

» CF, arts. 118, I-IV; 121.

» Res.-TSE nº 21.009/2002.

Art. 13

Art. 13. O número de juízes dos Tribunais Regionais não será reduzido, mas poderá ser elevado até nove, mediante proposta do Tribunal Superior, e na forma por ele sugerida.
» *CF, arts. 96, II, "a"; 120, § 1º.*
» *Res.-TSE nº 20.958/2001.*
» *CE, art. 25.*

Art. 14. Os juízes dos Tribunais Eleitorais, salvo motivo justificado, servirão obrigatoriamente por dois anos, e nunca por mais de dois biênios consecutivos.
» *CF, art. 121, § 2º.*

§ 1º Os biênios serão contados, ininterruptamente, sem o desconto de qualquer afastamento, nem mesmo o decorrente de licença, férias, ou licença especial, salvo no caso do § 3º.
» *Res.-TSE nº 20.958/2001.*
» *Res.-TSE nº 21.461/2003.*
» *Res.-TSE nº 20.896/2001.*

§ 2º Os juízes afastados por motivo de licença, férias e licença especial de suas funções na Justiça comum, ficarão automaticamente afastados da Justiça Eleitoral pelo tempo correspondente, exceto quando, com períodos de férias coletivas, coincidir a realização de eleição, apuração ou encerramento de alistamento.
» *Res.-TSE nº 20.958/2001, art. 6º.*

§ 3º Da homologação da respectiva convenção partidária até a diplomação e nos feitos decorrentes do processo eleitoral, não poderão servir como juízes nos Tribunais Eleitorais, ou como juiz eleitoral, o cônjuge ou o parente consanguíneo ou afim, até o segundo grau, de candidato a cargo eletivo registrado na circunscrição. *(Redação dada pela Lei nº 13.165, de 2015)*
» *Lei nº 9.504/97, art. 95.*
» *Res.-TSE nº 20.958/2001, art. 1º, § 2º.*

§ 4º No caso de recondução para o segundo biênio, observar-se-ão as mesmas formalidades indispensáveis à primeira investidura. *(Parágrafos 1º a 4º com redação dada pela Lei nº 4.961/66)*

Art. 15. Os substitutos dos membros efetivos dos Tribunais Eleitorais serão escolhidos, na mesma ocasião e pelo mesmo processo, em número igual para cada categoria.
» *CF, art. 121, § 2º.*

TÍTULO I
DO TRIBUNAL SUPERIOR

Art. 16. Compõe-se o Tribunal Superior Eleitoral: *(Caput com redação dada pela Lei nº 7.191/84)*

I. mediante eleição, pelo voto secreto:
a) de 3 (três) juízes, dentre os Ministros do Supremo Tribunal Federal; e
» *CF, art. 119, I, "a".*

b) de 2 (dois) juízes, dentre os membros do Tribunal Federal de Recursos; *(Inciso e alíneas com redação dada pela Lei nº 7.191/84)*
» *CF, art. 119, I, "b".*

II. por nomeação do Presidente da República de dois juízes dentre 6 (seis) advogados de notável saber jurídico e idoneidade moral, indicados pelo Supremo Tribunal Federal. *(Inciso com redação dada pela Lei nº 7.191/84)*
» *Lei nº 8.906/94 – Estatuto da OAB, art. 28, II.*

» *CF, art. 119, II.*
» *Res.-TSE nºs 9.177/72; 9.407/72.*

§ 1º Não podem fazer parte do Tribunal Superior Eleitoral cidadãos que tenham entre si parentesco, ainda que por afinidade, até o quarto grau, seja o vínculo legítimo ou ilegítimo, excluindo-se neste caso o que tiver sido escolhido por último.

§ 2º A nomeação de que trata o inciso II, deste artigo, não poderá recair em cidadão que ocupe cargo público de que seja demissível ad nutum; que seja diretor, proprietário ou sócio de empresa beneficiada com subvenção, privilégio, isenção ou favor em virtude de contrato com a administração pública, ou que exerça mandato de caráter político, federal, estadual ou municipal. *(Parágrafos com redação dada pela Lei nº 7.191/84)*
» *CF, arts. 119, parágrafo único; 120, §§ 1º, 2º.*

Art. 17. O Tribunal Superior Eleitoral elegerá para seu Presidente um dos Ministros do Supremo Tribunal Federal, cabendo ao outro a Vice-Presidência, e para Corregedor-Geral da Justiça Eleitoral um dos seus membros.
» *CF, art. 119, parágrafo único.*

§ 1º As atribuições do Corregedor-Geral serão fixadas pelo Tribunal Superior Eleitoral.
» *Res.-TSE nº 7.651/65.*
» *Res.-TSE nº 21.329/2002.*
» *Res.-TSE nº 21.372/2003.*

§ 2º No desempenho de suas atribuições, o Corregedor-Geral se locomoverá para os Estados e Territórios nos seguintes casos:
I. por determinação do Tribunal Superior Eleitoral;
II. a pedido dos Tribunais Regionais Eleitorais;
III. a requerimento de partido, deferido pelo Tribunal Superior Eleitoral;
IV. sempre que entender necessário.

§ 3º Os provimentos emanados da Corregedoria-Geral vinculam os Corregedores Regionais, que lhes devem dar imediato e preciso cumprimento.
» *LC nº 64/90, art. 22, I.*

Art. 18. Exercerá as funções de Procurador-Geral, junto ao Tribunal Superior Eleitoral, o Procurador-Geral da República, funcionando, em suas faltas e impedimentos, seu substituto legal.
Parágrafo único. O Procurador-Geral poderá designar outros membros do Ministério Público da União, com exercício no Distrito Federal, e sem prejuízo das respectivas funções, para auxiliá-lo junto ao Tribunal Superior Eleitoral, onde não poderão ter assento.
» *LC nº 75/93, arts. 72-80.*
» *Lei nº 8.625/93, art. 10, IX, "h".*

Art. 19. O Tribunal Superior delibera por maioria de votos, em sessão pública, com a presença da maioria de seus membros.
Parágrafo único. As decisões do Tribunal Superior, assim na interpretação do Código Eleitoral em face da Constituição e cassação de registro de partidos políticos, como sobre quaisquer recursos que importem anulação geral de eleições ou perda de diplomas, só poderão ser tomadas com a presença de todos os seus membros. Se ocorrer impedimento de algum juiz, será convocado o substituto ou o respectivo suplente.
» *CF, art. 97.*
» *Súmula nº 72 do STF.*

Art. 20. Perante o Tribunal Superior, qualquer interessado poderá arguir a suspeição ou impedimento dos seus membros, do Procurador-Geral ou de funcionários de sua Secretaria, nos casos previstos na lei processual civil ou penal e por motivo de parcialidade partidária, mediante o processo previsto em regimento.

» CE, art. 14, § 3º.
» Lei nº 9.504/97, art. 95.

Parágrafo único. Será ilegítima a suspeição quando o excipiente a provocar ou, depois de manifestada a causa, praticar ato que importe aceitação do arguido.

» CPC, arts. 145, 147 e 148.
» CPP, arts. 96; 97; 99; 100; 107; 254; 258; 267.

Art. 21. Os Tribunais e juízes inferiores devem dar imediato cumprimento às decisões, mandados, instruções e outros atos emanados do Tribunal Superior Eleitoral.

» CE, arts. 30, XVI; 35, I; 257, parágrafo único.

Art. 22. Compete ao Tribunal Superior:

I. processar e julgar originariamente:

a) o registro e a cassação de registro de partidos políticos, dos seus diretórios nacionais e de candidatos à Presidência e Vice-Presidência da República;

» CE, art. 89, I.
» LC nº 64/90, art. 2º, parágrafo único.
» Lei nº 9.096/95, arts. 7º-9º; 28; 37.
» Res.-TSE nº 23.464/2015.
» Res.-TSE nº 23.465/2015.

b) os conflitos de jurisdição entre Tribunais Regionais e juízes eleitorais de Estados diferentes;

c) a suspeição ou impedimento aos seus membros, ao Procurador-Geral e aos funcionários da sua Secretaria;

d) os crimes eleitorais e os comuns que lhes forem conexos cometidos pelos seus próprios juízes e pelos juízes dos Tribunais Regionais;

» CE, arts. 35, II; 364.
» CF, arts. 102, I, "c"; 105, I, "a".
» CPP, arts. 76-82.

e) o *habeas corpus* ou mandado de segurança,(1) em matéria eleitoral, relativos a atos do Presidente da República, dos Ministros de Estado e dos Tribunais Regionais, ou, ainda, o *habeas corpus*, quando houver perigo de se consumar a violência antes que o juiz competente possa prover sobre a impetração;

» Vide Súmulas nºs 22, 23 e 34 do TSE.
» (1) Res.-TSE nº 132/84 do Senado Federal.
» CE, art. 276, § 1º.
» CF, arts. 102, I, "d"; 105, I, "b", "c", "h"; 121, §§ 3º, 4º.
» LC nº 35/79, art. 21, VI.

f) as reclamações relativas a obrigações impostas por lei aos partidos políticos, quanto à sua contabilidade e à apuração da origem dos seus recursos;

» Lei nº 9.096/95, arts. 30-44.
» Lei nº 9.504/97, art. 24.
» Res.-TSE nº 23.464/2015.
» Res.-TSE nº 23.465/2015.

g) as impugnações à apuração do resultado geral, proclamação dos eleitos e expedição de diploma na eleição de Presidente e Vice-Presidente da República;

» CE, arts. 19, parágrafo único; 71, § 4º; 205-207; 262.

h) os pedidos de desaforamento dos feitos não decididos nos Tribunais Regionais dentro de trinta dias da conclusão ao relator, formulados por partido, candidato, Ministério Público ou parte legitimamente interessada; *(Alínea com redação dada pela Lei nº 4.961/66)*

i) as reclamações contra os seus próprios juízes que, no prazo de trinta dias a contar da conclusão, não houverem julgado os feitos a eles distribuídos; *(Alínea acrescentada pela Lei nº 4.961/66)*

» Vide Súmula nº 35 do TSE.
» CE, art. 35, V.
» CF, art. 103-B, § 4º, III.
» Lei nº 9.504/97, art. 94, §§ 1º, 2º.

j) a ação rescisória, nos casos de inelegibilidade, desde que intentada dentro do prazo de 120 (cento e vinte) dias da decisão irrecorrível, possibilitando-se o exercício do mandato eletivo até o seu trânsito em julgado;(1) *(Alínea acrescentada pela LC nº 86/96)*

» Vide Súmula nº 33 do TSE.
» LC nº 64/90.
» (1) ADIn nº 1.459-5-DF, DJ de 07/05/99.

II. julgar os recursos interpostos das decisões dos Tribunais Regionais nos termos do art. 276, inclusive os que versarem matéria administrativa.

» CE, arts. 258; 264.

Parágrafo único. As decisões do Tribunal Superior são irrecorríveis, salvo nos casos do art. 281.

» CF, art. 121, § 3º.

Art. 23. Compete, ainda, privativamente, ao Tribunal Superior:

I. elaborar o seu regimento interno;

» CE, art. 96, I, "a".
» CF, art. 96, I, "b".
» Res.-TSE nº 4.510/52.

II. organizar a sua Secretaria e a Corregedoria-Geral, propondo ao Congresso Nacional a criação ou extinção dos cargos administrativos e a fixação dos respectivos vencimentos, provendo-os na forma da lei;

» CF, art. 96, I, "b".

III. conceder aos seus membros licença e férias, assim como afastamento do exercício dos cargos efetivos;

» CF, art. 96, I, "f".

IV. aprovar o afastamento do exercício dos cargos efetivos dos juízes dos Tribunais Regionais Eleitorais;

» Res.-TSE nº 21.188/2002.
» Res.-TSE nº 21.842/2004.

V. propor a criação de Tribunal Regional na sede de qualquer dos Territórios;

» CE, art. 12, II.

VI. propor ao Poder Legislativo o aumento do número dos juízes de qualquer Tribunal Eleitoral, indicando a forma desse aumento;

» CF, arts. 96, II, "a"; 120, § 1º.

VII. fixar as datas para as eleições de Presidente e Vice-Presidente da República, Senadores e Deputados Federais, quando não o tiverem sido por lei;

» CF, arts. 28; 29, I, II; 32, § 2º; 77.
» Lei nº 9.504/97, arts. 1º; 2º, § 1º.
» Lei nº 9.709/98, art. 8º, I.

VIII. aprovar a divisão dos Estados em zonas eleitorais ou a criação de novas zonas;

Art. 23

» *CE, arts. 30, IX; 35, X.*
» *Res.-TSE nº 19.994/97, atualizada pela Res.-TSE nº 20.041/97.*

IX. expedir as instruções que julgar convenientes à execução deste Código;
» *CE, art. 1º, parágrafo único.*
» *Lei nº 9.096/95, art. 61.*
» *Lei nº 9.504/97, art. 105.*

X. fixar a diária do Corregedor-Geral, dos Corregedores Regionais e auxiliares em diligência fora da sede;

XI. enviar ao Presidente da República a lista tríplice organizada pelos Tribunais de Justiça nos termos do art. 25;
» *Res.-TSE nº 20.958/2001, art. 12.*
» *Res.-TSE nº 21.461/2003.*

XII. responder, sobre matéria eleitoral, às consultas que lhe forem feitas em tese por autoridade com jurisdição federal ou órgão nacional de partido político;
» *Vide Súmula nº 35 do TSE.*
» *CE, art. 30, VIII.*

XIII. autorizar a contagem dos votos pelas mesas receptoras nos Estados em que essa providência for solicitada pelo Tribunal Regional respectivo;
» *CE, art. 188.*

XIV. requisitar força federal necessária ao cumprimento da lei, de suas próprias decisões ou das decisões dos Tribunais Regionais que o solicitarem, e para garantir a votação e a apuração; *(Inciso com redação dada pela Lei nº 4.961/66)*
» *CE, art. 30, VIII.*
» *Lei nº 9.504/97, art. 94, § 3º.*
» *LC nº 97/99, art. 15, § 1º.*
» *Dec.-Lei nº 9.064/69.*
» *Res.-TSE nº 8.906/70.*
» *Res.-TSE nº 14.623/88.*
» *Res.-TSE nº 18.504/92.*
» *Res.-TSE nº 21.843/2004.*
» *Res.-TSE nº 22.376/2006.*

XV. organizar e divulgar a Súmula de sua jurisprudência;

XVI. requisitar funcionários da União e do Distrito Federal quando o exigir o acúmulo ocasional do serviço de sua Secretaria;
» *Lei nº 6.999/82.*
» *Res.-TSE nº 20.753/2000.*
» *Res.-TSE nº 20.959/2001.*

XVII. publicar um boletim eleitoral;
» *Res.-TSE nº 16.584/90.*

XVIII. tomar quaisquer outras providências que julgar convenientes à execução da legislação eleitoral.
» *CE, art. 21.*

Art. 24. Compete ao Procurador-Geral, como chefe do Ministério Público Eleitoral:

I. assistir às sessões do Tribunal Superior e tomar parte nas discussões;
» *CF, art. 127.*
» *LC nº 75/93.*
» *Lei nº 8.625/93, art. 10, IX, "h".*
» *CPC, art. 178, I e III.*
» *RITSE, art. 13.*

II. exercer a ação pública e promovê-la até final, em todos os feitos de competência originária do Tribunal;
» *Lei nº 8.038/90.*
» *CE, art. 355.*
» *RITSE, art. 8º.*

III. oficiar em todos os recursos encaminhados ao Tribunal;

IV. manifestar-se, por escrito ou oralmente, em todos os assuntos submetidos à deliberação do Tribunal, quando solicitada sua audiência por qualquer dos juízes, ou por iniciativa sua, se entender necessário;

V. defender a jurisdição do Tribunal;

VI. representar ao Tribunal sobre a fiel observância das leis eleitorais, especialmente quanto à sua aplicação uniforme em todo o País;

VII. requisitar diligências, certidões e esclarecimentos necessários ao desempenho de suas atribuições;

VIII. expedir instruções aos órgãos do Ministério Público junto aos Tribunais Regionais;

IX. acompanhar, quando solicitado, o Corregedor-Geral, pessoalmente ou por intermédio de Procurador que designe, nas diligências a serem realizadas.
» *CE, art. 18.*

TÍTULO II
DOS TRIBUNAIS REGIONAIS

Art. 25. Os Tribunais Regionais Eleitorais compor-se-ão: *(Caput com redação dada pela Lei nº 7.191/84)*

I. mediante eleição, pelo voto secreto:

a) de dois juízes, dentre os Desembargadores do Tribunal de Justiça; e
» *CF, art. 120, § 1º, "a".*

b) de dois juízes de direito, escolhidos pelo Tribunal de Justiça;
» *CF, art. 120, § 1º, "a", "b".*

II. do juiz federal e, havendo mais de um, do que for escolhido pelo Tribunal Federal de Recursos; e
» *CF, art. 120, § 1º, II.*
» *Res.-TSE nº 20.958/2001, art. 4º.*

III. por nomeação do Presidente da República de dois dentre seis cidadãos de notável saber jurídico e idoneidade moral, indicados pelo Tribunal de Justiça. *(Incisos com redação dada pela Lei nº 7.191/84)*
» *CF, art. 120, § 1º, III.*
» *Res.-TSE nº 20.958/2001, art. 12, parágrafo único, VI.*
» *Res.-TSE nº 21.461/2003, arts. 1º; 5º.*
» *Res.-TSE nº 22.222/2006.*

§ 1º A lista tríplice organizada pelo Tribunal de Justiça será enviada ao Tribunal Superior Eleitoral.
» *Res.-TSE nº 20.958/2001, art. 12.*
» *Res.-TSE nº 21.461/2003.*
» *Res.-TSE nº 20.896/2001.*

§ 2º A lista não poderá conter nome de Magistrado aposentado ou de membro do Ministério Público. *(Parágrafo com redação dada pela Lei nº 4.961/66)*
» *CF, arts. 119, II; 120, § 1º, III.*

§ 3º Recebidas as indicações, o Tribunal Superior divulgará a lista através de edital, podendo os partidos, no prazo de 5 (cinco) dias, impugná-la com fundamento em incompatibilidade.

§ 4º Se a impugnação for julgada procedente quanto a qualquer dos indicados, a lista será devolvida ao Tribunal de origem para complementação.

§ 5º Não havendo impugnação, ou desprezada esta, o Tribunal Superior encaminhará a lista ao Poder Executivo para a nomeação.

§ 6º Não podem fazer parte do Tribunal Regional pessoas que tenham entre si parentesco, ainda que por afinidade, até o 4º grau, seja o vínculo legítimo ou ilegítimo, excluindo-se neste caso a que tiver sido escolhida por último.

§ 7º A nomeação de que trata o nº II deste artigo não poderá recair em cidadão que tenha qualquer das incompatibilidades mencionadas no art. 16, § 4º.(1)

» *(1) O art. 16 teve sua redação alterada pela Lei nº 7.191/84, sendo o seu § 4º renumerado para § 2º.*

Art. 26. O Presidente e o Vice-Presidente do Tribunal Regional serão eleitos por este, dentre os três desembargadores do Tribunal de Justiça; o terceiro desembargador será o Corregedor Regional da Justiça Eleitoral.

» *CF, arts. 93; 96, I, "a"; 120, § 1º, I, "a", § 2º.*
» *LC nº 35/79, art. 102.*
» *Res.-TSE nº 20.120/98.*

§ 1º As atribuições do Corregedor Regional serão fixadas pelo Tribunal Superior Eleitoral e, em caráter supletivo ou complementar, pelo Tribunal Regional Eleitoral perante o qual servir.

» *LC nº 64/90, art. 22, caput, I.*

§ 2º No desempenho de suas atribuições, o Corregedor Regional se locomoverá para as zonas eleitorais nos seguintes casos:

I. por determinação do Tribunal Superior Eleitoral ou do Tribunal Regional Eleitoral;

II. a pedido dos juízes eleitorais;

III. a requerimento de partido, deferido pelo Tribunal Regional;

IV. sempre que entender necessário.

Art. 27. Servirá como Procurador Regional junto a cada Tribunal Regional Eleitoral o Procurador da República no respectivo Estado, e, onde houver mais de um, aquele que for designado pelo Procurador-Geral da República.

» *LC nº 75/93, art. 75, I-IV.*

§ 1º No Distrito Federal, serão as funções de Procurador Regional Eleitoral exercidas pelo Procurador-Geral da Justiça do Distrito Federal. (*Parágrafo com eficácia suspensa em razão do Acórdão de 21/05/81, p. 6.305 – STF*)

§ 2º Substituirá o Procurador Regional, em suas faltas ou impedimentos, o seu substituto legal.

§ 3º Compete aos Procuradores Regionais exercer, perante os Tribunais junto aos quais servirem, as atribuições do Procurador-Geral.

§ 4º Mediante prévia autorização do Procurador-Geral, poderão os Procuradores Regionais requisitar, para auxiliá-los nas suas funções, membros do Ministério Público local, não tendo estes, porém, assento nas sessões do Tribunal.

» *LC nº 75/93, art. 77, parágrafo único.*

Art. 28. Os Tribunais Regionais deliberam por maioria de votos, em sessão pública, com a presença da maioria de seus membros.

§ 1º No caso de impedimento e não existindo quórum, será o membro do Tribunal substituído por outro da mesma categoria, designado na forma prevista na Constituição.

» *CE, art. 19, parágrafo único.*
» *Res.-TSE nº 19.740/96.*
» *Res.-TSE nº 22.469/2006.*

§ 2º Perante o Tribunal Regional, e com recurso voluntário para o Tribunal Superior, qualquer interessado poderá arguir a suspeição dos seus membros, do Procurador Regional, ou de funcionários da sua Secretaria, assim como dos juízes e escrivães eleitorais, nos casos previstos na lei processual civil e por motivo de parcialidade partidária, mediante o processo previsto em regimento.

§ 3º No caso previsto no parágrafo anterior, será observado o disposto no parágrafo único do art. 20. (*Parágrafo acrescentado pela Lei nº 4.961/66*)

» *CPC, arts. 145, 147 e 148.*
» *CPP, arts. 96; 97; 99; 100; 107; 254; 258; 267.*

§ 4º. As decisões dos Tribunais Regionais sobre quaisquer ações que importem cassação de registro, anulação geral de eleições ou perda de diplomas somente poderão ser tomadas com a presença de todos os seus membros. (*Incluído pela Lei nº 13.165, de 2015*)

» *CF, art. 14, §§ 10 e 11.*
» *Lei nº 9.504/97, arts. 30-A, 41-A, 45, VI, 73, 74, 75 e 77.*
» *LC nº 64/90, art. 22, XIV.*
» *Res.-TSE nº 22.610/2007.*

§ 5º. No caso do § 4º, se ocorrer impedimento de algum juiz, será convocado o suplente da mesma classe. (*Incluído pela Lei nº 13.165, de 2015*)

Art. 29. Compete aos Tribunais Regionais:

I. processar e julgar originariamente:

a) o registro e o cancelamento do registro dos diretórios estaduais e municipais de partidos políticos, bem como de candidatos a Governador, Vice-Governadores, e membro do Congresso Nacional e das Assembleias Legislativas;

» *CE, art. 89, II.*
» *LC nº 64/90, art. 2º, parágrafo único, II.*
» *Lei nº 9.096/95, art. 10, parágrafo único.*

b) os conflitos de jurisdição entre juízes eleitorais do respectivo Estado;

c) a suspeição ou impedimentos aos seus membros, ao Procurador Regional e aos funcionários da sua Secretaria, assim como aos juízes e escrivães eleitorais;

d) os crimes eleitorais cometidos pelos juízes eleitorais;

» *CE, art. 35, II.*
» *CF, arts. 29, X; 96, III; 105, I, "a".*

e) o *habeas corpus* ou mandado de segurança, em matéria eleitoral, contra ato de autoridades que respondam perante os Tribunais de Justiça por crime de responsabilidade e, em grau de recurso, os denegados ou concedidos pelos juízes eleitorais; ou, ainda, o *habeas corpus*, quando houver perigo de se consumar a violência antes que o juiz competente possa prover sobre a impetração;

» *CF, art. 121, § 4º, V.*

f) as reclamações relativas a obrigações impostas por lei aos partidos políticos, quanto à sua contabilidade e à apuração da origem dos seus recursos;

» *Lei nº 9.096/95, art. 32.*
» *Res.-TSE nº 23.464/2015.*
» *Res.-TSE nº 23.465/2015.*

Art. 29

g) os pedidos de desaforamento dos feitos não decididos pelos juízes eleitorais em trinta dias da sua conclusão para julgamento, formulados por partido, candidato, Ministério Público ou parte legitimamente interessada, sem prejuízo das sanções decorrentes do excesso de prazo. *(Alínea com redação dada pela Lei nº 4.961/66)*
  » *Lei nº 9.504/97, art. 94, §§ 1º, 2º.*

II. julgar os recursos interpostos:

a) dos atos e das decisões proferidas pelos juízes e juntas eleitorais;
  » *CE, arts. 258; 264.*

b) das decisões dos juízes eleitorais que concederem ou denegarem *habeas corpus* ou mandado de segurança.
  » *CE, art. 35, III.*

Parágrafo único. As decisões dos Tribunais Regionais são irrecorríveis, salvo nos casos do art. 276.
  » *CF, art. 121, § 4º, I-V.*

Art. 30. Compete, ainda, privativamente, aos Tribunais Regionais:

I. elaborar o seu regimento interno;
  » *CF, art. 96, I, "a".*

II. organizar a sua Secretaria e a Corregedoria Regional, provendo-lhes os cargos na forma da lei, e propor ao Congresso Nacional, por intermédio do Tribunal Superior, a criação ou supressão de cargos e a fixação dos respectivos vencimentos;
  » *CF, art. 96, I, "b".*
  » *Res.-TSE nº 21.902/2004.*
  » *Res.-TSE nº 22.020/2005.*

III. conceder aos seus membros e aos Juízes Eleitorais licença e férias, assim como afastamento do exercício dos cargos efetivos, submetendo, quanto àqueles, a decisão à aprovação do Tribunal Superior Eleitoral;
  » *CF, art. 96, I, "f".*

IV. fixar a data das eleições de Governador e Vice-Governador, Deputados Estaduais, Prefeitos, Vice-Prefeitos, Vereadores e Juízes de Paz, quando não determinada por disposição constitucional ou legal;
  » *CF, arts. 14, § 3º, VI, "c"; 28; 29, II; 32, § 2º; 77; 82; 98, II.*
  » *Lei nº 9.504/97, arts. 1º, caput; 2º; § 1º; 3º, § 2º.*

V. constituir as Juntas Eleitorais e designar a respectiva sede e jurisdição;
  » *CE, arts. 36; 38, § 3º; 189; 195, I-VI; 265; 267, §§; 313; 314; 316; 379, §§.*

VI. indicar ao Tribunal Superior as zonas eleitorais ou seções em que a contagem dos votos deva ser feita pela mesa receptora;
  » *CE, art. 188.*

VII. apurar, com os resultados parciais enviados pelas juntas eleitorais, os resultados finais das eleições de Governador e Vice-Governador, de membros do Congresso Nacional e expedir os respectivos diplomas, remetendo dentro do prazo de 10 (dez) dias após a diplomação, ao Tribunal Superior, cópia das atas de seus trabalhos;
  » *CE, art. 197, V.*

VIII. responder, sobre matéria eleitoral, às consultas que lhe forem feitas, em tese, por autoridade pública ou partido político;
  » *CE, art. 23, XII.*

IX. dividir a respectiva circunscrição em zonas eleitorais, submetendo esta divisão, assim como a criação de novas zonas, à aprovação do Tribunal Superior;
  » *CE, arts. 23, VIII; 35, X.*
  » *Res.-TSE nº 19.994/97.*

X. aprovar a designação do oficio de Justiça que deva responder pela escrivania eleitoral durante o biênio;

XI. *(Revogado pela Lei nº 8.868/94);*

XII. requisitar a força necessária ao cumprimento de suas decisões, solicitar ao Tribunal Superior a requisição de força federal;
  » *CE, art. 23, XIV.*

XIII. autorizar, no Distrito Federal e nas capitais dos Estados, ao seu Presidente e, no interior, aos juízes eleitorais, a requisição de funcionários federais, estaduais ou municipais para auxiliarem os escrivães eleitorais, quando o exigir o acúmulo ocasional do serviço;
  » *Res.-TSE nº 20.753/2000.*
  » *CE, arts. 23, XVI; 33, § 1º.*

XIV. requisitar funcionários da União e, ainda, no Distrito Federal e em cada Estado ou Território, funcionários dos respectivos quadros administrativos, no caso de acúmulo ocasional de serviço de suas Secretarias;
  » *Res.-TSE nº 21.909/2004.*
  » *CE, art. 23, XVI.*

XV. aplicar as penas disciplinares de advertência e de suspensão, até 30 (trinta) dias aos juízes eleitorais;
  » *Lei nº 6.999/82.*
  » *Lei nº 9.504/97, art. 54, § 3º.*

XVI. cumprir e fazer cumprir as decisões e instruções do Tribunal Superior;
  » *CE, arts. 1º, parágrafo único; 21; 257, parágrafo único.*
  » *Lei nº 9.096/95, art. 61.*
  » *Lei nº 9.504/97, art. 105.*

XVII. determinar, em caso de urgência, providências para a execução da lei na respectiva circunscrição;
  » *CE, art. 257, parágrafo único.*

XVIII. organizar o fichário dos eleitores do Estado;

XIX. suprimir os mapas parciais de apuração, mandando utilizar apenas os boletins e os mapas totalizadores, desde que o menor número de candidatos às eleições proporcionais justifique a supressão, observadas as seguintes normas:

a) qualquer candidato ou partido poderá requerer ao Tribunal Regional que suprima a exigência dos mapas parciais de apuração;

b) da decisão do Tribunal Regional, qualquer candidato ou partido poderá, no prazo de três dias, recorrer para o Tribunal Superior, que decidirá em cinco dias;
  » *CE, art. 258.*

c) *a supressão dos mapas parciais de apuração só será admitida até seis meses antes da data da eleição;*

d) os boletins e mapas de apuração serão impressos pelos Tribunais Regionais, depois de aprovados pelo Tribunal Superior;
  » *CE, art. 315.*

e) o Tribunal Regional ouvirá os partidos na elaboração dos modelos dos boletins e mapas de apuração a fim de que estes atendam às peculiaridades locais, encaminhando os modelos que aprovar, acompanhados das sugestões ou impugnações

formuladas pelos partidos, à decisão do Tribunal Superior. (*Inciso e alíneas acrescentados pela Lei nº 4.961/66*)
» CE, arts. 197-204.

Art. 31. Faltando num Território o Tribunal Regional, ficará a respectiva circunscrição eleitoral sob a jurisdição do Tribunal Regional que o Tribunal Superior designar.
» CF, arts. 18, § 2º; 33; ADCT, art. 14.

TÍTULO III
DOS JUÍZES ELEITORAIS

Art. 32. Cabe a jurisdição de cada uma das zonas eleitorais a um juiz de direito em efetivo exercício e, na falta deste, ao seu substituto legal que goze das prerrogativas do art. 95 da Constituição.
» CF, art. 95, I-III.
» LC nº 35/79, arts. 11, caput, § 1º; 22, § 2º.
» Res.-TSE nº 21.009/2002.
» Res.-TSE nº 19.260/2001.
» Res.-TSE nº 22.607/2007.

Parágrafo único. Onde houver mais de uma vara, o Tribunal Regional designará aquela ou aquelas, a que incumbe o serviço eleitoral.
» CE, art. 30, V, VI, IX.
» Res.-TSE nº 21.009/2002, art. 3º.
» Res.-TSE nº 20.505/99.
» Res.-TSE nº 21.081/2002.

Art. 33. Nas zonas eleitorais onde houver mais de uma serventia de justiça, o juiz indicará ao Tribunal Regional a que deve ter o anexo da escrivania eleitoral pelo prazo de dois anos.

§ 1º Não poderá servir como escrivão eleitoral, sob pena de demissão, o membro de diretório de partido político, nem o candidato a cargo eletivo, seu cônjuge ou parente consanguíneo ou afim até o segundo grau.
» CE, arts. 30, X; 35, VI; 45.
» Lei nº 10.842/2004.
» Provimento do TRE/RJ nº 01/96.

§ 2º O escrivão eleitoral, em suas faltas e impedimentos, será substituído na forma prevista pela lei de organização judiciária local.

Art. 34. Os juízes despacharão todos os dias na sede da sua zona eleitoral.

Art. 35. Compete aos juízes:

I. cumprir e fazer cumprir as decisões e determinações do Tribunal Superior e do Regional;
» CE, arts. 21; 30, XVI; 257, parágrafo único.

II. processar e julgar os crimes eleitorais e os comuns que lhe forem conexos, ressalvada a competência originária do Tribunal Superior e dos Tribunais Regionais;
» CE, arts. 22, I, "d"; 29, I, "d"; 364.
» CF, arts. 29, X; 96, III; 102; 105.

III. decidir *habeas corpus* e mandado de segurança, em matéria eleitoral, desde que essa competência não esteja atribuída privativamente à instância superior;
» CE, arts. 22, I, "e"; 29, I, "e".

IV. fazer as diligências que julgar necessárias à ordem e presteza do serviço eleitoral;

» CE, art. 21.

V. tomar conhecimento das reclamações que lhe forem feitas verbalmente ou por escrito, reduzindo-as a termo, e determinando as providências que cada caso exigir;
» CE, art. 22, I, "i".
» LC nº 64/90, arts. 3º; 22.

VI. indicar, para aprovação do Tribunal Regional, a serventia de justiça que deve ter o anexo da escrivania eleitoral;

VII. (*Revogado pela Lei nº 8.868/94*);

VIII. dirigir os processos eleitorais e determinar a inscrição e a exclusão de eleitores;
» CE, art. 71, I-V.
» Res.-TSE nº 21.991/2005.

IX. expedir títulos eleitorais e conceder transferência de eleitor;
» CE, arts. 55; 57, § 1º; 58, § 4º; 68, §§ 1º, 2º; 114, parágrafo único.
» Res.-TSE nº 21.538/2003, arts. 22-26.

X. dividir a zona em seções eleitorais;
» CE, arts. 23, VIII; 30, IX.

XI. mandar organizar, em ordem alfabética, relação dos eleitores de cada seção, para remessa à mesa receptora, juntamente com a pasta das folhas individuais de votação;
» CE, art. 45, § 9º.

XII. ordenar o registro e cassação do registro dos candidatos aos cargos eletivos municipais e comunicá-los ao Tribunal Regional;
» CE, art. 89, III.
» LC nº 64/90, art. 2º, parágrafo único, III.
» Lei nº 9.504/97, arts. 41-A; 73, § 5º.

XIII. designar, até 60 (sessenta) dias antes das eleições os locais das seções;
» CE, art. 135.

XIV. nomear, 60 (sessenta) dias antes da eleição, em audiência pública anunciada com pelo menos 5 (cinco) dias de antecedência, os membros das mesas receptoras;
» CE, art. 120.
» Lei nº 9.504/97, arts. 63; 64.

XV. instruir os membros das mesas receptoras sobre as suas funções;
» CE, art. 122.

XVI. providenciar para a solução das ocorrências que se verificarem nas mesas receptoras;
» CE, art. 139.

XVII. tomar todas as providências ao seu alcance para evitar os atos viciosos das eleições;
» Lei nº 9.504/97, art. 41-A.

XVIII. fornecer aos que não votaram por motivo justificado e aos não alistados, por dispensados do alistamento, um certificado que os isente das sanções legais;
» Res.-TSE nº 21.538/2003, art. 80, §§ 6º, 8º.

XIX. comunicar, até às 12 horas do dia seguinte à realização da eleição, ao Tribunal Regional e aos delegados de partidos credenciados, o número de eleitores que votarem em cada uma das seções da zona sob sua jurisdição, bem como o total de votantes da zona.

TÍTULO IV
DAS JUNTAS ELEITORAIS

Art. 36. Compor-se-ão as juntas eleitorais de um juiz de direito, que será o presidente, e de 2 (dois) ou 4 (quatro) cidadãos de notória idoneidade.
» LC nº 35/79, arts. 11, § 2º; 23.
» Lei nº 9.504/97, art. 98.
» Lei nº 8.868/94, art. 15.

§ 1º Os membros das juntas eleitorais serão nomeados 60 (sessenta) dias antes da eleição, depois de aprovação do Tribunal Regional, pelo presidente deste, a quem cumpre também designar-lhes a sede.
» CE, art. 30, V.

§ 2º Até 10 (dez) dias antes da nomeação, os nomes das pessoas indicadas para compor as Juntas serão publicados no órgão oficial do Estado, podendo qualquer partido, no prazo de 3 (três) dias, em petição fundamentada, impugnar as indicações.

§ 3º Não podem ser nomeados membros das Juntas, escrutinadores ou auxiliares:

I. os candidatos e seus parentes, ainda que por afinidade, até o segundo grau, inclusive, e bem assim o cônjuge;
» CE, arts. 265; 266; 267, §§; 313; 314; 316.

II. os membros de Diretórios de partidos políticos devidamente registrados e cujos nomes tenham sido oficialmente publicados;

III. as autoridades e agentes policiais, bem como os funcionários no desempenho de cargos de confiança do Executivo;

IV. os que pertencerem ao serviço eleitoral.
» Lei nº 9.504/97, art. 64.

Art. 37. Poderão ser organizadas tantas Juntas quantas permitir o número de juízes de direito que gozem das garantias do art. 95 da Constituição, mesmo que não sejam juízes eleitorais.
» CF, arts. 95, I-III; 121.
» LC nº 35/79, arts. 11, § 2º; 23.

Parágrafo único. Nas zonas em que houver de ser organizada mais de uma Junta, ou quando estiver vago o cargo de juiz eleitoral ou estiver este impedido, o Presidente do Tribunal Regional, com a aprovação deste, designará juízes de direito da mesma ou de outras comarcas para presidirem as juntas eleitorais.

Art. 38. Ao presidente da Junta é facultado nomear, dentre cidadãos de notória idoneidade, escrutinadores e auxiliares em número capaz de atender à boa marcha dos trabalhos.

§ 1º É obrigatória essa nomeação sempre que houver mais de 10 (dez) urnas a apurar.

§ 2º Na hipótese do desdobramento da Junta em turmas, o respectivo presidente nomeará um escrutinador para servir como secretário em cada turma.

§ 3º Além dos secretários a que se refere o parágrafo anterior, será designado pelo presidente da Junta um escrutinador para secretário-geral competindo-lhe:

I. lavrar as atas;

II. tomar por termo ou protocolar os recursos, neles funcionando como escrivão;

III. totalizar os votos apurados.

Art. 39. Até 30 (trinta) dias antes da eleição, o presidente da junta comunicará ao presidente do Tribunal Regional as nomeações que houver feito e divulgará a composição do órgão por edital publicado ou afixado, podendo qualquer partido oferecer impugnação motivada, no prazo de 3 (três) dias.

Art. 40. Compete à Junta Eleitoral:

I. apurar, no prazo de 10 (dez) dias, as eleições realizadas nas zonas eleitorais sob a sua jurisdição;
» CE, art. 159.

II. resolver as impugnações e demais incidentes verificados durante os trabalhos da contagem e da apuração;

III. expedir os boletins de apuração mencionados no art. 179;
» CE, art. 313.

IV. expedir diploma aos eleitos para cargos municipais.
» CE, arts. 22, I, "g"; 197, IV; 211, § 2º; 215; 262.

Parágrafo único. Nos Municípios onde houver mais de uma junta eleitoral, a expedição dos diplomas será feita pela que for presidida pelo juiz eleitoral mais antigo, à qual as demais enviarão os documentos da eleição.
» CE, art. 262.
» CF, art. 14, §§ 10, 11.
» LC nº 64/90, art. 2º, parágrafo único, III.

Art. 41. Nas zonas eleitorais em que for autorizada a contagem prévia dos votos pelas mesas receptoras, compete à Junta Eleitoral tomar as providências mencionadas no art. 195.

PARTE TERCEIRA
DO ALISTAMENTO

TÍTULO I
DA QUALIFICAÇÃO E INSCRIÇÃO

Art. 42. O alistamento se faz mediante a qualificação e inscrição do eleitor.

Parágrafo único. Para o efeito da inscrição, é domicílio eleitoral o lugar de residência ou moradia do requerente, e, verificado ter o alistando mais de uma, considerar-se-á domicílio qualquer delas.
» CF, art. 14, § 3º, IV.
» Lei nº 6.996/82, arts. 4º; 6º-8º.
» Lei nº 7.444/85, art. 5º, §§ 1º-4º.
» Lei nº 9.504/97, art. 9º.
» Res.-TSE nº 21.538/2003, arts. 2º; 4º; 65.
» Súmula nº 483 do STF.
» Res.-TSE nº 21.920/2004.
» CPC, art. 46, § 1º.
» Dec.-Lei nº 201/67, art. 7º, II.
» Provimento nº 09/97 da Corregedoria-Geral da Justiça Eleitoral.

Art. 43. O alistando apresentará em cartório, ou em local previamente designado, requerimento em fórmula, que obedecerá ao modelo aprovado pelo Tribunal Superior.
» Lei nº 7.444/85, art. 5º, § 4º.
» Res.-TSE nº 21.538/2003, arts. 4º; 8º; 13; 14.

Art. 44. O requerimento, acompanhado de 3 (três) retratos, será instruído com um dos seguintes documentos, que não poderão ser supridos mediante justificação:

I. carteira de identidade expedida pelo órgão competente do Distrito Federal ou dos Estados;

II. certificado de quitação do serviço militar;

» Res.-TSE nº 21.384/2003.
» Res.-TSE nº 22.097/2005.

III. certidão de idade extraída do registro civil;

IV. instrumento público do qual se infira, por direito, ter o requerente idade superior a dezoito anos e do qual conste, também, os demais elementos necessários à sua qualificação;

V. documento do qual se infira a nacionalidade brasileira, originária ou adquirida, do requerente.

Parágrafo único. Será devolvido o requerimento que não contenha os dados constantes do modelo oficial, na mesma ordem, em caracteres inequívocos.

» CE, art. 4º.
» CF, art. 12, § 2º.
» Lei nº 6.996/82, art. 6º, I, II.
» Lei nº 7.444/85, art. 5º, § 4º.
» Res.-TSE nº 21.538/2003, art. 13.
» Lei nº 6.192/74, art. 1º.

Art. 45. O escrivão, o funcionário ou o preparador, recebendo a fórmula e documentos, determinará que o alistando date e assine a petição e, em ato contínuo, atestará terem sido a data e assinatura lançadas na sua presença; em seguida, tomará a assinatura do requerente na folha individual de votação e nas duas vias do título eleitoral, dando recibo da petição e do documento.

» Lei nº 7.444/85, art. 5º, § 1º.
» Lei nº 8.868/94, art. 14.

§ 1º O requerimento será submetido ao despacho do juiz nas 48 (quarenta e oito) horas seguintes.

§ 2º Poderá o juiz, se tiver dúvida quanto à identidade do requerente ou sobre qualquer outro requisito para o alistamento, converter o julgamento em diligência para que o alistando esclareça ou complete a prova ou, se for necessário, compareça pessoalmente à sua presença.

§ 3º Se se tratar de qualquer omissão ou irregularidade que possa ser sanada, fixará o juiz, para isso, prazo razoável.

§ 4º Deferido o pedido, no prazo de 5 (cinco) dias, o título e o documento que instruiu o pedido serão entregues pelo juiz, escrivão, funcionário ou preparador. A entrega far-se-á ao próprio eleitor, mediante recibo, ou a quem o eleitor autorizar por escrito o recebimento, cancelando-se o título cuja assinatura não for idêntica à do requerimento de inscrição e à do recibo. O recibo será obrigatoriamente anexado ao processo eleitoral, incorrendo o juiz que não o fizer na multa de um a cinco salários-mínimos regionais na qual incorrerão ainda o escrivão, funcionário ou preparador, se responsáveis bem como qualquer deles, se entregarem ao eleitor o título cuja assinatura não for idêntica à do requerimento de inscrição e do recibo ou o fizerem a pessoa não autorizada por escrito. *(Parágrafo com redação dada pela Lei nº 4.961/66)*

» CE, arts. 289-350.
» CF, art. 14, § 1º, II, "a".
» Res.-TSE nº 21.538/2003, art. 24.
» Lei nº 7.332/85.

§ 5º A restituição de qualquer documento não poderá ser feita antes de despachado o pedido de alistamento pelo juiz eleitoral.

§ 6º Quinzenalmente, o juiz eleitoral fará publicar pela imprensa, onde houver, ou por editais, a lista dos pedidos de inscrição, mencionando os deferidos, os indeferidos e os convertidos em diligência, contando-se dessa publicação o prazo para os recursos a que se refere o parágrafo seguinte.

» Res.-TSE nº 21.538/2003, art. 17.

§ 7º Do despacho que indeferir o requerimento de inscrição caberá recurso interposto pelo alistando, e do que o deferir poderá recorrer qualquer delegado de partido.

» Lei nº 6.996/82, art. 7º, § 1º.
» Res.-TSE nº 21.538/2003, arts. 17, § 1º; 18, § 5º.

§ 8º Os recursos referidos no parágrafo anterior serão julgados pelo Tribunal Regional Eleitoral dentro de 5 (cinco) dias.

§ 9º Findo esse prazo, sem que o alistando se manifeste, ou logo que seja desprovido o recurso em instância superior, o juiz inutilizará a folha individual de votação assinada pelo requerente, a qual ficará fazendo parte integrante do processo e não poderá, em qualquer tempo, ser substituída, nem dele retirada, sob pena de incorrer o responsável nas sanções previstas no art. 293.

» Lei nº 6.996/82, art. 12.

§ 10 No caso de indeferimento do pedido, o cartório devolverá ao requerente, mediante recibo, as fotografias e o documento com que houver instruído o seu requerimento.

§ 11 O título eleitoral e a folha individual de votação somente serão assinados pelo juiz eleitoral depois de preenchidos pelo cartório e de deferido o pedido, sob as penas do art. 293. *(Parágrafo com redação dada pela Lei nº 4.961/66)*

§ 12 É obrigatória a remessa ao Tribunal Regional da ficha do eleitor, após a expedição do seu título. *(Parágrafo acrescentado pela Lei nº 4.961/66)*

Art. 46. As folhas individuais de votação e os títulos serão confeccionados de acordo com o modelo aprovado pelo Tribunal Superior Eleitoral.

» Res.-TSE nº 21.538/2003, arts. 22; 23.

§ 1º Da folha individual de votação e do título eleitoral constará a indicação da seção em que o eleitor tiver sido inscrito, a qual será localizada dentro do distrito judiciário ou administrativo de sua residência e o mais próximo dela, considerados a distância e os meios de transporte.

§ 2º As folhas individuais de votação serão conservadas em pastas, uma para cada seção eleitoral; remetidas por ocasião das eleições às mesas receptoras, serão por estas encaminhadas com a urna e os demais documentos da eleição às Juntas Eleitorais, que as devolverão, findos os trabalhos da apuração, ao respectivo cartório, onde ficarão guardadas.

» Lei nº 6.996/82, arts. 3º, I, II; 12.
» Lei nº 7.444/85, arts. 2º; 3º; 6º.

§ 3º O eleitor ficará vinculado permanentemente à seção eleitoral indicada no seu título, salvo:

I. se se transferir de zona ou Município, hipótese em que deverá requerer transferência;

II. se, até 100 (cem) dias antes da eleição, provar, perante o juiz eleitoral, que mudou de residência dentro do mesmo Município, de um distrito para outro ou para lugar muito distante da seção em que se acha inscrito, caso em que serão feitas na folha de votação e no título eleitoral, para esse fim exibido, as alterações correspondentes, devidamente autenticadas pela autoridade judiciária.

» CE, arts. 289-350.
» Lei nº 9.504/97, art. 91.
» Res.-TSE nº 21.538/2003, art. 25.

Art. 46

§ 4º O eleitor poderá, a qualquer tempo, requerer ao juiz eleitoral a retificação de seu título eleitoral ou de sua folha individual de votação quando neles constar erro evidente, ou indicação de seção diferente daquela a que devesse corresponder a residência indicada no pedido de inscrição ou transferência. *(Parágrafo acrescentado pela Lei nº 4.961/66)*
  » *Res.-TSE nº 21.538/2003, arts. 6º; 21.*

§ 5º O título eleitoral servirá de prova de que o eleitor está inscrito na seção em que deve votar. E, uma vez datado e assinado pelo presidente da mesa receptora, servirá, também, de prova de haver o eleitor votado. *(Parágrafo renumerado pela Lei nº 4.961/66)*
  » *Res.-TSE nº 21.538/2003, arts. 26; 54.*

Art. 47. As certidões de nascimento ou casamento, quando destinadas ao alistamento eleitoral, serão fornecidas gratuitamente, segundo a ordem dos pedidos apresentados em cartório pelos alistandos ou delegados de partido.

§ 1º Os cartórios de registro civil farão ainda, gratuitamente, o registro de nascimento, visando ao fornecimento de certidão aos alistandos, desde que provem carência de recursos, ou aos delegados de partido, para fins eleitorais. *(Parágrafo acrescentado pela Lei nº 6.018/74)*
  » *Lei nº 6.015/73, art. 30.*
  » *Lei nº 9.265/96.*
  » *Lei nº 9.534/97.*
  » *CE, art. 373.*

§ 2º Em cada cartório de registro civil haverá um livro especial, aberto e rubricado pelo juiz eleitoral, onde o cidadão, ou o delegado de partido deixará expresso o pedido de certidão para fins eleitorais, datando-o.

§ 3º O escrivão, dentro de quinze dias da data do pedido, concederá a certidão, ou justificará, perante o juiz eleitoral, por que deixa de fazê-lo.

§ 4º A infração ao disposto neste artigo sujeitará o escrivão às penas do art. 293. *(Parágrafos 2º a 4º acrescentados pela Lei nº 4.961/66 e renumerados pela Lei nº 6.018/74)*

Art. 48. O empregado, mediante comunicação com 48 (quarenta e oito) horas de antecedência, poderá deixar de comparecer ao serviço, sem prejuízo do salário e por tempo não excedente a 2 (dois) dias, para o fim de se alistar eleitor ou requerer transferência.
  » *Lei nº 9.504/97, art. 98.*
  » *CLT, art. 473, V.*
  » *Lei nº 8.112/90, art. 97.*

Art. 49. Os cegos alfabetizados pelo sistema Braille, que reunirem as demais condições de alistamento, podem qualificar-se mediante o preenchimento da fórmula impressa e a aposição do nome com as letras do referido alfabeto.

§ 1º De forma idêntica serão assinadas a folha individual de votação e as vias do título.
  » *CE, art. 150.*

§ 2º Esses atos serão feitos na presença também de funcionários de estabelecimento especializado de amparo e proteção de cegos, conhecedor do sistema Braille, que subscreverá, com o escrivão ou funcionário designado, a seguinte declaração, a ser lançada no modelo de requerimento: "Atestamos que a presente fórmula, bem como a folha individual de votação e vias do título, foram subscritas pelo próprio, em nossa presença".

Art. 50. O juiz eleitoral providenciará para que se proceda ao alistamento nas próprias sedes dos estabelecimentos de proteção aos cegos, marcando previamente dia e hora para tal fim, podendo se inscrever na zona eleitoral correspondente todos os cegos do Município.

§ 1º Os eleitores inscritos em tais condições deverão ser localizados em uma mesma seção da respectiva zona.

§ 2º Se, no alistamento realizado pela forma prevista nos artigos anteriores, o número de eleitores não alcançar o mínimo exigido, este se completará com a inclusão de outros, ainda que não sejam cegos.
  » *CE, art. 136, caput.*

Art. 51. *(Revogado pela Lei nº 7.914/89)*

Capítulo I
Da segunda via

Art. 52. No caso de perda ou extravio de seu título, requererá o eleitor ao juiz do seu domicílio eleitoral, até 10 (dez) dias antes da eleição, que lhe expeça segunda via.

§ 1º O pedido de segunda via será apresentado em cartório, pessoalmente, pelo eleitor, instruído o requerimento, no caso de inutilização ou dilaceração, com a primeira via do título.
  » *CE, arts. 289; 290; 350.*
  » *Res.-TSE nº 21.538/2003, arts. 7º; 8º; 19.*

§ 2º No caso de perda ou extravio do título, o juiz, após receber o requerimento de segunda via, fará publicar, pelo prazo de 5 (cinco) dias, pela imprensa, onde houver, ou por editais, a notícia do extravio ou perda e do requerimento de segunda via, deferindo o pedido, findo este prazo, se não houver impugnação.
  » *Res.-TSE nº 21.538/2003, art. 19.*
  » *CE, art. 57, § 2º.*

Art. 53. Se o eleitor estiver fora do seu domicílio eleitoral poderá requerer a segunda via ao juiz da zona em que se encontrar, esclarecendo se vai recebê-la na sua zona ou na em que requereu.
  » *CE, arts. 69, parágrafo único; 289; 350.*
  » *Lei nº 7.115/83.*
  » *Lei nº 6.629/79.*

§ 1º O requerimento, acompanhado de um novo título, assinado pelo eleitor na presença do escrivão ou de funcionário designado e de uma fotografia, será encaminhado ao juiz da zona do eleitor.

§ 2º Antes de processar o pedido, na forma prevista no artigo anterior, o juiz determinará que se confira a assinatura constante do novo título com a da folha individual de votação ou do requerimento de inscrição.

§ 3º Deferido o pedido, o título será enviado ao juiz da zona que remeteu o requerimento, caso o eleitor haja solicitado essa providência, ou ficará em cartório aguardando que o interessado o procure.

§ 4º O pedido de segunda via formulado nos termos deste artigo só poderá ser recebido até 60 (sessenta) dias antes do pleito.

Art. 54. O requerimento de segunda via, em qualquer das hipóteses, deverá ser assinado sobre selos federais, correspondentes a 2% (dois por cento) do salário-mínimo da zona eleitoral de inscrição.

Parágrafo único. Somente será expedida segunda via ao eleitor que estiver quite com a Justiça Eleitoral, exigindo-se, para o que

foi multado e ainda não liquidou a dívida, o prévio pagamento, através de selo federal inutilizado nos autos.
» CE, art. 8º.
» Lei nº 5.143/66.

Capítulo II
Da transferência

Art. 55. Em caso de mudança de domicílio, cabe ao eleitor requerer ao juiz do novo domicílio sua transferência, juntando o título anterior.

§ 1º A transferência só será admitida satisfeitas as seguintes exigências:

I. entrada do requerimento no cartório eleitoral do novo domicílio até 100 (cem) dias antes da data da eleição;

II. transcorrência de pelo menos 1 (um) ano da inscrição primitiva;

III. residência mínima de 3 (três) meses no novo domicílio, atestada pela autoridade policial ou provada por outros meios convincentes.
» Res.-TSE nº 11.917/84.
» Vide notas ao art. 53 do Código Eleitoral.
» CE, art. 67.
» Lei nº 6.966/82, art. 8º.
» Lei nº 9.504/97, art. 9º.
» Res.-TSE nº 21.538/2003, arts. 5º; 18.
» Lei nº 7.115/83, art. 1º.

§ 2º O disposto nos incisos II e III do parágrafo anterior não se aplica quando se tratar de transferência de título eleitoral de servidor público civil, militar, autárquico, ou de membro de sua família, por motivo de remoção ou transferência. *(Parágrafo com redação dada pela Lei nº 4.961/66)*

Art. 56. No caso de perda ou extravio do título anterior, declarado esse fato na petição de transferência, o juiz do novo domicílio, como ato preliminar, requisitará, por telegrama, a confirmação do alegado à Zona Eleitoral onde o requerente se achava inscrito.

§ 1º O juiz do antigo domicílio, no prazo de 5 (cinco) dias, responderá por ofício ou telegrama, esclarecendo se o interessado é realmente eleitor, se a inscrição está em vigor, e, ainda, qual o número e a data da inscrição respectiva.

§ 2º A informação mencionada no parágrafo anterior, suprirá a falta do título extraviado, ou perdido, para o efeito da transferência, devendo fazer parte integrante do processo.

Art. 57. O requerimento de transferência de domicílio eleitoral será imediatamente publicado na imprensa oficial na capital, e em cartório nas demais localidades, podendo os interessados impugná-lo no prazo de 10 (dez) dias.

§ 1º Certificado o cumprimento do disposto neste artigo, o pedido deverá ser desde logo decidido, devendo o despacho do juiz ser publicado pela mesma forma. *(Caput e parágrafo com redação dada pela Lei nº 4.961/66)*

§ 2º Poderá recorrer para o Tribunal Regional Eleitoral, no prazo de 3 (três) dias, o eleitor que pediu a transferência, sendo-lhe a mesma negada, ou qualquer delegado de partido, quando o pedido for deferido.
» CE, arts. 257; 258.
» Lei nº 6.996/82, art. 7º, § 1º.
» Res.-TSE nº 21.538/2003, art. 18, §§ 4º-6º.

§ 3º Dentro de 5 (cinco) dias, o Tribunal Regional Eleitoral decidirá do recurso interposto nos termos do parágrafo anterior.

§ 4º Só será expedido o novo título decorridos os prazos previstos neste artigo e respectivos parágrafos.

Art. 58. Expedido o novo título, o juiz comunicará a transferência ao Tribunal Regional competente, no prazo de 10 (dez) dias, enviando-lhe o título eleitoral, se houver, ou documento a que se refere o § 1º do art. 56.

§ 1º Na mesma data comunicará ao juiz da zona de origem a concessão da transferência e requisitará a folha individual de votação.
» CE, art. 45, § 9º.

§ 2º Na nova folha individual de votação, ficará consignado, na coluna destinada a anotações, que a inscrição foi obtida por transferência e, de acordo com os elementos constantes do título primitivo, qual o último pleito em que o eleitor transferido votou. Essa anotação constará, também, de seu título.
» Lei nº 6.996/82.

§ 3º O processo de transferência só será arquivado após o recebimento da folha individual de votação da zona de origem, que dele ficará constando, devidamente inutilizada, mediante aposição de carimbo a tinta vermelha.

§ 4º No caso de transferência de Município ou distrito dentro da mesma zona, deferido o pedido, o juiz determinará a transposição da folha individual de votação para a pasta correspondente ao novo domicílio, a anotação de mudança no título eleitoral e comunicará ao Tribunal Regional para a necessária averbação na ficha do eleitor.

Art. 59. Na zona de origem, recebida do juiz do novo domicílio a comunicação de transferência, o juiz tomará as seguintes providências:

I. determinará o cancelamento da inscrição do transferido e a remessa dentro de três dias, da folha individual de votação ao juiz requisitante;
» CE, art. 45, § 9º.

II. ordenará a retirada do fichário da segunda parte do título;

III. comunicará o cancelamento ao Tribunal Regional a que estiver subordinado, que fará a devida anotação na ficha de seus arquivos;

IV. se o eleitor havia assinado ficha de registro de partido, comunicará ao juiz do novo domicílio e, ainda, ao Tribunal Regional se a transferência foi concedida para outro Estado.

Art. 60. O eleitor transferido não poderá votar no novo domicílio eleitoral em eleição suplementar à que tiver sido realizada antes de sua transferência.

Art. 61. Somente será concedida transferência ao eleitor que estiver quite com a Justiça Eleitoral.
» CE, arts. 289; 350.
» Lei nº 6.996/82.

§ 1º Se o requerente não instruir o pedido de transferência com o título anterior, o juiz do novo domicílio, ao solicitar informação ao da zona de origem, indagará se o eleitor está quite com a Justiça Eleitoral, ou, não o estando, qual a importância da multa imposta e não paga.

§ 2º Instruído o pedido com o título, e verificado que o eleitor não votou em eleição anterior, o juiz do novo domicílio solicitará informações sobre o valor da multa arbitrada na zona de origem,

Art. 61

salvo se o eleitor não quiser aguardar a resposta, hipótese em que pagará o máximo previsto.

§ 3º O pagamento da multa, em qualquer das hipóteses dos parágrafos anteriores, será comunicado ao juízo de origem para as necessárias anotações.

Capítulo III
Dos preparadores

Arts. 62 a 65. *(Revogados pela Lei nº 8.868/94)*

Capítulo IV
Dos delegados de partido perante o alistamento

Art. 66. É lícito aos partidos políticos, por seus delegados:
» *Lei nº 9.504/97, arts. 6º; 65; 66.*
» *Res.-TSE nº 19.406/95, art. 28.*
» *Res.-TSE nº 21.538/2003, arts. 27; 28.*

I. acompanhar os processos de inscrição;

II. promover a exclusão de qualquer eleitor inscrito ilegalmente e assumir a defesa do eleitor cuja exclusão esteja sendo promovida;

III. examinar, sem perturbação do serviço e em presença dos servidores designados, os documentos relativos ao alistamento eleitoral, podendo deles tirar cópias ou fotocópias.

§ 1º Perante o juízo eleitoral, cada partido poderá nomear 3 (três) delegados.

§ 2º Perante os preparadores, cada partido poderá nomear até 2 (dois) delegados, que assistam e fiscalizem os seus atos.

§ 3º Os delegados a que se refere este artigo serão registrados perante os juízes eleitorais, a requerimento do presidente do Diretório Municipal.

§ 4º O delegado credenciado junto ao Tribunal Regional Eleitoral poderá representar o partido junto a qualquer Juízo ou preparador do Estado, assim como o delegado credenciado perante o Tribunal Superior Eleitoral poderá representar o partido perante qualquer Tribunal Regional, Juízo ou preparador.
» *LC nº 64/90, art. 19, parágrafo único.*
» *Lei nº 9.096/95, art. 11, parágrafo único.*
» *Res.-TSE nº 21.538/2003, art. 28.*

Capítulo V
Do encerramento do alistamento

Art. 67. Nenhum requerimento de inscrição eleitoral ou de transferência será recebido dentro dos 100 (cem) dias anteriores à data da eleição.
» *Lei nº 9.504/97, art. 91.*
» *Res.-TSE nº 21.538/2003, art. 25.*

Art. 68. Em audiência pública, que se realizará às 14 (quatorze) horas do 69º (sexagésimo nono) dia anterior à eleição, o juiz eleitoral declarará encerrada a inscrição de eleitores na respectiva zona e proclamará o número dos inscritos até às 18 (dezoito) horas do dia anterior, o que comunicará incontinente ao Tribunal Regional Eleitoral, por telegrama, e fará público em edital, imediatamente afixado no lugar próprio do juízo, e divulgado pela imprensa, onde houver, declarando nele o nome do último eleitor inscrito e o número do respectivo título, fornecendo aos Diretórios Municipais dos partidos cópia autêntica desse edital.

§ 1º Na mesma data será encerrada a transferência de eleitores, devendo constar do telegrama do juiz eleitoral ao Tribunal Regional Eleitoral, do edital e da cópia deste fornecida aos diretórios municipais dos partidos e da publicação da imprensa os nomes dos 10 (dez) últimos eleitores, cujos processos de transferência estejam definitivamente ultimados e o número dos respectivos títulos eleitorais.

§ 2º O despacho de pedido de inscrição, transferência ou segunda via proferido após esgotado o prazo legal sujeita o juiz eleitoral às penas do art. 291.
» *Res.-TSE nº 21.538/2003, art. 25.*

Art. 69. Os títulos eleitorais resultantes dos pedidos de inscrição ou de transferência serão entregues até 30 (trinta) dias antes da eleição.

Parágrafo único. A segunda via poderá ser entregue até a véspera do pleito.
» *CE, arts. 289; 350.*

Art. 70. O alistamento reabrir-se-á em cada zona logo que estejam concluídos os trabalhos da sua junta eleitoral.
» *CE, arts. 36; 293.*
» *Res.-TSE nº 21.538/2003, art. 25.*

TÍTULO II
DO CANCELAMENTO E DA EXCLUSÃO

Art. 71. São causas de cancelamento:

I. a infração dos arts. 5º e 42;

II. a suspensão ou perda dos direitos políticos;
» *CF, arts. 15, I-V; 55, IV, VI.*
» *Res.-TSE nº 21.538/2003, art. 51.*
» *CP, arts. 47, I; 92, I.*
» *Lei nº 8.239/91.*
» *Lei nº 8.429/92.*

III. a pluralidade de inscrição;
» *Res.-TSE nº 22.166/2006.*

IV. o falecimento do eleitor;
» *Res.-TSE nº 22.166/2006.*

V. deixar de votar em 3 (três) eleições consecutivas. *(Inciso com redação dada pela Lei nº 7.663/88)*
» *CE, art. 7º, § 3º.*
» *Res.-TSE nº 21.538/2003, art. 80, §§ 6º, 8º.*

§ 1º A ocorrência de qualquer das causas enumeradas neste artigo acarretará a exclusão do eleitor, que poderá ser promovida ex officio, a requerimento de delegado de partido ou de qualquer eleitor.

§ 2º No caso de ser algum cidadão maior de 18 (dezoito) anos privado temporária ou definitivamente dos direitos políticos, a autoridade que impuser essa pena providenciará para que o fato seja comunicado ao juiz eleitoral ou ao Tribunal Regional da circunscrição em que residir o réu.
» *Res.-TSE nº 21.538/2003, art. 51.*

§ 3º Os oficiais do registro civil, sob as penas do art. 293, enviarão, até o dia 15 (quinze) de cada mês, ao juiz eleitoral da zona em que oficiarem comunicação dos óbitos de cidadãos alistáveis ocorridos no mês anterior, para cancelamento das inscrições.

§ 4º Quando houver denúncia fundamentada de fraude no alistamento de uma zona ou Município, o Tribunal Regional poderá determinar a realização de correição e, provada a fraude em proporção comprometedora, ordenará a revisão do eleitorado, obedecidas as instruções do Tribunal Superior e as recomendações que, subsidiariamente, baixar, com o cancelamento de ofício das inscrições correspondentes aos títulos que não forem apresentados à revisão. *(Parágrafo acrescentado pela Lei nº 4.961/66)*

» Lei nº 9.504/97, art. 92.
» Res.-TSE nº 20.132/98.
» Res.-TSE nº 21.538/2003, arts. 58-76.
» Res.-TSE nº 21.372/2003.

Art. 72. Durante o processo e até a exclusão, pode o eleitor votar validamente.

Parágrafo único. Tratando-se de inscrições contra as quais hajam sido interpostos recursos das decisões que as deferiram, desde que tais recursos venham a ser providos pelo Tribunal Regional ou Tribunal Superior, serão nulos os votos se o seu número for suficiente para alterar qualquer representação partidária ou classificação de candidato eleito pelo princípio majoritário.

» CE, arts. 78, I; 224.

Art. 73. No caso de exclusão, a defesa pode ser feita pelo interessado, por outro eleitor ou por delegado de partido.

Art. 74. A exclusão será mandada processar *ex officio* pelo juiz eleitoral, sempre que tiver conhecimento de alguma das causas do cancelamento.

Art. 75. O Tribunal Regional, tomando conhecimento, através de seu fichário, da inscrição do mesmo eleitor em mais de uma zona sob sua jurisdição, comunicará o fato ao juiz competente para o cancelamento, que de preferência deverá recair:

I. na inscrição que não corresponda ao domicílio eleitoral;
II. naquela cujo título não haja sido entregue ao eleitor;
III. naquela cujo título não haja sido utilizado para o exercício do voto na última eleição;
IV. na mais antiga.

» Res.-TSE nº 21.538/2003, arts. 33; 40; 41; 47.

Art. 76. Qualquer irregularidade determinante de exclusão será comunicada por escrito e por iniciativa de qualquer interessado ao juiz eleitoral, que observará o processo estabelecido no artigo seguinte.

Art. 77. O juiz eleitoral processará a exclusão pela forma seguinte:

I. mandará autuar a petição ou representação com os documentos que a instruírem;
II. fará publicar edital com prazo de 10 (dez) dias para ciência dos interessados, que poderão contestar dentro de 5 (cinco) dias;
  » CE, art. 79.
III. concederá dilação probatória de 5 (cinco) a 10 (dez) dias, se requerida;
  » CE, art. 79.
IV. decidirá no prazo de 5 (cinco) dias.
  » CE, arts. 257; 258.
  » Res.-TSE nº 21.538/2003, arts. 41; 50.

Art. 78. Determinado, por sentença, o cancelamento, o cartório tomará as seguintes providências:

I. retirará, da respectiva pasta, a folha de votação, registrará a ocorrência no local próprio para anotações e juntá-la-á ao processo de cancelamento;
  » Res.-TSE nº 21.931/2004.
II. registrará a ocorrência na coluna de observações do livro de inscrição;
III. excluirá dos fichários as respectivas fichas, colecionando-as à parte;
IV. anotará, de forma sistemática, os claros abertos na pasta de votação para o oportuno preenchimento dos mesmos;
V. comunicará o cancelamento ao Tribunal Regional para anotação no seu fichário.

Art. 79. No caso de exclusão por falecimento, tratando-se de caso notório, serão dispensadas as formalidades previstas nos números II e III do art. 77.

» CE, art. 71, IV, § 3º.

Art. 80. Da decisão do juiz eleitoral caberá recurso no prazo de (três) dias, para o Tribunal Regional, interposto pelo excluendo ou por delegado de partido.

» CE, arts. 257; 258.

Art. 81. Cessada a causa do cancelamento, poderá o interessado requerer novamente a sua qualificação e inscrição.

» CE, arts. 42; 71.

PARTE QUARTA
DAS ELEIÇÕES

TÍTULO I
DO SISTEMA ELEITORAL

Art. 82. O Sufrágio é universal e direto; o voto, obrigatório e secreto.

» CF, arts. 1º, II, parágrafo único; 14; 60, § 4º, II.
» Lei nº 9.096/95, art. 1º.
» Lei nº 9.709/98.

Art. 83. Na eleição direta para o Senado Federal, para Prefeito e Vice-Prefeito, adotar-se-á o princípio majoritário. *(Artigo com redação dada pela Lei nº 6.534/78)*

» CF, arts. 28; 29, I-III; 32, § 2º; 46, § 1º; 54; 77.
» Lei nº 9.504/97, arts. 2º; 3º.

Art. 84. A eleição para a Câmara dos Deputados, Assembleias Legislativas e Câmaras Municipais obedecerá ao princípio da representação proporcional na forma desta Lei.

» CE, arts. 105; 113.
» CF, arts. 27; 29, IV; 32, §§ 2º, 3º; 33, § 3º; 45.
» LC nº 78/93.
» Res.-TSE nº 21.702/2004; 21.803/2004.

Art. 85. A eleição para Deputados Federais, Senadores e suplentes, Presidente e Vice-Presidente da República, Governadores, Vice-Governadores e Deputados Estaduais far-se-á simultaneamente em todo o país.

» CF, arts. 28; 32, § 2º; 77; 82.
» Lei nº 9.504/97, art. 1º.

Art. 86. Nas eleições presidenciais, a circunscrição será o País; nas eleições federais e estaduais, o Estado; e nas municipais, o respectivo Município.

» CF, art. 14, § 7º.

Capítulo I
Do registro dos candidatos

Art. 87. Somente podem concorrer às eleições candidatos registrados por partidos.

Art. 87

» *CF, art. 14, § 3º, V.*
» *Lei nº 9.096/95, arts. 16; 18; 20.*
» *Lei nº 9.504/97, art. 10, §§ 1º-3º.*

Parágrafo único. Nenhum registro será admitido fora do período de 6 (seis) meses antes da eleição.
» *Lei nº 9.504/97, arts. 8º; 11.*
» *CE, art. 93.*

Art. 88. Não é permitido registro de candidato, embora para cargos diferentes, por mais de uma circunscrição ou para mais de um cargo na mesma circunscrição.
» *CF, art. 14, § 3º, V.*
» *Lei nº 9.504/97, art. 9º.*

Parágrafo único. Nas eleições realizadas pelo sistema proporcional, o candidato deverá estar filiado ao partido, na circunscrição em que concorrer, pelo tempo que for fixado nos respectivos estatutos.
» *CE, art. 3º.*
» *LC nº 64/90, art. 3º, § 2º.*
» *Lei nº 9.096/95, arts. 18; 20.*
» *Lei nº 9.504/97, art. 9º.*
» *Res.-TSE nº 19.978/97, 19.988/97, 20.539/99, 20.614/2000, 20.615/2000, 21.787/2004, 22.088/2005, 22.095/2005.*

Art. 89. Serão registrados:

I. no Tribunal Superior Eleitoral os candidatos a Presidente e Vice-Presidente da República;
» *CE, art. 22, I.*

II. nos Tribunais Regionais Eleitorais os candidatos a Senador, Deputado Federal, Governador e Vice-Governador e Deputado Estadual;
» *CE, art. 29, I, "a".*

III. nos juízos eleitorais os candidatos a Vereador, Prefeito e Vice-Prefeito e Juiz de Paz.
» *CE, art. 35, XII.*
» *CF, arts. 14, § 3º, VI, "c"; 98, II; ADCT, art. 30.*
» *LC nº 64/90, art. 2º.*

Art. 90. Somente poderão inscrever candidatos os partidos que possuam Diretório devidamente registrado na circunscrição em que se realizar a eleição.
» *Lei nº 9.504/97, art. 4º.*

Art. 91. O registro de candidatos a Presidente e Vice-Presidente, Governador e Vice-Governador ou Prefeito e Vice-Prefeito far-se-á sempre em chapa única e indivisível, ainda que resulte a indicação de aliança de partidos.
» *LC nº 64/90, art. 18.*
» *CE, art. 105.*

§ 1º O registro de candidatos a Senador far-se-á com o do suplente partidário.
» *CF, art. 46, § 3º.*
» *(Regimento Interno do Senado Federal, Res.-TSE nº 93/70, arts. 5º, § 2º; 7º, § 2º; 45)*

§ 2º Nos Territórios far-se-á o registro do candidato a Deputado com o do suplente.
» *CF, arts. 33; 45, § 2º; ADCT, art. 14.*
» *Lei nº 9.504/97.*

Art. 92. *(Revogado pela Lei nº 9.504/97)*

Art. 93. O prazo de entrada em cartório ou na Secretaria do Tribunal, conforme o caso, de requerimento de registro de candidato a cargo eletivo terminará, improrrogavelmente, às dezenove horas do dia 15 de agosto do ano em que se realizarem as eleições. *(Redação dada pela Lei nº 13.165, de 2015)*
» *Lei nº 9.504/97, art. 11.*

§ 1º. Até vinte dias antes da data das eleições, todos os requerimentos, inclusive os que tiverem sido impugnados, devem estar julgados pelas instâncias ordinárias, e publicadas as decisões a eles relativas. *(Redação dada pela Lei nº 13.165, de 2015)*
» *LC nº 64/90, art. 3º.*

§ 2º.As convenções partidárias para a escolha dos candidatos serão realizadas, no máximo, até 5 de agosto do ano em que se realizarem as eleições. *(Redação dada pela Lei nº 13.165, de 2015)*
» *Lei nº 9.504/97, art. 8º.*

Art. 94. O registro pode ser promovido por delegado de partido, autorizado em documento autêntico, inclusive telegrama de quem responda pela direção partidária e sempre com assinatura reconhecida por tabelião.
» *Lei nº 9.096/95, art. 11, parágrafo único.*

§ 1º O requerimento de registro deverá ser instruído:
» *CF, art. 14, § 3º, I-VI.*
» *Lei nº 9.504/97, art. 11, § 4º.*

I. com a cópia autêntica da ata da convenção que houver feito a escolha do candidato, a qual deverá ser conferida com o original na Secretaria do Tribunal ou no Cartório Eleitoral;
» *Lei nº 9.504/97, art. 11, § 1º, I.*

II. com autorização do candidato, em documento com a assinatura reconhecida por tabelião;
» *Lei nº 9.504/97, art. 11, § 1º, II.*

III. com certidão fornecida pelo cartório eleitoral da zona de inscrição, em que conste que o registrando é eleitor;
» *Lei nº 9.504/97, art. 11, § 1º, V.*

IV. com prova de filiação partidária, salvo para os candidatos a Presidente e Vice-Presidente, Senador e respectivo suplente, Governador e Vice-Governador, Prefeito e Vice-Prefeito;
» *CF, art. 14, § 3º, V.*
» *Lei nº 9.096/95, arts. 16; 18; 20.*
» *Lei nº 9.504/97, art. 11, § 1º, III.*

V. com folha corrida fornecida pelos cartórios competentes, para que se verifique se o candidato está no gozo dos direitos políticos (arts. 132, III, e 135 da Constituição Federal); *(Inciso com redação dada pela Lei nº 4.961/66)*
» *CF, art. 15, I-V.*
» *LC nº 64/90, art. 1º, I, "e".*
» *Lei nº 9.504/97, art. 11, § 1º, VII.*
» *Súmula nº 9 do TSE.*
» *Súmula nº 13 do TSE.*
» *Lei nº 7.210/84, art. 202.*

VI. com declaração de bens, de que constem a origem e as mutações patrimoniais.
» *Lei nº 9.504/97, art. 11, § 1º, IV.*

§ 2º A autorização do candidato pode ser dirigida diretamente ao órgão ou juiz competente para o registro.
» *LC nº 64/90, art. 2º, parágrafo único, I-III.*

Art. 95. O candidato poderá ser registrado sem o prenome, ou com o nome abreviado, desde que a supressão não estabeleça dúvidas quanto à sua identidade.
» Lei nº 9.504/97, art. 12.

Art. 96. Será negado o registro a candidato que, pública ou ostensivamente, faça parte, ou seja adepto de partido político cujo registro tenha sido cassado com fundamento no art. 141, § 13, da Constituição Federal.
» CF, art. 17.
» LC nº 64/90, arts. 3º-13.
» Lei nº 9.096/95, arts. 2º; 15, II, III, V, VI; 28.
» Lei nº 9.504/97, arts. 13; 14.
» Res.-TSE nº 23.464/2015.
» Res.-TSE nº 23.465/2015.

Art. 97. Protocolado o requerimento de registro, o presidente do Tribunal ou o juiz eleitoral, no caso de eleição municipal ou distrital, fará publicar imediatamente edital para ciência dos interessados.

§ 1º O edital será publicado na Imprensa Oficial, nas capitais, e afixado em cartório, no local de costume, nas demais zonas.

§ 2º Do pedido de registro caberá, no prazo de 2 (dois) dias, a contar da publicação ou afixação do edital, impugnação articulada por parte de candidato ou de partido político.
» LC nº 64/90, arts. 3º; 4º.

§ 3º Poderá, também, qualquer eleitor, com fundamento em inelegibilidade ou incompatibilidade do candidato ou na incidência deste no art. 96 impugnar o pedido de registro, dentro do mesmo prazo, oferecendo prova do alegado.
» CF, art. 14, §§ 3º-9º.
» LC nº 64/90, art. 1º.

§ 4º Havendo impugnação, o partido requerente do registro terá vista dos autos, por 2 (dois) dias, para falar sobre a mesma, feita a respectiva intimação na forma do § 1º.
» LC nº 64/90, art. 4º.

Art. 98. Os militares alistáveis são elegíveis, atendidas as seguintes condições:

I. o militar que tiver menos de 5 (cinco) anos de serviço será, ao se candidatar a cargo eletivo, excluído do serviço ativo;

II. o militar em atividade com 5 (cinco) ou mais anos de serviço, ao se candidatar a cargo eletivo será afastado, temporariamente, do serviço ativo, como agregado, para tratar de interesse particular;

III. o militar não excluído e que vier a ser eleito será, no ato da diplomação, transferido para a reserva ou reformado.
» CE, art. 5º, parágrafo único.

Parágrafo único. O juízo ou Tribunal que deferir o registro de militar candidato a cargo eletivo, comunicará imediatamente a decisão à autoridade a que o mesmo estiver subordinado, cabendo igual obrigação ao partido, quando lançar a candidatura.
» CE, art. 218.
» CF, art. 14, § 8º.
» Lei nº 6.880/80, art. 82, XIV, § 4º.
» Res.-TSE nº 20.100/98, art. 4º, § 2º.

Art. 99. Nas eleições majoritárias, poderá qualquer partido registrar na mesma circunscrição candidato já por outro registrado, desde que o outro partido e o candidato o consintam por escrito até 10 (dez) dias antes da eleição, observadas as formalidade do art. 94.

Parágrafo único. A falta de consentimento expresso acarretará a anulação do registro promovido, podendo o partido prejudicado requerê-la ou recorrer da resolução que ordenar o registro.
» Lei nº 9.504/97, arts. 3º; 8º.

Art. 100. Nas eleições realizadas pelo sistema proporcional, o Tribunal Superior Eleitoral, até 6 (seis) meses antes do pleito, reservará para cada Partido, por sorteio, em sessão realizada com a presença dos delegados de partidos, uma série de números a partir de 100 (cem).
» Res.-TSE nº 20.229/98.

§ 1º A sessão a que se refere o caput deste artigo será anunciada aos partidos com antecedência mínima de 5 (cinco) dias.

§ 2º As convenções partidárias para escolha dos candidatos sortearão, por sua vez, em cada Estado e Município, os números que devam corresponder a cada candidato.
» Lei nº 9.504/97, art. 15, § 2º.

§ 3º Nas eleições para Deputado Federal, se o número de partidos não for superior a 9 (nove), a cada um corresponderá obrigatoriamente uma centena, devendo a numeração dos candidatos ser sorteada a partir da unidade, para que ao primeiro candidato do primeiro Partido corresponda o número 101 (cento e um), ao do segundo partido, 201 (duzentos e um), e assim sucessivamente.

§ 4º Concorrendo 10 (dez) ou mais partidos, a cada um corresponderá uma centena a partir de 1.101 (um mil cento e um), de maneira que a todos os candidatos sejam atribuídos sempre 4 (quatro) algarismos, suprimindo-se a numeração correspondente à série 2.001 (dois mil e um) a 2.100 (dois mil e cem), para reiniciá--la em 2.101 (dois mil cento e um), a partir do décimo partido.

§ 5º Na mesma sessão, o Tribunal Superior Eleitoral sorteará as séries correspondentes aos Deputados Estaduais e Vereadores, observando, no que couber, as normas constantes dos parágrafos anteriores, e de maneira que a todos os candidatos, sejam atribuídos sempre números de 4 (quatro) algarismos.
(Artigo com redação dada pela Lei nº 7.015/82)

Art. 101. Pode qualquer candidato requerer, em petição com firma reconhecida, o cancelamento do registro do seu nome.
(Caput com redação dada pela Lei nº 6.553/78)
» Lei nº 9.504/97, art. 14.

§ 1º Desse fato, o presidente do Tribunal ou o juiz, conforme o caso, dará ciência imediata ao partido que tenha feito a inscrição, ao qual ficará ressalvado o direito de substituir por outro o nome cancelado, observadas todas as formalidades exigidas para o registro e desde que o novo pedido seja apresentado até 60 (sessenta) dias antes do pleito.
» Lei nº 9.504/97, art. 13, §§ 1º, 3º.

§ 2º Nas eleições majoritárias, se o candidato vier a falecer ou renunciar dentro do período de 60 (sessenta) dias mencionados no parágrafo anterior, o partido poderá substituí-lo; se o registro do novo candidato estiver deferido até 30 (trinta) dias antes do pleito, serão confeccionadas novas cédulas; caso contrário serão utilizadas as já impressas, computando-se para o novo candidato os votos dados ao anteriormente registrado.
» Lei nº 9.504/97, art. 13, §§ 2º, 3º.

§ 3º Considerar-se-á nulo o voto dado ao candidato que haja pedido o cancelamento de sua inscrição, salvo na hipótese prevista no parágrafo anterior, *in fine*.

Art. 101

§ 4º Nas eleições proporcionais, ocorrendo a hipótese prevista neste artigo, ao substituto será atribuído o número anteriormente dado ao candidato cujo registro foi cancelado.

§ 5º Em caso de morte, renúncia, inelegibilidade e preenchimento de vagas existentes nas respectivas chapas, tanto em eleições proporcionais quanto majoritárias, as substituições e indicações se processarão pelas Comissões Executivas. *(Parágrafo acrescentado pela Lei nº 6.553/78)*
   » *LC nº 64/90, art. 17.*
   » *Lei nº 9.504/97, arts. 10, § 5º; 13, §§ 1º, 3º.*

Art. 102. Os registros efetuados pelo Tribunal Superior serão imediatamente comunicados aos Tribunais Regionais e por estes aos juízes eleitorais.

Parágrafo único. Os Tribunais Regionais comunicarão também ao Tribunal Superior os registros efetuados por eles e pelos juízes eleitorais.
   » *Lei nº 9.504/97, art. 16.*

Capítulo II
Do voto secreto

Art. 103. O sigilo do voto é assegurado mediante as seguintes providências:

I. uso de cédulas oficiais em todas as eleições, de acordo com modelo aprovado pelo Tribunal Superior;
   » *CE, art. 175, I.*
   » *Lei nº 9.504/97, art. 83.*

II. isolamento do eleitor em cabina indevassável para o só efeito de assinalar na cédula o candidato de sua escolha e, em seguida, fechá-la;

III. verificação da autenticidade da cédula oficial à vista das rubricas;
   » *CE, art. 175, II.*

IV. emprego de urna que assegure a inviolabilidade do sufrágio e seja suficientemente ampla para que não se acumulem as cédulas na ordem em que forem introduzidas.
   » *CF, art. 60, § 4º.*
   » *Lei nº 9.504/97, arts. 59-62.*

Capítulo III
Da cédula oficial

Art. 104. As cédulas oficiais serão confeccionadas e distribuídas exclusivamente pela Justiça Eleitoral, devendo ser impressas em papel branco, opaco e pouco absorvente. A impressão será em tinta preta, com tipos uniformes de letra.
   » *Lei nº 9.504/97, art. 83 e parágrafos.*

§ 1º Os nomes dos candidatos para as eleições majoritárias devem figurar na ordem determinada por sorteio.

§ 2º O sorteio será realizado após o deferimento do último pedido de registro, em audiência presidida pelo juiz ou presidente do Tribunal, na presença dos candidatos e delegados de partido.

§ 3º A realização da audiência será anunciada com 3 (três) dias de antecedência, no mesmo dia em que for deferido o último pedido de registro, devendo os delegados de partido ser intimados por ofício sob protocolo.

§ 4º Havendo substituição de candidatos após o sorteio, o nome do novo candidato deverá figurar na cédula na seguinte ordem:

I. se forem apenas 2 (dois), em último lugar;

II. se forem 3 (três), em segundo lugar;

III. se forem mais de 3 (três), em penúltimo lugar;

IV. se permanecer apenas 1 (um) candidato e forem substituídos 2 (dois) ou mais, aquele ficará em primeiro lugar, sendo realizado novo sorteio em relação aos demais.

§ 5º Para as eleições realizadas pelo sistema proporcional, a cédula conterá espaço para que o eleitor escreva o nome ou o número do candidato de sua preferência e indique a sigla do partido.

§ 6º As cédulas oficiais serão confeccionadas de maneira tal que, dobradas, resguardem o sigilo do voto sem que seja necessário o emprego de cola para fechá-las.

Capítulo IV
Da representação proporcional

Art. 105. Fica facultado a 2 (dois) ou mais partidos coligarem-se para o registro de candidatos comuns a Deputado Federal, Deputado Estadual e Vereador.
   » *CF, art. 17, § 1º, com redação dada pela EC nº 52/2006.*
   » *LC nº 78/93, arts. 1º e 3º.*
   » *Lei nº 9.504/97, art. 6º.*

§ 1º A deliberação sobre coligação caberá à Convenção Regional de cada partido, quando se tratar de eleições para a Câmara dos Deputados e Assembleias Legislativas, e à Convenção Municipal, quando se tratar de eleição para a Câmara de Vereadores, e será aprovada mediante a votação favorável da maioria, presentes 2/3 (dois terços) dos convencionais, estabelecendo-se, na mesma oportunidade, o número de candidatos que caberá a cada partido.
   » *Lei nº 9.504/97, art.7º.*

§ 2º Cada partido indicará em Convenção os seus candidatos e o registro será promovido em conjunto pela coligação. *(Artigo com redação dada pela Lei nº 7.454/85)*
   » *Lei nº 9.504/97, art. 6º, § 3º.*

Art. 106. Determina-se o quociente eleitoral dividindo-se o número de votos válidos apurados pelo de lugares a preencher em cada circunscrição eleitoral, desprezada a fração se igual ou inferior a meio, equivalente a um, se superior.

Parágrafo único. *(Revogado pela Lei nº 9.504/97)*
   » *Lei nº 9.504/97, art. 5º.*

Art. 107. Determina-se para cada partido ou coligação o quociente partidário, dividindo-se pelo quociente eleitoral o número de votos válidos dados sob a mesma legenda ou coligação de legendas, desprezada a fração. *(Artigo com redação dada pela Lei nº 7.454/85)*

Art. 108. Estarão eleitos, entre os candidatos registrados por um partido ou coligação que tenham obtido votos em número igual ou superior a 10% (dez por cento) do quociente eleitoral, tantos quantos o respectivo quociente partidário indicar, na ordem da votação nominal que cada um tenha recebido. *(Redação dada pela Lei nº 13.165, de 2015)*

Parágrafo único. Os lugares não preenchidos em razão da exigência de votação nominal mínima a que se refere o *caput* serão distribuídos de acordo com as regras do art. 109. *(Incluído pela Lei nº 13.165, de 2015)*

Art. 109. Os lugares não preenchidos com a aplicação dos quocientes partidários e em razão da exigência de votação nominal mínima a que se refere o art. 108 serão distribuídos de acordo com as seguintes regras: *(Redação dada pela Lei nº 13.165, de 2015)*

I. dividir-se-á o número de votos válidos atribuídos a cada partido ou coligação pelo número de lugares definido para o partido pelo cálculo do quociente partidário do art. 107, mais um, cabendo ao partido ou coligação que apresentar a maior média um dos lugares a preencher, desde que tenha candidato que atenda à exigência de votação nominal mínima; *(Redação dada pela Lei nº 13.165, de 2015)*

II. repetir-se-á a operação para cada um dos lugares a preencher; *(Redação dada pela Lei nº 13.165, de 2015)*

III. quando não houver mais partidos ou coligações com candidatos que atendam às duas exigências do inciso I, as cadeiras serão distribuídas aos partidos que apresentem as maiores médias. *(Redação dada pela Lei nº 13.165, de 2015)*

§ 1º O preenchimento dos lugares com que cada partido ou coligação for contemplado far-se-á segundo a ordem de votação recebida por seus candidatos. *(Redação dada pela Lei nº 13.165, de 2015)*

§ 2º Poderão concorrer à distribuição dos lugares todos os partidos e coligações que participaram do pleito. *(Redação atribuída pela Lei nº 13.488, de 2017)*

Art. 110. Em caso de empate, haver-se-á por eleito o candidato mais idoso.
» *Res.-TSE nº 16.844/90.*

Art. 111. Se nenhum partido ou coligação alcançar o quociente eleitoral, considerar-se-ão eleitos, até serem preenchidos todos os lugares, os candidatos mais votados.
» *Artigo com redação dada pela Lei nº 7.454/85.*

Art. 112. Considerar-se-ão suplentes da representação partidária:
I. os mais votados sob a mesma legenda e não eleitos efetivos das listas dos respectivos partidos;
II. em caso de empate na votação, na ordem decrescente da idade.
» *Lei nº 7.454/85, art. 4º.*
» *Regimento Interno da Câmara dos Deputados (aprovado pela Res.-TSE nº 17/89) arts. 4º, §§ 5º, 7º, 8º; 241, § 2º; 243.*

Parágrafo único. Na definição dos suplentes da representação partidária, não há exigência de votação nominal mínima prevista pelo art. 108. *(Incluído pela Lei nº 13.165, de 2015)*

Art. 113. Na ocorrência de vaga, não havendo suplente para preenchê-la, far-se-á eleição, salvo se faltarem menos de 9 (nove) meses para findar o período de mandato.
» *CF, arts. 56, §§ 1º, 2º; 81.*

TÍTULO II
DOS ATOS PREPARATÓRIOS DA VOTAÇÃO

Art. 114. Até 70 (setenta) dias antes da data marcada para a eleição, todos os que requererem inscrição como eleitor, ou transferência, já devem estar devidamente qualificados e os respectivos títulos prontos para a entrega, se deferidos pelo juiz eleitoral.

Parágrafo único. Será punido nos termos do art. 293 o juiz eleitoral, o escrivão eleitoral, o preparador ou o funcionário responsável pela transgressão do preceituado neste artigo ou pela não entrega do título pronto ao eleitor que o procurar.

Art. 115. Os juízes eleitorais, sob pena de responsabilidade, comunicarão ao Tribunal Regional, até 30 (trinta) dias antes de cada eleição, o número de eleitores alistados.

Art. 116. A Justiça Eleitoral fará ampla divulgação, através dos comunicados transmitidos em obediência ao disposto no art. 250, § 5º, pelo rádio e televisão, bem assim por meio de cartazes afixados em lugares públicos, dos nomes dos candidatos registrados, com indicação do partido a que pertençam, bem como do número sob que foram inscritos, no caso dos candidatos a Deputado e a Vereador.
» *Lei nº 9.504/97, arts. 44; 47-57; 93.*

Capítulo I
Das seções eleitorais

Art. 117. As seções eleitorais, organizadas à medida em que forem sendo deferidos os pedidos de inscrição, não terão mais de 400 (quatrocentos) eleitores nas capitais e de 300 (trezentos) nas demais localidades, nem menos de 50 (cinquenta) eleitores.
» *Lei nº 6.996/82, art. 11.*
» *Lei nº 9.504/97, art. 84, parágrafo único.*
» *Res.-TSE nº 14.250/88 – Alteração para 50 e 400 no interior e 50 e 500 nas capitais, cada seção, duas cabinas, correspondendo a 250 eleitores por cabina, nas seções da Capital e 200 nas seções do interior.*

§ 1º Em casos excepcionais, devidamente justificados, o Tribunal Regional poderá autorizar que sejam ultrapassados os índices previstos neste artigo, desde que essa providência venha facilitar o exercício do voto, aproximando o eleitor do local designado para a votação.

§ 2º Se, em seção destinada aos cegos, o número de eleitores não alcançar o mínimo exigido, este se completará com outros, ainda que não sejam cegos.
» *CE, art. 136.*

Art. 118. Os juízes eleitorais organizarão relação de eleitores de cada Seção, a qual será remetida aos Presidentes das Mesas Receptoras para facilitação do processo de votação.
» *CE, art. 133, I.*

Capítulo II
Das mesas receptoras

Art. 119. A cada seção eleitoral corresponde uma mesa receptora de votos.

Art. 120. Constituem a mesa receptora um presidente, um primeiro e um segundo mesários, dois secretários e um suplente, nomeados pelo juiz eleitoral 60 (sessenta) dias antes da eleição, em audiência pública, anunciada pelo menos com 5 (cinco) dias de antecedência. *(Caput com redação dada pela Lei nº 4.961/66)*
» *CE, arts. 35, XIV; 123, § 3º.*
» *Res.-TSE nº 21.726/2004.*
» *Res.-TSE nº 22.411/2006.*

§ 1º Não podem ser nomeados presidentes e mesários:
I. os candidatos e seus parentes ainda que por afinidade, até o segundo grau, inclusive, e bem assim o cônjuge;
II. os membros de diretórios de partidos desde que exerçam função executiva;

Art. 120

III. as autoridades e agentes policiais, bem como funcionários no desempenho de cargos de confiança do Executivo;

IV. os que pertencerem ao serviço eleitoral.

» *Lei nº 9.504/97, arts. 63, § 2º; 64.*

§ 2º Os mesários serão nomeados, de preferência, entre os eleitores da própria seção, e, dentre estes, os diplomados em escola superior, os professores e os serventuários da Justiça.

» *Res.-TSE nº 22.098/2005.*

§ 3º O juiz eleitoral mandará publicar no jornal oficial, onde houver, e, não havendo, em cartório, as nomeações que tiver feito, e intimará os mesários através dessa publicação, para constituírem as mesas no dia e lugares designados, às 7 (sete) horas.

§ 4º Os motivos justos que tiverem os nomeados para recusar a nomeação, e que ficarão à livre apreciação do juiz eleitoral, somente poderão ser alegados até 5 (cinco) dias a contar da nomeação, salvo se sobrevindos depois desse prazo.

» *CE, art. 30, V, XIV.*
» *Lei nº 9.504/97, art. 98.*

§ 5º Os nomeados que não declararem a existência de qualquer dos impedimentos referidos no § 1º incorrem na pena estabelecida pelo art. 310.

Art. 121. Da nomeação da mesa receptora qualquer partido poderá reclamar ao juiz eleitoral, no prazo de 2 (dois) dias, a contar da audiência, devendo a decisão ser proferida em igual prazo.

» *Lei nº 9.504/97, art. 63.*

§ 1º Da decisão do juiz eleitoral caberá recurso para o Tribunal Regional, interposto dentro de 3 (três) dias, devendo, dentro de igual prazo, ser resolvido.

» *CE, arts. 257; 258.*

§ 2º Se o vício da constituição da mesa resultar da incompatibilidade prevista no número I, do § 1º, do art. 120, e o registro do candidato for posterior à nomeação do mesário, o prazo para reclamação será contado da publicação dos nomes dos candidatos registrados. Se resultar de qualquer das proibições dos números II, III e IV, e em virtude de fato superveniente, o prazo se contará do ato da nomeação ou eleição.

§ 3º O partido que não houver reclamado contra a composição da mesa não poderá arguir, sob esse fundamento, a nulidade da seção respectiva.

» *CE, art. 259.*

Art. 122. Os juízes deverão instruir os mesários sobre o processo da eleição, em reuniões para esse fim convocadas com a necessária antecedência.

» *CE, art. 35, XV.*

Art. 123. Os mesários substituirão o presidente, de modo que haja sempre quem responda pessoalmente pela ordem e regularidade do processo eleitoral, e assinarão a ata da eleição.

§ 1º O presidente deve estar presente ao ato de abertura e de encerramento da eleição, salvo força maior, comunicando o impedimento aos mesários e secretários, pelo menos 24 (vinte e quatro) horas antes da abertura dos trabalhos, ou imediatamente, se o impedimento se der dentro desse prazo ou no curso da eleição.

§ 2º Não comparecendo o presidente até às 7 (sete) horas e 30 (trinta) minutos, assumirá a presidência o primeiro mesário e, na sua falta ou impedimento, o segundo mesário, um dos secretários ou o suplente.

§ 3º Poderá o presidente, ou membro da mesa que assumir a presidência, nomear *ad hoc*, dentre os eleitores presentes e obedecidas as prescrições do § 1º, do art. 120, os que forem necessários para completar a mesa.

» *Lei nº 9.504/97, arts. 63; 64.*

Art. 124. O membro da mesa receptora que não comparecer no local, em dia e hora determinados para a realização de eleição, sem justa causa apresentada ao juiz eleitoral, até 30 (trinta) dias após, incorrerá na multa de 50% (cinquenta por cento) a 1 (um) salário-mínimo vigente na zona eleitoral, cobrada mediante selo federal inutilizado no requerimento em que for solicitado o arbitramento ou através de executivo fiscal.

» *CE, art. 344.*
» *Res.-TSE. 21.538/2003, art. 85.*
» *Res.-TSE nº 21.975/2004.*
» *Lei nº 5.143/66.*

§ 1º Se o arbitramento e pagamento da multa não for requerido pelo mesário faltoso, a multa será arbitrada e cobrada na forma prevista no art. 367.

§ 2º Se o faltoso for servidor público ou autárquico, a pena será de suspensão até 15 (quinze) dias.

§ 3º As penas previstas neste artigo serão aplicadas em dobro se a mesa receptora deixar de funcionar por culpa dos faltosos.

§ 4º Será também aplicada em dobro, observado o disposto nos §§ 1º e 2º, a pena ao membro da mesa que abandonar os trabalhos no decurso da votação sem justa causa, apresentada ao juiz até 3 (três) dias após a ocorrência.

Art. 125. Não se reunindo, por qualquer motivo, a mesa receptora, poderão os eleitores pertencentes à respectiva seção votar na seção mais próxima, sob a jurisdição do mesmo juiz, recolhendo-se os seus votos à urna da seção em que deveriam votar, a qual será transportada para aquela em que tiverem de votar.

§ 1º As assinaturas dos eleitores serão recolhidas nas folhas de votação da seção a que pertencerem, as quais, juntamente com as cédulas oficiais e o material restante, acompanharão a urna.

§ 2º O transporte de urna e dos documentos da seção será providenciado pelo presidente da mesa, mesário ou secretário que comparecer, ou pelo próprio juiz, ou pessoa que ele designar para esse fim, acompanhando-a os fiscais que o desejarem.

» *CE, art. 344.*
» *Lei nº 6.091/74, arts. 1º; 2º.*

Art. 126. Se no dia designado para o pleito deixarem de se reunir todas as mesas de um Município, o Presidente do Tribunal Regional determinará dia para se realizar o mesmo, instaurando-se inquérito para a apuração das causas da irregularidade e punição dos responsáveis.

Parágrafo único. Essa eleição deverá ser marcada dentro de 15 (quinze) dias, pelo menos, para se realizar no prazo máximo de 30 (trinta) dias.

Art. 127. Compete ao presidente da mesa receptora, e, em sua falta, a quem o substituir:

I. receber os votos dos eleitores;

II. decidir imediatamente todas as dificuldades ou dúvidas que ocorrerem;

III. manter a ordem, para o que disporá de força pública necessária;

IV. comunicar ao juiz eleitoral, que providenciará, imediatamente, as ocorrências cuja solução deste dependerem;

V. remeter à Junta Eleitoral todos os papéis que tiverem sido utilizados durante a recepção dos votos;

VI. autenticar, com a sua rubrica, as cédulas oficiais e numerá-las nos termos das instruções do Tribunal Superior Eleitoral;

VII. assinar as fórmulas de observações dos fiscais ou delegados de partido, sobre as votações;

VIII. fiscalizar a distribuição das senhas e, verificando que não estão sendo distribuídas segundo a sua ordem numérica, recolher as de numeração intercalada, acaso retidas, as quais não se poderão mais distribuir;

IX. anotar o não comparecimento do eleitor no verso da folha individual de votação. *(Inciso acrescentado pela Lei nº 4.961/66)*

Art. 128. Compete aos secretários:

I. distribuir aos eleitores as senhas de entrada previamente rubricadas ou carimbadas segundo a respectiva ordem numérica;

II. lavrar a ata da eleição;

III. cumprir as demais obrigações que lhes forem atribuídas em instruções.

Parágrafo único. As atribuições mencionadas no número I serão exercidas por um dos secretários e os constantes dos números II e III pelo outro.

Art. 129. Nas eleições proporcionais, os presidentes das mesas receptoras deverão zelar pela preservação das listas de candidatos afixadas dentro das cabinas indevassáveis, tomando imediatas providências para a colocação de nova lista no caso de inutilização total ou parcial.

Parágrafo único. O eleitor que inutilizar ou arrebatar as listas afixadas nas cabinas indevassáveis ou nos edifícios onde funcionarem mesas receptoras, incorrerá nas penas do art. 297.

Art. 130. Nos estabelecimentos de internação coletiva de hansenianos, os membros das mesas receptoras serão escolhidos de preferência entre os médicos e funcionários sadios do próprio estabelecimento.

» *CE, art. 136.*

Capítulo III
Da fiscalização perante as mesas receptoras

Art. 131. Cada partido poderá nomear 2 (dois) delegados em cada Município e 2 (dois) fiscais junto a cada mesa receptora, funcionando um de cada vez.

» *Lei nº 9.504/97, art. 65, §§.*

§ 1º Quando o Município abranger mais de uma zona eleitoral, cada partido poderá nomear 2 (dois) delegados junto a cada uma delas.

§ 2º A escolha de fiscal e delegado de partido não poderá recair em quem, por nomeação do juiz eleitoral, já faça parte da mesa receptora.

§ 3º As credenciais expedidas pelos partidos para os fiscais deverão ser visadas pelo juiz eleitoral.

» *Lei nº 9.504/97, art. 65, § 2º.*

§ 4º Para esse fim, o delegado de partido encaminhará as credenciais ao cartório, juntamente com os títulos eleitorais dos fiscais credenciados, para que, verificado pelo escrivão que as inscrições correspondentes aos títulos estão em vigor e se referem aos nomeados, carimbe as credenciais e as apresente ao juiz para o visto.

§ 5º As credenciais que não forem encaminhadas ao cartório pelos delegados de partido, para os fins do parágrafo anterior, poderão ser apresentadas pelos próprios fiscais para a obtenção do visto do juiz eleitoral.

§ 6º Se a credencial apresentada ao presidente da mesa receptora não estiver autenticada na forma do § 4º, o fiscal poderá funcionar perante a mesa, mas o seu voto não será admitido, a não ser na seção em que seu nome estiver incluído.

» *CE, art. 62.*
» *Lei nº 9.504/97, art. 65, § 2º.*
» *Res.-TSE nº 15.602/89.*

§ 7º O fiscal de cada partido poderá ser substituído por outro no curso dos trabalhos eleitorais.

» *Lei nº 9.096/95, art. 11, parágrafo único.*

Art. 132. Pelas mesas receptoras serão admitidos a fiscalizar a votação, formular protestos e fazer impugnações, inclusive sobre a identidade do eleitor, os candidatos registrados, os delegados e os fiscais dos partidos.

» *Lei nº 9.504/97, art. 66.*

TÍTULO III
DO MATERIAL PARA A VOTAÇÃO

Art. 133. Os juízes eleitorais enviarão ao presidente de cada mesa receptora, pelo menos 72 (setenta e duas) horas antes da eleição, o seguinte material:

» *Lei nº 9.504/97, art. 12, § 5º, I, II.*

I. relação dos eleitores da seção, que poderá ser dispensada, no todo ou em parte, pelo respectivo Tribunal Regional Eleitoral em decisão fundamentada e aprovada pelo Tribunal Superior Eleitoral; *(Inciso com redação dada pela Lei nº 6.055/74)*

» *CE, art. 118.*

II. relações dos partidos e dos candidatos registrados, as quais deverão ser afixadas no recinto das seções eleitorais em lugar visível, e dentro das cabinas indevassáveis as relações de candidatos a eleições proporcionais;

» *Lei nº 9.504/97, art. 12, § 5º, I, II.*
» *Res.-TSE nº 21.607/2004.*

III. as folhas individuais de votação dos eleitores da seção devidamente acondicionadas;

IV. uma folha de votação para os eleitores de outras seções devidamente rubricada;

V. uma urna vazia, vedada pelo juiz eleitoral, com tiras de papel ou pano forte;

VI. sobrecartas maiores para os votos impugnados ou sobre os quais haja dúvida;

VII. cédulas oficiais;

VIII. sobrecartas especiais para remessa à Junta Eleitoral dos documentos relativos à eleição;

IX. senhas para serem distribuídas aos eleitores;

X. tinta, canetas, penas, lápis e papel, necessários aos trabalhos;

XI. folhas apropriadas para impugnação e folhas para observação de fiscais de partidos;

XII. modelo da ata a ser lavrada pela mesa receptora;

Art. 133

XIII. material necessário para vedar, após a votação, a fenda da urna;

XIV. um exemplar das instruções do Tribunal Superior Eleitoral;

XV. material necessário à contagem dos votos quando autorizada;

XVI. outro qualquer material que o Tribunal Regional julgue necessário ao regular funcionamento da mesa. *(Incisos VI a XVI renumerados pela Lei nº 4.961/66)*

» *Res.-TSE nº 21.538/2003, arts. 22; 40, §§ 2º, 3º; 54; 62.*

§ 1º O material de que trata este artigo deverá ser remetido por protocolo ou pelo correio, acompanhado de uma relação ao pé da qual o destinatário declarará o que recebeu e como o recebeu, e aporá sua assinatura.

§ 2º Os presidentes da mesa que não tiverem recebido até 48 (quarenta e oito) horas antes do pleito o referido material, deverão diligenciar para o seu recebimento.

§ 3º O juiz eleitoral, em dia e hora previamente designados, em presença dos fiscais e delegados dos partidos, verificará, antes de fechar e lacrar as urnas, se estas estão completamente vazias; fechadas, enviará uma das chaves, se houver, ao presidente da Junta Eleitoral, e a da fenda, também, se houver, ao presidente da mesa receptora, juntamente com a urna.

» *Lei nº 7.914/79.*

Art. 134 Nos estabelecimentos de internação coletiva para hansenianos serão sempre utilizadas urnas de lona.

» *CE, arts. 130; 136.*

TÍTULO IV
DA VOTAÇÃO

Capítulo I
Dos lugares da votação

Art. 135. Funcionarão as mesas receptoras nos lugares designados pelos juízes eleitorais 60 (sessenta) dias antes da eleição, publicando-se a designação.

» *CE, arts. 30, VI, IX; 35, XIII.*
» *Lei nº 6.996/82.*
» *Lei nº 9.504/97, arts. 59-62.*

§ 1º A publicação deverá conter a seção com a numeração ordinal e local em que deverá funcionar com a indicação da rua, número e qualquer outro elemento que facilite a localização pelo eleitor.

§ 2º Dar-se-á preferência aos edifícios públicos, recorrendo-se aos particulares se faltarem aqueles em número e condições adequadas.

» *Res.-TSE nº 22.411/2006.*

§ 3º A propriedade particular será obrigatória e gratuitamente cedida para esse fim.

§ 4º É expressamente vedado o uso de propriedade pertencente a candidato, membro do Diretório de partido, delegado de partido ou autoridade policial, bem como dos respectivos cônjuges e parentes, consanguíneos ou afins, até o 2º grau, inclusive.

» *CE, arts. 120, § 1º, I-IV; 220, V.*

§ 5º Não poderão ser localizadas seções eleitorais em fazenda, sítio ou qualquer propriedade rural privada, mesmo existindo no local prédio público, incorrendo o juiz nas penas do art. 312, em caso de infringência. *(Parágrafo com redação dada pela Lei nº 4.961/66)*

» *CE, art. 299.*

» *Lei nº 6.091/74.*
» *Lei nº 9.504/97, art. 41-A.*

§ 6º Os Tribunais Regionais, nas capitais, e os juízes eleitorais, nas demais zonas, farão ampla divulgação da localização das seções.

§ 6o-A. Os Tribunais Regionais Eleitorais deverão, a cada eleição, expedir instruções aos Juízes Eleitorais para orientá-los na escolha dos locais de votação, de maneira a garantir acessibilidade para o eleitor com deficiência ou com mobilidade reduzida, inclusive em seu entorno e nos sistemas de transporte que lhe dão acesso..*(Redação dada pela Lei nº 13.146, de 2015)*

» *Res.-TSE nº 21.008/2002.*
» *Res.-TSE nº 21.920/2004.*

§ 7º Da designação dos lugares de votação poderá qualquer partido reclamar ao juiz eleitoral, dentro de 3 (três) dias a contar da publicação, devendo a decisão ser proferida dentro de 48 (quarenta e oito) horas.

» *CE, art. 258.*

§ 8º Da decisão do juiz eleitoral caberá recurso para o Tribunal Regional, interposto dentro de 3 (três) dias, devendo, no mesmo prazo, ser resolvido. *(Parágrafos 7º e 8º acrescentados pela Lei nº 4.961/66)*

§ 9º Esgotados os prazos referidos nos parágrafos 7º e 8º deste artigo, não mais poderá ser alegada, no processo eleitoral, a proibição contida em seu § 5º. *(Parágrafo acrescentado pela Lei nº 6.336/76)*

» *CE, art. 259.*

Art. 136. Deverão ser instaladas seções nas vilas e povoados, assim como nos estabelecimentos de internação coletiva, inclusive para cegos, e nos leprosários onde haja, pelo menos, 50 (cinquenta) eleitores.

Parágrafo único. A mesa receptora designada para qualquer dos estabelecimentos de internação coletiva deverá funcionar em local indicado pelo respectivo diretor; o mesmo critério será adotado para os estabelecimentos especializados para proteção dos cegos.

» *CE, arts. 50; 130; 134.*

Art. 137. Até 10 (dez) dias antes da eleição, pelo menos, comunicarão os juízes eleitorais aos chefes das repartições públicas e aos proprietários, arrendatários ou administradores das propriedades particulares a resolução de que serão os respectivos edifícios, ou parte deles, utilizados para o funcionamento das mesas receptoras.

Art. 138. No local destinado à votação, a mesa ficará em recinto separado do público; ao lado haverá uma cabina indevassável, onde os eleitores, à medida que comparecerem, possam assinalar a sua preferência na cédula.

Parágrafo único. O juiz eleitoral providenciará para que nos edifícios escolhidos sejam feitas as necessárias adaptações.

Capítulo II
Da polícia dos trabalhos eleitorais

Art. 139. Ao presidente da mesa receptora e ao juiz eleitoral cabe a polícia dos trabalhos eleitorais.

Art. 140. Somente podem permanecer no recinto da mesa receptora os seus membros, os candidatos, um fiscal, um delegado de cada partido e, durante o tempo necessário à votação, o eleitor.

§ 1º O presidente da mesa, que é, durante os trabalhos, a autoridade superior, fará retirar do recinto ou do edifício quem não guardar a ordem e compostura devidas e estiver praticando qualquer ato atentatório da liberdade eleitoral.

§ 2º Nenhuma autoridade estranha à mesa poderá intervir, sob pretexto algum, em seu funcionamento, salvo o juiz eleitoral.
» *CE, art. 305.*

Art. 141. A força armada conservar-se-á a cem metros da seção eleitoral e não poderá aproximar-se do lugar da votação, ou nele penetrar, sem ordem do presidente da mesa.
» *CE, art. 238.*

Capítulo III
Do início da votação

Art. 142. No dia marcado para a eleição, às 7 (sete) horas, o presidente da mesa receptora, os mesários e os secretários verificarão se no lugar designado estão em ordem o material remetido pelo juiz e a urna destinada a recolher os votos, bem como se estão presentes os fiscais de partido.

Art. 143 Às 8 (oito) horas, supridas as deficiências, declarará o presidente iniciados os trabalhos, procedendo-se, em seguida à votação, que começará pelos candidatos e eleitores presentes.

§ 1º Os membros da mesa e os fiscais de partido deverão votar no correr da votação, depois que tiverem votado os eleitores que já se encontravam presentes no momento da abertura dos trabalhos, ou no encerramento da votação.

§ 2º Observada a prioridade assegurada aos candidatos, têm preferência para votar o juiz eleitoral da zona, seus auxiliares de serviço, os eleitores de idade avançada, os enfermos e as mulheres grávidas. *(Parágrafo acrescentado pela Lei nº 4.961/66)*
» *Lei nº 10.741/2003 – Estatuto do Idoso.*

Art. 144. O recebimento dos votos começará às 8 (oito) horas e terminará, salvo o disposto no art. 153, às 17 (dezessete) horas.

Art. 145. O presidente, mesários, secretários, suplentes e os delegados e fiscais de partido votarão perante as mesas em que servirem, sendo que os delegados e fiscais desde que a credencial esteja visada na forma do art. 131, § 3º, quando eleitores de outras Seções, seus votos serão tomados em separado. *(Caput com redação dada pela Lei nº 4.961/66)*
» *CE, art. 222, III, "b".*
» *Lei nº 9.504/97, art. 62.*
» *Res.-TSE nº 20.686/2000.*

Parágrafo único. Com as cautelas constantes do art. 147, § 2º, poderão ainda votar fora da respectiva seção:

I. o juiz eleitoral, em qualquer seção da zona sob sua jurisdição, salvo em eleições municipais, nas quais poderá votar em qualquer seção do Município em que for eleitor;

II. o Presidente da República, o qual poderá votar em qualquer seção eleitoral do País, nas eleições presidenciais; em qualquer seção do Estado em que for eleitor, nas eleições para Governador, Vice-Governador, Senador, Deputado Federal e Estadual; em qualquer seção do Município em que estiver inscrito, nas eleições para Prefeito, Vice-Prefeito e Vereador;

III. os candidatos à Presidência da República, em qualquer seção eleitoral do País, nas eleições presidenciais, e, em qualquer seção do Estado em que forem eleitores, nas eleições de âmbito estadual;

IV. os Governadores, Vice-Governadores, Senadores, Deputados Federais e Estaduais, em qualquer seção do Estado, nas eleições, de âmbito nacional e estadual; em qualquer seção do Município de que sejam eleitores, nas eleições municipais;

V. os candidatos a Governador, Vice-Governador, Senador, Deputado Federal e Estadual, em qualquer seção do Estado de que sejam eleitores, nas eleições de âmbito nacional e estadual;

VI. os Prefeitos, Vice-Prefeitos e Vereadores, em qualquer seção de Município que representarem, desde que eleitores do Estado, sendo que, no caso de eleições municipais, nelas somente poderão votar se inscritos no Município;
» *Lei nº 6.996/82, art. 12, § 2º.*
» *Res.-TSE nº 21.632/2004.*

VII. os candidatos a Prefeito, Vice-Prefeito e Vereador, em qualquer seção de Município, desde que dele sejam eleitores;

VIII. os militares, removidos ou transferidos dentro do período de 6 (seis) meses antes do pleito, poderão votar nas eleições para Presidente e Vice-Presidente da República na localidade em que estiverem servindo;

IX. os policiais militares em serviço. *(Inciso acrescentado pela Lei nº 9.504/97)*
» *Lei nº 6.996/82, art. 12, §§ 1º e 3º.*

Capítulo IV
Do ato de votar

Art. 146. Observar-se-á na votação o seguinte:

I. o eleitor receberá, ao apresentar-se na seção, e antes de penetrar no recinto da mesa, uma senha numerada, que o secretário rubricará, no momento, depois de verificar pela relação dos eleitores da seção, que o seu nome consta da respectiva pasta;

II. no verso da senha o secretário anotará o número de ordem da folha individual da pasta, número esse que constará da relação enviada pelo cartório à mesa receptora;

III. admitido a penetrar no recinto da mesa, segundo a ordem numérica das senhas, o eleitor apresentará ao presidente seu título, o qual poderá ser examinado por fiscal ou delegado de partido, entregando, no mesmo ato, a senha;

IV. pelo número anotado no verso da senha, o presidente, ou mesário, localizará a folha individual de votação, que será confrontada com o título e poderá também ser examinada por fiscal ou delegado do partido;
» *CE, art. 103, IV.*
» *Lei nº 7.332/85, art. 18, parágrafo único.*

V. achando-se em ordem o título e a folha individual e não havendo dúvida sobre a identidade do eleitor, o presidente da mesa o convidará a lançar sua assinatura no verso da folha individual de votação; em seguida entregar-lhe-á a cédula única rubricada no ato pelo presidente e mesários e numerada de acordo com as instruções do Tribunal Superior, instruindo-o sobre a forma de dobrá-la, fazendo-o passar à cabina indevassável, cuja porta ou cortina será cerrada em seguida;
» *Lei nº 9.504/97, art. 83, § 1º.*
» *Lei nº 7.332/85, art. 18, parágrafo único.*

VI. o eleitor será admitido a votar, ainda que deixe de exibir no ato da votação o seu título, desde que seja inscrito na seção e conste da respectiva pasta a sua folha individual de votação;

Art. 146

nesse caso, a prova de ter votado será feita mediante certidão que obterá posteriormente, no juízo competente;
» *Lei nº 6.966, art. 12, § 2º.*
» *Res.-TSE nº 21.632/2004.*

VII. no caso da omissão da folha individual na respectiva pasta, verificada no ato da votação, será o eleitor, ainda, admitido a votar, desde que exiba o seu título eleitoral e dele conste que o portador é inscrito na seção, sendo o seu voto, nesta hipótese, tomado em separado e colhida sua assinatura na folha de votação modelo 2 (dois). Como ato preliminar da apuração do voto, averiguar-se-á se se trata de eleitor em condições de votar, inclusive se realmente pertence à seção;
» *Lei nº 6.996/82, art. 12, § 4º.*

VIII. verificada a ocorrência de que trata o número anterior, a Junta Eleitoral, antes de encerrar os seus trabalhos, apurará a causa da omissão. Se tiver havido culpa ou dolo, será aplicada ao responsável, na primeira hipótese, a multa de até 2 (dois) salários-mínimos, e, na segunda, a de suspensão até 30 (trinta) dias;

IX. na cabina indevassável, onde não poderá permanecer mais de um minuto, o eleitor indicará os candidatos de sua preferência e dobrará a cédula oficial, observadas as seguintes normas:

a) assinalando com uma cruz, ou de modo que torne expressa a sua intenção, o quadrilátero correspondente ao candidato majoritário de sua preferência;

b) escrevendo o nome, o prenome, ou o número do candidato de sua preferência nas eleições proporcionais; *(Alínea com redação dada pela Lei nº 7.434/85)*

c) escrevendo apenas a sigla do partido de sua preferência, se pretender votar só na legenda; *(Alínea revogada pela Lei nº 6.989/82 e restabelecida pela Lei nº 7.332/85)*
» *Lei nº 9.504/97, art. 84, parágrafo único.*

X. ao sair da cabina, o eleitor depositará na urna a cédula;

XI. ao depositar a cédula na urna, o eleitor deverá fazê-lo de maneira a mostrar a parte rubricada à mesa e aos fiscais de partido, para que verifiquem, sem nela tocar, se não foi substituída;

XII. se a cédula oficial não for a mesma, será o eleitor convidado a voltar à cabina indevassável e a trazer seu voto na cédula que recebeu; se não quiser tornar à cabina ser-lhe-á recusado o direito de voto, anotando-se a ocorrência na ata e ficando o eleitor retido pela mesa, e à sua disposição, até o término da votação ou a devolução da cédula oficial já rubricada e numerada;

XIII. se o eleitor, ao receber a cédula ou ao recolher-se à cabina de votação, verificar que a cédula se acha estragada ou, de qualquer modo, viciada ou assinalada ou se ele próprio, por imprudência, imprevidência ou ignorância, a inutilizar, estragar ou assinalar erradamente, poderá pedir uma outra ao presidente da seção eleitoral, restituindo, porém, a primeira, a qual será imediatamente inutilizada à vista dos presentes e sem quebra do sigilo do que o eleitor haja nela assinalado;

XIV. introduzida a sobrecarta na urna, o presidente da mesa devolverá o título ao eleitor, depois de datá-lo e assiná-lo; em seguida rubricará, no local próprio, a folha individual de votação.
» *Lei nº 6.996/82, art. 12.*
» *Lei nº 7.444/85, art. 6º, § 1º.*
» *Res.-TSE nº 21.538/2003, art. 22.*

Art. 147. O presidente da mesa dispensará especial atenção à identidade de cada eleitor admitido a votar. Existindo dúvida a respeito, deverá exigir-lhe a exibição da respectiva carteira, e, na falta desta, interrogá-lo sobre os dados constantes do título, ou da folha individual de votação, confrontando a assinatura do mesmo com a feita na sua presença pelo eleitor, e mencionando na ata a dúvida suscitada.
» *Res.-TSE nº 21.632/2004.*

§ 1º A impugnação à identidade do eleitor, formulada pelos membros da mesa, fiscais, delegados, candidatos ou qualquer eleitor, será apresentada verbalmente ou por escrito, antes de ser o mesmo admitido a votar.

§ 2º Se persistir a dúvida ou for mantida a impugnação, tomará o presidente da mesa as seguintes providências:
» *CE, art. 221, III.*
» *Res.-TSE nº 20.638/2000.*

I. escreverá numa sobrecarta branca o seguinte: "Impugnado por F";

II. entregará ao eleitor a sobrecarta branca, para que ele, na presença da mesa e dos fiscais, nela coloque a cédula oficial que assinalou, assim como o seu título, a folha de impugnação e qualquer outro documento oferecido pelo impugnante;
» *Lei nº 6.996/82, art. 12, § 4º.*

III. determinará ao eleitor que feche a sobrecarta branca e a deposite na urna;

IV. anotará a impugnação na ata.

§ 3º O voto em separado, por qualquer motivo, será sempre tomado na forma prevista no parágrafo anterior.
» *Res.-TSE nº 20.638/2000.*
» *Res.-TSE nº 20.686/2000.*

Art. 148. O eleitor somente poderá votar na seção eleitoral em que estiver incluído o seu nome.
» *CE, art. 221, III, "c".*
» *Lei nº 9.504/97.*

§ 1º Essa exigência somente poderá ser dispensada nos casos previstos no art. 145 e seus parágrafos.
» *Lei nº 9.504/97, art. 62.*

§ 2º Aos eleitores mencionados no art. 145 não será permitido votar sem a exibição do título, e nas folhas de votação modelo 2 (dois), nas quais lançarão suas assinaturas, serão sempre anotadas na coluna própria as Seções mencionadas nos títulos retidos.

§ 3º Quando se tratar de candidato, o presidente da mesa receptora verificará, previamente, se o nome figura na relação enviada à seção, e quando se tratar de fiscal de partido, se a credencial está devidamente visada pelo juiz eleitoral.

§ 4º *(Revogado pela Lei nº 4.961/66)*
§ 5º *(Revogado pela Lei nº 4.961/66)*

Art. 149. Não será admitido recurso contra a votação, se não tiver havido impugnação perante a mesa receptora, no ato da votação, contra as nulidades arguidas.
» *CE, arts. 171; 257-259.*

Art. 150. O eleitor cego poderá:

I. assinar a folha individual de votação em letras do alfabeto comum ou do sistema Braille;

II. assinalar a cédula oficial, utilizando também qualquer sistema;

III. usar qualquer elemento mecânico que trouxer consigo, ou lhe for fornecido pela mesa, e que lhe possibilite exercer o direito de voto.
» *CE, art. 50.*

Art. 151. *(Revogado pela Lei nº 7.914/89)*

§ 1º *(Revogado pela Lei nº 4.961/66)*

§ 2º *(Revogado pela Lei nº 4.961/66)*

Art. 152. Poderão ser utilizadas máquinas de votar, a critério e mediante regulamentação do Tribunal Superior Eleitoral.
» CE, art. 136.
» Lei nº 9.504/97, arts. 59-62.

Capítulo V
Do encerramento da votação

Art. 153. Às 17 (dezessete) horas, o presidente fará entrega as senhas, a todos os eleitores presentes e, em seguida, os convidará, em voz alta, a entregar à mesa seus títulos, para que sejam admitidos a votar.
» CE, art. 144.

Parágrafo único. A votação continuará na ordem numérica das senhas, e o título será devolvido ao eleitor, logo que tenha votado.

Art. 154. Terminada a votação e declarado o seu encerramento pelo presidente, tomará este as seguintes providências:

I. vedará a fenda de introdução da cédula na urna, de modo a cobri-la inteiramente com tiras de papel ou pano forte, rubricadas pelo presidente e mesários e, facultativamente, pelos fiscais presentes; separará todas as folhas de votação correspondentes aos eleitores faltosos e fará constar, no verso de cada uma delas, na parte destinada à assinatura do eleitor, a falta verificada, por meio de breve registro, que autenticará com a sua assinatura; *(Inciso com redação dada pela Lei nº 4.961/66)*
» Lei nº 9.504/97.

II. encerrará, com a sua assinatura, a folha de votação modelo 2 (dois), que poderá ser também assinada pelos fiscais;

III. mandará lavrar, por um dos secretários, a ata da eleição, preenchendo o modelo fornecido pela Justiça Eleitoral, para que constem:

a) os nomes dos membros da mesa que hajam comparecido, inclusive o suplente;

b) as substituições e nomeações feitas;

c) os nomes dos fiscais que hajam comparecido e dos que se retiraram durante a votação;

d) a causa, se houver, do retardamento para o começo da votação;

e) o número, por extenso, dos eleitores da seção que compareceram e votaram e o número dos que deixaram de comparecer;

f) o número, por extenso, de eleitores de outras seções que hajam votado e cujos votos hajam sido recolhidos ao invólucro especial;

g) o motivo de não haverem votado alguns dos eleitores que compareceram;

h) os protestos e as impugnações apresentados pelos fiscais, assim como as decisões sobre eles proferidas, tudo em seu inteiro teor;

i) a razão de interrupção da votação, se tiver havido, e o tempo de interrupção;

j) a ressalva das rasuras, emendas e entrelinhas porventura existentes nas folhas de votação e na ata, ou a declaração de não existirem;

IV. mandará, em caso de insuficiência de espaço no modelo destinado ao preenchimento, prosseguir a ata em outra folha, devidamente rubricada por ele, mesários e fiscais que o desejarem, mencionando esse fato na própria ata;

V. assinará a ata com os demais membros da mesa, secretários e fiscais que quiserem;

VI. entregará a urna e os documentos do ato eleitoral ao presidente da junta ou à agência do correio mais próxima, ou a outra vizinha que ofereça melhores condições de segurança e expedição, sob recibo em triplicata com a indicação de hora, devendo aqueles documentos ser encerrados em sobrecartas rubricadas por ele e pelos fiscais que o quiserem;

VII. comunicará em ofício, ou impresso próprio, ao juiz eleitoral da zona a realização da eleição, o número de eleitores que votaram e a remessa da urna e dos documentos à Junta Eleitoral;

VIII. enviará, em sobrecarta fechada, uma das vias do recibo do correio à Junta Eleitoral e a outra ao Tribunal Regional.

§ 1º Os Tribunais Regionais poderão prescrever outros meios de vedação das urnas.

§ 2º No Distrito Federal e nas capitais dos Estados poderão os Tribunais Regionais determinar normas diversas para a entrega de urnas e papéis eleitorais, com as cautelas destinadas a evitar violação ou extravio.

Art. 155. O presidente da Junta Eleitoral e as agências do correio tomarão as providências necessárias para o recebimento da urna e dos documentos referidos no artigo anterior.

§ 1º Os fiscais e delegados de partidos têm direito de vigiar e acompanhar a urna desde o momento da eleição, durante a permanência nas agências do correio e até a entrega à Junta Eleitoral.

§ 2º A urna ficará permanentemente à vista dos interessados e sob a guarda de pessoa designada pelo presidente da Junta Eleitoral.

Art. 156. Até às 12 (doze) horas do dia seguinte à realização da eleição, o juiz eleitoral é obrigado, sob pena de responsabilidade e multa de 1 (um) a 2 (dois) salário-mínimo, a comunicar ao Tribunal Regional, e aos delegados de partido perante ele credenciados, o número de eleitores que votaram em cada uma das seções da zona sob sua jurisdição, bem como o total de votantes da zona.
» CF, art. 7º, IV.

§ 1º Se houver retardamento nas medidas referidas no art. 154, o juiz eleitoral, assim que receba o ofício constante desse dispositivo, número VII, fará a comunicação constante deste artigo.

§ 2º Essa comunicação será feita por via postal, em ofícios registrados de que o juiz eleitoral guardará cópia no arquivo da zona, acompanhada do recibo do correio.

§ 3º Qualquer candidato, delegado ou fiscal de partido poderá obter, por certidão, o teor da comunicação a que se refere este artigo, sendo defeso ao juiz eleitoral recusá-la ou procrastinar a sua entrega ao requerente.
» Lei nº 9.051/95.

Art. 157. *(Revogado pela Lei nº 7.914/89)*

TÍTULO V
DA APURAÇÃO

Capítulo I
Dos órgãos apuradores

Art. 158. A apuração compete:

I. às Juntas Eleitorais quanto às eleições realizadas na Zona sob sua jurisdição;

II. aos Tribunais Regionais a referente às eleições para Governador, Vice-Governador, Senador, Deputado Federal e Estadual, de acordo com os resultados parciais enviados pelas Juntas Eleitorais;

III. ao Tribunal Superior Eleitoral nas eleições para Presidente e Vice-Presidente da República, pelos resultados parciais remetidos pelos Tribunais Regionais.
» CE, art. 262.
» CF, art. 14, § 10.
» Lei nº 6.996/82, art. 13.

Capítulo II
Da apuração nas juntas
Seção I
Disposições preliminares

Art. 159. A apuração começará no dia seguinte ao das eleições e, salvo motivo justificado, deverá terminar dentro de 10 (dez) dias.
» CE, art. 345.
» Lei nº 6.996/82, art. 14.

§ 1º Iniciada a apuração, os trabalhos não serão interrompidos aos sábados, domingos e dias feriados, devendo a Junta funcionar das 8 (oito) às 18 (dezoito) horas, pelo menos.

§ 2º Em caso de impossibilidade de observância do prazo previsto neste artigo, o fato deverá ser imediatamente justificado perante o Tribunal Regional, mencionando-se as horas ou dias necessários para o adiamento, que não poderá exceder a 5 (cinco) dias. *(Parágrafo com redação dada pela Lei nº 4.961/66)*

§ 3º Esgotado o prazo e a prorrogação estipulada neste artigo, ou não tendo havido em tempo hábil o pedido de prorrogação, a respectiva Junta Eleitoral perde a competência para prosseguir na apuração, devendo o seu presidente remeter, imediatamente, ao Tribunal Regional, todo o material relativo à votação.

§ 4º Ocorrendo a hipótese prevista no parágrafo anterior, competirá ao Tribunal Regional fazer a apuração.
» CE, art. 30, VII.

§ 5º Os membros da Junta Eleitoral responsáveis pela inobservância injustificada dos prazos fixados neste artigo estarão sujeitos à multa de 2 (dois) a 10 (dez) salários-mínimos, aplicada pelo Tribunal Regional. *(Parágrafos 3º a 5º acrescentados pela Lei nº 4.961/66)*
» CE, arts. 345; 347.
» CF, art. 7º, IV.

Art. 160. Havendo conveniência, em razão do número de urnas a apurar, a Junta poderá subdividir-se em turmas, até o limite de 5 (cinco), todas presididas por algum dos seus componentes.

Parágrafo único. As dúvidas que forem levantadas em cada turma serão decididas por maioria de votos dos membros da Junta.

Art. 161. Cada partido poderá credenciar perante as Juntas até 3 (três) fiscais, que se revezem na fiscalização dos trabalhos.

§ 1º Em caso de divisão da Junta em turmas, cada partido poderá credenciar até 3 (três) fiscais para cada turma.

§ 2º Não será permitida, na Junta ou turma, a atuação de mais de 1 (um) fiscal de cada partido.
» CE, art. 132.

Art. 162. Cada partido poderá credenciar mais de 1 (um) delegado perante a Junta, mas no decorrer da apuração só funcionará 1 (um) de cada vez.
» Lei nº 9.504/97, art. 87.

Art. 163. Iniciada a apuração da urna, não será a mesma interrompida, devendo ser concluída.

Parágrafo único. Em caso de interrupção por motivo de força maior, as cédulas e as folhas de apuração serão recolhidas à urna, e esta fechada e lacrada, o que constará da ata.

Art. 164. É vedada às Juntas eleitorais a divulgação, por qualquer meio, de expressões, frases ou desenhos estranhos ao pleito, apostos ou contidos nas cédulas.

§ 1º Aos membros, escrutinadores e auxiliares das Juntas que infringirem o disposto neste artigo será aplicada a multa de 1 (um) a 2 (dois) salários-mínimos vigentes na Zona Eleitoral, cobrados através de executivo fiscal ou da inutilização de selos federais no processo em que for arbitrada a multa.
» CF, art. 7º, IV.
» Lei nº 5.143/66.

§ 2º Será considerada dívida líquida e certa, para efeito de cobrança, a que for arbitrada pelo Tribunal Regional e inscrita em livro próprio na secretaria desse órgão.
» CF, ADCT arts. 12, incisos; 29, § 5º.
» Res.-TSE nº 21.975/2004.
» LC nº 73/93.
» CE, art. 367.

Seção II
Da abertura da urna

Art. 165. Antes de abrir cada urna a Junta verificará:

I. se há indício de violação da urna;
» CE, arts. 317; 339; 340.

II. se a mesa receptora se constituiu legalmente;

III. se as folhas individuais de votação e as folhas modelo 2 (dois) são autênticas;

IV. se a eleição se realizou no dia, hora e local designados e se a votação não foi encerrada antes das 17 (dezessete) horas;

V. se foram infringidas as condições que resguardam o sigilo do voto;

VI. se a seção eleitoral foi localizada com infração ao disposto nos parágrafos 4º e 5º do art. 135;

VII. se foi recusada, sem fundamento legal, a fiscalização de partidos aos atos eleitorais;

VIII. se votou eleitor excluído do alistamento, sem ser o seu voto tomado em separado;

IX. se votou eleitor de outra seção, a não ser nos casos expressamente admitidos;

X. se houve demora na entrega da urna e dos documentos conforme determina o número VI, do art. 154;

XI. se consta nas folhas individuais de votação dos eleitores faltosos o devido registro de sua falta. *(Inciso acrescentado pela Lei nº 4.961/66)*

§ 1º Se houver indício de violação da urna, proceder-se-á da seguinte forma:

I. antes da apuração, o presidente da Junta indicará pessoa idônea para servir como perito e examinar a urna com assistência do representante do Ministério Público;

II. se o perito concluir pela existência de violação e o seu parecer for aceito pela Junta, o presidente desta comunicará a ocorrência ao Tribunal Regional, para as providências de lei;

III. se o perito e o representante do Ministério Público concluírem pela inexistência de violação, far-se-á a apuração;

IV. se apenas o representante do Ministério Público entender que a urna foi violada, a Junta decidirá, podendo aquele, se a decisão não for unânime, recorrer imediatamente para o Tribunal Regional;

V. não poderão servir de peritos os referidos no art. 36, § 3º, números I a IV.

§ 2º As impugnações fundadas em violação da urna somente poderão ser apresentadas até a abertura desta.

§ 3º Verificado qualquer dos casos dos números II, III, IV e V do artigo, a Junta anulará a votação, fará a apuração dos votos em separado e recorrerá de ofício para o Tribunal Regional.

§ 4º Nos casos dos números VI, VII, VIII, IX e X, a Junta decidirá se a votação é válida, procedendo à apuração definitiva em caso afirmativo, ou na forma do parágrafo anterior, se resolver pela nulidade da votação.

§ 5º A Junta deixará de apurar os votos de urna que não estiver acompanhada dos documentos legais e lavrará termo relativo ao fato, remetendo-a, com cópia da sua decisão, ao Tribunal Regional.

» *CE, arts. 220, incisos; 259.*

Art. 166. Aberta a urna, a Junta verificará se o número de cédulas oficiais corresponde ao de votantes.

§ 1º A incoincidência entre o número de votantes e o de cédulas oficiais encontradas na urna não constituirá motivo de nulidade da votação, desde que não resulte de fraude comprovada. *(Caput e parágrafo com redação dada pela Lei nº 4.961/66)*

§ 2º Se a Junta entender que a incoincidência resulta de fraude, anulará a votação, fará a apuração em separado e recorrerá de ofício para o Tribunal Regional.

Art. 167. Resolvida a apuração da urna, deverá a Junta, inicialmente:

I. examinar as sobrecartas brancas contidas na urna, anulando os votos referentes aos eleitores que não podiam votar;

II. misturar as cédulas oficiais dos que podiam votar com as demais existentes na urna. *(Incisos I e II com redação dada pela Lei nº 4.961/66)*

III. *(Revogado pela Lei nº 4.961/66)*

IV. *(Revogado pela Lei nº 4.961/66)*

Art. 168. As questões relativas à existência de rasuras, emendas e entrelinhas nas folhas de votação e na ata da eleição, somente poderão ser suscitadas na fase correspondente à abertura das urnas.

» *CE, art. 259.*

Seção III
Das impugnações e dos recursos

Art. 169. À medida que os votos forem sendo apurados, poderão os fiscais e delegados de partido, assim como os candidatos, apresentar impugnações, que serão decididas de plano pela Junta.

§ 1º As Juntas decidirão por maioria de votos as impugnações.

§ 2º De suas decisões cabe recurso imediato, interposto verbalmente ou por escrito, que deverá ser fundamentado no prazo de 48 (quarenta e oito) horas para que tenha seguimento.

§ 3º O recurso, quando ocorrerem eleições simultâneas, indicará expressamente a eleição a que se refere.

§ 4º Os recursos serão instruídos de ofício, com certidão da decisão recorrida; se interpostos verbalmente, constará também da certidão o trecho correspondente do boletim. *(Parágrafo com redação dada pela Lei nº 4.961/66)*

» *Lei nº 9.504/97, arts. 69; 71.*

Art. 170. As impugnações quanto à identidade do eleitor, apresentadas no ato da votação, serão resolvidas pelo confronto da assinatura tomada no verso da folha individual de votação com a existente no anverso; se o eleitor votou em separado, no caso de omissão da folha individual na respectiva pasta, confrontando-se a assinatura da folha modelo 2 (dois) com a do título eleitoral.

» *Lei nº 6.996/82, art. 12, § 5º.*

Art. 171. Não será admitido recurso contra a apuração se não tiver havido impugnação perante a Junta, no ato da apuração, contra as nulidades arguidas.

» *CE, arts. 149; 223; 259.*

Art. 172. Sempre que houver recurso fundado em contagem errônea de votos, vícios de cédulas ou de sobrecartas para votos em separado, deverão as cédulas ser conservadas em invólucro lacrado, que acompanhará o recurso e deverá ser rubricado pelo juiz eleitoral, pelo recorrente e pelos delegados de partido que o desejarem. *(Artigo com redação dada pela Lei nº 4.961/66)*

Seção IV
Da contagem dos votos

Art. 173. Resolvidas as impugnações a Junta passará a apurar os votos.

Parágrafo único. Na apuração, poderá ser utilizado sistema eletrônico, a critério do Tribunal Superior Eleitoral e na forma por ele estabelecida. *(Parágrafo acrescentado pela Lei nº 6.978/82)*

» *Lei nº 6.996/82.*
» *Lei nº 7.444/85.*
» *Lei nº 9.504/97, art. 59.*

Art. 174. As cédulas oficiais, à medida em que forem sendo abertas, serão examinadas e lidas em voz alta por um dos componentes da Junta.

§ 1º Após fazer a declaração dos votos em branco e antes de ser anunciado o seguinte, será aposto na cédula, no lugar correspondente à indicação do voto, um carimbo com a expressão "em branco", além da rubrica do presidente da turma. *(Parágrafo acrescentado pela Lei nº 4.961/66 e com redação dada pela Lei nº 6.055/74)*

§ 2º O mesmo processo será adaptado para o voto nulo. *(Parágrafo acrescentado pela Lei nº 6.055/74)*

§ 3º Não poderá ser iniciada a apuração dos votos da urna subsequente sob as penas do art. 345, sem que os votos em branco da anterior estejam todos registrados pela forma

Art. 174

referida no § 1º. *(Parágrafo acrescentado pela Lei nº 4.961/66 e renumerado pela Lei nº 6.055/74)*

§ 4º As questões relativas às cédulas somente poderão ser suscitadas nessa oportunidade. *(Parágrafo renumerado pela Lei nº 6.055/74)*
   » CE, art. 259.
   » Lei nº 6.055/74, art. 15.

Art. 175. Serão nulas as cédulas:

I. que não corresponderem ao modelo oficial;
   » CE, art. 103, I.

II. que não estiverem devidamente autenticadas;
   » CE, art. 103, III.

III. que contiverem expressões, frases ou sinais que possam identificar o voto.

§ 1º Serão nulos os votos em cada eleição majoritária:

I. quando forem assinalados os nomes de 2 (dois) ou mais candidatos para o mesmo cargo;

II. quando a assinalação estiver colocada fora do quadrilátero próprio, desde que torne duvidosa a manifestação da vontade do eleitor.

§ 2º Serão nulos os votos, em cada eleição pelo sistema proporcional:

I. quando o candidato não for indicado, através do nome ou do número, com clareza suficiente para distingui-lo de outro candidato ao mesmo cargo, mas de outro partido, e o eleitor não indicar a legenda;

II. se o eleitor escrever o nome de mais de um candidato ao mesmo cargo pertencentes a partidos diversos ou, indicando apenas os números, o fizer também de candidatos de partidos diferentes;

III. se o eleitor, não manifestando preferência por candidato, ou o fazendo de modo que não se possa identificar o de sua preferência, escrever duas ou mais legendas diferentes no espaço relativo à mesma eleição.

§ 3º Serão nulos, para todos os efeitos, os votos dados a candidatos inelegíveis ou não registrados. *(Parágrafos 2º e 3º renumerados pela Lei nº 4.961/66)*
   » CE, arts. 72; 224.
   » LC nº 64/90, arts. 3º; 15; 18.
   » Lei nº 9.504/97, art. 11.

§ 4º O disposto no parágrafo anterior não se aplica quando a decisão de inelegibilidade ou de cancelamento de registro for proferida após a realização da eleição a que concorreu o candidato alcançado pela sentença, caso em que os votos serão contados para o partido pelo qual tiver sido feito o seu registro. *(Parágrafo acrescentado pela Lei nº 7.179/83)*
   » Res.-TSE nº 20.865/2001.

Art. 176. Contar-se-á o voto apenas para a legenda, nas eleições pelo sistema proporcional:

I. se o eleitor escrever apenas a sigla partidária, não indicando o candidato de sua preferência;

II. se o eleitor escrever o nome de mais de 1 (um) candidato do mesmo partido;

III. se o eleitor, escrevendo apenas os números, indicar mais de um candidato do mesmo partido;

IV. se o eleitor não indicar o candidato através do nome ou do número com clareza suficiente para distingui-lo de outro candidato do mesmo partido. *(Artigo com redação dada pela Lei nº 8.037/90)*
   » Lei nº 9.504/97, arts. 59, § 2º; 60; 86.

Art. 177. Na contagem dos votos para as eleições realizadas pelo sistema proporcional observar-se-ão, ainda, as seguintes normas:

I. a inversão, omissão ou erro de grafia do nome ou prenome não invalidará o voto, desde que seja possível a identificação do candidato;

II. se o eleitor escrever o nome de 1 (um) candidato e o número correspondente a outro da mesma legenda ou não, contar-se-á o voto para o candidato cujo nome foi escrito, bem como para a legenda a que pertence;

III. se o eleitor escrever o nome ou o número de 1 (um) candidato e a legenda de outro partido, contar-se-á o voto para o candidato cujo nome ou número foi escrito;

IV. se o eleitor escrever o nome ou o número de 1 (um) candidato a Deputado Federal na parte da cédula referente a Deputado Estadual ou vice-versa, o voto será contado para o candidato cujo o nome ou número foi escrito;

V. se o eleitor escrever o nome ou o número de candidatos em espaço da cédula que não seja o correspondente ao cargo para o qual o candidato foi registrado, será o voto computado para o candidato e respectiva legenda, conforme o registro. *(Artigo com redação dada pela Lei nº 8.037/90)*
   » Lei nº 9.504/97, art. 85

Art. 178. O voto dado ao candidato a Presidente da República entender-se-á dado também ao candidato a Vice-Presidente, assim como o dado aos candidatos a Governador, Senador, Deputado Federal nos territórios, Prefeito e juiz de paz entender-se-á dado ao respectivo vice ou suplente.
   » CE, art. 89, III; 91, § 2º.
   » CF, arts. 14, § 3º, VI, "c"; 28; 46, § 3º; 77, § 2º; 98, II.
   » LC nº 64/90, arts. 17; 18.

Art. 179. Concluída a contagem dos votos a Junta ou turma deverá:

I. transcrever nos mapas referentes à urna a votação apurada;

II. expedir boletim contendo o resultado da respectiva seção, no qual serão consignados o número de votantes, a votação individual de cada candidato, os votos de cada legenda partidária, os votos nulos e os em branco bem como recursos, se houver.
   » Lei nº 9.504/97, arts. 68; 87, § 6º.

§ 1º Os mapas, em todas as suas folhas, e os boletins de apuração, serão assinados pelo presidente e membros da Junta e pelos fiscais de partido que o desejarem.

§ 2º O boletim a que se refere este artigo obedecerá a modelo pelo Tribunal Superior Eleitoral, podendo, porém, na sua falta, ser substituido por qualquer outro expedido por Tribunal Regional ou pela própria Junta Eleitoral.

§ 3º Um dos exemplares do boletim de apuração será imediatamente afixado na sede da Junta, em local que possa ser copiado por qualquer pessoa.

§ 4º Cópia autenticada do boletim de apuração será entregue a cada partido, por intermédio do delegado ou fiscal presente, mediante recibo.
   » Lei nº 9.504/97, arts. 68, § 1º; 87, § 2º.

§ 5º O boletim de apuração ou sua cópia autenticada, com a assinatura do juiz e pelo menos de 1 (um) dos membros da Junta, fará nova prova do resultado apurado, podendo ser apresentado ao Tribunal Regional, nas eleições federais e estaduais, sempre que o número de votos constantes dos mapas recebidos pela Comissão Apuradora não coincidir com os nele consignados.
» *Lei nº 9.504/97, art. 87, § 5º.*

§ 6º O partido ou candidato poderá apresentar o boletim na oportunidade concedida pelo art. 200, quando terá vista do relatório da Comissão Apuradora, ou antes, se durante os trabalhos da Comissão tiver conhecimento da incoincidência de qualquer resultado.

§ 7º Apresentado o boletim, será aberta vista aos demais partidos, pelo prazo de 2 (dois) dias, os quais somente poderão contestar o erro indicado com a apresentação de boletim da mesma urna, revestido das mesmas formalidades.

§ 8º Se o boletim apresentado na contestação consignar outro resultado, coincidente ou não com o que figurar no mapa enviado pela Junta, a urna será requisitada e recontada pelo próprio Tribunal Regional, em sessão.
» *Lei nº 9.504/97, art. 88.*

§ 9º A não expedição do boletim imediatamente após a apuração de cada urna e antes de se passar à subsequente, sob qualquer pretexto, constitui o crime previsto no art. 313.

Art. 180. O disposto no artigo anterior e em todos os seus parágrafos aplica-se às eleições municipais, observadas somente as seguintes alterações:

I. o boletim de apuração poderá ser apresentado à Junta até 3 (três) dias depois de totalizados os resultados, devendo os partidos ser cientificados, através de seus delegados, da data em que começará a correr esse prazo;

II. apresentado o boletim será observado o disposto nos §§ 7º e 8º do artigo anterior, devendo a recontagem ser procedida pela própria Junta.

Art. 181. Salvo nos casos mencionados nos artigos anteriores, a recontagem de votos só poderá ser deferida pelos Tribunais Regionais, em recurso interposto imediatamente após a apuração de cada urna.

Parágrafo único. Em nenhuma outra hipótese poderá a Junta determinar a reabertura de urnas já apuradas para recontagem de votos.

Art. 182. Os títulos dos eleitores estranhos à seção serão separados para remessa, depois de terminados os trabalhos da Junta, ao juiz eleitoral da zona neles mencionadas, a fim de que seja anotado na folha individual de votação o voto dado em outra seção.

Parágrafo único. Se, ao ser feita a anotação, no confronto do título com a folha individual, se verificar incoincidência ou outro indício de fraude, serão autuados tais documentos, e o juiz determinará as providências necessárias para apuração do fato e consequentes medidas legais.

Art. 183. Concluída a apuração, e antes de se passar à subsequente, as cédulas serão recolhidas à urna, sendo esta fechada e lacrada, não podendo ser reaberta senão depois de transitada em julgado a diplomação, salvo nos casos de recontagem de votos.

Parágrafo único. O descumprimento do disposto no presente artigo, sob qualquer pretexto, constitui crime eleitoral previsto no art. 314.

Art. 184. Terminada a apuração, a Junta remeterá ao Tribunal Regional, no prazo de vinte e quatro horas, todos os papéis eleitorais referentes às eleições estaduais ou federais, acompanhados dos documentos referentes à apuração, juntamente com a ata geral dos seus trabalhos, na qual serão consignadas as votações apuradas para cada legenda e candidato e os votos não apurados, com a declaração dos motivos por que o não foram.

§ 1º Essa remessa será feita em invólucro fechado, lacrado e rubricado pelos membros da Junta, delegados e fiscais de partido, por via postal ou sob protocolo, conforme for mais rápida e segura a chegada ao destino. *(Caput e parágrafo com redação dada pela Lei nº 4.961/66)*

§ 2º Se a remessa dos papéis eleitorais de que trata este artigo não se verificar no prazo nele estabelecido, os membros da Junta estarão sujeitos à multa correspondente à metade do salário-mínimo regional por dia de retardamento.

§ 3º Decorridos quinze dias sem que o Tribunal Regional tenha recebido os papéis referidos neste artigo ou comunicação de sua expedição, determinará ao Corregedor Regional ou juiz eleitoral mais próximo que os faça apreender e enviar imediatamente, transferindo-se para o Tribunal Regional a competência para decidir sobre os mesmos. *(Parágrafos 2º e 3º acrescentados pela Lei nº 4.961/66)*

Art. 185. Sessenta dias após o trânsito em julgado da diplomação de todos os candidatos eleitos nos pleitos eleitorais realizados simultaneamente e prévia publicação de edital de convocação, as cédulas serão retiradas das urnas e imediatamente incineradas, na presença do juiz eleitoral e em ato público, vedado a qualquer pessoa, inclusive ao juiz, o seu exame na ocasião da incineração. *(Caput com redação dada pela Lei nº 6.055/74)*
» *CE, art. 262.*
» *CF, art. 14, § 10.*
» *LC nº 64/90, art. 15.*

Parágrafo único. Poderá ainda a Justiça Eleitoral, tomadas as medidas necessárias à garantia do sigilo, autorizar a reciclagem industrial das cédulas, em proveito do ensino público de primeiro grau ou de instituições beneficentes. *(Parágrafo acrescentado pela Lei nº 7.977/89)*

Art. 186. Com relação às eleições municipais e distritais, uma vez terminada a apuração de todas as urnas, a Junta resolverá as dúvidas não decididas, verificará o total dos votos apurados, inclusive os votos em branco, determinará o quociente eleitoral e os quocientes partidários e proclamará os candidatos eleitos.
» *CE, arts. 106; 107.*
» *CF, art. 29, II, III.*
» *Lei nº 9.504/97, art. 3º.*

§ 1º O presidente da Junta fará lavrar, por um dos secretários, a ata geral concernente às eleições referidas neste artigo, da qual constará o seguinte:

I. as seções apuradas e o número de votos apurados em cada urna;

II. as seções anuladas, os motivos por que foram e o número de votos não apurados;

III. as seções onde não houve eleição e os motivos;

IV. as impugnações feitas, a solução que lhes foi dada e os recursos interpostos;

V. a votação de cada legenda na eleição para Vereador;

VI. o quociente eleitoral e os quocientes partidários;

Art. 186

VII. a votação dos candidatos a Vereador, incluídos em cada lista registrada, na ordem da votação recebida;

VIII. a votação dos candidatos a Prefeito, Vice-Prefeito e a Juiz de Paz, na ordem da votação recebida.

» *CF, art. 98, II.*

§ 2º Cópia da ata geral da eleição municipal, devidamente autenticada pelo juiz, será enviada ao Tribunal Regional e ao Tribunal Superior Eleitoral.

Art. 187. Verificando a Junta Apuradora que os votos das seções anuladas e daquelas cujos eleitores foram impedidos de votar, poderão alterar a representação de qualquer partido ou classificação de candidato eleito pelo princípio majoritário, nas eleições municipais, fará imediata comunicação do fato ao Tribunal Regional, que marcará, se for o caso, dia para a renovação da votação naquelas seções.

§ 1º Nas eleições suplementares municipais observar-se-á, no que couber, o disposto no art. 201.

§ 2º Essas eleições serão realizadas perante novas mesas receptoras, nomeadas pelo juiz eleitoral, e apuradas pela própria Junta que, considerando os anteriores e os novos resultados, confirmará ou invalidará os diplomas que houver expedido.

§ 3º Havendo renovação de eleições para os cargos de Prefeito e Vice-Prefeito, os diplomas somente serão expedidos depois de apuradas as eleições suplementares.

§ 4º Nas eleições suplementares, quando se referirem a mandatos de representação proporcional, a votação e a apuração far-se-ão exclusivamente para as legendas registradas.

» *CE, art. 224.*

Seção V
Da contagem dos votos pela mesa receptora

Art. 188. O Tribunal Superior Eleitoral poderá autorizar a contagem de votos pelas mesas receptoras, nos Estados em que o Tribunal Regional indicar as zonas ou seções em que esse sistema deva ser adotado.

» *CE, arts. 23, XIII; 30, VI.*

Art. 189. Os mesários das seções em que for efetuada a contagem dos votos serão nomeados escrutinadores da Junta.

Art. 190. Não será efetuada a contagem dos votos pela mesa se esta não se julgar suficientemente garantida, ou se qualquer eleitor houver votado sob impugnação, devendo a mesa, em um ou outro caso, proceder na forma determinada para as demais, das zonas em que a contagem não foi autorizada.

Art. 191. Terminada a votação, o presidente da mesa tomará as providências mencionadas nos incisos II, III, IV e V do art. 154.

Art. 192. Lavrada e assinada a ata, o presidente da mesa, na presença dos demais membros, fiscais e delegados do partido, abrirá a urna e o invólucro e verificará se o número de cédulas oficiais coincide com o de votantes.

§ 1º Se não houver coincidência entre o número de votantes e o de cédulas oficiais encontradas na urna e no invólucro, a mesa receptora não fará a contagem dos votos.

§ 2º Ocorrendo a hipótese prevista no parágrafo anterior, o presidente da mesa determinará que as cédulas e as sobrecartas sejam novamente recolhidas à urna e ao invólucro, os quais serão fechados e lacrados, procedendo, em seguida, na forma recomendada pelos incisos VI, VII e VIII do art. 154.

Art. 193. Havendo coincidência entre o número de cédulas e o de votantes, deverá a mesa, inicialmente, misturar as cédulas contidas nas sobrecartas brancas, da urna e do invólucro, com as demais.

§ 1º Em seguida, proceder-se-á à abertura das cédulas e contagem dos votos, observando-se o disposto nos arts. 169 e seguintes, no que couber.

§ 2º Terminada a contagem dos votos, será lavrada ata resumida, de acordo com modelo aprovado pelo Tribunal Superior e da qual constarão apenas as impugnações acaso apresentadas, figurando os resultados no boletim que se incorporará à ata, e do qual se dará cópia aos fiscais dos partidos.

Art. 194. Após a lavratura da ata, que deverá ser assinada pelos membros da mesa, fiscais e delegados de partido, as cédulas e as sobrecartas serão recolhidas à urna, sendo esta fechada, lacrada e entregue ao juiz eleitoral pelo presidente da mesa ou por um dos mesários, mediante recibo.

§ 1º O juiz eleitoral poderá, havendo possibilidade, designar funcionários para recolher as urnas e demais documentos nos próprios locais da votação ou instalar postos e locais diversos para seu recebimento.

§ 2º Os fiscais e delegados de partido podem vigiar e acompanhar a urna desde o momento da eleição, durante a permanência nos postos arrecadadores e até a entrega à Junta.

Art. 195. Recebida a urna e documentos, a Junta deverá:

I. examinar a sua regularidade, inclusive quanto ao funcionamento normal da seção;

II. rever o boletim de contagem de votos da mesa receptora, a fim de verificar se está aritmeticamente certo, fazendo dele constar que, conferido, nenhum erro foi encontrado;

III. abrir a urna e conferir os votos sempre que a contagem da mesa receptora não permitir o fechamento dos resultados;

IV. proceder à apuração se da ata da eleição constar impugnação de fiscal, delegado, candidato ou membro da própria mesa em relação ao resultado de contagem dos votos;

V. resolver todas as impugnações constantes da ata da eleição;

VI. praticar todos os atos previstos na competência das Juntas Eleitorais.

Art. 196. De acordo com as instruções recebidas, a Junta Apuradora poderá reunir os membros das mesas receptoras e demais componentes da Junta em local amplo e adequado no dia seguinte ao da eleição, em horário previamente fixado, e a proceder à apuração na forma estabelecida nos arts. 159 e seguintes, de uma só vez ou em duas ou mais etapas.

Parágrafo único. Nesse caso, cada partido poderá credenciar um fiscal para acompanhar a apuração de cada urna, realizando-se esta sob a supervisão do juiz e dos demais membros da Junta, aos quais caberá decidir, em cada caso, as impugnações e demais incidentes verificados durante os trabalhos.

Capítulo III
Da apuração nos Tribunais Regionais

Art. 197. Na apuração, compete ao Tribunal Regional:

I. resolver as dúvidas não decididas e os recursos interpostos sobre as eleições federais e estaduais e apurar as votações que haja validado em grau de recurso;

» *CE, arts. 30, VII; 158, II.*

II. verificar o total dos votos apurados, entre os quais se incluem os em branco;
» *CE, arts. 106; 107.*
» *Lei nº 9.504/97, art. 5º.*

III. determinar os quociente eleitoral e partidário, bem como a distribuição das sobras;

IV. proclamar os eleitos e expedir os respectivos diplomas;
» *CE, art. 40, IV.*

V. fazer a apuração parcial das eleições para Presidente e Vice-Presidente da República.
» *CE, art. 30, VII.*

Art. 198. A apuração pelo Tribunal Regional começará no dia seguinte ao em que receber os primeiros resultados parciais das Juntas e prosseguirá sem interrupção, inclusive nos sábados, domingos e feriados, de acordo com o horário previamente publicado, devendo terminar 30 (trinta) dias depois da eleição.

§ 1º Ocorrendo motivos relevantes, expostos com a necessária antecedência, o Tribunal Superior poderá conceder prorrogação desse prazo, uma só vez e por 15 (quinze) dias.

§ 2º Se o Tribunal Regional não terminar a apuração no prazo legal, seus membros estarão sujeitos à multa correspondente à metade do salário-mínimo regional por dia de retardamento. *(Parágrafos 1º e 2º com redação dada pela Lei nº 4.961/66)*

Art. 199. Antes de iniciar a apuração, o Tribunal Regional constituirá, com 3 (três) de seus membros, presidida por um destes, uma Comissão Apuradora.
» *CF, art. 121.*

§ 1º O Presidente da Comissão designará um funcionário do Tribunal para servir de secretário e para auxiliarem os seus trabalhos, tantos outros quantos julgar necessários.

§ 2º De cada sessão da Comissão Apuradora será lavrada ata resumida.

§ 3º A Comissão Apuradora fará publicar no órgão oficial, diariamente, um boletim com a indicação dos trabalhos realizados e do número de votos atribuídos a cada candidato.

§ 4º Os trabalhos da Comissão Apuradora poderão ser acompanhados por delegados dos partidos interessados, sem que, entretanto, neles intervenham com protestos, impugnações ou recursos.

§ 5º Ao final dos trabalhos, a Comissão Apuradora apresentará ao Tribunal Regional os mapas gerais da apuração e um relatório, que mencione:
» *CE, art. 315.*

I. o número de votos válidos e anulados em cada Junta Eleitoral, relativos a cada eleição;

II. as seções apuradas e os votos nulos e anulados de cada uma;

III. as seções anuladas, os motivos por que o foram e o número de votos anulados ou não apurados;

IV. as seções onde não houve eleição e os motivos;

V. as impugnações apresentadas às Juntas e como foram resolvidas por elas, assim como os recursos que tenham sido interpostos;

VI. a votação de cada partido;

VII. a votação de cada candidato;

VIII. o quociente eleitoral;
» *CE, art. 106.*

IX. os quocientes partidários;
» *CE, art. 107.*

X. a distribuição das sobras.
» *CE, arts. 106; 107; 109.*

Art. 200. O relatório a que se refere o artigo anterior ficará na Secretaria do Tribunal, pelo prazo de 3 (três) dias, para exame dos partidos e candidatos interessados, que poderão examinar também os documentos em que ele se baseou.

§ 1º Terminado o prazo *supra*, os partidos poderão apresentar as suas reclamações, dentro de 2 (dois) dias, sendo estas submetidas a parecer da Comissão Apuradora, que, no prazo de 3 (três) dias, apresentará aditamento ao relatório com a proposta das modificações que julgar procedentes, ou com a justificação da improcedência das arguições.
» *CE, art. 259, parágrafo único.*

§ 2º O Tribunal Regional, antes de aprovar o relatório da Comissão Apuradora e, em 3 (três) dias improrrogáveis, julgará as impugnações e as reclamações não providas pela Comissão Apuradora, e, se as deferir, voltará o relatório à Comissão para que sejam feitas as alterações resultantes da decisão. *(Parágrafo acrescentado pela Lei nº 4.961/66)*

Art. 201. De posse do relatório referido no artigo anterior, reunir-se-á o Tribunal, no dia seguinte, para o conhecimento do total dos votos apurados, e, em seguida, se verificar que os votos das seções anuladas e daquelas cujos eleitores foram impedidos de votar, poderão alterar a representação de qualquer partido ou classificação de candidato eleito pelo princípio majoritário, ordenará a realização de novas eleições.

Parágrafo único. As novas eleições obedecerão as seguintes normas:

I. o presidente do Tribunal fixará, imediatamente, a data, para que se realizem dentro de 15 (quinze) dias, no mínimo, e de 30 (trinta) dias no máximo, a contar do despacho que a fixar, desde que não tenha havido recurso contra a anulação das seções;
» *CE, arts. 187, § 1º; 224.*

II. somente serão admitidos a votar os eleitores da seção, que hajam comparecido à eleição anulada, e os de outras seções que ali houverem votado;

III. nos casos de coação que haja impedido o comparecimento dos eleitores às urnas, no de encerramento da votação antes da hora legal, e quando a votação tiver sido realizada em dia, hora e lugar diferentes dos designados, poderão votar todos os eleitores da seção e somente estes;

IV. nas zonas onde apenas uma seção for anulada, o juiz eleitoral respectivo presidirá a mesa receptora; se houver mais de uma seção anulada, o Presidente do Tribunal Regional designará os juízes presidentes das respectivas mesas receptoras;

V. as eleições realizar-se-ão nos mesmos locais anteriormente designados, servindo os mesários e secretários que pelo juiz forem nomeados, com a antecedência de, pelo menos, 5 (cinco) dias, salvo se a anulação for decretada por infração dos parágrafos 4º e 5º do art. 135;

VI. as eleições assim realizadas serão apuradas pelo Tribunal Regional.

Art. 202. Da reunião do Tribunal Regional será lavrada ata geral, assinada pelos seus membros e da qual constarão:

I. as seções apuradas e o número de votos apurados em cada uma;

Art. 202

II. as seções anuladas, as razões por que o foram e o número de votos não apurados;

III. as seções onde não tenha havido eleição e os motivos;

IV. as impugnações apresentadas às juntas eleitorais e como foram resolvidas;

V. as seções em que se vai realizar ou renovar a eleição;

VI. a votação obtida pelos partidos;

VII. o quociente eleitoral e o partidário;

VIII. os nomes dos votados na ordem decrescente dos votos;

IX. os nomes dos eleitos;

X. os nomes dos suplentes, na ordem em que devem substituir ou suceder.

§ 1º Na mesma sessão, o Tribunal Regional proclamará os eleitos e os respectivos suplentes e marcará a data para a expedição solene dos diplomas em sessão pública, salvo quanto a Governador e Vice-Governador, se ocorrer a hipótese prevista na Emenda Constitucional 13.

» *CF, arts. 28; 77.*

§ 2º O Vice-Governador e o suplente de Senador considerar-se-ão eleitos em virtude da eleição do Governador e do Senador com os quais se candidatarem.

» *CF, art. 46, § 3º.*

» *LC nº 64/90, art. 18.*

§ 3º Os candidatos a Governador e Vice-Governador somente serão diplomados depois de realizadas as eleições suplementares referentes a esses cargos.

§ 4º Um traslado da ata da sessão, autenticado com a assinatura de todos os membros do Tribunal que assinaram a ata original, será remetida ao Presidente do Tribunal Superior.

§ 5º O Tribunal Regional comunicará o resultado da eleição ao Senado Federal, Câmara dos Deputados e Assembleia Legislativa.

Art. 203. Sempre que forem realizadas eleições de âmbito estadual juntamente com eleições para Presidente e Vice-Presidente da República, o Tribunal Regional desdobrará os seus trabalhos de apuração, fazendo, tanto para aquelas como para esta, uma ata geral.

§ 1º A Comissão Apuradora deverá, também, apresentar relatórios distintos, um dos quais referente apenas às eleições presidenciais.

§ 2º Concluídos os trabalhos da apuração o Tribunal Regional remeterá ao Tribunal Superior os resultados parciais das eleições para Presidente e Vice-Presidente da República, acompanhados de todos os papéis que lhe digam respeito.

Art. 204. O Tribunal Regional julgando conveniente, poderá determinar que a totalização dos resultados de cada urna seja realizada pela própria Comissão Apuradora.

Parágrafo único. Ocorrendo essa hipótese serão observadas as seguintes regras:

I. a decisão do Tribunal será comunicada, até 30 (trinta) dias antes da eleição aos juízes eleitorais, aos Diretórios dos partidos e ao Tribunal Superior;

II. iniciada a apuração os juízes eleitorais remeterão ao Tribunal Regional, diariamente, sob registro postal ou por portador, os mapas de todas as urnas apuradas no dia;

III. os mapas serão acompanhados de ofício sucinto, que esclareça apenas a que seções correspondem e quantas ainda faltam para completar a apuração da zona;

IV. havendo sido interposto recurso em relação a urna correspondente aos mapas enviados, o juiz fará constar do ofício, em seguida à indicação da seção, entre parênteses, apenas esse esclarecimento: "houve recurso";

V. a ata final da Junta não mencionará, no seu texto, a votação obtida pelos partidos e candidatos, a qual ficará constando dos boletins de apuração do juízo, que dela ficarão fazendo parte integrante;

VI. cópia autenticada da ata, assinada por todos os que assinaram o original, será enviada ao Tribunal Regional na forma prevista no art. 184;

VII. a Comissão Apuradora, à medida em que for recebendo os mapas, passará a totalizar os votos, aguardando, porém, a chegada da cópia autêntica da ata para encerrar a totalização referente a cada zona;

VIII. no caso de extravio de mapa o juiz eleitoral providenciará a remessa de 2ª via, preenchida à vista dos delegados de partido especialmente convocados para esse fim e pelos resultados constantes do boletim de apuração que deverá ficar arquivado no juízo.

» *CE, arts. 258; 259.*

Capítulo IV
Da apuração no Tribunal Superior

Art. 205. O Tribunal Superior fará a apuração geral das eleições para Presidente e Vice-Presidente da República pelos resultados verificados pelos Tribunais Regionais em cada Estado.

» *CE, art. 158, III.*

Art. 206. Antes da realização da eleição, o presidente do Tribunal sorteará, dentre os juízes, o relator de cada grupo de Estados, ao qual serão distribuídos todos os recursos e documentos da eleição referentes ao respectivo grupo.

Art. 207. Recebidos os resultados de cada Estado, e julgados os recursos interpostos das decisões dos Tribunais Regionais, o relator terá o prazo de 5 (cinco) dias para apresentar seu relatório, com as conclusões seguintes:

I. os totais dos votos válidos e nulos do Estado;

II. os votos apurados pelo Tribunal Regional que devem ser anulados;

III. os votos anulados pelo Tribunal Regional que devem ser computados como válidos;

IV. a votação de cada candidato;

V. o resumo das decisões do Tribunal Regional sobre as dúvidas e impugnações, bem como dos recursos que hajam sido interpostos para o Tribunal Superior, com as respectivas decisões e indicação das implicações sobre os resultados.

Art. 208. O relatório referente a cada Estado ficará na Secretaria do Tribunal, pelo prazo de 2 (dois) dias, para exame dos partidos e candidatos interessados, que poderão examinar também os documentos em que ele se baseou e apresentar alegações ou documentos sobre o relatório, no prazo de 2 (dois) dias.

» *CE, arts. 258; 259.*

Parágrafo único. Findo esse prazo serão os autos conclusos ao relator, que, dentro em 2 (dois) dias, os apresentará a julgamento, que será previamente anunciado.

Art. 209. Na sessão designada será o feito chamado a julgamento de preferência a qualquer outro processo.

§ 1º Se o relatório tiver sido impugnado, os partidos interessados poderão, no prazo de 15 (quinze) minutos, sustentar oralmente as suas conclusões.

§ 2º Se do julgamento resultarem alterações na apuração efetuada pelo Tribunal Regional, o acórdão determinará que a Secretaria, dentro em 5 (cinco) dias, levante as folhas de apuração parcial das seções cujos resultados tiverem sido alterados, bem como o mapa geral da respectiva circunscrição, de acordo com as alterações decorrentes do julgado, devendo o mapa, após o visto do relator, ser publicado na Secretaria.

§ 3º A esse mapa admitir-se-á, dentro em 48 (quarenta e oito) horas de sua publicação, impugnação fundada em erro de conta ou de cálculo, decorrente da própria sentença.

» CE, arts. 223; 259.

Art. 210. Os mapas gerais de todas as circunscrições com as impugnações, se houver, e a folha de apuração final levantada pela Secretaria serão autuados e distribuídos a um relator geral, designado pelo Presidente.

Parágrafo único. Recebidos os autos, após a audiência do Procurador-Geral, o relator, dentro de 48 (quarenta e oito) horas, resolverá as impugnações relativas aos erros de conta ou de cálculo, mandando fazer as correções, se for o caso, e apresentará, a seguir, o relatório final com os nomes dos candidatos que deverão ser proclamados eleitos e os dos demais candidatos, na ordem decrescente das votações.

Art. 211. Aprovada em sessão especial a apuração geral, o Presidente anunciará a votação dos candidatos, proclamando a seguir eleito Presidente da República o candidato mais votado que tiver obtido maioria absoluta de votos, excluídos, para a apuração desta, os em branco e os nulos.

» Lei nº 9.504/97, art. 2º.
» CF, art. 77, § 1º.

§ 1º O Vice-Presidente considerar-se-á eleito em virtude da eleição do Presidente com o qual se candidatar.

» CE, art. 224, §§.
» LC nº 64/90, art. 18.

§ 2º Na mesma sessão o Presidente do Tribunal Superior designará a data para a expedição solene dos diplomas em sessão pública.

» CE, arts. 40, IV; 262.
» CF, art. 14, §§ 10, 11.
» Lei nº 9.504/97, art. 41-A.

Art. 212. Verificando que os votos das seções anuladas e daquelas cujos eleitores foram impedidos de votar, em todo o País, poderão alterar a classificação de candidato, ordenará o Tribunal Superior a realização de novas eleições.

§ 1º Essas eleições serão marcadas desde logo pelo Presidente do Tribunal Superior e terão lugar no primeiro domingo ou feriado que ocorrer após o 15º (décimo quinto) dia a contar da data do despacho, devendo ser observado o disposto nos números II a VI do parágrafo único do art. 201.

§ 2º Os candidatos a Presidente e a Vice-Presidente da República somente serão diplomados depois de realizadas as eleições suplementares referentes a esses cargos.

Art. 213. Não se verificando a maioria absoluta, o Congresso Nacional, dentro de quinze dias após haver recebido a respectiva comunicação do Presidente do Tribunal Superior Eleitoral, reunir-se-á em sessão pública para se manifestar sobre o candidato mais votado, que será considerado eleito se, em escrutínio secreto, obtiver metade mais 1 (um) dos votos dos seus membros.

§ 1º Se não ocorrer a maioria absoluta referida no *caput* deste artigo, renovar-se-á, até 30 (trinta) dias depois, a eleição em todo o País, à qual concorrerão os 2 (dois) candidatos mais votados, cujos registros estarão automaticamente revalidados.

§ 2º No caso de renúncia ou morte, concorrerá à eleição prevista no parágrafo anterior o substituto registrado pelo mesmo partido político ou coligação partidária.

» CE, arts. 101, §§; 104, § 4º.
» CF, art. 77, §§ 3º-5º.
» Lei nº 9.504/97, art. 2º, § 2º.

Art. 214. O Presidente e o Vice-Presidente da República tomarão posse a 15 (quinze) de março, em sessão do Congresso Nacional.

» CF, arts 78; 82.

Parágrafo único. No caso do § 1º do artigo anterior, a posse realizar-se-á dentro de 15 (quinze) dias a contar da proclamação do resultado da segunda eleição, expirando, porém, o mandato a 15 (quinze) de março do quarto ano.

» CF, arts. 27, § 1º; 29, III; 32, § 2º; 82.

Capítulo V
Dos diplomas

Art. 215. Os candidatos eleitos, assim como os suplentes, receberão diploma assinado pelo Presidente do Tribunal Superior, do Tribunal Regional ou da Junta Eleitoral, conforme o caso.

» CE, arts. 40, IV; 197, IV, e 262.
» LC nº 64/90, art. 2º.
» CF, art. 54, I.
» Res.-TSE nº 19.766/96.

Parágrafo único. Do diploma deverá constar o nome do candidato, a indicação da legenda sob a qual concorreu, o cargo para o qual foi eleito ou a sua classificação como suplente, e, facultativamente, outros dados a critério do juiz ou do Tribunal.

Art. 216. Enquanto o Tribunal Superior não decidir o recurso interposto contra a expedição do diploma, poderá o diplomado exercer o mandato em toda a sua plenitude.

» CE, arts. 257; 262.

Art. 217. Apuradas as eleições suplementares, o juiz ou o Tribunal reverá a apuração anterior, confirmando ou invalidando os diplomas que houver expedido.

Parágrafo único. No caso de provimento, após a diplomação, de recurso contra o registro de candidato ou de recurso parcial, será também revista a apuração anterior, para confirmação ou invalidação de diplomas, observado o disposto no § 3º do art. 261.

Art. 218. O presidente de Junta ou de Tribunal que diplomar militar candidato a cargo eletivo, comunicará imediatamente a diplomação à autoridade a que o mesmo estiver subordinado, para os fins do art. 98.

» CE, art. 5º, parágrafo único.
» CF, art. 14, § 8º.

Capítulo VI
Das nulidades da votação

Art. 219. Na aplicação da lei eleitoral, o juiz atenderá sempre aos fins e resultados a que ela se dirige, abstendo-se de pronunciar nulidades sem demonstração de prejuízo.

Parágrafo único. A declaração de nulidade não poderá ser requerida pela parte que lhe deu causa nem a ela aproveitar.
» *CC, art. 153.*
» *CPC, arts. 276-283; 351; 352 e 938.*
» *CPP, arts. 565; 566.*

Art. 220. É nula a votação:

I. quando feita perante mesa não nomeada pelo juiz eleitoral, ou constituída com ofensa à letra da lei;

II. quando efetuada em folhas de votação falsas;

III. quando realizada em dia, hora, ou local diferentes do designado ou encerrada antes das 17 (dezessete) horas;

IV. quando preterida formalidade essencial do sigilo dos sufrágios;
» *CE, art. 103.*
» *CF, arts. 14; 60, § 4º, II.*

V. quando a seção eleitoral tiver sido localizada com infração do disposto nos §§ 4º e 5º do art. 135. *(Inciso acrescentado pela Lei nº 4.961/66)*

Parágrafo único. A nulidade será pronunciada quando o órgão apurador conhecer do ato ou dos seus efeitos e a encontrar provada, não lhe sendo lícito supri-la, ainda que haja consenso das partes.

Art. 221. É anulável a votação:

I. quando houver extravio de documento reputado essencial;

II. quando for negado ou sofrer restrição o direito de fiscalizar, e o fato constar da ata ou de protesto interposto, por escrito, no momento;
» *CE, art. 131.*
» *Lei nº 9.504/97, arts. 65; 66.*

III. quando votar, sem as cautelas do art. 147, § 2º:

a) eleitor excluído por sentença não cumprida por ocasião da remessa das folhas individuais de votação à mesa, desde que haja oportuna reclamação de partido;

b) eleitor de outra seção, salvo a hipótese do art. 145;

c) alguém com falsa identidade em lugar do eleitor chamado. *(Incisos renumerados pela Lei nº 4.961/66)*
» *CE, art. 72.*

Art. 222. É também anulável a votação quando viciada de falsidade, fraude, coação, uso de meios de que trata o art. 237, ou emprego de processo de propaganda ou captação de sufrágios vedado por lei.
» *CE, arts. 299; 315.*
» *CF, art. 14, §§ 10, 11.*
» *LC nº 64/90, art. 22.*
» *Lei nº 9.504/97, art. 41-A e 73 a 78.*

§ 1º *(Revogado pela Lei nº 4.961/66)*

§ 2º *(Revogado pela Lei nº 4.961/66)*

Art. 223. A nulidade de qualquer ato, não decretada de ofício pela Junta, só poderá ser arguida quando de sua prática, não mais podendo ser alegada, salvo se a arguição se basear em motivo superveniente ou de ordem constitucional.
» *CE, arts. 149; 171; 259, parágrafo único.*

§ 1º Se a nulidade ocorrer em fase na qual não possa ser alegada no ato, poderá ser arguida na primeira oportunidade que para tanto se apresente.

§ 2º Se se basear em motivo superveniente, deverá ser alegada imediatamente, assim que se tornar conhecida, podendo as razões do recurso ser aditadas no prazo de 2 (dois) dias.

§ 3º A nulidade de qualquer ato, baseada em motivo de ordem constitucional, não poderá ser conhecida em recurso interposto fora do prazo. Perdido o prazo numa fase própria, só em outra que se apresentar poderá ser arguida. *(Parágrafo com redação dada pela Lei nº 4.961/66)*

Art. 224. Se a nulidade atingir a mais de metade dos votos do País nas eleições presidenciais, do Estado nas eleições federais e estaduais, ou do Município nas eleições municipais, julgar-se-ão prejudicadas as demais votações e o Tribunal marcará dia para nova eleição dentro do prazo de 20 (vinte) a 40 (quarenta) dias.
» *CF, arts. 28; 29, II; 77, §§ 2º, 3º; 81, § 1º.*
» *LC nº 64/90, art. 18.*
» *Resoluções-TSE nº 23.332/2010 e 23.280/2010.*

§ 1º Se o Tribunal Regional, na área de sua competência, deixar de cumprir o disposto neste artigo, o Procurador Regional levará o fato ao conhecimento do Procurador-Geral, que providenciará junto ao Tribunal Superior para que seja marcada imediatamente nova eleição.
» *CE, art. 24, VI.*
» *CF, art. 127.*
» *LC nº 75/93, arts. 72-76; 77, parágrafo único.*
» *CPC, art. 178, I e III.*

§ 2º Ocorrendo qualquer dos casos previstos neste capítulo, o Ministério Público promoverá, imediatamente, a punição dos culpados.
» *LC nº 64/90, art. 22, XIV, XV.*
» *LC nº 64/90, art. 22, XIV.*

§ 3º A decisão da Justiça Eleitoral que importe o indeferimento do registro, a cassação do diploma ou a perda do mandato de candidato eleito em pleito majoritário acarreta, após o trânsito em julgado, a realização de novas eleições, independentemente do número de votos anulados. *(Incluído pela Lei nº 13.165, de 2015)*

§ 4º. A eleição a que se refere o § 3º correrá a expensas da Justiça Eleitoral e será: *(Incluído pela Lei nº 13.165, de 2015)*

I. indireta, se a vacância do cargo ocorrer a menos de seis meses do final do mandato; *(Incluído pela Lei nº 13.165, de 2015)*

II. direta, nos demais casos. *(Incluído pela Lei nº 13.165, de 2015)*

Capítulo VII
Do voto no exterior

Art. 225. Nas eleições para Presidente e Vice-Presidente da República poderá votar o eleitor que se encontrar no exterior.

§ 1º Para esse fim, serão organizadas seções eleitorais, nas sedes das embaixadas e consulados gerais.

§ 2º Sendo necessário instalar duas ou mais seções, poderá ser utilizado local em que funcione serviço do Governo brasileiro.

Art. 226. Para que se organize uma seção eleitoral no exterior é necessário que na circunscrição sob a jurisdição da Missão

Diplomática ou do Consulado Geral haja um mínimo de 30 (trinta) eleitores inscritos.

Parágrafo único. Quando o número de eleitores não atingir o mínimo previsto no parágrafo anterior, os eleitores poderão votar na mesa receptora mais próxima, desde que localizada no mesmo País, de acordo com a comunicação que lhes for feita.

Art. 227. As mesas receptoras serão organizadas pelo Tribunal Regional do Distrito Federal mediante proposta dos chefes de missão e cônsules gerais, que ficarão investidos, no que for aplicável, das funções administrativas de juiz eleitoral.

Parágrafo único. Será aplicável às mesas receptoras o processo de composição e fiscalização partidária vigente para as que funcionam no território nacional.

Art. 228. Até 30 (trinta) dias antes da realização da eleição, todos os brasileiros eleitores, residentes no estrangeiro, comunicarão à sede da Missão Diplomática ou ao Consulado Geral, em carta, telegrama ou qualquer outra via, a sua condição de eleitor e sua residência.

§ 1º Com a relação dessas comunicações e com os dados do registro consular, serão organizadas as folhas de votação, e notificados os eleitores da hora e local da votação.

§ 2º No dia da eleição, só serão admitidos a votar os que constem da folha de votação e os passageiros e tripulantes de navios e aviões de guerra e mercantes que, no dia, estejam na sede das sessões eleitorais.

Art. 229. Encerrada a votação, as urnas serão enviadas pelos cônsules gerais às sedes das Missões Diplomáticas. Estas as remeterão, pela mala diplomática, ao Ministério das Relações Exteriores, que delas fará entrega ao Tribunal Regional Eleitoral do Distrito Federal, a quem competirá a apuração dos votos e julgamento das dúvidas e recursos que hajam sido interpostos.

Parágrafo único. Todo o serviço de transporte do material eleitoral será feito por via aérea.

Art. 230. Todos os eleitores que votarem no exterior terão os seus títulos apreendidos pela mesa receptora.

Parágrafo único. A todo eleitor que votar no exterior será concedido comprovante para a comunicação legal ao juiz eleitoral de sua zona.

Art. 231. Todo aquele que, estando obrigado a votar, não o fizer, fica sujeito, além das penalidades previstas para o eleitor que não vota no território nacional, à proibição de requerer qualquer documento perante a repartição diplomática a que estiver subordinado, enquanto não se justificar.

» CE, art. 7º.
» Lei nº 6.091/74, art. 16, § 2º.
» Res.-TSE nº 20.573/2000.

Art. 232. Todo o processo eleitoral realizado no estrangeiro fica diretamente subordinado ao Tribunal Regional do Distrito Federal.

Art. 233. O Tribunal Superior Eleitoral e o Ministério das Relações Exteriores baixarão as instruções necessárias e adotarão as medidas adequadas para o voto no exterior.

» Lei nº 9.504/97, art. 105.
» Res.-TSE nº 21.538/2003, arts. 51, § 4º; 80, § 1º.
» Res.-TSE nº 20.573/2000.
» Res.-TSE nº 20.999/2002.
» Res.-TSE nº 21.189/2002.

Art. 233-A. Aos eleitores em trânsito no território nacional é assegurado o direito de votar para Presidente da República, Governador, Senador, Deputado Federal, Deputado Estadual e Deputado Distrital em urnas especialmente instaladas nas capitais e nos Municípios com mais de cem mil eleitores. *(Redação dada pela Lei nº 13.165, de 2015)*

§ 1º. O exercício do direito previsto neste artigo sujeita-se à observância das regras seguintes: *(Incluído pela Lei nº 13.165, de 2015)*

I. para votar em trânsito, o eleitor deverá habilitar-se perante a Justiça Eleitoral no período de até quarenta e cinco dias da data marcada para a eleição, indicando o local em que pretende votar; *(Incluído pela Lei nº 13.165, de 2015)*

II. aos eleitores que se encontrarem fora da unidade da Federação de seu domicílio eleitoral somente é assegurado o direito à habilitação para votar em trânsito nas eleições para Presidente da República; *(Incluído pela Lei nº 13.165, de 2015)*

III. os eleitores que se encontrarem em trânsito dentro da unidade da Federação de seu domicílio eleitoral poderão votar nas eleições para Presidente da República, Governador, Senador, Deputado Federal, Deputado Estadual e Deputado Distrital. *(Incluído pela Lei nº 13.165, de 2015)*

§ 2º. Os membros das Forças Armadas, os integrantes dos órgãos de segurança pública a que se refere o art. 144 da Constituição Federal, bem como os integrantes das guardas municipais mencionados no § 8º do mesmo art. 144, poderão votar em trânsito se estiverem em serviço por ocasião das eleições. *(Incluído pela Lei nº 13.165, de 2015)*

§ 3º. As chefias ou comandos dos órgãos a que estiverem subordinados os eleitores mencionados no § 2º enviarão obrigatoriamente à Justiça Eleitoral, em até quarenta e cinco dias da data das eleições, a listagem dos que estarão em serviço no dia da eleição com indicação das seções eleitorais de origem e destino. *(Incluído pela Lei nº 13.165, de 2015)*

§ 4º. Os eleitores mencionados no § 2º, uma vez habilitados na forma do § 3º, serão cadastrados e votarão nas seções eleitorais indicadas nas listagens mencionadas no § 3º independentemente do número de eleitores do Município. *(Incluído pela Lei nº 13.165, de 2015)*

PARTE QUINTA
DISPOSIÇÕES VÁRIAS

TÍTULO I
DAS GARANTIAS ELEITORAIS

Art. 234. Ninguém poderá impedir ou embaraçar o exercício do sufrágio.

» CE, arts. 297; 302.

Art. 235. O juiz eleitoral, ou o presidente da mesa receptora, pode expedir salvo-conduto com a cominação de prisão por desobediência até 5 (cinco) dias em favor do eleitor que sofrer violência, moral ou física, na sua liberdade de votar, ou pelo fato de haver votado.

Parágrafo único. A medida será válida para o período compreendido entre 72 (setenta e duas) horas antes até 48 (quarenta e oito) horas depois do pleito.

Art. 236. Nenhuma autoridade poderá, desde 5 (cinco) dias antes e até 48 (quarenta e oito) horas depois do encerramento da eleição, prender ou deter qualquer eleitor, salvo em flagrante

Art. 236

delito ou em virtude de sentença criminal condenatória por crime inafiançável, ou, ainda, por desrespeito a salvo-conduto.

» *CPP, arts. 301; 593; 660, § 4º.*

§ 1º Os membros das mesas receptoras e os fiscais de partido, durante o exercício de suas funções, não poderão ser detidos ou presos, salvo o caso de flagrante delito; da mesma garantia gozarão os candidatos desde 15 (quinze) dias antes da eleição.

§ 2º Ocorrendo qualquer prisão, o preso será imediatamente conduzido à presença do juiz competente, que, se verificar a ilegalidade da detenção, a relaxará e promoverá a responsabilidade do coator.

» *CE, art. 298.*

Art. 237. A interferência do poder econômico e o desvio ou abuso do poder de autoridade, em desfavor da liberdade do voto, serão coibidos e punidos.

» *CE, arts. 262, IV; 296; 299; 315; 331; 332; 334; 347.*
» *CF, art. 14, §§ 10, 11.*
» *LC nº 64/90, art. 22.*
» *Lei nº 6.091/74, arts. 11-13.*
» *Lei nº 9.504/97, arts. 73-78.*

§ 1º O eleitor é parte legítima para denunciar os culpados e promover-lhes a responsabilidade, e a nenhum servidor público, inclusive de autarquia, de entidade paraestatal e de sociedade de economia mista, será lícito negar ou retardar ato de ofício tendente a esse fim.

» *CE, art. 356.*
» *CF, art. 5º, XXXIV, "a".*
» *LC nº 64/90, art. 20.*

§ 2º Qualquer eleitor ou partido político poderá se dirigir ao Corregedor-Geral ou Regional, relatando fatos e indicando provas, e pedir abertura de investigação para apurar uso indevido do poder econômico, desvio ou abuso do poder de autoridade, em benefício de candidato ou de partido político.

» *LC nº 64/90, arts. 20; 22.*

§ 3º O Corregedor, verificada a seriedade da denúncia, procederá ou mandará proceder a investigações, regendo-se estas, no que lhe for aplicável, pela Lei nº 9.579, de 18 de março de 1952.

Art. 238. É proibida, durante o ato eleitoral, a presença de força pública no edifício em que funcionar mesa receptora, ou nas imediações, observado o disposto no art. 141.

Art. 239. Aos partidos políticos é assegurada a prioridade postal durante os 60 (sessenta) dias anteriores à realização das eleições, para remessa de material de propaganda de seus candidatos registrados.

» *CE, art. 338.*
» *Lei nº 9.096/95.*

TÍTULO II
DA PROPAGANDA PARTIDÁRIA

Art. 240. A propaganda de candidatos a cargos eletivos somente é permitida após o dia 15 de agosto do ano da eleição. *(Redação dada pela Lei nº 13.165, de 2015)*

» *Lei nº 9.504/97, art. 36.*

Parágrafo único. É vedada, desde 48 (quarenta e oito) horas antes e até 24 (vinte e quatro) horas depois das eleições, qualquer propaganda política mediante radiodifusão, televisão, comícios ou reuniões públicas.

» *Lei nº 9.504/97, arts. 36-57.*
» *Lei nº 12.034/09, arts. 7º.*

Art. 241. Toda propaganda eleitoral será realizada sob a responsabilidade dos partidos e por eles paga, imputando-se-lhes solidariedade nos excessos praticados pelos seus candidatos e adeptos.

» *Lei nº 9.096/95, arts. 30-37.*
» *Lei nº 9.504/97, arts. 17; 73, § 8º.*

Parágrafo único. A solidariedade prevista neste artigo é restrita aos candidatos e aos respectivos partidos, não alcançando outros partidos, mesmo quando integrantes de uma mesma coligação. *(Parágrafo acrescido pela Lei nº 12.891, de 11/12/2013).*

Art. 242. A propaganda, qualquer que seja a sua forma ou modalidade, mencionará sempre a legenda partidária e só poderá ser feita em língua nacional, não devendo empregar meios publicitários destinados a criar, artificialmente, na opinião pública, estados mentais, emocionais ou passionais. *(Caput com redação dada pela Lei nº 7.476/86)*

» *CE, art. 335.*
» *Lei nº 9.504/97, art. 6º, § 2º.*

Parágrafo único. Sem o prejuízo do processo e das penas cominadas, a Justiça Eleitoral adotará medidas para fazer impedir ou cessar imediatamente a propaganda realizada com infração no disposto neste artigo.

» *Res.-TSE nº 7.966/66.*
» *Res.-TSE nº 18.698/92.*

Art. 243. Não será tolerada propaganda:

I. de guerra, de processos violentos para subverter o regime, a ordem política e social ou de preconceitos de raça ou de classes;

II. que provoque animosidade entre as forças armadas ou contra elas, ou delas contra as classes e instituições civis;

III. de incitamento de atentado contra pessoa ou bens;

IV. de instigação à desobediência coletiva ao cumprimento da lei de ordem pública;

V. que implique em oferecimento, promessa ou solicitação de dinheiro, dádiva, rifa, sorteio ou vantagem de qualquer natureza;

VI. que perturbe o sossego público, com algazarra ou abusos de instrumentos sonoros ou sinais acústicos;

VII. por meio de impressos ou de objeto que pessoa inexperiente ou rústica possa confundir com moeda;

VIII. que prejudique a higiene e a estética urbana ou contravenha a posturas municipais ou a outra qualquer restrição de direito;

IX. que caluniar, difamar ou injuriar quaisquer pessoas, bem como órgãos ou entidades que exerçam autoridade pública.

§ 1º O ofendido por calúnia, difamação ou injúria, sem prejuízo e independentemente da ação penal competente, poderá demandar, no Juízo Cível, a reparação do dano moral, respondendo por este o ofensor e, solidariamente, o partido político deste, quando responsável por ação ou omissão, e quem quer que, favorecido pelo crime, haja de qualquer modo contribuído para ele.

» *CF, art. 5º, V.*
» *Lei nº 9.504/97, art. 58.*
» *CC arts. 12; 186; 927; 950; 953.*

§ 2º No que couber, aplicar-se-ão na reparação do dano moral, referido no parágrafo anterior, os arts. 81 a 88 da Lei nº 4.117, de 27 de agosto de 1962.

» *CF, arts. 5º, X, XLIX; 221, IV.*

§ 3º É assegurado o direito de resposta a quem for injuriado, difamado ou caluniado através da imprensa, rádio, televisão, ou alto-falante, aplicando-se, no que couber, os arts. 90 a 96 da Lei nº 4.117, de 27 de agosto de 1962. *(Parágrafos acrescentados pela Lei nº 4.961/66)*
   » *CE, art. 288.*
   » *Lei nº 9.504/97, art. 58.*
   » *CF, art. 5º, V.*
   » *Lei nº 5.250/67, arts. 29-36; 49-57.*

Art. 244. É assegurado aos partidos políticos registrados o direito de, independentemente de licença da autoridade pública e do pagamento de qualquer contribuição:
   » *Lei nº 9.693/98, que modifica o § 3º do art. 28 da Lei nº 9.096/95.*

I. fazer inscrever, na fachada de suas sedes e dependências, o nome que os designe, pela forma que melhor lhes parecer;

II. instalar e fazer funcionar, normalmente, das 14 (quatorze) às 22 (vinte e duas) horas, nos 3 (três) meses que antecederem as eleições, alto-falantes, ou amplificadores de voz, nos locais referidos, assim como em veículos seus, ou à sua disposição, em território nacional, com observância da legislação comum.
   » *Lei nº 9.504/97, arts. 36; 39, § 3º.*

Parágrafo único. Os meios de propaganda a que se refere o nº II deste artigo não serão permitidos, a menos de 500 metros:

I. das sedes do Executivo Federal, dos Estados, Territórios e respectivas Prefeituras Municipais;

II. das Câmaras Legislativas Federais, Estaduais e Municipais;

III. dos Tribunais Judiciais;

IV. dos hospitais e casa de saúde;

V. das escolas, bibliotecas públicas, igrejas e teatros, quando em funcionamento;

VI. dos quartéis e outros estabelecimentos militares.
   » *Lei nº 9.504/97, art. 39, § 3º.*

Art. 245. A realização de qualquer ato de propaganda partidária ou eleitoral, em recinto aberto, não depende de licença da polícia.
   » *Lei nº 9.504/97, art. 39.*

§ 1º Quando o ato de propaganda tiver de realizar-se em lugar designado para a celebração de comício, na forma do disposto no art. 3º da Lei nº 9.207, de 25 de outubro de 1950, deverá ser feita comunicação à autoridade policial, pelo menos 24 (vinte e quatro) horas antes de sua realização.
   » *Lei nº 9.504/97, art. 39, §§.*
   » *Lei nº 9.207/50, art. 3º.*

§ 2º Não havendo local anteriormente fixado para a celebração de comício, ou sendo impossível ou difícil nele realizar-se o ato de propaganda eleitoral ou, havendo pedido para designação de outro local, a comunicação a que se refere o parágrafo anterior será feita, no mínimo, com antecedência de 72 (setenta e duas) horas, devendo a autoridade policial, em qualquer desses casos, nas 24 (vinte e quatro) horas seguintes, designar local amplo e de fácil acesso, de modo que não impossibilite ou frustre a reunião.

§ 3º Aos órgãos da Justiça Eleitoral compete julgar as reclamações sobre a localização dos comícios e providências sobre a distribuição equitativa dos locais aos partidos.
   » *Lei nº 9.504/97, art. 39.*

Art. 246. *(Revogado pela Lei nº 9.504/97)*

Art. 247. *(Revogado pela Lei nº 9.504/97)*

Art. 248. Ninguém poderá impedir a propaganda eleitoral, nem inutilizar, alterar ou perturbar os meios lícitos nela empregados.
   » *CE, arts. 331; 332.*
   » *Lei nº 9.504/97, art. 41.*

Art. 249. O direito de propaganda não importa restrição ao poder de polícia quando este deva ser exercido em benefício da ordem pública.
   » *Lei nº 9.504/97, art. 41.*

Art. 250. *(Revogado pela Lei nº 9.504/97)*

Art. 251. No período destinado à propaganda eleitoral gratuita não prevalecerão quaisquer contratos ou ajustes firmados pelas empresas que possam burlar ou tornar inexequível qualquer dispositivo deste Código ou das instruções baixadas pelo Tribunal Superior Eleitoral.
   » *Lei nº 9.096/95, art. 45.*
   » *Lei nº 9.504/97, art. 44.*

Art. 252. *(Revogado pelo Dec.-Lei nº 9.538/77)*

Art. 253. *(Revogado pelo Dec.-Lei nº 9.538/77)*

Art. 254. *(Revogado pelo Dec.-Lei nº 9.538/77)*

Art. 255. Nos 15 (quinze) dias anteriores ao pleito é proibida a divulgação, por qualquer forma, de resultados de prévias ou testes pré-eleitorais.
   » *CF, art. 220, § 1º.*
   » *Lei nº 9.504/97, arts. 33; 35-A; 41.*
   » *Res.-TSE nºs 20.101/98; 20.556/2000; 20.950/2001; 21.576/2003; 22.143/2006.*

Art. 256. As autoridades administrativas federais, estaduais e municipais proporcionarão aos partidos, em igualdade de condições, as facilidades permitidas para a respectiva propaganda.

§ 1º No período da campanha eleitoral, independentemente do critério de prioridade, os serviços telefônicos, oficiais ou concedidos, farão instalar, na sede dos diretórios devidamente registrados, telefones necessários, mediante requerimento do respectivo presidente e pagamento das taxas devidas.

§ 2º O Tribunal Superior Eleitoral baixará as instruções necessárias ao cumprimento do disposto no parágrafo anterior, fixando as condições a serem observadas. *(Parágrafos acrescentados pela Lei nº 4.961/66)*
   » *Lei nº 9.504/97, art. 105.*

TÍTULO III
DOS RECURSOS

Capítulo I
Disposições preliminares

Art. 257. Os recursos eleitorais não terão efeito suspensivo.
   » *Vide Súmulas nºs 26, 27 e 65 do TSE.*
   » *CE, art. 216.*
   » *LC nº 64/90, arts. 15 e 26-C.*

§ 1º A execução de qualquer acórdão será feita imediatamente, através de comunicação por ofício, telegrama, ou, em casos especiais, a critério do presidente do Tribunal, através de cópia do acórdão. *(Redação dada pela Lei nº 13.165, de 2015)*

§ 2º. O recurso ordinário interposto contra decisão proferida por juiz eleitoral ou por Tribunal Regional Eleitoral que resulte em cassação de registro, afastamento do titular ou perda de

Art. 257

mandato eletivo será recebido pelo Tribunal competente com efeito suspensivo. *(Incluído pela Lei nº 13.165, de 2015)*
» *CF, art. 14, §§ 10 e 11.*
» *LC nº 64/90, arts. 15 e 22, XIV.*
» *Lei nº 9.504/97, arts. 30-A, 41-A, 45, VI, 73, 74, 75 e 77.*
» *CE, art. 262.*

§ 3º. O Tribunal dará preferência ao recurso sobre quaisquer outros processos, ressalvados os de *habeas corpus* e de mandado de segurança. *(Incluído pela Lei nº 13.165, de 2015)*
» *LC nº 64/90, art. 16.*
» *Lei nº 9.504/97, art. 94.*

Art. 258. Sempre que a lei não fixar prazo especial, o recurso deverá ser interposto em 3 (três) dias da publicação do ato, resolução ou despacho.
» *CE, art. 264.*
» *LC nº 64/90, arts. 8º; 11, § 2º; 14.*
» *Lei nº 9.504/97, art. 96, § 8º.*

Art. 259. São preclusivos os prazos para interposição de recurso, salvo quando neste se discutir matéria constitucional.

Parágrafo único. O recurso em que se discutir matéria constitucional não poderá ser interposto fora do prazo. Perdido o prazo numa fase própria, só em outra que se apresentar poderá ser interposto.
» *CE, arts. 149; 171; 223.*

Art. 260. A distribuição do primeiro recurso que chegar ao Tribunal Regional ou Tribunal Superior, prevenirá a competência do relator para todos os demais casos do mesmo Município ou Estado.

Art. 261. Os recursos parciais, entre os quais não se incluem os que versarem matéria referente ao registro de candidatos, interpostos para os Tribunais Regionais no caso de eleições municipais, e para o Tribunal Superior no caso de eleições estaduais ou federais, serão julgados à medida que derem entrada nas respectivas Secretarias.

§ 1º Havendo dois ou mais recursos parciais de um mesmo Município ou Estado, ou se todos, inclusive os de diplomação, já estiverem no Tribunal Regional ou no Tribunal Superior, serão eles julgados seguidamente, em uma ou mais sessões.

§ 2º As decisões com os esclarecimentos necessários ao cumprimento serão comunicadas de uma só vez ao juiz eleitoral ou ao Presidente do Tribunal Regional.

§ 3º Se os recursos de um mesmo Município ou Estado deram entrada em datas diversas, sendo julgados separadamente, o juiz eleitoral ou o Presidente do Tribunal Regional aguardará a comunicação de todas as decisões para cumpri-las, salvo se o julgamento dos demais importar em alteração do resultado do pleito que não tenha relação com o recurso já julgado.

§ 4º Em todos os recursos, no despacho que determinar a remessa dos autos à instância superior, o juízo a quo esclarecerá quais os ainda em fase de processamento e, no último, quais os anteriormente remetidos.

§ 5º Ao se realizar a diplomação, se ainda houver recurso pendente de decisão em outra instância, será consignado que os resultados poderão sofrer alterações decorrentes desse julgamento.

§ 6º Realizada a diplomação, e decorrido o prazo para recurso, o juiz ou Presidente do Tribunal Regional comunicará à instância superior se foi ou não interposto recurso.

Art. 262. O recurso contra expedição de diploma caberá somente nos casos de inelegibilidade superveniente ou de natureza constitucional e de falta de condição de elegibilidade. *(Redação dada pela Lei nº 12.891, de 11/12/ 2013)*
» *Vide Súmulas nºs 37,43,47 e 70 do TSE.*

I. revogado; *(Redação dada pela Lei nº 12.891, de 11/12/ 2013)*
II. revogado; *(Redação dada pela Lei nº 12.891, de 11/12/ 2013)*
III. revogado; *(Redação dada pela Lei nº 12.891, de 11/12/ 2013)*
IV. revogado; *(Redação dada pela Lei nº 12.891, de 11/12/2013)*
» *CE, arts. 40, IV; 215.*
» *CF, art. 14, §§ 10, 11.*
» *LC nº 64/90, art. 22.*
» *Lei nº 9.504/97, arts. 41-A; 73, § 5º.*
» *LC nº 86/96.*

Art. 263. No julgamento de um mesmo pleito eleitoral, as decisões anteriores sobre questões de direito constituem prejulgados para os demais casos, salvo se contra a tese votarem 2/3 (dois terços) dos membros do Tribunal.
» *CF, art. 97.*
» *Acórdão-TSE nº 12.501/92.*

Art. 264. Para os Tribunais Regionais e para o Tribunal Superior caberá, dentro de 3 (três) dias, recurso dos atos, resoluções ou despachos dos respectivos presidentes.
» *CE, art. 258.*

Capítulo II
Dos recursos perante as juntas e juízos eleitorais

Art. 265. Dos atos, resoluções ou despachos dos juízos ou juntas eleitorais caberá recurso para o Tribunal Regional.
» *CE, arts. 259; 264.*

Parágrafo único. Os recursos das decisões das Juntas serão processados na forma estabelecida pelos arts. 169 e seguintes.

Art. 266. O recurso independerá de termo e será interposto por petição devidamente fundamentada, dirigida ao juiz eleitoral e acompanhada, se o entender o recorrente, de novos documentos.

Parágrafo único. Se o recorrente se reportar a coação, fraude, uso de meios de que trata o art. 237 ou emprego de processo de propaganda ou captação de sufrágios vedada por lei, dependentes de prova a ser determinada pelo Tribunal, bastar-lhe-á indicar os meios a elas conducentes. *(Parágrafo acrescentado pela Lei nº 4.961/66)*

Art. 267. Recebida a petição, mandará o juiz intimar o recorrido para ciência do recurso, abrindo-se-lhe vista dos autos a fim de, em prazo igual ao estabelecido para a sua interposição, oferecer razões, acompanhadas ou não de novos documentos.

§ 1º A intimação se fará pela publicação da notícia da vista no jornal que publicar o expediente da Justiça Eleitoral, onde houver, e nos demais lugares, pessoalmente pelo escrivão, independente de iniciativa do recorrente.

§ 2º Onde houver jornal oficial, se a publicação não ocorrer no prazo de 3 (três) dias, a intimação se fará pessoalmente ou na forma prevista no parágrafo seguinte.

§ 3º Nas zonas em que se fizer intimação pessoal, se não for encontrado o recorrido dentro de 48 (quarenta e oito) horas, a intimação se fará por edital afixado no fórum, no local de costume.

§ 4º Todas as citações e intimações serão feitas na forma estabelecida neste artigo.

§ 5º Se o recorrido juntar novos documentos, terá o recorrente vista dos autos por 48 (quarenta e oito) horas para falar sobre os mesmos, contado o prazo na forma deste artigo.

§ 6º Findos os prazos a que se referem os parágrafos anteriores, o juiz eleitoral fará, dentro de 48 (quarenta e oito) horas, subir os autos ao Tribunal Regional com a sua resposta e os documentos em que se fundar, sujeito à multa de 10 % (dez por cento) do salário-mínimo regional por dia de retardamento, salvo se entender de reformar a sua decisão. *(Parágrafo acrescentado pela Lei nº 4.961/66)*

» CPC, art. 1.019.
» CPP, art. 589, parágrafo único.

§ 7º Se o juiz reformar a decisão recorrida, poderá o recorrido, dentro de 3 (três) dias, requerer suba o recurso como se por ele interposto.

Capítulo III
Dos recursos nos Tribunais Regionais

Art. 268. No Tribunal Regional nenhuma alegação escrita ou nenhum documento poderá ser oferecido por qualquer das partes, salvo o disposto no art. 270. *(Artigo com redação dada pela Lei nº 4.961/66)*

» CE, art. 259.
» Súmula nº 3 do TSE.

Art. 269. Os recursos serão distribuídos a um relator em 24 (vinte e quatro) horas e na ordem rigorosa da antiguidade dos respectivos membros, esta última exigência sob pena de nulidade de qualquer ato ou decisão do relator ou do Tribunal.

§ 1º Feita a distribuição, a Secretaria do Tribunal abrirá vista dos autos à Procuradoria Regional, que deverá emitir parecer no prazo de 5 (cinco) dias.

§ 2º Se a Procuradoria não emitir parecer no prazo fixado, poderá a parte interessada requerer a inclusão do processo na pauta, devendo o Procurador, nesse caso, proferir parecer oral na assentada do julgamento.

Art. 270. Se o recurso versar sobre coação, fraude, uso de meios de que trata o art. 237, ou emprego de processo de propaganda ou captação de sufrágios vedado por lei dependente de prova indicada pelas partes ao interpô-lo ou ao impugná-lo, o relator no Tribunal Regional deferi-la-á em 24 (vinte e quatro) horas da conclusão, realizando-se ela no prazo improrrogável de cinco dias. *(Caput com redação dada pela Lei nº 4.961/66)*

» LC nº 64/90, art. 22, XIV, XV; 23.
» Lei nº 9.504/97, arts. 41-A; 73, § 5º.
» Súmula nº 3 do TSE.

§ 1º Admitir-se-ão como meios de prova para apreciação pelo Tribunal as justificações e as perícias processadas perante o juiz eleitoral da zona, com citação dos partidos que concorreram ao pleito e do representante do Ministério Público.

§ 2º Indeferindo o relator a prova, serão os autos, a requerimento do interessado, nas vinte e quatro horas seguintes, presentes à primeira sessão do Tribunal, que deliberará a respeito.

§ 3º Protocoladas as diligências probatórias, ou com a juntada das justificações ou diligências, a Secretaria do Tribunal abrirá, sem demora, vista dos autos, por 24 (vinte e quatro) horas, seguidamente, ao recorrente e ao recorrido para dizerem a respeito.

§ 4º Findo o prazo acima, serão os autos conclusos ao Relator. *(Parágrafos acrescentados pela Lei nº 4.961/66)*

Art. 271. O relator devolverá os autos à Secretaria no prazo improrrogável de 8 (oito) dias para, nas 24 (vinte e quatro) horas seguintes, ser o caso incluído na pauta de julgamento do Tribunal.

§ 1º Tratando-se de recurso contra a expedição de diploma, os autos, uma vez devolvidos pelo relator, serão conclusos ao juiz imediato em antiguidade, como revisor, o qual deverá devolvê-los em 4 (quatro) dias.

§ 2º As pautas serão organizadas com um número de processos que possam ser realmente julgados, obedecendo-se rigorosamente à ordem da devolução dos mesmos à Secretaria pelo relator, ou revisor, nos recursos contra a expedição de diploma, ressalvadas as preferências determinadas pelo regimento do Tribunal.

Art. 272. Na sessão do julgamento, uma vez feito o relatório pelo relator, cada uma das partes poderá, no prazo improrrogável de 10 (dez) minutos, sustentar oralmente as suas conclusões.

Parágrafo único. Quando se tratar de julgamento de recursos contra a expedição de diploma, cada parte terá 20 (vinte) minutos para sustentação oral.

Art. 273. Realizado o julgamento, o relator, se vitorioso, ou o relator designado para redigir o acórdão, apresentará a redação deste, o mais tardar, dentro em 5 (cinco) dias.

§ 1º O acórdão conterá uma síntese das questões debatidas e decididas.

§ 2º Sem prejuízo do disposto no parágrafo anterior, se o Tribunal dispuser de serviço taquigráfico, serão juntas ao processo as notas respectivas.

Art. 274. O acórdão, devidamente assinado, será publicado, valendo como tal a inserção da sua conclusão no órgão oficial.

§ 1º Se o órgão oficial não publicar o acórdão no prazo de 3 (três) dias, as partes serão intimadas pessoalmente e, se não forem encontradas no prazo de 48 (quarenta e oito) horas, a intimação se fará por edital afixado no Tribunal, no local de costume.

§ 2º O disposto no parágrafo anterior aplicar-se-á a todos os casos de citação ou intimação.

Art. 275. São admissíveis embargos de declaração nas hipóteses previstas no Código de Processo Civil. *(Redação dada pela Lei nº 13.105, de 2015)*

§ 1º Os embargos de declaração serão opostos no prazo de 3 (três) dias, contado da data de publicação da decisão embargada, em petição dirigida ao juiz ou relator, com a indicação do ponto que lhes deu causa. *(Redação dada pela Lei nº 13.105, de 2015)*

§ 2º Os embargos de declaração não estão sujeitos a preparo. *(Redação dada pela Lei nº 13.105, de 2015)*

§ 3º O juiz julgará os embargos em 5 (cinco) dias. *(Redação dada pela Lei nº 13.105, de 2015)*

§ 4º Nos tribunais: *(Redação dada pela Lei nº 3.105, de 2015)*

I – o relator apresentará os embargos em mesa na sessão subsequente, proferindo voto; *(Incluído pela Lei nº 13.105, de 2015)*

II – não havendo julgamento na sessão referida no inciso I, será o recurso incluído em pauta; *(Incluído pela Lei nº 3.105, de 2015)*

III – vencido o relator, outro será designado para lavrar o acórdão. *(Incluído pela Lei nº 13.105, de 2015)*

Art. 275

§ 5º Os embargos de declaração interrompem o prazo para a interposição de recurso. *(Incluído pela Lei nº 13.105, de 2015)*

§ 6º Quando manifestamente protelatórios os embargos de declaração, o juiz ou o tribunal, em decisão fundamentada, condenará o embargante a pagar ao embargado multa não excedente a 2 (dois) salários-mínimos. *(Incluído pela Lei nº 13.105, de 2015)*

§ 7º Na reiteração de embargos de declaração manifestamente protelatórios, a multa será elevada a até 10 (dez) salários-mínimos. *(Incluído pela Lei nº 13.105, de 2015)*

Art. 276. As decisões dos Tribunais Regionais são terminativas, salvo os casos seguintes em que cabe recurso para o Tribunal Superior:

I. especial:
a) quando forem proferidas contra expressa disposição de lei;
b) quando ocorrer divergência na interpretação de lei entre 2 (dois) ou mais Tribunais Eleitorais;
   » *Vide Súmulas nºs 24, 25, 26, 27, 28, 29, 30, 31, 32, 36 e 64 do TSE.*
   » *Súmula nº 291 do STF.*

II. ordinário:
a) quando versarem sobre expedição de diplomas nas eleições federais e estaduais;
b) quando denegarem *habeas corpus* ou mandado de segurança.
   » *CF, art. 121, § 4º, I-V.*

§ 1º É de 3 (três) dias o prazo para a interposição do recurso, contado da publicação da decisão nos casos dos números I, letras "a" e "b" e II, letra "b", e da sessão de diplomação no caso do número II, letra "a".
   » *CE, art. 258.*

§ 2º Sempre que o Tribunal Regional determinar a realização de novas eleições, o prazo para a interposição dos recursos, no caso do número II, "a", contar-se-á da sessão em que, feita a apuração das sessões renovadas, for proclamado o resultado das eleições suplementares.

Art. 277. Interposto recurso ordinário contra decisão do Tribunal Regional, o presidente poderá, na própria petição, mandar abrir vista ao recorrido para que, no mesmo prazo, ofereça as suas razões.

Parágrafo único. Juntadas as razões do recorrido, serão os autos remetidos ao Tribunal Superior.

Art. 278. Interposto recurso especial contra decisão do Tribunal Regional, a petição será juntada nas 48 (quarenta e oito) horas seguintes e os autos conclusos ao presidente dentro de 24 (vinte e quatro) horas.

§ 1º O presidente, dentro em 48 (quarenta e oito) horas do recebimento dos autos conclusos, proferirá despacho fundamentado, admitindo ou não o recurso.

§ 2º Admitido o recurso, será aberta vista dos autos ao recorrido para que, no mesmo prazo, apresente as suas razões.

§ 3º Em seguida serão os autos conclusos ao presidente, que mandará remetê-los ao Tribunal Superior.

Art. 279. Denegado o recurso especial, o recorrente poderá interpor, dentro em 3 (três) dias, agravo de instrumento.

§ 1º O agravo de instrumento será interposto por petição, que conterá:
I. a exposição do fato e do direito;
II. as razões do pedido de reforma da decisão;
III. a indicação das peças do processo que devem ser trasladadas.
   » *Vide Súmula nº 71 do TSE.*
   » *CPC, art. 1.015.*
   » *Res.-TSE nº 21.477/2003.*

§ 2º Serão obrigatoriamente trasladadas a decisão recorrida e a certidão da intimação.

§ 3º Deferida a formação do agravo, será intimado o recorrido para, no prazo de 3 (três) dias, apresentar as suas razões e indicar as peças dos autos que serão também trasladadas.

§ 4º Concluída a formação do instrumento, o presidente do Tribunal determinará a remessa dos autos ao Tribunal Superior, podendo, ainda, ordenar a extração e a juntada de peças não indicadas pelas partes.

§ 5º O presidente do Tribunal não poderá negar seguimento ao agravo, ainda que interposto fora do prazo legal.

§ 6º Se o agravo de instrumento não for conhecido, porque interposto fora do prazo legal, o Tribunal Superior imporá ao recorrente multa correspondente ao valor do maior salário-mínimo vigente no País, multa essa que será inscrita e cobrada na forma prevista no art. 367.

§ 7º Se o Tribunal Regional dispuser de aparelhamento próprio, o instrumento deverá ser formado com fotocópias ou processos semelhantes, pagas as despesas, pelo preço do custo, pelas partes, em relação às peças que indicarem.

Capítulo IV
Dos recursos no Tribunal Superior

Art. 280. Aplicam-se ao Tribunal Superior as disposições dos arts. 268, 269, 270, 271 (*caput*), 272, 273, 274 e 275.

Art. 281. São irrecorríveis as decisões do Tribunal Superior, salvo as que declararem a invalidade de lei ou ato contrário à Constituição Federal e as denegatórias de *habeas corpus* ou mandado de segurança, das quais caberá recurso ordinário para o Supremo Tribunal Federal, interposto no prazo de 3 (três) dias.
   » *Vide Súmulas nºs 24, 25, 26, 27 e 35 do TSE.*
   » *CF, arts. 102, II, "a", III; 121, § 3º.*
   » *Lei nº 6.055/74, art. 12.*
   » *Súmula nº 728 do STF.*

§ 1º Juntada a petição nas 48 (quarenta e oito) horas seguintes, os autos serão conclusos ao presidente do Tribunal, que, no mesmo prazo, proferirá despacho fundamentado, admitindo ou não o recurso.

§ 2º Admitido o recurso, será aberta vista dos autos ao recorrido para que, dentro de 3 (três) dias, apresente as suas razões.

§ 3º Findo esse prazo os autos serão remetidos ao Supremo Tribunal Federal.
   » *CF, art. 121, § 3º.*

Art. 282. Denegado o recurso, o recorrente poderá interpor, dentro de 3 (três) dias, agravo de instrumento, observado o disposto no art. 279 e seus parágrafos, aplicada a multa a que se refere o § 6º pelo Supremo Tribunal Federal.
   » *Vide Súmula nº 71 do TSE.*
   » *CE, art. 258.*

TÍTULO IV
DISPOSIÇÕES PENAIS

Capítulo I
Disposições preliminares

Art. 283. Para os efeitos penais são considerados membros e funcionários da Justiça Eleitoral:

I. os magistrados que, mesmo não exercendo funções eleitorais, estejam presidindo Juntas Apuradoras ou se encontrem no exercício de outra função por designação de Tribunal Eleitoral;

II. os cidadãos que temporariamente integram órgãos da Justiça Eleitoral;
III. os cidadãos que hajam sido nomeados para as mesas receptoras ou Juntas Apuradoras;
IV. os funcionários requisitados pela Justiça Eleitoral.
» CP, art. 327.
» Lei nº 8.666/93, art. 84, § 1º.

§ 1º Considera-se funcionário público, para os efeitos penais, além dos indicados no presente artigo, quem, embora transitoriamente ou sem remuneração, exerce cargo, emprego ou função pública.

§ 2º Equipara-se a funcionário público quem exerce cargo, emprego ou função em entidade paraestatal ou em sociedade de economia mista.

Art. 284. Sempre que este Código não indicar o grau mínimo, entende-se que será ele de 15 (quinze) dias para a pena de detenção e de um ano para a de reclusão.

Art. 285. Quando a lei determina a agravação ou atenuação da pena sem mencionar o *quantum*, deve o juiz fixá-lo entre 1/5 (um quinto) e 1/3 (um terço), guardados os limites da pena cominada ao crime.
» CP, arts. 59; 68.

Art. 286. A pena de multa consiste no pagamento ao Tesouro Nacional, de uma soma de dinheiro, que é fixada em dias-multa. Seu montante é, no mínimo, 1 (um) dia-multa e, no máximo, 300 (trezentos) dias-multa.

§ 1º O montante do dia-multa é fixado segundo o prudente arbítrio do juiz, devendo este ter em conta as condições pessoais e econômicas do condenado, mas não pode ser inferior ao salário-mínimo diário da região nem superior ao valor de um salário-mínimo mensal.

§ 2º A multa pode ser aumentada até o triplo, embora não possa exceder o máximo genérico (*caput*), se o juiz considerar que, em virtude da situação econômica do condenado, é ineficaz a cominada, ainda que no máximo, ao crime de que se trate.
» CP, art. 51.

Art. 287. Aplicam-se aos fatos incriminados nesta Lei as regras gerais do Código Penal.
» CE, art. 364.
» CP, art. 12.

Art. 288. Nos crimes eleitorais cometidos por meio da imprensa, do rádio ou da televisão, aplicam-se exclusivamente as normas deste Código e as remissões a outra lei nele contempladas.
» CE, arts. 243, § 3º; 364.
» CP, art. 12.

Capítulo II
Dos crimes eleitorais

Art. 289. Inscrever-se, fraudulentamente eleitor:
Pena: reclusão até 5 (cinco) anos e pagamento de 5 (cinco) a 15 (quinze) dias-multa.
» CE, arts. 42-61; 284; 350.
» Lei nº 6.996/82.
» Lei nº 7.444/85.
» Res.-TSE nº 21.538/2003.

Art. 290. Induzir alguém a se inscrever eleitor com infração de qualquer dispositivo deste Código:
Pena: reclusão até 2 (dois) anos e pagamento de 15 (quinze) a 30 (trinta) dias-multa.
» CE, art. 284.
» Res.-TSE nº 21.538/2003.
» CP, arts. 29-31.

Art. 291. Efetuar o juiz, fraudulentamente, a inscrição de alistando:
Pena: reclusão até 5 (cinco) anos e pagamento de 5 (cinco) a 15 (quinze) dias-multa.
» CE, arts. 42-61; 284; 350.
» Lei nº 6.996/82.
» Lei nº 7.444/85.

Art. 292. Negar ou retardar a autoridade judiciária, sem fundamento legal, a inscrição requerida:
Pena: pagamento de 30 (trinta) a 60 (sessenta) dias-multa.
» CE, arts. 42-61.
» Lei nº 6.996/82.
» Lei nº 7.444/85.

Art. 293. Perturbar ou impedir de qualquer forma o alistamento:
Pena: detenção de 15 dias a 6 meses ou pagamento de 30 (trinta) a 60 (sessenta) dias-multa.
» CE, arts. 42-61; 296.
» Lei nº 6.996/82.
» Lei nº 7.444/85.

Art. 294. (Revogado pela Lei nº 8.868/94)

Art. 295. Reter título eleitoral contra a vontade do eleitor:
Pena: detenção até 2 (dois) meses ou pagamento de 30 (trinta) a 60 (sessenta) dias-multa.
» CE, arts. 114, parágrafo único; 146, V; 147; 148.
» Lei nº 9.504/97, art. 91, parágrafo único.
» Lei nº 5.553/68.
» Lei nº 9.049/95.
» Dec.-Lei nº 3.688/41 – LCP – art. 68.

Art. 296. Promover desordem que prejudique os trabalhos eleitorais:
Pena: detenção até 2 (dois) meses ou pagamento de 60 (sessenta) a 90 (noventa) dias-multa.
» CE, art. 293.
» Dec.-Lei nº 3.688/41 – LCP – arts. 42; 62; 65.

Art. 297. Impedir ou embaraçar o exercício do sufrágio:
Pena: detenção até 6 (seis) meses e pagamento de 60 (sessenta) a 100 (cem) dias-multa.
» CE, arts. 234; 301.

Art. 298. Prender ou deter eleitor, membro de mesa receptora, fiscal, delegado de partido ou candidato, com violação do disposto no art. 236:
Pena: reclusão até 4 (quatro) anos.
» CE, art. 284.
» CF, art. 5º, LVIII, LXI, LXIX.
» Lei nº 6.015/73.
» Dec.-Lei nº 3.688/41 – LCP – art. 68.

Art. 299. Dar, oferecer, prometer, solicitar ou receber, para si ou para outrem, dinheiro, dádiva, ou qualquer outra vantagem, para obter ou dar voto e para conseguir ou prometer abstenção, ainda que a oferta não seja aceita:

Art. 299

Pena: reclusão até 4 (quatro) anos e pagamento de 5 (cinco) a 15 (quinze) dias-multa.
» CE, arts. 284; 334.
» CF, art. 14, §§ 10, 11.
» LC nº 64/90, art. 22.
» Lei nº 9.504/97, art. 41-A.
» CP, arts. 317; 333.

Art. 300. Valer-se o servidor público da sua autoridade para coagir alguém a votar ou não votar em determinado candidato ou partido:
Pena: detenção até 6 (seis) meses e pagamento de 60 (sessenta) a 100 (cem) dias-multa.
Parágrafo único. Se o agente é membro ou funcionário da Justiça Eleitoral e comete o crime prevalecendo-se do cargo, a pena é agravada.
» CE, art. 103.
» CF, art. 60, § 4º, II.
» Lei nº 4.898/65, art. 5º, "g".

Art. 301. Usar de violência ou grave ameaça para coagir alguém a votar, ou não votar, em determinado candidato ou partido, ainda que os fins visados não sejam conseguidos:
Pena: reclusão até 4 (quatro) anos e pagamento de 5 (cinco) a 15 (quinze) dias-multa.
» CE, arts. 284; 302.

Art. 302. Promover, no dia da eleição, com o fim de impedir, embaraçar ou fraudar o exercício do voto a concentração de eleitores, sob qualquer forma, inclusive o fornecimento gratuito de alimento e transporte coletivo:
Pena: reclusão de 4 (quatro) a 6 (seis) anos e pagamento de 200 (duzentos) a 300 (trezentos) dias-multa. *(Artigo com redação dada pelo Dec.-Lei nº 9.064/69)*
» CE, arts. 297; 301.
» Lei nº 6.091/74, arts. 10; 11, III.
» CP art. 29.

Art. 303. Majorar os preços de utilidades e serviços necessários à realização de eleições, tais como transporte e alimentação de eleitores, impressão, publicidade e divulgação de matéria eleitoral:
Pena: pagamento de 250 (duzentos e cinquenta) a 300 (trezentos) dias-multa.
» CE, art. 299.
» Lei nº 6.091/74, art. 11.
» Lei nº 8.078/90.
» Lei nº 8.137/90.

Art. 304. Ocultar, sonegar, açambarcar ou recusar no dia da eleição, o fornecimento, normalmente a todos, de utilidades, alimentação e meios de transporte, ou conceder exclusividade dos mesmos a determinado partido ou candidato:
Pena: pagamento de 250 (duzentos e cinquenta) a 300 (trezentos) dias-multa.
» Lei nº 6.091/74.

Art. 305. Intervir autoridade estranha à mesa receptora, salvo o juiz eleitoral, no seu funcionamento sob qualquer pretexto:
Pena: detenção até seis meses e pagamento de 60 (sessenta) a 90 (noventa) dias-multa.
» CE, arts. 139; 140, §§; 284.

Art. 306. Não observar a ordem em que os eleitores devem ser chamados a votar:
Pena: pagamento de 15 (quinze) a 30 (trinta) dias-multa.
» CE, arts. 146, I-XIV; 284.

Art. 307. Fornecer ao eleitor cédula oficial já assinalada ou por qualquer forma marcada:
Pena: reclusão até 5 (cinco) anos e pagamento de 5 (cinco) a 15 (quinze) dias-multa.
» CE, arts. 103, I, III; 104; 284; 350.

Art. 308. Rubricar e fornecer a cédula oficial em outra oportunidade que não a de entrega da mesma ao eleitor:
Pena: reclusão até 5 (cinco) anos e pagamento de 60 (sessenta) a 90 (noventa) dias-multa.
» CE, arts. 103, III; 284; 307.

Art. 309. Votar ou tentar votar mais de uma vez, ou em lugar de outrem:
Pena: reclusão até três anos.
» CE, arts. 103, II; 117; 131; 142; 146; 284.

Art. 310. Praticar, ou permitir o membro da mesa receptora que seja praticada, qualquer irregularidade que determine a anulação de votação, salvo no caso do art. 311:
Pena: detenção até 6 (seis) meses ou pagamento de 90 (noventa) a 120 (cento e vinte) dias-multa.
» CE, arts. 119-121; 124; 125; 127; 130; 284.

Art. 311. Votar em seção eleitoral em que não está inscrito, salvo nos casos expressamente previstos, e permitir o presidente da mesa receptora, que o voto seja admitido:
Pena: detenção até 1 (um) mês ou pagamento de 5 (cinco) a 15 (quinze) dias-multa para o eleitor e de 20 (vinte) a 30 (trinta) dias-multa para o presidente da mesa.
» CE, arts. 145, parágrafo único, incisos; 284.

Art. 312. Violar ou tentar violar o sigilo do voto:
Pena: detenção até 2 (dois) anos.
» CE, arts. 103; 175; 284.
» CF, art. 60, § 4º, II.

Art. 313. Deixar o juiz e os membros da Junta de expedir o boletim de apuração imediatamente após a apuração de cada urna e antes de passar à subsequente, sob qualquer pretexto e ainda que dispensada a expedição pelos fiscais, delegados ou candidatos presentes:
Pena: pagamento de 90 (noventa) a 120 (cento e vinte) dias-multa.
Parágrafo único. Nas seções eleitorais em que a contagem for procedida pela mesa receptora, incorrerão na mesma pena o presidente e os mesários que não expedirem imediatamente o respectivo boletim.
» CE, arts. 179, §§; 187; 196.
» Lei nº 9.504/97, art. 68, § 1º.

Art. 314. Deixar o juiz e os membros da Junta de recolher as cédulas apuradas na respectiva urna, fechá-la e lacrá-la, assim que terminar a apuração de cada seção e antes de passar à subsequente, sob qualquer pretexto e ainda que dispensada a providência pelos fiscais, delegados ou candidatos presentes:
Pena: detenção até 2 (dois) meses ou pagamento de 90 (noventa) a 120 (cento e vinte) dias-multa.
Parágrafo único. Nas seções eleitorais em que a contagem dos votos for procedida pela mesa receptora, incorrerão na mesma

pena o presidente e os mesários que não fecharem e lacrarem a urna após a contagem.
» CE, arts. 183, parágrafo único; 284.

Art. 315. Alterar nos mapas ou nos boletins de apuração a votação obtida por qualquer candidato ou lançar nesses documentos votação que não corresponda às cédulas apuradas:
Pena: reclusão até 5 (cinco) anos e pagamento de 5 (cinco) a 15 (quinze) dias-multa.
» CE, arts. 158; 218; 284; 299.
» Lei nº 6.996/82, art. 15.
» Lei nº 9.504/97, art. 72.

Art. 316. Não receber ou não mencionar nas atas da eleição ou da apuração os protestos devidamente formulados ou deixar de remetê-los à instância superior:
Pena: reclusão até 5 (cinco) anos e pagamento de 5 (cinco) a 15 (quinze) dias-multa.
» CE, arts. 132; 171; 186, § 1º, IV.

Art. 317. Violar ou tentar violar o sigilo da urna ou dos invólucros:
Pena: reclusão de 3 (três) a 5 (cinco) anos.
» CE, arts. 156; 163-165; 168; 185; 284.

Art. 318. Efetuar a mesa receptora a contagem dos votos da urna quando qualquer eleitor houver votado sob impugnação (art. 190):
Pena: detenção até 1 (um) mês ou pagamento de 30 (trinta) a 60 (sessenta) dias-multa.
» CE, art. 284.

Art. 319. Subscrever o eleitor mais de uma ficha de registro de um ou mais partidos:
Pena: detenção até 1 (um) mês ou pagamento de 10 (dez) a 30 (trinta) dias-multa.
» CE, art. 284.

Art. 320. Inscrever-se o eleitor, simultaneamente, em 2 (dois) ou mais partidos:
Pena: pagamento de 10 (dez) a 20 (vinte) dias-multa.
» Lei nº 9.096/95, art. 22, parágrafo único.

Art. 321. Colher assinatura do eleitor em mais de uma ficha de registro de partido:
Pena: detenção até 2 (dois) meses ou pagamento de 20 (vinte) a 40 (quarenta) dias-multa.
» CE, art. 284.
» Lei nº 9.096/95, art. 8º.

Art. 322. (Revogado pela Lei nº 9.504/97)

Art. 323 Divulgar, na propaganda, fatos que sabe inverídicos, em relação a partidos ou candidatos e capazes de exercerem influência perante o eleitorado:
Pena: detenção de 2 (dois) meses a 1 (um) ano, ou pagamento de 120 (cento e vinte) a 150 (cento e cinquenta) dias-multa.
Parágrafo único. A pena é agravada se o crime é cometido pela imprensa, rádio ou televisão.
» Lei nº 5.250/67, arts. 15; 16.

Art. 324. Caluniar alguém, na propaganda eleitoral, ou visando fins de propaganda, imputando-lhe falsamente fato definido como crime:
Pena: detenção de 6 (seis) meses a 2 (dois) anos e pagamento de 10 (dez) a 40 (quarenta) dias-multa.

§ 1º Nas mesmas penas incorre quem, sabendo falsa a imputação, a propala ou divulga.

§ 2º A prova da verdade do fato imputado exclui o crime, mas não é admitida:
I. se, constituindo o fato imputado crime de ação privada, o ofendido não foi condenado por sentença irrecorrível;
II. se o fato é imputado ao Presidente da República ou chefe de governo estrangeiro;
III. se do crime imputado, embora em ação pública, o ofendido foi absolvido por sentença irrecorrível.
» CP, art. 138.
» Lei nº 5.250/67, art. 20.
» Lei nº 7.170/83, art. 26.
» Lei nº 8.429/92, art. 19.

Art. 325. Difamar alguém, na propaganda eleitoral, ou visando a fins de propaganda, imputando-lhe fato ofensivo à sua reputação:
Pena: detenção de 3 (três) meses a 1 (um) ano e pagamento de 5 (cinco) a 30 (trinta) dias-multa.
Parágrafo único. A exceção da verdade somente se admite se o ofendido é funcionário público e a ofensa é relativa ao exercício de suas funções.
» CP, art. 139.
» Lei nº 5.250/67, art. 21.
» Lei nº 7.170/83, art. 26.

Art. 326. Injuriar alguém, na propaganda eleitoral, ou visando a fins de propaganda, ofendendo-lhe a dignidade ou o decoro:
Pena: detenção até 6 (seis) meses, ou pagamento de 30 (trinta) a 60 (sessenta) dias-multa.
» CE, art. 284.

§ 1º O juiz pode deixar de aplicar a pena:
I. se o ofendido, de forma reprovável, provocou diretamente a injúria;
II. no caso de retorsão imediata, que consista em outra injúria.

§ 2º Se a injúria consiste em violência ou vias de fato, que, por sua natureza ou meio empregado, se considerem aviltantes:
Pena: detenção de 3 (três) meses a 1 (um) ano e pagamento de 5 (cinco) a 20 (vinte) dias-multa, além das penas correspondentes à violência prevista no Código Penal.
» CP, art. 140.
» Lei nº 5.250/67, art. 22.

Art. 327. As penas cominadas nos arts. 324, 325 e 326, aumentam-se de 1/3 (um terço), se qualquer dos crimes é cometido:
I. contra o Presidente da República ou chefe de Governo estrangeiro;
II. contra funcionário público, em razão de suas funções;
III. na presença de várias pessoas, ou por meio que facilite a divulgação da ofensa.

Art. 328. (Revogado pela Lei nº 9.504/97)

Art. 329. (Revogado pela Lei nº 9.504/97)

Art. 330. Nos casos dos arts. 328 e 329, se o agente repara o dano antes da sentença final, o juiz pode reduzir a pena.

Art. 331. Inutilizar, alterar ou perturbar meio de propaganda devidamente empregado:
Pena: detenção até 6 (seis) meses ou pagamento de 90 (noventa) a 120 (cento e vinte) dias-multa.
» CE, art. 284.

Art. 332. Impedir o exercício de propaganda:
Pena: detenção até 6 (seis) meses e pagamento de 30 (trinta) a 60 (sessenta) dias-multa.
» *CE, art. 284.*
» *Lei nº 9.504/97, art. 41.*

Art. 333. *(Revogado pela Lei nº 9.504/97)*

Art. 334. Utilizar organização comercial de vendas, distribuição de mercadorias, prêmios e sorteios para propaganda ou aliciamento de eleitores:
Pena: detenção de 6 (seis) meses a 1 (um) ano e cassação do registro se o responsável for candidato.
» *CE, art. 299.*
» *Lei nº 9.504/97, art. 41-A.*

Art. 335. Fazer propaganda, qualquer que seja a sua forma, em língua estrangeira:
Pena: detenção de 3 (três) a 6 (seis) meses e pagamento de 30 (trinta) a 60 (sessenta) dias-multa.
Parágrafo único. Além da pena cominada, a infração ao presente artigo importa na apreensão e perda do material utilizado na propaganda.
» *Lei nº 6.815/80.*

Art. 336. Na sentença que julgar ação penal pela infração de qualquer dos arts. 322, 323, 324, 325, 326, 328, 329, 331, 332, 333, 334 e 335, deve o juiz verificar, de acordo com o seu livre convencimento, se o Diretório local do partido, por qualquer dos seus membros, concorreu para a prática de delito, ou dela se beneficiou conscientemente.
Parágrafo único. Nesse caso, imporá o juiz ao Diretório responsável pena de suspensão de sua atividade eleitoral, por prazo de 6 (seis) a 12 (doze) meses, agravada até o dobro nas reincidências.
» *Lei nº 9.096/95, art. 28, § 3º.*
» *Lei nº 9.504/97, arts. 35; 107.*

Art. 337. Participar o estrangeiro ou brasileiro que não estiver no gozo dos seus direitos políticos de atividades partidárias, inclusive comícios e atos de propaganda em recintos fechados ou abertos:
Pena: detenção até 6 (seis) meses e pagamento de 90 (noventa) a 120 (cento e vinte) dias-multa.
» *CE, art. 284.*
» *Lei nº 6.815/80, art. 107.*
» *Res.-TSE nº 21.831/2004.*

Parágrafo único. Na mesma pena incorrerá o responsável pelas emissoras de rádio ou televisão que autorizar transmissões de que participem os mencionados neste artigo, bem como o diretor de jornal que lhes divulgar os pronunciamentos.

Art. 338. Não assegurar o funcionário postal a prioridade prevista no art. 239:
Pena: pagamento de 30 (trinta) a 60 (sessenta) dias-multa.

Art. 339. Destruir, suprimir ou ocultar urna contendo votos, ou documentos relativos à eleição:
Pena: reclusão de 2 (dois) a 6 (seis) anos e pagamento de 5 (cinco) a 15 (quinze) dias-multa.
Parágrafo único. Se o agente é membro ou funcionário da Justiça Eleitoral e comete o crime prevalecendo-se do cargo, a pena é agravada.
» *CE, arts. 133; 134.*
» *Lei nº 7.021/82.*

Art. 340. Fabricar, mandar fabricar, adquirir, fornecer, ainda que gratuitamente, subtrair ou guardar urnas, objetos, mapas, cédulas ou papéis de uso exclusivo da Justiça Eleitoral:
Pena: reclusão até 3 (três) anos e pagamento de 3 (três) a 15 (quinze) dias-multa.
Parágrafo único. Se o agente é membro ou funcionário da Justiça Eleitoral e comete o crime prevalecendo-se do cargo, a pena é agravada.
» *CE, arts. 129, parágrafo único; 284.*
» *CP, art. 155.*
» *Lei nº 7.021/82.*

Art. 341. Retardar a publicação ou não publicar, o diretor ou qualquer outro funcionário de órgão oficial federal, estadual, ou municipal, as decisões, citações ou intimações da Justiça Eleitoral:
Pena: detenção até 1 (um) mês ou pagamento de 30 (trinta) a 60 (sessenta) dias-multa.
» *CE, art. 284.*

Art. 342. Não apresentar o órgão do Ministério Público, no prazo legal, denúncia ou deixar de promover a execução de sentença condenatória:
Pena: detenção até 2 (dois) meses ou pagamento de 60 (sessenta) a 90 (noventa) dias-multa.
» *CE, arts. 284; 357-363.*

Art. 343. Não cumprir o juiz o disposto no § 3º do art. 357:
Pena: detenção até 2 (dois) meses ou pagamento de 60 (sessenta) a 90 (noventa) dias-multa.
» *CE, art. 284.*

Art. 344. Recusar ou abandonar o serviço eleitoral sem justa causa:
Pena: detenção até 2 (dois) meses ou pagamento de 90 (noventa) a 120 (cento e vinte) dias-multa.
» *CE, arts. 120, § 4º; 122; 124; 134; 189; 284; 313; 379, §§.*

Art. 345. Não cumprir a autoridade judiciária, ou qualquer funcionário dos órgãos da Justiça Eleitoral, nos prazos legais, os deveres impostos por este Código, se a infração não estiver sujeita a outra penalidade:
Pena: pagamento de 30 (trinta) a 90 (noventa) dias-multa. *(Artigo com redação dada pela Lei nº 4.961/66)*
» *CE, art. 30.*
» *Lei nº 9.504/97, arts. 58, § 7º; 94.*
» *Lei nº 4.410/64, art. 2º.*

Art. 346. Violar o disposto no art. 377:
Pena: detenção até 6 (seis) meses e pagamento de 30 (trinta) a 60 (sessenta) dias-multa.
Parágrafo único. Incorrerão na pena, além da autoridade responsável, os servidores que prestarem serviços e os candidatos, membros ou diretores de partido que derem causa à infração.
» *CE, art. 284.*
» *LC nº 101/2000.*
» *Dec.-Lei nº 201/67.*

Art. 347. Recusar alguém cumprimento ou obediência a diligência, ordens ou instruções da Justiça Eleitoral ou opor embaraços à sua execução:
Pena: detenção de 3 (três) meses a 1 (um) ano e pagamento de 10 (dez) a 20 (vinte) dias-multa.
» *Lei nº 6.091/74, art. 11.*

- » Lei nº 9.079/50, art. 12, I.
- » Lei nº 6.815/80, art. 125.
- » Lei nº 7.716/89, art. 20, § 1º.

Art. 348. Falsificar, no todo ou em parte, documento público, ou alterar documento público verdadeiro, para fins eleitorais:

Pena: reclusão de 2 (dois) a 6 (seis) anos e pagamento de 15 (quinze) a 30 (trinta) dias-multa.

§ 1º Se o agente é funcionário público e comete o crime prevalecendo-se do cargo, a pena é agravada.

§ 2º Para os efeitos penais, equipara-se a documento público o emanado de entidade paraestatal, inclusive fundação do Estado.
- » CP, arts. 297; 337-A.

Art. 349. Falsificar, no todo ou em parte, documento particular, ou alterar documento particular verdadeiro, para fins eleitorais:

Pena: reclusão até 5 (cinco) anos e pagamento de 3 (três) a 10 (dez) dias-multa.
- » CE, art. 284.
- » CP, art. 349.

Art. 350. Omitir, em documento público ou particular, declaração que dele devia constar ou nele inserir ou fazer inserir declaração falsa ou diversa da que devia ser escrita, para fins eleitorais:

Pena: reclusão até 5 (cinco) anos e pagamento de 5 (cinco) a 15 (quinze) dias-multa, se o documento é público, e reclusão até 3 (três) anos e pagamento de 3 (três) a 10 (dez) dias-multa, se o documento é particular.

Parágrafo único. Se o agente da falsidade documental é funcionário público e comete o crime prevalecendo-se do cargo ou se a falsificação ou alteração é de assentamento de registro civil, a pena é agravada.
- » CE, art. 284.
- » CP, art. 299.

Art. 351. Equipara-se a documento (348, 349 e 350), para os efeitos penais, a fotografia, o filme cinematográfico, o disco fonográfico ou fita de ditafone a que se incorpore declaração ou imagem destinada à prova de fato juridicamente relevante.

Art. 352. Reconhecer como verdadeira, no exercício da função pública, firma ou letra que o não seja para fins eleitorais:

Pena: reclusão até 5 (cinco) anos e pagamento de 5 (cinco) a 15 (quinze) dias-multa, se o documento é público, e reclusão até 3 (três) anos e pagamento de 3 (três) a 10 (dez) dias-multa, se o documento é particular.
- » CP, art. 300.

Art. 353. Fazer uso de qualquer dos documentos falsificados ou alterados, a que se referem os arts. 348 a 352:

Pena: a cominada à falsificação ou à alteração.
- » CP, art. 304.

Art. 354. Obter, para uso próprio ou de outrem, documento público ou particular, material ou ideologicamente falso para fins eleitorais:

Pena: a cominada à falsificação ou à alteração.

Art. 354-A. Apropriar-se o candidato, o administrador financeiro da campanha, ou quem de fato exerça essa função, de bens, recursos ou valores destinados ao financiamento eleitoral, em proveito próprio ou alheio: (Incluído pela Lei nº 13.488, de 2017)

Pena - reclusão, de dois a seis anos, e multa. (Incluído pela Lei nº 13.488, de 2017)

Capítulo III
Do processo das infrações

Art. 355. As infrações penais definidas neste Código são de ação pública.
- » CF, art. 5º, LIX.
- » CPP, art. 24.
- » CE, art. 24, II.
- » Súmula nº 192 do STJ.

Art. 356. Todo cidadão que tiver conhecimento de infração penal deste Código deverá comunicá-la ao juiz eleitoral da zona onde a mesma se verificou.

§ 1º Quando a comunicação for verbal, mandará a autoridade judicial reduzi-la a termo, assinado pelo apresentante e por duas testemunhas, e a remeterá ao órgão do Ministério Público local, que procederá na forma deste Código.

§ 2º Se o Ministério Público julgar necessários maiores esclarecimentos e documentos complementares ou outros elementos de convicção, deverá requisitá-los diretamente de quaisquer autoridades ou funcionários que possam fornecê-los.
- » CP, art. 269.
- » CPP, arts. 27; 40.

Art. 357. Verificada a infração penal, o Ministério Público oferecerá a denúncia dentro do prazo de 10 (dez) dias.

§ 1º Se o órgão do Ministério Público, ao invés de apresentar a denúncia, requerer o arquivamento da comunicação, o juiz, no caso de considerar improcedentes as razões invocadas, fará remessa da comunicação ao Procurador Regional, e este oferecerá a denúncia, designará outro promotor para oferecê-la, ou insistirá no pedido de arquivamento, ao qual só então estará o juiz obrigado a atender.
- » CF, art. 127, § 2º.
- » CPP, art. 28.
- » Res.-TSE nº 21.294/2002.
- » LC nº 75/93, art. 62, IV.

§ 2º A denúncia conterá a exposição do fato criminoso com todas as suas circunstâncias, a qualificação do acusado ou esclarecimentos pelos quais se possa identificá-lo, a classificação do crime e, quando necessário, o rol das testemunhas.
- » CPP, art. 41.

§ 3º Se o órgão do Ministério Público não oferecer a denúncia no prazo legal, representará contra ele a autoridade judiciária, sem prejuízo da apuração da responsabilidade penal.

§ 4º Ocorrendo a hipótese prevista no parágrafo anterior, o juiz solicitará ao Procurador Regional a designação de outro promotor, que, no mesmo prazo, oferecerá a denúncia.

§ 5º Qualquer eleitor poderá provocar a representação contra o órgão do Ministério Público se o juiz, no prazo de 10 (dez) dias, não agir de ofício.

Art. 358. A denúncia será rejeitada quando:

I. o fato narrado evidentemente não constituir crime;

II. já estiver extinta a punibilidade, pela prescrição ou outra causa;

III. for manifesta a ilegitimidade da parte ou faltar condição exigida pela lei para o exercício da ação penal.

Art. 358

Parágrafo único. Nos casos do número III, a rejeição da denúncia não obstará ao exercício da ação penal, desde que promovida por parte legítima ou satisfeita a condição.
   » *CPP, arts. 43, I-III; 395.*

Art. 359. Recebida a denúncia, o Juiz designará dia e hora para o depoimento pessoal do acusado, ordenando a citação deste e a notificação do Ministério Público. *(Caput com redação dada pela Lei nº 10.732/2003)*

Parágrafo único. O réu ou seu defensor terá o prazo de 10 (dez) dias para oferecer alegações escritas e arrolar testemunhas. *(Parágrafo acrescentado pela Lei nº 10.732/2003)*
   » *CPP, arts. 396-A; 397.*
   » *CE, art. 362.*
   » *Res. TSE nº 23.396/13, art. 13.*

Art. 360. Ouvidas as testemunhas de acusação e da defesa e praticadas as diligências requeridas pelo Ministério Público e deferidas ou ordenadas pelo juiz, abrir-se-á o prazo de 5 (cinco) dias a cada uma das partes – acusação e defesa – para alegações finais.

Art. 361. Decorrido esse prazo, e, conclusos os autos ao juiz dentro de quarenta e oito horas, terá o mesmo 10 (dez) dias para proferir a sentença.
   » *CPP, art. 594.*

Art. 362. Das decisões finais de condenação ou absolvição cabe recurso para o Tribunal Regional, a ser interposto no prazo de 10 (dez) dias.
   » *CPP, art. 594.*

Art. 363. Se a decisão do Tribunal Regional for condenatória, baixarão imediatamente os autos à instância inferior para a execução da sentença, que será feita no prazo de 5 (cinco) dias, contados da data da vista ao Ministério Público.

Parágrafo único. Se o órgão do Ministério Público deixar de promover a execução da sentença, serão aplicadas as normas constantes dos parágrafos 3º, 4º e 5º do art. 357.

Art. 364. No processo e julgamento dos crimes eleitorais e dos comuns que lhes forem conexos, assim como nos recursos e na execução que lhes digam respeito, aplicar-se-á, como lei subsidiária ou supletiva, o Código de Processo Penal.
   » *CE, arts. 35, II; 266; 268; 288.*
   » *CP, art. 12.*

TÍTULO V
DISPOSIÇÕES GERAIS E TRANSITÓRIAS

Art. 365. O serviço eleitoral prefere a qualquer outro, é obrigatório e não interrompe o interstício de promoção dos funcionários para ele requisitados.
   » *Lei nº 6.999/82.*
   » *Res.-TSE nº 20.753/2001.*

Art. 366. Os funcionários de qualquer órgão da Justiça Eleitoral não poderão pertencer a diretório de partido político ou exercer qualquer atividade partidária, sob pena de demissão.
   » *Lei nº 9.504/97, arts. 41; 64.*
   » *Res.-TSE nº 21.570/2003.*
   » *Res.-TSE nº 22.088/2005.*

Art. 367. A imposição e a cobrança de qualquer multa, salvo no caso das condenações criminais, obedecerão às seguintes normas:

I. no arbitramento, será levada em conta a condição econômica do eleitor;

II. arbitrada a multa de ofício ou a requerimento do eleitor, o pagamento será feito através de selo federal inutilizado no próprio requerimento ou no respectivo processo;
   » *Lei nº 5.143/66.*

III. se o eleitor não satisfizer o pagamento no prazo de 30 (trinta) dias, será considerada dívida líquida e certa, para efeito de cobrança mediante executivo fiscal, a que for inscrita em livro próprio no cartório eleitoral;
   » *CE, art. 164, §§ 1º e 2º.*

IV. a cobrança judicial da dívida será feita por ação executiva, na forma prevista para a cobrança da dívida ativa da Fazenda Pública, correndo a ação perante os juízos eleitorais;
   » *Res.-TSE. 21.975/2004.*
   » *Acórdão-STJ 22.539/99-CC.*

V. nas Capitais e nas comarcas onde houver mais de um Promotor de Justiça, a cobrança da dívida far-se-á pelo que for designado pelo Procurador Regional Eleitoral;

VI. os recursos cabíveis, nos processos para cobrança da dívida decorrente de multa, serão interpostos para a instância superior da Justiça Eleitoral;

VII. em nenhum caso haverá recurso de ofício;

VIII. as custas, nos Estados, Distrito Federal e Territórios, serão cobradas nos termos dos respectivos Regimentos de Custas;
   » *Res.-TSE nº 19.752/96.*
   » *Res.-TSE nº 20.843/2001.*

IX. os juízes eleitorais comunicarão aos Tribunais Regionais, trimestralmente, a importância total das multas impostas nesse período e quanto foi arrecadado através de pagamentos feitos na forma dos números II e III;

X. idêntica comunicação será feita pelos Tribunais Regionais ao Tribunal Superior.

§ 1º As multas aplicadas pelos Tribunais Eleitorais serão consideradas líquidas e certas para efeito de cobrança mediante executivo fiscal, desde que inscritas em livro próprio na Secretaria do Tribunal competente.

§ 2º A multa pode ser aumentada até dez vezes, se o juiz, ou Tribunal considerar que, em virtude da situação econômica do infrator, é ineficaz, embora aplicada no máximo.

§ 3º O alistando ou o eleitor que comprovar devidamente o seu estado de pobreza ficará isento do pagamento de multa.
   » *Lei nº 7.115/83, art. 1º.*

§ 4º Fica autorizado o Tesouro Nacional a emitir selos, sob a designação "Selo Eleitoral", destinados ao pagamento de emolumentos, custas, despesas e multas, tanto as administrativas como as penais, devidas à Justiça Eleitoral.

§ 5º Os pagamentos de multas poderão ser feitos através de guias de recolhimento, se a Justiça Eleitoral não dispuser de selo eleitoral em quantidade suficiente para atender aos interessados. *(Parágrafos acrescentados pela Lei nº 4.961/66)*
   » *LC nº 73/93, arts. 12; 13.*
   » *Lei nº 5.143/66.*
   » *Súmula nº 374 do STJ.*

Art. 368. Os atos requeridos ou propostos em tempo oportuno, mesmo que não sejam apreciados no prazo legal, não prejudicarão aos interessados.

Art. 368-A. A prova testemunhal singular, quando exclusiva, não será aceita nos processos que possam levar à perda do mandato. *(Incluído pela Lei nº 13.165, de 2015)*
» *CPC, art. 442.*

Art. 369. O Governo da União fornecerá, para ser distribuído por intermédio dos Tribunais Regionais, todo o material destinado ao alistamento eleitoral e às eleições.

Art. 370. As transmissões de natureza eleitoral feitas por autoridades e repartições competentes gozam de franquia postal, telegráfica, telefônica, radiotelegráfica ou radiotelefônica em linhas oficiais ou nas que sejam obrigadas a serviço oficial.
» *Lei nº 9.096/95, art. 52, parágrafo único.*
» *Lei nº 6.538/78, arts. 32; 34.*

Art. 371. As repartições públicas são obrigadas, no prazo máximo de 10 (dez) dias, a fornecer às autoridades, aos representantes de partidos ou a qualquer alistando as informações e certidões que solicitarem relativas à matéria eleitoral, desde que os interessados manifestem especificamente as razões e os fins do pedido.

Art. 372. Os tabeliães não poderão deixar de reconhecer nos documentos necessários à instrução dos requerimentos e recursos eleitorais as firmas de pessoas de seu conhecimento ou das que se apresentarem com 2 (dois) abonadores conhecidos.
» *Lei nº 9.265/96.*
» *Dec. nº 83.936/79.*

Art. 373 São isentos de selo os requerimentos e todos os papéis destinados a fins eleitorais e é gratuito o reconhecimento de firma pelos tabeliães para os mesmos fins.

Parágrafo único. Nos processos-crimes e nos executivos fiscais referentes à cobrança de multas, serão pagas custas nos termos do Regimento de Custas de cada Estado, sendo as devidas à União pagas através de selos federais inutilizados nos autos.
» *CF, art. 5º, XXXIV, "b", LXXVII.*
» *Lei nº 9.265/96.*
» *CE, art. 47.*

Art. 374. Os membros dos Tribunais Eleitorais, os juízes eleitorais e os servidores públicos requisitados para os órgãos da Justiça Eleitoral que, em virtude de suas funções nos mencionados órgãos não tiveram as férias que lhes couberem, poderão gozá-las no ano seguinte, acumuladas ou não. *(Caput com redação dada pela Lei nº 4.961/66)*

Parágrafo único. *(Revogado pela Lei nº 4.961/66)*

Art. 375. Nas áreas contestadas, enquanto não forem fixados definitivamente os limites interestaduais, far-se-ão as eleições sob jurisdição do Tribunal Regional da circunscrição eleitoral em que, do ponto de vista da administração judiciária estadual, estejam elas incluídas.

Art. 376. A proposta orçamentária da Justiça Eleitoral será anualmente elaborada pelo Tribunal Superior, de acordo com as propostas parciais que lhe forem remetidas pelos Tribunais Regionais, e dentro das normas legais vigentes.

Parágrafo único. Os pedidos de créditos adicionais que se fizerem necessários ao bom andamento dos serviços eleitorais, durante o exercício, serão encaminhados em relação trimestral à Câmara dos Deputados, por intermédio do Tribunal Superior.
» *CF, art. 99, §§ 1º, 2º, I.*
» *Lei nº 9.504/97, art. 73.*

Art. 377. O serviço de qualquer repartição, federal, estadual, municipal, autarquia, fundação do Estado, sociedade de economia mista, entidade mantida ou subvencionada pelo poder público, ou que realiza contrato com este, inclusive o respectivo prédio e suas dependências, não poderá ser utilizado para beneficiar partido ou organização de caráter político.

Parágrafo único. O disposto neste artigo será tornado efetivo, a qualquer tempo, pelo órgão competente da Justiça Eleitoral, conforme o âmbito nacional, regional ou municipal do órgão infrator, mediante representação fundamentada de autoridade pública, representante partidário, ou de qualquer eleitor.
» *Lei nº 9.096/95, art. 51.*
» *Lei nº 9.504/97, art. 8º, § 2º.*

Art. 378. O Tribunal Superior organizará, mediante proposta do Corregedor-Geral, os serviços da Corregedoria, designando, para desempenhá-los, funcionários efetivos do seu quadro e transformando o cargo de um deles, diplomado em Direito e de conduta moral irrepreensível, no de Escrivão da Corregedoria, símbolo PJ-1, a cuja nomeação serão inerentes, assim na Secretaria como nas diligências, as atribuições de titular de ofício de Justiça.
» *Res.-TSE nº 21.329/2002.*

Art. 379. Serão considerados de relevância os serviços prestados pelos mesários e componentes das Juntas Apuradoras.

§ 1º Tratando-se de servidor público, em caso de promoção, a prova de haver prestado tais serviços será levada em consideração para efeito de desempate, depois de observados os critérios já previstos em leis ou regulamentos.

§ 2º Persistindo o empate de que trata o parágrafo anterior, terá preferência, para a promoção, o funcionário que tenha servido maior número de vezes.

§ 3º O disposto neste artigo não se aplica aos membros ou servidores da Justiça Eleitoral.
» *CE, art. 36, § 3º, IV.*

Art. 380. Será feriado nacional o dia em que se realizarem eleições de data fixada pela Constituição Federal; nos demais casos, serão as eleições marcadas para um domingo ou dia já considerado feriado por lei anterior.
» *CF, arts. 28; 29, II; 32, § 2º; 77.*
» *Lei nº 9.504/97, arts. 1º; 2º, § 1º.*
» *Res.-TSE nº 21.255/2002.*

Art. 381. Esta Lei não altera a situação das candidaturas a Presidente ou Vice-Presidente da República e a Governador ou Vice-Governador de Estado, desde que resultantes de convenções partidárias regulares e já registradas ou em processo de registro, salvo a ocorrência de outros motivos de ordem legal ou constitucional que as prejudiquem.

Parágrafo único. Se o registro requerido se referir isoladamente a Presidente ou Vice-Presidente da República e a Governador ou Vice-Governador de Estado, a validade respectiva dependerá de complementação da chapa conjunta na forma e nos prazos previstos neste Código. *(CF, art. 81, com a redação dada pela EC nº 9)*

Art. 382. Este Código entrará em vigor 30 (trinta) dias após a sua publicação.

Art. 383. Revogam-se as disposições em contrário.

Brasília, 15 de julho de 1965
H. Castello Branco

LEGISLAÇÃO ELEITORAL BRASILEIRA

Leis Ordinárias, Leis Complementares, Decretos e Decretos-Leis

- Lei Complementar nº 35, de 14 de março de 1979
- Lei Complementar nº 64, de 18 de maio de 1990
- Lei Complementar nº 75, de 20 de maio de 1993
- Lei Complementar nº 78, de 30 de dezembro de 1993
- Lei Complementar nº 80, de 12 de janeiro de 1994
- Lei Complementar nº 135, de 04 de junho de 2010
- Lei nº 4.717, de 29 de junho de 1965
- Lei nº 6.001, de 19 de dezembro de 1973
- Lei nº 6.091, de 15 de agosto de 1974
- Lei nº 6.236, de 18 de setembro de 1975
- Lei nº 6.815, de 19 de agosto de 1980
- Lei nº 6.996, de 07 de junho de 1982
- Lei nº 6.999, de 07 de junho de 1982
- Lei nº 7.115, de 29 de agosto de 1983
- Lei nº 7.170, de 14 de dezembro de 1983
- Lei nº 7.444, de 20 de dezembro de 1985
- Lei nº 8.054, de 21 de junho de 1990
- Lei nº 8.112, de 11 de dezembro de 1990
- Lei nº 8.239, de 4 de outubro de 1991
- Lei nº 8.350, de 28 de dezembro de 1991
- Lei nº 8.429, de 2 de junho de 1992
- Lei nº 8.443, de 16 de julho de 1992
- Lei nº 8.625, de 12 de fevereiro de 1993
- Lei nº 9.049, de 18 de maio de 1995
- Lei nº 9.096, de 19 de setembro de 1995
- Lei nº 9.265, de 12 de fevereiro de 1996
- Lei nº 9.504, de 30 de setembro de 1997
- Lei nº 9.709, de 18 de novembro de 1998
- Lei nº 10.406, de 10 de janeiro de 2002
- Lei nº 10.522, de 19 de julho de 2002
- Lei nº 10.842, de 20 de fevereiro de 2004
- Lei nº 11.300, de 10 de maio de 2006
- Lei nº 12.016, de 7 de agosto de 2009
- Lei nº 12.034, de 29 de setembro de 2009
- Lei nº 12.875, de 30 de outubro de 2013
- Lei nº 12.891, de 11 dezembro de 2013
- Lei nº 12.976, de 19 maio de 2014
- Lei nº 13.105, de 16 de março de 2015
- Lei nº 13.107, de 24 de março de 2015
- Lei nº 13.146, de 6 de julho de 2015
- Lei nº 13.165, de 29 de setembro de 2015
- Lei nº 13.444, De 11 de maio de 2017
- Lei nº 13.487, De 6 de outubro de 2017
- Lei nº 13.488, De 6 de outubro de 2017
- Decreto nº 4.199, De 16 de abril de 2002
- Decreto nº 7.791, de 17 de agosto de 2012
- Decreto-Lei nº 201, de 27 de fevereiro de 1967
- Decreto-Lei nº 2.848, de 07 de dezembro de 1940
- Decreto-Lei nº 3.689, de 03 de outubro de 1941

Lei Complementar nº 35, de 14 de março de 1979*

> Dispõe sobre a Lei Orgânica da Magistratura Nacional.

O PRESIDENTE DA REPÚBLICA, Faço saber que o Congresso Nacional decreta e eu sanciono a seguinte Lei Complementar:

TÍTULO I
DO PODER JUDICIÁRIO

CAPÍTULO I
DOS ÓRGÃOS DO PODER JUDICIÁRIO

Art. 1º. O Poder Judiciário é exercido pelos seguintes órgãos:
(..)
V. Tribunais e Juízes Eleitorais;

Art. 8º. O Tribunal Superior Eleitoral, com sede na Capital da União e jurisdição em todo o território nacional, é composto de sete Juízes, dos quais três Ministros do Supremo Tribunal Federal e dois Ministros do Tribunal Federal de Recursos, escolhidos pelo respectivo Tribunal, mediante eleição, pelo voto secreto, e dois nomeados pelo Presidente da República, dentre seis advogados de notável saber jurídico e idoneidade moral, indicados pelo Supremo Tribunal Federal.

Art. 9º. Os Tribunais Regionais Eleitorais, com sede na Capital do Estado em que tenham jurisdição e no Distrito Federal, compõe-se de quatro Juízes eleitos, pelo voto secreto, pelo respectivo Tribunal de Justiça, sendo dois dentre Desembargadores e dois dentre Juízes de Direito; um Juiz Federal, escolhido pelo Tribunal Federal de Recursos, e na Seção Judiciária houver mais de um, e, por nomeação do Presidente da República, de dois dentre seis cidadãos de notável saber jurídico e idoneidade moral, indicados pelo Tribunal de Justiça.

Art. 10. Os Juízes do Tribunal Superior Eleitoral e dos Tribunais Regionais Eleitorais, bem como os respectivos substitutos, escolhidos na mesma ocasião e por igual processo, salvo motivo justificado, servirão, obrigatoriamente, por dois anos, no mínimo, e nunca por mais de dois biênios consecutivos.

Art. 11. Os Juízes de Direito exercem as funções de juízes eleitorais, nos termos da lei.

§ 1º A lei pode outorgar a outros Juízes competência para funções não decisórias.

§ 2º Para a apuração de eleições, constituir-se-ão Juntas Eleitorais, presididas por Juízes de Direito, e cujos membros, indicados conforme dispuser a legislação eleitoral, serão aprovados pelo Tribunal Regional Eleitoral e nomeados pelo seu Presidente.
(..)

Art. 15. Os órgãos do Poder Judiciário da União (art. 1º, incisos I a VI) têm a organização e a competência definidas na Constituição, na lei e, quanto aos Tribunais, ainda, no respectivo Regimento Interno.
(..)

CAPÍTULO II
DOS TRIBUNAIS

Art. 21. Compete aos Tribunais, privativamente:

I. eleger seus Presidentes e demais titulares de sua direção, observado o disposto na presente Lei;

II. organizar seus serviços auxiliares, os provendo-lhes os cargos, na forma da lei; propor ao Poder Legislativo a criação ou a extinção de cargos e a fixação dos respectivos vencimentos;

III. elaborar seus regimentos internos e neles estabelecer, observada esta Lei, a competência de suas Câmaras ou Turmas isoladas, Grupos, Seções ou outros órgãos com funções jurisdicionais ou administrativas;

IV. conceder licença e férias, nos termos da lei, aos seus membros ou aos Juízes e senventuários que lhes são imediatamente subordinados;

V. exercer a direção e disciplina dos órgãos e serviços que lhes forem subordinados;

VI. julgar, originariamente, os mandados de segurança contra seus atos, os dos respectivos Presidentes e os de suas Câmaras, Turmas ou Seções.

CAPÍTULO III
DOS MAGISTRADOS

Art. 22. São vitalícios:
(..)
II. após dois anos de exercício:
(..)
d) os Juízes de Direito e os Juízes substitutos da Justiça dos Estados, do Distrito Federal e dos Territórios, bem assim os Juízes Auditores da Justiça Militar dos Estados. *(Alínea com redação dada pela LC nº 37/79)*

§ 1º Os Juízes mencionados no inciso II deste artigo, mesmo que não hajam adquirido a vitaliciedade, não poderão perder o cargo senão por proposta do Tribunal ou do órgão especial competente, adotada pelo voto de dois terços de seus membros efetivos.

§ 2º Os Juízes a que se refere o inciso II deste artigo, mesmo que não hajam adquirido a vitaliciedade, poderão praticar todos os atos reservados por lei aos Juízes vitalícios. *(Parágrafos com redação dada pela LC nº 37/79)*

Art. 23. Os Juízes e membros de Tribunais e Juntas Eleitorais, no exercício de suas funções e no que lhes for aplicável, gozarão de plenas garantias e serão inamovíveis.
(..)

TÍTULO II
DAS GARANTIAS DA MAGISTRATURA E DAS PRERROGATIVAS DO MAGISTRADO

(..)

CAPÍTULO II
DAS PRERROGATIVAS DO MAGISTRADO

(..)

Art. 34. Os membros do Supremo Tribunal Federal, do Tribunal Federal de Recursos, do Superior Tribunal Militar, do Tribunal Superior Eleitoral e do Tribunal Superior do Trabalho têm o título

de Ministro; os dos Tribunais de Justiça, o de Desembargador; sendo o de Juiz privativo dos outros Tribunais e da Magistratura de primeira instância.
(..)

TÍTULO IV
DOS VENCIMENTOS, VANTAGENS E DIREITOS DOS MAGISTRADOS

CAPÍTULO I
DOS VENCIMENTOS E VANTAGENS PECUNIÁRIAS

(..)
Art. 65. Além dos vencimentos, poderão ser outorgadas aos magistrados, nos termos da lei, as seguintes vantagens:
(..)
VI. gratificação pela prestação de serviço à Justiça Eleitoral;
(..)

CAPÍTULO IV
DAS CONCESSÕES

(..)
Art. 73. Conceder-se-á afastamento ao magistrado, sem prejuízo de seus vencimentos e vantagens:
(..)
II. para a prestação de serviços, exclusivamente à Justiça Eleitoral.
(..)

TÍTULO X
DISPOSIÇÕES FINAIS E TRANSITÓRIAS

(..)
Art. 122. Os Presidentes e Vice-Presidentes de Tribunal, assim como os Corregedores, não poderão participar de Tribunal Eleitoral.
(..)

LEI COMPLEMENTAR Nº 64, DE 18 DE MAIO DE 1990

Estabelece, de acordo com o art. 14, § 9º, da Constituição Federal, casos de inelegibilidade, prazos de cessação, e determina outras providências.

O PRESIDENTE DA REPÚBLICA, faço saber que o Congresso Nacional decreta e eu sanciono a seguinte lei:

Art. 1º. São inelegíveis:
I. para qualquer cargo:
a) os inalistáveis e os analfabetos;
  » Vide Súmula nº 45 do TSE.
  » CF, art. 14, § 4º.
  » CE, art. 5º, I.
  » Res.-TSE nº 21.538/2003, art. 16.
  » Súmula nº 15 do TSE.

b) os membros do Congresso Nacional, das Assembleias Legislativas, da Câmara Legislativa e das Câmaras Municipais, que hajam perdido os respectivos mandatos por infringência do disposto nos incisos I e II do art. 55 da Constituição Federal, dos dispositivos equivalentes sobre perda de mandato das Constituições Estaduais e Leis Orgânicas dos Municípios e do Distrito Federal, para as eleições que se realizarem durante o período remanescente do mandato para o qual foram eleitos e nos oito anos subsequentes ao término da legislatura;[1]

c) o Governador e o Vice-Governador de Estado e do Distrito Federal e o Prefeito e o Vice-Prefeito que perderem seus cargos eletivos por infringência a dispositivo da Constituição Estadual, da Lei Orgânica do Distrito Federal ou da Lei Orgânica do Município, para as eleições que se realizarem durante o período remanescente e nos 8 (oito) anos subsequentes ao término do mandato para o qual tenham sido eleitos;[2]
  » CF, art. 52.
  » Nesta lei, art. 1º, I, "k".
  » Lei nº 7.106/86.
  » Lei nº 9.079/50.
  » Dec.-Lei nº 201/67.

d) os que tenham contra sua pessoa representação julgada procedente pela Justiça Eleitoral, em decisão transitada em julgado ou proferida por órgão colegiado, em processo de apuração de abuso do poder econômico ou político, para a eleição na qual concorrem ou tenham sido diplomados, bem como para as que se realizarem nos 8 (oito) anos seguintes;[3]
  » CF, art. 14, §§ 10, 11.
  » Nesta lei, art. 22, XIV e 26-C.
  » CE, art. 262, IV.
  » Súmula nº 19 do TSE.

e) os que forem condenados, em decisão transitada em julgado ou proferida por órgão judicial colegiado, desde a condenação até o transcurso do prazo de 8 (oito) anos após o cumprimento da pena, pelos crimes:[4]

---

1 Redação dada pela Lei Complementar nº 81, de 13/04/94.
Redação anterior: b) os membros do Congresso Nacional, das Assembleias Legislativas, da Câmara Legislativa e das Câmaras Municipais que hajam perdido os respectivos mandatos por infringência do disposto no art. 55, I e II, da Constituição Federal, dos dispositivos equivalentes sobre perda de mandato das Constituições Estaduais e Leis Orgânicas dos Municípios e do Distrito Federal, para as eleições que se realizarem durante o período remanescente do mandato para o qual foram eleitos e nos 3 (três) anos subsequentes ao término da legislatura;
2 Redação dada pela Lei Complementar nº 135, de 04/06/2010.
Redação anterior: c) o Governador e o Vice-Governador de Estado e do Distrito Federal, o Prefeito e o Vice-Prefeito que perderem seus cargos eletivos por infringência a dispositivo da Constituição Estadual da Lei Orgânica do Distrito Federal ou da Lei Orgânica do Município, para as eleições que se realizarem durante o período remanescente e nos 3 (três) anos subsequentes ao término do mandato para o qual tenham sido eleitos;
3 Redação dada pela Lei Complementar nº 135, de 04/06/2010.
Redação anterior: d) os que tenham contra sua pessoa representação julgada procedente pela Justiça Eleitoral, transitada em julgado, em processo de apuração de abuso do poder econômico ou político, para a eleição na qual concorrem ou tenham sido diplomados, bem como para as que se realizarem 3 (três) anos seguintes;
4 Redação dada pela Lei Complementar nº 135, de 04/06/2010.
Redação anterior: e) os que forem condenados criminalmente, com sentença transitada em julgado, pela prática de crime contra a economia popular, a fé pública, a administração pública, o patrimônio público, o mercado financeiro, pelo tráfico de entorpecentes e por crimes eleitorais, pelo prazo de 3 (três) anos, após o cumprimento da pena;

Art. 1º

1. contra a economia popular, a fé pública, a administração pública e o patrimônio público;
2. contra o patrimônio privado, o sistema financeiro, o mercado de capitais e os previstos na lei que regula a falência;
3. contra o meio ambiente e a saúde pública;
4. eleitorais, para os quais a lei comine pena privativa de liberdade;
5. de abuso de autoridade, nos casos em que houver condenação à perda do cargo ou à inabilitação para o exercício de função pública;
6. de lavagem ou ocultação de bens, direitos e valores;
7. de tráfico de entorpecentes e drogas afins, racismo, tortura, terrorismo e hediondos;
8. de redução à condição análoga à de escravo;
9. contra a vida e a dignidade sexual; e
10. praticados por organização criminosa, quadrilha ou bando;
    » Vide Súmulas nºs 58, 59, 60 e 61 do TSE.
    » CF, arts. 14, § 9º; 15, III.
    » Súmula nº 9 do TSE.
    » Nesta lei, art. 1º, § 5º.

f) os que forem declarados indignos do oficialato, ou com ele incompatíveis, pelo prazo de 8 (oito) anos;[5]
» CPM, art. 100.

g) os que tiverem suas contas relativas ao exercício de cargos ou funções públicas rejeitadas por irregularidade insanável que configure ato doloso de improbidade administrativa, e por decisão irrecorrível do órgão competente, salvo se esta houver sido suspensa ou anulada pelo Poder Judiciário, para as eleições que se realizarem nos 8 (oito) anos seguintes, contados a partir da data da decisão, aplicando-se o disposto no inciso II do art. 71 da Constituição Federal, a todos os ordenadores de despesa, sem exclusão de mandatários que houverem agido nessa condição;[6]
» Vide Súmula nº 41 do TSE.
» CF, art. 15, V.
» CF, arts. 71; 75.
» Súmula nº 1 do TSE.
» Lei nº 8.443/92, art. 91.
» Lei nº 9.504/97, art. 11, § 5º.

h) os detentores de cargo na administração pública direta, indireta ou fundacional, que beneficiarem a si ou a terceiros, pelo abuso do poder econômico ou político, que forem condenados em decisão transitada em julgado ou proferida por órgão judicial colegiado, para a eleição na qual concorrem ou tenham sido diplomados, bem como para as que se realizarem nos 8 (oito) anos seguintes;[7]

---

5 Redação dada pela Lei Complementar nº 135, de 04/06/2010.
Redação anterior: f) os que forem declarados indignos do oficialato, ou com ele incompatíveis, pelo prazo de 4 (quatro) anos;
6 Redação dada pela Lei Complementar nº 135, de 04/06/2010.
Redação anterior: g) os que tiverem suas contas relativas ao exercício de cargos ou funções públicas rejeitadas por irregularidade insanável e por decisão irrecorrível do órgão competente, salvo se a questão houver sido ou estiver sendo submetida à apreciação do Poder Judiciário, para as eleições que se realizarem nos 5 (cinco) anos seguintes, contados a partir da data da decisão;
7 Redação dada pela Lei Complementar nº 135, de 04/06/2010.
Redação anterior: h) os detentores de cargo na administração pública direta, indireta ou fundacional, que beneficiarem a si ou a terceiros, pelo abuso do poder econômico ou político apurado em processo, com sentença transitada em julgado, para as eleições que se realizarem nos 3 (três) anos seguintes ao término do seu mandato ou do período de sua permanência no cargo;

» Vide Súmula nº 69 do TSE.
» Lei nº 4.717/65, art. 11.
» Lei nº 8.492/82.

i) os que, em estabelecimentos de crédito, financiamento ou seguro, que tenham sido ou estejam sendo objeto de processo de liquidação judicial ou extrajudicial, hajam exercido, nos 12 (doze) meses anteriores à respectiva decretação, cargo ou função de direção, administração ou representação, enquanto não forem exonerados de qualquer responsabilidade;

j) os que forem condenados, em decisão transitada em julgado ou proferida por órgão colegiado da Justiça Eleitoral, por corrupção eleitoral, por captação ilícita de sufrágio, por doação, captação ou gastos ilícitos de recursos de campanha ou por conduta vedada aos agentes públicos em campanhas eleitorais que impliquem cassação do registro ou do diploma, pelo prazo de 8 (oito) anos a contar da eleição;[8]
» Vide Súmulas nºs 46 e 69 do TSE.
» CE, art. 299.
» Lei nº 9.504/97, arts. 24, 30-A, 41-A, 73, 74, 75 e 81.

k) o Presidente da República, o Governador de Estado e do Distrito Federal, o Prefeito, os membros do Congresso Nacional, das Assembleias Legislativas, da Câmara Legislativa, das Câmaras Municipais, que renunciarem a seus mandatos desde o oferecimento de representação ou petição capaz de autorizar a abertura de processo por infringência a dispositivo da Constituição Federal, da Constituição Estadual, da Lei Orgânica do Distrito Federal ou da Lei Orgânica do Município, para as eleições que se realizarem durante o período remanescente do mandato para o qual foram eleitos e nos 8 (oito) anos subsequentes ao término da legislatura;[9]
» CF, art. 55, I a VI, e §4º.
» Nesta lei, art. 1º, §5º.

l) os que forem condenados à suspensão dos direitos políticos, em decisão transitada em julgado ou proferida por órgão judicial colegiado, por ato doloso de improbidade administrativa que importe lesão ao patrimônio público e enriquecimento ilícito, desde a condenação ou o trânsito em julgado até o transcurso do prazo de 8 (oito) anos após o cumprimento da pena;[10]
» CF, art. 15, V.
» Lei nº 8.429/92, art. 12, III.
» Lei nº 9.504/97, art. 73, § 7º.
» Lei nº 4.717/65.

m) os que forem excluídos do exercício da profissão, por decisão sancionatória do órgão profissional competente, em decorrência de infração ético-profissional, pelo prazo de 8 (oito) anos, salvo se o ato houver sido anulado ou suspenso pelo Poder Judiciário;[11]

n) os que forem condenados, em decisão transitada em julgado ou proferida por órgão judicial colegiado, em razão de terem desfeito ou simulado desfazer vínculo conjugal ou de união estável para evitar caracterização de inelegibilidade, pelo prazo de 8 (oito) anos após a decisão que reconhecer a fraude;[12]
» CF, art. 14, § 7º.
» Nesta lei, art. 1º, § 3º.
» Súmula vinculante nº 18.

---

8 Acrescentado pela Lei Complementar nº 135, de 04/06/2010.
9 Acrescentado pela Lei Complementar nº 135, de 04/06/2010.
10 Acrescentado pela Lei Complementar nº 135, de 04/06/2010.
11 Acrescentado pela Lei Complementar nº 135, de 04/06/2010.
12 Acrescentado pela Lei Complementar nº 135, de 04/06/2010.

o) os que forem demitidos do serviço público em decorrência de processo administrativo ou judicial, pelo prazo de 8 (oito) anos, contado da decisão, salvo se o ato houver sido suspenso ou anulado pelo Poder Judiciário;[13]

» Lei nº 8.112/90, arts. 127, III e 132.

p) a pessoa física e os dirigentes de pessoas jurídicas responsáveis por doações eleitorais tidas por ilegais por decisão transitada em julgado ou proferida por órgão colegiado da Justiça Eleitoral, pelo prazo de 8 (oito) anos após a decisão, observando-se o procedimento previsto no art. 22;[14]

» Vide Súmula nº 46 do TSE.
» Lei nº 9.504/97, arts. 23, § 1º, 24, 30-A e 81.

q) os magistrados e os membros do Ministério Público que forem aposentados compulsoriamente por decisão sancionatória, que tenham perdido o cargo por sentença ou que tenham pedido exoneração ou aposentadoria voluntária na pendência de processo administrativo disciplinar, pelo prazo de 8 (oito) anos;[15]

» LC nº 35/79, art. 42.

II. para Presidente e Vice-Presidente da República:

» Súmula nº 5 do TSE.

a) até 6 (seis) meses depois de afastados definitivamente de seus cargos e funções:

1. os Ministros de Estado;
2. os chefes dos órgãos de assessoramento direto, civil e militar, da Presidência da República;
3. o chefe do órgão de assessoramento de informações da Presidência da República;
4. o chefe do Estado-Maior das Forças Armadas;
5. o Advogado-Geral da União e o Consultor-Geral da República;
6. os chefes do Estado-Maior da Marinha, do Exército e da Aeronáutica;
7. os Comandantes do Exército, Marinha e Aeronáutica;
8. os Magistrados;
9. os Presidentes, Diretores e Superintendentes de autarquias, empresas públicas, sociedades de economia mista e fundações públicas e as mantidas pelo poder público;
10. os Governadores de Estado, do Distrito Federal e de Territórios;
11. os Interventores Federais;
12. os Secretários de Estado;
13. os Prefeitos Municipais;
14. os membros do Tribunal de Contas da União, dos Estados e do Distrito Federal;
15. o Diretor-Geral do Departamento de Polícia Federal;
16. os Secretários-Gerais, os Secretários-Executivos, os Secretários Nacionais, os Secretários Federais dos Ministérios e as pessoas que ocupem cargos equivalentes;

b) os que tenham exercido, nos 6 (seis) meses anteriores à eleição, nos Estados, no Distrito Federal, Territórios e em qualquer dos poderes da União, cargo ou função, de nomeação pelo Presidente da República, sujeito à aprovação prévia do Senado Federal;

c) (Vetado);

d) os que, até 6 (seis) meses antes da eleição, tiverem competência ou interesse, direta, indireta ou eventual, no lançamento, arrecadação ou fiscalização de impostos, taxas e contribuições de caráter obrigatório, inclusive parafiscais, ou para aplicar multas relacionadas com essas atividades;

» Res.-TSE nº 18.136/92.
» Res.-TSE nº 19.506/96.
» Res.-TSE nº 22.627/2007.

e) os que, até 6 (seis) meses antes da eleição, tenham exercido cargo ou função de direção, administração ou representação nas empresas de que tratam os arts. 3º e 5º da Lei nº 4.137, de 10 de setembro de 1962, quando, pelo âmbito e natureza de suas atividades, possam tais empresas influir na economia nacional;

» Lei nº 8.884/94, art. 92.

f) os que, detendo o controle de empresas ou grupo de empresas que atuem no Brasil, nas condições monopolísticas previstas no parágrafo único do art. 5º da lei citada na alínea anterior, não apresentarem à Justiça Eleitoral, até 6 (seis) meses antes do pleito, a prova de que fizeram cessar o abuso apurado, do poder econômico, ou de que transferiram, por força regular, o controle de referidas empresas ou grupo de empresas;

g) os que tenham, dentro dos 4 (quatro) meses anteriores ao pleito, ocupado cargo ou função de direção, administração ou representação em entidades representativas de classe, mantidas, total ou parcialmente, por contribuições impostas pelo poder Público ou com recursos arrecadados e repassados pela Previdência Social;

h) os que, até 6 (seis) meses depois de afastados das funções, tenham exercido cargo de Presidente, Diretor ou Superintendente de sociedades com objetivos exclusivos de operações financeiras e façam publicamente apelo à poupança e ao crédito, inclusive através de cooperativas e da empresa ou estabelecimentos que gozem, sob qualquer forma, de vantagens asseguradas pelo poder público, salvo se decorrentes de contratos que obedeçam a cláusulas uniformes;

i) os que, dentro de 6 (seis) meses anteriores ao pleito, hajam exercido cargo ou função de direção, administração ou representação em pessoa jurídica ou em empresa que mantenha contrato de execução de obras, de prestação de serviços ou de fornecimento de bens com órgão do Poder Público ou sob seu controle, salvo no caso de contrato que obedeça a cláusulas uniformes;

j) os que, membros do Ministério Público, não se tenham afastado das suas funções até 6 (seis) meses anteriores ao pleito;

l) os que, servidores públicos, estatutários ou não, dos órgãos ou entidades da Administração direta ou indireta da União, dos Estados, do Distrito Federal, dos Municípios e dos Territórios, inclusive das fundações mantidas pelo Poder Público, não se afastarem até 3 (três) meses anteriores ao pleito, garantido o direito à percepção dos seus vencimentos integrais;

» Vide Súmula nº 54 do TSE.
» Lei nº 8.112/90, art. 86, §§ 1º, 2º.
» Res.-TSE nº 19.506/96.

III. para Governador e Vice-Governador de Estado e do Distrito Federal;

a) os inelegíveis para os cargos de Presidente e Vice-Presidente da República especificados na alínea "a" do inciso II deste artigo

---

13 Acrescentado pela Lei Complementar nº 135, de 04/06/2010.
14 Acrescentado pela Lei Complementar nº 135, de 04/06/2010.
15 Acrescentado pela Lei Complementar nº 135, de 04/06/2010.

Art. 1º

e, no tocante às demais alíneas, quando se tratar de repartição pública, associação ou empresas que operem no território do Estado ou do Distrito Federal, observados os mesmos prazos;

b) até 6 (seis) meses depois de afastados definitivamente de seus cargos ou funções:

1. os chefes dos Gabinetes Civil e Militar do Governador do Estado ou do Distrito Federal;

2. os comandantes do Distrito Naval, Região Militar e Zona Aérea;

3. os diretores de órgãos estaduais ou sociedades de assistência aos Municípios;

4. os secretários da administração municipal ou membros de órgãos congêneres;

IV. para Prefeito e Vice-Prefeito:

a) no que lhes for aplicável, por identidade de situações, os inelegíveis para os cargos de Presidente e Vice-Presidente da República, Governador e Vice-Governador de Estado e do Distrito Federal, observado o prazo de 4 (quatro) meses para a desincompatibilização;

b) os membros do Ministério Público e Defensoria Pública em exercício na Comarca, nos 4 (quatro) meses anteriores ao pleito, sem prejuízo dos vencimentos integrais;

» Res.-TSE nº 22.141/2006.

» Res.-CNMP nº 30/2008.

» CF, art. 128, § 5º, II, "e".

c) as autoridades policiais, civis ou militares, com exercício no Município, nos 4 (quatro) meses anteriores ao pleito;

V. para o Senado Federal:

a) os inelegíveis para os cargos de Presidente e Vice-Presidente da República especificados na alínea "a" do inciso II deste artigo e, no tocante às demais alíneas, quando se tratar de repartição pública, associação ou empresa que opere no território do Estado, observados os mesmos prazos;

b) em cada Estado e no Distrito Federal, os inelegíveis para os cargos de Governador e Vice-Governador, nas mesmas condições estabelecidas, observados os mesmos prazos;

VI. para a Câmara dos Deputados, Assembleia Legislativa e Câmara Legislativa, no que lhes for aplicável, por identidade de situações, os inelegíveis para o Senado Federal, nas mesmas condições estabelecidas, observados os mesmos prazos;

VII. para a Câmara Municipal:

a) no que lhes for aplicável, por identidade de situações, os inelegíveis para o Senado Federal e para a Câmara dos Deputados, observado o prazo de 6 (seis) meses para a desincompatibilização;

b) em cada Município, os inelegíveis para os cargos de Prefeito e Vice-Prefeito, observado o prazo de 6 (seis) meses para a desincompatibilização .

§ 1º Para concorrência a outros cargos, o Presidente da República, os Governadores de Estado e do Distrito Federal e os Prefeitos devem renunciar aos respectivos mandatos até 6 (seis) meses antes do pleito.

» CF, art. 14, § 5º.

» Res.-TSE nº 19.952/97.

§ 2º O Vice-Presidente, o Vice-Governador e o Vice-Prefeito poderão candidatar-se a outros cargos, preservando os seus mandatos respectivos, desde que, nos últimos 6 (seis) meses anteriores ao pleito, não tenham sucedido ou substituído o titular.

§ 3º São inelegíveis, no território de jurisdição do titular, o cônjuge e os parentes, consanguíneos ou afins, até o segundo grau ou por adoção, do Presidente da República, de Governador de Estado ou Território, do Distrito Federal, de Prefeito ou de quem os haja substituído dentro dos 6 (seis) meses anteriores ao pleito, salvo se já titular de mandato eletivo e candidato à reeleição.

» CF, art. 14, § 7º.

» Nesta lei, art. 1º, I, "n".

§ 4º A inelegibilidade prevista na alínea "e" do inciso I deste artigo não se aplica aos crimes culposos e àqueles definidos em lei como de menor potencial ofensivo, nem aos crimes de ação penal privada.[16]

§ 5º A renúncia para atender à desincompatibilização com vistas a candidatura a cargo eletivo ou para assunção de mandato não gerará a inelegibilidade prevista na alínea "k", a menos que a Justiça Eleitoral reconheça fraude ao disposto nesta Lei Complementar.[17]

Art. 2º. Compete à Justiça Eleitoral conhecer e decidir as arguições de inelegibilidade.

Parágrafo único. A arguição de inelegibilidade será feita perante:

I. o Tribunal Superior Eleitoral, quando se tratar de candidato a Presidente ou Vice-Presidente da República;

II. os Tribunais Regionais Eleitorais, quando se tratar de candidato a Senador, Governador e Vice-Governador de Estado e do Distrito Federal, Deputado Federal, Deputado Estadual e Deputado Distrital;

III. os Juízes Eleitorais, quando se tratar de candidato a Prefeito, Vice-Prefeito e Vereador.

» CF, art. 14, §§ 10, 11.

» Lei nº 9.504/97, art. 11.

» CE, arts. 89 e 262.

Art. 3º. Caberá a qualquer candidato, a partido político, coligação ou ao Ministério Público, no prazo de 5 (cinco) dias, contados da publicação do pedido de registro do candidato, impugná-lo em petição fundamentada.

» Vide Súmulas nºs 38, 39, 40 e 45 do TSE.

§ 1º A impugnação, por parte do candidato, partido político ou coligação, não impede a ação do Ministério Público no mesmo sentido.

§ 2º Não poderá impugnar o registro de candidato o representante do Ministério Público que, nos 4 (quatro) anos anteriores, tenha disputado cargo eletivo, integrado diretório de partido ou exercido atividade político-partidária.

§ 3º O impugnante especificará, desde logo, os meios de prova com que pretende demonstrar a veracidade do alegado, arrolando testemunhas, se for o caso, no máximo de 6 (seis).

» Vide Súmulas nºs 11, 49, 51, 52 e 53 do TSE.

» CF, art. 128, § 5º, II, "e".

» LC nº 75/93, art. 80.

» Lei nº 9.504/97, art. 11.

» Res.-TSE nº 30, Cnmp.

» Súmula nº 11 do TSE.

Art. 4º. A partir da data em que terminar o prazo para impugnação, passará a correr, após devida notificação, o prazo de 7 (sete) dias para que o candidato, partido político ou coligação possa contestá-la, juntar documentos, indicar rol de testemunhas e requerer a produção de outras provas, inclusive documentais,

---

[16] Acrescentado pela Lei Complementar nº 135, de 04/06/2010.
[17] Acrescentado pela Lei Complementar nº 135, de 04/06/2010.

que se encontrarem em poder de terceiros, de repartições públicas ou em procedimentos judiciais, ou administrativos, salvo os processos em tramitação em segredo de justiça.

Art. 5º. Decorrido o prazo para contestação, se não se tratar apenas de matéria de direito e a prova protestada for relevante, serão designados os 4 (quatro) dias seguintes para inquirição das testemunhas do impugnante e do impugnado, as quais comparecerão por iniciativa das partes que as tiverem arrolado, com notificação judicial.

§ 1º As testemunhas do impugnante e do impugnado serão ouvidas em uma só assentada.

§ 2º Nos 5 (cinco) dias subsequentes, o Juiz, ou o Relator, procederá a todas as diligências que determinar, de ofício ou a requerimento das partes.

§ 3º No prazo do parágrafo anterior, o Juiz, ou o Relator, poderá ouvir terceiros, referidos pelas partes, ou testemunhas, como conhecedores dos fatos e circunstâncias que possam influir na decisão da causa.

» *Nesta lei, art. 23.*

§ 4º Quando qualquer documento necessário à formação da prova se achar em poder de terceiro, o Juiz, ou o Relator, poderá ainda, no mesmo prazo, ordenar o respectivo depósito.

» *Súmula nº 3 do TSE.*

§ 5º Se o terceiro, sem justa causa, não exibir o documento, ou não comparecer a juízo, poderá o Juiz contra ele expedir mandado de prisão e instaurar processo por crime de desobediência.

Art. 6º. Encerrado o prazo da dilação probatória, nos termos do artigo anterior, as partes, inclusive o Ministério Público, poderão apresentar alegações no prazo comum de 5 (cinco) dias.

Art. 7º. Encerrado o prazo para alegações, os autos serão conclusos ao Juiz, ou ao Relator, no dia imediato, para sentença ou julgamento pelo Tribunal.

Parágrafo único. O Juiz, ou Tribunal, formará sua convicção pela livre apreciação da prova, atendendo aos fatos e às circunstâncias constantes dos autos, ainda que não alegados pelas partes, mencionando, na decisão, os que motivaram seu convencimento.

Art. 8º. Nos pedidos de registro de candidatos a eleições municipais, o Juiz Eleitoral apresentará a sentença em cartório 3 (três) dias após a conclusão dos autos, passando a correr deste momento o prazo de 3 (três) dias para a interposição de recurso para o Tribunal Regional Eleitoral.

§ 1º A partir da data em que for protocolizada a petição de recurso, passará a correr o prazo de 3 (três) dias para a apresentação de contrarrazões.

§ 2º Apresentadas as contrarrazões, serão os autos imediatamente remetidos ao Tribunal Regional Eleitoral, inclusive por portador, se houver necessidade, decorrente da exiguidade de prazo, correndo as despesas do transporte por conta do recorrente, se tiver condições de pagá-las.

» *Súmulas nº 3, 10 e 11 do TSE.*

Art. 9º. Se o Juiz Eleitoral não apresentar a sentença no prazo do artigo anterior, o prazo para recurso só começará a correr após a publicação da mesma por edital, em cartório.

Parágrafo único. Ocorrendo a hipótese prevista neste artigo, o Corregedor Regional, de ofício, apurará o motivo do retardamento e proporá ao Tribunal Regional Eleitoral, se for o caso, a aplicação da penalidade cabível.

» *Lei nº 9.504/97, arts. 94 e 97-A.*

Art. 10. Recebidos os autos na Secretaria do Tribunal Regional Eleitoral, estes serão autuados e apresentados no mesmo dia ao Presidente, que, também na mesma data, os distribuirá a um Relator e mandará abrir vistas ao Procurador Regional pelo prazo de 2 (dois) dias.

Parágrafo único. Findo o prazo, com ou sem parecer, os autos serão enviados ao Relator, que os apresentará em mesa para julgamento em 3 (três) dias, independentemente de publicação em pauta.

Art. 11. Na sessão do julgamento, que poderá se realizar em até 2 (duas) reuniões seguidas, feito o relatório, facultada a palavra às partes e ouvido o Procurador Regional, proferirá o Relator o seu voto e serão tomados os dos demais Juízes.

§ 1º Proclamado o resultado, o Tribunal se reunirá para lavratura do acórdão, no qual serão indicados o direito, os fatos e as circunstâncias com base nos fundamentos do Relator ou do voto vencedor.

§ 2º Terminada a sessão, far-se-á a leitura e a publicação do acórdão, passando a correr dessa data o prazo de 3 (três) dias, para a interposição de recurso para o Tribunal Superior Eleitoral, em petição fundamentada.

Art. 12. Havendo recurso para o Tribunal Superior Eleitoral, a partir da data em que for protocolizada a petição passará a correr o prazo de 3 (três) dias para a apresentação de contrarrazões, notificado por telegrama o recorrido.

Parágrafo único. Apresentadas as contrarrazões, serão os autos imediatamente remetidos ao Tribunal Superior Eleitoral.

Art. 13. Tratando-se de registro a ser julgado originariamente por Tribunal Regional Eleitoral, observado o disposto no art. 6º desta lei complementar, o pedido de registro, com ou sem impugnação, será julgado em 3 (três) dias, independentemente de publicação em pauta.

Parágrafo único. Proceder-se-á ao julgamento na forma estabelecida no art. 11 desta lei complementar e, havendo recurso para o Tribunal Superior Eleitoral, observar-se-á o disposto no artigo anterior.

Art. 14. No Tribunal Superior Eleitoral, os recursos sobre registro de candidatos serão processados e julgados na forma prevista nos arts. 10 e 11 desta lei complementar.

» *RITSE, art. 36, §§ 6º, 7º.*

Art. 15. Transitada em julgado ou publicada a decisão proferida por órgão colegiado que declarar a inelegibilidade do candidato, ser-lhe-á negado registro, ou cancelado, se já tiver sido feito, ou declarado nulo o diploma, se já expedido.[18]

Parágrafo único. A decisão a que se refere o *caput*, independentemente da apresentação de recurso, deverá ser comunicada, de imediato, ao Ministério Público Eleitoral e ao órgão da Justiça Eleitoral competente para o registro de candidatura e expedição de diploma do réu.[19]

» *CE, arts. 40, IV; 197, IV; 211, § 2º; 215.*
» *Lei nº 9.504/97, art. 16-A.*
» *Nesta lei, art. 26-C.*

---

[18] Redação dada pela Lei Complementar nº 135, de 04/06/2010.
Redação anterior: Art. 15 Transitada em julgado a decisão que declarar a inelegibilidade do candidato, ser-lhe-á negado registro, ou cancelado, se já tiver sido feito, ou declarado nulo o diploma, se já expedido.
[19] Acrescentado pela Lei Complementar nº 135, de 04/06/2010.

Art. 16

Art. 16. Os prazos a que se referem o art. 3º e seguintes desta lei complementar são peremptórios e contínuos e correm em secretaria ou Cartório e, a partir da data do encerramento do prazo para registro de candidatos, não se suspendem aos sábados, domingos e feriados.
» *Lei nº 9.504/97, art. 94.*

Art. 17. É facultado ao partido político ou coligação que requerer o registro de candidato considerando inelegível dar-lhe substituto, mesmo que a decisão passada em julgado tenha sido proferida após o termo final do prazo de registro, caso em que a respectiva Comissão Executiva do Partido fará a escolha do candidato.
» *Lei nº 9.504/97, arts. 11; 13.*
» *CE, art. 101, § 5º.*

Art. 18. A declaração de inelegibilidade do candidato à Presidência da República, Governador de Estado e do Distrito Federal e Prefeito Municipal não atingirá o candidato a Vice-Presidente, Vice-Governador ou Vice-Prefeito, assim como a destes não atingirá aqueles.
» *CE, arts. 175, § 3º; 224.*
» *Lei nº 9.504/97, art. 16-A, parágrafo único.*

Art. 19. As transgressões pertinentes à origem de valores pecuniários, abuso do poder econômico ou político, em detrimento da liberdade de voto, serão apuradas mediante investigações jurisdicionais realizadas pelo Corregedor-Geral e Corregedores Regionais Eleitorais.
» *CE, art. 237.*

Parágrafo único. A apuração e a punição das transgressões mencionadas no *caput* deste artigo terão o objetivo de proteger a normalidade e legitimidade das eleições contra a influência do poder econômico ou do abuso do exercício de função, cargo ou emprego na administração direta, indireta e fundacional da União, dos Estados, do Distrito Federal e dos Municípios.
» *Lei nº 9.504/97, arts. 22, §§ 3º, 4º; 30-A.*

Art. 20. O candidato, partido político ou coligação são parte legítima para denunciar os culpados e promover-lhes a responsabilidade; a nenhum servidor público, inclusive de autarquias, de entidade paraestatal e de sociedade de economia mista será lícito negar ou retardar ato de ofício tendente a esse fim, sob pena de crime funcional.
» *CE, art. 347.*
» *CP, art. 319.*

Art. 21. As transgressões a que se refere o art. 19 desta lei complementar serão apuradas mediante procedimento sumaríssimo de investigação judicial, realizada pelo Corregedor-Geral e Corregedores Regionais Eleitorais, nos termos das Leis nºs 1.579, de 18 de março de 1952, 4.410, de 24 de setembro de 1964, com as modificações desta lei complementar.

Art. 22. Qualquer partido político, coligação, candidato ou Ministério Público Eleitoral poderá representar à Justiça Eleitoral, diretamente ao Corregedor-Geral ou Regional, relatando fatos e indicando provas, indícios e circunstâncias e pedir abertura de investigação judicial para apurar uso indevido, desvio ou abuso do poder econômico ou do poder de autoridade, ou utilização indevida de veículos ou meios de comunicação social, em benefício de candidato ou de partido político, obedecido o seguinte rito:
» *Vide Súmula nº 38 do TSE.*
» *Lei nº 9.504/97, arts. 30-A, 73-79.*
» *CE, art. 237.*

I. o Corregedor, que terá as mesmas atribuições do Relator em processos judiciais, ao despachar a inicial, adotará as seguintes providências:

a) ordenará que se notifique o representado do conteúdo da petição, entregando-se-lhe a segunda via apresentada pelo representante com as cópias dos documentos, a fim de que, no prazo de 5 (cinco) dias, ofereça ampla defesa, juntada de documentos e rol de testemunhas, se cabível;

b) determinará que se suspenda o ato que deu motivo à representação, quando for relevante o fundamento e do ato impugnado puder resultar a ineficiência da medida, caso seja julgada procedente;

c) indeferirá desde logo a inicial, quando não for caso de representação ou lhe faltar algum requisito desta lei complementar;

II. no caso do Corregedor indeferir a reclamação ou representação, ou retardar-lhe a solução, poderá o interessado renová-la perante o Tribunal, que resolverá dentro de 24 (vinte e quatro) horas;

III. o interessado, quando for atendido ou ocorrer demora, poderá levar o fato ao conhecimento do Tribunal Superior Eleitoral, a fim de que sejam tomadas as providências necessárias;

IV. feita a notificação, a Secretaria do Tribunal juntará aos autos cópia autêntica do ofício endereçado ao representado, bem como a prova da entrega ou da sua recusa em aceitá-la ou dar recibo;

V. findo o prazo da notificação, com ou sem defesa, abrir-se-á prazo de 5 (cinco) dias para inquirição, em uma só assentada, de testemunhas arroladas pelo representante e pelo representado, até o máximo de 6 (seis) para cada um, as quais comparecerão independentemente de intimação;

VI. nos 3 (três) dias subsequentes, o Corregedor procederá a todas as diligências que determinar, ex officio ou a requerimento das partes;

VII. no prazo da alínea anterior, o Corregedor poderá ouvir terceiros, referidos pelas partes, ou testemunhas, como conhecedores dos fatos e circunstâncias que possam influir na decisão do feito;

VIII. quando qualquer documento necessário à formação da prova se achar em poder de terceiro, inclusive estabelecimento de crédito, oficial ou privado, o Corregedor poderá, ainda, no mesmo prazo, ordenar o respectivo depósito ou requisitar cópias;

IX. se o terceiro, sem justa causa, não exibir o documento, ou não comparecer a juízo, o Juiz poderá expedir contra ele mandado de prisão e instaurar processo s por crime de desobediência;

X. encerrado o prazo da dilação probatória, as partes, inclusive o Ministério Público, poderão apresentar alegações no prazo comum de 2 (dois) dias;

XI. terminado o prazo para alegações, os autos serão conclusos ao Corregedor, no dia imediato, para apresentação de relatório conclusivo sobre o que houver sido apurado;

XII. o relatório do Corregedor, que será assentado em 3 (três) dias, e os autos da representação serão encaminhados ao Tribunal competente, no dia imediato, com pedido de inclusão incontinenti do feito em pauta, para julgamento na primeira sessão subsequente;

XIII. no Tribunal, o Procurador-Geral ou Regional Eleitoral terá vista dos autos por 48 (quarenta e oito) horas, para se pronunciar sobre as imputações e conclusões do Relatório;

XIV. julgada procedente a representação, ainda que após a proclamação dos eleitos, o Tribunal declarará a inelegibilidade do representado e de quantos hajam contribuído para a prática do ato, cominando-lhes sanção de inelegibilidade para as eleições a se realizarem nos 8 (oito) anos subsequentes à eleição em que se verificou, além da cassação do registro ou diploma do candidato diretamente beneficiado pela interferência do poder econômico ou pelo desvio ou abuso do poder de autoridade ou dos meios de comunicação, determinando a remessa dos autos ao Ministério Público Eleitoral, para instauração de processo disciplinar, se for o caso, e de ação penal, ordenando quaisquer outras providências que a espécie comportar;[20]

» Vide Súmula nº 38 do TSE.
» LC nº 64/90, art. 1º, I, "d".
» Súmula nº 19 do TSE.
» CE, art. 262.

XV. (Revogado pela LC nº 135, de 04/06/2010).[21]

XVI. para a configuração do ato abusivo, não será considerada a potencialidade de o fato alterar o resultado da eleição, mas apenas a gravidade das circunstâncias que o caracterizam. (Inciso incluído pela LC nº 135/2010)

» Lei nº 9.504/97, arts. 30-A e 73 a 79.

Parágrafo único. O recurso contra a diplomação, interposto pelo representante, não impede a atuação do Ministério Público no mesmo sentido.

Art. 23. O Tribunal formará sua convicção pela livre apreciação dos fatos públicos e notórios, dos indícios e presunções e prova produzida, atentando para circunstâncias ou fatos, ainda que não indicados ou alegados pelas partes, mas que preservem o interesse público de lisura eleitoral.

» LC nº 64/90, art. 5º, § 3º.
» CPP, arts. 155-157.
» CF, art. 14, § 9º.

Art. 24. Nas eleições municipais, o Juiz Eleitoral será competente para conhecer e processar a representação prevista nesta lei complementar, exercendo todas as funções atribuídas ao Corregedor-Geral ou Regional, constantes dos incisos I a XV do art. 22 desta lei complementar, cabendo ao representante do Ministério Público Eleitoral em função da Zona Eleitoral as atribuições deferidas ao Procurador-Geral e Regional Eleitoral, observadas as normas do procedimento previstas nesta lei complementar.

» LC nº 75/93, arts. 72-80.

Art. 25 Constitui crime eleitoral a arguição de inelegibilidade, ou a impugnação de registro de candidato feito por interferência do poder econômico, desvio ou abuso do poder de autoridade, deduzida de forma temerária ou de manifesta má-fé:

20 Redação dada pela Lei Complementar nº 135, de 04/06/2010.
Redação anterior: XIV. julgada procedente a representação, o Tribunal declarará a inelegibilidade do representado e de quantos hajam contribuído para a prática do ato, cominando-lhes sanção de inelegibilidade para as eleições a se realizarem nos 3 (três) anos subsequentes à eleição em que se verificou, além da cassação do registro do candidato diretamente beneficiado pela interferência do poder econômico e pelo desvio ou abuso do poder de autoridade, determinando a remessa dos autos ao Ministério Público Eleitoral, para instauração de processo disciplinar, se for o caso, e processo-crime, ordenando quaisquer outras providências que a espécie comportar;
21 Redação anterior: XV. se a representação for julgada procedente após a eleição do candidato serão remetidas cópias de todo o processo ao Ministério Público Eleitoral, para os fins previstos no art. 14, §§ 10 e 11 da Constituição Federal, e art. 262, inciso IV, do Código Eleitoral.

Pena: detenção de 6 (seis) meses a 2 (dois) anos, e multa de 20 (vinte) a 50 (cinquenta) vezes o valor do Bônus do Tesouro Nacional (BTN) e, no caso de sua extinção, de título público que o substitua.

Art. 26. Os prazos de desincompatibilização previstos nesta lei complementar que já estiverem ultrapassados na data de sua vigência considerar-se-ão atendidos desde que a desincompatibilização ocorra até 2 (dois) dias após a publicação desta lei complementar.

Art. 26-A. Afastada pelo órgão competente a inelegibilidade prevista nesta Lei Complementar, aplicar-se-á, quanto ao registro de candidatura, o disposto na lei que estabelece normas para as eleições.[22]

» Lei nº 9.504/97, art. 11 e segs.

Art. 26-B. O Ministério Público e a Justiça Eleitoral darão prioridade, sobre quaisquer outros, aos processos de desvio ou abuso do poder econômico ou do poder de autoridade até que sejam julgados, ressalvados os de habeas corpus e mandado de segurança.[23]

§ 1º É defeso às autoridades mencionadas neste artigo deixar de cumprir qualquer prazo previsto nesta Lei Complementar sob alegação de acúmulo de serviço no exercício das funções regulares.

§ 2º Além das polícias judiciárias, os órgãos da receita federal, estadual e municipal, os tribunais e órgãos de contas, o Banco Central do Brasil e o Conselho de Controle de Atividade Financeira auxiliarão a Justiça Eleitoral e o Ministério Público Eleitoral na apuração dos delitos eleitorais, com prioridade sobre as suas atribuições regulares.

§ 3º O Conselho Nacional de Justiça, o Conselho Nacional do Ministério Público e as Corregedorias Eleitorais manterão acompanhamento dos relatórios mensais de atividades fornecidos pelas unidades da Justiça Eleitoral a fim de verificar eventuais descumprimentos injustificados de prazos, promovendo, quando for o caso, a devida responsabilização.

» Lei nº 9.504/97, art. 97-A.

Art. 26-C. O órgão colegiado do tribunal ao qual couber a apreciação do recurso contra as decisões colegiadas a que se referem as alíneas "d", "e", "h", "j", "l" e "n" do inciso I do art. 1º poderá, em caráter cautelar, suspender a inelegibilidade sempre que existir plausibilidade da pretensão recursal e desde que a providência tenha sido expressamente requerida, sob pena de preclusão, por ocasião da interposição do recurso.

» Vide Súmula nº 44 do TSE.
» Art. 15.
» CE, art. 216.

§ 1º Conferido efeito suspensivo, o julgamento do recurso terá prioridade sobre todos os demais, à exceção dos de mandado de segurança e de habeas corpus.

§ 2º Mantida a condenação de que derivou a inelegibilidade ou revogada a suspensão liminar mencionada no caput, serão desconstituídos o registro ou o diploma eventualmente concedidos ao recorrente.

» Vide Súmula nº 66 do TSE.

§ 3º A prática de atos manifestamente protelatórios por parte da defesa, ao longo da tramitação[24] do recurso, acarretará a revogação do efeito suspensivo.

22 Acrescentado pela Lei Complementar nº 135, de 04/06/2010.
23 Acrescentado pela Lei Complementar nº 135, de 04/06/2010.
24 Acrescentado pela Lei Complementar nº 135, de 04/06/2010.

Art. 27. Esta lei complementar entra em vigor na data de sua publicação.

Art. 28. Revogam-se a Lei Complementar nº 05, de 29 de abril de 1970 e as demais disposições em contrário.

Brasília, 18 de maio de 1990; 169º da Independência e 102º da República.
Fernando Collor

Lei Complementar Nº 75, de 20 de maio de 1993*

> Dispõe sobre a organização, as atribuições e o estatuto do Ministério Público da União.

O PRESIDENTE DA REPÚBLICA, Faço saber que o Congresso Nacional decreta e eu sanciono a seguinte lei complementar:
O Congresso Nacional decreta:

TÍTULO I
DAS DISPOSIÇÕES GERAIS

(..)

CAPÍTULO V
DAS GARANTIAS E DAS PRERROGATIVAS

(..)

Art. 18. São prerrogativas dos membros do Ministério Público da União:
(..)
II. processuais:
(..)
c) do membro do Ministério Público da União que oficie perante juízos de primeira instância, ser processado e julgado, nos crimes comuns e de responsabilidade, pelos Tribunais Regionais Federais, ressalvada a competência da Justiça Eleitoral;
(..)

TÍTULO II
DOS RAMOS DO MINISTÉRIO PÚBLICO DA UNIÃO

CAPÍTULO I
DO MINISTÉRIO PÚBLICO FEDERAL

Seção I
Da competência, dos órgãos e da carreira

Art. 37. O Ministério Público Federal exercerá as suas funções:
I. nas causas de competência do Supremo Tribunal Federal, do Superior Tribunal de Justiça, dos Tribunais Regionais Federais e dos Juízes Federais, e dos Tribunais e Juízes Eleitorais;
(..)

Art. 38. São funções institucionais do Ministério Público Federal as previstas nos Capítulos I, II, III e IV do Título I, incumbindo-lhe, especialmente:
(..)
VII. fiscalizar a execução da pena, nos processos de competência da Justiça Federal e da Justiça Eleitoral.
(..)

Seção IV
Do Conselho Superior do Ministério Público Federal

(..)
Art. 57. Compete ao Conselho Superior do Ministério Público Federal:
(..)
IV. aprovar a destituição do Procurador Regional Eleitoral;
(..)
Art. 62. Compete às Câmaras de Coordenação e Revisão:
I – promover a integração e a coordenação dos órgãos institucionais que atuem em ofícios ligados ao setor de sua competência, observado o princípio da independência funcional;
II – manter intercâmbio com órgãos ou entidades que atuem em áreas afins;
III – encaminhar informações técnico-jurídicas aos órgãos institucionais que atuem em seu setor;
IV – manifestar-se sobre o arquivamento de inquérito policial, inquérito parlamentar ou peças de informação, exceto nos casos de competência originária do Procurador-Geral;
V – resolver sobre a distribuição especial de feitos que, por sua contínua reiteração, devam receber tratamento uniforme;
VI – resolver sobre a distribuição especial de inquéritos, feitos e procedimentos, quando a matéria, por sua natureza ou relevância, assim o exigir;
VII – decidir os conflitos de atribuições entre os órgãos do Ministério Público Federal.
Parágrafo único. A competência fixada nos incisos V e VI será exercida segundo critérios objetivos previamente estabelecidos pelo Conselho Superior.

Seção VII
Dos Subprocuradores-Gerais da República

Art. 66. Os Subprocuradores-Gerais da República serão designados para oficiar junto ao Supremo Tribunal Federal, ao Superior Tribunal de Justiça, ao Tribunal Superior Eleitoral e nas Câmaras de Coordenação e Revisão.
§ 1º No Supremo Tribunal Federal e no Tribunal Superior Eleitoral, os Subprocuradores-Gerais da República atuarão por delegação do Procurador-Geral da República.
(..)
Art. 67. Cabe aos Subprocuradores-Gerais da República, privativamente, o exercício das funções de:
(..)
II. Vice-Procurador-Geral Eleitoral;
(..)

Seção IX
Dos Procuradores da República

Art. 70. Os Procuradores da República serão designados para oficiar junto aos Juízes Federais e junto aos Tribunais Regionais Eleitorais, onde não tiver sede a Procuradoria Regional da República.

Parágrafo único. A designação de Procurador da República para oficiar em órgãos jurisdicionais diferentes dos previstos para a categoria dependerá de autorização do Conselho Superior.

(..)

Seção X
Das funções do Ministério Público Federal

Art. 72. Compete ao Ministério Público Federal exercer, no que couber, junto à Justiça Eleitoral, as funções do Ministério Público, atuando em todas as fases e instâncias do processo eleitoral.

Parágrafo único. O Ministério Público Federal tem legitimação para propor, perante o juízo competente, as ações para declarar ou decretar a nulidade de negócios jurídicos ou atos da administração pública, infringentes de vedações legais destinadas a proteger a normalidade e a legitimidade das eleições, contra a influência do poder econômico ou o abuso do poder político ou administrativo.

Art. 73. O Procurador-Geral Eleitoral é o Procurador-Geral da República.

Parágrafo único. O Procurador-Geral Eleitoral designará, dentre os Subprocuradores-Gerais da República, o Vice-Procurador-Geral Eleitoral, que o substituirá em seus impedimentos e exercerá o cargo em caso de vacância, até o provimento definitivo.

Art. 74. Compete ao Procurador-Geral Eleitoral exercer as funções do Ministério Público nas causas de competência do Tribunal Superior Eleitoral.

Parágrafo único. Além do Vice-Procurador-Geral Eleitoral, o Procurador-Geral poderá designar, por necessidade de serviço, membros do Ministério Público Federal para oficiarem, com sua aprovação, perante o Tribunal Superior Eleitoral.

Art. 75. Incumbe ao Procurador-Geral Eleitoral:

I. designar o Procurador Regional Eleitoral em cada Estado e no Distrito Federal;

II. acompanhar os procedimentos do Corregedor-Geral Eleitoral;

III. dirimir conflitos de atribuições;

IV. requisitar servidores da União e de suas autarquias, quando o exigir a necessidade do serviço, sem prejuízo dos direitos e vantagens inerentes ao exercício de seus cargos ou empregos.

Art. 76. O Procurador Regional Eleitoral, juntamente com o seu substituto, será designado pelo Procurador-Geral Eleitoral, dentre os Procuradores Regionais da República no Estado e no Distrito Federal, ou, onde não houver, dentre os Procuradores da República vitalícios, para um mandato de dois anos.

§ 1º O Procurador Regional Eleitoral poderá ser reconduzido uma vez.

§ 2º O Procurador Regional Eleitoral poderá ser destituído, antes do término do mandato, por iniciativa do Procurador-Geral Eleitoral, anuindo a maioria absoluta do Conselho Superior do Ministério Público Federal.

Art. 77. Compete ao Procurador Regional Eleitoral exercer as funções do Ministério Público nas causas de competência do Tribunal Regional Eleitoral respectivo, além de dirigir, no Estado, as atividades do setor.

Parágrafo único. O Procurador-Geral Eleitoral poderá designar, por necessidade de serviço, outros membros do Ministério Público Federal para oficiar, sob a coordenação do Procurador Regional, perante os Tribunais Regionais Eleitorais.

Art. 78. As funções eleitorais do Ministério Público Federal perante os Juízes e Juntas Eleitorais serão exercidas pelo Promotor Eleitoral.

Art. 79. O Promotor Eleitoral será o membro do Ministério Público local que oficie junto ao Juízo incumbido do serviço eleitoral de cada Zona.

Parágrafo único. Na inexistência de Promotor que oficie perante a Zona Eleitoral, ou havendo impedimento ou recusa justificada, o Chefe do Ministério Público local indicará ao Procurador Regional Eleitoral o substituto a ser designado.

Art. 80. A filiação a partido político impede o exercício de funções eleitorais por membro do Ministério Público até dois anos do seu cancelamento.

» CF, art. 128, § 5º, II, "e".
» Res.-TSE nº 22.012/2005.

(..)

TÍTULO III
DAS DISPOSIÇÕES ESTATUTÁRIAS ESPECIAIS

CAPÍTULO I
DA CARREIRA

(..)

Seção VI
Dos afastamentos

(..)

Art. 204. O membro do Ministério Público da União poderá afastar-se do exercício de suas funções para:

(..)

IV. exercer cargo eletivo nos casos previstos em lei ou a ele concorrer, observadas as seguintes condições:

a) o afastamento será facultativo e sem remuneração, durante o período entre a escolha como candidato a cargo eletivo em convenção partidária e a véspera do registro da candidatura na Justiça Eleitoral;

b) o afastamento será obrigatório a partir do dia do registro da candidatura pela Justiça;

(..)

CAPÍTULO III
DA DISCIPLINA

Seção I
Dos deveres e vedações

(..)

Art. 237. É vedado ao membro do Ministério Público da União:

(..)

V. exercer atividade político-partidária, ressalvada a filiação e o direito de afastar-se para exercer cargo eletivo ou a ele concorrer.

» CF, art. 128, § 5º, II, "e".
» Res.-TSE nº 22.012/2005.

(..)

TÍTULO IV
DAS DISPOSIÇÕES FINAIS E TRANSITÓRIAS

(..)

Art. 281. Os membros do Ministério Público da União, nomeados antes de 5 de outubro de 1988, poderão optar entre o novo regime jurídico e o anterior à promulgação da Constituição Federal, quanto às garantias, vantagens e vedações do cargo.

Parágrafo único. A opção poderá ser exercida dentro de dois anos, contados da promulgação desta lei complementar, podendo a retratação ser feita no prazo de dez anos.

Art. 282. Os Procuradores da República nomeados antes de 5 de outubro de 1988 deverão optar, de forma irretratável, entre as carreiras do Ministério Público Federal e da Advocacia-Geral da União.

§ 1º (Vetado).

§ 2º Não manifestada a opção, no prazo estabelecido no parágrafo anterior, o silêncio valerá como opção tácita pela carreira do Ministério Público Federal.

Art. 270. Os atuais Procuradores da República de 1ª Categoria, que ingressaram na carreira até a data da promulgação da Constituição Federal, terão seus cargos transformados em cargos de Procurador Regional da República, mantidos seus titulares e lotações.

(..)

§ 2º Os Procuradores da República ocupantes dos cargos transformados na forma deste artigo poderão ser designados para oficiar perante os Juízes Federais e os Tribunais Regionais Eleitorais.

(..)

Art. 294. Esta Lei Complementar entra em vigor na data de sua publicação.

Art. 295. Revogam-se as disposições em contrário.

Brasília, 20 de maio de 1993
Itamar Franco

Lei Complementar nº 78, de 30 de dezembro de 1993*

> *Disciplina a fixação do número de Deputados, nos termos do art. 45, § 1º, da Constituição Federal.*

O PRESIDENTE DA REPÚBLICA, Faço saber que o Congresso Nacional decreta e eu sanciono a seguinte Lei:

Art. 1º. Proporcional à população dos Estados e do Distrito Federal, o número de deputados federais não ultrapassará quinhentos e treze representantes, fornecida, pela Fundação Instituto Brasileiro de Geografia e Estatística, no ano anterior às eleições, a atualização estatística demográfica das unidades da Federação.

Parágrafo único. Feitos os cálculos da representação dos Estados e do Distrito Federal, o Tribunal Superior Eleitoral fornecerá aos Tribunais Regionais Eleitorais e aos partidos políticos o número de vagas a serem disputadas.

Art. 2º. Nenhum dos Estados-membros da Federação terá menos de oito deputados federais.

Parágrafo único. Cada Território Federal será representado por quatro deputados federais.

Art. 3º. O Estado mais populoso será representado por setenta deputados federais.

Art. 4º. Esta Lei Complementar entra em vigor na data de sua publicação.

Art. 5º. Revogam-se as disposições em contrário.

Brasília, 30 de dezembro de 1993
Itamar Franco

Lei Complementar nº 80, de 12 de janeiro de 1994*

> *Organiza a Defensoria Pública da União, do Distrito Federal e dos Territórios e prescreve normas gerais para sua organização nos Estados, e dá outras providências.*

O PRESIDENTE DA REPÚBLICA, Faço saber que o Congresso Nacional decreta e eu sanciono a seguinte Lei:

(..)

TÍTULO II
DA ORGANIZAÇÃO DA DEFENSORIA PÚBLICA DA UNIÃO

CAPÍTULO I
DA ESTRUTURA

(..)

Seção IV
Da Defensoria Pública da União nos Estados, no Distrito Federal e nos Territórios

Art. 14. A Defensoria Pública da União atuará nos Estados, no Distrito Federal e nos Territórios, junto às Justiças Federal, do Trabalho, Eleitoral, Militar, Tribunais Superiores e instâncias administrativas da União.

§ 1º A Defensoria Pública da União deverá firmar convênios com as Defensorias Públicas dos Estados e do Distrito Federal, para que estas, em seu nome, atuem junto aos órgãos de primeiro e segundo graus de jurisdição referidos no *caput*, no desempenho das funções que lhe são cometidas por esta Lei Complementar.
(Parágrafo acrescentado pela LC nº 98/99)

§ 2º Não havendo na unidade federada Defensoria Pública constituída nos moldes desta Lei Complementar, é autorizado o convênio com a entidade pública que desempenhar essa função, até que seja criado o órgão próprio.

§ 3º A prestação de assistência judiciária pelos órgãos próprios da Defensoria Pública da União dar-se-á, preferencialmente, perante o Supremo Tribunal Federal e os Tribunais superiores.
(Parágrafos acrescentados pela LC nº 98/99)

(..)

CAPÍTULO II
DA CARREIRA

(..)

Art. 20. Os Defensores Públicos da União de 2ª Categoria atuarão junto aos Juízos Federais, às Juntas de Conciliação e Julgamento, às Juntas e aos Juízes Eleitorais, aos Juízes Militares, nas Auditorias Militares, ao Tribunal Marítimo e às instâncias administrativas.

Art. 21. Os Defensores Públicos da União de 1ª Categoria atuarão junto aos Tribunais Regionais Federais, aos Tribunais Regionais do Trabalho e aos Tribunais Regionais Eleitorais.

Art. 22. Os Defensores Públicos da União de Categoria Especial atuarão junto ao Superior Tribunal de Justiça, ao Tribunal Superior do Trabalho, ao Tribunal Superior Eleitoral e ao Superior Tribunal Militar.

Parágrafo único. *(Vetado)*

(..)

CAPÍTULO V
DOS DEVERES, DAS PROIBIÇÕES, DOS IMPEDIMENTOS E DA RESPONSABILIDADE FUNCIONAL

(..)

Seção II
Das proibições

Art. 46. Além das proibições decorrentes do exercício de cargo público, aos membros da Defensoria Pública da União é vedado:

(..)

V. exercer atividade político-partidária, enquanto atuar junto à justiça eleitoral.

(..)

TÍTULO III
DA ORGANIZAÇÃO DA DEFENSORIA PÚBLICA DO DISTRITO FEDERAL E DOS TERRITÓRIOS

(..)

CAPÍTULO V
DOS DEVERES, DAS PROIBIÇÕES, DOS IMPEDIMENTOS E DA RESPONSABILIDADE FUNCIONAL

(..)

Seção II
Das proibições

Art. 91. Além das proibições decorrentes do exercício de cargo público, aos membros da Defensoria Pública do Distrito Federal e dos Territórios é vedado:

(..)

V. exercer atividade político-partidária, enquanto atuar junto à Justiça Eleitoral.

(..)

TÍTULO IV
DAS NORMAS GERAIS PARA A ORGANIZAÇÃO DA DEFENSORIA PÚBLICA DOS ESTADOS

(..)

CAPÍTULO V
DOS DEVERES, DAS PROIBIÇÕES, DOS IMPEDIMENTOS E DA RESPONSABILIDADE FUNCIONAL

(..)

Seção II
Das proibições

Art. 130. Além das proibições decorrentes do exercício de cargo público, aos membros da Defensoria Pública dos Estados é vedado:

(..)

V. exercer atividade político-partidária, enquanto atuar junto à Justiça Eleitoral.

(..)

TÍTULO V
DAS DISPOSIÇÕES FINAIS E TRANSITÓRIAS

(..)

Art. 148. Esta Lei Complementar entra em vigor na data de sua publicação.

Art. 149. Revogam-se as disposições em contrário.

Brasília, 12 de janeiro de 1994
Itamar Franco

LEI COMPLEMENTAR Nº 135, DE 04 DE JUNHO DE 2010

> *Altera a Lei Complementar nº 64, de 18 de maio de 1990, que estabelece, de acordo com o § 9º do art. 14 da Constituição Federal, casos de inelegibilidade, prazos de cessação e determina outras providências, para incluir hipóteses de inelegibilidade que visam a proteger a probidade administrativa e a moralidade no exercício do mandato.*

O PRESIDENTE DA REPÚBLICA Faço saber que o Congresso Nacional decreta e eu sanciono a seguinte Lei Complementar:

Art. 1º. Esta Lei Complementar altera a Lei Complementar nº 64, de 18 de maio de 1990, que estabelece, de acordo com o § 9º do art. 14 da Constituição Federal, casos de inelegibilidade, prazos de cessação e determina outras providências.

Art. 2º. A Lei Complementar nº 64, de 1990, passa a vigorar com as seguintes alterações:

"Art. 1ª (..)

I. (..)

c) o Governador e o Vice-Governador de Estado e do Distrito Federal e o Prefeito e o Vice-Prefeito que perderem seus cargos eletivos por infringência a dispositivo da Constituição Estadual, da Lei Orgânica do Distrito Federal ou da Lei Orgânica do Município, para as eleições que se realizarem durante o período remanescente e nos 8 (oito) anos subsequentes ao término do mandato para o qual tenham sido eleitos;

d) os que tenham contra sua pessoa representação julgada procedente pela Justiça Eleitoral, em decisão transitada em julgado ou proferida por órgão colegiado, em processo de

Art. 2º

apuração de abuso do poder econômico ou político, para a eleição na qual concorrem ou tenham sido diplomados, bem como para as que se realizarem nos 8 (oito) anos seguintes;

e) os que forem condenados, em decisão transitada em julgado ou proferida por órgão judicial colegiado, desde a condenação até o transcurso do prazo de 8 (oito) anos após o cumprimento da pena, pelos crimes:

1. contra a economia popular, a fé pública, a administração pública e o patrimônio público;

2. contra o patrimônio privado, o sistema financeiro, o mercado de capitais e os previstos na lei que regula a falência;

3. contra o meio ambiente e a saúde pública;

4. eleitorais, para os quais a lei comine pena privativa de liberdade;

5. de abuso de autoridade, nos casos em que houver condenação à perda do cargo ou à inabilitação para o exercício de função pública;

6. de lavagem ou ocultação de bens, direitos e valores;

7. de tráfico de entorpecentes e drogas afins, racismo, tortura, terrorismo e hediondos;

8. de redução à condição análoga à de escravo;

9. contra a vida e a dignidade sexual; e

10. praticados por organização criminosa, quadrilha ou bando;

f) os que forem declarados indignos do oficialato, ou com ele incompatíveis, pelo prazo de 8 (oito) anos;

g) os que tiverem suas contas relativas ao exercício de cargos ou funções públicas rejeitadas por irregularidade insanável que configure ato doloso de improbidade administrativa, e por decisão irrecorrível do órgão competente, salvo se esta houver sido suspensa ou anulada pelo Poder Judiciário, para as eleições que se realizarem nos 8 (oito) anos seguintes, contados a partir da data da decisão, aplicando-se o disposto no inciso II do art. 71 da Constituição Federal, a todos os ordenadores de despesa, sem exclusão de mandatários que houverem agido nessa condição;

h) os detentores de cargo na administração pública direta, indireta ou fundacional, que beneficiarem a si ou a terceiros, pelo abuso do poder econômico ou político, que forem condenados em decisão transitada em julgado ou proferida por órgão judicial colegiado, para a eleição na qual concorrem ou tenham sido diplomados, bem como para as que se realizarem nos 8 (oito) anos seguintes;

(..)

j) os que forem condenados, em decisão transitada em julgado ou proferida por órgão colegiado da Justiça Eleitoral, por corrupção eleitoral, por captação ilícita de sufrágio, por doação, captação ou gastos ilícitos de recursos de campanha ou por conduta vedada aos agentes públicos em campanhas eleitorais que impliquem cassação do registro ou do diploma, pelo prazo de 8 (oito) anos a contar da eleição;

k) o Presidente da República, o Governador de Estado e do Distrito Federal, o Prefeito, os membros do Congresso Nacional, das Assembleias Legislativas, da Câmara Legislativa, das Câmaras Municipais, que renunciarem a seus mandatos desde o oferecimento de representação ou petição capaz de autorizar a abertura de processo por infringência a dispositivo da Constituição Federal, da Constituição Estadual, da Lei Orgânica do Distrito Federal ou da Lei Orgânica do Município, para as eleições que se realizarem durante o período remanescente do mandato para o qual foram eleitos e nos 8 (oito) anos subsequentes ao término da legislatura;

l) os que forem condenados à suspensão dos direitos políticos, em decisão transitada em julgado ou proferida por órgão judicial colegiado, por ato doloso de improbidade administrativa que importe lesão ao patrimônio público e enriquecimento ilícito, desde a condenação ou o trânsito em julgado até o transcurso do prazo de 8 (oito) anos após o cumprimento da pena;

m) os que forem excluídos do exercício da profissão, por decisão sancionatória do órgão profissional competente, em decorrência de infração ético-profissional, pelo prazo de 8 (oito) anos, salvo se o ato houver sido anulado ou suspenso pelo Poder Judiciário;

n) os que forem condenados, em decisão transitada em julgado ou proferida por órgão judicial colegiado, em razão de terem desfeito ou simulado desfazer vínculo conjugal ou de união estável para evitar caracterização de inelegibilidade, pelo prazo de 8 (oito) anos após a decisão que reconhecer a fraude;

o) os que forem demitidos do serviço público em decorrência de processo administrativo ou judicial, pelo prazo de 8 (oito) anos, contado da decisão, salvo se o ato houver sido suspenso ou anulado pelo Poder Judiciário;

p) a pessoa física e os dirigentes de pessoas jurídicas responsáveis por doações eleitorais tidas por ilegais por decisão transitada em julgado ou proferida por órgão colegiado da Justiça Eleitoral, pelo prazo de 8 (oito) anos após a decisão, observando-se o procedimento previsto no art. 22;

q) os magistrados e os membros do Ministério Público que forem aposentados compulsoriamente por decisão sancionatória, que tenham perdido o cargo por sentença ou que tenham pedido exoneração ou aposentadoria voluntária na pendência de processo administrativo disciplinar, pelo prazo de 8 (oito) anos;

(..)

§ 4º A inelegibilidade prevista na alínea "e" do inciso I deste artigo não se aplica aos crimes culposos e àqueles definidos em lei como de menor potencial ofensivo, nem aos crimes de ação penal privada.

§ 5º A renúncia para atender à desincompatibilização com vistas a candidatura a cargo eletivo ou para assunção de mandato não gerará a inelegibilidade prevista na alínea "k", a menos que a Justiça Eleitoral reconheça fraude ao disposto nesta Lei Complementar."

"Art. 15. Transitada em julgado ou publicada a decisão proferida por órgão colegiado que declarar a inelegibilidade do candidato, ser-lhe-á negado registro, ou cancelado, se já tiver sido feito, ou declarado nulo o diploma, se já expedido.

Parágrafo único. A decisão a que se refere o *caput*, independentemente da apresentação de recurso, deverá ser comunicada, de imediato, ao Ministério Público Eleitoral e ao órgão da Justiça Eleitoral competente para o registro de candidatura e expedição de diploma do réu."

"Art. 22. (..)

XIV. julgada procedente a representação, ainda que após a proclamação dos eleitos, o Tribunal declarará a inelegibilidade do representado e de quantos hajam contribuído para a prática do ato, cominando-lhes sanção de inelegibilidade para as eleições a se realizarem nos 8 (oito) anos subsequentes à eleição em que se verificou, além da cassação do registro ou diploma do candidato diretamente beneficiado pela interferência do poder econômico ou pelo desvio ou abuso do poder de autoridade ou dos meios de comunicação, determinando a remessa dos autos ao Ministério Público Eleitoral, para instauração de processo disciplinar, se for o caso, e de ação penal, ordenando quaisquer outras providências que a espécie comportar;

XV. *(Revogado)*;
XVI. para a configuração do ato abusivo, não será considerada a potencialidade de o fato alterar o resultado da eleição, mas apenas a gravidade das circunstâncias que o caracterizam.
(..)"
"Art. 26-A. Afastada pelo órgão competente a inelegibilidade prevista nesta Lei Complementar, aplicar-se-á, quanto ao registro de candidatura, o disposto na lei que estabelece normas para as eleições."
"Art. 26-B. O Ministério Público e a Justiça Eleitoral darão prioridade, sobre quaisquer outros, aos processos de desvio ou abuso do poder econômico ou do poder de autoridade até que sejam julgados, ressalvados os de *habeas corpus* e mandado de segurança.
§ 1º É defeso às autoridades mencionadas neste artigo deixar de cumprir qualquer prazo previsto nesta Lei Complementar sob alegação de acúmulo de serviço no exercício das funções regulares.
§ 2º Além das polícias judiciárias, os órgãos da receita federal, estadual e municipal, os tribunais e órgãos de contas, o Banco Central do Brasil e o Conselho de Controle de Atividade Financeira auxiliarão a Justiça Eleitoral e o Ministério Público Eleitoral na apuração dos delitos eleitorais, com prioridade sobre as suas atribuições regulares.
§ 3º O Conselho Nacional de Justiça, o Conselho Nacional do Ministério Público e as Corregedorias Eleitorais manterão acompanhamento dos relatórios mensais de atividades fornecidos pelas unidades da Justiça Eleitoral a fim de verificar eventuais descumprimentos injustificados de prazos, promovendo, quando for o caso, a devida responsabilização."
"Art. 26-C. O órgão colegiado do tribunal ao qual couber a apreciação do recurso contra as decisões colegiadas a que se referem as alíneas "d", "e", "h", "j", "l" e "n" do inciso I do art. 1º poderá, em caráter cautelar, suspender a inelegibilidade sempre que existir plausibilidade da pretensão recursal e desde que a providência tenha sido expressamente requerida, sob pena de preclusão, por ocasião da interposição do recurso.
§ 1º Conferido efeito suspensivo, o julgamento do recurso terá prioridade sobre todos os demais, à exceção de mandado de segurança e de *habeas corpus*.
§ 2º Mantida a condenação de que derivou a inelegibilidade ou revogada a suspensão liminar mencionada no *caput*, serão desconstituídos o registro ou o diploma eventualmente concedidos ao recorrente.
§ 3º A prática de atos manifestamente protelatórios por parte da defesa, ao longo da tramitação do recurso, acarretará a revogação do efeito suspensivo."
Art. 3º. Os recursos interpostos antes da vigência desta Lei Complementar poderão ser aditados para o fim a que se refere o *caput* do art. 26-C da Lei Complementar nº 64, de 18 de maio de 1990, introduzido por esta Lei Complementar.
Art. 4º. Revoga-se o inciso XV do art. 22 da Lei Complementar nº 64, de 18 de maio de 1990.
Art. 5º. Esta Lei Complementar entra em vigor na data da sua publicação.

Brasília, 4 de junho de 2010; 189º da Independência e 122º da República.
Luiz Inácio Lula da Silva
Luiz Paulo Teles Ferreira Barreto
Luís Inácio Lucena Adams

Lei Nº 4.717, de 29 de junho de 1965*

Regula a ação popular.

O PRESIDENTE DA REPÚBLICA Faço saber que o Congresso Nacional decreta e eu sanciono a seguinte Lei:
(..)
Art. 11. A sentença que, julgando procedente a ação popular, decretar a invalidade do ato impugnado, condenará ao pagamento de perdas e danos os responsáveis pela sua prática e os beneficiários dele, ressalvada a ação regressiva contra os funcionários causadores de dano, quando incorrerem em culpa.
(..)

Brasília, 29 de junho de 1965

Lei Nº 6.001, de 19 de dezembro de 1973

Dispõe sobre o Estatuto do Índio.

O PRESIDENTE DA REPÚBLICA, faço saber que o Congresso Nacional decreta e eu sanciono a seguinte Lei:

TÍTULO I
DOS PRINCÍPIOS E DEFINIÇÕES

Art. 1º. Esta Lei regula a situação jurídica dos índios ou silvícolas e das comunidades indígenas, com o propósito de preservar a sua cultura e integrá-los, progressiva e harmoniosamente, à comunhão nacional.
Parágrafo único. Aos índios e às comunidades indígenas se estende a proteção das leis do País, nos mesmos termos em que se aplicam aos demais brasileiros, resguardados os usos, costumes e tradições indígenas, bem como as condições peculiares reconhecidas nesta Lei.
Art. 2º. Cumpre à União, aos Estados e aos Municípios, bem como aos órgãos das respectivas administrações indiretas, nos limites de sua competência, para a proteção das comunidades indígenas e a preservação dos seus direitos:
I. estender aos índios os benefícios da legislação comum, sempre que possível a sua aplicação;
II. prestar assistência aos índios e às comunidades indígenas ainda não integrados à comunhão nacional;
III. respeitar, ao proporcionar aos índios meios para o seu desenvolvimento, as peculiaridades inerentes à sua condição;
IV. assegurar aos índios a possibilidade de livre escolha dos seus meios de vida e subsistência;
V. garantir aos índios a permanência voluntária no seu habitat, proporcionando-lhes ali recursos para seu desenvolvimento e progresso;

Art. 2º

VI. respeitar, no processo de integração do índio à comunhão nacional, a coesão das comunidades indígenas, os seus valores culturais, tradições, usos e costumes;

VII. executar, sempre que possível mediante a colaboração dos índios, os programas e projetos tendentes a beneficiar as comunidades indígenas;

VIII. utilizar a cooperação, o espírito de iniciativa e as qualidades pessoais do índio, tendo em vista a melhoria de suas condições de vida e a sua integração no processo de desenvolvimento;

IX. garantir aos índios e comunidades indígenas, nos termos da Constituição, a posse permanente das terras que habitam, reconhecendo-lhes o direito ao usufruto exclusivo das riquezas naturais e de todas as utilidades naquelas terras existentes;

X. garantir aos índios o pleno exercício dos direitos civis e políticos que em face da legislação lhes couberem.

Parágrafo único. (Vetado).

Art. 3º. Para os efeitos de lei, ficam estabelecidas as definições a seguir discriminadas:

I – Índio ou Silvícola – É todo indivíduo de origem e ascendência pré-colombiana que se identifica e é identificado como pertencente a um grupo étnico cujas características culturais o distinguem da sociedade nacional;

II – Comunidade Indígena ou Grupo Tribal – É um conjunto de famílias ou comunidades índias, quer vivendo em estado de completo isolamento em relação aos outros setores da comunhão nacional, quer em contatos intermitentes ou permanentes, sem contudo estarem neles integrados.

Art 4º. Os índios são considerados:

I. Isolados – Quando vivem em grupos desconhecidos ou de que se possuem poucos e vagos informes através de contatos eventuais com elementos da comunhão nacional;

II. Em vias de integração – Quando, em contato intermitente ou permanente com grupos estranhos, conservam menor ou maior parte das condições de sua vida nativa, mas aceitam algumas práticas e modos de existência comuns aos demais setores da comunhão nacional, da qual vão necessitando cada vez mais para o próprio sustento;

III. Integrados – Quando incorporados à comunhão nacional e reconhecidos no pleno exercício dos direitos civis, ainda que conservem usos, costumes e tradições característicos da sua cultura.

TÍTULO II
DOS DIREITOS CIVIS E POLÍTICOS

CAPÍTULO I
DOS PRINCÍPIOS

Art. 5º. Aplicam-se aos índios ou silvícolas as normas dos arts. 145 e 146, da Constituição Federal, relativas à nacionalidade e à cidadania.

» *CRFB de 1967/Emenda de 1969.*

Parágrafo único. O exercício dos direitos civis e políticos pelo índio depende da verificação das condições especiais estabelecidas nesta Lei e na legislação pertinente.

LEI Nº 6.091,
DE 15 DE AGOSTO DE 1974

Dispõe sobre o fornecimento gratuito de transporte, em dias de eleição, a eleitores residentes nas zonas rurais, e dá outras providências.

O PRESIDENTE DA REPÚBLICA, Faço saber que o Congresso Nacional decreta e eu sanciono a seguinte Lei:

Art. 1º. Os veículos e embarcações, devidamente abastecidos e tripulados, pertencentes à União, Estados, Territórios e Municípios e suas respectivas autarquias e sociedades de economia mista, excluídos os de uso militar, ficarão à disposição da Justiça Eleitoral para o transporte gratuito de eleitores em zonas rurais, em dias de eleição.

§ 1º Excetuam-se do disposto neste artigo os veículos e embarcações em número justificadamente indispensável ao funcionamento de serviço público insusceptível de interrupção.

§ 2º Até 15 (quinze) dias antes das eleições, a Justiça Eleitoral requisitará dos órgãos da administração direta ou indireta da União, dos Estados, Territórios, Distrito Federal e Municípios os funcionários e as instalações de que necessitar para possibilitar a execução dos serviços de transporte e alimentação de eleitores previstos nesta Lei.

Art. 2º. Se a utilização de veículos pertencentes às entidades previstas no art. 1º não for suficiente para atender ao disposto nesta Lei, a Justiça Eleitoral requisitará veículos e embarcações a particulares, de preferência os de aluguel.

Parágrafo único. Os serviços requisitados serão pagos, até 30 (trinta) dias depois do pleito, a preços que correspondam aos critérios da localidade. A despesa correrá por conta do Fundo Partidário.

Art. 3º Até 50 (cinquenta) dias antes da data do pleito, os responsáveis por todas as repartições, órgãos e unidades do serviço público federal, estadual e municipal oficiarão à Justiça Eleitoral, informando o número, a espécie e lotação dos veículos e embarcações de sua propriedade, e justificando, se for o caso, a ocorrência da exceção prevista no § 1º do art. 1º desta Lei.

§ 1º Os veículos e embarcações à disposição da Justiça Eleitoral deverão, mediante comunicação expressa de seus proprietários, estar em condições de ser utilizados, pelo menos, 24 (vinte e quatro) horas antes das eleições e circularão exibindo de modo bem visível, dístico em letras garrafais, com a frase: "A serviço da Justiça Eleitoral".

§ 2º A Justiça Eleitoral, à vista das informações recebidas, planejará a execução do serviço de transporte de eleitores e requisitará aos responsáveis pelas repartições, órgãos ou unidades, até 30 (trinta) dias antes do pleito, os veículos e embarcações necessários.

Art. 4º. 15 (quinze) dias antes do pleito, a Justiça Eleitoral divulgará, pelo órgão competente, o quadro geral de percursos e horários programados para o transporte de eleitores, dele fornecendo cópias aos partidos políticos.

§ 1º O transporte de eleitores somente será feito dentro dos limites territoriais do respectivo município e quando das zonas rurais para as mesas receptoras distar pelo menos 2 (dois) quilômetros.

§ 2º Os partidos políticos, os candidatos, ou eleitores em número de 20 (vinte), pelo menos, poderão oferecer reclamações em 3 (três) dias contados da divulgação do quadro.

§ 3º As reclamações serão apreciadas nos 3 (três) dias subsequentes, delas cabendo recurso sem efeito suspensivo.

§ 4º Decididas as reclamações, a Justiça Eleitoral divulgará, pelos meios disponíveis, o quadro definitivo.

Art. 5º. Nenhum veículo ou embarcação poderá fazer transporte de eleitores desde o dia anterior até o posterior à eleição, salvo:

I. a serviço da Justiça Eleitoral;

II. coletivos de linhas regulares e não fretados;

III. de uso individual do proprietário, para o exercício do próprio voto e dos membros da sua família;

IV. o serviço normal, sem finalidade eleitoral, de veículos de aluguel não atingidos pela requisição de que trata o art. 2º.

Art. 6º. A indisponibilidade ou as deficiências do transporte de que trata esta Lei não eximem o eleitor do dever de votar.

Parágrafo único. Verificada a inexistência ou deficiência de embarcações e veículos, poderão os órgãos partidários ou os candidatos indicar à Justiça Eleitoral onde há disponibilidade para que seja feita a competente requisição.

Art. 7º. O eleitor que deixar de votar e não se justificar perante o Juíz Eleitoral até 60 (sessenta) dias após a realização da eleição incorrerá na multa de 3 (três) a 10% (dez por cento) sobre o salário-mínimo da região, imposta pelo Juiz Eleitoral e cobrada na forma prevista no art. 367, da Lei nº 4.737, de 15 de julho de 1965.

Art. 8º. Somente a Justiça Eleitoral poderá, quando imprescindível, em face da absoluta carência de recursos de eleitores da zona rural, fornecer-lhes refeições, correndo, nesta hipótese, as despesas por conta do Fundo Partidário.

Art. 9º. É facultado aos Partidos exercer fiscalização nos locais onde houver transporte e fornecimento de refeições a eleitores.

Art. 10. É vedado aos candidatos ou órgãos partidários, ou a qualquer pessoa, o fornecimento de transporte ou refeições aos eleitores da zona urbana.

Art. 11. Constitui crime eleitoral:

I. descumprir, o responsável por órgão, repartição ou unidade do serviço público, o dever imposto no art. 3º, ou prestar informação inexata que vise a elidir, total ou parcialmente, a contribuição de que ele trata:

Pena: detenção de 15 (quinze) dias a 6 (seis) meses e pagamento de 60 (sessenta) a 100 (cem) dias-multa;

II. desatender à requisição de que trata o art. 2º:

Pena: pagamento de 200 (duzentos) a 300 (trezentos) dias-multa, além da apreensão do veículo para o fim previsto;

III. descumprir a proibição dos arts. 5º, 8º e 10:

Pena: reclusão de 4 (quatro) a 6 (seis) anos e pagamento de 200 (duzentos) a 300 (trezentos) dias-multa (art. 302 do Código Eleitoral);

IV. obstar, por qualquer forma, a prestação dos serviços previstos nos arts. 4º e 8º desta Lei, atribuídos à Justiça Eleitoral:

Pena: reclusão de 2 (dois) a 4 (quatro) anos;

V. utilizar em campanha eleitoral, no decurso dos 90 (noventa) dias que antecedem o pleito, veículos e embarcações pertencentes à União, Estados, Territórios, Municípios e respectivas autarquias e sociedades de economia mista:

Pena: cancelamento do registro do candidato ou de seu diploma, se já houver sido proclamado eleito.

Parágrafo único. O responsável, pela guarda do veículo ou da embarcação, será punido com a pena de detenção, de 15 (quinze) dias a 6 (seis) meses, e pagamento de 60 (sessenta) a 100 (cem) dias-multa.

Art. 12. A propaganda eleitoral, no rádio e na televisão, circunscrever-se-á, única e exclusivamente, ao horário gratuito disciplinado pela Justiça Eleitoral, com a expressa proibição de qualquer propaganda paga.

Parágrafo único. Será permitida apenas a divulgação paga, pela imprensa escrita, do *curriculum vitae* do candidato e do número do seu registro na Justiça Eleitoral, bem como do partido a que pertence.

Art. 13. São vedados e considerados nulos de pleno direito, não gerando obrigação de espécie alguma para a pessoa jurídica interessada, nem qualquer direito para o beneficiário, os atos que, no período compreendido entre os 90 (noventa) dias anteriores à data das eleições parlamentares e o término, respectivamente, do mandato do Governador do Estado importem em nomear, contratar, designar, readaptar ou proceder a quaisquer outras formas de provimento de funcionário ou servidor na administração direta e nas autarquias, empresas públicas e sociedades de economia mista dos Estados e Municípios, salvo os cargos em comissão, e da magistratura, do Ministério Público e, com aprovação do respectivo Órgão Legislativo, dos Tribunais de Contas e os aprovados em concursos públicos homologados até a data da publicação desta Lei.

§ 1º Excetuam-se do disposto no artigo:

I. nomeação ou contratação necessárias à instalação inadiável de serviços públicos essenciais, com prévia e expressa autorização do Governador ou Prefeito;

II. nomeação ou contratação de técnico indispensável ao funcionamento do serviço público essencial.

§ 2º O ato com a devida fundamentação será publicado no respectivo órgão oficial.

Art. 14. A Justiça Eleitoral instalará, 30 (trinta) dias antes do pleito, na sede de cada Município, Comissão Especial de Transporte e Alimentação, composta de pessoas indicadas pelos Diretórios Regionais dos Partidos Políticos Nacionais, com a finalidade de colaborar na execução desta Lei.

§ 1º Para compor a Comissão, cada Partido indicará 3 (três) pessoas, que não disputem cargo eletivo.

§ 2º É facultado a candidato, em Município de sua notória influência política, indicar ao Diretório do seu Partido, pessoa de sua confiança para integrar a Comissão.

Art. 15. Os Diretórios Regionais, até 40 (quarenta) dias antes do pleito, farão as indicações de que trata o art. 14 desta Lei.

Art. 16. O eleitor que deixar de votar por se encontrar ausente de seu domicílio eleitoral deverá justificar a falta, no prazo de 60 (sessenta) dias, por meio de requerimento dirigido ao Juiz Eleitoral de sua zona de inscrição, que mandará anotar o fato, na respectiva folha individual de votação.

Art. 16

§ 1º O requerimento, em duas vias, será levado, em sobrecarta aberta, a agência postal, que, depois de dar andamento à 1ª via, aplicará carimbo de recepção na 2ª, devolvendo-a ao interessado, valendo esta como prova para todos os efeitos legais.

§ 2º Estando no exterior, no dia em que se realizarem eleições, o eleitor terá o prazo de 30 (trinta) dias, a contar de sua volta ao País, para a justificação.

Arts. 17 a 25. *(Revogados pela Lei nº 7.493/86)*

Art. 26. O Poder Executivo é autorizado a abrir o crédito especial de CR$ 20.000.000,00 (vinte milhões de cruzeiros) destinado ao Fundo Partidário, para atender às despesas decorrentes da aplicação desta Lei na eleição de 15 de novembro de 1974.

Parágrafo único. A abertura do crédito autorizado neste artigo será compensada mediante a anulação de dotações constantes no Orçamento para o corrente exercício, de que trata a Lei nº 5.964, de 10 de dezembro de 1973.

Art. 27. Sem prejuízo do disposto no inciso XVII do art. 30 do Código Eleitoral (Lei nº 4.737, de 15 de julho de 1965), o Tribunal Superior Eleitoral, expedirá, dentro de 15 (quinze) dias da data da publicação desta Lei, as instruções necessárias à sua execução.

Art. 28. Esta Lei entra em vigor na data de sua publicação, revogadas as disposições em contrário.

Brasília, 15 de agosto de 1974

LEI Nº 6.236, DE 18 DE SETEMBRO DE 1975

> Determina providências para cumprimento da obrigatoriedade do alistamento eleitoral.

O PRESIDENTE DA REPÚBLICA, Faço saber que o Congresso Nacional decreta e eu sanciono a seguinte Lei:

Art. 1º. A matrícula, em qualquer estabelecimento de ensino, público ou privado, de maior de dezoito anos alfabetizado, só será concedida ou renovada mediante a apresentação do título de eleitor do interessado.

§ 1º O diretor, professor ou responsável por curso de alfabetização de adolescentes e adultos encaminhará o aluno que o concluir ao competente juiz eleitoral, para obtenção do título de eleitor.

§ 2º A inobservância do disposto no parágrafo anterior sujeitará os responsáveis às penas previstas no art. 9º do Código Eleitoral.

Art. 2º. Os eleitores do Distrito Federal, enquanto não se estabelecer o seu direito de voto, ficam dispensados de todas as exigências legais a que se sujeitam os portadores de títulos eleitorais.

Art. 3º. Os serviços de rádio, televisão e cinema educativos, participantes do Plano de Alfabetização Funcional e Educação Continuada de Adolescentes e Adultos, encarecerão em seus programas as vantagens atribuídas ao cidadão eleitor, no pleno gozo de seus direitos civis e políticos, e informarão da obrigatoriedade do alistamento e do voto, para os brasileiros de ambos os sexos.

Art. 4º. Esta Lei entrará em vigor na data de sua publicação, revogadas as disposições em contrário.

Brasília, 18 de setembro de 1975

Ernesto Geisel

LEI Nº 6.815, DE 19 DE AGOSTO DE 1980*

> Define a situação jurídica do estrangeiro no Brasil, cria o Conselho Nacional de Imigração.

O PRESIDENTE DA REPÚBLICA, Faço saber que o Congresso Nacional decreta e eu sanciono a seguinte Lei:

Art. 1º. Em tempo de paz, qualquer estrangeiro poderá, satisfeitas as condições desta Lei, entrar e permanecer no Brasil e dele sair, resguardados os interesses nacionais.

(..)

TÍTULO X
DOS DIREITOS E DEVERES DO ESTRANGEIRO

(..)

Art. 107. O estrangeiro admitido no território nacional não pode exercer atividade de natureza política, nem se imiscuir, direta ou indiretamente, nos negócios públicos do Brasil, sendo-lhe especialmente vedado: *(Artigo renumerado pela Lei nº 6.964/81)*

» CE, art. 337.

I. organizar, criar ou manter sociedade ou quaisquer entidades de caráter político, ainda que tenham por fim apenas a propaganda ou a difusão, exclusivamente entre compatriotas, de ideias, programas ou normas de ação de partidos políticos do país de origem;

II. exercer ação individual, junto a compatriotas ou não, no sentido de obter, mediante coação ou constrangimento de qualquer natureza, adesão a ideias, programas ou normas de ação de partidos ou facções políticas de qualquer país;

III. organizar desfiles, passeatas, comícios e reuniões de qualquer natureza, ou deles participar, com os fins a que se referem os itens I e II deste artigo.

Parágrafo único. O disposto no *caput* deste artigo não se aplica ao português beneficiário do Estatuto da Igualdade ao qual tiver sido reconhecido o gozo de direitos políticos.

(..)

Art. 140. Esta Lei entrará em vigor na data de sua publicação.

(..)

Brasília, 19 de agosto de 1980

João Figueiredo

Lei Nº 6.996, de 07 de junho de 1982*

> *Dispõe sobre a utilização de processamento eletrônico de dados nos serviços eleitorais e dá outras providências.*

O PRESIDENTE DA REPÚBLICA, Faço saber que o Congresso Nacional decreta e eu sanciono a seguinte Lei:

Art. 1º. Os Tribunais Regionais Eleitorais, nos Estados em que for autorizado pelo Tribunal Superior Eleitoral, poderão utilizar processamento eletrônico de dados nos serviços eleitorais, na forma prevista nesta Lei.

§ 1º A autorização do Tribunal Superior Eleitoral será solicitada pelo Tribunal Regional Eleitoral interessado, que, previamente, ouvirá os Partidos Políticos.

§ 2º O pedido de autorização poderá referir-se ao alistamento eleitoral, à votação e à apuração, ou a apenas uma dessas fases, em todo o Estado, em determinadas Zonas Eleitorais ou em parte destas.

Art. 2º. Concedida a autorização, o Tribunal Regional Eleitoral, em conformidade com as condições e peculiaridades locais, executará os serviços de processamento eletrônico de dados diretamente ou mediante convênio ou contrato.

§ 1º Os serviços de que trata este artigo deverão ser executados de acordo com definições e especificações fixadas pelo Tribunal Superior Eleitoral.

§ 2º *(Revogado pela Lei nº 7.444/85)*

Art. 3º. Ao setor da Secretaria do Tribunal Regional Eleitoral responsável pelos serviços de processamento eletrônico de dados compete:

I. preencher as fórmulas dos títulos e documentos eleitorais;

II. confeccionar relações de eleitores destinadas aos Cartórios Eleitorais e aos Partidos Políticos;

III. manter atualizado o cadastro geral de eleitores do Estado;

IV. manter atualizado o cadastro de filiação partidária, expedindo relações destinadas aos Partidos Políticos e à Justiça Eleitoral;

V. expedir comunicações padronizadas e previamente programadas nos processos de alistamento, transferência ou cancelamento de inscrições;

VI. contar votos, ou totalizar resultados já apurados, expedindo relações ou boletins destinados à Justiça Eleitoral e aos Partidos Políticos;

VII. calcular quociente eleitoral, quociente partidário e distribuição de sobras, indicando os eleitos;

VIII. preencher diplomas e expedir relações com os resultados finais de cada pleito, destinados à Justiça Eleitoral e aos Partidos Políticos;

IX. executar outras tarefas que lhe forem atribuídas por instruções do Tribunal Superior Eleitoral.

Art. 4º. O alistamento se faz mediante a inscrição do eleitor.

Parágrafo único. Para efeito de inscrição, domicílio eleitoral é o lugar de residência ou moradia do requerente, e, verificado ter o alistando mais de uma, considerar-se-á domicílio qualquer delas.

Art. 5º. O alistando apresentará em cartório, ou em local previamente designado, requerimento em formulário que obedecerá a modelo aprovado pelo Tribunal Superior Eleitoral.

Parágrafo único. O escrivão, o funcionário ou o preparador, recebendo o formulário e documentos, determinará que o alistando date e assine o requerimento, e, ato contínuo, atestará terem sido a data e a assinatura lançadas na sua presença.

Art. 6º. O pedido de inscrição do eleitor será instruído com um dos seguintes documentos:

I. carteira de identidade;

II. certificado de quitação de serviço militar;

III. carteira emitida pelos órgãos criados por lei federal, controladores do exercício profissional;

IV. certidão de idade extraída do Registro Civil;

V. instrumento público do qual se infira, por direito, ter o requerente idade superior a 18 (dezoito) anos e do qual conste, também, os demais elementos necessários à sua qualificação;

VI. documento do qual se infira a nacionalidade brasileira, originária ou adquirida, do requerente.

§ 1º A restituição de qualquer documento não poderá ser feita antes de despachado o requerimento pelo Juiz Eleitoral.

§ 2º Sempre que, com o documento, for apresentada cópia, o original será devolvido no ato, feita a autenticação pelo próprio funcionário do Cartório Eleitoral, mediante aposição de sua assinatura no verso da cópia.

§ 3º O documento poderá ser apresentado em cópia autenticada por tabelião, dispensando-se, nessa hipótese, nova conferência com o documento original.

Art. 7º. Despachado o requerimento de inscrição pelo Juiz Eleitoral, o setor da Secretaria do Tribunal Regional Eleitoral responsável pelos serviços de processamento eletrônico de dados enviará ao Cartório Eleitoral, que as fornecerá aos Partidos Políticos, relações dos eleitores inscritos originariamente ou por transferência, com os respectivos endereços, assim como dos pedidos indeferidos ou convertidos em diligência.

§ 1º Do despacho que indeferir o requerimento de inscrição, caberá recurso interposto pelo alistando no prazo de 5 (cinco) dias e, do que o deferir, poderá recorrer qualquer delegado de Partido Político no prazo de 10 (dez) dias.

§ 2º As relações a que se refere o *caput* deste artigo serão fornecidas aos Partidos Políticos nos dias 1º (primeiro) e 15 (quinze) de cada mês, ou no 1º (primeiro) dia útil seguinte, datas em que começarão a correr os prazos mencionados no parágrafo anterior, ainda que tenham sido exibidas ao alistando antes dessas datas e mesmo que os Partidos não as retirem.

Art. 8º. A transferência do eleitor só será admitida se satisfeitas as seguintes exigências:

I. entrada do requerimento no Cartório Eleitoral do novo domicílio até 100 (cem) dias antes da data da eleição;

II. transcurso de, pelo menos, 1 (um) ano da inscrição anterior;

III. residência mínima de 3 (três) meses no novo domicílio, declarada, sob as penas da lei, pelo próprio eleitor.

Parágrafo único. O disposto nos incisos II e III deste artigo não se aplica à transferência de título eleitoral de servidor público civil, militar, autárquico, ou de membro de sua família, por motivo de remoção ou transferência.

Art. 9º

Art. 9º. Nas Zonas Eleitorais em que o alistamento se fizer pelo processamento eletrônico de dados, será cancelada a inscrição do eleitor que não votar e não pagar a multa ou se justificar no prazo de 6 (seis) meses, a contar da data de eleição.

Parágrafo único. Sem prova de que votou na última eleição, pagou a respectiva multa ou de que se justificou devidamente, não poderá o eleitor:

I. ser investido ou ser empossado em cargo ou função pública;

II. receber vencimentos, remuneração, salário ou proventos de função ou emprego público, autárquico, paraestatal, bem como em empresas públicas ou fundações mantidas ou instituídas pelo Poder Público, correspondentes ao 2º (segundo) mês subsequente ao da eleição;

III. firmar, como pessoa física, quaisquer contratos de prestação de serviços perante Órgãos ou entidades da União, dos Estados, dos Territórios ou dos Municípios;

IV. obter passaporte.

Art. 10. Na votação poderá ser utilizada cédula de acordo com modelo aprovado pelo Tribunal Superior Eleitoral.

Art. 11. O Tribunal Superior Eleitoral estabelecerá o número de eleitores das seções eleitorais em função do número de cabinas nelas existentes.

Parágrafo único. Cada seção eleitoral terá, no mínimo, duas cabinas.

Art. 12. Nas seções das Zonas Eleitorais em que o alistamento se fizer pelo processamento eletrônico de dados, as folhas individuais de votação serão substituídas por listas de eleitores, emitidas por computador, das quais constarão, além do nome do eleitor, os dados de qualificação indicados pelo Tribunal Superior Eleitoral.

§ 1º Somente poderão votar fora da respectiva seção os mesários, os candidatos e os fiscais ou delegados de Partidos Políticos, desde que eleitores do Município e de posse do título eleitoral.

§ 2º Ainda que não esteja de posse do seu título, o eleitor será admitido a votar desde que seja inscrito na seção, conste da lista dos eleitores e exiba documento que comprove sua identidade.

§ 3º Os votos dos eleitores mencionados nos parágrafos anteriores não serão tomados em separado.

§ 4º O voto em separado será recolhido em invólucro especial e somente será admitido quando houver dúvida quanto à identidade ou inscrição do eleitor, ou quando da lista não constar nome de eleitor que apresentar título correspondente à seção.

§ 5º A validade dos votos tomados em separado, das seções de um mesmo Município, será examinada em conjunto pela Junta Apuradora, independentemente da apuração dos votos contidos nas urnas.

Art. 13. O Tribunal Superior Eleitoral poderá autorizar a criação de Juntas Apuradoras Regionais, nos termos das instruções que baixar.

Art. 14. A apuração poderá ser iniciada a partir do recebimento da primeira urna, prolongando-se pelo tempo necessário, observado o prazo máximo de 10 (dez) dias.

Parágrafo único. Ultrapassada a fase de abertura da urna, as cédulas programadas para a apuração através da computação serão eletronicamente processadas, caso em que os Partidos poderão manter fiscais nos locais destinados a esse fim.

Art. 15. Incorrerá nas penas do art. 315 do Código Eleitoral quem, no processamento eletrônico das cédulas, alterar resultados, qualquer que seja o método utilizado.

Art. 16. *(Revogado pela Lei nº 9.096/95)*

Art. 17. Os arts. 6º e 8º e o parágrafo único do art. 9º desta Lei também serão aplicados nas Zonas Eleitorais em que o alistamento continuar a ser efetuado na forma prevista no Código Eleitoral.

Art. 18. O Tribunal Superior Eleitoral expedirá as instruções que se fizerem necessárias para o cumprimento desta Lei, inclusive divulgando entre os Partidos Políticos, os Juízes e os Cartórios Eleitorais manuais de procedimentos detalhando a nova sistemática.

Art. 19. Esta Lei entra em vigor na data de sua publicação.

Art. 20. Revogam-se as disposições em contrário.

Brasília, em 7 de junho de 1982
João Figueiredo

LEI Nº 6.999, DE 07 DE JUNHO DE 1982

Dispõe sobre a requisição de servidores públicos pela Justiça Eleitoral e dá outras providências.

O PRESIDENTE DA REPÚBLICA, Faço saber que o Congresso Nacional decreta e eu sanciono a seguinte Lei:

Art. 1º. O afastamento de servidores públicos da União, dos Estados, do Distrito Federal, dos Territórios, dos Municípios e das autarquias, para prestar serviços à Justiça Eleitoral, dar-se-á na forma estabelecias por esta Lei.

Art. 2º. As requisições para os Cartórios Eleitorais deverão recair em servidor lotado na área de jurisdição do respectivo Juízo Eleitoral, salvo em casos especiais, a critério do Tribunal Superior Eleitoral.

§ 1º As requisições serão feitas pelo prazo de 1 (um) ano, prorrogável, e não excederão a 1 (um) servidor por 10.000 (dez mil) ou fração superior a 5.000 (cinco mil) eleitores inscritos na Zona Eleitoral.

§ 2º Independentemente da proporção prevista no, parágrafo anterior, admitir-se-á a requisição de 1 (um) servidor.

Art. 3º. No caso de acúmulo ocasional de serviço na Zona Eleitoral e observado o disposto no art. 2º e seus parágrafos desta Lei, poderão ser requisitados outros servidores pelo prazo máximo e improrrogável de 6 (seis) meses.

§ 1º Os limites estabelecidos nos parágrafos do artigo anterior só poderão ser excedidos em casos excepcionais, a juízo do Tribunal Superior Eleitoral.

§ 2º Esgotado o prazo de 6 (seis) meses, o servidor será desligado automaticamente da Justiça Eleitoral, retomando a sua repartição de origem.

§ 3º Na hipótese prevista neste artigo, somente após decorrido 1 (um) ano poderá haver nova requisição do mesmo servidor.

Art. 4º. Exceto no caso de nomeação para cargo em comissão, as requisições para as Secretarias dos Tribunais Eleitorais, serão feitas por prazo certo, não excedente de 1 (um) ano.

Parágrafo único. Esgotado o prazo fixado neste artigo, proceder-se-á na forma dos §§ 2º e 3º do artigo anterior.

Art. 5º. Os servidores atualmente requisitados para as Secretarias dos Tribunais Eleitorais poderão ter suas requisições renovadas anualmente.

Art. 6º. Os servidores atualmente requisitados para os Cartórios Eleitorais, em número excedente ao fixado nos limites estabelecidos no art. 2º desta Lei, deverão ser desligados pelos respectivos Tribunais, no prazo de 30 (trinta) dias a contar da data da publicação desta Lei, retornando as suas repartições de origem.

Art. 7º. Ressalvada a hipótese do artigo anterior, os prazos de requisição dos servidores atualmente a disposição da Justiça Eleitoral consideram-se iniciados na data da entrada em vigor desta Lei.

Art. 8º. Salvo na hipótese de nomeação para cargo em comissão, não serão requisitados ocupantes de cargos isolados, de cargos ou empregos técnicos ou científicos, e de quaisquer cargos ou empregos do magistério federal, estadual ou municipal.

Art. 9º. O servidor requisitado para o serviço eleitoral conservará os direitos e vantagens inerentes ao exercício de seu cargo ou emprego.

Art. 10. *(Vetado)*

Art. 11. Esta Lei entra em vigor na data de sua publicação.

Art. 12. Revogam-se as Leis nºs 6.678, de 14 de agosto de 1979, e 6.862, de 26 de novembro de 1980, e as demais disposições em contrário.

Brasília, em 07 de junho de 1982
João Figueiredo

Lei Nº 7.115, de 29 de agosto de 1983

Dispõe sobre prova documental nos casos que indica e dá outras providências.

O PRESIDENTE DA REPÚBLICA, Faço saber que o Congresso Nacional decreta e eu sanciono a seguinte Lei:

Art. 1º. A declaração destinada a fazer prova de vida, residência, pobreza, dependência econômica, homonímia ou bons antecedentes, quando firmada pelo próprio interesse ou por procurador bastante, e sob as penas da Lei, presume-se verdadeira.

Parágrafo único. O dispositivo neste artigo não se aplica para fins de prova em processo penal.

Art. 2º. Se comprovadamente falsa a declaração, sujeitar-se-á o declarante às sanções civis, administrativas e criminais previstas na legislação aplicável.

Art. 3º. A declaração mencionará expressamente a responsabilidade do declarante.

Art. 4º. Esta Lei entra em vigor na data de sua publicação.

Art. 5º. Revogam-se as disposições em contrário.

Brasília, em 29 de agosto de 1983
João Figueiredo

Lei Nº 7.170, de 14 de dezembro de 1983

Define os crimes contra a segurança nacional, a ordem política e social, estabelece seu processo e julgamento e dá outras providências.

(..)

Art. 2º. Quando o fato estiver também previsto como crime no Código Penal, no Código Penal Militar ou em leis especiais, levar-se-ão em conta, para a aplicação desta Lei:

I. a motivação e os objetivos do agente;

II. a lesão real ou potencial aos bens jurídicos mencionados no artigo anterior.

(..)

Art. 16. Integrar ou manter associação, partido, comitê, entidade de classe ou grupamento que tenha por objetivo a mudança do regime vigente ou do Estado de Direito, por meios violentos ou com o emprego de grave ameaça.

Pena: reclusão, de 1 a 5 anos.

(..)

Art. 20. Devastar, saquear, extorquir, roubar, sequestrar, manter em cárcere privado, incendiar, depredar, provocar explosão, praticar atentado pessoal ou atos de terrorismo, por inconformismo político ou para obtenção de fundos destinados à manutenção de organizações políticas clandestinas ou subversivas.

Pena: reclusão, de 3 a 10 anos.

Parágrafo único. Se do fato resulta lesão corporal grave, a pena aumenta-se até o dobro; se resulta morte, aumenta-se até o triplo.

(..)

Art. 25. Fazer funcionar, de fato, ainda que sob falso nome ou forma simulada, partido político ou associação dissolvidos por força de disposição legal ou de decisão judicial.

Pena: reclusão, de 1 a 5 anos.

LEI Nº 7.444, DE 20 DE DEZEMBRO DE 1985

Dispõe sobre a implantação do processamento eletrônico de dados no alistamento eleitoral e a revisão do eleitorado e dá outras providências.

O PRESIDENTE DA REPÚBLICA, Faço saber que o Congresso Nacional decreta e eu sanciono a seguinte Lei:

Art. 1º. O alistamento eleitoral será feito mediante processamento eletrônico de dados.

Parágrafo único. Em cada Zona Eleitoral, enquanto não for implantada o processamento eletrônico de dados, o alistamento continuará a ser efetuado na forma da legislação em vigor na data desta Lei.

Art. 2º. Ao adotar o sistema de que trata o artigo anterior, a Justiça Eleitoral procederá, em cada Zona, à revisão dos eleitores inscritos, bem como à conferência e à atualização dos respectivos registros, que constituirão, a seguir, cadastros mantidos em computador.

Art. 3º. A revisão do eleitorado prevista no art. 2º desta Lei far-se-á, de conformidade com instruções baixadas pelo Tribunal Superior Eleitoral, mediante a apresentação do título eleitoral pelos eleitores inscritos na Zona e preenchimento do formulário adotado para o alistamento de que trata o art. 1º.

§ 1º A revisão do eleitorado, que poderá realizar-se, simultaneamente, em mais de uma Zona ou em várias Circunscrições, será procedida, sempre, de ampla divulgação, processando-se em prazo marcado pela Justiça Eleitoral, não inferior a 30 (trinta) dias.

§ 2º Sem prejuízo do disposto no § 1º deste artigo, a Justiça Eleitoral poderá fixar datas especiais e designar previamente locais para a apresentação dos eleitores inscritos.

§ 3º Ao proceder-se à revisão, ficam anistiados os débitos dos eleitores inscritos na Zona, em falta para com a Justiça Eleitoral.

§ 4º Em cada Zona, vencido o prazo de que trata o § 1º deste artigo, cancelar-se-ão as inscrições correspondentes aos títulos que não forem apresentados à revisão.

Art. 4º. Para a conferência e atualização dos registros eleitorais a que se refere o art. 2º desta Lei, a Justiça Eleitoral poderá utilizar, também, informações pertinentes, constantes de cadastros de qualquer natureza, mantidos por órgãos federais, estaduais ou municipais.

Parágrafo único. Os órgãos aludidos neste artigo ficam obrigados a fornecer à Justiça Eleitoral, gratuitamente, as informações solicitadas.

Art. 5º. Para o alistamento, na forma do art. 1º desta Lei, o alistando apresentará em Cartório, ou em local previamente designado, requerimento em formulário que obedecerá a modelo aprovado pelo Tribunal Superior Eleitoral.

§ 1º O escrivão, o funcionário ou o preparador, recebendo o formulário e os documentos, datará o requerimento determinará que o alistando nele aponha sua assinatura, ou, se não souber assinar, a impressão digital de seu polegar direito, atestando, a seguir, terem sido a assinatura ou a impressão digital lançadas na sua presença.

§ 2º O requerimento de inscrição será instruído com um dos seguintes documentos:

I. carteira de identidade, expedida por órgão oficial competente;
II. certificado de quitação do serviço militar;
III. carteira emitida pelos órgãos criados por lei federal, controladores do exercício profissional;
IV. certidão de idade, extraída do Registro Civil;
V. instrumento público do qual se infira, por direito, ter o requerente a idade mínima de 18 (dezoito) anos e do qual constem, também, os demais elementos necessários à sua qualificação;
VI. documento do qual se infira a nacionalidade brasileira, originaria ou adquirida, do requerente.

§ 3º Será devolvido o requerimento que não contenha os dados constantes do modelo oficial, na mesma ordem, em caracteres inequívocos.

§ 4º Para o alistamento, na forma deste artigo, é dispensada a apresentação de fotografia do alistando.

Art. 6º. Implantado o sistema previsto no art. 1º desta Lei, o título eleitoral será emitido por computador.

§ 1º O Tribunal Superior Eleitoral aprovará o modelo do título e definirá o procedimento a ser adotado, na Justiça Eleitoral, para sua expedição.

§ 2º Aos eleitores inscritos, em cada Zona, após a revisão e conferência de seu registro, na conformidade do art. 3º e parágrafos desta Lei, será expedido novo título eleitoral, na forma deste artigo.

Art. 7º. A Justiça Eleitoral executará os serviços previstos nesta Lei, atendidas as condições e peculiaridades locais, diretamente ou mediante convênio ou contrato.

Parágrafo único. Os convênios ou contratos de que cuida este artigo somente poderão ser ajustados com entidades da Administração Direta ou Indireta da União, dos Estados, do Distrito Federal ou dos Municípios, ou com empresas cujo capital seja exclusivamente nacional.

Art. 8º. Para a implantação do alistamento mediante processamento de dados e revisão do eleitorado nos termos desta lei, a Justiça Eleitoral poderá requisitar servidores federais, estaduais ou municipais, bem como utilizar instalações e serviços de órgãos da União, dos Estados, do Distrito Federal, dos Territórios e Municípios.

Art. 9º. O Tribunal Superior Eleitoral baixará as instruções necessárias à execução desta Lei, especialmente, para definir:

I. a administração e a utilização dos cadastros eleitorais em computador, exclusivamente, pela Justiça Eleitoral;
II. a forma de solicitação e de utilização de informações constantes de cadastros mantidos por órgãos federais, estaduais ou municipais, visando resguardar sua privacidade;
III. as condições gerais para a execução direta ou mediante convênio ou contrato, dos serviços de alistamento, revisão do eleitorado, conferência e atualização dos registros eleitorais, inclusive de coleta de informações e transporte de documentos eleitorais, quando necessário, das Zonas Eleitorais até os Centros de Processamento de Dados;
IV. o acompanhamento e a fiscalização pelos partido políticos, da execução dos serviços de que trata este Lei;
V. a programação e o calendário de execução dos serviços;

VI. a forma de divulgação do alistamento eleitoral e da revisão do eleitorado, em cada Zona e Circunscrição, atendidas as peculiaridades locais;

VII. qualquer outra especificação necessária à execução dos serviços de que trata esta Lei.

Art. 10. Fica o Poder Executivo autorizado a abrir, para a Justiça Eleitoral, à disposição do Tribunal Superior Eleitoral, o crédito especial de CR$ 600.000.000.000 (seiscentos bilhões de cruzeiros), destinado a atender às despesas decorrentes desta Lei.

Art. 11. Esta Lei entra em vigor na data de sua publicação.

Art. 12. Revogam-se as disposições em contrário, especialmente o § 2º do art. 2º da Lei nº 6.996, de 07 de junho de 1932.

Brasília, em 20 de dezembro de 1985
José Sarney

Lei Nº 8.054, de 21 de junho de 1990

> Prorroga o prazo de vencimento do registro de partidos com representação parlamentar, federal ou estadual.

O PRESIDENTE DA REPÚBLICA, Faço saber que o Congresso Nacional decreta e eu sanciono a seguinte lei:

Art. 1º. O partido com representação parlamentar, federal ou estadual, terá prorrogado por 12 (doze) meses o prazo previsto no art. 12 da Lei nº 5.682, de 21 de julho de 1971, modificado pelo art. 1º da Lei nº 6.767, de 20 de dezembro de 1979, quando seu vencimento se der em ano eleitoral até 90 (noventa) dias antes da realização das eleições, revalidando-se os efeitos dos atos preliminares praticados.

Art. 2º. Esta lei entra em vigor na data de sua publicação.

Art. 3º. Revogam-se as disposições em contrário.
Brasília, 21 de junho de 1990
Fernando Collor

Lei Nº 8.112, de 11 de dezembro de 1990*

> Dispõe sobre o Regime Jurídico dos Servidores Públicos Civis da União, das autarquias e das fundações públicas federais.

(..)

TÍTULO III
DOS DIREITOS E VANTAGENS

(..)

CAPÍTULO IV
DAS LICENÇAS

(..)

Seção V
Da licença para atividade política

Art. 86. O servidor terá direito a licença, sem remuneração, durante o período que mediar entre a sua escolha em convenção partidária, como candidato a cargo eletivo, e a véspera do registro de sua candidatura perante a Justiça Eleitoral.

§ 1º O servidor candidato a cargo eletivo na localidade onde desempenha suas funções e que exerça cargo de direção, chefia, assessoramento, arrecadação ou fiscalização, dele será afastado, a partir do dia imediato ao do registro de sua candidatura perante a Justiça Eleitoral, até o décimo dia seguinte ao do pleito.

§ 2º A partir do registro da candidatura e até o décimo dia seguinte ao da eleição, o servidor fará jus à licença, assegurados os vencimentos do cargo efetivo, somente pelo período de três meses. *(Parágrafos com redação dada pela Lei nº 9.527/97)*

(..)

CAPÍTULO VI
DAS CONCESSÕES

Art. 97. Sem qualquer prejuízo, poderá o servidor ausentar-se do serviço:
(..)
II. por dois dias, para se alistar como eleitor;
(..)

Art. 252. Esta Lei entra em vigor na data de sua publicação, com efeitos financeiros a partir do primeiro dia do mês subsequente.

Art. 253. Ficam revogadas a Lei nº 9.711, de 28 de outubro de 1952, e respectiva legislação complementar, bem como as demais disposições em contrário.

Brasília, 11 de dezembro de 1990
Fernando Henrique Cardoso

Lei Nº 8.239, de 4 de outubro de 1991

> Regulamenta o art. 143, §§ 1ª e 2ª da Constituição Federal, que dispõem sobre a prestação de Serviço Alternativo ao Serviço Militar Obrigatório.

O PRESIDENTE DA REPÚBLICA Faço saber que o Congresso Nacional decreta e eu sanciono a seguinte lei:

Art. 1º. O Serviço Militar consiste no exercício de atividades específicas, desempenhadas nas Forças Armadas – Marinha, Exército e Aeronáutica.

Art. 2º. O Serviço Militar inicial tem por finalidade a formação de reservas destinadas a atender às necessidades de pessoal das Forças Armadas no que se refere aos encargos relacionados com a defesa nacional, em caso de mobilização.

Art. 3º

Art. 3º. O Serviço Militar inicial é obrigatório a todos os brasileiros, nos termos da lei.

§ 1º Ao Estado-Maior das Forças Armadas compete, na forma da lei e em coordenação com os Ministérios Militares, atribuir Serviço Alternativo aos que, em tempo de paz, após alistados, alegarem imperativo de consciência decorrente de crença religiosa ou de convicção filosófica ou política, para se eximirem de atividades de caráter essencialmente militar.

§ 2º Entende-se por Serviço Alternativo o exercício de atividades de caráter administrativo, assistencial, filantrópico ou mesmo produtivo, em substituição às atividades de caráter essencialmente militar.

§ 3º O Serviço Alternativo será prestado em organizações militares da ativa e em órgãos de formação de reservas das Forças Armadas ou em órgãos subordinados aos Ministérios Civis, mediante convênios entre estes e os Ministérios Militares, desde que haja interesse recíproco e, também, sejam atendidas as aptidões do convocado.

§ 4º O Serviço Alternativo incluirá o treinamento para atuação em áreas atingidas por desastre, em situação de emergência e estado de calamidade, executado de forma integrada com o órgão federal responsável pela implantação das ações de proteção e defesa civil. (Incluído pela Lei nº 12.608, de 2012)

§ 5º A União articular-se-á com os Estados e o Distrito Federal para a execução do treinamento a que se refere o § 4º deste artigo. (Incluído pela Lei nº 12.608, de 2012)

Art. 4º. Ao final do período de atividade previsto no § 2º do art. 3º desta lei, será conferido Certificado de Prestação Alternativa ao Serviço Militar Obrigatório, com os mesmos efeitos jurídicos do Certificado de Reservista.

§ 1º A recusa ou cumprimento incompleto do Serviço Alternativo, sob qualquer pretexto, por motivo de responsabilidade pessoal do convocado, implicará o não fornecimento do certificado correspondente, pelo prazo de dois anos após o vencimento do período estabelecido.

§ 2º Findo o prazo previsto no parágrafo anterior, o certificado só será emitido após a decretação, pela autoridade competente, da suspensão dos direitos políticos do inadimplente, que poderá, a qualquer tempo, regularizar sua situação mediante cumprimento das obrigações devidas.

Art. 5º. As mulheres e os eclesiásticos ficam isentos do Serviço Militar Obrigatório em tempo de paz, sujeitos, porém, de acordo com suas aptidões, a encargos do interesse da mobilização.

Art. 6º. O Chefe do Estado-Maior das Forças Armadas baixará, no prazo de cento e oitenta dias após a sanção desta lei, normas complementares a sua execução, da qual será coordenador.

Art. 7º. Esta lei entra em vigor na data de sua publicação.

Art. 8º. Revogam-se as disposições em contrário.

Brasília, 4 de outubro de 1991; 170º da Independência e 103º da República.
Fernando Collor
Mário César Flores
Carlos Tinoco Ribeiro Gomes
Sócrates da Costa Monteiro

Este texto não substitui o publicado no *DOU* de 7/10/1991 e retificado em 6/12/1991

Lei Nº 8.350,
de 28 de dezembro de 1991

> *Dispõe sobre gratificações e representações na Justiça Eleitoral.*

O PRESIDENTE DA REPÚBLICA, Faço saber que o Congresso Nacional decreta e eu sanciono a seguinte lei:

Art. 1º. A gratificação de presença dos membros dos Tribunais Eleitorais, por sessão a que compareçam, até o máximo de oito por mês, passa a ser calculada da seguinte forma:
» *CF, art. 39, § 4º*
» *Lei nº 8.350/91.*

I. Tribunal Superior Eleitoral: três por cento do vencimento básico de Ministro do Supremo Tribunal Federal;

II. Tribunais Regionais Eleitorais: três por cento do vencimento básico de Juiz do Tribunal Regional Federal.

Parágrafo único. No período compreendido entre noventa dias antes e noventa dias depois de eleições gerais na unidade federativa ou em todo o país, é de quinze o máximo de sessões mensais remuneradas.

Art. 2º. A gratificação mensal de Juízes Eleitorais corresponderá a 18% (dezoito por cento) do subsídio de Juiz Federal. *(Caput com redação dada pelo art. 2º da Lei nº 11.143/2005, com vigência a partir de 1º/01/2005)*

Parágrafo único. *(Revogado pelo art. 8º da Lei nº 10.842/2004)*

Art. 3º. O procurador-geral eleitoral e os procuradores regionais eleitorais, observado o limite máximo de sessões por mês, farão jus à gratificação de presença devida aos membros dos tribunais perante os quais oficiarem.
» *Lei nº 8.625/93, arts. 50, VI, "e"*

Art. 5º. Esta lei entra em vigor na data de sua publicação.

Art. 6º. Revogam-se as disposições em contrário, em especial a Lei nº 6.329, de 12 de maio de 1976.

Brasília, 28 de dezembro de 1991; 170º da Independência e 103º da República.
Fernando Collor
Jarbas Passarinho
Publicada no *DOU* de 31/12/91.

Lei Nº 8.429,
de 2 de junho de 1992

> *Dispõe sobre as sanções aplicáveis aos agentes públicos nos casos de enriquecimento ilícito no exercício de mandato, cargo, emprego ou função na administração pública direta, indireta ou fundacional e dá outras providências.*

O PRESIDENTE DA REPÚBLICA, Faço saber que o Congresso Nacional decreta e eu sanciono a seguinte lei:

CAPÍTULO I
DAS DISPOSIÇÕES GERAIS

Art. 1º. Os atos de improbidade praticados por qualquer agente público, servidor ou não, contra a administração direta, indireta ou fundacional de qualquer dos Poderes da União, dos Estados, do Distrito Federal, dos Municípios, de Território, de empresa incorporada ao patrimônio público ou de entidade para cuja criação ou custeio o erário haja concorrido ou concorra com mais de cinquenta por cento do patrimônio ou da receita anual, serão punidos na forma desta lei.

Parágrafo único. Estão também sujeitos às penalidades desta lei os atos de improbidade praticados contra o patrimônio de entidade que receba subvenção, benefício ou incentivo, fiscal ou creditício, de órgão público bem como daquelas para cuja criação ou custeio o erário haja concorrido ou concorra com menos de cinquenta por cento do patrimônio ou da receita anual, limitando-se, nestes casos, a sanção patrimonial à repercussão do ilícito sobre a contribuição dos cofres públicos.

Art. 2º. Reputa-se agente público, para os efeitos desta lei, todo aquele que exerce, ainda que transitoriamente ou sem remuneração, por eleição, nomeação, designação, contratação ou qualquer outra forma de investidura ou vínculo, mandato, cargo, emprego ou função nas entidades mencionadas no artigo anterior.

Art. 3º. As disposições desta lei são aplicáveis, no que couber, àquele que, mesmo não sendo agente público, induza ou concorra para a prática do ato de improbidade ou dele se beneficie sob qualquer forma direta ou indireta.

Art. 4º. Os agentes públicos de qualquer nível ou hierarquia são obrigados a velar pela estrita observância dos princípios de legalidade, impessoalidade, moralidade e publicidade no trato dos assuntos que lhe são afetos.

Art. 5º. Ocorrendo lesão ao patrimônio público por ação ou omissão, dolosa ou culposa, do agente ou de terceiro, dar-se-á o integral ressarcimento do dano.

Art. 6º. No caso de enriquecimento ilícito, perderá o agente público ou terceiro beneficiário os bens ou valores acrescidos ao seu patrimônio.

Art. 7º. Quando o ato de improbidade causar lesão ao patrimônio público ou ensejar enriquecimento ilícito, caberá a autoridade administrativa responsável pelo inquérito representar ao Ministério Público, para a indisponibilidade dos bens do indiciado.

Parágrafo único. A indisponibilidade a que se refere o *caput* deste artigo recairá sobre bens que assegurem o integral ressarcimento do dano, ou sobre o acréscimo patrimonial resultante do enriquecimento ilícito.

Art. 8º. O sucessor daquele que causar lesão ao patrimônio público ou se enriquecer ilicitamente está sujeito às cominações desta lei até o limite do valor da herança.

CAPÍTULO II
DOS ATOS DE IMPROBIDADE ADMINISTRATIVA

Seção I
Dos Atos de Improbidade Administrativa que Importam Enriquecimento Ilícito

Art. 9º. Constitui ato de improbidade administrativa importando enriquecimento ilícito auferir qualquer tipo de vantagem patrimonial indevida em razão do exercício de cargo, mandato, função, emprego ou atividade nas entidades mencionadas no art. 1º desta lei, e notadamente:

I. receber, para si ou para outrem, dinheiro, bem móvel ou imóvel, ou qualquer outra vantagem econômica, direta ou indireta, a título de comissão, percentagem, gratificação ou presente de quem tenha interesse, direto ou indireto, que possa ser atingido ou amparado por ação ou omissão decorrente das atribuições do agente público;

II. perceber vantagem econômica, direta ou indireta, para facilitar a aquisição, permuta ou locação de bem móvel ou imóvel, ou a contratação de serviços pelas entidades referidas no art. 1º por preço superior ao valor de mercado;

III. perceber vantagem econômica, direta ou indireta, para facilitar a alienação, permuta ou locação de bem público ou o fornecimento de serviço por ente estatal por preço inferior ao valor de mercado;

IV. utilizar, em obra ou serviço particular, veículos, máquinas, equipamentos ou material de qualquer natureza, de propriedade ou à disposição de qualquer das entidades mencionadas no art. 1º desta lei, bem como o trabalho de servidores públicos, empregados ou terceiros contratados por essas entidades;

V. receber vantagem econômica de qualquer natureza, direta ou indireta, para tolerar a exploração ou a prática de jogos de azar, de lenocínio, de narcotráfico, de contrabando, de usura ou de qualquer outra atividade ilícita, ou aceitar promessa de tal vantagem;

VI. receber vantagem econômica de qualquer natureza, direta ou indireta, para fazer declaração falsa sobre medição ou avaliação em obras públicas ou qualquer outro serviço, ou sobre quantidade, peso, medida, qualidade ou característica de mercadorias ou bens fornecidos a qualquer das entidades mencionadas no art. 1º desta lei;

VII. adquirir, para si ou para outrem, no exercício de mandato, cargo, emprego ou função pública, bens de qualquer natureza cujo valor seja desproporcional à evolução do patrimônio ou à renda do agente público;

VIII. aceitar emprego, comissão ou exercer atividade de consultoria ou assessoramento para pessoa física ou jurídica que tenha interesse suscetível de ser atingido ou amparado por ação ou omissão decorrente das atribuições do agente público, durante a atividade;

IX. perceber vantagem econômica para intermediar a liberação ou aplicação de verba pública de qualquer natureza;

X. receber vantagem econômica de qualquer natureza, direta ou indiretamente, para omitir ato de ofício, providência ou declaração a que esteja obrigado;

XI. incorporar, por qualquer forma, ao seu patrimônio bens, rendas, verbas ou valores integrantes do acervo patrimonial das entidades mencionadas no art. 1º desta lei;

XII. usar, em proveito próprio, bens, rendas, verbas ou valores integrantes do acervo patrimonial das entidades mencionadas no art. 1º desta lei.

Seção II
Dos Atos de Improbidade Administrativa que Causam Prejuízo ao Erário

Art. 10. Constitui ato de improbidade administrativa que causa lesão ao erário qualquer ação ou omissão, dolosa ou culposa, que

Art. 10

enseje perda patrimonial, desvio, apropriação, malbaratamento ou dilapidação dos bens ou haveres das entidades referidas no art. 1º desta lei, e notadamente:

I. facilitar ou concorrer por qualquer forma para a incorporação ao patrimônio particular, de pessoa física ou jurídica, de bens, rendas, verbas ou valores integrantes do acervo patrimonial das entidades mencionadas no art. 1º desta lei;

II. permitir ou concorrer para que pessoa física ou jurídica privada utilize bens, rendas, verbas ou valores integrantes do acervo patrimonial das entidades mencionadas no art. 1º desta lei, sem a observância das formalidades legais ou regulamentares aplicáveis à espécie;

III. doar à pessoa física ou jurídica bem como ao ente despersonalizado, ainda que de fins educativos ou assistências, bens, rendas, verbas ou valores do patrimônio de qualquer das entidades mencionadas no art. 1º desta lei, sem observância das formalidades legais e regulamentares aplicáveis à espécie;

IV. permitir ou facilitar a alienação, permuta ou locação de bem integrante do patrimônio de qualquer das entidades referidas no art. 1º desta lei, ou ainda a prestação de serviço por parte delas, por preço inferior ao de mercado;

V. permitir ou facilitar a aquisição, permuta ou locação de bem ou serviço por preço superior ao de mercado;

VI. realizar operação financeira sem observância das normas legais e regulamentares ou aceitar garantia insuficiente ou inidônea;

VII. conceder benefício administrativo ou fiscal sem a observância das formalidades legais ou regulamentares aplicáveis à espécie;

VIII. frustrar a licitude de processo licitatório ou dispensá-lo indevidamente;

IX. ordenar ou permitir a realização de despesas não autorizadas em lei ou regulamento;

X. agir negligentemente na arrecadação de tributo ou renda, bem como no que diz respeito à conservação do patrimônio público;

XI. liberar verba pública sem a estrita observância das normas pertinentes ou influir de qualquer forma para a sua aplicação irregular;

XII. permitir, facilitar ou concorrer para que terceiro se enriqueça ilicitamente;

XIII. permitir que se utilize, em obra ou serviço particular, veículos, máquinas, equipamentos ou material de qualquer natureza, de propriedade ou à disposição de qualquer das entidades mencionadas no art. 1º desta lei, bem como o trabalho de servidor público, empregados ou terceiros contratados por essas entidades.

XIV. celebrar contrato ou outro instrumento que tenha por objeto a prestação de serviços públicos por meio da gestão associada sem observar as formalidades previstas na lei; *(Incluído pela Lei nº 11.107, de 2005)*

XV. celebrar contrato de rateio de consórcio público sem suficiente e prévia dotação orçamentária, ou sem observar as formalidades previstas na lei. *(Incluído pela Lei nº 11.107, de 2005)*

Seção III
Dos Atos de Improbidade Administrativa que Atentam Contra os Princípios da Administração Pública

Art. 11. Constitui ato de improbidade administrativa que atenta contra os princípios da administração pública qualquer ação ou omissão que viole os deveres de honestidade, imparcialidade, legalidade, e lealdade às instituições, e notadamente:

I. praticar ato visando fim proibido em lei ou regulamento ou diverso daquele previsto, na regra de competência;

II. retardar ou deixar de praticar, indevidamente, ato de ofício;

III. revelar fato ou circunstância de que tem ciência em razão das atribuições e que deva permanecer em segredo;

IV. negar publicidade aos atos oficiais;

V. frustrar a licitude de concurso público;

VI. deixar de prestar contas quando esteja obrigado a fazê-lo;

VII. revelar ou permitir que chegue ao conhecimento de terceiro, antes da respectiva divulgação oficial, teor de medida política ou econômica capaz de afetar o preço de mercadoria, bem ou serviço.

CAPÍTULO III
DAS PENAS

Art. 12. Independentemente das sanções penais, civis e administrativas previstas na legislação específica, está o responsável pelo ato de improbidade sujeito às seguintes cominações, que podem ser aplicadas isolada ou cumulativamente, de acordo com a gravidade do fato: *(Redação dada pela Lei nº 12.120, de 2009).*

I. na hipótese do art. 9º, perda dos bens ou valores acrescidos ilicitamente ao patrimônio, ressarcimento integral do dano, quando houver, perda da função pública, suspensão dos direitos políticos de oito a dez anos, pagamento de multa civil de até três vezes o valor do acréscimo patrimonial e proibição de contratar com o Poder Público ou receber benefícios ou incentivos fiscais ou creditícios, direta ou indiretamente, ainda que por intermédio de pessoa jurídica da qual seja sócio majoritário, pelo prazo de dez anos;

II. na hipótese do art. 10, ressarcimento integral do dano, perda dos bens ou valores acrescidos ilicitamente ao patrimônio, se concorrer esta circunstância, perda da função pública, suspensão dos direitos políticos de cinco a oito anos, pagamento de multa civil de até duas vezes o valor do dano e proibição de contratar com o Poder Público ou receber benefícios ou incentivos fiscais ou creditícios, direta ou indiretamente, ainda que por intermédio de pessoa jurídica da qual seja sócio majoritário, pelo prazo de cinco anos;

III. na hipótese do art. 11, ressarcimento integral do dano, se houver, perda da função pública, suspensão dos direitos políticos de três a cinco anos, pagamento de multa civil de até cem vezes o valor da remuneração percebida pelo agente e proibição de contratar com o Poder Público ou receber benefícios ou incentivos fiscais ou creditícios, direta ou indiretamente, ainda que por intermédio de pessoa jurídica da qual seja sócio majoritário, pelo prazo de três anos.

Parágrafo único. Na fixação das penas previstas nesta lei o juiz levará em conta a extensão do dano causado, assim como o proveito patrimonial obtido pelo agente.

CAPÍTULO IV
DA DECLARAÇÃO DE BENS

Art. 13. A posse e o exercício de agente público ficam condicionados à apresentação de declaração dos bens e valores que compõem o seu patrimônio privado, a fim de ser arquivada no serviço de pessoal competente. (Regulamento) (Regulamento)

§ 1º A declaração compreenderá imóveis, móveis, semoventes, dinheiro, títulos, ações, e qualquer outra espécie de bens e valores patrimoniais, localizado no País ou no exterior, e, quando for o caso, abrangerá os bens e valores patrimoniais do cônjuge ou companheiro, dos filhos e de outras pessoas que vivam sob a dependência econômica do declarante, excluídos apenas os objetos e utensílios de uso doméstico.

§ 2º A declaração de bens será anualmente atualizada e na data em que o agente público deixar o exercício do mandato, cargo, emprego ou função.

§ 3º Será punido com a pena de demissão, a bem do serviço público, sem prejuízo de outras sanções cabíveis, o agente público que se recusar a prestar declaração dos bens, dentro do prazo determinado, ou que a prestar falsa.

§ 4º O declarante, a seu critério, poderá entregar cópia da declaração anual de bens apresentada à Delegacia da Receita Federal na conformidade da legislação do Imposto sobre a Renda e proventos de qualquer natureza, com as necessárias atualizações, para suprir a exigência contida no *caput* e no § 2º deste artigo.

CAPÍTULO V
DO PROCEDIMENTO ADMINISTRATIVO E DO PROCESSO JUDICIAL

Art. 14. Qualquer pessoa poderá representar à autoridade administrativa competente para que seja instaurada investigação destinada a apurar a prática de ato de improbidade.

§ 1º A representação, que será escrita ou reduzida a termo e assinada, conterá a qualificação do representante, as informações sobre o fato e sua autoria e a indicação das provas de que tenha conhecimento.

§ 2º A autoridade administrativa rejeitará a representação, em despacho fundamentado, se esta não contiver as formalidades estabelecidas no § 1º deste artigo. A rejeição não impede a representação ao Ministério Público, nos termos do art. 22 desta lei.

§ 3º Atendidos os requisitos da representação, a autoridade determinará a imediata apuração dos fatos que, em se tratando de servidores federais, será processada na forma prevista nos arts. 148 a 182 da Lei nº 8.112, de 11 de dezembro de 1990 e, em se tratando de servidor militar, de acordo com os respectivos regulamentos disciplinares.

Art. 15. A comissão processante dará conhecimento ao Ministério Público e ao Tribunal ou Conselho de Contas da existência de procedimento administrativo para apurar a prática de ato de improbidade.

Parágrafo único. O Ministério Público ou Tribunal ou Conselho de Contas poderá, a requerimento, designar representante para acompanhar o procedimento administrativo.

Art. 16. Havendo fundados indícios de responsabilidade, a comissão representará ao Ministério Público ou à procuradoria do órgão para que requeira ao juízo competente a decretação do sequestro dos bens do agente ou terceiro que tenha enriquecido ilicitamente ou causado dano ao patrimônio público.

§ 1º O pedido de sequestro será processado de acordo com o disposto nos arts. 822 e 825 do Código de Processo Civil.

§ 2º Quando for o caso, o pedido incluirá a investigação, o exame e o bloqueio de bens, contas bancárias e aplicações financeiras mantidas pelo indiciado no exterior, nos termos da lei e dos tratados internacionais.

Art. 17. A ação principal, que terá o rito ordinário, será proposta pelo Ministério Público ou pela pessoa jurídica interessada, dentro de trinta dias da efetivação da medida cautelar.

§ 1º É vedada a transação, acordo ou conciliação nas ações de que trata o *caput*.

§ 2º A Fazenda Pública, quando for o caso, promoverá as ações necessárias à complementação do ressarcimento do patrimônio público.

§ 3º No caso de a ação principal ter sido proposta pelo Ministério Público, aplica-se, no que couber, o disposto no § 3º do art. 6º da Lei nº 4.717, de 29 de junho de 1965. *(Redação dada pela Lei nº 9.366, de 1996)*

§ 4º O Ministério Público, se não intervir no processo como parte, atuará obrigatoriamente, como fiscal da lei, sob pena de nulidade.

§ 5º A propositura da ação prevenirá a jurisdição do juízo para todas as ações posteriormente intentadas que possuam a mesma causa de pedir ou o mesmo objeto. *(Incluído pela Medida provisória nº 2.180-35, de 2001)*

§ 6º A ação será instruída com documentos ou justificação que contenham indícios suficientes da existência do ato de improbidade ou com razões fundamentadas da impossibilidade de apresentação de qualquer dessas provas, observada a legislação vigente, inclusive as disposições inscritas nos arts. 16 a 18 do Código de Processo Civil. *(Incluído pela Medida Provisória nº 2.225-45, de 2001)*

§ 7º Estando a inicial em devida forma, o juiz mandará autuá-la e ordenará a notificação do requerido, para oferecer manifestação por escrito, que poderá ser instruída com documentos e justificações, dentro do prazo de quinze dias. *(Incluído pela Medida Provisória nº 2.225-45, de 2001)*

§ 8º Recebida a manifestação, o juiz, no prazo de trinta dias, em decisão fundamentada, rejeitará a ação, se convencido da inexistência do ato de improbidade, da improcedência da ação ou da inadequação da via eleita. *(Incluído pela Medida Provisória nº 2.225-45, de 2001)*

§ 9º Recebida a petição inicial, será o réu citado para apresentar contestação. *(Incluído pela Medida Provisória nº 2.225-45, de 2001)*

§ 10. Da decisão que receber a petição inicial, caberá agravo de instrumento. *(Incluído pela Medida Provisória nº 2.225-45, de 2001)*

§ 11. Em qualquer fase do processo, reconhecida a inadequação da ação de improbidade, o juiz extinguirá o processo sem

Art. 17

julgamento do mérito. *(Incluído pela Medida Provisória nº 2.225-45, de 2001)*

§ 12. Aplica-se aos depoimentos ou inquirições realizadas nos processos regidos por esta Lei o disposto no art. 221, *caput* e § 1º, do Código de Processo Penal. *(Incluído pela Medida Provisória nº 2.225-45, de 2001)*

Art. 18. A sentença que julgar procedente ação civil de reparação de dano ou decretar a perda dos bens havidos ilicitamente determinará o pagamento ou a reversão dos bens, conforme o caso, em favor da pessoa jurídica prejudicada pelo ilícito.

CAPÍTULO VI
DAS DISPOSIÇÕES PENAIS

Art. 19. Constitui crime a representação por ato de improbidade contra agente público ou terceiro beneficiário, quando o autor da denúncia o sabe inocente.

Pena: detenção de seis a dez meses e multa.

Parágrafo único. Além da sanção penal, o denunciante está sujeito a indenizar o denunciado pelos danos materiais, morais ou à imagem que houver provocado.

Art. 20. A perda da função pública e a suspensão dos direitos políticos só se efetivam com o trânsito em julgado da sentença condenatória.

Parágrafo único. A autoridade judicial ou administrativa competente poderá determinar o afastamento do agente público do exercício do cargo, emprego ou função, sem prejuízo da remuneração, quando a medida se fizer necessária à instrução processual.

Art. 21. A aplicação das sanções previstas nesta lei independe:

I. da efetiva ocorrência de dano ao patrimônio público, salvo quanto à pena de ressarcimento; *(Redação dada pela Lei nº 12.120, de 2009).*

II. da aprovação ou rejeição das contas pelo órgão de controle interno ou pelo Tribunal ou Conselho de Contas.

Art. 22. Para apurar qualquer ilícito previsto nesta lei, o Ministério Público, de ofício, a requerimento de autoridade administrativa ou mediante representação formulada de acordo com o disposto no art. 14, poderá requisitar a instauração de inquérito policial ou procedimento administrativo.

CAPÍTULO VII
DA PRESCRIÇÃO

Art. 23. As ações destinadas a levar a efeitos as sanções previstas nesta lei podem ser propostas:

I. até cinco anos após o término do exercício de mandato, de cargo em comissão ou de função de confiança;

II. dentro do prazo prescricional previsto em lei específica para faltas disciplinares puníveis com demissão a bem do serviço público, nos casos de exercício de cargo efetivo ou emprego.

CAPÍTULO VIII
DAS DISPOSIÇÕES FINAIS

Art. 24. Esta lei entra em vigor na data de sua publicação.

Art. 25. Ficam revogadas as Leis nºs 3.164, de 1º de junho de 1957, e 3.502, de 21 de dezembro de 1958 e demais disposições em contrário.

Rio de Janeiro, 2 de junho de 1992; 171º da Independência e 104º da República.

Fernando Collor
Célio Borja

Este texto não substitui o publicado no DOU de 3/6/1992

Lei Nº 8.443,
de 16 de julho de 1992*

> Dispõe sobre a Lei Orgânica do Tribunal de Contas da União e dá outras providências.

O PRESIDENTE DA REPÚBLICA Faço saber que o Congresso Nacional decreta e eu sanciono a seguinte lei:

(..)

Art. 91. Para a finalidade prevista no art. 1º, inciso I, alínea "g" e no art. 3º, ambos da Lei Complementar nº 64, de 18 de maio de 1990, o Tribunal enviará ao Ministério Público Eleitoral, em tempo hábil, o nome dos responsáveis cujas contas houverem sido julgadas irregulares nos cinco anos imediatamente anteriores à realização de cada eleição.

(..)

Art. 112. Esta lei entra em vigor na data de sua publicação.

Brasília, 16 de julho de 1992
Fernando Collor
Célio Borja

Lei Nº 8.625,
de 12 de fevereiro de 1993*

> Institui a Lei Orgânica Nacional do Ministério Público, dispõe sobre normas gerais para a organização do Ministério Público dos Estados e dá outras providências.

O PRESIDENTE DA REPÚBLICA, Faço saber que o Congresso Nacional decreta e eu sanciono a seguinte Lei:

(..)

CAPÍTULO III
DOS ÓRGÃOS DE ADMINISTRAÇÃO
Seção I
Da Procuradoria-Geral de Justiça

(..)

Art. 10. Compete ao Procurador-Geral de Justiça:

(..)

IX. designar membros do Ministério Público para:

(..)

h) oficiar perante a Justiça Eleitoral de primeira instância, ou junto ao Procurador-Regional Eleitoral, quando por este solicitado;

(..)

CAPÍTULO IV
DAS FUNÇÕES DOS ÓRGÃOS DE EXECUÇÃO

(..)

Seção V
Dos Promotores de Justiça

Art. 32. Além de outras funções cometidas nas Constituições Federal e Estadual, na Lei Orgânica e demais leis, compete aos Promotores de Justiça, dentro de suas esferas de atribuições:

(..)

III. oficiar perante à Justiça Eleitoral de primeira instância, com as atribuições do Ministério Público Eleitoral previstas na Lei Orgânica do Ministério Público da União que forem pertinentes, além de outras estabelecidas na legislação eleitoral e partidária.

(..)

CAPÍTULO VII
DOS DEVERES E VEDAÇÕES DOS MEMBROS DO MINISTÉRIO PÚBLICO

(..)

Art. 44. Aos membros do Ministério Público se aplicam as seguintes vedações:

(..)

V. exercer atividade político-partidária, ressalvada a filiação e as exceções previstas em lei.

» CF, art. 128, § 5º, II, "e".
» Res.-TSE nº 22.012/2005.

(..)

CAPÍTULO VIII
DOS VENCIMENTOS, VANTAGENS E DIREITOS

(..)

Art. 50. Além dos vencimentos, poderão ser outorgadas, a membro do Ministério Público, nos termos da lei, as seguintes vantagens:

(..)

VI. gratificação pela prestação de serviço à Justiça Eleitoral, equivalente àquela devida ao Magistrado ante o qual oficiar;

(..)

CAPÍTULO X
DAS DISPOSIÇÕES FINAIS E TRANSITÓRIAS

(..)

Art. 70. Fica instituída a gratificação pela prestação de serviço à Justiça Eleitoral, de que trata o art. 50, VI, desta Lei.

(..)

Art. 73. Para exercer as funções junto à Justiça Eleitoral, por solicitação do Procurador-Geral da República, os membros do Ministério Público do Estado serão designados, se for o caso, pelo respectivo Procurador-Geral de Justiça.

§ 1º Não ocorrendo designação, exclusivamente para os serviços eleitorais, na forma do *caput* deste artigo, o Promotor Eleitoral será o membro do Ministério Público local que oficie perante o Juízo incumbido daqueles serviços.

§ 2º Havendo impedimento ou recusa justificável, o Procurador-Geral de Justiça designará o substituto.

(..)

Art. 80. Aplicam-se aos Ministérios Públicos dos Estados, subsidiariamente, as normas da Lei Orgânica do Ministério Público da União.

(..)

Art. 83. Esta lei entra em vigor na data de sua publicação.

Art. 84. Revogam-se as disposições em contrário.

Brasília, 12 de fevereiro de 1993

LEI Nº 9.049, DE 18 DE MAIO DE 1995

Faculta o registro, nos documentos pessoais de identificação, das informações que especifica.

O PRESIDENTE DA REPÚBLICA, Faço saber que o Congresso Nacional decreta e eu sanciono a seguinte lei:

Art. 1º. Qualquer cidadão poderá requerer à autoridade pública expedidora o registro, no respectivo documento pessoal de identificação, do número e, se for o caso, da data de validade dos seguintes documentos:

[...]

2. Título de Eleitor;

[...]

Art. 4º. Esta lei entra em vigor na data de sua publicação.

Art. 5º. Revogam-se as disposições em contrário.

Brasília, 18 de maio de 1995; 174º da Independência e 107º da República.

Fernando Henrique Cardoso

Nelson A. Jobim

LEI Nº 9.096,
DE 19 DE SETEMBRO DE 1995*

> Dispõe sobre partidos políticos, regulamenta os arts. 17 e 14, § 3º, inciso V, da Constituição Federal.

O Vice-Presidente da República no exercício do cargo de Presidente da República

Faço saber que o Congresso Nacional decreta e eu sanciono a seguinte Lei:

TÍTULO I
DISPOSIÇÕES PRELIMINARES

Art. 1º. O partido político, pessoa jurídica de direito privado, destina-se a assegurar, no interesse do regime democrático, a autenticidade do sistema representativo e a defender os direitos fundamentais definidos na Constituição Federal.
- » Res.-TSE nº 23.464/2015.
- » Res.-TSE nº 23.465/2015.
- » CC, arts. 44, V, § 3º; 2.031, parágrafo único.

Parágrafo único. O partido político não se equipara às entidades paraestatais. (Incluído pela Lei nº 13.488, de 2017)

Art. 2º. É livre a criação, fusão, incorporação e extinção de partidos políticos cujos programas respeitem a soberania nacional, o regime democrático, o pluripartidarismo e os direitos fundamentais da pessoa humana.
- » CF, art. 17.

Art. 3º. É assegurada, ao partido político, autonomia para definir sua estrutura interna, organização e funcionamento.

Parágrafo único. É assegurada aos candidatos, partidos políticos e coligações autonomia para definir o cronograma das atividades eleitorais de campanha e executá-lo em qualquer dia e horário, observados os limites estabelecidos em lei. *(Parágrafo único incluído pela Lei nº 12.891, de 11/12/2013).*
- » CF, art. 142, § 3º, V.

Art. 4º. Os filiados de um partido político têm iguais direitos e deveres.

Art. 5º. A ação do partido tem caráter nacional e é exercida de acordo com seu estatuto e programa, sem subordinação a entidades ou governos estrangeiros.

Art. 6º. É vedado ao partido político ministrar instrução militar ou paramilitar, utilizar-se de organização da mesma natureza e adotar uniforme para seus membros.
- » CF, art. 17, § 4º.

Art. 7º. O partido político, após adquirir personalidade jurídica na forma da lei civil, registra seu estatuto no Tribunal Superior Eleitoral.

§ 1º Só é admitido o registro do estatuto de partido político que tenha caráter nacional, considerando-se como tal aquele que comprove, no período de dois anos, o apoiamento de eleitores não filiados a partido político, correspondente a, pelo menos, 0,5% (cinco décimos por cento) dos votos dados na última eleição geral para a Câmara dos Deputados, não computados os votos em branco e os nulos, distribuídos por um terço, ou mais, dos Estados, com um mínimo de 0,1% (um décimo por cento) do eleitorado que haja votado em cada um deles. *(Redação dada pela Lei nº 13.165, de 2015)*

§ 2º Só o partido que tenha registrado seu estatuto no Tribunal Superior Eleitoral pode participar do processo eleitoral, receber recursos do Fundo Partidário e ter acesso gratuito ao rádio e à televisão, nos termos fixados nesta Lei.

§ 3º Somente o registro do estatuto do partido no Tribunal Superior Eleitoral assegura a exclusividade da sua denominação, sigla e símbolos, vedada a utilização, por outros partidos, de variações que venham a induzir a erro ou confusão.

TÍTULO II
DA ORGANIZAÇÃO E FUNCIONAMENTO DOS PARTIDOS POLÍTICOS

CAPÍTULO I
DA CRIAÇÃO E DO REGISTRO DOS PARTIDOS POLÍTICOS

Art. 8º. O requerimento do registro de partido político, dirigido ao cartório competente do Registro Civil das Pessoas Jurídicas, da Capital Federal, deve ser subscrito pelos seus fundadores, em número nunca inferior a 101 (cento e um), com domicílio eleitoral em, no mínimo, 1/3 (um terço) dos Estados, e será acompanhado de:

I. cópia autêntica da ata da reunião de fundação do partido;

II. exemplares do Diário Oficial que publicou, no seu inteiro teor, o programa e o estatuto;

III. relação de todos os fundadores com o nome completo, naturalidade, número do título eleitoral com a Zona, Seção, Município e Estado, profissão e endereço da residência.
- » Res.-TSE nº 22.510/2007.

§ 1º O requerimento indicará o nome e função dos dirigentes provisórios e o endereço da sede do partido na Capital Federal.
- » Res.-TSE nº 22.316/2006.

§ 2º Satisfeitas as exigências deste artigo, o Oficial do Registro Civil efetua o registro no livro correspondente, expedindo certidão de inteiro teor.

§ 3º Adquirida a personalidade jurídica na forma deste artigo, o partido promove a obtenção do apoiamento mínimo de eleitores a que se refere o § 1º do art. 7º e realiza os atos necessários para a constituição definitiva de seus órgãos e designação dos dirigentes, na forma do seu estatuto.

Art. 9º. Feita a constituição e designação, referidas no § 3º do artigo anterior, os dirigentes nacionais promoverão o registro do estatuto do partido junto ao Tribunal Superior Eleitoral, através de requerimento acompanhado de:

I. exemplar autenticado do inteiro teor do programa e do estatuto partidários, inscritos no Registro Civil;

II. certidão do registro civil da pessoa jurídica, a que se refere o § 2º do artigo anterior;

III. certidões dos cartórios eleitorais que comprovem ter o partido obtido o apoiamento mínimo de eleitores a que se refere o § 1º do art. 7º.

§ 1º A prova do apoiamento mínimo de eleitores é feita por meio de suas assinaturas, com menção ao número do respectivo título eleitoral, em listas organizadas para cada Zona, sendo a veracidade das respectivas assinaturas e o número dos títulos atestados pelo Escrivão Eleitoral.

» Res.-TSE nº 21.853/2004.
» Res.-TSE nº 21.966/2004.
» Res.-TSE nº 22.553/2007.

§ 2º O Escrivão Eleitoral dá imediato recibo de cada lista que lhe for apresentada e, no prazo de 15 (quinze) dias, lavra o seu atestado, devolvendo-a ao interessado.

§ 3º Protocolado o pedido de registro no Tribunal Superior Eleitoral, o processo respectivo, no prazo de 48 (quarenta e oito) horas, é distribuído a um Relator, que, ouvida a Procuradoria-Geral, em 10 (dez) dias, determina, em igual prazo, diligências para sanar eventuais falhas do processo.

§ 4º Se não houver diligências a determinar, ou após o seu atendimento, o Tribunal Superior Eleitoral registra o estatuto do partido, no prazo de 30 (trinta) dias.

Art. 10. As alterações programáticas ou estatutárias, após registradas no Ofício Civil competente, devem ser encaminhadas, para o mesmo fim, ao Tribunal Superior Eleitoral.

Parágrafo único. O Partido comunica à Justiça Eleitoral a constituição de seus órgãos de direção e os nomes dos respectivos integrantes, bem como as alterações que forem promovidas, para anotação:

I. no Tribunal Superior Eleitoral, dos integrantes dos órgãos de âmbito nacional;

II. nos Tribunais Regionais Eleitorais, dos integrantes dos órgãos de âmbito estadual, municipal ou zonal. *(Parágrafo e incisos acrescentados pela Lei nº 9.259/96)*

Art. 11. O partido com registro no Tribunal Superior Eleitoral pode credenciar, respectivamente:

I. delegados perante o Juiz Eleitoral;

II. delegados perante o Tribunal Regional Eleitoral;

III. delegados perante o Tribunal Superior Eleitoral.

Parágrafo único. Os delegados credenciados pelo órgão de direção nacional representam o partido perante quaisquer Tribunais ou Juízes Eleitorais; os credenciados pelos órgãos estaduais, somente perante o Tribunal Regional Eleitoral e os Juízes Eleitorais do respectivo Estado, do Distrito Federal ou Território Federal; e os credenciados pelo órgão municipal, perante o Juiz Eleitoral da respectiva jurisdição.

CAPÍTULO II
DO FUNCIONAMENTO PARLAMENTAR

Art. 12. O partido político funciona, nas Casas Legislativas, por intermédio de uma bancada, que deve constituir suas lideranças de acordo com o estatuto do partido, as disposições regimentais das respectivas Casas e as normas desta Lei.

Art. 13. Tem direito a funcionamento parlamentar, em todas as Casas Legislativas para as quais tenha elegido representante, o partido que, em cada eleição para a Câmara dos Deputados obtenha o apoio de, no mínimo, 5% (cinco por cento) dos votos apurados, não computados os brancos e os nulos, distribuídos em, pelo menos, 1/3 (um terço) dos Estados, com um mínimo de 2% (dois por cento) do total de cada um deles.(1)

» Res.-TSE nº 22.132/2005.
» Res.-TSE nº 22.280/2006.
» (1) ADIn nº 1.351-DF, DJ 30/03/2007 e 1.354-DF, DJ 30/03/2007, republicada em 29/06/2007.

CAPÍTULO III
DO PROGRAMA E DO ESTATUTO

Art. 14. Observadas as disposições constitucionais e as desta Lei, o partido é livre para fixar, em seu programa, seus objetivos políticos e para estabelecer, em seu estatuto, a sua estrutura interna, organização e funcionamento.

Art. 15. O Estatuto do partido deve conter, entre outras, normas sobre:

I. nome, denominação abreviada e o estabelecimento da sede na Capital Federal;

II. filiação e desligamento de seus membros;

III. direitos e deveres dos filiados;

IV. modo como se organiza e administra, com a definição de sua estrutura geral e identificação, composição e competências dos órgãos partidários nos níveis municipal, estadual e nacional, duração dos mandatos e processo de eleição dos seus membros;

V. fidelidade e disciplina partidárias, processo para apuração das infrações e aplicação das penalidades, assegurado amplo direito de defesa;

VI. condições e forma de escolha de seus candidatos a cargos e funções eletivas;

VII. finanças e contabilidade, estabelecendo, inclusive, normas que os habilitem a apurar as quantias que os seus candidatos possam despender com a própria eleição, que fixem os limites das contribuições dos filiados e definam as diversas fontes de receita do partido, além daquelas previstas nesta Lei;

VIII. critérios de distribuição dos recursos do Fundo Partidário entre os órgãos de nível municipal, estadual e nacional que compõem o partido;

» Nesta lei, arts. 28, § 3º; 37, § 2º.

IX. procedimento de reforma do programa e do estatuto.

Art. 15-A. A responsabilidade, inclusive civil e trabalhista, cabe exclusivamente ao órgão partidário municipal, estadual ou nacional que tiver dado causa ao não cumprimento da obrigação, à violação de direito, a dano a outrem ou a qualquer ato ilícito, excluída a solidariedade de outros órgãos de direção partidária. *(Redação dada pela Lei nº 12.034/2009)*.

Parágrafo único. O órgão nacional do partido político, quando responsável, somente poderá ser demandado judicialmente na circunscrição especial judiciária da sua sede, inclusive nas ações de natureza cível ou trabalhista. *(Parágrafo único incluído pela Lei nº 12.891, de 11/12/2013)*.

CAPÍTULO IV
DA FILIAÇÃO PARTIDÁRIA

Art. 16. Só pode filiar-se a partido o eleitor que estiver no pleno gozo de seus direitos políticos.

» Vide Súmula nº 53 do TSE.
» CF, art. 14, § 3º, V.
» CE, art. 336.
» LC nº 80/94, arts. 46, V; 91, V; 130, V.
» Res.-TSE nº 21.538/2003, arts. 17, § 1º; 18, § 5º.
» Lei nº 6.996/82, art. 7º, § 2º.
» CF, arts. 73, §§ 3º, 4º; 95, parágrafo único, III; 128, 5º, II, "e"; 142, 3º, V.

Art. 17. Considera-se deferida, para todos os efeitos, a filiação partidária, com o atendimento das regras estatutárias do partido.

Art. 17

Parágrafo único. Deferida a filiação do eleitor, será entregue comprovante ao interessado, no modelo adotado pelo partido.

Art.18. *(Revogado pela Lei nº 13.165, de 2015)*

Art. 19. Na segunda semana dos meses de abril e outubro de cada ano, o partido, por seus órgãos de direção municipais, regionais ou nacional, deverá remeter, aos juízes eleitorais, para arquivamento, publicação e cumprimento dos prazos de filiação partidária para efeito de candidatura a cargos eletivos, a relação dos nomes de todos os seus filiados, da qual constará a data de filiação, o número dos títulos eleitorais e das seções em que estão inscritos. *(Redação dada pela Lei nº 9.504/97)*

» *Súmula nº 20 do TSE.*

§ 1º Se a relação não é remetida nos prazos mencionados neste artigo, permanece inalterada a filiação de todos os eleitores, constante da relação remetida anteriormente.

§ 2º Os prejudicados por desídia ou má-fé poderão requerer, diretamente à Justiça Eleitoral, a observância do que prescreve o *caput* deste artigo.

§ 3º Os órgãos de direção nacional dos partidos políticos terão pleno acesso às informações de seus filiados constantes do cadastro eleitoral. *(Incluído pela Lei nº 12.034/2009)*

Art. 20. É facultado ao partido político estabelecer, em seu estatuto, prazos de filiação partidária superiores aos previstos nesta Lei, com vistas a candidatura a cargos eletivos.

Parágrafo único. Os prazos de filiação partidária, fixados no estatuto do partido, com vistas a candidatura a cargos eletivos, não podem ser alterados no ano da eleição.

Art. 21. Para desligar-se do partido, o filiado faz comunicação escrita ao órgão de direção municipal e ao Juiz Eleitoral da Zona em que for inscrito.

Parágrafo único. Decorridos 2 (dois) dias da data da entrega da comunicação, o vínculo torna-se extinto, para todos os efeitos.

Art. 22. O cancelamento imediato da filiação partidária verifica-se nos casos de:

» *Súmula nº 2 do TSE.*
» *Súmula nº 20 do TSE.*

I. morte;

II. perda dos direitos políticos;

III. expulsão;

IV. outras formas previstas no estatuto, com comunicação obrigatória ao atingido no prazo de 48 (quarenta e oito) horas da decisão.

V. filiação a outro partido, desde que a pessoa comunique o fato ao juiz da respectiva Zona Eleitoral. *(Inciso incluído pela Lei nº 12.891, de 11/12/2013).*

Parágrafo único. Havendo coexistência de filiações partidárias, prevalecerá a mais recente, devendo a Justiça Eleitoral determinar o cancelamento das demais. *(Redação dada pela Lei nº 12.891, de 11/12/2013).*

» *CE, art. 320.*

Art. 22-A. Perderá o mandato o detentor de cargo eletivo que se desfiliar, sem justa causa, do partido pelo qual foi eleito. *(Incluído pela Lei nº 13.165, de 2015)*

Parágrafo único. Consideram-se justa causa para a desfiliação partidária somente as seguintes hipóteses: *(Incluído pela Lei nº 13.165, de 2015)*

I. mudança substancial ou desvio reiterado do programa partidário; *(Incluído pela Lei nº 13.165, de 2015)*

II. grave discriminação política pessoal; e *(Incluído pela Lei nº 13.165, de 2015)*

III. mudança de partido efetuada durante o período de trinta dias que antecede o prazo de filiação exigido em lei para concorrer à eleição, majoritária ou proporcional, ao término do mandato vigente. *(Incluído pela Lei nº 13.165, de 2015)*

» *Vide Súmulas nºs 40 e 67 do TSE.*
» *Res.-TSE nº 22.610/2007.*

CAPÍTULO V
DA FIDELIDADE E DA DISCIPLINA PARTIDÁRIAS

Art. 23. A responsabilidade por violação dos deveres partidários deve ser apurada e punida pelo competente órgão, na conformidade do que disponha o estatuto de cada partido.

§ 1º Filiado algum pode sofrer medida disciplinar ou punição por conduta que não esteja tipificada no estatuto do partido político.

§ 2º Ao acusado é assegurado amplo direito de defesa.

Art. 24. Na Casa Legislativa, o integrante da bancada de partido deve subordinar sua ação parlamentar aos princípios doutrinários e programáticos e às diretrizes estabelecidas pelos órgãos de direção partidários, na forma do estatuto.

Art. 25. O estatuto do partido poderá estabelecer, além das medidas disciplinares básicas de caráter partidário, normas sobre penalidades, inclusive com desligamento temporário da bancada, suspensão do direito de voto nas reuniões internas ou perda de todas as prerrogativas, cargos e funções que exerça em decorrência da representação e da proporção partidária, na respectiva Casa Legislativa, ao parlamentar que se opuser, pela atitude ou pelo voto, às diretrizes legitimamente estabelecidas pelos órgãos partidários.

Art. 26. Perde automaticamente a função ou cargo que exerça, na respectiva Casa Legislativa, em virtude da proporção partidária, o parlamentar que deixar o partido sob cuja legenda tenha sido eleito.

» *Res.-TSE nº 22.526/2007.*
» *Res.-TSE nº 22.563/2007.*
» *Res.-TSE nº 22.580/2007.*
» *Res.-TSE nº 22.610/2007.*

CAPÍTULO VI
DA FUSÃO, INCORPORAÇÃO E EXTINÇÃO DOS PARTIDOS POLÍTICOS

Art. 27. Fica cancelado, junto ao Ofício Civil e ao Tribunal Superior Eleitoral, o registro do partido que, na forma de seu estatuto, se dissolva, se incorpore ou venha a se fundir a outro.

Art. 28. O Tribunal Superior Eleitoral, após trânsito em julgado de decisão, determina o cancelamento do registro civil e do estatuto do partido contra o qual fique provado:

I. ter recebido ou estar recebendo recursos financeiros de procedência estrangeira;

II. estar subordinado a entidade ou governo estrangeiros;

III. não ter prestado, nos termos desta Lei, as devidas contas à Justiça Eleitoral;
» Res.-TSE nº 20.679/2008.

IV. que mantém organização paramilitar.

§ 1º A decisão judicial a que se refere este artigo deve ser precedida de processo regular, que assegure ampla defesa.

§ 2º O processo de cancelamento é iniciado pelo Tribunal à vista de denúncia de qualquer eleitor, de representante de partido, ou de representação do Procurador-Geral Eleitoral.

§ 3º O partido político, em nível nacional, não sofrerá a suspensão das cotas do Fundo Partidário, nem qualquer outra punição como consequência de atos praticados por órgãos regionais ou municipais. *(Parágrafo acrescentado pela Lei nº 9.693/98)*
» Res.-TSE nº 22.090/2005.

§ 4º Despesas realizadas por órgãos partidários municipais ou estaduais ou por candidatos majoritários nas respectivas circunscrições devem ser assumidas e pagas exclusivamente pela esfera partidária correspondente, salvo acordo expresso com órgão de outra esfera partidária. *(Incluído pela Lei nº 12.034/2009)*

§ 5º Em caso de não pagamento, as despesas não poderão ser cobradas judicialmente dos órgãos superiores dos partidos políticos, recaindo eventual penhora exclusivamente sobre o órgão partidário que contraiu a dívida executada. *(Incluído pela Lei nº 12.034/2009)*

§ 6º O disposto no inciso III do *caput* refere-se apenas aos órgãos nacionais dos partidos políticos que deixarem de prestar contas ao Tribunal Superior Eleitoral, não ocorrendo o cancelamento do registro civil e do estatuto do partido quando a omissão for dos órgãos partidários regionais ou municipais. *(Incluído pela Lei nº 12.034/2009)*

Art. 29. Por decisão de seus órgãos nacionais de deliberação, 2 (dois) ou mais partidos poderão fundir-se num só ou incorporar-se um ao outro.

§ 1º No primeiro caso, observar-se-ão as seguintes normas:

I. os órgãos de direção dos partidos elaborarão projetos comuns de estatuto e programa;

II. os órgãos nacionais de deliberação dos partidos em processo de fusão votarão em reunião conjunta, por maioria absoluta, os projetos, e elegerão o órgão de direção nacional que promoverá o registro do novo partido.

§ 2º No caso de incorporação, observada a lei civil, caberá ao partido incorporando deliberar por maioria absoluta de votos, em seu órgão nacional de deliberação, sobre a adoção do estatuto e do programa de outra agremiação.

§ 3º Adotados o estatuto e o programa do partido incorporador, realizar-se-á, em reunião conjunta dos órgãos nacionais de deliberação, a eleição do novo órgão de direção nacional.

§ 4º Na hipótese de fusão, a existência legal do novo partido tem início com o registro, no Ofício Civil competente da Capital Federal, do estatuto e do programa, cujo requerimento deve ser acompanhado das atas das decisões dos órgãos competentes.

§ 5º No caso de incorporação, o instrumento respectivo deve ser levado ao Ofício Civil competente, que deve, então, cancelar o registro do partido incorporado a outro.

§ 6º No caso de incorporação, o instrumento respectivo deve ser levado ao Ofício Civil competente, que deve, então, cancelar o registro do partido incorporado a outro. *(Redação dada pela Lei nº 13.107, de 2015)*

§ 7º Havendo fusão ou incorporação, devem ser somados exclusivamente os votos dos partidos fundidos ou incorporados obtidos na última eleição geral para a Câmara dos Deputados, para efeito da distribuição dos recursos do Fundo Partidário e do acesso gratuito ao rádio e à televisão. *(Redação dada pela Lei nº 13.107, de 2015)*

§ 8º O novo estatuto ou instrumento de incorporação deve ser levado a registro e averbado, respectivamente, no Ofício Civil e no Tribunal Superior Eleitoral. (Incluído pela Lei nº 13.107, de 2015)

§ 9º Somente será admitida a fusão ou incorporação de partidos políticos que hajam obtido o registro definitivo do Tribunal Superior Eleitoral há, pelo menos, 5 (cinco) anos. (Incluído pela Lei nº 13.107, de 2015)

TÍTULO III
DAS FINANÇAS E CONTABILIDADE DOS PARTIDOS

CAPÍTULO I
DA PRESTAÇÃO DE CONTAS

Art. 30. O partido político, através de seus órgãos nacionais, regionais e municipais, deve manter escrituração contábil, de forma a permitir o conhecimento da origem de suas receitas e a destinação de suas despesas.
» Res.-TSE nº 23.464/2015.
» Res.-TSE nº 23.465/2015..

Art. 31. É vedado ao partido receber, direta ou indiretamente, sob qualquer forma ou pretexto, contribuição ou auxílio pecuniário ou estimável em dinheiro, inclusive através de publicidade de qualquer espécie, procedente de:
» Lei nº 9.504/97, arts. 24 e 30-A.

I. entidade ou governo estrangeiros;

II - entes públicos e pessoas jurídicas de qualquer natureza, ressalvadas as dotações referidas no art. 38 desta Lei e as provenientes do Fundo Especial de Financiamento de Campanha; *(Redação dada pela Lei nº 13.488, de 2017)*

III - (revogado); *(Redação dada pela Lei nº 13.488, de 2017)*

IV. entidade de classe ou sindical.

V - pessoas físicas que exerçam função ou cargo público de livre nomeação e exoneração, ou cargo ou emprego público temporário, ressalvados os filiados a partido político. *(Incluído pela Lei nº 13.488, de 2017)*

Art. 32. O partido está obrigado a enviar, anualmente, à Justiça Eleitoral, o balanço contábil do exercício findo, até o dia 30 de abril do ano seguinte.

§ 1º O balanço contábil do órgão nacional será enviado ao Tribunal Superior Eleitoral, o dos órgãos estaduais aos Tribunais Regionais Eleitorais e o dos órgãos municipais aos Juízes Eleitorais.

§ 2º A Justiça Eleitoral determina, imediatamente, a publicação dos balanços na imprensa oficial, e, onde ela não exista, procede à afixação dos mesmos no Cartório Eleitoral.

§ 3º (Revogado). *(Redação dada pela Lei nº 13.165, de 2015)*

§ 4º Os órgãos partidários municipais que não hajam movimentado recursos financeiros ou arrecadado bens

Art. 32

estimáveis em dinheiro ficam desobrigados de prestar contas à Justiça Eleitoral, exigindo-se do responsável partidário, no prazo estipulado no *caput*, a apresentação de declaração da ausência de movimentação de recursos nesse período. *(Incluído pela Lei nº 13.165, de 2015)*

§ 5º A desaprovação da prestação de contas do partido não ensejará sanção alguma que o impeça de participar do pleito eleitoral. *(Incluído pela Lei nº 13.165, de 2015)*

Art. 33. Os balanços devem conter, entre outros, os seguintes itens:

I. discriminação dos valores e destinação dos recursos oriundos do fundo partidário;

II. origem e valor das contribuições e doações;

III. despesas de caráter eleitoral, com a especificação e comprovação dos gastos com programas no rádio e televisão, comitês, propaganda, publicações, comícios, e demais atividades de campanha;

IV. discriminação detalhada das receitas e despesas.

Art. 34. A Justiça Eleitoral exerce a fiscalização sobre a prestação de contas do partido e das despesas de campanha eleitoral, devendo atestar se elas refletem adequadamente a real movimentação financeira, os dispêndios e os recursos aplicados nas campanhas eleitorais, exigindo a observação das seguintes normas: *(Redação dada pela Lei nº 13.165, de 2015)*

I. obrigatoriedade de designação de dirigentes partidários específicos para movimentar recursos financeiros nas campanhas eleitorais; *(Redação dada pela Lei nº 13.165, de 2015)*

II. (revogado); *(Redação dada pela Lei nº 13.165, de 2015)*

III. relatório financeiro, com documentação que comprove a entrada e saída de dinheiro ou de bens recebidos e aplicados; *(Redação dada pela Lei nº 13.165, de 2015)*

IV. obrigatoriedade de ser conservada pelo partido, por prazo não inferior a cinco anos, a documentação comprobatória de suas prestações de contas; *(Redação dada pela Lei nº 13.165, de 2015)*

V. obrigatoriedade de prestação de contas pelo partido político e por seus candidatos no encerramento da campanha eleitoral, com o recolhimento imediato à tesouraria do partido dos saldos financeiros eventualmente apurados. *(Redação dada pela Lei nº 13.165, de 2015)*

§ 1º A fiscalização de que trata o *caput* tem por escopo identificar a origem das receitas e a destinação das despesas com as atividades partidárias e eleitorais, mediante o exame formal dos documentos fiscais apresentados pelos partidos políticos e candidatos, sendo vedada a análise das atividades político-partidárias ou qualquer interferência em sua autonomia. *(Redação dada pela Lei nº 13.165, de 2015)*

§ 2º Para efetuar os exames necessários ao atendimento do disposto no *caput*, a Justiça Eleitoral pode requisitar técnicos do Tribunal de Contas da União ou dos Estados, pelo tempo que for necessário. (Incluído pela Lei nº 12.891, de 2013)

Art. 35. O Tribunal Superior Eleitoral e os Tribunais Regionais Eleitorais, à vista de denúncia fundamentada de filiado ou delegado de partido, de representação do Procurador-Geral ou Regional ou de iniciativa do Corregedor, determinarão o exame da escrituração do partido e a apuração de qualquer ato que viole as prescrições legais ou estatutárias a que, em matéria financeira, aquele ou seus filiados estejam sujeitos, podendo, inclusive, determinar a quebra de sigilo bancário das contas dos partidos para o esclarecimento ou apuração de fatos vinculados à denúncia.

Parágrafo único. O partido pode examinar, na Justiça Eleitoral, as prestações de contas mensais ou anuais dos demais partidos, 15 (quinze) dias após a publicação dos balanços financeiros, aberto o prazo de 5 (cinco) dias para impugná-las, podendo, ainda, relatar fatos, indicar provas e pedir abertura de investigação para apurar qualquer ato que viole as prescrições legais ou estatutárias a que, em matéria financeira, os partidos e seus filiados estejam sujeitos.

Art. 36. Constatada a violação de normas legais ou estatutárias, ficará o partido sujeito às seguintes sanções:

I. no caso de recursos de origem não mencionada ou esclarecida, fica suspenso o recebimento das quotas do fundo partidário até que o esclarecimento seja aceito pela Justiça Eleitoral;

II. no caso de recebimento de recursos mencionados no art. 31, fica suspensa a participação no fundo partidário por 1 (um) ano;

III. no caso de recebimento de doações cujo valor ultrapasse os limites previstos no art. 39, § 4º, fica suspensa por 2 (dois) anos a participação no fundo partidário e será aplicada ao partido multa correspondente ao valor que exceder aos limites fixados.

Art. 37. A desaprovação das contas do partido implicará exclusivamente a sanção de devolução da importância apontada como irregular, acrescida de multa de até 20% (vinte por cento). *(Redação dada pela Lei nº 13.165, de 2015)*

§ 1º A Justiça Eleitoral pode determinar diligências necessárias à complementação de informações ou ao saneamento de irregularidades encontradas nas contas dos órgãos de direção partidária ou de candidatos. *(Parágrafo renumerado pela Lei nº 9.693/98)*

§ 2º A sanção a que se refere o *caput* será aplicada exclusivamente à esfera partidária responsável pela irregularidade, não suspendendo o registro ou a anotação de seus órgãos de direção partidária nem tornando devedores ou inadimplentes os respectivos responsáveis partidários. *(Redação dada pela Lei nº 13.165, de 2015)*

§ 3º A sanção a que se refere o *caput* deverá ser aplicada de forma proporcional e razoável, pelo período de um a doze meses, e o pagamento deverá ser feito por meio de desconto nos futuros repasses de cotas do Fundo Partidário, desde que a prestação de contas seja julgada, pelo juízo ou tribunal competente, em até cinco anos de sua apresentação. *(Redação dada pela Lei nº 13.165, de 2015)*

§ 4º Da decisão que desaprovar total ou parcialmente a prestação de contas dos órgãos partidários caberá recurso para os Tribunais Regionais Eleitorais ou para o Tribunal Superior Eleitoral, conforme o caso, o qual deverá ser recebido com efeito suspensivo. *(Incluído pela Lei nº 12.034/2009)*

§ 5º As prestações de contas desaprovadas pelos Tribunais Regionais e pelo Tribunal Superior poderão ser revistas para fins de aplicação proporcional da sanção aplicada, mediante requerimento ofertado nos autos da prestação de contas. *(Incluído pela Lei nº 12.034/2009)*

§ 6º O exame da prestação de contas dos órgãos partidários tem caráter jurisdicional. *(Incluído pela Lei nº 12.034/2009)*

§ 7º Vetado. *(Incluído pela Lei nº 12.891, de 2013)*

§ 8º *Vetado. (Incluído pela Lei nº 12.891, de 2013)*

§ 9º O desconto no repasse de cotas resultante da aplicação da sanção a que se refere o *caput* será suspenso durante o segundo semestre do ano em que se realizarem as eleições. *(Incluído pela Lei nº 13.165, de 2015)*

§ 10. Os gastos com passagens aéreas serão comprovados mediante apresentação de fatura ou duplicata emitida por agência de viagem, quando for o caso, desde que informados os beneficiários, as datas e os itinerários, vedada a exigência de apresentação de qualquer outro documento para esse fim. *(Incluído pela Lei nº 13.165, de 2015)*

§ 11. Os órgãos partidários poderão apresentar documentos hábeis para esclarecer questionamentos da Justiça Eleitoral ou para sanear irregularidades a qualquer tempo, enquanto não transitada em julgado a decisão que julgar a prestação de contas. *(Incluído pela Lei nº 13.165, de 2015)*

§ 12. Erros formais ou materiais que no conjunto da prestação de contas não comprometam o conhecimento da origem das receitas e a destinação das despesas não acarretarão a desaprovação das contas. *(Incluído pela Lei nº 13.165, de 2015)*

§ 13. A responsabilização pessoal civil e criminal dos dirigentes partidários decorrente da desaprovação das contas partidárias e de atos ilícitos atribuídos ao partido político somente ocorrerá se verificada irregularidade grave e insanável resultante de conduta dolosa que importe enriquecimento ilícito e lesão ao patrimônio do partido. *(Incluído pela Lei nº 13.165, de 2015)*

§ 14. O instituto ou fundação de pesquisa e de doutrinação e educação política não será atingido pela sanção aplicada ao partido político em caso de desaprovação de suas contas, exceto se tiver diretamente dado causa à reprovação. *(Incluído pela Lei nº 13.165, de 2015)*

Art. 37-A. A falta de prestação de contas implicará a suspensão de novas cotas do Fundo Partidário enquanto perdurar a inadimplência e sujeitará os responsáveis às penas da lei. *(Incluído pela Lei nº 13.165, de 2015)*

CAPÍTULO II
DO FUNDO PARTIDÁRIO

Art. 38. O Fundo Especial de Assistência Financeira aos Partidos Políticos (Fundo Partidário) é constituído por:

I. multas e penalidades pecuniárias aplicadas nos termos do Código Eleitoral e leis conexas;
- » *Res.-TSE nº 21.975/2004.*
- » *Res.-TSE nº 21.875/2004.*
- » *Res.-TSE nº 22.489/2006.*
- » *Res.-TSE nº 22.629/2007.*
- » *Res.-TSE nº 23.464/2015.*
- » *Res.-TSE nº 23.465/2015.*

II. recursos financeiros que lhe forem destinados por lei, em caráter permanente ou eventual;

III. doações de pessoa física ou jurídica, efetuadas por intermédio de depósitos bancários diretamente na conta do Fundo Partidário;

IV. dotações orçamentárias da União em valor nunca inferior, cada ano, ao número de eleitores inscritos em 31 de dezembro do ano anterior ao da proposta orçamentária, multiplicados por 35 (trinta e cinco) centavos de real, em valores de agosto de 1995.

§ 1º *(Vetado)*

§ 2º *(Vetado)*

Art. 39. Ressalvado o disposto no art. 31, o partido político pode receber doações de pessoas físicas e jurídicas para constituição de seus fundos.
- » *Vide ADIn nº 4.650/DF.*

§ 1º As doações de que trata este artigo podem ser feitas diretamente aos órgãos de direção nacional, estadual e municipal, que remeterão, à Justiça Eleitoral e aos órgãos hierarquicamente superiores do partido, o demonstrativo de seu recebimento e respectiva destinação, juntamente com o balanço contábil.

§ 2º Outras doações, quaisquer que sejam, devem ser lançadas na contabilidade do partido, definidos seus valores em moeda corrente.

§ 3º As doações de recursos financeiros somente poderão ser efetuadas na conta do partido político por meio de: *(Redação dada pela Lei nº 13.165, de 2015)*

I. cheques cruzados e nominais ou transferência eletrônica de depósitos; *(Incluído pela Lei nº 13.165, de 2015)*

II. depósitos em espécie devidamente identificados; *(Incluído pela Lei nº 13.165, de 2015)*

III. mecanismo disponível em sítio do partido na internet que permita inclusive o uso de cartão de crédito ou de débito e que atenda aos seguintes requisitos: *(Incluído pela Lei nº 13.165, de 2015)*

a) identificação do doador; *(Incluído pela Lei nº 13.165, de 2015)*

b) emissão obrigatória de recibo eleitoral para cada doação realizada. *(Incluído pela Lei nº 13.165, de 2015)*

§ 4º *(Revogado pela Lei nº 9.504/97)*

§ 5º Em ano eleitoral, os partidos políticos poderão aplicar ou distribuir pelas diversas eleições os recursos financeiros recebidos de pessoas físicas e jurídicas, observando-se o disposto no § 1º do art. 23, no art. 24 e no § 1º do art. 81 da Lei nº 9.504, de 30 de setembro de 1997, e os critérios definidos pelos respectivos órgãos de direção e pelas normas estatutárias. *(Incluído pela Lei nº 12.034/2009).*

Art. 40. A previsão orçamentária de recursos para o Fundo Partidário deve ser consignada, no Anexo do Poder Judiciário, ao Tribunal Superior Eleitoral.

§ 1º O Tesouro Nacional depositará, mensalmente, os duodécimos no Banco do Brasil, em conta especial à disposição do Tribunal Superior Eleitoral.

§ 2º Na mesma conta especial serão depositadas as quantias arrecadadas pela aplicação de multas e outras penalidades pecuniárias, previstas na Legislação Eleitoral.

Art. 41. O Tribunal Superior Eleitoral, dentro de 5 (cinco) dias, a contar da data do depósito a que se refere o § 1º do artigo anterior, fará a respectiva distribuição aos órgãos nacionais dos partidos, obedecendo aos seguintes critérios:

I. 1% (um por cento) do total do Fundo Partidário será destacado para entrega, em partes iguais, a todos os partidos que tenham seus estatutos registrados no Tribunal Superior Eleitoral;

II. 99% (noventa e nove por cento) do total do Fundo Partidário serão distribuídos aos partidos que tenham preenchido as condições do art. 13, na proporção dos votos obtidos na última eleição geral para a Câmara dos Deputados.(1)

Art. 41

» *(1) ADIn nºs 1.351-DF, DJ 30/03/2007 e 1.354-DF, DJ 30/03/2007, republicada em 29/06/2007.*

Art. 41-A. Do total do Fundo Partidário: *(Redação dada pela Lei nº 12.875, de 30/10/2013)*

I. 5% (cinco por cento) serão destacados para entrega, em partes iguais, a todos os partidos que atendam aos requisitos constitucionais de acesso aos recursos do Fundo Partidário; e *(Redação dada pela Lei nº 13.165, de 2015)*

II. 95% (noventa e cinco por cento) serão distribuídos aos partidos na proporção dos votos obtidos na última eleição geral para a Câmara dos Deputados. *(Incluído pela Lei nº 12.875, de 30/10/2013)*

Parágrafo único. Para efeito do disposto no inciso II, serão desconsideradas as mudanças de filiação partidária em quaisquer hipóteses. *(Redação dada pela Lei nº 13.107, de 2015)*

Art. 42. Em caso de cancelamento ou caducidade do órgão de direção nacional do partido, reverterá ao Fundo Partidário a quota que a este caberia.

Art. 43. Os depósitos e movimentações dos recursos oriundos do Fundo Partidário serão feitos em estabelecimentos bancários controlados pelo Poder Público Federal, pelo Poder Público Estadual ou, inexistindo estes, no banco escolhido pelo órgão diretivo do partido.

Art. 44. Os recursos oriundos do Fundo Partidário serão aplicados:

I. na manutenção das sedes e serviços do partido, permitido o pagamento de pessoal, a qualquer título, observado, do total recebido, os seguintes limites: *(Redação dada pela Lei nº 13.165, de 2015)*

a) 50% (cinquenta por cento) para o órgão nacional; *(Incluído pela Lei nº 13.165, de 2015)*

b) 60% (sessenta por cento) para cada órgão estadual e municipal; *(Incluído pela Lei nº 13.165, de 2015)*

II. na propaganda doutrinária e política;

III. no alistamento e campanhas eleitorais;

IV. na criação e manutenção de instituto ou fundação de pesquisa e de doutrinação e educação política, sendo esta aplicação de, no mínimo, 20% (vinte por cento) do total recebido.

» *Res.-TSE nº 21.875/2004.*
» *Res.-TSE nº 22.226/2006.*

V. na criação e manutenção de programas de promoção e difusão da participação política das mulheres, criados e mantidos pela secretaria da mulher do respectivo partido político ou, inexistindo a secretaria, pelo instituto ou fundação de pesquisa e de doutrinação e educação política de que trata o inciso IV, conforme percentual que será fixado pelo órgão nacional de direção partidária, observado o mínimo de 5% (cinco por cento) do total; *(Redação dada pela Lei nº 13.165, de 2015)*

VI. no pagamento de mensalidades, anuidades e congêneres devidos a organismos partidários internacionais que se destinem ao apoio à pesquisa, ao estudo e à doutrinação política, aos quais seja o partido político regularmente filiado; *(Incluído pela Lei nº 13.165, de 2015)*

VII. no pagamento de despesas com alimentação, incluindo restaurantes e lanchonetes. *(Incluído pela Lei nº 13.165, de 2015)*

§ 1º Na prestação de contas dos órgãos de direção partidária de qualquer nível devem ser discriminadas as despesas realizadas com recursos do Fundo Partidário, de modo a permitir o controle da Justiça Eleitoral sobre o cumprimento do disposto nos incisos I e IV deste artigo.

§ 2º A Justiça Eleitoral pode, a qualquer tempo, investigar sobre a aplicação de recursos oriundos do Fundo Partidário.

§ 3º Os recursos de que trata este artigo não estão sujeitos ao regime da Lei nº 8.666, de 21 de junho de 1993, tendo os partidos políticos autonomia para contratar e realizar despesas. *(Redação dada pela Lei nº 12.891, de 11/12/2013)*

§ 4º Não se incluem no cômputo do percentual previsto no inciso I deste artigo encargos e tributos de qualquer natureza. *(Incluído pela Lei nº 12.034/2009)*

§ 5º O partido político que não cumprir o disposto no inciso V do *caput* deverá transferir o saldo para conta específica, sendo vedada sua aplicação para finalidade diversa, de modo que o saldo remanescente deverá ser aplicado dentro do exercício financeiro subsequente, sob pena de acréscimo de 12,5% (doze inteiros e cinco décimos por cento) do valor previsto no inciso V do *caput*, a ser aplicado na mesma finalidade. *(Redação dada pela Lei nº 13.165, de 2015)*

§ 5º-A. A critério das agremiações partidárias, os recursos a que se refere o inciso V poderão ser acumulados em diferentes exercícios financeiros, mantidos em contas bancárias específicas, para utilização futura em campanhas eleitorais de candidatas do partido. *(Incluído pela Lei nº 13.165, de 2015)*

§ 6º No exercício financeiro em que a fundação ou instituto de pesquisa não despender a totalidade dos recursos que lhe forem assinalados, a eventual sobra poderá ser revertida para outras atividades partidárias, conforme previstas no *caput* deste artigo. *(Incluído pela Lei nº 12.891, de 11/12/2013)*

§ 7º A critério da secretaria da mulher ou, inexistindo a secretaria, a critério da fundação de pesquisa e de doutrinação e educação política, os recursos a que se refere o inciso V do *caput* poderão ser acumulados em diferentes exercícios financeiros, mantidos em contas bancárias específicas, para utilização futura em campanhas eleitorais de candidatas do partido, não se aplicando, neste caso, o disposto no § 5º. *(Incluído pela Lei nº 13.165, de 2015)*

TÍTULO IV
DO ACESSO GRATUITO AO RÁDIO E À TELEVISÃO

» *Revogados pela Lei 13.487/2017.*

TÍTULO V
DISPOSIÇÕES GERAIS

Art. 50. *(Vetado)*

Art. 51. É assegurado ao partido político com estatuto registrado no Tribunal Superior Eleitoral o direito à utilização gratuita de escolas públicas ou Casas Legislativas para a realização de suas reuniões ou convenções, responsabilizando-se pelos danos porventura causados com a realização do evento.

» *Lei nº 9.504/97, art. 8º, § 2º.*

Art. 52. *(Vetado)*

Parágrafo único. *(Revogado pela Lei nº 13.487, de 2017)*

» *Lei nº 9.504/97, art. 99.*
» *Dec. nº 5.331/2005.*

Art. 53. A fundação ou instituto de direito privado, criado por partido político, destinado ao estudo e pesquisa, à doutrinação e à educação política, rege-se pelas normas da lei civil e tem autonomia para contratar com instituições públicas e privadas, prestar serviços e manter estabelecimentos de acordo com suas finalidades, podendo, ainda, manter intercâmbio com instituições não nacionais.
» *Res.-TSE nº 22.121/2005.*
» *Lei nº 9.504/97, art. 31, parágrafo único.*
» *Nesta lei, art. 31.*

§ 1º O instituto poderá ser criado sob qualquer das formas admitidas pela lei civil. *(Incluído pela Lei nº 13.487, de 2017)*

§ 2º O patrimônio da fundação ou do instituto de direito privado a que se referem o inciso IV do art. 44 desta Lei e o *caput* deste artigo será vertido ao ente que vier a sucedê-lo nos casos de: *(Incluído pela Lei nº 13.487, de 2017)*

I - extinção da fundação ou do instituto, quando extinto, fundido ou incorporado o partido político, assim como nas demais hipóteses previstas na legislação; *(Incluído pela Lei nº 13.487, de 2017)*

II - conversão ou transformação da fundação em instituto, assim como deste em fundação. *(Incluído pela Lei nº 13.487, de 2017)*

§ 3º Para fins do disposto no § 2º deste artigo, a versão do patrimônio implica a sucessão de todos os direitos, os deveres e as obrigações da fundação ou do instituto extinto, transformado ou convertido. *(Incluído pela Lei nº 13.487, de 2017)*

§ 4º A conversão, a transformação ou, quando for o caso, a extinção da fundação ou do instituto ocorrerá por decisão do órgão de direção nacional do partido político. *(Incluído pela Lei nº 13.487, de 2017)*

Art. 54. Para fins de aplicação das normas estabelecidas nesta Lei, consideram-se como equivalentes a Estados e Municípios o Distrito Federal e os Territórios e respectivas divisões político-administrativas.

TÍTULO VI
DISPOSIÇÕES FINAIS E TRANSITÓRIAS

Art. 55. O partido político que, nos termos da legislação anterior, tenha registro definitivo, fica dispensado da condição estabelecida no § 1º do art. 7º, e deve providenciar a adaptação de seu estatuto às disposições desta Lei, no prazo de 6 (seis) meses da data de sua publicação.

§ 1º A alteração estatutária com a finalidade prevista neste artigo pode ser realizada pelo partido político em reunião do órgão nacional máximo, especialmente convocado na forma dos estatutos, com antecedência mínima de 30 (trinta) dias e ampla divulgação, entre seus órgãos e filiados, do projeto do estatuto.

§ 2º Aplicam-se as disposições deste artigo ao partido que, na data da publicação desta Lei:

I. tenha completado seu processo de organização nos termos da legislação anterior e requerido o registro definitivo;

II. tenha seu pedido de registro *sub judice*, desde que sobrevenha decisão favorável do órgão judiciário competente;

III. tenha requerido registro de seus estatutos junto ao Tribunal Superior Eleitoral, após o devido registro como entidade civil.

Art. 56. *(Revogado pela Lei nº 13.165/2015).*

Art. 57. *(Revogado pela Lei nº 13.165/2015).*

Art. 58. A requerimento de partido, o Juiz Eleitoral devolverá as fichas de filiação partidária existentes no cartório da respectiva Zona, devendo ser organizada a primeira relação de filiados, nos termos do art. 19, obedecidas as normas estatutárias.

Parágrafo único. Para efeito de candidatura a cargo eletivo será considerada como primeira filiação a constante das listas de que trata este artigo.

Art. 59. O art. 16 da Lei nº 3.071, de 1º de janeiro de 1916 (Código Civil), passa a vigorar com a seguinte redação:

"Art. 16 (..)
(..)
III. os partidos políticos.
(..)
§ 3º Os partidos políticos reger-se-ão pelo disposto, no que lhes for aplicável, nos arts. 17 a 22 deste Código e em lei específica."

Art. 60. Os artigos a seguir enumerados da Lei nº 6.015, de 31 de dezembro de 1973, passam a vigorar a seguinte redação:

"Art. 114. (..)
(..)
III. os atos constitutivos e os estatutos dos partidos políticos.
(..)
Art. 120. O registro das sociedades, fundações e partidos políticos consistirá na declaração, feita em livro, pelo oficial, do número de ordem, da data da apresentação e da espécie do ato constitutivo, com as seguintes indicações:
(..)
Parágrafo único. Para o registro dos partidos políticos, serão obedecidos, além dos requisitos deste artigo, os estabelecidos em lei específica."

Art. 61. O Tribunal Superior Eleitoral expedirá instruções para a fiel execução desta Lei.
» *CE, arts. 1º, parágrafo único; 23, IX.*
» *Lei nº 9.504/97, art. 105.*
» *Res.-TSE nº 20.034/97.*
» *Res.-TSE nº 21.377/2003.*
» *Res.-TSE nº 21.574/2003.*
» *Res.-TSE nº 21.975/2004.*
» *Res.-TSE nº 22.121/2005.*
» *Res.-TSE nº 23.464/2015.*
» *Res.-TSE nº 23.465/2015.*

Art. 62. Esta Lei entra em vigor na data de sua publicação.

Art. 63. Ficam revogadas a Lei nº 5.682, de 21 de julho de 1971, e respectivas alterações; a Lei nº 6.341, de 05 de julho de 1976; a Lei nº 6.817, de 05 de setembro de 1980; a Lei nº 6.957, de 23 de novembro de 1981; o art. 16 da Lei nº 6.996, de 07 de junho de 1982; a Lei nº 7.307, de 9 de abril de 1985, e a Lei nº 7.514, de 09 de julho de 1986.

Brasília, 19 de setembro de 1995

Marco Antonio de Oliveira Maciel

Lei Nº 9.265, de 12 de fevereiro de 1996

> Regulamenta o inciso LXXVII do art. 5º da Constituição, dispondo sobre a gratuidade dos atos necessários ao exercício da cidadania.

O PRESIDENTE DA REPÚBLICA, Faço saber que o Congresso Nacional decreta e eu sanciono a seguinte Lei:

Art. 1º. São gratuitos os atos necessários ao exercício da cidadania, assim considerados:

I. os que capacitam o cidadão ao exercício da soberania popular, a que se reporta o art. 14 da Constituição;

II. aqueles referentes ao alistamento militar;

III. os pedidos de informações ao poder público, em todos os seus âmbitos, objetivando a instrução de defesa ou a denúncia de irregularidades administrativas na órbita pública;

IV. as ações de impugnação de mandato eletivo por abuso do poder econômico, corrupção ou fraude;

V. quaisquer requerimentos ou petições que visem as garantias individuais e a defesa do interesse público;

VI. O registro civil de nascimento e o assento de óbito, bem como a primeira certidão respectiva. *(Inciso VI acrescido pelo art. 3º da Lei nº 9.534/97)*

Art. 2º. Esta Lei entra em vigor na data de sua publicação.

Art. 3º. Revogam-se as disposições em contrário.

Brasília, 12 de fevereiro de 1996; 175º da Independência e 108º da República.

Fernando Henrique Cardoso

Nelson A. Jobim

Lei Nº 9.504, de 30 de setembro de 1997*

> Estabelece normas para as eleições.

O Vice-Presidente da República no exercício do cargo de Presidente da República,

Faço saber que o Congresso Nacional decreta e eu sanciono a seguinte Lei:

DISPOSIÇÕES GERAIS

Art. 1º. As eleições para Presidente e Vice-Presidente da República, Governador e Vice-Governador de Estado e do Distrito Federal, Prefeito e Vice-Prefeito, Senador, Deputado Federal, Deputado Estadual, Deputado Distrital e Vereador dar-se-ão, em todo o País, no primeiro domingo de outubro do ano respectivo.

» CF, art. 77.

Parágrafo único. Serão realizadas simultaneamente as eleições:

I. para Presidente e Vice-Presidente da República, Governador e Vice-Governador de Estado e do Distrito Federal, Senador, Deputado Federal, Deputado Estadual e Deputado Distrital;

II. para Prefeito, Vice-Prefeito e Vereador.

Art. 2º. Será considerado eleito o candidato a Presidente ou a Governador que obtiver a maioria absoluta de votos, não computados os em branco e os nulos.

» CE, art. 86.

§ 1º Se nenhum candidato alcançar maioria absoluta na primeira votação, far-se-á nova eleição no último domingo de outubro, concorrendo os 2 (dois) candidatos mais votados, e considerando-se eleito o que obtiver a maioria dos votos válidos.

§ 2º Se, antes de realizado o segundo turno, ocorrer morte, desistência ou impedimento legal de candidato, convocar-se-á, dentre os remanescentes, o de maior votação.

§ 3º Se, na hipótese dos parágrafos anteriores, remanescer em segundo lugar mais de 1 (um) candidato com a mesma votação, qualificar-se-á o mais idoso.

§ 4º A eleição do Presidente importará a do candidato a Vice-Presidente com ele registrado, o mesmo se aplicando à eleição de Governador.

» LC nº 64/90, art. 18.

Art. 3º. Será considerado eleito Prefeito o candidato que obtiver a maioria dos votos, não computados os em branco e os nulos.

§ 1º A eleição do Prefeito importará a do candidato a Vice-Prefeito com ele registrado.

» CF, art. 29, III.
» LC nº 64/90, art. 18.

§ 2º Nos Municípios com mais de duzentos mil eleitores, aplicar-se-ão as regras estabelecidas nos §§ 1º a 3º do artigo anterior.

Art. 4º. Poderá participar das eleições o partido que, até seis meses antes do pleito, tenha registrado seu estatuto no Tribunal Superior Eleitoral, conforme o disposto em lei, e tenha, até a data da convenção, órgão de direção constituído na circunscrição, de acordo com o respectivo estatuto *(Redação dada pela Lei nº 13.488, de 2017)*

» Lei nº 9.096/95.
» Res.-TSE nº 23.464/2015.
» Res.-TSE nº 23.465/2015.
» Vide ADI nº 1.817 do STF.

Art. 5º. Nas eleições proporcionais, contam-se como válidos apenas os votos dados a candidatos regularmente inscritos e às legendas partidárias.

» CF, art. 106.

DAS COLIGAÇÕES

Art. 6º. É facultado aos partidos políticos, dentro da mesma circunscrição, celebrar coligações para eleição majoritária, proporcional, ou para ambas, podendo, neste último caso, formar-se mais de uma coligação para a eleição proporcional dentre os partidos que integram a coligação para o pleito majoritário.

» CF, art. 17, § 1º.
» Res.-TSE nº 22.580/2007.

§ 1º A coligação terá denominação própria, que poderá ser a junção de todas as siglas dos partidos que a integram, sendo a ela atribuídas as prerrogativas e obrigações de partido político no que se refere ao processo eleitoral, e devendo funcionar como 1 (um) só partido no relacionamento com a Justiça Eleitoral e no trato dos interesses interpartidários.

§ 1º-A. A denominação da coligação não poderá coincidir, incluir ou fazer referência a nome ou número de candidato, nem conter pedido de voto para partido político. *(Incluído pela Lei nº 12.034/2009)*

§ 2º Na propaganda para eleição majoritária, a coligação usará, obrigatoriamente, sob sua denominação, as legendas de todos os partidos que a integram; na propaganda para eleição proporcional, cada partido usará apenas sua legenda sob o nome da coligação.

» CE, art. 242.

§ 3º Na formação de coligações, devem ser observadas, ainda, as seguintes normas:

I. na chapa da coligação, podem inscrever-se candidatos filiados a qualquer partido político dela integralI. o pedido de registro dos candidatos deve ser subscrito pelos presidentes dos partidos coligados, por seus delegados, pela maioria dos membros dos respectivos órgãos executivos de direção ou por representante da coligação, na forma do inciso III;

III. os partidos integrantes da coligação devem designar um representante, que terá atribuições equivalentes às de presidente de partido político, no trato dos interesses e na representação da coligação, no que se refere ao processo eleitoral;

IV. a coligação será representada perante a Justiça Eleitoral pela pessoa designada na forma do inciso III ou por delegados indicados pelos partidos que a compõem, podendo nomear até:

a) 3 (três) delegados perante o Juízo Eleitoral;
b) 4 (quatro) delegados perante o Tribunal Regional Eleitoral;
c) 5 (cinco) delegados perante o Tribunal Superior Eleitoral.

§ 4º O partido político coligado somente possui legitimidade para atuar de forma isolada no processo eleitoral quando questionar a validade da própria coligação, durante o período compreendido entre a data da convenção e o termo final do prazo para a impugnação do registro de candidatos. *(Incluído pela Lei nº 12.034/2009)*

§ 5º A responsabilidade pelo pagamento de multas decorrentes de propaganda eleitoral é solidária entre os candidatos e os respectivos partidos, não alcançando outros partidos mesmo quando integrantes de uma mesma coligação. *(Incluído pela Lei nº 12.891, de 11/12/2013)*

DAS CONVENÇÕES PARA A ESCOLHA DE CANDIDATOS

Art. 7º. As normas para a escolha e substituição dos candidatos e para a formação de coligações serão estabelecidas no estatuto do partido, observadas as disposições desta Lei.

§ 1º Em caso de omissão do estatuto, caberá ao órgão de direção nacional do partido estabelecer as normas a que se refere este artigo, publicando-as no Diário Oficial da União até 180 (cento e oitenta) dias antes das eleições.

§ 2º Se a convenção partidária de nível inferior se opuser, na deliberação sobre coligações, às diretrizes legitimamente estabelecidas pelo órgão de direção nacional, nos termos do respectivo estatuto, poderá esse órgão anular a deliberação e os atos dela decorrentes. *(Redação dada pela Lei nº 12.034/2009)*

§ 3º As anulações de deliberações dos atos decorrentes de convenção partidária, na condição acima estabelecida, deverão ser comunicadas à Justiça Eleitoral no prazo de 30 (trinta) dias após a data limite para o registro de candidatos. *(Redação dada pela Lei nº 12.034/2009)*

§ 4º Se, da anulação, decorrer a necessidade de escolha de novos candidatos, o pedido de registro deverá ser apresentado à Justiça Eleitoral nos 10 (dez) dias seguintes à deliberação, observado o disposto no art. 13. *(Incluído pela Lei nº 12.034/2009)*

Art. 8º. A escolha dos candidatos pelos partidos e a deliberação sobre coligações deverão ser feitas no período de 20 de julho a 5 de agosto do ano em que se realizarem as eleições, lavrando-se a respectiva ata em livro aberto, rubricado pela Justiça Eleitoral, publicada em vinte e quatro horas em qualquer meio de comunicação. *(Redação dada pela Lei nº 13.165, de 2015)*

§ 1º Aos detentores de mandato de Deputado Federal, Estadual ou Distrital, ou de Vereador, e aos que tenham exercido esses cargos em qualquer período da legislatura que estiver em curso, é assegurado o registro de candidatura para o mesmo cargo pelo partido a que estejam filiados.

» ADIn nº 2.530-9.

§ 2º Para a realização das convenções de escolha de candidatos, os partidos políticos poderão usar gratuitamente prédios públicos, responsabilizando-se por danos causados com a realização do evento.

Art. 9º. Para concorrer às eleições, o candidato deverá possuir domicílio eleitoral na respectiva circunscrição pelo prazo de seis meses e estar com a filiação deferida pelo partido no mesmo prazo. *(Redação dada pela Lei nº 13.488, de 2017)*

» CE, art. 42, parágrafo único.
» Res.-TSE nº 21.538/2003, art. 65.

Parágrafo único. Havendo fusão ou incorporação de partidos após o prazo estipulado no *caput*, será considerada, para efeito de filiação partidária, a data de filiação do candidato ao partido de origem.

DO REGISTRO DE CANDIDATOS

Art. 10. Cada partido ou coligação poderá registrar candidatos para a Câmara dos Deputados, a Câmara Legislativa, as Assembleias Legislativas e as Câmaras Municipais no total de até 150% (cento e cinquenta por cento) do número de lugares a preencher, salvo: *(Redação dada pela Lei nº 13.165, de 2015)*

I. nas unidades da Federação em que o número de lugares a preencher para a Câmara dos Deputados não exceder a doze, nas quais cada partido ou coligação poderá registrar candidatos a Deputado Federal e a Deputado Estadual ou Distrital no total de até 200% (duzentos por cento) das respectivas vagas; *(Incluído pela Lei nº 13.165, de 2015)*

II. nos Municípios de até cem mil eleitores, nos quais cada coligação poderá registrar candidatos no total de até 200% (duzentos por cento) do número de lugares a preencher. *(Incluído pela Lei nº 13.165, de 2015)*

§ 1º *(Revogado). (Redação dada pela Lei nº 13.165, de 2015)*
§ 2º *(Revogado). (Redação dada pela Lei nº 13.165, de 2015)*

» CE, arts. 87-102.
» CF, art. 45, § 1º.
» LC nº 78/93.
» Res.-TSE nº 21.702/2004.

Art. 10

» Res.-TSE nº 20.046/97.

» Res.-TSE nº 21.860/2004.

§ 3º Do número de vagas resultantes das regras previstas neste artigo, cada partido ou coligação preencherá o mínimo de 30% (trinta por cento) e o máximo de 70% (setenta por cento) para candidaturas de cada sexo. *(Redação dada pela Lei nº 12.034/2009)*

» Art. 93-A.

§ 4º Em todos os cálculos, será sempre desprezada a fração, se inferior a 1/2 (meio), e igualada a 1 (um), se igual ou superior.

§ 5º No caso de as convenções para a escolha de candidatos não indicarem o número máximo de candidatos previsto no *caput*, os órgãos de direção dos partidos respectivos poderão preencher as vagas remanescentes até trinta dias antes do pleito. *(Redação dada pela Lei nº 13.165, de 2015)*

Art. 11. Os partidos e coligações solicitarão à Justiça Eleitoral o registro de seus candidatos até as dezenove horas do dia 15 de agosto do ano em que se realizarem as eleições. *(Redação dada pela Lei nº 13.165, de 2015)*

» Vide Súmulas nºs 39, 40, 45, 52 e 53 do TSE.

§ 1º O pedido de registro deve ser instruído com os seguintes documentos:

I. cópia da ata a que se refere o art. 8º;

II. autorização do candidato, por escrito;

III. prova de filiação partidária;

» Nesta lei, art. 9º.

» Res.-TSE nº 23.464/2015.

» Res.-TSE nº 23.465/2015.

» Súmula nº 20 do TSE.

IV. declaração de bens, assinada pelo candidato;

V. cópia do título eleitoral ou certidão, fornecida pelo cartório eleitoral, de que o candidato é eleitor na circunscrição ou requereu sua inscrição ou transferência de domicílio no prazo previsto no art. 9º;

» CE, art. 42, parágrafo único.

» Res.-TSE nº 21.538/2003, art. 65.

VI. certidão de quitação eleitoral;

» CF, art. 14, § 3º, II.

» Res.-TSE nº 21.667/2004.

» Res.-TSE nº 21.823/2004.

» Res.-TSE nº 21.848/2004.

VII. certidões criminais fornecidas pelos órgãos de distribuição da Justiça Eleitoral, Federal e Estadual;

VIII. fotografia do candidato, nas dimensões estabelecidas em instrução da Justiça Eleitoral, para efeito do disposto no § 1º do art. 59.

IX. propostas defendidas pelo candidato a Prefeito, a Governador de Estado e a Presidente da República. *(Incluído pela Lei nº 12.034/2009)*

§ 2º A idade mínima constitucionalmente estabelecida como condição de elegibilidade é verificada tendo por referência a data da posse, salvo quando fixada em dezoito anos, hipótese em que será aferida na data-limite para o pedido de registro. *(Redação dada pela Lei nº 13.165, de 2015)*

» CF, art. 14, § 3º, VI.

§ 3º Caso entenda necessário, o Juiz abrirá prazo de 72 (setenta e duas) horas para diligências.

» Súmula nº 3 do TSE.

§ 4º Na hipótese de o partido ou coligação não requerer o registro de seus candidatos, estes poderão fazê-lo perante a Justiça Eleitoral, observado o prazo máximo de quarenta e oito horas seguintes à publicação da lista dos candidatos pela Justiça Eleitoral. *(Redação dada pela Lei nº 12.034/2009)*

§ 5º Até a data a que se refere este artigo, os Tribunais e Conselhos de Contas deverão tornar disponíveis à Justiça Eleitoral relação dos que tiveram suas contas relativas ao exercício de cargos ou funções públicas rejeitadas por irregularidade insanável e por decisão irrecorrível do órgão competente, ressalvados os casos em que a questão estiver sendo submetida à apreciação do Poder Judiciário, ou que haja sentença judicial favorável ao interessado.

» Vide art. 1º, inc. I, g, da LC nº 64/90.

§ 6º A Justiça Eleitoral possibilitará aos interessados acesso aos documentos apresentados para os fins do disposto no § 1º. *(Incluído pela Lei nº 12.034/2009)*

§ 7º A certidão de quitação eleitoral abrangerá exclusivamente a plenitude do gozo dos direitos políticos, o regular exercício do voto, o atendimento a convocações da Justiça Eleitoral para auxiliar os trabalhos relativos ao pleito, a inexistência de multas aplicadas, em caráter definitivo, pela Justiça Eleitoral e não remitidas, e a apresentação de contas de campanha eleitoral. *(Incluído pela Lei nº 12.034/2009)*

» Vide Súmulas nºs 42, 50, 56 e 57 do TSE.

» CF, art. 14, § 3º, II.

§ 8º Para fins de expedição da certidão de que trata o § 7º, considerar-se-ão quites aqueles que: *(Incluído pela Lei nº 12.034/2009)*

I. condenados ao pagamento de multa, tenham, até a data da formalização do seu pedido de registro de candidatura, comprovado o pagamento ou o parcelamento da dívida regularmente cumprido; *(Incluído pela Lei nº 12.034/2009)*

II. pagarem a multa que lhes couber individualmente, excluindo-se qualquer modalidade de responsabilidade solidária, mesmo quando imposta concomitantemente com outros candidatos e em razão do mesmo fato. *(Incluído pela Lei nº 12.034/2009)*

III - o parcelamento das multas eleitorais é direito dos cidadãos e das pessoas jurídicas e pode ser feito em até sessenta meses, salvo quando o valor da parcela ultrapassar 5% (cinco por cento) da renda mensal, no caso de cidadão, ou 2% (dois por cento) do faturamento, no caso de pessoa jurídica, hipótese em que poderá estender-se por prazo superior, de modo que as parcelas não ultrapassem os referidos limites; *(Redação dada pela Lei nº 13.488, de 2017)*

IV - o parcelamento de multas eleitorais e de outras multas e débitos de natureza não eleitoral imputados pelo poder público é garantido também aos partidos políticos em até sessenta meses, salvo se o valor da parcela ultrapassar o limite de 2% (dois por cento) do repasse mensal do Fundo Partidário, hipótese em que poderá estender-se por prazo superior, de modo que as parcelas não ultrapassem o referido limite. *(Incluído pela Lei nº 13.488, de 2017)*

» Vide Súmula nº 63 do TSE.

§ 9º A Justiça Eleitoral enviará aos partidos políticos, na respectiva circunscrição, até o dia 5 de junho do ano da eleição, a relação de todos os devedores de multa eleitoral, a qual embasará a expedição das certidões de quitação eleitoral. *(Incluído pela Lei nº 12.034/2009)*

§ 10. As condições de elegibilidade e as causas de inelegibilidade devem ser aferidas no momento da formalização do pedido de registro da candidatura, ressalvadas as alterações, fáticas ou jurídicas, supervenientes ao registro que afastem a inelegibilidade.

» Vide Súmulas nºs 43 e 70 do TSE.
» LC nº 64/90, art. 26-C e Lei nº 9.504/97, art. 16-A.
» CE, art. 262.

§ 11. A Justiça Eleitoral observará, no parcelamento a que se refere o § 8º deste artigo, as regras de parcelamento previstas na legislação tributária federal. *(Incluído pela Lei nº 12.034/2009)*

» LC nº 64/90, art. 1º, I, "g".
» Lei nº 8.443/92, art. 91.
» Súmula nº 1 do TSE.

§ 12. *(Vetado) (Incluído pela Lei nº 12.034/2009)*

§ 13. Fica dispensada a apresentação pelo partido, coligação ou candidato de documentos produzidos a partir de informações detidas pela Justiça Eleitoral, entre eles os indicados nos incisos III, V e VI do § 1º deste artigo. *(Incluído pela Lei nº 12.891, de 11/12/2013)*

§ 14. É vedado o registro de candidatura avulsa, ainda que o requerente tenha filiação partidária. *(Incluído pela Lei nº 13.488, de 2017)*

Art. 12. O candidato às eleições proporcionais indicará, no pedido de registro, além de seu nome completo, as variações nominais com que deseja ser registrado, até o máximo de 3 (três) opções, que poderão ser o prenome, sobrenome, cognome, nome abreviado, apelido ou nome pelo qual é mais conhecido, desde que não se estabeleça dúvida quanto à sua identidade, não atente contra o pudor e não seja ridículo ou irreverente, mencionando em que ordem de preferência deseja registrar-se.

§ 1º Verificada a ocorrência de homonímia, a Justiça Eleitoral procederá atendendo ao seguinte:

I. havendo dúvida, poderá exigir do candidato prova de que é conhecido por dada opção de nome, indicada no pedido de registro;

II. ao candidato que, na data máxima prevista para o registro, esteja exercendo mandato eletivo ou o tenha exercido nos últimos 4 (quatro) anos, ou que nesse mesmo prazo se tenha candidatado com um dos nomes que indicou, será deferido o seu uso no registro, ficando outros candidatos impedidos de fazer propaganda com esse mesmo nome;

III. ao candidato que, pela sua vida política, social ou profissional, seja identificado por um dado nome que tenha indicado, será deferido o registro com esse nome, observado o disposto na parte final do inciso anterior;

IV. tratando-se de candidatos cuja homonímia não se resolva pelas regras dos 2 (dois) incisos anteriores, a Justiça Eleitoral deverá notificá-los para que, em 2 (dois) dias, cheguem a acordo sobre os respectivos nomes a serem usados;

V. não havendo acordo no caso do inciso anterior, a Justiça Eleitoral registrará cada candidato com o nome e sobrenome constantes do pedido de registro, observada a ordem de preferência ali definida.

» Súmula nº 4 do TSE.

§ 2º A Justiça Eleitoral poderá exigir do candidato prova de que é conhecido por determinada opção de nome por ele indicado, quando seu uso puder confundir o eleitor.

§ 3º A Justiça Eleitoral indeferirá todo pedido de variação de nome coincidente com nome de candidato a eleição majoritária, salvo para candidato que esteja exercendo mandato eletivo ou o tenha exercido nos últimos 4 (quatro) anos, ou que, nesse mesmo prazo, tenha concorrido em eleição com o nome coincidente.

§ 4º Ao decidir sobre os pedidos de registro, a Justiça Eleitoral publicará as variações de nome deferidas aos candidatos.

§ 5º A Justiça Eleitoral organizará e publicará, até 30 (trinta) dias antes da eleição, as seguintes relações, para uso na votação e apuração:

I. a primeira, ordenada por partidos, com a lista dos respectivos candidatos em ordem numérica, com as 3 (três) variações de nome correspondentes a cada um, na ordem escolhida pelo candidato;

II. a segunda, com o índice onomástico e organizada em ordem alfabética, nela constando o nome completo de cada candidato e cada variação de nome, também em ordem alfabética, seguidos da respectiva legenda e número.

» Res.-TSE nº 21.607/2004.

Art. 13. É facultado ao partido ou coligação substituir candidato que for considerado inelegível, renunciar ou falecer após o termo final do prazo do registro ou, ainda, tiver seu registro indeferido ou cancelado.

» LC nº 64/90, art. 17.

§ 1º A escolha do substituto far-se-á na forma estabelecida no estatuto do partido a que pertencer o substituído, e o registro deverá ser requerido até 10 (dez) dias contados do fato ou da notificação do partido da decisão judicial que deu origem à substituição. *(Redação dada pela Lei nº 12.034/2009)*

§ 2º Nas eleições majoritárias, se o candidato for de coligação, a substituição deverá fazer-se por decisão da maioria absoluta dos órgãos executivos de direção dos partidos coligados, podendo o substituto ser filiado a qualquer partido dela integrante, desde que o partido ao qual pertencia o substituído renuncie ao direito de preferência.

§ 3º Tanto nas eleições majoritárias como nas proporcionais, a substituição só se efetivará se o novo pedido for apresentado até 20 (vinte) dias antes do pleito, exceto em caso de falecimento de candidato, quando a substituição poderá ser efetivada após esse prazo. *(Redação dada pela Lei nº 12.891, de 11/12/2013)*

Art. 14. Estão sujeitos ao cancelamento do registro os candidatos que, até a data da eleição, forem expulsos do partido, em processo no qual seja assegurada ampla defesa e sejam observadas as normas estatutárias.

» Lei nº 9.096/95, art. 22, III.

Parágrafo único. O cancelamento do registro do candidato será decretado pela Justiça Eleitoral, após solicitação do partido.

Art. 15. A identificação numérica dos candidatos se dará mediante a observação dos seguintes critérios:

I. os candidatos aos cargos majoritários concorrerão com o número identificador do partido ao qual estiverem filiados;

II. os candidatos à Câmara dos Deputados concorrerão com o número do partido ao qual estiverem filiados, acrescido de 2 (dois) algarismos à direita;

III. os candidatos às Assembleias Legislativas e à Câmara Distrital concorrerão com o número do partido ao qual estiverem filiados acrescido de 3 (três) algarismos à direita;

IV. o Tribunal Superior Eleitoral baixará resolução sobre a numeração dos candidatos concorrentes às eleições municipais.

Art. 15

§ 1º Aos partidos fica assegurado o direito de manter os números atribuídos à sua legenda na eleição anterior, e aos candidatos, nesta hipótese, o direito de manter os números que lhes foram atribuídos na eleição anterior para o mesmo cargo.

§ 2º Aos candidatos a que se refere o § 1º do art. 8º, é permitido requerer novo número ao órgão de direção de seu partido, independentemente do sorteio a que se refere o § 2º do art. 100 da Lei nº 4.737, de 15 de julho de 1965 – Código Eleitoral.

§ 3º Os candidatos de coligações, nas eleições majoritárias, serão registrados com o número de legenda do respectivo partido e, nas eleições proporcionais, com o número de legenda do respectivo partido acrescido do número que lhes couber, observado o disposto no parágrafo anterior.

Art. 16. Até vinte dias antes da data das eleições, os Tribunais Regionais Eleitorais enviarão ao Tribunal Superior Eleitoral, para fins de centralização e divulgação de dados, a relação dos candidatos às eleições majoritárias e proporcionais, da qual constará obrigatoriamente a referência ao sexo e ao cargo a que concorrem. *(Redação dada pela Lei nº 13.165, de 2015)*

§ 1º Até a data prevista no *caput*, todos os pedidos de registro de candidatos, inclusive os impugnados e os respectivos recursos, devem estar julgados pelas instâncias ordinárias, e publicadas as decisões a eles relativas. *(Redação dada pela Lei nº 13.165, de 2015)*

§ 2º Os processos de registro de candidaturas terão prioridade sobre quaisquer outros, devendo a Justiça Eleitoral adotar as providências necessárias para o cumprimento do prazo previsto no § 1º, inclusive com a realização de sessões extraordinárias e a convocação dos juízes suplentes pelos Tribunais, sem prejuízo da eventual aplicação do disposto no art. 97 e de representação ao Conselho Nacional de Justiça. *(Incluído pela Lei nº 12.034/2009)*

Art. 16-A. O candidato cujo registro esteja sub judice poderá efetuar todos os atos relativos à campanha eleitoral, inclusive utilizar o horário eleitoral gratuito no rádio e na televisão e ter seu nome mantido na urna eletrônica enquanto estiver sob essa condição, ficando a validade dos votos a ele atribuídos condicionada ao deferimento de seu registro por instância superior. *(Incluído pela Lei nº 12.034/2009)*

Parágrafo único. O cômputo, para o respectivo partido ou coligação, dos votos atribuídos ao candidato cujo registro esteja sub judice no dia da eleição fica condicionado ao deferimento do registro do candidato. *(Incluído pela Lei nº 12.034/2009)*

» Art. 16-B.
» CE, arts. 175, §§ 3º e 4º e 224.
» LC nº 64/90, arts. 15 e 26-C.

Art. 16-B. O disposto no art. 16-A quanto ao direito de participar da campanha eleitoral, inclusive utilizar o horário eleitoral gratuito, aplica-se igualmente ao candidato cujo pedido de registro tenha sido protocolado no prazo legal e ainda não tenha sido apreciado pela Justiça Eleitoral. *(Incluído pela Lei nº 12.891, de 11/12/2013)*

DO FUNDO ESPECIAL DE FINANCIAMENTO DE CAMPANHA (FEFC)

Art. 16-C. O Fundo Especial de Financiamento de Campanha (FEFC) é constituído por dotações orçamentárias da União em ano eleitoral, em valor ao menos equivalente: *(Incluído pela Lei nº 13.487, de 2017)*

I - ao definido pelo Tribunal Superior Eleitoral, a cada eleição, com base nos parâmetros definidos em lei; *(Incluído pela Lei nº 13.487, de 2017)*

II - a 30% (trinta por cento) dos recursos da reserva específica de que trata o inciso II do § 3º do art. 12 da Lei nº 13.473, de 8 de agosto de 2017. *(Incluído pela Lei nº 13.487, de 2017)*

§ 1º (Vetado). *(Incluído pela Lei nº 13.487, de 2017)*

§ 2º O Tesouro Nacional depositará os recursos no Banco do Brasil, em conta especial à disposição do Tribunal Superior Eleitoral, até o primeiro dia útil do mês de junho do ano do pleito. *(Incluído pela Lei nº 13.487, de 2017)*

§ 3º Nos quinze dias subsequentes ao depósito, o Tribunal Superior Eleitoral: *(Incluído pela Lei nº 13.487, de 2017)*

I - divulgará o montante de recursos disponíveis no Fundo Eleitoral; e *(Incluído pela Lei nº 13.487, de 2017)*

II - (Vetado). *(Incluído pela Lei nº 13.487, de 2017)*

§ 4º (Vetado). *(Incluído pela Lei nº 13.487, de 2017)*

§ 5º (Vetado). *(Incluído pela Lei nº 13.487, de 2017)*

§ 6º (Vetado). *(Incluído pela Lei nº 13.487, de 2017)*

§ 7º Os recursos de que trata este artigo ficarão à disposição do partido político somente após a definição de critérios para a sua distribuição, os quais, aprovados pela maioria absoluta dos membros do órgão de direção executiva nacional do partido, serão divulgados publicamente. *(Incluído pela Lei nº 13.487, de 2017)*

§ 8º (Vetado). *(Incluído pela Lei nº 13.487, de 2017)*

§ 9º (Vetado). *(Incluído pela Lei nº 13.487, de 2017)*

§ 10. (Vetado). *(Incluído pela Lei nº 13.487, de 2017)*

§ 11. Os recursos provenientes do Fundo Especial de Financiamento de Campanha que não forem utilizados nas campanhas eleitorais deverão ser devolvidos ao Tesouro Nacional, integralmente, no momento da apresentação da respectiva prestação de contas. *(Incluído pela Lei nº 13.487, de 2017)*

§ 12. (Vetado). *(Incluído pela Lei nº 13.487, de 2017)*

§ 13. (Vetado). *(Incluído pela Lei nº 13.487, de 2017)*

§ 14. (Vetado). *(Incluído pela Lei nº 13.487, de 2017)*

§ 15. O percentual dos recursos a que se refere o inciso II do *caput* deste artigo poderá ser reduzido mediante compensação decorrente do remanejamento, se existirem, de dotações em excesso destinadas ao Poder Legislativo. *(Incluído pela Lei nº 13.487, de 2017)*

Art. 16-D. Os recursos do Fundo Especial de Financiamento de Campanha (FEFC), para o primeiro turno das eleições, serão distribuídos entre os partidos políticos, obedecidos os seguintes critérios: *(Incluído pela Lei nº 13.488, de 2017)*

I - 2% (dois por cento), divididos igualitariamente entre todos os partidos com estatutos registrados no Tribunal Superior Eleitoral; *(Incluído pela Lei nº 13.488, de 2017)*

II - 35% (trinta e cinco por cento), divididos entre os partidos que tenham pelo menos um representante na Câmara dos Deputados, na proporção do percentual de votos por eles obtidos na última eleição geral para a Câmara dos Deputados; *(Incluído pela Lei nº 13.488, de 2017)*

III - 48% (quarenta e oito por cento), divididos entre os partidos, na proporção do número de representantes na Câmara dos Deputados, consideradas as legendas dos titulares; *(Incluído pela Lei nº 13.488, de 2017)*

IV - 15% (quinze por cento), divididos entre os partidos, na proporção do número de representantes no Senado Federal, consideradas as legendas dos titulares. *(Incluído pela Lei nº 13.488, de 2017)*

§ 1º (Vetado). *(Incluído pela Lei nº 13.488, de 2017)*

§ 2º Para que o candidato tenha acesso aos recursos do Fundo a que se refere este artigo, deverá fazer requerimento por escrito ao órgão partidário respectivo. *(Incluído pela Lei nº 13.488, de 2017)*

DA ARRECADAÇÃO E DA APLICAÇÃO DE RECURSOS NAS CAMPANHAS ELEITORAIS

Art. 17 As despesas da campanha eleitoral serão realizadas sob a responsabilidade dos partidos, ou de seus candidatos, e financiadas na forma desta Lei.

Art. 18. Os limites de gastos de campanha serão definidos em lei e divulgados pelo Tribunal Superior Eleitoral. *(Redação dada pela Lei nº 13.488, de 2017)*

§ 1º *(Revogado). (Redação dada pela Lei nº 13.165, de 2015)*

§ 2º *(Revogado). (Redação dada pela Lei nº 13.165, de 2015)*

Art. 18-A. Serão contabilizadas nos limites de gastos de cada campanha as despesas efetuadas pelos candidatos e as efetuadas pelos partidos que puderem ser individualizadas. *(Incluído pela Lei nº 13.165, de 2015)*

Art. 18-B. O descumprimento dos limites de gastos fixados para cada campanha acarretará o pagamento de multa em valor equivalente a 100% (cem por cento) da quantia que ultrapassar o limite estabelecido, sem prejuízo da apuração da ocorrência de abuso do poder econômico. *(Incluído pela Lei nº 13.165, de 2015)*

Art. 19. *(Revogado pela Lei nº 13.165/2015).*

Art. 20. O candidato a cargo eletivo fará, diretamente ou por intermédio de pessoa por ele designada, a administração financeira de sua campanha usando recursos repassados pelo partido, inclusive os relativos à cota do Fundo Partidário, recursos próprios ou doações de pessoas físicas, na forma estabelecida nesta Lei. *(Redação dada pela Lei nº 13.165, de 2015)*

Art. 21. O candidato é solidariamente responsável com a pessoa indicada na forma do art. 20 desta Lei pela veracidade das informações financeiras e contábeis de sua campanha, devendo ambos assinar a respectiva prestação de contas. *(Artigo com redação dada pela Lei nº 11.300/2006)*

Art. 22. É obrigatório para o partido e para os candidatos abrir conta bancária específica para registrar todo o movimento financeiro da campanha.

§ 1º Os bancos são obrigados a: *(Redação dada pela Lei nº 12.891, de 11/12/2013)*

I. acatar, em até três dias, o pedido de abertura de conta de qualquer candidato escolhido em convenção, sendo-lhes vedado condicioná-la a depósito mínimo e à cobrança de taxas ou de outras despesas de manutenção; *(Redação dada pela Lei nº 13.165, de 2015)*

II. identificar, nos extratos bancários das contas correntes a que se refere o *caput*, o CPF ou o CNPJ do doador. *(Incluído pela Lei nº 12.891, de 11/12/ 2013)*

III. encerrar a conta bancária no final do ano da eleição, transferindo a totalidade do saldo existente para a conta bancária do órgão de direção indicado pelo partido, na forma prevista no art. 31, e informar o fato à Justiça Eleitoral. *(Incluído pela Lei nº 13.165, de 2015)*

§ 2º O disposto neste artigo não se aplica aos casos de candidatura para Prefeito e Vereador em Municípios onde não haja agência bancária ou posto de atendimento bancário. *(Redação dada pela Lei nº 13.165, de 2015)*

§ 3º O uso de recursos financeiros para pagamentos de gastos eleitorais que não provenham da conta específica de que trata o *caput* deste artigo implicará a desaprovação da prestação de contas do partido ou candidato; comprovado abuso de poder econômico, será cancelado o registro da candidatura ou cassado o diploma, se já houver sido outorgado.

§ 4º Rejeitadas as contas, a Justiça Eleitoral remeterá cópia de todo o processo ao Ministério Público Eleitoral para os fins previstos no art. 22 da Lei Complementar 64, de 18 de maio de 1990. *(Parágrafos 3º e 4º acrescentados pela Lei nº 11.300/2006)*

Art. 22-A. Os candidatos estão obrigados à inscrição no Cadastro Nacional da Pessoa Jurídica. CNPJ. *(Redação dada pela Lei nº 13.165, de 2015)*

§ 1º Após o recebimento do pedido de registro da candidatura, a Justiça Eleitoral deverá fornecer em até 3 (três) dias úteis, o número de registro de CNPJ. *(Incluído pela Lei nº 12.034/2009)*

§ 2º Cumprido o disposto no § 1º deste artigo e no § 1º do art. 22, ficam os candidatos autorizados a promover a arrecadação de recursos financeiros e a realizar as despesas necessárias à campanha eleitoral. *(Redação dada pela Lei nº 13.165, de 2015)*

§ 3º Desde o dia 15 de maio do ano eleitoral, é facultada aos pré-candidatos a arrecadação prévia de recursos na modalidade prevista no inciso IV do § 4º do art. 23 desta Lei, mas a liberação de recursos por parte das entidades arrecadadoras fica condicionada ao registro da candidatura, e a realização de despesas de campanha deverá observar o calendário eleitoral. *(Incluído pela Lei nº 13.488, de 2017)*

§ 4º Na hipótese prevista no § 3º deste artigo, se não for efetivado o registro da candidatura, as entidades arrecadadoras deverão devolver os valores arrecadados aos doadores. *(Incluído pela Lei nº 13.488, de 2017)*

Art. 23. Pessoas físicas poderão fazer doações em dinheiro ou estimáveis em dinheiro para campanhas eleitorais, obedecido o disposto nesta Lei. *(Redação dada pela Lei nº 12.034/2009)*

§ 1º *(Revogado pela Lei nº 13.488/2017).*

I. *(Revogado); (Redação dada pela Lei nº 13.165, de 2015)*

II. *(Revogado). (Redação dada pela Lei nº 13.165, de 2015)*

§ 1º-A. *(Revogado pela Lei nº 13.488, de 2017).*

§ 2º As doações estimáveis em dinheiro a candidato específico, comitê ou partido deverão ser feitas mediante recibo, assinado pelo doador, exceto na hipótese prevista no § 6º do art. 28. *(Redação dada pela Lei nº 12.891, de 11/12/2013)*

Art. 23

§ 3º A doação de quantia acima dos limites fixados neste artigo sujeita o infrator ao pagamento de multa no valor de até 100% (cem por cento) da quantia em excesso. *(Redação dada pela Lei nº 13.488, de 2017)*

§ 4º As doações de recursos financeiros somente poderão ser efetuadas na conta mencionada no art. 22 desta Lei por meio de: *(Parágrafo com redação dada pela Lei nº 11.300/2006)*

I. cheques cruzados e nominais ou transferência eletrônica de depósitos;

II. depósitos em espécie devidamente identificados até o limite fixado no inciso I do § 1º deste artigo. *(Incisos acrescentados pela Lei nº 11.300/2006)*

» Nesta lei, art. 81.

III. mecanismo disponível em sítio do candidato, partido ou coligação na internet, permitindo inclusive o uso de cartão de crédito, e que deverá atender aos seguintes requisitos: *(Incluído pela Lei nº 12.034/2009)*

a) identificação do doador; *(Incluído pela Lei nº 12.034/2009)*

b) emissão obrigatória de recibo eleitoral para cada doação realizada. *(Incluído pela Lei nº 12.034/2009)*

IV - instituições que promovam técnicas e serviços de financiamento coletivo por meio de sítios na internet, aplicativos eletrônicos e outros recursos similares, que deverão atender aos seguintes requisitos: *(Incluído pela Lei nº 13.488, de 2017)*

a) cadastro prévio na Justiça Eleitoral, que estabelecerá regulamentação para prestação de contas, fiscalização instantânea das doações, contas intermediárias, se houver, e repasses aos candidatos; *(Incluído pela Lei nº 13.488, de 2017)*

b) identificação obrigatória, com o nome completo e o número de inscrição no Cadastro de Pessoas Físicas (CPF) de cada um dos doadores e das quantias doadas; *(Incluído pela Lei nº 13.488, de 2017)*

c) disponibilização em sítio eletrônico de lista com identificação dos doadores e das respectivas quantias doadas, a ser atualizada instantaneamente a cada nova doação; *(Incluído pela Lei nº 13.488, de 2017)*

d) emissão obrigatória de recibo para o doador, relativo a cada doação realizada, sob a responsabilidade da entidade arrecadadora, com envio imediato para a Justiça Eleitoral e para o candidato de todas as informações relativas à doação; *(Incluído pela Lei nº 13.488, de 2017)*

e) ampla ciência a candidatos e eleitores acerca das taxas administrativas a serem cobradas pela realização do serviço; *(Incluído pela Lei nº 13.488, de 2017)*

f) não incidência em quaisquer das hipóteses listadas no art. 24 desta Lei; *(Incluído pela Lei nº 13.488, de 2017)*

g) observância do calendário eleitoral, especialmente no que diz respeito ao início do período de arrecadação financeira, nos termos dispostos no § 2º do art. 22-A desta Lei; *(Incluído pela Lei nº 13.488, de 2017)*

h) observância dos dispositivos desta Lei relacionados à propaganda na internet; *(Incluído pela Lei nº 13.488, de 2017)*

V - comercialização de bens e/ou serviços, ou promoção de eventos de arrecadação realizados diretamente pelo candidato ou pelo partido político. *(Incluído pela Lei nº 13.488, de 2017)*

§ 4º-A Na prestação de contas das doações mencionadas no § 4º deste artigo, é dispensada a apresentação de recibo eleitoral, e sua comprovação deverá ser realizada por meio de documento bancário que identifique o CPF dos doadores. *(Incluído pela Lei nº 13.488, de 2017)*

§ 4º-B As doações realizadas por meio das modalidades previstas nos incisos III e IV do § 4º deste artigo devem ser informadas à Justiça Eleitoral pelos candidatos e partidos no prazo previsto no inciso I do § 4º do art. 28 desta Lei, contado a partir do momento em que os recursos arrecadados forem depositados nas contas bancárias dos candidatos, partidos ou coligações. *(Incluído pela Lei nº 13.488, de 2017)*

§ 5º Ficam vedadas quaisquer doações em dinheiro, bem como de troféus, prêmios, ajudas de qualquer espécie feitas por candidato, entre o registro e a eleição, a pessoas físicas ou jurídicas. *(Parágrafo acrescentado pela Lei nº 11.300/2006)*

§ 6º Na hipótese de doações realizadas por meio das modalidades previstas nos incisos III e IV do § 4º deste artigo, fraudes ou erros cometidos pelo doador sem conhecimento dos candidatos, partidos ou coligações não ensejarão a responsabilidade destes nem a rejeição de suas contas eleitorais. *(Redação dada pela Lei nº 13.488, de 2017)*

§ 7º O limite previsto no § 1º deste artigo não se aplica a doações estimáveis em dinheiro relativas à utilização de bens móveis ou imóveis de propriedade do doador ou à prestação de serviços próprios, desde que o valor estimado não ultrapasse R$ 40.000,00 (quarenta mil reais) por doador. *(Redação dada pela Lei nº 13.488, de 2017)*

§ 8º Ficam autorizadas a participar das transações relativas às modalidades de doações previstas nos incisos III e IV do § 4º deste artigo todas as instituições que atendam, nos termos da lei e da regulamentação expedida pelo Banco Central, aos critérios para operar arranjos de pagamento. *(Incluído pela Lei nº 13.488, de 2017)*

§ 9º As instituições financeiras e de pagamento não poderão recusar a utilização de cartões de débito e de crédito como meio de doações eleitorais de pessoas físicas. *(Incluído pela Lei nº 13.488, de 2017)*

Art. 24. É vedado, a partido e candidato, receber direta ou indiretamente doação em dinheiro ou estimável em dinheiro, inclusive por meio de publicidade de qualquer espécie, procedente de:

» Lei nº 9.096/95, art. 31.

I. entidade ou governo estrangeiro;

II. órgão da administração pública direta e indireta ou fundação mantida com recursos provenientes do Poder Público;

III. concessionário ou permissionário de serviço público;

IV. entidade de direito privado que receba, na condição de beneficiária, contribuição compulsória em virtude de disposição legal;

V. entidade de utilidade pública;

VI. entidade de classe ou sindical;

VII. pessoa jurídica sem fins lucrativos que receba recursos do exterior.

» Lei nº 9.096/95, art. 31.

VIII. entidades beneficentes e religiosas;

IX. entidades esportivas; *(Redação dada pela Lei nº 12.034/2009)*

X. organizações não governamentais que recebam recursos públicos; *(Incluído pela Lei nº 11.300/2006)*

XI. organizações da sociedade civil de interesse público. *(Incluído pela Lei nº 11.300/2006)*

XII. *(Vetado). (Incluído pela Lei nº 13.165, de 2015)*

§ 1º Não se incluem nas vedações de que trata este artigo as cooperativas cujos cooperados não sejam concessionários ou permissionários de serviços públicos, desde que não estejam sendo beneficiadas com recursos públicos, observado o disposto no art. 81. *(Redação dada pela Lei nº 13.165, de 2015)*

§ 2º *(Vetado). (Incluído pela Lei nº 13.165, de 2015)*

§ 3º *(Vetado). (Incluído pela Lei nº 13.165, de 2015)*

§ 4º O partido ou candidato que receber recursos provenientes de fontes vedadas ou de origem não identificada deverá proceder à devolução dos valores recebidos ou, não sendo possível a identificação da fonte, transferi-los para a conta única do Tesouro Nacional. *(Incluído pela Lei nº 13.165, de 2015)*

Art. 24-A. *(Vetado). (Incluído pela Lei nº 13.165, de 2015)*

Art. 24-B. *(Vetado). (Incluído pela Lei nº 13.165, de 2015)*

Art. 24-C. O limite de doação previsto no § 1º do art. 23 será apurado anualmente pelo Tribunal Superior Eleitoral e pela Secretaria da Receita Federal do Brasil. *(Incluído pela Lei nº 13.165, de 2015)*

§ 1º O Tribunal Superior Eleitoral deverá consolidar as informações sobre as doações registradas até 31 de dezembro do exercício financeiro a ser apurado, considerando: *(Incluído pela Lei nº 13.165, de 2015)*

I. as prestações de contas anuais dos partidos políticos, entregues à Justiça Eleitoral até 30 de abril do ano subsequente ao da apuração, nos termos do art. 32 da Lei no 9.096, de 19 de setembro de 1995; *(Incluído pela Lei nº 13.165, de 2015)*

II. as prestações de contas dos candidatos às eleições ordinárias ou suplementares que tenham ocorrido no exercício financeiro a ser apurado. *(Incluído pela Lei nº 13.165, de 2015)*

§ 2º O Tribunal Superior Eleitoral, após a consolidação das informações sobre os valores doados e apurados, encaminhá-las-á à Secretaria da Receita Federal do Brasil até 30 de maio do ano seguinte ao da apuração. *(Incluído pela Lei nº 13.165, de 2015)*

§ 3º A Secretaria da Receita Federal do Brasil fará o cruzamento dos valores doados com os rendimentos da pessoa física e, apurando indício de excesso, comunicará o fato, até 30 de julho do ano seguinte ao da apuração, ao Ministério Público Eleitoral, que poderá, até o final do exercício financeiro, apresentar representação com vistas à aplicação da penalidade prevista no art. 23 e de outras sanções que julgar cabíveis. *(Incluído pela Lei nº 13.165, de 2015)*

Art. 25. O partido que descumprir as normas referentes à arrecadação e aplicação de recursos fixadas nesta Lei perderá o direito ao recebimento da quota do Fundo Partidário do ano seguinte, sem prejuízo de responderem os candidatos beneficiados por abuso do poder econômico.

» *Nesta lei, art. 73, § 9º.*
» *CF, art. 14, §§ 10, 11.*
» *CE, art. 262, IV.*
» *LC nº 64/90, art. 22.*
» *Res.-TSE nº 23.464/2015.*
» *Res.-TSE nº 23.465/2015.*

Parágrafo único. A sanção de suspensão do repasse de novas quotas do Fundo Partidário, por desaprovação total ou parcial da prestação de contas do candidato, deverá ser aplicada de forma proporcional e razoável, pelo período de 1 (um) mês a 12 (doze) meses, ou por meio do desconto, do valor a ser repassado, na importância apontada como irregular, não podendo ser aplicada a sanção de suspensão, caso a prestação de contas não seja julgada, pelo juízo ou tribunal competente, após 5 (cinco) anos de sua apresentação. *(Incluído pela Lei nº 12.034/2009)*

Art. 26. São considerados gastos eleitorais, sujeitos a registro e aos limites fixados nesta Lei: *(Caput com redação dada pela Lei nº 11.300/2006)*

» *Nesta lei, art. 41-A.*

I – confecção de material impresso de qualquer natureza e tamanho, observado o disposto no § 3º do art. 38 desta Lei; *(Redação dada pela Lei nº 12.891, de 11/12/2013)*

II. propaganda e publicidade direta ou indireta, por qualquer meio de divulgação, destinada a conquistar votos;

III. aluguel de locais para a promoção de atos de campanha eleitoral;

IV - despesas com transporte ou deslocamento de candidato e de pessoal a serviço das candidaturas, observadas as exceções previstas no § 3º deste artigo. *(Redação dada pela Lei nº 13.488, de 2017)*

V. correspondência e despesas postais;

VI. despesas de instalação, organização e funcionamento de Comitês e serviços necessários às eleições;

VII. remuneração ou gratificação de qualquer espécie a pessoal que preste serviços às candidaturas ou aos comitês eleitorais;

VIII. montagem e operação de carros de som, de propaganda e assemelhados;

IX. a realização de comícios ou eventos destinados à promoção de candidatura; *(Inciso com redação dada pela Lei nº 11.300/2006)*

X. produção de programas de rádio, televisão ou vídeo, inclusive os destinados à propaganda gratuita;

XI. *(Revogado pela Lei nº 11.300/2006)*

XII. realização de pesquisas ou testes pré-eleitorais;

XIII. *(Revogado pela Lei nº 11.300/2006)*

XIV. *(Revogado pela Lei nº 12.891, de 11/12/2013);*

XV - custos com a criação e inclusão de sítios na internet e com o impulsionamento de conteúdos contratados diretamente com provedor da aplicação de internet com sede e foro no País; *(Redação dada pela Lei nº 13.488, de 2017)*

§ 1º São estabelecidos os seguintes limites com relação ao total do gasto da campanha: *(Redação dada pela Lei nº 13.488, de 2017)*

I. alimentação do pessoal que presta serviços às candidaturas ou aos comitês eleitorais: 10% (dez por cento); *(Incluído pela Lei nº 12.891, de 11/12/ 2013)*

II. aluguel de veículos automotores: 20% (vinte por cento). *(Incluído pela Lei nº 12.891, de 11/12/2013)*

§ 2º Para os fins desta Lei, inclui-se entre as formas de impulsionamento de conteúdo a priorização paga de conteúdos

Art. 26

resultantes de aplicações de busca na internet. *(Incluído pela Lei nº 13.488, de 2017)*

§ 3º Não são considerados gastos eleitorais nem se sujeitam a prestação de contas as seguintes despesas de natureza pessoal do candidato: *(Incluído pela Lei nº 13.488, de 2017)*

a) combustível e manutenção de veículo automotor usado pelo candidato na campanha; *(Incluído pela Lei nº 13.488, de 2017)*

b) remuneração, alimentação e hospedagem do condutor do veículo a que se refere a alínea *a* deste parágrafo; *(Incluído pela Lei nº 13.488, de 2017)*

c) alimentação e hospedagem própria; *(Incluído pela Lei nº 13.488, de 2017)*

d) uso de linhas telefônicas registradas em seu nome como pessoa física, até o limite de três linhas *(Incluído pela Lei nº 13.488, de 2017)*

Art. 27. Qualquer eleitor poderá realizar gastos, em apoio a candidato de sua preferência, até a quantia equivalente a um mil UFIR, não sujeitos a contabilização, desde que não reembolsados.

DA PRESTAÇÃO DE CONTAS

Art. 28. A prestação de contas será feita:

I. no caso dos candidatos às eleições majoritárias, na forma disciplinada pela Justiça Eleitoral;

II. no caso dos candidatos às eleições proporcionais, de acordo com os modelos constantes do Anexo desta Lei.

§ 1º As prestações de contas dos candidatos às eleições majoritárias serão feitas pelo próprio candidato, devendo ser acompanhadas dos extratos das contas bancárias referentes à movimentação dos recursos financeiros usados na campanha e da relação dos cheques recebidos, com a indicação dos respectivos números, valores e emitentes. *(Redação dada pela Lei nº 13.165, de 2015)*

§ 2º As prestações de contas dos candidatos às eleições proporcionais serão feitas pelo próprio candidato. *(Redação dada pela Lei nº 13.165, de 2015)*

§ 3º As contribuições, doações e as receitas de que trata esta Lei serão convertidas em UFIR, pelo valor desta no mês em que ocorrerem.

» Nesta lei, art. 105, § 2º.

§ 4º Os partidos políticos, as coligações e os candidatos são obrigados, durante as campanhas eleitorais, a divulgar em sítio criado pela Justiça Eleitoral para esse fim na rede mundial de computadores (internet): *(Redação dada pela Lei nº 13.165, de 2015)*

I. os recursos em dinheiro recebidos para financiamento de sua campanha eleitoral, em até 72 (setenta e duas) horas de seu recebimento;.*(Incluído pela Lei nº 13.165, de 2015)*

II. no dia 15 de setembro, relatório discriminando as transferências do Fundo Partidário, os recursos em dinheiro e os estimáveis em dinheiro recebidos, bem como os gastos realizados. *(Incluído pela Lei nº 13.165, de 2015)*

§ 5º Vetado. *(Incluído pela Lei nº 12.891, de 11/12/2013)*

§ 6º Ficam também dispensadas de comprovação na prestação de contas: *(Incluído pela Lei nº 12.891, de 11/12/2013)*

I. a cessão de bens móveis, limitada ao valor de R$ 4.000,00 (quatro mil reais) por pessoa cedente; *(Incluído pela Lei nº 12.891, de 11/12/2013)*

II. doações estimáveis em dinheiro entre candidatos ou partidos, decorrentes do uso comum tanto de sedes quanto de materiais de propaganda eleitoral, cujo gasto deverá ser registrado na prestação de contas do responsável pelo pagamento da despesa. *(Redação dada pela Lei nº 13.165, de 2015)*

III - a cessão de automóvel de propriedade do candidato, do cônjuge e de seus parentes até o terceiro grau para seu uso pessoal durante a campanha. *(Redação dada pela Lei nº 13.488, de 2017)*

§ 7º As informações sobre os recursos recebidos a que se refere o § 4º deverão ser divulgadas com a indicação dos nomes, do CPF ou CNPJ dos doadores e dos respectivos valores doados. *(Incluído pela Lei nº 13.165, de 2015)*

§ 8º Os gastos com passagens aéreas efetuados nas campanhas eleitorais serão comprovados mediante a apresentação de fatura ou duplicata emitida por agência de viagem, quando for o caso, desde que informados os beneficiários, as datas e os itinerários, vedada a exigência de apresentação de qualquer outro documento para esse fim. *(Incluído pela Lei nº 13.165, de 2015)*

§ 9º A Justiça Eleitoral adotará sistema simplificado de prestação de contas para candidatos que apresentarem movimentação financeira correspondente a, no máximo, R$ 20.000,00 (vinte mil reais), atualizados monetariamente, a cada eleição, pelo Índice Nacional de Preços ao Consumidor – INPC da Fundação Instituto Brasileiro de Geografia e Estatística – IBGE ou por índice que o substituir. *(Incluído pela Lei nº 13.165, de 2015)*

§ 10. O sistema simplificado referido no § 9º deverá conter, pelo menos: *(Incluído pela Lei nº 13.165, de 2015)*

I. identificação das doações recebidas, com os nomes, o CPF ou CNPJ dos doadores e os respectivos valores recebidos; *(Incluído pela Lei nº 13.165, de 2015)*

II. identificação das despesas realizadas, com os nomes e o CPF ou CNPJ dos fornecedores de material e dos prestadores dos serviços realizados; *(Incluído pela Lei nº 13.165, de 2015)*

III. registro das eventuais sobras ou dívidas de campanha. *(Incluído pela Lei nº 13.165, de 2015)*

§ 11. Nas eleições para Prefeito e Vereador de Municípios com menos de cinquenta mil eleitores, a prestação de contas será feita sempre pelo sistema simplificado a que se referem os §§ 9º e 10. *(Incluído pela Lei nº 13.165, de 2015)*

§ 12. Os valores transferidos pelos partidos políticos oriundos de doações serão registrados na prestação de contas dos candidatos como transferência dos partidos e, na prestação de contas dos partidos, como transferência aos candidatos, sem individualização dos doadores. *(Incluído pela Lei nº 13.165, de 2015)*

Art. 29. Ao receber as prestações de contas e demais informações dos candidatos às eleições majoritárias e dos candidatos às eleições proporcionais que optarem por prestar contas por seu intermédio, os comitês deverão:

I. *(Revogado)*; *(Redação dada pela Lei nº 13.165, de 2015)*

II. resumir as informações contidas na prestação de contas, de forma a apresentar demonstrativo consolidado das campanhas; *(Redação dada pela Lei nº 13.165, de 2015)*

III. encaminhar à Justiça Eleitoral, até o trigésimo dia posterior à realização das eleições, o conjunto das prestações de contas dos candidatos e do próprio comitê, na forma do artigo anterior, ressalvada a hipótese do inciso seguinte;

IV. havendo segundo turno, encaminhar a prestação de contas, referente aos 2 (dois) turnos, até o vigésimo dia posterior à sua realização. *(Redação dada pela Lei nº 13.165, de 2015)*

§ 1º (Revogado). *(Redação dada pela Lei nº 13.165, de 2015)*

§ 2º A inobservância do prazo para encaminhamento das prestações de contas impede a diplomação dos eleitos, enquanto perdurar.

§ 3º Eventuais débitos de campanha não quitados até a data de apresentação da prestação de contas poderão ser assumidos pelo partido político, por decisão do seu órgão nacional de direção partidária. *(Incluído pela Lei nº 12.034/2009)*

§ 4º No caso do disposto no § 3º, o órgão partidário da respectiva circunscrição eleitoral passará a responder por todas as dívidas solidariamente com o candidato, hipótese em que a existência do débito não poderá ser considerada como causa para a rejeição das contas. *(Incluído pela Lei nº 12.034/2009)*

Art. 30. A Justiça Eleitoral verificará a regularidade das contas de campanha, decidindo: *(Redação dada pela Lei nº 12.034/2009)*

I. pela aprovação, quando estiverem regulares; *(Incluído pela Lei nº 12.034/2009)*

II. pela aprovação com ressalvas, quando verificadas falhas que não lhes comprometam a regularidade; *(Incluído pela Lei nº 12.034/2009)*

III. pela desaprovação, quando verificadas falhas que lhes comprometam a regularidade; *(Incluído pela Lei nº 12.034/2009)*

IV. pela não prestação, quando não apresentadas as contas após a notificação emitida pela Justiça Eleitoral, na qual constará a obrigação expressa de prestar as suas contas, no prazo de setenta e duas horas. *(Incluído pela Lei nº 12.034/2009)*

» Nesta lei, art. 11, § 7º.
» Res.-TSE nº 23.464/2015.
» Res.-TSE nº 23.465/2015.

§ 1º A decisão que julgar as contas dos candidatos eleitos será publicada em sessão até três dias antes da diplomação. *(Redação dada pela Lei nº 13.165, de 2015)*

§ 2º Erros formais e materiais corrigidos não autorizam a rejeição das contas e a cominação de sanção a candidato ou partido.

§ 2º-A. Erros formais ou materiais irrelevantes no conjunto da prestação de contas, que não comprometam o seu resultado, não acarretarão a rejeição das contas. *(Incluído pela Lei nº 12.034/2009)*

§ 3º Para efetuar os exames de que trata este artigo, a Justiça Eleitoral poderá requisitar técnicos do Tribunal de Contas da União, dos Estados, do Distrito Federal ou dos Municípios, pelo tempo que for necessário.

§ 4º Havendo indício de irregularidade na prestação de contas, a Justiça Eleitoral poderá requisitar do candidato as informações adicionais necessárias, bem como determinar diligências para a complementação dos dados ou o saneamento das falhas. *(Redação dada pela Lei nº 13.165, de 2015)*

§ 5º Da decisão que julgar as contas prestadas pelos candidatos caberá recurso ao órgão superior da Justiça Eleitoral, no prazo de 3 (três) dias, a contar da publicação no Diário Oficial. *(Redação dada pela Lei nº 13.165, de 2015)*

§ 6º No mesmo prazo previsto no § 5º, caberá recurso especial para o Tribunal Superior Eleitoral, nas hipóteses previstas nos incisos I e II do § 4º do art. 121 da Constituição Federal. *(Incluído pela Lei nº 12.034/2009)*

§ 7º O disposto neste artigo aplica-se aos processos judiciais pendentes. *(Incluído pela Lei nº 12.034/2009)*

Art. 30-A. Qualquer partido político ou coligação poderá representar à Justiça Eleitoral, no prazo de 15 (quinze) dias da diplomação, relatando fatos e indicando provas, e pedir a abertura de investigação judicial para apurar condutas em desacordo com as normas desta Lei, relativas à arrecadação e gastos de recursos. *(Redação dada pela Lei nº 12.034/2009)*

§ 1º Na apuração de que trata este artigo, aplicar-se-á o procedimento previsto no art. 22 da Lei Complementar nº 64, de 18 de maio de 1990, no que couber.

§ 2º Comprovados captação ou gastos ilícitos de recursos, para fins eleitorais, será negado diploma ao candidato, ou cassado, se já houver sido outorgado. *(Artigo acrescentado pela Lei nº 11.300/2006)*

§ 3º O prazo de recurso contra decisões proferidas em representações propostas com base neste artigo será de 3 (três) dias, a contar da data da publicação do julgamento no Diário Oficial. *(Incluído pela Lei nº 12.034/2009)*

» LC nº 64/90, art. 1º, I, "j".

Art. 31. Se, ao final da campanha, ocorrer sobra de recursos financeiros, esta deve ser declarada na prestação de contas e, após julgados todos os recursos, transferida ao partido, obedecendo aos seguintes critérios: *(Redação dada pela Lei nº 12.891, de 11/12/2013)*

I. no caso de candidato a Prefeito, Vice-Prefeito e Vereador, esses recursos deverão ser transferidos para o órgão diretivo municipal do partido na cidade onde ocorreu a eleição, o qual será responsável exclusivo pela identificação desses recursos, sua utilização, contabilização e respectiva prestação de contas perante o juízo eleitoral correspondente; *(Incluído pela Lei nº 12.891, de 11/12/2013)*

II. no caso de candidato a Governador, Vice-Governador, Senador, Deputado Federal e Deputado Estadual ou Distrital, esses recursos deverão ser transferidos para o órgão diretivo regional do partido no Estado onde ocorreu a eleição ou no Distrito Federal, se for o caso, o qual será responsável exclusivo pela identificação desses recursos, sua utilização, contabilização e respectiva prestação de contas perante o Tribunal Regional Eleitoral correspondente; *(Incluído pela Lei nº 12.891, de 11/12/2013)*

III. no caso de candidato a Presidente e Vice-Presidente da República, esses recursos deverão ser transferidos para o órgão diretivo nacional do partido, o qual será responsável exclusivo pela identificação desses recursos, sua utilização, contabilização e respectiva prestação de contas perante o Tribunal Superior Eleitoral; *(Incluído pela Lei nº 12.891, de 11/12/2013)*

IV. o órgão diretivo nacional do partido não poderá ser responsabilizado nem penalizado pelo descumprimento do disposto neste artigo por parte dos órgãos diretivos municipais e regionais. *(Incluído pela Lei nº 12.891, de 11/12/2013)*

Parágrafo único. As sobras de recursos financeiros de campanha serão utilizadas pelos partidos políticos, devendo tais valores

ser declarados em suas prestações de contas perante a Justiça Eleitoral, com a identificação dos candidatos. *(Redação dada pela Lei nº 12.034/2009)*
> » *Res.-TSE nº 22.121/2005.*
> » *Lei nº 9.096/95, arts. 34, V; 53.*
> » *Res.-TSE nº 23.464/2015.*
> » *Res.-TSE nº 23.465/2015.*

Art. 32. Até 180 (cento e oitenta) dias após a diplomação, os candidatos ou partidos conservarão a documentação concernente a suas contas.

Parágrafo único. Estando pendente de julgamento qualquer processo judicial relativo às contas, a documentação a elas concernente deverá ser conservada até a decisão final.

DAS PESQUISAS E TESTES PRÉ-ELEITORAIS

Art. 33. As entidades e empresas que realizarem pesquisas de opinião pública relativas às eleições ou aos candidatos, para conhecimento público, são obrigadas, para cada pesquisa, a registrar, junto à Justiça Eleitoral, até 5 (cinco) dias antes da divulgação, as seguintes informações:

I. quem contratou a pesquisa;

II. valor e origem dos recursos despendidos no trabalho;

III. metodologia e período de realização da pesquisa;

IV. plano amostral e ponderação quanto a sexo, idade, grau de instrução, nível econômico e área física de realização do trabalho a ser executado, intervalo de confiança e margem de erro; *(Redação dada pela Lei nº 12.891, de 11/12/2013)*

V. sistema interno de controle e verificação, conferência e fiscalização da coleta de dados e do trabalho de campo;

VI. questionário completo aplicado ou a ser aplicado;

VII. nome de quem pagou pela realização do trabalho e cópia da respectiva nota fiscal. *(Redação dada pela Lei nº 12.891, de 11/12/2013)*

§ 1º As informações relativas às pesquisas serão registradas nos órgãos da Justiça Eleitoral aos quais compete fazer o registro dos candidatos.

§ 2º A Justiça Eleitoral afixará no prazo de vinte e quatro horas, no local de costume, bem como divulgará em seu sítio na internet, aviso comunicando o registro das informações a que se refere este artigo, colocando-as à disposição dos partidos ou coligações com candidatos ao pleito, os quais a elas terão livre acesso pelo prazo de 30 (trinta) dias. *(Redação dada pela Lei nº 12.034/2009)*

§ 3º A divulgação de pesquisa sem o prévio registro das informações de que trata este artigo sujeita os responsáveis a multa no valor de cinquenta mil a cem mil UFIR.

§ 4º A divulgação de pesquisa fraudulenta constitui crime, punível com detenção de 6 (seis) meses a 1 (um) ano e multa no valor de cinquenta mil a cem mil UFIR.
> » *Nesta lei, art. 105, § 2º.*

§ 5º É vedada, no período de campanha eleitoral, a realização de enquetes relacionadas ao processo eleitoral. *(Incluído pela Lei nº 12.891, de 11/12/2013)*

Art. 34. (*Vetado*)

§ 1º Mediante requerimento à Justiça Eleitoral, os partidos poderão ter acesso ao sistema interno de controle, verificação e fiscalização da coleta de dados das entidades que divulgarem pesquisas de opinião relativas às eleições, incluídos os referentes à identificação dos entrevistadores e, por meio de escolha livre e aleatória de planilhas individuais, mapas ou equivalentes, confrontar e conferir os dados publicados, preservada a identidade dos respondentes.

§ 2º O não cumprimento do disposto neste artigo ou qualquer ato que vise a retardar, impedir ou dificultar a ação fiscalizadora dos partidos constitui crime, punível com detenção, de 6 (seis) meses a 1 (um) ano, com a alternativa de prestação de serviços à comunidade pelo mesmo prazo, e multa no valor de dez mil a vinte mil UFIR.
> » *Nesta lei, art. 105, § 2º.*

§ 3º A comprovação de irregularidade nos dados publicados sujeita os responsáveis às penas mencionadas no parágrafo anterior, sem prejuízo da obrigatoriedade da veiculação dos dados corretos no mesmo espaço, local, horário, página, caracteres e outros elementos de destaque, de acordo com o veículo usado.

Art. 35. Pelos crimes definidos nos arts. 33, § 4º e 34, §§ 2º e 3º, podem ser responsabilizados penalmente os representantes legais da empresa ou entidade de pesquisa e do órgão veiculador.
> » *CE, art. 336.*

Art. 35-A. É vedada a divulgação de pesquisas eleitorais por qualquer meio de comunicação, a partir do décimo quinto dia anterior até as 18 (dezoito) horas do dia do pleito.(1) *(Artigo acrescentado pela Lei nº 11.300/2006)*
> » *ADIn nº 3.741-DF, DJ 23/03/2007.*

DA PROPAGANDA ELEITORAL EM GERAL

Art. 36. A propaganda eleitoral somente é permitida após o dia 15 de agosto do ano da eleição. *(Redação dada pela Lei nº 13.165, de 2015)*

§ 1º Ao postulante a candidatura a cargo eletivo é permitida a realização, na quinzena anterior à escolha pelo partido, de propaganda intrapartidária com vista à indicação de seu nome, vedado o uso de rádio, televisão e *outdoor*.

§ 2º Não será permitido qualquer tipo de propaganda política paga no rádio e na televisão. *(Redação dada pela Lei nº 13.487, de 2017)*

§ 3º A violação do disposto neste artigo sujeitará o responsável pela divulgação da propaganda e, quando comprovado o seu prévio conhecimento, o beneficiário à multa no valor de R$ 5.000,00 (cinco mil reais) a R$ 25.000,00 (vinte e cinco mil reais), ou ao equivalente ao custo da propaganda, se este for maior. *(Redação dada pela Lei nº 12.034/2009)*
> » *Nesta lei, art. 96.*

§ 4º Na propaganda dos candidatos a cargo majoritário deverão constar, também, os nomes dos candidatos a vice ou a suplentes de senador, de modo claro e legível, em tamanho não inferior a 30% (trinta por cento) do nome do titular. *(Redação dada pela Lei nº 13.165, de 2015)*

§ 5º A comprovação do cumprimento das determinações da Justiça Eleitoral relacionadas a propaganda realizada em desconformidade com o disposto nesta Lei poderá ser apresentada no Tribunal Superior Eleitoral, no caso de candidatos a Presidente e Vice-Presidente da República, nas sedes dos respectivos Tribunais Regionais Eleitorais, no caso de candidatos a Governador, Vice-Governador, Deputado Federal, Senador da República, Deputados Estadual e Distrital, e, no Juízo Eleitoral, na hipótese de candidato a Prefeito, Vice-Prefeito e Vereador. *(Incluído pela Lei nº 12.034/2009)*

Art. 36-A. Não configuram propaganda eleitoral antecipada, desde que não envolvam pedido explícito de voto, a menção à pretensa candidatura, a exaltação das qualidades pessoais dos pré-candidatos e os seguintes atos, que poderão ter cobertura dos meios de comunicação social, inclusive via internet: *(Redação dada pela Lei nº 13.165, de 2015)*

I. a participação de filiados a partidos políticos ou de pré-candidatos em entrevistas, programas, encontros ou debates no rádio, na televisão e na internet, inclusive com a exposição de plataformas e projetos políticos, observado pelas emissoras de rádio e de televisão o dever de conferir tratamento isonômico; *(Redação dada pela Lei nº 12.891, de 11/12/2013)*

II. a realização de encontros, seminários ou congressos, em ambiente fechado e a expensas dos partidos políticos, para tratar da organização dos processos eleitorais, discussão de políticas públicas, planos de governo ou alianças partidárias visando às eleições, podendo tais atividades ser divulgadas pelos instrumentos de comunicação intrapartidária; *(Redação dada pela Lei nº 12.891, de 11/12/2013)*

III. a realização de prévias partidárias e a respectiva distribuição de material informativo, a divulgação dos nomes dos filiados que participarão da disputa e a realização de debates entre os pré-candidatos; *(Redação dada pela Lei nº 13.165, de 2015)*

IV. a divulgação de atos de parlamentares e debates legislativos, desde que não se faça pedido de votos; *(Redação dada pela Lei nº 12.891, de 11/12/ 2013)*

V. a divulgação de posicionamento pessoal sobre questões políticas, inclusive nas redes sociais; *(Redação dada pela Lei nº 13.165, de 2015)*

VI. a realização, a expensas de partido político, de reuniões de iniciativa da sociedade civil, de veículo ou meio de comunicação ou do próprio partido, em qualquer localidade, para divulgar ideias, objetivos e propostas partidárias. *(Incluído pela Lei nº 13.165, de 2015)*

VII - campanha de arrecadação prévia de recursos na modalidade prevista no inciso IV do § 4º do art. 23 desta Lei. *(Incluído pela Lei nº 13.488, de 2017)*

§ 1º É vedada a transmissão ao vivo por emissoras de rádio e de televisão das prévias partidárias, sem prejuízo da cobertura dos meios de comunicação social. *(Incluído pela Lei nº 13.165, de 2015)*

§ 2º Nas hipóteses dos incisos I a VI do *caput*, são permitidos o pedido de apoio político e a divulgação da pré-candidatura, das ações políticas desenvolvidas e das que se pretende desenvolver. *(Incluído pela Lei nº 13.165, de 2015)*

§ 3º O disposto no § 2º não se aplica aos profissionais de comunicação social no exercício da profissão. *(Incluído pela Lei nº 13.165, de 2015)*

» CF, art. 5º, IV, IX e XVI.

Art. 36-B. Será considerada propaganda eleitoral antecipada a convocação, por parte do Presidente da República, dos Presidentes da Câmara dos Deputados, do Senado Federal e do Supremo Tribunal Federal, de redes de radiodifusão para divulgação de atos que denotem propaganda política ou ataques a partidos políticos e seus filiados ou instituições. *(Incluído pela Lei nº 12.891, de 11/12/2013)*

Parágrafo único. Nos casos permitidos de convocação das redes de radiodifusão, é vedada a utilização de símbolos ou imagens, exceto aqueles previstos no § 1º do art. 13 da Constituição Federal. *(Incluído pela Lei nº 12.891, de 11/12/2013)*

Art. 37. Nos bens cujo uso dependa de cessão ou permissão do poder público, ou que a ele pertençam, e nos bens de uso comum, inclusive postes de iluminação pública, sinalização de tráfego, viadutos, passarelas, pontes, paradas de ônibus e outros equipamentos urbanos, é vedada a veiculação de propaganda de qualquer natureza, inclusive pichação, inscrição a tinta e exposição de placas, estandartes, faixas, cavaletes, bonecos e assemelhados. *(Redação dada pela Lei nº 13.165, de 2015)*

» CC, art. 99.

§ 1º A veiculação de propaganda em desacordo com o disposto no *caput* deste artigo sujeita o responsável, após a notificação e comprovação, à restauração do bem e, caso não cumprida no prazo, a multa no valor de R$ 2.000,00 (dois mil reais) a R$ 8.000,00 (oito mil reais). *(Parágrafo com redação dada pela Lei nº 11.300/2006)*

» Vide Súmula nº 48 do TSE.

» Nesta lei, art. 96.

§ 2º Não é permitida a veiculação de material de propaganda eleitoral em bens públicos ou particulares, exceto de: *(Redação dada pela Lei nº 13.488, de 2017)*

I - bandeiras ao longo de vias públicas, desde que móveis e que não dificultem o bom andamento do trânsito de pessoas e veículos; *(Incluído pela Lei nº 13.488, de 2017)*

II - adesivo plástico em automóveis, caminhões, bicicletas, motocicletas e janelas residenciais, desde que não exceda a 0,5 m² (meio metro quadrado). *(Incluído pela Lei nº 13.488, de 2017)*

§ 3º Nas dependências do Poder Legislativo, a veiculação de propaganda eleitoral fica a critério da Mesa Diretora.

§ 4º Bens de uso comum, para fins eleitorais, são os assim definidos pela Lei nº 10.406, de 10 de janeiro de 2002 – Código Civil e também aqueles a que a população em geral tem acesso, tais como cinemas, clubes, lojas, centros comerciais, templos, ginásios, estádios, ainda que de propriedade privada. *(Incluído pela Lei nº 12.034/2009)*

§ 5º Nas árvores e nos jardins localizados em áreas públicas, bem como em muros, cercas e tapumes divisórios, não é permitida a colocação de propaganda eleitoral de qualquer natureza, mesmo que não lhes cause dano. *(Incluído pela Lei nº 12.034/2009)*

§ 6º É permitida a colocação de mesas para distribuição de material de campanha e a utilização de bandeiras ao longo das vias públicas, desde que móveis e que não dificultem o bom andamento do trânsito de pessoas e veículos. *(Redação dada pela Lei nº 12.891, de 11/12/2013)*

§ 7º A mobilidade referida no § 6º estará caracterizada com a colocação e a retirada dos meios de propaganda entre as seis horas e as vinte e duas horas. *(Incluído pela Lei nº 12.034/2009)*

§ 8º A veiculação de propaganda eleitoral em bens particulares deve ser espontânea e gratuita, sendo vedado qualquer tipo de pagamento em troca de espaço para esta finalidade. *(Incluído pela Lei nº 12.034/2009)*

Art. 38. Independe da obtenção de licença municipal e de autorização da Justiça Eleitoral a veiculação de propaganda eleitoral pela distribuição de folhetos, adesivos, volantes e outros

Art. 38

impressos, os quais devem ser editados sob a responsabilidade do partido, coligação ou candidato. *(Redação dada pela Lei nº 12.891, de 11/12/2013)*

§ 1º Todo material impresso de campanha eleitoral deverá conter o número de inscrição no Cadastro Nacional da Pessoa Jurídica – CNPJ ou o número de inscrição no Cadastro de Pessoas Físicas – CPF do responsável pela confecção, bem como de quem a contratou, e a respectiva tiragem. *(Incluído pela Lei nº 12.034/2009)*

§ 2º Quando o material impresso veicular propaganda conjunta de diversos candidatos, os gastos relativos a cada um deles deverão constar na respectiva prestação de contas, ou apenas naquela relativa ao que houver arcado com os custos. *(Incluído pela Lei nº 12.034/2009)*

§ 3º Os adesivos de que trata o *caput* deste artigo poderão ter a dimensão máxima de 50 (cinquenta) centímetros por 40 (quarenta) centímetros. *(Incluído pela Lei nº 12.891, de 11/12/2013)*

§ 4º É proibido colar propaganda eleitoral em veículos, exceto adesivos microperfurados até a extensão total do para-brisa traseiro e, em outras posições, adesivos até a dimensão máxima fixada no § 3º. *(Incluído pela Lei nº 12.891, de 11/12/2013)*

Art. 39. A realização de qualquer ato de propaganda partidária ou eleitoral, em recinto aberto ou fechado, não depende de licença da polícia.

§ 1º O candidato, partido ou coligação promotora do ato fará a devida comunicação à autoridade policial em, no mínimo, 24 (vinte e quatro) horas antes de sua realização, a fim de que esta lhe garanta, segundo a prioridade do aviso, o direito contra quem tencione usar o local no mesmo dia e horário.

§ 2º A autoridade policial tomará as providências necessárias à garantia da realização do ato e ao funcionamento do tráfego e dos serviços públicos que o evento possa afetar.

§ 3º O funcionamento de alto-falantes ou amplificadores de som, ressalvada a hipótese contemplada no parágrafo seguinte, somente é permitido entre as 8 (oito) e as 22 (vinte e duas) horas, sendo vedados a instalação e o uso daqueles equipamentos em distância inferior a 200 (duzentos) metros:

I. das sedes dos Poderes Executivo e Legislativo da União, dos Estados, do Distrito Federal e dos Municípios, das sedes dos Tribunais Judiciais, e dos quartéis e outros estabelecimentos militares;

II. dos hospitais e casas de saúde;

III. das escolas, bibliotecas públicas, igrejas e teatros, quando em funcionamento.

§ 4º A realização de comícios e a utilização de aparelhagens de sonorização fixas são permitidas no horário compreendido entre as 8 (oito) e as 24 (vinte e quatro) horas, com exceção do comício de encerramento da campanha, que poderá ser prorrogado por mais 2 (duas) horas. *(Redação dada pela Lei nº 12.891, de 11/12/2013)*

» *CE, art. 240.*

§ 5º Constituem crimes, no dia da eleição, puníveis com detenção, de 6 (seis) meses a 1 (um) ano, com a alternativa de prestação de serviços à comunidade pelo mesmo período, e multa no valor de cinco mil a quinze mil UFIR:

I. o uso de alto-falantes e amplificadores de som ou a promoção de comício ou carreata;

II. a arregimentação de eleitor ou a propaganda de boca de urna; *(Inciso com redação dada pela Lei nº 11.300/2006)*

III. a divulgação de qualquer espécie de propaganda de partidos políticos ou de seus candidatos. *(Redação dada pela Lei nº 12.034/2009)*

IV - a publicação de novos conteúdos ou o impulsionamento de conteúdos nas aplicações de internet de que trata o art. 57-B desta Lei, podendo ser mantidos em funcionamento as aplicações e os conteúdos publicados anteriormente. *(Incluído pela Lei nº 13.488, de 2017)*

§ 6º É vedada na campanha eleitoral a confecção, utilização, distribuição por comitê, candidato, ou com a sua autorização, de camisetas, chaveiros, bonés, canetas, brindes, cestas básicas ou quaisquer outros bens ou materiais que possam proporcionar vantagem ao eleitor.

§ 7º É proibida a realização de showmício e de evento assemelhado para promoção de candidatos, bem como a apresentação, remunerada ou não, de artistas com a finalidade de animar comício e reunião eleitoral.

§ 8º É vedada a propaganda eleitoral mediante *outdoors*, inclusive eletrônicos, sujeitando-se a empresa responsável, os partidos, as coligações e os candidatos à imediata retirada da propaganda irregular e ao pagamento de multa no valor de R$ 5.000,00 (cinco mil reais) a R$ 15.000,00 (quinze mil reais). *(Redação dada pela Lei nº 12.891, de 11/12/2013)*

§ 9º Até as vinte e duas horas do dia que antecede a eleição, serão permitidos distribuição de material gráfico, caminhada, carreata, passeata ou carro de som que transite pela cidade divulgando jingles ou mensagens de candidatos. *(Incluído pela Lei nº 12.034/2009)*

§ 9º-A. Considera-se carro de som, além do previsto no § 12, qualquer veículo, motorizado ou não, ou ainda tracionado por animais, que transite divulgando *jingles* ou mensagens de candidatos. *(Incluído pela Lei nº 13.165, de 2015)*

§ 10. Fica vedada a utilização de trios elétricos em campanhas eleitorais, exceto para a sonorização de comícios. *(Incluído pela Lei nº 12.034/2009)*

§ 11. É permitida a circulação de carros de som e minitrios como meio de propaganda eleitoral, desde que observado o limite de oitenta decibéis de nível de pressão sonora, medido a sete metros de distância do veículo, e respeitadas as vedações previstas no § 3º deste artigo, apenas em carreatas, caminhadas e passeatas ou durante reuniões e comícios. *(Redação dada pela Lei nº 13.488, de 2017)*

§ 12. Para efeitos desta Lei, considera-se: *(Incluído pela Lei nº 12.891, de 11/12/2013)*

I. carro de som: veículo automotor que usa equipamento de som com potência nominal de amplificação de, no máximo, 10.000 (dez mil) watts; *(Incluído pela Lei nº 12.891, de 11/12/2013)*

II. minitrio: veículo automotor que usa equipamento de som com potência nominal de amplificação maior que 10.000 (dez mil) watts e até 20.000 (vinte mil) watts; *(Incluído pela Lei nº 12.891, de 11/12/2013)*

III. trio elétrico: veículo automotor que usa equipamento de som com potência nominal de amplificação maior que 20.000 (vinte mil) watts. *(Incluído pela Lei nº 12.891, de 11/12/2013)*

Art. 39-A. É permitida, no dia das eleições, a manifestação individual e silenciosa da preferência do eleitor por partido político, coligação ou candidato, revelada exclusivamente pelo uso de bandeiras, broches, dísticos e adesivos. *(Incluído pela Lei nº 12.034/2009)*

§ 1º É vedada, no dia do pleito, até o término do horário de votação, a aglomeração de pessoas portando vestuário padronizado, bem como os instrumentos de propaganda referidos no *caput*, de modo a caracterizar manifestação coletiva, com ou sem utilização de veículos. *(Incluído pela Lei nº 12.034/2009)*

§ 2º No recinto das seções eleitorais e juntas apuradoras, é proibido aos servidores da Justiça Eleitoral, aos mesários e aos escrutinadores o uso de vestuário ou objeto que contenha qualquer propaganda de partido político, de coligação ou de candidato. *(Incluído pela Lei nº 12.034/2009)*

§ 3º Aos fiscais partidários, nos trabalhos de votação, só é permitido que, em seus crachás, constem o nome e a sigla do partido político ou coligação a que sirvam, vedada a padronização do vestuário. *(Incluído pela Lei nº 12.034/2009)*

§ 4º No dia do pleito, serão afixadas cópias deste artigo em lugares visíveis nas partes interna e externa das seções eleitorais. *(Incluído pela Lei nº 12.034/2009)*

Art. 40. O uso, na propaganda eleitoral, de símbolos, frases ou imagens, associadas ou semelhantes às empregadas por órgão de governo, empresa pública ou sociedade de economia mista constitui crime, punível com detenção, de 6 (seis) meses a 1 (um) ano, com a alternativa de prestação de serviços à comunidade pelo mesmo período, e multa no valor de dez mil a vinte mil UFIR.

» Nesta lei, art. 105, § 2º.

Art. 40-B. A representação relativa à propaganda irregular deve ser instruída com prova da autoria ou do prévio conhecimento do beneficiário, caso este não seja por ela responsável. *(Incluído pela Lei nº 12.034/2009)*

Parágrafo único. A responsabilidade do candidato estará demonstrada se este, intimado da existência da propaganda irregular, não providenciar, no prazo de quarenta e oito horas, sua retirada ou regularização e, ainda, se as circunstâncias e as peculiaridades do caso específico revelarem a impossibilidade de o beneficiário não ter tido conhecimento da propaganda. *(Incluído pela Lei nº 12.034/2009)*

Art. 41. A propaganda exercida nos termos da legislação eleitoral não poderá ser objeto de multa nem cerceada sob alegação do exercício do poder de polícia ou de violação de postura municipal, casos em que se deve proceder na forma prevista no art. 40. *(Redação dada pela Lei nº 12.034/2009)*

§ 1º O poder de polícia sobre a propaganda eleitoral será exercido pelos juízes eleitorais e pelos juízes designados pelos Tribunais Regionais Eleitorais. *(Incluído pela Lei nº 12.034/2009)*

§ 2º O poder de polícia se restringe às providências necessárias para inibir práticas ilegais, vedada a censura prévia sobre o teor dos programas a serem exibidos na televisão, no rádio ou na internet. *(Incluído pela Lei nº 12.034/2009)*

» CE, art. 249.

Art. 41-A. Ressalvado o disposto no art. 26 e seus incisos, constitui captação de sufrágio, vedada por esta Lei, o candidato doar, oferecer, prometer, ou entregar, ao eleitor, com o fim de obter-lhe o voto, bem ou vantagem pessoal de qualquer natureza, inclusive emprego ou função pública, desde o registro da candidatura até o dia da eleição, inclusive, sob pena de multa de mil a cinquenta mil UFIR, e cassação do registro ou do diploma, observado o procedimento previsto no art. 22 da Lei Complementar 64, de 18 de maio de 1990. *(Artigo acrescentado pela Lei nº 9.840/99)*

» CE, arts. 35, XVII; 299; 334.

» LC nº 64/90, art. 1º, I, "j".

§ 1º Para a caracterização da conduta ilícita, é desnecessário o pedido explícito de votos, bastando a evidência do dolo, consistente no especial fim de agir. *(Incluído pela Lei nº 12.034/2009)*

§ 2º As sanções previstas no *caput* aplicam-se contra quem praticar atos de violência ou grave ameaça a pessoa, com o fim de obter-lhe o voto. *(Incluído pela Lei nº 12.034/2009)*

» CE, art. 301.

§ 3º A representação contra as condutas vedadas no *caput* poderá ser ajuizada até a data da diplomação. *(Incluído pela Lei nº 12.034/2009)*

» CF, art. 14, §§ 10 e 11.

» CE, art. 262, IV.

§ 4º O prazo de recurso contra decisões proferidas com base neste artigo será de 3 (três) dias, a contar da data da publicação do julgamento no Diário Oficial. *(Incluído pela Lei nº 12.034/2009)*

» CE, art. 258.

DA PROPAGANDA ELEITORAL MEDIANTE *OUTDOORS*

Art. 42. *(Revogado pela Lei nº 11.300/2006)*

DA PROPAGANDA ELEITORAL NA IMPRENSA

Art. 43. São permitidas, até a antevéspera das eleições, a divulgação paga, na imprensa escrita, e a reprodução na internet do jornal impresso, de até 10 (dez) anúncios de propaganda eleitoral, por veículo, em datas diversas, para cada candidato, no espaço máximo, por edição, de 1/8 (um oitavo) de página de jornal padrão e de 1/4 (um quarto) de página de revista ou tabloide. *(Redação dada pela Lei nº 12.034/2009)*

§ 1º Deverá constar do anúncio, de forma visível, o valor pago pela inserção. *(Incluído pela Lei nº 12.034/2009)*

§ 2º A inobservância do disposto neste artigo sujeita os responsáveis pelos veículos de divulgação e os partidos, coligações ou candidatos beneficiados a multa no valor de R$ 1.000,00 (mil reais) a R$ 10.000,00 (dez mil reais) ou equivalente ao da divulgação da propaganda paga, se este for maior. *(Renumerado do parágrafo único pela Lei nº 12.034/2009)*

DA PROPAGANDA ELEITORAL NO RÁDIO E NA TELEVISÃO

Art. 44. A propaganda eleitoral no rádio e na televisão restringe-se ao horário gratuito definido nesta Lei, vedada a veiculação de propaganda paga.

» CE, art. 251.

» Lei nº 9.096/95, art. 45.

» Nesta lei, art. 99.

§ 1º A propaganda eleitoral gratuita na televisão deverá utilizar a Linguagem Brasileira de Sinais – LIBRAS ou o recurso de legenda, que deverão constar obrigatoriamente do material entregue às emissoras. *(Incluído pela Lei nº 12.034/2009)*

§ 2º No horário reservado para a propaganda eleitoral, não se permitirá utilização comercial ou propaganda realizada com a intenção, ainda que disfarçada ou subliminar, de promover marca ou produto. *(Incluído pela Lei nº 12.034/2009)*

Art. 44

§ 3º Será punida, nos termos do § 1º do art. 37, a emissora que, não autorizada a funcionar pelo poder competente, veicular propaganda eleitoral. *(Incluído pela Lei nº 12.034/2009)*

Art. 45. Encerrado o prazo para a realização das convenções no ano das eleições, é vedado às emissoras de rádio e televisão, em sua programação normal e em seu noticiário: *(Redação dada pela Lei nº 13.165, de 2015)*

I. transmitir, ainda que sob a forma de entrevista jornalística, imagens de realização de pesquisa ou qualquer outro tipo de consulta popular de natureza eleitoral em que seja possível identificar o entrevistado ou em que haja manipulação de dados;

II. usar trucagem, montagem ou outro recurso de áudio ou vídeo que, de qualquer forma, degradem ou ridicularizem candidato, partido ou coligação, ou produzir ou veicular programa com esse efeito;

III. veicular propaganda política ou difundir opinião favorável ou contrária a candidato, partido, coligação, a seus órgãos ou representantes;

IV. dar tratamento privilegiado a candidato, partido ou coligação;

V. veicular ou divulgar filmes, novelas, minisséries ou qualquer outro programa com alusão ou crítica a candidato ou partido político, mesmo que dissimuladamente, exceto programas jornalísticos ou debates políticos;

VI. divulgar nome de programa que se refira a candidato escolhido em convenção, ainda quando preexistente, inclusive se coincidente com o nome do candidato ou com a variação nominal por ele adotada. Sendo o nome do programa o mesmo que o do candidato, fica proibida a sua divulgação, sob pena de cancelamento do respectivo registro.

§ 1º A partir de 30 de junho do ano da eleição, é vedado, ainda, às emissoras transmitir programa apresentado ou comentado por pré-candidato, sob pena, no caso de sua escolha na convenção partidária, de imposição da multa prevista no § 2º e de cancelamento do registro da candidatura do beneficiário. *(Redação dada pela Lei nº 13.165, de 2015)*

§ 2º Sem prejuízo do disposto no parágrafo único do art. 55, a inobservância do disposto neste artigo sujeita a emissora ao pagamento de multa no valor de vinte mil a cem mil UFIR, duplicada em caso de reincidência.

» *Nesta lei, arts. 96; 105, § 2º.*

§ 3º *(Revogado pela Lei nº 12.034/2009).*

§ 4º Entende-se por trucagem todo e qualquer efeito realizado em áudio ou vídeo que degradar ou ridicularizar candidato, partido político ou coligação, ou que desvirtuar a realidade e beneficiar ou prejudicar qualquer candidato, partido político ou coligação. *(Incluído pela Lei nº 12.034/2009)*

§ 5º Entende-se por montagem toda e qualquer junção de registros de áudio ou vídeo que degradar ou ridicularizar candidato, partido político ou coligação, ou que desvirtuar a realidade e beneficiar ou prejudicar qualquer candidato, partido político ou coligação. *(Incluído pela Lei nº 12.034/2009)*

§ 6º É permitido ao partido político utilizar na propaganda eleitoral de seus candidatos em âmbito regional, inclusive no horário eleitoral gratuito, a imagem e a voz de candidato ou militante de partido político que integre a sua coligação em âmbito nacional. *(Incluído pela Lei nº 12.034/2009)*

Art. 46. Independentemente da veiculação de propaganda eleitoral gratuita no horário definido nesta Lei, é facultada a transmissão por emissora de rádio ou televisão de debates sobre as eleições majoritária ou proporcional, assegurada a participação de candidatos dos partidos com representação no Congresso Nacional, de, no mínimo, cinco parlamentares, e facultada a dos demais, observado o seguinte: *(Redação dada pela Lei nº 13.488, de 2017)*

I. nas eleições majoritárias, a apresentação dos debates poderá ser feita:

a) em conjunto, estando presentes todos os candidatos a um mesmo cargo eletivo;

b) em grupos, estando presentes, no mínimo, 3 (três) candidatos;

II. nas eleições proporcionais, os debates deverão ser organizados de modo que assegurem a presença de número equivalente de candidatos de todos os partidos e coligações a um mesmo cargo eletivo, podendo desdobrar-se em mais de 1 (um) dia;

III. os debates deverão ser parte de programação previamente estabelecida e divulgada pela emissora, fazendo-se mediante sorteio a escolha do dia e da ordem de fala de cada candidato, salvo se celebrado acordo em outro sentido entre os partidos e coligações interessados.

§ 1º Será admitida a realização de debate sem a presença de candidato de algum partido, desde que o veículo de comunicação responsável comprove havê-lo convidado com a antecedência mínima de 72 (setenta e duas) horas da realização do debate.

§ 2º É vedada a presença de um mesmo candidato a eleição proporcional em mais de um debate da mesma emissora.

§ 3º O descumprimento do disposto neste artigo sujeita a empresa infratora às penalidades previstas no art. 56.

§ 4º O debate será realizado segundo as regras estabelecidas em acordo celebrado entre os partidos políticos e a pessoa jurídica interessada na realização do evento, dando-se ciência à Justiça Eleitoral. *(Incluído pela Lei nº 12.034/2009)*

§ 5º Para os debates que se realizarem no primeiro turno das eleições, serão consideradas aprovadas as regras, inclusive as que definam o número de participantes, que obtiverem a concordância de pelo menos 2/3 (dois terços) dos candidatos aptos, no caso de eleição majoritária, e de pelo menos 2/3 (dois terços) dos partidos ou coligações com candidatos aptos, no caso de eleição proporcional. *(Redação dada pela Lei nº 13.165, de 2015)*

Art. 47. As emissoras de rádio e de televisão e os canais de televisão por assinatura mencionados no art. 57 reservarão, nos trinta e cinco dias anteriores à antevéspera das eleições, horário destinado à divulgação, em rede, da propaganda eleitoral gratuita, na forma estabelecida neste artigo. *(Redação dada pela Lei nº 13.165, de 2015)*

§ 1º A propaganda será feita:

I. na eleição para Presidente da República, às terças e quintas-feiras e aos sábados:

a) das sete horas às sete horas e doze minutos e trinta segundos e das doze horas às doze horas e doze minutos e trinta segundos, no rádio; *(Redação dada pela Lei nº 13.165, de 2015)*

b) das treze horas às treze horas e doze minutos e trinta segundos e das vinte horas e trinta minutos às vinte horas e quarenta e dois minutos e trinta segundos, na televisão; *(Redação dada pela Lei nº 13.165, de 2015)*

II. nas eleições para Deputado Federal, às terças e quintas-feiras e aos sábados:

a) das sete horas e doze minutos e trinta segundos às sete horas e vinte e cinco minutos e das doze horas e doze minutos e trinta segundos às doze horas e vinte e cinco minutos, no rádio; *(Redação dada pela Lei nº 13.165, de 2015)*

b) das treze horas e doze minutos e trinta segundos às treze horas e vinte e cinco minutos e das vinte horas e quarenta e dois minutos e trinta segundos às vinte horas e cinquenta e cinco minutos, na televisão; *(Redação dada pela Lei nº 13.165, de 2015)*

III. nas eleições para Senador, às segundas, quartas e sextas-feiras: *(Redação dada pela Lei nº 13.165, de 2015)*

a) das sete horas às sete horas e cinco minutos e das doze horas às doze horas e cinco minutos, no rádio, nos anos em que a renovação do Senado Federal se der por um terço; *(Redação dada pela Lei nº 13.165, de 2015)*

b) das treze horas às treze horas e cinco minutos e das vinte horas e trinta minutos às vinte horas e trinta e cinco minutos, na televisão, nos anos em que a renovação do Senado Federal se der por um terço; *(Redação dada pela Lei nº 13.165, de 2015)*

c) das sete horas às sete horas e sete minutos e das doze horas às doze horas e sete minutos, no rádio, nos anos em que a renovação do Senado Federal se der por dois terços; *(Redação dada pela Lei nº 13.165, de 2015)*

d) das treze horas às treze horas e sete minutos e das vinte horas e trinta minutos às vinte horas e trinta e sete minutos, na televisão, nos anos em que a renovação do Senado Federal se der por dois terços; *(Redação dada pela Lei nº 13.165, de 2015)*

IV. nas eleições para Deputado Estadual e Deputado Distrital, às segundas, quartas e sextas-feiras:

a) das sete horas e cinco minutos às sete horas e quinze minutos e das doze horas e cinco minutos às doze horas e quinze minutos, no rádio, nos anos em que a renovação do Senado Federal se der por um terço; *(Redação dada pela Lei nº 13.165, de 2015)*

b) das treze horas e cinco minutos às treze horas e quinze minutos e das vinte horas e trinta e cinco minutos às vinte horas e quarenta e cinco minutos, na televisão, nos anos em que a renovação do Senado Federal se der por um terço; *(Redação dada pela Lei nº 13.165, de 2015)*

c) das sete horas e sete minutos às sete horas e dezesseis minutos e das doze horas e sete minutos às doze horas e dezesseis minutos, no rádio, nos anos em que a renovação do Senado Federal se der por dois terços; *(Redação dada pela Lei nº 13.165, de 2015)*

d) das treze horas e sete minutos às treze horas e dezesseis minutos e das vinte horas e trinta e sete minutos às vinte horas e quarenta e seis minutos, na televisão, nos anos em que a renovação do Senado Federal se der por dois terços; *(Redação dada pela Lei nº 13.165, de 2015)*

V. na eleição para Governador de Estado e do Distrito Federal, às segundas, quartas e sextas-feiras: *(Redação dada pela Lei nº 13.165, de 2015)*

a) das sete horas e quinze minutos às sete horas e vinte e cinco minutos e das doze horas e quinze minutos às doze horas e vinte e cinco minutos, no rádio, nos anos em que a renovação do Senado Federal se der por um terço; *(Redação dada pela Lei nº 13.165, de 2015)*

b) das treze horas e quinze minutos às treze horas e vinte e cinco minutos e das vinte horas e quarenta e cinco minutos às vinte horas e cinquenta e cinco minutos, na televisão, nos anos em que a renovação do Senado Federal se der por um terço; *(Redação dada pela Lei nº 13.165, de 2015)*

c) das sete horas e dezesseis minutos às sete horas e vinte e cinco minutos e das doze horas e dezesseis minutos às doze horas e vinte e cinco minutos, no rádio, nos anos em que a renovação do Senado Federal se der por dois terços; *(Redação dada pela Lei nº 13.165, de 2015)*

d) das treze horas e dezesseis minutos às treze horas e vinte e cinco minutos e das vinte horas e quarenta e seis minutos às vinte horas e cinquenta e cinco minutos, na televisão, nos anos em que a renovação do Senado Federal se der por dois terços; *(Redação dada pela Lei nº 13.165, de 2015)*

VI. nas eleições para Prefeito, de segunda a sábado: *(Redação dada pela Lei nº 13.165, de 2015)*

a) das sete horas às sete horas e dez minutos e das doze horas às doze horas e dez minutos, no rádio; *(Redação dada pela Lei nº 13.165, de 2015)*

b) das treze horas às treze horas e dez minutos e das vinte horas e trinta minutos às vinte horas e quarenta minutos, na televisão; *(Redação dada pela Lei nº 13.165, de 2015)*

VII. ainda nas eleições para Prefeito, e também nas de Vereador, mediante inserções de trinta e sessenta segundos, no rádio e na televisão, totalizando setenta minutos diários, de segunda-feira a domingo, distribuídas ao longo da programação veiculada entre as cinco e as vinte e quatro horas, na proporção de 60% (sessenta por cento) para Prefeito e 40% (quarenta por cento) para Vereador. *(Redação dada pela Lei nº 13.165, de 2015)*

§ 1º-A. Somente serão exibidas as inserções de televisão a que se refere o inciso VII do § 1º nos Municípios em que houver estação geradora de serviços de radiodifusão de sons e imagens. *(Incluído pela Lei nº 13.165, de 2015)*

§ 2º Os horários reservados à propaganda de cada eleição, nos termos do § 1º, serão distribuídos entre todos os partidos e coligações que tenham candidato, observados os seguintes critérios:.....*(Redação dada pela Lei nº 12.875, de 2013).(Vide ADI-5.105)*

I. 90% (noventa por cento) distribuídos proporcionalmente ao número de representantes na Câmara dos Deputados, considerados, no caso de coligação para eleições majoritárias, o resultado da soma do número de representantes dos seis maiores partidos que a integrem e, nos casos de coligações para eleições proporcionais, o resultado da soma do número de representantes de todos os partidos que a integrem; *(Redação dada pela Lei nº 13.165, de 2015)*

II. 10% (dez por cento) distribuídos igualitariamente. *(Redação dada pela Lei nº 13.165, de 2015)*

§ 3º Para efeito do disposto neste artigo, a representação de cada partido na Câmara dos Deputados é a resultante da eleição. *(Parágrafo com redação dada pela Lei nº 11.300/2006)*

» *Res.-TSE nº 22.205/2006.*
» *Res.-TSE nº 22.610/2007.*

Art. 47

§ 4º O número de representantes de partido que tenha resultado de fusão ou a que se tenha incorporado outro corresponderá à soma dos representantes que os partidos de origem possuíam na data mencionada no parágrafo anterior.

§ 5º Se o candidato a Presidente ou a Governador deixar de concorrer, em qualquer etapa do pleito, e não havendo a substituição prevista no art. 13 desta Lei, far-se-á nova distribuição do tempo entre os candidatos remanescentes.

§ 6º Aos partidos e coligações que, após a aplicação dos critérios de distribuição referidos no *caput*, obtiverem direito a parcela do horário eleitoral inferior a 30 (trinta) segundos, será assegurado o direito de acumulá-lo para uso em tempo equivalente.

§ 7º Para efeito do disposto no § 2º, serão desconsideradas as mudanças de filiação partidária em quaisquer hipóteses. *(Redação dada pela Lei nº 13.107, de 2015)*

§ 8º As mídias com as gravações da propaganda eleitoral no rádio e na televisão serão entregues às emissoras, inclusive nos sábados, domingos e feriados, com a antecedência mínima: *(Incluído pela Lei nº 12.891, de 11/12/ 2013)*

I. de 6 (seis) horas do horário previsto para o início da transmissão, no caso dos programas em rede; *(Incluído pela Lei nº 12.891, de 11/12/2013)*

II. de 12 (doze) horas do horário previsto para o início da transmissão, no caso das inserções. *(Incluído pela Lei nº 12.891, de 11/12/2013)*

§ 9º As emissoras de rádio sob responsabilidade do Senado Federal e da Câmara dos Deputados instaladas em localidades fora do Distrito Federal são dispensadas da veiculação da propaganda eleitoral gratuita dos pleitos referidos nos incisos II a VI do § 1º. *(Incluído pela Lei nº 13.165, de 2015)*

Art. 48. Nas eleições para Prefeitos e Vereadores, nos Municípios em que não haja emissora de rádio e televisão, a Justiça Eleitoral garantirá aos Partidos Políticos participantes do pleito a veiculação de propaganda eleitoral gratuita nas localidades aptas à realização de segundo turno de eleições e nas quais seja operacionalmente viável realizar a retransmissão. *(Redação dada pela Lei nº 12.034/2009)*

§ 1º *(Revogado pela Lei nº 13.165/2013)*

§ 2º *(Revogado pela Lei nº 13.165/2013)*

Art. 49. Se houver segundo turno, as emissoras de rádio e televisão reservarão, a partir da sexta-feira seguinte à realização do primeiro turno e até a antevéspera da eleição, horário destinado à divulgação da propaganda eleitoral gratuita, dividida em dois blocos diários de dez minutos para cada eleição, e os blocos terão início às sete e às doze horas, no rádio, e às treze e às vinte horas e trinta minutos, na televisão. *(Redação dada pela Lei nº 13.488, de 2017)*

§ 1º Em circunscrição onde houver segundo turno para Presidente e Governador, o horário reservado à propaganda deste iniciar-se-á imediatamente após o término do horário reservado ao primeiro.

§ 2º O tempo de cada período diário será dividido igualitariamente entre os candidatos.

Art. 50. A Justiça Eleitoral efetuará sorteio para a escolha da ordem de veiculação da propaganda de cada partido ou coligação no primeiro dia do horário eleitoral gratuito; a cada dia que se seguir, a propaganda veiculada por último, na véspera, será a primeira, apresentando-se as demais na ordem do sorteio.

Art. 51. Durante o período previsto no art. 47 desta Lei, as emissoras de rádio e televisão e os canais por assinatura mencionados no art. 57 desta Lei reservarão setenta minutos diários para a propaganda eleitoral gratuita, a serem usados em inserções de trinta e de sessenta segundos, a critério do respectivo partido ou coligação, assinadas obrigatoriamente pelo partido ou coligação, e distribuídas, ao longo da programação veiculada entre as cinco e as vinte quatro horas, nos termos do § 2º do art. 47 desta Lei, obedecido o seguinte: *(Redação dada pela Lei nº 13.488, de 2017)*

I. o tempo será dividido em partes iguais para a utilização nas campanhas dos candidatos às eleições majoritárias e proporcionais, bem como de suas legendas partidárias ou das que componham a coligação, quando for o caso;

II. (Revogado); *(Redação dada pela Lei nº 13.165, de 2015)*

III. a distribuição levará em conta os blocos de audiência entre as cinco e as onze horas, as onze e as dezoito horas, e as dezoito e as vinte e quatro horas; *(Redação dada pela Lei nº 13.165, de 2015)*

IV. na veiculação das inserções, é vedada a divulgação de mensagens que possam degradar ou ridicularizar candidato, partido ou coligação, aplicando-se-lhes, ainda, todas as demais regras aplicadas ao horário de propaganda eleitoral, previstas no art. 47. *(Redação dada pela Lei nº 12.891, de 11/12/ 2013)*

§ 1º É vedada a veiculação de inserções idênticas no mesmo intervalo de programação, exceto se o número de inserções de que dispuser o partido exceder os intervalos disponíveis, sendo vedada a transmissão em sequência para o mesmo partido político (Redação dada pela Lei nº 13.488, de 2017)

§ 2º Durante o período previsto no art. 49 desta Lei, onde houver segundo turno, as emissoras de rádio e televisão e os canais de televisão por assinatura mencionados no art. 57 desta Lei reservarão, por cada cargo em disputa, vinte e cinco minutos para serem usados em inserções de trinta e de sessenta segundos, observadas as disposições deste artigo. *(Incluído pela Lei nº 13.488, de 2017)*

» *Res.-TSE nº 20.377/98.*

Art. 52. A partir do dia 15 de agosto do ano da eleição, a Justiça Eleitoral convocará os partidos e a representação das emissoras de televisão para elaborarem plano de mídia, nos termos do art. 51, para o uso da parcela do horário eleitoral gratuito a que tenham direito, garantida a todos participação nos horários de maior e menor audiência. *(Redação dada pela Lei nº 13.165, de 2015)*

Art. 53. Não serão admitidos cortes instantâneos ou qualquer tipo de censura prévia nos programas eleitorais gratuitos.

§ 1º É vedada a veiculação de propaganda que possa degradar ou ridicularizar candidatos, sujeitando-se o partido ou coligação infratores à perda do direito à veiculação de propaganda no horário eleitoral gratuito do dia seguinte.

§ 2º Sem prejuízo do disposto no parágrafo anterior, a requerimento de partido, coligação ou candidato, a Justiça Eleitoral impedirá a reapresentação de propaganda ofensiva à honra de candidato, à moral e aos bons costumes.

Art. 53-A. É vedado aos partidos políticos e às coligações incluir no horário destinado aos candidatos às eleições proporcionais propaganda das candidaturas a eleições majoritárias ou vice-versa, ressalvada a utilização, durante a exibição do programa, de legendas com referência aos candidatos majoritários ou, ao fundo, de cartazes ou fotografias desses candidatos, ficando autorizada a menção ao nome e ao número de qualquer candidato do partido ou da coligação. *(Redação dada pela Lei nº 12.891, de 11/12/2013)*

§ 1º É facultada a inserção de depoimento de candidatos a eleições proporcionais no horário da propaganda das candidaturas majoritárias e vice-versa, registrados sob o mesmo partido ou coligação, desde que o depoimento consista exclusivamente em pedido de voto ao candidato que cedeu o tempo. *(Incluído pela Lei nº 12.034/2009)*

§ 2º Fica vedada a utilização da propaganda de candidaturas proporcionais como propaganda de candidaturas majoritárias e vice-versa. *(Incluído pela Lei nº 12.034/2009)*

§ 3º O partido político ou a coligação que não observar a regra contida neste artigo perderá, em seu horário de propaganda gratuita, tempo equivalente no horário reservado à propaganda da eleição disputada pelo candidato beneficiado. *(Incluído pela Lei nº 12.034/2009)*

Art. 54. Nos programas e inserções de rádio e televisão destinados à propaganda eleitoral gratuita de cada partido ou coligação só poderão aparecer, em gravações internas e externas, observado o disposto no § 2º, candidatos, caracteres com propostas, fotos, *jingles*, clipes com música ou vinhetas, inclusive de passagem, com indicação do número do candidato ou do partido, bem como seus apoiadores, inclusive os candidatos de que trata o § 1º do art. 53-A, que poderão dispor de até 25% (vinte e cinco por cento) do tempo de cada programa ou inserção, sendo vedadas montagens, trucagens, computação gráfica, desenhos animados e efeitos especiais. *(Redação dada pela Lei nº 13.165, de 2015)*

§ 1º No segundo turno das eleições não será permitida, nos programas de que trata este artigo, a participação de filiados a partidos que tenham formalizado o apoio a outros candidatos. *(Redação dada pela Lei nº 13.165, de 2015)*

§ 2º Será permitida a veiculação de entrevistas com o candidato e de cenas externas nas quais ele, pessoalmente, exponha: *(Incluído pela Lei nº 13.165, de 2015)*

I. realizações de governo ou da administração pública; *(Incluído pela Lei nº 13.165, de 2015)*

II. falhas administrativas e deficiências verificadas em obras e serviços públicos em geral; *(Incluído pela Lei nº 13.165, de 2015)*

III. atos parlamentares e debates legislativos. *(Incluído pela Lei nº 13.165, de 2015)*

Art. 55. Na propaganda eleitoral no horário gratuito, são aplicáveis ao partido, coligação ou candidato as vedações indicadas nos incisos I e II do art. 45.

Parágrafo único. A inobservância do disposto neste artigo sujeita o partido ou coligação à perda de tempo equivalente ao dobro do usado na prática do ilícito, no período do horário gratuito subsequente, dobrada a cada reincidência, devendo o tempo correspondente ser veiculado após o programa dos demais candidatos com a informação de que a não veiculação do programa resulta de infração da lei eleitoral. *(Redação dada pela Lei nº 12.891, de 11/12/2013)*

» Nesta lei, art. 96.

Art. 56. A requerimento de partido, coligação ou candidato, a Justiça Eleitoral poderá determinar a suspensão, por 24 (vinte e quatro) horas, da programação normal de emissora que deixar de cumprir as disposições desta Lei sobre propaganda.

§ 1º No período de suspensão a que se refere este artigo, a Justiça Eleitoral veiculará mensagem de orientação ao eleitor, intercalada, a cada 15 (quinze) minutos. *(Redação dada pela Lei nº 12.891, de 11/12/2013)*

§ 2º Em cada reiteração de conduta, o período de suspensão será duplicado.

Art. 57. As disposições desta Lei aplicam-se às emissoras de televisão que operam em VHF e UHF e os canais de televisão por assinatura sob a responsabilidade do Senado Federal, da Câmara dos Deputados, das Assembleias Legislativas, da Câmara Legislativa do Distrito Federal ou das Câmaras Municipais.

PROPAGANDA NA INTERNET

Art. 57-A. É permitida a propaganda eleitoral na internet, nos termos desta Lei, após o dia 15 de agosto do ano da eleição. *(Redação dada pela Lei nº 13.165, de 2015)*

Art. 57-B. A propaganda eleitoral na internet poderá ser realizada nas seguintes formas: *(Incluído pela Lei nº 12.034/2009)*

I. em sítio do candidato, com endereço eletrônico comunicado à Justiça Eleitoral e hospedado, direta ou indiretamente, em provedor de serviço de internet estabelecido no País; *(Incluído pela Lei nº 12.034/2009)*

II. em sítio do partido ou da coligação, com endereço eletrônico comunicado à Justiça Eleitoral e hospedado, direta ou indiretamente, em provedor de serviço de internet estabelecido no País; *(Incluído pela Lei nº 12.034/2009)*

III. por meio de mensagem eletrônica para endereços cadastrados gratuitamente pelo candidato, partido ou coligação; *(Incluído pela Lei nº 12.034/2009)*

IV - por meio de blogs, redes sociais, sítios de mensagens instantâneas e aplicações de internet assemelhadas cujo conteúdo seja gerado ou editado por: *(Redação dada pela Lei nº 13.488, de 2017)*

a) candidatos, partidos ou coligações; ou *(Incluído pela Lei nº 13.488, de 2017)*

b) qualquer pessoa natural, desde que não contrate impulsionamento de conteúdos. *(Incluído pela Lei nº 13.488, de 2017)*

§ 1º Os endereços eletrônicos das aplicações de que trata este artigo, salvo aqueles de iniciativa de pessoa natural, deverão ser comunicados à Justiça Eleitoral, podendo ser mantidos durante todo o pleito eleitoral os mesmos endereços eletrônicos em uso antes do início da propaganda eleitoral. *(Incluído pela Lei nº 13.488, de 2017)*

§ 2º Não é admitida a veiculação de conteúdos de cunho eleitoral mediante cadastro de usuário de aplicação de internet com a intenção de falsear identidade. *(Incluído pela Lei nº 13.488, de 2017)*

§ 3º É vedada a utilização de impulsionamento de conteúdos e ferramentas digitais não disponibilizadas pelo provedor da aplicação de internet, ainda que gratuitas, para alterar o teor ou a repercussão de propaganda eleitoral, tanto próprios quanto de terceiros. *(Incluído pela Lei nº 13.488, de 2017)*

Art. 57-B

§ 4º O provedor de aplicação de internet que possibilite o impulsionamento pago de conteúdos deverá contar com canal de comunicação com seus usuários e somente poderá ser responsabilizado por danos decorrentes do conteúdo impulsionado se, após ordem judicial específica, não tomar as providências para, no âmbito e nos limites técnicos do seu serviço e dentro do prazo assinalado, tornar indisponível o conteúdo apontado como infringente pela Justiça Eleitoral. *(Incluído pela Lei nº 13.488, de 2017)*

§ 5º A violação do disposto neste artigo sujeita o usuário responsável pelo conteúdo e, quando comprovado seu prévio conhecimento, o beneficiário, à multa no valor de R$ 5.000,00 (cinco mil reais) a R$ 30.000,00 (trinta mil reais) ou em valor equivalente ao dobro da quantia despendida, se esse cálculo superar o limite máximo da multa. *(Incluído pela Lei nº 13.488, de 2017)*

Art. 57-C. É vedada a veiculação de qualquer tipo de propaganda eleitoral paga na internet, excetuado o impulsionamento de conteúdos, desde que identificado de forma inequívoca como tal e contratado exclusivamente por partidos, coligações e candidatos e seus representantes. *(Redação dada pela Lei nº 13.488, de 2017)*

§ 1º É vedada, ainda que gratuitamente, a veiculação de propaganda eleitoral na internet, em sítios

I. de pessoas jurídicas, com ou sem fins lucrativos; *(Incluído pela Lei nº 12.034/2009)*

II. oficiais ou hospedados por órgãos ou entidades da administração pública direta ou indireta da União, dos Estados, do Distrito Federal e dos Municípios. *(Incluído pela Lei nº 12.034/2009)*

§ 2º A violação do disposto neste artigo sujeita o responsável pela divulgação da propaganda ou pelo impulsionamento de conteúdos e, quando comprovado seu prévio conhecimento, o beneficiário, à multa no valor de R$ 5.000,00 (cinco mil reais) a R$ 30.000,00 (trinta mil reais) ou em valor equivalente ao dobro da quantia despendida, se esse cálculo superar o limite máximo da multa. *(Redação dada pela Lei nº 13.488, de 2017)*

§ 3º O impulsionamento de que trata o *caput* deste artigo deverá ser contratado diretamente com provedor da aplicação de internet com sede e foro no País, ou de sua filial, sucursal, escritório, estabelecimento ou representante legalmente estabelecido no País e apenas com o fim de promover ou beneficiar candidatos ou suas agremiações. *(Incluído pela Lei nº 13.488, de 2017)*

Art. 57-D. É livre a manifestação do pensamento, vedado o anonimato durante a campanha eleitoral, por meio da rede mundial de computadores – internet, assegurado o direito de resposta, nos termos das alíneas "a", "b" e "c" do inciso IV do § 3º do art. 58 e do 58-A, e por outros meios de comunicação interpessoal mediante mensagem eletrônica. *(Incluído pela Lei nº 12.034/2009)*

§ 1º *(Vetado)*. *(Incluído pela Lei nº 12.034/2009)*

§ 2º A violação do disposto neste artigo sujeitará o responsável pela divulgação da propaganda e, quando comprovado seu prévio conhecimento, o beneficiário à multa no valor de R$ 5.000,00 (cinco mil reais) a R$ 30.000,00 (trinta mil reais). *(Incluído pela Lei nº 12.034, de 2009)*

§ 3º Sem prejuízo das sanções civis e criminais aplicáveis ao responsável, a Justiça Eleitoral poderá determinar, por solicitação do ofendido, a retirada de publicações que contenham agressões ou ataques a candidatos em sítios da internet, inclusive redes sociais. *(Incluído pela Lei nº 12.891, de 11/12/2013)*

» *CF, art. 5º, X.*

Art. 57-E. São vedadas às pessoas relacionadas no art. 24 a utilização, doação ou cessão de cadastro eletrônico de seus clientes, em favor de candidatos, partidos ou coligações. *(Incluído pela Lei nº 12.034/2009)*

§ 1º É proibida a venda de cadastro de endereços eletrônicos. *(Incluído pela Lei nº 12.034/2009)*

§ 2º A violação do disposto neste artigo sujeita o responsável pela divulgação da propaganda e, quando comprovado seu prévio conhecimento, o beneficiário à multa no valor de R$ 5.000,00 (cinco mil reais) a R$ 30.000,00 (trinta mil reais). *(Incluído pela Lei nº 12.034/2009)*

Art. 57-F. Aplicam-se ao provedor de conteúdo e de serviços multimídia que hospeda a divulgação da propaganda eleitoral de candidato, de partido ou de coligação as penalidades previstas nesta Lei, se, no prazo determinado pela Justiça Eleitoral, contado a partir da notificação de decisão sobre a existência de propaganda irregular, não tomar providências para a cessação dessa divulgação. *(Incluído pela Lei nº 12.034/2009)*

Parágrafo único. O provedor de conteúdo ou de serviços multimídia só será considerado responsável pela divulgação da propaganda se a publicação do material for comprovadamente de seu prévio conhecimento. *(Incluído pela Lei nº 12.034/2009)*

Art. 57-G. As mensagens eletrônicas enviadas por candidato, partido ou coligação, por qualquer meio, deverão dispor de mecanismo que permita seu descadastramento pelo destinatário, obrigado o remetente a providenciá-lo no prazo de quarenta e oito horas. *(Incluído pela Lei nº 12.034/2009)*

Parágrafo único. Mensagens eletrônicas enviadas após o término do prazo previsto no *caput* sujeitam os responsáveis ao pagamento de multa no valor de R$ 100,00 (cem reais), por mensagem. *(Incluído pela Lei nº 12.034/2009)*

Art. 57-H. Sem prejuízo das demais sanções legais cabíveis, será punido, com multa de R$ 5.000,00 (cinco mil reais) a R$ 30.000,00 (trinta mil reais), quem realizar propaganda eleitoral na internet, atribuindo indevidamente sua autoria a terceiro, inclusive a candidato, partido ou coligação. *(Incluído pela Lei nº 12.034/2009)*

§ 1º Constitui crime a contratação direta ou indireta de grupo de pessoas com a finalidade específica de emitir mensagens ou comentários na internet para ofender a honra ou denegrir a imagem de candidato, partido ou coligação, punível com detenção de 2 (dois) a 4 (quatro) anos e multa de R$ 15.000,00 (quinze mil reais) a R$ 50.000,00 (cinquenta mil reais). *(Incluído pela Lei nº 12.891, de 11/12/2013)*

§ 2º Igualmente incorrem em crime, punível com detenção de 6 (seis) meses a 1 (um) ano, com alternativa de prestação de serviços à comunidade pelo mesmo período, e multa de R$ 5.000,00 (cinco mil reais) a R$ 30.000,00 (trinta mil reais), as pessoas contratadas na forma do § 1º. *(Incluído pela Lei nº 12.891, de 11/12/2013)*

» *CF, art. 5º, X.*

Art. 57-I. A requerimento de candidato, partido ou coligação, observado o rito previsto no art. 96 desta Lei, a Justiça Eleitoral poderá determinar, no âmbito e nos limites técnicos de cada aplicação de internet, a suspensão do acesso a todo conteúdo veiculado que deixar de cumprir as disposições desta Lei, devendo o número de horas de suspensão ser definida proporcionalmente à gravidade da infração cometida em cada caso, observado o limite máximo de vinte e quatro horas. *(Redação dada pela Lei nº 13.488, de 2017)*

§ 1º A cada reiteração de conduta, será duplicado o período de suspensão. *(Incluído pela Lei nº 12.034/2009)*

§ 2º No período de suspensão a que se refere este artigo, a empresa informará, a todos os usuários que tentarem acessar seus serviços, que se encontra temporariamente inoperante por desobediência à legislação eleitoral. *(Incluído pela Lei nº 12.034/2009)*

Art. 57-J. O Tribunal Superior Eleitoral regulamentará o disposto nos arts. 57-A a 57-I desta Lei de acordo com o cenário e as ferramentas tecnológicas existentes em cada momento eleitoral e promoverá, para os veículos, partidos e demais entidades interessadas, a formulação e a ampla divulgação de regras de boas práticas relativas a campanhas eleitorais na internet. *(Incluído pela Lei nº 13.488, de 2017)*

DO DIREITO DE RESPOSTA

Art. 58. A partir da escolha de candidatos em convenção, é assegurado o direito de resposta a candidato, partido ou coligação atingidos, ainda que de forma indireta, por conceito, imagem ou afirmação caluniosa, difamatória, injuriosa ou sabidamente inverídica, difundidos por qualquer veículo de comunicação social.

§ 1º O ofendido, ou seu representante legal, poderá pedir o exercício do direito de resposta à Justiça Eleitoral nos seguintes prazos, contados a partir da veiculação da ofensa:

I. 24 (vinte e quatro) horas, quando se tratar do horário eleitoral gratuito;

II. 48 (quarenta e oito) horas, quando se tratar da programação normal das emissoras de rádio e televisão;

III. 72 (setenta e duas) horas, quando se tratar de órgão da imprensa escrita;

IV. a qualquer tempo, quando se tratar de conteúdo que esteja sendo divulgado na internet, ou em 72 (setenta e duas) horas, após a sua retirada. *(Incluído pela Lei nº 13.165, de 2015)*

§ 2º Recebido o pedido, a Justiça Eleitoral notificará imediatamente o ofensor para que se defenda em 24 (vinte e quatro) horas, devendo a decisão ser prolatada no prazo máximo de 72 (setenta e duas) horas da data da formulação do pedido.

§ 3º Observar-se-ão, ainda, as seguintes regras no caso de pedido de resposta relativo a ofensa veiculada:

I. em órgão da imprensa escrita:

a) o pedido deverá ser instruído com 1 (um) exemplar da publicação e o texto para resposta;

b) deferido o pedido, a divulgação da resposta dar-se-á no mesmo veículo, espaço, local, página, tamanho, caracteres e outros elementos de realce usados na ofensa, em até 48 (quarenta e oito) horas após a decisão ou, tratando-se de veículo com periodicidade de circulação maior que 48 (quarenta e oito) horas, na primeira vez em que circular;

c) por solicitação do ofendido, a divulgação da resposta será feita no mesmo dia da semana em que a ofensa foi divulgada, ainda que fora do prazo de 48 (quarenta e oito) horas;

d) se a ofensa for produzida em dia e hora que inviabilizem sua reparação dentro dos prazos estabelecidos nas alíneas anteriores, a Justiça Eleitoral determinará a imediata divulgação da resposta;

e) o ofensor deverá comprovar nos autos o cumprimento da decisão, mediante dados sobre a regular distribuição dos exemplares, a quantidade impressa e o raio de abrangência na distribuição;

II. em programação normal das emissoras de rádio e de televisão:

a) a Justiça Eleitoral, à vista do pedido, deverá notificar imediatamente o responsável pela emissora que realizou o programa para que entregue em 24 (vinte e quatro) horas, sob as penas do art. 347 da Lei nº 4.737, de 15 de julho de 1965 – Código Eleitoral, cópia da fita da transmissão, que será devolvida após a decisão;

b) o responsável pela emissora, ao ser notificado pela Justiça Eleitoral ou informado pelo reclamante ou representante, por cópia protocolada do pedido de resposta, preservará a gravação até a decisão final do processo;

c) deferido o pedido, a resposta será dada em até 48 (quarenta e oito) horas após a decisão, em tempo igual ao da ofensa, porém nunca inferior a 1 (um) minuto;

III. no horário eleitoral gratuito:

a) o ofendido usará, para a resposta, tempo igual ao da ofensa, nunca inferior, porém, a 1 (um) minuto;

b) a resposta será veiculada no horário destinado ao partido ou coligação responsável pela ofensa, devendo necessariamente dirigir-se aos fatos nela veiculados;

c) se o tempo reservado ao partido ou coligação responsável pela ofensa for inferior a 1 (um) minuto, a resposta será levada ao ar tantas vezes quantas sejam necessárias para a sua complementação;

d) deferido o pedido para resposta, a emissora geradora e o partido ou coligação atingidos deverão ser notificados imediatamente da decisão, na qual deverão estar indicados quais os períodos, diurno ou noturno, para a veiculação da resposta, que deverá ter lugar no início do programa do partido ou coligação;

e) o meio magnético com a resposta deverá ser entregue à emissora geradora, até 36 (trinta e seis) horas após a ciência da decisão, para veiculação no programa subsequente do partido ou coligação em cujo horário se praticou a ofensa;

f) se o ofendido for candidato, partido ou coligação que tenha usado o tempo concedido sem responder aos fatos veiculados na ofensa, terá subtraído tempo idêntico do respectivo programa eleitoral; tratando-se de terceiros, ficarão sujeitos à suspensão de igual tempo em eventuais novos pedidos de resposta e à multa no valor de duas mil a cinco mil UFIR.

» Nesta lei, art. 105, § 2º.

IV. em propaganda eleitoral na internet: *(Incluído pela Lei nº 12.034/2009)*

a) deferido o pedido, o usuário ofensor deverá divulgar a resposta do ofendido em até quarenta e oito horas após sua entrega em mídia física, e deverá empregar nessa divulgação o mesmo impulsionamento de conteúdo eventualmente contratado nos termos referidos no art. 57-C desta Lei e o mesmo veículo,

Art. 58

espaço, local, horário, página eletrônica, tamanho, caracteres e outros elementos de realce usados na ofensa; *(Redação dada pela Lei nº 13.488, de 2017)*

b) a resposta ficará disponível para acesso pelos usuários do serviço de internet por tempo não inferior ao dobro em que esteve disponível a mensagem considerada ofensiva; *(Incluído pela Lei nº 12.034/2009)*

c) os custos de veiculação da resposta correrão por conta do responsável pela propaganda original. *(Incluído pela Lei nº 12.034/2009)*

§ 4º Se a ofensa ocorrer em dia e hora que inviabilizem sua reparação dentro dos prazos estabelecidos nos parágrafos anteriores, a resposta será divulgada nos horários que a Justiça Eleitoral determinar, ainda que nas 48 (quarenta e oito) horas anteriores ao pleito, em termos e forma previamente aprovados, de modo a não ensejar tréplica.

§ 5º Da decisão sobre o exercício do direito de resposta cabe recurso às instâncias superiores, em 24 (vinte e quatro) horas da data de sua publicação em cartório ou sessão, assegurado ao recorrido oferecer contrarrazões em igual prazo, a contar da sua notificação.

» *CE, art. 257.*

§ 6º A Justiça Eleitoral deve proferir suas decisões no prazo máximo de 24 (vinte e quatro) horas, observando-se o disposto nas alíneas "d" e "e" do inciso III do § 3º para a restituição do tempo em caso de provimento de recurso.

§ 7º A inobservância do prazo previsto no parágrafo anterior sujeita a autoridade judiciária às penas previstas no art. 345 da Lei nº 4.737, de 15 de julho de 1965 – Código Eleitoral.

§ 8º O não cumprimento integral ou em parte da decisão que conceder a resposta sujeitará o infrator ao pagamento de multa no valor de cinco mil a quinze mil UFIR, duplicada em caso de reiteração de conduta, sem prejuízo do disposto no art. 347 da Lei nº 4.737, de 15 de julho de 1965 – Código Eleitoral.

» *Nesta lei, art. 105, § 2º.*

§ 9º Caso a decisão de que trata o § 2º não seja prolatada em 72 (setenta e duas) horas da data da formulação do pedido, a Justiça Eleitoral, de ofício, providenciará a alocação de Juiz auxiliar. *(Incluído pela Lei nº 12.891, de 11/12/2013)*

Art. 58-A. Os pedidos de direito de resposta e as representações por propaganda eleitoral irregular em rádio, televisão e internet tramitarão preferencialmente em relação aos demais processos em curso na Justiça Eleitoral. *(Incluído pela Lei nº 12.034/2009)*

DO SISTEMA ELETRÔNICO DE VOTAÇÃO E DA TOTALIZAÇÃO DOS VOTOS

Art. 59. A votação e a totalização dos votos serão feitas por sistema eletrônico, podendo o Tribunal Superior Eleitoral autorizar, em caráter excepcional, a aplicação das regras fixadas nos arts. 83 a 89.

§ 1º A votação eletrônica será feita no número do candidato ou da legenda partidária, devendo o nome e fotografia do candidato e o nome do partido ou a legenda partidária aparecer no painel da urna eletrônica, com a expressão designadora do cargo disputado no masculino ou feminino, conforme o caso.

§ 2º Na votação para as eleições proporcionais, serão computados para a legenda partidária os votos em que não seja possível a identificação do candidato, desde que o número identificador do partido seja digitado de forma correta.

§ 3º A urna eletrônica exibirá para o eleitor os painéis na seguinte ordem: *(Redação dada pela Lei nº 12.976, de 2014)*

I. para as eleições de que trata o inciso I do parágrafo único do art. 1º, Deputado Federal, Deputado Estadual ou Distrital, Senador, Governador e Vice-Governador de Estado ou do Distrito Federal, Presidente e Vice-Presidente da República;. *(Incluído pela Lei nº 12.976, de 2014)*

II. para as eleições de que trata o inciso II do parágrafo único do art. 1º, Vereador, Prefeito e Vice-Prefeito. *(Incluído pela Lei nº 12.976, de 2014)*

§ 4º A urna eletrônica disporá de recursos que, mediante assinatura digital, permitam o registro digital de cada voto e a identificação da urna em que foi registrado, resguardado o anonimato do eleitor. *(Redação dada pela Lei nº 10.740, de 2003)*

§ 5º Caberá à Justiça Eleitoral definir a chave de segurança e a identificação da urna eletrônica de que trata o § 4º. *(Redação dada pela Lei nº 10.740, de 2003)*

§ 6º Ao final da eleição, a urna eletrônica procederá à assinatura digital do arquivo de votos, com aplicação do registro de horário e do arquivo do boletim de urna, de maneira a impedir a substituição de votos e a alteração dos registros dos termos de início e término da votação. *(Redação dada pela Lei nº 10.740, de 2003)*

§ 7º O Tribunal Superior Eleitoral colocará à disposição dos eleitores urnas eletrônicas destinadas a treinamento. *(Redação dada pela Lei nº 10.740, de 2003)*

§ 8º O Tribunal Superior Eleitoral colocará à disposição dos eleitores urnas eletrônicas destinadas a treinamento. *(Incluído pela Lei nº 10.408, de 2002)*

Art. 59-A. No processo de votação eletrônica, a urna imprimirá o registro de cada voto, que será depositado, de forma automática e sem contato manual do eleitor, em local previamente lacrado. *(Promulgação)*

Parágrafo único. O processo de votação não será concluído até que o eleitor confirme a correspondência entre o teor de seu voto e o registro impresso e exibido pela urna eletrônica... *(Promulgação)*

Art. 60. No sistema eletrônico de votação considerar-se-á voto de legenda quando o eleitor assinalar o número do partido no momento de votar para determinado cargo e somente para este será computado.

Art 61. A urna eletrônica contabilizará cada voto, assegurando-lhe o sigilo e inviolabilidade, garantida aos partidos políticos, coligações e candidatos ampla fiscalização.

Art. 61-A *(Revogado pela Lei nº 10.740/2003)*

Art. 62. Nas Seções em que for adotada a urna eletrônica, somente poderão votar eleitores cujos nomes estiverem nas respectivas folhas de votação, não se aplicando a ressalva a que se refere o art. 148, § 1º, Lei nº 4.737, de 15 de julho de 1965 – Código Eleitoral.

Parágrafo único. O Tribunal Superior Eleitoral disciplinará a hipótese de falha na urna eletrônica que prejudique o regular processo de votação.

» *CE, arts. 119-130.*

DAS MESAS RECEPTORAS

Art. 63. Qualquer partido pode reclamar ao Juiz Eleitoral, no prazo de 5 (cinco) dias, da nomeação da Mesa Receptora, devendo a decisão ser proferida em 48 (quarenta e oito) horas.

§ 1º Da decisão do Juiz Eleitoral caberá recurso para o Tribunal Regional, interposto dentro de 3 (três) dias, devendo ser resolvido em igual prazo.

» *CE, art. 257.*

§ 2º Não podem ser nomeados presidentes e mesários os menores de 18 (dezoito) anos.

Art. 64. É vedada a participação de parentes em qualquer grau ou de servidores da mesma repartição pública ou empresa privada na mesma Mesa, Turma ou Junta Eleitoral.

» *CE, art. 366.*

» *CE, arts. 131, 132.*

DA FISCALIZAÇÃO DAS ELEIÇÕES

Art. 65. A escolha de fiscais e delegados, pelos partidos ou coligações, não poderá recair em menor de 18 (dezoito) anos ou em quem, por nomeação do Juiz Eleitoral, já faça parte de Mesa Receptora.

§ 1º O fiscal poderá ser nomeado para fiscalizar mais de uma Seção Eleitoral, no mesmo local de votação.

§ 2º As credenciais de fiscais e delegados serão expedidas, exclusivamente, pelos partidos ou coligações.

§ 3º Para efeito do disposto no parágrafo anterior, o presidente do partido ou o representante da coligação deverá registrar na Justiça Eleitoral o nome das pessoas autorizadas a expedir as credenciais dos fiscais e delegados.

§ 4º Para o acompanhamento dos trabalhos de votação, só será permitido o credenciamento de, no máximo, 2 (dois) fiscais de cada partido ou coligação por seção eleitoral. *(Incluído pela Lei nº 12.891, de 11/12/2013)*

Art. 66. Os partidos e coligações poderão fiscalizar todas as fases do processo de votação e apuração das eleições e o processamento eletrônico da totalização dos resultados. *(Caput com redação dada pela Lei nº 10.408/2002)*

§ 1º Todos os programas de computador de propriedade do Tribunal Superior Eleitoral, desenvolvidos por ele ou sob sua encomenda, utilizados nas urnas eletrônicas para os processos de votação, apuração e totalização, poderão ter suas fases de especificação e de desenvolvimento acompanhadas por técnicos indicados pelos partidos políticos, Ordem dos Advogados do Brasil e Ministério Público, até 6 (seis) meses antes das eleições.

§ 2º Uma vez concluídos os programas a que se refere o § 1º, serão eles apresentados, para análise, aos representantes credenciados dos partidos políticos e coligações, até 20 (vinte) dias antes das eleições, nas dependências do Tribunal Superior Eleitoral, na forma de programas-fonte e de programas executáveis, inclusive os sistemas aplicativo e de segurança e as bibliotecas especiais, sendo que as chaves eletrônicas privadas e senhas eletrônicas de acesso manter-se-ão no sigilo da Justiça Eleitoral. Após a apresentação e conferência, serão lacradas cópias dos programas-fonte e dos programas compilados.

§ 3º No prazo de 5 (cinco) dias a contar da data da apresentação referida no § 2º, o partido político e a coligação poderão apresentar impugnação fundamentada à Justiça Eleitoral.

§ 4º Havendo a necessidade de qualquer alteração nos programas, após a apresentação de que trata o § 3º, dar-se-á conhecimento do fato aos representantes dos partidos políticos e das coligações, para que sejam novamente analisados e lacrados. *(Parágrafos 1º a 4º com redação dada pela Lei nº 10.740/2003)*

§ 5º A carga ou preparação das urnas eletrônicas será feita em sessão pública, com prévia convocação dos fiscais dos partidos e coligações para a assistirem e procederem aos atos de fiscalização, inclusive para verificarem se os programas carregados nas urnas são idênticos aos que foram lacrados na sessão referida no § 2º deste artigo, após o que as urnas serão lacradas.

§ 6º No dia da eleição, será realizada, por amostragem, auditoria de verificação do funcionamento das urnas eletrônicas, através de votação paralela, na presença dos fiscais dos partidos e coligações, nos moldes fixados em resolução do Tribunal Superior Eleitoral.

§ 7º Os partidos concorrentes ao pleito poderão constituir sistema próprio de fiscalização, apuração e totalização dos resultados contratando, inclusive, empresas de auditoria de sistemas, que, credenciadas junto à Justiça Eleitoral, receberão, previamente, os programas de computador e os mesmos dados alimentadores do sistema oficial de apuração e totalização. *(Parágrafos 5º a 7º acrescentados pela Lei nº 10.408/2002)*

Art. 67. Os órgãos encarregados do processamento eletrônico de dados são obrigados a fornecer aos partidos ou coligações, no momento da entrega ao Juiz Encarregado, cópias dos dados do processamento parcial de cada dia, contidos em meio magnético.

Art. 68. O boletim de urna, segundo modelo aprovado pelo Tribunal Superior Eleitoral, conterá os nomes e os números dos candidatos nela votados.

§ 1º O Presidente da Mesa Receptora é obrigado a entregar cópia do boletim de urna aos partidos e coligações concorrentes ao pleito cujos representantes o requeiram até uma hora após a expedição.

§ 2º O descumprimento do disposto no parágrafo anterior constitui crime, punível com detenção, de 1 (um) a 3 (três) meses, com a alternativa da prestação de serviço à comunidade pelo mesmo período, e multa no valor de um mil a cinco mil UFIR.

Art. 69. A impugnação não recebida pela Junta Eleitoral pode ser apresentada diretamente ao Tribunal Regional Eleitoral, em 48 (quarenta e oito) horas, acompanhada de declaração de duas testemunhas.

Parágrafo único. O Tribunal decidirá sobre o recebimento em 48 (quarenta e oito) horas, publicando o acórdão na própria sessão de julgamento e transmitindo imediatamente à Junta, via telex, fax ou qualquer outro meio eletrônico, o inteiro teor da decisão e da impugnação.

» *CE, art. 257.*

Art. 70. O Presidente de Junta Eleitoral que deixar de receber ou de mencionar em ata os protestos recebidos, ou ainda, impedir o exercício de fiscalização, pelos partidos ou coligações, deverá ser imediatamente afastado, além de responder pelos crimes previstos na Lei nº 4.737, de 15 de julho de 1965 – Código Eleitoral.

Art. 71. Cumpre aos partidos e coligações, por seus fiscais e delegados devidamente credenciados, e aos candidatos, proceder à instrução dos recursos interpostos contra a apuração, juntando, para tanto, cópia do boletim relativo à urna impugnada.

Parágrafo único. Na hipótese de surgirem obstáculos à obtenção do boletim, caberá ao recorrente requerer, mediante a indicação dos dados necessários, que o órgão da Justiça Eleitoral perante o qual foi interposto o recurso o instrua, anexando o respectivo boletim de urna.

Art. 72. Constituem crimes, puníveis com reclusão, de 5 (cinco) a 10 (dez) anos:

I. obter acesso a sistema de tratamento automático de dados usado pelo serviço eleitoral, a fim de alterar a apuração ou a contagem de votos;

II. desenvolver ou introduzir comando, instrução, ou programa de computador capaz de destruir, apagar, eliminar, alterar, gravar ou transmitir dado, instrução ou programa ou provocar qualquer outro resultado diverso do esperado em sistema de tratamento automático de dados usados pelo serviço eleitoral;

III. causar, propositadamente, dano físico ao equipamento usado na votação ou na totalização de votos ou a suas partes.

DAS CONDUTAS VEDADAS AOS AGENTES PÚBLICOS EM CAMPANHAS ELEITORAIS

Art. 73. São proibidas aos agentes públicos, servidores ou não, as seguintes condutas tendentes a afetar a igualdade de oportunidades entre candidatos nos pleitos eleitorais:

I. ceder ou usar, em benefício de candidato, partido político ou coligação, bens móveis ou imóveis pertencentes à administração direta ou indireta da União, dos Estados, do Distrito Federal, dos Territórios e dos Municípios, ressalvada a realização de convenção partidária;

II. usar materiais ou serviços, custeados pelos Governos ou Casas Legislativas, que excedam as prerrogativas consignadas nos regimentos e normas dos órgãos que integram;

III. ceder servidor público ou empregado da administração direta ou indireta federal, estadual ou municipal do Poder Executivo, ou usar de seus serviços, para comitês de campanha eleitoral de candidato, partido político ou coligação, durante o horário de expediente normal, salvo se o servidor ou empregado estiver licenciado;

IV. fazer ou permitir uso promocional em favor de candidato, partido político ou coligação, de distribuição gratuita de bens e serviços de caráter social custeados ou subvencionados pelo Poder Público;

V. nomear, contratar ou de qualquer forma admitir, demitir sem justa causa, suprimir ou readaptar vantagens ou por outros meios dificultar ou impedir o exercício funcional e, ainda, *ex officio*, remover, transferir ou exonerar servidor público, na circunscrição do pleito, nos 3 (três) meses que o antecedem e até a posse dos eleitos, sob pena de nulidade de pleno direito, ressalvados:

» *Res.-TSE nº 21.806/2004.*

a) a nomeação ou exoneração de cargos em comissão e designação ou dispensa de funções de confiança;

» *Lei nº 6.091/74, art. 13.*

b) a nomeação para cargos do Poder Judiciário, do Ministério Público, dos Tribunais ou Conselhos de Contas e dos órgãos da Presidência da República;

» *LC nº 75/93.*
» *Lei nº 8.625/93.*

c) a nomeação dos aprovados em concursos públicos homologados até o início daquele prazo;

d) a nomeação ou contratação necessária à instalação ou ao funcionamento inadiável de serviços públicos essenciais, com prévia e expressa autorização do Chefe do Poder Executivo;

e) a transferência ou remoção *ex officio* de militares, policiais civis e de agentes penitenciários;

VI. nos 3 (três) meses que antecedem o pleito:

a) realizar transferência voluntária de recursos da União aos Estados e Municípios, e dos Estados aos Municípios, sob pena de nulidade de pleno direito, ressalvados os recursos destinados a cumprir obrigação formal preexistente para execução de obra ou serviço em andamento e com cronograma prefixado, e os destinados a atender situações de emergência e de calamidade pública;

» *LC nº 101/2000, art. 25.*

b) com exceção da propaganda de produtos e serviços que tenham concorrência no mercado, autorizar publicidade institucional dos atos, programas, obras, serviços e campanhas dos órgãos públicos federais, estaduais ou municipais, ou das respectivas entidades da administração indireta, salvo em caso de grave e urgente necessidade pública, assim reconhecida pela Justiça Eleitoral;

c) fazer pronunciamento em cadeia de rádio e televisão, fora do horário eleitoral gratuito, salvo quando, a critério da Justiça Eleitoral, tratar-se de matéria urgente, relevante e característica das funções de governo.

VII. realizar, no primeiro semestre do ano de eleição, despesas com publicidade dos órgãos públicos federais, estaduais ou municipais, ou das respectivas entidades da administração indireta, que excedam a média dos gastos no primeiro semestre dos três últimos anos que antecedem o pleito; *(Redação dada pela Lei nº 13.165, de 2015)*

VIII. fazer, na circunscrição do pleito, revisão geral da remuneração dos servidores públicos que exceda a recomposição da perda de seu poder aquisitivo ao longo do ano da eleição, a partir do início do prazo estabelecido no art. 7º desta Lei e até a posse dos eleitos.

§ 1º Reputa-se agente público, para os efeitos deste artigo, quem exerce, ainda que transitoriamente ou sem remuneração, por eleição, nomeação, designação, contratação ou qualquer outra forma de investidura ou vínculo, mandato, cargo, emprego ou função nos órgãos ou entidades da administração pública direta, indireta, ou fundacional.

§ 2º A vedação do inciso I do *caput* não se aplica ao uso, em campanha, de transporte oficial pelo Presidente da República, obedecido o disposto no art. 76, nem ao uso, em campanha, pelos candidatos a reeleição de Presidente e Vice-Presidente da República, Governador e Vice-Governador de Estado e do Distrito Federal, Prefeito e Vice-Prefeito, de suas residências oficiais para realização de contatos, encontros e reuniões pertinentes à própria campanha, desde que não tenham caráter de ato público.

§ 3º As vedações do inciso VI do *caput*, alíneas "b" e "c", aplicam-se apenas aos agentes públicos das esferas administrativas cujos cargos estejam em disputa na eleição.

§ 4º O descumprimento do disposto neste artigo acarretará a suspensão imediata da conduta vedada, quando for o caso, e sujeitará os responsáveis a multa no valor de cinco a cem mil UFIR.
» Nesta lei, art. 78.

§ 5º Nos casos de descumprimento do disposto nos incisos do *caput* e no § 10, sem prejuízo do disposto no § 4º, o candidato beneficiado, agente público ou não, ficará sujeito à cassação do registro ou do diploma. *(Redação dada pela Lei nº 12.034/2009)*
» Nesta lei, art. 78.
» LC nº 64/90, arts. 1º, I, "j".

§ 6º As multas de que trata este artigo serão duplicadas a cada reincidência.

§ 7º As condutas enumeradas no *caput* caracterizam, ainda, atos de improbidade administrativa, a que se refere o art. 11, inciso I, da Lei nº 8.429, de 2 de junho de 1992, e sujeitam-se às disposições daquele diploma legal, em especial às cominações do art. 12, inciso III.
» CF, art. 15, V.

§ 8º Aplicam-se as sanções do § 4º aos agentes públicos responsáveis pelas condutas vedadas e aos partidos, coligações e candidatos que delas se beneficiarem.
» CE, art. 241.

§ 9º Na distribuição dos recursos do Fundo Partidário (Lei nº 9.096, de 19 de setembro de 1995) oriundos da aplicação do disposto no § 4º, deverão ser excluídos os partidos beneficiados pelos atos que originaram as multas.
» Nesta lei, art. 25.
» Lei nº 9.096/95, arts. 38-44.
» Res.-TSE nº 23.464/2015.
» Res.-TSE nº 23.465/2015.

§ 10 No ano em que se realizar eleição, fica proibida a distribuição gratuita de bens, valores ou benefícios por parte da Administração Pública, exceto nos casos de calamidade pública, de estado de emergência ou de programas sociais autorizados em lei e já em execução orçamentária no exercício anterior, casos em que o Ministério Público poderá promover o acompanhamento de sua execução financeira e administrativa. *(Parágrafo acrescentado pela Lei nº 11.300/2006)*

§ 11 Nos anos eleitorais, os programas sociais de que trata o § 10 não poderão ser executados por entidade nominalmente vinculada a candidato ou por esse mantida. *(Incluído pela Lei nº 12.034/2009)*

§ 12 A representação contra a não observância do disposto neste artigo observará o rito do art. 22 da Lei Complementar nº 64, de 18 de maio de 1990, e poderá ser ajuizada até a data da diplomação. *(Incluído pela Lei nº 12.034/2009)*

§ 13 O prazo de recurso contra decisões proferidas com base neste artigo será de 3 (três) dias, a contar da data da publicação do julgamento no Diário Oficial. *(Incluído pela Lei nº 12.034/2009)*

Art. 74. Configura abuso de autoridade, para os fins do disposto no art. 22 da Lei Complementar nº 64, de 18 de maio de 1990, a infringência do disposto no § 1º do art. 37 da Constituição Federal, ficando o responsável, se candidato, sujeito ao cancelamento do registro ou do diploma. *(Redação dada pela Lei nº 12.034/2009)*
» CE, art. 262, I, IV.

Art. 75. Nos 3 (três) meses que antecederem as eleições, na realização de inaugurações é vedada a contratação de *shows* artísticos pagos com recursos públicos.
Parágrafo único. Nos casos de descumprimento do disposto neste artigo, sem prejuízo da suspensão imediata da conduta, o candidato beneficiado, agente público ou não, ficará sujeito à cassação do registro ou do diploma. *(Incluído pela Lei nº 12.034/2009)*

Art. 76. O ressarcimento das despesas com o uso de transporte oficial pelo Presidente da República e sua comitiva em campanha eleitoral será de responsabilidade do partido político ou coligação a que esteja vinculado.

§ 1º O ressarcimento de que trata este artigo terá por base o tipo de transporte usado e a respectiva tarifa de mercado cobrada no trecho correspondente, ressalvado o uso do avião presidencial, cujo ressarcimento corresponderá ao aluguel de uma aeronave de propulsão a jato do tipo táxi aéreo.

§ 2º No prazo de 10 (dez) dias úteis da realização do pleito, em primeiro turno, ou segundo, se houver, o órgão competente de controle interno procederá *ex officio* à cobrança dos valores devidos nos termos dos parágrafos anteriores.

§ 3º A falta do ressarcimento, no prazo estipulado, implicará a comunicação do fato ao Ministério Público Eleitoral, pelo órgão de controle interno.

§ 4º Recebida a denúncia do Ministério Público, a Justiça Eleitoral apreciará o feito no prazo de 30 (trinta) dias, aplicando aos infratores pena de multa correspondente ao dobro das despesas, duplicada a cada reiteração de conduta.
» Nesta lei, art. 105, § 2º.

Art. 77. É proibido a qualquer candidato comparecer, nos 3 (três) meses que precedem o pleito, a inaugurações de obras públicas. *(Redação dada pela Lei nº 12.034/2009)*
Parágrafo único. A inobservância do disposto neste artigo sujeita o infrator à cassação do registro ou do diploma. *(Redação dada pela Lei nº 12.034/2009)*

Art. 78. A aplicação das sanções cominadas no art. 73, §§ 4º e 5º, dar-se-á sem prejuízo de outras de caráter constitucional, administrativo ou disciplinar fixadas pelas demais leis vigentes.
» LC nº 64/90, art. 1º, I, "h".
» CF, art. 15, V.
» Lei nº 4.717/65, art. 11.
» Lei nº 8.929/92, art. 11.
» Dec.-Lei nº 201/67.

DISPOSIÇÕES TRANSITÓRIAS

Art. 79. O financiamento das campanhas eleitorais com recursos públicos será disciplinado em lei específica.

Art. 80. Nas eleições a serem realizadas no ano de 1998, cada partido ou coligação deverá reservar, para candidatos de cada sexo, no mínimo, 25% (vinte e cinco por cento) e, no máximo, 75% (setenta e cinco por cento) do número de candidaturas que puder registrar.

Art. 81 e parágrafos. *(Revogados pela Lei nº 13.165/2015).*

Art. 82. Nas Seções Eleitorais em que não for usado o sistema eletrônico de votação e totalização de votos, serão aplicadas as regras definidas nos arts. 83 a 89 desta Lei e as pertinentes da Lei nº 4.737, de 15 de julho de 1965 – Código Eleitoral.

Art. 83. As cédulas oficiais serão confeccionadas pela Justiça Eleitoral, que as imprimirá com exclusividade para distribuição

Art. 83

às Mesas Receptoras, sendo sua impressão feita em papel opaco, com tinta preta e em tipos uniformes de letras e números, identificando o gênero na denominação dos cargos em disputa.

§ 1º Haverá duas cédulas distintas, uma para as eleições majoritárias e outra para as proporcionais, a serem confeccionadas segundo modelos determinados pela Justiça Eleitoral.

§ 2º Os candidatos à eleição majoritária serão identificados pelo nome indicado no pedido de registro e pela sigla adotada pelo partido a que pertencem e deverão figurar na ordem determinada por sorteio.

§ 3º Para as eleições realizadas pelo sistema proporcional, a cédula terá espaços para que o eleitor escreva o nome ou o número do candidato escolhido, ou a sigla ou o número do partido de sua preferência.

§ 4º No prazo de 15 (quinze) dias após a realização do sorteio a que se refere o § 2º, os Tribunais Regionais Eleitorais divulgarão o modelo da cédula completa com os nomes dos candidatos majoritários na ordem já definida.

§ 5º Às eleições em segundo turno aplica-se o disposto no § 2º, devendo o sorteio verificar-se até 48 (quarenta e oito) horas após a proclamação do resultado do primeiro turno e a divulgação do modelo da cédula nas 24 (vinte e quatro) horas seguintes.

Art. 84. No momento da votação, o eleitor dirigir-se-á a cabina duas vezes, sendo a primeira para o preenchimento da cédula destinada às eleições proporcionais, de cor branca, e a segunda para o preenchimento da cédula destinada às eleições majoritárias, de cor amarela.

Parágrafo único. A Justiça Eleitoral fixará o tempo de votação e o número de eleitores por seção, para garantir o pleno exercício do direito de voto.

Art. 85. Em caso de dúvida na apuração de votos dados a homônimos, prevalecerá o número sobre o nome do candidato.

Art. 86. No sistema de votação convencional considerar-se-á voto de legenda quando o eleitor assinalar o número do partido no local exato reservado para o cargo respectivo e somente para este será computado.

Art. 87. Na apuração, será garantido aos fiscais e delegados dos partidos e coligações o direito de observar diretamente, a distância não superior a 1 (um) metro da mesa, a abertura da urna, a abertura e a contagem das cédulas e o preenchimento do boletim.

§ 1º O não atendimento ao disposto no *caput* enseja a impugnação do resultado da urna, desde que apresentada antes da divulgação do boletim.

§ 2º Ao final da transcrição dos resultados apurados no boletim, o Presidente da Junta Eleitoral é obrigado a entregar cópia deste aos partidos e coligações concorrentes ao pleito cujos representantes o requeiram até uma hora após sua expedição.

§ 3º Para os fins do disposto no parágrafo anterior, cada partido ou coligação poderá credenciar até 3 (três) fiscais perante a Junta Eleitoral, funcionando 1 (um) de cada vez.

§ 4º O descumprimento de qualquer das disposições deste artigo constitui crime, punível com detenção de 1 (um) a 3 (três) meses, com a alternativa de prestação de serviços à comunidade pelo mesmo período e multa, no valor de um mil a cinco mil UFIR.

§ 5º O rascunho ou qualquer outro tipo de anotação fora dos boletins de urna, usados no momento da apuração dos votos, não poderão servir de prova posterior perante a Junta apuradora ou totalizadora.

§ 6º O boletim mencionado no § 2º deverá conter o nome e o número dos candidatos nas primeiras colunas, que precederão aquelas onde serão designados os votos e o partido ou coligação.

Art. 88. O Juiz Presidente da Junta Eleitoral é obrigado a recontar a urna, quando:

I. o boletim apresentar resultado não coincidente com o número de votantes ou discrepante dos dados obtidos no momento da apuração;

II. ficar evidenciada a atribuição de votos a candidatos inexistentes, o não fechamento da contabilidade da urna ou a apresentação de totais de votos nulos, brancos ou válidos destoantes da média geral das demais Seções do mesmo Município, Zona Eleitoral.

Art. 89. Será permitido o uso de instrumentos que auxiliem o eleitor analfabeto a votar, não sendo a Justiça Eleitoral obrigada a fornecê-los.

DISPOSIÇÕES FINAIS

Art. 90. Aos crimes definidos nesta Lei, aplica-se o disposto nos arts. 287 e 355 a 364 da Lei nº 4.737, de 15 de julho de 1965 – Código Eleitoral.

§ 1º Para os efeitos desta Lei, respondem penalmente pelos partidos e coligações os seus representantes legais.

§ 2º Nos casos de reincidência, as penas pecuniárias previstas nesta Lei aplicam-se em dobro.

Art. 90-A. (Vetado). *(Incluído pela Lei nº 11.300/2006)*

Art. 91. Nenhum requerimento de inscrição eleitoral ou de transferência será recebido dentro dos 150 (cento e cinquenta) dias anteriores à data da eleição.

Parágrafo único. A retenção de título eleitoral ou do comprovante de alistamento eleitoral constitui crime, punível com detenção, de 1 (um) a 3 (três) meses, com a alternativa de prestação de serviços à comunidade por igual período, e multa no valor de cinco mil a dez mil UFIR.

» CE, art. 295.

Art. 91-A. No momento da votação, além da exibição do respectivo título, o eleitor deverá apresentar documento de identificação com fotografia. *(Incluído pela Lei nº 12.034/2009)*

» ADIn nº 4.467-STF.

Parágrafo único. Fica vedado portar aparelho de telefonia celular, máquinas fotográficas e filmadoras, dentro da cabina de votação. *(Incluído pela Lei nº 12.034/2009)*

Art. 92. O Tribunal Superior Eleitoral, ao conduzir o processamento dos títulos eleitorais, determinará de ofício a revisão ou correição das Zonas Eleitorais sempre que:

I. o total de transferências de eleitores ocorridas no ano em curso seja 10% (dez por cento) superior ao do ano anterior;

II. o eleitorado for superior ao dobro da população entre 10 (dez) e 15 (quinze) anos, somada à de idade superior a 70 (setenta) anos do território daquele Município;

III. o eleitorado for superior a 65% (sessenta e cinco por cento) da população projetada para aquele ano pelo Instituto Brasileiro de Geografia e Estatística – IBGE.

» Res.-TSE nº 21.372/2003.
» Res.-TSE nº 21.538/2003, arts. 58; 76.

Art. 93. O Tribunal Superior Eleitoral poderá, nos anos eleitorais, requisitar das emissoras de rádio e televisão, no período de um mês antes do início da propaganda eleitoral a que se refere o art. 36 e nos três dias anteriores à data do pleito, até dez minutos diários, contínuos ou não, que poderão ser somados e usados em dias espaçados, para a divulgação de comunicados, boletins e instruções ao eleitorado. *(Redação dada pela Lei nº 13.165, de 2015)*

Art. 93-A. O Tribunal Superior Eleitoral, no período compreendido entre 1º de abril e 30 de julho dos anos eleitorais, promoverá, em até cinco minutos diários, contínuos ou não, requisitados às emissoras de rádio e televisão, propaganda institucional, em rádio e televisão, destinada a incentivar a participação feminina, dos jovens e da comunidade negra na política, bem como a esclarecer os cidadãos sobre as regras e o funcionamento do sistema eleitoral brasileiro. *(Redação dada pela Lei nº 13.488, de 2017)*

Art. 94. Os feitos eleitorais, no período entre o registro das candidaturas até 5 (cinco) dias após a realização do segundo turno das eleições, terão prioridade para a participação do Ministério Público e dos Juízes de todas as Justiças e instâncias, ressalvados os processos de *habeas corpus* e mandado de segurança.

» LC nº 64/90, art. 16.

§ 1º É defeso às autoridades mencionadas neste artigo deixar de cumprir qualquer prazo desta Lei, em razão do exercício das funções regulares.

§ 2º O descumprimento do disposto neste artigo constitui crime de responsabilidade e será objeto de anotação funcional para efeito de promoção na carreira.

§ 3º Além das polícias judiciárias, os órgãos da receita federal, estadual e municipal, os tribunais e órgãos de contas auxiliarão a Justiça Eleitoral na apuração dos delitos eleitorais, com prioridade sobre suas atribuições regulares.

§ 4º Os advogados dos candidatos ou dos partidos e coligações serão notificados para os feitos de que trata esta Lei com antecedência mínima de 24 (vinte e quatro) horas, ainda que por *fax*, telex ou telegrama.

§ 5º Nos Tribunais Eleitorais, os advogados dos candidatos ou dos partidos e coligações serão intimados para os feitos que não versem sobre a cassação do registro ou do diploma de que trata esta Lei por meio da publicação de edital eletrônico publicado na página do respectivo Tribunal na internet, iniciando-se a contagem do prazo no dia seguinte ao da divulgação. *(Incluído pela Lei nº 13.165, de 2015)*

Art. 94-A. Os órgãos e entidades da Administração Pública direta e indireta poderão, quando solicitados, em casos específicos e de forma motivada, pelos Tribunais Eleitorais:

I. fornecer informações na área de sua competência;

II. ceder funcionários no período de 3 (três) meses antes a 3 (três) meses depois de cada eleição. *(Artigo acrescentado pela Lei nº 11.300/2006)*

» Res.-TSE nº 20.753/2000.

» Lei nº 6.999/82.

Art. 94-B. (Vetado). *(Incluído pela Lei nº 11.300/2006)*

Art. 95. Ao Juiz Eleitoral que seja parte em ações judiciais que envolvam determinado candidato é defeso exercer suas funções em processo eleitoral no qual o mesmo candidato seja interessado.

» CE, arts. 20; 28.

» Arts. 36, § 3º; 37; 73.

» Súmula nº 18 do TSE.

Art. 96. Salvo disposições específicas em contrário desta Lei, as reclamações ou representações relativas ao seu descumprimento podem ser feitas por qualquer partido político, coligação ou candidato, e devem dirigir-se:

I. aos Juízes Eleitorais, nas eleições municipais;

II. aos Tribunais Regionais Eleitorais, nas eleições federais, estaduais e distritais;

III. ao Tribunal Superior Eleitoral, na eleição presidencial.

§ 1º As reclamações e representações devem relatar fatos, indicando provas, indícios e circunstâncias.

§ 2º Nas eleições municipais, quando a circunscrição abranger mais de uma Zona Eleitoral, o Tribunal Regional designará um Juiz para apreciar as reclamações ou representações.

§ 3º Os Tribunais Eleitorais designarão 3 (três) juízes auxiliares para a apreciação das reclamações ou representações que lhes forem dirigidas.

» Nesta Lei, art. 105.

§ 4º Os recursos contra as decisões dos juízes auxiliares serão julgados pelo Plenário do Tribunal.

§ 5º Recebida a reclamação ou representação, a Justiça Eleitoral notificará imediatamente o reclamado ou representado para, querendo, apresentar defesa em 48 (quarenta e oito) horas.

§ 6º *(Revogado pela Lei nº 9.840/99)*

§ 7º Transcorrido o prazo previsto no § 5º, apresentada ou não a defesa, o órgão competente da Justiça Eleitoral decidirá e fará publicar a decisão em 24 (vinte e quatro) horas.

§ 8º Quando cabível recurso contra a decisão, este deverá ser apresentado no prazo de 24 (vinte e quatro) horas da publicação da decisão em cartório ou sessão, assegurado ao recorrido o oferecimento de contrarrazões, em igual prazo, a contar da sua notificação.

§ 9º Os Tribunais julgarão o recurso no prazo de 48 (quarenta e oito) horas.

§ 10 Não sendo o feito julgado nos prazos fixados, o pedido pode ser dirigido ao órgão superior, devendo a decisão ocorrer de acordo com o rito definido neste artigo.

§ 11. As sanções aplicadas a candidato em razão do descumprimento de disposições desta Lei não se estendem ao respectivo partido, mesmo na hipótese de esse ter se beneficiado da conduta, salvo quando comprovada a sua participação. *(Incluído pela Lei nº 13.165/2013)*

Art. 96-A. Durante o período eleitoral, as intimações via *fac-símile* encaminhadas pela Justiça Eleitoral a candidato deverão ser exclusivamente realizadas na linha telefônica por ele previamente cadastrada, por ocasião do preenchimento do requerimento de registro de candidatura. *(Incluído pela Lei nº 12.034/2009)*

Parágrafo único. O prazo de cumprimento da determinação prevista no *caput* é de quarenta e oito horas, a contar do recebimento do *fac-símile*. *(Incluído pela Lei nº 12.034/2009)*

Art. 96-B. Serão reunidas para julgamento comum as ações eleitorais propostas por partes diversas sobre o mesmo fato, sendo competente para apreciá-las o juiz ou relator que tiver recebido a primeira. *(Incluído pela Lei nº 13.165, de 2015)*

§ 1º O ajuizamento de ação eleitoral por candidato ou partido político não impede ação do Ministério Público no mesmo sentido. *(Incluído pela Lei nº 13.165, de 2015)*

§ 2º Se proposta ação sobre o mesmo fato apreciado em outra cuja decisão ainda não transitou em julgado, será ela apensada ao processo anterior na instância em que ele se encontrar, figurando a parte como litisconsorte no feito principal. *(Incluído pela Lei nº 13.165, de 2015)*

§ 3º Se proposta ação sobre o mesmo fato apreciado em outra cuja decisão já tenha transitado em julgado, não será ela

Art. 96-B

conhecida pelo juiz, ressalvada a apresentação de outras ou novas provas. *(Incluído pela Lei nº 13.165, de 2015)*

Art. 97. Poderá o candidato, partido ou coligação representar ao Tribunal Regional Eleitoral contra o Juiz Eleitoral que descumprir as disposições desta Lei ou der causa ao seu descumprimento, inclusive quanto aos prazos processuais; neste caso, ouvido o representado em 24 (vinte e quatro) horas, o Tribunal ordenará a observância do procedimento que explicitar, sob pena de incorrer o Juiz em desobediência.

§ 1º É obrigatório, para os membros dos Tribunais Eleitorais e do Ministério Público, fiscalizar o cumprimento desta Lei pelos juízes e promotores eleitorais das instâncias inferiores, determinando, quando for o caso, a abertura de procedimento disciplinar para apuração de eventuais irregularidades que verificarem. *(Incluído pela Lei nº 12.034/2009)*

§ 2º No caso de descumprimento das disposições desta Lei por Tribunal Regional Eleitoral, a representação poderá ser feita ao Tribunal Superior Eleitoral, observando o disposto neste artigo. *(Renumerado do parágrafo único pela Lei nº 12.034/2009)*

Art. 97-A. Nos termos do inciso LXXVIII do art. 5º da Constituição Federal, considera-se duração razoável do processo que possa resultar em perda de mandato eletivo o período máximo de 1 (um) ano, contado da sua apresentação à Justiça Eleitoral. *(Incluído pela Lei nº 12.034/2009)*

§ 1º A duração do processo de que trata o *caput* abrange a tramitação em todas as instâncias da Justiça Eleitoral. *(Incluído pela Lei nº 12.034/2009)*

§ 2º Vencido o prazo de que trata o *caput*, será aplicável o disposto no art. 97, sem prejuízo de representação ao Conselho Nacional de Justiça. *(Incluído pela Lei nº 12.034/2009)*

Art. 98. Os eleitores nomeados para compor as Mesas Receptoras ou Juntas Eleitorais e os requisitados para auxiliar seus trabalhos serão dispensados do serviço, mediante declaração expedida pela Justiça Eleitoral, sem prejuízo do salário, vencimento ou qualquer outra vantagem, pelo dobro dos dias de convocação.

» CLT, arts. 48; 473, V.

Art. 99. As emissoras de rádio e televisão terão direito a compensação fiscal pela cedência do horário gratuito previsto nesta Lei.

§ 1º O direito à compensação fiscal das emissoras de rádio e televisão estende-se à veiculação de propaganda gratuita de plebiscitos e referendos de que dispõe o art. 8º da Lei nº 9.709, de 18 de novembro de 1998, mantido também, a esse efeito, o entendimento de que: *(Redação dada pela Lei nº 13.487, de 2017)*

I. (VETADO); *(Incluído pela Lei nº 12.034, de 2009)*

II. a compensação fiscal consiste na apuração do valor correspondente a 0,8 (oito décimos) do resultado da multiplicação de 100% (cem por cento) ou de 25% (vinte e cinco por cento) do tempo, respectivamente, das inserções e das transmissões em bloco, pelo preço do espaço comercializável comprovadamente vigente, assim considerado aquele divulgado pelas emissoras de rádio e televisão por intermédio de tabela pública de preços de veiculação de publicidade, atendidas as disposições regulamentares e as condições de que trata o § 2º-A; *(Redação dada pela Lei nº 12.350, de 2010)*

III. o valor apurado na forma do inciso II poderá ser deduzido do lucro líquido para efeito de determinação do lucro real, na apuração do Imposto sobre a Renda da Pessoa Jurídica (IRPJ), inclusive da base de cálculo dos recolhimentos mensais previstos na legislação fiscal (art. 2º da Lei nº 9.430, de 27 de dezembro de 1996), bem como da base de cálculo do lucro presumido. *(Incluído pela Lei nº 12.350, de 2010)*

§ 2º (VETADO) *(Incluído pela Lei nº 12.034, de 2009)*

§ 2º-A. A aplicação das tabelas públicas de preços de veiculação de publicidade, para fins de compensação fiscal, deverá atender ao seguinte: *(Incluído pela Lei nº 12.350, de 2010)*

I. deverá ser apurada mensalmente a variação percentual entre a soma dos preços efetivamente praticados, assim considerados os valores devidos às emissoras de rádio e televisão pelas veiculações comerciais locais, e o correspondente a 0,8 (oito décimos) da soma dos respectivos preços constantes da tabela pública de veiculação de publicidade; *(Incluído pela Lei nº 12.350, de 2010)*

II. a variação percentual apurada no inciso I deverá ser deduzida dos preços constantes da tabela pública a que se refere o inciso II do § 1º. *(Incluído pela Lei nº 12.350, de 2010)*

§ 3º No caso de microempresas e empresas de pequeno porte optantes pelo Regime Especial Unificado de Arrecadação de Tributos e Contribuições (Simples Nacional), o valor integral da compensação fiscal apurado na forma do inciso II do § 1º será deduzido da base de cálculo de imposto e contribuições federais devidos pela emissora, seguindo os critérios definidos pelo Comitê Gestor do Simples Nacional (CGSN). *(Redação dada pela Lei nº 12.350, de 2010)*

Art. 100. A contratação de pessoal para prestação de serviços nas campanhas eleitorais não gera vínculo empregatício com o candidato ou partido contratantes, aplicando-se à pessoa física contratada o disposto na alínea h do inciso V do art. 12 da Lei nº 8.212, de 24 de julho de 1991..*(Redação dada pela Lei nº 13.165, de 2015)*

Parágrafo único. Não se aplica aos partidos políticos, para fins da contratação de que trata o *caput*, o disposto no parágrafo único do.art. 15 da Lei nº 8.212, de 24 de julho de 1991..*(Incluído pela Lei nº 13.165, de 2015)*

Art. 100-A. A contratação direta ou terceirizada de pessoal para prestação de serviços referentes a atividades de militância e mobilização de rua nas campanhas eleitorais observará os seguintes limites, impostos a cada candidato: *(Incluído pela Lei nº 12.891, de 11/12/2013)*

I. em Municípios com até 30.000 (trinta mil) eleitores, não excederá a 1% (um por cento) do eleitorado; *(Incluído pela Lei nº 12.891, de 11/12/2013)*

II. nos demais Municípios e no Distrito Federal, corresponderá ao número máximo apurado no inciso I, acrescido de 1 (uma) contratação para cada 1.000 (mil) eleitores que exceder o número de 30.000 (trinta mil). *(Incluído pela Lei nº 12.891, de 11/12/2013)*

§ 1º As contratações observarão ainda os seguintes limites nas candidaturas aos cargos a: *(Incluído pela Lei nº 12.891, de 11/12/2013)*

I. Presidente da República e Senador: em cada Estado, o número estabelecido para o Município com o maior número de eleitores; *(Incluído pela Lei nº 12.891, de 11/12/2013)*

II. Governador de Estado e do Distrito Federal: no Estado, o dobro do limite estabelecido para o Município com o maior número de eleitores, e, no Distrito Federal, o dobro do número alcançado no inciso II do *caput*; *(Incluído pela Lei nº 12.891, de 11/12/2013)*

III. Deputado Federal: na circunscrição, 70% (setenta por cento) do limite estabelecido para o Município com o maior número de eleitores, e, no Distrito Federal, esse mesmo percentual aplicado sobre o limite calculado na forma do inciso II do *caput*, considerado o eleitorado da maior região administrativa; *(Incluído pela Lei nº 12.891, de 11/12/2013)*

IV. Deputado Estadual ou Distrital: na circunscrição, 50% (cinquenta por cento) do limite estabelecido para Deputados Federais; *(Incluído pela Lei nº 12.891, de 11/12/2013)*

V. Prefeito: nos limites previstos nos incisos I e II do *caput*; *(Incluído pela Lei nº 12.891, de 11/12/2013)*

VI. Vereador: 50% (cinquenta por cento) dos limites previstos nos incisos I e II do *caput*, até o máximo de 80% (oitenta por cento) do limite estabelecido para Deputados Estaduais. *(Incluído pela Lei nº 12.891, de 11/12/2013)*

§ 2º Nos cálculos previstos nos incisos I e II do *caput* e no § 1º, a fração será desprezada, se inferior a 0,5 (meio), e igualada a 1 (um), se igual ou superior. *(Incluído pela Lei nº 12.891, de 11/12/2013)*

§ 3º A contratação de pessoal por candidatos a Vice-Presidente, Vice-Governador, Suplente de Senador e Vice-Prefeito é, para todos os efeitos, contabilizada como contratação pelo titular, e a contratação por partidos fica vinculada aos limites impostos aos seus candidatos. *(Incluído pela Lei nº 12.891, de 11/12/2013)*

§ 4º *(Revogado pela Lei nº 13.165/2015)*.

§ 5º O descumprimento dos limites previstos nesta Lei sujeitará o candidato às penas previstas no art. 299 da Lei nº 4.737, de 15 de julho de 1965. *(Incluído pela Lei nº 12.891, de 11/12/2013)*

§ 6º São excluídos dos limites fixados por esta Lei a militância não remunerada, pessoal contratado para apoio administrativo e operacional, fiscais e delegados credenciados para trabalhar nas eleições e os advogados dos candidatos ou dos partidos e coligações. *(Incluído pela Lei nº 12.891, de 11/12/2013)*

Art. 101. *(Vetado)*

Art. 102. O parágrafo único do art. 145 da Lei nº 4.737, de 15 de julho de 1965 – Código Eleitoral passa a vigorar acrescido do seguinte inciso IX:

"Art. 145. (..)
Parágrafo único. (..)
IX. os policiais militares em serviço."

Art. 103. O art. 19, *caput*, da Lei nº 9.096, de 19 de setembro de 1995 – Lei dos Partidos, passa a vigorar com a seguinte redação:

"Art. 19. Na segunda semana dos meses de abril e outubro de cada ano, o partido, por seus órgãos de direção municipais, regionais ou nacional, deverá remeter, aos juízes eleitorais, para arquivamento, publicação e cumprimento dos prazos de filiação partidária para efeito de candidatura a cargos eletivos, a relação dos nomes de todos os seus filiados, da qual constará a data de filiação, o número dos títulos eleitorais e das seções em que estão inscritos.
(..)"

Art. 104. O art. 44 da Lei nº 9.096, de 19 de setembro de 1995, passa a vigorar acrescido do seguinte § 3º:

"Art. 44. (..)
(..)
§ 3º Os recursos de que trata este artigo não estão sujeitos ao regime da Lei nº 8.666, de 21 de junho de 1993."

Art. 105. Até o dia 5 de março do ano da eleição, o Tribunal Superior Eleitoral, atendendo ao caráter regulamentar e sem restringir direitos ou estabelecer sanções distintas das previstas nesta Lei, poderá expedir todas as instruções necessárias para sua fiel execução, ouvidos, previamente, em audiência pública, os delegados ou representantes dos partidos políticos. *(Redação dada pela Lei nº 12.034/2009)*

§ 1º O Tribunal Superior Eleitoral publicará o código orçamentário para o recolhimento das multas eleitorais ao Fundo Partidário, mediante documento de arrecadação correspondente.

§ 2º Havendo substituição da UFIR por outro índice oficial, o Tribunal Superior Eleitoral procederá à alteração dos valores estabelecidos nesta Lei pelo novo índice.

§ 3º Serão aplicáveis ao pleito eleitoral imediatamente seguinte apenas as resoluções publicadas até a data referida no *caput*. *(Incluído pela Lei nº 12.034/2009)*

» Nesta lei, art. 96, § 3º.
» CE, arts. 1º, parágrafo único; 23, IX.
» Lei nº 9.096/95, art. 61.

Art. 105-A. Em matéria eleitoral, não são aplicáveis os procedimentos previstos na Lei nº 7.347, de 24 de julho de 1985. *(Incluído pela Lei nº 12.034/2009)*

§ 1º O Tribunal Superior Eleitoral publicará o código orçamentário para o recolhimento das multas eleitorais ao Fundo Partidário, mediante documento de arrecadação correspondente.

§ 2º Havendo substituição da UFIR por outro índice oficial, o Tribunal Superior Eleitoral procederá à alteração dos valores estabelecidos nesta Lei pelo novo índice.

Art. 106. Esta Lei entra em vigor na data de sua publicação.

Art. 107. Revogam-se os arts. 92, 246, 247, 250, 322, 328, 329, 333 e o parágrafo único do art. 106 da Lei nº 4.737, de 15 de julho de 1965 – Código Eleitoral; o § 4º do art. 39 da Lei nº 9.096, de 19 de setembro de 1995; o § 2º do art. 50 e o § 1º do art. 64 da Lei nº 9.100, de 29 de setembro de 1995; e o § 2º do art. 7º do Decreto-Lei nº 201, de 27 de fevereiro de 1967.

Brasília, 30 de setembro de 1997
Fernando Henrique Cardoso

Lei nº 9.709, de 18 de novembro de 1998*

Regulamenta a execução do disposto nos incisos I, II e III do art. 14 da Constituição Federal.

O Presidente da República,

Faço saber que o Congresso Nacional decreta e eu sanciono a seguinte Lei:

Art. 1º. A soberania popular é exercida por sufrágio universal e pelo voto direto e secreto, com valor igual para todos, nos termos desta Lei e das normas constitucionais pertinentes, mediante:

I. plebiscito;
II. referendo;
III. iniciativa popular.

Art. 2º. Plebiscito e referendo são consultas formuladas ao povo para que delibere sobre matéria de acentuada relevância, de natureza constitucional, legislativa ou administrativa.

§ 1º O plebiscito é convocado com anterioridade a ato legislativo ou administrativo, cabendo ao povo, pelo voto, aprovar ou denegar o que lhe tenha sido submetido.

§ 2º O referendo é convocado com posterioridade a ato legislativo ou administrativo, cumprindo ao povo a respectiva ratificação ou rejeição.

Art. 3º. Nas questões de relevância nacional, de competência do Poder Legislativo ou do Poder Executivo, e no caso do § 3º do art. 18 da Constituição Federal, o plebiscito e o referendo são convocados mediante decreto legislativo, por proposta de um terço, no mínimo, dos membros que compõem qualquer das Casas do Congresso Nacional, de conformidade com esta Lei.

Art. 4º. A incorporação de Estados entre si, subdivisão ou desmembramento para se anexarem a outros, ou formarem novos Estados ou Territórios Federais, dependem da aprovação da população diretamente interessada, por meio de plebiscito realizado na mesma data e horário em cada um dos Estados, e do Congresso Nacional, por lei complementar, ouvidas as respectivas Assembleias Legislativas.

§ 1º Proclamado o resultado da consulta plebiscitária, sendo favorável à alteração territorial prevista no *caput*, o projeto de lei complementar respectivo será proposto perante qualquer das Casas do Congresso Nacional.

§ 2º À Casa perante a qual tenha sido apresentado o projeto de lei complementar referido no parágrafo anterior compete proceder à audiência das respectivas Assembleias Legislativas.

§ 3º Na oportunidade prevista no parágrafo anterior, as respectivas Assembleias Legislativas opinarão, sem caráter vinculativo, sobre a matéria, e fornecerão ao Congresso Nacional os detalhamentos técnicos concernentes aos aspectos administrativos, financeiros, sociais e econômicos da área geopolítica afetada.

§ 4º O Congresso Nacional, ao aprovar a lei complementar, tomará em conta as informações técnicas a que se refere o parágrafo anterior.

Art. 5º. O plebiscito destinado à criação, à incorporação, à fusão e ao desmembramento de Municípios, será convocado pela Assembleia Legislativa, de conformidade com a legislação federal e estadual.

Art. 6º. Nas demais questões, de competência dos Estados, do Distrito Federal e dos Municípios, o plebiscito e o referendo serão convocados de conformidade, respectivamente, com a Constituição Estadual e com a Lei Orgânica.

Art. 7º. Nas consultas plebiscitárias previstas nos arts. 4º e 5º entende-se por população diretamente interessada tanto a do território que se pretende desmembrar, quanto a do que sofrerá desmembramento; em caso de fusão ou anexação, tanto a população da área que se quer anexar quanto a da que receberá o acréscimo; e a vontade popular se aferirá pelo percentual que se manifestar em relação ao total da população consultada.

Art. 8º. Aprovado o ato convocatório, o Presidente do Congresso Nacional dará ciência à Justiça Eleitoral, a quem incumbirá, nos limites de sua circunscrição:

I. fixar a data da consulta popular;

II. tornar pública a cédula respectiva;

III. expedir instruções para a realização do plebiscito ou referendo;

IV. assegurar a gratuidade nos meio de comunicação de massa concessionários de serviço público, aos partidos políticos e às frentes suprapartidárias organizadas pela sociedade civil em torno da matéria em questão, para a divulgação de seus postulados referentes ao tema sob consulta.

Art. 9º. Convocado o plebiscito, o projeto legislativo ou medida administrativa não efetivada, cujas matérias constituam objeto da consulta popular, terá sustada sua tramitação, até que o resultado das urnas seja proclamado.

Art. 10. O plebiscito ou referendo, convocado nos termos da presente Lei, será considerado aprovado ou rejeitado por maioria simples, de acordo com o resultado homologado pelo Tribunal Superior Eleitoral.

Art. 11. O referendo pode ser convocado no prazo de trinta dias, a contar da promulgação de lei ou adoção de medida administrativa, que se relacione de maneira direta com a consulta popular.

Art. 12. A tramitação dos projetos de plebiscito e referendo obedecerá às normas do Regimento Comum do Congresso Nacional.

Art. 13. A iniciativa popular consiste na apresentação de projeto de lei à Câmara dos Deputados, subscrito por, no mínimo, um por cento do eleitorado nacional, distribuído pelo menos por cinco Estados, com não menos de três décimos por cento dos eleitores de cada um deles.

§ 1º O projeto de lei de iniciativa popular deverá circunscrever-se a um só assunto.

§ 2º O projeto de lei de iniciativa popular não poderá ser rejeitado por vício de forma, cabendo à Câmara dos Deputados, por seu órgão competente, providenciar a correção de eventuais impropriedades de técnica legislativa ou de redação.

Art. 14. A Câmara dos Deputados, verificando o cumprimento das exigências estabelecidas no art. 13 e respectivos parágrafos, dará seguimento à iniciativa popular, consoante as normas do Regimento Interno.

Art. 15. Esta Lei entra em vigor na data de sua publicação.

Brasília, 18 de novembro de 1998

Lei Nº 10.406, de 10 de janeiro de 2002

Institui o Código Civil.

Art. 3º São absolutamente incapazes de exercer pessoalmente os atos da vida civil os menores de 16 (dezesseis) anos...*(Redação dada pela Lei nº 13.146, de 2015).*

» *CF, art. 15, II.*

Art. 4º São incapazes, relativamente a certos atos ou à maneira de os exercer: *(Redação dada pela Lei nº 13.146, de 2015).*

I. os maiores de dezesseis e menores de dezoito anos;

» *CF, art. 14, § 1º, II, "c".*

II. os ébrios habituais e os viciados em tóxico; *(Redação dada pela Lei nº 13.146, de 2015).*

» *CC, art. 1.767, III.*

III. aqueles que, por causa transitória ou permanente, não puderem exprimir sua vontade;.*(Redação dada pela Lei nº 13.146, de 2015).*
» *Lei nº 13.146/2015, arts. 76, 84 a 87.*
» *CE, art. 135, § 6º -A.*
» *CC, art. 1.767.*

IV. os pródigos.

Parágrafo único. A capacidade dos indígenas será regulada por legislação especial. *(Redação dada pela Lei nº 13.146, de 2015).*
» *Lei nº 6.001/73.*
» *CE, art. 5º, II.*
» *Res.-TSE nº 23.274/2010.*

Art. 5º. A menoridade cessa aos dezoito anos completos, quando a pessoa fica habilitada à prática de todos os atos da vida civil.

Parágrafo único. Cessará, para os menores, a incapacidade:

I. pela concessão dos pais, ou de um deles na falta do outro, mediante instrumento público, independentemente de homologação judicial, ou por sentença do juiz, ouvido o tutor, se o menor tiver dezesseis anos completos;

II. pelo casamento;

III. pelo exercício de emprego público efetivo;

IV. pela colação de grau em curso de ensino superior;

V. pelo estabelecimento civil ou comercial, ou pela existência de relação de emprego, desde que, em função deles, o menor com dezesseis anos completos tenha economia própria.

(..)

Art. 44. São pessoas jurídicas de direito privado:

I. as associações;

II. as sociedades;

III. as fundações.

IV. as organizações religiosas; *(Incluído pela Lei nº 10.825, de 22/12/2003)*

V. os partidos políticos. *(Incluído pela Lei nº 10.825, de 22/12/2003)*

(..)

§ 3º Os partidos políticos serão organizados e funcionarão conforme o disposto em lei específica. *(Incluído pela Lei nº 10.825, de 22/12/2003)*
» *Lei nº 9.096/95.*
» *Res.-TSE nº 23.464/2015.*
» *Res.-TSE nº 23.465/2015.*

(..)

Art. 99. São bens públicos:

I. os de uso comum do povo, tais como rios, mares, estradas, ruas e praças;

II. os de uso especial, tais como edifícios ou terrenos destinados a serviço ou estabelecimento da administração federal, estadual, territorial ou municipal, inclusive os de suas autarquias;

III. os dominicais, que constituem o patrimônio das pessoas jurídicas de direito público, como objeto de direito pessoal, ou real, de cada uma dessas entidades.

Art. 1.767. Estão sujeitos a curatela:

I. aqueles que, por causa transitória ou permanente, não puderem exprimir sua vontade; *(Redação dada pela Lei nº 13.146, de 2015)*

II. (Revogado); *(Redação dada pela Lei nº 13.146, de 2015)*

III. os ébrios habituais e os viciados em tóxico; *(Redação dada pela Lei nº 13.146, de 2015).*

IV. (Revogado); *(Redação dada pela Lei nº 13.146, de 2015).*

V. os pródigos.

Art. 1.782. A interdição do pródigo só o privará de, sem curador, emprestar, transigir, dar quitação, alienar, hipotecar, demandar ou ser demandado, e praticar, em geral, os atos que não sejam de mera administração.

LEI Nº 10.522, DE 19 DE JULHO DE 2002

Dispõe sobre o Cadastro Informativo dos créditos não quitados de órgãos e entidades federais e dá outras providências.

O Presidente da República, Faço saber que o Congresso Nacional decreta e eu sanciono a seguinte lei:

[...]

Art. 10. Os débitos de qualquer natureza para com a Fazenda Nacional poderão ser parcelados em até sessenta parcelas mensais, a exclusivo critério da autoridade fazendária, na forma e condições previstas nesta Lei. (Caput *com redação dada pelo art. 24 da Lei nº 10.637/2002)*

Parágrafo único. O Ministro de Estado da Fazenda poderá delegar, com ou sem o estabelecimento de alçadas de valor, a competência para autorizar o parcelamento.

[...]

Art. 40. Esta lei entra em vigor na data de sua publicação.

Brasília, 19 de julho de 2002; 181º da Independência e 114º da República.

Fernando Henrique Cardoso

Pedro Malan

Publicada no *DOU* de 22/07/2002.

LEI Nº 10.842, DE 20 DE FEVEREIRO DE 2004

Cria e transforma cargos e funções nos Quadros de Pessoal dos Tribunais Regionais Eleitorais, destinados às Zonas Eleitorais.

O Presidente da República, Faço saber que o Congresso Nacional decreta e eu sanciono a seguinte Lei:

[...]

Art. 4º. As atuais atribuições da escrivania eleitoral serão exercidas privativamente pelo Chefe de Cartório Eleitoral, sem prejuízo das atividades inerentes à chefia do cartório.

Art. 4º

§ 1º Não poderá servir como Chefe de Cartório Eleitoral, sob pena de demissão, o membro de órgão de direção partidária, nem o candidato a cargo eletivo, seu cônjuge e parente consanguíneo ou afim até o 2º (segundo) grau.
[...]
Art. 7º. Esta Lei entra em vigor na data de sua publicação.
Art. 8º. Revogam-se o parágrafo único do art. 2º da Lei nº 8.350, de 28 de dezembro de 1991, e os arts. 9º e 10 da Lei nº 8.868, de 14 de abril de 1994.

Brasília, 20 de fevereiro de 2004; 183º da Independência e 116º da República.
Luiz Inácio Lula da Silva
Márcio Thomaz Bastos
Publicada no *DOU* de 20/02/2004.

Lei nº 11.300, de 10 de maio de 2006

Dispõe sobre propaganda, financiamento e prestação de contas das despesas com campanhas eleitorais, alterando a Lei nº 9.504, de 30 de setembro de 1997.

O Presidente da República, Faço saber que o Congresso Nacional decreta e eu sanciono a seguinte Lei:

Art. 1º. A Lei nº 9.504, de 30 de setembro de 1997, passa a vigorar com as seguintes alterações:

"Art. 17-A. A cada eleição caberá à lei, observadas as peculiaridades locais, fixar até o dia 10 de junho de cada ano eleitoral o limite dos gastos de campanha para os cargos em disputa; não sendo editada lei até a data estabelecida, caberá a cada partido político fixar o limite de gastos, comunicando à Justiça Eleitoral, que dará a essas informações ampla publicidade.

Art. 18. No pedido de registro de seus candidatos, os partidos e coligações comunicarão aos respectivos Tribunais Eleitorais os valores máximos de gastos que farão por cargo eletivo em cada eleição a que concorrerem, observados os limites estabelecidos, nos termos do art. 17-A desta Lei. (NR)

Art. 21. O candidato é solidariamente responsável com a pessoa indicada na forma do art. 20 desta Lei pela veracidade das informações financeiras e contábeis de sua campanha, devendo ambos assinar a respectiva prestação de contas. (NR)

Art. 22. (..)

§ 3º O uso de recursos financeiros para pagamentos de gastos eleitorais que não provenham da conta específica de que trata o *caput* deste artigo implicará a desaprovação da prestação de contas do partido ou candidato; comprovado abuso de poder econômico, será cancelado o registro da candidatura ou cassado o diploma, se já houver sido outorgado.

§ 4º Rejeitadas as contas, a Justiça Eleitoral remeterá cópia de todo o processo ao Ministério Público Eleitoral para os fins previstos no art. 22 da Lei Complementar nº 64, de 18 de maio de 1990. (NR)

Art. 23. (..)

§ 4º As doações de recursos financeiros somente poderão ser efetuadas na conta mencionada no art. 22 desta Lei por meio de:

I. cheques cruzados e nominais ou transferência eletrônica de depósitos;

II. depósitos em espécie devidamente identificados até o limite fixado no inciso I do § 1º deste artigo.

§ 5º Ficam vedadas quaisquer doações em dinheiro, bem como de troféus, prêmios, ajudas de qualquer espécie feitas por candidato, entre o registro e a eleição, a pessoas físicas ou jurídicas. (NR)

Art. 24. (..)

VIII. entidades beneficentes e religiosas;

IX. entidades esportivas que recebam recursos públicos;

X. organizações não governamentais que recebam recursos públicos;

XI. organizações da sociedade civil de interesse público. (NR)

Art. 26. São considerados gastos eleitorais, sujeitos a registro e aos limites fixados nesta Lei:

(..)

IV. despesas com transporte ou deslocamento de candidato e de pessoal a serviço das candidaturas;

(..)

IX. a realização de comícios ou eventos destinados à promoção de candidatura;

(..)

XI. *(Revogado)*

(..)

XIII. *(Revogado)*

(..)

XVII. produção de *jingles*, vinhetas e *slogans* para propaganda eleitoral. (NR)

Art. 28. (..)

§ 4º Os partidos políticos, as coligações e os candidatos são obrigados, durante a campanha eleitoral, a divulgar, pela rede mundial de computadores (internet), nos dias 6 de agosto e 6 de setembro, relatório discriminando os recursos em dinheiro ou estimáveis em dinheiro que tenham recebido para financiamento da campanha eleitoral, e os gastos que realizarem, em sítio criado pela Justiça Eleitoral para esse fim, exigindo-se a indicação dos nomes dos doadores e os respectivos valores doados somente na prestação de contas final de que tratam os incisos III e IV do art. 29 desta Lei. (NR)

Art. 30. (..)

§ 1º A decisão que julgar as contas dos candidatos eleitos será publicada em sessão até 8 (oito) dias antes da diplomação. (..) (NR)

Art. 30-A. Qualquer partido político ou coligação poderá representar à Justiça Eleitoral relatando fatos e indicando provas e pedir a abertura de investigação judicial para apurar condutas em desacordo com as normas desta Lei, relativas à arrecadação e gastos de recursos.

§ 1º Na apuração de que trata este artigo, aplicar-se-á o procedimento previsto no art. 22 da Lei Complementar nº 64, de 18 de maio de 1990, no que couber.

§ 2º Comprovados captação ou gastos ilícitos de recursos, para fins eleitorais, será negado diploma ao candidato, ou cassado, se já houver sido outorgado.

Art. 35-A. É vedada a divulgação de pesquisas eleitorais por qualquer meio de comunicação, a partir do décimo quinto dia anterior até as 18 (dezoito) horas do dia do pleito.

Art. 37. Nos bens cujo uso dependa de cessão ou permissão do Poder Público, ou que a ele pertençam, e nos de uso comum, inclusive postes de iluminação pública e sinalização de tráfego, viadutos, passarelas, pontes, paradas de ônibus e outros equipamentos urbanos, é vedada a veiculação de propaganda de qualquer natureza, inclusive pichação, inscrição a tinta, fixação de placas, estandartes, faixas e assemelhados.

§ 1º A veiculação de propaganda em desacordo com o disposto no *caput* deste artigo sujeita o responsável, após a notificação e comprovação, à restauração do bem e, caso não cumprida no prazo, a multa no valor de R$ 2.000,00 (dois mil reais) a R$ 8.000,00 (oito mil reais). (..) (NR)

Art. 39. (..)

§ 4º A realização de comícios e a utilização de aparelhagem de sonorização fixa são permitidas no horário compreendido entre as 8 (oito) e as 24 (vinte e quatro) horas.

§ 5º (..)

II. a arregimentação de eleitor ou a propaganda de boca de urna;

III. a divulgação de qualquer espécie de propaganda de partidos políticos ou de seus candidatos, mediante publicações, cartazes, camisas, bonés, broches ou dísticos em vestuário.

§ 6º É vedada na campanha eleitoral a confecção, utilização, distribuição por comitê, candidato, ou com a sua autorização, de camisetas, chaveiros, bonés, canetas, brindes, cestas básicas ou quaisquer outros bens ou materiais que possam proporcionar vantagem ao eleitor.

§ 7º É proibida a realização de showmício e de evento assemelhado para promoção de candidatos, bem como a apresentação, remunerada ou não, de artistas com a finalidade de animar comício e reunião eleitoral.

§ 8º É vedada a propaganda eleitoral mediante *outdoors*, sujeitando-se a empresa responsável, os partidos, coligações e candidatos à imediata retirada da propaganda irregular e ao pagamento de multa no valor de 5.000 (cinco mil) a 15.000 (quinze mil) UFIRs. (NR)

Art. 40-A. *(Vetado)*

Art. 43. É permitida, até a antevéspera das eleições, a divulgação paga, na imprensa escrita, de propaganda eleitoral, no espaço máximo, por edição, para cada candidato, partido ou coligação, de um oitavo de página de jornal padrão e um quarto de página de revista ou tablóide.

Parágrafo único. A inobservância do disposto neste artigo sujeita os responsáveis pelos veículos de divulgação e os partidos, coligações ou candidatos beneficiados a multa no valor de R$ 1.000,00 (mil reais) a R$ 10.000,00 (dez mil reais) ou equivalente ao da divulgação da propaganda paga, se este for maior. (NR)

Art. 45. (..)

§ 1º A partir do resultado da convenção, é vedado, ainda, às emissoras transmitir programa apresentado ou comentado por candidato escolhido em convenção. (..) (NR)

Art. 47. (..)

§ 3º Para efeito do disposto neste artigo, a representação de cada partido na Câmara dos Deputados é a resultante da eleição. (..) (NR)

Art. 54. *(Vetado)*

Art. 73. (..)

§ 10 No ano em que se realizar eleição, fica proibida a distribuição gratuita de bens, valores ou benefícios por parte da Administração Pública, exceto nos casos de calamidade pública, de estado de emergência ou de programas sociais autorizados em lei e já em execução orçamentária no exercício anterior, casos em que o Ministério Público poderá promover o acompanhamento de sua execução financeira e administrativa. (NR)

Art. 90-A. *(Vetado)*

Art. 94-A. Os órgãos e entidades da Administração Pública direta e indireta poderão, quando solicitados, em casos específicos e de forma motivada, pelos Tribunais Eleitorais:

I. fornecer informações na área de sua competência;

II. ceder funcionários no período de 3 (três) meses antes a 3 (três) meses depois de cada eleição.

Art. 94-B. *(Vetado)*"

Art. 2º. O Tribunal Superior Eleitoral expedirá instruções objetivando a aplicação desta Lei às eleições a serem realizadas no ano de 2006.

Art. 3º. Esta Lei entra em vigor na data de sua publicação.

Art. 4º. Revogam-se os incisos XI e XIII do art. 26 e o art. 42 da Lei nº 9.504, de 30 de setembro de 1997.

Brasília, 10 de maio de 2006
Luiz Inácio Lula da Silva
Márcio Thomaz Bastos

Lei Nº 12.016, de 7 de agosto de 2009

Disciplina o mandado de segurança individual e coletivo e dá outras providências.

O PRESIDENTE DA REPÚBLICA, Faço saber que o Congresso Nacional decreta e eu sanciono a seguinte Lei:

Art. 1º Conceder-se-á mandado de segurança para proteger direito líquido e certo, não amparado por *habeas corpus* ou *habeas data*, sempre que, ilegalmente ou com abuso de poder, qualquer pessoa física ou jurídica sofrer violação ou houver justo receio de sofrê-la por parte de autoridade, seja

Art. 1º

de que categoria for e sejam quais forem as funções que exerça.

§ 1º Equiparam-se às autoridades, para os efeitos desta Lei, os representantes ou órgãos de partidos políticos e os administradores de entidades autárquicas, bem como os dirigentes de pessoas jurídicas ou as pessoas naturais no exercício de atribuições do poder público, somente no que disser respeito a essas atribuições.

§ 2º Não cabe mandado de segurança contra os atos de gestão comercial praticados pelos administradores de empresas públicas, de sociedade de economia mista e de concessionárias de serviço público.

§ 3º Quando o direito ameaçado ou violado couber a várias pessoas, qualquer delas poderá requerer o mandado de segurança.

Art. 2º Considerar-se-á federal a autoridade coatora se as consequências de ordem patrimonial do ato contra o qual se requer o mandado houverem de ser suportadas pela União ou entidade por ela controlada.

Art. 3º O titular de direito líquido e certo decorrente de direito, em condições idênticas, de terceiro poderá impetrar mandado de segurança a favor do direito originário, se o seu titular não o fizer, no prazo de 30 (trinta) dias, quando notificado judicialmente.

Parágrafo único. O exercício do direito previsto no *caput* deste artigo submete-se ao prazo fixado no art. 23 desta Lei, contado da notificação.

Art. 4º Em caso de urgência, é permitido, observados os requisitos legais, impetrar mandado de segurança por telegrama, radiograma, fax ou outro meio eletrônico de autenticidade comprovada.

§ 1º Poderá o juiz, em caso de urgência, notificar a autoridade por telegrama, radiograma ou outro meio que assegure a autenticidade do documento e a imediata ciência pela autoridade.

§ 2º O texto original da petição deverá ser apresentado nos 5 (cinco) dias úteis seguintes.

§ 3º Para os fins deste artigo, em se tratando de documento eletrônico, serão observadas as regras da Infraestrutura de Chaves Públicas Brasileira – ICP-Brasil.

Art. 5º Não se concederá mandado de segurança quando se tratar:

I – de ato do qual caiba recurso administrativo com efeito suspensivo, independentemente de caução;

II – de decisão judicial da qual caiba recurso com efeito suspensivo;

III – de decisão judicial transitada em julgado.

Parágrafo único. *(Vetado)*

Art. 6º A petição inicial, que deverá preencher os requisitos estabelecidos pela lei processual, será apresentada em 2 (duas) vias com os documentos que instruírem a primeira reproduzidos na segunda e indicará, além da autoridade coatora, a pessoa jurídica que esta integra, à qual se acha vinculada ou da qual exerce atribuições.

§ 1º No caso em que o documento necessário à prova do alegado se ache em repartição ou estabelecimento público ou em poder de autoridade que se recuse a fornecê-lo por certidão ou de terceiro, o juiz ordenará, preliminarmente, por ofício, a exibição desse documento em original ou em cópia autêntica e marcará, para o cumprimento da ordem, o prazo de 10 (dez) dias. O escrivão extrairá cópias do documento para juntá-las à segunda via da petição.

§ 2º Se a autoridade que tiver procedido dessa maneira for a própria coatora, a ordem far-se-á no próprio instrumento da notificação.

§ 3º Considera-se autoridade coatora aquela que tenha praticado o ato impugnado ou da qual emane a ordem para a sua prática.

§ 4º *(Vetado)*

§ 5º Denega-se o mandado de segurança nos casos previstos pelo art. 267 da Lei nº 5.869, de 11 de janeiro de 1973 – Código de Processo Civil.

§ 6º O pedido de mandado de segurança poderá ser renovado dentro do prazo decadencial, se a decisão denegatória não lhe houver apreciado o mérito.

Art. 7º Ao despachar a inicial, o juiz ordenará:

I. que se notifique o coator do conteúdo da petição inicial, enviando-lhe a segunda via apresentada com as cópias dos documentos, a fim de que, no prazo de 10 (dez) dias, preste as informações;

II. que se dê ciência do feito ao órgão de representação judicial da pessoa jurídica interessada, enviando-lhe cópia da inicial sem documentos, para que, querendo, ingresse no feito;

III. que se suspenda o ato que deu motivo ao pedido, quando houver fundamento relevante e do ato impugnado puder resultar a ineficácia da medida, caso seja finalmente deferida, sendo facultado exigir do impetrante caução, fiança ou depósito, com o objetivo de assegurar o ressarcimento à pessoa jurídica.

§ 1º Da decisão do juiz de primeiro grau que conceder ou denegar a liminar caberá agravo de instrumento, observado o disposto na Lei nº 5.869, de 11 de janeiro de 1973 – Código de Processo Civil.

§ 2º Não será concedida medida liminar que tenha por objeto a compensação de créditos tributários, a entrega de mercadorias e bens provenientes do exterior, a reclassificação ou equiparação de servidores públicos e a concessão de aumento ou a extensão de vantagens ou pagamento de qualquer natureza.

§ 3º Os efeitos da medida liminar, salvo se revogada ou cassada, persistirão até a prolação da sentença.

§ 4º Deferida a medida liminar, o processo terá prioridade para julgamento.

§ 5º As vedações relacionadas com a concessão de liminares previstas neste artigo se estendem à tutela antecipada a que se referem os arts. 273 e 461 da Lei nº 5.869, de 11 janeiro de 1973 – Código de Processo Civil.

Art. 8º Será decretada a perempção ou caducidade da medida liminar *ex officio* ou a requerimento do Ministério Público quando, concedida a medida, o impetrante criar obstáculo ao normal andamento do processo ou deixar de promover, por mais de 3 (três) dias úteis, os atos e as diligências que lhe cumprirem.

Art. 9º As autoridades administrativas, no prazo de 48 (quarenta e oito) horas da notificação da medida liminar, remeterão ao Ministério ou órgão a que se acham subordinadas e ao Advogado-Geral da União ou a quem tiver a representação judicial da União, do Estado, do Município ou da entidade apontada como coatora cópia autenticada do mandado notificatório, assim como indicações e elementos outros necessários às providências a serem tomadas para a eventual suspensão da medida e defesa do ato apontado como ilegal ou abusivo de poder.

Art. 10. A inicial será desde logo indeferida, por decisão motivada, quando não for o caso de mandado de segurança ou lhe faltar algum dos requisitos legais ou quando decorrido o prazo legal para a impetração.

§ 1º Do indeferimento da inicial pelo juiz de primeiro grau caberá apelação e, quando a competência para o julgamento do mandado de segurança couber originariamente a um dos tribunais, do ato do relator caberá agravo para o órgão competente do tribunal que integre.

§ 2º O ingresso de litisconsorte ativo não será admitido após o despacho da petição inicial.

Art. 11. Feitas as notificações, o serventuário em cujo cartório corra o feito juntará aos autos cópia autêntica dos ofícios endereçados ao coator e ao órgão de representação judicial da pessoa jurídica interessada, bem como a prova da entrega a estes ou da sua recusa em aceitá-los ou dar recibo e, no caso do art. 4º desta Lei, a comprovação da remessa.

Art. 12. Findo o prazo a que se refere o inciso I do *caput* do art. 7º desta Lei, o juiz ouvirá o representante do Ministério Público, que opinará, dentro do prazo improrrogável de 10 (dez) dias.

Parágrafo único. Com ou sem o parecer do Ministério Público, os autos serão conclusos ao juiz, para a decisão, a qual deverá ser necessariamente proferida em 30 (trinta) dias.

Art. 13. Concedido o mandado, o juiz transmitirá em ofício, por intermédio do oficial do juízo, ou pelo correio, mediante correspondência com aviso de recebimento, o inteiro teor da sentença à autoridade coatora e à pessoa jurídica interessada.

Parágrafo único. Em caso de urgência, poderá o juiz observar o disposto no art. 4º desta Lei.

Art. 14. Da sentença, denegando ou concedendo o mandado, cabe apelação.

§ 1º Concedida a segurança, a sentença estará sujeita obrigatoriamente ao duplo grau de jurisdição.

§ 2º Estende-se à autoridade coatora o direito de recorrer.

§ 3º A sentença que conceder o mandado de segurança pode ser executada provisoriamente, salvo nos casos em que for vedada a concessão da medida liminar.

§ 4º O pagamento de vencimentos e vantagens pecuniárias assegurados em sentença concessiva de mandado de segurança a servidor público da administração direta ou autárquica federal, estadual e municipal somente será efetuado relativamente às prestações que se vencerem a contar da data do ajuizamento da inicial.

Art. 15. Quando, a requerimento de pessoa jurídica de direito público interessada ou do Ministério Público e para evitar grave lesão à ordem, à saúde, à segurança e à economia públicas, o presidente do tribunal ao qual couber o conhecimento do respectivo recurso suspender, em decisão fundamentada, a execução da liminar e da sentença, dessa decisão caberá agravo, sem efeito suspensivo, no prazo de 5 (cinco) dias, que será levado a julgamento na sessão seguinte à sua interposição.

§ 1º Indeferido o pedido de suspensão ou provido o agravo a que se refere o *caput* deste artigo, caberá novo pedido de suspensão ao presidente do tribunal competente para conhecer de eventual recurso especial ou extraordinário.

§ 2º É cabível também o pedido de suspensão a que se refere o § 1º deste artigo, quando negado provimento a agravo de instrumento interposto contra a liminar a que se refere este artigo.

§ 3º A interposição de agravo de instrumento contra liminar concedida nas ações movidas contra o poder público e seus agentes não prejudica nem condiciona o julgamento do pedido de suspensão a que se refere este artigo.

§ 4º O presidente do tribunal poderá conferir ao pedido efeito suspensivo liminar se constatar, em juízo prévio, a plausibilidade do direito invocado e a urgência na concessão da medida.

§ 5º As liminares cujo objeto seja idêntico poderão ser suspensas em uma única decisão, podendo o presidente do tribunal estender os efeitos da suspensão a liminares supervenientes, mediante simples aditamento do pedido original.

Art. 16. Nos casos de competência originária dos tribunais, caberá ao relator a instrução do processo, sendo assegurada a defesa oral na sessão do julgamento.

Parágrafo único. Da decisão do relator que conceder ou denegar a medida liminar caberá agravo ao órgão competente do tribunal que integre.

Art. 17. Nas decisões proferidas em mandado de segurança e nos respectivos recursos, quando não publicado, no prazo de 30 (trinta) dias, contado da data do julgamento, o acórdão será substituído pelas respectivas notas taquigráficas, independentemente de revisão.

Art. 18. Das decisões em mandado de segurança proferidas em única instância pelos tribunais cabe recurso especial e extraordinário, nos casos legalmente previstos, e recurso ordinário, quando a ordem for denegada.

Art. 19. A sentença ou o acórdão que denegar mandado de segurança, sem decidir o mérito, não impedirá que o requerente, por ação própria, pleiteie os seus direitos e os respectivos efeitos patrimoniais.

Art. 20. Os processos de mandado de segurança e os respectivos recursos terão prioridade sobre todos os atos judiciais, salvo *habeas corpus*.

§ 1º Na instância superior, deverão ser levados a julgamento na primeira sessão que se seguir à data em que forem conclusos ao relator.

§ 2º O prazo para a conclusão dos autos não poderá exceder de 5 (cinco) dias.

Art. 21. O mandado de segurança coletivo pode ser impetrado por partido político com representação no Congresso Nacional, na defesa de seus interesses legítimos relativos a seus integrantes ou à finalidade partidária, ou por organização sindical, entidade de classe ou associação legalmente constituída e em funcionamento há, pelo menos, 1 (um) ano, em defesa de direitos líquidos e certos da totalidade, ou de parte, dos seus membros ou associados, na forma dos seus estatutos e desde que pertinentes às suas finalidades, dispensada, para tanto, autorização especial.

Parágrafo único. Os direitos protegidos pelo mandado de segurança coletivo podem ser:

I. coletivos, assim entendidos, para efeito desta Lei, os transindividuais, de natureza indivisível, de que seja titular grupo ou

Art. 21

categoria de pessoas ligadas entre si ou com a parte contrária por uma relação jurídica básica;

II. individuais homogêneos, assim entendidos, para efeito desta Lei, os decorrentes de origem comum e da atividade ou situação específica da totalidade ou de parte dos associados ou membros do impetrante.

Art. 22. No mandado de segurança coletivo, a sentença fará coisa julgada limitadamente aos membros do grupo ou categoria substituídos pelo impetrante.

§ 1º O mandado de segurança coletivo não induz litispendência para as ações individuais, mas os efeitos da coisa julgada não beneficiarão o impetrante a título individual se não requerer a desistência de seu mandado de segurança no prazo de 30 (trinta) dias a contar da ciência comprovada da impetração da segurança coletiva.

§ 2º No mandado de segurança coletivo, a liminar só poderá ser concedida após a audiência do representante judicial da pessoa jurídica de direito público, que deverá se pronunciar no prazo de 72 (setenta e duas) horas.

Art. 23. O direito de requerer mandado de segurança extinguir-se-á decorridos 120 (cento e vinte) dias, contados da ciência, pelo interessado, do ato impugnado.

Art. 24. Aplicam-se ao mandado de segurança os arts. 46 a 49 da Lei nº 5.869, de 11 de janeiro de 1973 – Código de Processo Civil.

Art. 25. Não cabem, no processo de mandado de segurança, a interposição de embargos infringentes e a condenação ao pagamento dos honorários advocatícios, sem prejuízo da aplicação de sanções no caso de litigância de má-fé.

Art. 26. Constitui crime de desobediência, nos termos do art. 330 do Decreto-Lei nº 2.848, de 7 de dezembro de 1940, o não cumprimento das decisões proferidas em mandado de segurança, sem prejuízo das sanções administrativas e da aplicação da Lei nº 1.079, de 10 de abril de 1950, quando cabíveis.

Art. 27. Os regimentos dos tribunais e, no que couber, as leis de organização judiciária deverão ser adaptados às disposições desta Lei no prazo de 180 (cento e oitenta) dias, contado da sua publicação.

Art. 28. Esta Lei entra em vigor na data de sua publicação.

Art. 29. Revogam-se as Leis nºs 1.533, de 31 de dezembro de 1951, 4.166, de 4 de dezembro de 1962, 4.348, de 26 de junho de 1964, 5.021, de 9 de junho de 1966; o art. 3º da Lei nº 6.014, de 27 de dezembro de 1973, o art. 1º da Lei nº 6.071, de 3 de julho de 1974, o art. 12 da Lei nº 6.978, de 19 de janeiro de 1982, e o art. 2º da Lei nº 9.259, de 9 de janeiro de 1996.

Brasília, 7 de agosto de 2009; 188º da Independência e 121º da República.

Luiz Inácio Lula da Silva

Tarso Genro

José Antonio Dias Toffoli

Este texto não substitui o publicado no DOU de 10/8/2009

Lei Nº 12.034, de 29 de setembro de 2009

> Altera as Leis nºs 9.096, de 19 de setembro de 1995 – Lei dos Partidos Políticos, 9.504, de 30 de setembro de 1997, que estabelece normas para as eleições, e 4.737, de 15 de julho de 1965 – Código Eleitoral.

O PRESIDENTE DA REPÚBLICA, Faço saber que o Congresso Nacional decreta e eu sanciono a seguinte Lei:

Art. 1º. Esta Lei altera as Leis nºs 9.096, de 19 de setembro de 1995, 9.504, de 30 de setembro de 1997, e 4.737, de 15 de julho de 1965 – Código Eleitoral.

Art. 2º. A Lei nº 9.096, de 19 de setembro de 1995, passa a vigorar com as seguintes alterações:

"Art. 15-A. A responsabilidade, inclusive civil e trabalhista, cabe exclusivamente ao órgão partidário municipal, estadual ou nacional que tiver dado causa ao não cumprimento da obrigação, à violação de direito, a dano a outrem ou a qualquer ato ilícito, excluída a solidariedade de outros órgãos de direção partidária." (NR)

"Art. 19. (...)

§ 3º Os órgãos de direção nacional dos partidos políticos terão pleno acesso às informações de seus filiados constantes do cadastro eleitoral." (NR)

"Art. 28. (...)

§ 4º Despesas realizadas por órgãos partidários municipais ou estaduais ou por candidatos majoritários nas respectivas circunscrições devem ser assumidas e pagas exclusivamente pela esfera partidária correspondente, salvo acordo expresso com órgão de outra esfera partidária.

§ 5º Em caso de não pagamento, as despesas não poderão ser cobradas judicialmente dos órgãos superiores dos partidos políticos, recaindo eventual penhora exclusivamente sobre o órgão partidário que contraiu a dívida executada.

§ 6º O disposto no inciso III do *caput* refere-se apenas aos órgãos nacionais dos partidos políticos que deixarem de prestar contas ao Tribunal Superior Eleitoral, não ocorrendo o cancelamento do registro civil e do estatuto do partido quando a omissão for dos órgãos partidários regionais ou municipais."

"Art. 37. (...)

§ 3º A sanção de suspensão do repasse de novas quotas do Fundo Partidário, por desaprovação total ou parcial da prestação de contas de partido, deverá ser aplicada de forma proporcional e razoável, pelo período de 1 (um) mês a 12 (doze) meses, ou por meio do desconto, do valor a ser repassado, da importância apontada como irregular, não podendo ser aplicada a sanção de suspensão, caso a prestação de contas não seja julgada, pelo juízo ou tribunal competente, após 5 (cinco) anos de sua apresentação.

§ 4º Da decisão que desaprovar total ou parcialmente a prestação de contas dos órgãos partidários caberá recurso para os Tribunais Regionais Eleitorais ou para o Tribunal Superior Eleitoral, conforme o caso, o qual deverá ser recebido com efeito suspensivo.

§ 5º As prestações de contas desaprovadas pelos Tribunais Regionais e pelo Tribunal Superior poderão ser revistas para fins de aplicação proporcional da sanção aplicada, mediante requerimento ofertado nos autos da prestação de contas.

§ 6º O exame da prestação de contas dos órgãos partidários tem caráter jurisdicional."

"Art. 39. (..)

§ 5º Em ano eleitoral, os partidos políticos poderão aplicar ou distribuir pelas diversas eleições os recursos financeiros recebidos de pessoas físicas e jurídicas, observando-se o disposto no § 1º do art. 23, no art. 24 e no § 1º do art. 81 da Lei nº 9.504, de 30 de setembro de 1997, e os critérios definidos pelos respectivos órgãos de direção e pelas normas estatutárias." (NR)

"Art. 44. (..)

I. na manutenção das sedes e serviços do partido, permitido o pagamento de pessoal, a qualquer título, observado neste último caso o limite máximo de 50% (cinquenta por cento) do total recebido;

(..)

V. na criação e manutenção de programas de promoção e difusão da participação política das mulheres conforme percentual que será fixado pelo órgão nacional de direção partidária, observado o mínimo de 5% (cinco por cento) do total.

(..)

§ 4º Não se incluem no cômputo do percentual previsto no inciso I deste artigo encargos e tributos de qualquer natureza.

§ 5º O partido que não cumprir o disposto no inciso V do *caput* deste artigo deverá, no ano subsequente, acrescer o percentual de 2,5% (dois inteiros e cinco décimos por cento) do Fundo Partidário para essa destinação, ficando impedido de utilizá-lo para finalidade diversa." (NR)

"Art. 45. (..)

IV. promover e difundir a participação política feminina, dedicando às mulheres o tempo que será fixado pelo órgão nacional de direção partidária, observado o mínimo de 10% (dez por cento).

(..)

§ 2º O partido que contrariar o disposto neste artigo será punido:

I. quando a infração ocorrer nas transmissões em bloco, com a cassação do direito de transmissão no semestre seguinte;

II. quando a infração ocorrer nas transmissões em inserções, com a cassação de tempo equivalente a 5 (cinco) vezes ao da inserção ilícita, no semestre seguinte.

§ 3º A representação, que somente poderá ser oferecida por partido político, será julgada pelo Tribunal Superior Eleitoral quando se tratar de programa em bloco ou inserções nacionais e pelos Tribunais Regionais Eleitorais quando se tratar de programas em bloco ou inserções transmitidos nos Estados correspondentes.

§ 4º O prazo para o oferecimento da representação encerrar-se-á no último dia do semestre em que for veiculado o programa impugnado, ou se este tiver sido transmitido nos últimos 30 (trinta) dias desse período, até o 15º (décimo quinto) dia do semestre seguinte.

§ 5º Das decisões dos Tribunais Regionais Eleitorais que julgarem procedente representação, cassando o direito de transmissão de propaganda partidária, caberá recurso para o Tribunal Superior Eleitoral, que será recebido com efeito suspensivo.

§ 6º A propaganda partidária, no rádio e na televisão, fica restrita aos horários gratuitos disciplinados nesta Lei, com proibição de propaganda paga." (NR)

Art. 3º. A Lei nº 9.504, de 30 de setembro de 1997, passa a vigorar com as seguintes alterações:

"Art. 6º. (..)

§ 1º-A. A denominação da coligação não poderá coincidir, incluir ou fazer referência a nome ou número de candidato, nem conter pedido de voto para partido político.

(..)

§ 4º O partido político coligado somente possui legitimidade para atuar de forma isolada no processo eleitoral quando questionar a validade da própria coligação, durante o período compreendido entre a data da convenção e o termo final do prazo para a impugnação do registro de candidatos."

"Art. 7º. (..)

§ 2º Se a convenção partidária de nível inferior se opuser, na deliberação sobre coligações, às diretrizes legitimamente estabelecidas pelo órgão de direção nacional, nos termos do respectivo estatuto, poderá esse órgão anular a deliberação e os atos dela decorrentes.

§ 3º As anulações de deliberações dos atos decorrentes de convenção partidária, na condição acima estabelecida, deverão ser comunicadas à Justiça Eleitoral no prazo de 30 (trinta) dias após a data limite para o registro de candidatos.

§ 4º Se, da anulação, decorrer a necessidade de escolha de novos candidatos, o pedido de registro deverá ser apresentado à Justiça Eleitoral nos 10 (dez) dias seguintes à deliberação, observado o disposto no art. 13." (NR)

"Art. 10. (..)

§ 3º Do número de vagas resultantes das regras previstas neste artigo, cada partido ou coligação preencherá o mínimo de 30% (trinta por cento) e o máximo de 70% (setenta por cento) para candidaturas de cada sexo.

(..)" (NR)

"Art. 11. (..)

§ 1º (..)

IX. propostas defendidas pelo candidato a Prefeito, a Governador de Estado e a Presidente da República.

(..)

§ 4º Na hipótese de o partido ou coligação não requerer o registro de seus candidatos, estes poderão fazê-lo perante a Justiça Eleitoral, observado o prazo máximo de quarenta e oito horas seguintes à publicação da lista dos candidatos pela Justiça Eleitoral.

(..)

§ 6º A Justiça Eleitoral possibilitará aos interessados acesso aos documentos apresentados para os fins do disposto no § 1º.

Art. 3º

§ 7º A certidão de quitação eleitoral abrangerá exclusivamente a plenitude do gozo dos direitos políticos, o regular exercício do voto, o atendimento a convocações da Justiça Eleitoral para auxiliar os trabalhos relativos ao pleito, a inexistência de multas aplicadas, em caráter definitivo, pela Justiça Eleitoral e não remitidas, e a apresentação de contas de campanha eleitoral.

§ 8º Para fins de expedição da certidão de que trata o § 7º, considerar-se-ão quites aqueles que:

I. condenados ao pagamento de multa, tenham, até a data da formalização do seu pedido de registro de candidatura, comprovado o pagamento ou o parcelamento da dívida regularmente cumprido;

II. pagarem a multa que lhes couber individualmente, excluindo-se qualquer modalidade de responsabilidade solidária, mesmo quando imposta concomitantemente com outros candidatos e em razão do mesmo fato.

§ 9º A Justiça Eleitoral enviará aos partidos políticos, na respectiva circunscrição, até o dia 5 de junho do ano da eleição, a relação de todos os devedores de multa eleitoral, a qual embasará a expedição das certidões de quitação eleitoral.

§ 10 As condições de elegibilidade e as causas de inelegibilidade devem ser aferidas no momento da formalização do pedido de registro da candidatura, ressalvadas as alterações, fáticas ou jurídicas, supervenientes ao registro que afastem a inelegibilidade.

§ 11 A Justiça Eleitoral observará, no parcelamento a que se refere o § 8º deste artigo, as regras de parcelamento previstas na legislação tributária federal.

§ 12 (Vetado)"

"Art. 13. (..)

§ 1º A escolha do substituto far-se-á na forma estabelecida no estatuto do partido a que pertencer o substituído, e o registro deverá ser requerido até 10 (dez) dias contados do fato ou da notificação do partido da decisão judicial que deu origem à substituição.

(..)"

"Art. 16. (..)

§ 1º Até a data prevista no *caput*, todos os pedidos de registro de candidatos, inclusive os impugnados, e os respectivos recursos, devem estar julgados em todas as instâncias, e publicadas as decisões a eles relativas.

§ 2º Os processos de registro de candidaturas terão prioridade sobre quaisquer outros, devendo a Justiça Eleitoral adotar as providências necessárias para o cumprimento do prazo previsto no § 1º, inclusive com a realização de sessões extraordinárias e a convocação dos juízes suplentes pelos Tribunais, sem prejuízo da eventual aplicação do disposto no art. 97 e de representação ao Conselho Nacional de Justiça."

"Art. 22. (..)

§ 1º Os bancos são obrigados a acatar, em até 3 (três) dias, o pedido de abertura de conta de qualquer comitê financeiro ou candidato escolhido em convenção, sendo-lhes vedado condicioná-la à depósito mínimo e à cobrança de taxas e/ou outras despesas de manutenção.

(..)"

"Art. 23. Pessoas físicas poderão fazer doações em dinheiro ou estimáveis em dinheiro para campanhas eleitorais, obedecido o disposto nesta Lei.

(..)

§ 2º Toda doação a candidato específico ou a partido deverá ser feita mediante recibo, em formulário impresso ou em formulário eletrônico, no caso de doação via internet, em que constem os dados do modelo constante do Anexo, dispensada a assinatura do doador.

(..)

§ 4º (..)

III. mecanismo disponível em sítio do candidato, partido ou coligação na internet, permitindo inclusive o uso de cartão de crédito, e que deverá atender aos seguintes requisitos:

a) identificação do doador;

b) emissão obrigatória de recibo eleitoral para cada doação realizada.

(..)

§ 6º Na hipótese de doações realizadas por meio da internet, as fraudes ou erros cometidos pelo doador sem conhecimento dos candidatos, partidos ou coligações não ensejarão a responsabilidade destes nem a rejeição de suas contas eleitorais.

§ 7º O limite previsto no inciso I do § 1º não se aplica a doações estimáveis em dinheiro relativas à utilização de bens móveis ou imóveis de propriedade do doador, desde que o valor da doação não ultrapasse R$ 50.000,00 (cinquenta mil reais)."

"Art. 24. (..)

IX. entidades esportivas;

Parágrafo único. Não se incluem nas vedações de que trata este artigo as cooperativas cujos cooperados não sejam concessionários ou permissionários de serviços públicos, desde que não estejam sendo beneficiadas com recursos públicos, observado o disposto no art. 81."

"Art. 25. (..)

Parágrafo único. A sanção de suspensão do repasse de novas quotas do Fundo Partidário, por desaprovação total ou parcial da prestação de contas do candidato, deverá ser aplicada de forma proporcional e razoável, pelo período de 1 (um) mês a 12 (doze) meses, ou por meio do desconto, do valor a ser repassado, na importância apontada como irregular, não podendo ser aplicada a sanção de suspensão, caso a prestação de contas não seja julgada, pelo juízo ou tribunal competente, após 5 (cinco) anos de sua apresentação." (NR)

"Art. 29. (..)

§ 3º Eventuais débitos de campanha não quitados até a data de apresentação da prestação de contas poderão ser assumidos pelo partido político, por decisão do seu órgão nacional de direção partidária.

§ 4º No caso do disposto no § 3º, o órgão partidário da respectiva circunscrição eleitoral passará a responder por todas as dívidas solidariamente com o candidato, hipótese em que a existência do débito não poderá ser considerada como causa para a rejeição das contas."

"Art. 30. A Justiça Eleitoral verificará a regularidade das contas de campanha, decidindo:

I. pela aprovação, quando estiverem regulares;

II. pela aprovação com ressalvas, quando verificadas falhas que não lhes comprometam a regularidade;

III. pela desaprovação, quando verificadas falhas que lhes comprometam a regularidade;

IV. pela não prestação, quando não apresentadas as contas após a notificação emitida pela Justiça Eleitoral, na qual constará a obrigação expressa de prestar as suas contas, no prazo de setenta e duas horas.

(..)

§ 2º-A. Erros formais ou materiais irrelevantes no conjunto da prestação de contas, que não comprometam o seu resultado, não acarretarão a rejeição das contas.

(..)

§ 5º Da decisão que julgar as contas prestadas pelos candidatos e comitês financeiros caberá recurso ao órgão superior da Justiça Eleitoral, no prazo de 3 (três) dias, a contar da publicação no Diário Oficial.

§ 6º No mesmo prazo previsto no § 5º, caberá recurso especial para o Tribunal Superior Eleitoral, nas hipóteses previstas nos incisos I e II do § 4º do art. 121 da Constituição Federal.

§ 7º O disposto neste artigo aplica-se aos processos judiciais pendentes." (NR)

"Art. 30-A. Qualquer partido político ou coligação poderá representar à Justiça Eleitoral, no prazo de 15 (quinze) dias da diplomação, relatando fatos e indicando provas, e pedir a abertura de investigação judicial para apurar condutas em desacordo com as normas desta Lei, relativas à arrecadação e gastos de recursos.

(..)

§ 3º O prazo de recurso contra decisões proferidas em representações propostas com base neste artigo será de 3 (três) dias, a contar da data da publicação do julgamento no Diário Oficial." (NR)

"Art. 31. Se, ao final da campanha, ocorrer sobra de recursos financeiros, esta deve ser declarada na prestação de contas e, após julgados todos os recursos, transferida ao órgão do partido na circunscrição do pleito ou à coligação, neste caso, para divisão entre os partidos que a compõem.

Parágrafo único. As sobras de recursos financeiros de campanha serão utilizadas pelos partidos políticos, devendo tais valores ser declarados em suas prestações de contas perante a Justiça Eleitoral, com a identificação dos candidatos."

"Art. 33. (..)

§ 2º A Justiça Eleitoral afixará no prazo de vinte e quatro horas, no local de costume, bem como divulgará em seu sítio na internet, aviso comunicando o registro das informações a que se refere este artigo, colocando-as à disposição dos partidos ou coligações com candidatos ao pleito, os quais a elas terão livre acesso pelo prazo de 30 (trinta) dias.

(..)"

"Art. 36. (..)

§ 3º A violação do disposto neste artigo sujeitará o responsável pela divulgação da propaganda e, quando comprovado o seu prévio conhecimento, o beneficiário à multa no valor de R$ 5.000,00 (cinco mil reais) a R$ 25.000,00 (vinte e cinco mil reais), ou ao equivalente ao custo da propaganda, se este for maior.

§ 4º Na propaganda dos candidatos a cargo majoritário, deverão constar, também, o nome dos candidatos a vice ou a suplentes de Senador, de modo claro e legível, em tamanho não inferior a 10% (dez por cento) do nome do titular. § 5º A comprovação do cumprimento das determinações da Justiça Eleitoral relacionadas a propaganda realizada em desconformidade com o disposto nesta Lei poderá ser apresentada no Tribunal Superior Eleitoral, no caso de candidatos a Presidente e Vice-Presidente da República, nas sedes dos respectivos Tribunais Regionais Eleitorais, no caso de candidatos a Governador, Vice-Governador, Deputado Federal, Senador da República, Deputados Estadual e Distrital, e, no Juízo Eleitoral, na hipótese de candidato a Prefeito, Vice-Prefeito e Vereador."

"Art. 37. (..)

§ 2º Em bens particulares, independe de obtenção de licença municipal e de autorização da Justiça Eleitoral a veiculação de propaganda eleitoral por meio da fixação de faixas, placas, cartazes, pinturas ou inscrições, desde que não excedam a 4m² (quatro metros quadrados) e que não contrariem a legislação eleitoral, sujeitando-se o infrator às penalidades previstas no § 1º.

§ 4º Bens de uso comum, para fins eleitorais, são os assim definidos pela Lei nº 10.406, de 10 de janeiro de 2002 – Código Civil e também aqueles a que a população em geral tem acesso, tais como cinemas, clubes, lojas, centros comerciais, templos, ginásios, estádios, ainda que de propriedade privada.

§ 5º Nas árvores e nos jardins localizados em áreas públicas, bem como em muros, cercas e tapumes divisórios, não é permitida a colocação de propaganda eleitoral de qualquer natureza, mesmo que não lhes cause dano.

§ 6º É permitida a colocação de cavaletes, bonecos, cartazes, mesas para distribuição de material de campanha e bandeiras ao longo das vias públicas, desde que móveis e que não dificultem o bom andamento do trânsito de pessoas e veículos.

§ 7º A mobilidade referida no § 6º estará caracterizada com a colocação e a retirada dos meios de propaganda entre as seis horas e as vinte e duas horas.

§ 8º A veiculação de propaganda eleitoral em bens particulares deve ser espontânea e gratuita, sendo vedado qualquer tipo de pagamento em troca de espaço para esta finalidade." (NR)

"Art. 38. (..)

§ 1º Todo material impresso de campanha eleitoral deverá conter o número de inscrição no Cadastro Nacional da Pessoa Jurídica – CNPJ ou o número de inscrição no Cadastro de Pessoas Físicas – CPF do responsável pela confecção, bem como de quem a contratou, e a respectiva tiragem.

§ 2º Quando o material impresso veicular propaganda conjunta de diversos candidatos, os gastos relativos a cada um deles deverão constar na respectiva prestação de contas, ou apenas naquela relativa ao que houver arcado com os custos." (NR)

Art. 3º

"Art. 39. (..)

§ 5º (..)

III. a divulgação de qualquer espécie de propaganda de partidos políticos ou de seus candidatos.

§ 9º Até as vinte e duas horas do dia que antecede a eleição, serão permitidos distribuição de material gráfico, caminhada, carreata, passeata ou carro de som que transite pela cidade divulgando jingles ou mensagens de candidatos.

§ 10 Fica vedada a utilização de trios elétricos em campanhas eleitorais, exceto para a sonorização de comícios."

"Art. 41. A propaganda exercida nos termos da legislação eleitoral não poderá ser objeto de multa nem cerceada sob alegação do exercício do poder de polícia ou de violação de postura municipal, casos em que se deve proceder na forma prevista no art. 40.

§ 1º O poder de polícia sobre a propaganda eleitoral será exercido pelos juízes eleitorais e pelos juízes designados pelos Tribunais Regionais Eleitorais.

§ 2º O poder de polícia se restringe às providências necessárias para inibir práticas ilegais, vedada a censura prévia sobre o teor dos programas a serem exibidos na televisão, no rádio ou na internet."

"Art. 41-A (..)

§ 1º Para a caracterização da conduta ilícita, é desnecessário o pedido explícito de votos, bastando a evidência do dolo, consistente no especial fim de agir.

§ 2º As sanções previstas no *caput* aplicam-se contra quem praticar atos de violência ou grave ameaça a pessoa, com o fim de obter-lhe o voto.

§ 3º A representação contra as condutas vedadas no *caput* poderá ser ajuizada até a data da diplomação.

§ 4º O prazo de recurso contra decisões proferidas com base neste artigo será de 3 (três) dias, a contar da data da publicação do julgamento no Diário Oficial."

"Art. 43. São permitidas, até a antevéspera das eleições, a divulgação paga, na imprensa escrita, e a reprodução na internet do jornal impresso, de até 10 (dez) anúncios de propaganda eleitoral, por veículo, em datas diversas, para cada candidato, no espaço máximo, por edição, de 1/8 (um oitavo) de página de jornal padrão e de 1/4 (um quarto) de página de revista ou tabloide.

§ 1º Deverá constar do anúncio, de forma visível, o valor pago pela inserção.

§ 2º A inobservância do disposto neste artigo sujeita os responsáveis pelos veículos de divulgação e os partidos, coligações ou candidatos beneficiados a multa no valor de R$ 1.000,00 (mil reais) a R$ 10.000,00 (dez mil reais) ou equivalente ao da divulgação da propaganda paga, se este for maior."

"Art. 44. (..)

§ 1º A propaganda eleitoral gratuita na televisão deverá utilizar a Linguagem Brasileira de Sinais – LIBRAS ou o recurso de legenda, que deverão constar obrigatoriamente do material entregue às emissoras.

§ 2º No horário reservado para a propaganda eleitoral, não se permitirá utilização comercial ou propaganda realizada com a intenção, ainda que disfarçada ou subliminar, de promover marca ou produto.

§ 3º Será punida, nos termos do § 1º do art. 37, a emissora que, não autorizada a funcionar pelo poder competente, veicular propaganda eleitoral."

"Art. 45. (..)

§ 3º (*Revogado*).

§ 4º Entende-se por trucagem todo e qualquer efeito realizado em áudio ou vídeo que degradar ou ridicularizar candidato, partido político ou coligação, ou que desvirtuar a realidade e beneficiar ou prejudicar qualquer candidato, partido político ou coligação.

§ 5º Entende-se por montagem toda e qualquer junção de registros de áudio ou vídeo que degradar ou ridicularizar candidato, partido político ou coligação, ou que desvirtuar a realidade e beneficiar ou prejudicar qualquer candidato, partido político ou coligação.

§ 6º É permitido ao partido político utilizar na propaganda eleitoral de seus candidatos em âmbito regional, inclusive no horário eleitoral gratuito, a imagem e a voz de candidato ou militante de partido político que integre a sua coligação em âmbito nacional."

"Art. 46. (..)

§ 4º O debate será realizado segundo as regras estabelecidas em acordo celebrado entre os partidos políticos e a pessoa jurídica interessada na realização do evento, dando-se ciência à Justiça Eleitoral.

§ 5º Para os debates que se realizarem no primeiro turno das eleições, serão consideradas aprovadas as regras que obtiverem a concordância de pelo menos 2/3 (dois terços) dos candidatos aptos no caso de eleição majoritária, e de pelo menos 2/3 (dois terços) dos partidos ou coligações com candidatos aptos, no caso de eleição proporcional."

"Art. 47. (..)

§ 1º (..)

III (..)

a) das sete horas às sete horas e vinte minutos e das doze horas às doze horas e vinte minutos, no rádio, nos anos em que a renovação do Senado Federal se der por 1/3 (um terço);

b) das treze horas às treze horas e vinte minutos e das vinte horas e trinta minutos às vinte horas e cinquenta minutos, na televisão, nos anos em que a renovação do Senado Federal se der por 1/3 (um terço);

c) das sete horas às sete horas e dezoito minutos e das doze horas às doze horas e dezoito minutos, no rádio, nos anos em que a renovação do Senado Federal se der por 2/3 (dois terços);

d) das treze horas às treze horas e dezoito minutos e das vinte horas e trinta minutos às vinte horas e quarenta e oito minutos, na televisão, nos anos em que a renovação do Senado Federal se der por 2/3 (dois terços);

IV (..)

a) das sete horas e vinte minutos às sete horas e quarenta minutos e das doze horas e vinte minutos às doze horas e quarenta minutos, no rádio, nos anos em que a renovação do Senado Federal se der por 1/3 (um terço);

b) das treze horas e vinte minutos às treze horas e quarenta minutos e das vinte horas e cinquenta minutos às vinte e uma horas e dez minutos, na televisão, nos anos em que a renovação do Senado Federal se der por 1/3 (um terço);

c) das sete horas e dezoito minutos às sete horas e trinta e cinco minutos e das doze horas e dezoito minutos às doze horas e trinta e cinco minutos, no rádio, nos anos em que a renovação do Senado Federal se der por 2/3 (dois terços);

d) das treze horas e dezoito minutos às treze horas e trinta e cinco minutos e das vinte horas e quarenta e oito minutos às vinte e uma horas e cinco minutos, na televisão, nos anos em que a renovação do Senado Federal se der por 2/3 (dois terços);

V (..)

a) das sete horas e quarenta minutos às sete horas e cinquenta minutos e das doze horas e quarenta minutos às doze horas e cinquenta minutos, no rádio, nos anos em que a renovação do Senado Federal se der por 1/3 (um terço);

b) das treze horas e quarenta minutos às treze horas e cinquenta minutos e das vinte e uma horas e dez minutos às vinte e uma horas e vinte minutos, na televisão, nos anos em que a renovação do Senado Federal se der por 1/3 (um terço);

c) das sete horas e trinta e cinco minutos às sete horas e cinquenta minutos e das doze horas e trinta e cinco minutos às doze horas e cinquenta minutos, no rádio, nos anos em que a renovação do Senado Federal se der por 2/3 (dois terços);

d) das treze horas e trinta e cinco minutos às treze horas e cinquenta minutos e das vinte e uma horas e cinco minutos às vinte e uma horas e vinte minutos, na televisão, nos anos em que a renovação do Senado Federal se der por 2/3 (dois terços);

(..)"

"Art. 48. Nas eleições para Prefeitos e Vereadores, nos Municípios em que não haja emissora de rádio e televisão, a Justiça Eleitoral garantirá aos Partidos Políticos participantes do pleito a veiculação de propaganda eleitoral gratuita nas localidades aptas à realização de segundo turno de eleições e nas quais seja operacionalmente viável realizar a retransmissão.

§ 1º A Justiça Eleitoral regulamentará o disposto neste artigo, de forma que o número máximo de Municípios a serem atendidos seja igual ao de emissoras geradoras disponíveis.

(..)"

"Art. 58. (..)

§ 3º (..)

IV. em propaganda eleitoral na internet:

a) deferido o pedido, a divulgação da resposta dar-se-á no mesmo veículo, espaço, local, horário, página eletrônica, tamanho, caracteres e outros elementos de realce usados na ofensa, em até quarenta e oito horas após a entrega da mídia física com a resposta do ofendido;

b) a resposta ficará disponível para acesso pelos usuários do serviço de internet por tempo não inferior ao dobro em que esteve disponível a mensagem considerada ofensiva;

c) os custos de veiculação da resposta correrão por conta do responsável pela propaganda original.

(..)"

"Art. 73. (..)

§ 5º Nos casos de descumprimento do disposto nos incisos do *caput* e no § 10, sem prejuízo do disposto no § 4º, o candidato beneficiado, agente público ou não, ficará sujeito à cassação do registro ou do diploma.

(..)

§ 11 Nos anos eleitorais, os programas sociais de que trata o § 10 não poderão ser executados por entidade nominalmente vinculada a candidato ou por esse mantida.

§ 12 A representação contra a não observância do disposto neste artigo observará o rito do art. 22 da Lei Complementar nº 64, de 18 de maio de 1990, e poderá ser ajuizada até a data da diplomação.

§ 13 O prazo de recurso contra decisões proferidas com base neste artigo será de 3 (três) dias, a contar da data da publicação do julgamento no Diário Oficial." (NR)

"Art. 74. Configura abuso de autoridade, para os fins do disposto no art. 22 da Lei Complementar nº 64, de 18 de maio de 1990, a infringência do disposto no § 1º do art. 37 da Constituição Federal, ficando o responsável, se candidato, sujeito ao cancelamento do registro ou do diploma."

"Art. 75. (..)

Parágrafo único. Nos casos de descumprimento do disposto neste artigo, sem prejuízo da suspensão imediata da conduta, o candidato beneficiado, agente público ou não, ficará sujeito à cassação do registro ou do diploma."

"Art. 77. É proibido a qualquer candidato comparecer, nos 3 (três) meses que precedem o pleito, a inaugurações de obras públicas.

Parágrafo único. A inobservância do disposto neste artigo sujeita o infrator à cassação do registro ou do diploma."

"Art. 81. (..)

§ 4º As representações propostas objetivando a aplicação das sanções previstas nos §§ 2º e 3º observarão o rito previsto no art. 22 da Lei Complementar nº 64, de 18 de maio de 1990, e o prazo de recurso contra as decisões proferidas com base neste artigo será de 3 (três) dias, a contar da data da publicação do julgamento no Diário Oficial."

"Art. 97. (..)

§ 1º É obrigatório, para os membros dos Tribunais Eleitorais e do Ministério Público, fiscalizar o cumprimento desta Lei pelos juízes e promotores eleitorais das instâncias inferiores, determinando, quando for o caso, a abertura de procedimento disciplinar para apuração de eventuais irregularidades que verificarem.

§ 2º No caso de descumprimento das disposições desta Lei por Tribunal Regional Eleitoral, a representação poderá ser feita ao Tribunal Superior Eleitoral, observado o disposto neste artigo." (NR)

"Art. 99. (..)

§ 1º O direito à compensação fiscal das emissoras de rádio e televisão previsto no parágrafo único do art. 52 da Lei nº 9.096, de 19 de setembro de 1995, e neste artigo, pela cedência do horário gratuito destinado à divulgação das propagandas partidárias e eleitoral, estende-se à veiculação de propaganda gratuita de plebiscitos e

Art. 3º

referendos de que dispõe o art. 8º da Lei nº 9.709, de 18 de novembro de 1998, mantido também, a esse efeito, o entendimento de que:

I. *(Vetado)*;

II. o valor apurado na forma do inciso I poderá ser deduzido do lucro líquido para efeito de determinação do lucro real, na apuração do Imposto sobre a Renda da Pessoa Jurídica – IRPJ, inclusive da base de cálculo dos recolhimentos mensais previstos na legislação fiscal (art. 2º da Lei nº 9.430, de 27 de dezembro de 1996), bem como da base de cálculo do lucro presumido.

§ 2º *(Vetado)*

§ 3º No caso de microempresas e empresas de pequeno porte optantes pelo Regime Especial Unificado de Arrecadação de Tributos e Contribuições (Simples Nacional), o valor integral da compensação fiscal apurado na forma do inciso I do § 1º será deduzido da base de cálculo de imposto e contribuições federais devidos pela emissora, seguindo os critérios definidos pelo Comitê Gestor do Simples Nacional – CGSN."

"Art. 105. Até o dia 5 de março do ano da eleição, o Tribunal Superior Eleitoral, atendendo ao caráter regulamentar e sem restringir direitos ou estabelecer sanções distintas das previstas nesta Lei, poderá expedir todas as instruções necessárias para sua fiel execução, ouvidos, previamente, em audiência pública, os delegados ou representantes dos partidos políticos.

(..)

§ 3º Serão aplicáveis ao pleito eleitoral imediatamente seguinte apenas as resoluções publicadas até a data referida no *caput*." (NR)

Art. 4º. A Lei nº 9.504, de 30 de setembro de 1997, passa a vigorar acrescida dos seguintes artigos:

"Art. 16-A. O candidato cujo registro esteja sub judice poderá efetuar todos os atos relativos à campanha eleitoral, inclusive utilizar o horário eleitoral gratuito no rádio e na televisão e ter seu nome mantido na urna eletrônica enquanto estiver sob essa condição, ficando a validade dos votos a ele atribuídos condicionada ao deferimento de seu registro por instância superior.

Parágrafo único. O cômputo, para o respectivo partido ou coligação, dos votos atribuídos ao candidato cujo registro esteja sub judice no dia da eleição fica condicionado ao deferimento do registro do candidato."

"Art. 22-A. Candidatos e Comitês Financeiros estão obrigados à inscrição no Cadastro Nacional da Pessoa Jurídica – CNPJ.

§ 1º Após o recebimento do pedido de registro da candidatura, a Justiça Eleitoral deverá fornecer em até 3 (três) dias úteis, o número de registro de CNPJ.

§ 2º Cumprido o disposto no § 1º deste artigo e no § 1º do art. 22, ficam os candidatos e comitês financeiros autorizados a promover a arrecadação de recursos financeiros e a realizar as despesas necessárias à campanha eleitoral."

"Art. 36-A. Não será considerada propaganda eleitoral antecipada:

I. a participação de filiados a partidos políticos ou de pré-candidatos em entrevistas, programas, encontros ou debates no rádio, na televisão e na internet, inclusive com a exposição de plataformas e projetos políticos, desde que não haja pedido de votos, observado pelas emissoras de rádio e de televisão o dever de conferir tratamento isonômico;

II. a realização de encontros, seminários ou congressos, em ambiente fechado e a expensas dos partidos políticos, para tratar da organização dos processos eleitorais, planos de governos ou alianças partidárias visando às eleições;

III. a realização de prévias partidárias e sua divulgação pelos instrumentos de comunicação intrapartidária; ou

IV. a divulgação de atos de parlamentares e debates legislativos, desde que não se mencione a possível candidatura, ou se faça pedido de votos ou de apoio eleitoral."

"Art. 39-A. É permitida, no dia das eleições, a manifestação individual e silenciosa da preferência do eleitor por partido político, coligação ou candidato, revelada exclusivamente pelo uso de bandeiras, broches, dísticos e adesivos.

§ 1º É vedada, no dia do pleito, até o término do horário de votação, a aglomeração de pessoas portando vestuário padronizado, bem como os instrumentos de propaganda referidos no *caput*, de modo a caracterizar manifestação coletiva, com ou sem utilização de veículos.

§ 2º No recinto das seções eleitorais e juntas apuradoras, é proibido aos servidores da Justiça Eleitoral, aos mesários e aos escrutinadores o uso de vestuário ou objeto que contenha qualquer propaganda de partido político, de coligação ou de candidato.

§ 3º Aos fiscais partidários, nos trabalhos de votação, só é permitido que, em seus crachás, constem o nome e a sigla do partido político ou coligação a que sirvam, vedada a padronização do vestuário.

§ 4º No dia do pleito, serão afixadas cópias deste artigo em lugares visíveis nas partes interna e externa das seções eleitorais."

"Art. 40-B. A representação relativa à propaganda irregular deve ser instruída com prova da autoria ou do prévio conhecimento do beneficiário, caso este não seja por ela responsável.

Parágrafo único. A responsabilidade do candidato estará demonstrada se este, intimado da existência da propaganda irregular, não providenciar, no prazo de quarenta e oito horas, sua retirada ou regularização e, ainda, se as circunstâncias e as peculiaridades do caso específico revelarem a impossibilidade de o beneficiário não ter tido conhecimento da propaganda."

"Art. 53-A. É vedado aos partidos políticos e às coligações incluir no horário destinado aos candidatos às eleições proporcionais propaganda das candidaturas a eleições majoritárias, ou vice-versa, ressalvada a utilização, durante a exibição do programa, de legendas com referência aos candidatos majoritários, ou, ao fundo, de cartazes ou fotografias desses candidatos.

§ 1º É facultada a inserção de depoimento de candidatos a eleições proporcionais no horário da propaganda das candidaturas majoritárias e vice-versa, registrados sob o mesmo partido ou coligação, desde que o depoimento consista exclusivamente em pedido de voto ao candidato que cedeu o tempo.

§ 2º Fica vedada a utilização da propaganda de candidaturas proporcionais como propaganda de candidaturas majoritárias e vice-versa.

§ 3º O partido político ou a coligação que não observar a regra contida neste artigo perderá, em seu horário de propaganda gratuita, tempo equivalente no horário reservado à propaganda da eleição disputada pelo candidato beneficiado."

"Art. 57-A. É permitida a propaganda eleitoral na internet, nos termos desta Lei, após o dia 5 de julho do ano da eleição."

"Art. 57-B. A propaganda eleitoral na internet poderá ser realizada nas seguintes formas:

I. em sítio do candidato, com endereço eletrônico comunicado à Justiça Eleitoral e hospedado, direta ou indiretamente, em provedor de serviço de internet estabelecido no País;

II. em sítio do partido ou da coligação, com endereço eletrônico comunicado à Justiça Eleitoral e hospedado, direta ou indiretamente, em provedor de serviço de internet estabelecido no País;

III. por meio de mensagem eletrônica para endereços cadastrados gratuitamente pelo candidato, partido ou coligação;

IV. por meio de *blogs*, redes sociais, sítios de mensagens instantâneas e assemelhados, cujo conteúdo seja gerado ou editado por candidatos, partidos ou coligações ou de iniciativa de qualquer pessoa natural."

"Art. 57-C. Na internet, é vedada a veiculação de qualquer tipo de propaganda eleitoral paga.

§ 1º É vedada, ainda que gratuitamente, a veiculação de propaganda eleitoral na internet, em sítios:

I. de pessoas jurídicas, com ou sem fins lucrativos;

II. oficiais ou hospedados por órgãos ou entidades da administração pública direta ou indireta da União, dos Estados, do Distrito Federal e dos Municípios.

§ 2º A violação do disposto neste artigo sujeita o responsável pela divulgação da propaganda e, quando comprovado seu prévio conhecimento, o beneficiário à multa no valor de R$ 5.000,00 (cinco mil reais) a R$ 30.000,00 (trinta mil reais)."

"Art. 57-D. É livre a manifestação do pensamento, vedado o anonimato durante a campanha eleitoral, por meio da rede mundial de computadores – internet, assegurado o direito de resposta, nos termos das alíneas a, b e c do inciso IV do § 3º do art. 58 e do 58-A, e por outros meios de comunicação interpessoal mediante mensagem eletrônica.

§ 1º *(Vetado)*

§ 2º A violação do disposto neste artigo sujeitará o responsável pela divulgação da propaganda e, quando comprovado seu prévio conhecimento, o beneficiário à multa no valor de R$ 5.000,00 (cinco mil reais) a R$ 30.000,00 (trinta mil reais)."

"Art. 57-E. São vedadas às pessoas relacionadas no art. 24 a utilização, doação ou cessão de cadastro eletrônico de seus clientes, em favor de candidatos, partidos ou coligações.

§ 1º É proibida a venda de cadastro de endereços eletrônicos.

§ 2º A violação do disposto neste artigo sujeita o responsável pela divulgação da propaganda e, quando comprovado seu prévio conhecimento, o beneficiário à multa no valor de R$ 5.000,00 (cinco mil reais) a R$ 30.000,00 (trinta mil reais)."

"Art. 57-F. Aplicam-se ao provedor de conteúdo e de serviços multimídia que hospeda a divulgação da propaganda eleitoral de candidato, de partido ou de coligação as penalidades previstas nesta Lei, se, no prazo determinado pela Justiça Eleitoral, contado a partir da notificação de decisão sobre a existência de propaganda irregular, não tomar providências para a cessação dessa divulgação.

Parágrafo único. O provedor de conteúdo ou de serviços multimídia só será considerado responsável pela divulgação da propaganda se a publicação do material for comprovadamente de seu prévio conhecimento."

"Art. 57-G. As mensagens eletrônicas enviadas por candidato, partido ou coligação, por qualquer meio, deverão dispor de mecanismo que permita seu descadastramento pelo destinatário, obrigado o remetente a providenciá-lo no prazo de quarenta e oito horas.

Parágrafo único. Mensagens eletrônicas enviadas após o término do prazo previsto no *caput* sujeitam os responsáveis ao pagamento de multa no valor de R$ 100,00 (cem reais), por mensagem."

"Art. 57-H. Sem prejuízo das demais sanções legais cabíveis, será punido, com multa de R$ 5.000,00 (cinco mil reais) a R$ 30.000,00 (trinta mil reais), quem realizar propaganda eleitoral na internet, atribuindo indevidamente sua autoria a terceiro, inclusive a candidato, partido ou coligação."

"Art. 57-I. A requerimento de candidato, partido ou coligação, observado o rito previsto no art. 96, a Justiça Eleitoral poderá determinar a suspensão, por vinte e quatro horas, do acesso a todo conteúdo informativo dos sítios da internet que deixarem de cumprir as disposições desta Lei.

§ 1º A cada reiteração de conduta, será duplicado o período de suspensão.

§ 2º No período de suspensão a que se refere este artigo, a empresa informará, a todos os usuários que tentarem acessar seus serviços, que se encontra temporariamente inoperante por desobediência à legislação eleitoral."

"Art. 58-A. Os pedidos de direito de resposta e as representações por propaganda eleitoral irregular em rádio, televisão e internet tramitarão preferencialmente em relação aos demais processos em curso na Justiça Eleitoral."

Art. 4º

"Art. 91-A. No momento da votação, além da exibição do respectivo título, o eleitor deverá apresentar documento de identificação com fotografia.

Parágrafo único. Fica vedado portar aparelho de telefonia celular, máquinas fotográficas e filmadoras, dentro da cabina de votação."

"Art. 96-A. Durante o período eleitoral, as intimações via *fac-símile* encaminhadas pela Justiça Eleitoral a candidato deverão ser exclusivamente realizadas na linha telefônica por ele previamente cadastrada, por ocasião do preenchimento do requerimento de registro de candidatura.

Parágrafo único. O prazo de cumprimento da determinação prevista no *caput* é de quarenta e oito horas, a contar do recebimento do *fac-símile*."

"Art. 97-A. Nos termos do inciso LXXVIII do art. 5º da Constituição Federal, considera-se duração razoável do processo que possa resultar em perda de mandato eletivo o período máximo de 1 (um) ano, contado da sua apresentação à Justiça Eleitoral.

§ 1º A duração do processo de que trata o *caput* abrange a tramitação em todas as instâncias da Justiça Eleitoral.

§ 2º Vencido o prazo de que trata o *caput*, será aplicável o disposto no art. 97, sem prejuízo de representação ao Conselho Nacional de Justiça."

"Art. 105-A. Em matéria eleitoral, não são aplicáveis os procedimentos previstos na Lei nº 7.347, de 24 de julho de 1985."

Art. 5º. Fica criado, a partir das eleições de 2014, inclusive, o voto impresso conferido pelo eleitor, garantido o total sigilo do voto e observadas as seguintes regras:

§ 1º A máquina de votar exibirá para o eleitor, primeiramente, as telas referentes às eleições proporcionais; em seguida, as referentes às eleições majoritárias; finalmente, o voto completo para conferência visual do eleitor e confirmação final do voto.

§ 2º Após a confirmação final do voto pelo eleitor, a urna eletrônica imprimirá um número único de identificação do voto associado à sua própria assinatura digital.

§ 3º O voto deverá ser depositado de forma automática, sem contato manual do eleitor, em local previamente lacrado.

§ 4º Após o fim da votação, a Justiça Eleitoral realizará, em audiência pública, auditoria independente do software mediante o sorteio de 2% (dois por cento) das urnas eletrônicas de cada Zona Eleitoral, respeitado o limite mínimo de 3 (três) máquinas por município, que deverão ter seus votos em papel contados e comparados com os resultados apresentados pelo respectivo boletim de urna.

§ 5º É permitido o uso de identificação do eleitor por sua biometria ou pela digitação do seu nome ou número de eleitor, desde que a máquina de identificar não tenha nenhuma conexão com a urna eletrônica.

Art. 6º. A Lei nº 4.737, de 15 de julho de 1965 – Código Eleitoral, passa a vigorar acrescida do seguinte art. 233-A:

"Art. 233-A. Aos eleitores em trânsito no território nacional é igualmente assegurado o direito de voto nas eleições para Presidente e Vice-Presidente da República, em urnas especialmente instaladas nas capitais dos Estados e na forma regulamentada pelo Tribunal Superior Eleitoral."

Art. 7º. Não se aplica a vedação constante do parágrafo único do art. 240 da Lei nº 4.737, de 15 de julho de 1965 – Código Eleitoral, à propaganda eleitoral veiculada gratuitamente na internet, no sítio eleitoral, blog, sítio interativo ou social, ou outros meios eletrônicos de comunicação do candidato, ou no sítio do partido ou coligação, nas formas previstas no art. 57-B da Lei nº 9.504, de 30 de setembro de 1997.

Art. 8º. Esta Lei entra em vigor na data de sua publicação.

Art. 9º. Fica revogado o § 3º do art. 45 da Lei nº 9.504, de 30 de setembro de 1997.

Brasília, 29 de setembro de 2009; 188º da Independência e 121º da República.

Luiz Inácio Lula da Silva
Tarso Genro
Guido Mantega
Franklin Martins

Lei Nº 12.875, de 30 de outubro de 2013

> *Altera as Leis nºs 9.096, de 19 de setembro de 1995, e 9.504, de 30 de setembro de 1997, nos termos que especifica.*

A PRESIDENTA DA REPÚBLICA, Faço saber que o Congresso Nacional decreta e eu sanciono a seguinte Lei:

Art. 1º. A Lei nº 9.096, de 19 de setembro de 1995, passa a vigorar com as seguintes alterações:

» *Vide CTA 84.742 do TSE.*

"Art. 29. (..)

(..)

§ 6º Havendo fusão ou incorporação, devem ser somados exclusivamente os votos dos partidos fundidos ou incorporados obtidos na última eleição geral para a Câmara dos Deputados, para efeito da distribuição dos recursos do Fundo Partidário e do acesso gratuito ao rádio e à televisão.

(..)" (NR)

"Art. 41-A. Do total do Fundo Partidário:

I – 5% (cinco por cento) serão destacados para entrega, em partes iguais, a todos os partidos que tenham seus estatutos registrados no Tribunal Superior Eleitoral; e

II – 95% (noventa e cinco por cento) serão distribuídos aos partidos na proporção dos votos obtidos na última eleição geral para a Câmara dos Deputados.

Parágrafo único. Para efeito do disposto no inciso II, serão desconsideradas as mudanças de filiação partidária, em quaisquer hipóteses, ressalvado o disposto no § 6º do art. 29." (NR)

Art. 2º. O art. 47 da Lei nº 9.504, de 30 de setembro de 1997, passa a vigorar com as seguintes alterações:

"Art. 47 (..)
(..)
§ 2º Os horários reservados à propaganda de cada eleição, nos termos do § 1º, serão distribuídos entre todos os partidos e coligações que tenham candidato, observados os seguintes critérios:

I – 2/3 (dois terços) distribuídos proporcionalmente ao número de representantes na Câmara dos Deputados, considerado, no caso de coligação, o resultado da soma do número de representantes de todos os partidos que a integram;

II – do restante, 1/3 (um terço) distribuído igualitariamente e 2/3 (dois terços) proporcionalmente ao número de representantes eleitos no pleito imediatamente anterior para a Câmara dos Deputados, considerado, no caso de coligação, o resultado da soma do número de representantes de todos os partidos que a integram.

(..)

§ 7º Para efeito do disposto no § 2º, serão desconsideradas as mudanças de filiação partidária, em quaisquer hipóteses, ressalvado o disposto no § 6º do art. 29 da Lei nº 9.096, de 19 de setembro de 1995." (NR)

Art. 3º. Esta Lei entra em vigor na data de sua publicação.

Brasília, 30 de outubro de 2013; 192º da Independência e 125º da República.

Dilma Rousseff
José Eduardo Cardozo

Lei nº 12.891, de 11 dezembro de 2013

> *Altera as Leis nºs 4.737, de 15 de julho de 1965, 9.096, de 19 de setembro de 1995, e 9.504, de 30 de setembro de 1997, para diminuir o custo das campanhas eleitorais, e revoga dispositivos das Leis nºs 4.737, de 15 de julho de 1965, e 9.504, de 30 de setembro de 1997.*

A PRESIDENTA DA REPÚBLICA, Faço saber que o Congresso Nacional decreta e eu sanciono a seguinte Lei:

Art. 1º. A Lei nº 4.737, de 15 de julho de 1965, passa a vigorar com as seguintes alterações:

"Art. 241. (..)
Parágrafo único. A solidariedade prevista neste artigo é restrita aos candidatos e aos respectivos partidos, não alcançando outros partidos, mesmo quando integrantes de uma mesma coligação." (NR)

"Art. 262. O recurso contra expedição de diploma caberá somente nos casos de inelegibilidade superveniente ou de natureza constitucional e de falta de condição de elegibilidade.

I. (revogado);
II. (revogado);
III. (revogado);
IV. (revogado)." (NR)

Art. 2º. A Lei nº 9.096, de 19 de setembro de 1995, passa a vigorar com as seguintes alterações:

"Art. 3º (..)
Parágrafo único. É assegurada aos candidatos, partidos políticos e coligações autonomia para definir o cronograma das atividades eleitorais de campanha e executá-lo em qualquer dia e horário, observados os limites estabelecidos em lei." (NR)

"Art. 15-A. (..)
Parágrafo único. O órgão nacional do partido político, quando responsável, somente poderá ser demandado judicialmente na circunscrição especial judiciária da sua sede, inclusive nas ações de natureza cível ou trabalhista." (NR)

"Art. 22. (..)
(..)
V. filiação a outro partido, desde que a pessoa comunique o fato ao juiz da respectiva Zona Eleitoral.

Parágrafo único. Havendo coexistência de filiações partidárias, prevalecerá a mais recente, devendo a Justiça Eleitoral determinar o cancelamento das demais." (NR)

"Art. 34. (..)
(..)
§ 1º A fiscalização de que trata o *caput* tem por escopo identificar a origem das receitas e a destinação das despesas com as atividades partidárias e eleitorais, mediante o exame formal dos documentos contábeis e fiscais apresentados pelos partidos políticos, comitês e candidatos, sendo vedada a análise das atividades político--partidárias ou qualquer interferência em sua autonomia.

§ 2º Para efetuar os exames necessários ao atendimento do disposto no *caput*, a Justiça Eleitoral pode requisitar técnicos do Tribunal de Contas da União ou dos Estados, pelo tempo que for necessário." (NR)

"Art. 37. (..)
(..)
§ 7º *(Vetado)*.
§ 8º *(Vetado)*.

"Art. 44. (..)
(..)
§ 3º Os recursos de que trata este artigo não estão sujeitos ao regime da Lei nº 8.666, de 21 de junho de 1993, tendo os partidos políticos autonomia para contratar e realizar despesas.

(..)

§ 6º No exercício financeiro em que a fundação ou instituto de pesquisa não despender a totalidade dos recursos que lhe forem assinalados, a eventual sobra poderá ser revertida para outras atividades partidárias, conforme previstas no *caput* deste artigo." (NR)

"Art. 46. (..)
(..)

Art. 2º

§ 5º O material de áudio e vídeo com os programas em bloco ou as inserções será entregue às emissoras com antecedência mínima de 12 (doze) horas da transmissão, podendo as inserções de rádio ser enviadas por meio de correspondência eletrônica.

(..)

§ 8º É vedada a veiculação de inserções idênticas no mesmo intervalo de programação, exceto se o número de inserções de que dispuser o partido exceder os intervalos disponíveis, sendo vedada a transmissão em sequência para o mesmo partido político." (NR)

Art. 3º. A Lei nº 9.504, de 30 de setembro de 1997, passa a vigorar com as seguintes alterações:

"Art. 6º (..)

(..)

§ 5º A responsabilidade pelo pagamento de multas decorrentes de propaganda eleitoral é solidária entre os candidatos e os respectivos partidos, não alcançando outros partidos mesmo quando integrantes de uma mesma coligação." (NR)

"Art. 8º A escolha dos candidatos pelos partidos e a deliberação sobre coligações deverão ser feitas no período de 12 a 30 de junho do ano em que se realizarem as eleições, lavrando-se a respectiva ata em livro aberto, rubricado pela Justiça Eleitoral, publicada em 24 (vinte e quatro) horas em qualquer meio de comunicação.

(..) " (NR)

"Art. 11. (..)

(..)

§ 8º (..)

(..)

III. o parcelamento das multas eleitorais é direito do cidadão, seja ele eleitor ou candidato, e dos partidos políticos, podendo ser parceladas em até 60 (sessenta) meses, desde que não ultrapasse o limite de 10% (dez por cento) de sua renda.

(..)

§ 13. Fica dispensada a apresentação pelo partido, coligação ou candidato de documentos produzidos a partir de informações detidas pela Justiça Eleitoral, entre eles os indicados nos incisos III, V e VI do § 1º deste artigo." (NR)

"Art. 13. (..)

(..)

§ 3º Tanto nas eleições majoritárias como nas proporcionais, a substituição só se efetivará se o novo pedido for apresentado até 20 (vinte) dias antes do pleito, exceto em caso de falecimento de candidato, quando a substituição poderá ser efetivada após esse prazo." (NR)

"Art. 16-B. O disposto no art. 16-A quanto ao direito de participar da campanha eleitoral, inclusive utilizar o horário eleitoral gratuito, aplica-se igualmente ao candidato cujo pedido de registro tenha sido protocolado no prazo legal e ainda não tenha sido apreciado pela Justiça Eleitoral."

"Art. 22. (..)

§ 1º Os bancos são obrigados a:

I. acatar, em até 3 (três) dias, o pedido de abertura de conta de qualquer comitê financeiro ou candidato escolhido em convenção, sendo-lhes vedado condicioná-la a depósito mínimo e a cobrança de taxas ou a outras despesas de manutenção;

II. identificar, nos extratos bancários das contas correntes a que se refere o *caput*, o CPF ou o CNPJ do doador.

(..) " (NR)

"Art. 23. (..)

(..)

§ 2º As doações estimáveis em dinheiro a candidato específico, comitê ou partido deverão ser feitas mediante recibo, assinado pelo doador, exceto na hipótese prevista no § 6º do art. 28.

(..) " (NR)

"Art. 24. (..)

(..)

Parágrafo único. *(Vetado)*." (NR)

"Art. 26. (..)

I. confecção de material impresso de qualquer natureza e tamanho, observado o disposto no § 3º do art. 38 desta Lei;

(..)

XIV. *(revogado)*;

(..)

Parágrafo único. São estabelecidos os seguintes limites com relação ao total do gasto da campanha:

I – alimentação do pessoal que presta serviços às candidaturas ou aos comitês eleitorais: 10% (dez por cento);

II – aluguel de veículos automotores: 20% (vinte por cento)." (NR)

"Art. 28. (..)

(..)

§ 4º Os partidos políticos, as coligações e os candidatos são obrigados, durante a campanha eleitoral, a divulgar, pela rede mundial de computadores (internet), nos dias 8 de agosto e 8 de setembro, relatório discriminando os recursos em dinheiro ou estimáveis em dinheiro que tenham recebido para financiamento da campanha eleitoral e os gastos que realizarem, em sítio criado pela Justiça Eleitoral para esse fim, exigindo-se a indicação dos nomes dos doadores e os respectivos valores doados somente na prestação de contas final de que tratam os incisos III e IV do art. 29 desta Lei.

§ 5º *(Vetado)*.

§ 6º Ficam também dispensadas de comprovação na prestação de contas:

I. a cessão de bens móveis, limitada ao valor de R$ 4.000,00 (quatro mil reais) por pessoa cedente;

II. doações estimáveis em dinheiro entre candidatos, partidos ou comitês financeiros, decorrentes do uso comum tanto de sedes quanto de materiais de propaganda eleitoral, cujo gasto deverá ser registrado na prestação de contas do responsável pelo pagamento da despesa." (NR)

"Art. 31. Se, ao final da campanha, ocorrer sobra de recursos financeiros, esta deve ser declarada na prestação de contas e, após julgados todos os recursos, transferida ao partido, obedecendo aos seguintes critérios:

I. no caso de candidato a Prefeito, Vice-Prefeito e Vereador, esses recursos deverão ser transferidos para o órgão diretivo municipal do partido na cidade onde ocorreu a eleição, o qual será responsável exclusivo pela identificação desses recursos, sua utilização, contabilização e respectiva prestação de contas perante o juízo eleitoral correspondente;

II. no caso de candidato a Governador, Vice-Governador, Senador, Deputado Federal e Deputado Estadual ou Distrital, esses recursos deverão ser transferidos para o órgão diretivo regional do partido no Estado onde ocorreu a eleição ou no Distrito Federal, se for o caso, o qual será responsável exclusivo pela identificação desses recursos, sua utilização, contabilização e respectiva prestação de contas perante o Tribunal Regional Eleitoral correspondente;

III. no caso de candidato a Presidente e Vice-Presidente da República, esses recursos deverão ser transferidos para o órgão diretivo nacional do partido, o qual será responsável exclusivo pela identificação desses recursos, sua utilização, contabilização e respectiva prestação de contas perante o Tribunal Superior Eleitoral;

IV. o órgão diretivo nacional do partido não poderá ser responsabilizado nem penalizado pelo descumprimento do disposto neste artigo por parte dos órgãos diretivos municipais e regionais.

(..) " (NR)

"Art. 33. (..)

(..)

IV. plano amostral e ponderação quanto a sexo, idade, grau de instrução, nível econômico e área física de realização do trabalho a ser executado, intervalo de confiança e margem de erro;

(..)

VII. nome de quem pagou pela realização do trabalho e cópia da respectiva nota fiscal.

(..)

§ 5º É vedada, no período de campanha eleitoral, a realização de enquetes relacionadas ao processo eleitoral." (NR)

"Art. 36-A. Não serão consideradas propaganda antecipada e poderão ter cobertura dos meios de comunicação social, inclusive via internet:

I. a participação de filiados a partidos políticos ou de pré-candidatos em entrevistas, programas, encontros ou debates no rádio, na televisão e na internet, inclusive com a exposição de plataformas e projetos políticos, observado pelas emissoras de rádio e de televisão o dever de conferir tratamento isonômico;

II. a realização de encontros, seminários ou congressos, em ambiente fechado e a expensas dos partidos políticos, para tratar da organização dos processos eleitorais, discussão de políticas públicas, planos de governo ou alianças partidárias visando às eleições, podendo tais atividades ser divulgadas pelos instrumentos de comunicação intrapartidária;

III. a realização de prévias partidárias e sua divulgação pelos instrumentos de comunicação intrapartidária e pelas redes sociais;

IV. a divulgação de atos de parlamentares e debates legislativos, desde que não se faça pedido de votos;

V. a manifestação e o posicionamento pessoal sobre questões políticas nas redes sociais.

Parágrafo único. É vedada a transmissão ao vivo por emissoras de rádio e de televisão das prévias partidárias." (NR)

"Art. 36-B. Será considerada propaganda eleitoral antecipada a convocação, por parte do Presidente da República, dos Presidentes da Câmara dos Deputados, do Senado Federal e do Supremo Tribunal Federal, de redes de radiodifusão para divulgação de atos que denotem propaganda política ou ataques a partidos políticos e seus filiados ou instituições.

Parágrafo único. Nos casos permitidos de convocação das redes de radiodifusão, é vedada a utilização de símbolos ou imagens, exceto aqueles previstos no § 1º do art. 13 da Constituição Federal."

"Art. 37. Nos bens cujo uso dependa de cessão ou permissão do Poder Público, ou que a ele pertençam, e nos de uso comum, inclusive postes de iluminação pública e sinalização de tráfego, viadutos, passarelas, pontes, paradas de ônibus e outros equipamentos urbanos, é vedada a veiculação de propaganda de qualquer natureza, inclusive pichação, inscrição a tinta, fixação de placas, estandartes, faixas, cavaletes e assemelhados.

(..)

§ 2º *(Vetado)*.

(..)

§ 6º É permitida a colocação de mesas para distribuição de material de campanha e a utilização de bandeiras ao longo das vias públicas, desde que móveis e que não dificultem o bom andamento do trânsito de pessoas e veículos.

(..) " (NR)

"Art. 38. Independe da obtenção de licença municipal e de autorização da Justiça Eleitoral a veiculação de propaganda eleitoral pela distribuição de folhetos, adesivos, volantes e outros impressos, os quais devem ser editados sob a responsabilidade do partido, coligação ou candidato.

(..)

§ 3º Os adesivos de que trata o *caput* deste artigo poderão ter a dimensão máxima de 50 (cinquenta) centímetros por 40 (quarenta) centímetros.

§ 4º É proibido colar propaganda eleitoral em veículos, exceto adesivos microperfurados até a extensão total do para-brisa traseiro e, em outras posições, adesivos até a dimensão máxima fixada no § 3º." (NR)

"Art. 39. (..)

(..)

§ 4º A realização de comícios e a utilização de aparelhagens de sonorização fixas são permitidas no horário compreendido entre as 8 (oito) e as 24 (vinte e quatro) horas, com exceção do comício de encerramento da campanha, que poderá ser prorrogado por mais 2 (duas) horas.

(..)

Art. 3º

§ 8º É vedada a propaganda eleitoral mediante *outdoors*, inclusive eletrônicos, sujeitando-se a empresa responsável, os partidos, as coligações e os candidatos à imediata retirada da propaganda irregular e ao pagamento de multa no valor de R$ 5.000,00 (cinco mil reais) a R$ 15.000,00 (quinze mil reais).

(..)

§ 11. É permitida a circulação de carros de som e minitrios como meio de propaganda eleitoral, desde que observado o limite de 80 (oitenta) decibéis de nível de pressão sonora, medido a 7 (sete) metros de distância do veículo, e respeitadas as vedações previstas no § 3º deste artigo.

§ 12. Para efeitos desta Lei, considera-se:

I. carro de som: veículo automotor que usa equipamento de som com potência nominal de amplificação de, no máximo, 10.000 (dez mil) watts;

II. minitrio: veículo automotor que usa equipamento de som com potência nominal de amplificação maior que 10.000 (dez mil) watts e até 20.000 (vinte mil) watts;

III. trio elétrico: veículo automotor que usa equipamento de som com potência nominal de amplificação maior que 20.000 (vinte mil) watts." (NR)

"Art. 47. (..)

(..)

§ 8º As mídias com as gravações da propaganda eleitoral no rádio e na televisão serão entregues às emissoras, inclusive nos sábados, domingos e feriados, com a antecedência mínima:

I. de 6 (seis) horas do horário previsto para o início da transmissão, no caso dos programas em rede;

II. de 12 (doze) horas do horário previsto para o início da transmissão, no caso das inserções." (NR)

"Art. 51. (..)

(..)

IV. na veiculação das inserções, é vedada a divulgação de mensagens que possam degradar ou ridicularizar candidato, partido ou coligação, aplicando-se-lhes, ainda, todas as demais regras aplicadas ao horário de propaganda eleitoral, previstas no art. 47.

Parágrafo único. É vedada a veiculação de inserções idênticas no mesmo intervalo de programação, exceto se o número de inserções de que dispuser o partido exceder os intervalos disponíveis, sendo vedada a transmissão em sequência para o mesmo partido político." (NR)

"Art. 53-A. É vedado aos partidos políticos e às coligações incluir no horário destinado aos candidatos às eleições proporcionais propaganda das candidaturas a eleições majoritárias ou vice-versa, ressalvada a utilização, durante a exibição do programa, de legendas com referência aos candidatos majoritários ou, ao fundo, de cartazes ou fotografias desses candidatos, ficando autorizada a menção ao nome e ao número de qualquer candidato do partido ou da coligação.

(..) " (NR)

"Art. 55. (..)

Parágrafo único. A inobservância do disposto neste artigo sujeita o partido ou coligação à perda de tempo equivalente ao dobro do usado na prática do ilícito, no período de horário gratuito subsequente, dobrada a cada reincidência, devendo o tempo correspondente ser veiculado após o programa dos demais candidatos com a informação de que a não veiculação do programa resulta de infração da lei eleitoral." (NR)

"Art. 56. (..)

§ 1º No período de suspensão a que se refere este artigo, a Justiça Eleitoral veiculará mensagem de orientação ao eleitor, intercalada, a cada 15 (quinze) minutos.

(..) " (NR)

"Art. 57-D. (..)

(..)

§ 3º Sem prejuízo das sanções civis e criminais aplicáveis ao responsável, a Justiça Eleitoral poderá determinar, por solicitação do ofendido, a retirada de publicações que contenham agressões ou ataques a candidatos em sítios da internet, inclusive redes sociais." (NR)

"Art. 57-H. (..)

§ 1º Constitui crime a contratação direta ou indireta de grupo de pessoas com a finalidade específica de emitir mensagens ou comentários na internet para ofender a honra ou denegrir a imagem de candidato, partido ou coligação, punível com detenção de 2 (dois) a 4 (quatro) anos e multa de R$ 15.000,00 (quinze mil reais) a R$ 50.000,00 (cinquenta mil reais).

§ 2º Igualmente incorrem em crime, punível com detenção de 6 (seis) meses a 1 (um) ano, com alternativa de prestação de serviços à comunidade pelo mesmo período, e multa de R$ 5.000,00 (cinco mil reais) a R$ 30.000,00 (trinta mil reais), as pessoas contratadas na forma do § 1º." (NR)

"Art. 58. (..)

(..)

§ 9º Caso a decisão de que trata o § 2º não seja prolatada em 72 (setenta e duas) horas da data da formulação do pedido, a Justiça Eleitoral, de ofício, providenciará a alocação de Juiz auxiliar." (NR)

"Art. 65. (..)

(..)

§ 4º Para o acompanhamento dos trabalhos de votação, só será permitido o credenciamento de, no máximo, 2 (dois) fiscais de cada partido ou coligação por seção eleitoral." (NR)

"Art. 93-A. O Tribunal Superior Eleitoral (TSE), no período compreendido entre 1º de março e 30 de junho dos anos eleitorais, em tempo igual ao disposto no art. 93 desta Lei, poderá promover propaganda institucional, em rádio e televisão, destinada a incentivar a igualdade de gênero e a participação feminina na política."

"Art. 100-A. A contratação direta ou terceirizada de pessoal para prestação de serviços referentes a atividades de militância e mobilização de rua nas campanhas eleitorais observará os seguintes limites, impostos a cada candidato:

I – em Municípios com até 30.000 (trinta mil) eleitores, não excederá a 1% (um por cento) do eleitorado;

II – nos demais Municípios e no Distrito Federal, corresponderá ao número máximo apurado no inciso I, acrescido de 1 (uma) contratação para cada 1.000 (mil) eleitores que exceder o número de 30.000 (trinta mil).

§ 1º As contratações observarão ainda os seguintes limites nas candidaturas aos cargos a:

I. Presidente da República e Senador: em cada Estado, o número estabelecido para o Município com o maior número de eleitores;

II. Governador de Estado e do Distrito Federal: no Estado, o dobro do limite estabelecido para o Município com o maior número de eleitores, e, no Distrito Federal, o dobro do número alcançado no inciso II do *caput*;

III. Deputado Federal: na circunscrição, 70% (setenta por cento) do limite estabelecido para o Município com o maior número de eleitores, e, no Distrito Federal, esse mesmo percentual aplicado sobre o limite calculado na forma do inciso II do *caput*, considerado o eleitorado da maior região administrativa;

IV. Deputado Estadual ou Distrital: na circunscrição, 50% (cinquenta por cento) do limite estabelecido para Deputados Federais;

V. Prefeito: nos limites previstos nos incisos I e II do *caput*;

VI. Vereador: 50% (cinquenta por cento) dos limites previstos nos incisos I e II do *caput*, até o máximo de 80% (oitenta por cento) do limite estabelecido para Deputados Estaduais.

§ 2º Nos cálculos previstos nos incisos I e II do *caput* e no § 1º, a fração será desprezada, se inferior a 0,5 (meio), e igualada a 1 (um), se igual ou superior.

§ 3º A contratação de pessoal por candidatos a Vice-Presidente, Vice-Governador, Suplente de Senador e Vice-Prefeito é, para todos os efeitos, contabilizada como contratação pelo titular, e a contratação por partidos fica vinculada aos limites impostos aos seus candidatos.

§ 4º Na prestação de contas a que estão sujeitos na forma desta Lei, os candidatos são obrigados a discriminar nominalmente as pessoas contratadas, com indicação de seus respectivos números de inscrição no Cadastro de Pessoas Físicas (CPF).

§ 5º O descumprimento dos limites previstos nesta Lei sujeitará o candidato às penas previstas no art. 299 da Lei nº 4.737, de 15 de julho de 1965.

§ 6º São excluídos dos limites fixados por esta Lei a militância não remunerada, pessoal contratado para apoio administrativo e operacional, fiscais e delegados credenciados para trabalhar nas eleições e os advogados dos candidatos ou dos partidos e coligações."

Art. 4º Revogam-se os incisos I a IV do art. 262 da Lei nº 4.737, de 15 de julho de 1965, e o inciso XIV do art. 26 da Lei nº 9.504, de 30 de setembro de 1997.

Art. 5º Esta Lei entra em vigor na data de sua publicação.

Brasília, 11 de dezembro de 2013; 192º da Independência e 125º da República.

Dilma Rousseff

José Eduardo Cardozo

Guido Mantega

LEI Nº 12.976, DE 19 MAIO DE 2014

> *Altera o § 3º do art. 59 da Lei nº 9.504, de 30 de setembro de 1997, para estabelecer a ordem dos painéis na urna eletrônica.*

A PRESIDENTA DA REPÚBLICA Faço saber que o Congresso Nacional decreta e eu sanciono a seguinte Lei:

Art. 1º. O § 3º do art. 59 da Lei nº 9.504, de 30 de setembro de 1997, passa a vigorar com seguinte redação:

"Art. 59. (...)

§ 3º A urna eletrônica exibirá para o eleitor os painéis na seguinte ordem:

I - para as eleições de que trata o inciso I do parágrafo único do art. 1º, Deputado Federal, Deputado Estadual ou Distrital, Senador, Governador e Vice-Governador de Estado ou do Distrito Federal, Presidente e Vice-Presidente da República;

II - para as eleições de que trata o inciso II do parágrafo único do art. 1º, Vereador, Prefeito e Vice-Prefeito.

(...)" (NR)

Art. 2º. Esta Lei entra em vigor na data de sua publicação.

Brasília, 19 de maio de 2014; 193º da Independência e 126º da República.

Dilma Rousseff

José Eduardo Cardozo

LEI Nº 13.105, DE 16 DE MARÇO DE 2015

> *Código de Processo Civil.*

(...)

Art. 15. Na ausência de normas que regulem processos eleitorais, trabalhistas ou administrativos, as disposições deste Código lhes serão aplicadas supletiva e subsidiariamente.

(...)

Art. 45. Tramitando o processo perante outro juízo, os autos serão remetidos ao juízo federal competente se nele intervier a União, suas empresas públicas, entidades autárquicas e fundações, ou conselho de fiscalização de atividade profissional, na qualidade de parte ou de terceiro interveniente, exceto as ações:

(...)

II. sujeitas à Justiça Eleitoral e à Justiça do Trabalho.

(...)

Art. 454. São inquiridos em sua residência ou onde exercem sua função:

(...)

Art. 454

III. os ministros do Supremo Tribunal Federal, os conselheiros do Conselho Nacional de Justiça e os ministros do Superior Tribunal de Justiça, do Superior Tribunal Militar, do Tribunal Superior Eleitoral, do Tribunal Superior do Trabalho e do Tribunal de Contas da União;

(...)

Art. 1.067. O art. 275 da Lei no 4.737, de 15 de julho de 1965 (Código Eleitoral), passa a vigorar com a seguinte redação:

"Art. 275. São admissíveis embargos de declaração nas hipóteses previstas no Código de Processo Civil.

§ 1º Os embargos de declaração serão opostos no prazo de 3 (três) dias, contado da data de publicação da decisão embargada, em petição dirigida ao juiz ou relator, com a indicação do ponto que lhes deu causa.

§ 2º Os embargos de declaração não estão sujeitos a preparo.

§ 3º O juiz julgará os embargos em 5 (cinco) dias.

§ 4º Nos tribunais:

I. o relator apresentará os embargos em mesa na sessão subsequente, proferindo voto;

II. não havendo julgamento na sessão referida no inciso I, será o recurso incluído em pauta;

III. vencido o relator, outro será designado para lavrar o acórdão.

§ 5º Os embargos de declaração interrompem o prazo para a interposição de recurso.

§ 6º Quando manifestamente protelatórios os embargos de declaração, o juiz ou o tribunal, em decisão fundamentada, condenará o embargante a pagar ao embargado multa não excedente a 2 (dois) salários-mínimos.

§ 7º Na reiteração de embargos de declaração manifestamente protelatórios, a multa será elevada a até 10 (dez) salários-mínimos."

Lei nº 13.107, de 24 de março de 2015

Altera as Leis nºs 9.096, de 19 de setembro de 1995, e 9.504, de 30 de setembro de 1997, para dispor sobre fusão de partidos políticos.

A Presidenta da República. Faço saber que o Congresso Nacional decreta e eu sanciono a seguinte Lei:

Art. 1º Esta Lei altera as Leis nº 9.096, de 19 de setembro de 1995 – Lei dos Partidos Políticos, e 9.504, de 30 de setembro de 1997, para dispor sobre fusão de partidos políticos.

Art. 2º Os arts. 7º, 29 e 41-A da Lei nº 9.096, de 19 de setembro de 1995, passam a vigorar com as seguintes alterações:

"Art. 7º (...)

§ 1º Só é admitido o registro do estatuto de partido político que tenha caráter nacional, considerando-se como tal aquele que comprove o apoiamento de eleitores não filiados a partido político, correspondente a, pelo menos, 0,5% (cinco décimos por cento) dos votos dados na última eleição geral para a Câmara dos Deputados, não computados os votos em branco e os nulos, distribuídos por 1/3 (um terço), ou mais, dos Estados, com um mínimo de 0,1% (um décimo por cento) do eleitorado que haja votado em cada um deles.

(...)" (NR)

"Art. 29. (...)

§ 4º *(Vetado).*

§ 5º *(Vetado).*

§ 6º No caso de incorporação, o instrumento respectivo deve ser levado ao Oficio Civil competente, que deve, então, cancelar o registro do partido incorporado a outro.

§ 7º Havendo fusão ou incorporação, devem ser somados exclusivamente os votos dos partidos fundidos ou incorporados obtidos na última eleição geral para a Câmara dos Deputados, para efeito da distribuição dos recursos do Fundo Partidário e do acesso gratuito ao rádio e à televisão.

§ 8º O novo estatuto ou instrumento de incorporação deve ser levado a registro e averbado, respectivamente, no Oficio Civil e no Tribunal Superior Eleitoral.

§ 9º Somente será admitida a fusão ou incorporação de partidos políticos que hajam obtido o registro definitivo do Tribunal Superior Eleitoral há, pelo menos, 5 (cinco) anos." (NR)

"Art. 41-A. (...)

Parágrafo único. Para efeito do disposto no inciso II, serão desconsideradas as mudanças de filiação partidária em quaisquer hipóteses." (NR)

Art. 3º O § 7º do art. 47 da Lei nº 9.504, de 30 de setembro de 1997, passa a vigorar com a seguinte redação:

"Art. 47. (...)

§ 7º Para efeito do disposto no § 2º, serão desconsideradas as mudanças de filiação partidária em quaisquer hipóteses.

(...)". (NR)

Art. 4º Esta Lei entra em vigor na data da sua publicação.

Brasília, 24 de março de 2015; 194º da Independência e 127º da República..

DILMA ROUSSEFF
José Eduardo Cardozo

Este texto não substitui o publicado no DOU de 25/3/2015.

Lei nº 13.146, de 6 de julho de 2015

Institui a Lei Brasileira de Inclusão da Pessoa com Deficiência (Estatuto da Pessoa com Deficiência).

A Presidenta da República. Faço saber que o Congresso Nacional decreta e eu sanciono a seguinte Lei:

(...)

CAPÍTULO IV
DO DIREITO À PARTICIPAÇÃO NA VIDA PÚBLICA E POLÍTICA

Art. 76. O poder público deve garantir à pessoa com deficiência todos os direitos políticos e a oportunidade de exercê-los em igualdade de condições com as demais pessoas.

§ 1º À pessoa com deficiência será assegurado o direito de votar e de ser votada, inclusive por meio das seguintes ações:

I. garantia de que os procedimentos, as instalações, os materiais e os equipamentos para votação sejam apropriados, acessíveis a todas as pessoas e de fácil compreensão e uso, sendo vedada a instalação de seções eleitorais exclusivas para a pessoa com deficiência;

II. incentivo à pessoa com deficiência a candidatar-se e a desempenhar quaisquer funções públicas em todos os níveis de governo, inclusive por meio do uso de novas tecnologias assistivas, quando apropriado;

III. garantia de que os pronunciamentos oficiais, a propaganda eleitoral obrigatória e os debates transmitidos pelas emissoras de televisão possuam, pelo menos, os recursos elencados no art. 67 desta Lei;

IV. garantia do livre exercício do direito ao voto e, para tanto, sempre que necessário e a seu pedido, permissão para que a pessoa com deficiência seja auxiliada na votação por pessoa de sua escolha.

§ 2º O poder público promoverá a participação da pessoa com deficiência, inclusive quando institucionalizada, na condução das questões públicas, sem discriminação e em igualdade de oportunidades, observado o seguinte:

I. participação em organizações não governamentais relacionadas à vida pública e à política do País e em atividades e administração de partidos políticos;

II. formação de organizações para representar a pessoa com deficiência em todos os níveis;

III. participação da pessoa com deficiência em organizações que a representem.

(...)

Art. 85. A curatela afetará tão somente os atos relacionados aos direitos de natureza patrimonial e negocial.

§ 1º A definição da curatela não alcança o direito ao próprio corpo, à sexualidade, ao matrimônio, à privacidade, à educação, à saúde, ao trabalho e ao voto.

§ 2º A curatela constitui medida extraordinária, devendo constar da sentença as razões e motivações de sua definição, preservados os interesses do curatelado.

(...)

Art. 96. O § 6º-A do art. 135 da Lei nº 4.737, de 15 de julho de 1965 (Código Eleitoral), passa a vigorar com a seguinte redação:

"Art. 135. (...)

§ 6º-A. Os Tribunais Regionais Eleitorais deverão, a cada eleição, expedir instruções aos Juízes Eleitorais para orientá-los na escolha dos locais de votação, de maneira a garantir acessibilidade para o eleitor com deficiência ou com mobilidade reduzida, inclusive em seu entorno e nos sistemas de transporte que lhe dão acesso.

(...)

Art. 114. A Lei nº 10.406, de 10 de janeiro de 2002 (Código Civil), passa a vigorar com as seguintes alterações:

"Art. 3º São absolutamente incapazes de exercer pessoalmente os atos da vida civil os menores de 16 (dezesseis) anos.

I. (*Revogado*);

II. (*Revogado*);

III. (*Revogado*)." (NR)

"Art. 4º São incapazes, relativamente a certos atos ou à maneira de os exercer:

(...)

II. os ébrios habituais e os viciados em tóxico;

III. aqueles que, por causa transitória ou permanente, não puderem exprimir sua vontade;

(...)

Parágrafo único. A capacidade dos indígenas será regulada por legislação especial."

(...)

Art. 123. Revogam-se os seguintes dispositivos:

I. o inciso II do § 2º do art. 1º da Lei nº 9.008, de 21 de março de 1995;

II. os incisos I, II e III do art. 3º da Lei nº 10.406, de 10 de janeiro de 2002 (Código Civil);

III. os incisos II e III do art. 228 da Lei nº 10.406, de 10 de janeiro de 2002 (Código Civil);

IV. o inciso I do art. 1.548 da Lei nº 10.406, de 10 de janeiro de 2002 (Código Civil);

V. o inciso IV do art. 1.557 da Lei nº 10.406, de 10 de janeiro de 2002 (Código Civil);

VI. os incisos II e IV do art. 1.767 da Lei nº 10.406, de 10 de janeiro de 2002 (Código Civil);

VII. os arts. 1.776 e 1.780 da Lei nº 10.406, de 10 de janeiro de 2002 (Código Civil).

Art. 124. O § 1º do art. 2º desta Lei deverá entrar em vigor em até 2 (dois) anos, contados da entrada em vigor desta Lei.

Art. 125. Devem ser observados os prazos a seguir discriminados, a partir da entrada em vigor desta Lei, para o cumprimento dos seguintes dispositivos:

I. incisos I e II do § 2º do art. 28, 48 (quarenta e oito) meses;

II. § 6º do art. 44, 48 (quarenta e oito) meses;

III. art. 45, 24 (vinte e quatro) meses;

IV. art. 49, 48 (quarenta e oito) meses.

Art. 126. Prorroga-se até 31 de dezembro de 2021 a vigência da Lei nº 8.989, de 24 de fevereiro de 1995.

Art. 127. Esta Lei entra em vigor após decorridos 180 (cento e oitenta) dias de sua publicação oficial.

Brasília, 6 de julho de 2015; 194º da Independência e 127º da República.

DILMA ROUSSEF
Marivaldo de Castro Pereira
Joaquim Vieira Ferreira Levy
Renato Janine Ribeiro
Armando Monteiro
Nelson Barbosa
Gilberto Kassab
Luis Inácio Lucena Adams

Art. 1º

Gilberto José Spier Vargas
Guilherme Afif Domingos
Este texto não substitui o publicado no DOU de 07/07/2015.

Lei nº 13.165, de 29 de setembro de 2015

> *Altera as Leis nºs 9.504, de 30 de setembro de 1997, 9.096, de 19 de setembro de 1995, e 4.737, de 15 de julho de 1965 – Código Eleitoral, para reduzir os custos das campanhas eleitorais, simplificar a administração dos Partidos Políticos e incentivar a participação feminina.*

A Presidenta da República. Faço saber que o Congresso Nacional decreta e eu promulgo, nos termos do § 5º do art. 66 da Constituição, as seguintes partes da Lei nº 13.165, de 29 de setembro de 2015:. (*Promulgação*)

Art. 1º Esta Lei modifica as Leis nºs 9.504, de 30 de setembro de 1997, 9.096, de 19 de setembro de 1995, e 4.737, de 15 de julho de 1965 – Código Eleitoral, alterando a legislação infraconstitucional e complementando a reforma das instituições político-eleitorais do País.

Art. 2º A Lei nº 9.504, de 30 de setembro de 1997, passa a vigorar com as seguintes alterações:

> "Art. 8º A escolha dos candidatos pelos partidos e a deliberação sobre coligações deverão ser feitas no período de 20 de julho a 5 de agosto do ano em que se realizarem as eleições, lavrando-se a respectiva ata em livro aberto, rubricado pela Justiça Eleitoral, publicada em vinte e quatro horas em qualquer meio de comunicação.
>
> (...)" (NR)
>
> "Art. 9º Para concorrer às eleições, o candidato deverá possuir domicílio eleitoral na respectiva circunscrição pelo prazo de, pelo menos, um ano antes do pleito, e estar com a filiação deferida pelo partido no mínimo seis meses antes da data da eleição.
>
> (...)" (NR)
>
> "Art. 10. Cada partido ou coligação poderá registrar candidatos para a Câmara dos Deputados, a Câmara Legislativa, as Assembleias Legislativas e as Câmaras Municipais no total de até 150% (cento e cinquenta por cento) do número de lugares a preencher, salvo:
>
> I. nas unidades da Federação em que o número de lugares a preencher para a Câmara dos Deputados não exceder a doze, nas quais cada partido ou coligação poderá registrar candidatos a Deputado Federal e a Deputado Estadual ou Distrital no total de até 200% (duzentos por cento) das respectivas vagas;
>
> II. nos Municípios de até cem mil eleitores, nos quais cada coligação poderá registrar candidatos no total de até 200% (duzentos por cento) do número de lugares a preencher.
>
> § 1º (*Revogado*).
>
> § 2º (*Revogado*).
>
> (...)
>
> § 5º No caso de as convenções para a escolha de candidatos não indicarem o número máximo de candidatos previsto no *caput*, os órgãos de direção dos partidos respectivos poderão preencher as vagas remanescentes até trinta dias antes do pleito." (NR)
>
> "Art. 11. Os partidos e coligações solicitarão à Justiça Eleitoral o registro de seus candidatos até as dezenove horas do dia 15 de agosto do ano em que se realizarem as eleições.
>
> (...)
>
> § 2º A idade mínima constitucionalmente estabelecida como condição de elegibilidade é verificada tendo por referência a data da posse, salvo quando fixada em dezoito anos, hipótese em que será aferida na data-limite para o pedido de registro.
>
> (...)." (NR)
>
> "Art. 16. Até vinte dias antes da data das eleições, os Tribunais Regionais Eleitorais enviarão ao Tribunal Superior Eleitoral, para fins de centralização e divulgação de dados, a relação dos candidatos às eleições majoritárias e proporcionais, da qual constará obrigatoriamente a referência ao sexo e ao cargo a que concorrem.
>
> § 1º Até a data prevista no *caput*, todos os pedidos de registro de candidatos, inclusive os impugnados e os respectivos recursos, devem estar julgados pelas instâncias ordinárias, e publicadas as decisões a eles relativas.
>
> (...)" (NR)
>
> "Art. 18. Os limites de gastos de campanha, em cada eleição, são os definidos pelo Tribunal Superior Eleitoral com base nos parâmetros definidos em lei.
>
> § 1º (*Revogado*).
>
> § 2º (*Revogado*)." (NR)
>
> "Art. 18-A. Serão contabilizadas nos limites de gastos de cada campanha as despesas efetuadas pelos candidatos e as efetuadas pelos partidos que puderem ser individualizadas."
>
> "Art. 18-B. O descumprimento dos limites de gastos fixados para cada campanha acarretará o pagamento de multa em valor equivalente a 100% (cem por cento) da quantia que ultrapassar o limite estabelecido, sem prejuízo da apuração da ocorrência de abuso do poder econômico."
>
> "Art. 20. O candidato a cargo eletivo fará, diretamente ou por intermédio de pessoa por ele designada, a administração financeira de sua campanha usando recursos repassados pelo partido, inclusive os relativos à cota do Fundo Partidário, recursos próprios ou doações de pessoas físicas, na forma estabelecida nesta Lei." (NR)
>
> "Art. 22. (...)
>
> § 1º (...)
>
> I. acatar, em até três dias, o pedido de abertura de conta de qualquer candidato escolhido em convenção, sendo-lhes vedado condicioná-la a depósito mínimo e à cobrança de taxas ou de outras despesas de manutenção;
>
> ....
>
> III. encerrar a conta bancária no final do ano da eleição, transferindo a totalidade do saldo existente para a conta bancária do órgão de direção indicado pelo partido,

na forma prevista no art. 31, e informar o fato à Justiça Eleitoral.

§ 2º O disposto neste artigo não se aplica aos casos de candidatura para Prefeito e Vereador em Municípios onde não haja agência bancária ou posto de atendimento bancário.

(...)" (NR)

"Art. 22-A. Os candidatos estão obrigados à inscrição no Cadastro Nacional da Pessoa Jurídica. CNPJ.

(...)

§ 2º Cumprido o disposto no § 1º deste artigo e no § 1º do art. 22, ficam os candidatos autorizados a promover a arrecadação de recursos financeiros e a realizar as despesas necessárias à campanha eleitoral." (NR)

"Art. 23. (...)

§ 1º As doações e contribuições de que trata este artigo ficam limitadas a 10% (dez por cento) dos rendimentos brutos auferidos pelo doador no ano anterior à eleição.

I. (*Revogado*);

II. (*Revogado*).

§ 1º-A. O candidato poderá usar recursos próprios em sua campanha até o limite de gastos estabelecido nesta Lei para o cargo ao qual concorre.

(...)

§ 7º O limite previsto no § 1º não se aplica a doações estimáveis em dinheiro relativas à utilização de bens móveis ou imóveis de propriedade do doador, desde que o valor estimado não ultrapasse R$ 80.000,00 (oitenta mil reais)." (NR)

"Art. 24. (...)

XII. *(Vetado).*

§ 1º *(...)*

§ 2º *(Vetado).*

§ 3º *(Vetado).*

§ 4º O partido ou candidato que receber recursos provenientes de fontes vedadas ou de origem não identificada deverá proceder à devolução dos valores recebidos ou, não sendo possível a identificação da fonte, transferi-los para a conta única do Tesouro Nacional." (NR)

"Art. 24-A. *(Vetado).*"

"Art. 24-B. *(Vetado).*"

"Art. 24-C. O limite de doação previsto no § 1º do art. 23 será apurado anualmente pelo Tribunal Superior Eleitoral e pela Secretaria da Receita Federal do Brasil.

§ 1º O Tribunal Superior Eleitoral deverá consolidar as informações sobre as doações registradas até 31 de dezembro do exercício financeiro a ser apurado, considerando:

I. as prestações de contas anuais dos partidos políticos, entregues à Justiça Eleitoral até 30 de abril do ano subsequente ao da apuração, nos termos do art. 32 da Lei nº 9.096, de 19 de setembro de 1995;

II. as prestações de contas dos candidatos às eleições ordinárias ou suplementares que tenham ocorrido no exercício financeiro a ser apurado.

§ 2º O Tribunal Superior Eleitoral, após a consolidação das informações sobre os valores doados e apurados, encaminhá-las-á à Secretaria da Receita Federal do Brasil até 30 de maio do ano seguinte ao da apuração.

§ 3º A Secretaria da Receita Federal do Brasil fará o cruzamento dos valores doados com os rendimentos da pessoa física e, apurando indício de excesso, comunicará o fato, até 30 de julho do ano seguinte ao da apuração, ao Ministério Público Eleitoral, que poderá, até o final do exercício financeiro, apresentar representação com vistas à aplicação da penalidade prevista no art. 23 e de outras sanções que julgar cabíveis."

"Art. 28. (...)

§ 1º As prestações de contas dos candidatos às eleições majoritárias serão feitas pelo próprio candidato, devendo ser acompanhadas dos extratos das contas bancárias referentes à movimentação dos recursos financeiros usados na campanha e da relação dos cheques recebidos, com a indicação dos respectivos números, valores e emitentes.

§ 2º As prestações de contas dos candidatos às eleições proporcionais serão feitas pelo próprio candidato.

(...)

§ 4º Os partidos políticos, as coligações e os candidatos são obrigados, durante as campanhas eleitorais, a divulgar em sítio criado pela Justiça Eleitoral para esse fim na rede mundial de computadores (internet):

I. os recursos em dinheiro recebidos para financiamento de sua campanha eleitoral, em até 72 (setenta e duas) horas de seu recebimento;

II. no dia 15 de setembro, relatório discriminando as transferências do Fundo Partidário, os recursos em dinheiro e os estimáveis em dinheiro recebidos, bem como os gastos realizados.

(...)

§ 6º *(...)*

II. doações estimáveis em dinheiro entre candidatos ou partidos, decorrentes do uso comum tanto de sedes quanto de materiais de propaganda eleitoral, cujo gasto deverá ser registrado na prestação de contas do responsável pelo pagamento da despesa.

§ 7º As informações sobre os recursos recebidos a que se refere o § 4º deverão ser divulgadas com a indicação dos nomes, do CPF ou CNPJ dos doadores e dos respectivos valores doados.

§ 8º Os gastos com passagens aéreas efetuados nas campanhas eleitorais serão comprovados mediante a apresentação de fatura ou duplicata emitida por agência de viagem, quando for o caso, desde que informados os beneficiários, as datas e os itinerários, vedada a exigência de apresentação de qualquer outro documento para esse fim.

§ 9º A Justiça Eleitoral adotará sistema simplificado de prestação de contas para candidatos que apresentarem movimentação financeira correspondente a, no máximo, R$ 20.000,00 (vinte mil reais), atualizados monetariamente, a cada eleição, pelo Índice Nacional de Preços ao Consumidor – INPC da Fundação Instituto Brasileiro de Geografia e Estatística – IBGE ou por índice que o substituir.

§ 10. O sistema simplificado referido no § 9º deverá conter, pelo menos:

Art. 2º

I. identificação das doações recebidas, com os nomes, o CPF ou CNPJ dos doadores e os respectivos valores recebidos;

II. identificação das despesas realizadas, com os nomes e o CPF ou CNPJ dos fornecedores de material e dos prestadores dos serviços realizados;

III. registro das eventuais sobras ou dívidas de campanha.

§ 11. Nas eleições para Prefeito e Vereador de Municípios com menos de cinquenta mil eleitores, a prestação de contas será feita sempre pelo sistema simplificado a que se referem os §§ 9º e 10.

§ 12. Os valores transferidos pelos partidos políticos oriundos de doações serão registrados na prestação de contas dos candidatos como transferência dos partidos e, na prestação de contas dos partidos, como transferência aos candidatos, sem individualização dos doadores." (NR)

"Art. 29. (...)

I. (*Revogado*);

II. resumir as informações contidas na prestação de contas, de forma a apresentar demonstrativo consolidado das campanhas;

(...)

IV. havendo segundo turno, encaminhar a prestação de contas, referente aos 2 (dois) turnos, até o vigésimo dia posterior à sua realização.

§ 1º (*Revogado*).

(...)." (NR)

"Art. 30. (...)

§ 1º A decisão que julgar as contas dos candidatos eleitos será publicada em sessão até três dias antes da diplomação.

(...)

§ 4º Havendo indício de irregularidade na prestação de contas, a Justiça Eleitoral poderá requisitar do candidato as informações adicionais necessárias, bem como determinar diligências para a complementação dos dados ou o saneamento das falhas.

§ 5º Da decisão que julgar as contas prestadas pelos candidatos caberá recurso ao órgão superior da Justiça Eleitoral, no prazo de 3 (três) dias, a contar da publicação no Diário Oficial.

(...)" (NR)

"Art. 36. A propaganda eleitoral somente é permitida após o dia 15 de agosto do ano da eleição.

(...)

§ 4º Na propaganda dos candidatos a cargo majoritário deverão constar, também, os nomes dos candidatos a vice ou a suplentes de senador, de modo claro e legível, em tamanho não inferior a 30% (trinta por cento) do nome do titular.

(...)" (NR)

"Art. 36-A. Não configuram propaganda eleitoral antecipada, desde que não envolvam pedido explícito de voto, a menção à pretensa candidatura, a exaltação das qualidades pessoais dos pré-candidatos e os seguintes atos, que poderão ter cobertura dos meios de comunicação social, inclusive via internet:

(...)

III. a realização de prévias partidárias e a respectiva distribuição de material informativo, a divulgação dos nomes dos filiados que participarão da disputa e a realização de debates entre os pré-candidatos;

(...)

V. a divulgação de posicionamento pessoal sobre questões políticas, inclusive nas redes sociais;

VI..a realização, a expensas de partido político, de reuniões de iniciativa da sociedade civil, de veículo ou meio de comunicação ou do próprio partido, em qualquer localidade, para divulgar ideias, objetivos e propostas partidárias.

§ 1º É vedada a transmissão ao vivo por emissoras de rádio e de televisão das prévias partidárias, sem prejuízo da cobertura dos meios de comunicação social.

§ 2º Nas hipóteses dos incisos I a VI do *caput*, são permitidos o pedido de apoio político e a divulgação da pré-candidatura, das ações políticas desenvolvidas e das que se pretende desenvolver.

§ 3º O disposto no § 2º não se aplica aos profissionais de comunicação social no exercício da profissão." (NR)

"Art. 37. Nos bens cujo uso dependa de cessão ou permissão do poder público, ou que a ele pertençam, e nos bens de uso comum, inclusive postes de iluminação pública, sinalização de tráfego, viadutos, passarelas, pontes, paradas de ônibus e outros equipamentos urbanos, é vedada a veiculação de propaganda de qualquer natureza, inclusive pichação, inscrição a tinta e exposição de placas, estandartes, faixas, cavaletes, bonecos e assemelhados.

(...)

§ 2º Em bens particulares, independe de obtenção de licença municipal e de autorização da Justiça Eleitoral a veiculação de propaganda eleitoral, desde que seja feita em adesivo ou papel, não exceda a 0,5 m² (meio metro quadrado) e não contrarie a legislação eleitoral, sujeitando-se o infrator às penalidades previstas no § 1º.

(...)" (NR)

"Art. 39. (...)

§ 9º-A. Considera-se carro de som, além do previsto no § 12, qualquer veículo, motorizado ou não, ou ainda tracionado por animais, que transite divulgando *jingles* ou mensagens de candidatos.

(...)" (NR)

"Art. 45. Encerrado o prazo para a realização das convenções no ano das eleições, é vedado às emissoras de rádio e televisão, em sua programação normal e em seu noticiário:

(...)

§ 1º A partir de 30 de junho do ano da eleição, é vedado, ainda, às emissoras transmitir programa apresentado ou comentado por pré-candidato, sob pena, no caso de sua escolha na convenção partidária, de imposição da multa prevista no § 2º e de cancelamento do registro da candidatura do beneficiário.

(...)" (NR)

"Art. 46. Independentemente da veiculação de propaganda eleitoral gratuita no horário definido nesta Lei, é facultada a transmissão por emissora de rádio ou televisão de debates sobre as eleições majoritária ou proporcional, sendo assegurada a participação de candidatos dos partidos com representação superior a nove Deputados, e facultada a dos demais, observado o seguinte:

(...)

§ 5º Para os debates que se realizarem no primeiro turno das eleições, serão consideradas aprovadas as regras, inclusive as que definam o número de participantes, que obtiverem a concordância de pelo menos 2/3 (dois terços) dos candidatos aptos, no caso de eleição majoritária, e de pelo menos 2/3 (dois terços) dos partidos ou coligações com candidatos aptos, no caso de eleição proporcional." (NR)

"Art. 47. As emissoras de rádio e de televisão e os canais de televisão por assinatura mencionados no art. 57 reservarão, nos trinta e cinco dias anteriores à antevéspera das eleições, horário destinado à divulgação, em rede, da propaganda eleitoral gratuita, na forma estabelecida neste artigo.

§ 1º (...)

I. (...)

a) das sete horas às sete horas e doze minutos e trinta segundos e das doze horas às doze horas e doze minutos e trinta segundos, no rádio;

b) das treze horas às treze horas e doze minutos e trinta segundos e das vinte horas e trinta minutos às vinte horas e quarenta e dois minutos e trinta segundos, na televisão;

II. (...)

a) das sete horas e doze minutos e trinta segundos às sete horas e vinte e cinco minutos e das doze horas e doze minutos e trinta segundos às doze horas e vinte e cinco minutos, no rádio;

b) das treze horas e doze minutos e trinta segundos às treze horas e vinte e cinco minutos e das vinte horas e quarenta e dois minutos e trinta segundos às vinte horas e cinquenta e cinco minutos, na televisão;

III. nas eleições para Senador, às segundas, quartas e sextas-feiras:

a) das sete horas às sete horas e cinco minutos e das doze horas às doze horas e cinco minutos, no rádio, nos anos em que a renovação do Senado Federal se der por um terço;

b) das treze horas às treze horas e cinco minutos e das vinte horas e trinta minutos às vinte horas e cinco minutos, na televisão, nos anos em que a renovação do Senado Federal se der por um terço;

c) das sete horas às sete horas e sete minutos e das doze horas às doze horas e sete minutos, no rádio, nos anos em que a renovação do Senado Federal se der por dois terços;

d) das treze horas às treze horas e sete minutos e das vinte horas e trinta minutos às vinte horas e trinta e sete minutos, na televisão, nos anos em que a renovação do Senado Federal se der por dois terços;

IV. (...)

a) das sete horas e cinco minutos às sete horas e quinze minutos e das doze horas e cinco minutos às doze horas e quinze minutos, no rádio, nos anos em que a renovação do Senado Federal se der por um terço;

b) das treze horas e cinco minutos às treze horas e quinze minutos e das vinte horas e trinta e cinco minutos às vinte horas e quarenta e cinco minutos, na televisão, nos anos em que a renovação do Senado Federal se der por um terço;

c) das sete horas e sete minutos às sete horas e dezesseis minutos e das doze horas e sete minutos às doze horas e dezesseis minutos, no rádio, nos anos em que a renovação do Senado Federal se der por dois terços;

d) das treze horas e sete minutos às treze horas e dezesseis minutos e das vinte horas e trinta e sete minutos às vinte horas e quarenta e seis minutos, na televisão, nos anos em que a renovação do Senado Federal se der por dois terços;

V. na eleição para Governador de Estado e do Distrito Federal, às segundas, quartas e sextas-feiras:

a) das sete horas e quinze minutos às sete horas e vinte e cinco minutos e das doze horas e quinze minutos às doze horas e vinte e cinco minutos, no rádio, nos anos em que a renovação do Senado Federal se der por um terço;

b) das treze horas e quinze minutos às treze horas e vinte e cinco minutos e das vinte horas e quarenta e cinco minutos às vinte horas e cinquenta e cinco minutos, na televisão, nos anos em que a renovação do Senado Federal se der por um terço;

c) das sete horas e dezesseis minutos às sete horas e vinte e cinco minutos e das doze horas e dezesseis minutos às doze horas e vinte e cinco minutos, no rádio, nos anos em que a renovação do Senado Federal se der por dois terços;

d) das treze horas e dezesseis minutos às treze horas e vinte e cinco minutos e das vinte horas e quarenta e seis minutos às vinte horas e cinquenta e cinco minutos, na televisão, nos anos em que a renovação do Senado Federal se der por dois terços;

VI. nas eleições para Prefeito, de segunda a sábado:

a) das sete horas às sete horas e dez minutos e das doze horas às doze horas e dez minutos, no rádio;

b) das treze horas às treze horas e dez minutos e das vinte horas e trinta minutos às vinte horas e quarenta minutos, na televisão;

VII. ainda nas eleições para Prefeito, e também nas de Vereador, mediante inserções de trinta e sessenta segundos, no rádio e na televisão, totalizando setenta minutos diários, de segunda-feira a domingo, distribuídas ao longo da programação veiculada entre as cinco e as vinte e quatro horas, na proporção de 60% (sessenta por cento) para Prefeito e 40% (quarenta por cento) para Vereador.

§ 1º-A. Somente serão exibidas as inserções de televisão a que se refere o inciso VII do § 1º nos Municípios em que houver estação geradora de serviços de radiodifusão de sons e imagens.

§ 2º (...)

I. 90% (noventa por cento) distribuídos proporcionalmente ao número de representantes na Câmara dos Deputados, considerados, no caso de coligação para eleições majoritárias, o resultado da soma do número de representantes dos seis maiores partidos que a integram e, nos casos de coligações para eleições proporcionais, o resultado da soma do número de representantes de todos os partidos que a integrem;

II. 10% (dez por cento) distribuídos igualitariamente.

(...)

§ 9º As emissoras de rádio sob responsabilidade do Senado Federal e da Câmara dos Deputados instaladas em localidades fora do Distrito Federal são dispensadas da veiculação da propaganda eleitoral gratuita dos pleitos referidos nos incisos II a VI do § 1º." (NR)

"Art. 51. Durante os períodos previstos nos arts. 47 e 49, as emissoras de rádio e televisão e os canais por assinatura mencionados no art. 57 reservarão, ainda, setenta minutos diários para a propaganda eleitoral gratuita, a serem usados em inserções de trinta e sessenta segundos, a critério do respectivo partido ou coligação, assinadas obrigatoriamente pelo partido ou coligação, e distribuídas, ao longo da programação veiculada entre as cinco e as vinte quatro horas, nos termos do § 2º do art. 47, obedecido o seguinte:

(...)

II. (*Revogado*);

III. a distribuição levará em conta os blocos de audiência entre as cinco e as onze horas, as onze e as dezoito horas, e as dezoito e as vinte e quatro horas;

(...)" (NR)

"Art. 52. A partir do dia 15 de agosto do ano da eleição, a Justiça Eleitoral convocará os partidos e a representação das emissoras de televisão para elaborarem plano de mídia, nos termos do art. 51, para o uso da parcela do horário eleitoral gratuito a que tenham direito, garantida a todos participação nos horários de maior e menor audiência." (NR)

"Art. 54. Nos programas e inserções de rádio e televisão destinados à propaganda eleitoral gratuita de cada partido ou coligação só poderão aparecer, em gravações internas e externas, observado o disposto no § 2º, candidatos, caracteres com propostas, fotos, **jingles**, clipes com música ou vinhetas, inclusive de passagem, com indicação do número do candidato ou do partido, bem como seus apoiadores, inclusive os candidatos de que trata o § 1º do art. 53-A, que poderão dispor de até 25% (vinte e cinco por cento) do tempo de cada programa ou inserção, sendo vedadas montagens, trucagens, computação gráfica, desenhos animados e efeitos especiais.

§ 1º (...)

§ 2º Será permitida a veiculação de entrevistas com o candidato e de cenas externas nas quais ele, pessoalmente, exponha:

I. realizações de governo ou da administração pública;

II. falhas administrativas e deficiências verificadas em obras e serviços públicos em geral;

III. atos parlamentares e debates legislativos." (NR)

"Art. 57-A. É permitida a propaganda eleitoral na internet, nos termos desta Lei, após o dia 15 de agosto do ano da eleição." (NR)

"Art. 58. (...)

§ 1º (...)

IV. a qualquer tempo, quando se tratar de conteúdo que esteja sendo divulgado na internet, ou em 72 (setenta e duas) horas, após a sua retirada.

(...)" (NR)

"Art. 59-A..*(Vetado).*"

Art. 59-A. No processo de votação eletrônica, a urna imprimirá o registro de cada voto, que será depositado, de forma automática e sem contato manual do eleitor, em local previamente lacrado. (*Promulgação*)

Parágrafo único. O processo de votação não será concluído até que o eleitor confirme a correspondência entre o teor de seu voto e o registro impresso e exibido pela urna eletrônica.. (*Promulgação*)

"Art. 73. (...)

VII. realizar, no primeiro semestre do ano de eleição, despesas com publicidade dos órgãos públicos federais, estaduais ou municipais, ou das respectivas entidades da administração indireta, que excedam a média dos gastos no primeiro semestre dos três últimos anos que antecedem o pleito;

(...)" (NR)

"Art. 93. O Tribunal Superior Eleitoral poderá, nos anos eleitorais, requisitar das emissoras de rádio e televisão, no período de um mês antes do início da propaganda eleitoral a que se refere o art. 36 e nos três dias anteriores à data do pleito, até dez minutos diários, contínuos ou não, que poderão ser somados e usados em dias espaçados, para a divulgação de comunicados, boletins e instruções ao eleitorado." (NR)

"Art. 93-A. O Tribunal Superior Eleitoral, no período compreendido entre 1º de abril e 30 de julho dos anos eleitorais, promoverá, em até cinco minutos diários, contínuos ou não, requisitados às emissoras de rádio e televisão, propaganda institucional, em rádio e televisão, destinada a incentivar a participação feminina na política, bem como a esclarecer os cidadãos sobre as regras e o funcionamento do sistema eleitoral brasileiro." (NR)

"Art. 94. (...)

§ 5º Nos Tribunais Eleitorais, os advogados dos candidatos ou dos partidos e coligações serão intimados para os feitos que não versem sobre a cassação do registro ou do diploma de que trata esta Lei por meio da publicação de edital eletrônico publicado na página do respectivo Tribunal na internet, iniciando-se a contagem do prazo no dia seguinte ao da divulgação." (NR)

"Art. 96. (...)

§ 11. As sanções aplicadas a candidato em razão do descumprimento de disposições desta Lei não se estendem ao respectivo partido, mesmo na hipótese de esse ter se beneficiado da conduta, salvo quando comprovada a sua participação." (NR)

"Art. 96-B. Serão reunidas para julgamento comum as ações eleitorais propostas por partes diversas sobre o mesmo fato, sendo competente para apreciá-las o juiz ou relator que tiver recebido a primeira.

§ 1º O ajuizamento de ação eleitoral por candidato ou partido político não impede ação do Ministério Público no mesmo sentido.

§ 2º Se proposta ação sobre o mesmo fato apreciado em outra cuja decisão ainda não transitou em julgado, será ela apensada ao processo anterior na instância em que ele se encontrar, figurando a parte como litisconsorte no feito principal.

§ 3º Se proposta ação sobre o mesmo fato apreciado em outra cuja decisão já tenha transitado em julgado, não será ela conhecida pelo juiz, ressalvada a apresentação de outras ou novas provas."

"Art. 100. A contratação de pessoal para prestação de serviços nas campanhas eleitorais não gera vínculo empregatício com o candidato ou partido contratantes, aplicando-se à pessoa física contratada o disposto na alínea *h* do inciso V do art. 12 da Lei nº 8.212, de 24 de julho de 1991.

Parágrafo único. Não se aplica aos partidos políticos, para fins da contratação de que trata o *caput*, o disposto no parágrafo único do.art. 15 da Lei nº 8.212, de 24 de julho de 1991." (NR)

Art. 3º A Lei nº 9.096, de 19 de setembro de 1995, passa a vigorar com as seguintes alterações:

"Art. 7º (...)

§ 1º Só é admitido o registro do estatuto de partido político que tenha caráter nacional, considerando-se como tal aquele que comprove, no período de dois anos, o apoiamento de eleitores não filiados a partido político, correspondente a, pelo menos, 0,5% (cinco décimos por cento) dos votos dados na última eleição geral para a Câmara dos Deputados, não computados os votos em branco e os nulos, distribuídos por um terço, ou mais, dos Estados, com um mínimo de 0,1% (um décimo por cento) do eleitorado que haja votado em cada um deles.

(...)." (NR)

"Art. 22-A. Perderá o mandato o detentor de cargo eletivo que se desfiliar, sem justa causa, do partido pelo qual foi eleito.

Parágrafo único. Consideram-se justa causa para a desfiliação partidária somente as seguintes hipóteses:

I. mudança substancial ou desvio reiterado do programa partidário;

II. grave discriminação política pessoal; e

III. mudança de partido efetuada durante o período de trinta dias que antecede o prazo de filiação exigido em lei para concorrer à eleição, majoritária ou proporcional, ao término do mandato vigente."

"Art. 32. (...)

§ 3º (*Revogado*).

§ 4º Os órgãos partidários municipais que não hajam movimentado recursos financeiros ou arrecadado bens estimáveis em dinheiro ficam desobrigados de prestar contas à Justiça Eleitoral, exigindo-se do responsável partidário, no prazo estipulado no *caput*, a apresentação de declaração da ausência de movimentação de recursos nesse período.

§ 5º A desaprovação da prestação de contas do partido não ensejará sanção alguma que o impeça de participar do pleito eleitoral." (NR)

"Art. 34. A Justiça Eleitoral exerce a fiscalização sobre a prestação de contas do partido e das despesas de campanha eleitoral, devendo atestar se elas refletem adequadamente a real movimentação financeira, os dispêndios e os recursos aplicados nas campanhas eleitorais, exigindo a observação das seguintes normas:

I. obrigatoriedade de designação de dirigentes partidários específicos para movimentar recursos financeiros nas campanhas eleitorais;

II. (*Revogado*);

III. relatório financeiro, com documentação que comprove a entrada e saída de dinheiro ou de bens recebidos e aplicados;

IV. obrigatoriedade de ser conservada pelo partido, por prazo não inferior a cinco anos, a documentação comprobatória de suas prestações de contas;

V. obrigatoriedade de prestação de contas pelo partido político e por seus candidatos no encerramento da campanha eleitoral, com o recolhimento imediato à tesouraria do partido dos saldos financeiros eventualmente apurados.

§ 1º A fiscalização de que trata o *caput* tem por escopo identificar a origem das receitas e a destinação das despesas com as atividades partidárias e eleitorais, mediante o exame formal dos documentos fiscais apresentados pelos partidos políticos e candidatos, sendo vedada a análise das atividades político-partidárias ou qualquer interferência em sua autonomia.

(...)" (NR)

"Art. 37. A desaprovação das contas do partido implicará exclusivamente a sanção de devolução da importância apontada como irregular, acrescida de multa de até 20% (vinte por cento).

(...)

§ 2º A sanção a que se refere o *caput* será aplicada exclusivamente à esfera partidária responsável pela irregularidade, não suspendendo o registro ou a anotação de seus órgãos de direção partidária nem tornando devedores ou inadimplentes os respectivos responsáveis partidários.

§ 3º A sanção a que se refere o *caput* deverá ser aplicada de forma proporcional e razoável, pelo período de um a doze meses, e o pagamento deverá ser feito por meio de desconto nos futuros repasses de cotas do Fundo Partidário, desde que a prestação de contas seja julgada, pelo juízo ou tribunal competente, em até cinco anos de sua apresentação.

(...)

§ 9º O desconto no repasse de cotas resultante da aplicação da sanção a que se refere o *caput* será suspenso durante o segundo semestre do ano em que se realizarem as eleições.

§ 10. Os gastos com passagens aéreas serão comprovados mediante apresentação de fatura ou duplicata emitida por agência de viagem, quando for o caso, desde que informados os beneficiários, as datas e os itinerários, vedada a exigência de apresentação de qualquer outro documento para esse fim.

Art. 3º

§ 11. Os órgãos partidários poderão apresentar documentos hábeis para esclarecer questionamentos da Justiça Eleitoral ou para sanear irregularidades a qualquer tempo, enquanto não transitada em julgado a decisão que julgar a prestação de contas.

§ 12. Erros formais ou materiais que no conjunto da prestação de contas não comprometam o conhecimento da origem das receitas e a destinação das despesas não acarretarão a desaprovação das contas.

§ 13. A responsabilização pessoal civil e criminal dos dirigentes partidários decorrente da desaprovação das contas partidárias e de atos ilícitos atribuídos ao partido político somente ocorrerá se verificada irregularidade grave e insanável resultante de conduta dolosa que importe enriquecimento ilícito e lesão ao patrimônio do partido.

§ 14. O instituto ou fundação de pesquisa e de doutrinação e educação política não será atingido pela sanção aplicada ao partido político em caso de desaprovação de suas contas, exceto se tiver diretamente dado causa à reprovação." (NR)

"Art. 37-A. A falta de prestação de contas implicará a suspensão de novas cotas do Fundo Partidário enquanto perdurar a inadimplência e sujeitará os responsáveis às penas da lei."

"Art. 39. (...)

§ 3º As doações de recursos financeiros somente poderão ser efetuadas na conta do partido político por meio de:

I. cheques cruzados e nominais ou transferência eletrônica de depósitos;

II. depósitos em espécie devidamente identificados;

III. mecanismo disponível em sítio do partido na internet que permita inclusive o uso de cartão de crédito ou de débito e que atenda aos seguintes requisitos:

a) identificação do doador;

b) emissão obrigatória de recibo eleitoral para cada doação realizada.

(...)" (NR)

"Art. 41-A. (...)

I. 5% (cinco por cento) serão destacados para entrega, em partes iguais, a todos os partidos que atendam aos requisitos constitucionais de acesso aos recursos do Fundo Partidário; e

(...)" (NR)

"Art. 44. (...)

I. na manutenção das sedes e serviços do partido, permitido o pagamento de pessoal, a qualquer título, observado, do total recebido, os seguintes limites:

a) 50% (cinquenta por cento) para o órgão nacional;

b) 60% (sessenta por cento) para cada órgão estadual e municipal;

(...)

V. na criação e manutenção de programas de promoção e difusão da participação política das mulheres, criados e mantidos pela secretaria da mulher do respectivo partido político ou, inexistindo a secretaria, pelo instituto ou fundação de pesquisa e de doutrinação e educação política de que trata o inciso IV, conforme percentual que será fixado pelo órgão nacional de direção partidária, observado o mínimo de 5% (cinco por cento) do total;

VI. no pagamento de mensalidades, anuidades e congêneres devidos a organismos partidários internacionais que se destinem ao apoio à pesquisa, ao estudo e à doutrinação política, aos quais seja o partido político regularmente filiado;

VII. no pagamento de despesas com alimentação, incluindo restaurantes e lanchonetes.

(...)

§ 5º O partido político que não cumprir o disposto no inciso V do *caput* deverá transferir o saldo para conta específica, sendo vedada sua aplicação para finalidade diversa, de modo que o saldo remanescente deverá ser aplicado dentro do exercício financeiro subsequente, sob pena de acréscimo de 12,5% (doze inteiros e cinco décimos por cento) do valor previsto no inciso V do *caput*, a ser aplicado na mesma finalidade.

§ 5º-A. A critério das agremiações partidárias, os recursos a que se refere o inciso V poderão ser acumulados em diferentes exercícios financeiros, mantidos em contas bancárias específicas, para utilização futura em campanhas eleitorais de candidatas do partido.

(...)

§ 7º A critério da secretaria da mulher ou, inexistindo a secretaria, a critério da fundação de pesquisa e de doutrinação e educação política, os recursos a que se refere o inciso V do *caput* poderão ser acumulados em diferentes exercícios financeiros, mantidos em contas bancárias específicas, para utilização futura em campanhas eleitorais de candidatas do partido, não se aplicando, neste caso, o disposto no § 5º." (NR)

"Art. 45. (...)

IV. promover e difundir a participação política feminina, dedicando às mulheres o tempo que será fixado pelo órgão nacional de direção partidária, observado o mínimo de 10% (dez por cento) do programa e das inserções a que se refere o art. 49.

(...)" (NR)

"Art. 49. Os partidos com pelo menos um representante em qualquer das Casas do Congresso Nacional têm assegurados os seguintes direitos relacionados à propaganda partidária:

I. a realização de um programa a cada semestre, em cadeia nacional, com duração de:

a) cinco minutos cada, para os partidos que tenham eleito até quatro Deputados Federais;

b) dez minutos cada, para os partidos que tenham eleito cinco ou mais Deputados Federais;

II. a utilização, por semestre, para inserções de trinta segundos ou um minuto, nas redes nacionais, e de igual tempo nas emissoras estaduais, do tempo total de:

a) dez minutos, para os partidos que tenham eleito até nove Deputados Federais;

b) vinte minutos, para os partidos que tenham eleito dez ou mais deputados federais.

Parágrafo único. A critério do órgão partidário nacional, as inserções em redes nacionais referidas no inciso II do *caput* deste artigo poderão veicular conteúdo regionalizado, comunicando-se previamente o Tribunal Superior Eleitoral." (NR)

Art. 4º A Lei nº 4.737, de 15 de julho de 1965 – Código Eleitoral, passa a vigorar com as seguintes alterações:

"Art. 7º (...)

§ 4º O disposto no inciso V do § 1º não se aplica ao eleitor no exterior que requeira novo passaporte para identificação e retorno ao Brasil." (NR)

"Art. 14. (...)

§ 3º Da homologação da respectiva convenção partidária até a diplomação e nos feitos decorrentes do processo eleitoral, não poderão servir como juízes nos Tribunais Eleitorais, ou como juiz eleitoral, o cônjuge ou o parente consanguíneo ou afim, até o segundo grau, de candidato a cargo eletivo registrado na circunscrição.

(...)" (NR)

"Art. 28. (...)

§ 4º As decisões dos Tribunais Regionais sobre quaisquer ações que importem cassação de registro, anulação geral de eleições ou perda de diplomas somente poderão ser tomadas com a presença de todos os seus membros.

§ 5º No caso do § 4º, se ocorrer impedimento de algum juiz, será convocado o suplente da mesma classe." (NR)

"Art. 93. O prazo de entrada em cartório ou na Secretaria do Tribunal, conforme o caso, de requerimento de registro de candidato a cargo eletivo terminará, improrrogavelmente, às dezenove horas do dia 15 de agosto do ano em que se realizarem as eleições.

§ 1º Até vinte dias antes da data das eleições, todos os requerimentos, inclusive os que tiverem sido impugnados, devem estar julgados pelas instâncias ordinárias, e publicadas as decisões a eles relativas.

§ 2º As convenções partidárias para a escolha dos candidatos serão realizadas, no máximo, até 5 de agosto do ano em que se realizarem as eleições.

(...)" (NR)

"Art. 108. Estarão eleitos, entre os candidatos registrados por um partido ou coligação que tenham obtido votos em número igual ou superior a 10% (dez por cento) do quociente eleitoral, tantos quantos o respectivo quociente partidário indicar, na ordem da votação nominal que cada um tenha recebido.

Parágrafo único. Os lugares não preenchidos em razão da exigência de votação nominal mínima a que se refere o *caput* serão distribuídos de acordo com as regras do art. 109." (NR)

"Art. 109. Os lugares não preenchidos com a aplicação dos quocientes partidários e em razão da exigência de votação nominal mínima a que se refere o art. 108 serão distribuídos de acordo com as seguintes regras:

I. dividir-se-á o número de votos válidos atribuídos a cada partido ou coligação pelo número de lugares definido para o partido pelo cálculo do quociente partidário do art. 107, mais um, cabendo ao partido ou coligação que apresentar a maior média um dos lugares a preencher, desde que tenha candidato que atenda à exigência de votação nominal mínima;

II. repetir-se-á a operação para cada um dos lugares a preencher;

III. quando não houver mais partidos ou coligações com candidatos que atendam às duas exigências do inciso I, as cadeiras serão distribuídas aos partidos que apresentem as maiores médias.

§ 1º O preenchimento dos lugares com que cada partido ou coligação for contemplado far-se-á segundo a ordem de votação recebida por seus candidatos.

§ 2º Somente poderão concorrer à distribuição dos lugares os partidos ou as coligações que tiverem obtido quociente eleitoral." (NR)

"Art. 112. (...)

Parágrafo único. Na definição dos suplentes da representação partidária, não há exigência de votação nominal mínima prevista pelo art. 108." (NR)

"Art. 224. (...)

§ 3º A decisão da Justiça Eleitoral que importe o indeferimento do registro, a cassação do diploma ou a perda do mandato de candidato eleito em pleito majoritário acarreta, após o trânsito em julgado, a realização de novas eleições, independentemente do número de votos anulados.

§ 4º A eleição a que se refere o § 3o correrá a expensas da Justiça Eleitoral e será:

I. indireta, se a vacância do cargo ocorrer a menos de seis meses do final do mandato;

II. direta, nos demais casos." (NR)

"Art. 233-A. Aos eleitores em trânsito no território nacional é assegurado o direito de votar para Presidente da República, Governador, Senador, Deputado Federal, Deputado Estadual e Deputado Distrital em urnas especialmente instaladas nas capitais e nos Municípios com mais de cem mil eleitores.

§ 1º O exercício do direito previsto neste artigo sujeita-se à observância das regras seguintes:

I. para votar em trânsito, o eleitor deverá habilitar-se perante a Justiça Eleitoral no período de até quarenta e cinco dias da data marcada para a eleição, indicando o local em que pretende votar;

II. aos eleitores que se encontrarem fora da unidade da Federação de seu domicílio eleitoral somente é assegurado o direito à habilitação para votar em trânsito nas eleições para Presidente da República;

III. os eleitores que se encontrarem em trânsito dentro da unidade da Federação de seu domicílio eleitoral poderão votar nas eleições para Presidente da República, Governador, Senador, Deputado Federal, Deputado Estadual e Deputado Distrital.

§ 2º Os membros das Forças Armadas, os integrantes dos órgãos de segurança pública a que se refere o art. 144 da Constituição Federal, bem como os integrantes das guardas municipais mencionados no § 8º do mesmo art. 144, poderão votar em trânsito se estiverem em serviço por ocasião das eleições.

§ 3º As chefias ou comandos dos órgãos a que estiverem subordinados os eleitores mencionados no § 2º enviarão obrigatoriamente à Justiça Eleitoral, em até quarenta e

Art. 4º

cinco dias da data das eleições, a listagem dos que estarão em serviço no dia da eleição com indicação das seções eleitorais de origem e destino.

§ 4º Os eleitores mencionados no § 2º, uma vez habilitados na forma do § 3º, serão cadastrados e votarão nas seções eleitorais indicadas nas listagens mencionadas no § 3º independentemente do número de eleitores do Município." (NR)

"Art. 240. A propaganda de candidatos a cargos eletivos somente é permitida após o dia 15 de agosto do ano da eleição.

(...)" (NR)

"Art. 257. (...)

§ 1º (...)

§ 2º O recurso ordinário interposto contra decisão proferida por juiz eleitoral ou por Tribunal Regional Eleitoral que resulte em cassação de registro, afastamento do titular ou perda de mandato eletivo será recebido pelo Tribunal competente com efeito suspensivo.

§ 3º O Tribunal dará preferência ao recurso sobre quaisquer outros processos, ressalvados os de *habeas corpus* e de mandado de segurança." (NR)

"Art. 368-A. A prova testemunhal singular, quando exclusiva, não será aceita nos processos que possam levar à perda do mandato."

Art. 5º O limite de gastos nas campanhas eleitorais dos candidatos às eleições para Presidente da República, Governador e Prefeito será definido com base nos gastos declarados, na respectiva circunscrição, na eleição para os mesmos cargos imediatamente anterior à promulgação desta Lei, observado o seguinte:

I. para o primeiro turno das eleições, o limite será de:

a) 70% (setenta por cento) do maior gasto declarado para o cargo, na circunscrição eleitoral em que houve apenas um turno;

b) 50% (cinquenta por cento) do maior gasto declarado para o cargo, na circunscrição eleitoral em que houve dois turnos;

II. para o segundo turno das eleições, onde houver, o limite de gastos será de 30% (trinta por cento) do valor previsto no inciso I.

Parágrafo único. Nos Municípios de até dez mil eleitores, o limite de gastos será de R$ 100.000,00 (cem mil reais) para Prefeito e de R$ 10.000,00 (dez mil reais) para Vereador, ou o estabelecido no *caput* se for maior.

Art. 6º O limite de gastos nas campanhas eleitorais dos candidatos às eleições para Senador, Deputado Federal, Deputado Estadual, Deputado Distrital e Vereador será de 70% (setenta por cento) do maior gasto contratado na circunscrição para o respectivo cargo na eleição imediatamente anterior à publicação desta Lei.

Art. 7º Na definição dos limites mencionados nos arts. 5º e 6º, serão considerados os gastos realizados pelos candidatos e por partidos e comitês financeiros nas campanhas de cada um deles.

Art. 8º Caberá à Justiça Eleitoral, a partir das regras definidas nos arts. 5º e 6º:

I. dar publicidade aos limites de gastos para cada cargo eletivo até 20 de julho do ano da eleição;

II. na primeira eleição subsequente à publicação desta Lei, atualizar monetariamente, pelo Índice Nacional de Preços ao Consumidor – INPC da Fundação Instituto Brasileiro de Geografia e Estatística – IBGE ou por índice que o substituir, os valores sobre os quais incidirão os percentuais de limites de gastos previstos nos arts. 5º e 6º;

III. atualizar monetariamente, pelo INPC do IBGE ou por índice que o substituir, os limites de gastos nas eleições subsequentes.

Art. 9º Nas três eleições que se seguirem à publicação desta Lei, os partidos reservarão, em contas bancárias específicas para este fim, no mínimo 5% (cinco por cento) e no máximo 15% (quinze por cento) do montante do Fundo Partidário destinado ao financiamento das campanhas eleitorais para aplicação nas campanhas de suas candidatas, incluídos nesse valor os recursos a que se refere o inciso V do art. 44 da Lei no 9.096, de 19 de setembro de 1995.

Art. 10. Nas duas eleições que se seguirem à publicação desta Lei, o tempo mínimo referido no inciso IV do art. 45 da Lei nº 9.096, de 19 de setembro de 1995, será de 20% (vinte por cento) do programa e das inserções.

Art. 11. Nas duas eleições que se seguirem à última das mencionadas no art. 10, o tempo mínimo referido no inciso IV do art. 45 da Lei nº 9.096, de 19 de setembro de 1995, será de 15% (quinze por cento) do programa e das inserções.

Art. 12. (Vetado).

Art. 12. Até a primeira eleição geral subsequente à aprovação desta Lei, será implantado o processo de votação eletrônica com impressão do registro do voto a que se refere o art. 59-A da Lei nº 9.504, de 30 de setembro de 1997...(Promulgação)

Art. 13. O disposto no § 1º do art. 7º da Lei nº 9.096, de 19 de setembro de 1995, no tocante ao prazo de dois anos para comprovação do apoiamento de eleitores, não se aplica aos pedidos protocolizados até a data de publicação desta Lei.

Art. 14. Esta Lei entra em vigor na data de sua publicação.

Art. 15. Revogam-se os §§ 1º e 2º do art. 10, o art. 17-A, os §§ 1º e 2º do art. 18, o art. 19, os incisos I e II do § 1º do art. 23, o inciso I do *caput* e o § 1º do art. 29, os §§ 1º e 2º do art. 48, o inciso II do art. 51, o art. 81 e o § 4º do art. 100-A da Lei nº 9.504, de 30 de setembro de 1997; o art. 18, o § 3º do art. 32 e os arts. 56 e 57 da Lei nº 9.096, de 19 de setembro de 1995; e o § 11 do art. 32 da Lei nº 9.430, de 27 de dezembro de 1996.

Brasília, 29 de setembro de 2015; 194º da Independência e 127º da República.

DILMA ROUSSEFF

José Eduardo Cardozo

Nelson Barbosa

Luís Inácio Lucena Adams

Este texto não substitui o publicado no DOU de 29/09/2015 – Edição extra.

LEI Nº 13.444, DE 11 DE MAIO DE 2017

> Dispõe sobre a Identificação Civil Nacional (ICN).

O Presidente da República. Faço saber que o Congresso Nacional decreta e eu sanciono a seguinte Lei:

Art. 1º É criada a Identificação Civil Nacional (ICN), com o objetivo de identificar o brasileiro em suas relações com a sociedade e com os órgãos e entidades governamentais e privados.

Art. 2º A ICN utilizará:

I – a base de dados biométricos da Justiça Eleitoral;

II – a base de dados do Sistema Nacional de Informações de Registro Civil (Sirc), criado pelo Poder Executivo federal, e da Central Nacional de Informações do Registro Civil (CRC Nacional), instituída pelo Conselho Nacional de Justiça, em cumprimento ao disposto no art. 41 da Lei nº 11.977, de 7 de julho de 2009;

III – outras informações, não disponíveis no Sirc, contidas em bases de dados da Justiça Eleitoral, dos institutos de identificação dos Estados e do Distrito Federal ou do Instituto Nacional de Identificação, ou disponibilizadas por outros órgãos, conforme definido pelo Comitê Gestor da ICN.

§ 1º A base de dados da ICN será armazenada e gerida pelo Tribunal Superior Eleitoral, que a manterá atualizada e adotará as providências necessárias para assegurar a integridade, a disponibilidade, a autenticidade e a confidencialidade de seu conteúdo e a interoperabilidade entre os sistemas eletrônicos governamentais.

§ 2º A interoperabilidade de que trata o § 1º deste artigo observará a legislação aplicável e as recomendações técnicas da arquitetura dos Padrões de Interoperabilidade de Governo Eletrônico (e-Ping).

Art. 3º O Tribunal Superior Eleitoral garantirá aos Poderes Executivo e Legislativo da União, dos Estados, do Distrito Federal e dos Municípios acesso à base de dados da ICN, de forma gratuita, exceto quanto às informações eleitorais.

§ 1º O Poder Executivo dos entes federados poderá integrar aos seus próprios bancos de dados as informações da base de dados da ICN, com exceção dos dados biométricos.

§ 2º Ato do Tribunal Superior Eleitoral disporá sobre a integração dos registros biométricos pelas Polícias Federal e Civil, com exclusividade, às suas bases de dados.

Art. 4º É vedada a comercialização, total ou parcial, da base de dados da ICN.

§ 1º (Vetado).

§ 2º O disposto no *caput* deste artigo não impede o serviço de conferência de dados que envolvam a biometria prestado a particulares, a ser realizado exclusivamente pelo Tribunal Superior Eleitoral.

Art. 5º É criado o Comitê Gestor da ICN.

§ 1º O Comitê Gestor da ICN será composto por:

I – 3 (três) representantes do Poder Executivo federal;

II – 3 (três) representantes do Tribunal Superior Eleitoral;

III – 1 (um) representante da Câmara dos Deputados;

IV – 1 (um) representante do Senado Federal;

V – 1 (um) representante do Conselho Nacional de Justiça.

§ 2º Compete ao Comitê Gestor da ICN:

I – recomendar:

a) o padrão biométrico da ICN;

b) a regra de formação do número da ICN;

c) o padrão e os documentos necessários para expedição do Documento Nacional de Identidade (DNI);

d) os parâmetros técnicos e econômico-financeiros da prestação do serviço de conferência de dados que envolvam a biometria;

e) as diretrizes para administração do Fundo da Identificação Civil Nacional (FICN) e para gestão de seus recursos;

II – orientar a implementação da interoperabilidade entre os sistemas eletrônicos do Poder Executivo federal e da Justiça Eleitoral;

III – estabelecer regimento.

§ 3º As decisões do Comitê Gestor da ICN serão tomadas por maioria de 2/3 (dois terços) dos membros.

§ 4º O Comitê Gestor da ICN poderá criar grupos técnicos, com participação paritária do Poder Executivo federal, do Poder Legislativo federal e do Tribunal Superior Eleitoral, para assessorá-lo em suas atividades.

§ 5º A participação no Comitê Gestor da ICN e em seus grupos técnicos será considerada serviço público relevante, não remunerado.

§ 6º A coordenação do Comitê Gestor da ICN será alternada entre os representantes do Poder Executivo federal e do Tribunal Superior Eleitoral, conforme regimento.

Art. 6º É instituído o Fundo da Identificação Civil Nacional (FICN), de natureza contábil, gerido e administrado pelo Tribunal Superior Eleitoral, com a finalidade de constituir fonte de recursos para o desenvolvimento e a manutenção da ICN e das bases por ela utilizadas.

§ 1º Constituem recursos do FICN:

I – os que lhe forem destinados no orçamento da União especificamente para os fins de que trata esta Lei, que não se confundirão com os recursos do orçamento da Justiça Eleitoral;

II – o resultado de aplicações financeiras sobre as receitas diretamente arrecadadas;

III – a receita proveniente da prestação do serviço de conferência de dados;

IV – outros recursos que lhe forem destinados, tais como os decorrentes de convênios e de instrumentos congêneres ou de doações.

§ 2º O FICN será administrado pelo Tribunal Superior Eleitoral, observadas as diretrizes estabelecidas pelo Comitê Gestor da ICN.

§ 3º O saldo positivo do FICN apurado em balanço será transferido para o exercício seguinte, a crédito do mesmo fundo.

§ 4º Observadas as diretrizes estabelecidas pelo Comitê Gestor da ICN, o FICN deverá garantir o funcionamento, a integração, a padronização e a interoperabilidade das bases biométricas no âmbito da União.

Art. 7º O Tribunal Superior Eleitoral estabelecerá cronograma das etapas de implementação da ICN e de coleta das informações biométricas.

Art. 8º É criado o Documento Nacional de Identidade (DNI), com fé pública e validade em todo o território nacional.

§ 1º O DNI faz prova de todos os dados nele incluídos, dispensando a apresentação dos documentos que lhe deram origem ou que nele tenham sido mencionados.

§ 2º (Vetado).

§ 3º O DNI será emitido:

I – pela Justiça Eleitoral;

II – pelos institutos de identificação civil dos Estados e do Distrito Federal, com certificação da Justiça Eleitoral;

III – por outros órgãos, mediante delegação do Tribunal Superior Eleitoral, com certificação da Justiça Eleitoral.

§ 4º O DNI poderá substituir o título de eleitor, observada a legislação do alistamento eleitoral, na forma regulamentada pelo Tribunal Superior Eleitoral.

§ 5º (Vetado).

Art. 9º O número de inscrição no Cadastro de Pessoas Físicas (CPF) será incorporado, de forma gratuita, aos documentos de identidade civil da União, dos Estados e do Distrito Federal.

Art. 10. O documento emitido por entidade de classe somente será validado se atender aos requisitos de biometria e de fotografia estabelecidos para o DNI.

Parágrafo único. As entidades de classe terão 2 (dois) anos para adequarem seus documentos aos requisitos estabelecidos para o DNI.

Art. 11. O poder público deverá oferecer mecanismos que possibilitem o cruzamento de informações constantes de bases de dados oficiais, a partir do número de inscrição no CPF do solicitante, de modo que a verificação do cumprimento de requisitos de elegibilidade para a concessão e a manutenção de benefícios sociais possa ser feita pelo órgão concedente.

Art. 12. O Poder Executivo federal e o Tribunal Superior Eleitoral editarão, no âmbito de suas competências, atos complementares para a execução do disposto nesta Lei.

Art. 13. Esta Lei entra em vigor na data de sua publicação.

Brasília, 11 de maio de 2017; 196º da Independência e 129º da República.

MICHEL TEMER
Osmar Serraglio
Dyogo Henrique de Oliveira
Eliseu Padilha
DOU, 12.05.2017.

LEI Nº 13.487, DE 6 DE OUTUBRO DE 2017.

Altera as Leis nºˢ 9.504, de 30 de setembro de 1997, e 9.096, de 19 de setembro de 1995, para instituir o Fundo Especial de Financiamento de Campanha (FEFC) e extinguir a propaganda partidária no rádio e na televisão.

O Presidente da República. Faço saber que o Congresso Nacional decreta e eu sanciono a seguinte Lei:

Art. 1º A Lei nº 9.504, de 30 de setembro 1997, passa a vigorar com as seguintes alterações:

Do Fundo Especial de Financiamento de Campanha (FEFC)

Art. 16-C. O Fundo Especial de Financiamento de Campanha (FEFC) é constituído por dotações orçamentárias da União em ano eleitoral, em valor ao menos equivalente:

I - ao definido pelo Tribunal Superior Eleitoral, a cada eleição, com base nos parâmetros definidos em lei;

II - a 30% (trinta por cento) dos recursos da reserva específica de que trata o inciso II do § 3º do art. 12 da Lei nº 13.473, de 8 de agosto de 2017.

§ 1º (Vetado).

§ 2º O Tesouro Nacional depositará os recursos no Banco do Brasil, em conta especial à disposição do Tribunal Superior Eleitoral, até o primeiro dia útil do mês de junho do ano do pleito.

§ 3º Nos quinze dias subsequentes ao depósito, o Tribunal Superior Eleitoral:

I - divulgará o montante de recursos disponíveis no Fundo Eleitoral; e

II - (Vetado).

§§ 4º a 6º (Vetados).

§ 7º Os recursos de que trata este artigo ficarão à disposição do partido político somente após a definição de critérios para a sua distribuição, os quais, aprovados pela maioria absoluta dos membros do órgão de direção executiva nacional do partido, serão divulgados publicamente.

§§ 8º a 10 (Vetados).

§ 11. Os recursos provenientes do Fundo Especial de Financiamento de Campanha que não forem utilizados nas campanhas eleitorais deverão ser devolvidos ao Tesouro Nacional, integralmente, no momento da apresentação da respectiva prestação de contas.

§§ 12 a 14. (Vetados).

§ 15. O percentual dos recursos a que se refere o inciso II do *caput* deste artigo poderá ser reduzido mediante compensação decorrente do remanejamento, se existirem, de dotações em excesso destinadas ao Poder Legislativo.

Art. 36. [...]

§ 2º Não será permitido qualquer tipo de propaganda política paga no rádio e na televisão.

Art. 99. [...]

§ 1º O direito à compensação fiscal das emissoras de rádio e televisão estende-se à veiculação de propaganda gratuita de plebiscitos e referendos de que dispõe o art. 8º da Lei nº 9.709, de 18 de novembro de 1998, mantido também, a esse efeito, o entendimento de que:

Art. 2º Os arts. 44 e 53 da Lei nº 9.096, de 19 de setembro de 1995, passam a vigorar com as seguintes alterações:

Art. 44. [...]

III - (Vetado);

Art. 53. [...]

§ 1º O instituto poderá ser criado sob qualquer das formas admitidas pela lei civil.

§ 2º O patrimônio da fundação ou do instituto de direito privado a que se referem o inciso IV do art. 44 desta Lei e o *caput* deste artigo será vertido ao ente que vier a sucedê-lo nos casos de:

I - extinção da fundação ou do instituto, quando extinto, fundido ou incorporado o partido político, assim como nas demais hipóteses previstas na legislação;

II - conversão ou transformação da fundação em instituto, assim como deste em fundação.

§ 3º Para fins do disposto no § 2º deste artigo, a versão do patrimônio implica a sucessão de todos os direitos, os deveres e as obrigações da fundação ou do instituto extinto, transformado ou convertido.

§ 4º A conversão, a transformação ou, quando for o caso, a extinção da fundação ou do instituto ocorrerá por decisão do órgão de direção nacional do partido político.

Art. 3º O valor a ser definido pelo Tribunal Superior Eleitoral, para os fins do disposto no inciso I do *caput* do art. 16-C da Lei nº 9.504, de 30 de setembro de 1997, será equivalente à somatória da compensação fiscal que as emissoras comerciais de rádio e televisão receberam pela divulgação da propaganda partidária efetuada no ano da publicação desta Lei e no ano imediatamente anterior, atualizada monetariamente, a cada eleição, pelo Índice Nacional de Preços ao Consumidor (INPC), da Fundação Instituto Brasileiro de Geografia e Estatística (IBGE), ou por índice que o substituir.

Art. 4º Esta Lei entra em vigor na data de sua publicação.

Art. 5º Ficam revogados, a partir do dia 1º de janeiro subsequente à publicação desta Lei, os arts. 45, 46, 47, 48 e 49 e o parágrafo único do art. 52 da Lei nº 9.096, de 19 de setembro de 1995.

Brasília, 6 de outubro de 2017; 196º da Independência e 129º da República.

MICHEL TEMER
Eliseu Padilha
Antonio Imbassahy

Este texto não substitui o publicado no DOU de 6.10.2017 - Edição extra.

LEI Nº 13.488, DE 6 DE OUTUBRO DE 2017.

> *Altera as Leis nºˢ 9.504, de 30 de setembro de 1997 (Lei das Eleições), 9.096, de 19 de setembro de 1995, e 4.737, de 15 de julho de 1965 (Código Eleitoral), e revoga dispositivos da Lei nº 13.165, de 29 de setembro de 2015 (Minirreforma Eleitoral de 2015), com o fim de promover reforma no ordenamento político-eleitoral.*

O Presidente da República. Faço saber que o Congresso Nacional decreta e eu sanciono a seguinte Lei:

CAPÍTULO I
DAS ALTERAÇÕES DA LEGISLAÇÃO ELEITORAL

Art. 1º A Lei nº 9.504, de 30 de setembro de 1997, passa a vigorar com as seguintes alterações:

Art. 4º Poderá participar das eleições o partido que, até seis meses antes do pleito, tenha registrado seu estatuto no Tribunal Superior Eleitoral, conforme o disposto em lei, e tenha, até a data da convenção, órgão de direção constituído na circunscrição, de acordo com o respectivo estatuto.

Art. 9º Para concorrer às eleições, o candidato deverá possuir domicílio eleitoral na respectiva circunscrição pelo prazo de seis meses e estar com a filiação deferida pelo partido no mesmo prazo.

Art. 11. [...]

§ 8º [...]

III - o parcelamento das multas eleitorais é direito dos cidadãos e das pessoas jurídicas e pode ser feito em até sessenta meses, salvo quando o valor da parcela ultrapassar 5% (cinco por cento) da renda mensal, no caso de cidadão, ou 2% (dois por cento) do faturamento, no caso de pessoa jurídica, hipótese em que poderá estender-se por prazo superior, de modo que as parcelas não ultrapassem os referidos limites;

IV - o parcelamento de multas eleitorais e de outras multas e débitos de natureza não eleitoral imputados pelo poder público é garantido também aos partidos políticos em até sessenta meses, salvo se o valor da parcela ultrapassar o limite de 2% (dois por cento) do repasse mensal do Fundo Partidário, hipótese em que poderá estender-se por prazo superior, de modo que as parcelas não ultrapassem o referido limite.

§ 14. É vedado o registro de candidatura avulsa, ainda que o requerente tenha filiação partidária.

Art. 16-D. Os recursos do Fundo Especial de Financiamento de Campanha (FEFC), para o primeiro turno das eleições, serão distribuídos entre os partidos políticos, obedecidos os seguintes critérios:

I - 2% (dois por cento), divididos igualitariamente entre todos os partidos com estatutos registrados no Tribunal Superior Eleitoral;

II - 35% (trinta e cinco por cento), divididos entre os partidos que tenham pelo menos um representante na Câmara dos Deputados, na proporção do percentual de votos por eles obtidos na última eleição geral para a Câmara dos Deputados;

III - 48% (quarenta e oito por cento), divididos entre os partidos, na proporção do número de representantes na Câmara dos Deputados, consideradas as legendas dos titulares;

IV - 15% (quinze por cento), divididos entre os partidos, na proporção do número de representantes no Senado Federal, consideradas as legendas dos titulares.

§ 1º (Vetado).

§ 2º Para que o candidato tenha acesso aos recursos do Fundo a que se refere este artigo, deverá fazer requerimento por escrito ao órgão partidário respectivo.

Art. 18. Os limites de gastos de campanha serão definidos em lei e divulgados pelo Tribunal Superior Eleitoral.

Art. 22-A. [...]

§ 3º Desde o dia 15 de maio do ano eleitoral, é facultada aos pré-candidatos a arrecadação prévia de recursos na modalidade prevista no inciso IV do § 4º do art. 23 desta Lei, mas a liberação de recursos por parte das entidades arrecadadoras fica condicionada ao registro da candidatura, e a realização de despesas de campanha deverá observar o calendário eleitoral.

§ 4º Na hipótese prevista no § 3º deste artigo, se não for efetivado o registro da candidatura, as entidades arrecadadoras deverão devolver os valores arrecadados aos doadores.

Art. 23. [...]

§ 1º (Vetado).

§ 1º-A (Vetado).

§ 1º-B (Vetado).

§ 3º A doação de quantia acima dos limites fixados neste artigo sujeita o infrator ao pagamento de multa no valor de até 100% (cem por cento) da quantia em excesso.

§ 4º [...]

IV - instituições que promovam técnicas e serviços de financiamento coletivo por meio de sítios na internet, aplicativos eletrônicos e outros recursos similares, que deverão atender aos seguintes requisitos:

a) cadastro prévio na Justiça Eleitoral, que estabelecerá regulamentação para prestação de contas, fiscalização instantânea das doações, contas intermediárias, se houver, e repasses aos candidatos;

b) identificação obrigatória, com o nome completo e o número de inscrição no Cadastro de Pessoas Físicas (CPF) de cada um dos doadores e das quantias doadas;

c) disponibilização em sítio eletrônico de lista com identificação dos doadores e das respectivas quantias doadas, a ser atualizada instantaneamente a cada nova doação;

d) emissão obrigatória de recibo para o doador, relativo a cada doação realizada, sob a responsabilidade da entidade arrecadadora, com envio imediato para a Justiça Eleitoral e para o candidato de todas as informações relativas à doação;

e) ampla ciência a candidatos e eleitores acerca das taxas administrativas a serem cobradas pela realização do serviço;

f) não incidência em quaisquer das hipóteses listadas no art. 24 desta Lei;

g) observância do calendário eleitoral, especialmente no que diz respeito ao início do período de arrecadação financeira, nos termos dispostos no § 2º do art. 22-A desta Lei;

h) observância dos dispositivos desta Lei relacionados à propaganda na internet;

V - comercialização de bens e/ou serviços, ou promoção de eventos de arrecadação realizados diretamente pelo candidato ou pelo partido político.

§ 4º-A Na prestação de contas das doações mencionadas no § 4º deste artigo, é dispensada a apresentação de recibo eleitoral, e sua comprovação deverá ser realizada por meio de documento bancário que identifique o CPF dos doadores.

§ 4º-B As doações realizadas por meio das modalidades previstas nos incisos III e IV do § 4º deste artigo devem ser informadas à Justiça Eleitoral pelos candidatos e partidos no prazo previsto no inciso I do § 4º do art. 28 desta Lei, contado a partir do momento em que os recursos arrecadados forem depositados nas contas bancárias dos candidatos, partidos ou coligações.

§ 6º Na hipótese de doações realizadas por meio das modalidades previstas nos incisos III e IV do § 4º deste artigo, fraudes ou erros cometidos pelo doador sem conhecimento dos candidatos, partidos ou coligações não ensejarão a responsabilidade destes nem a rejeição de suas contas eleitorais.

§ 7º O limite previsto no § 1º deste artigo não se aplica a doações estimáveis em dinheiro relativas à utilização de bens móveis ou imóveis de propriedade do doador ou à prestação de serviços próprios, desde que o valor estimado não ultrapasse R$ 40.000,00 (quarenta mil reais) por doador.

§ 8º Ficam autorizadas a participar das transações relativas às modalidades de doações previstas nos incisos III e IV do § 4º deste artigo todas as instituições que atendam, nos termos da lei e da regulamentação expedida pelo Banco Central, aos critérios para operar arranjos de pagamento.

§ 9º As instituições financeiras e de pagamento não poderão recusar a utilização de cartões de débito e de crédito como meio de doações eleitorais de pessoas físicas.

Art. 26. [...]

IV - despesas com transporte ou deslocamento de candidato e de pessoal a serviço das candidaturas, observadas as exceções previstas no § 3º deste artigo.

XV - custos com a criação e inclusão de sítios na internet e com o impulsionamento de conteúdos contratados diretamente com provedor da aplicação de internet com sede e foro no País;

§ 1º [...]

§ 2º Para os fins desta Lei, inclui-se entre as formas de impulsionamento de conteúdo a priorização paga de conteúdos resultantes de aplicações de busca na internet.

§ 3º Não são considerados gastos eleitorais nem se sujeitam a prestação de contas as seguintes despesas de natureza pessoal do candidato:

a) combustível e manutenção de veículo automotor usado pelo candidato na campanha;

b) remuneração, alimentação e hospedagem do condutor do veículo a que se refere a alínea *a* deste parágrafo;

c) alimentação e hospedagem própria;

d) uso de linhas telefônicas registradas em seu nome como pessoa física, até o limite de três linhas.

Art. 28. [...]

§ 6º [...]

III - a cessão de automóvel de propriedade do candidato, do cônjuge e de seus parentes até o terceiro grau para seu uso pessoal durante a campanha.

Art. 36-A. [...]

VII - campanha de arrecadação prévia de recursos na modalidade prevista no inciso IV do § 4º do art. 23 desta Lei.

Art. 37. [...]

§ 2º Não é permitida a veiculação de material de propaganda eleitoral em bens públicos ou particulares, exceto de:

I - bandeiras ao longo de vias públicas, desde que móveis e que não dificultem o bom andamento do trânsito de pessoas e veículos;

II - adesivo plástico em automóveis, caminhões, bicicletas, motocicletas e janelas residenciais, desde que não exceda a 0,5m² (meio metro quadrado).

Art. 39. [...]

§ 5º [...]

IV - a publicação de novos conteúdos ou o impulsionamento de conteúdos nas aplicações de internet de que trata o art. 57-B desta Lei, podendo ser mantidos em funcionamento as aplicações e os conteúdos publicados anteriormente.

§ 11. É permitida a circulação de carros de som e minitrios como meio de propaganda eleitoral, desde que observado o limite de oitenta decibéis de nível de pressão sonora, medido a sete metros de distância do veículo, e respeitadas as vedações previstas no § 3º deste artigo, apenas em carreatas, caminhadas e passeatas ou durante reuniões e comícios.

Art. 46. Independentemente da veiculação de propaganda eleitoral gratuita no horário definido nesta Lei, é facultada a transmissão por emissora de rádio ou televisão de debates sobre as eleições majoritária ou proporcional, assegurada a participação de candidatos dos partidos com representação no Congresso Nacional, de, no mínimo, cinco parlamentares, e facultada a dos demais, observado o seguinte:

Art. 49. Se houver segundo turno, as emissoras de rádio e televisão reservarão, a partir da sexta-feira seguinte à realização do primeiro turno e até a antevéspera da eleição, horário destinado à divulgação da propaganda eleitoral gratuita, dividida em dois blocos diários de dez minutos para cada eleição, e os blocos terão início às sete e às doze horas, no rádio, e às treze e às vinte horas e trinta minutos, na televisão.

Art. 51. Durante o período previsto no art. 47 desta Lei, as emissoras de rádio e televisão e os canais por assinatura mencionados no art. 57 desta Lei reservarão setenta minutos diários para a propaganda eleitoral gratuita, a serem usados em inserções de trinta e de sessenta segundos, a critério do respectivo partido ou coligação, assinadas obrigatoriamente pelo partido ou coligação, e distribuídas, ao longo da programação veiculada entre as cinco e as vinte quatro horas, nos termos do § 2º do art. 47 desta Lei, obedecido o seguinte:

§ 1º [...]

§ 2º Durante o período previsto no art. 49 desta Lei, onde houver segundo turno, as emissoras de rádio e televisão e os canais de televisão por assinatura mencionados no art. 57 desta Lei reservarão, por cada cargo em disputa, vinte e cinco minutos para serem usados em inserções de trinta e de sessenta segundos, observadas as disposições deste artigo.

Propaganda na Internet

Art. 57-A. [...]

Art. 57-B. [...]

IV - por meio de blogs, redes sociais, sítios de mensagens instantâneas e aplicações de internet assemelhadas cujo conteúdo seja gerado ou editado por:

a) candidatos, partidos ou coligações; ou

b) qualquer pessoa natural, desde que não contrate impulsionamento de conteúdos.

§ 1º Os endereços eletrônicos das aplicações de que trata este artigo, salvo aqueles de iniciativa de pessoa natural, deverão ser comunicados à Justiça Eleitoral, podendo ser mantidos durante todo o pleito eleitoral os mesmos endereços eletrônicos em uso antes do início da propaganda eleitoral.

§ 2º Não é admitida a veiculação de conteúdos de cunho eleitoral mediante cadastro de usuário de aplicação de internet com a intenção de falsear identidade.

§ 3º É vedada a utilização de impulsionamento de conteúdos e ferramentas digitais não disponibilizadas pelo provedor da aplicação de internet, ainda que gratuitas, para alterar o teor ou a repercussão de propaganda eleitoral, tanto próprios quanto de terceiros.

§ 4º O provedor de aplicação de internet que possibilite o impulsionamento pago de conteúdos deverá contar com canal de comunicação com seus usuários e somente poderá ser responsabilizado por danos decorrentes do conteúdo impulsionado se, após ordem judicial específica, não tomar as providências para, no âmbito e nos limites técnicos do seu serviço e dentro do prazo assinalado, tornar indisponível o conteúdo apontado como infringente pela Justiça Eleitoral.

§ 5º A violação do disposto neste artigo sujeita o usuário responsável pelo conteúdo e, quando comprovado seu prévio conhecimento, o beneficiário, à multa no valor de R$ 5.000,00 (cinco mil reais) a R$ 30.000,00 (trinta mil reais) ou em valor equivalente ao dobro da quantia despendida, se esse cálculo superar o limite máximo da multa.

§ 6º (Vetado).

Art. 57-C. É vedada a veiculação de qualquer tipo de propaganda eleitoral paga na internet, excetuado o impulsionamento de conteúdos, desde que identificado de forma inequívoca como tal e contratado exclusivamente por partidos, coligações e candidatos e seus representantes.

§ 2º A violação do disposto neste artigo sujeita o responsável pela divulgação da propaganda ou pelo impulsionamento de conteúdos e, quando comprovado seu prévio conhecimento, o beneficiário, à multa no valor de R$ 5.000,00 (cinco mil reais) a R$ 30.000,00 (trinta mil reais) ou em valor equivalente ao dobro da quantia despendida, se esse cálculo superar o limite máximo da multa.

§ 3º O impulsionamento de que trata o *caput* deste artigo deverá ser contratado diretamente com provedor da aplicação de internet com sede e foro no País, ou de sua filial, sucursal, escritório, estabelecimento ou representante legalmente estabelecido no País e apenas com o fim de promover ou beneficiar candidatos ou suas agremiações.

Art. 1º

Art. 57-I. A requerimento de candidato, partido ou coligação, observado o rito previsto no art. 96 desta Lei, a Justiça Eleitoral poderá determinar, no âmbito e nos limites técnicos de cada aplicação de internet, a suspensão do acesso a todo conteúdo veiculado que deixar de cumprir as disposições desta Lei, devendo o número de horas de suspensão ser definida proporcionalmente à gravidade da infração cometida em cada caso, observado o limite máximo de vinte e quatro horas.

Art. 57-J. O Tribunal Superior Eleitoral regulamentará o disposto nos arts. 57-A a 57-I desta Lei de acordo com o cenário e as ferramentas tecnológicas existentes em cada momento eleitoral e promoverá, para os veículos, partidos e demais entidades interessadas, a formulação e a ampla divulgação de regras de boas práticas relativas a campanhas eleitorais na internet.

Art. 58. [...]

§ 3º [...]

IV – [...]

a) deferido o pedido, o usuário ofensor deverá divulgar a resposta do ofendido em até quarenta e oito horas após sua entrega em mídia física, e deverá empregar nessa divulgação o mesmo impulsionamento de conteúdo eventualmente contratado nos termos referidos no art. 57-C desta Lei e o mesmo veículo, espaço, local, horário, página eletrônica, tamanho, caracteres e outros elementos de realce usados na ofensa;

Art. 93-A. O Tribunal Superior Eleitoral, no período compreendido entre 1º de abril e 30 de julho dos anos eleitorais, promoverá, em até cinco minutos diários, contínuos ou não, requisitados às emissoras de rádio e televisão, propaganda institucional, em rádio e televisão, destinada a incentivar a participação feminina, dos jovens e da comunidade negra na política, bem como a esclarecer os cidadãos sobre as regras e o funcionamento do sistema eleitoral brasileiro.

Art. 2º A Lei nº 9.096, de 19 de setembro de 1995, passa a vigorar com as seguintes alterações:

Art. 1º [...]

Parágrafo único. O partido político não se equipara às entidades paraestatais.

Art. 31. [...]

II - entes públicos e pessoas jurídicas de qualquer natureza, ressalvadas as dotações referidas no art. 38 desta Lei e as proveniente do Fundo Especial de Financiamento de Campanha;

III - (revogado);

V - pessoas físicas que exerçam função ou cargo público de livre nomeação e exoneração, ou cargo ou emprego público temporário, ressalvados os filiados a partido político.

Art. 3º A Lei nº 4.737, de 15 de julho de 1965 (Código Eleitoral), passa a vigorar com as seguintes alterações:

Art. 109. [...]

§ 2º Poderão concorrer à distribuição dos lugares todos os partidos e coligações que participaram do pleito.

Art. 354-A. Apropriar-se o candidato, o administrador financeiro da campanha, ou quem de fato exerça essa função, de bens, recursos ou valores destinados ao financiamento eleitoral, em proveito próprio ou alheio:

Pena - reclusão, de dois a seis anos, e multa.

CAPÍTULO II
DISPOSIÇÕES TRANSITÓRIAS

Art. 4º Em 2018, para fins do disposto nos incisos III e IV do *caput* do art. 16-D da Lei nº 9.504, de 30 de setembro de 1997, a distribuição dos recursos entre os partidos terá por base o número de representantes titulares na Câmara dos Deputados e no Senado Federal, apurado em 28 de agosto de 2017 e, nas eleições subsequentes, apurado no último dia da sessão legislativa imediatamente anterior ao ano eleitoral.

Art. 5º Nas eleições para Presidente da República em 2018, o limite de gastos de campanha de cada candidato será de R$ 70.000.000,00 (setenta milhões de reais).

Parágrafo único. Na campanha para o segundo turno, se houver, o limite de gastos de cada candidato será de 50% (cinquenta por cento) do valor estabelecido no *caput* deste artigo.

Art. 6º O limite de gastos nas campanhas dos candidatos às eleições de Governador e Senador em 2018 será definido de acordo com o número de eleitores de cada unidade da Federação apurado no dia 31 de maio de 2018, nos termos previstos neste artigo.

§ 1º Nas eleições para Governador, serão os seguintes os limites de gastos de campanha de cada candidato:

I - nas unidades da Federação com até um milhão de eleitores: R$ 2.800.000,00 (dois milhões e oitocentos mil reais);

II - nas unidades da Federação com mais de um milhão de eleitores e de até dois milhões de eleitores: R$ 4.900.000,00 (quatro milhões e novecentos mil reais);

III - nas unidades da Federação com mais de dois milhões de eleitores e de até quatro milhões de eleitores: R$ 5.600.000,00 (cinco milhões e seiscentos mil reais);

IV - nas unidades da Federação com mais de quatro milhões de eleitores e de até dez milhões de eleitores: R$ 9.100.000,00 (nove milhões e cem mil reais);

V - nas unidades da Federação com mais de dez milhões de eleitores e de até vinte milhões de eleitores: R$ 14.000.000,00 (catorze milhões de reais);

VI - nas unidades da Federação com mais de vinte milhões de eleitores: R$ 21.000.000,00 (vinte e um milhões de reais).

§ 2º Nas eleições para Senador, serão os seguintes os limites de gastos de campanha de cada candidato:

I - nas unidades da Federação com até dois milhões de eleitores: R$ 2.500.000,00 (dois milhões e quinhentos mil reais);

II - nas unidades da Federação com mais de dois milhões de eleitores e de até quatro milhões de eleitores: R$ 3.000.000,00 (três milhões de reais);

III - nas unidades da Federação com mais de quatro milhões de eleitores e de até dez milhões de eleitores: R$ 3.500.000,00 (três milhões e quinhentos mil reais);

IV - nas unidades da Federação com mais de dez milhões de eleitores e de até vinte milhões de eleitores: R$ 4.200.000,00 (quatro milhões e duzentos mil reais);

V - nas unidades da Federação com mais de vinte milhões de eleitores: R$ 5.600.000,00 (cinco milhões e seiscentos mil reais).

§ 3º Nas campanhas para o segundo turno de governador, onde houver, o limite de gastos de cada candidato será de 50% (cinquenta por cento) dos limites fixados no § 1º deste artigo.

Art. 7º Em 2018, o limite de gastos será de:
I - R$ 2.500.000,00 (dois milhões e quinhentos mil reais) para as campanhas dos candidatos às eleições de Deputado Federal;
II - R$ 1.000.000,00 (um milhão de reais) para as campanhas dos candidatos às eleições de Deputado Estadual e Deputado Distrital.

Art. 8º Nas eleições de 2018, se as doações de pessoas físicas a candidatos, somadas aos recursos públicos, excederem o limite de gastos permitido para a respectiva campanha, o valor excedente poderá ser transferido para o partido do candidato.

CAPÍTULO III
DISPOSIÇÕES FINAIS

Art. 9º Os partidos deverão adequar seus estatutos aos termos desta Lei até o final do exercício de 2017.

Art. 10. Esta Lei entra em vigor na data de sua publicação.

Art. 11. Ficam revogados o § 1º-A do art. 23 da Lei nº 9.504, de 30 de setembro de 1997, e os arts. 5º, 6º, 7º, 8º, 10 e 11 da Lei nº 13.165, de 29 de setembro de 2015. (Promulgação de parte vetada)

Brasília, 6 de outubro de 2017; 196º da Independência e 129º da República.
MICHEL TEMER
Eliseu Padilha
Antonio Imbassahy
Este texto não substitui o publicado no DOU de 06/10/2017 – Edição extra.

DECRETO Nº 4.199,
DE 16 DE ABRIL DE 2002

> *Dispõe sobre a prestação de informações institucionais relativas à Administração Pública Federal a partidos políticos, coligações e candidatos à Presidência da República até a data da divulgação oficial do resultado final das eleições.*

O Presidente da República, no uso da atribuição que lhe confere o art. 84, inciso VI, alínea "a", da Constituição,
Decreta:

Art. 1º. Este Decreto regulamenta a prestação de informações institucionais relativas à Administração Pública Federal a partidos políticos, coligações e candidatos à Presidência da República até a data de divulgação oficial do resultado final das eleições.

Art. 2º. Qualquer solicitação de informações institucionais relativas à Administração Pública Federal poderá ser feita por partido político ou coligação.

§ 1º Após a escolha de candidato a que se refere o art. 8º da Lei nº 9.504, de 30 de setembro de 1997, as informações relativas à Administração Pública Federal do interesse de partido político ou coligação com candidato à Presidência da República deverão ser formalizadas pelo candidato registrado do partido ou coligação.

§ 2º Na hipótese do § 1º, qualquer que seja a natureza da informação pleiteada, as solicitações deverão ser requeridas por escrito ao Secretário-Executivo da Casa Civil da Presidência da República.

§ 3º O Secretário-Executivo da Casa Civil da Presidência da República poderá requisitar a órgão, entidade ou servidor os dados necessários à satisfação da solicitação.

§ 4º O órgão, a entidade ou o servidor instado a se manifestar deverá fazê-lo no prazo de dez dias, salvo determinação diversa do Secretário-Executivo da Casa Civil da Presidência da República.

Art. 3º. As informações serão prestadas por escrito no prazo máximo de quinze dias, contados da data de protocolo da solicitação.

Art. 4º. As informações serão prestadas a teor de critérios estabelecidos pelo Chefe da Casa Civil da Presidência da República.

§ 1º Informações e dados estatísticos de domínio público constantes de estudos já finalizados poderão ser prestados a qualquer tempo.

§ 2º Em nenhuma hipótese, serão prestadas informações relativas a segredo de Estado ou protegidas por sigilo bancário, fiscal ou de justiça.

Art. 5º. Poderá ser constituído, no âmbito da Secretaria-Executiva da Casa Civil da Presidência da República, grupo de trabalho destinado à consecução do disposto neste Decreto.

Art. 6º. Quaisquer dúvidas no cumprimento deste Decreto serão dirimidas pelo Secretário-Executivo da Casa Civil da Presidência da República.

Art. 7º. Este Decreto entra em vigor na data da sua publicação.

Brasília, 16 de abril de 2002; 181º da Independência e 114º da República.
Fernando Henrique Cardoso
Pedro Parente
Publicado no *DOU* de 17/04/2002.

DECRETO Nº 7.791,
DE 17 DE AGOSTO DE 2012

> *Regulamenta a compensação fiscal na apuração do Imposto sobre a Renda da Pessoa Jurídica – IRPJ pela divulgação gratuita da propaganda partidária e eleitoral, de plebiscitos e referendos.*

A PRESIDENTA DA REPÚBLICA, no uso da atribuição que lhe confere o art. 84, *caput*, inciso IV, da Constituição, e tendo em vista o disposto no parágrafo único do art. 52 da Lei nº 9.096, de 19 de setembro de 1995, e no art. 99 da Lei nº 9.504, de 30 de setembro de 1997,
DECRETA:

Art. 1º. As emissoras de rádio e televisão obrigadas à divulgação gratuita da propaganda partidária e eleitoral, de plebiscitos e

Art. 1º

referendos poderão efetuar a compensação fiscal de que trata o parágrafo único do art. 52 da Lei nº 9.096, de 19 de setembro de 1995, e o art. 99 da Lei nº 9.504, de 30 de setembro de 1997, na apuração do Imposto sobre a Renda da Pessoa Jurídica – IRPJ, inclusive da base de cálculo dos recolhimentos mensais previstos na legislação fiscal, e da base de cálculo do lucro presumido.

Art. 2º. A apuração do valor da compensação fiscal de que trata o art. 1º se dará mensalmente, de acordo com o seguinte procedimento:

I – parte-se do preço dos serviços de divulgação de mensagens de propaganda comercial, fixados em tabela pública pelo veículo de divulgação, conforme previsto no art. 14 do Decreto nº 57.690, de 1º de fevereiro de 1966, para o mês de veiculação da propaganda partidária e eleitoral, do plebiscito ou referendo

II – apura-se o "valor do faturamento" com base na tabela a que se refere o inciso anterior, de acordo com o seguinte procedimento:

a) parte-se do volume de serviço de divulgação de mensagens de propaganda comercial local efetivamente prestado pelo veículo de divulgação no mês da veiculação da propaganda partidária e eleitoral, do plebiscito ou referendo;

b) classifica-se o volume de serviço da alínea "a" por faixa de horário, identificando-se o respectivo valor com base na tabela pública para veiculações comerciais locais;

c) para cada faixa de horário, multiplica-se o respectivo valor unitário de prestação de serviço pelo volume de serviço a ela relativo; e

d) o somatório dos resultados da multiplicação referida na alínea "c", para cada faixa de horário, corresponde ao "valor do faturamento", com base na tabela pública;

III – apura-se o "valor efetivamente faturado" no mês de veiculação da propaganda partidária ou eleitoral com base nos documentos fiscais emitidos pelos serviços de divulgação de mensagens de propaganda comercial local efetivamente prestados;

IV – calcula-se o coeficiente percentual entre os valores apurados conforme previsto nos incisos II e III do *caput*, de acordo com a seguinte fórmula:

Coeficiente Percentual = [
Valor efetivamente faturado (inciso III)
]* 100
Valor do faturamento conforme tabela (inciso II) * 0,8

V – para cada espaço de serviço de divulgação de mensagens de propaganda cedido para o horário eleitoral e partidário gratuito:

a) identifica-se, na tabela pública de que trata o inciso I, o respectivo preço, multiplicando-o pelo espaço cedido e por 0,8 (oito décimos);

b) multiplica-se cada resultado obtido na alínea "a" por 0,25 (vinte e cinco décimos) no caso de transmissões em bloco, e por um, no caso de inserções; e

c) aplica-se sobre cada valor apurado na alínea "b" o coeficiente percentual a que se refere o inciso IV do *caput*; e

VI – apura-se o somatório dos valores decorrentes da operação de que trata a alínea "c" do inciso V do *caput*.

Art. 3º O valor apurado na forma do inciso VI do *caput* do art. 2º poderá ser excluído:

I – do lucro líquido para determinação do lucro real;

II – da base de cálculo dos recolhimentos mensais previstos no art. 2º da Lei nº 9.430, de 27 de dezembro de 1996; e

III – da base de cálculo do IRPJ incidente sobre o lucro presumido.

Art. 4º As empresas concessionárias de serviços públicos de telecomunicações, obrigadas ao tráfego gratuito de sinais de televisão e rádio também poderão fazer a exclusão de que trata o art. 3º.

Art. 5º O disposto neste Decreto aplica-se também aos comunicados, às instruções e a outras requisições da Justiça Eleitoral, relativos aos programas partidários e eleitorais.

Art. 6º Fica o Ministro de Estado da Fazenda autorizado a expedir atos normativos complementares a este Decreto.

Art. 7º Este Decreto entra em vigor na data de sua publicação, produzindo efeitos a partir de 21 de dezembro de 2010.

Art. 8º Fica revogado o Decreto nº 5.331, de 4 de janeiro de 2005.

Brasília, 17 de agosto de 2012; 191º da Independência e 124º da República.
Dilma Rousseff
Guido Mantega
Este texto não substitui o publicado no *DOU* de 20.8.2012.

Decreto-Lei Nº 201, de 27 de fevereiro de 1967

> *Dispõe sobre a responsabilidade dos Prefeitos e Vereadores, e dá outras providências.*

O Presidente da República, usando da atribuição que lhe confere o parágrafo 2º, do art. 9º, do Ato Institucional nº 4, de 7 de dezembro de 1966,

Decreta:

Art. 1º. São crimes de responsabilidade dos prefeitos municipais, sujeitos ao julgamento do Poder Judiciário, independentemente do pronunciamento da câmara dos vereadores:

I. apropriar-se de bens ou rendas públicas, ou desviá-los em proveito próprio ou alheio;

II. utilizar-se, indevidamente, em proveito próprio ou alheio, de bens, rendas ou serviços públicos;

III. desviar, ou aplicar indevidamente, rendas ou verbas públicas;

IV. empregar subvenções, auxílios, empréstimos ou recursos de qualquer natureza, em desacordo com os planos ou programas a que se destinam;

V. ordenar ou efetuar despesas não autorizadas por lei, ou realizá-las em desacordo com as normas financeiras pertinentes;

VI. deixar de prestar contas anuais da administração financeira do Município a Câmara de Vereadores, ou ao órgão que a Constituição do Estado indicar, nos prazos e condições estabelecidos;

VII. deixar de prestar contas, no devido tempo, ao órgão competente, da aplicação de recursos, empréstimos subvenções ou auxílios internos ou externos, recebidos a qualquer título;

VIII. contrair empréstimo, emitir apólices, ou obrigar o Município por títulos de crédito, sem autorização da Câmara, ou em desacordo com a lei;

IX. conceder empréstimo, auxílios ou subvenções sem autorização da Câmara, ou em desacordo com a lei;

X. alienar ou onerar bens imóveis, ou rendas municipais, sem autorização da Câmara, ou em desacordo com a lei;

XI. adquirir bens, ou realizar serviços e obras, sem concorrência ou coleta de preços, nos casos exigidos em lei;

XII. antecipar ou inverter a ordem de pagamento a credores do Município, sem vantagem para o erário;

XIII. nomear, admitir ou designar servidor, contra expressa disposição de lei;

XIV. negar execução a lei federal, estadual ou municipal, ou deixar de cumprir ordem judicial, sem dar o motivo da recusa ou da impossibilidade, por escrito, à autoridade competente;

XV. deixar de fornecer certidões de atos ou contratos municipais, dentro do prazo estabelecido em lei.

XVI. deixar de ordenar a redução do montante da dívida consolidada, nos prazos estabelecidos em lei, quando o montante ultrapassar o valor resultante da aplicação do limite máximo fixado pelo Senado Federal;

XVII. ordenar ou autorizar a abertura de crédito em desacordo com os limites estabelecidos pelo Senado Federal, sem fundamento na lei orçamentária ou na de crédito adicional ou com inobservância de prescrição legal;

XVIII. deixar de promover ou de ordenar, na forma da lei, o cancelamento, a amortização ou a constituição de reserva para anular os efeitos de operação de crédito realizada com inobservância de limite, condição ou montante estabelecido em lei;

XIX. deixar de promover ou de ordenar a liquidação integral de operação de crédito por antecipação de receita orçamentária, inclusive os respectivos juros e demais encargos, até o encerramento do exercício financeiro;

XX. ordenar ou autorizar, em desacordo com a lei, a realização de operação de crédito com qualquer um dos demais entes da Federação, inclusive suas entidades da administração indireta, ainda que na forma de novação, refinanciamento ou postergação de dívida contraída anteriormente;

XXI. captar recursos a título de antecipação de receita de tributo ou contribuição cujo fato gerador ainda não tenha ocorrido;

XXII. ordenar ou autorizar a destinação de recursos provenientes da emissão de títulos para finalidade diversa da prevista na lei que a autorizou;

XXIII. realizar ou receber transferência voluntária em desacordo com limite ou condição estabelecida em lei. *(Incisos XVI a XXIII acrescidos pelo art. 4º da Lei nº 10.028/2000)*

§ 1º Os crimes definidos neste artigo são de ação pública, punidos os dos itens I e II, com a pena de reclusão, de dois a doze anos, e os demais, com a pena de detenção, de três meses a três anos.

§ 2º A condenação definitiva em qualquer dos crimes definidos neste artigo, acarreta a perda de cargo e a inabilitação, pelo prazo de cinco anos, para o exercício de cargo ou função pública, eletivo ou de nomeação, sem prejuízo da reparação civil do dano causado ao patrimônio público ou particular.

Art. 2º. O processo dos crimes definidos no artigo anterior é o comum do juízo singular, estabelecido pelo Código de Processo Penal, com as seguintes modificações:

I. Antes de receber a denúncia, o Juiz ordenará a notificação do acusado para apresentar defesa prévia, no prazo de cinco dias. Se o acusado não for encontrado para a notificação, ser-lhe-á nomeado defensor, a quem caberá apresentar a defesa, dentro no mesmo prazo;

II. Ao receber a denúncia, o Juiz manifestar-se-á, obrigatória e motivadamente, sobre a prisão preventiva do acusado, nos casos dos itens I e II do artigo anterior, e sobre o seu afastamento do exercício do cargo durante a instrução criminal, em todos os casos;

III. Do despacho, concessivo ou denegatório, de prisão preventiva, ou de afastamento do cargo do acusado, caberá recurso, em sentido estrito, para o Tribunal competente, no prazo de cinco dias, em autos apartados. O recurso do despacho que decretar a prisão preventiva ou o afastamento do cargo terá efeito suspensivo.

§ 1º Os órgãos federais, estaduais ou municipais, interessados na apuração da responsabilidade do Prefeito, podem requerer a abertura do inquérito policial ou a instauração da ação penal pelo Ministério Público, bem como intervir, em qualquer fase do processo, como assistente da acusação.

§ 2º Se as providências para a abertura do inquérito policial ou instauração da ação penal não forem atendidas pela autoridade policial ou pelo Ministério Público estadual, poderão ser requeridas ao Procurador-Geral da República.

Art. 3º. O Vice-Prefeito, ou quem vier a substituir o Prefeito, fica sujeito ao mesmo processo do substituído, ainda que tenha cessado a substituição.

Art. 4º. São infrações político-administrativas dos Prefeitos Municipais sujeitas ao julgamento pela Câmara dos Vereadores e sancionadas com a cassação do mandato:

I. impedir o funcionamento regular da Câmara;

II. impedir o exame de livros, folhas de pagamento e demais documentos que devam constar dos arquivos da Prefeitura, bem como a verificação de obras e serviços municipais, por comissão de investigação da Câmara ou auditoria, regularmente instituída;

III. desatender, sem motivo justo, as convocações ou os pedidos de informações da Câmara, quando feitos a tempo e em forma regular;

IV. retardar a publicação ou deixar de publicar as leis e atos sujeitos a essa formalidade;

V. deixar de apresentar à Câmara, no devido tempo, e em forma regular, a proposta orçamentária;

VI. descumprir o orçamento aprovado para o exercício financeiro;

VII. praticar, contra expressa disposição de lei, ato de sua competência ou emitir-se na sua prática;

VIII. omitir-se ou negligenciar na defesa de bens, rendas, direitos ou interesses do Município, sujeitos à administração da Prefeitura;

IX. ausentar-se do Município, por tempo superior ao permitido em lei, ou afastar-se da Prefeitura, sem autorização da Câmara dos Vereadores;

X. proceder de modo incompatível com a dignidade e o decoro do cargo.

Art. 5º. O processo de cassação do mandato do prefeito pela câmara, por infrações definidas no artigo anterior, obedecerá ao seguinte rito, se outro não for estabelecido pela legislação do Estado respectivo:

I. A denúncia escrita da infração poderá ser feita por qualquer eleitor, com a exposição dos fatos e a indicação das provas. Se o denunciante for vereador, ficará impedido de votar sobre a denúncia e de integrar a comissão processante, podendo, todavia, praticar todos os atos de acusação. Se o denunciante for o presidente da câmara, passará a presidência ao substituto legal, para os atos do processo,

Art. 5º

e só votará se necessário para completar o quórum de julgamento. Será convocado o suplente do vereador impedido de votar, o qual não poderá integrar a comissão processante;

II. De posse da denúncia, o Presidente da Câmara, na primeira sessão, determinará sua leitura e consultará a Câmara sobre o seu recebimento. Decidido o recebimento, pelo voto da maioria dos presentes, na mesma sessão será constituída a Comissão processante, com três Vereadores sorteados entre os desimpedidos, os quais elegerão, desde logo, o Presidente e o Relator;

III. Recebendo o processo, o Presidente da Comissão iniciará os trabalhos, dentro em cinco dias, notificando o denunciado, com a remessa de cópia da denúncia e documentos que a instruírem, para que, no prazo de dez dias, apresente defesa prévia, por escrito, indique as provas que pretender produzir e arrole testemunhas, até o máximo de dez. Se estiver ausente do Município, a notificação far-se-á por edital, publicado duas vezes, no órgão oficial, com intervalo de três dias, pelo menos, contado o prazo da primeira publicação. Decorrido o prazo de defesa, a Comissão processante emitirá parecer dentro em cinco dias, opinando pelo prosseguimento ou arquivamento da denúncia, o qual, neste caso, será submetido ao Plenário. Se a Comissão opinar pelo prosseguimento, o Presidente designará desde logo, o início da instrução, e determinará os atos, diligências e audiências que se fizerem necessários, para o depoimento do denunciado e inquirição das testemunhas.

IV. O denunciado deverá ser intimado de todos os atos do processo, pessoalmente, ou na pessoa de seu procurador, com a antecedência, pelo menos, de vinte e quatro horas, sendo lhe permitido assistir as diligências e audiências, bem como formular perguntas e reperguntas às testemunhas e requerer o que for de interesse da defesa;

V. concluída a instrução, será aberta vista do processo ao denunciado, para razões escritas, no prazo de 5 (cinco) dias, e, após, a Comissão processante emitirá parecer final, pela procedência ou improcedência da acusação, e solicitará ao Presidente da Câmara a convocação de sessão para julgamento. Na sessão de julgamento, serão lidas as peças requeridas por qualquer dos Vereadores e pelos denunciados, e, a seguir, os que desejarem poderão manifestar-se verbalmente, pelo tempo máximo de 15 (quinze) minutos cada um, e, ao final, o denunciado, ou seu procurador, terá o prazo máximo de 2 (duas) horas para produzir sua defesa oral; *(Inciso com redação dada pelo art. 1º da Lei nº 11.966/2009)*

VI. Concluída a defesa, proceder-se-á a tantas votações nominais, quantas forem as infrações articuladas na denúncia. Considerar-se-á afastado, definitivamente, do cargo, o denunciado que for declarado, pelo voto de dois terços, pelo menos, dos membros da Câmara, incurso em qualquer das infrações especificadas na denúncia. Concluído o julgamento, o Presidente da Câmara proclamará imediatamente o resultado e fará lavrar ata que consigne a votação nominal sobre cada infração, e, se houver condenação, expedirá o competente decreto legislativo de cassação do mandato de Prefeito. Se o resultado da votação for absolutório, o Presidente determinará o arquivamento do processo. Em qualquer dos casos, o Presidente da Câmara comunicará à Justiça Eleitoral o resultado;

VII. O processo, a que se refere este artigo, deverá estar concluído dentro em noventa dias, contados da data em que se efetivar a notificação do acusado. Transcorrido o prazo sem o julgamento, o processo será arquivado, sem prejuízo de nova denúncia ainda que sobre os mesmos fatos.

Art. 6º. Extingue-se o mandato de Prefeito, e, assim, deve ser declarado pelo Presidente da Câmara de Vereadores, quando:

I. Ocorrer falecimento, renúncia por escrito, cassação dos direitos políticos ou condenação por crime funcional ou eleitoral;

II. Deixar de tomar posse, sem motivo justo aceito pela Câmara, dentro do prazo estabelecido em lei;

III. Incidir nos impedimentos para o exercício do cargo, estabelecidos em lei, e não se desincompatibilizar até a posse, e, nos casos supervenientes, no prazo que a lei ou a Câmara fixar. Parágrafo único. A extinção do mandato independe de deliberação do plenário e se tornará efetiva desde a declaração do fato ou ato extintivo pelo Presidente e sua inserção em ata.

Art. 7º. A Câmara poderá cassar o mandato de Vereador, quando:

I. utilizar-se do mandato para a prática de atos de corrupção ou de improbidade administrativa;

II. fixar residência fora do Município;

III. proceder de modo incompatível com a dignidade da Câmara ou faltar com o decoro na sua conduta pública.

§ 1º O processo de cassação de mandato de Vereador é, no que couber, o estabelecido no art. 5º deste Decreto-Lei.

§ 2º *(Revogado pelo art. 107 da Lei nº 9.504/97)*

Art. 8º. Extingue-se o mandato do Vereador e assim será declarado pelo Presidente da Câmara, quando:

I. ocorrer falecimento, renúncia por escrito, cassação dos direitos políticos ou condenação por crime funcional ou eleitoral;

II. deixar de tomar posse, sem motivo justo aceito pela Câmara, dentro do prazo estabelecido em lei;

III. deixar de comparecer, em cada sessão legislativa anual, à terça parte das sessões ordinárias da Câmara Municipal, salvo por motivo de doença comprovada, licença ou missão autorizada pela edilidade; ou, ainda, deixar de comparecer a cinco sessões extraordinárias convocadas pelo prefeito, por escrito e mediante recibo de recebimento, para apreciação de matéria urgente, assegurada ampla defesa, em ambos os casos; *(Inciso com redação dada pelo art. 1º da Lei nº 6.793/80)*

IV. Incidir nos impedimentos para o exercício do mandato, estabelecidos em lei e não se desincompatibilizar até a posse, e, nos casos supervenientes, no prazo fixado em lei ou pela Câmara.

§ 1º Ocorrido e comprovado o ato ou fato extintivo, o Presidente da Câmara, na primeira sessão, comunicará ao plenário e fará constar da ata a declaração da extinção do mandato e convocará imediatamente o respectivo suplente.

§ 2º Se o Presidente da Câmara omitir-se nas providências no parágrafo anterior, o suplente do Vereador ou o Prefeito Municipal poderá requerer a declaração de extinção do mandato, por via judicial, e se procedente, o juiz condenará o Presidente omisso nas custas do processo e honorários de advogado que fixará de plano, importando a decisão judicial na destituição automática do cargo da Mesa e no impedimento para nova investidura durante toda a legislatura.

§ 3º O disposto no item III não se aplicará às sessões extraordinárias que forem convocadas pelo Prefeito, durante os períodos de recesso das Câmaras Municipais. *(Parágrafo acrescido pelo art. 1º da Lei nº 5.659/71)*

Art. 9º. O presente Decreto-Lei entrará em vigor na data de sua publicação, revogadas as Leis nºs 211, de 07 de janeiro de

1948, e 3.528, de 03 de janeiro de 1959, e demais disposições em contrário.

Brasília, 24 de fevereiro de 1967; 146º da Independência e 79º da República.

H. Castello Branco.

Publicado no *DOU* de 27/02/67 e retificado no *DOU* de 14/03/67.

DECRETO-LEI Nº 2.848, DE 07 DE DEZEMBRO DE 1940

◀ **CÓDIGO PENAL**

(..)

Art. 64. Para efeito de reincidência: *(Redação dada pela Lei nº 7.209, de 11.07.1984)*

(..)

II. não se consideram os crimes militares próprios e políticos. *(Redação dada pela Lei nº 7.209, de 11.07.1984)*

Art. 92. São também efeitos da condenação: *(Redação dada pela Lei nº 7.209, de 11.7.1984)*

I. a perda de cargo, função pública ou mandato eletivo: *(Redação dada pela Lei nº 9.268, de 1º.04.1996)*

a) quando aplicada pena privativa de liberdade por tempo igual ou superior a um ano, nos crimes praticados com abuso de poder ou violação de dever para com a Administração Pública; *(Incluído pela Lei nº 9.268, de 1º.04.1996)*

b) quando for aplicada pena privativa de liberdade por tempo superior a 4 (quatro) anos nos demais casos. *(Incluído pela Lei nº 9.268, de 1º.04.1996)*

Art. 359-G. Ordenar, autorizar ou executar ato que acarrete aumento de despesa total com pessoal, nos cento e oitenta dias anteriores ao final do mandato ou da legislatura: *(Incluído pela Lei nº 10.028, de 2000)*

(..)

DECRETO-LEI Nº 3.689, DE 03 DE OUTUBRO DE 1941

◀ **CÓDIGO DE PROCESSO PENAL**

(..)

Art. 395. A denúncia ou queixa será rejeitada quando: *(Redação dada pela Lei nº 11.719, de 2008)*

I. for manifestamente inepta; *(Incluído pela Lei nº 11.719, de 2008)*

II. faltar pressuposto processual ou condição para o exercício da ação penal; ou *(Incluído pela Lei nº 11.719, de 2008)*

III. faltar justa causa para o exercício da ação penal. *(Incluído pela Lei nº 11.719, de 2008)*

Parágrafo único. (Revogado). *(Incluído pela Lei nº 11.719, de 2008)*

Art. 396. Nos procedimentos ordinário e sumário, oferecida a denúncia ou queixa, o juiz, se não a rejeitar liminarmente, recebê-la-á e ordenará a citação do acusado para responder à acusação, por escrito, no prazo de 10 (dez) dias. *(Redação dada pela Lei nº 11.719, de 2008)*

Parágrafo único. No caso de citação por edital, o prazo para a defesa começará a fluir a partir do comparecimento pessoal do acusado ou do defensor constituído. *(Redação dada pela Lei nº 11.719, de 2008)*

Art. 396-A. Na resposta, o acusado poderá arguir preliminares e alegar tudo o que interesse à sua defesa, oferecer documentos e justificações, especificar as provas pretendidas e arrolar testemunhas, qualificando-as e requerendo sua intimação, quando necessário. *(Incluído pela Lei nº 11.719, de 2008)*

§ 1º A exceção será processada em apartado, nos termos dos arts. 95 a 112 deste Código. *(Incluído pela Lei nº 11.719, de 2008)*

§ 2º Não apresentada a resposta no prazo legal, ou se o acusado, citado, não constituir defensor, o juiz nomeará defensor para oferecê-la, concedendo-lhe vista dos autos por 10 (dez) dias. *(Incluído pela Lei nº 11.719, de 2008)*

Art. 397. Após o cumprimento do disposto no art. 396-A, e parágrafos, deste Código, o juiz deverá absolver sumariamente o acusado quando verificar: *(Redação dada pela Lei nº 11.719, de 2008)*

I. a existência manifesta de causa excludente da ilicitude do fato; *(Incluído pela Lei nº 11.719, de 2008)*

II. a existência manifesta de causa excludente da culpabilidade do agente, salvo inimputabilidade; *(Incluído pela Lei nº 11.719, de 2008)*

III. que o fato narrado evidentemente não constitui crime; ou *(Incluído pela Lei nº 11.719, de 2008)*

IV. extinta a punibilidade do agente. *(Incluído pela Lei nº 11.719, de 2008)*

(..)

Art. 399. Recebida a denúncia ou queixa, o juiz designará dia e hora para a audiência, ordenando a intimação do acusado, de seu defensor, do Ministério Público e, se for o caso, do querelante e do assistente. *(Redação dada pela Lei nº 11.719, de 2008)*

§ 1º O acusado preso será requisitado para comparecer ao interrogatório, devendo o poder público providenciar sua apresentação. *(Incluído pela Lei nº 11.719, de 2008)*

§ 2º O juiz que presidiu a instrução deverá proferir a sentença. *(Incluído pela Lei nº 11.719, de 2008)*

(..)

Art. 400. Na audiência de instrução e julgamento, a ser realizada no prazo máximo de 60 (sessenta) dias, proceder-se-á à tomada de declarações do ofendido, à inquirição das testemunhas arroladas pela acusação e pela defesa, nesta ordem, ressalvado o disposto no art. 222 deste Código, bem como aos esclarecimentos dos peritos, às acareações e ao reconhecimento de pessoas e coisas, interrogando-se, em seguida, o acusado. *(Redação dada pela Lei nº 11.719, de 2008)*

Art. 400

§ 1º As provas serão produzidas numa só audiência, podendo o juiz indeferir as consideradas irrelevantes, impertinentes ou protelatórias. *(Incluído pela Lei nº 11.719, de 2008).*

§ 2º Os esclarecimentos dos peritos dependerão de prévio requerimento das partes. *(Incluído pela Lei nº 11.719, de 2008).*

(..)

Art. 438. A recusa ao serviço do júri fundada em convicção religiosa, filosófica ou política importará no dever de prestar serviço alternativo, sob pena de suspensão dos direitos políticos, enquanto não prestar o serviço imposto. *(Redação dada pela Lei nº 11.689, de 2008)*

§ 1º Entende-se por serviço alternativo o exercício de atividades de caráter administrativo, assistencial, filantrópico ou mesmo produtivo, no Poder Judiciário, na Defensoria Pública, no Ministério Público ou em entidade conveniada para esses fins. *(Incluído pela Lei nº 11.689, de 2008)*

§ 2º O juiz fixará o serviço alternativo atendendo aos princípios da proporcionalidade e da razoabilidade. *(Incluído pela Lei nº 11.689, de 2008)*

(..)

LEGISLAÇÃO ELEITORAL BRASILEIRA

Resoluções

- Resolução-TSE nº 7.651/65
- Resolução nº 9.195/1972
- Resolução-TSE nº 19.481/96
- Resolução-TSE nº 19.994/97
- Resolução-TSE nº 20.593/2000
- Resolução-TSE nº 20.843/2001
- Resolução-TSE nº 20.958/2001
- Resolução-TSE nº 21.008/2002
- Resolução-TSE nº 21.009/2002
- Resolução-TSE nº 21.372/2003
- Resolução-TSE nº 21.477/2003
- Resolução-TSE nº 21.538/2003
- Resolução-TSE nº 21.574/2003
- Resolução-TSE nº 21.667/2004
- Resolução-TSE nº 21.711/2004
- Resolução-TSE nº 21.842/2004
- Resolução-TSE nº 21.843/2004
- Resolução-TSE nº 21.875/2004
- Resolução-TSE nº 21.920/2004
- Resolução-TSE nº 21.975/2004
- Resolução-TSE nº 21.991/2005
- Resolução-TSE nº 22.121/2005
- Resolução-TSE nº 22.166/2006
- Resolução-TSE nº 22.205/2006
- Resolução-TSE nº 22.607/2007
- Resolução-TSE nº 22.610/2007
- Resolução-TSE nº 22.685/2007
- Resolução-TSE nº 22.733/2008
- Resolução-TSE nº 22.747/2008
- Resolução nº 30/2008
- Resolução-TSE nº 23.088/2009
- Resolução-TSE nº 23.117/2009
- Resolução-TSE nº 23.207/2010
- Resolução-TSE nº 23.255/2010
- Resolução-TSE nº 23.268/2010
- Resolução-TSE nº 23.280/2010
- Resolução-TSE nº 23.326/2010
- Resolução-TSE nº 23.328/2010
- Resolução-TSE nº 23.332/2010
- Resolução TCU nº 241/2011
- Resolução-TSE nº 23.385/2012
- Resolução-TSE nº 23.389/2013
- Resolução-TSE nº 23.393/2013
- Resolução-TSE nº 23.396/2013
- Resolução-TSE nº 23.401/2013
- Resolução-TSE nº 23.402/2014
- Resolução nº 23.381/2012
- Resolução nº 23.416/2014
- Resolução nº 23.417/2014
- Resolução nº 23.418/2014
- Resolução nº 23.422/2014
- Resolução GPGJ nº 1.986/2015
- Resolução nº 23.464/2015
- Resolução nº 23.465/2015
- Resolução conjunta GPGJ/pre nº 12/2016
- Resolução nº 23.478/2016
- Resolução nº 23.517/2017
- Resolução nº 23.547/2017
- Resolução nº 23.548/2017
- Resolução nº 23.549/2017
- Resolução nº 23.550/2017
- Resolução nº 23.551/2017
- Resolução nº 23.553/2017
- Resolução nº 23.554/2017
- Resolução nº 23.555/2017
- Resolução nº 23.521/2018

Resolução-TSE
Nº 7.651/65

Instruções fixando as atribuições dos corregedores da Justiça Eleitoral.

O Tribunal Superior Eleitoral, usando das atribuições que lhe confere o art. 1º, parágrafo único do Código Eleitoral, e nos termos dos arts. 17, § 1º, e 26, § 1º, do citado código, resolve baixar as seguintes instruções fixando as atribuições do corregedor-geral e dos corregedores regionais da Justiça Eleitoral, ressalvadas, quanto a estes, as normas de caráter supletivo ou complementar julgadas necessárias pelos tribunais regionais perante os quais servirem.

CAPÍTULO I
DA CORREGEDORIA GERAL DA JUSTIÇA ELEITORAL

Art. 1º. A Corregedoria Geral da Justiça Eleitoral, é exercida pelo ministro eleito pelo Tribunal Superior Eleitoral, dentre os seus membros efetivos. A sua jurisdição abrange todo o país.
» *CF, art. 119, parágrafo único.*

Art. 2º. Ao corregedor-geral incumbe a inspeção e correição dos serviços eleitorais do país e, especialmente:

I. conhecer das reclamações apresentadas contra os tribunais regionais, encaminhando-as, com o resultado das sindicâncias a que proceder, ao Tribunal Superior Eleitoral, salvo no caso do inciso seguinte;

II. representar ao Tribunal Superior Eleitoral, ou ao Supremo Tribunal Federal, conforme o caso, quando, do resultado das sindicâncias, verificar que há infração penal a ser denunciada;

III. receber e processar reclamações contra os corregedores regionais, decidindo como entender de direito, ou, sendo caso, providenciar na forma do inciso II;

IV. verificar se as corregedorias regionais cumprem o disposto no art. 8º, e, julgando necessário, fazer correição nas zonas eleitorais de qualquer estado;

V. velar pela fiel execução das leis e instruções e pela boa ordem e celeridade dos serviços eleitorais, baixando os provimentos que julgar necessários;

VI. verificar se há erros, abusos ou irregularidades que devam ser corrigidos, evitados ou sanados, determinando, por provimento, a providência a ser tomada ou a corrigenda a se fazer;

VII. comunicar ao Tribunal Superior Eleitoral a falta grave ou procedimento que não couber, na sua atribuição, corrigir;

VIII. investigar se há crimes eleitorais a reprimir e se as denúncias já oferecidas na Justiça Eleitoral têm curso normal;

IX. orientar os corregedores regionais relativamente à regularidade dos serviços eleitorais nos respectivos estados;

X. indicar ao Tribunal Superior Eleitoral a substituição temporária, no serviço eleitoral, de qualquer juiz;

XI. requisitar a qualquer autoridade, civil ou militar, a colaboração necessária ao bom desempenho ou segurança de sua missão;

XII. cumprir e fazer cumprir as determinações do Tribunal Superior Eleitoral.

Art. 3º. Compete, ainda, ao corregedor-geral:

I. manter, na devida ordem, a Secretaria da Corregedoria e exercer a fiscalização de seus serviços;

II. proceder, nos autos que lhe forem afetos ou nas reclamações, a correição que se impuser, a fim de determinar a providência cabível;

III. comunicar ao presidente do Tribunal Superior Eleitoral a sua ausência, quando se locomover, em correição, para qualquer estado;

IV. convocar, à sua presença, o corregedor regional de estado, que deva, pessoalmente, prestar informações de interesse para a Justiça Eleitoral ou indispensáveis à solução de caso concreto;

V. praticar, quando em correição em zona eleitoral, todos os atos que as presentes instruções atribuem à competência do corregedor regional.

Art. 4º. Os provimentos emanados da Corregedoria-Geral vinculam os corregedores regionais, que lhes devem dar imediato e preciso cumprimento.

Art. 5º. No desempenho de suas atribuições o corregedor-geral se locomoverá para os estados e territórios nos seguintes casos:

I. por determinação do Tribunal Superior Eleitoral;

II. a pedido dos Tribunais Regionais Eleitorais;

III. a requerimento de partido deferido pelo Tribunal Superior Eleitoral;

IV. sempre que entender necessário.

Art. 6º. O Tribunal Superior Eleitoral organizará, mediante proposta do corregedor-geral, os serviços da Corregedoria, designando, para desempenhá-los, funcionários efetivos do seu quadro, e transformando o cargo de um deles, diplomado em direito e de conduta moral irrepreensível, no de escrivão da Corregedoria, símbolo PJ-1, a cuja nomeação serão inerentes, assim na Secretaria como nas diligências, as atribuições de titular de Ofício de Justiça.
» *CE, art. 378.*

Parágrafo único. Quando em correição fora do Distrito Federal, se não estiver acompanhado do escrivão da Corregedoria, o corregedor designará escrivão na forma do art. 15 ou, se a correição for na Capital de Estado, servirá como escrivão o secretário da Corregedoria Regional.

CAPÍTULO II
DAS CORREGEDORIAS REGIONAIS

Art. 7º. A Corregedoria da Justiça Eleitoral, em cada estado, é exercida pelo desembargador, membro do Tribunal Regional Eleitoral, ao qual não couber a função de presidente ou vice-presidente. A sua jurisdição abrange todo o estado, ficando sob sua supervisão todas as zonas e serviços eleitorais respectivos.

Art. 8º. Ao corregedor incumbe a inspeção e correição dos serviços eleitorais do estado e, especialmente:

I. conhecer das reclamações apresentadas contra os juízes eleitorais, encaminhando-as, com o resultado das sindicâncias que proceder, ao Tribunal Regional Eleitoral, quando considerar aplicável a pena de advertência, ressalvado o disposto no art. 10, § 4º;

II. velar pela fiel execução das leis e instruções e pela boa ordem e celeridade dos serviços eleitorais;

III. receber e processar reclamações contra juízes preparadores, escrivães e funcionários, decidindo como entender de direito ou remetendo-as ao juiz eleitoral competente para o processo e o julgamento;

IV. verificar se são observados, nos processos e atos eleitorais, os prazos legais; se há ordem e regularidade nos papéis, fichários, livros, devidamente escriturados os últimos e conservados de modo a preservá-los de perda, extravio ou qualquer dano; se os juízes e escrivães mantêm perfeita exação no cumprimento de seus deveres;

V. investigar se há crimes eleitorais a reprimir e se as denúncias já oferecidas têm curso normal;

VI. verificar se há erros, abusos ou irregularidades que devam ser corrigidos, evitados ou sanados, determinando, por provimento, a providência a ser tomada ou a corrigenda a se fazer;

VII. comunicar ao Tribunal Regional, a falta grave ou procedimento que não couber, na sua atribuição, corrigir;

VIII. aplicar, ao juiz preparador, ao escrivão eleitoral ou funcionário do cartório a pena disciplinar de advertência, censura ou suspensão, até 30 dias, conforme a gravidade da falta, sendo necessário, no último caso, que proceda a inquérito;

IX. cumprir e fazer cumprir as determinações do Tribunal Regional Eleitoral;

X. orientar os juízes eleitorais, relativamente à regularidade dos serviços nos respectivos juízos e cartórios.

Art. 9º. Compete, ainda, ao corregedor:

I. manter, na devida ordem, a Secretaria da Corregedoria e exercer a fiscalização de seus serviços;

II. proceder, nos autos que lhe forem afetos ou nas reclamações, à correição que se impuser, a fim de determinar a providência cabível;

III. comunicar ao presidente do Tribunal Regional Eleitoral a sua ausência, quando se locomover, em correição, para qualquer zona fora da capital;

IV. convocar, à sua presença, o juiz eleitoral da zona, que deva, pessoalmente, prestar informações de interesse para a Justiça Eleitoral ou indispensáveis à solução do caso concreto;

V. exigir, quando em correição na zona eleitoral, que o oficial do registro civil informe quais os óbitos de pessoas alistáveis ocorridos nos dois meses anteriores à sua fiscalização, a fim de apurar se está sendo observada a legislação em vigor;

VI. presidir a inquéritos contra juízes eleitorais, nos quais é obrigatória a presença do doutor procurador regional ou seu delegado.

Art. 10. No inquérito administrativo, instaurado contra o juiz eleitoral e que correrá com a presença do doutor procurador regional ou seu delegado, será o acusado notificado da matéria da acusação, para apresentar, se quiser, defesa, no prazo de cinco dias.

§ 1º Apresentada ou não a defesa, proceder-se-á à inquirição das testemunhas, inclusive as indicadas pelo acusado, até o número de cinco, e às diligências que se tornarem necessárias para a elucidação da verdade.

§ 2º Dando por encerrado o inquérito, o corregedor mandará abrir à defesa o prazo de cinco dias, para alegações, indo depois o processo ao procurador regional, que opinará dentro do mesmo prazo.

§ 3º Em seguida, o corregedor fará remessa do inquérito ao Tribunal Regional, acompanhado do relatório.

§ 4º O Tribunal Regional Eleitoral, no caso do nº I, primeira parte, do art. 8º, se entender necessária a abertura do inquérito, devolverá, ao corregedor, a reclamação apresentada contra o juiz eleitoral, para aquele fim.

§ 5º No processo administrativo para apuração de falta grave dos juízes preparadores, escrivães e demais funcionários da zona eleitoral, observar-se-á o disposto neste artigo, salvo quanto aos prazos de defesa e alegações, que ficam reduzidos para três dias e à exigência da intervenção do doutor procurador regional, que será facultativa.

Art. 11. A competência do corregedor, para aplicação de pena disciplinar a funcionários das zonas eleitorais, não exclui a dos respectivos juízes eleitorais.

Art. 12. Se o corregedor chegar à conclusão de que o funcionário deve ser destituído do serviço eleitoral, remeterá o processo, acompanhado do relatório, ao Tribunal Regional Eleitoral.

Art. 13. Os provimentos emanados da Corregedoria Regional vinculam os juízes eleitorais, que lhes devem dar imediato e preciso cumprimento.

Art. 14. No desempenho de suas atribuições o corregedor regional se locomoverá para as zonas eleitorais nos seguintes casos:

I. por determinação do Tribunal Superior Eleitoral ou do Tribunal Regional Eleitoral;

II. a pedido dos juízes eleitorais;

III. a requerimento de partido deferido pelo Tribunal Regional;

IV. sempre que entender necessário.

Art. 15. Quando em correição em qualquer zona fora da capital, o corregedor designará escrivão dentre os serventuários, desde que haja na comarca mais de um; e, não existindo ou estando impedido, escolherá pessoa idônea, apolítica, dentre os funcionários federais ou municipais, de preferência os primeiros.

§ 1º Se a correição for na capital, servirá como escrivão o secretário da Corregedoria.

§ 2º O escrivão ad hoc servirá independentemente de novo compromisso do seu cargo, sendo seu serviço considerado munus público.

Art. 16. Na correição a que proceder, verificará o corregedor se, após os pleitos, estão sendo aplicadas as multas aos eleitores faltosos e, ainda, aos que não se alistaram nos prazos determinados pela lei.

CAPÍTULO III
DISPOSIÇÕES GERAIS

Art. 17. O corregedor-geral, assim como o corregedor regional, exercem, cumulativamente, as funções de membros dos respectivos tribunais e as de corregedor.

Parágrafo único. Quando ausente do Distrito Federal, ou da capital do estado, o corregedor será substituído, se necessário quorum especial para julgamento, pelo substituto da mesma classe.

Art. 18. O corregedor-geral e os corregedores regionais, quando em correição fora da sede, terão direito a uma diária fixada pelo

Art. 18

Tribunal Superior Eleitoral, a fim de atender a despesas de locomoção e estada.

Art. 19. As corregedorias gozam, em matéria eleitoral, de franquia postal e telegráfica, na forma do art. 370 do Código Eleitoral.

Art. 20. No mês de dezembro de cada ano o corregedor-geral e os corregedores regionais apresentarão, aos respectivos tribunais, o relatório de suas atividades durante o ano, acompanhando-o de elementos elucidativos e oferecendo sugestões que devam ser examinadas no interesse da Justiça Eleitoral.

Art. 21. Nas diligências a serem realizadas, o corregedor, quando solicitar, será acompanhado do procurador-geral, ou do procurador regional, conforme o caso, ou de procurador designado quando o chefe do Ministério Público Eleitoral não puder acompanhar a diligência pessoalmente.

Art. 22. Qualquer eleitor, ou partido político, poderá se dirigir ao corregedor-geral, ou regional, relatando fatos e indicando provas, e pedir abertura de investigação para apurar uso indevido do poder econômico, desvio ou abuso do poder de autoridade, em benefício de candidato ou de partido político.

§ 1º O corregedor, verificada a seriedade da denúncia, procederá ou mandará proceder a investigações, regendo-se estas, no que lhes for aplicável, pela Lei nº 1.579, de 18 de março de 1952.

§ 2º A nenhum servidor público, inclusive de autarquia, de entidade paraestatal e de sociedade de economia mista, será lícito negar ou retardar ato de ofício em consequência de requerimento de eleitor destinado a obter provas para denunciar o fato à Corregedoria.

Art. 23. Estas instruções entram em vigor na data de sua publicação, revogadas as disposições em contrário.

Brasília, 24 de agosto de 1965.
ANTÔNIO MARTINS VILLAS BOAS, presidente e relator
Ministro GONÇALVES DE OLIVEIRA
Ministro OSCAR SARAIVA
Ministro AMÉRICO GODOY ILHA
Ministro DÉCIO MIRANDA
Ministro HENRIQUE DINIZ DE ANDRADA
Dr. OSWALDO TRIGUEIRO, procurador-geral eleitoral.
Publicada no *DJ* de 18/10/65.

Resolução Nº 9.195, de 8 de maio de 1972

Instruções sobre o Estatuto da Igualdade.

O Tribunal Superior Eleitoral, no uso das atribuições que lhe confere o art. 23, nº IX, do Código Eleitoral, resolve expedir as seguintes Instruções:

Art. 1º Ao português que haja adquirido o gozo dos direitos políticos no Brasil se aplicam, no que couber, as normas da *Resolução nº 7.875 (Instruções para o Alistamento Eleitoral).*
Res.-TSE 21.538/2003.

Art. 2º O português na condição do artigo anterior requererá seu alistamento, instruindo o pedido com a publicação oficial da *Portaria do Ministro da Justiça* e com o documento de identidade de que tratam, respectivamente, os arts. 8º e 9º do *Decreto nº 70.436, de 18 de abril de 1972.*

Art. 3º Constarão do título eleitoral e da folha individual de votação, após a indicação da naturalidade do eleitor, a de sua nacionalidade portuguesa, seguida da referência à Convenção sobre Igualdade de Direitos e Deveres entre Brasileiros e Portugueses, assim feita abreviadamente: "Estatuto da Igualdade".

Art. 4º O juiz eleitoral, sem prejuízo de providência idêntica nas hipóteses dos incisos *I, II, III, IV, V, VII e VIII do art. 41 da Resolução nº 7.875*, procederá ao cancelamento da inscrição do eleitor português ao receber a comunicação prevista no § 5º *do art. 20 do Decreto nº 70.436, de 18 de abril de 1972.*

Art. 5º Outorgado a brasileiro o gozo dos direitos políticos em Portugal, será cancelada sua inscrição eleitoral.

Parágrafo único. O Juiz eleitoral procederá ao cancelamento de que trata este artigo ao receber a comunicação prevista no *parágrafo único do art. 22 do Decreto nº 70.436, de 18 de abril de 1972.*

Art. 6º Estas Instruções entrarão em vigor na data de sua publicação, revogadas as disposições em contrário.

Sala das Sessões do Tribunal Superior Eleitoral.
Brasília, 8 de maio de 1972.
DJACI FALCÃO, presidente – C. E. DE BARROS BARRETO, relator – BARROS MONTEIRO – AMARAL SANTOS – ARMANDO ROLEMBERG – MÁRCIO RIBEIRO – HÉLIO PROENÇA DOYLE.
Fui presente, OSCAR CORRÊA PINA, procurador-geral eleitoral substituto.
Publicada no *DJ* de 12/05/1972.

Resolução-TSE Nº 19.481/96

Instruções para o acesso gratuito ao rádio e à televisão pelos partidos políticos.

O Tribunal Superior Eleitoral, usando das atribuições que lhe confere o art. 61 da Lei nº 9.096, de 19 de setembro de 1995, e, ainda, considerando o disposto no art. 4º da Lei nº 9.259, de 09 de janeiro de 1996, resolve expedir as seguintes instruções:

Art. 1º. A propaganda partidária gratuita, no rádio e na televisão, fica restrita aos horários disciplinados nestas Instruções, com proibição de propaganda paga e se destina, exclusivamente, a:
I. difundir os programas partidários;
II. transmitir mensagens aos filiados sobre a execução do programa partidário, dos eventos com este relacionados e das atividades congressuais do partido;
III. divulgar a posição do partido em relação a temas político-comunitários.

§ 1º Fica vedada, nos programas de que tratam estas Instruções:

I. a participação de pessoa filiada a partido diverso daquele responsável pela veiculação do programa;

II. a divulgação de propaganda de candidatos a cargo eletivos e a defesa de interesses pessoais ou de outros partidos;

III. a utilização de imagens ou cenas incorretas ou incompletas, efeitos audiovisuais ou quaisquer outros recursos que distorçam ou falseiem os fatos ou a sua comunicação.

» *Lei nº 9.096/95, art. 45, I, II, III e §§ 1º, I, II, III e 3º.*

§ 2º Julgada procedente representação formulada por órgão de direção de partido político, o Tribunal Superior Eleitoral cassará o direito à próxima transmissão do partido que contrariar as normas previstas neste artigo.

» *Lei nº 9.096/95, art. 45, § 2º.*

Art. 2º. O partido que comprovar o funcionamento parlamentar, nos termos do art. 13 da Lei nº 9.096/95, tem assegurado:

I. a realização de um programa em cadeia nacional e de um programa em cadeia estadual em cada semestre, com a duração de vinte minutos cada;

II. a utilização do tempo total de quarenta minutos, por semestre, para inserções de trinta segundos ou um minuto, nas redes nacionais, e de igual tempo nas emissoras estaduais.

» *Lei nº 9.096/95, art. 49, I e II.*

Art. 3º. No período de 20 de setembro de 1995 a 15 de fevereiro de 1999, é também assegurado o direito a transmissão ao partido que:

I. tenha registrado o seu estatuto no Tribunal Superior Eleitoral;

II. tenha elegido à Câmara dos Deputados e mantenha filiados, no mínimo, três representantes de diferentes Estados;

III. tenha representante na Câmara dos Deputados desde o início da Sessão Legislativa de 1995.

Parágrafo único. Ao partido que preencher as condições do inciso I e II deste artigo é assegurada a realização anual de um programa, em cadeia nacional, com a duração de dez minutos e, ao que preencher as condições do inciso I e III é assegurada a realização de um programa, em cadeia nacional, em cada semestre, com a duração de cinco minutos, não cumulativos com o tempo fixado na parte inicial deste parágrafo.

» *Lei nº 9.096/95, art. 56, I, III e IV.*

Art. 4º. O partido que não atender ao disposto nos arts. 2º e 3º destas Instruções tem assegurada a realização de um programa em cadeia nacional, em cada semestre, com a duração de dois minutos.

» *Lei nº 9.096/95, art. 48.*

Art. 5º. As emissoras de rádio e televisão ficam obrigadas a transmitir, em âmbito nacional e estadual, os programas partidários, sob a responsabilidade dos respectivos órgãos de direção, no horário entre as dezenove horas e trinta minutos e as vinte e duas horas.

» *Lei nº 9.096/95, arts. 45, caput e 46, caput.*

§ 1º As transmissões serão em bloco, em cadeia nacional ou estadual, e em inserções de trinta segundos ou um minuto, no intervalo da programação normal das emissoras.

» *Lei nº 9.096/95, art. 46, § 1º.*

§ 2º As inserções a serem feitas na programação das emissoras serão determinadas:

I. pelo Tribunal Superior Eleitoral, quando solicitadas por órgão de direção nacional de partido;

II. pelo Tribunal Regional, quando solicitadas por órgão de direção estadual de partido.

» *Lei nº 9.096/95, art. 46, § 6º, I e II.*

§ 3º Em cada rede somente serão autorizadas até dez inserções de trinta segundos ou cinco de um minuto por dia.

» *Lei nº 9.096/95, art. 46, § 7º.*

Art. 6º. A formação das cadeias, tanto nacional quanto estaduais, para veiculação dos programas em bloco, será autorizada pelo Tribunal Superior Eleitoral, que fará a necessária requisição dos horários às emissoras de rádio e televisão, com a antecedência mínima de quinze dias da data fixada para a veiculação, mediante requerimento subscrito pelo representante legal dos órgãos nacionais dos partidos.

» *Lei nº 9.096/95, art. 46, § 2º.*

Parágrafo único. No requerimento, que deverá ser instruído com prova de que o requerente faz jus à transmissão, fornecida pela Mesa da Câmara dos Deputados, o partido solicitará, conjuntamente, a formação das cadeias nacional e estaduais, indicando datas de sua preferência e informando, desde logo, as emissoras geradoras responsáveis pelas transmissões.

» *Lei nº 9.096/95, art 46, § 3º.*

Art. 7º. As transmissões dos programas partidários em bloco a nível nacional ocorrerão sempre às quintas-feiras e, a nível estadual, sempre às segundas-feiras.

Parágrafo único. O Tribunal Superior Eleitoral, havendo coincidência de datas, dará prioridade ao partido que apresentou o requerimento em primeiro lugar.

» *Lei nº 9.096/95, art. 46, § 4º.*

Art. 8º. O partido requerente, as emissoras geradoras, a Empresa Brasileira de Comunicação S/A – Sistema Radiobrás, a Empresa Brasileira de Telecomunicações S/A – EMBRATEL e a Associação Brasileira de Emissoras de Rádio e Televisão – ABERT, serão comunicadas da designação do dia e hora da transmissão, com a antecedência mínima de quinze dias.

Art. 9º. As fitas magnéticas, com as gravações dos programas em bloco ou em inserções, serão entregues diretamente pelo partido às emissoras geradoras com a antecedência mínima de doze horas do início da transmissão.

» *Lei nº 9.096/95, art. 46, § 5º.*

Parágrafo único. A não observância do prazo previsto no parágrafo anterior implicará no automático cancelamento do programa.

Art. 10. Para o cancelamento da transmissão, o partido deverá formular o pedido ao Tribunal Superior Eleitoral, com a antecedência de, no mínimo, setenta e duas horas.

§ 1º Excepcionalmente, na hipótese de motivo relevante ou motivo de força maior, o partido poderá requerer alteração do dia e hora anteriormente fixados, com a antecedência de, no mínimo, trinta dias.

§ 2º Em razão de relevante motivo nacional ou local, compete à Associação Brasileira de Emissoras de Rádio e Televisão – ABERT, solicitar ao Tribunal Superior Eleitoral competente eventual alteração no horário da transmissão gratuita anteriormente fixado.

Art. 11. As transmissões não estão sujeitas à prévia censura, por elas respondendo, na forma da lei, os que as promoverem, sem prejuízo da responsabilidade das expressões faladas ou das imagens transmitidas.

Parágrafo único. As emissoras de rádio e televisão deverão manter sob sua guarda, à disposição da Justiça Eleitoral, pelo prazo de trinta dias, as fitas magnéticas para servir como prova de ofensa à lei eventualmente cometida.

Art. 12. Para agilizar os procedimentos, condições especiais podem ser pactuadas diretamente entre as emissoras de rádio e televisão e os órgãos de direção do partido, obedecidos os limites estabelecidos nestas Instruções, dando-se conhecimento ao Tribunal Superior Eleitoral ou ao Tribunal Regional Eleitoral da respectiva jurisdição.

» *Lei nº 9.096/95, art. 47.*

Art. 13. Estas Instruções entram em vigor na data de sua publicação, revogada a Resolução-TSE nº 19.380, de 24 de outubro de 1995 e demais disposições em contrário.

Sala de Sessões do Tribunal Superior Eleitoral
Brasília, 21 de março de 1996

Resolução-TSE
Nº 19.994/97

Estabelece normas para a criação e desmembramento de zonas eleitorais e dá outras providências.

O Tribunal Superior Eleitoral, no uso das atribuições que lhe são conferidas pelo art. 23, inciso IX, do Código Eleitoral e;

Considerando a necessidade de promover melhores condições para o cumprimento das obrigações eleitorais;

Considerando que a criação de zonas eleitorais implica em consideráveis despesas de funcionamento;

Considerando a implementação do processo de modernização e de informatização em toda a Justiça Eleitoral;

Resolve:

Art. 1º. Os processos de criação e desmembramento de zonas eleitorais, nos termos do art. 30, IX, do Código Eleitoral, deverão ser instruídos com projeto do qual conste:

1. mapa geográfico, detalhando a área territorial abrangida pela zona eleitoral criada, e a da zona remanescente, a localização dos núcleos populacionais a serem assistidos, bem assim a indicação das zonas eleitorais limítrofes;

2. indicação das vias de acesso e os meios de transporte existentes na zona eleitoral criada, bem como dos meios de comunicação e vias de acesso que fazem ligação entre a zona criada e as limítrofes;

3. os sistemas de energia utilizados na localidade;

4. comprovação da existência de vara disponível, já instalada e em atividade, para designação de titular;

5. comprovação da existência de imóvel para a instalação da serventia eleitoral, e de servidores que a integrarão, mediante remanejamento ou requisição, sem ônus para a Justiça Eleitoral, com o compromisso do Executivo municipal no que diz respeito aos encargos financeiros decorrentes;

6. comprovação do número mínimo de eleitores na zona eleitoral criada, atendo-se aos quantitativos indicados no parágrafo primeiro deste item, permanecendo a unidade desmembrada com igual ou superior número de eleitores.

§ 1º Nas zonas eleitorais situadas nas Capitais dos Estados, no Distrito Federal e nas cidades cujo eleitorado seja igual ou superior a 200.000 inscritos, observar-se-á o mínimo de 70.000 (setenta mil) eleitores e naquelas do Interior, 50.000 (cinquenta mil) eleitores.

§ 2º Excepciona-se do critério estabelecido no parágrafo primeiro, a criação de zonas eleitorais em localidades comprovadamente de difícil acesso, mediante fundamentada justificativa do Tribunal Regional, considerando-se os seguintes quesitos:

a) localidades situadas, no mínimo, a 200 km da sede da zona eleitoral originária, se pavimentada a via de acesso;

b) localidades situadas, no mínimo, a 100 km da sede da zona eleitoral originária, se não pavimentada a via de acesso;

c) localidades acessíveis somente por via fluvial, cujo percurso demande, no mínimo, 4 (quatro) horas de viagem em embarcação motorizada.

§ 3º Nas zonas eleitorais criadas por força do disposto no parágrafo anterior, observar-se-á, nas Regiões Sul, Sudeste, Nordeste e Centro-Oeste (ressalvado o Estado do Mato Grosso), o número mínimo de 35.000 (trinta e cinco mil) eleitores; na Região Norte e no Estado do Mato Grosso, 10.000 (dez mil) eleitores, mantidos, na unidade remanescente, os quantitativos previstos no parágrafo primeiro.

§ 4º Em casos excepcionais, devidamente justificados, os Tribunais Regionais Eleitorais poderão propor ao Tribunal Superior Eleitoral a criação de novas zonas eleitorais que não satisfaçam às exigências preconizadas no parágrafo anterior. *(Parágrafo acrescentado pela Res.-TSE nº 20.041/97)*

Art. 2º. Em ano de realização de eleições, não deverão ser submetidas à apreciação do Tribunal Superior Eleitoral, as decisões que versem sobre a criação e desmembramento de zonas eleitorais.

Art. 3º. O Tribunal Superior Eleitoral promoverá, anualmente, a consolidação de todas as propostas remetidas pelos Tribunais Regionais, relativas à criação de Funções Comissionadas para as Chefias das zonas eleitorais das Capitais dos Estados e do Distrito Federal, e encaminhará o respectivo anteprojeto de lei ao Congresso Nacional até 31 de dezembro do exercício correspondente.

Art. 4º. Esta Resolução entra em vigor na data da sua publicação.

Art. 5º. Revogam-se as Resoluções de 14/10/93 – Processo 13.939/93 e de nº 19.386-A, de 16/11/95.

Sala de Sessões do Tribunal Superior Eleitoral
Brasília, 09 de outubro de 1997

Resolução-TSE
Nº 20.593/2000

> *Administrativo. Regulamentação do art. 1º da Lei nº 8.350, de 28 de dezembro de 1991. Sessões dos tribunais eleitorais. Gratificação de presença dos seus membros. Limites de pagamento.*

O Tribunal Superior Eleitoral, no uso de suas atribuições e tendo em vista o disposto no art. 1º da Lei nº 8.350, de 28 de dezembro de 1991,

RESOLVE:

Art. 1º. As sessões dos tribunais eleitorais são ordinárias e administrativas.

Art. 2º. Os membros dos tribunais eleitorais e respectivos substitutos percebem uma gratificação de presença por sessão, ordinária ou administrativa, a que compareçam, calculada da seguinte forma:

I. Tribunal Superior Eleitoral: 3% (três por cento) do vencimento básico de ministro do Supremo Tribunal Federal;

II. Tribunais regionais eleitorais: 3% (três por cento) do vencimento básico de juiz do Tribunal Regional Federal.

Parágrafo único. O pagamento da referida gratificação limita-se ao máximo mensal, para cada membro ou substituto, do correspondente a 8 (oito) sessões, e, no período compreendido entre 90 (noventa) dias antes e 90 (noventa) dias depois das eleições, a 15 (quinze) sessões.

Art. 3º. A gratificação mensal de juízes eleitorais corresponderá a 30% (trinta por cento) do vencimento básico do juiz federal.

Art. 4º. Os juízes auxiliares, a partir da designação prevista no § 3º do art. 96 da Lei nº 9.504/97, até a realização do 2º turno, inclusive, se houver, perceberão a gratificação mensal correspondente a 30% (trinta por cento) do vencimento básico do juiz federal.

Art. 5º. Revogam-se as disposições em contrário.

Sala de Sessões do Tribunal Superior Eleitoral.

Brasília, 4 de abril de 2000.

Ministro NÉRI DA SILVEIRA, Presidente
Ministro COSTA PORTO, Relator
Ministro MAURÍCIO CORRÊA
Ministro NELSON JOBIM
Ministro EDSON VIDIGAL
Ministro GARCIA VIEIRA
Ministro EDUARDO ALCKMIN

Publicada no *DJ* de 12/05/2000.

Resolução-TSE
Nº 20.843/2001

> *Dispõe sobre o reembolso, aos oficiais de justiça, de despesas no cumprimento de mandados da Justiça Eleitoral.*

O Tribunal Superior Eleitoral, no uso de suas atribuições legais, considerando os termos da Resolução-TSE nº 20.783, de 13/03/2001, resolve:

Art. 1º. Compete aos Tribunais Regionais Eleitorais reembolsar as despesas efetuadas pelos oficiais de justiça no cumprimento de mandados provenientes da Justiça Eleitoral.

Art. 2º. O reembolso será efetuado por mandado cumprido, adotando-se, para tanto, o valor constante das tabelas de custas das ações cíveis dos tribunais de justiça dos respectivos estados e do Distrito Federal.

Art. 3º. As despesas decorrentes da aplicação desta resolução correrão à conta da dotação orçamentária própria de cada Tribunal Regional Eleitoral.

Art. 4º. As despesas deverão obedecer à seguinte classificação:

I. em anos não eleitorais, na Ação "02.122.0570.2000.0391 – Manutenção de Serviços Administrativos", no grupo de natureza de despesa 33 – Custeio;

II. em anos eleitorais, na Ação "02.061.0570.4269.0001 – Pleitos Eleitorais", grupo de despesas 33 – Custeio.

Art. 5º. Esta resolução entra em vigor na data de sua publicação.

Sala de Sessões do Tribunal Superior Eleitoral
Brasília, 14 de agosto de 2001

Resolução-TSE
Nº 20.958/2001

> *Instruções que regulam a investidura e o exercício dos membros dos tribunais eleitorais e o término dos respectivos mandatos.*

O Tribunal Superior Eleitoral, usando das atribuições que lhe confere o art. 23, IX, do Código Eleitoral,

Resolve expedir as presentes Instruções que regulam a investidura e o exercício dos membros dos Tribunais Regionais Eleitorais e do Tribunal Superior Eleitoral e o término dos respectivos mandatos.

Art. 1º. Os juízes dos tribunais eleitorais, efetivos ou substitutos, servirão obrigatoriamente por dois anos e, facultativamente, por mais um biênio.

§ 1º O biênio será contado ininterruptamente a partir da data da posse, sem o desconto do tempo de qualquer afastamento, salvo na hipótese do parágrafo seguinte.

Art. 1º

§ 2º Não poderão servir como juízes nos tribunais regionais, desde a homologação da respectiva convenção partidária até a apuração final da eleição, o cônjuge, o parente consanguíneo ou afim, até o segundo grau, de candidato a cargo eletivo estadual ou federal, no Estado respectivo.

§ 3º Os juízes substitutos terão os mesmos direitos, garantias, prerrogativas, deveres e impedimentos dos juízes titulares.

Art. 2º. Nenhum juiz efetivo poderá voltar a integrar o mesmo tribunal, na mesma classe ou em diversa, após servir por dois biênios consecutivos, salvo se transcorridos dois anos do término do segundo biênio.

§ 1º O prazo de dois anos referido neste artigo somente poderá ser reduzido em caso de inexistência de outros juízes que preencham os requisitos legais.

§ 2º Para os efeitos deste artigo, consideram-se também consecutivos dois biênios quando entre eles houver tido interrupção inferior a dois anos.

Art. 3º. Ao juiz substituto, enquanto nessa categoria, aplicam-se as regras do artigo anterior, sendo-lhe permitido, entretanto, vir a integrar o tribunal como efetivo.

Art. 4º. Servirá no Tribunal Regional Eleitoral, nas condições dos artigos anteriores, o juiz federal que for escolhido pelo Tribunal Regional Federal.

Parágrafo único. Nas seções em que houver apenas um juiz federal, este será membro permanente do tribunal.

Art. 5º. A posse dos juízes dos tribunais eleitorais realizar-se-á dentro do prazo de trinta dias da publicação oficial da nomeação.

§ 1º O juiz efetivo será empossado perante o tribunal e o juiz substituto perante a Presidência, lavrando-se o termo competente.

§ 2º Quando a recondução se operar antes do término do primeiro biênio, será anotada no termo da investidura inicial, havendo, entretanto, nova posse se ocorrer interrupção do exercício.

§ 3º O prazo para a posse poderá ser prorrogado pelo tribunal respectivo, até mais sessenta dias, desde que assim o requeira, motivadamente, o juiz a ser compromissado.

Art. 6º. Os membros dos tribunais eleitorais serão licenciados:

I. automaticamente, e pelo mesmo prazo, os magistrados que hajam obtido licença na Justiça Comum;

II. pelo tribunal eleitoral a que pertencerem os da classe dos advogados e os magistrados afastados da Justiça Comum para servir exclusivamente à Justiça Eleitoral.

Art. 7º. Nos casos de vacância do cargo, licença, férias individuais ou afastamento de juiz efetivo, será obrigatoriamente convocado, pelo tempo que durar o motivo, juiz substituto da mesma classe, obedecida a ordem de antiguidade.

Art. 8º. Nas ausências ou impedimentos eventuais de juiz efetivo, somente será convocado juiz substituto por exigência de quorum legal.

Art. 9º. Compete ao tribunal eleitoral a que pertencer o juiz a apreciação da justa causa para dispensa da função eleitoral antes do transcurso do primeiro biênio.

Art. 10. Perderá automaticamente a jurisdição eleitoral o magistrado que se aposentar na Justiça Comum ou que terminar o respectivo período.

Art. 11. Até vinte dias antes do término do biênio de juiz das classes de magistrado, ou imediatamente depois da vacância do cargo por motivo diverso, o presidente do tribunal eleitoral convocará o tribunal competente para a escolha, esclarecendo, naquele caso, se se trata de primeiro ou de segundo biênio.

Art. 12. *(revogado pela Resolução nº 23.517/2017).*

Art. 13. Estas Instruções entram em vigor na data de sua publicação, revogadas as disposições em contrário.

Sala de Sessões do Tribunal Superior Eleitoral
Brasília, 18 de dezembro de 2001

RESOLUÇÃO-TSE Nº 21.008/2002

Dispõe sobre o voto dos eleitores portadores de deficiência.

O Tribunal Superior Eleitoral, usando das atribuições que lhe conferem os arts. 105 da Lei nº 9.504, de 30 de setembro de 1997, e 23, IX, do Código Eleitoral, resolve:

Art. 1º. Os juízes eleitorais, sob a coordenação dos Tribunais Regionais Eleitorais, deverão criar seções eleitorais especiais destinadas a eleitores portadores de deficiência.

§ 1º Nos municípios em que não for possível a criação de seção unicamente para esse fim, o juiz eleitoral poderá designar uma das seções existentes para também funcionar como seção especial para eleitores portadores de deficiência.

§ 2º As seções especiais de que cuida este artigo deverão ser instaladas em local de fácil acesso, com estacionamento próximo e instalações, inclusive sanitárias, que atendam às normas da ABNT NBR 9050.

Art. 2º. Os eleitores portadores de deficiência que desejarem votar nas seções especiais de que cuida o artigo anterior deverão solicitar transferência para aquelas seções até 151 dias antes das eleições.

» *Art. 91 da Lei nº 9.504/97.*

Art. 3º. Até noventa dias antes das eleições, os eleitores portadores de deficiência que votam em seções especiais poderão comunicar ao juiz eleitoral, por escrito, suas restrições e necessidades, a fim de que a Justiça Eleitoral, se possível, providencie os meios e recursos destinados a facilitar-lhes o exercício do voto.

Parágrafo único. As urnas eletrônicas, instaladas em seções especiais para eleitores portadores de deficiência visual, conterão dispositivo que lhes permita conferir o voto assinalado, sem prejuízo do sigilo do sufrágio.

Art. 4º. Os Tribunais Regionais Eleitorais farão ampla divulgação das regras estabelecidas nesta resolução.

Art. 5º. Esta resolução entra em vigor na data de sua publicação.

Sala de Sessões do Tribunal Superior Eleitoral.
Brasília, 05 de março de 2002.
Ministro NELSON JOBIM, presidente
Ministro FERNANDO NEVES, relator

Ministro SEPÚLVEDA PERTENCE – Ministra ELLEN GRACIE
Ministro GARCIA VIEIRA
Ministro SÁLVIO DE FIGUEIREDO TEIXEIRA
Ministro LUIZ CARLOS MADEIRA.
Publicada no *DJ* de 12/03/2002 e republicada no *DJ* de 11/04/2002.

Resolução-TSE Nº 21.009/2002

Estabelece normas relativas ao exercício da jurisdição eleitoral em primeiro grau.

O Tribunal Superior Eleitoral, no exercício de suas atribuições e considerando a necessidade de regulamentar os critérios concernentes às designações de juízes eleitorais de primeiro grau,
Resolve:

Art. 1º. A jurisdição em cada uma das zonas eleitorais em que houver mais de uma vara será exercida, pelo período de dois anos, por juiz de direito da respectiva comarca, em efetivo exercício.
» *CE, art. 32.*

Art. 2º. Nas faltas, férias ou impedimentos do titular, a jurisdição eleitoral será exercida pelo substituto, de acordo com a tabela do Judiciário estadual.

§ 1º Poderá o Tribunal Regional Eleitoral, declinando motivo relevante, atribuir o exercício da Substituição a outro juiz de direito que não o da tabela do Judiciário estadual.

§ 2º Nas capitais, os juízes eleitorais serão substituídos uns pelos outros, mediante designação do Tribunal Regional Eleitoral.

Art. 3º. Nas comarcas com mais de uma vara, caberá ao Tribunal Regional Eleitoral designar o juiz de direito que exercerá as funções de juiz eleitoral.

§ 1º Na designação, será observada a Antiguidade, apurada entre os juízes que não hajam exercido a titularidade na zona eleitoral, salvo impossibilidade;

§ 2º O Tribunal poderá, excepcionalmente, pelo voto de cinco (5) dos seus membros, afastar o critério indicado no parágrafo anterior (§ 1º) por conveniência objetiva do serviço eleitoral e no interesse da administração judiciária. Nesse caso, o critério para a escolha será o merecimento do magistrado, aferido pela operosidade e eficiência no exercício das jurisdições eleitoral e comum, segundo dados colhidos pelos Tribunais Regionais Eleitorais e pelos tribunais de justiça dos respectivos estados.

§ 3º A designação do juiz eleitoral, salvo nas comarcas de uma só vara, dependerá de inscrição do interessado no respectivo Tribunal Regional.

Art. 4º. O juiz eleitoral, ao assumir a jurisdição, comunicará ao Tribunal Regional Eleitoral o termo inicial, para os devidos fins. E os Tribunais Regionais Eleitorais deverão comunicar ao Tribunal Superior Eleitoral as designações e reconduções dos juízes eleitorais, informando as datas de início e fim do biênio.

Art. 5º. Não poderá servir como juiz eleitoral o cônjuge parente consanguíneo ou afim, até o segundo grau, de candidato a cargo efetivo registrado na circunscrição, durante o período entre o registro de candidaturas até apuração final da eleição.
» *CE, art. 14, § 3º.*

Art. 6º. Não se farão alterações na jurisdição eleitoral, prorrogando-se automaticamente o exercício do titular, entre três (3) meses antes e dois (2) meses após as eleições.

Art. 7º. Havendo mais de uma vara na comarca e estando a titularidade da zona ocupada há mais de dois (2) anos pelo mesmo juiz, o Tribunal Regional Eleitoral providenciará a designação e posse do novo titular.

Art. 8º. Esta resolução entra em vigor na data de sua publicação, revogadas as disposições em contrário.

Sala de Sessões do Tribunal Superior Eleitoral
Brasília, 05 de março de 2002

Resolução-TSE Nº 21.372/2003

Estabelece rotina para realização de correições nas zonas eleitorais do país.

O Tribunal Superior Eleitoral, usando das atribuições que lhe confere o art. 23, XVIII, do Código Eleitoral,
Resolve:

Art. 1º. O controle dos serviços eleitorais das zonas será realizado, diretamente, por meio de correições ordinárias e extraordinárias e, indiretamente, pela análise de relatórios apresentados.

§ 1º A correição tem por fim aferir a regularidade do funcionamento do cartório eleitoral e de seus serviços e será efetivada pelo juiz da zona respectiva ou pelo Corregedor Regional Eleitoral, ordinariamente, pelo menos uma vez a cada ano, até o dia 19 de dezembro.

§ 2º A correição extraordinária será realizada pelo juiz, de ofício, sempre que tomar conhecimento de erros, abusos ou irregularidades que devam ser corrigidos, evitados ou sanados ou quando determinada pelo Corregedor Regional, ou, ainda, pelo próprio Corregedor Regional, quando entender necessário.

Art. 2º. O Juiz Eleitoral ou o Corregedor Regional iniciará os trabalhos correspondentes fazendo lavrar os termos próprios, cuja peça introdutória será a cópia do Edital de Correição, seguida do ato de designação de servidor para atuar como secretário.

Parágrafo único. Os atos relacionados à atividade de correição deverão ser lavrados em duas vias, sendo uma para arquivo do cartório e outra para apresentação ao Corregedor Regional Eleitoral.

Art. 3º. A autoridade incumbida da correição, além de outras providências que julgar necessárias, verificará se:

I. os servidores estão regularmente investidos em suas funções;
II. os horários de trabalho e de atendimento ao público estão sendo regularmente cumpridos;

Art. 3º

III. a proibição relativa à filiação partidária de servidor da Justiça Eleitoral está sendo observada;
IV. o cartório possui os livros indispensáveis e se estes são escriturados de forma regular;
V. os feitos são registrados em livro próprio e se seguem ordem cronológica;
VI. os autos, livros e papéis findos ou em andamento estão bem guardados, conservados e catalogados;
VII. os processos têm trâmite regular;
VIII. as decisões e editais são publicados na forma regulamentar;
IX. são exigidas qualificação completa e assinatura no livro destinado à carga de processos;
X. estão sendo devidamente aplicadas as multas previstas na legislação, bem como feitas as necessárias anotações no cadastro;
XI. estão sendo inscritas em livro próprio as multas decorrentes de decisão condenatória não pagas no prazo de 30 dias e encaminhados os respectivos autos ao TRE no prazo de 5 dias;
XII. as instalações do cartório são adequadas às necessidades do serviço;
XIII. os documentos de uso exclusivo da Justiça Eleitoral estão resguardados do acesso de pessoas estranhas ao serviço eleitoral;
XIV. estão sendo regularmente comunicados pelos oficiais do registro civil os óbitos dos cidadãos alistáveis no município e feitas, no cadastro, as anotações relativas ao cancelamento das inscrições;
XV. estão sendo devidamente comunicadas as situações de condenação criminal transitada em julgado, incapacidade civil absoluta, conscrição e recusa de cumprimento do serviço militar obrigatório, improbidade administrativa e opção pelo gozo dos direitos políticos em Portugal, e feitas, no cadastro, as anotações relativas à suspensão de direitos políticos;
XVI. as comunicações relativas a óbito ou à suspensão de direitos políticos referentes a eleitores não pertencentes à zona eleitoral são encaminhadas à autoridade judiciária competente;
XVII. são obedecidos os procedimentos relativos à anotação, no cadastro, das filiações e desfiliações partidárias;
XVIII. os documentos de conservação obrigatória estão sendo arquivados pelo período mínimo estabelecido e de forma organizada;
XIX. as ausências ao pleito e as justificativas eleitorais estão sendo devidamente anotadas no cadastro;
XX. os Requerimentos de Alistamento Eleitoral – RAE e os Formulários de Atualização de Situação de Eleitor – FASE estão sendo preenchidos, digitados e transmitidos na conformidade das instruções pertinentes, inclusive em relação ao campo do FASE "complemento obrigatório";
XXI. as duplicidades e pluralidades de inscrições de competência da zona eleitoral estão sendo tratadas com a devida celeridade;
XXII. a eventual utilização de chancela obedece às normas vigentes;
XXIII. a guarda de formulários e títulos em branco segue critérios rigorosos de segurança;
XXIV. a entrega de títulos é feita somente ao próprio eleitor, com a assinatura ou aposição de impressão digital no Protocolo de Entrega de Título Eleitoral – PETE;
XXV. a guarda e conservação dos bens patrimoniais da Justiça Eleitoral estão sendo devidamente observadas;
XXVI. as informações solicitadas são prestadas com a celeridade requerida;
XXVII. são feitas as devidas anotações no histórico de inscrições de mesários faltosos;
XXVIII. todos os servidores têm acesso às normas expedidas relacionadas à atividade dos cartórios;
XXIX. o restabelecimento de inscrições canceladas é feito em estrita observância ao que dispõem as normas pertinentes;
XXX. o tratamento do banco de erros tem sido realizado com a frequência e a correção necessárias;
XXXI. existem práticas viciosas, erros, abusos ou irregularidades a serem evitadas, coibidas ou sanadas.

Art. 4º. Ao realizar a correição, poderá o Juiz Eleitoral ou o Corregedor Regional Eleitoral solicitar o acompanhamento de representante do Ministério Público.

Art. 5º. O Juiz Eleitoral deverá encaminhar relatório da correição à Corregedoria Regional até o dia 30 de janeiro do ano subsequente à sua realização, sob pena de incorrer em falta funcional sujeita a apuração mediante inquérito administrativo presidido pelo Corregedor Regional.

Art. 6º. O Corregedor-Geral poderá, a pedido do Corregedor Regional, por determinação do Tribunal Superior Eleitoral ou quando entender necessário, realizar correições nas zonas eleitorais ou Corregedorias Regionais.

Art. 7º. As Corregedorias Regionais poderão baixar normas complementares a esta resolução, visando atender às peculiaridades das respectivas circunscrições.

Art. 8º. Na última folha dos autos e livros submetidos a exame deverá ser lançada anotação "vistos em correição".

Art. 9º. Às Corregedorias Regionais incumbe a fiscalização do fiel cumprimento desta resolução.

Art. 10. Esta resolução entra em vigor nesta data, revogadas as disposições em contrário. Os advogados a que se refere o inciso III do § 1º do art. 120 da Constituição Federal, na data em que forem indicados, deverão estar no exercício da advocacia e possuir dez anos consecutivos ou não de prática profissional.

Sala de Sessões do Tribunal Superior Eleitoral
Brasília, 25 de março de 2003

Resolução-TSE
Nº 21.477/2003

Dispõe sobre a formação do agravo de instrumento contra decisão que não admitir o processamento do recurso especial.

O Tribunal Superior Eleitoral, usando das atribuições que lhe confere o art. 23, XVIII, do Código Eleitoral, resolve:

Art. 1º. Na Justiça Eleitoral, a interposição de agravo de instrumento contra decisão que não admitir o processamento de recurso especial observará o disposto no art. 279 do Código Eleitoral.

Art. 2º. Incumbe às partes indicar para traslado as peças indispensáveis à perfeita compreensão da controvérsia, devendo estar, entre elas, necessariamente, o acórdão recorrido e a petição do recurso especial, bem como a comprovação da interposição tempestiva.

Art. 3º. Na formação do instrumento de agravo, o traslado das peças obrigatórias – a decisão recorrida e a certidão de intimação –, bem como daquelas indicadas pelas partes, é de responsabilidade das secretarias dos tribunais regionais, que se encarregarão de efetuar as cópias.

§ 1º As secretarias dos Tribunais Regionais Eleitorais deverão certificar-se de que todas as peças foram devidamente trasladadas, cuidando para que também a autenticação do protocolo na petição de interposição do recurso esteja legível.

§ 2º As partes recolherão o valor referente às cópias das peças que indicarem, no prazo de dois dias da interposição do agravo ou da juntada das contrarrazões, independentemente de intimação, juntando o comprovante aos autos, no mesmo prazo.

§ 3º Para os fins do parágrafo anterior, os tribunais manterão tabela de valores à disposição dos interessados, devendo as cópias ser cobradas pelo preço de custo.

§ 4º Os valores recebidos pelas cópias reprográficas, quando arrecadados no mesmo ano de exercício, retornarão ao orçamento do Tribunal e serão destinados ao pagamento dos equipamentos utilizados na reprografia; quando forem referentes ao exercício anterior, serão repassados ao Tesouro Nacional.

§ 5º As partes que desejarem poderão apresentar, no ato da interposição do agravo ou da resposta, as peças que deverão compor o instrumento, declarando o procurador a autenticidade delas.

§ 6º Não será admitida a complementação de instrumento deficiente perante o Tribunal Superior Eleitoral.

Art. 4º. Esta resolução entra em vigor na data de sua publicação.

Sala de Sessões do Tribunal Superior Eleitoral
Brasília, 28 de agosto de 2003

Resolução-TSE
Nº 21.538/2003

Dispõe sobre o alistamento e serviços eleitorais mediante processamento eletrônico de dados, a regularização de situação de eleitor, a administração e a manutenção do cadastro eleitoral, o sistema de alistamento eleitoral, a revisão do eleitorado e a fiscalização dos partidos políticos, entre outros.

O Tribunal Superior Eleitoral, no uso de suas atribuições, tendo em conta o disposto na Lei nº 7.444, de 20 de dezembro de 1985, considerando que à Corregedoria-Geral da Justiça Eleitoral cabe velar pela fiel execução das leis e instruções e pela boa ordem e celeridade dos serviços eleitorais,

considerando a necessidade de adaptar as normas em vigor à nova sistemática adotada para o cadastro eleitoral,

considerando a necessidade de estabelecer rotina procedimental única, de forma a facilitar os trabalhos desenvolvidos, especialmente quanto às situações de duplicidade ou pluralidade de inscrições e revisão de eleitorado,

RESOLVE:

Art. 1º. O alistamento eleitoral, mediante processamento eletrônico de dados, implantado nos termos da Lei nº 7.444/85, será efetuado, em todo o território nacional, na conformidade do referido diploma legal e desta resolução.

Parágrafo único. Os Tribunais Regionais Eleitorais adotarão o sistema de alistamento desenvolvido pelo Tribunal Superior Eleitoral.

DO REQUERIMENTO DE ALISTAMENTO ELEITORAL – RAE

Art. 2º. O Requerimento de Alistamento Eleitoral – RAE (Anexo I) servirá como documento de entrada de dados e será processado eletronicamente.

Parágrafo único. O sistema de alistamento de que trata o parágrafo único do art. 1º conterá os campos correspondentes ao formulário RAE, de modo a viabilizar a impressão do requerimento, com as informações pertinentes, para apreciação do juiz eleitoral.

Art. 3º. Para preenchimento do RAE, devem ser observados os procedimentos especificados nesta resolução e nas orientações pertinentes.

Art. 4º. Deve ser consignada OPERAÇÃO 1 – ALISTAMENTO quando o alistando requerer inscrição e quando em seu nome não for identificada inscrição em nenhuma zona eleitoral do país ou exterior, ou a única inscrição localizada estiver cancelada por determinação de autoridade judiciária (FASE 450).

Art. 5º. Deve ser consignada OPERAÇÃO 3 – TRANSFERÊNCIA sempre que o eleitor desejar alterar seu domicílio e for encontrado em seu nome número de inscrição em qualquer município ou zona, unidade da Federação ou país, em conjunto ou não com eventual retificação de dados.

§ 1º Na hipótese do *caput*, o eleitor permanecerá com o número originário da inscrição e deverá ser, obrigatoriamente, consignada no campo próprio a sigla da UF anterior.

§ 2º É vedada a transferência de número de inscrição envolvida em coincidência, suspensa, cancelada automaticamente pelo sistema quando envolver situação de perda e suspensão de direitos políticos, cancelada por perda de direitos políticos (FASE 329) e por decisão de autoridade judiciária (FASE 450).

§ 3º Será admitida transferência com reutilização do número de inscrição cancelada pelos códigos FASE 019 – falecimento, 027 – duplicidade/pluralidade, 035 – deixou de votar em três eleições consecutivas e 469 – revisão de eleitorado, desde que comprovada a inexistência de outra inscrição liberada, não liberada, regular ou suspensa para o eleitor.

§ 4º Existindo mais de uma inscrição cancelada para o eleitor no cadastro, nas condições previstas no § 3º, deverá ser promovida, preferencialmente, a transferência daquela:

Art. 5º

I. que tenha sido utilizada para o exercício do voto no último pleito;

II. que seja mais antiga.

Art. 6º. Deve ser consignada OPERAÇÃO 5 – REVISÃO quando o eleitor necessitar alterar local de votação no mesmo município, ainda que haja mudança de zona eleitoral, retificar dados pessoais ou regularizar situação de inscrição cancelada nas mesmas condições previstas para a transferência a que se refere o § 3º do art. 5º.

Art. 7º. Deve ser consignada OPERAÇÃO 7 – SEGUNDA VIA quando o eleitor estiver inscrito e em situação regular na zona por ele procurada e desejar apenas a segunda via do seu título eleitoral, sem nenhuma alteração.

Art. 8º. Nas hipóteses de REVISÃO ou de SEGUNDA VIA, o título eleitoral será expedido automaticamente e a data de domicílio do eleitor não será alterada.

DO ALISTAMENTO

Art. 9º. No cartório eleitoral ou no posto de alistamento, o servidor da Justiça Eleitoral preencherá o RAE ou digitará as informações no sistema de acordo com os dados constantes do documento apresentado pelo eleitor, complementados com suas informações pessoais, de conformidade com as exigências do processamento de dados, destas instruções e das orientações específicas.

§ 1º O RAE deverá ser preenchido ou digitado e impresso na presença do requerente.

§ 2º No momento da formalização do pedido, o requerente manifestará sua preferência sobre local de votação, entre os estabelecidos para a zona eleitoral.

§ 3º Para os fins do § 2º deste artigo, será colocada à disposição, no cartório ou posto de alistamento, a relação de todos os locais de votação da zona, com os respectivos endereços.

§ 4º A assinatura do requerimento ou a aposição da impressão digital do polegar será feita na presença do servidor da Justiça Eleitoral, que deverá atestar, de imediato, a satisfação dessa exigência.

Art. 10. Antes de submeter o pedido a despacho do juiz eleitoral, o servidor providenciará o preenchimento ou a digitação no sistema dos espaços que lhe são reservados no RAE.

Parágrafo único. Para efeito de preenchimento do requerimento ou de digitação no sistema, será mantida em cada zona eleitoral relação de servidores, identificados pelo número do título eleitoral, habilitados a praticar os atos reservados ao cartório.

Art. 11. Atribuído número de inscrição, o servidor, após assinar o formulário, destacará o protocolo de solicitação, numerado de idêntica forma, e o entregará ao requerente, caso a emissão do título não seja imediata.

Art. 12. Os Tribunais Regionais Eleitorais farão distribuir, observada a sequência numérica fornecida pela Secretaria de Informática, às zonas eleitorais da respectiva circunscrição, séries de números de inscrição eleitoral, a serem utilizados na forma deste artigo.

Parágrafo único. O número de inscrição compor-se-á de até 12 algarismos, por unidade da Federação, assim discriminados:

a) os oito primeiros algarismos serão sequenciados, desprezando-se, na emissão, os zeros à esquerda;

b) os dois algarismos seguintes serão representativos da unidade da Federação de origem da inscrição, conforme códigos constantes da seguinte tabela:

01 – São Paulo
02 – Minas Gerais
03 – Rio de Janeiro
04 – Rio Grande do Sul
05 – Bahia
06 – Paraná
07 – Ceará
08 – Pernambuco
09 – Santa Catarina
10 – Goiás
11 – Maranhão
12 – Paraíba
13 – Pará
14 – Espírito Santo
15 – Piauí
16 – Rio Grande do Norte
17 – Alagoas
18 – Mato Grosso
19 – Mato Grosso do Sul
20 – Distrito Federal
21 – Sergipe
22 – Amazonas
23 – Rondônia
24 – Acre
25 – Amapá
26 – Roraima
27 – Tocantins
28 – Exterior (ZZ)

c) os dois últimos algarismos constituirão dígitos verificadores, determinados com base no módulo 11, sendo o primeiro calculado sobre o número sequencial e o último sobre o código da unidade da Federação seguido do primeiro dígito verificador.

Art. 13. Para o alistamento, o requerente apresentará um dos seguintes documentos do qual se infira a nacionalidade brasileira:

» *Lei nº 7.444/85, art. 5º, § 2º.*

a) carteira de identidade ou carteira emitida pelos órgãos criados por lei federal, controladores do exercício profissional;

b) certificado de quitação do serviço militar;

c) certidão de nascimento ou casamento, extraída do Registro Civil;

d) instrumento público do qual se infira, por direito, ter o requerente a idade mínima de 16 anos e do qual constem, também, os demais elementos necessários à sua qualificação.

Parágrafo único. A apresentação do documento a que se refere a alínea *b* é obrigatória para maiores de 18 anos, do sexo masculino.

Art. 14. É facultado o alistamento, no ano em que se realizarem eleições, do menor que completar 16 anos até a data do pleito, inclusive.

§ 1º O alistamento de que trata o *caput* poderá ser solicitado até o encerramento do prazo fixado para requerimento de inscrição eleitoral ou transferência.

§ 2º O título emitido nas condições deste artigo somente surtirá efeitos com o implemento da idade de 16 anos.

» *Res.-TSE nº 19.465, de 12/03/96.*

Art. 15. O brasileiro nato que não se alistar até os 19 anos ou o naturalizado que não se alistar até um ano depois de adquirida a nacionalidade brasileira incorrerá em multa imposta pelo juiz eleitoral e cobrada no ato da inscrição.

Parágrafo único. Não se aplicará a pena ao não alistado que requerer sua inscrição eleitoral até o centésimo quinquagésimo primeiro dia anterior à eleição subsequente à data em que completar 19 anos.

» *CE, art. 8º c/c Lei nº 9.504/97, art. 91.*

Art. 16. O alistamento eleitoral do analfabeto é facultativo.

» *CF, art. 14, § 1º, II, a.*

Parágrafo único. Se o analfabeto deixar de sê-lo, deverá requerer sua inscrição eleitoral, não ficando sujeito à multa prevista no art. 15.

» *CE, art. 8º.*

Art. 17. Despachado o requerimento de inscrição pelo juiz eleitoral e processado pelo cartório, o setor da Secretaria do Tribunal Regional Eleitoral responsável pelos serviços de processamento eletrônico de dados enviará ao cartório eleitoral, que as colocará à disposição dos partidos políticos, relações de inscrições incluídas no cadastro, com os respectivos endereços.

§ 1º Do despacho que indeferir o requerimento de inscrição, caberá recurso interposto pelo alistando no prazo de cinco dias e, do que o deferir, poderá recorrer qualquer delegado de partido político no prazo de dez dias, contados da colocação da respectiva listagem à disposição dos partidos, o que deverá ocorrer nos dias 1º e 15 de cada mês, ou no primeiro dia útil seguinte, ainda que tenham sido exibidas ao alistando antes dessas datas e mesmo que os partidos não as consultem.

» *Lei nº 6.996/82, art. 7º.*

§ 2º O cartório eleitoral providenciará, para o fim do disposto no § 1º, relações contendo os pedidos indeferidos.

DA TRANSFERÊNCIA

Art. 18. A transferência do eleitor só será admitida se satisfeitas as seguintes exigências:

I. recebimento do pedido no cartório eleitoral do novo domicílio no prazo estabelecido pela legislação vigente;

II. transcurso de, pelo menos, um ano do alistamento ou da última transferência;

III. residência mínima de três meses no novo domicílio, declarada, sob as penas da lei, pelo próprio eleitor;

» *Lei nº 6.996/82, art. 8º.*

IV. prova de quitação com a Justiça Eleitoral.

§ 1º O disposto nos incisos II e III não se aplica à transferência de título eleitoral de servidor público civil, militar, autárquico, ou de membro de sua família, por motivo de remoção ou transferência.

» *Lei nº 6.996/82, art. 8º, parágrafo único.*

§ 2º Ao requerer a transferência, o eleitor entregará ao servidor do cartório o título eleitoral e a prova de quitação com a Justiça Eleitoral.

§ 3º Não comprovada a condição de eleitor ou a quitação para com a Justiça Eleitoral, o juiz eleitoral arbitrará, desde logo, o valor da multa a ser paga.

§ 4º Despachado o requerimento de transferência pelo juiz eleitoral e processado pelo cartório, o setor da Secretaria do Tribunal Regional Eleitoral responsável pelos serviços de processamento de dados enviará ao cartório eleitoral, que as colocará à disposição dos partidos políticos, relações de inscrições atualizadas no cadastro, com os respectivos endereços.

§ 5º Do despacho que indeferir o requerimento de transferência, caberá recurso interposto pelo eleitor no prazo de cinco dias e, do que o deferir, poderá recorrer qualquer delegado de partido político no prazo de dez dias, contados da colocação da respectiva listagem à disposição dos partidos, o que deverá ocorrer nos dias 1º e 15 de cada mês, ou no primeiro dia útil seguinte, ainda que tenham sido exibidas ao requerente antes dessas datas e mesmo que os partidos não as consultem.

» *Lei nº 6.996/82, art. 8º.*

§ 6º O cartório eleitoral providenciará, para o fim do disposto no § 5º, relações contendo os pedidos indeferidos.

DA SEGUNDA VIA

Art. 19. No caso de perda ou extravio do título, bem assim de sua inutilização ou dilaceração, o eleitor deverá requerer pessoalmente ao juiz de seu domicílio eleitoral que lhe expeça segunda via.

§ 1º Na hipótese de inutilização ou dilaceração, o requerimento será instruído com a primeira via do título.

§ 2º Em qualquer hipótese, no pedido de segunda via, o eleitor deverá apor a assinatura ou a impressão digital do polegar, se não souber assinar, na presença do servidor da Justiça Eleitoral, que deverá atestar a satisfação dessa exigência, após comprovada a identidade do eleitor.

DO RESTABELECIMENTO DE INSCRIÇÃO CANCELADA POR EQUÍVOCO

Art. 20. Será admitido o restabelecimento, mediante comando do código FASE 361, de inscrição cancelada em virtude de comando equivocado dos códigos FASE 019, 450 e 469.

DO FORMULÁRIO DE ATUALIZAÇÃO DA SITUAÇÃO DO ELEITOR – FASE

Art. 21. Para registro de informações no histórico de inscrição no cadastro, utilizar-se-á, como documento de entrada de dados, o Formulário de Atualização da Situação do Eleitor – FASE, cuja tabela de códigos será estabelecida pela Corregedoria-Geral.

Parágrafo único. A atualização de registros de que trata o *caput* poderá ser promovida, desde que viabilizado, diretamente no sistema de alistamento eleitoral, dispensando-se o preenchimento do formulário FASE.

DO TÍTULO ELEITORAL

Art. 22. O título eleitoral será confeccionado com características, formas e especificações constantes do modelo Anexo II.

Parágrafo único. O título eleitoral terá as dimensões de 9,5 x 6,0 cm, será confeccionado em papel com marca d'água e peso de 120 g/m², impresso nas cores preto e verde, em frente e verso, tendo como fundo as Armas da República, e será contornado por serrilha.

Art. 23. O título eleitoral será emitido, obrigatoriamente, por computador e dele constarão, em espaços próprios, o nome do eleitor, a data de nascimento, a unidade da Federação, o município, a zona e a seção eleitoral onde vota, o número da inscrição eleitoral, a data de emissão, a assinatura do juiz eleitoral, a assinatura do eleitor ou a impressão digital de seu polegar, bem como a expressão "segunda via", quando for o caso.

§ 1º Os tribunais regionais poderão autorizar, na emissão *on-line* de títulos eleitorais e em situações excepcionais, a exemplo de revisão de eleitorado, recadastramento ou rezoneamento, o uso, mediante rígido controle, de impressão da assinatura (chancela) do presidente do Tribunal Regional Eleitoral respectivo, em exercício na data da autorização, em substituição à assinatura do juiz eleitoral da zona, nos títulos eleitorais.

§ 2º Nas hipóteses de alistamento, transferência, revisão e segunda via, a data da emissão do título será de preenchimento do requerimento.

Art. 24. Juntamente com o título eleitoral, será emitido Protocolo de Entrega do Título Eleitoral – PETE (canhoto), que conterá o número de inscrição, o nome do eleitor e de sua mãe e a data de nascimento, com espaços, no verso, destinados à assinatura do eleitor ou aposição da impressão digital de seu polegar, se não souber assinar, à assinatura do servidor do cartório responsável pela entrega e o número de sua inscrição eleitoral, bem como à data de recebimento.

§ 1º O título será entregue, no cartório ou no posto de alistamento, pessoalmente ao eleitor, vedada a interferência de pessoas estranhas à Justiça Eleitoral.

§ 2º Antes de efetuar a entrega do título, comprovada a identidade do eleitor e a exatidão dos dados inseridos no documento, o servidor destacará o título eleitoral e colherá a assinatura ou a impressão digital do polegar do eleitor, se não souber assinar, no espaço próprio constante do canhoto.

Art. 25. No período de suspensão do alistamento, não serão recebidos requerimentos de alistamento ou transferência.
» *Lei nº 9.504/97, art. 91, caput.*

Parágrafo único. O processamento reabrir-se-á em cada zona logo que estejam concluídos os trabalhos de apuração em âmbito nacional
» *CE, art. 70.*

Art. 26. O título eleitoral prova a quitação do eleitor para com a Justiça Eleitoral até a data de sua emissão.

DA FISCALIZAÇÃO DOS PARTIDOS POLÍTICOS

Art. 27. Os partidos políticos, por seus delegados, poderão:

I. acompanhar os pedidos de alistamento, transferência, revisão, segunda via e quaisquer outros, até mesmo emissão e entrega de títulos eleitorais, previstos nesta resolução;

II. requerer a exclusão de qualquer eleitor inscrito ilegalmente e assumir a defesa do eleitor cuja exclusão esteja sendo promovida;

III. examinar, sem perturbação dos serviços e na presença dos servidores designados, os documentos relativos aos pedidos de alistamento, transferência, revisão, segunda via e revisão de eleitorado, deles podendo requerer, de forma fundamentada, cópia, sem ônus para a Justiça Eleitoral.

Parágrafo único. Qualquer irregularidade determinante de cancelamento de inscrição deverá ser comunicada por escrito ao juiz eleitoral, que observará o procedimento estabelecido nos arts. 77 a 80 do Código Eleitoral.

Art. 28. Para os fins do art. 27, os partidos políticos poderão manter até dois delegados perante o Tribunal Regional Eleitoral e até três delegados em cada zona eleitoral, que se revezarão, não sendo permitida a atuação simultânea de mais de um delegado de cada partido.

§ 1º Na zona eleitoral, os delegados serão credenciados pelo juiz eleitoral.

§ 2º Os delegados credenciados no Tribunal Regional Eleitoral poderão representar o partido, na circunscrição, perante qualquer juízo eleitoral.

DO ACESSO ÀS INFORMAÇÕES CONSTANTES DO CADASTRO

Art. 29. As informações constantes do cadastro eleitoral serão acessíveis às instituições públicas e privadas e às pessoas físicas, nos termos desta resolução.
» *Lei nº 7.444/85, art. 9º, I.*

§ 1º Em resguardo da privacidade do cidadão, não se fornecerão informações de caráter personalizado constantes do cadastro eleitoral.

§ 2º Consideram-se, para os efeitos deste artigo, como informações personalizadas, relações de eleitores acompanhadas de dados pessoais (filiação, data de nascimento, profissão, estado civil, escolaridade, telefone e endereço).

§ 3º Excluem-se da proibição de que cuida o § 1º os pedidos relativos a procedimento previsto na legislação eleitoral e os formulados:

a) pelo eleitor sobre seus dados pessoais;

b) por autoridade judicial e pelo Ministério Público, vinculada a utilização das informações obtidas, exclusivamente, às respectivas atividades funcionais;

c) por entidades autorizadas pelo Tribunal Superior Eleitoral, desde que exista reciprocidade de interesses.
» *Lei nº 7.444/85, art. 4º.*

Art. 30. Os tribunais e juízes eleitorais poderão, no âmbito de suas jurisdições, autorizar o fornecimento a interessados, desde que sem ônus para a Justiça Eleitoral e disponíveis em meio magnético, dos dados de natureza estatística levantados com base no cadastro eleitoral, relativos ao eleitorado ou ao resultado de pleito eleitoral, salvo quando lhes for atribuído caráter reservado.

Art. 31. Os juízes e os tribunais eleitorais não fornecerão dados do cadastro de eleitores não pertencentes a sua jurisdição, salvo na hipótese do art. 82 desta resolução.

Art. 32. O uso dos dados de natureza estatística do eleitorado ou de pleito eleitoral obriga a quem os tenha adquirido a citar a fonte e a assumir responsabilidade pela manipulação inadequada ou extrapolada das informações obtidas.

DOS BATIMENTOS

Art. 33. O batimento ou cruzamento das informações constantes do cadastro eleitoral terá como objetivos expurgar possíveis duplicidades ou pluralidades de inscrições eleitorais e identificar situações que exijam averiguação e será realizado pelo Tribunal Superior Eleitoral, em âmbito nacional.

§ 1º As operações de alistamento, transferência e revisão somente serão incluídas no cadastro ou efetivadas após submetidas a batimento.

§ 2º Inscrição agrupada em duplicidade ou pluralidade ficará sujeita a apreciação e decisão de autoridade judiciária.

§ 3º Em um mesmo grupo, serão sempre consideradas não liberadas as inscrições mais recentes, excetuadas as inscrições atribuídas a gêmeos, que serão identificadas em situação liberada.

§ 4º Em caso de agrupamento de inscrição de gêmeo com inscrição para a qual não foi indicada aquela condição, essa última será considerada não liberada.

DOS DOCUMENTOS EMITIDOS PELO SISTEMA NO BATIMENTO

Art. 34. Será colocada à disposição de todas as zonas eleitorais, após a realização de batimento:

I. RELAÇÃO DE ELEITORES AGRUPADOS (envolvidos em duplicidade ou pluralidade) emitida por ordem de número de grupo, contendo todos os eleitores agrupados inscritos na zona, com dados necessários a sua individualização, juntamente com índice em ordem alfabética;

II. COMUNICAÇÃO dirigida à autoridade judiciária incumbida da apreciação do caso, noticiando o agrupamento de inscrição em duplicidade ou pluralidade, para as providências estabelecidas nesta resolução.

Parágrafo único. Será expedida NOTIFICAÇÃO dirigida ao eleitor cuja inscrição foi considerada não liberada pelo batimento.

DAS DUPLICIDADES E PLURALIDADES (COINCIDÊNCIAS)

Art. 35. Colocada à disposição a relação de eleitores agrupados, o juiz eleitoral fará publicar edital, pelo prazo de três dias, para conhecimento dos interessados.

Art. 36. Todo eleitor que tiver sua inscrição não liberada em decorrência do cruzamento de informações deverá ser notificado para, se o desejar, requerer regularização de sua situação eleitoral, no prazo de 20 dias, contados da data de realização do batimento.

Art. 37. Recebida a comunicação da coincidência, a autoridade judiciária deverá, de ofício e imediatamente:

I. determinar sua autuação;

II. determinar a regularização da situação da inscrição do eleitor que não possuir outra inscrição liberada, independentemente de requerimento, desde que constatado que o grupo é formado por pessoas distintas;

III. determinar as diligências cabíveis quando não for possível identificar de pronto se a inscrição pertence ou não a um mesmo eleitor;

IV. aguardar, sendo o caso, o comparecimento do eleitor ao cartório durante os 20 dias que lhe são facultados para requerer regularização de situação eleitoral;

V. comparecendo o eleitor ao cartório, orientá-lo, conforme o caso, a preencher o Requerimento para Regularização de Inscrição – RRI, ou a requerer, oportunamente, transferência, revisão ou segunda via;

VI. determinar o cancelamento da(s) inscrição(ões) que comprovadamente pertença(m) a um mesmo eleitor, assegurando a cada eleitor apenas uma inscrição;

VII. dar publicidade à decisão;

VIII. promover a digitação da decisão;

IX. adotar demais medidas cabíveis.

Art. 38. Não poderá ser objeto de transferência, revisão ou segunda via, inscrição agrupada em duplicidade ou pluralidade.

Art. 39. Encerrado o prazo para exame e decisão dos casos de duplicidade ou pluralidade, não existindo decisão de autoridade judiciária, a inscrição liberada passará a figurar como regular e a não liberada como cancelada, caso exista no cadastro.

Art. 40. Identificada situação em que um mesmo eleitor possua duas ou mais inscrições liberadas ou regulares, agrupadas ou não pelo batimento, o cancelamento de uma ou mais delas deverá, preferencialmente, recair:

I. na inscrição mais recente, efetuada contrariamente às instruções em vigor;

II. na inscrição que não corresponda ao domicílio eleitoral do eleitor;

III. naquela cujo título não haja sido entregue ao eleitor;

IV. naquela cujo título não haja sido utilizado para o exercício do voto na última eleição;

V. na mais antiga.

§ 1º Comprovado que as inscrições identificadas pertencem a gêmeos ou homônimos, deverá ser comandado o respectivo código FASE.

§ 2º Constatada a inexatidão de qualquer dado constante do cadastro eleitoral, deverá ser providenciada a necessária alteração, mediante preenchimento ou digitação de RAE (Operação 5 – Revisão), observadas as formalidades para seu deferimento.

DA COMPETÊNCIA PARA REGULARIZAÇÃO DE SITUAÇÃO ELEITORAL E PARA O PROCESSAMENTO DAS DECISÕES

Art. 41. A decisão das duplicidades e pluralidades de inscrições, agrupadas ou não pelo batimento, inclusive quanto às inscrições de pessoas que estão com seus direitos políticos suspensos, na esfera administrativa, caberá:

I. No tocante às duplicidades, ao juiz da zona eleitoral onde foi efetuada a inscrição mais recente (Tipo 1 D), ressalvadas as hipóteses previstas nos §§ 1º a 3º deste artigo;

II. No tocante às pluralidades:

a) ao juiz da zona eleitoral, quando envolver inscrições efetuadas em uma mesma zona eleitoral (Tipo 1 P);

Art. 41

b) ao corregedor regional eleitoral, quando envolver inscrições efetuadas entre zonas eleitorais de uma mesma circunscrição (Tipo 2 P);

c) ao corregedor-geral, quando envolver inscrições efetuadas em zonas eleitorais de circunscrições diversas (Tipo 3 P).

§ 1º As decisões de situação relativa a pessoa que perdeu seus direitos políticos (Tipo 3 D) e de pluralidades decorrentes do agrupamento de uma ou mais inscrições, requeridas em circunscrições distintas, com um ou mais registros de suspensão da Base de Perda e Suspensão de Direitos Políticos (Tipo 3 P) serão da competência do corregedor-geral.

§ 2º As decisões das duplicidades envolvendo inscrição e registro de suspensão da Base de Perda e Suspensão de Direitos Políticos (Tipo 2 D) e das pluralidades decorrentes do agrupamento de uma ou mais inscrições, requeridas na mesma circunscrição, com um ou mais registros de suspensão da referida base (Tipo 2 P) serão da competência do corregedor regional eleitoral.

§ 3º Na hipótese de duplicidade envolvendo inscrições atribuídas a gêmeos ou homônimos comprovados, existindo inscrição não liberada no grupo, a competência para decisão será do juiz da zona eleitoral a ela correspondente.

§ 4º Em grau de recurso, no prazo de três dias, caberá:

a) ao corregedor regional a apreciação de situações que motivaram decisão de juiz eleitoral de sua circunscrição;

b) ao corregedor-geral a apreciação de situações que ensejaram decisão de corregedor regional.

§ 5º Havendo decisões conflitantes em processo de regularização de situação de eleitor, proferidas por autoridades judiciárias distintas, envolvendo inscrições atribuídas a uma mesma pessoa, o conflito será decidido:

a) pelo corregedor regional eleitoral, quando se tratar de decisões proferidas por juízes de zonas eleitorais de uma mesma circunscrição;

b) pelo corregedor-geral, quando se tratar de decisões proferidas por juízes eleitorais de circunscrições diversas ou pelos corregedores regionais.

Art. 42. O juiz eleitoral só poderá determinar a regularização, o cancelamento ou a suspensão de inscrição que pertença à sua jurisdição.

Parágrafo único. A autoridade judiciária que tomar conhecimento de fato ensejador do cancelamento de inscrição liberada ou regular, ou da necessidade de regularização de inscrição não liberada, cancelada ou suspensa, efetuada em zona eleitoral diferente daquela em que tem jurisdição, deverá comunicá-lo à autoridade judiciária competente, para medidas cabíveis, por intermédio da correspondente corregedoria regional.

Art. 43. Nas duplicidades e pluralidades de sua competência, o corregedor-geral ou o corregedor regional poderão se pronunciar quanto a qualquer inscrição agrupada.

Art. 44. A competência para decidir a respeito das duplicidades e pluralidades, na esfera penal, será sempre do juiz eleitoral da zona onde foi efetuada a inscrição mais recente.

Art. 45. Examinada e decidida a duplicidade ou a pluralidade, a decisão tomada pela autoridade judiciária será processada, conforme o caso:

I. pela própria zona eleitoral e, na impossibilidade, encaminhada à respectiva secretaria regional de informática, por intermédio das corregedorias regionais;

II. pelas corregedorias regionais, com o apoio das secretarias regionais de informática, no que não lhes for possível proceder;

III. pela própria Corregedoria-Geral.

Art. 46. As informações necessárias ao exame e decisão das duplicidades e pluralidades deverão ser prestadas no prazo de dez dias, contados do recebimento da requisição, por intermédio do ofício. Informações prestadas pela autoridade judiciária.

Parágrafo único. Ainda que o eleitor não tenha sido encontrado, o ofício de que trata o *caput* deverá ser preenchido, assinado, instruído e enviado, no prazo estipulado, à autoridade judiciária competente para decisão.

Art. 47. A autoridade judiciária competente deverá se pronunciar quanto às situações de duplicidade e pluralidade detectadas pelo batimento em até 40 dias contados da data de realização do respectivo batimento.

§ 1º Processada a decisão de que trata o *caput*, a situação da inscrição será automaticamente atualizada no cadastro.

§ 2º Inscrição agrupada em duplicidade ou pluralidade, com situação não liberada, que não for objeto de decisão da autoridade judiciária no prazo especificado no *caput*, decorridos dez dias, será automaticamente cancelada pelo sistema.

§ 3º Após o transcurso de seis anos, contados do processamento do código FASE próprio, as inscrições canceladas serão excluídas do cadastro.

DA HIPÓTESE DE ILÍCITO PENAL

Art. 48. Decidida a duplicidade ou pluralidade e tomadas as providências de praxe, se duas ou mais inscrições em cada grupo forem atribuídas a um mesmo eleitor, excetuados os casos de evidente falha dos serviços eleitorais, os autos deverão ser remetidos ao Ministério Público Eleitoral.

§ 1º Manifestando-se o Ministério Público pela existência de indício de ilícito penal eleitoral a ser apurado, o processo deverá ser remetido, pela autoridade judiciária competente, à Polícia Federal para instauração de inquérito policial.

§ 2º Inexistindo unidade regional do Departamento de Polícia Federal na localidade onde tiver jurisdição o juiz eleitoral a quem couber decisão a respeito, a remessa das peças informativas poderá ser feita por intermédio das respectivas corregedorias regionais eleitorais.

§ 3º Concluído o apuratório ou no caso de pedido de dilação de prazo, o inquérito policial a que faz alusão o § 1º deverá ser encaminhado, pela autoridade policial que o presidir, ao juiz eleitoral a quem couber decisão a respeito na esfera penal.

§ 4º Arquivado o inquérito ou julgada a ação penal, o juiz eleitoral comunicará, sendo o caso, a decisão tomada à autoridade judiciária que determinou sua instauração, com a finalidade de tornar possível a adoção de medidas cabíveis na esfera administrativa.

§ 5º A espécie, no que lhe for aplicável, será regida pelas disposições do Código Eleitoral e, subsidiariamente, pelas normas do Código de Processo Penal.

§ 6º Não sendo cogitada a ocorrência de ilícito penal eleitoral a ser apurado, os autos deverão ser arquivados na zona eleitoral onde o eleitor possuir inscrição regular.

Art. 49. Os procedimentos a que se refere esta resolução serão adotados sem prejuízo da apuração de responsabilidade de qualquer ordem, seja de eleitor, de servidor da Justiça Eleitoral ou de terceiros, por inscrição fraudulenta ou irregular.

Parágrafo único. Qualquer eleitor, partido político ou Ministério Público poderá se dirigir formalmente ao juiz eleitoral, corregedor regional ou geral, no âmbito de suas respectivas competências, relatando fatos e indicando provas para pedir abertura de investigação com o fim de apurar irregularidade no alistamento eleitoral.

DOS CASOS NÃO APRECIADOS

Art. 50. Os Requerimentos para Regularização de Inscrição – RRI recebidos após o prazo previsto no *caput* do art. 36 serão indeferidos pela autoridade judiciária competente, por intempestivos, e o eleitor deverá ser orientado a procurar o cartório da zona eleitoral para regularizar sua situação.

DA RESTRIÇÃO DE DIREITOS POLÍTICOS

Art. 51. Tomando conhecimento de fato ensejador de inelegibilidade ou de suspensão de inscrição por motivo de suspensão de direitos políticos ou de impedimento ao exercício do voto, a autoridade judiciária determinará a inclusão dos dados no sistema mediante comando de FASE.

§ 1º Não se tratando de eleitor de sua zona eleitoral, o juiz eleitoral comunicará o fato, por intermédio das correspondentes corregedorias regionais, à zona eleitoral a que pertencer a inscrição.

§ 2º Quando se tratar de pessoa não inscrita perante a Justiça Eleitoral ou com inscrição cancelada no cadastro, o registro será feito diretamente na Base de Perda e Suspensão de Direitos Políticos pela Corregedoria Regional Eleitoral que primeiro tomar conhecimento do fato.

§ 3º Comunicada a perda de direitos políticos pelo Ministério da Justiça, a Corregedoria-Geral providenciará a imediata atualização da situação das inscrições no cadastro e na Base de Perda e Suspensão de Direitos Políticos.

§ 4º A outorga a brasileiros do gozo dos direitos políticos em Portugal, devidamente comunicada ao Tribunal Superior Eleitoral, importará suspensão desses mesmos direitos no Brasil.
» *Decreto nº 70.391, de 12/04/72.*

Art. 52. A regularização de situação eleitoral de pessoa com restrição de direitos políticos somente será possível mediante comprovação de haver cessado o impedimento.

§ 1º Para regularização de inscrição envolvida em coincidência com outra de pessoa que perdeu ou está com seus direitos políticos suspensos, será necessária a comprovação de tratar-se de eleitor diverso.

§ 2º Na hipótese do artigo, o interessado deverá preencher requerimento e instruir o pedido com Declaração de Situação de Direitos Políticos e documentação comprobatória de sua alegação.

§ 3º Comprovada a cessação do impedimento, será comandado o código FASE próprio e/ou inativado(s), quando for o caso, o(s) registro(s) correspondente(s) na Base de Perda e Suspensão de Direitos Políticos.

Art. 53. São considerados documentos comprobatórios de reaquisição ou restabelecimento de direitos políticos:

I. Nos casos de perda:

a) decreto ou portaria;

b) comunicação do Ministério da Justiça.

II. Nos casos de suspensão:

a) para interditos ou condenados: sentença judicial, certidão do juízo competente ou outro documento;

b) para conscritos ou pessoas que se recusaram à prestação do serviço militar obrigatório: Certificado de Reservista, Certificado de Isenção, Certificado de Dispensa de Incorporação, Certificado do Cumprimento de Prestação Alternativa ao Serviço Militar Obrigatório, Certificado de Conclusão do Curso de Formação de Sargentos, Certificado de Conclusão de Curso em Órgão de Formação da Reserva ou similares;

c) para beneficiários do Estatuto da Igualdade: comunicação do Ministério da Justiça ou de repartição consular ou missão diplomática competente, a respeito da cessação do gozo de direitos políticos em Portugal, na forma da lei.

III. Nos casos de inelegibilidade: certidão ou outro documento.

DA FOLHA DE VOTAÇÃO E DO COMPROVANTE DE COMPARECIMENTO À ELEIÇÃO

Art. 54. A folha de votação, da qual constarão apenas os eleitores regulares ou liberados, e o comprovante de comparecimento serão emitidos por computador.

§ 1º A folha de votação, obrigatoriamente, deverá:

a) identificar as eleições, a data de sua realização e o turno;

b) conter dados individualizadores de cada eleitor, como garantia de sua identificação no ato de votar;

c) ser emitida em ordem alfabética de nome de eleitor, encadernada e embalada por seção eleitoral.

§ 2º O comprovante de comparecimento (canhoto) conterá o nome completo do eleitor, o número de sua inscrição eleitoral e referência à data da eleição.

DA CONSERVAÇÃO DE DOCUMENTOS

Art. 55. Os formulários utilizados pelos cartórios e tribunais eleitorais, em pleitos anteriores à data desta resolução e nos que lhe seguirem, deverão ser conservados em cartório, observado o seguinte:

I. os Protocolos de Entrega do Título Eleitoral – PETE assinados pelo eleitor e os formulários (Formulário de Alistamento Eleitoral – FAE ou Requerimento de Alistamento Eleitoral – RAE) relativos a alistamento, transferência, revisão ou segunda via, por, no mínimo, cinco anos;

II. as folhas de votação, por oito anos, descartando-se a mais antiga somente após retornar das seções eleitorais a mais recente;

III. os Formulários de Atualização da Situação do Eleitor – FASE e os comprovantes de comparecimento à eleição (canhotos) que permanecerem junto à folha de votação poderão ser descartados depois de processados e armazenados em meio magnético;

IV. os cadernos de revisão utilizados durante os serviços pertinentes, por quatro anos, contados do encerramento do período revisional;

V. os boletins de urna, por quatro anos, contados da data de realização do pleito correspondente;

VI. as relações de eleitores agrupados, até o encerramento do prazo para atualização das decisões nas duplicidades e pluralidades;

VII. os títulos eleitorais não procurados pelo eleitor, os respectivos protocolos de entrega e as justificativas eleitorais, até o pleito subsequente ou, relativamente a estas, durante o período estabelecido nas instruções específicas para o respectivo pleito;

VIII. as relações de filiados encaminhadas pelos partidos políticos, por dois anos.

DAS INSPEÇÕES E CORREIÇÕES

Art. 56. O corregedor-geral ou regional, no âmbito de sua jurisdição, sempre que entender necessário ou que tomar conhecimento da ocorrência de indícios de irregularidades na prestação dos serviços eleitorais, pessoalmente ou por intermédio de comissão de servidores especialmente por ele designada, como providência preliminar à correição, inspecionará os serviços eleitorais da circunscrição, visando identificar eventuais irregularidades.

Parágrafo único. A comissão apresentará relatório circunstanciado da inspeção ao corregedor, que determinará providências pertinentes, objetivando a regularização dos procedimentos ou a abertura de correição.

Art. 57. O corregedor regional realizará correição ordinária anual na circunscrição e extraordinária, sempre que entender necessário ou ante a existência de indícios de irregularidades que a justifique, observadas as instruções específicas do Tribunal Superior Eleitoral e as que subsidiariamente baixar a Corregedoria Regional Eleitoral.

DA REVISÃO DE ELEITORADO

Art. 58. Quando houver denúncia fundamentada de fraude no alistamento de uma zona ou município, o Tribunal Regional Eleitoral poderá determinar a realização de correição e, provada a fraude em proporção comprometedora, ordenará, comunicando a decisão ao Tribunal Superior Eleitoral, a revisão do eleitorado, obedecidas as instruções contidas nesta resolução e as recomendações que subsidiariamente baixar, com o cancelamento de ofício das inscrições correspondentes aos títulos que não forem apresentados à revisão.

» *CE, art. 71, § 4º.*

§ 1º O Tribunal Superior Eleitoral determinará, de ofício, a revisão ou correição das zonas eleitorais sempre que:

I. o total de transferências de eleitores ocorridas no ano em curso seja dez por cento superior ao do ano anterior;

II. o eleitorado for superior ao dobro da população entre dez e quinze anos, somada à de idade superior a setenta anos do território daquele município;

III. o eleitorado for superior a sessenta e cinco por cento da população projetada para aquele ano pelo Instituto Brasileiro de Geografia e Estatística – IBGE.

» *Lei nº 9.504/97, art. 92.*

§ 2º Não será realizada revisão de eleitorado em ano eleitoral, salvo em situações excepcionais, quando autorizada pelo Tribunal Superior Eleitoral.

§ 3º Caberá à Secretaria de Informática apresentar, anualmente, até o mês de outubro, à Presidência do Tribunal Superior Eleitoral, estudo comparativo que permita a adoção das medidas concernentes ao cumprimento da providência prevista no § 1º.

Art. 59. O Tribunal Regional Eleitoral, por intermédio da corregedoria regional, inspecionará os serviços de revisão.

» *Res.-TSE nº 7.651/65, art. 8º.*

Art. 60. O juiz eleitoral poderá determinar a criação de postos de revisão, que funcionarão em datas fixadas no edital a que se refere o art. 63 e em período não inferior a seis horas, sem intervalo, inclusive aos sábados e, se necessário, aos domingos e feriados.

§ 1º Nas datas em que os trabalhos revisionais estiverem sendo realizados nos postos de revisão, o cartório sede da zona poderá, se houver viabilidade, permanecer com os serviços eleitorais de rotina.

§ 2º Após o encerramento diário do expediente nos postos de revisão, a listagem geral e o caderno de revisão deverão ser devidamente guardados em local seguro e previamente determinado pelo juiz eleitoral.

§ 3º Os serviços de revisão encerrar-se-ão até as 18 horas da data especificada no edital de que trata o art. 63 desta resolução.

§ 4º Existindo, na ocasião do encerramento dos trabalhos, eleitores aguardando atendimento, serão distribuídas senhas aos presentes, que serão convidados a entregar ao juiz eleitoral seus títulos eleitorais para que sejam admitidos à revisão, que continuará se processando em ordem numérica das senhas até que todos sejam atendidos, sem interrupção dos trabalhos.

Art. 61. Aprovada a revisão de eleitorado, a Secretaria de Informática, ou órgão regional por ela indicado, emitirá ou colocará à disposição, em meio magnético, listagem geral do cadastro, contendo relação completa dos eleitores regulares inscritos e/ou transferidos no período abrangido pela revisão no(s) município(s) ou zona(s) a ela sujeito(s), bem como o correspondente caderno de revisão, do qual constará comprovante destacável de comparecimento (canhoto).

Parágrafo único. A listagem geral e o caderno de revisão serão emitidos em única via, englobarão todas as seções eleitorais referentes à zona ou município objeto da revisão e serão encaminhados, por intermédio da respectiva corregedoria regional, ao juiz eleitoral da zona onde estiver sendo realizada a revisão.

Art. 62. A revisão do eleitorado deverá ser sempre presidida pelo juiz eleitoral da zona submetida à revisão.

§ 1º O juiz eleitoral dará início aos procedimentos revisionais no prazo máximo de 30 dias, contados da aprovação da revisão pelo tribunal competente.

§ 2º A revisão deverá ser precedida de ampla divulgação, destinada a orientar o eleitor quanto aos locais e horários em que deverá se apresentar, e processada em período estipulado pelo Tribunal Regional Eleitoral, não inferior a 30 dias.

» *Lei nº 7.444/85, art. 3º, § 1º.*

§ 3º A prorrogação do prazo estabelecido no edital para a realização da revisão, se necessária, deverá ser requerida pelo juiz eleitoral, em ofício fundamentado, dirigido à Presidência do Tribunal Regional Eleitoral, com antecedência mínima de cinco dias da data do encerramento do período estipulado no edital.

Art. 63. De posse da listagem e do caderno de revisão, o juiz eleitoral deverá fazer publicar, com antecedência mínima de cinco dias do início do processo revisional, edital para dar conhecimento da revisão aos eleitores cadastrados no(s) município(s) ou zona(s), convocando-os a se apresentarem, pessoalmente, no cartório ou nos postos criados, em datas previamente especificadas, atendendo ao disposto no art. 62, a fim de procederem às revisões de suas inscrições.

Parágrafo único. O edital de que trata o *caput* deverá:

I. dar ciência aos eleitores de que:

a) estarão obrigados a comparecer à revisão a fim de confirmarem seu domicílio, sob pena de cancelamento da inscrição, sem prejuízo das sanções cabíveis, se constatada irregularidade;

b) deverão se apresentar munidos de documento de identidade, comprovante de domicílio e título eleitoral ou documento comprobatório da condição de eleitor ou de terem requerido inscrição ou transferência para o município ou zona.

» CE, art. 45.

II. estabelecer a data do início e do término da revisão, o período e a área abrangidos, e dias e locais onde serão instalados os postos de revisão;

III. ser disponibilizado no fórum da comarca, nos cartórios eleitorais, repartições públicas e locais de acesso ao público em geral, dele se fazendo ampla divulgação, por um mínimo de três dias consecutivos, por meio da imprensa escrita, falada e televisada, se houver, e por quaisquer outros meios que possibilitem seu pleno conhecimento por todos os interessados, o que deverá ser feito sem ônus para a Justiça Eleitoral.

Art. 64. A prova de identidade só será admitida se feita pelo próprio eleitor mediante apresentação de um ou mais dos documentos especificados no art. 13 desta resolução.

Art. 65. A comprovação de domicílio poderá ser feita mediante um ou mais documentos dos quais se infira ser o eleitor residente ou ter vínculo profissional, patrimonial ou comunitário no município a abonar a residência exigida.

§ 1º Na hipótese de ser a prova de domicílio feita mediante apresentação de contas de luz, água ou telefone, nota fiscal ou envelopes de correspondência, estes deverão ter sido, respectivamente, emitidos ou expedidos no período compreendido entre os 12 e 3 meses anteriores ao início do processo revisional.

§ 2º Na hipótese de ser a prova de domicílio feita mediante apresentação de cheque bancário, este só poderá ser aceito se dele constar o endereço do correntista.

§ 3º O juiz eleitoral poderá, se julgar necessário, exigir o reforço, por outros meios de convencimento, da prova de domicílio quando produzida pelos documentos elencados nos §§ 1º e 2º.

§ 4º Subsistindo dúvida quanto à idoneidade do comprovante de domicílio apresentado ou ocorrendo a impossibilidade de apresentação de documento que indique o domicílio do eleitor, declarando este, sob as penas da lei, que tem domicílio no município, o juiz eleitoral decidirá de plano ou determinará as providências necessárias à obtenção da prova, inclusive por meio de verificação *in loco*.

Art. 66. A revisão de eleitorado ficará submetida ao direto controle do juiz eleitoral e à fiscalização do representante do Ministério Público que oficiar perante o juízo.

Art. 67. O juiz eleitoral deverá dar conhecimento aos partidos políticos da realização da revisão, facultando-lhes, na forma prevista nos arts. 27 e 28 desta resolução, acompanhamento e fiscalização de todo o trabalho.

Art. 68. O juiz eleitoral poderá requisitar diretamente às repartições públicas locais, observados os impedimentos legais, tantos auxiliares quantos bastem para o desempenho dos trabalhos, bem como a utilização de instalações de prédios públicos.

Art. 69. O juiz eleitoral determinará o registro, no caderno de revisão, da regularidade ou não da inscrição do eleitor, observados os seguintes procedimentos:

a) o servidor designado pelo juiz eleitoral procederá à conferência dos dados contidos no caderno de revisão com os documentos apresentados pelo eleitor;

b) comprovados a identidade e o domicílio eleitoral, o servidor exigirá do eleitor que aponha sua assinatura ou a impressão digital de seu polegar no caderno de revisão, e entregar-lhe-á o comprovante de comparecimento à revisão (canhoto);

c) o eleitor que não apresentar o título eleitoral deverá ser considerado como revisado, desde que atendidas as exigências dos arts. 64 e 65 desta resolução e que seu nome conste do caderno de revisão;

d) constatada incorreção de dado identificador do eleitor constante do cadastro eleitoral, se atendidas as exigências dos arts. 64 e 65 desta resolução, o eleitor deverá ser considerado revisado e orientado a procurar o cartório eleitoral para a necessária retificação;

e) o eleitor que não comprovar sua identidade ou domicílio não assinará o caderno de revisão nem receberá o comprovante revisional;

f) o eleitor que não constar do caderno de revisão, cuja inscrição pertença ao período abrangido pela revisão, deverá ser orientado a procurar o cartório eleitoral para regularizar sua situação eleitoral, na forma estabelecida nesta resolução.

Art. 70. Na revisão mediante sistema informatizado, observar-se-ão, no que couber, os procedimentos previstos no art. 69.

Parágrafo único. Nas situações descritas nas alíneas "d" e "f" do art. 69, o eleitor poderá requerer, desde que viável, regularização de sua situação eleitoral no próprio posto de revisão.

Art. 71. Se o eleitor possuir mais de uma inscrição liberada ou regular no caderno de revisão, apenas uma delas poderá ser considerada revisada.

Parágrafo único. Na hipótese do *caput*, deverá(ão) ser formalmente recolhido(s) e inutilizado(s) o(s) título(s) encontrado(s) em poder do eleitor referente(s) à(s) inscrição(ões) que exigir(em) cancelamento.

Art. 72. Compete ao Tribunal Regional Eleitoral autorizar, excetuadas as hipóteses previstas no § 1º do art. 58 desta resolução, a alteração do período e/ou da área abrangidos pela revisão, comunicando a decisão ao Tribunal Superior Eleitoral.

Art. 73. Concluídos os trabalhos de revisão, ouvido o Ministério Público, o juiz eleitoral deverá determinar o cancelamento das inscrições irregulares e daquelas cujos eleitores não tenham

Art. 73

comparecido, adotando as medidas legais cabíveis, em especial quanto às inscrições consideradas irregulares, situações de duplicidade ou pluralidade e indícios de ilícito penal a exigir apuração.

Parágrafo único. O cancelamento das inscrições de que trata o *caput* somente deverá ser efetivado no sistema após a homologação da revisão pelo Tribunal Regional Eleitoral.

Art. 74. A sentença de cancelamento deverá ser específica para cada município abrangido pela revisão e prolatada no prazo máximo de dez dias contados da data do retorno dos autos do Ministério Público, podendo o Tribunal Regional Eleitoral fixar prazo inferior.

§ 1º A sentença de que trata o *caput* deverá:

I. relacionar todas as inscrições que serão canceladas no município;

II. ser publicada a fim de que os interessados e, em especial, os eleitores cancelados, exercendo a ampla defesa, possam recorrer da decisão.

§ 2º Contra a sentença a que se refere este artigo, caberá, no prazo de três dias, contados da publicidade, o recurso previsto no art. 80 do Código Eleitoral e serão aplicáveis as disposições do art. 257 do mesmo diploma legal.

§ 3º No recurso contra a sentença a que se refere este artigo, os interessados deverão especificar a inscrição questionada, relatando fatos e fornecendo provas, indícios e circunstâncias ensejadoras da alteração pretendida.

Art. 75. Transcorrido o prazo recursal, o juiz eleitoral fará minucioso relatório dos trabalhos desenvolvidos, que encaminhará, com os autos do processo de revisão, à Corregedoria Regional Eleitoral.

Parágrafo único. Os recursos interpostos deverão ser remetidos, em autos apartados, à presidência do Tribunal Regional Eleitoral.

Art. 76. Apreciado o relatório e ouvido o Ministério Público, o corregedor regional eleitoral:

I. indicará providências a serem tomadas, se verificar a ocorrência de vícios comprometedores à validade ou à eficácia dos trabalhos;

II. submetê-lo-á ao Tribunal Regional, para homologação, se entender pela regularidade dos trabalhos revisionais.

DA ADMINISTRAÇÃO DO CADASTRO ELEITORAL

Art. 77. A execução dos serviços de processamento eletrônico de dados, na Justiça Eleitoral, será realizada por administração direta do Tribunal Regional Eleitoral, em cada circunscrição, sob a orientação e supervisão do Tribunal Superior Eleitoral e na conformidade de suas instruções.

Art. 78. Para a execução dos serviços de que trata esta resolução, os Tribunais Regionais Eleitorais, sob supervisão e coordenação do Tribunal Superior Eleitoral, poderão celebrar convênios ou contratos com entidades da administração direta ou indireta da União, estados, Distrito Federal, territórios ou municípios, ou com empresas cujo capital seja exclusivamente nacional.

» *Lei nº 7.444/85, art. 7º, parágrafo único.*

Art. 79. O cadastro eleitoral e as informações resultantes de sua manutenção serão administrados e utilizados, exclusivamente, pela Justiça Eleitoral, na forma desta resolução.

§ 1º Às empresas contratadas para a execução de serviços eleitorais, por processamento eletrônico, é vedada a utilização de quaisquer dados ou informações resultantes do cadastro eleitoral, para fins diversos do serviço eleitoral, sob pena de imediata rescisão do contrato e sem prejuízo de outras sanções administrativas, civis e criminais.

§ 2º O Tribunal Superior Eleitoral, em todo o território nacional, e os Tribunais Regionais Eleitorais, no âmbito das respectivas jurisdições, fiscalizarão o cumprimento do disposto neste artigo.

§ 3º Caso recebam pedidos de informações sobre dados constantes do cadastro eleitoral, as empresas citadas no § 1º deverão encaminhá-los à presidência do tribunal eleitoral competente, para apreciação.

DA JUSTIFICAÇÃO DO NÃO COMPARECIMENTO À ELEIÇÃO

Art. 80. O eleitor que deixar de votar e não se justificar perante o juiz eleitoral até 60 dias após a realização da eleição incorrerá em multa imposta pelo juiz eleitoral e cobrada na forma prevista nos arts. 7º e 367 do Código Eleitoral, no que couber, e 85 desta resolução.

§ 1º Para eleitor que se encontrar no exterior na data do pleito, o prazo de que trata o *caput* será de 30 dias, contados do seu retorno ao país.

§ 2º O pedido de justificação será sempre dirigido ao juiz eleitoral da zona de inscrição, podendo ser formulado na zona eleitoral em que se encontrar o eleitor, a qual providenciará sua remessa ao juízo competente.

§ 3º Indeferido o requerimento de justificação ou decorridos os prazos de que cuidam o *caput* e os §§ 1º e 2º, deverá ser aplicada multa ao eleitor, podendo, após o pagamento, ser-lhe fornecida certidão de quitação.

§ 4º A fixação do valor da multa pelo não exercício do voto observará o que dispõe o art. 85 desta resolução e a variação entre o mínimo de 3% e o máximo de 10% do valor utilizado como base de cálculo.

§ 5º A justificação da falta ou o pagamento da multa serão anotados no cadastro.

§ 6º Será cancelada a inscrição do eleitor que se abstiver de votar em três eleições consecutivas, salvo se houver apresentado justificativa para a falta ou efetuado o pagamento de multa, ficando excluídos do cancelamento os eleitores que, por prerrogativa constitucional, não estejam obrigados ao exercício do voto. (*Alterado pelo Acórdão TSE nº 649/2005*)

§ 7º Para o cancelamento a que se refere o § 6º, a Secretaria de Informática colocará à disposição do juiz eleitoral do respectivo domicílio, em meio magnético ou outro acessível aos cartórios eleitorais, relação dos eleitores cujas inscrições são passíveis de cancelamento, devendo ser afixado edital no cartório eleitoral.

§ 8º Decorridos 60 dias da data do batimento que identificar as inscrições sujeitas a cancelamento, mencionadas no § 7º, inexistindo comando de quaisquer dos códigos FASE "078 – Quitação mediante multa", "108 – Votou em separado", "159 – Votou fora da seção" ou "167 – Justificou ausência às urnas", ou processamento das operações de transferência, revisão ou segunda via, a inscrição será automaticamente cancelada pelo sistema, mediante código FASE "035 – Deixou de votar em três eleições consecutivas", observada a exceção contida no § 6º.

Art. 81. O documento de justificação formalizado perante a Justiça Eleitoral, no dia da eleição, prova a ausência do eleitor do seu domicílio eleitoral.

§ 1º A justificação será formalizada em impresso próprio fornecido pela Justiça Eleitoral ou, na falta do impresso, digitado ou manuscrito.

§ 2º O encarregado do atendimento entregará ao eleitor o comprovante, que valerá como prova da justificação, para todos os efeitos legais.

» *Lei nº 6.091/74, art. 16 e parágrafos.*

§ 3º Os documentos de justificação entregues em missão diplomática ou repartição consular brasileira serão encaminhados ao Ministério das Relações Exteriores, que deles fará entrega ao Tribunal Regional Eleitoral do Distrito Federal para processamento.

§ 4º Os documentos de justificação preenchidos com dados insuficientes ou inexatos, que impossibilitem a identificação do eleitor no cadastro eleitoral, terão seu processamento rejeitado pelo sistema, o que importará débito para com a Justiça Eleitoral.

§ 5º Os procedimentos estipulados neste artigo serão observados sem prejuízo de orientações específicas que o Tribunal Superior Eleitoral aprovar para o respectivo pleito.

Art. 82. O eleitor que não votar e não pagar a multa, caso se encontre fora de sua zona e necessite prova de quitação com a Justiça Eleitoral, poderá efetuar o pagamento perante o juízo da zona em que estiver.

» *CE, art. 11.*

§ 1º A multa será cobrada no máximo previsto, salvo se o eleitor quiser aguardar que o juiz da zona em que se encontrar solicite informações sobre o arbitramento ao juízo da inscrição.

§ 2º Efetuado o pagamento, o juiz que recolheu a multa fornecerá certidão de quitação e determinará o registro da informação no cadastro.

§ 3º O alistando ou o eleitor que comprovar, na forma da lei, seu estado de pobreza, perante qualquer juízo eleitoral, ficará isento do pagamento da multa.

» *CE, art. 367, § 3º.*

§ 4º O eleitor que estiver quite com suas obrigações eleitorais poderá requerer a expedição de certidão de quitação em zona eleitoral diversa daquela em que é inscrito.

» *Res.-TSE nº 20.497, de 21/10/99.*

DA NOMENCLATURA UTILIZADA

Art. 83. Para efeito desta resolução, consideram-se:

I. COINCIDÊNCIA – o agrupamento pelo batimento de duas ou mais inscrições ou registros que apresentem dados iguais ou semelhantes, segundo critérios previamente definidos pelo Tribunal Superior Eleitoral;

II. GÊMEOS COMPROVADOS – aqueles que tenham comprovado mesma filiação, data e local de nascimento, em cujas inscrições haja registro de código FASE 256;

III. HOMÔNIMOS – aqueles, excetuados os gêmeos, que possuam dados iguais ou semelhantes, segundo critérios previa-

mente definidos pelo Tribunal Superior Eleitoral, e que figurem em uma mesma duplicidade ou pluralidade (coincidência);

IV. HOMÔNIMOS COMPROVADOS – aqueles em cujas inscrições haja registro de código FASE 248;

V. SITUAÇÃO – condição atribuída à inscrição que define sua disponibilidade para o exercício do voto e condiciona a possibilidade de sua movimentação no cadastro:

a) regular – a inscrição não envolvida em duplicidade ou pluralidade, que está disponível para o exercício do voto e habilitada a transferência, revisão e segunda via;

b) suspensa – a inscrição que está indisponível, temporariamente (até que cesse o impedimento), em virtude de restrição de direitos políticos, para o exercício do voto e não poderá ser objeto de transferência, revisão e segunda via;

c) cancelada – a inscrição atribuída a eleitor que incidiu em uma das causas de cancelamento previstas na legislação eleitoral, que não poderá ser utilizada para o exercício do voto e somente poderá ser objeto de transferência ou revisão nos casos previstos nesta resolução;

d) coincidente – a inscrição agrupada pelo batimento, nos termos do inciso I, sujeita a exame e decisão de autoridade judiciária e que não poderá ser objeto de transferência, revisão e segunda via:

– não liberada – inscrição coincidente que não está disponível para o exercício do voto;

– liberada – inscrição coincidente que está disponível para o exercício do voto.

VI. INEXISTENTE – a inscrição cuja inserção no cadastro foi inviabilizada em decorrência de decisão de autoridade judiciária ou de atualização automática pelo sistema após o batimento;

VII. ELEIÇÃO – cada um dos turnos de um pleito, para todos os efeitos, exceto para os fins de aplicação do disposto no parágrafo único do art. 15 desta resolução.

» *CE, art. 8º, c/c Lei nº 9.504/97, art. 91.*

DAS DISPOSIÇÕES FINAIS

Art. 84. O juiz eleitoral poderá determinar a incineração do título eleitoral, bem como do respectivo protocolo de entrega, não procurado pelo eleitor até a data da eleição posterior à emissão do documento.

Art. 85. A base de cálculo para aplicação das multas previstas pelo Código Eleitoral e leis conexas, bem como das de que trata esta resolução, será o último valor fixado para a UFIR, multiplicado pelo fator 33,02, até que seja aprovado novo índice, em conformidade com as regras de atualização dos débitos para com a União.

Art. 86. Os registros de banco de erros permanecerão disponíveis para tratamento pelas zonas eleitorais durante o prazo de seis meses, contados da data de inclusão da inscrição no banco, após o qual serão automaticamente excluídos, deixando de ser efetivadas as operações correspondentes.

Art. 87. A Corregedoria-Geral, com o apoio da Secretaria de Informática, providenciará manuais e rotinas necessários à execução dos procedimentos de que trata esta resolução.

Art. 88. A Corregedoria-Geral e as corregedorias regionais eleitorais exercerão supervisão, orientação e fiscalização direta do exato cumprimento das instruções contidas nesta resolução.

Art. 89. Os fichários manuais existentes nas zonas e nos Tribunais Regionais Eleitorais, relativos aos registros dos eleitores, anteriores ao recadastramento de que cuidam a Lei nº 7.444/85 e a Res.-TSE nº 12.547, de 28/02/86, poderão, a critério do Tribunal Regional respectivo, ser inutilizados, preservando-se os arquivos relativos à filiação partidária e os documentos que, também a critério do Tribunal Regional, tenham valor histórico.

Art. 90. Considerado o estágio de automação dos serviços eleitorais, a Corregedoria-Geral expedirá provimentos destinados a regulamentar a presente resolução, aprovando os formulários e tabelas cujos modelos por ela não tenham sido regulamentados, necessários a sua fiel execução.

Art. 91. A Secretaria de Informática providenciará a transformação dos atuais códigos FASE de cancelamento de inscrições em decorrência de revisão de eleitorado em códigos FASE 469 e, até a data em que entrar em vigor esta resolução, a adequação do sistema necessária à implementação desta norma.

Art. 92. Esta resolução entra em vigor no dia 1º de janeiro de 2004, revogadas a Res.-TSE nº 20.132, de 19/03/98, e as demais disposições em contrário e ressalvadas as regras relativas à disciplina da revisão de eleitorado e à fixação de competência para exame de duplicidades e pluralidades, que terão aplicação imediata.

Ministro CARLOS VELLOSO, Presidente em exercício.
Ministro BARROS MONTEIRO, Relator.
Ministro MARCO AURÉLIO.
Ministro FRANCISCO PEÇANHA MARTINS.
Ministro FERNANDO NEVES.
Ministro LUIZ CARLOS MADEIRA.
Sala de Sessões do Tribunal Superior Eleitoral
Brasília, 14 de outubro de 2003

Resolução-TSE Nº 21.574/2003

Dispõe sobre o Sistema de Filiação Partidária e dá outras providências.

O Tribunal Superior Eleitoral, no uso de suas atribuições, diante do disposto no art. 61 da Lei nº 9.096, de 19 de setembro de 1995, resolve:

Art. 1º. O Sistema de Filiação Partidária desenvolvido pela Secretaria de Informática do Tribunal Superior Eleitoral será utilizado em todas as zonas e tribunais eleitorais do país, para anotação das filiações partidárias a que se refere o art. 19 da Lei nº 9.096/95. *(Artigo com redação dada pela Res.-TSE nº 22.085/2005)*

Art. 2º. Os dados inseridos no Sistema de Filiação Partidária terão por base as informações fornecidas pelos partidos políticos e por seus próprios filiados.

Art. 3º. Os partidos políticos, para cumprimento do disposto no art. 19 da Lei nº 9.096/95, deverão utilizar o "Módulo Partido" do Sistema de Filiação Partidária, colocado à disposição pela Secretaria de Informática do Tribunal Superior Eleitoral, desenvolvido com a finalidade de auxiliar na elaboração das listagens de seus filiados. (Caput *com redação dada pela Res.-TSE nº 22.085/2005)*

Parágrafo único. A Secretaria de Informática do Tribunal Superior Eleitoral colocará à disposição de todos os partidos políticos o Sistema de Filiação Partidária e indicará o leiaute do arquivo a ser encaminhado à Justiça Eleitoral àqueles que dispuserem de sistemas próprios de controle de filiação.

Art. 4º. Encerrado o período de entrega das relações pelos partidos, o cartório eleitoral enviará os dados ao Tribunal Superior Eleitoral para análise e identificação de irregularidades, o que ocorrerá no prazo de sete dias. (Caput *com redação dada pela Res.-TSE nº 22.085/2005)*

§ 1º Ao final do processamento, em nível nacional, as irregularidades detectadas serão colocadas, via sistema, à disposição dos cartórios eleitorais, para comunicação aos partidos, que poderão saná-las, no prazo de dez dias, mediante entrega de nova listagem completa de seus filiados.

§ 2º As correções apresentadas pelos partidos serão recebidas no sistema pelo cartório eleitoral, após o que a Secretaria de Informática do TSE providenciará, no prazo de sete dias, o cruzamento das informações visando à identificação de duplicidades de filiação. *(Parágrafo com redação dada pela Res.-TSE nº 22.085/2005)*

§ 3º Durante o período compreendido entre o início do prazo para encaminhamento das relações pelos partidos e a análise e identificação de irregularidades pelo Tribunal Superior Eleitoral, não será possível a emissão, pelo sistema, de certidões de filiação, cabendo ao cartório providenciá-las com base nas informações de que dispuser.

Art. 4º-A. Determinado pelo juiz eleitoral, a partir de reclamação de filiado, ao partido que, por desídia ou má-fé, deixou de incluir seu nome na última relação, o cumprimento do que dispõe o *caput* do art. 19 da Lei nº 9.096/95, o processamento da nova relação atualizada ocorrerá no último dia útil dos meses pares, excetuados os de abril e outubro. *(Artigo acrescentado pela Res.-TSE nº 22.085/2005)*

Art. 5º. As desfiliações comunicadas pelos próprios eleitores, consoante prevê o art. 21 da Lei nº 9.096/95, deverão ser registradas na relação correspondente arquivada no sistema de filiação partidária.

Art. 6º. A comunicação obrigatória do eleitor que se filia a outro partido ao juiz eleitoral da zona em que é inscrito, com a finalidade de cancelamento da filiação anterior, recebida no cartório até o dia imediato ao da nova filiação, ensejará o correspondente registro de desfiliação na última relação do partido, anteriormente arquivada no sistema.

§ 1º Quando a comunicação de que trata o *caput* for recebida no cartório após o dia imediato ao da nova filiação, o sistema alterará a situação da filiação anotada para o partido anterior, que passará a figurar como *sub judice*, e gerará comunicação da ocorrência relativa à duplicidade de filiações, nos termos do art. 22, parágrafo único, da Lei nº 9.096/95, a ser imediatamente submetida ao juiz eleitoral para decisão, após a instrução que ordenar. *(Parágrafo com redação dada pela Res.-TSE nº 22.085/2005)*.

§ 2º Declarada a nulidade, o juiz eleitoral determinará o registro pertinente no sistema e a comunicação aos partidos interessados e ao eleitor.

Art. 7º. *(Revogado pela Res.-TSE nº 22.085/2005)*

Art. 8º. *(Revogado pela Res.-TSE nº 22.085/2005)*

Art. 9º. As filiações efetuadas perante órgãos de direção nacional ou estadual, quando admitidas pelo estatuto do partido, deverão ser comunicadas aos diretórios municipais correspondentes à zona de inscrição do eleitor, com a finalidade de serem comunicadas ao juiz eleitoral nos períodos previstos em lei.

Art. 10. *(Revogado pela Res.-TSE nº 22.085/2005)*

Art. 11. Esta resolução entra em vigor nesta data, revogadas as disposições em contrário.

Sala de Sessões do Tribunal Superior Eleitoral
Brasília, 27 de novembro de 2003

Resolução-TSE Nº 21.667/2004

> *Dispõe sobre a utilização do serviço de emissão de certidão de quitação eleitoral por meio da Internet e dá outras providências.*

O Tribunal Superior Eleitoral, usando das atribuições que lhe confere o inciso XVIII do art. 23 do Código Eleitoral, resolve:

Art. 1º. Implantar, em âmbito nacional, o serviço de emissão de certidão de quitação eleitoral por meio da Internet.

Art. 2º. O serviço será oferecido nas páginas dos Tribunais Regionais Eleitorais e do Tribunal Superior Eleitoral.

Parágrafo único. Para a emissão de certidão de quitação pela internet, os Tribunais Regionais Eleitorais adotarão exclusivamente o aplicativo desenvolvido pelo Tribunal Superior Eleitoral. *(Parágrafo acrescentado pela Res.-TSE nº 22.621/2007)*

Art. 3º. São os seguintes os dados exigidos para o fornecimento da certidão de quitação eleitoral:

I. o número da inscrição;
II. o nome completo do eleitor;
III. a filiação do solicitante.

§ 1º É obrigatória a coincidência dos dados informados pelo eleitor com os constantes no Cadastro Nacional de Eleitores.

§ 2º Na hipótese de inexistência de nome dos genitores no documento de identificação, ser-lhe-á conferida a opção de preenchimento com a expressão "Não Consta/Em Branco" do campo destinado a tal informação.

Art. 4º. A validação da certidão de quitação emitida por meio das páginas dos TREs e do TSE será feita com emprego de código de assinatura digital, baseada em rotina de autenticação desenvolvida pela Justiça Eleitoral.

Art. 5º. No ato da conferência de validade, deverão ser informados o número de inscrição, a data e o horário de emissão e o código alfanumérico constantes da certidão emitida.

Parágrafo único. O sistema de validação efetuará o cotejo entre as informações fornecidas pelo eleitor e as constantes da assinatura digital geradas pela página e arquivada na base de dados da Justiça Eleitoral.

Art. 6º. Esta resolução entra em vigor na data de sua publicação.

Sala de Sessões do Tribunal Superior Eleitoral
Brasília, 18 de março de 2004

Resolução-TSE Nº 21.711/2004

> *Dispõe sobre a utilização de sistema de transmissão eletrônica de dados e imagens por fac-símile ou pela Internet, para a prática de atos processuais no âmbito do Tribunal Superior Eleitoral.*

O Tribunal Superior Eleitoral, no uso de sua competência e para melhor adequação dos seus serviços judiciários aos dispositivos da Lei nº 9.800, de 26 de maio de 1999, resolve:

CAPÍTULO I
DISPOSIÇÕES PRELIMINARES

Art. 1º. Fica autorizada a utilização de sistema de transmissão eletrônica de dados e imagens por *fac-símile* ou pela Internet para a prática de atos processuais no âmbito do Tribunal Superior Eleitoral, sem prejuízo das formas convencionais existentes.

» *Lei nº 9.800/99, art. 1º.*

Parágrafo único. O sistema de que trata este artigo não poderá ser utilizado para o recebimento de petições recursais dirigidas ao Supremo Tribunal Federal.

CAPÍTULO II
DAS PETIÇÕES PELA INTERNET

Art. 2º. O sistema de peticionamento pela Internet só poderá ser utilizado por advogados previamente cadastrados, mediante o preenchimento de formulário disponível na página do Tribunal Superior Eleitoral, no endereço eletrônico: www.tse.gov.br.

» *www.tse.jus.br.*

Parágrafo único. A utilização do serviço de que trata este artigo está sujeita à aceitação das condições estabelecidas nesta resolução.

I. No ato do cadastramento, o advogado deverá fornecer endereço de correio eletrônico, que será validado pelo Tribunal Superior Eleitoral.

II. Somente após a validação do correio eletrônico pelo Tribunal Superior Eleitoral, o advogado cadastrado poderá utilizar os serviços definidos nesta resolução.

Art. 3º

Art. 3º. A petição deverá ser transmitida por meio do serviço "Petição Online", disponível na página do Tribunal Superior Eleitoral.

I. O serviço "Petição Online" permitirá o envio de documento digital anexado ao formulário de envio;

II. Não serão aceitas petições anexadas a mensagens de correio eletrônico, ainda que o remetente esteja cadastrado;

III. As petições deverão ser digitadas no formato "doc", "txt", "rtf" ou "pdf", compatíveis com o ambiente operacional Windows, limitando-se ao tamanho máximo de 2MB.

Parágrafo único. Entende-se como compatível com o ambiente operacional Windows o documento que pode ser aberto e lido em um dos seguintes programas-padrão do Tribunal Superior Eleitoral: MS Word ou Adobe Acrobat Reader.

Art. 4º. A petição será precedida de tela de encaminhamento, especificando o destinatário, a data do documento, o assunto, o remetente e o número de folhas que serão transmitidas.

Art. 5º. Tratando-se de petição intermediária ou recursal, será obrigatório inserir ainda, na tela de encaminhamento, as informações relativas aos autos: classe, número do processo e número de protocolo.

Art. 6º. O envio da petição pela Internet dispensará a sua transmissão via *fac-símile* e a apresentação dos originais.

Parágrafo único. A petição enviada pela Internet deverá conter a assinatura digitalizada do advogado subscritor e remetente.

Art. 7º. A Seção de Protocolo Geral promoverá a conferência do documento impresso e providenciará a protocolização e o registro dos dados no Sistema de Acompanhamento de Documentos e Processos e seu encaminhamento à Secretaria Judiciária.

§ 1º O advogado receberá por correio eletrônico a confirmação do número, data e hora do protocolo, o que valerá como comprovação de recebimento da petição para efeitos de prazo.

§ 2º O recebimento de petições pela Internet dar-se-á das 8 às 19 horas, observado o horário de Brasília.

§ 3º Nos casos em que a transmissão for realizada até as 19 horas, mas a protocolização só puder ser realizada no dia útil subsequente, será considerado, para fins de atendimento do prazo processual, o horário do recebimento no equipamento servidor do Tribunal Superior Eleitoral, desde que a petição tenha chegado completa e sem interrupção.

§ 4º Das petições encaminhadas e corretamente recebidas até as 16 horas será dada notícia ao remetente até as 17 horas do mesmo dia.

CAPÍTULO III
DAS PETIÇÕES POR *FAC-SÍMILE*

Art. 8º. São admitidas petições por *fac-símile*, observadas as seguintes condições:

I. o recebimento será permitido exclusivamente por meio dos equipamentos instalados na Coordenadoria de Comunicação do Tribunal Superior Eleitoral;

II. atendimento às exigências das normas processuais;

III. assinatura do advogado da parte ou do interessado;

IV. a petição será precedida de folha de rosto, especificando o destinatário, a data do documento, o assunto, o remetente e o número de folhas que serão transmitidas;

V. tratando-se de petição intermediária ou recursal, será obrigatório inserir ainda, na folha de rosto, as informações relativas aos autos: classe, número do processo e número do protocolo.

Art. 9º. O recebimento de petições por *fac-símile* dar-se-á das 8 às 19 horas, observado o horário de Brasília.

§ 1º Quando a transmissão de petições se iniciar antes das 19 horas e terminar após esse horário, tal fato será certificado no verso da petição e o documento será protocolizado no dia útil subsequente.

§ 2º Será considerado, para fins de atendimento do prazo processual, o horário de início da transmissão certificada no documento, desde que ela se complete sem interrupção.

§ 3º Havendo divergência entre a data ou o horário do recebimento no Tribunal Superior Eleitoral e a data ou o horário registrado pelo aparelho do remetente na petição transmitida, o fato será certificado no próprio documento, prevalecendo o do TSE.

§ 4º Ao remetente valerá como comprovante de transmissão o relatório expedido pelo aparelho de *fac-símile*, exclusivamente quanto a endereçamento telefônico, número de páginas e eficácia do resultado.

Art. 10. O relatório emitido pelo equipamento receptor constitui prova de transmissão e recebimento, devendo ser anexado à petição recebida.

Art. 11. As ocorrências verificadas durante o recebimento da petição serão certificadas no verso da última folha do documento, em carimbo próprio, em que constarão também o nome do responsável pelo recebimento, o horário do término da transmissão e o número de folhas recebidas.

Parágrafo único. As petições, ainda que incompletas ou ilegíveis, serão protocoladas e conclusas ao relator. *(Parágrafo único com redação dada pelo art. 1º da Res.-TSE nº 22.648/2007)*

Art. 12. O envio da petição por *fac-símile* dispensará a sua transmissão por correio eletrônico e a apresentação dos originais.

Art. 13. A Coordenadoria de Comunicação manterá na página do Tribunal Superior Eleitoral o número das linhas telefônicas disponíveis para utilização dos usuários.

CAPÍTULO IV
DISPOSIÇÕES FINAIS

Art. 14. O uso inadequado dos procedimentos estabelecidos nesta resolução, com a intenção de causar prejuízo ou lesão ao direito das partes ou ao serviço judiciário, implicará responsabilidade civil e criminal e imediato descredenciamento do advogado, além das sanções processuais cabíveis.

Art. 15. A adequada remessa das mensagens e a tempestividade do peticionamento pelo sistema eletrônico de transmissão de dados e imagens serão de inteira responsabilidade do remetente.

Parágrafo único. Os riscos de não obtenção de linha ou de conexão, ou de defeito de transmissão ou de recepção, correrão à conta do remetente e não escusarão o cumprimento dos prazos legais, cabendo ao interessado certificar-se da regularidade da recepção.

Art. 16. Os Tribunais Regionais Eleitorais ficam autorizados a adotar os procedimentos previstos nesta resolução, respeitada sua sistemática e seus parâmetros.

Art. 17. Esta resolução entra em vigor na data de sua publicação.

Art. 18. Ficam revogadas as instruções relativas ao procedimento de petições e recursos recebidos via *fac-símile* (Processo nº 12.348).

Sala de Sessões do Tribunal Superior Eleitoral.
Brasília, 06 de abril de 2004.
Ministro SEPÚLVEDA PERTENCE, Presidente
Ministro FERNANDO NEVES, relator
Ministra ELLEN GRACIE
Ministro FRANCISCO PEÇANHA MARTINS
Ministro LUIZ CARLOS MADEIRA.
Publicada no *DJ* de 26/04/2004.

cujo regular atendimento poderá restar comprometido sem a devida autorização.

§ 2º O deferimento do afastamento ficará condicionado ao voto favorável de cinco dos membros do Tribunal Regional Eleitoral e deverá ser submetido ao Tribunal Superior Eleitoral.

Art. 2º. Esta resolução entra em vigor nesta data, revogadas as disposições em contrário, mormente as constantes da Res.-TSE nº 21.188, de 15/08/2002.

Sala de Sessões do Tribunal Superior Eleitoral.
Brasília, 22 de junho de 2004.
Ministro SEPÚLVEDA PERTENCE, presidente
Ministro FRANCISCO PEÇANHA MARTINS, relator
Ministro CARLOS VELLOSO
Ministro MARCO AURÉLIO
Ministro HUMBERTO GOMES DE BARROS
Ministro FERNANDO NEVES
Ministro LUIZ CARLOS MADEIRA.
Publicada no *DJ* de 28/07/2004.

Resolução-TSE
Nº 21.842/2004

> Dispõe sobre o afastamento de magistrados na Justiça Eleitoral do exercício dos cargos efetivos.

O Tribunal Superior Eleitoral, no uso das atribuições que lhe conferem os arts. 1º, parágrafo único, e 23, XVIII, do Código Eleitoral,

Considerando que o afastamento do cargo efetivo é medida de caráter extraordinário, que visa atender a necessidades temporárias e excepcionais do serviço eleitoral, que, na forma da legislação de regência, prefere a qualquer outro,

Considerando que a prioridade dos feitos eleitorais, no curso do processo eleitoral, para participação do Ministério Público e dos juízes de todas as Justiças e instâncias, não atinge os processos de *habeas corpus* e mandado de segurança,

» Lei nº 9.504/97, art. 94.

Considerando que o ato discricionário de afastamento somente atenderá à sua finalidade legal se emanado sob circunstâncias fáticas de aumento significativo dos serviços eleitorais, apuradas em concreto, em cada zona ou Tribunal Eleitoral, cujo atendimento regular não se possa verificar sem o exercício, com exclusividade, das funções eleitorais,

RESOLVE:

Art. 1º. O afastamento dos juízes eleitorais das suas funções regulares será sempre parcial, somente no período entre o registro de candidaturas até cinco dias após a realização do segundo turno das eleições, em casos excepcionais e sem prejuízo do julgamento prioritário de *habeas corpus* e mandado de segurança, nos incisivos termos do art. 94, § 1º, da Lei nº 9.504/97.

§ 1º A proposta de afastamento será apresentada ao Tribunal Regional Eleitoral com a demonstração da sua efetiva necessidade, indicados concretamente os serviços a serem desenvolvidos,

Resolução-TSE
Nº 21.843/2004

> Dispõe sobre a requisição de força federal, de que trata o art. 23, inciso XIV, do Código Eleitoral, e sobre a aplicação do art. 2º do Decreto-Lei nº 1.064, de 24 de outubro de 1969.

O Tribunal Superior Eleitoral, no uso das atribuições que lhe conferem a alínea e do art. 8º do seu Regimento Interno; o art. 105 da Lei nº 9.504/97 e o inciso XVIII do art. 23 do Código Eleitoral, resolve:

Art. 1º. O Tribunal Superior Eleitoral requisitará força federal necessária ao cumprimento da lei ou das decisões da Justiça Eleitoral, visando garantir o livre exercício do voto, a normalidade da votação e da apuração dos resultados.

» LC nº 97/99, art. 15, § 1º.

§ 1º Os Tribunais Regionais Eleitorais deverão encaminhar ao Tribunal Superior Eleitoral a relação das localidades onde se faz necessária a presença de força federal para os fins previstos neste artigo.

§ 2º O pedido será acompanhado de justificativa – contendo os fatos e circunstâncias de que decorra o receio de perturbação dos trabalhos eleitorais –, que deverá ser apresentada separadamente para cada zona eleitoral, com indicação do endereço e do nome do juiz eleitoral a quem o efetivo da força federal deverá se apresentar.

Art. 2º. Aprovada e feita a requisição pelo Tribunal Superior Eleitoral, o Tribunal Regional Eleitoral entrará em entendimento com o comando local da força federal para possibilitar o planejamento da ação do efetivo necessário.

Art. 2º

Parágrafo único. O contingente da força federal, quando à disposição da Justiça Eleitoral, observará as instruções da autoridade judiciária eleitoral competente.

Art. 3º. A Polícia Federal, à disposição da Justiça Eleitoral, nos termos do art. 2º do Decreto-Lei nº 1.064/69, exercerá as funções que lhe são próprias, especialmente as de polícia judiciária em matéria eleitoral, e observará as instruções da autoridade judiciária eleitoral competente.

Art. 4º. Esta resolução entra em vigor na data de sua publicação, revogada a Resolução-TSE nº 8.906, de 05 de novembro de 1970.

Sala de Sessões do Tribunal Superior Eleitoral.
Brasília, 22 de junho de 2004.
Ministro SEPÚLVEDA PERTENCE, presidente
Ministro FERNANDO NEVES, relator
Ministro CARLOS VELLOSO
Ministro MARCO AURÉLIO vencido em parte
Ministro FRANCISCO PEÇANHA MARTINS
Ministro HUMBERTO GOMES DE BARROS
Ministro LUIZ CARLOS MADEIRA.
Publicada no *DJ* de 1º/07/2004.

Resolução-TSE
Nº 21.875/2004

Regulamenta o recolhimento do percentual de participação de institutos ou fundações de pesquisa e de doutrinação e educação política nas verbas do Fundo Partidário.

O Tribunal Superior Eleitoral, usando das atribuições que lhe confere o art. 61 da Lei nº 9.096, de 19 de setembro de 1995,
Considerando o disposto nos arts. 40, 41 e 44 da Lei nº 9.096/95,
Resolve:

Art. 1º. Os partidos políticos, à medida que lhes forem creditadas as quotas do Fundo Partidário, deverão recolher o percentual pertinente à manutenção dos seus respectivos institutos ou fundações de pesquisa e de doutrinação e educação política, a que se refere o inciso IV do art. 44 da Lei nº 9.096, de 1995.

Art. 2º. O percentual será o estabelecido no estatuto partidário, observado o mínimo de vinte por cento (20%) das importâncias recebidas do Fundo Partidário.

Art. 3º. O recolhimento será feito no prazo de quinze dias da data em que forem recebidas as importâncias do Fundo Partidário, mediante crédito em conta-corrente do instituto ou fundação.

Art. 4º. À falta de instituto ou fundação, o percentual correspondente será levado à conta especial do partido, que permanecerá bloqueada até que se verifique a criação respectiva.

Art. 5º. Esta resolução entra em vigor na data de sua publicação.

Sala de Sessões do Tribunal Superior Eleitoral
Brasília, 5 de agosto de 2004

Resolução-TSE
Nº 21.920/2004

Dispõe sobre o alistamento eleitoral e o voto dos cidadãos portadores de deficiência, cuja natureza e situação impossibilitem ou tornem extremamente oneroso o exercício de suas obrigações eleitorais.

O Tribunal Superior Eleitoral, no uso de suas atribuições, tendo em vista o disposto no § 1º do art. 1º da Lei nº 4.737, de 15 de julho de 1965, Resolve:

Art. 1º. O alistamento eleitoral e o voto são obrigatórios para todas as pessoas portadoras de deficiência.

Parágrafo único. Não estará sujeito à sanção a pessoa portadora de deficiência que torne impossível ou demasiadamente oneroso o cumprimento das obrigações eleitorais, relativamente ao alistamento e ao exercício do voto.

Art. 2º. O juiz eleitoral, mediante requerimento de cidadão nas condições do parágrafo único do art. 1º ou de seu representante legal, acompanhado de documentação comprobatória da deficiência descrita no art. 1º, parágrafo único, poderá expedir, em favor do interessado, certidão de quitação eleitoral, com prazo de validade indeterminado.

§ 1º Na avaliação da impossibilidade e da onerosidade para o exercício das obrigações eleitorais, serão consideradas, também, a situação socioeconômica do requerente e as condições de acesso ao local de votação ou de alistamento desde a sua residência.

§ 2º Quando se tratar de eleitor cuja inscrição figure situação regular, o cartório eleitoral providenciará o registro, no cadastro, da informação de que a pessoa encontra-se na situação descrita no parágrafo único do art. 1º, mediante o comando de código FASE específico, a ser implantado pela Corregedoria-Geral da Justiça Eleitoral.

§ 3º Quando o requerente possuir inscrição cancelada ou suspensa, poderá solicitar a regularização de sua situação eleitoral, observadas as regras fixadas na Res.-TSE nº 21.538/2003.

§ 4º A providência a que se refere o *caput* tornará inativa a situação de eventual registro, por ausência às urnas ou aos trabalhos eleitorais, desde que a ausência decorra da situação descrita no parágrafo único do art. 1º.

§ 5º O descrito neste artigo não alterará a aptidão da inscrição eleitoral para o exercício do voto.

Art. 3º. A expedição da certidão a que se refere o *caput* do art. 2º não impede, a qualquer tempo, o alistamento eleitoral de seu beneficiário, que não estará sujeito à penalidade prevista no art. 8º do Código Eleitoral.

Art. 4º. O disposto nesta Resolução não alcança as demais sanções aplicadas pela Justiça Eleitoral com base no Código Eleitoral e em leis conexas.

Art. 5º. O comando do código FASE referido no § 2º do art. 2º, relativo a requerimentos formulados no período de fechamento do cadastro, somente será efetivado após a sua reabertura.

Art. 6º. Esta Resolução entra em vigor na data de sua publicação, revogadas as disposições em contrário.

Sala de Sessões do Tribunal Superior Eleitoral
Brasília, 19 de setembro de 2004

Resolução-TSE Nº 21.975/2004

Disciplina o recolhimento e a cobrança das multas previstas no Código Eleitoral e leis conexas e a distribuição do Fundo Especial de Assistência Financeira aos Partidos Políticos (Fundo Partidário).

O Tribunal Superior Eleitoral, usando das competências que lhe conferem o parágrafo único do art. 1º da Lei nº 4.737, de 15 de julho de 1965, e o art. 61 da Lei nº 9.096, de 19 de setembro de 1995, e tendo em vista o disposto no art. 98 da Lei nº 10.707, de 30 de julho de 2003, regulamentado pelo Decreto nº 4.950, de 9 de janeiro de 2004,

RESOLVE:

Art. 1º As multas previstas nas leis eleitorais, impostas por decisão de que não caiba recurso, serão inscritas nos termos dos incisos III e IV do art. 367 do Código Eleitoral, recolhidas na forma estabelecida nesta resolução e destinadas ao Fundo Especial de Assistência Financeira aos Partidos Políticos (Fundo Partidário), previsto pela Lei nº 9.096/95.

§ 1º A inscrição das multas eleitorais para efeito de cobrança mediante o executivo fiscal será feita em livro próprio no juízo ou Secretaria do Tribunal Eleitoral competente.

§ 2º O recolhimento será efetuado no Banco do Brasil S/A ou em qualquer outra instituição da rede bancária, em moeda corrente ou em cheque, na forma estabelecida no art. 4º desta resolução.

§ 3º Se o pagamento for realizado por meio de cheque, o cumprimento da obrigação somente será reconhecido após a devida compensação bancária.

§ 4º A receita proveniente de multas eleitorais será recolhida à conta do Fundo Partidário, passando a integrar a composição deste (Lei nº 9.096/95, art. 38, inciso I).

» *Res.-TSE nº 21.538/2003, art. 85.*

Art. 2º Caso a multa seja decorrente da aplicação do § 4º do art. 73 da Lei nº 9.504, de 30 de setembro de 1997, o juízo ou Tribunal Eleitoral, no prazo de cinco dias a contar da data da apresentação do comprovante de recolhimento, deverá comunicar à Secretaria de Administração do Tribunal Superior Eleitoral o valor e a data da multa recolhida, bem assim o nome completo do partido político que se houver beneficiado da conduta legalmente vedada.

Parágrafo único. Caberá à Secretaria de Administração do Tribunal Superior Eleitoral, após o recebimento dos dados referidos no *caput*, cumprir, no prazo de cinco dias, o disposto no § 9º do art. 73 da Lei nº 9.504/97.

Art. 3º As multas não satisfeitas no prazo de trinta dias do trânsito em julgado da decisão serão consideradas dívida líquida e certa, para efeito de cobrança, mediante executivo fiscal.

§ 1º Caberá aos juízes eleitorais enviar os respectivos autos ao Tribunal Eleitoral competente, em cinco dias, após o decurso do prazo estabelecido no *caput*.

§ 2º Para fins de inscrição de multas eleitorais na dívida ativa da União, os tribunais eleitorais reportar-se-ão diretamente às procuradorias da Fazenda Nacional, nos estados ou no Distrito Federal, em relação às multas impostas nos processos de sua competência originária, bem como quanto aos autos recebidos dos juízes eleitorais.

§ 3º A inscrição de débitos decorrentes de multas eleitorais na dívida ativa da União, prevista no § 2º deste artigo, deverá ser comunicada ao Tribunal Superior Eleitoral, por intermédio da Diretoria-Geral, com vistas ao acompanhamento e controle de ingresso de receitas pela Secretaria de Orçamento e Finanças (SOF), responsável pelo planejamento, coordenação e supervisão das atividades de administração orçamentária e financeira da Justiça Eleitoral.

§ 4º A Diretoria-Geral da Secretaria do TSE, por intermédio da Secretaria de Administração, adotará providências para a inscrição na dívida ativa da União das multas a que se refere o art. 1º desta resolução, impostas nos processos de competência originária do Tribunal Superior Eleitoral.

Art. 4º O recolhimento das multas eleitorais e penalidades pecuniárias, assim como doações de pessoas físicas ou jurídicas, observadas as disposições desta resolução, será feito, obrigatoriamente, por intermédio dos formulários da Guia de Recolhimento da União (GRU-Cobrança e GRU-Simples), os quais serão obtidos nos órgãos da Justiça Eleitoral, conforme se estabelecer em ato específico.

§ 1º A Guia de Recolhimento da União (GRU) será emitida, obrigatoriamente, com código de barras, sob a forma de documento compensável (GRU-Cobrança), destinado a recolhimento no Banco do Brasil S/A ou em qualquer outra instituição bancária, ou (GRU-Simples), para recolhimento exclusivo no Banco do Brasil S/A.

§ 2º A GRU-Cobrança destina-se ao recolhimento de valores superiores a R$ 30,00 (trinta reais), devendo os valores inferiores serem recolhidos, preferencialmente, por meio de GRU-Simples.

§ 3º Deverá ser utilizada uma GRU para cada multa eleitoral a ser paga, observando o tipo de receita e a espécie de multa, conforme se estabelecer em ato específico.

§ 4º As informações gerais sobre os recolhimentos destinados ao Fundo Partidário serão fornecidas pelo Sistema Integrado de Administração Financeira do Governo Federal (Siafi) e as detalhadas pelo Siafi, se originárias de GRU-Simples, e pelo sistema do agente arrecadador, Banco do Brasil S/A, se provenientes da GRU-Cobrança, as quais são de responsabilidade da SOF/TSE.

Art. 5º O Fundo Partidário, a que se refere o *caput* do art. 1º desta resolução, é constituído por:

Art. 5º

I. multas e penalidades pecuniárias aplicadas nos termos do Código Eleitoral e leis conexas;

II. recursos financeiros que lhe forem destinados por lei, em caráter permanente ou eventual;

III. doações de pessoas física ou jurídica, efetuadas por intermédio de depósitos bancários diretamente na conta do Fundo Partidário;

IV. dotações orçamentárias da União em valor nunca inferior, em cada ano, ao número de eleitores inscritos em 31 de dezembro do ano anterior ao da proposta orçamentária, multiplicado por trinta e cinco centavos de real, em valores de agosto de 1995 (Lei nº 9.096/95, art. 38, IV);

V. recursos oriundos de fontes não identificadas (*art. 6º, caput, da Res.-TSE nº 21.841, de 22 de junho de 2004*).
   » Res.-TSE nº 23.464/2015.
   » Res.-TSE nº 23.465/2015.

§ 1º Os recursos do Fundo Partidário, arrecadados pelo Banco do Brasil S/A ou por agência participante do sistema de compensação, serão recolhidos à Conta Única do Tesouro Nacional por meio do Siafi (Lei nº 10.707/2003, art. 98, e Decreto nº 4.950/2004, art. 1º).

§ 2º Os recursos previstos nos incisos I, II, III e V deste artigo, após o trânsito pelas contas do Tesouro Nacional, serão depositados na conta especial do Tribunal Superior Eleitoral, até o segundo dia útil posterior ao efetivo ingresso dos valores na conta reserva bancária do Banco do Brasil S/A, e repassados pela SOF/TSE à Coordenadoria de Execução Orçamentária e Financeira (Ceof/SA) no 3º dia útil do mês subseqüente à arrecadação (Lei nº 9.096/95, art. 40, § 2º, e *Instrução Normativa-STN nº 3/2004, art. 2º, § 1º*).

§ 3º Os créditos orçamentários previstos no inciso IV deste artigo, após o trânsito pelas contas do Tesouro Nacional, serão transferidos mensalmente à Conta Única do órgão setorial do TSE e repassados pela SOF/TSE à Ceof/SA, para os fins previstos no art. 7º desta resolução (Lei nº 9.096/95, art. 40, § 1º).

Art. 6º A dotação orçamentária a que se refere o inciso IV do art. 5º desta resolução deverá ser consignada no Anexo da Proposta Orçamentária da Justiça Eleitoral (Lei nº 9.096/95, art. 40).

Parágrafo único. Compete à SOF/TSE a elaboração do documento constante do *caput* deste artigo.

Art. 7º A Secretaria de Administração, por intermédio da Ceof/SA, no prazo de cinco dias a contar da data do repasse a que se referem os §§ 2º e 3º do art. 5º desta resolução, fará a distribuição das quantias arrecadadas aos órgãos nacionais dos partidos políticos, *obedecendo aos seguintes critérios*:

I. um por cento do total do Fundo Partidário será destacado para entrega, em partes iguais, a todos os partidos que tenham seus estatutos definitivamente registrados no Tribunal Superior Eleitoral;

II. noventa e nove por cento do total do Fundo Partidário será distribuído aos partidos com direito a funcionamento parlamentar na Câmara dos Deputados, na proporção dos votos obtidos na última eleição geral para a Câmara dos Deputados, observando-se, ainda, o disposto no § 6º do art. 29 da Lei nº 9.096/95 (Lei nº 9.096/95, arts. 13 e 41, I e II).

Art. 41-A da Lei nº 9.096/1995. Redação diversa pela Lei nº 13.165/2015.
   » ADI nºs 1.351 e 1.354.

§ 1º Para o cumprimento do disposto no inciso II deste artigo, o Tribunal Superior Eleitoral, no início de cada legislatura, solicitará à Mesa da Câmara dos Deputados a relação dos partidos em funcionamento.

§ 2º Os órgãos nacionais dos partidos políticos procederão à redistribuição da cota recebida às seções regionais, e estas às municipais, na forma do que dispuserem os respectivos estatutos.

§ 3º Em caso de cancelamento ou caducidade do órgão de direção nacional do partido, reverterá ao Fundo Partidário a cota que a este caberia.

§ 4º Compete à Secretaria Judiciária do TSE informar, mensalmente, à Secretaria de Administração do TSE os partidos políticos com registro definitivo na Justiça Eleitoral.

Art. 8º No período compreendido entre *15 de fevereiro de 2005, data do início da próxima legislatura*, e a proclamação dos resultados da eleição geral subseqüente para a Câmara dos Deputados, o disposto nos incisos I e II do art. 7º desta resolução somente será aplicado após o destaque do percentual de vinte e nove por cento do total do Fundo Partidário, que será distribuído aos partidos políticos em funcionamento, de conformidade com a *Lei nº 9.096/95, arts. 13 e 57, I, a e b, e II*, na proporção dos votos obtidos na última eleição geral para a Câmara dos Deputados.
   » ADI nºs 1351 e 1354.
   » Art. 15 da Lei nº 13.165/2015.

Art. 9º Os depósitos e movimentações dos recursos oriundos do Fundo Partidário deverão ser feitos, pelos partidos políticos, em estabelecimentos bancários controlados pelo poder público federal e estadual e, inexistindo estes, no banco escolhido pelo órgão diretivo do partido (Lei nº 9.096/95, art. 43).

Art. 10. A Diretoria-Geral, a Corregedoria-Geral Eleitoral, a Secretaria Judiciária, a Secretaria de Orçamento e Finanças, a Secretaria de Administração e a Secretaria de Informática, observadas as competências constantes do Regulamento Interno da Secretaria do TSE e de instruções específicas, implementarão as normas definidas nesta resolução e os procedimentos complementares.

Art. 11. A Presidência do TSE expedirá normas complementares à execução desta resolução, especialmente no tocante à implementação da GRU.

Art. 12. Esta resolução entra em vigor na data de sua publicação.

Art. 13. Fica revogada a Res.-TSE nº 20.405, de 1º de dezembro de 1998, e demais disposições em contrário.

Sala de Sessões do Tribunal Superior Eleitoral.
Brasília, 16 de dezembro de 2004.
Ministro SEPÚLVEDA PERTENCE, presidente
Ministro FRANCISCO PEÇANHA MARTINS, relator
Ministro GILMAR MENDES
Ministro HUMBERTO GOMES DE BARROS
Ministro LUIZ CARLOS MADEIRA
Ministro GERARDO GROSSI.

Publicada no *DJ* de 30/12/2004.

Resolução-TSE Nº 21.991/2005

Estabelece prazos para execução dos procedimentos relativos ao cancelamento de inscrições e à regularização da situação dos eleitores que deixaram de votar nas três últimas eleições consecutivas.

O Tribunal Superior Eleitoral, no uso das atribuições que lhe são conferidas pelo art. 23, IX, do Código Eleitoral, e considerando o disposto no art. 80, §§ 6º a 8º, da Res.-TSE nº 21.538, de 14/10/2003,

Resolve:

Art. 1º. Os prazos a serem observados para execução dos trabalhos pertinentes ao cancelamento ou à regularização de inscrições atribuídas a eleitores que deixaram de comparecer a três eleições consecutivas, na forma do art. 80, §§ 6º a 8º, da Res.-TSE nº 21.538, de 14/10/2003, são os constantes do Anexo I desta resolução.

§ 1º As ausências registradas para inscrições atribuídas a eleitores cujo exercício do voto, por prerrogativa constitucional, é facultativo, assim identificadas no cadastro eleitoral, não serão computadas para efeito do procedimento de que trata o *caput*.

§ 2º Não estarão sujeitas ao cancelamento as inscrições atribuídas a pessoas portadoras de deficiência que torne impossível ou extremamente oneroso o cumprimento das obrigações eleitorais, para as quais houver comando do código FASE 396 (motivo/forma 4), até o final do período a que se refere o § 8º do art. 80 da Res.-TSE nº 21.538/2003.

Art. 2º. O edital a ser utilizado é o constante do Anexo II.

Art. 3º. Os prazos estabelecidos por esta Resolução deverão ser objeto de ampla divulgação, cabendo aos Tribunais Regionais Eleitorais adotar, nas respectivas circunscrições, as providências necessárias.

Art. 4º. Esta Resolução entra em vigor na data de sua publicação, revogadas as disposições em contrário.

Sala de Sessões do Tribunal Superior Eleitoral
Brasília, 15 de fevereiro de 2005

Resolução-TSE Nº 22.121/2005

Dispõe sobre as regras de adequação de institutos ou fundações de pesquisa e de doutrinação e educação política de partidos políticos às normas estabelecidas no Código Civil de 2002.

O Tribunal Superior Eleitoral, no uso de suas atribuições, tendo em vista o disposto no parágrafo único do art. 1º da Lei nº 4.737, de 15 de julho de 1965,

Considerando a decisão proferida nesta data,

Considerando a necessidade de adequar a atuação dos entes partidários destinados à pesquisa, doutrinação e educação política à forma jurídica que mais se amolda aos objetivos da Lei nº 9.096/95,

Considerando que, na nova ordem civil, não está prevista a existência de institutos partidários como entes personalizados,

Considerando a classificação das finalidades dos institutos partidários como de cunho moral, o que os aproxima dos objetivos morais próprios das fundações.

» *Art. 62, parágrafo único, do Código Civil de 2002,*

Considerando ser atribuição legal do Ministério Público velar pelas fundações.

» *Art. 66 do Código Civil de 2002,*

Considerando que os partidos políticos devem aplicar no mínimo vinte por cento dos recursos do Fundo Partidário no ente partidário criado para as atividades de pesquisa, doutrinação e educação política.

» *Art. 44, IV, da Lei nº 9.096/95,*

Considerando que o Ministério Público dos estados tem, por força de lei, velamento civil sobre as fundações e que não há previsão legal para esse controle quando o ente adota a forma de instituto,

Considerando que a fundação tem como vantagem o controle permanente que o Ministério Público exercerá sobre seu funcionamento, de forma integrada à fiscalização exercida pelos órgãos da Justiça Eleitoral,

Considerando a necessidade de se estabelecer rotina procedimental para igualar o tratamento da aplicação, fiscalização e prestação de contas de recursos do Fundo Partidário,

RESOLVE:

Art. 1º. Os entes criados pelos partidos políticos para pesquisa, doutrinação e educação política devem ter a forma de fundações de direito privado.

§ 1º Aqueles entes criados sob a forma de instituto, associação ou sociedade civil devem ser convertidos em fundações de direito privado, nos termos e prazos da lei civil.

» *Arts. 2.031 e 2.032 do Código Civil de 2002.*

§ 2º A conversão a que se refere o parágrafo anterior não impede a manutenção do nome até então adotado por esses entes, desde que a este se acresça o vocábulo fundação.

Art. 2º. As fundações criadas pelos partidos políticos, por terem receita originária do Fundo Partidário, podem ser instituídas com uma dotação inicial inferior àquela usualmente exigida para as demais fundações de direito privado.

Art. 2º-A. As fundações terão objetivos vinculados aos do partido político, que é livre para estabelecer finalidades de estudo, pesquisa, doutrinação e educação política, consoante as orientações políticas que adote. *(Artigo acrescido pelo art. 1º da Res.-TSE nº 22.746/2008)*

Art. 3º. Somente o diretório nacional dos partidos políticos pode criar fundações, devendo as atribuições destas e as das representações serem fixadas em estatuto.

§ 1º Cada partido político poderá criar uma única fundação, que, nos moldes da agremiação partidária que a criou, terá caráter nacional.

§ 2º As deliberações devem necessariamente emanar do conselho da fundação denominado curador, superior ou

Art. 3º

deliberativo, conforme a nomenclatura adotada, e será este o órgão responsável perante o Ministério Público.

§ 2º-A O partido político é livre, na forma de seu estatuto, para estabelecer a forma das eleições ou indicações dos órgãos colegiados da fundação que instituir, inclusive os previstos no parágrafo anterior. *(Parágrafo acrescido pelo art. 1º da Res.-TSE nº 22.746/2008)*

§ 3º A atuação das fundações, à semelhança dos partidos políticos, dar-se-á por meio da criação de representações nacionais, estaduais e municipais.

§ 4º As representações não terão autonomia nem personalidade próprias. Seus órgãos de deliberação e (ou) de fiscalização ficam vinculados aos da pessoa jurídica que representam.

§ 5º A sede da fundação poderá ser livremente escolhida. Fixada esta, haverá apenas uma representação nas demais localidades.

§ 6º As fundações terão autonomia para contratar com instituições públicas e privadas, prestar serviços e manter estabelecimentos de acordo com suas finalidades, podendo, ainda, manter intercâmbio com instituições não nacionais, vedado, neste caso, receber direta ou indiretamente, sob qualquer forma ou pretexto, contribuição ou auxílio pecuniário ou estimável em pecúnia, dessas entidades ou de governo estrangeiro.

§ 7º Além da prevista no parágrafo anterior, aplicam-se às fundações instituídas por partido político as demais vedações do art. 31 da Lei nº 9.096/95.

§ 8º A extinção da fundação ocorrerá por decisão do diretório nacional do partido político, e seu patrimônio será, necessariamente, revertido para outro ente criado nos termos do art. 44, IV, da Lei nº 9.096/95, também em caso de extinção, fusão ou incorporação de partidos políticos.

» *(Parágrafos 6º a 8º acrescidos pelo art. 1º da Res.-TSE nº 22.746/2008)*

Art. 4º. Constituída a fundação, velará sobre ela o Ministério Público, conforme previsto no art. 66 do Código Civil de 2002.

§ 1º A competência do Ministério Público será fixada em razão da sede da fundação.

§ 2º A fixação da competência nos termos do § 1º deste artigo não afasta a competência concorrente do Ministério Público Federal em casos de desvio ou emprego irregular de verba federal.

Art. 5º. O disposto nesta resolução não alcança as demais disposições aplicadas pela Justiça Eleitoral com base no Código Eleitoral e em leis conexas.

Art. 6º. Esta resolução entra em vigor na data de sua publicação, revogadas as disposições em contrário.

Sala de Sessões do Tribunal Superior Eleitoral.
Brasília, 1º de dezembro de 2005.
Ministro CARLOS VELLOSO, presidente
Ministro GILMAR MENDES, relator
Ministro MARCO AURÉLIO
Ministro HUMBERTO GOMES DE BARROS
Ministro CESAR ASFOR ROCHA
Ministro CAPUTO BASTOS
Ministro GERARDO GROSSI.
Publicada no *DJ* de 09/12/2005.

Resolução-TSE Nº 22.166/2006

Estabelece providências a serem adotadas em relação a inscrições identificadas como de pessoas falecidas, mediante cruzamento entre dados do cadastro eleitoral e registros de óbitos fornecidos pelo Instituto Nacional de Seguridade Social (INSS).

O Tribunal Superior Eleitoral, no uso de suas atribuições, tendo em conta o disposto no art. 71, IV, do Código Eleitoral,

Considerando o ajuste firmado entre o TSE e o INSS para o fornecimento, a título de cooperação com a Justiça Eleitoral, de registros de falecimento, cuja origem e autenticidade viabilizam sua utilização visando ao cancelamento das inscrições eleitorais correspondentes, sem prejuízo da comunicação a que se refere o art. 71, § 3º, do referido diploma legal, resolve:

Art. 1º. As inscrições identificadas por meio de cruzamento entre dados do cadastro eleitoral e dados relativos a óbitos fornecidos pelo INSS serão canceladas, automaticamente pelo sistema, por meio de códigos FASE 019 (cancelamento – falecimento), desde que:

I. verificada coincidência entre nome do eleitor, filiação e data de nascimento;

II. localizada apenas uma inscrição no cadastro a ele atribuída, salvo se já cancelada pela mesma causa ou envolvida em coincidência;

III. inexista registro de operações de Requerimento de Alistamento Eleitoral (RAE) (alistamento, transferência, revisão ou segunda via) ou dos códigos FASE 043 (suspensão – conscrito), 078 (quitação de multa), 167 (justificativa de ausência às urnas), 175 (justificativa de ausência aos trabalhos eleitorais), 272 (regularização de prestação de contas), 345 (regularização – suspensão de direitos políticos), 353 (regularização – perda de direitos políticos), 361 (restabelecimento de inscrição cancelada por equívoco), 396 (portador de deficiência) e 558 (restabelecimento da elegibilidade), posterior à data do óbito constante dos dados fornecidos pelo INSS, considerando-se, respectivamente, as datas de requerimento da operação e de ocorrência do FASE.

§ 1º Os procedimentos de que trata o *caput* deste artigo serão executados mensalmente, salvo, no ano em que se realizarem eleições, durante o período de suspensão das atualizações do cadastro, conforme previsão específica constante do cronograma operacional aprovado para o respectivo pleito.

§ 2º Os códigos FASE atribuídos às inscrições canceladas na forma prevista nesta resolução terão como complemento obrigatório as indicações "INSS", mês e ano de encaminhamento da relação e cartório de registro civil responsável pela anotação do óbito.

Art. 2º. A Secretaria de Informática providenciará a identificação das inscrições para as quais existir, em data posterior à do óbito noticiado, registro de operações de RAE ou comando dos códigos FASE 043 (suspensão – conscrito), 078 (quitação de multa), 167 (justificativa de ausência às urnas), 175 (justificativa de ausência aos trabalhos eleitorais), 272 (regularização de prestação de contas), 345 (regularização

— suspensão de direitos políticos), 353 (regularização — perda de direitos políticos), 361 (restabelecimento de inscrição cancelada por equívoco), 396 (portador de deficiência) e 558 (restabelecimento da elegibilidade), e que figurarem em coincidência na data do cruzamento a que se refere o art. 1º desta resolução.

Art. 3º. Após o cancelamento das inscrições, nos termos do art. 1º desta resolução, e a identificação das inscrições a que se refere o art. 2º desta resolução, a Secretaria de Informática tornará disponíveis aos cartórios e corregedorias regionais relações discriminadas por zona eleitoral, contendo o número das inscrições e os dados dos respectivos eleitores, para ambas as situações.

Parágrafo único. As zonas eleitorais, de posse das supramencionadas listagens, deverão tornar pública aquela referente às inscrições canceladas automaticamente pelo sistema e, em relação à que contenha as situações indicadas no art. 2º desta resolução, averiguar, no prazo de sessenta dias, com a utilização dos recursos disponíveis, a real situação dos eleitores, com a finalidade de comprovar se se trata da mesma pessoa e constatar o efetivo falecimento do eleitor, e identificar eventuais irregularidades.

Art. 4º. Confirmado o óbito, será providenciado, pela zona eleitoral, o cancelamento da inscrição, mediante comando do código FASE 019 (cancelamento – falecimento), consignando-se o documento de origem, de forma a viabilizar consultas futuras.

Art. 5º. Na hipótese de não serem obtidos documentos que possam comprovar a ocorrência do óbito, de o eleitor não ser localizado ou de deixar de atender à convocação da Justiça Eleitoral, os autos deverão ficar sobrestados em cartório até a data da realização do pleito subsequente, para, sendo o caso, promover-se sua convocação/notificação para comparecimento ao cartório eleitoral, a fim de esclarecer a situação em exame.

Parágrafo único. Tomadas pela zona eleitoral, sem êxito, todas as providências possíveis, não havendo o eleitor comparecido à eleição subsequente, após devidamente certificado o ocorrido, poderá ser promovida, observado o rito previsto nos arts. 71 e seguintes do Código Eleitoral, a exclusão do eleitor.

Art. 6º. Os registros de óbito para os quais forem identificadas duas ou mais inscrições no cadastro, ou cuja data de falecimento seja superior à data atual ou esteja em branco, não serão utilizados para os efeitos desta resolução.

Art. 7º. Caberá às corregedorias eleitorais, no âmbito de suas respectivas jurisdições, orientar e fiscalizar a correta aplicação do disposto nesta resolução.

Art. 8º. Esta resolução entrará em vigor na data de sua publicação.

Sala de Sessões do Tribunal Superior Eleitoral.
Brasília, 09 de março de 2006.
Ministro GILMAR MENDES, presidente
Ministro HUMBERTO GOMES DE BARROS, relator
Ministro MARCO AURÉLIO
Ministro CEZAR PELUSO
Ministro JOSÉ DELGADO
Ministro CAPUTO BASTOS
Ministro MARCELO RIBEIRO
Publicada no *DJ* de 31/03/2006.

Resolução-TSE Nº 22.205/2006

Regulamenta a Lei nº 11.300, de 10 de maio de 2006, que dispõe sobre propaganda, financiamento e prestação de contas das despesas com campanhas eleitorais, alterando a Lei nº 9.504, de 30 de setembro de 1997.

O Tribunal Superior Eleitoral, usando das atribuições que lhe confere o art. 2º da Lei nº 11.300, de 10 de maio de 2006,

Resolve serem aplicáveis às eleições de 2006 os seguintes dispositivos da Lei nº 11.300, de 10 de maio de 2006:

"Art. 21. O candidato é solidariamente responsável com a pessoa indicada na forma do art. 20 desta Lei pela veracidade das informações financeiras e contábeis de sua campanha, devendo ambos assinar a respectiva prestação de contas.

Art. 22. (..)

(..)

§ 3º O uso de recursos financeiros para pagamentos de gastos eleitorais que não provenham da conta específica de que trata o *caput* deste artigo implicará a desaprovação da prestação de contas do partido ou candidato; comprovado abuso de poder econômico, será cancelado o registro da candidatura ou cassado o diploma, se já houver sido outorgado.

§ 4º Rejeitadas as contas, a Justiça Eleitoral remeterá cópia de todo o processo ao Ministério Público Eleitoral para os fins previstos no art. 22 da Lei Complementar nº 64, de 18 de maio de 1990.

Art. 23. (..)

(..)

§ 4º As doações de recursos financeiros somente poderão ser efetuadas na conta mencionada no art. 22 desta Lei por meio de:

I. cheques cruzados e nominais ou transferência eletrônica de depósitos;

II. depósitos em espécie devidamente identificados até o limite fixado no inciso I do § 1º deste artigo.

§ 5º Ficam vedadas quaisquer doações em dinheiro, bem como de troféus, prêmios, ajudas de qualquer espécie feitas por candidato, entre o registro e a eleição, a pessoas físicas ou jurídicas.

Art. 24. (..)

(..)

VIII. entidades beneficentes e religiosas;

IX. entidades esportivas que recebam recursos públicos;

X. organizações não governamentais que recebam recursos públicos;

XI. organizações da sociedade civil de interesse público.

(..)

Art. 26. São considerados gastos eleitorais, sujeitos a registro e aos limites fixados nesta Lei:

(..)

Art. 1º

IV. despesas com transporte ou deslocamento de candidato e de pessoal a serviço das candidaturas;
(..)
IX. a realização de comícios ou eventos destinados à promoção de candidatura;
(..)
XVII. produção de *jingles*, vinhetas e *slogans* para propaganda eleitoral.
(..)
Art. 28. (..)
(..)
§ 4º Os partidos políticos, as coligações e os candidatos são obrigados, durante a campanha eleitoral, a divulgar, pela rede mundial de computadores (Internet), nos dias 6 de agosto e 6 de setembro, relatório discriminando os recursos em dinheiro ou estimáveis em dinheiro que tenham recebido para financiamento da campanha eleitoral, e os gastos que realizarem, em sítio criado pela Justiça Eleitoral para esse fim, exigindo-se a indicação dos nomes dos doadores e os respectivos valores doados somente na prestação de contas final de que tratam os incisos III e IV do art. 29 desta Lei.
(..)
Art. 30. (..)
§ 1º A decisão que julgar as contas dos candidatos eleitos será publicada em sessão até 8 (oito) dias antes da diplomação.
(..)
Art. 30-A. Qualquer partido político ou coligação poderá representar à Justiça Eleitoral relatando fatos e indicando provas e pedir a abertura de investigação judicial para apurar condutas em desacordo com as normas desta Lei, relativas à arrecadação e gastos de recursos.
§ 1º Na apuração de que trata este artigo, aplicar-se-á o procedimento previsto no art. 22 da Lei Complementar nº 64, de 18 de maio de 1990, no que couber.
§ 2º Comprovados captação ou gastos ilícitos de recursos, para fins eleitorais, será negado diploma ao candidato, ou cassado, se já houver sido outorgado.
(..)
Art. 37. Nos bens cujo uso dependa de cessão ou permissão do Poder Público, ou que a ele pertençam, e nos de uso comum, inclusive postes de iluminação pública e sinalização de tráfego, viadutos, passarelas, pontes, paradas de ônibus e outros equipamentos urbanos, é vedada a veiculação de propaganda de qualquer natureza, inclusive pichação, inscrição a tinta, fixação de placas, estandartes, faixas e assemelhados.
§ 1º A veiculação de propaganda em desacordo com o disposto no *caput* deste artigo sujeita o responsável, após a notificação e comprovação, à restauração do bem e, caso não cumprida no prazo, à multa no valor de R$ 2.000,00 (dois mil reais) a R$ 8.000,00 (oito mil reais).
(..)
Art. 39. (..)
(..)

§ 4º A realização de comícios e a utilização de aparelhagem de sonorização fixa são permitidas no horário compreendido entre as 8 (oito) e as 24 (vinte e quatro) horas.
§ 5º (..)
(..)
II. A arregimentação de eleitor ou a propaganda de boca de urna;
III. A divulgação de qualquer espécie de propaganda de partidos políticos ou de seus candidatos, mediante publicações, cartazes, camisas, bonés, broches ou dísticos em vestuário.
§ 6º É vedada na campanha eleitoral a confecção, utilização, distribuição por comitê, candidato, ou com a sua autorização, de camisetas, chaveiros, bonés, canetas, brindes, cestas básicas ou quaisquer outros bens ou materiais que possam proporcionar vantagem ao eleitor.
§ 7º É proibida a realização de showmício e de evento assemelhado para promoção de candidatos, bem como a apresentação, remunerada ou não, de artistas com a finalidade de animar comício e reunião eleitoral.
§ 8º É vedada a propaganda eleitoral mediante outdoors, sujeitando-se a empresa responsável, os partidos, coligações e candidatos à imediata retirada da propaganda irregular e ao pagamento de multa no valor de 5.000 (cinco mil) a 15.000 (quinze mil) Ufirs.
(..)
Art. 43. É permitida, até a antevéspera das eleições, a divulgação paga, na imprensa escrita, de propaganda eleitoral, no espaço máximo, por edição, para cada candidato, partido ou coligação, de um oitavo de página de jornal padrão e um quarto de página de revista ou tabloide.
Parágrafo único. A inobservância do disposto neste artigo sujeita os responsáveis pelos veículos de divulgação e os partidos, coligações ou candidatos beneficiados a multa no valor de R$1.000,00 (mil reais) a R$10.000,00 (dez mil reais) ou equivalente ao da divulgação da propaganda paga, se este for maior.
(..)
Art. 45. (..)
(..)
§ 1º A partir do resultado da convenção, é vedado, ainda, às emissoras transmitir programa apresentado ou comentado por candidato escolhido em convenção.
(..)
Art. 73. (..)
(..)
§ 10 No ano em que se realizar eleição, fica proibida a distribuição gratuita de bens, valores ou benefícios por parte da Administração Pública, exceto nos casos de calamidade pública, de estado de emergência ou de programas sociais autorizados em lei e já em execução orçamentária no exercício anterior, casos em que o Ministério Público poderá promover o acompanhamento de sua execução financeira e administrativa.
(..)

Art. 94-A. Os órgãos e entidades da Administração Pública direta e indireta poderão, quando solicitados, em casos específicos e de forma motivada, pelos Tribunais Eleitorais:

I. fornecer informações na área de sua competência;

II. ceder funcionários no período de 3 (três) meses antes a 3 (três) meses depois de cada eleição".

Esta Resolução entrará em vigor na data de sua publicação.

Sala de Sessões do Tribunal Superior Eleitoral

Brasília, 23 de maio de 2006

RESOLUÇÃO-TSE Nº 22.607/2007

> Dispõe sobre a residência do juiz eleitoral, nos termos dos arts. 93, VII, e 118, da Constituição Federal, do inciso V do art. 35, da Lei Orgânica da Magistratura Nacional, art. 32, do Código Eleitoral, e da Resolução-TSE nº 37, de 6 de junho de 2007, do Conselho Nacional de Justiça.

O Tribunal Superior Eleitoral, no uso das atribuições, tendo em vista o disposto no parágrafo único do art. 1º da Lei nº 4.737, de 15 de julho de 1965;

Resolve:

Art. 1º. Os juízes de direito, que exercem a jurisdição eleitoral em primeiro grau, submetem-se, para atendimento da Resolução-TSE nº 37, de 06 de junho de 2007, do Conselho Nacional de Justiça, às normas dos tribunais de justiça a que se encontram vinculados.

§ 1º Compete aos Tribunais de Justiça, e não aos Tribunais Regionais Eleitorais, autorizar os juízes de direito, em caráter excepcional, a residirem fora da comarca.

§ 2º Os juízes de direito, no exercício da jurisdição eleitoral, que receberem a autorização prevista no parágrafo anterior, deverão comunicar o fato ao respectivo Tribunal Regional Eleitoral, no prazo de 3 (três) dias.

§ 3º Em caso de residência fora da comarca, sem tal comunicação, o Tribunal Regional Eleitoral informará o fato ao Tribunal de Justiça, para efeitos disciplinares.

Art. 2º. Esta Resolução entrará em vigor na data de sua publicação.

Sala de Sessões do Tribunal Superior Eleitoral

Brasília, 18 de outubro de 2007

RESOLUÇÃO-TSE Nº 22.610/2007

> O Tribunal Superior Eleitoral, no uso das atribuições que lhe confere o art. 23, XVIII, do Código Eleitoral, e na observância do que decidiu o Supremo Tribunal Federal nos Mandados de Segurança nºs 26.602, 26.603 e 26.604, resolve disciplinar o processo de perda de cargo eletivo, bem como de justificação de desfiliação partidária, nos termos seguintes:

Art. 1º. O partido político interessado pode pedir, perante a Justiça Eleitoral, a decretação da perda de cargo eletivo em decorrência de desfiliação partidária sem justa causa.

§ 1º Considera-se justa causa:

I. incorporação ou fusão do partido;

II. criação de novo partido;

III. mudança substancial ou desvio reiterado do programa partidário;

IV. grave discriminação pessoal.

§ 2º Quando o partido político não formular o pedido dentro de 30 (trinta) dias da desfiliação, pode fazê-lo, em nome próprio, nos 30 (trinta) subsequentes, quem tenha interesse jurídico ou o Ministério Público eleitoral.

§ 3º O mandatário que se desfiliou ou pretenda desfiliar-se pode pedir a declaração da existência de justa causa, fazendo citar o partido, na forma desta Resolução.

Art. 2º. O Tribunal Superior Eleitoral é competente para processar e julgar pedido relativo a mandato federal; nos demais casos, é competente o tribunal eleitoral do respectivo estado.

» *Res.-TSE nº 23.148/2009.*

Art. 3º. Na inicial, expondo o fundamento do pedido, o requerente juntará prova documental da desfiliação, podendo arrolar testemunhas, até o máximo de 3 (três), e requerer, justificadamente, outras provas, inclusive requisição de documentos em poder de terceiros ou de repartições públicas.

Art. 4º. O mandatário que se desfiliou e o eventual partido em que esteja inscrito serão citados para responder no prazo de 5 (cinco) dias, contados do ato da citação.

Parágrafo único. Do mandado constará expressa advertência de que, em caso de revelia, se presumirão verdadeiros os fatos afirmados na inicial.

Art. 5º. Na resposta, o requerido juntará prova documental, podendo arrolar testemunhas, até o máximo de 3 (três), e requerer, justificadamente, outras provas, inclusive requisição de documentos em poder de terceiros ou de repartições públicas.

Art. 6º. Decorrido o prazo de resposta, o tribunal ouvirá, em 48 (quarenta e oito) horas, o representante do Ministério Público, quando não seja requerente, e, em seguida, julgará o pedido, em não havendo necessidade de dilação probatória.

Art. 7º. Havendo necessidade de provas, deferi-las-á o Relator, designando o 5º (quinto) dia útil subsequente para, em única assentada, tomar depoimentos pessoais e inquirir testemunhas, as quais serão trazidas pela parte que as arrolou.

Art. 7º

Parágrafo único. Declarando encerrada a instrução, o Relator intimará as partes e o representante do Ministério Público, para apresentarem, no prazo comum de 48 (quarenta e oito) horas, alegações finais por escrito.

Art. 8º. Incumbe aos requeridos o ônus da prova de fato extintivo, impeditivo ou modificativo da eficácia do pedido.

Art. 9º. Para o julgamento, antecipado ou não, o Relator preparará voto e pedirá inclusão do processo na pauta da sessão seguinte, observada a antecedência de 48 (quarenta e oito) horas. É facultada a sustentação oral por 15 (quinze) minutos.

Art. 10. Julgando procedente o pedido, o tribunal decretará a perda do cargo, comunicando a decisão ao presidente do órgão legislativo competente para que emposse, conforme o caso, o suplente ou o vice, no prazo de 10 (dez) dias.

Art. 11. São irrecorríveis as decisões interlocutórias do Relator, as quais poderão ser revistas no julgamento final, de cujo acórdão cabe o recurso previsto no art. 121, § 4º, da Constituição da República. (*Artigo com redação dada pela Res.-TSE nº 22.733/2008*)

Art. 12. O processo de que trata esta Resolução será observado pelos Tribunais Regionais Eleitorais e terá preferência, devendo encerrar-se no prazo de 60 (sessenta) dias.

Art. 13. Esta Resolução entra em vigor na data de sua publicação, aplicando-se apenas às desfiliações consumadas após 27 (vinte e sete) de março deste ano, quanto a mandatários eleitos pelo sistema proporcional, e, após 16 (dezesseis) de outubro corrente, quanto a eleitos pelo sistema majoritário.

Parágrafo único. Para os casos anteriores, o prazo previsto no art. 1º, § 2º, conta-se a partir do início de vigência desta Resolução.

Brasília, 25 de outubro de 2007
Marco Aurélio
Presidente

Resolução-TSE
Nº 22.685/2007

> *Estabelece normas para cessão de urnas e sistema de votação específico, por empréstimo, em eleições parametrizadas.*

O Tribunal Superior Eleitoral, no uso das atribuições que lhe confere o parágrafo único do art. 1º do Código Eleitoral, resolve:

DAS ELEIÇÕES PARAMETRIZADAS

Art. 1º. Poderão ser cedidos, a título de empréstimo, urnas e sistema de votação específico a entidades públicas organizadas e instituições de ensino, para utilização em eleições parametrizadas, assegurando-se-lhes o apoio e o suporte necessários à realização do pleito, com vista a difundir os serviços desenvolvidos pela Justiça Eleitoral e garantir a livre manifestação da comunidade.

Parágrafo único. Excepcionalmente, a critério do Tribunal, poderão ser atendidas solicitações de entidades não previstas no *caput*.

DAS CONDIÇÕES PARA CESSÃO DA URNA

Art. 2º. As entidades interessadas deverão solicitar a cessão das urnas, do sistema de votação específico e do suporte técnico ao juízo eleitoral da circunscrição a que pertençam, com a antecedência mínima de sessenta dias da data prevista para a eleição.

§ 1º O juízo eleitoral encaminhará ao Tribunal Regional Eleitoral, no prazo de 5 (cinco) dias úteis, parecer sobre a conveniência e oportunidade do pedido, observada a legitimidade do requerente, a tempestividade do pedido e a documentação apresentada.

§ 2º Quando a eleição abranger mais de uma zona eleitoral da mesma unidade da Federação, a solicitação deverá ser dirigida ao Tribunal Regional Eleitoral, que decidirá, observando, no que couber, o disposto no parágrafo anterior.

§ 3º Quando a eleição abranger mais de uma unidade da Federação, a solicitação deverá ser dirigida ao Tribunal Superior Eleitoral, que, após ouvir os Tribunais Regionais Eleitorais envolvidos, decidirá.

Art. 3º. Caberá ao presidente do Tribunal Superior Eleitoral – ou do Tribunal Regional Eleitoral, conforme o caso – analisar as solicitações e decidir sobre a cessão, com base no parecer do juízo eleitoral e no relatório técnico das respectivas secretarias de Tecnologia da Informação, relativos às condições apresentadas pela entidade interessada quanto à segurança e ao planejamento do pleito, e levando em consideração os benefícios que poderão advir da utilização das urnas e do sistema de votação específico.

Parágrafo único. Nenhum pedido de cessão de que trata o *caput* poderá ser aprovado, se a eleição parametrizada estiver prevista para ocorrer dentro do período dos 120 (cento e vinte) dias anteriores e 30 (trinta) dias posteriores à realização de eleições oficiais, considerando-se, quando for o caso, a ocorrência de segundo turno.

DOS DEVERES DA ENTIDADE CESSIONÁRIA

Art. 4º. A entidade cessionária deverá adotar as medidas de segurança determinadas pelo respectivo Tribunal Regional Eleitoral, inclusive quanto à necessidade de policiamento, a fim de preservar a integridade das pessoas presentes no local de votação, dos equipamentos cedidos, e o livre trânsito dos servidores designados para acompanhar a eleição.

Art. 5º. Em caso de suspensão da eleição, a entidade requerente deve comunicar imediatamente à Justiça Eleitoral.

Parágrafo único. A remarcação da data da eleição suspensa ficará condicionada a parecer de viabilidade a ser apresentado pela Secretaria de Tecnologia da Informação.

Art. 6º. Caberá à entidade cessionária responsabilizar-se pela utilização das urnas exclusivamente para o fim solicitado – na forma ajustada no contrato e sem prejuízo da propositura das ações cível e penal cabíveis – e, ainda, arcar com os custos referentes a:

I. transporte das urnas;
II. passagens e diárias;
III. material de expediente;
IV. publicação na imprensa oficial;
V. manutenção e reposição de componentes, bem como extravio dos equipamentos cedidos;
VI. outros que os Tribunais Regionais Eleitorais entenderem imprescindíveis à realização da eleição.

DO *SOFTWARE* DA URNA

Art. 7º. O Tribunal Superior Eleitoral colocará à disposição dos Tribunais Regionais Eleitorais a versão do *software* específico, de uso obrigatório, para as eleições de que trata esta resolução, com funcionalidades de parametrização, permitindo sua adequação ao processo eleitoral.

Art. 8º. Os Tribunais Regionais Eleitorais ou as zonas eleitorais ficarão responsáveis pela parametrização do *software*, geração das mídias e carga das urnas.

Parágrafo único. Os dados a serem incluídos nas urnas, relativos aos cargos e candidatos e eleitorado apto a votar, deverão ser entregues aos Tribunais Regionais Eleitorais ou às zonas eleitorais no prazo por estes estabelecido, a fim de garantir a carga das urnas e os testes necessários ao seu perfeito funcionamento.

Art. 9º. O controle do *software* e a guarda das mídias são restritos à Justiça Eleitoral.

Art. 10. É expressamente proibida a utilização, na urna, de programas que não sejam os fornecidos pelo Tribunal Superior Eleitoral, bem como é vedado o uso de qualquer aplicativo que não o fornecido pelo Tribunal Regional Eleitoral.

§ 1º Em hipótese alguma será permitida a realização de auditoria nos programas e nos conteúdos das mídias por entidade alheia à Justiça Eleitoral.

§ 2º É proibida a cópia total ou parcial do *software* da urna, assim como quaisquer alterações, nos termos da Lei nº 7.646, de 18 de dezembro de 1987, que trata da proteção da propriedade intelectual sobre programas de computador e sua comercialização.

DA TOTALIZAÇÃO DOS RESULTADOS

Art. 11. O sistema de totalização poderá ser elaborado pela requerente ou pela Justiça Eleitoral, mediante sua disponibilidade, sendo necessário, neste caso, estabelecer os critérios e as condições para a sua cessão.

DA UTILIZAÇÃO DO EQUIPAMENTO

Art. 12. O projeto da urna é de propriedade da Justiça Eleitoral e assenta-se no sigilo de seu funcionamento, garantindo a segurança e a integridade dos resultados eleitorais.

Parágrafo único. A abertura da urna, independentemente da finalidade, será efetuada somente por pessoas autorizadas pelo respectivo Tribunal Eleitoral.

Art. 13. As urnas cedidas – ao término do processo eleitoral parametrizado e antes de serem armazenadas – deverão ser inspecionadas por técnicos do Tribunal Eleitoral.

Parágrafo único. Caso haja necessidade de reparo e/ou de reposição de componentes, aplicar-se-á o disposto no art. 6º desta resolução.

DISPOSIÇÕES FINAIS

Art. 14. Ao final do processo eleitoral, a entidade cessionária receberá uma cópia dos arquivos contendo o resultado da votação e a relação dos faltosos.

Parágrafo único. Os arquivos permanecerão em poder do respectivo Tribunal Regional Eleitoral por trinta dias; após esse prazo, serão apagados.

Art. 15. É vedado o empréstimo de urnas para realização de eleição com candidato único.

Art. 16. Os casos omissos serão resolvidos pelo Tribunal Superior Eleitoral.

Art. 17. Fica revogada a Resolução-TSE nº 19.877, de 17 de junho de 1997.

Art. 18. Esta resolução entra em vigor na data de sua publicação.

Brasília, 13 de dezembro de 2007.
Ministro MARCO AURÉLIO, presidente
Ministro CAPUTO BASTOS, relator
Ministro CEZAR PELUSO
Ministro CARLOS AYRES BRITTO
Ministro JOSÉ DELGADO
Ministro ARI PARGENDLER
Ministro GERARDO GROSSI.
Publicada no *DJ* de 07/02/2008.

RESOLUÇÃO-TSE Nº 22.733/2008

> Altera o art. 11 da Resolução-TSE nº 22.610, de 25 de outubro de 2007.

O Tribunal Superior Eleitoral, no uso das atribuições que lhe confere o art. 23, XVIII, do Código Eleitoral, resolve:

Art. 1º O art. 11 da Resolução-TSE nº 22.610, de 25 de outubro de 2007, passa a vigorar com a seguinte redação:

> "Art. 11 São irrecorríveis as decisões interlocutórias do Relator, as quais poderão ser revistas no julgamento final, de cujo acórdão cabe o recurso previsto no art. 121, § 4º, da Constituição da República."

Art. 2º. O Tribunal Superior Eleitoral fará republicar, no Diário da Justiça da União, o texto consolidado da Resolução-TSE nº 2.610, de 25 de outubro de 2007.

Art. 3º. Esta Resolução entra em vigor na data da publicação.

Brasília, 11 de março de 2008
Marco Aurélio
Presidente

Resolução-TSE
nº 22.747/2008

> Aprova instruções para aplicação do art. 98 da Lei nº 9.504/97, que dispõe sobre dispensa do serviço pelo dobro dos dias prestados à Justiça Eleitoral nos eventos relacionados à realização das eleições.

O Tribunal Superior Eleitoral, no uso das suas atribuições, tendo em vista o disposto no parágrafo único do art. 1º da Lei nº 4.737, de 15 de julho de 1965, e no art. 98 da Lei nº 9.504/97,
RESOLVE:

Art. 1º. Os eleitores nomeados para compor Mesas Receptoras ou Juntas Eleitorais e os requisitados para auxiliar seus trabalhos serão dispensados do serviço, mediante declaração expedida pela Justiça Eleitoral, sem prejuízo do salário, vencimento ou qualquer outra vantagem, pelo dobro dos dias de convocação.
» *Art. 98 da Lei nº 9.504/97.*

§ 1º O direito ao gozo em dobro pelos dias trabalhados alcança instituições públicas e privadas;
» *Lei nº 8.868/94, art. 15.*

§ 2º A expressão dias de convocação abrange quaisquer eventos que a Justiça Eleitoral repute necessários à realização do pleito, inclusive as hipóteses de treinamentos e de preparação ou montagem de locais de votação.
» *Res.-TSE nº 22.424/2006.*

§ 3º Compreendem-se como vantagens, para efeitos de aplicação deste artigo, todas as parcelas de natureza remuneratória, ou não, que decorram da relação de trabalho;

§ 4º Os dias de compensação pela prestação de serviço à Justiça Eleitoral não podem ser convertidos em retribuição pecuniária;

§ 5º A concessão do benefício previsto no art. 98 da Lei nº 9.504/97 será adequada à respectiva jornada do beneficiário, inclusive daquele que labora em regime de plantão, não podendo ser considerados para este fim os dias não trabalhados em decorrência da escala de trabalho.

Art. 2º. O direito de gozo do benefício previsto no *caput* do artigo anterior pressupõe a existência de vínculo laboral à época da convocação e, como tal, é oponível à parte com a qual o eleitor mantinha relação de trabalho ao tempo da aquisição do benefício e limita-se à vigência do vínculo.

Parágrafo único. Nos casos em que ocorra suspensão ou interrupção do contrato de trabalho ou do vínculo, a fruição do benefício deve ser acordada entre as partes a fim de não impedir o exercício do direito.

Art. 3º. Na hipótese de ausência de acordo entre as partes quanto à compensação, caberá ao Juiz Eleitoral aplicar as normas previstas na legislação; não as havendo, resolverá a controvérsia com base nos princípios que garantem a supremacia do serviço eleitoral, observado especialmente seguinte:

I. O serviço eleitoral prefere a qualquer outro, é obrigatório e não interrompe o interstício de promoção dos funcionários para ele requisitados.
» *CE, art. 365.*

II. A relevância da contribuição social prestada por aqueles que servem à Justiça Eleitoral;

III. O direito assegurado por lei ao eleitor que prestou serviço à Justiça Eleitoral é personalíssimo, só podendo ser pleiteado e exercido pelo titular.

Art. 4º. Esta Resolução entra em vigor na data de sua publicação.

Brasília, 27 de março de 2008.
Ministro MARCO AURÉLIO, presidente
Ministro CEZAR PELUSO, relator
Ministro CARLOS AYRES BRITTO
Ministro JOSÉ DELGADO
Ministro ARI PARGENDLER
Ministro CAPUTO BASTOS
Ministro MARCELO RIBEIRO.
Publicada no *DJ* de 06/05/2008.

Resolução nº 30,
de 19 de maio de 2008

CONSELHO NACIONAL DO MINISTÉRIO PÚBLICO

> Estabelece parâmetros para a indicação e a designação de membros do Ministério Público para exercer função eleitoral em 1º grau.

O CONSELHO NACIONAL DO MINISTÉRIO PÚBLICO, no exercício das atribuições conferidas pelo artigo 130-A, § 2º, inciso II, da Constituição Federal, e artigo 19 do seu Regimento Interno, em conformidade com a decisão plenária tomada em sessão realizada no dia 19 de maio de 2008;

Considerando que o exercício das funções eleitorais do Ministério Público Federal encontra-se disciplinado no art. 37, I, *in fine*, e arts. 72 a 80 da Lei Orgânica do Ministério Público da União (Lei Complementar nº 75, de 20 de maio de 1993);

Considerando a necessidade de conferir plena eficácia aos citados dispositivos da citada Lei Complementar;

Considerando que, sendo de natureza federal, a designação para o exercício da função eleitoral por membro do Ministério Público em primeiro grau compete ao Procurador Regional Eleitoral, a quem cabe, em cada Estado, dirigir as atividades do setor, nos termos do art. 77 da Lei Complementar nº 75, de 1993;

Considerando a aplicação, em tais hipóteses, da regra subsidiária estabelecida no art. 79, parágrafo único da mesma LOMPU;

Considerando a necessidade, em face da mesma hipótese (art. 79, parágrafo único, da LOMPU), de estabelecimento de parâmetros uniformes e objetivos mínimos a serem observados no Ministério Público dos Estados e do Distrito Federal, na indicação ao Procurador Regional Eleitoral dos Promotores de Justiça que atuarão na primeira instância da Justiça Eleitoral, em consonância com os princípios da impessoalidade, da eficiência e da continuidade dos serviços eleitorais;

RESOLVE

Art. 1º Para os fins do art. 79 da Lei Complementar nº 75/93, a designação de membros do Ministério Público de primeiro grau para exercer função eleitoral perante a Justiça Eleitoral de primeira instância, observará o seguinte:

I. a designação será feita por ato do Procurador Regional Eleitoral, com base em indicação do Chefe do Ministério Público local;

II. a indicação feita pelo Procurador-Geral de Justiça do Estado recairá sobre o membro lotado em localidade integrante de zona eleitoral que por último houver exercido a função eleitoral;

III. nas indicações e designações subseqüentes, obedecer-se-á, para efeito de titularidade ou substituição, à ordem decrescente de antiguidade na titularidade da função eleitoral, prevalecendo, em caso de empate, a antiguidade na zona eleitoral;

IV. a designação será feita pelo prazo ininterrupto de dois anos, nele incluídos os períodos de férias, licenças e afastamentos, admitindo-se a recondução apenas quando houver um membro na circunscrição da zona eleitoral;

§ 1º Não poderá ser indicado para exercer a função eleitoral o membro do Ministério Público:

I. lotado em localidade não abrangida pela zona eleitoral perante a qual este deverá oficiar, salvo em caso de ausência, impedimento ou recusa justificada, e quando ali não existir outro membro desimpedido;

II. que se encontrar afastado do exercício do ofício do qual é titular, inclusive quando estiver exercendo cargo ou função de confiança na administração superior da Instituição, ou

III. que estiver respondendo a processo administrativo disciplinar, ou tiver sido punido disciplinarmente, por atraso injustificado no serviço, observado o período de reabilitação de 2 (dois) anos, contados da data em que se der por cumprida a sanção aplicada. (Redação dada pela Resolução nº 131, de 22 de setembro de 2015)

§ 2º Em caso de ausência, impedimento ou recusa justificada, terá preferência, para efeito de indicação e designação, o membro do Ministério Público que, sucessivamente, exercer suas funções:

I. na sede da respectiva zona eleitoral;

II. em município que integra a respectiva zona eleitoral;

III. em comarca contígua à sede da zona eleitoral.

§ 3º Os casos omissos serão resolvidos pelo Procurador Regional Eleitoral.

Art. 2º Não será permitida, em qualquer hipótese, a percepção cumulativa de gratificação eleitoral.

Art. 3º É vedado o recebimento de gratificação eleitoral por quem não houver sido regularmente designado para o exercício de função eleitoral.

Art. 4º A filiação a partido político impede o exercício de funções eleitorais por membros do Ministério Público pelo período de dois anos, a contar de seu cancelamento.

Art. 5º As investiduras em função eleitoral não ocorrerão em prazo inferior a noventa dias da data do pleito eleitoral e não cessarão em prazo inferior a noventa dias após a eleição, devendo ser providenciadas pelo Procurador Regional Eleitoral as prorrogações eventualmente necessárias à observância deste preceito.

§ 1º Excepcionalmente, as prorrogações de investidura em função eleitoral ficarão aquém ou irão além do limite temporal de dois anos estabelecido nesta Resolução, sendo a extensão ou redução do prazo realizada apenas pelo lapso suficiente ao cumprimento do disposto no *caput* deste artigo.

§ 2º No período de 90 (noventa) dias que antecede o pleito até 15 (quinze) dias após a diplomação dos eleitos, é vedada a fruição de férias ou de licença voluntária pelo Promotor de Justiça que exerça funções eleitorais, salvo em situações excepcionais autorizadas pelo Chefe do Ministério Público respectivo, instruídos os pedidos, nessa ordem, com os seguintes requisitos:

I. demonstração da necessidade e da ausência de prejuízo ao serviço eleitoral;

II. indicação e ciência do Promotor substituto;

III. anuência expressa do Procurador Regional Eleitoral. (Redação dada pela Resolução nº 90, de 24 de outubro de 2012)

Art. 6º As autorizações previstas no art. 2º da Resolução CNMP nº 26, de 17/12/2007, que implicarem residência em localidade não abrangida pela zona perante a qual o promotor eleitoral deva oficiar serão suspensas por ato do Procurador-Geral, no período a que se refere o art. 5º, § 2º, desta Resolução.

Art. 7º Os Procuradores Regionais Eleitorais editarão, no prazo máximo de sessenta dias, atos prorrogando a investidura dos atuais membros do Ministério Público Eleitoral de 1º grau indicados e designados para exercer a função eleitoral por prazo inferior a dois anos, observado o disposto no artigo 5º.

Art. 8º Esta Resolução entra em vigor na data de sua publicação.

Brasília, 19 de maio de 2008.
ANTONIO FERNANDO BARROS E SILVA DE SOUZA
Presidente do Conselho Nacional do Ministério Público

RESOLUÇÃO-TSE Nº 23.088/2009

Autoriza a expansão do projeto de modernização dos serviços eleitorais voltados ao pré-atendimento do cidadão, via Internet, para requerimento de operações de alistamento, transferência e revisão.

O Tribunal Superior Eleitoral, no uso de suas atribuições legais e considerando a necessidade de dar maior agilidade no atendimento a eleitores que buscam a Justiça Eleitoral para requerer as operações de alistamento, transferência e revisão, ampliando o escopo do projeto experimental de implantação de nova forma de atendimento, nos termos da Res.-TSE nº 22.754, de 03 de abril de 2008, resolve:

Art. 1º. Fica autorizada a ampliação do Projeto "Título Net", que consiste no pré-atendimento, pela Internet, de pessoas interessadas em requerer alistamento, transferência e revisão perante a Justiça Eleitoral, de forma a atingir, progressivamente, todo o eleitorado do país.

Art. 2º. O serviço de que trata o art. 1º estará disponível no sítio do Tribunal Superior Eleitoral na Internet, ficando

Art. 2º

autorizada a criação de *link* de acesso na página dos Tribunais Regionais Eleitorais, à medida que a nova funcionalidade seja implementada.

Parágrafo único. O usuário do serviço contará, desde que haja prévio cadastramento, no Sistema Elo, pelas unidades da Justiça Eleitoral competentes para apreciação do requerimento, com ferramenta que lhe permita agendar a data e o horário de atendimento.

Art. 3º. O requerimento iniciado eletronicamente somente se aperfeiçoará com o comparecimento do eleitor/alistando à unidade de atendimento da Justiça Eleitoral, no prazo de 5 dias após o pré-atendimento ou, na hipótese de utilização do serviço de que cuida o parágrafo único do art. 2º, até a data por ele selecionada, a fim de apresentar os documentos que comprovem os dados informados e, quando for o caso, o recolhimento da multa devida.

§ 1º Os dados informados pelo eleitor/alistando no formulário disponível na Internet comporão o Requerimento de Alistamento Eleitoral – RAE, a ser conferido e subscrito pelo interessado no ato de seu comparecimento ao cartório.

§ 2º O valor das multas eventualmente devidas em razão de ausência às urnas será estabelecido no máximo previsto, podendo ser decuplicado em razão da situação econômica do eleitor (Código Eleitoral, arts. 7º, 11, § 1º, e 367, § 2º).

§ 3º O valor das multas eventualmente devidas em razão de ausência aos trabalhos eleitorais será estabelecido no mínimo previsto, podendo ser decuplicado em razão da situação econômica do eleitor (Código Eleitoral, arts. 124 e 367, § 2º).

§ 4º O valor das multas eventualmente devidas em razão de alistamento intempestivo será estabelecido no máximo previsto, podendo ser decuplicado em razão da situação econômica do eleitor (Código Eleitoral, arts. 8º e 367, § 2º).

Art. 4º. O protocolo emitido após o envio eletrônico dos dados não comprova a regularidade da inscrição ou a quitação eleitoral e se destina exclusivamente a informar o número e a data da solicitação e o prazo para comparecimento ao cartório.

Art. 5º. A existência de outras restrições cadastrais ao requerimento da operação impedirá a utilização do serviço de que trata esta resolução, devendo o eleitor procurar o respectivo cartório eleitoral para a necessária regularização, portando, além do título eleitoral, quando dele dispuser, documentos que comprovem sua identidade e o domicílio eleitoral.

Art. 6º. A Corregedoria-Geral da Justiça Eleitoral expedirá os provimentos necessários a regulamentar esta resolução, objetivando sua fiel execução, especialmente para definir os cronogramas de atividades destinadas à implantação do serviço.

Art. 7º. Aplicar-se-ão aos requerimentos formulados pelo serviço ora aprovado as demais disposições da Res.-TSE nº 21.538, de 14 de outubro de 2003.

Art. 8º. A Assessoria de Imprensa e Comunicação Social do Tribunal Superior Eleitoral ficará responsável pela coordenação das ações de divulgação do novo serviço de que trata esta resolução, incumbindo às unidades congêneres dos Tribunais Regionais Eleitorais a execução de referidas ações.

Art. 9º. Esta resolução entra em vigor na data de sua publicação.

Brasília, 30 de junho de 2009.
MINISTRO CARLOS AYRES BRITTO, PRESIDENTE

MINISTRO FELIX FISCHER, RELATOR
MINISTRO JOAQUIM BARBOSA
MINISTRO RICARDO LEWANDOWSKI
MINISTRO FERNANDO GONÇALVES
MINISTRO ARNALDO VERSIANI
MINISTRO HENRIQUE NEVES.
Publicada no *DJe* de 03/07/2009.

RESOLUÇÃO-TSE Nº 23.117/2009

> *Dispõe sobre a filiação partidária, aprova nova sistemática destinada ao encaminhamento de dados pelos partidos à Justiça Eleitoral e dá outras providências.*

O Tribunal Superior Eleitoral, no uso de suas atribuições, diante do disposto no art. 61 da Lei nº 9.096, de 19 de setembro de 1995, resolve:

CAPÍTULO I
DAS DISPOSIÇÕES GERAIS

Art. 1º. Somente poderá filiar-se a partido o eleitor que estiver no pleno gozo de seus direitos políticos (Lei nº 9.096/95, art. 16), ressalvada a possibilidade de filiação do eleitor considerado inelegível (Ac.-TSE nºs 12.371, de 27 de agosto de 1992, 23.351, de 23 de setembro de 2004 e 22.014, de 18 de outubro de 2004).

Art. 2º. Para concorrer a cargo eletivo, o eleitor deverá estar filiado ao respectivo partido pelo prazo mínimo definido em lei antes da data fixada para as eleições majoritárias ou proporcionais.

§ 1º O partido político pode estabelecer, em seu estatuto, prazos de filiação partidária superiores ao definido em lei, para a candidatura a cargos eletivos, os quais não poderão ser alterados no ano da eleição.

» *Lei nº 9.096/95, art. 20, caput e parágrafo único.*

§ 2º Os militares, magistrados, membros dos tribunais de contas e do Ministério Público devem observar as disposições legais próprias sobre prazos de filiação.

Art. 3º. São hipóteses de cancelamento imediato da filiação partidária:

I. morte;

II. perda dos direitos políticos;

III. expulsão;

IV. outras formas previstas no estatuto, com comunicação obrigatória ao atingido no prazo de quarenta e oito horas da decisão.

» *Lei nº 9.096/95, art. 22, I a IV.*

Art. 4º. Na segunda semana dos meses de abril e outubro de cada ano, o partido, por seus órgãos de direção municipais, regionais ou nacional, enviará à Justiça Eleitoral para arquivamento, publicação e cumprimento dos prazos de filiação para efeito de candidatura, a relação atualizada dos nomes de todos os seus filiados na respectiva zona eleitoral, da qual constará, também, o número dos títulos eleitorais e das seções em que estão inscritos e a data do deferimento das respectivas filiações.

» *Lei nº 9.096/95, art. 19,* caput.

§ 1º Se a relação não for submetida nos prazos mencionados neste artigo, será considerada a última relação apresentada pelo partido.

§ 2º Os prejudicados por desídia ou má-fé poderão requerer, diretamente ao juiz da zona eleitoral, a intimação do partido para que cumpra no prazo que fixar, não superior a 10 (dez) dias, o que prescreve o *caput* deste artigo, sob pena de desobediência.

Art. 5º. As filiações efetuadas perante órgãos de direção nacional ou estadual, quando admitidas pelo estatuto do partido, deverão ser informadas aos diretórios municipais correspondentes à zona de inscrição do eleitor, com a finalidade de comunicação à Justiça Eleitoral nos períodos previstos em lei.

CAPÍTULO II
DO SISTEMA DE FILIAÇÃO PARTIDÁRIA

Art. 6º. O sistema de filiação partidária desenvolvido pela Secretaria de Tecnologia da Informação do Tribunal Superior Eleitoral será utilizado em todo o território nacional, para anotação das filiações partidárias a que se refere o art. 19 da Lei nº 9.096/95.

Art. 7º. Para utilização do Filiaweb, o usuário deverá estar habilitado perante a Justiça Eleitoral, mediante obtenção de senha.

§ 1º O representante legal do diretório municipal ou zonal, comprovada sua legitimidade para o ato, terá seu número de inscrição eleitoral cadastrado pelo cartório eleitoral como administrador do respectivo órgão de direção partidária e obterá a senha provisória para uso do sistema, a ser alterada no primeiro acesso, a qual ficará sob sua exclusiva responsabilidade.

§ 2º O usuário habilitado na forma do § 1º deste artigo poderá fazer o cadastramento, em ambiente específico do Filiaweb, de outros administradores e operadores do sistema.

§ 3º O sistema de filiação fará o controle do período de validade da composição do diretório partidário, de acordo com a documentação apresentada perante o cartório ou, desde que haja viabilidade técnica, a partir de banco de dados de gerenciamento de informações partidárias, na forma estabelecida em instruções específicas do Tribunal Superior Eleitoral.

§ 4º Expirado o prazo de validade do órgão de direção partidária, será cancelada automaticamente a habilitação de todos os usuários a ele vinculados.

§ 5º Estabelecido internamente pelo partido que a entrega da relação de filiados de uma ou mais zonas eleitorais será feita por órgão de direção diverso do municipal, o representante legal respectivo deverá requerer sua habilitação para uso do Filiaweb perante a Corregedoria-Geral ou as corregedorias regionais eleitorais, conforme a instância partidária, observadas as regras definidas nos parágrafos deste artigo, hipótese na qual será cancelada a habilitação de todos os usuários de nível municipal ou zonal correspondentes.

Art. 8º. As relações de que trata o art. 4º desta resolução deverão ser elaboradas pelo partido em aplicação específica do sistema de filiação, intitulada Filiaweb, e submetidas à Justiça Eleitoral pela rede mundial de computadores, em ambiente próprio do sítio do Tribunal Superior Eleitoral reservado aos partidos políticos.

Parágrafo único. Para efeito do disposto nesta resolução, adotar-se-á a seguinte nomenclatura:

I. relação interna – conjunto de dados de eleitores filiados a partido político, relativos a um município e zona eleitoral, destinada ao gerenciamento pelo órgão partidário responsável por seu fornecimento à Justiça Eleitoral;

II. relação submetida – relação interna liberada pelo órgão partidário para processamento pela Justiça Eleitoral;

III. relação fechada – situação da relação submetida pelo órgão partidário após o encerramento do prazo legal para fornecimento dos dados à Justiça Eleitoral;

IV. relação oficial – relação fechada que, desconsiderados eventuais erros pelo processamento, será publicada pela Justiça Eleitoral e cujos dados servirão de base para o cumprimento das finalidades legais;

V. relação ordinária – relação cujos dados serão fornecidos pelos partidos políticos nos meses de abril e outubro de cada ano;

VI. relação especial – relação cujos dados serão fornecidos pelos partidos políticos em cumprimento a determinação judicial, nos termos do § 2º do art. 4º desta resolução.

Art. 9º. No momento da elaboração das relações será informada pelo sistema a ocorrência de eventual erro no registro de dados cadastrais do filiado, o que impedirá sua inclusão na relação oficial até que providenciada a correção pelo partido.

§ 1º A submissão de relações ordinárias de filiados poderá ocorrer a qualquer tempo até o fim do prazo para entrega das relações a que se refere o art. 19 da Lei nº 9.096/95, a partir do qual será processada a última relação elaborada pelo partido.

§ 2º No último dia do prazo fixado, a submissão de relações de filiados dos partidos políticos pela Internet dar-se-á até as 19 horas, observado o horário de Brasília.

§ 3º Ultrapassado o prazo estabelecido no § 2º deste artigo, a submissão de relações somente será possível a partir do dia imediato, considerando-se os respectivos dados apenas para o processamento subsequente.

Art. 10. Expirado o prazo legal destinado à entrega dos dados, a relação interna submetida pelo partido terá sua situação modificada para fechada, a partir da qual o sistema gerará nova relação interna, de idêntico conteúdo, para posteriores alterações pelo órgão partidário responsável.

Parágrafo único. Desconsiderados pelo processamento os erros constantes da relação fechada, o sistema a converterá em relação oficial.

Art. 11. No processamento levado a efeito pela Justiça Eleitoral nos meses de abril e outubro de cada ano será verificada novamente a existência de erros nos registros, bem assim a ocorrência de duplicidades de filiação.

CAPÍTULO III
DA DUPLICIDADE DE FILIAÇÃO PARTIDÁRIA

Art. 12. Detectada duplicidade de filiação, serão expedidas, pelo Tribunal Superior Eleitoral, notificações ao filiado e aos partidos envolvidos.416 *(Caput com redação dada pelo art. 1º da Res.-TSE nº 23.198/2009)*

§ 1º As notificações de que trata o *caput* serão expedidas por via postal ao endereço constante do cadastro eleitoral, quando dirigidas a eleitor filiado, e pela rede mundial de computadores, no espaço destinado à manutenção de relações de filiados pelos partidos, quando dirigidas aos diretórios partidários.

§ 2º A competência para processo e julgamento da duplicidade identificada será do juízo eleitoral em cuja circunscrição tiver ocorrido a filiação mais recente, considerando-se a data de ingresso no partido indicada na respectiva relação.

§ 3º As partes envolvidas terão o prazo de 20 (vinte) dias para apresentar resposta, contados da realização do processamento das informações.

§ 4º Expirado o prazo de que trata o § 3º deste artigo, nos 10 (dez) dias subsequentes, o juiz eleitoral declarará a nulidade de ambas as filiações, caso não haja comprovação da inexistência da filiação ou de regular desfiliação.

§ 5º Não havendo registro de decisão no Filiaweb até o décimo dia posterior ao prazo estabelecido no § 4º deste artigo, a situação das filiações será automaticamente atualizada, passando ambas a figurar como canceladas, consoante prevê o parágrafo único do art. 22 da Lei nº 9.096/95.

§ 6º Para os fins do disposto no § 1º deste artigo, incumbirá aos partidos políticos orientar seus filiados a manterem atualizados seus dados cadastrais perante a Justiça Eleitoral.

CAPÍTULO IV
DA DESFILIAÇÃO

Art. 13. Para desligar-se do partido, o filiado fará comunicação escrita ao órgão de direção municipal ou zonal e ao juiz eleitoral da zona em que for inscrito.

§ 1º A desfiliação comunicada pelo eleitor, consoante prevê o art. 21 da Lei nº 9.096/95, deverá ser registrada na relação correspondente no sistema de filiação partidária.

§ 2º Decorridos dois dias da data da entrega da comunicação no cartório eleitoral, o vínculo torna-se extinto para todos os efeitos.

§ 3º Não comunicada a desfiliação à Justiça Eleitoral, o registro de filiação ainda será considerado, inclusive para o fim de identificação de dupla filiação. *(Parágrafo 3º com redação dada pelo art. 1º da Res.-TSE nº 23.198/2009)*

§ 4º Quem se filia a outro partido terá até o dia seguinte ao da nova filiação para fazer a comunicação, à Justiça Eleitoral, da desfiliação ao partido anterior.

§ 5º Na hipótese de inexistência de órgão municipal ou zonal partidário ou de comprovada impossibilidade de localização de quem o represente, o filiado poderá fazer a comunicação prevista no *caput* deste artigo apenas ao juiz da zona eleitoral em que for inscrito.

§ 6º Quando a comunicação de que trata o § 4º deste artigo for recebida no cartório após o dia imediato ao da nova filiação, o sistema alterará a situação das filiações anotadas para os partidos envolvidos, que passarão a figurar como *sub judice*, e gerará ocorrência relativa à duplicidade de filiações, nos termos da lei, a ser examinada e decidida pelo juiz eleitoral competente, na forma desta resolução.

Art. 14. As funcionalidades de reversão de cancelamento e de reversão de exclusão de registro de filiação estarão disponíveis no Sistema de Filiação Partidária exclusivamente para cumprimento de determinações judiciais, sendo necessária, para utilizá-las, a identificação do processo em que determinada a providência. *(Redação dada pelo art. 1º da Res.-TSE nº 23.198/2009)*

CAPÍTULO V
DA DISPONIBILIDADE DAS INFORMAÇÕES

Art. 15. A publicação das relações oficiais de que cuida o parágrafo único do art. 10 desta norma se fará no sítio do Tribunal Superior Eleitoral na Internet, permanecendo os dados disponíveis para consulta por qualquer interessado, juntamente com serviço de emissão de certidão de filiação partidária.

Parágrafo único. O serviço de que cuida o *caput* deste artigo estará disponível no sítio do Tribunal Superior Eleitoral na Internet, ficando autorizada a criação de *link* de acesso nas páginas dos Tribunais Regionais Eleitorais.

Art. 16. A validação da certidão de filiação partidária emitida na forma do art. 15 desta norma será feita com emprego de código de assinatura digital, baseada em rotina de autenticação desenvolvida pela Justiça Eleitoral.

Art. 17. No ato da conferência de validade, deverão ser informados o número de inscrição, a data e o horário de emissão e o código alfanumérico constantes da certidão emitida.

Parágrafo único. O sistema de validação efetuará o cotejo entre as informações fornecidas pelo usuário e as constantes da assinatura digital geradas pela página e arquivada na base de dados da Justiça Eleitoral.

CAPÍTULO VI
DAS DISPOSIÇÕES FINAIS E TRANSITÓRIAS

Art. 18. A última relação de filiados apresentada pelo partido constante do sistema de filiação partidária será migrada para o Filiaweb e constituirá a primeira relação interna do correspondente órgão partidário.

Art. 19. A entrega das relações ordinárias do mês de outubro de 2009 e de eventuais relações especiais de dezembro de 2009 poderá ser feita, a critério dos órgãos partidários, utilizando-se o Filiaweb ou o módulo externo do sistema de filiação aprovado pela Res.-TSE nº 21.574, de 27 de novembro de 2003, observadas as regras nela definidas, com posterior comparecimento ao cartório eleitoral competente.

§ 1º A habilitação de dirigente partidário para acesso ao Filiaweb, no período de que cuida o *caput* deste artigo, tornará obrigatório o uso da aplicação.

§ 2º A partir da entrega das relações ordinárias do mês de abril de 2010, a utilização da nova sistemática será obrigatória em todo o território nacional, quando estarão revogadas as disposições da norma mencionada no *caput* e suas alterações posteriores.

Art. 20. As relações submetidas à Justiça Eleitoral em decorrência de determinação de que trata o § 2º do art. 4º desta resolução serão processadas em procedimento próprio nos meses de junho e dezembro.

Art. 21. A prova da filiação partidária, inclusive com vista à candidatura a cargo eletivo, será feita com base na última relação oficial de eleitores recebida e armazenada no sistema de filiação.

Parágrafo único. A omissão do nome do filiado na última relação entregue à Justiça Eleitoral ou o mero registro de sua desfiliação perante o órgão partidário não descaracteriza a filiação partidária, cujo cancelamento somente se completará com a comunicação escrita ao juiz da zona em que for inscrito, nos termos da lei. *(Parágrafo único acrescido pelo art. 1º da Res.-TSE nº 23.198/2009)*

Art. 22. Os dados inseridos no Filiaweb terão por base as informações fornecidas pelos partidos políticos e por seus próprios filiados, ressalvado o disposto no art. 9º desta resolução.

Parágrafo único. Além dos campos de preenchimento obrigatório, cujos dados deverão subsidiar a elaboração da relação de filiados a ser entregue à Justiça Eleitoral, na forma do art. 19 da Lei nº 9.096/95, o Filiaweb conterá campos para registro, a critério dos órgãos partidários, de endereço e telefone, cujos dados não serão submetidos a processamento pelo sistema nem constarão das relações oficiais.

Art. 23. Em caso de fusão ou incorporação, a Secretaria de Tecnologia da Informação do Tribunal Superior Eleitoral providenciará a conversão, no Filiaweb, de todas as anotações de filiação dos partidos políticos envolvidos.

Parágrafo único. A Corregedoria-Geral comunicará às corregedorias regionais eleitorais a providência de que trata o *caput* deste artigo, para idêntica medida em relação aos juízos eleitorais.

Art. 24. Ocorrendo transferência de domicílio do eleitor filiado, o Filiaweb a informará aos diretórios partidários dos municípios de origem e de destino.

Parágrafo único. O filiado somente passará a compor a relação interna de filiados do novo município a partir da confirmação realizada pelo diretório correspondente no sistema.

Art. 25. Ocorrendo movimentação de ofício de eleitores filiados em decorrência de desmembramento de zona, o sistema promoverá as atualizações necessárias nas relações dos partidos envolvidos.

Art. 26. Caberá à Corregedoria-Geral o gerenciamento do Filiaweb, com o apoio da Secretaria de Tecnologia da Informação/TSE.

Art. 27. O uso inadequado dos procedimentos estabelecidos nesta resolução, com a intenção de causar prejuízo ou lesão ao direito das partes ou ao serviço judiciário, implicará responsabilidade civil e criminal e imediato descredenciamento dos usuários, além das sanções cabíveis.

Art. 28. A adequada e tempestiva submissão das relações de filiados pelo sistema eletrônico será de inteira responsabilidade do órgão partidário. *(Redação dada pelo art. 1º da Res.-TSE nº 23.198/2009)*

Parágrafo único. Os riscos de não obtenção de linha ou de conexão, de defeito de transmissão ou de recepção, correrão à conta do usuário e não escusarão o cumprimento dos prazos legais, cabendo ao interessado certificar-se da regularidade da recepção.

Art. 29. A Corregedoria-Geral e as corregedorias regionais eleitorais exercerão supervisão, orientação e fiscalização direta do exato cumprimento das instruções contidas nesta resolução.

Art. 30. A Corregedoria-Geral expedirá provimentos destinados a regulamentar esta resolução, para sua fiel execução.

Art. 31. Esta resolução entra em vigor na data de sua publicação, observado o disposto em seu art. 19 e revogadas as disposições em contrário.

Brasília, 20 de agosto de 2009.
Ministro CARLOS AYRES BRITTO, presidente
Ministro FELIX FISCHER, relator
Ministro RICARDO LEWANDOWSKI
Ministra CÁRMEN LÚCIA
Ministro ALDIR PASSARINHO JUNIOR
Ministro MARCELO RIBEIRO
Ministro ARNALDO VERSIANI.
Publicada no *DJe* de 28/08/2009.

RESOLUÇÃO-TSE
Nº 23.207/2010

Relator: Ministro Arnaldo Versiani.
Interessado: Tribunal Superior Eleitoral.

> *Dispõe sobre o voto do eleitor residente no exterior, na eleição presidencial de 2010.*

O Tribunal Superior Eleitoral, usando das atribuições que lhe conferem o art. 23, IX, do Código Eleitoral e o art. 105 da Lei nº 9.504, de 30 de setembro de 1997, resolve:

CAPÍTULO I
DISPOSIÇÕES PRELIMINARES

Art. 1º. Nas eleições para Presidente e Vice-Presidente da República, poderá votar o eleitor residente no exterior, desde que tenha requerido sua inscrição ao Juiz da Zona Eleitoral do Exterior até 5 de maio de 2010.
» *CE, art. 225 e Lei nº 9.504/97, art. 91.*

Art. 2º. O cadastro dos eleitores residentes no exterior ficará sob a responsabilidade do Juiz da Zona Eleitoral do Exterior.
» *CE, art. 232.*

Art. 3º. O alistamento do eleitor residente no exterior será feito utilizando-se o Requerimento de Alistamento Eleitoral (RAE).

§ 1º O eleitor deverá comparecer às sedes das embaixadas e repartições consulares, com jurisdição sobre a localidade de sua residência, para o preenchimento e entrega do formulário RAE, munido da seguinte documentação:

I. título eleitoral anterior;

Art. 3º

II. documento de identidade ou documento emitido por órgãos controladores do exercício profissional, passaporte, carteira de trabalho, certidão de nascimento expedida no Brasil ou registrada em repartição diplomática brasileira ou certidão de casamento, desde que reconhecida pela lei brasileira;

III. certificado de quitação do serviço militar obrigatório, para os brasileiros do sexo masculino.

§ 2º O chefe da missão diplomática ou repartição consular designará servidor para recebimento dos formulários RAE, competindo-lhe verificar se foram preenchidos corretamente e colher, na sua presença, a assinatura ou a aposição da impressão digital do eleitor, se este não souber assinar.

Art. 4º. Os formulários RAE serão fornecidos pelo Juiz da Zona Eleitoral do Exterior ao Ministério das Relações Exteriores, que os repassará às missões diplomáticas e às repartições consulares.

Art. 5º. As missões diplomáticas e repartições consulares enviarão os formulários RAE preenchidos, separados e identificados à Divisão de Assistência Consular do Ministério das Relações Exteriores, por mala diplomática, que os encaminhará ao Cartório da Zona Eleitoral do Exterior, situado no Distrito Federal, até 14 de maio de 2010.

Art. 6º. Compete à Zona Eleitoral do Exterior digitar os dados contidos nos formulários RAE até 11 de junho de 2010, para fins de processamento.

Art. 7º. Os títulos dos eleitores residentes no exterior que requereram inscrição ou transferência serão emitidos e assinados pelo Juiz da Zona Eleitoral do Exterior até 3 de julho de 2010.

Art. 8º. Os cadernos de votação serão impressos pelo Tribunal Superior Eleitoral e encaminhados ao Tribunal Regional Eleitoral do Distrito Federal até 3 de setembro de 2010, o qual providenciará sua remessa às missões diplomáticas e repartições consulares.

Parágrafo único. Ao receber os títulos eleitorais e as folhas de votação, as missões diplomáticas ou repartições consulares comunicarão aos eleitores a hora e local da votação.

» CE, art. 228, § 1º.

Art. 9º. Todo o restante do material necessário à votação será fornecido pelo Tribunal Regional Eleitoral do Distrito Federal, remetido por mala diplomática e entregue ao Presidente da Mesa Receptora de votos pelo menos 72 horas antes da realização da eleição.

Art. 10. Para votação e apuração, será observado o horário local.

CAPÍTULO II
DAS SEÇÕES ELEITORAIS E DAS MESAS RECEPTORAS

Art. 11. Para que se organize uma seção eleitoral no exterior, é necessário que, na circunscrição sob a jurisdição da missão diplomática ou da repartição consular, haja, no mínimo, 30 eleitores inscritos.

» CE, art. 226, caput.

§ 1º Se o número de eleitores inscritos for superior a 400, será instalada nova seção eleitoral.

§ 2º Quando o número de eleitores não atingir o mínimo previsto no *caput* deste artigo, os eleitores poderão votar na mesa receptora mais próxima, desde que localizada no mesmo país, de acordo com a comunicação que lhes for feita.

» CE, art. 226, parágrafo único.

Art. 12. As seções eleitorais para o primeiro e segundo turnos de votação serão organizadas até 4 de agosto de 2010 e funcionarão nas sedes das embaixadas, em repartições consulares ou em locais em que funcionem serviços do governo brasileiro.

» CE, arts. 135 e 225, §§ 1º e 2º.

§ 1º O Tribunal Superior Eleitoral, excepcionalmente, poderá autorizar o funcionamento de seções eleitorais fora dos locais previstos neste artigo.

§ 2º O Ministério das Relações Exteriores comunicará ao Tribunal Regional Eleitoral do Distrito Federal, até 4 de agosto de 2010, a localização das seções que funcionarão no exterior, inclusive as agregadas.

Art. 13. Os integrantes das Mesas Receptoras para o primeiro e segundo turnos de votação serão nomeados pelo Tribunal Regional Eleitoral do Distrito Federal, até 4 de agosto de 2010, mediante proposta dos chefes de missão diplomática e das repartições consulares, que ficarão investidos das funções administrativas de Juiz Eleitoral.

» CE, arts. 120, caput, e 227, caput.

§ 1º Será aplicável às Mesas Receptoras de votos localizadas no exterior o processo de composição e fiscalização partidária vigente para as que funcionarem no território nacional.

» CE, art. 227, parágrafo único.

§ 2º Na impossibilidade de serem convocados para composição da Mesa Receptora de votos eleitores com domicílio eleitoral no Município da seção eleitoral, poderão integrá-la eleitores que, embora residentes no Município, tenham domicílio eleitoral diverso.

CAPÍTULO III
DA VOTAÇÃO

Art. 14. Somente será admitido a votar o eleitor cujo nome conste do caderno de votação da seção eleitoral.

§ 1º Nas seções que utilizarem o voto eletrônico, só poderá votar o eleitor cujo nome estiver incluído no cadastro de eleitores constante da respectiva urna.

§ 2º Não será permitido ao eleitor residente no exterior votar em trânsito.

Art. 15. A votação obedecerá aos procedimentos previstos para aquela que se realizará no território nacional, tanto nas seções com votação manual, quanto nas seções eleitorais em que for autorizado, pelo Tribunal Superior Eleitoral, o uso de urnas eletrônicas.

Art. 16. A cédula a ser utilizada será confeccionada pelo Tribunal Regional Eleitoral do Distrito Federal, conforme modelo oficial aprovado pelo Tribunal Superior Eleitoral.

Parágrafo único. As missões diplomáticas ou repartições consulares ficarão autorizadas a confeccionar as cédulas, respeitado o modelo oficial fornecido pelo Tribunal Regional Eleitoral do Distrito Federal, utilizando reprodução eletrônica ou impressão gráfica.

CAPÍTULO IV
DA APURAÇÃO DOS VOTOS

Art. 17. A apuração dos votos nas seções eleitorais será feita pela própria mesa receptora.

Art. 18. Cada partido político ou coligação poderá nomear até dois delegados e dois fiscais junto a cada Mesa Receptora de votos, funcionando um de cada vez.

» *CE, art. 131.*

Parágrafo único. A conferência das credenciais dos fiscais e dos delegados será feita pelo chefe da missão diplomática ou repartição consular do local onde funcionar a seção eleitoral.

Art. 19. A apuração dos votos nas seções eleitorais terá início após o encerramento da votação, observados os procedimentos para aquela que se realizará no território nacional.

Parágrafo único. Ao final da apuração da seção eleitoral, e preenchido o boletim de urna, o chefe da missão diplomática ou repartição consular enviará, de imediato, o resultado ao Tribunal Regional Eleitoral do Distrito Federal, utilizando *fac-símile* ou correio eletrônico.

Art. 20. Concluída a apuração, as cédulas serão recolhidas, no primeiro turno de votação, em envelope especial, e no segundo turno, à urna, os quais serão fechados e lacrados, não podendo ser reabertos senão 60 dias após a proclamação dos resultados, salvo nos casos em que houver pedido de recontagem de votos ou recurso quanto ao seu conteúdo.

» *CE, art. 183.*

Parágrafo único. O descumprimento do disposto no *caput*, sob qualquer pretexto, constitui crime previsto no art. 314 do Código Eleitoral.

» *CE, art. 183, parágrafo único.*

Art. 21. Após o primeiro turno de votação, o responsável pelos trabalhos remeterá, imediatamente, por mala diplomática, ao Tribunal Regional Eleitoral do Distrito Federal envelope especial contendo as cédulas apuradas, o boletim de urna e o caderno de votação; após o segundo turno de votação, todo o material da eleição.

Art. 22. Compete ao chefe da missão diplomática ou repartição consular lacrar a urna para uso no segundo turno de votação.

CAPÍTULO V
DOS FORMULÁRIOS

Art. 23. Os formulários específicos a serem utilizados nas seções que funcionarem no exterior serão confeccionados pelo Tribunal Regional Eleitoral do Distrito Federal com as seguintes características:

I. Ata da Eleição – Exterior (Anexo I): no formato A4, papel branco de 75g/m², impressão frente e verso, na cor preta e em via única;

II. Boletim de Urna – Exterior (Anexo II): no formato A5 ou A4, dependendo do número de candidatos para o cargo de Presidente, papel branco de 75g/m2, impressão em três vias.

Parágrafo único. As missões diplomáticas ou repartições consulares ficarão autorizadas a confeccionar as Atas da Eleição e os Boletins de Urna – Exterior, respeitado o modelo oficial fornecido pelo Tribunal Regional Eleitoral do Distrito Federal, utilizando reprodução eletrônica ou impressão gráfica.

CAPÍTULO VI
DISPOSIÇÕES FINAIS

Art. 24. O eleitor inscrito no exterior, ausente do seu domicílio eleitoral na data do pleito, bem assim aquele que, mesmo presente, não comparecer à eleição, deverá justificar sua falta, mediante requerimento dirigido ao Juiz Eleitoral da Zona Eleitoral do Exterior, a ser entregue à repartição consular ou missão diplomática.

Parágrafo único. As justificativas a que se refere o *caput* e as formuladas por eleitores inscritos no Brasil, entregues em missão diplomática ou repartição consular brasileira, serão encaminhadas, até 15 dias após o seu recebimento, ao Ministério das Relações Exteriores, que as entregará ao Tribunal Regional Eleitoral do Distrito Federal, para processamento.

Art. 25. Todo aquele que, estando obrigado a votar, não o fizer, ficará sujeito, além das penalidades previstas para o eleitor que não vota no território nacional, à proibição de requerer qualquer documento perante a repartição diplomática a que estiver subordinado, enquanto não se justificar.

» *CE, art. 231.*

Art. 26. Esta resolução entra em vigor na data de sua publicação.

Brasília, 11 de fevereiro de 2010.
AYRES BRITTO – PRESIDENTE
ARNALDO VERSIANI – RELATOR
RICARDO LEWANDOWSKI
CÁRMEN LÚCIA
FELIX FISCHER
FERNANDO GONÇALVES
MARCELO RIBEIRO

RESOLUÇÃO-TSE
Nº 23.255/2010

Dispõe sobre a requisição de servidores públicos pela Justiça Eleitoral, de que trata a Lei nº 6.999, de 07 de junho de 1982.

O Tribunal Superior Eleitoral, no uso das atribuições que lhe confere o art. 23, inciso IX, do Código Eleitoral, resolve:

SEÇÃO I
DAS DISPOSIÇÕES GERAIS

Art. 1º. Os servidores públicos da União, dos Estados, do Distrito Federal, dos Territórios, dos Municípios e das autarquias podem ser requisitados para prestar serviços à Justiça Eleitoral, com ônus para o órgão de origem, regendo-se o afastamento na forma destas instruções, sempre no interesse da Justiça Eleitoral.

» *Lei nº 9.504/97, art. 94-A, II.*

Art. 2º. Não podem ser requisitados ocupantes de cargos isolados, de cargos ou empregos técnicos ou científicos, e de quaisquer cargos ou empregos do magistério federal, estadual ou municipal, salvo na hipótese de nomeação para cargo em comissão.

Art. 3º

Art. 3º. A requisição deve ocorrer dentro da mesma unidade da Federação.

Art. 4º. É vedada a requisição de servidor que esteja submetido a sindicância, processo administrativo disciplinar ou em estágio probatório.

Art. 5º. Os servidores requisitados para o serviço eleitoral conservam os direitos e vantagens inerentes ao exercício de seus cargos ou empregos.

Parágrafo único. Quando, em virtude de suas funções na Justiça Eleitoral, os servidores requisitados não usufruírem as férias a que têm direito, poderão gozá-las no ano seguinte, acumuladas ou não.

SEÇÃO II
DA REQUISIÇÃO PARA OS CARTÓRIOS ELEITORAIS

Art. 6º. Compete aos Tribunais Regionais Eleitorais requisitar servidores lotados no âmbito de sua jurisdição para auxiliarem os cartórios das zonas eleitorais, observada a correlação entre as atividades desenvolvidas pelo servidor no órgão de origem e aquelas a serem desenvolvidas no serviço eleitoral.

§ 1º Os juízes eleitorais podem, a critério do respectivo tribunal regional, requisitar servidores para auxiliar os cartórios das zonas eleitorais do interior, no âmbito de sua jurisdição, devendo encaminhar ao tribunal regional os dados cadastrais do servidor.

§ 2º As requisições são feitas pelo prazo de um ano, podendo ser prorrogadas a critério dos tribunais regionais, mediante avaliação anual de necessidades, caso a caso.

§ 3º As requisições não podem exceder a um servidor por dez mil ou fração superior a cinco mil eleitores inscritos na zona eleitoral.

§ 4º Nas zonas eleitorais com até dez mil eleitores inscritos, admite-se a requisição de apenas um servidor.

§ 5º O limite quantitativo estabelecido no § 3º deste artigo somente pode ser excedido em casos excepcionais, a juízo do TSE, mediante solicitação dos tribunais regionais, instruída com as justificativas pertinentes.

Art. 7º. No caso de acúmulo ocasional de serviço na zona eleitoral podem ser excedidos os limites estabelecidos no art. 6º e requisitados outros servidores, pelo prazo máximo e improrrogável de seis meses, desde que autorizado pelo Tribunal Superior Eleitoral.

§ 1º Esgotado o prazo da requisição, o servidor é desligado automaticamente da Justiça Eleitoral, retornando ao órgão de origem.

§ 2º Na hipótese prevista neste artigo, somente depois de decorrido um ano pode haver nova requisição do mesmo servidor.

SEÇÃO III
DA REQUISIÇÃO PARA AS SECRETARIAS DOS TRIBUNAIS ELEITORAIS

Art. 8º. Compete aos tribunais eleitorais, por ato de seu presidente, requisitar servidores, quando houver acúmulo ocasional do serviço de sua secretaria.

Parágrafo único. O quantitativo de servidores requisitados não pode exceder a cinco por cento do número de cargos efetivos do quadro de pessoal permanente do tribunal, com lotação na respectiva secretaria.

Art. 9º. As requisições para as secretarias dos tribunais eleitorais são feitas por prazo certo, não excedente a um ano.

Parágrafo único. Esgotado o prazo fixado neste artigo, o servidor é desligado automaticamente e deve retornar ao órgão de origem, só podendo ser novamente requisitado após o decurso de um ano.

SEÇÃO IV
DISPOSIÇÕES FINAIS

Art. 10. A cessão de servidores à Justiça Eleitoral para ocupar cargo em comissão ou exercer função de confiança se dá com base no art. 93, inciso I, da Lei nº 8.112, de 11 de dezembro de 1990, e cessa automaticamente em caso de exoneração ou dispensa.

Parágrafo único. À cessão prevista no art. 94-A, inciso II, da Lei nº 9.504, de 30 de setembro de 1997, aplica-se o disposto no art. 7º, *caput*.

Art. 11. Não serão admitidas outras formas de requisição ou cessão de servidores para a Justiça Eleitoral que não sejam as previstas nesta resolução.

Art. 12. Fica prejudicada a análise dos pedidos de requisição que se encontram no TSE, nos termos da Resolução-TSE nº 20.753, de 7 de dezembro de 2000, salvo na hipótese prevista no art. 6º, § 5º.

Art. 13. Os tribunais eleitorais têm até 31 de dezembro de 2010 para adequarem o número de servidores requisitados em suas secretarias ao quantitativo previsto no parágrafo único do art. 8º.

Art. 14. Revogam-se as Resoluções-TSE nºs 20.753, de 07 de dezembro de 2000, 22.207, de 30 de maio de 2006, e 22.993, de 19 de dezembro de 2008.

Art. 15. Esta resolução entra em vigor na data de sua publicação.

Sala de Sessões do Tribunal Superior Eleitoral.

Brasília, 29 de abril de 2010.

Ministro RICARDO LEWANDOWSKI – presidente
Ministro ALDIR PASSARINHO JUNIOR – relator
Ministra CÁRMEN LÚCIA
Ministro MARCO AURÉLIO
Ministro HAMILTON CARVALHIDO
Ministro MARCELO RIBEIRO
Ministro ARNALDO VERSIANI.

Publicada no *DJe* de 11/05/2010.

RESOLUÇÃO-TSE
Nº 23.268/2010

Dispõe sobre a Central do Eleitor no âmbito da Justiça Eleitoral.

O Tribunal Superior Eleitoral, no uso de atribuições que lhe confere o art. 8º, V, do Regimento Interno do Tribunal Superior Eleitoral – RITSE, resolve:

Art. 1º. Esta Resolução regulamenta as atribuições da Central do Eleitor no Tribunal Superior Eleitoral.

Art. 2º. A Central do Eleitor, vinculada à Presidência, é a unidade administrativa que tem por escopo servir de canal direto e efetivo de comunicação entre o cidadão e o Tribunal Superior Eleitoral, destinada à melhoria do atendimento das demandas por esclarecimentos, sugestões, reclamações e informações institucionais.

Art. 3º. Compete à Central do Eleitor:

I. prestar as informações e esclarecimentos sobre atos praticados no Tribunal ou de sua responsabilidade;

II. receber informações, sugestões, questionamentos, reclamações, denúncias, críticas, elogios sobre as atividades do Tribunal, encaminhar tais manifestações às unidades administrativas competentes e manter o interessado sempre informado sobre as providências adotadas;

III. encaminhar ao Corregedor-Geral as denúncias, relatos ou fatos que envolvam a sua competência funcional;

IV. interagir com as unidades internas para a solução dos questionamentos recebidos;

V. sugerir à Administração políticas tendentes à melhoria e ao aperfeiçoamento das atividades desenvolvidas pelas unidades, com base nas informações, sugestões, questionamentos, reclamações, denúncias, críticas e elogios recebidos;

VI. realizar, em parceria com outras unidades do Tribunal e dos Tribunais Regionais Eleitorais, eventos destinados ao esclarecimento dos direitos do eleitor e ao incentivo da participação popular no processo eleitoral;

VII. manter e garantir, a pedido, sempre que a circunstância exigir, o sigilo da fonte das sugestões, questionamentos, reclamações, denúncias, críticas e elogios recebidos;

VIII. encaminhar ao Presidente do TSE relatório trimestral das atividades desenvolvidas pela Central do Eleitor;

IX. apresentar dados estatísticos acerca das manifestações recebidas e das providências adotadas pela Central do Eleitor.

Art. 4º. O acesso à Central do Eleitor, no Edifício-Sede do Tribunal, poderá ser realizado pessoalmente ou por meio de:

I. carta encaminhada à Central do Eleitor, no endereço constante da página do Tribunal;

II. ligação telefônica em número a ser divulgado;

III. comunicação eletrônica pelo e-mail centraldoeleitor@tse.jus.br ou via internet com a utilização de formulário eletrônico disponível na página do Tribunal – endereço www.tse.jus.br;

IV. outras formas a serem divulgadas pela Central do Eleitor.

Art. 5º. Não serão admitidas pela Central do Eleitor:

I. denúncias de fatos que constituam crimes, em vista das competências institucionais do Ministério Público e das polícias, nos termos dos arts. 129, inciso I, e 144, ambos da Constituição Federal;

II. reclamações, críticas ou denúncias anônimas;

III. reclamações, críticas ou denúncias que envolvam Ministros do Tribunal.

1º Nas hipóteses previstas nos incisos I e II, o pedido terá seu processamento rejeitado liminarmente e será devolvido ao remetente, no caso do inciso I, ou arquivado, no caso do inciso II.

2º Eventuais reclamações, sugestões e críticas referentes a outros órgãos do Poder Judiciário serão remetidas ao Conselho Nacional de Justiça e, quando referentes a outros Poderes da União, dos Estados, do Distrito Federal ou dos Municípios, aos respectivos órgãos, comunicando-se em qualquer hipótese o fato ao interessado.

Art. 6º. O Presidente do Tribunal designará formalmente o servidor que coordenará os trabalhos de instalação e funcionamento da Central do Eleitor, o qual se reportará ao Diretor-Geral.

Art. 7º. As unidades componentes da estrutura orgânica do Tribunal deverão prestar informações e esclarecimentos às solicitações da Central do Eleitor e apoiar suas atividades.

Art. 8º. As sugestões, críticas ou reclamações que envolvam os Gabinetes de Ministros deverão ser encaminhadas diretamente a estes.

Art. 9º. O Presidente do Tribunal supervisionará as atividades da Central do Eleitor e poderá baixar regras complementares acerca de procedimentos internos, observados os parâmetros fixados nesta Resolução.

Art. 10. Esta Resolução entra em vigor na data de sua publicação.

Brasília, 20 de maio de 2010.
RICARDO LEWANDOWSKI, PRESIDENTE E RELATOR
CÁRMEN LÚCIA
MARCO AURÉLIO
ALDIR PASSARINHO JUNIOR
HAMILTON CARVALHIDO
MARCELO RIBEIRO
ARNALDO VERSIANI
Publicada no *DJe* de 28/05/2010.

RESOLUÇÃO-TSE Nº 23.280/2010

Estabelece instruções para a marcação de eleições suplementares.

O Tribunal Superior Eleitoral, no uso das atribuições que lhe confere o art. 23, inciso IX, do Código Eleitoral, resolve:

Art. 1º. Para os fins previstos no art. 224 da Lei nº 4.737, de 15 de julho de 1965, observado o prazo máximo prescrito, as eleições deverão ser marcadas sempre para o primeiro domingo de cada mês.

» *Res.-TSE nº 23.332/2010.*

Parágrafo único. Se nenhum candidato alcançar a maioria de votos prescrita no art. 2º da Lei nº 9.504, de 30 de setembro de 1997, nova eleição deverá ser marcada para o último domingo do respectivo mês, observados os critérios previstos na mencionada Lei.

Art. 2º. Esta resolução entra em vigor na data de sua publicação.

Brasília, 22 de junho de 2010.
RICARDO LEWANDOWSKI – PRESIDENTE

Art. 2º

HAMILTON CARVALHIDO – RELATOR
CÁRMEN LÚCIA
ALDIR PASSARINHO JUNIOR
MARCELO RIBEIRO
ARNALDO VERSIANI

Resolução-TSE
Nº 23.326/2010

> *Dispõe sobre as diretrizes para a tramitação de documentos e processos sigilosos no âmbito da Justiça Eleitoral.*

O Tribunal Superior Eleitoral, no uso das suas atribuições legais e regimentais, resolve:

CAPÍTULO I
DISPOSIÇÕES GERAIS

Art. 1º. Esta Resolução regulamenta os procedimentos para registro, manuseio, guarda, processamento, transporte, divulgação de dados no sistema informatizado de acompanhamento processual, acesso, reprodução, publicação, julgamento, arquivamento e desarquivamento dos documentos e processos sigilosos.

Art. 2º. Consideram-se sigilosos os documentos ou processos:

I. que, por lei, tramitem em segredo de justiça;

II. que, em razão de decisão fundamentada da autoridade judicial competente, devam tramitar em segredo de justiça.

Parágrafo único. Tratando-se de documento que deva ser de conhecimento restrito, somente ao conteúdo deste será atribuído o sigilo, mantendo-se pública a tramitação do processo a que está juntado.

Art. 3º. Aplicam-se ao processo judicial eletrônico, no que couber, as disposições desta Resolução.

CAPÍTULO II
DO REGISTRO, DO PROCESSAMENTO, DO MANUSEIO, DA GUARDA E DO TRANSPORTE

Art. 4º. Os documentos e processos que ingressarem na Justiça Eleitoral já identificados como sigilosos serão submetidos à autoridade competente, que deverá manifestar-se sobre o sigilo.

Art. 5º. O processo originário que contiver pedido de decretação de sigilo será autuado como sigiloso, distribuído e imediatamente submetido à apreciação da autoridade competente, nos termos desta Resolução.

Parágrafo único. Na hipótese de indeferimento do pedido, será retirado dos autos o atributo de sigilo.

Art. 6º. Verificada a existência de documentos sigilosos em petições e processos recebidos, serão eles submetidos, pela unidade responsável, à apreciação da autoridade competente.

Art. 7º. Os documentos sigilosos serão identificados pela expressão "SIGILOSO", a ser afixada na primeira folha do documento.

§ 1º Os documentos sigilosos que acompanham petição ou processo serão destacados e acondicionados em anexos lacrados, lavrando-se certidão circunstanciada.

§ 2º A capa do respectivo processo receberá a identificação "CONTÉM ANEXOS SIGILOSOS".

Art. 8º. Os processos cuja tramitação deva ocorrer em sigilo serão identificados pela expressão "SEGREDO DE JUSTIÇA".

Art. 9º. O manuseio dos documentos e processos sigilosos em tramitação na Justiça Eleitoral serão limitados aos servidores que realizam os atos processuais.

Art. 10. A expedição de documentos e processos sigilosos para outros órgãos deverá atender às seguintes prescrições:

I. acondicionamento dos anexos, em envelope opaco ou caixa, devidamente lacrados, no qual serão inscritos o número do documento ou do processo a que se referem, bem como a indicação "CONTEÚDO SIGILOSO";

II. o envelope ou a caixa mencionados no inciso I deverão, necessariamente, ser acondicionados em outra caixa, que não terá qualquer indicação do caráter sigiloso ou do teor do seu conteúdo;

III. na caixa externa serão inscritos os nomes e endereços do remetente e do destinatário;

Parágrafo único. Na hipótese de processo em que a lei estabeleça o trâmite em segredo de justiça, todos os volumes do feito serão acondicionados no envelope ou na caixa a que se refere o inciso I deste artigo.

CAPÍTULO III
DA DIVULGAÇÃO DOS DADOS PROCESSUAIS EM SISTEMA INFORMATIZADO

Art. 11. A divulgação dos dados processuais para os públicos externo e interno, por meio de sistema informatizado, obedecerá aos seguintes termos:

I. a causa de pedir, o município, o assunto e o nome das partes serão omitidos e no local constará a expressão "SIGILOSO";

II. os andamentos processuais de juntada deverão mencionar somente a data, sem qualquer referência ao assunto nem ao número de identificação do documento;

III. nos registros de decurso de prazo e de trânsito em julgado não constará o nome das partes;

IV. a tramitação e a localização atual serão disponibilizadas;

V. os despachos e as decisões de natureza interlocutória serão omitidos e no local constará a data em que foram proferidos.

§ 1º As regras deste artigo não se aplicam aos servidores listados no art. 9º, que terão total acesso aos dados processuais.

§ 2º Determinada a retirada do atributo de sigilo, serão divulgados na sua totalidade os dados processuais anteriormente protegidos.

Art. 12. A unidade responsável pela distribuição processual terá acesso aos dados mencionados nos incisos I e V do art. 11 desta Resolução, a fim de apurar eventual prevenção com outro processo.

Parágrafo único. A Secretaria de Tecnologia da Informação providenciará o acesso de que trata o *caput* deste artigo.

CAPÍTULO IV
DO ACESSO E DA REPRODUÇÃO

Art. 13. Além das pessoas mencionadas no art. 9º desta Resolução, o acesso aos documentos e processos sigilosos somente será permitido às partes e aos seus advogados legalmente constituídos.

Art. 14. A extração de cópias de documentos ou processos sigilosos somente poderá ser feita na seção de reprografia do tribunal ou no cartório eleitoral.

Art. 15. Na reprodução do todo ou de parte do documento ou processo sigiloso, a cópia receberá o mesmo tratamento do original.

CAPÍTULO V
DAS PUBLICAÇÕES E DO JULGAMENTO

Art. 16. Os despachos e as decisões interlocutórias proferidas, bem como as pautas de julgamento referentes aos documentos e processos sigilosos serão publicadas observadas as seguintes regras:

I – o nome das partes será omitido e no local constará a expressão "SIGILOSO";

II – no cabeçalho constará o número do processo, o número do protocolo e os nomes dos advogados;

III – na hipótese de a decisão monocrática conter transcrição de documentos sigilosos ou de quaisquer dados que comprometam o sigilo, somente a parte dispositiva será publicada.

Art. 17. Finda-se o sigilo do processo que tramita em segredo de justiça com o seu julgamento, salvo nos casos de decisão interlocutória.

Parágrafo único. No julgamento de processo sigiloso, poderá ser limitada a presença no recinto às partes e a seus procuradores, ou somente a estes, caso em que o tribunal adotará as providências necessárias para que não seja transmitido em qualquer meio de comunicação.

Art. 18. Ao julgar processo que contenha documento sigiloso, o juiz ou o tribunal deverá manifestar-se sobre a manutenção do sigilo.

CAPÍTULO VI
DO ARQUIVAMENTO E DO DESARQUIVAMENTO

Art. 19. Transitado em julgado e permanecendo com o atributo de sigiloso, o processo será imediatamente remetido ao Arquivo.

Parágrafo único. Os documentos e processos sigilosos serão arquivados em condições especiais e em local de acesso restrito.

Art. 20. O pedido de empréstimo ou desarquivamento de documentos e processos sigilosos será fundamentado e somente será atendido após a autorização da autoridade judicial competente.

CAPÍTULO VII
DISPOSIÇÕES FINAIS

Art. 21. Esta Resolução-TSE Não se aplica aos documentos e processos sigilosos em tramitação.

Art. 22. Os órgãos da Justiça Eleitoral terão o prazo de 120 dias para se adequarem à presente Resolução.

Art. 23. Esta Resolução entra em vigor na data de sua publicação.

Brasília, 19 de agosto de 2010.
RICARDO LEWANDOWSKI, PRESIDENTE
HAMILTON CARVALHIDO, RELATOR
CÁRMEN LÚCIA
ALDIR PASSARINHO JUNIOR
MARCELO RIBEIRO
ARNALDO VERSIANI
Publicada no DJe, de 30/08/2010.

Resolução-TSE
Nº 23.328/2010

Dispõe sobre os procedimentos de intimação dos partidos políticos e respectivos representantes no âmbito da Justiça Eleitoral.

O Tribunal Superior Eleitoral, usando das atribuições que lhe confere o art. 61 da Lei nº 9.096, de 19 de setembro de 1995, resolve normatizar, no âmbito da Justiça Eleitoral, os procedimentos a serem utilizados quanto às intimações de partidos políticos e respectivos representantes:

Art. 1º. Consideram-se realizadas as intimações aos partidos políticos referentes a processos judiciais e/ou administrativos no âmbito da Justiça Eleitoral, mediante publicação no Diário da Justiça Eletrônico.

Parágrafo único. É indispensável, sob pena de nulidade, que da publicação constem o nome do partido político, o documento ou o processo a que se refere, bem como o nome do advogado constituído.

Art. 2º. Excetuam-se da regra contida no art. 1º os casos em que haja outra forma prevista em lei ou expressa determinação judicial em sentido diverso.

§ 1º Sendo realizada a intimação pelo correio ou por mandado, a intimação se dará no último endereço anotado nos assentamentos da Justiça Eleitoral.

§ 2º Na impossibilidade de proceder-se à intimação pelos meios previstos no parágrafo anterior, considerar-se-á realizada ante publicação de edital no Diário da Justiça Eletrônico.

Art. 3º. Os partidos políticos deverão manter atualizados, perante a Justiça Eleitoral, os cadastros com endereço completo, número de telefone, fac-símile e endereço eletrônico, para os quais serão encaminhadas as intimações nos casos de expressa determinação judicial, ou nos casos em que houver disposição legal ou regulamentar nesse sentido.

§ 1º No caso de intimação efetuada ao partido ou ao respectivo representante no endereço constante nos assentamentos da Justiça Eleitoral, por meio de postagem pelo correio, com aviso de recebimento, ou mandado, não se exigirá a assinatura pessoal do intimado.

Art. 3º

§ 2º Sendo o caso de intimação do órgão diretivo partidário de âmbito nacional, por mandado, inexistente sede na Capital Federal, será considerada cumprida pela publicação no Diário da Justiça Eletrônico.

Art. 4º. Esta Resolução entra em vigor na data de sua publicação.

Brasília, 02 de agosto de 2010.
RICARDO LEWANDOWSKI, PRESIDENTE
MARCO AURÉLIO, RELATOR
CÁRMEN LÚCIA
ALDIR PASSARINHO JUNIOR
HAMILTON CARVALHIDO
ARNALDO VERSIANI
HENRIQUE NEVES

Resolução-TSE Nº 23.332/2010

> Dispõe sobre a realização de eleições suplementares em anos eleitorais.

O Tribunal Superior Eleitoral, no uso das atribuições que lhe confere o art. 23, inciso IX, do Código Eleitoral, resolve:

Art. 1º. Não haverá eleições suplementares nos mesmos dias das eleições ordinárias, observadas as disposições da Resolução-TSE Nº 23.280/2010 e do PA nº 1444-16.2010.6.00.0000.

» Res.-TSE nº 23.280/2010.

Art. 2º. Compete ao Tribunal Superior Eleitoral, mediante provocação fundamentada dos Tribunais Regionais Eleitorais, autorizar a realização de eleição suplementar no semestre das eleições ordinárias.

Art. 3º. Esta resolução entra em vigor na data de sua publicação.

Brasília, 28 de setembro de 2010.
MINISTRO RICARDO LEWANDOWSKI – PRESIDENTE E RELATOR
MINISTRA CÁRMEN LÚCIA
MINISTRO MARCO AURÉLIO
MINISTRO ALDIR PASSARINHO JUNIOR
MINISTRO HAMILTON CARVALHIDO
MINISTRO MARCELO RIBEIRO
MINISTRO ARNALDO VERSIANI

Publicada no DJe, de 25/10/2010, e republicada no DJE, de 29/11/2010, em virtude de ocorrência de erro material.

Resolução TCU Nº 241, de 26 de janeiro de 2011

> Estabelece procedimentos para envio da relação de responsáveis que tiveram as contas julgadas irregulares à Justiça Eleitoral e ao Ministério Público Eleitoral e dá outras providências.

O TRIBUNAL DE CONTAS DA UNIÃO, no uso de suas atribuições legais e regimentais, considerando o disposto no art. 1º, inciso I, alínea "g" da Lei Complementar nº 64, de 18 de maio de 1990, no art. 11, § 5º, da Lei nº 9.504, de 30 de setembro de 1997, e no art. 91 da Lei nº 8.443, de 16 de julho de 1992; e considerando os pareceres constantes do processo TC 021.507/2010-4, acerca do alcance do art. 1º, inciso I, alínea "g" da Lei Complementar nº 64, em vista da edição da Lei Complementar nº 135, de 4 de junho de 2010, resolve:

Art. 1º Nos anos em que ocorrerem eleições, o Tribunal encaminhará à Justiça Eleitoral e ao Ministério Público Eleitoral, até o dia cinco do mês de julho, a relação dos responsáveis com contas julgadas irregulares, nos termos do disposto no inciso II do art. 71 da Constituição Federal, com trânsito em julgado nos oito anos imediatamente anteriores à realização de cada eleição.

§ 1º A relação a que se refere o caput, após a referida data, deverá ser atualizada e publicada, diariamente, para consulta no Portal do TCU até a data da posse dos eleitos.

§ 2º Para os fins desta resolução, considera-se transitado em julgado o acórdão que não mais se sujeita aos recursos previstos nos arts. 32, incisos I e II, e 48 da Lei nº 8.443, de 1992, considerados os respectivos prazos legais.

§ 3º A Secretaria-Geral de Controle Externo (Segecex) deverá organizar e manter permanentemente atualizado cadastro dos responsáveis com contas julgadas irregulares.

Art 2º Constarão obrigatoriamente da relação de que trata o art. 1º, caput, os seguintes dados:

I. identificação do responsável, com nome e CPF;

II. deliberações atinentes à condenação, inclusive em grau de recurso, bem como o número do processo no TCU;

III. data em que a condenação transitou em julgado;

IV. informação sobre o vínculo existente entre o responsável e a administração pública quando da ocorrência das irregularidades que deram causa à condenação, bem como o órgão ou entidade correspondente.

Art. 3º As decisões judiciais em que haja determinação ao Tribunal no sentido de excluir da relação de que trata o art. 1º responsáveis ou deliberações deverão ser submetidas à Consultoria Jurídica do Tribunal antes do seu atendimento, que se pronunciará sobre as providências a serem adotadas com vistas ao cumprimento do decisum no exato limite da sua extensão.

Art. 4º As informações contidas na relação de que trata o caput do art. 1º, assim como o cadastro referido no parágrafo 3º do referido artigo, são de caráter público.

Art. 5º Fica o Presidente autorizado a expedir os atos necessários à operacionalização desta Resolução e a dirimir os casos omissos.

Art. 6º Esta Resolução entra em vigor na data de sua publicação.

Art. 7º Fica revogada a Resolução nº 113, de 20 de maio de 1998.

BENJAMIN ZYMLER
Presidente do Tribunal

Publicada no *DOU* de 2/1/2011.

RESOLUÇÃO-TSE
Nº 23.385/2012

> *Estabelece diretrizes gerais para a realização de consultas populares concomitante com eleições ordinárias.*

O Tribunal Superior Eleitoral, no uso das atribuições que lhe confere o art. 8º da Lei nº 9.709, de 18 de novembro de 1998, resolve:

CAPÍTULO I
DISPOSIÇÕES PRELIMINARES

Art. 1º Entende-se como consulta popular a realizada mediante plebiscito ou referendo, para que o povo delibere sobre matéria de acentuada relevância, de natureza constitucional, legislativa ou administrativa, consoante previsto nos §§ 1º e 2º do art. 2º da Lei nº 9.709/98.

Art. 2º A consulta popular destinada à criação, à incorporação, à fusão e ao desmembramento de municípios será convocada pela Assembleia Legislativa, em conformidade com a legislação federal e estadual.

Art. 3º Nas demais questões, de competência dos estados, do Distrito Federal e dos municípios, as consultas populares serão convocadas em conformidade, respectivamente, com a Constituição Estadual e com a Lei Orgânica.

Art. 4º A consulta popular a que se refere esta Resolução realizar-se-á, por sufrágio universal e voto direto e secreto, concomitantemente com o primeiro turno das eleições ordinárias subsequentes à edição do ato convocatório.

Art. 5º Os tribunais eleitorais aprovarão instruções complementares para a realização de consulta popular e o respectivo calendário eleitoral, observado o disposto nesta Resolução.

§ 1º As instruções de que trata o *caput* deste artigo deverão ser expedidas até 90 (noventa) dias antes da realização do primeiro turno das eleições que será concomitante com a consulta popular.

§ 2º Nenhuma consulta popular poderá ser convocada após o prazo de que trata o § 1º deste artigo.

Art. 6º Estarão aptos a votar na consulta popular os eleitores em situação regular ou que requererem sua inscrição ou transferência até a data determinada para o encerramento do Cadastro Eleitoral referente às eleições que serão coincidentes.

Art. 7º A consulta popular utilizará a mesma estrutura administrativa e operacional destinada às eleições.

Art. 8º Aplicam-se à consulta popular, no que couber, as instruções reguladoras expedidas pelo Tribunal Superior Eleitoral para as eleições ordinárias.

Art. 9º As combinações numéricas que corresponderão às alternativas de voto e a ordem como as perguntas figurarão na urna eletrônica serão definidas pelo tribunal regional eleitoral do Estado onde se dará a consulta popular, mediante sorteio, ouvida a área técnica do Tribunal Superior Eleitoral.

Parágrafo único. A votação para a eleição ordinária sempre precederá a votação da consulta popular.

CAPÍTULO II
DOS SISTEMAS E DA FISCALIZAÇÃO

Seção I
Dos Sistemas de Informática

Art. 10. Serão utilizados os sistemas informatizados de votação e de totalização de votos desenvolvidos pelo Tribunal Superior Eleitoral ou sob sua encomenda.

Parágrafo único. É vedada a utilização, pelos órgãos da Justiça Eleitoral, de qualquer outro sistema em substituição aos fornecidos pelo Tribunal Superior Eleitoral.

Seção II
Da Fiscalização

Art. 11. Aos fiscais dos partidos políticos, à Ordem dos Advogados do Brasil e ao Ministério Público será garantido acesso antecipado aos programas a serem utilizados na consulta popular, para fins de fiscalização e auditoria, em ambiente específico e controlado pelo Tribunal Superior Eleitoral.

Parágrafo único. Os programas a serem utilizados na consulta popular deverão estar disponíveis para fiscalização antes da sua lacração, respeitados, no que couber, os mesmos procedimentos da instrução que dispõe sobre assinatura digital e fiscalização das eleições que serão concomitantes.

Seção III
Da Cerimônia de Assinatura Digital e Lacração dos Sistemas

Art. 12. Os programas a serem utilizados na consulta popular, depois de concluídos, serão apresentados, compilados, assinados digitalmente pelos representantes dos órgãos listados no art. 11 desta Resolução, testados, assinados digitalmente pelo Tribunal Superior Eleitoral e lacrados no evento denominado Cerimônia de Assinatura Digital e Lacração dos Sistemas das eleições, que terá duração mínima de três dias.

Art. 13. Encerrada a Cerimônia de Assinatura Digital e Lacração dos Sistemas, havendo necessidade de modificação dos programas a serem utilizados nas consultas populares, será dado conhecimento do fato aos representantes dos partidos políticos, da Ordem dos Advogados do Brasil e do Ministério Público, para que sejam novamente analisados, compilados, assinados digitalmente, testados e lacrados.

§ 1º Na hipótese prevista no *caput* deste artigo, a comunicação deverá ser feita com antecedência mínima de 48 (quarenta e oito) horas do início da Cerimônia, cuja duração será estabelecida pelo Tribunal Superior Eleitoral, não podendo ser inferior a dois dias.

§ 2º As modificações nos programas já lacrados somente poderão ser executadas após prévia autorização do(a) Presidente do Tribunal Superior Eleitoral ou de seu substituto.

CAPÍTULO III
DA FORMAÇÃO E REGISTRO DAS FRENTES

Art. 14. Nas consultas populares poderão ser formadas Frentes que defenderão, cada qual, uma corrente de pensamento.

Parágrafo único. Somente poderá ser registrada uma Frente para cada corrente de pensamento a ser defendida na consulta popular, conforme dispuser o ato convocatório.

Art. 15. As Frentes deverão ter entre seus integrantes, obrigatoriamente, pelo menos um membro do Poder Legislativo do município/estado em que se dará a consulta popular, no efetivo exercício do mandato, que será seu presidente.

§ 1º Qualquer eleitor com domicílio eleitoral no local onde ocorrerá a consulta popular poderá integrar uma das Frentes de que trata o art. 14 desta Resolução.

§ 2º Poderão ser formadas comissões organizadas pela sociedade civil para integrar quaisquer das Frentes.

Art. 16. O estatuto da Frente e a escolha de seu presidente e de seu tesoureiro serão definidos em convenção a ser realizada com aqueles que manifestarem interesse na sua composição.

Art. 17. Os integrantes que participarem da convenção para formação de determinada Frente não poderão participar de outra Frente.

Art. 18. O Tribunal Regional Eleitoral do Estado onde vier a ocorrer a consulta popular determinará a data máxima para formação e registro das Frentes, que deverá respeitar a antecedência mínima de 60 (sessenta) dias da realização do pleito.

Parágrafo único. Do requerimento de registro de que trata o *caput* deste artigo, deverá constar:

I. nome do presidente, qualificação, endereço e telefones, inclusive *fac-símile* (do órgão legislativo e residencial) e qual o mandato legislativo exercido;

II. nome, qualificação e endereço dos demais integrantes;

III. corrente de pensamento que a Frente defenderá.

Art. 19. O requerimento de registro da Frente deverá ser apresentado em meio magnético gerado por sistema desenvolvido pelo Tribunal Superior Eleitoral, acompanhado de duas vias impressas de formulário próprio emitido pelo sistema e assinado pelo presidente da Frente.

Parágrafo único. O sistema de que trata o *caput* deste artigo poderá ser obtido na página da internet do Tribunal Regional Eleitoral.

Art. 20. O formulário de que trata o art. 19 deverá ser acompanhado dos seguintes documentos:

I. ata digitada de formação da Frente, registrada em cartório de notas;

II. estatuto da Frente;

III. cópia do comprovante de endereço e do cadastro de pessoa física (CPF) do presidente e do tesoureiro.

Parágrafo único. A ata de formação da Frente deverá indicar os nomes de seus integrantes.

Art. 21. Havendo falha ou omissão no pedido de registro que possa ser suprida pela Frente, será aberta diligência para que o vício seja sanado, no prazo de 72 (setenta e duas) horas, contado da respectiva intimação por *fac-símile*.

Art. 22. O processamento do registro das Frentes obedecerá, no que couber, aos mesmos procedimentos definidos para o registro dos candidatos que disputarão a eleição que se realizará concomitantemente.

Art. 23. A Frente será representada, na Justiça Eleitoral, por seu presidente, ao qual serão encaminhadas todas as comunicações, notificações ou intimações, preferencialmente por *fac-símile* ou no endereço fornecido.

CAPÍTULO IV
DA PROPAGANDA

Art. 24. A propaganda referente à consulta popular somente será permitida após o último dia do prazo para o registro das Frentes até a antevéspera da votação, observando-se as regras constantes da Lei nº 9.504/97.

Parágrafo único. A propaganda a que se refere o *caput* deste artigo obedecerá a todas as normas e restrições estabelecidas para a eleição que se realizará concomitantemente, sujeitando-se os infratores às mesmas sanções, previstas na Lei nº 9.504/97.

Art. 25. O Tribunal Regional Eleitoral tomará medidas para assegurar a gratuidade nos meios de comunicação de massa e concessionárias de serviços públicos para a divulgação das propostas referentes à consulta popular e fiscalizará a propaganda a ser realizada.

CAPÍTULO V
DA PREPARAÇÃO DAS ELEIÇÕES

Seção I
Das Mesas Receptoras de Votos e de Justificativas

Art. 26. Serão utilizadas, na consulta popular, as mesas receptoras, as Juntas Eleitorais e os mesmos procedimentos estabelecidos para a eleição que se realizará concomitantemente.

Parágrafo único. A justificativa deverá ser considerada tanto para a consulta popular quanto para a eleição que se realizará concomitantemente.

Seção II
Da Fiscalização nas Juntas Eleitorais

Art. 27. Cada Frente poderá credenciar, nas Juntas Eleitorais, até três fiscais, que se revezarão na fiscalização dos trabalhos de apuração.

§ 1º As credenciais dos fiscais serão expedidas pelos presidentes das Frentes ou por pessoa por eles expressamente autorizada, que será indicada ao presidente da Junta Eleitoral.

§ 2º Não será permitida a atuação concomitante de mais de um fiscal de cada Frente.

Seção III
Da Votação

Art. 28. O início e o término da votação da consulta popular ocorrerão nos mesmos horários previstos para a eleição que se realizará concomitantemente.

Art. 29. A votação nos candidatos à eleição e a da consulta popular serão realizadas na mesma urna eletrônica.

Art. 30. Se necessário, a votação dar-se-á por meio de cédula de contingência.

Parágrafo único. A confecção da cédula será de responsabilidade do Tribunal Regional Eleitoral do Estado onde se realizará a consulta popular, seguindo-se os padrões determinados pelo Tribunal Superior Eleitoral.

CAPÍTULO VI
DA TOTALIZAÇÃO

Seção I
Do Registro dos Votos

Art. 31. Os votos serão registrados e contados eletronicamente nas Seções Eleitorais pelo Sistema de Votação da urna.

§ 1º À medida que forem recebidos, os votos serão registrados individualmente e assinados digitalmente, resguardado o anonimato do eleitor.

§ 2º Após cada voto, haverá a assinatura digital do arquivo de votos, com a aplicação do registro de horário, de maneira a impedir a substituição de votos.

Art. 32. Ao final da votação, serão assinados digitalmente o arquivo de votos e o do boletim de urna, com aplicação do registro de horário, de forma a impossibilitar a substituição de votos e a alteração dos registros dos termos de início e término da votação.

Seção II
Do Boletim Emitido pela Urna

Art. 33. O boletim de urna deverá conter as informações da eleição e da consulta popular e fará prova do resultado apurado, podendo ser apresentado recurso à própria Junta Eleitoral se o número de votos constantes do resultado da apuração não coincidir com os nele consignados.

CAPÍTULO VII
DA PROCLAMAÇÃO DOS RESULTADOS

Art. 34. O presidente da Junta Eleitoral lavrará a Ata Geral da Consulta Popular, que será assinada por seus membros e da qual constarão os dados consignados no Relatório Geral de Apuração, e a encaminhará ao respectivo Tribunal Regional Eleitoral.

Parágrafo único. Do relatório de que trata o *caput* deste artigo, deverá constar o número de eleitores aptos a votar, o número de eleitores que compareceram para votar, os votos nulos e os votos em branco.

Art. 35. Verificado que uma das propostas submetidas à vontade popular obteve maioria simples, o presidente do Tribunal Regional Eleitoral levará a Ata Geral da Consulta Popular ao Plenário para aprovação.

Parágrafo único. Aprovada a Ata Geral da Consulta Popular, de que trata o art. 34 desta Resolução, o Tribunal Regional Eleitoral, na mesma sessão, proclamará o resultado definitivo.

Art. 36. Proclamado o resultado definitivo da consulta popular pelo Tribunal Regional Eleitoral, caberá a seu presidente a publicação e encaminhamento da decisão ao Tribunal Superior Eleitoral para homologação do resultado, nos termos do art. 10 da Lei nº 9.709/98.

Parágrafo único. Homologado o resultado, o(a) presidente do Tribunal Superior Eleitoral dará ciência ao órgão do legislativo que editou o ato convocatório da consulta popular.

CAPÍTULO VIII
DA PRESTAÇÃO DE CONTAS

Art. 37. As Frentes a que se refere o art. 14 desta Resolução poderão arrecadar e aplicar recursos, devendo prestar contas da respectiva campanha.

Art. 38. Cada uma das Frentes fará, por meio de seus presidente e tesoureiro, a administração financeira de sua campanha.

Art. 39. A arrecadação de recursos em dinheiro e/ou estimáveis em dinheiro e a realização de gastos só poderão ocorrer depois de cumpridos pela Frente, cumulativamente, os seguintes requisitos:

I. solicitação de registro no Juízo Eleitoral, conforme formulário próprio emitido pelo sistema desenvolvido pelo Tribunal Superior Eleitoral, disponibilizado na página da internet do tribunal regional eleitoral;

II. comprovação de ter efetuado inscrição no Cadastro Nacional de Pessoa Jurídica do Ministério da Fazenda (CNPJ/MF);

III. realização da abertura de conta bancária específica destinada à movimentação financeira dos recursos da campanha;

IV. efetivação do registro dos números de recibos de arrecadação no sistema desenvolvido pelo Tribunal Superior Eleitoral.

Parágrafo único. Constitui condição para o deferimento do registro de que trata o inciso I deste artigo o fornecimento de cópia do comprovante do endereço residencial e do número de inscrição no CPF, do presidente e do tesoureiro da Frente.

Art. 40. O limite máximo dos gastos de campanha para cada Frente será definido pelo Tribunal Regional Eleitoral do Estado onde se realizará a consulta popular e não poderá ser superior à média dos gastos declarados na última eleição majoritária na localidade.

Art. 41. A arrecadação de recursos para as campanhas publicitárias deverá ser encerrada na data da realização da consulta popular.

Parágrafo único. Será permitida, entretanto, a arrecadação de recursos após o prazo fixado no *caput* deste artigo exclusivamente para quitação de despesas contraídas e não pagas até a referida data, as quais deverão estar integralmente quitadas até a data fixada para a apresentação à Justiça Eleitoral da prestação de contas da respectiva campanha, sob pena de sua desaprovação.

Art. 42. A Frente deverá prestar contas de sua campanha à Justiça Eleitoral no mesmo prazo estabelecido para a prestação de contas da campanha da eleição que se realizará concomitantemente.

Art. 43. A prestação de contas deverá conter as seguintes peças e documentos, ainda que não haja movimentação de recursos financeiros ou estimáveis em dinheiro:

I. ficha de qualificação da Frente, conforme modelo de formulário gerado pelo sistema desenvolvido pelo Tribunal Superior Eleitoral, disponibilizado na página do Tribunal Regional Eleitoral, na internet;

Art. 43

II. demonstrativo dos recibos de campanha;

III. canhotos dos recibos de campanha utilizados;

IV. demonstrativo dos recursos arrecadados;

V. demonstrativo contendo a descrição das receitas estimáveis em dinheiro;

VI. demonstrativo de despesas efetuadas;

VII. demonstrativo de receitas e despesas da campanha;

VIII. demonstrativo das despesas pagas após a consulta popular;

IX. demonstrativo do resultado da comercialização de bens e/ou serviços e da promoção de eventos;

X. conciliação bancária;

XI. extratos da conta bancária aberta em nome da Frente, que demonstrem a movimentação financeira ou sua ausência;

XII. documentos fiscais e outros legalmente admitidos, que comprovem os gastos realizados na campanha;

XIII. comprovante de recolhimento ao Tesouro Nacional (GRU) dos recursos de origem não identificada.

§ 1º O demonstrativo dos recursos arrecadados deverá conter a identificação de todas as doações recebidas, em dinheiro ou estimáveis em dinheiro, e daqueles oriundos da comercialização de bens e/ou serviços e da promoção de eventos.

§ 2º O demonstrativo com as receitas estimadas em dinheiro deverá descrever o bem e/ou serviço recebido, com a indicação da quantidade, do valor unitário e da avaliação pelos preços praticados no mercado, acompanhado do respectivo recibo eleitoral, com a origem de sua emissão.

§ 3º O demonstrativo de receitas e despesas da campanha especificará as receitas, as despesas, os saldos e as eventuais sobras de campanha.

§ 4º O demonstrativo das despesas pagas após a consulta popular deverá discriminar as obrigações assumidas até a data de sua realização e pagas após a referida data.

§ 5º O demonstrativo do resultado da comercialização de bens e/ou serviços e da promoção de eventos discriminará:

I. o período de realização da comercialização de bens e/ou serviços e/ou da promoção de eventos;

II. o valor total auferido na realização dos procedimentos indicados no inciso I deste parágrafo;

III. o custo total despendido na realização dos procedimentos indicados no inciso I deste parágrafo;

§ 6º A conciliação bancária, contendo os débitos e os créditos ainda não lançados pela instituição bancária, deverá ser apresentada quando houver diferença entre o saldo financeiro do demonstrativo de receitas e despesas e o saldo bancário registrado no extrato, de forma a justificá-la.

§ 7º Os extratos bancários deverão ser entregues em sua forma definitiva, contemplando todo o período de campanha, sendo vedada a apresentação de extratos sem validade legal, adulterados, parciais ou que omitam qualquer movimentação financeira.

Art. 44. A prestação de contas das campanhas deverá ser elaborada com a utilização do sistema desenvolvido pelo Tribunal Superior Eleitoral para esse fim, disponibilizado na página do Tribunal Regional Eleitoral.

Art. 45. Constitui atribuição do Juízo Eleitoral julgar o processo de prestação de contas de campanha, podendo basear-se no relatório emitido pela unidade técnica responsável pela análise de processos de prestações de contas, no âmbito do referido Juízo.

Art. 46. Os responsáveis pelas Frentes deverão manter à disposição da Justiça Eleitoral, pelo prazo de 180 dias, contados da data da publicação da decisão final que julgar as contas das campanhas, as peças e documentos a elas concernentes, principalmente os relativos à movimentação de recursos financeiros.

CAPÍTULO IX
DISPOSIÇÕES FINAIS

Art. 47. As entidades e empresas que realizarem pesquisa de opinião pública relativa à consulta popular serão obrigadas, para cada pesquisa, a fazer o respectivo registro na Justiça Eleitoral.

Art. 48. A oficialização e a verificação dos sistemas eleitorais ocorrerão nos mesmos moldes relativos à eleição ordinária que se realizará concomitantemente.

Art. 49. Aplicam-se à consulta popular de que trata esta Resolução, no que couber, além das instruções relativas às eleições que se realizarão concomitantemente, a Lei nº 4.737/65 (Código Eleitoral) e a Lei nº 9.504/97.

Art. 50. Esta resolução entra em vigor na data de sua publicação.

Brasília, 16 de agosto de 2012.
Ministra CÁRMEN LÚCIA, Presidente
Ministro GILSON DIPP, Relator
Ministro MARCO AURÉLIO
Ministro DIAS TOFFOLI
Ministra NANCY ANDRIGHI
Ministro ARNALDO VERSIANI
Ministra LUCIANA LÓSSIO.

Publicada no *DJE* de 1º/12/2012.

Resolução-TSE
Nº 23.389/2013

Dispõe sobre o número de membros da Câmara dos Deputados e das Assembleias e Câmara Legislativa para as eleições de 2014.

O Tribunal Superior Eleitoral, no uso das atribuições que lhe confere o parágrafo único do art. 1º da Lei Complementar nº 78, de 30 de dezembro de 1993, e tendo em vista o disposto nos arts. 27, *caput*; 32, § 3º; e 45, *caput* e § 1º, da Constituição Federal,

resolve:

Art. 1º Para a legislatura que se iniciará em 2015, a representação dos Estados e do Distrito Federal na Câmara dos Deputados, observados os resultados do XII Recenseamento Geral do Brasil (Censo 2010) divulgado pela Fundação Instituto Brasileiro de Geografia e Estatística, será a seguinte:

CÂMARA DOS DEPUTADOS

ESTADO	NÚMERO DE DEPUTADOS
São Paulo	70
Minas Gerais	55
Rio de Janeiro	45
Bahia	39
Rio Grande do Sul	30
Paraná	29
Ceará	24
Pernambuco	24
Pará	21
Maranhão	18
Goiás	17
Santa Catarina	17
Paraíba	10
Amazonas	9
Espírito Santo	9
Acre	8
Alagoas	8
Amapá	8
Distrito Federal	8
Mato Grosso do Sul	8
Mato Grosso	8
Piauí	8
Rio Grande do Norte	8
Rondônia	8
Roraima	8
Sergipe	8
Tocantins	8
TOTAL	513

Art. 2º Em relação à Câmara e Assembleias Legislativas, a legislatura a ser iniciada em 2015 terá o seguinte número de deputados(as):

CÂMARA E ASSEMBLEIAS LEGISLATIVAS

ESTADO	NÚMERO DE DEPUTADOS
São Paulo	94
Minas Gerais	79
Rio de Janeiro	69
Bahia	63
Rio Grande do Sul	54
Paraná	53
Ceará	48
Pernambuco	48
Pará	45
Maranhão	42
Goiás	41
Santa Catarina	41
Paraíba	30
Amazonas	27
Espírito Santo	27
Acre	24
Alagoas	24
Amapá	24
Distrito Federal	24
Mato Grosso do Sul	24
Mato Grosso	24
Piauí	24
Rio Grande do Norte	24
Rondônia	24
Roraima	24
Sergipe	24
Tocantins	24
TOTAL	1049

Art. 3º Esta Resolução entra em vigor na data de sua publicação.
Brasília, 9 de abril de 2013.
MINISTRA CÁRMEN LÚCIA – PRESIDENTE,
MINISTRA NANCY ANDRIGHI – RELATORA
MINISTRO MARCO AURÉLIO
MINISTRO DIAS TOFFOLI
MINISTRA LAURITA VAZ
MINISTRO HENRIQUE NEVES DA SILVA
MINISTRA LUCIANA LÓSSIO

Resolução-TSE
Nº 23.393/2013

Institui o Processo Judicial Eletrônico (PJE) da Justiça Eleitoral como o sistema informatizado de constituição e tramitação de processos judiciais na esfera da Justiça Eleitoral, por meio do qual serão realizados o processamento das informações judiciais e o gerenciamento dos atos processuais, e define os parâmetros de sua implementação e funcionamento.

O Tribunal Superior Eleitoral, no uso das atribuições que lhe confere o art. 23, inciso IX, do Código Eleitoral, e

Considerando as diretrizes da Lei nº 11.419, de 19 de dezembro de 2006, que dispõe sobre a informatização do processo judicial e, em seu art. 18, autoriza os órgãos do Poder Judiciário a regulamentarem esse procedimento no âmbito de sua competência;

Considerando os princípios de celeridade e exiguidade de prazos do processo eleitoral;

Considerando a economia, a qualidade e a agilidade que podem ser obtidas na prestação jurisdicional a partir da substituição dos autos em papel por autos constituídos em meio eletrônico;

Considerando a necessidade de regulamentar a implantação do Processo Judicial Eletrônico na Justiça Eleitoral;

Considerando que o Processo Judicial Eletrônico deve ser uma ferramenta de aperfeiçoamento da prestação jurisdicional na Justiça Eleitoral; resolve:

Art. 1º

Instituir o PROCESSO JUDICIAL ELETRÔNICO (PJE) da Justiça Eleitoral como sistema informatizado de constituição, gerenciamento e tramitação de processos judiciais, jurisdicionais e administrativos, na esfera da Justiça Eleitoral; e Estabelecer os parâmetros de implementação e funcionamento do PJE, na forma a seguir disciplinada.

CAPÍTULO I
DO PROCESSO JUDICIAL ELETRÔNICO DA JUSTIÇA ELEITORAL

Seção I
Das Disposições Gerais

Art. 1º A tramitação dos processos judiciais, jurisdicionais e administrativos, e a representação dos atos processuais em meio eletrônico no âmbito da Justiça Eleitoral, nos termos da Lei nº 11.419/2006, serão realizadas exclusivamente por meio do sistema Processo Judicial Eletrônico (PJE) da Justiça Eleitoral.

Parágrafo único. A implantação do PJE ocorrerá em etapas, de acordo com cronograma a ser definido, conforme disposto no art. 35 desta resolução.

Art. 2º A distribuição dos processos se realizará de acordo com os pesos atribuídos, entre outros, às classes processuais, aos assuntos do processo e à quantidade de partes em cada polo processual, de modo a garantir uma maior uniformidade na carga de trabalho de magistrados com a mesma competência, resguardando-se a necessária aleatoriedade na distribuição.

§ 1º Caberá à Presidência do Tribunal Superior Eleitoral, ouvido o Comitê Gestor Nacional do PJE na Justiça Eleitoral, propor ao Plenário do Tribunal norma atribuindo os pesos referidos no *caput*.

§ 2º A distribuição, em qualquer grau de jurisdição, será necessariamente automática e realizada pelo sistema logo após a protocolização da petição inicial.

§ 3º O sistema fornecerá indicação de possível prevenção com processos já distribuídos, com base nos parâmetros definidos pelo Comitê Gestor Nacional do PJE do Conselho Nacional de Justiça – CNJ.

§ 4º O magistrado poderá, fundamentadamente, encaminhar os autos à Presidência para que haja análise da distribuição.

§ 5º Em qualquer hipótese, é vedado incluir funcionalidade ou dado no sistema para se excluir previamente magistrados de determinada distribuição por se alegar impedimento e/ou suspeição.

Art. 3º O PJE compreenderá os seguintes aspectos do sistema judicial eleitoral:

I. controle da tramitação de processos;

II. padronização das informações que integram o processo judicial;

III. produção, registro e publicidade dos atos processuais; e

IV. fornecimento de informações necessárias ao desenvolvimento das atividades dos diversos usuários e dos órgãos de supervisão e controle do sistema judiciário eleitoral.

Art. 4º Para o disposto nesta resolução, considera-se:

I. *assinatura digital*: assinatura produzida em meio eletrônico que permite verificar a origem e aferir a integridade de um determinado documento, nos termos definidos pelo Comitê Gestor Nacional do PJE do CNJ;

II. *autos do processo eletrônico* ou *autos digitais*: conjunto de documentos digitais correspondentes a atos, termos e informações que constituem o processo virtual;

III. *digitalização*: conversão para formato digital de documento originalmente produzido em papel, feita por meio de instrumento ou equipamento eletrônico, geralmente um *scanner*;

IV. *documento digital*: documento codificado em dígitos binários, acessível por meio de sistema computacional;

V. *meio eletrônico*: qualquer forma, instrumento ou veículo que possibilite o armazenamento ou o tráfego de documentos ou arquivos digitais;

VI. *transmissão eletrônica*: transferência de dados e informações realizada a distância com a utilização de redes virtuais de comunicação, preferencialmente a rede mundial de computadores, respeitado o previsto no art. 9º, § 2º, da Resolução-CNJ nº 90;

VII. *usuários internos*: magistrados e servidores da Justiça Eleitoral ou outros a quem se reconheça o acesso às funcionalidades internas do sistema de processamento em meio eletrônico (estagiários, prestadores de serviço, etc.);

VIII. *usuários externos*: usuários extrainstitucionais, por exemplo, partes, advogados, candidatos a cargos eletivos, representantes de partidos políticos e membros do Ministério Público;

IX. *indisponibilidade*: tempo em que o sistema PJE esteve indisponível, ou algumas de suas funcionalidades ficaram impossibilitadas de utilização;

X. *login*: identificador unívoco de um dado usuário, compartilhável com terceiros, sendo ordinariamente utilizado o código identificador público externo ao Judiciário;

XI. *senha*: conjunto de caracteres definido pelo usuário – e que por ele deve ser mantido secreto –, utilizado para autenticá-lo como sendo o dono do *login*, a ser utilizado por ocasião do acesso a áreas restritas do sistema;

XII. *dispositivo criptográfico*: *hardware* capaz de gerar e armazenar as chaves criptográficas (pública e privada) e o certificado digital do usuário, todos a serem utilizados para autenticação do usuário e para a concretização de suas assinaturas digitais, como *tokens* e cartões.

§ 1º Caberá à Presidência do Tribunal Superior Eleitoral, ouvido o Comitê Gestor Nacional do PJE na Justiça Eleitoral, editar ato normativo definindo os perfis disponíveis e as funcionalidades a eles vinculadas.

§ 2º A Presidência do Tribunal Superior Eleitoral e dos Tribunais Regionais Eleitorais adotarão as providências necessárias para fornecer dois certificados digitais a cada magistrado e um aos demais usuários internos.

Art. 5º Os atos processuais terão registro, visualização, tramitação e controle realizados exclusivamente por meio eletrônico e serão assinados digitalmente, contendo a referida assinatura digital elementos que permitam identificar o usuário responsável pela prática de um determinado ato.

§ 1º A cópia extraída dos autos digitais deverá apresentar elementos que permitam aos interessados verificar a autenticidade dos documentos diretamente na página do PJE, integrada ao Portal da Justiça Eleitoral na internet.

§ 2º O usuário é responsável pela exatidão das informações prestadas no ato do credenciamento, assim como pelos procedimentos de guarda, sigilo e utilização da assinatura eletrônica, nos termos da Medida Provisória nº 2.200-2, de 24 de agosto de 2001.

§ 3º Somente serão admitidas assinaturas digitais de pessoas físicas e de pessoas físicas representantes de pessoas jurídicas, quando realizada no sistema PJE ou a este forem destinadas, se utilizado certificado digital A3 ou equivalente que o venha substituir, na forma da normatização do ICP-Brasil.

§ 4º A assinatura digital por meio de dispositivos móveis que não possam ser acoplados a *tokens* ou por meio de cartões criptográficos com certificado A3 será realizada na forma que for definida pelo Comitê Gestor Nacional do PJE.

Seção II
Do Acesso ao Sistema

Art. 6º O acesso ao PJE será feito com o uso de certificação digital a que se refere o art. 5º, § 3º, desta resolução, com exceção das situações previstas no § 4º deste artigo, garantindo as prioridades legais e assegurando a acessibilidade, inclusive de idosos e de deficientes visuais.

§ 1º No caso de ato urgente em que o usuário externo não possua certificado digital válido para o peticionamento, ou em se tratando da hipótese de capacidade postulatória atribuída à própria parte, a prática será viabilizada por intermédio de servidor da respectiva unidade judiciária ou do setor responsável pela redução imediata a termo e digitalização de documento em quaisquer meios admitidos na forma do art. 13.

§ 2º Na hipótese de indisponibilidade do sistema, será possível o peticionamento físico.

§ 3º Serão gerados códigos de acesso ao processo para as partes constantes no polo passivo, com prazo de validade limitado, que lhe permitam o acesso ao inteiro conteúdo dos autos eletrônicos.

§ 4º Será possível o acesso ao sistema PJE por meio de *login* e senha, exceto para a realização das seguintes operações:

I. assinatura de documentos e arquivos;

II. operações que acessem serviços que exijam a identificação por meio do uso de certificação digital;

III. consulta ou quaisquer operações em processos que tramitem em sigilo ou em segredo de Justiça.

§ 5º O usuário poderá enviar arquivos não assinados digitalmente, devendo assiná-los em até cinco dias, nos termos da Lei nº 9.800/1999.

§ 6º O disposto nos §§ 4º e 5º só vigorará a partir de implantada a versão do PJE desenvolvida pelo CNJ que implemente as soluções neles previstas.

Art. 7º O uso da assinatura digital dar-se-á pela simples identificação do usuário por meio de seu certificado digital e preenchimento do formulário eletrônico por ocasião da primeira utilização, disponibilizado no portal de acesso ao PJE.

§ 1º O cadastramento para uso exclusivamente por meio de *login* e senha deverá ser realizado presencialmente, nos termos do art. 2º, § 1º, da Lei nº 11.419/2006.

§ 2º O Tribunal Superior Eleitoral viabilizará que o cadastro disposto no parágrafo anterior seja feito em todos os Tribunais Regionais Eleitorais.

§ 3º As alterações de dados cadastrais poderão ser feitas pelos usuários, a qualquer momento, na seção respectiva do portal de acesso ao PJE, à exceção das informações cadastrais obtidas de bancos de dados credenciados, como Receita Federal, Justiça Eleitoral e Ordem dos Advogados do Brasil.

§ 4º O credenciamento implica o conhecimento dos termos desta resolução, assim como das demais normas que vierem a regulamentar o uso do processo eletrônico na esfera da Justiça Eleitoral, e a responsabilidade pelo uso indevido da assinatura digital.

Art. 8º O PJE estará disponível vinte e quatro horas por dia, ininterruptamente, ressalvados os períodos de manutenção do sistema.

Parágrafo único. As manutenções do PJE serão programadas e divulgadas com antecedência aos usuários, e serão realizadas preferencialmente no período que vai da zero hora do sábado às vinte e duas horas do domingo, ou no horário entre zero hora e seis horas nos demais dias da semana.

Art. 9º Considera-se indisponibilidade do sistema a falta de oferta ao público externo, diretamente ou por *Web service* – quando tal serviço for oferecido –, de quaisquer dos seguintes serviços:

I. consulta aos autos digitais;

II. transmissão eletrônica de atos processuais;

III. citações, intimações e notificações eletrônicas; ou

IV. possibilidade de cadastramento de novos usuários, quando indispensável à prática de ato processual.

§ 1º As falhas de transmissão de dados entre as estações de trabalho do usuário externo e a rede de comunicação pública, assim como a impossibilidade técnica que decorra de falhas nos equipamentos ou nos programas dos usuários, não caracterizam indisponibilidade.

§ 2º É de responsabilidade do usuário:

I. o acesso a seu provedor da internet e a configuração do computador utilizado por ele nas transmissões eletrônicas;

II. o acompanhamento do regular recebimento de petições e documentos transmitidos eletronicamente;

III. a aquisição, por si ou pela instituição à qual está vinculado, do certificado digital, padrão ICP-Brasil, emitido por autoridade certificadora credenciada, e respectivo dispositivo criptográfico portável.

Art. 10. A indisponibilidade definida no artigo anterior será aferida por sistemas de auditoria do Poder Judiciário a serem implementados juntamente com o PJE, facultada a participação de representante da Ordem dos Advogados do Brasil e da Defensoria Pública da União, estando o PJE em sua fase definitiva, não experimental.

§ 1º Os sistemas de auditoria verificarão a disponibilidade externa dos serviços referidos no art. 9º com a periodicidade mínima de cinco minutos.

§ 2º A indisponibilidade dos sistemas de tramitação eletrônica de processos será registrada em relatório a ser divulgado pela internet com as seguintes informações, pelo menos:

I. data, hora e minuto do início da indisponibilidade;

II. data, hora e minuto do término da indisponibilidade; e

III. serviços que ficaram indisponíveis.

§ 3º O relatório referido no parágrafo anterior será gerado imediatamente pelo sistema de auditoria sempre que pedido pelo interessado.

Art. 11. Os prazos a serem vencidos no dia da ocorrência de indisponibilidade de quaisquer dos serviços referidos no art. 9º serão prorrogados para o dia útil seguinte à retomada de funcionamento, quando:

I. a indisponibilidade for superior a sessenta minutos, ininterruptos ou não, se ocorrida entre 6h (seis horas) e 23h (vinte e três horas); e

II. ocorrer indisponibilidade na última hora do prazo, independentemente da sua duração.

§ 1º As indisponibilidades ocorridas entre 0h (zero hora) e 6h (seis horas) dos dias de expediente forense e as ocorridas em feriados e finais de semana, a qualquer hora, não produzirão o efeito referido no *caput*.

§ 2º Os prazos em curso fixados em hora ou minuto serão prorrogados até 12h do dia seguinte àquele em que terminaria, no caso de indisponibilidade ocorrida nos sessenta minutos anteriores a seu término.

§ 3º A prorrogação de que trata este artigo será feita automaticamente pelo sistema PJE, sem necessidade de requerimento pelo interessado.

§ 4º As indisponibilidades ocorridas serão obrigatoriamente divulgadas nos sítios dos tribunais eleitorais ou do Conselho Nacional de Justiça.

Art. 12. A indisponibilidade previamente programada produzirá as consequências definidas pela autoridade que a determinar e será ostensivamente comunicada ao público externo com pelo menos cinco dias de antecedência.

Seção III
Do Funcionamento do Sistema

Art. 13. O sistema receberá arquivos com tamanho máximo de 1,5 *megabytes*, nos seguintes formatos:

I. arquivos de texto, no formato PDF (*Portable Document Format*), com resolução máxima de 300dpi e em tamanho A4;

II. arquivos de áudio, no formato MPEG-1 ou MP3 (*Moving Picture Experts Group*);

III. arquivos de áudio e vídeo (AV), no formato MPEG-4 (*Moving Picture Experts Group*);

IV. arquivos de imagem, no formato JPEG (*Joint Photographic Experts Group*), com resolução máxima de 300dpi.

§ 1º Partes ou terceiros interessados desassistidos de advogados e que possuam capacidade postulatória, nas hipóteses legalmente previstas, mas que ainda não estejam cadastrados no sistema PJE poderão apresentar peças processuais e documentos em papel, segundo as regras ordinárias, nos locais competentes para o recebimento, que serão digitalizados e inseridos no processo pela unidade judiciária.

§ 2º O sistema de armazenamento dos documentos digitais apresentará funcionalidades que permitam identificar o usuário que baixar arquivos ou que excluir, incluir ou alterar dados; e também registrar o momento da ocorrência do procedimento executado.

§ 3º A parte ou o advogado poderá juntar quantos arquivos digitais considerar necessários à ampla e integral defesa de seus interesses, desde que cada um dos documentos juntados observe os parâmetros fixados no *caput*.

§ 4º Arquivos nos formatos definidos nos incisos II, III e IV deste artigo somente serão recepcionados em versão do PJE que esteja apta a recebê-los, cuja disponibilidade será divulgada em período imediatamente anterior ao lançamento da nova versão.

§ 5º Será facultado à parte peticionar em PDF, vedada a digitalização da peça processual, a partir da versão do sistema que suporte essa funcionalidade.

Art. 14. Os documentos produzidos eletronicamente, os extratos digitais e os documentos digitalizados que forem juntados aos autos pelos órgãos da Justiça Eleitoral e seus auxiliares, pelos membros do Ministério Público, pelas procuradorias e por advogados públicos e privados terão força probante de originais, ressalvada a alegação motivada e fundamentada de sua adulteração.

§ 1º Incumbirá à parte zelar pela qualidade dos documentos juntados eletronicamente, especialmente quanto à legibilidade, para o que se recomenda não utilizar como matrizes de digitalização originais em papel reciclado ou produzidos em outros suportes que dificultem a visualização do conteúdo em formato virtual.

§ 2º Os originais dos documentos digitalizados mencionados no *caput* deverão ser preservados pelo seu detentor até o trânsito em julgado da decisão ou até o fim do prazo para propositura de ação rescisória, quando esta for admitida.

§ 3º A arguição de falsidade do documento original será processada eletronicamente na forma da lei processual em vigor.

§ 4º Documentos volumosos ou de difícil legibilidade cuja digitalização se mostre inviável à parte deverão ser apresentados em secretaria para oportuna transformação em formato digital por unidade competente da Justiça Eleitoral, no prazo de dez dias, contados a partir do envio de petição eletrônica comunicando a inviabilidade da digitalização.

§ 5º Após o trânsito em julgado da decisão, os documentos de inviável digitalização apresentados em secretaria serão devolvidos à parte, que deverá preservá-los até o fim do prazo para propositura de ação rescisória, quando esta for admitida.

§ 6º O usuário deve assegurar que os arquivos eletrônicos que envia ao PJE estejam livres de artefatos ou conteúdos maliciosos ou corrompidos, podendo o sistema, caso constatada a sua presença, rejeitá-los de plano, informando ao usuário as razões da rejeição.

Art. 15. Excetuando-se os documentos referidos no artigo anterior, todos os demais apresentados para digitalização em secretaria deverão ser retirados pelos interessados no prazo de trinta dias, para os efeitos do art. 11, § 3º, da Lei nº 11.419/2006.

§ 1º No momento da apresentação do documento, poderá aquele que o apresentou declarar o desinteresse na retirada de que trata o *caput*.

§ 2º Findo o prazo estabelecido no *caput*, a unidade judiciária intimará o interessado para retirar a documentação e, caso contrário, poderá inutilizar os documentos em meio impresso mantidos sob sua guarda.

Art. 16. Os documentos que forem juntados eletronicamente em autos digitais e reputados manifestamente impertinentes pelo Juízo terão sua visualização tornada indisponível por expressa determinação judicial, oportunizado o contraditório.

Art. 17. A Justiça Eleitoral disponibilizará aos advogados, às partes e aos interessados equipamentos, operados por seus servidores, que possibilitem a consulta aos autos digitais e o envio de peças processuais ou documentos por meio eletrônico.

Seção IV
Dos Atos Processuais

Art. 18. No processo eletrônico, todas as citações, intimações e notificações, inclusive da Fazenda Pública, far-se-ão por meio eletrônico, observado o disposto no art. 9º da Lei nº 11.419/2006.

Art. 19. No instrumento de notificação ou citação constará indicação da forma de acesso ao inteiro teor dos autos digitais e ao endereço do sítio eletrônico do PJE.

Parágrafo único. Quando se tratar de notificação ou citação física, o instrumento deverá ser acompanhado, pelo menos, de cópia da petição inicial.

Art. 20. As intimações endereçadas aos advogados ou às partes por eles representadas deverão ser feitas no *Diário da Justiça Eletrônico*, hipótese em que a contagem dos prazos reger-se-á na forma prevista nos §§ 3º e 4º do art. 4º da Lei nº 11.419/2006, exceto no período eleitoral, em que será observado o disposto no art. 47 desta resolução.

Art. 21. Para efeito da contagem do prazo de dez dias corridos, de que trata o art. 5º, § 3º, da Lei nº 11.419/2006, nos sistemas de tramitação eletrônica de processos:

I. o dia inicial da contagem é o dia seguinte ao da disponibilização do ato de comunicação no sistema, independentemente de esse dia ser de expediente no órgão comunicante;

II. o dia da consumação da intimação ou comunicação é o décimo dia a partir do dia inicial.

Parágrafo único. A intercorrência de feriado, interrupção de expediente ou suspensão de prazo entre o dia inicial e o dia final do prazo para conclusão da comunicação não terá nenhum efeito sobre sua contagem, excetuada a hipótese do inciso II.

Art. 22. A distribuição da petição inicial e a juntada da contestação, dos recursos e das petições em geral nos autos de processo eletrônico devem ser feitas diretamente no sistema pelos advogados públicos e privados, sem necessidade da intervenção da Secretaria Judiciária, situação em que a autuação ocorrerá de forma automática, fornecendo-se o recibo eletrônico de protocolo.

§ 1º No caso de petição inicial, o sistema fornecerá, imediatamente após o envio, juntamente com a comprovação de recebimento, informações sobre o número atribuído ao processo e o órgão julgador para o qual foi distribuída a ação.

§ 2º Os dados da autuação automática serão conferidos pelos órgãos julgadores, que procederão às alterações necessárias em caso de desconformidades com o teor dos documentos apresentados, de tudo ficando registro no sistema.

Art. 23. A comprovação da entrega de expedientes por oficiais de justiça será feita por certidão circunstanciada acerca do cumprimento da diligência.

§ 1º Haverá opção de digitalizar a contrafé subscrita pelos destinatários e juntá-la aos autos ou de realizar a guarda desta em meio físico até o trânsito em julgado da sentença ou o transcurso do prazo para ação rescisória, quando cabível.

§ 2º Os avisos de recebimento (ARs) devidamente assinados pelo recebedor das comunicações feitas pelos Correios deverão ser digitalizados e os respectivos arquivos juntados aos autos eletrônicos.

§ 3º A parte que solicitou a intimação poderá, na própria petição, requerer a retirada do original do aviso de recebimento (AR) para sua guarda.

Art. 24. As atas e termos de audiência poderão ser assinados digitalmente apenas pelo presidente do ato, assim como o documento digital, no caso de audiências gravadas em áudio e vídeo, os quais passarão a integrar os autos digitais, mediante registro em termo.

§ 1º Os demais participantes da audiência que possuam assinatura digital poderão assinar os termos, caso queiram.

§ 2º Os participantes poderão requerer a obtenção impressa ou digital do termo de audiência e dos demais atos assinados digitalmente.

Art. 25. Os atos processuais praticados por usuários considerar-se-ão realizados na data e horário do seu envio no PJE.

§ 1º A postulação encaminhada considerar-se-á tempestiva quando enviada, integralmente, até as 24h (vinte e quatro horas) do dia em que se encerra o prazo processual, considerado o horário da cidade-sede do órgão judiciário ao qual é dirigida a petição.

§ 2º A suspensão dos prazos processuais não impedirá o encaminhamento de petições e a movimentação de processos eletrônicos, podendo a apreciação dos pedidos decorrentes desses prazos ocorrer, a critério do juiz, após o término do prazo de suspensão, ressalvados os casos de urgência.

§ 3º O sistema fornecerá ao usuário externo certidão ou recibo eletrônico da prática do ato processual, de preferência assinado digitalmente, contendo a data e o horário da prática do ato, a identificação do processo, o nome do remetente ou pessoa que assinou eletronicamente o documento e, se houver, o assunto, o órgão destinatário da petição e as particularidades de cada arquivo eletrônico, como informados pelo remetente.

§ 4º Será de integral responsabilidade do remetente a equivalência entre os dados informados para o envio e os constantes da petição remetida.

§ 5º Não serão considerados, para fins de tempestividade, o horário inicial de conexão do usuário à internet, o horário de acesso do usuário ao sítio eletrônico do Tribunal ou ao PJE, tampouco os horários registrados pelos equipamentos do remetente.

Seção V
Da Consulta e do Sigilo

Art. 26. A consulta ao inteiro teor dos documentos juntados ao PJE somente estará disponível a partes processuais, advogados, Ministério Público e magistrados, sem prejuízo da possibilidade de visualização dos autos pelas secretarias dos órgãos julgadores, à exceção dos que tramitarem em sigilo ou segredo de justiça, nos termos da Lei nº 11.419/2006 e da Resolução-CNJ nº 121/2010.

§ 1º Para a consulta de que trata o *caput* será exigido o credenciamento no sistema.

§ 2º O Comitê Gestor Nacional do PJE na Justiça Eleitoral definirá a forma de acesso por terceiros aos dados não sigilosos do PJE, atendendo ao disposto na Lei nº 12.527/2011.

Art. 27. Na propositura da ação, o autor poderá requerer segredo de justiça para os autos processuais e/ou sigilo para um ou mais documentos ou arquivos do processo, por meio de indicação em campo próprio.

§ 1º Em toda e qualquer petição poderá ser requerido sigilo para esta ou para documento ou arquivo a ela vinculado.

Art. 27

§ 2º Requerido o segredo de justiça ou sigilo de documento ou de arquivo, este permanecerá sigiloso até que o magistrado da causa decida em sentido contrário.

Seção VI
Do Uso Inadequado do Sistema

Art. 28. O uso inadequado do sistema que cause a redução significativa de sua disponibilidade poderá ensejar o bloqueio total, preventivo e temporário do usuário, na forma prevista em ato do Comitê Gestor Nacional do PJE na Justiça Eleitoral.

Parágrafo único. Considera-se redução significativa de disponibilidade a ocorrência de atividades que possam caracterizar qualquer tipo de ataque ou uso abusivo dos ativos computacionais.

CAPÍTULO II
DA ADMINISTRAÇÃO DO SISTEMA

Seção I
Dos Comitês Gestores do PJE na Justiça Eleitoral

Art. 29. A administração do PJE caberá ao Comitê Gestor Nacional do PJE na Justiça Eleitoral e aos comitês gestores regionais do PJE na Justiça Eleitoral, compostos por usuários internos do sistema, com eventual participação de usuários externos convocados a integrá-los.

Subseção I
Do Comitê Gestor Nacional

Art. 30. O Comitê Gestor Nacional supervisionará o gerenciamento, o desenvolvimento, a implantação e os procedimentos de especificação, suporte, manutenção e aprimoramento do Processo Judicial Eletrônico da Justiça Eleitoral, e terá a seguinte composição:

I. um ministro do Tribunal Superior Eleitoral (TSE), indicado pelo presidente do TSE;

II. um juiz membro de Tribunal Regional Eleitoral, indicado pelo Colégio de Presidentes dos Tribunais Eleitorais;

III. um juiz eleitoral, indicado pelo Colégio de Presidentes dos Tribunais Eleitorais;

IV. um representante da Procuradoria-Geral Eleitoral;

V. um representante da Ordem dos Advogados do Brasil;

VI. um representante da Defensoria Pública da União;

VII. o secretário-geral da Presidência do TSE;

VIII. o diretor-geral do TSE;

IX. o secretário da Corregedoria-Geral Eleitoral;

X. o secretário de Tecnologia da Informação do TSE;

XI. um representante da Coordenadoria do PJE no TSE.

§ 1º A presidência do Comitê Gestor Nacional do PJE na Justiça Eleitoral caberá ao ministro do Tribunal Superior Eleitoral integrante do grupo e a sua composição será definida por portaria da Presidência do Tribunal Superior Eleitoral.

§ 2º Os membros do Comitê Gestor Nacional poderão indicar representantes em suas faltas e impedimentos ou por necessidade.

Art. 31. São atribuições do Comitê Gestor Nacional do PJE na Justiça Eleitoral:

I. garantir a adequação do PJE aos requisitos legais e às necessidades da Justiça Eleitoral;

II. definir as premissas e as estratégias utilizadas para a especificação, o desenvolvimento, os testes, a homologação, a implantação e a integridade de operação do PJE;

III. garantir a padronização do PJE nos órgãos da Justiça Eleitoral;

IV. definir o escopo do sistema no que concerne às particularidades da Justiça Eleitoral;

V. promover a integração com órgãos e entidades necessários à implantação e ao desenvolvimento do PJE;

VI. colaborar com as áreas de gestão de pessoas dos tribunais eleitorais para a capacitação dos servidores da Justiça Eleitoral nas competências afetas ao bom e regular funcionamento do PJE;

VII. interagir com as áreas de comunicação social do Tribunal Superior Eleitoral e dos Tribunais Regionais Eleitorais com a finalidade de divulgar aos magistrados, servidores e demais usuários os assuntos pertinentes ao PJE;

VIII. deliberar sobre as necessidades de manutenção do PJE, priorizando-as e encaminhando-as às áreas responsáveis por sua consecução;

IX. propor a criação de grupos de trabalho com o objetivo de acompanhar iniciativas de desenvolvimento de projetos similares ao PJE, com vistas a sua avaliação e possível aproveitamento.

X. Analisar as solicitações de melhorias no sistema PJE encaminhadas por entes internos e externos.

Art. 32. As ações e deliberações decorrentes dos trabalhos do Comitê Gestor Nacional do PJE na Justiça Eleitoral serão encaminhadas em relatórios à Presidência do Tribunal Superior Eleitoral para apreciação.

Parágrafo único. A Presidência do Tribunal Superior Eleitoral, quando entender necessário, considerada a relevância de determinada matéria, poderá submeter a questão à avaliação do Colegiado do Tribunal Superior Eleitoral.

Subseção II
Dos Comitês Gestores Regionais

Art. 33. Os comitês gestores regionais do PJE na Justiça Eleitoral terão a seguinte composição:

I. um juiz membro do respectivo Tribunal Regional Eleitoral, indicado por sua Presidência;

II. um juiz eleitoral, indicado pela Presidência do respectivo Tribunal Regional Eleitoral;

III. um representante da Procuradoria Regional Eleitoral;

IV. um representante da seccional da Ordem dos Advogados do Brasil;

V. um representante da Defensoria Pública da União;

VI. um representante da Corregedoria Regional Eleitoral;

VII. o diretor-geral do respectivo Tribunal;

VIII. o secretário de Tecnologia da Informação do respectivo Tribunal;

IX. o secretário judiciário do respectivo Tribunal;

§ 1º A presidência do Comitê Gestor Regional caberá ao juiz membro do respectivo Tribunal.

§ 2º Os membros do Comitê Gestor Regional poderão indicar representantes em suas faltas e impedimentos ou por necessidade.

§ 3º Caberá às respectivas presidências dos Tribunais Regionais Eleitorais o encaminhamento ao Comitê Gestor Nacional do PJE da Justiça Eleitoral das portarias de nomeação e alteração da composição de seus comitês regionais.

Art. 34. Compete aos comitês gestores regionais, no âmbito de suas áreas de atuação:

I. administrar o sistema nos aspectos relacionados à estrutura, implementação e funcionamento, de acordo com as diretrizes fixadas pelo Comitê Gestor Nacional;

II. avaliar a necessidade de promover a manutenção do sistema;

III. organizar a estrutura de atendimento às demandas dos usuários internos e externos do PJE;

IV. determinar a realização de auditorias no PJE, especialmente no que diz respeito à integridade das informações e à segurança do sistema;

V. garantir a integridade do PJE quanto à taxonomia e à estruturação das classes processuais;

VI. propor ao Comitê Gestor Nacional alterações com vistas ao aprimoramento do sistema;

VII. observar as normas expedidas pelo Tribunal Superior Eleitoral e pelo Comitê Gestor Nacional do PJE na Justiça Eleitoral.

CAPÍTULO III
DA IMPLANTAÇÃO

Art. 35. Caberá à Presidência do Tribunal Superior Eleitoral, ouvido o Comitê Gestor Nacional do PJE na Justiça Eleitoral, propor ao Plenário do Tribunal Superior Eleitoral norma disciplinando o cronograma e as respectivas classes contempladas em cada fase de implantação do PJE.

Art. 36. O Tribunal Superior Eleitoral e os Tribunais Regionais Eleitorais deverão formar grupo de trabalho multidisciplinar responsável pela coordenação e execução das ações técnicas de implantação do PJE.

Parágrafo único. A implantação observará os padrões de infraestrutura, administração e suporte definidos pelo Comitê Gestor Nacional.

Art. 37. A Justiça Eleitoral deverá divulgar em seus sítios na internet e no respectivo veículo de comunicação oficial dos atos processuais, com antecedência mínima de 90 (noventa) dias, os órgãos jurisdicionais em que o uso do PJE será obrigatório, incluindo a informação da amplitude da competência abrangida pela obrigatoriedade.

§ 1º Na jurisdição de cada órgão da Justiça Eleitoral, tendo havido a obrigatoriedade parcial prevista no *caput*, a ampliação para outras competências ou órgãos deverá ser precedida de aviso com prazo mínimo de 30 (trinta) dias.

§ 2º A informação de disponibilização de avisos deverá ser postada na página inicial do sítio dos tribunais e ficará disponível por todo o período mencionado no *caput*.

§ 3º Os atos de que trata o presente artigo serão comunicados à Ordem dos Advogados do Brasil, à Defensoria Pública da União e ao Ministério Público Eleitoral.

Art. 38. Durante a fase de implantação, os tribunais eleitorais poderão estabelecer horários diversos daqueles previstos no art. 8º desta resolução, desde que devidamente autorizados pela Presidência do Tribunal Superior Eleitoral; e publicar no *Diário da Justiça Eletrônico* os atos mencionados no art. 18.

Art. 39. Os comitês regionais do PJE submeterão ao Comitê Gestor Nacional do PJE na Justiça Eleitoral a listagem das zonas eleitorais nas quais será implantado o PJE, enumeradas sequencialmente por ordem de prioridade, além de proposta de cronograma de implantação do sistema, para a análise e o encaminhamento previsto no art. 35.

Art. 40. A instalação das versões atualizadas do sistema ficará a cargo das equipes técnicas de cada um dos tribunais eleitorais e deverá ocorrer no prazo máximo de 30 (trinta) dias, a partir do lançamento da versão devidamente homologada.

§ 1º Os procedimentos de homologação das versões serão disciplinados pela gerência técnica do PJE no Tribunal Superior Eleitoral, devendo incluir a realização de testes por equipes designadas pelos tribunais eleitorais.

§ 2º A atualização das versões do sistema obedecerá às regras definidas pela gerência de configuração e observará cronograma a cargo da gerência técnica do PJE, cujo conhecimento será dado à Ordem dos Advogados do Brasil, ao Ministério Público Eleitoral e à Defensoria Pública da União.

§ 3º A versão em homologação deverá ser disponibilizada à Ordem dos Advogados do Brasil, ao Ministério Público Eleitoral e à Defensoria Pública da União.

CAPÍTULO IV
DAS DISPOSIÇÕES FINAIS E TRANSITÓRIAS

Art. 41. Os filtros de organização interna de trabalho serão observados no momento da realização de correição.

Art. 42. As intervenções que impliquem alterações estruturais no sistema PJE implantado nos órgãos da Justiça Eleitoral somente poderão ser promovidas após autorizadas pelo Comitê Gestor Nacional do PJE na Justiça Eleitoral para análise e encaminhamento ao Plenário do Tribunal Superior Eleitoral.

Parágrafo único. É vedado aos tribunais eleitorais proceder às intervenções assinaladas no *caput* sem a análise do Comitê Gestor Nacional do PJE na Justiça Eleitoral e a sua aprovação pelo Plenário do Tribunal Superior Eleitoral.

Art. 43. Os tribunais eleitorais manterão, no âmbito de suas atribuições, estruturas de atendimento e suporte aos usuários do PJE.

Parágrafo único. A Justiça Eleitoral disponibilizará instalações de treinamento acessíveis ao público externo, nas versões em funcionamento e em homologação.

Art. 44. As cartas precatórias expedidas às unidades judiciárias nas quais esteja implantado o PJE tramitarão também em meio eletrônico com a materialização apenas de peças essenciais à compreensão dos procedimentos realizados.

Art. 45. A partir da vigência desta resolução, são vedadas a criação, a contratação e a instalação de novas soluções de informática para o processo judicial eletrônico que ainda não estiver implantado em cada Tribunal; assim como a realização de investimentos nos sistemas existentes.

Art. 45

Parágrafo único. A vedação contida no *caput* não se aplica às manutenções necessárias ao funcionamento dos sistemas já implantados.

Art. 46. O Tribunal Superior Eleitoral e os Tribunais Regionais Eleitorais promoverão investimentos na formação e na capacitação dos usuários internos com o objetivo de prepará-los para o máximo aproveitamento do PJE.

Art. 47. O funcionamento do PJE durante o período eleitoral será disciplinado oportunamente em resolução própria.

Art. 48. Os casos não disciplinados nesta resolução serão resolvidos pelo Comitê Gestor Nacional do PJE da Justiça Eleitoral.

Art. 49. Esta resolução entra em vigor na data de sua publicação.

Brasília, 10 de setembro de 2013.
MINISTRA CÁRMEN LÚCIA – PRESIDENTE E RELATORA
DJE de 18/10/2013

RESOLUÇÃO-TSE Nº 23.396/2013

Dispõe sobre a apuração de crimes eleitorais.

O Tribunal Superior Eleitoral, usando das atribuições que lhe conferem o art. 23, inciso IX, do Código Eleitoral e o art. 105 da Lei nº 9.504, de 30 de setembro de 1997, resolve expedir a seguinte instrução:

CAPÍTULO I
DA POLÍCIA JUDICIÁRIA ELEITORAL

Art. 1º O Departamento de Polícia Federal ficará à disposição da Justiça Eleitoral sempre que houver eleições, gerais ou parciais, em qualquer parte do Território Nacional (Decreto-Lei nº 1.064/68).

Art. 2º A Polícia Federal exercerá, com prioridade sobre suas atribuições regulares, a função de polícia judiciária em matéria eleitoral, limitada às instruções e requisições dos Tribunais e Juízes Eleitorais.

Parágrafo único. Quando no local da infração não existirem órgãos da Polícia Federal, a Polícia do respectivo Estado terá atuação supletiva.

CAPÍTULO II
DA NOTÍCIA-CRIME ELEITORAL

Art. 3º Qualquer pessoa que tiver conhecimento da existência de infração penal eleitoral deverá, verbalmente ou por escrito, comunicá-la ao Juiz Eleitoral (Código Eleitoral, art. 356).

Art. 4º Verificada a sua incompetência, o Juízo Eleitoral determinará a remessa dos autos ao Juízo competente (Código de Processo Penal, art. 69).

Art. 5º Quando tiver conhecimento da prática da infração penal eleitoral, a autoridade policial deverá informá-la imediatamente ao Juízo Eleitoral competente, a quem poderá requerer as medidas que entender cabíveis, observadas as regras relativas a foro por prerrogativa de função.

Art. 6º Recebida a notícia-crime, o Juiz Eleitoral a encaminhará ao Ministério Público Eleitoral ou, quando necessário, à polícia, com requisição para instauração de inquérito policial (Código Eleitoral, art. 356, § 1º).

Art. 7º As autoridades policiais e seus agentes deverão prender quem for encontrado em flagrante delito pela prática de infração eleitoral, salvo quando se tratar de crime de menor potencial ofensivo, comunicando imediatamente o fato ao Juiz Eleitoral, ao Ministério Público Eleitoral e à família do preso ou à pessoa por ele indicada (Código de Processo Penal, art. 306, *caput*).

§ 1º Em até 24 horas após a realização da prisão, será encaminhado ao Juiz Eleitoral o auto de prisão em flagrante e, caso o autuado não informe o nome de seu advogado, cópia integral para a Defensoria Pública (Código de Processo Penal, art. 306, § 1º).

§ 2º No mesmo prazo de até 24 horas após a realização da prisão, será entregue ao preso, mediante recibo, a nota de culpa, assinada pela autoridade policial, com o motivo da prisão, o nome do condutor e os nomes das testemunhas (Código de Processo Penal, art. 306, § 2º).

§ 3º A apresentação do preso ao Juiz Eleitoral, bem como os atos subsequentes, observarão o disposto no art. 304 do Código de Processo Penal.

§ 4º Ao receber o auto de prisão em flagrante, o Juiz Eleitoral deverá fundamentadamente (Código de Processo Penal, art. 310):

I. relaxar a prisão ilegal; ou

II. converter a prisão em flagrante em preventiva, quando presentes os requisitos constantes do art. 312 do Código de Processo Penal e se revelarem inadequadas ou insuficientes as medidas cautelares diversas da prisão; ou

III. conceder liberdade provisória, com ou sem fiança.

§ 5º Se o juiz verificar, pelo auto de prisão em flagrante, que o agente praticou o fato nas condições constantes dos incisos I a III do art. 23 do Código Penal, poderá, fundamentadamente, conceder ao acusado liberdade provisória, mediante termo de comparecimento a todos os atos processuais, sob pena de revogação (Código de Processo Penal, art. 310, parágrafo único).

§ 6º Ausentes os requisitos que autorizam a decretação da prisão preventiva, o Juiz Eleitoral deverá conceder liberdade provisória, impondo, se for o caso, as medidas cautelares previstas no art. 319, observados os critérios constantes do art. 282, ambos do Código de Processo Penal (Código de Processo Penal, art. 321).

§ 7º A fiança e as medidas cautelares serão aplicadas pela autoridade competente com a observância das respectivas disposições do Código de Processo Penal.

§ 8º Quando a infração for de menor potencial ofensivo, a autoridade policial elaborará termo circunstanciado de ocorrência e providenciará o encaminhamento ao Juiz Eleitoral.

CAPÍTULO III
DO INQUÉRITO POLICIAL ELEITORAL

Art. 8º O inquérito policial eleitoral somente será instaurado mediante determinação da Justiça Eleitoral, salvo a hipótese de prisão em flagrante.
> » STF. ADIn nº 5104.
> » Vide ADI nº 5.104 do STF.

Art. 9º Se o indiciado tiver sido preso em flagrante ou preventivamente, o inquérito policial eleitoral será concluído em até 10 dias, contado o prazo a partir do dia em que se executar a ordem de prisão (Código de Processo Penal, art. 10).

§ 1º Se o indiciado estiver solto, o inquérito policial eleitoral será concluído em até 30 dias, mediante fiança ou sem ela (Código de Processo Penal, art. 10).

§ 2º A autoridade policial fará minucioso relatório do que tiver sido apurado e enviará os autos ao Juiz Eleitoral (Código de Processo Penal, art. 10, § 1º).

§ 3º No relatório, poderá a autoridade policial indicar testemunhas que não tiverem sido inquiridas, mencionando o lugar onde possam ser encontradas (Código de Processo Penal, art. 10, § 2º).

§ 4º Quando o fato for de difícil elucidação, e o indiciado estiver solto, a autoridade policial poderá requerer ao Juiz Eleitoral a devolução dos autos, para ulteriores diligências, que serão realizadas no prazo marcado pelo Juiz Eleitoral (Código de Processo Penal, art. 10, § 3º).

Art. 10. O Ministério Público Eleitoral poderá requerer novas diligências, desde que necessárias à elucidação dos fatos.

Parágrafo único. Se o Ministério Público Eleitoral considerar necessários maiores esclarecimentos e documentos complementares ou outros elementos de convicção, deverá requisitá-los diretamente de quaisquer autoridades ou funcionários que possam fornecê-los, ressalvadas as informações submetidas à reserva jurisdicional.

Art. 11. Quando o inquérito for arquivado por falta de base para o oferecimento da denúncia, a autoridade policial poderá proceder a nova investigação se de outras provas tiver notícia, desde que haja nova requisição, nos termos dos arts. 5º e 6º desta resolução.

Art. 12. Aplica-se subsidiariamente ao inquérito policial eleitoral as disposições do Código de Processo Penal, no que não houver sido contemplado nesta resolução.

Art. 13. A ação penal eleitoral observará os procedimentos previstos no Código Eleitoral, com a aplicação obrigatória dos artigos 395, 396, 396-A, 397 e 400 do Código de Processo Penal, com redação dada pela Lei nº 11.971, de 2008. Após esta fase, aplicar-se-ão os artigos 359 e seguintes do Código Eleitoral.

Art. 14. Esta resolução entra em vigor na data de sua publicação.

Brasília, 17 de dezembro de 2013.
MINISTRO MARCO AURÉLIO – PRESIDENTE
MINISTRO DIAS TOFFOLI – RELATOR
MINISTRO GILMAR MENDES
MINISTRA LAURITA VAZ
MINISTRO JOÃO OTÁVIO DE NORONHA
MINISTRO HENRIQUE NEVES DA SILVA
MINISTRA LUCIANA LÓSSIO

RESOLUÇÃO-TSE Nº 23.401/2013

Altera a estrutura orgânica do Tribunal Superior Eleitoral e dá outras providências.

O Presidente do Tribunal Superior Eleitoral, no uso das atribuições legais e regimentais, ad referendum, e Considerando o disposto no parágrafo único do art. 8º da Lei nº 8.868, de 14 de abril de 1994, que lhe assegura a faculdade de promover alterações em sua estrutura orgânica, observada a vedação quanto ao aumento de despesa; Considerando a oportunidade de redimensionar a força de trabalho em unidades da Secretaria para melhor ajustamento às necessidades do serviço;

Considerando as disposições das Resolução TSE nº 22.138, de 19 de dezembro de 2005;

Considerando as disposições da Resolução TSE nº 22.201, de 16 de maio de 2006;

Considerando as disposições da Resolução TSE nº 23.057, de 14 de maio de 2009;

Considerando as disposições da Resolução TSE nº 23.268, de 20 de maio de 2010;

Considerando as disposições da Resolução TSE nº 23.338, de 14 de abril de 2011;

Considerando, ainda, o disposto no parágrafo único do art. 25 da Lei nº 11.416, de 15 de dezembro de 2006, que autoriza os órgãos do Poder Judiciário da União a transformar, sem aumento de despesa, funções comissionadas e cargos em comissão, vedada a transformação de função em cargo ou vice-versa,

RESOLVE:

Art. 1º Aprovar as seguintes alterações na estrutura orgânica do Tribunal Superior Eleitoral:

I. extinção da Assessoria de Cerimonial e Assuntos Internacionais da Secretaria-Geral da Presidência;

II. criação da Assessoria de Cerimonial na Secretaria-Geral da Presidência;

III. criação da Assessoria de Assuntos Internacionais na Secretaria-Geral da Presidência;

IV. extinção da Assessoria de Comunicação Corporativa da Secretaria do Tribunal;

V. extinção da Assessoria de Pesquisa e Estatística da Secretaria do Tribunal;

VI. extinção da Assessoria de Planejamento, Estratégia e Gestão da Secretaria do Tribunal;

VII. criação da Assessoria de Gestão Estratégica na Secretaria do Tribunal, onde funcionarão o Escritório Corporativo de Projetos, o Escritório de Processos Organizacionais, o Escritório de Gestão da Qualidade e o Núcleo de Estatística;

VIII. alteração da denominação da Central do Eleitor para Assessoria de Informações ao Cidadão e seu remanejamento da Secretaria-Geral da Presidência para a Secretaria do Tribunal;

IX. extinção das Assessorias de Planejamento e Gestão das Secretarias Judiciária, de Gestão da Informação, de Gestão de Pessoas, de Tecnologia da Informação, de Controle Interno

Art. 1º

e Auditoria, de Administração e de Planejamento, Orçamento, Finanças e Contabilidade;

X. criação da Assessoria Técnica de Legislação de Pessoal da Secretaria de Gestão de Pessoas;

XI. criação da Assessoria de Gestão Administrativa da Secretaria de Administração;

XII. criação da Assessoria de Planejamento na Secretaria de Tecnologia da Informação, onde funcionará o Escritório de Projetos, o Escritório de Processos e Padrões e a Fábrica de Testes;

XIII. extinção da Assessoria de Segurança da Secretaria de Administração do Tribunal;

XIV. extinção da Seção de Transportes da Coordenadoria de Serviços Gerais da Secretaria de Administração do Tribunal;

XV. criação da Assessoria de Segurança e Transporte na Secretaria do Tribunal;

XVI. remanejamento da Seção de Áudio, Vídeo e Telefonia da Coordenadoria de Engenharia e Arquitetura da Secretaria de Administração para a Coordenadoria de Serviços Gerais da Secretaria de Administração;

XVII. extinção das seções de Atenção Médica e de Enfermagem, de Atenção Odontológica e de Atenção Social e Psicológica da Coordenadoria de Assistência à Saúde da Secretaria de Atenção à Saúde;

XVIII. extinção da Coordenadoria de Assistência à Saúde da Secretaria de Atenção à Saúde;

XIX. extinção das seções de Perícias Médicas, de Programas de Saúde, de Gestão de Benefícios da Coordenadoria de Saúde Ocupacional e Benefícios da Secretaria de Atenção à Saúde;

XX. extinção da Coordenadoria de Saúde Ocupacional e Benefícios da Secretaria de Atenção à Saúde;

XXI. extinção da Secretaria de Atenção à Saúde;

XXII. criação da Coordenadoria de Atenção à Saúde na Secretaria de Gestão de Pessoas;

XXIII. criação das seções de Atenção Médica e de Enfermagem, de Atenção Social e Psicológica, de Atenção Odontológica e de Perícias Médicas na Coordenadoria de Atenção à Saúde na Secretaria de Gestão de Pessoas;

XXIV. criação da seção de Gestão de Benefícios na Coordenadoria de Pessoal da Secretaria de Gestão de Pessoas;

XXV. criação da seção de Eventos Corporativos na Coordenadoria de Educação e Desenvolvimento da Secretaria de Gestão de Pessoas;

XXVI. alteração da denominação da Seção de Desenvolvimento de Soluções Corporativas V da Coordenadoria de Soluções Corporativas da Secretaria de Tecnologia da Informação para Seção de Desenvolvimento de Soluções Corporativas III;

XXVII. criação da Seção de Controle de Custo e Gestão de Ata de Registro de Preços da Coordenadoria de Material e Patrimônio da Secretaria de Administração;

XXVIII. criação da Assessoria de Plenário na Secretaria-Geral da Presidência;

XXIX. criação da Assessoria do Processo Judicial Eletrônico na Secretaria-Geral da Presidência;

XXX. remanejamento da Secretaria Judiciária da Secretaria do Tribunal para a Secretaria-Geral da Presidência;

XXXI. extinção da Coordenadoria de Exames de Contas Eleitorais e Partidárias da Secretaria de Controle Interno da Secretaria do Tribunal;

XXXII. criação da Assessoria de Exame de Contas Eleitorais e Partidárias do Tribunal Superior Eleitoral, unidade vinculada à Presidência do Tribunal;

XXXIII. extinção da Assessoria Especial da Presidência;

XXXIV. criação da Assessoria Especial do Tribunal Superior Eleitoral, unidade vinculada à Presidência do Tribunal;

XXXV. alterar a denominação de 1 CJ-3 de Assessor III para 1 CJ-3 de Assessor-Chefe, lotado na Secretaria-Geral da Presidência;

XXXVI. alterar a denominação de 1 CJ-3 de Secretário para 1 CJ-3 de Assessor-Chefe, lotado na Assessoria de Segurança e Transporte;

XXXVII. alterar a denominação de 1 CJ-2 da Coordenadoria de Exame de Contas Eleitorais e Partidárias para 1 CJ-2 de Assessor II, lotado na Assessoria de Plenário;

XXXVIII. alterar a denominação de 1 CJ-2 de Coordenador de Saúde Ocupacional e Benefícios para 1 CJ-2 de Assessor II, lotado na Assessoria Jurídica;

XXXIX. alterar a denominação de 1 FC-6 de Chefe de Seção para 1 FC-6 de Assistente VI;

XL. a transformação, sem acréscimo de despesas, de 19 funções comissionadas de Assistente VI (FC-6) em 19 funções comissionadas de Assistente V (FC-5), 6 funções comissionadas de Assistente III (FC-3) e 6 funções comissionadas de Assistente I (FC-1);

XLI. a transformação, sem acréscimo de despesas, de 1 cargo em comissão de Presidente de Comissão (CJ-1) em 1 cargo em comissão de Presidente de Comissão II (CJ-2), lotado na Secretaria de Administração;

XLII. a transformação, sem acréscimo de despesas, de 1 cargo em comissão de Assessor I (CJ-1) em 1 cargo em comissão de Assessor II (CJ-2), lotado na Assessoria de Informação ao Cidadão;

XLIII. a transformação, sem acréscimo de despesas, de 1 cargo em comissão de Assessor II (CJ-2) em 1 cargo em comissão de Assessor-Chefe (CJ-3), lotado no Gabinete do Diretor-Geral.

Art. 2º Os organogramas das unidades do Tribunal são os constantes do Anexo I desta Resolução.

Art. 3º A distribuição dos cargos em comissão e das funções comissionadas é a constante dos Anexos II e III.

Art. 4º O Diretor-Geral da Secretaria apresentará à Presidência, no prazo de noventa dias, a contar da data de publicação desta Resolução, minuta do novo Regulamento da Secretaria, para ajustá-lo aos termos desta Resolução.

Art. 5º Esta Resolução entra em vigor na data da publicação.

Brasília, 20 de dezembro de 2013.
Ministro MARCO AURÉLIO

Resolução-TSE
Nº 23.402/2014

> *Dispõe sobre a fixação de prazo limite para o envio do movimento RAE/ASE para processamento no Tribunal Superior Eleitoral, em razão da realização das eleições gerais de 2014, estabelece orientações e medidas assecuratórias do exercício do voto, nas situações que especifica, e dá outras providências.*

O Tribunal Superior Eleitoral, no uso de suas atribuições legais, resolve:

DOS PRAZOS

Art. 1º Os procedimentos e rotinas afetos às zonas, corregedorias e Tribunais Regionais Eleitorais, em conformidade com o Cronograma Operacional do Cadastro Eleitoral definido para as eleições gerais de 2014, deverão observar os prazos definidos no anexo desta resolução.

§ 1º A Secretaria de Tecnologia da Informação do TSE não receberá dos Tribunais Regionais Eleitorais movimento de Requerimento de Alistamento Eleitoral (RAE) para digitação.

§ 2º O processamento reabrir-se-á em cada zona eleitoral logo que estejam concluídos os trabalhos de apuração em âmbito nacional (Res.- TSE nº 21.538, de 2003, art. 25, parágrafo único).

Art. 2º Encerrados os trabalhos de apuração em nível nacional e reiniciado o atendimento ao eleitor, não se admitirá o processamento de Requerimentos de Alistamento Eleitoral formalizados em data anterior à de reabertura do cadastro, exceção feita às operações de segunda via, desde que formalizados até 25.9.2014 (CE, art. 52).

Parágrafo único. Os formulários RAE referentes a operações de segunda via requeridas até 25.9.2014 terão seu processamento viabilizado até o dia 31.12.2014.

Art. 3º O código de ASE 442 – ausência aos trabalhos eleitorais – deverá ser comandado imediatamente ao conhecimento da informação sobre os mesários que não atenderam à convocação.

DA DOCUMENTAÇÃO A SER FORNECIDA AO ELEITOR DURANTE O PERÍODO DE FECHAMENTO DO CADASTRO

Art. 4º Durante o período de suspensão de alistamento previsto no art. 91 da Lei nº 9.504, de 1997, poderão ser fornecidos aos eleitores, no atendimento de suas necessidades, documentos eleitorais, nas situações identificadas neste artigo:

I. Diante da perda do título de eleitor, o interessado poderá requerer segunda via do documento, até 60 dias antes das eleições, em qualquer cartório eleitoral, ou, até 10 dias antes do pleito, no cartório eleitoral de sua inscrição, por intermédio de RAE (operação 7) dirigido ao juiz eleitoral de seu domicílio, ou obter certidão de quitação, a qualquer tempo, desde que esteja quite com suas obrigações eleitorais;

II. Caso tenha o requerente perdido os comprovantes de votação da última eleição, poderá obter certidão de quitação em qualquer cartório do País, ou pela Internet, desde que esteja quite com suas obrigações eleitorais, nos termos do art. 11, § 7º, da Lei nº 9.504, de 1997.

III. Na hipótese de cancelamento da inscrição:

a) em decorrência de ausência a três eleições consecutivas, duplicidade de inscrições, falecimento (comando por equívoco) ou revisão de eleitorado, passível de regularização, após o recolhimento ou a dispensa das multas eventualmente devidas, poderá o interessado obter certidão circunstanciada, com valor de certidão de quitação e prazo de validade até 10.11.2014, na qual conste o impedimento legal para imediata regularização de sua situação eleitoral e recomendação para procurar a Justiça Eleitoral após a reabertura do cadastro para esse fim, mediante RAE (operação 3 ou 5).

b) por sentença de autoridade judiciária, não poderá ser regularizada e o eleitor deverá aguardar a reabertura do cadastro para requerer novo alistamento, facultando-se a expedição, em favor do interessado, desde que satisfeitos eventuais débitos, de certidão circunstanciada, com valor de certidão de quitação e prazo de validade até 10.11.2014, da qual constem o impedimento legal para requerimento de nova inscrição até a data de reabertura do cadastro e idêntica recomendação prescrita para a alínea a deste inciso.

IV. Atingida a idade de 18 anos no período de fechamento do cadastro e não sendo possível o recebimento de pedidos de alistamento, no período de 8.5.2014 até a data do resultado final das eleições, aí considerado eventual segundo turno, o cartório eleitoral deverá fornecer ao interessado certidão circunstanciada informando o impedimento previsto no art. 91 da Lei nº 9.504, de 1997.

DA REGULARIZAÇÃO DE INSCRIÇÃO CANCELADA AINDA *SUB JUDICE*

Art. 5º Os recursos interpostos contra o cancelamento de inscrição, inclusive os determinados em revisão de eleitorado, ainda pendentes de julgamento pelo tribunal regional eleitoral, deverão ser decididos com absoluta prioridade, sob pena de inviabilizar a regularização da inscrição, no cadastro eleitoral, em tempo hábil para o exercício do voto.

Parágrafo único. Para a regularização da situação dos eleitores que tiveram suas inscrições canceladas e os respectivos recursos providos, os Tribunais Regionais Eleitorais deverão comunicar os casos à Corregedoria-Geral da Justiça Eleitoral, até 15.6.2014, para que seja providenciada, em caráter excepcional, a exclusão do código de ASE de cancelamento, de maneira a permitir que as inscrições figurem em folha de votação.

DA REGULARIZAÇÃO DE OPERAÇÕES E DE COMANDO IRREGULAR DE CÓDIGOS DE ASE

Art. 6º Somente serão passíveis de regularização os pedidos de reversão de transferência ou revisão recebidos pela Corregedoria-Geral da Justiça Eleitoral até o dia 15.6.2014.

§ 1º Não serão objeto de reversão as operações relativas a inscrições que, após o deferimento do Requerimento de Alistamento Eleitoral (RAE), incidam em causa de cancelamento, nos termos do art. 71 do Código Eleitoral.

§ 2º Os pedidos deverão estar instruídos com a documentação necessária para o cabal esclarecimento do ocorrido e para a reconstituição dos dados da inscrição anteriores à operação

Art. 6º

que se pretenda reverter, obtidas, inclusive, na zona eleitoral de origem, sem o que não poderão ser atendidos, conforme orientações previamente estabelecidas pela Corregedoria-Geral, ressalvada a expressa indicação da indisponibilidade de documentos, quando ultrapassados os prazos regulamentares de sua conservação.

§ 3º As corregedorias regionais deverão orientar as zonas eleitorais a promoverem a notificação dos eleitores que tiveram suas transferências revertidas, comunicando a possibilidade de exercício do voto em seu domicílio de origem ou, do contrário, a necessidade da justificação da ausência, de conformidade com a regulamentação pertinente.

§ 4º Idêntica providência à descrita no § 3º deste artigo será adotada na hipótese de reversão de operações realizadas para pessoa diversa da titular da inscrição revertida, presente a possibilidade de pedido de alistamento (RAE – operação 1), desde que formalizada até 7.5.2014, ficando inviabilizado o requerimento, com vistas à participação no pleito de 2014, quando ultrapassado esse prazo.

Art. 7º O restabelecimento de inscrição cancelada de forma equivocada pelos códigos de ASE 019, 450 e 469 deverá ser promovido mediante comando de código de ASE 361, cuja transmissão ao Tribunal Superior Eleitoral deverá ser providenciada pelas zonas eleitorais e pelos Tribunais Regionais Eleitorais, impreterivelmente, até o dia 8.6.2014.

Art. 8º A regularização da situação de inscrição suspensa de forma equivocada pelos códigos de ASE 043 e 337 será providenciada pela Corregedoria-Geral da Justiça Eleitoral, desde que a solicitação, devidamente instruída, seja recebida no Tribunal Superior Eleitoral até 15.6.2014.

Art. 9º A regularização de outros códigos de ASE ficará sujeita à observância das regras e dos prazos definidos no art. 8º desta resolução.

DO EXAME E DECISÃO DE COINCIDÊNCIAS

Art. 10. As inscrições agrupadas em duplicidade ou pluralidade deverão ter seu exame priorizado pelas zonas e corregedorias eleitorais, a fim de assegurar a digitação das respectivas decisões no sistema até 23.6.2014.

Parágrafo único. As coincidências identificadas por batimento realizado após o dia 14.5.2014 deverão ser examinadas e decididas, impreterivelmente, até a data limite fixada no *caput*, sob pena de atualização automática pelo sistema, afastada a aplicação da regra contida no art. 47 da Res.-TSE nº 21.538, de 2003.

DAS DISPOSIÇÕES GERAIS

Art. 11. O eleitor cujo requerimento de alistamento, transferência ou revisão, formalizado até 7.5.2014, não tenha sido processado pelo cartório eleitoral deverá ser convocado para preenchimento de novo formulário RAE, após a reabertura do cadastro, objetivando a regularização de sua situação, e não estará sujeito às sanções legais decorrentes do não cumprimento de suas obrigações eleitorais no último pleito.

Art. 12. O cumprimento de determinações de juízes ou tribunais eleitorais que reformarem decisões anteriores referentes a Requerimentos de Alistamento Eleitoral (RAE), far-se-á com observância do disposto na parte final do art. 11 desta resolução sempre que a alteração for comunicada à Corregedoria-Geral:

I. após 8.6.2014, tratando-se de deferimento da operação;

II. após 15.6.2014, tratando-se de indeferimento da operação, com o cancelamento da inscrição originária.

Art. 13. O atendimento ao eleitor antes do fim do processamento dos arquivos de justificativas e faltas deverá ser precedido de apresentação de comprovante de comparecimento às eleições, de justificativa de ausência ou de pagamento de multa.

Art. 14. As corregedorias regionais eleitorais deverão expedir orientação às zonas eleitorais quanto à rigorosa observância das previsões e dos prazos fixados por esta resolução, sem prejuízo dos provimentos regulamentares aprovados pela Corregedoria-Geral e daqueles que subsidiariamente baixarem.

Art. 15. Esta resolução entra em vigor na data de sua publicação, revogadas as disposições em contrário.

Brasília, 17 de dezembro de 2013.
MINISTRO MARCO AURÉLIO – PRESIDENTE
MINISTRA LAURITA VAZ – RELATORA
MINISTRO DIAS TOFFOLI
MINISTRO GILMAR MENDES
MINISTRO JOÃO OTÁVIO DE NORONHA
MINISTRO HENRIQUE NEVES DA SILVA
MINISTRA LUCIANA LÓSSIO

RESOLUÇÃO Nº 23.381, DE 19 DE JUNHO DE 2012

> Institui o Programa de Acessibilidade da Justiça Eleitoral e dá outras providências.

O Tribunal Superior Eleitoral, no uso de suas atribuições legais,

Considerando a necessidade da adoção de política de acessibilidade com vistas à equiparação de oportunidades no exercício da cidadania aos eleitores com deficiência ou mobilidade reduzida,

Considerando a Convenção sobre os Direitos das Pessoas com Deficiência e seu Protocolo Facultativo, que tem *status* de Emenda Constitucional pela sua aprovação, conforme procedimento previsto no § 3º do art. 5º da Constituição Federal,

Considerando a Lei nº 10.098, de 19 de dezembro de 2000, que estabelece normas gerais e critérios básicos à promoção de acessibilidade das pessoas com deficiência ou mobilidade reduzida,

Considerando o Decreto nº 5.296, de 2 de dezembro de 2004, cujo parágrafo único do art. 21 estabelece a necessidade de conferir autonomia ao exercício do direito ao voto às pessoas com deficiência ou mobilidade reduzida,

Considerando o Programa Nacional de Direitos Humanos, aprovado pelo Decreto nº 7.037, de 21 de dezembro de 2009, especialmente o item "*g*", do Objetivo Estratégico IX – Garantia da participação igualitária e acessível na vida política, resolve:

Art. 1º Fica instituído, na Justiça Eleitoral, o Programa de Acessibilidade destinado ao eleitor com deficiência ou mobilidade reduzida.

Parágrafo único. Para os efeitos desta Resolução, considera-se:

I. pessoa com deficiência: aquela com impedimentos de longo prazo de natureza física, mental, intelectual ou sensorial, os quais podem obstruir ou diminuir sua participação plena e efetiva na sociedade em igualdade de condições com as outras pessoas;

II. pessoa com mobilidade reduzida: aquela que, não se enquadrando no conceito de pessoa portadora de deficiência, tenha, por qualquer motivo, dificuldade de movimentar-se, permanente ou temporariamente, com redução efetiva da mobilidade, flexibilidade, coordenação motora e percepção;

III. acessibilidade: possibilidade e condição de alcance para utilização, com segurança e autonomia, dos espaços, mobiliários e equipamentos urbanos, das edificações, dos transportes e dos sistemas e meios de comunicação, por pessoa portadora de deficiência ou com mobilidade reduzida.

Art. 2º O Programa de Acessibilidade destina-se à implementação gradual de medidas para a remoção de barreiras físicas, arquitetônicas, de comunicação e de atitudes, a fim de promover o acesso, amplo e irrestrito, com segurança e autonomia de pessoas portadoras de deficiência ou com mobilidade reduzida no processo eleitoral.

Art. 3º Objetivando a plena acessibilidade nos locais de votação, os Tribunais Regionais Eleitorais, em conjunto com as respectivas Zonas Eleitorais, elaborarão plano de ação destinado a:

I. expedir, a cada eleição, instruções aos Juízes Eleitorais, para orientá-los na escolha dos locais de votação de mais fácil acesso ao eleitor com deficiência física (art. 135, § 6º, do Código Eleitoral c/c art. 1º da Resolução-TSE nº 21.008/2002).

II. monitorar periodicamente as condições dos locais de votação em relação às condições de acessibilidade;

III. providenciar, na medida do possível, a mudança dos locais de votação que não ofereçam condições de acessibilidade para outros que as possuam;

IV. alocar as seções eleitorais que tenham eleitores com deficiência ou mobilidade reduzida em pavimento térreo;

V. determinar a liberação do acesso do eleitor com deficiência ou mobilidade reduzida aos estacionamentos dos locais de votação e/ou a reserva de vagas próximas;

VI. eliminar obstáculos dentro das seções eleitorais que impeçam ou dificultem o exercício do voto pelos eleitores com deficiência ou mobilidade reduzida, por exemplo, não instalando urna eletrônica em tablados em nível acima do piso, mantendo as portas dos locais abertas por completo para facilitar o acesso por cadeirantes, dentre outros;

VII. celebrar acordos e convênios de cooperação técnica com entidades públicas e privadas responsáveis pela administração dos prédios onde funcionam as seções eleitorais, com vistas ao planejamento e à realização das adaptações/modificações das estruturas físicas necessárias à garantia da acessibilidade;

VIII. celebrar acordos e convênios de cooperação técnica com entidades públicas e privadas representativas de pessoas com deficiência, objetivando o auxílio e acompanhamento das atividades necessárias à plena acessibilidade e aperfeiçoando as medidas para o seu atingimento.

Parágrafo único. A construção, ampliação ou reforma de edifícios pertencentes à Justiça Eleitoral observará, obrigatoriamente, os requisitos de acessibilidade previstos nos regramentos da Associação Brasileira de Normas Técnicas em vigor (ABNT NBR 9050:2004).

Art. 4º As urnas eletrônicas, que já contam com teclas com gravação do código Braille correspondente, serão habilitadas com sistema de áudio para acompanhamento da votação nas eleições, nos referendos ou nos plebiscitos.

§ 1º Os Tribunais Eleitorais disponibilizarão fones de ouvido nas seções eleitorais especiais e naquelas onde houver solicitação específica do eleitor cego ou com deficiência visual.

§ 2º Para cada pleito eleitoral, os Tribunais Regionais Eleitorais realizarão levantamento do quantitativo de fones de ouvido necessário para o planejamento das aquisições.

Art. 5º As unidades do Tribunal Superior Eleitoral e dos Tribunais Regionais Eleitorais, responsáveis pelo treinamento de mesários, fornecerão orientações para auxiliar e facilitar o exercício do voto pelos eleitores com deficiência ou mobilidade reduzida.

§ 1º Caberá aos mesários, com o auxílio dos demais colaboradores que atuam durante o processo de votação, observar a prioridade no atendimento às pessoas com deficiência, pessoas com idade igual ou superior a 60 (sessenta anos), gestantes, lactantes e àquelas acompanhadas por crianças de colo (Lei nº 10.048/2000).

§ 2º Os Tribunais Eleitorais e/ou os Cartórios Eleitorais realizarão parcerias com instituições representativas da sociedade civil, objetivando o incentivo ao cadastramento de mesários e colaboradores na eleição com conhecimento em Libras, os quais serão, preferencialmente, alocados nas seções eleitorais especiais e naquelas onde houver inscrição de eleitor surdo ou com deficiência auditiva.

Art. 6º Os Tribunais Eleitorais promoverão as adaptações necessárias nos sítios eletrônicos e sistemas de acompanhamento processual a fim de garantir pleno acesso às informações disponíveis às pessoas com deficiência visual.

Parágrafo único. O Tribunal Superior Eleitoral realizará parcerias com instituições públicas e privadas objetivando a disponibilização da legislação eleitoral em áudio.

Art. 7º As unidades de comunicação social dos Tribunais Eleitorais deverão:

I. em ano não eleitoral: realizar campanhas de conscientização do eleitor com deficiência ou mobilidade reduzida quanto à importância do voto, solicitando a atualização de sua situação perante a Justiça Eleitoral, para que esta providencie o necessário à facilitação do voto;

II. em ano eleitoral: realizar campanhas informativas ao eleitor com deficiência ou mobilidade reduzida quanto à importância do voto, informando:

a) a possibilidade de, até 151 (cento e cinquenta e um) dias antes do pleito, transferência para seções eleitorais especiais aptas ao atendimento de suas necessidades (art. 2º da Resolução-TSE nº 21.008/2002 c/c a Resolução-TSE nº 21.342/2003);

b) a possibilidade de informar ao juiz eleitoral suas restrições e necessidades, a fim de que a Justiça Eleitoral providencie os

Art. 7º

meios destinados a facilitar-lhes o voto (art. 3º da Resolução-TSE nº 21.008/2002);

c) que o eleitor com necessidades especiais poderá contar com o auxílio de pessoa de sua confiança durante a votação (Resolução-TSE nº 21.819/2004).

Art. 8º A situação de eleitores com deficiência ou mobilidade reduzida será permanentemente atualizada no Cadastro Nacional de Eleitores quando do atendimento realizado nos Cartórios Eleitorais.

§ 1º A cada eleição será realizada, mediante anuência e orientação da respectiva Corregedoria Eleitoral, a atualização da situação desses eleitores por meio da utilização de formulário de requerimento individual específico a ser recebido pelos mesários no dia do pleito.

§ 2º Os Tribunais Regionais Eleitorais encaminharão orientações aos Cartórios Eleitorais destacando a importância do registro da situação do eleitor com deficiência ou com mobilidade reduzida.

Art. 9º As Secretarias de Gestão de Pessoas dos Tribunais Eleitorais implementarão ações destinadas a:

I. realizar treinamento de pessoal sobre normas atinentes à acessibilidade e sobre a condução de ações para a promoção da acessibilidade;

II. eliminar barreiras para garantir o livre acesso, a permanência e o livre deslocamento de pessoas portadoras de deficiência ou com mobilidade reduzida;

III. conscientizar os servidores e colaboradores quanto à acessibilidade e à integração social da pessoa portadora de deficiência ou mobilidade reduzida.

Art. 10. O planejamento estratégico dos Tribunais Eleitorais contemplará a fixação de ações e metas destinada à acessibilidade.

Art. 11. Os Tribunais Eleitorais instituirão comissão multidisciplinar destinada a elaborar plano de ação contemplando as medidas previstas nesta Resolução, acompanhar as atividades realizadas e encaminhar o respectivo relatório ao Tribunal Superior Eleitoral até o dia 20 de dezembro de cada ano.

Parágrafo único. O Tribunal Superior Eleitoral instituirá comissão para acompanhar as ações dos Tribunais Regionais Eleitorais e propor outras providências necessárias à plena acessibilidade.

Art. 12. Esta Resolução entra em vigor na data de sua publicação.

Brasília, 19 de junho de 2012.

MINISTRA CÁRMEN LÚCIA – PRESIDENTE E RELATORA
MINISTRO MARCO AURÉLIO
MINISTRO DIAS TOFFOLI
MINISTRA NANCY ANDRIGHI
MINISTRO GILSON DIPP
MINISTRO ARNALDO VERSIANI
MINISTRO HENRIQUE NEVES

Este texto não substitui o publicado no DJE – TSE, nº 142, de 27.07.2012, p.11-13.

RESOLUÇÃO Nº 23.416, DE 20 DE NOVEMBRO DE 2014 – BRASÍLIA – DF

Dispõe sobre as normas a serem observadas em procedimentos da Corregedoria-Geral da Justiça Eleitoral.

O Tribunal Superior Eleitoral, no uso das atribuições que lhe conferem os arts. 1º, parágrafo único, 17, § 1º, e 23, IX, do Código Eleitoral, resolve:

DAS DISPOSIÇÕES GERAIS

Art. 1º A Corregedoria-Geral da Justiça Eleitoral, ressalvadas as normas específicas do Tribunal Superior Eleitoral, adotará, nos procedimentos submetidos à sua apreciação, o disposto nesta resolução.

Art. 2º Os procedimentos disciplinares submetidos à apreciação da Corregedoria-Geral da Justiça Eleitoral, consistentes em reclamação disciplinar, representação por excesso de prazo, sindicância e pedido de providência são públicos, preservando-se o sigilo das investigações ou dos documentos nos limites expressos da Constituição e das leis específicas.

§ 1º A inquirição de testemunhas, as diligências de investigação ou qualquer outra providência no interesse de procedimento disciplinar serão realizadas diretamente ou mediante carta, com observância das cautelas necessárias ao bom resultado dos trabalhos e, conforme o caso exija, à preservação do sigilo nos limites referidos no *caput*.

§ 2º A reclamação disciplinar, a representação por excesso de prazo e, conforme o caso, o pedido de providência poderão ser apresentados por qualquer pessoa ou entidade ou por intermédio de procurador com poderes especiais para atuar perante o Tribunal Superior Eleitoral no interesse da regular prestação da jurisdição, com as razões e provas respectivas e com a indicação da autoria, qualificação, endereço residencial e, havendo, endereço eletrônico.

§ 3º Para seguimento dos feitos será obrigatória a apresentação de cópia do documento pessoal de identificação (RG), de inscrição no Cadastro de Pessoas Físicas (CPF) e de comprovante de residência.

§ 4º A juízo do corregedor-geral, poderá ser conhecida e apurada reclamação anônima, quando o interesse público recomendar, nos termos do Decreto nº 5.687, de 31 de janeiro de 2006.

§ 5º Os interessados nos processos de que trata este artigo serão pessoalmente intimados das decisões proferidas pelo corregedor-geral no endereço indicado ou, quando restritivas ou limitativas de direito, por ofício ou carta acompanhada de cópia integral da decisão, salvo quando expressamente determinada a publicação resumida na imprensa oficial, prevalecendo para efeito de contagem de prazo, quando diversas as modalidades de intimação, a mais recente.

§ 6º As petições e requerimentos dos interessados, as informações e as manifestações das autoridades demandadas e as intervenções de terceiros poderão ser apresentados por meio eletrônico com as cautelas legais.

Art. 3º São penas disciplinares aplicáveis aos magistrados da Justiça Eleitoral:

I. advertência;

II. censura;

III. perda de jurisdição eleitoral.

§ 1º As penas previstas no art. 6º, § 1º, da Lei nº 4.898, de 9 de dezembro de 1965, são aplicáveis aos magistrados, desde que não incompatíveis com a Lei Complementar nº 35, de 14 de março de 1979.

§ 2º Os deveres do magistrado são os previstos na Constituição Federal, na Lei Complementar nº 35, de 1979, no *Código de Processo Civil (art. 125)*, no Código de Processo Penal (art. 251), nas demais leis vigentes e no Código de Ética da Magistratura. Refere-se à Lei nº 5.869/1973.

Art. 4º Ocorrendo a perda da jurisdição eleitoral, os fatos serão comunicados ao tribunal de origem do magistrado para apreciação da aplicação de outra pena disciplinar nos termos do art. 42, e seus incisos, da LOMAN.

DA RECLAMAÇÃO DISCIPLINAR

Art. 5º A reclamação disciplinar poderá ser proposta contra os magistrados do próprio Tribunal ou dos Tribunais Regionais Eleitorais.

Art. 6º A reclamação será endereçada ao corregedor-geral, quando dirigida contra membros de Tribunais Regionais Eleitorais, ou ao presidente, na hipótese de investir contra integrantes do próprio Tribunal, em requerimento assinado, contendo a descrição do fato, a identificação do reclamado, a qualificação e o endereço do reclamante, bem como as provas de que dispõe e, se apresentada por procurador, o instrumento de mandato com poderes especiais, sob pena de indeferimento liminar.

§ 1º Será determinado o arquivamento liminar da reclamação quando a matéria for flagrantemente estranha à competência da Corregedoria-Geral ou do Tribunal Superior Eleitoral, o fato narrado não configurar infração disciplinar ou estiver prescrito, o pedido for manifestamente improcedente, faltarem elementos mínimos para a compreensão da controvérsia ou os documentos necessários ou exigidos no *caput*.

§ 2º Não sendo o caso de arquivamento sumário, poderão ser requisitados, além de informações do reclamado, esclarecimentos da Presidência do Tribunal a que esteja vinculado, da corregedoria regional e de outros órgãos, sobre o objeto da reclamação e eventual apuração anterior dos fatos que lhe deram causa.

§ 3º A requisição de informações, com prazo de 5 (cinco) dias ou outro que for assinalado em razão de urgência ou complexidade, poderá ser acompanhada de peças do processo.

Art. 7º Tratando-se de fatos ainda não submetidos à apreciação do respectivo Tribunal Regional Eleitoral, poderá o corregedor-geral fixar prazo para apuração pelo órgão e diferir o exame da reclamação formulada ao Tribunal Superior Eleitoral para após a conclusão dessa apuração, ou iniciar de ofício a apuração, independente da atuação do Tribunal Regional Eleitoral.

Parágrafo único. Ao término do prazo, a Presidência do órgão censor informará à Corregedoria-Geral sobre as providências efetivamente adotadas.

Art. 8º Considerado satisfatório o esclarecimento dos fatos ou alcançado o resultado e justificada a conduta, será arquivada a reclamação, determinando-se, em caso contrário, o seguimento da apuração pela Corregedoria-Geral.

Art. 9º Se da reclamação disciplinar resultar a indicação de falta ou infração atribuída a magistrado, o corregedor-geral determinará a instauração de sindicância ou proporá ao Plenário do Tribunal a instauração de processo disciplinar, concedendo-se ao reclamado, neste último caso, o prazo de 5 (cinco) dias para manifestação preliminar, aplicando-se o disposto no § 3º do art. 6º.

Parágrafo único. Instaurada a sindicância, a respectiva portaria receberá nova autuação, ficando os autos originários apensados.

Art. 10. Em se tratando de magistrado de instância regional, a decisão do Tribunal Superior Eleitoral será imediatamente comunicada à Presidência da respectiva Corte, a qual deverá determinar, no prazo máximo de 15 (quinze) dias, a instauração do processo administrativo disciplinar, do que dará ciência *incontinenti*, por ofício, ao corregedor-geral.

§ 1º Na hipótese de figurar como reclamado presidente de Tribunal Regional Eleitoral, a comunicação de que trata o *caput* deste artigo será dirigida ao vice-presidente ou, na impossibilidade, ao integrante da Corte que lhe seguir em antiguidade.

§ 2º Comunicada à Corregedoria-Geral a conclusão do processo administrativo disciplinar e sua respectiva decisão, será determinado o arquivamento dos autos da reclamação.

Art. 11. O corregedor-geral ou o presidente, nos casos envolvendo, respectivamente, magistrado de tribunal regional ou do Tribunal Superior Eleitoral, tomando conhecimento da prática de infração disciplinar, adotará, de ofício, as providências necessárias à apuração dos fatos.

DO PROCESSO ADMINISTRATIVO DISCIPLINAR CONTRA MAGISTRADO DO PRÓPRIO TRIBUNAL

Art. 12. O processo terá início por determinação do Plenário do Tribunal ou mediante proposta do presidente.

§ 1º Antes da instauração do processo, ao magistrado será concedido um prazo de 5 (cinco) dias, aplicando-se, se for o caso, o disposto no § 3º do art. 6º, para defesa prévia, contado da data de entrega da cópia do teor da acusação e das provas existentes, que lhe remeterá o presidente do Tribunal, mediante ofício, nas 48 (quarenta e oito) horas imediatamente seguintes à apresentação da acusação.

§ 2º Findo o prazo, apresentada ou não a defesa prévia, o presidente convocará o Tribunal para que decida sobre a instauração do processo.

§ 3º O presidente relatará a acusação ao Plenário do Tribunal.

§ 4º Determinada a instauração do processo, pela maioria absoluta dos membros do tribunal, o respectivo acórdão, que será acompanhado da portaria assinada pelo presidente, conterá a imputação dos fatos e a delimitação do teor da acusação, distribuindo-se, na mesma sessão, o processo a um relator, não havendo revisor.

Art. 12

§ 5º O processo administrativo disciplinar deverá estar concluído no prazo de 90 (noventa) dias, prorrogável até o dobro, salvo quando o exercício do direito de defesa justificar dilação de prazo maior.

Art. 13. O Plenário do Tribunal decidirá, observado o voto da maioria absoluta de seus membros, na oportunidade em que determinar a instauração do processo, sobre o afastamento do magistrado de suas funções, até a decisão final, ou conforme lhe parecer conveniente ou oportuno, por prazo determinado.

Art. 14. O relator determinará a citação do magistrado para apresentar defesa e requerer as provas que entender necessárias, tudo em 5 (cinco) dias, encaminhando-lhe cópia da decisão do Tribunal, observado o seguinte:

I. havendo mais de um magistrado, o prazo para defesa será comum e de 10 (dez) dias;

II. o magistrado que mudar de residência fica obrigado a comunicar ao relator, ao corregedor-geral e ao presidente do Tribunal o endereço em que receberá citações, notificações ou intimações;

III. estando o magistrado em lugar incerto ou ignorado, será citado por edital, com prazo de 30 (trinta) dias, a ser publicado, uma vez, no *Diário da Justiça eletrônico*;

IV. considerar-se-á revel o magistrado que, regularmente citado, deixar de apresentar defesa no prazo assinado;

V. declarada a revelia, o relator designará defensor dativo, concedendo-lhe igual prazo para a apresentação de defesa.

§ 1º Ultrapassado o prazo para defesa, o relator decidirá sobre a produção de provas requeridas pelo acusado e determinará as que de ofício entender necessárias.

§ 2º O magistrado e seu defensor serão intimados de todos os atos do processo.

§ 3º O relator presidirá todos os atos do processo, colhendo as provas sobre os fatos imputados, designando dia, hora e local para os atos processuais, podendo delegar poderes a magistrado de primeiro ou segundo grau para colheita das provas.

§ 4º Na instrução do processo, aplicando-se subsidiariamente as normas do Código de Processo Penal, da legislação processual penal extravagante e do Código de Processo Civil, nesta ordem, o relator adotará as seguintes providências:

I. produção de provas periciais e técnicas julgadas pertinentes para a elucidação dos fatos;

II. tomada de depoimentos das testemunhas;

III. realização de acareações.

§ 5º Finda a instrução, o Ministério Público Eleitoral e o magistrado acusado, ou seu defensor, terão vista dos autos por 10 (dez) dias, para razões.

§ 6º Após o prazo definido no § 5º deste artigo, o relator determinará a remessa aos demais integrantes do Tribunal de cópias da decisão do Plenário, da defesa e das razões do magistrado, além de outras peças que entender necessárias.

§ 7º Depois do relatório e da sustentação oral, serão colhidos os votos, impondo-se a punição somente pelo voto da maioria absoluta dos membros do Tribunal.

§ 8º O presidente e o corregedor-geral terão direito a voto.

§ 9º Da decisão somente será publicada a conclusão.

§ 10. Caso o Tribunal conclua haver indícios bastantes de crime de ação pública, o presidente remeterá ao Ministério Público cópia dos autos.

Art. 15. Em razão da natureza das infrações objeto de apuração ou de processo administrativo disciplinar, nos casos em que a preservação do direito à intimidade do interessado no sigilo não prejudique o interesse público à informação, poderá a autoridade competente limitar a publicidade dos atos ao acusado e a seus advogados.

Art. 16. Aplicar-se-ão aos procedimentos disciplinares contra magistrados da Justiça Eleitoral, subsidiariamente, as normas e os princípios das Leis nºs 8.112, de 11 de dezembro de 1990, e 9.784, de 29 de janeiro de 1999 e a Resolução nº 135 do CNJ.

DA SINDICÂNCIA

Art. 17. A sindicância é o procedimento sumário levado a efeito pela Corregedoria-Geral, com prazo de conclusão não excedente a 60 (sessenta) dias, destinado a apurar irregularidades nos serviços judiciais e eleitorais.

Parágrafo único. O prazo de que trata o *caput* deste artigo poderá ser prorrogado por igual período, a juízo do corregedor-geral.

Art. 18. A sindicância será instaurada mediante portaria do corregedor-geral, que conterá:

I. fundamentos legal e regulamentar;

II. nome do sindicado, cargo e lotação, sempre que possível;

III. descrição sumária do fato objeto de apuração;

IV. determinação de ciência ao sindicado, quando for o caso.

§ 1º O corregedor-geral, na portaria de instauração da sindicância, deliberará sobre a sua publicação ou a conveniência de ser mantida sob sigilo.

§ 2º As apurações e diligências também poderão ser sigilosas, a juízo motivado do corregedor-geral, até serem juntados aos autos os documentos ou dados respectivos, ressalvados apenas aqueles cobertos por garantia constitucional expressa, os quais serão sempre mantidos sob sigilo.

Art. 19. Em caso de oitiva de pessoas ou de realização de inspeção, o sindicado será intimado pessoalmente, para, querendo, comparecer ao depoimento ou acompanhar a inspeção, podendo fazer-se representar por advogado.

Art. 20. Quando for necessária a prestação de informações ou a apresentação de documentos pelo investigado, por terceiros ou por órgão da Administração Pública, será expedida intimação para esse fim, com indicação de prazo, forma e condições de atendimento.

Art. 21. Findos os trabalhos de investigação, será elaborado relatório circunstanciado com o resumo dos atos praticados, das diligências realizadas e das provas colhidas, além da síntese dos fatos apurados.

Art. 22. Se da investigação restar demonstrada a inocorrência de infração disciplinar, o corregedor-geral determinará o arquivamento da sindicância.

Art. 23. Não sendo o caso de arquivamento, será concedida vista ao magistrado ou seu procurador dos autos da sindicância com o respectivo relatório, pelo prazo de 15 (quinze) dias, para apresentação de defesa prévia.

Parágrafo único. Após o relatório, verificada a necessidade de adoção de medida urgente, o corregedor-geral a tomará de ofício ou submeterá a proposta ao Plenário, fluindo o prazo para defesa da intimação da respectiva decisão.

Art. 24. Esgotado o prazo do art. 23 desta resolução, com ou sem apresentação de defesa, o corregedor-geral submeterá a sindicância ao Plenário do Tribunal, com proposta de instauração de processo administrativo disciplinar, observadas as normas aplicáveis à reclamação disciplinar.

Parágrafo único. Se nos autos houver prova emprestada de processo penal ou de inquérito policial que tramitem em caráter sigiloso, a citação ou a referência a essa prova no relatório ou voto serão feitas de modo a preservar-lhe o sigilo, sendo, nesse caso, entregue aos membros do Tribunal cópia das peças para exame.

Art. 25. O corregedor-geral poderá delegar a outros magistrados a realização de atos relativos a sindicâncias.

Parágrafo único. Sempre que necessário, poderão ser designados servidores de outros órgãos da Justiça Eleitoral para auxiliarem nos trabalhos da apuração da sindicância, notadamente quando as diligências forem realizadas fora do Distrito Federal.

DA REPRESENTAÇÃO POR EXCESSO DE PRAZO

Art. 26. A representação por excesso injustificado de prazo contra magistrado de tribunal regional eleitoral poderá ser formulada por qualquer interessado, devidamente identificado e qualificado, pelo Ministério Público Eleitoral, pelos presidentes das próprias cortes regionais, ou, de ofício, pelos próprios juízes do Tribunal Superior Eleitoral.

Art. 27. A representação será encaminhada por petição, instruída com os documentos necessários à sua comprovação, e será dirigida ao corregedor-geral.

Art. 28. As representações serão arquivadas sumariamente quando não observarem os requisitos formais previstos nos artigos antecedentes.

Art. 29. Quando as representações preencherem os requisitos formais, o corregedor-geral enviará ao representado, mediante ofício, cópia dos termos da representação e da documentação que a acompanhar, preferencialmente por meio eletrônico, para que este, no prazo de 5 (cinco) dias, preste informações sobre os fatos alegados, podendo ser aplicado o disposto no § 3º do art. 6º.

Art. 30. Se das informações e dos documentos que a instruem ficar desde logo justificado o excesso de prazo ou demonstrado que não decorreu da vontade ou de conduta desidiosa do magistrado, o corregedor-geral arquivará a representação.

§ 1º A prática do ato, a normalização do andamento ou a solução do processo poderão ensejar a perda de objeto da representação.

§ 2º Se o magistrado, nas informações, indicar previsão para a solução do processo, a representação poderá ser sobrestada por prazo não excedente a 90 (noventa) dias.

Art. 31. Não sendo caso de arquivamento, o corregedor-geral determinará a instauração de sindicância ou proporá ao Plenário a instauração de processo administrativo disciplinar ou adotará, no âmbito de sua competência, providência administrativa visando solucionar o atraso objeto da representação.

Parágrafo único. No caso de representação formalizada por qualquer dos litigantes ou por terceiros juridicamente interessados, deverá o requerimento ser instruído com prova do ajuizamento anterior de representação ao presidente do Tribunal a que esteja vinculado o órgão jurisdicional imputado de excesso de prazo, na forma dos arts. 198 e 199 do Código do Processo Civil, e desde que decorridos mais de trinta dias entre a data de protocolo da representação no Tribunal respectivo e a da representação no Tribunal Superior Eleitoral.

Art. 32. Para a formulação de representação por excesso de prazo por intermédio de procurador é indispensável a juntada de cópia da procuração com poderes especiais para esse fim.

DO PEDIDO DE PROVIDÊNCIAS

Art. 33. As propostas e sugestões tendentes à melhoria da eficiência e da eficácia da Justiça Eleitoral, no âmbito da Corregedoria-Geral, e todos os expedientes que não tenham classificação específica, nem sejam acessórios ou incidentes, serão formalizados como pedido de providências, cabendo ao corregedor-geral seu conhecimento e julgamento.

Parágrafo único. Aplica-se, no que couber, ao pedido de providências, o disposto nesta resolução para a reclamação disciplinar.

DA INSPEÇÃO

Art. 34. A inspeção destina-se a verificar fatos que interessem à instrução de processos em tramitação na Corregedoria-Geral ou na Justiça Eleitoral, bem como o funcionamento dos órgãos administrativos e jurisdicionais, com vistas a aprimorar os seus serviços, presentes ou não irregularidades.

Art. 35. A inspeção será instaurada por ordem do corregedor-geral ou por determinação do Plenário do Tribunal.

Art. 36. A portaria de instauração da inspeção conterá, sem prejuízo de outros elementos julgados necessários:

I. fatos ou motivos determinantes da inspeção;

II. local, data e hora da instalação dos trabalhos;

III. indicação de magistrados e servidores que dela participarão;

IV. prazo de duração dos trabalhos;

V. indicação dos órgãos do tribunal ou dos juízes e serventias a serem inspecionados;

VI. a ordem de publicação do edital da inspeção.

§ 1º O corregedor-geral poderá delegar a outros magistrados a realização dos trabalhos de inspeção ou de determinados atos, ficando o relatório condicionado à sua aprovação.

§ 2º Entre os servidores será designado um secretário responsável pelas anotações e guarda de documentos, arquivos eletrônicos e informações destinadas à consolidação do relatório.

Art. 37. Será oficiado, sempre que possível com antecedência mínima de 24 (vinte e quatro) horas, à autoridade judiciária responsável pelo órgão, recomendando-se a adoção das providências indicadas pela Corregedoria-Geral que se fizerem necessárias à realização do procedimento.

§ 1º Nas inspeções realizadas no interesse de procedimentos sigilosos, os trabalhos serão conduzidos com resguardo do sigilo, garantido o acompanhamento pela autoridade responsável pelo órgão, pelos interessados e, quando for o caso, pelos procuradores habilitados no respectivo processo.

§ 2º O corregedor-geral, em despacho fundamentado, poderá determinar que a ciência de magistrados ou de servidores seja dada somente após iniciada a inspeção, se entender que de outro modo venha a comprometer a eficácia da diligência, especialmente no que se refere à colheita de provas.

Art. 38. Poderá ser realizada audiência pública visando à oitiva de reclamações, notícias e sugestões para o aperfeiçoamento dos serviços na circunscrição a ser inspecionada.

§ 1º Para esse ato serão convidados o presidente, o corregedor regional e demais membros do respectivo Tribunal, outros magistrados, a exclusivo critério do corregedor-geral, o órgão do Ministério Público Eleitoral, a Ordem dos Advogados do Brasil e representantes de outros órgãos, se for o caso.

§ 2º A realização da audiência será tornada pública, por edital, no *Diário da Justiça eletrônico*.

§ 3º O interessado que quiser manifestar-se na audiência pública deverá inscrever-se previamente.

§ 4º As manifestações serão feitas oralmente em até 5 (cinco) minutos, prorrogáveis por igual prazo a critério do corregedor-geral, e seguirão a ordem de inscrição.

§ 5º O corregedor-geral concederá a palavra às autoridades responsáveis pelos órgãos eventualmente citados para que, se assim o desejarem, prestem os esclarecimentos que julgarem cabíveis, no prazo fixado, caso não prefiram fazê-lo por escrito.

§ 6º Quando houver reclamação sobre conduta de magistrado ou de servidor, a critério do corregedor-geral, o interessado poderá formular reclamação escrita ou aguardar o término da audiência pública para redução a termo de suas declarações.

§ 7º A polícia da audiência caberá ao corregedor-geral.

Art. 39. Durante a inspeção poderão ser visitadas instalações e dependências das unidades, examinados os aspectos processuais e administrativos dos serviços prestados, mantidos contatos com o presidente do Tribunal, o corregedor regional, os juízes, os dirigentes das unidades e os servidores, ouvindo-se explicações e solicitações.

Art. 40. Das notícias de irregularidades e das reclamações apresentadas na audiência pública será dada ciência às respectivas autoridades, indicando-se dia e hora para prestação de esclarecimentos, realizando-se a reunião em caráter reservado diante de fatos que possam constituir, em tese, infração disciplinar.

Art. 41. O corregedor-geral, para sanar eventuais falhas ou irregularidades encontradas, poderá baixar provimentos, expedir instruções e orientações e, quanto às possíveis faltas disciplinares porventura detectadas, instaurar sindicância, ou recomendar desde logo a instauração de processo administrativo, se presentes elementos suficientes para tanto.

Art. 42. O relatório da inspeção conterá:

I. a indicação e a descrição das irregularidades encontradas e as respectivas explicações ou esclarecimentos prestados pelos magistrados ou servidores;

II. as conclusões e as recomendações do corregedor-geral voltadas ao aprimoramento do serviço na circunscrição;

III. as reclamações recebidas contra a secretaria do órgão ou magistrado durante a inspeção ou que tramitem na corregedoria regional, desde que não protegidas pelo sigilo previsto na Lei Orgânica da Magistratura Nacional;

IV. as boas práticas observadas e que sejam passíveis de divulgação;

V. a manifestação e a apreciação conclusiva do corregedor-geral.

Art. 43. Elaborado o relatório preliminar, de suas conclusões será dada ciência às respectivas autoridades, que poderão manifestar-se no prazo de 10 (dez) dias.

Parágrafo único. Transcorrido o prazo estabelecido no *caput*, com ou sem manifestação, o corregedor-geral assentará o relatório definitivo, do qual fará entrega, por cópia, à Presidência do Tribunal Regional Eleitoral, submetendo-o, quando necessário, ao Plenário do Tribunal Superior Eleitoral.

DA CORREIÇÃO

Art. 44. O corregedor-geral, a qualquer tempo, procederá à correição diante de fatos determinados, relacionados com deficiências graves ou relevantes dos serviços judiciais e eleitorais, ou que prejudiquem a prestação jurisdicional, a disciplina e o prestígio da Justiça Eleitoral, ou, ainda, representem descumprimento de resoluções ou outros atos normativos do Tribunal Superior Eleitoral ou da Corregedoria-Geral.

Art. 45. A correição será instaurada mediante portaria do corregedor-geral, publicada com pelo menos 48 (quarenta e oito) horas de antecedência, que conterá, além das providências necessárias à sua realização e de outras determinações julgadas oportunas, os elementos indicados no art. 36 desta resolução:

§ 1º Ao procedimento da correição serão aplicáveis, no que couberem, as disposições desta resolução relativas à inspeção e as constantes dos artigos seguintes.

§ 2º Em caso de extrema urgência ou em virtude de relevante motivação devidamente fundamentada, a correição poderá ser realizada sem a comunicação prévia e independentemente da ciência da autoridade judiciária responsável.

Art. 46. Instaurada a correição, com a autuação da portaria e dos documentos nela indicados, poderão ser requisitados, por ofício, ao respectivo órgão, processos, livros, registros, documentos, dados estatísticos, arquivos eletrônicos, bem como critérios para a sua identificação, e o que mais for julgado necessário ou conveniente à realização do procedimento, sem prejuízo de novas requisições no decorrer dos trabalhos.

Art. 47. Da realização da correição, o corregedor-geral cientificará o presidente e o corregedor regional do respectivo Tribunal, os magistrados interessados, o Ministério Público Eleitoral e, se for o caso, a Ordem dos Advogados do Brasil e representantes de outros órgãos, com antecedência de 5 (cinco) dias, comunicando-lhes o local, a data e a hora da instalação dos trabalhos.

Art. 48. Nas correições ordinárias serão examinados autos, registros e documentos dos cartórios e secretarias dos Tribunais Regionais Eleitorais, além de tudo o mais que for considerado necessário ou conveniente pelo corregedor-geral.

Parágrafo único. No caso de autos de processos sob segredo de justiça, caberá à equipe da Corregedoria-Geral adotar as cautelas destinadas à preservação do sigilo, inclusive quanto às cópias eventualmente extraídas.

Art. 49. Os magistrados e servidores do órgão correicionado prestarão as informações que lhes forem solicitadas pela equipe da Corregedoria-Geral, devendo franquear o acesso às instalações, sistemas, arquivos e apresentar autos, livros e tudo o mais que for necessário à realização dos trabalhos.

Art. 50. Das correições será lavrado relatório, que conterá detalhadamente toda a atividade correcional desenvolvida e as recomendações feitas.

Parágrafo único. Uma cópia do relatório, que conterá propostas de medidas adequadas para suprir as necessidades, deficiências e problemas constatados, será entregue ao presidente do Tribunal.

Art. 51. O relatório será levado ao conhecimento do Plenário do Tribunal Superior Eleitoral, com as medidas adotadas pelo corregedor-geral, ou pelo magistrado que presidir os trabalhos, nos casos de urgência e relevância, e, quando for o caso, com propostas de medidas adequadas a suprir as necessidades ou deficiências constatadas.

Parágrafo único. O corregedor-geral, antes de submeter o relatório ao Plenário, poderá requisitar informações complementares aos magistrados responsáveis pelo órgão em que realizada a correição, fixando o respectivo prazo.

DO RECURSO ADMINISTRATIVO
DAS DECISÕES DO CORREGEDOR-GERAL

Art. 52. O Tribunal, o magistrado, a parte ou o interessado que se considerar prejudicado por decisão do corregedor-geral exarada nos procedimentos de que trata esta resolução, poderá, no prazo de 5 (cinco) dias, contados da respectiva intimação, interpor recurso para o Plenário do Tribunal Superior Eleitoral.

§ 1º O corregedor-geral, em idêntico prazo, poderá reconsiderar a decisão recorrida ou, do contrário, submeter o recurso à apreciação do Colegiado.

§ 2º Nos recursos interpostos dos atos e decisões proferidos, por delegação, por outro magistrado, o juízo de retratação será exercido pelo corregedor-geral.

DAS DISPOSIÇÕES FINAIS

Art. 53. Cabe ao corregedor-geral, diretamente ou mediante designação, o acompanhamento e o controle dos atos e das decisões da Corregedoria-Geral no âmbito de sua competência legal e regulamentar, podendo, para esse fim, indicar órgão especial ou servidor.

Art. 54. O exame de autos dos procedimentos disciplinados nesta resolução que se encontrarem na Corregedoria-Geral será permitido aos órgãos judiciários e administrativos, às partes e aos seus procuradores, e a qualquer pessoa com interesse justificado, na forma das presentes normas, ressalvados os casos protegidos por sigilo.

Art. 55. Serão expedidas certidões relativas ao conteúdo de procedimentos a pedido de quem neles figurar como interessado ou de qualquer pessoa com descrição expressa de sua finalidade, ressalvados os casos de sigilo, quando o acesso ficará restrito às partes, à autoridade judicial e ao Ministério Público.

Art. 56. A Corregedoria-Geral expedirá os provimentos necessários à execução desta norma.

Art. 57. Esta resolução entra em vigor na data de sua publicação.

Brasília, 20 de novembro de 2014.
Ministro DIAS TOFFOLI, presidente
Ministro JOÃO OTÁVIO DE NORONHA, relator
Ministro GILMAR MENDES
Ministro LUIZ FUX
Ministra MARIA THEREZA DE ASSIS MOURA
Ministro TARCISIO VIEIRA DE CARVALHO NETO.

Publicada no *DJE* de 15/12/2014.

RESOLUÇÃO Nº 23.417, DE 11 DE DEZEMBRO DE 2014 – BRASÍLIA – DF

> *Institui o Processo Judicial Eletrônico (PJe) da Justiça Eleitoral como o sistema informatizado de constituição e tramitação de processos judiciais e administrativos nessa esfera da Justiça, por meio do qual serão realizados o processamento das informações judiciais e o gerenciamento dos atos processuais, e define os parâmetros de sua implementação e funcionamento.*

O TRIBUNAL SUPERIOR ELEITORAL, no uso das atribuições que lhe confere o art. 23, IX, do Código Eleitoral, e

Considerando as diretrizes da Lei nº 11.419, de 19 de dezembro de 2006, que dispõe sobre a informatização do processo judicial e, em seu art. 18, autoriza os órgãos do Poder Judiciário a regulamentarem esse procedimento no âmbito de sua competência;

Considerando a exiguidade de prazos do processo eleitoral;

Considerando os benefícios advindos da substituição da tramitação de autos em meio físico pelo meio eletrônico, como instrumento de celeridade e qualidade de prestação jurisdicional;

Considerando a necessidade de racionalização da utilização dos recursos orçamentários pelos órgãos da Justiça Eleitoral;

Considerando a necessidade de regulamentar a implantação do Processo Judicial Eletrônico na Justiça Eleitoral; RESOLVE:

Instituir o Sistema Processo Judicial Eletrônico (PJe) como sistema informatizado de processos judiciais e administrativos no âmbito da Justiça Eleitoral e estabelecer os parâmetros para o seu funcionamento, na forma a seguir:

CAPÍTULO I
DO PROCESSO JUDICIAL ELETRÔNICO DA JUSTIÇA ELEITORAL

Seção I
Das Disposições Gerais

Art. 1º A tramitação dos processos judiciais e administrativos e a representação dos atos processuais em meio eletrônico no âmbito da Justiça Eleitoral, nos termos da Lei nº 11.419, de 2006, serão realizadas exclusivamente por meio do sistema Processo Judicial Eletrônico (PJe) da Justiça Eleitoral.

Art. 1º

Parágrafo único. A implantação do PJe ocorrerá em etapas, de acordo com cronograma a ser definido, conforme disposto no art. 36 desta Resolução.

> » Port.-TSE nº 396/2015: torna obrigatória, a partir de 24 de novembro de 2015, a utilização do Processo Judicial Eletrônico (PJE) para a propositura e a tramitação das ações incluídas nas seguintes classes originárias: Ação Cautelar, Habeas Corpus, Habeas Data, Mandado de Injunção e Mandado de Segurança.

Art. 2º A distribuição dos processos se realizará de acordo com os pesos atribuídos, entre outros, às classes processuais, aos assuntos do processo e à quantidade de partes em cada polo processual, de modo a garantir uma maior uniformidade na carga de trabalho de magistrados com a mesma competência, resguardando-se a necessária aleatoriedade na distribuição.

§ 1º Caberá à Presidência do Tribunal Superior Eleitoral, ouvido o Comitê Gestor Nacional do PJe na Justiça Eleitoral, propor ao Plenário do Tribunal norma atribuindo os pesos referidos no *caput*.

§ 2º A distribuição, em qualquer grau de jurisdição, será necessariamente automática e realizada pelo sistema logo após a protocolização da petição inicial.

§ 3º O sistema fornecerá indicação de possível prevenção com processos já distribuídos, com base nos parâmetros definidos pelo Comitê Gestor Nacional do PJE do Conselho Nacional de Justiça – CNJ.

§ 4º O magistrado poderá, fundamentadamente, encaminhar os autos à Presidência para que haja análise da distribuição.

§ 5º Em qualquer hipótese, é vedado incluir funcionalidade ou dado no sistema para se excluir previamente magistrados de determinada distribuição por se alegar impedimento e/ou suspeição.

§ 6º Poderá ser criada funcionalidade para indicação prévia de possível suspeição ou impedimento, que não influenciará na distribuição, cabendo ao magistrado analisar a existência, ou não, da suspeição ou do impedimento.

Art. 3º O PJe compreenderá os seguintes aspectos do sistema judicial eleitoral:

I. controle da tramitação de processos;

II. padronização das informações que integram o processo judicial;

III. produção, registro e publicidade dos atos processuais; e

IV. fornecimento de informações necessárias ao desenvolvimento das atividades dos diversos usuários e dos órgãos de supervisão e controle do sistema judiciário eleitoral.

Art. 4º Para o disposto nesta Resolução, considera-se:

I. assinatura digital: assinatura produzida em meio eletrônico que permite verificar a origem e aferir a integridade de um determinado documento, nos termos definidos pelo Comitê Gestor Nacional do PJe do CNJ;

II. autos do processo eletrônico ou autos digitais: conjunto de documentos digitais correspondentes a atos, termos e informações que constituem o processo virtual;

III. digitalização: conversão para formato digital de documento originalmente produzido em papel, feita por meio de instrumento ou equipamento eletrônico, geralmente um *scanner*;

IV. documento digital: documento codificado em dígitos binários, acessível por meio de sistema computacional;

V. meio eletrônico: qualquer forma, instrumento ou veículo que possibilite o armazenamento ou o tráfego de documentos ou arquivos digitais;

VI. transmissão eletrônica: transferência de dados e informações realizada a distância com a utilização de redes virtuais de comunicação, preferencialmente a rede mundial de computadores, respeitado o previsto no art. 9º, § 2º, da Resolução-CNJ nº 90, de 29 de setembro de 2009;

VII. usuários internos: magistrados e servidores da Justiça Eleitoral ou outros a quem se reconheça o acesso às funcionalidades internas do sistema de processamento em meio eletrônico (estagiários, prestadores de serviço, etc.);

VIII. usuários externos: usuários extra institucionais, por exemplo, partes, advogados, candidatos a cargos eletivos, representantes de partidos políticos e membros do Ministério Público;

IX. dispositivo criptográfico: qualquer *hardware* que se possa gravar um certificado digital, como *tokens* e cartões.

§ 1º Caberá à Presidência do Tribunal Superior Eleitoral, ouvido o Comitê Gestor Nacional do PJe na Justiça Eleitoral, editar ato normativo definindo os perfis disponíveis e as funcionalidades a eles vinculadas, observada a natureza de sua atuação na relação jurídico processual.

> » Port.-TSE nº 394/2015: "Define os perfis disponíveis e as funcionalidades a eles vinculadas, no sistema Processo Judicial Eletrônico da Justiça Eleitoral."

§ 2º A Presidência do Tribunal Superior Eleitoral e dos Tribunais Regionais Eleitorais adotarão as providências necessárias para fornecer certificados digitais aos magistrados e aos demais usuários internos.

Art. 5º Os atos processuais terão registro, visualização, tramitação e controle realizados exclusivamente por meio eletrônico e serão assinados digitalmente, contendo a referida assinatura digital elementos que permitam identificar o usuário responsável pela prática de um determinado ato.

§ 1º A cópia extraída dos autos digitais deverá apresentar elementos que permitam aos interessados verificar a autenticidade dos documentos diretamente na página do PJe, integrada ao Portal da Justiça Eleitoral na internet.

§ 2º O usuário é responsável pela exatidão das informações prestadas no ato do credenciamento, assim como pelos procedimentos de guarda, sigilo e utilização da assinatura eletrônica, nos termos da Medida Provisória nº 2.200-2, de 24 de agosto de 2001.

§ 3º Somente serão admitidas assinaturas digitais de pessoas físicas e de pessoas físicas representantes de pessoas jurídicas, quando realizada no sistema PJe ou a este forem destinadas, se utilizado certificado digital A3 ou equivalente que o venha substituir, na forma da normatização do ICP-Brasil.

§ 4º A assinatura digital por meio de dispositivos móveis que não possam ser acoplados a *tokens* ou por meio de cartões criptográficos com certificado A3 será realizada na forma que for definida pelo Comitê Gestor Nacional do PJE.

Seção II
Do Acesso ao Sistema

Art. 6º O acesso ao PJe será feito com o uso de certificação digital a que se refere o art. 5º, § 3º, desta Resolução, com exceção das situações previstas no § 3º deste artigo, garantindo as prioridades legais e assegurando a acessibilidade, inclusive de idosos e de deficientes visuais.

§ 1º Na hipótese de capacidade postulatória atribuída à própria parte, a prática de ato processual será viabilizada por intermédio de servidor da unidade judiciária destinatária da petição ou do setor responsável pela redução a termo e digitalização de peças processuais.

§ 2º Serão gerados códigos de acesso ao processo para as partes constantes no polo passivo, com prazo de validade limitado, que lhe permitam o acesso ao inteiro conteúdo dos autos eletrônicos.

§ 3º Será possível o acesso ao sistema PJe por meio de *login* e senha, exceto para a realização das seguintes operações:

I. assinatura de documentos e arquivos;

II. operações que acessem serviços que exijam a identificação por meio do uso de certificação digital;

III. consulta ou quaisquer operações em processos que tramitem em sigilo ou em segredo de justiça.

§ 4º O usuário, acessando o PJe com *login* e senha, poderá enviar arquivos não assinados digitalmente, devendo assiná-los em até cinco dias, nos termos da Lei nº 9.800, de 26 de maio de 1999.

§ 5º O disposto nos §§ 3º e 4º só vigorará a partir de implantada a versão do PJe desenvolvida pelo CNJ que implemente as soluções neles previstas.

Art. 7º O uso da assinatura digital dar-se-á pela simples identificação do usuário por meio de seu certificado digital e pelo preenchimento do formulário eletrônico por ocasião da primeira utilização, disponibilizado no portal de acesso ao PJe.

§ 1º O cadastramento para uso exclusivamente por meio de *login* e senha deverá ser realizado presencialmente, nos termos do art. 2º, § 1º, da Lei nº 11.419, de 2006.

§ 2º O Tribunal Superior Eleitoral viabilizará que o cadastro disposto no parágrafo anterior seja feito em todos os Tribunais Regionais Eleitorais.

§ 3º As alterações de dados cadastrais poderão ser feitas pelos usuários, a qualquer momento, na seção respectiva do portal de acesso ao PJe, à exceção das informações cadastrais obtidas de bancos de dados credenciados, como Receita Federal, Justiça Eleitoral e Ordem dos Advogados do Brasil.

§ 4º O credenciamento implica o conhecimento dos termos desta Resolução, assim como das demais normas que vierem a regulamentar o uso do processo eletrônico na esfera da Justiça Eleitoral e a responsabilidade pelo uso indevido da assinatura digital.

Art. 8º O PJe estará disponível vinte e quatro horas por dia, ininterruptamente, ressalvados os períodos de manutenção do sistema.

Parágrafo único. As manutenções do PJe serão programadas e divulgadas com antecedência aos usuários, em área do sistema criada para esse fim; e preferencialmente realizadas no período que vai da zero hora do sábado às vinte e duas horas do domingo, ou no horário entre zero hora e seis horas nos demais dias da semana.

Art. 9º Considera-se indisponibilidade do sistema a falta de oferta ao público externo, diretamente ou por *Web service* – quando tal serviço for oferecido –, de quaisquer dos seguintes serviços:

I. consulta aos autos digitais;

II. transmissão eletrônica de atos processuais;

III. citações, intimações e notificações eletrônicas; ou

IV. possibilidade de cadastramento de novos usuários, quando indispensável à prática de ato processual.

§ 1º As falhas de transmissão de dados entre as estações de trabalho do usuário externo e a rede de comunicação pública, assim como a impossibilidade técnica que decorra de falhas nos equipamentos ou nos programas dos usuários, não caracterizam indisponibilidade.

§ 2º É de responsabilidade do usuário:

I. o acesso a seu provedor da internet e a configuração do computador utilizado por ele nas transmissões eletrônicas;

II. o acompanhamento do regular recebimento de petições e documentos transmitidos eletronicamente;

III. a aquisição, por si ou pela instituição à qual está vinculado, do certificado digital, padrão ICP-Brasil, emitido por autoridade certificadora credenciada, e respectivo dispositivo criptográfico portável.

Art. 10. A indisponibilidade definida no artigo anterior será aferida por sistema de auditoria fornecido pelo Conselho Nacional de Justiça.

§ 1º Os sistemas de auditoria verificarão a disponibilidade externa dos serviços referidos no art. 9º com a periodicidade mínima de cinco minutos.

§ 2º A indisponibilidade dos sistemas de tramitação eletrônica de processos será registrada em relatório a ser divulgado pela internet com as seguintes informações, pelo menos:

I. data, hora e minuto do início da indisponibilidade;

II. data, hora e minuto do término da indisponibilidade; e

III. serviços que ficaram indisponíveis.

§ 3º O relatório de interrupção, assinado digitalmente e com efeito de certidão, estará disponível preferencialmente em tempo real ou, no máximo, até as onze horas do dia seguinte ao da indisponibilidade.

Art. 11. Os prazos que vencerem no dia da ocorrência de indisponibilidade de quaisquer dos serviços referidos no art. 9º serão prorrogados para o dia útil seguinte, quando:

I. a indisponibilidade for superior a sessenta minutos, ininterruptos ou não, se ocorrida entre seis horas e vinte e três horas; e

II. ocorrer indisponibilidade na última hora do prazo, independentemente da sua duração.

§ 1º As indisponibilidades ocorridas entre zero hora e seis horas dos dias de expediente forense e as ocorridas em feriados e finais de semana, a qualquer hora, não produzirão o efeito referido no *caput*, exceto no período eleitoral em que se observará o art. 48 desta Resolução.

§ 2º Os prazos em curso fixados em hora ou minuto serão prorrogados até as doze horas do dia seguinte àquele em que terminaria, no caso de indisponibilidade ocorrida nos sessenta minutos anteriores a seu término.

§ 3º A prorrogação de que trata este artigo será feita automaticamente pelo sistema PJe, sem necessidade de requerimento pelo interessado.

Art. 11

§ 4º As indisponibilidades ocorridas serão obrigatoriamente divulgadas nos sítios dos tribunais eleitorais ou do Conselho Nacional de Justiça.

Art. 12. A indisponibilidade previamente programada produzirá as consequências definidas pela autoridade que a determinar e será ostensivamente comunicada ao público externo com pelo menos cinco dias de antecedência.

Seção III
Do Funcionamento do Sistema

Art. 13. O sistema receberá arquivos com tamanho máximo definido por ato do Tribunal Superior Eleitoral e apenas nos formatos definidos pela Presidência do Conselho Nacional de Justiça.

> » Port.-TSE nº 395/2015: "Define os formatos e os limites de tamanho dos arquivos permitidos no Processo Judicial Eletrônico no âmbito da Justiça Eleitoral."

§ 1º Partes ou terceiros interessados desassistidos de advogados e que possuam capacidade postulatória, nas hipóteses legalmente previstas, mas que ainda não estejam cadastrados no sistema PJe poderão apresentar peças processuais e documentos em papel, segundo as regras ordinárias, nos locais competentes para o recebimento, que serão digitalizados e inseridos no processo pela unidade judiciária, conforme disposto no § 1º do art. 6º desta Resolução.

§ 2º Será admitido peticionamento fora do PJe, pelas vias ordinárias, nas seguintes hipóteses:

I. o PJe estiver indisponível, e o prazo para a prática do ato não for prorrogável na forma do art. 11 ou essa prorrogação puder causar perecimento do direito;

II. prática de ato urgente ou destinado a impedir perecimento do direito, quando o usuário externo não possua, em razão de caso fortuito ou força maior, assinatura digital.

§ 3º A parte ou o advogado poderá juntar quantos arquivos se fizerem necessários à ampla e integral defesa de seus interesses, desde que cada um desses arquivos observe o limite de tamanho máximo e formatos previstos.

Art. 14. Os documentos produzidos eletronicamente, os extratos digitais e os documentos digitalizados que forem juntados aos autos pelos órgãos da Justiça Eleitoral e seus auxiliares, pelos membros do Ministério Público, pelas procuradorias e por advogados públicos e privados terão força probante de originais, ressalvada a alegação motivada e fundamentada de sua adulteração.

§ 1º Incumbirá àquele que produzir o documento digital ou digitalizado e realizar a sua juntada aos autos zelar pela qualidade deste, especialmente quanto à sua legibilidade.

§ 2º Os originais dos documentos digitalizados mencionados no *caput* deverão ser preservados pelo seu detentor até o trânsito em julgado da decisão ou até o fim do prazo para propositura de ação rescisória, quando esta for admitida.

§ 3º A arguição de falsidade do documento original será processada eletronicamente na forma da lei processual em vigor.

§ 4º Os documentos cuja digitalização mostre-se tecnicamente inviável devido ao grande volume, tamanho/formato ou por motivo de ilegibilidade deverão ser apresentados em secretaria no prazo de dez dias, contados do envio de petição eletrônica comunicando o fato. Após o trânsito em julgado, os referidos documentos serão devolvidos, incumbindo-se à parte preservá-los, até o final do prazo para propositura de ação rescisória, quando admitida.

§ 5º O usuário deve assegurar que os arquivos eletrônicos que envia ao PJe estejam livres de artefatos ou conteúdos maliciosos ou corrompidos, podendo o sistema, caso constatada a sua presença, rejeitá-los de plano, informando ao usuário as razões da rejeição, com efeito de certidão.

Art. 15. Os documentos físicos apresentados com fundamento nos arts. 6º, § 1º, e 13, §§ 1º e 2º, desta Resolução deverão ser retirados pelos interessados, no prazo de quarenta e cinco dias, para os efeitos do art. 11, § 3º, da Lei nº 11.419, de 2006.

§ 1º No momento da apresentação do documento, poderá aquele que o apresentou declarar o desinteresse na retirada de que trata o *caput*.

§ 2º Findo o prazo estabelecido no *caput*, a unidade judiciária correspondente poderá inutilizar os documentos mantidos sob sua guarda em meio impresso.

Art. 16. Os documentos que forem juntados eletronicamente em autos digitais e reputados manifestamente impertinentes pelo Juízo terão sua visualização tornada indisponível por expressa determinação judicial, oportunizado o contraditório.

Art. 17. Os documentos digitalizados e anexados às petições eletrônicas serão classificados e organizados de forma a facilitar o exame dos autos eletrônicos.

Parágrafo único. Quando a forma de apresentação dos documentos puder ensejar prejuízo ao exercício do contraditório e da ampla defesa, deverá o juiz determinar nova apresentação e a exclusão dos anteriormente juntados.

Art. 18. Os órgãos da Justiça Eleitoral que utilizarem o PJe manterão instalados equipamentos à disposição das partes, dos advogados e dos interessados para consulta ao conteúdo dos autos digitais, digitalização e envio de peças processuais e documentos em meio eletrônico.

§ 1º Para os fins do *caput*, os órgãos da Justiça Eleitoral devem providenciar auxílio técnico presencial às pessoas com deficiência e que comprovem idade igual ou superior a sessenta anos.

§ 2º Os tribunais eleitorais poderão realizar convênio com a Ordem dos Advogados do Brasil (OAB) ou outras associações representativas de advogados, bem como com órgãos públicos, para compartilhar responsabilidades na disponibilização de tais espaços, equipamentos e auxílio técnico presencial.

Seção IV
Dos Atos Processuais

Art. 19. No processo eletrônico, todas as citações, intimações e notificações, inclusive da Fazenda Pública, far-se-ão por meio eletrônico, observado o disposto no art. 9º da Lei nº 11.419, de 2006.

Art. 20. No instrumento de notificação ou citação, constará indicação da forma de acesso ao inteiro teor dos autos digitais e ao endereço do sítio eletrônico do PJe.

Parágrafo único. Quando se tratar de notificação ou citação física, o instrumento deverá ser acompanhado, pelo menos, de cópia da petição inicial.

Art. 21. As intimações endereçadas aos advogados ou às partes por eles representadas deverão ser feitas no *Diário da Justiça Eletrônico*, hipótese em que a contagem dos prazos reger-se-á na forma prevista nos §§ 3º e 4º do art. 4º da Lei nº 11.419, de 2006, exceto no período eleitoral, em que será observado o disposto no art. 48 desta Resolução.

Art. 22. Para efeito da contagem do prazo de dez dias corridos, de que trata o art. 5º, § 3º, da Lei nº 11.419, de 2006, nos sistemas de tramitação eletrônica de processos:

I. o dia inicial da contagem é o dia seguinte ao da disponibilização do ato de comunicação no sistema, independentemente de esse dia ser de expediente no órgão comunicante;

II. o dia da consumação da intimação ou comunicação é o décimo dia a partir do dia inicial.

Parágrafo único. A intercorrência de feriado, interrupção de expediente ou suspensão de prazo entre o dia inicial e o dia final do prazo para conclusão da comunicação não terá nenhum efeito sobre sua contagem, excetuada a hipótese do inciso II.

Art. 23. A distribuição da petição inicial e a juntada da contestação, dos recursos e das petições em geral nos autos de processo eletrônico devem ser feitas diretamente no sistema pelos advogados públicos e privados, sem necessidade da intervenção da Secretaria Judiciária, situação em que a autuação ocorrerá de forma automática, fornecendo-se o recibo eletrônico de protocolo.

§ 1º No caso de petição inicial, o sistema fornecerá, imediatamente após o envio, juntamente com a comprovação de recebimento, informações sobre o número atribuído ao processo e o órgão julgador para o qual foi distribuída a ação.

§ 2º Os dados da autuação automática poderão ser conferidos pela unidade judiciária, que procederá a sua alteração em caso de desconformidade com os documentos apresentados, de tudo ficando registro no sistema.

§ 3º Faculta-se, quando o rito processual autorizar, a apresentação de resposta oral e a entrega de documentos em audiência, hipótese em que será reduzida a termo e lançada, juntamente com os documentos, no sistema.

Art. 24. A comprovação da entrega de expedientes por oficiais de justiça será feita por certidão circunstanciada acerca do cumprimento da diligência.

§ 1º Haverá opção de digitalizar a contrafé subscrita pelos destinatários e juntá-la aos autos ou de realizar a guarda desta em meio físico até o trânsito em julgado da sentença ou o transcurso do prazo para ação rescisória, quando cabível.

§ 2º Os avisos de recebimento (ARs) devidamente assinados pelo recebedor das comunicações feitas pelos Correios deverão ser digitalizados e os respectivos arquivos juntados aos autos eletrônicos.

Art. 25. As atas e os termos de audiência poderão ser assinados digitalmente apenas pelo presidente do ato, assim como o documento digital, no caso de audiências gravadas em áudio e vídeo, os quais passarão a integrar os autos digitais, mediante registro em termo.

§ 1º Os demais participantes da audiência que possuam assinatura digital poderão assinar os termos, caso queiram.

Art. 26. Os atos processuais praticados por usuários considerar-se-ão realizados na data e horário do seu envio no PJe.

§ 1º A postulação encaminhada considerar-se-á tempestiva quando enviada, integralmente, até as vinte e quatro horas do dia em que se encerra o prazo processual, considerado o horário da cidade-sede do órgão judiciário ao qual é dirigida a petição.

§ 2º A suspensão dos prazos processuais não impedirá o encaminhamento de petições e a movimentação de processos eletrônicos, podendo a apreciação dos pedidos decorrentes desses prazos ocorrer, a critério do juiz, após o término do prazo de suspensão, ressalvados os casos de urgência.

§ 3º O sistema fornecerá ao usuário externo recibo eletrônico da prática do ato processual, disponível permanentemente para guarda do peticionante, contendo a data e o horário da prática do ato, a identificação do processo, o nome do remetente e/ou do usuário que assinou eletronicamente o documento e, se houver, o assunto, o órgão destinatário da petição e as particularidades de cada arquivo eletrônico, conforme informados pelo remetente.

§ 4º Será de integral responsabilidade do remetente a equivalência entre os dados informados para o envio e os constantes da petição remetida.

§ 5º Não serão considerados, para fins de tempestividade, o horário inicial de conexão do usuário à internet, o horário de acesso do usuário ao sítio eletrônico do Tribunal ou ao PJe, tampouco os horários registrados pelos equipamentos do remetente.

§ 6º A não obtenção de acesso ao PJe e um eventual defeito de transmissão ou recepção de dados não imputáveis à indisponibilidade ou a impossibilidade técnica do sistema não servirão de escusa para o descumprimento de prazo processual, salvo deliberação expressa da autoridade judiciária competente.

Seção V
Da Consulta e do Sigilo

Art. 27. A consulta ao inteiro teor dos documentos juntados ao PJe somente estará disponível a partes processuais, advogados, Ministério Público e magistrados, sem prejuízo da possibilidade de visualização dos autos pelas secretarias dos órgãos julgadores, à exceção dos que tramitarem em sigilo ou segredo de justiça, nos termos da Lei nº 11.419, de 2006 e da Resolução-CNJ nº 121, de 5 de outubro de 2010.

§ 1º Para a consulta de que trata o *caput*, será exigido o credenciamento no sistema, dispensado na hipótese de consulta na secretaria dos órgãos.

§ 2º O Comitê Gestor Nacional do PJe na Justiça Eleitoral definirá a forma de acesso por terceiros aos dados não sigilosos do PJe, atendendo ao disposto na Lei nº 12.527, de 18 de novembro de 2011.

§ 3º Os sítios eletrônicos do PJe dos tribunais eleitorais deverão ser acessíveis somente por meio de conexão segura HTTPS, e os servidores de rede deverão possuir certificados digitais Equipamento Servidor da ICP-Brasil adequados para essa finalidade.

Art. 28. Na propositura da ação, o autor poderá requerer segredo de justiça para os autos processuais e/ou sigilo para um ou mais documentos ou arquivos do processo, por meio de indicação em campo próprio.

§ 1º Em toda e qualquer petição, poderá ser requerido sigilo para esta ou para documento ou arquivo a ela vinculado.

Art. 28

§ 2º Requerido o segredo de justiça ou o sigilo de documento ou de arquivo, este permanecerá sigiloso até que o magistrado da causa decida em sentido contrário.

§ 3º O Tribunal poderá configurar o sistema de modo que processos de determinadas classes, assuntos ou por outros critérios sejam considerados em segredo de justiça automaticamente.

§ 4º Nos casos em que o rito processual autorize a apresentação de resposta em audiência, faculta-se a sua juntada antecipada aos autos eletrônicos, juntamente com os documentos, hipótese em que permanecerão ocultos para a parte contrária, a critério do advogado peticionante, até a audiência.

Seção VI
Do Uso Inadequado do Sistema

Art. 29. O uso inadequado do sistema que cause a redução significativa de sua disponibilidade poderá ensejar o bloqueio total, preventivo e temporário do usuário, na forma prevista em ato do Comitê Gestor Nacional do PJe na Justiça Eleitoral.

§ 1º Considera-se redução significativa de disponibilidade a ocorrência de atividades que possam caracterizar qualquer tipo de ataque ou uso abusivo dos ativos computacionais.

§ 2º Na hipótese do *caput*, deve ser procedido o imediato contato com o usuário bloqueado para identificação da causa do problema e reativação no sistema e, em caso de advogado, a comunicação à respectiva Seccional da Ordem dos Advogados do Brasil.

§ 3º A automatização de consultas ao sistema deve ser feita mediante utilização do modelo nacional de interoperabilidade, previsto na Resolução Conjunta CNJ/CNMP nº 3, de 16 de abril de 2013.

CAPÍTULO II
DA ADMINISTRAÇÃO DO SISTEMA

Seção I
Dos Comitês Gestores do PJe na Justiça Eleitoral

Art. 30. A administração do PJe caberá ao Comitê Gestor Nacional do PJE na Justiça Eleitoral e aos comitês gestores regionais do PJe na Justiça Eleitoral, compostos por usuários internos do sistema, com eventual participação de usuários externos convocados a integrá-los.

Parágrafo único. Faculta-se a participação no Comitê Gestor Nacional do PJe na Justiça Eleitoral, como ouvintes, dos tribunais regionais com o PJe em fase de implantação.

Subseção I
Do Comitê Gestor Nacional

Art. 31. O Comitê Gestor Nacional supervisionará o gerenciamento, o desenvolvimento, a implantação e os procedimentos de especificação, suporte, manutenção e aprimoramento do Processo Judicial Eletrônico da Justiça Eleitoral, e terá a seguinte composição:

I. um Ministro do Tribunal Superior Eleitoral (TSE), indicado pelo Presidente do TSE;

II. um Juiz membro de Tribunal Regional Eleitoral, indicado pelo Colégio de Presidentes dos Tribunais Eleitorais;

III. um Juiz Eleitoral, indicado pelo Colégio de Presidentes dos Tribunais Eleitorais;

IV. um representante da Procuradoria-Geral Eleitoral;

V. um representante da Ordem dos Advogados do Brasil;

VI. um representante da Defensoria Pública da União;

VII. o Secretário-Geral da Presidência do TSE;

VIII. o Diretor-Geral do TSE;

IX. o Secretário da Corregedoria da Justiça Eleitoral;

X. o Secretário de Tecnologia da Informação do TSE;

XI. o Secretário Judiciário do TSE;

XII. um representante da Assessoria do Processo Judicial Eletrônico do TSE.

§ 1º A presidência do Comitê Gestor Nacional do PJe na Justiça Eleitoral caberá ao Ministro do Tribunal Superior Eleitoral e a sua composição será definida por portaria da Presidência do Tribunal Superior Eleitoral.

§ 2º Os membros do Comitê Gestor Nacional poderão indicar representantes em suas faltas e impedimentos ou por necessidade.

Art. 32. São atribuições do Comitê Gestor Nacional do PJe na Justiça Eleitoral:

I. definir requisitos funcionais e não funcionais do sistema, conciliando as necessidades dos diversos segmentos dos órgãos da Justiça Eleitoral e dos usuários externos, com o auxílio do grupo de trabalho previsto no art. 37;

II. definir as premissas e as estratégias utilizadas para a implantação e a integridade de operação do PJe;

III. garantir a padronização do PJe nos órgãos da Justiça Eleitoral;

IV. promover a integração com órgãos e entidades necessários à implantação e ao desenvolvimento do PJe.

Parágrafo único. Os casos não disciplinados por esta Resolução serão resolvidos pelo Comitê Gestor Nacional do PJE da Justiça Eleitoral, podendo delegar tais atribuições ao grupo de trabalho multidisciplinar previsto no art. 37.

Art. 33. As ações e deliberações decorrentes dos trabalhos do Comitê Gestor Nacional do PJe na Justiça Eleitoral serão encaminhadas em relatórios à Presidência do Tribunal Superior Eleitoral para apreciação.

Parágrafo único. A Presidência do Tribunal Superior Eleitoral, quando entender necessário, considerada a relevância de determinada matéria, poderá submeter a questão à avaliação do Colegiado do Tribunal Superior Eleitoral.

Subseção II
Dos Comitês Gestores Regionais

Art. 34. Os comitês gestores regionais do PJe na Justiça Eleitoral terão a seguinte composição:

I. um Juiz membro do respectivo Tribunal Regional Eleitoral, indicado por sua Presidência;

II. um Juiz Eleitoral, indicado pela Presidência do respectivo Tribunal Regional Eleitoral;

III. um representante da Procuradoria Regional Eleitoral;

IV. um representante da Seccional da Ordem dos Advogados do Brasil;

V. um representante da Defensoria Pública da União;

VI. um representante da Corregedoria Regional Eleitoral;

VII. o Diretor-Geral do respectivo Tribunal;

VIII. o Secretário de Tecnologia da Informação do respectivo Tribunal;

IX. o Secretário Judiciário do respectivo Tribunal.

§ 1º A presidência do Comitê Gestor Regional caberá ao Juiz membro do respectivo Tribunal.

§ 2º Os membros do Comitê Gestor Regional poderão indicar representantes em suas faltas e impedimentos ou por necessidade.

§ 3º Caberá às respectivas presidências dos Tribunais Regionais Eleitorais o encaminhamento ao Comitê Gestor Nacional do PJe da Justiça Eleitoral das portarias de nomeação e alteração da composição de seus comitês regionais.

Art. 35. Compete aos comitês gestores regionais, no âmbito de suas áreas de atuação:

I. administrar o sistema nos aspectos relacionados à estrutura, implementação e funcionamento, de acordo com as diretrizes fixadas pelo Comitê Gestor Nacional;

II. avaliar a necessidade de promover a manutenção do sistema;

III. organizar a estrutura de atendimento às demandas dos usuários internos e externos do PJe;

IV. determinar a realização de auditorias no PJe, especialmente no que diz respeito à integridade das informações e à segurança do sistema;

V. garantir a integridade do PJe quanto à taxonomia e à estruturação das classes processuais;

VI. propor ao Comitê Gestor Nacional alterações com vistas ao aprimoramento do sistema;

VII. observar as normas expedidas pelo Tribunal Superior Eleitoral e pelo Comitê Gestor Nacional do PJe na Justiça Eleitoral.

CAPÍTULO III
DA IMPLANTAÇÃO

Art. 36. Caberá à Presidência do Tribunal Superior Eleitoral, ouvido o Comitê Gestor Nacional do PJe na Justiça Eleitoral, definir o cronograma e as respectivas classes contempladas em cada fase de implantação do PJE.

» Port.-TSE nº 396/2015: torna obrigatória, a partir de 24 de novembro de 2015, a utilização do Processo Judicial Eletrônico (PJE) para a propositura e a tramitação das ações incluídas nas seguintes classes originárias: Ação Cautelar, Habeas Corpus, Habeas Data, Mandado de Injunção e Mandado de Segurança.

Art. 37. O Tribunal Superior Eleitoral e os Tribunais Regionais Eleitorais deverão formar grupo de trabalho multidisciplinar responsável pela coordenação e execução das ações técnicas de implantação do PJe.

Art. 38. A Justiça Eleitoral deverá divulgar em seus sítios na internet e no respectivo veículo de comunicação oficial dos atos processuais, com antecedência mínima de noventa dias, os órgãos jurisdicionais em que o uso do PJe será obrigatório, incluindo a informação da amplitude da competência abrangida pela obrigatoriedade.

§ 1º Na jurisdição de cada órgão da Justiça Eleitoral, tendo havido a obrigatoriedade parcial prevista no caput, a ampliação para outras competências ou órgãos deverá ser precedida de aviso com prazo mínimo de trinta dias.

§ 2º A disponibilização de avisos deverá ser postada na página inicial do sítio dos tribunais e permanecerá veiculada por todo o período mencionado no caput.

§ 3º Os atos de que trata o presente artigo serão comunicados à Ordem dos Advogados do Brasil, à Defensoria Pública da União e ao Ministério Público Eleitoral.

Art. 39. Durante a fase de implantação, os tribunais eleitorais poderão estabelecer horários diversos daqueles previstos no art. 8º desta Resolução, desde que devidamente autorizados pela Presidência do Tribunal Superior Eleitoral.

Art. 40. Os comitês regionais do PJe submeterão ao Comitê Gestor Nacional do PJe na Justiça Eleitoral a listagem das zonas eleitorais nas quais será implantado o PJe, enumeradas sequencialmente por ordem de prioridade, além de proposta de cronograma de implantação do sistema, para a análise e o encaminhamento previsto no art. 36.

Art. 41. A instalação das versões atualizadas do sistema ficará a cargo das equipes técnicas de cada um dos tribunais eleitorais e deverá ocorrer no prazo máximo de trinta dias, a partir do lançamento da versão devidamente homologada.

§ 1º Os procedimentos de homologação e atualização das versões do sistema serão disciplinados pela equipe técnica do PJe no Tribunal Superior Eleitoral, composta por servidores da área judiciária, com apoio da área de tecnologia da informação, cujo conhecimento será dado à Ordem dos Advogados do Brasil, ao Ministério Público Eleitoral e à Defensoria Pública da União.

§ 2º Os Tribunais Regionais Eleitorais deverão constituir equipe específica de testes, composta por servidores da área judiciária, para, com apoio da área de Tecnologia da Informação, realizar todos os testes e experimentos necessários à verificação do pleno funcionamento das novas versões disponibilizadas pelo Tribunal Superior Eleitoral.

§ 3º A versão em homologação deverá ser disponibilizada à Ordem dos Advogados do Brasil, ao Ministério Público Eleitoral e à Defensoria Pública da União.

CAPÍTULO IV
DAS DISPOSIÇÕES FINAIS E TRANSITÓRIAS

Art. 42. As intervenções que impliquem alterações estruturais no sistema PJe implantado nos órgãos da Justiça Eleitoral somente poderão ser promovidas mediante autorização do Comitê Gestor Nacional do PJe na Justiça Eleitoral, após exame da Presidência do Tribunal Superior Eleitoral.

Parágrafo único. É vedado aos tribunais eleitorais procederem às intervenções assinaladas no caput sem a análise do Comitê Gestor Nacional do PJe na Justiça Eleitoral.

Art. 43. Os tribunais eleitorais manterão, no âmbito de suas atribuições, estruturas de atendimento e suporte aos usuários do PJe.

Parágrafo único. A Justiça Eleitoral disponibilizará instalações de treinamento acessíveis ao público externo, nas versões em funcionamento e em homologação.

Art. 44. As cartas de ordem ou precatórias expedidas para as unidades judiciárias nas quais tenha sido implantado o PJe tramitarão também em meio eletrônico e, no momento da devolução ao juízo deprecante, será encaminhada certidão constando o seu cumprimento com a materialização apenas de peças essenciais à compreensão dos atos realizados.

Art. 45

Art. 45. O juiz da causa resolverá todas as questões relativas à utilização e ao funcionamento do PJe em cada caso concreto, inclusive as hipóteses não previstas neste regramento.

Art. 46. A partir da vigência desta Resolução, é vedada a criação, o desenvolvimento, a contratação ou a implantação de sistema ou módulo de processo judicial eletrônico diverso do PJe, ressalvadas as manutenções corretivas e evolutivas necessárias ao funcionamento dos sistemas já implantados ou ao cumprimento de determinações do CNJ.

Art. 47. O Tribunal Superior Eleitoral e os Tribunais Regionais Eleitorais promoverão investimentos na formação e na capacitação dos usuários internos com o objetivo de prepará-los para o máximo aproveitamento do PJe.

Art. 48. O funcionamento do PJe durante o período eleitoral será disciplinado oportunamente em resolução própria.

Art. 49. Esta Resolução entra em vigor na data de sua publicação.

Brasília, 11 de dezembro de 2014.
Ministro DIAS TOFFOLI, presidente e relator
Ministro GILMAR MENDES
Ministra ROSA WEBER
Ministro JOÃO OTÁVIO DE NORONHA
Ministra MARIA THEREZA DE ASSIS MOURA
Ministra LUCIANA LÓSSIO – Ministro ADMAR GONZAGA.

Publicada no *DJE* de 30/12/2014.

RESOLUÇÃO Nº 23.418, DE 16 DE DEZEMBRO DE 2014 – BRASÍLIA – DF.

> Regulamenta a convocação de Magistrados no âmbito do Tribunal Superior Eleitoral.

O TRIBUNAL SUPERIOR ELEITORAL, no uso de suas atribuições e tendo em vista o disposto no art. 61 da Lei nº 9.096, de 19 de setembro de 1995, resolve expedir a presente Resolução:

Art. 1º A designação de magistrados para atuação como Juiz Auxiliar do Tribunal Superior Eleitoral, sendo dois em auxílio à Presidência, um à Corregedoria-Geral Eleitoral e a cada um dos Ministros Titulares, passa a ser regulamentada por esta Resolução.

Parágrafo único. Excepcionalmente, em razão de imperiosa necessidade de serviço, poderá o Presidente do Tribunal deferir a convocação de um segundo magistrado para atuar no gabinete do Vice-Presidente da Corte.

> » *O parágrafo único foi acrescido pelo art. 1º da Res.-TSE nº 23.452/2015.*

Art. 2º O magistrado poderá atuar como Juiz Auxiliar por dois anos, prorrogáveis uma única vez e por igual período, sem prejuízo dos direitos e vantagens de seu cargo de origem.

Art. 3º A Presidência enviará ofício solicitando a liberação do magistrado e, havendo aquiescência do Tribunal de origem, expedirá portaria de designação.

§ 1º Não se aplica, no âmbito da Justiça Eleitoral brasileira, em nenhum de seus graus de jurisdição, o regramento contido na Resolução nº 209/2015, do Conselho Nacional de Justiça.

§ 2º Eventuais questionamentos quanto à aplicação desta Resolução, por parte dos Presidentes dos Tribunais aos quais pertencentes os magistrados que venham a ser convocados para atuar na Justiça Eleitoral, deverão ser encaminhados à Corregedoria-Geral Eleitoral.

> » *Os parágrafos foram acrescidos pelo art. 1º da Res.-TSE nº 23.452/2015.*

Art. 4º À Secretaria de Recursos Humanos incumbirá o registro do magistrado convocado, como servidor desta Corte e o controle dos prazos a que alude o artigo 2º.

Parágrafo único. As férias do Juiz Auxiliar ficarão a critério do Ministro a que esteja vinculado.

Art. 5º Os magistrados manterão o subsídio que percebem no órgão de origem, acrescido da diferença entre esse e o subsídio de Ministro do Superior Tribunal de Justiça.

Parágrafo único. Sobre a diferença remuneratória prevista no *caput*, incidirão os encargos previdenciários e Imposto de Renda.

Art. 6º Além da remuneração prevista no art. 5º, poderão ser concedidos ao Juiz Auxiliar os seguintes benefícios:

I. ajuda de custo, para atender as despesas de instalação, e custeio das despesas de transporte (passagem, bagagem e bens pessoais);

II. auxílio-moradia, para ressarcir as despesas comprovadamente realizadas pelo Juiz Auxiliar com aluguel de moradia ou com meio de hospedagem administrado por empresa hoteleira;

III. não optando o magistrado pelo recebimento do benefício previsto no inciso anterior, na localidade da sede do TSE, fará jus ao pagamento de diária correspondente ao cargo de membro do tribunal, limitado ao valor de 1,5 (uma diária e meia) por semana, destinadas à indenização de despesas inerentes ao exercício do cargo;

> » *Inciso III com redação dada pelo art. 1º da Res.-TSE nº 23.436/2015.*

IV. diárias, nos deslocamentos, em objeto de serviço, para outra localidade do território nacional ou para o exterior;

V. utilização de aparelho telefônico móvel celular do Tribunal e/ou ressarcimento de conta de aparelho telefônico móvel celular próprio, ainda que cumulativamente, até o limite estabelecido em Portaria da Diretoria-Geral da Corte;

VI. quatro passagens aéreas mensais (correspondentes a dois trechos de ida e dois de volta, entre Brasília e a cidade de origem do magistrado convocado), para retorno intermediário à cidade de origem, no caso de não ter feito opção pela mudança de sede com a respectiva família, que poderão ser acumuladas, na hipótese de não utilização em um mesmo mês;

§ 1º O usufruto dos benefícios mencionados nos incisos II a IV obedece às disposições de normativos próprios deste Tribunal.

§ 2º O pagamento de ajuda de custo e do auxílio-moradia observará os requisitos fixados em lei e nesta Resolução.

Art. 7º A ajuda de custo de que trata o inciso I do art. 6º será devida no caso de deslocamento do Juiz Auxiliar da respectiva sede para ter exercício no Tribunal Superior Eleitoral, com mudança de domicílio.

§ 1º É vedado o duplo pagamento, a qualquer tempo, ao cônjuge ou ao companheiro que vier a ter exercício, na mesma sede, em órgão da administração pública.

§ 2º Correm por conta da administração as despesas de transporte do Juiz Auxiliar e de sua família, compreendendo passagem, bagagem e bens pessoais.

§ 3º O transporte do beneficiário e de seus dependentes será concedido preferencialmente por via aérea.

§ 4º As despesas decorrentes de transporte de mobiliário e bagagem são diretamente custeadas pela Administração, sujeitas às normas gerais da despesa, inclusive processo licitatório, se necessário.

§ 5º São assegurados ajuda de custo e de transporte para a localidade de origem, dentro do prazo de um ano, contado do óbito, à família do magistrado que falecer na nova sede.

Art. 8º O valor da ajuda de custo é calculado com base na remuneração de origem, percebida no mês em que ocorrer o deslocamento para o Tribunal Superior Eleitoral.

§ 1º A ajuda de custo corresponde a uma remuneração, caso o Juiz Auxiliar possua um dependente, a duas remunerações, caso possua dois dependentes e a três remunerações, caso possua três ou mais dependentes.

§ 2º Para o fim previsto no § 1º deste artigo, os dependentes devem comprovadamente acompanhar o Juiz Auxiliar na mudança de domicílio.

§ 3º A impossibilidade de deslocamento dos dependentes, ou de parte deles, nos trinta dias subsequentes ao do Juiz Auxiliar, deve ser previamente comunicada à autoridade competente.

§ 4º A ajuda de custo é paga pelo órgão beneficiado com o deslocamento, no momento da mudança de domicílio e no retorno de ofício.

Art. 9º São considerados dependentes do Juiz Auxiliar para os efeitos desta Resolução:

I. o cônjuge ou companheiro que comprovar união estável como entidade familiar, nos termos de normativo próprio deste Tribunal;

II. o filho de qualquer condição ou enteado, menor de 21 anos;

III. o menor que, mediante autorização judicial, viva sob a sua guarda;

IV. os pais que comprovadamente atendam aos requisitos da dependência econômica estabelecidos em normativo próprio deste Tribunal.

§ 1º Atingida a maioridade, os dependentes referidos nos incisos II e III perdem essa condição, exceto nos casos de:

I. filho inválido; e

II. estudante de nível superior ou de escola técnica de nível médio, menor de vinte e quatro anos, que não exerça atividade remunerada, comprovada a condição de estudante mediante apresentação de declaração escolar.

§ 2º Para os efeitos do pagamento das despesas de transporte, prevista no art. 8º, § 1º, considera-se como dependente do Juiz Auxiliar um empregado doméstico, desde que comprovada regularmente esta condição.

Art. 10. A ajuda de custo será concedida, quando do retorno para a localidade de origem, desde que comprovado o deslocamento.

Art. 11. A ajuda de custo deve ser restituída aos cofres públicos, integral ou parcialmente, quando:

I. o Juiz Auxiliar e cada dependente, considerados individualmente, não se deslocar para a nova sede, injustificadamente, no prazo de trinta dias, contados da concessão;

II. o Juiz Auxiliar pedir exoneração ou regressar antes de decorridos três meses do deslocamento.

Parágrafo único. Não haverá restituição quando o regresso do Juiz Auxiliar ocorrer *ex officio* ou em razão de doença comprovada.

Art. 12. O Juiz Auxiliar que, atendido o interesse da Administração, utilizar condução própria no deslocamento para o TSE, faz jus à indenização da despesa do transporte, correspondente a quarenta por cento do valor da passagem de transporte aéreo no mesmo percurso, acrescida de vinte por cento do referido valor por dependente que o acompanhe, até o máximo de três dependentes.

§ 1º Aos dependentes que não utilizarem o meio de deslocamento previsto neste artigo, são fornecidas passagens aéreas ou terrestres.

§ 2º O fornecimento de passagens aéreas ou terrestres fica condicionado à comprovação de utilização desses meios de transporte.

Art. 13. No transporte de mobiliário e bagagem referidos no § 2º do art. 7º será observado o limite máximo de doze metros cúbicos por passagem inteira, até duas passagens, acrescido de três metros cúbicos por passagem adicional, até três passagens.

§ 1º São considerados mobiliário e bagagem os objetos que constituem os móveis residenciais e os bens pessoais do Juiz Auxiliar e de seus dependentes.

§ 2º O Juiz Auxiliar custeará a despesa da metragem cúbica que ultrapassar o limite máximo estabelecido neste artigo.

§ 3º Além do transporte de mobiliário e bagagem, será admitido o transporte de até dois automóveis – carro de passeio ou veículo utilitário esportivo – de propriedade do Juiz Auxiliar ou de seus dependentes.

Art. 14. Não será concedida ajuda de custo ao Juiz Auxiliar que:

I. tiver recebido indenização dessa espécie no período correspondente aos doze meses imediatamente anteriores, ressalvada a hipótese de retorno de ofício, de que trata o § 4º do art. 8º;

II. afastar-se do cargo ou reassumi-lo em virtude de mandato eletivo federal, estadual ou municipal.

Art. 15. As despesas relativas à ajuda de custo, passagens e transportes de bagagem dependerão de empenho prévio, observado o limite dos recursos orçamentários próprios, relativos a cada exercício, vedada a concessão para pagamento em exercício posterior.

Art. 16. O auxílio-moradia de que trata o inciso II do art. 6º poderá ser concedido ao Juiz Auxiliar, desde que ele opte expressamente pelo seu recebimento, neste Tribunal e desde que cumulativamente preenchidos os seguintes requisitos:

I. não exista imóvel funcional disponível para uso do Juiz Auxiliar;

Art. 16

II. o cônjuge ou companheiro do Juiz Auxiliar não ocupe imóvel funcional no Distrito Federal;

III. o Juiz Auxiliar ou seu cônjuge ou companheiro não seja ou tenha sido, nos doze meses que antecederem sua designação, proprietário, promitente comprador, cessionário ou promitente cessionário de imóvel no Distrito Federal, incluída a hipótese de lote edificado sem averbação de construção;

IV. nenhuma outra pessoa que resida com o Juiz Auxiliar receba auxílio-moradia;

V. o local de residência ou domicílio do Juiz Auxiliar, quando de sua designação, não se situe dentro dos limites territoriais do Distrito Federal ou, em relação a esta unidade federada, não integre a mesma região metropolitana, aglomeração urbana ou microrregião;

Art. 17. O valor máximo de ressarcimento a título de auxílio-moradia devido ao Juiz Auxiliar será definido pela Presidência desta Corte, tomando por parâmetro o valor vigente para os Juízes auxiliares convocados junto ao Supremo Tribunal Federal.

Art. 18. O beneficiário deve apresentar, mensalmente, recibo emitido pelo locador do imóvel ou nota fiscal do estabelecimento hoteleiro.

Art. 19. O direito à percepção do auxílio-moradia cessará:

I. imediatamente, quando:

a) o Juiz Auxiliar recusar o uso do imóvel funcional colocado a sua disposição;

b) o cônjuge ou companheiro do Juiz Auxiliar ocupar imóvel funcional;

c) o Juiz Auxiliar passar a residir com outra pessoa que ocupe imóvel funcional ou receba auxílio-moradia.

II. no mês subsequente ao da ocorrência das seguintes hipóteses:

a) assinatura de Termo de Permissão de Uso de imóvel funcional pelo Juiz Auxiliar;

b) aquisição de imóvel pelo Juiz Auxiliar, seu cônjuge ou companheiro;

c) desligamento do TSE ou retorno definitivo ao órgão de origem;

d) falecimento, no caso de Juiz Auxiliar que se deslocou com a família por ocasião de mudança de domicílio para o local de sede do TSE.

Art. 20. O art. 22 da Resolução TSE nº 23.323, de 19 de agosto de 2010, passa a vigorar com a seguinte redação:

"Art. 22. (...)

I. Classe Econômica: servidores;

II. Classe Executiva: diretor-geral; secretário-geral; juízes auxiliares, assessor de assuntos internacionais e membros dos Tribunais Regionais Eleitorais; e

III. Primeira Classe: ministros e acompanhante dependente, quando indispensável sua presença, em eventos que se revistam de caráter cerimonial.

(...)" (NR)

Art. 21. Esta Resolução entra em vigor na data de sua publicação.

Brasília, 16 de dezembro de 2014.

Ministro DIAS TOFFOLI, presidente e relator
Ministro GILMAR MENDES
Ministra ROSA WEBER
Ministro JOÃO OTÁVIO DE NORONHA
Ministra MARIA THEREZA DE ASSIS MOURA
Ministra LUCIANA LÓSSIO
Ministro ADMAR GONZAGA.
Publicada no *DJE* de 22/12/2014.

Resolução nº 23.422, de 6 de maio de 2014 – Brasília – DF

> *Estabelece normas para criação e instalação de zonas eleitorais e dá outras providências.*

O Tribunal Superior Eleitoral, no uso das atribuições que lhe confere o art. 23, inciso IX, do Código Eleitoral, resolve:

TÍTULO I
DISPOSIÇÕES GERAIS

Art. 1º A criação e a instalação de zonas eleitorais, nos termos dos arts. 23, VIII, e 30, IX, do Código Eleitoral, ficarão subordinadas ao atendimento das disposições desta resolução.

Art. 2º A proposta de criação de zona eleitoral somente será apreciada quando demonstrada a necessidade da providência para solucionar deficiências permanentes dos serviços eleitorais na circunscrição e a impossibilidade de se alcançar o resultado pretendido com:

I. a utilização de modalidades de atendimento de caráter provisório ou itinerante;

II. a instalação de postos de atendimento próximos aos núcleos populacionais a serem assistidos;

III. o remanejamento de zonas eleitorais;

IV. a mudança da sede da zona para outro endereço;

V. a redistribuição de eleitores.

TÍTULO II
PROCEDIMENTOS ADMINISTRATIVOS

CAPÍTULO I
REQUISITOS E INSTRUÇÃO PROCESSUAL

Art. 3º A proposta de criação de zona eleitoral será examinada quando confirmada a insuficiência ou a inadequação das medidas enumeradas no art. 2º desta resolução pela Diretoria-Geral dos tribunais eleitorais ou por unidade para esse fim designada, e verificada a presença dos seguintes requisitos:

I. número mínimo de eleitores na zona eleitoral a ser criada e na remanescente, observados os seguintes parâmetros:

a) capitais e municípios com mais de 200.000 (duzentos mil) inscritos: 80.000 (oitenta mil) eleitores;

b) Região Norte:

1. municípios com densidade demográfica até 2 hab/km²: 12.000 (doze mil) eleitores;

2. municípios com densidade demográfica entre 2 hab/km² e 4 hab/km²: 16.000 (dezesseis mil) eleitores;

3. municípios com densidade demográfica entre 4 hab/km² e 10 hab/km²: 20.000 (vinte mil) eleitores;

4. municípios com densidade demográfica superior a 10 hab/km²: 35.000 (trinta e cinco mil) eleitores;

c) Região Centro-Oeste:

1. municípios com densidade demográfica até 3 hab/km²: 14.000 (quatorze mil) eleitores;

2. municípios com densidade demográfica entre 3 hab/km² e 6 hab/km²: 17.000 (dezessete mil) eleitores;

3. municípios com densidade demográfica entre 6 hab/km² e 15 hab/km²: 25.000 (vinte e cinco mil) eleitores;

4. municípios com densidade demográfica superior a 15 hab/km2: 30.000 (trinta mil) eleitores;

d) Regiões Nordeste, Sudeste e Sul:

1. municípios com densidade demográfica até 15 hab/km²: 17.000 (dezessete mil) eleitores;

2. municípios com densidade demográfica entre 15 hab/km² e 30 hab/km²: 20.000 (vinte mil) eleitores;

3. municípios com densidade demográfica entre 30 hab/km² e 60 hab/km²: 25.000 (vinte e cinco mil) eleitores;

4. municípios com densidade demográfica superior a 60 hab/km²: 40.000 (quarenta mil) eleitores;

II. número máximo de 5 (cinco) municípios por zona eleitoral, salvo quando da aplicação do requisito decorrer prejuízo para o eleitor ou não for atingido o número mínimo de eleitores, na forma do inciso I;

III. existência de vara disponível, já instalada e em atividade, para designação do juiz titular no município sede da zona a ser criada;

IV. existência de infraestrutura de comunicação compatível;

V. demonstração da estimativa de impacto orçamentário, nos termos da Lei de Responsabilidade Fiscal, e respectiva inclusão na proposta orçamentária do ano anterior à sua instalação, que contemple:

a) manutenção;

b) pessoal, encargos e benefícios;

c) imóvel;

d) mobiliário e equipamentos.

§ 1º Os quantitativos mínimos estabelecidos no inciso I deste artigo serão reduzidos em 10% (dez por cento) quando se tratar de criação de zonas eleitorais em localidades comprovadamente de difícil acesso, mediante fundamentada justificativa do Tribunal Regional Eleitoral, considerando-se os seguintes parâmetros:

I. localidades situadas, no mínimo, a 200km (duzentos quilômetros) da sede da zona eleitoral originária, se pavimentada a via de acesso;

II. localidades situadas, no mínimo, a 100km (cem quilômetros) da sede da zona eleitoral originária, se não pavimentada a via de acesso;

III. localidades acessíveis somente por via fluvial, cujo percurso demande, no mínimo, 4 (quatro) horas de viagem em embarcação motorizada.

§ 2º Quando a criação de zona eleitoral envolver dois ou mais municípios situados em faixas distintas, na forma do inciso I deste artigo, deverá ser observado o quantitativo mínimo de eleitores referente ao de maior densidade demográfica.

Art. 4º As propostas de criação de zonas eleitorais deverão ser instruídas com a comprovação dos requisitos previstos no art. 3º desta resolução e com as seguintes informações:

I. mapa geográfico, detalhando:

a) a área territorial abrangida pela zona eleitoral criada e pela remanescente, com indicação da localização das respectivas sedes;

b) a localização dos núcleos populacionais ou dos bairros a serem assistidos pela nova zona;

c) a área territorial abrangida pelas zonas limítrofes, com indicação da localização das respectivas sedes;

II. a distância entre a sede da zona criada e das limítrofes, em quilômetros, bem como o tempo médio de viagem e o respectivo meio de transporte;

III. a distância entre os núcleos populacionais a serem atendidos pela nova zona e as sedes da zona criada, da remanescente e das limítrofes, em quilômetros, bem como o tempo médio de viagem e o respectivo meio de transporte;

IV. as vias de acesso e os meios de transporte utilizados para deslocamento entre os núcleos populacionais ou bairros componentes da zona eleitoral criada e da remanescente e suas respectivas sedes;

V. os sistemas de energia utilizados na localidade e a respectiva condição de fornecimento;

VI. o número de municípios abrangidos pela zona criada, pela remanescente e pelas limítrofes;

VII. o número de eleitores na zona eleitoral criada, na remanescente e nas limítrofes;

VIII. a previsão de imóvel para instalação da zona, com ônus, prioritariamente, para a Justiça Eleitoral, sem prejuízo de parcerias acordadas com outros órgãos da Administração Pública, em relação aos encargos financeiros decorrentes do imóvel;

IX. a previsão de servidores que integrarão a serventia eleitoral, mediante remanejamento, requisição ou aproveitamento decorrente de extinção de zona eleitoral.

Art. 5º A proposta de criação de zona eleitoral será analisada, no âmbito dos Tribunais Regionais Eleitorais, pelas unidades técnicas de administração, orçamento, tecnologia da informação, gestão de pessoas e pela corregedoria eleitoral, incumbindo-lhes manifestarem-se quanto às matérias afetas à respectiva área de atuação, na forma regulamentada pelos respectivos Tribunais Regionais Eleitorais, sem prejuízo da coleta de dados, informações, documentos ou elementos de outras áreas.

§ 1º As propostas de criação de zona eleitoral serão examinadas, em sessão administrativa, pelo Tribunal Regional Eleitoral competente, após a manifestação da Procuradoria Regional Eleitoral.

§ 2º As propostas de criação de zona eleitoral que forem apresentadas diretamente no Tribunal Superior Eleitoral serão encaminhadas ao Tribunal Regional Eleitoral competente para exame de sua viabilidade.

Art. 6º

Art. 6º Os Tribunais Regionais Eleitorais encaminharão para autorização do Tribunal Superior Eleitoral as propostas de criação de zona eleitoral que atendam aos requisitos previstos nesta resolução.

§ 1º A proposta de autorização de criação de zona eleitoral será encaminhada nos próprios autos do procedimento administrativo instaurado perante o Tribunal Regional Eleitoral, com todos os documentos e anexos que o compõem.

§ 2º As propostas de criação de zona eleitoral serão autuadas na Classe 12 – Criação de Zona Eleitoral ou Remanejamento (CZER) e distribuídas automaticamente a um relator.

§ 3º A Diretoria-Geral promoverá a consolidação das informações das unidades técnicas relativas a todas as propostas de criação de zonas eleitorais pendentes, a qual será juntada aos autos, antes da remessa aos respectivos relatores.

§ 4º O relator ouvirá os órgãos técnicos do Tribunal Superior Eleitoral e a Procuradoria-Geral Eleitoral.

§ 5º Verificado o desatendimento das disposições previstas nesta resolução e a possibilidade de seu saneamento, o relator poderá determinar a baixa dos autos ou, se suficiente para tanto, requisitar à Presidência do respectivo Tribunal Regional Eleitoral as informações e dados necessários à complementação da instrução, fixando para isso prazo razoável, não superior a 30 (trinta) dias.

§ 6º A autorização para criação de zona eleitoral será deliberada pelo Plenário do Tribunal, em sessão administrativa.

CAPÍTULO II
INSTALAÇÃO DAS ZONAS ELEITORAIS

Art. 7º A instalação da zona eleitoral, após autorizada sua criação pelo Tribunal Superior Eleitoral, ficará condicionada ao cumprimento das seguintes providências pelo Tribunal Regional Eleitoral respectivo:

I. vistoria do imóvel para avaliação do atendimento dos requisitos relativos a segurança, salubridade, acessibilidade e condições de armazenamento de equipamentos;

II. disponibilidade de servidores, mobiliário e equipamentos suficientes ao funcionamento da zona eleitoral;

III. disponibilidade orçamentária do Tribunal Regional Eleitoral respectivo, inclusive para os encargos de pessoal.

§ 1º A criação de zona eleitoral somente se aperfeiçoará com sua instalação, a qual ocorrerá exclusivamente no ano em que não se realizarem eleições.

§ 2º É vedada a designação de juiz e a movimentação de eleitores para a nova zona eleitoral enquanto não se efetivar a sua instalação.

§ 3º Deixando de ser instalada a zona eleitoral no ano em que autorizada a sua criação pelo Tribunal Superior Eleitoral, o Tribunal Regional Eleitoral deverá renovar a inclusão na proposta orçamentária, visando à instalação no ano não eleitoral subsequente.

§ 4º O Tribunal Regional Eleitoral comunicará a instalação da nova zona eleitoral à Presidência do Tribunal Superior Eleitoral no prazo de 48 (quarenta e oito) horas.

TÍTULO III
DISPOSIÇÕES GERAIS E TRANSITÓRIAS

Art. 8º O Tribunal Superior Eleitoral promoverá, nos anos eleitorais, a consolidação de todas as propostas remetidas pelos Tribunais Regionais Eleitorais, relativas à criação de cargos efetivos e de funções comissionadas para as chefias das zonas eleitorais, e encaminhará o respectivo anteprojeto de lei ao Congresso Nacional no mesmo exercício.

Art. 9º Os Tribunais Regionais Eleitorais promoverão, no prazo de 180 (cento e oitenta) dias, prorrogável por igual período, a redistribuição de eleitores vinculados a zonas com menos de 10.000 (dez mil) eleitores, com ou sem remanejamento das zonas eleitorais.

§ 1º Em casos excepcionais, devidamente justificados, a providência do *caput* poderá deixar de ser efetuada, se a redistribuição impedir a atuação eficaz da Justiça Eleitoral na localidade, sujeitando-se a decisão à homologação do Tribunal Superior Eleitoral.

§ 2º Durante 5 (cinco) anos, as zonas eleitorais descritas no § 1º terão a evolução do quantitativo de eleitores acompanhada para verificação do cumprimento do disposto no *caput*, especialmente quando da proposta de criação de novas zonas no respectivo estado.

Art. 10. Os servidores efetivos das zonas extintas em razão de remanejamento serão aproveitados, a critério dos respectivos Tribunais Regionais Eleitorais, por meio de concurso de remoção, em outras zonas eleitorais, e os requisitados retornarão a seus órgãos de origem.

Art. 11. A designação de juízes para zonas que venham a ser fundidas obedecerá às regras previstas na Res.-TSE nº 21.009, de 5 de março de 2002.

Art. 12. As funções comissionadas das zonas eleitorais extintas em decorrência da aplicação desta resolução voltarão a compor o quadro da secretaria e poderão ser ocupadas provisoriamente, até que alterações na conjuntura da circunscrição justifiquem a criação de nova zona eleitoral.

Art. 13. Na hipótese de manifestação de qualquer das unidades técnicas do Tribunal Superior Eleitoral indicativa do desatendimento de disposições desta resolução, o relator poderá determinar seja oficiada a Presidência do respectivo Tribunal Regional Eleitoral, visando à complementação da instrução, fixando para isso prazo razoável, não superior a 15 (quinze) dias.

Art. 14. A Diretoria-Geral do Tribunal Superior Eleitoral promoverá a consolidação das informações das unidades técnicas relativas a todas as propostas de criação de zonas eleitorais apresentadas no período, a qual será juntada aos autos de cada um dos processos em tramitação, antes da remessa aos respectivos relatores.

Art. 15. A disciplina estabelecida por esta resolução será aplicada aos procedimentos em tramitação no Tribunal Superior Eleitoral não apreciados até a data de sua publicação, em relação aos quais, os respectivos relatores poderão determinar monocraticamente o retorno à origem para complementação da instrução.

Art. 16. Esta resolução entrará em vigor em 1º de janeiro de 2015; revogadas as Res.-TSE nos 19.994, de 9 de outubro de

1997; 20.041, de 4 de dezembro de 1997; 23.083, de 10 de junho de 2009; e 23.327, de 19 de agosto de 2010.
Brasília, 6 de maio de 2014.

Ministro MARCO AURÉLIO, presidente
Ministra LUCIANA LÓSSIO, relatora
Ministro DIAS TOFFOLI
Ministra LAURITA VAZ
Ministro JOÃO OTÁVIO DE NORONHA
MINISTRO HENRIQUE NEVES DA SILVA.

Publicada no DJE de 06/05/2014.

Resolução GPGJ Nº 1.986, de 1º de julho de 2015

PROCURADORIA-GERAL DE JUSTIÇA
ATOS DO PROCURADOR-GERAL

> *Estabelece critérios para indicação de Promotores de Justiça para o exercício das funções eleitorais.*

O PROCURADOR-GERAL DE JUSTIÇA DO ESTADO DO RIO DE JANEIRO, no uso de suas atribuições legais,
CONSIDERANDO que a indicação de Promotores de Justiça para o desempenho das funções eleitorais deve pautar-se por critérios objetivos e isonômicos, com observância dos princípios da territorialidade, impessoalidade, eficiência e continuidade dos serviços,
RESOLVE
Art. 1º O Promotor de Justiça, ao pleitear sua indicação para o exercício das funções eleitorais, deverá declarar:
I. estar ciente da vedação ao afastamento voluntário do exercício das referidas funções, a qualquer título, incluindo férias e licenças, no período de noventa dias antes do pleito até quinze dias após a diplomação dos eleitos;
II. a plena viabilidade de comparecimento regular ao cartório da zona eleitoral, sem prejuízo de suas demais atribuições;
III. não estar filiado a partido político;
IV. não estar respondendo a processo disciplinar ou não ter sofrido sanção, nos últimos cinco anos, pela prática de infração relacionada a atraso injustificado no serviço.
Art. 2º Na formação da lista de antiguidade para fins de indicação ao exercício das funções eleitorais, terá preferência o Promotor de Justiça que atue na área territorial da zona eleitoral pretendida e que:
I. ainda não tenha exercido as referidas funções;
II. tenha cessado o exercício das funções eleitorais há mais tempo.
§ 1º Em caso de empate, prevalecerá a antiguidade na área territorial da respectiva zona eleitoral e, subsidiariamente, a antiguidade na classe.

§ 2º Encerrado o exercício das funções eleitorais, ainda que em data anterior ao término do biênio, o respectivo Promotor de Justiça passará a ocupar o último lugar na lista de antiguidade em matéria eleitoral.
Art. 3º Declarada a vacância da Promotoria Eleitoral por ausência de interessado, o Procurador-Geral de Justiça indicará Promotor de Justiça que atue na área territorial da zona eleitoral vaga, observado o disposto nos incisos I e II e no § 1º do artigo anterior.
§ 1º Caso inexista outro Promotor de Justiça em atuação na área territorial da Promotoria Eleitoral vaga, será indicado outro membro em atuação na circunscrição do respectivo Centro Regional de Apoio Administrativo e Institucional, que não esteja designado para o exercício das funções eleitorais, para cumprir período de dois anos ininterruptos.
§ 2º Nenhum Promotor de Justiça poderá recusar a indicação, salvo em situações excepcionais, devidamente justificadas, a critério do Procurador-Geral de Justiça.
Art. 4º Os casos omissos serão resolvidos pelo Procurador-Geral de Justiça.
Art. 5º Esta Resolução entra em vigor na data de sua publicação.

Rio de Janeiro, 1º de julho de 2015.
Marfan Martins Vieira
Procurador-Geral de Justiça
* Republicada por incorreção na original publicada no DO de 02/07/2015.

Resolução Nº 23.464, de 17 de dezembro de 2015

> *Regulamenta o disposto no Título III da Lei nº 9.096, de 19 de setembro de 1995 – Das Finanças e Contabilidade dos Partidos.*

O TRIBUNAL SUPERIOR ELEITORAL, no uso das atribuições que lhe confere o art. 61 da Lei nº 9.096, de 19 de setembro de 1995, resolve expedir a seguinte resolução:
Art. 1º Esta resolução regulamenta o disposto no Título III da Lei nº 9.096, de 19 de setembro de 1995, – Das Finanças e Contabilidade dos Partidos – e aplicar-se-á no âmbito da Justiça Eleitoral.

TÍTULO I
DAS OBRIGAÇÕES RELATIVAS ÀS FINANÇAS, CONTABILIDADE E PRESTAÇÃO DE CONTAS

CAPÍTULO I
DISPOSIÇÕES PRELIMINARES

Art. 2º Os partidos políticos, pessoas jurídicas de direito privado, e seus dirigentes sujeitam-se, no que se refere a finanças, contabilidade e prestação de contas à Justiça Eleitoral, às disposições contidas na Constituição Federal, na Lei nº 9.096,

Art. 2º

de 1995, na Lei nº 9.504, de 30 de setembro de 1997, nesta resolução, nas normas brasileiras de contabilidade emitidas pelo Conselho Federal de Contabilidade e em outras normas expedidas pelo TSE.

Parágrafo único. As disposições desta resolução não desobrigam o Partido Político e seus dirigentes do cumprimento de outras obrigações principais e acessórias, de natureza administrativa, civil, fiscal ou tributária, previstas na legislação vigente.

Art. 3º Os estatutos de partidos políticos devem conter disposições que tratem, especificamente, das seguintes matérias:

I. finanças e contabilidade, estabelecendo, inclusive, normas que os habilitem a apurar as quantias que seus candidatos podem despender com a própria eleição, que fixem os limites das contribuições dos filiados e que definam as diversas fontes de receita do partido; e

II. critérios de distribuição dos recursos do Fundo Partidário entre os órgãos de âmbito nacional, estadual ou distrital, municipal e zonal.

Art. 4º Os partidos políticos, em todos os níveis de direção, devem:

I. inscrever-se no Cadastro Nacional de Pessoa Jurídica (CNPJ);

II. proceder à movimentação financeira exclusivamente em contas bancárias distintas, observada a segregação de recursos conforme a natureza da receita, nos termos do art. 6º;

III. realizar gastos em conformidade com o disposto nesta resolução e na legislação aplicável;

IV. manter escrituração contábil digital, sob a responsabilidade de profissional de contabilidade habilitado, que permita a aferição da origem de suas receitas e a destinação de seus gastos, bem como de sua situação patrimonial; e

V. remeter à Justiça Eleitoral, nos prazos estabelecidos nesta resolução:

a) o Balanço Patrimonial e a Demonstração do Resultado do Exercício, gravado em meio eletrônico, com formatação adequada à publicação no *Diário da Justiça Eletrônico*; e

b) a prestação de contas anual.

CAPÍTULO II
DAS RECEITAS

Seção I
Das Fontes de Receitas

Art. 5º Constituem receitas dos partidos políticos:

I. recursos oriundos do Fundo Especial de Assistência Financeira aos Partidos Políticos (Fundo Partidário), de que trata o art. 38 da Lei nº 9.096, de 1995;

II. doações ou contribuições de pessoas físicas destinadas à constituição de fundos próprios;

III. sobras financeiras de campanha, recebidas de candidatos;

IV. doações de pessoas físicas e de outras agremiações partidárias, destinadas ao financiamento de campanhas eleitorais e das despesas ordinárias do partido, com a identificação do doador originário;

V. recursos decorrentes da:

a) alienação ou locação de bens e produtos próprios;

b) comercialização de bens e produtos;

c) realização de eventos; ou

d) empréstimos contraídos junto a instituição financeira ou equiparados, desde que autorizada a funcionar pelo Banco Central do Brasil.

VI. doações estimáveis em dinheiro; ou

VII. rendimentos de aplicações financeiras, respeitando-se a natureza dos recursos aplicados.

§ 1º Não podem ser utilizados, a título de recursos próprios, valores obtidos mediante empréstimos pessoais contraídos com pessoas físicas ou entidades não autorizadas pelo Banco Central.

§ 2º O partido deve comprovar à Justiça Eleitoral a realização do empréstimo e o pagamento das parcelas vencidas até a data da apresentação das contas, por meio de documentação legal e idônea, identificando a origem dos recursos utilizados para a quitação.

Seção II
Das Contas Bancárias

Art. 6º Os Partidos Políticos, em cada esfera de direção, devem abrir contas bancárias para a movimentação financeira das receitas de acordo com a sua origem, destinando contas bancárias específicas para movimentação dos recursos provenientes:

I. do "Fundo Partidário", previsto no inciso I do art. 5º desta resolução;

II. das "Doações para Campanha", previstas no inciso IV do art. 5º desta resolução;

III. dos "Outros Recursos", previstos nos incisos II, III e V do art. 5º desta resolução; e

IV. dos recursos destinados ao programa de promoção e difusão da participação política das mulheres (Lei nº 9.096/95, art. 44, § 7º).

§ 1º A exigência de abertura de conta específica para movimentar os recursos de que tratam o *caput* e os incisos I, II, III e IV deste artigo somente se aplica aos órgãos partidários que, direta ou indiretamente, recebam recursos do gênero.

§ 2º As instituições financeiras que mantiverem conta bancária de partido político devem fornecer mensalmente à Justiça Eleitoral os extratos eletrônicos do movimento financeiro para fins de instrução dos processos de prestação de contas, até o trigésimo dia do mês seguinte àquele a que se referem.

§ 3º Os extratos eletrônicos devem ser padronizados e fornecidos conforme normas específicas do Banco Central do Brasil e devem compreender o registro de toda movimentação financeira com identificação da contraparte.

§ 4º Os rendimentos financeiros e os recursos obtidos com a alienação de bens têm a mesma natureza dos recursos investidos ou utilizados para sua aquisição e devem ser creditados na respectiva conta bancária.

§ 5º Os depósitos e movimentações dos recursos oriundos do Fundo Partidário devem ser feitos em estabelecimentos bancários controlados pelo Poder Público Federal, pelo Poder Público Estadual ou, inexistindo estes, no banco escolhido pelo órgão diretivo do partido (Lei nº 9.096/95, art. 43).

§ 6º Sem prejuízo da exigência de outros documentos previstos em regulamentação específica do Banco Central, a abertura das contas bancárias de que trata o *caput* deste artigo deve ser requerida pelo partido na instituição financeira com a apresentação dos seguintes documentos:

I. Requerimento de Abertura de Conta Bancária (RAC), disponível na página da internet do Tribunal Superior Eleitoral;

II. comprovante da respectiva inscrição no CNPJ da Receita Federal do Brasil, a ser impresso mediante consulta à página daquele órgão na internet;

III. certidão de composição partidária, disponível na página da internet do Tribunal Superior Eleitoral;

IV. nome dos responsáveis pela movimentação da conta bancária e endereço atualizado do órgão partidário e dos seus dirigentes.

Art. 7º As contas bancárias somente podem receber doações ou contribuições com identificação do respectivo número de inscrição no Cadastro de Pessoas Físicas (CPF) do doador ou contribuinte, ou no Cadastro Nacional de Pessoa Jurídica (CNPJ) no caso de recursos provenientes de outro partido político ou de candidatos.

§ 1º Para arrecadar recursos pela internet, o partido político deve tornar disponível mecanismo em página eletrônica, observados os seguintes requisitos:

I. identificação do doador pelo nome e CPF;

II. emissão de recibo para cada doação auferida, dispensada a assinatura do doador; e

III. utilização de terminal de captura de transações para as doações por meio de cartão de crédito ou de cartão de débito.

§ 2º As doações por meio de cartão de crédito ou cartão de débito somente são admitidas quando realizadas pelo titular do cartão.

§ 3º Eventuais estornos, desistências ou não confirmação da despesa do cartão devem ser informados pela administradora deste ao beneficiário e à Justiça Eleitoral.

Seção III
Das Doações

Art. 8º As doações realizadas ao partido político podem ser feitas diretamente aos órgãos de direção nacional, estadual, distrital, municipal e zonal, que devem remeter à Justiça Eleitoral e aos órgãos hierarquicamente superiores do partido o demonstrativo de seu recebimento e respectiva destinação, acompanhado do balanço contábil (Lei nº 9.096, de 1995, art. 39, § 1º).

§ 1º As doações em recursos financeiros devem ser, obrigatoriamente, efetuadas por cheque cruzado em nome do partido político ou por depósito bancário diretamente na conta do partido político (Lei nº 9.096/95, art. 39, § 3º).

§ 2º O depósito bancário previsto no § 1º deste artigo deve ser realizado nas contas "Doações para Campanha" ou "Outros Recursos", conforme sua destinação, sendo admitida sua efetivação por qualquer meio de transação bancária no qual o CPF do doador ou contribuinte, ou o CNPJ no caso de partidos políticos ou candidatos, sejam obrigatoriamente identificados.

§ 3º Em ano eleitoral, os partidos políticos podem aplicar ou distribuir pelas diversas eleições os recursos financeiros recebidos de pessoas físicas, observando-se o disposto nos arts. 23, § 1º, e 24 da Lei nº 9.504, de 1997, e os critérios definidos pelos respectivos órgãos de direção e pelas normas estatutárias (Lei nº 9.096/95, art. 39, § 5º).

§ 4º Para efeito do disposto no § 3º, a utilização ou distribuição de recursos financeiros recebidos de pessoas físicas em benefício de campanhas eleitorais deve observar as seguintes regras:

I. os valores decorrentes de doações recebidas pelo órgão partidário que forem destinados, total ou parcialmente, à utilização em campanha eleitoral devem ser previamente transferidos para a conta bancária de que trata o inciso II do art. 6º, "Doações para Campanha" –, com o necessário registro que permita a clara identificação da origem dos valores e a identidade do doador originário (STF, ADI nº 5.394);

II. a utilização ou distribuição de recursos decorrentes de doações em favor de campanhas eleitorais é limitada a 10 % (dez por cento) do rendimento bruto auferido pela pessoa física no anterior ao da eleição;

III. o partido político que aplicar recursos do Fundo Partidário em campanha eleitoral deve fazer a movimentação financeira diretamente na conta bancária estabelecida no art. 43 da Lei nº 9.096, de 1995, vedada a transferência desses recursos para a conta "Doações para Campanha".

§ 5º A apuração dos rendimentos brutos da pessoa física contemplada no inciso II deste artigo é feita na forma prevista em resolução de prestação de contas das campanhas eleitorais nas eleições em que a doação for utilizada.

§ 6º São isentas do limite referenciado no inciso II do § 4º deste artigo as doações estimáveis em dinheiro relativas à utilização de bens móveis ou imóveis de propriedade do doador ou da prestação de serviços próprios, desde que o valor da doação não ultrapasse R$ 80.000,00 (oitenta mil reais), apurados conforme o valor de mercado.

§ 7º A aferição do limite de doação do contribuinte dispensado da apresentação de declaração anual de ajuste do Imposto de Renda deve ser realizada com base no limite de isenção previsto para o exercício.

§ 8º A remessa do demonstrativo e do balanço contábil previstos no *caput* deste artigo deve ser encaminhada:

I. à Justiça Eleitoral, anualmente, no momento da prestação de contas, nos termos desta resolução; e

II. aos órgãos partidários hierarquicamente superiores, na forma e periodicidade estabelecidas nas regras internas do partido político.

Seção IV
Das Doações Estimáveis em Dinheiro, Comercialização de Produtos e Realização de Eventos

Art. 9º As doações de bens ou serviços estimáveis em dinheiro ou cessões temporárias devem ser avaliadas com base nos preços praticados no mercado no momento de sua realização e comprovadas por:

I. documento fiscal emitido em nome do doador ou instrumento de doação, quando se tratar de doação de bens de propriedade do doador pessoa física;

II. instrumento de cessão e comprovante de propriedade do bem cedido pelo doador, quando se tratar de bens cedidos temporariamente ao partido político;

III. instrumento de prestação de serviços, quando se tratar de serviços prestados por pessoa física em favor do partido; ou

Art. 9º

IV. demonstração da avaliação do bem ou do serviço doado, mediante a comprovação dos preços habitualmente praticados pelo doador e a sua adequação aos praticados no mercado, com indicação da fonte de avaliação.

Art. 10. Para a comercialização de produtos e/ou a realização de eventos que se destinem a arrecadar recursos, o órgão partidário deve comunicar a sua realização, formalmente e com antecedência mínima de cinco dias úteis, à Justiça Eleitoral, que pode determinar a sua fiscalização.

Seção V
Dos Recibos de Doação

Art. 11. Os órgãos partidários de qualquer esfera devem emitir, no prazo máximo de três dias contados do crédito na conta bancária, recibo de doação para:

I. as doações recebidas de pessoas físicas;

II. as transferências financeiras ou estimáveis em dinheiro realizadas entre partidos políticos distintos, com a identificação do doador originário;

III. as transferências financeiras ou estimáveis em dinheiro realizadas entre níveis de direção partidária do mesmo partido político, com a identificação do doador originário;

IV. as transferências financeiras de recursos do Fundo Partidário realizadas entre partidos distintos ou entre níveis de direção do mesmo partido, dispensada a identificação do doador originário.

§ 1º Os recibos devem ser numerados, por partido político, em ordem sequencial e devem ser emitidos a partir da página do Tribunal Superior Eleitoral na internet.

§ 2º A obrigação de emissão de recibos prevista no *caput* deste artigo é dispensada, sem prejuízo de os respectivos valores serem devidamente registrados pelo partido político, nas seguintes hipóteses:

I. transferências realizadas entre as contas bancárias de um mesmo órgão partidário;

II. créditos em conta bancária decorrentes da transferência da sobra financeira de campanha de candidatos;

III. transferências realizadas entre o órgão nacional do partido e a sua fundação;

IV. contribuições para a manutenção do partido realizadas por filiados por meio de depósito bancário devidamente identificado, até o valor de R$ 200,00 (duzentos reais) por mês.

§ 3º Na hipótese prevista no inciso IV do § 2º deste artigo:

I. o comprovante de depósito bancário identificado vale, para o filiado, como recibo de doação; e

II. os bancos devem identificar o doador no extrato bancário, na forma do § 3º do art. 6º desta resolução.

§ 4º Os limites de doação para campanha eleitoral devem constar do modelo do recibo de doação, com a advertência de que a doação destinada às campanhas eleitorais acima de tais limites pode gerar a aplicação de multa de cinco até dez vezes a quantia em excesso.

§ 5º Os partidos políticos podem recusar doação identificável que seja creditada em suas contas bancárias indevidamente, promovendo o estorno do valor para o doador identificado até o último dia útil do mês subsequente à efetivação do crédito, ressalvado o disposto no art. 13.

§ 6º Na hipótese do § 5º deste artigo ou quando verificado erro, o partido político deve promover o cancelamento do respectivo recibo e, conforme o caso, emitir um novo para ajuste dos dados, especificando a operação em nota explicativa no momento da apresentação da prestação de contas.

§ 7º Aplicam-se às doações de bens estimáveis em dinheiro o disposto neste artigo, observando-se que:

I. o recibo deve ser emitido no prazo de até cinco dias contados da doação e, na hipótese da cessão temporária, do início do recebimento dos bens e serviços, estipulando-se o valor estimável em dinheiro pelo período pactuado, computando-se o primeiro mês; e

II. na hipótese de o período de cessão temporária ultrapassar o mês em que iniciado o recebimento do bem ou serviço, o partido deve ser, enquanto a cessão persistir, emitir mensalmente novos recibos até o 5º (quinto) dia do mês subsequente.

§ 8º Eventuais divergências entre o valor estimado da doação ou cessão temporária podem ser verificadas na fase de diligências da análise da prestação de contas.

Seção VI
Das Fontes Vedadas

Art. 12. É vedado aos partidos políticos e às suas fundações receber, direta ou indiretamente, sob qualquer forma ou pretexto, doação, contribuição ou auxílio pecuniário ou estimável em dinheiro, inclusive por meio de publicidade de qualquer espécie, procedente de:

I. origem estrangeira;

II. pessoa jurídica;

III. pessoa física que exerça atividade comercial decorrente de concessão ou permissão; ou

IV. autoridades públicas.

§ 1º Consideram-se como autoridades públicas, para os fins do inciso IV do *caput* deste artigo, aqueles, filiados ou não a partidos políticos, que exerçam cargos de chefia ou direção na administração pública direta ou indireta.

§ 2º As vedações previstas neste artigo atingem todos os órgãos partidários, inclusive suas fundações, observado o disposto no § 2º do art. 20 desta resolução.

§ 3º Entende-se por doação indireta, a que se refere o *caput* deste artigo, aquela efetuada por pessoa interposta que se inclua nas hipóteses previstas nos incisos deste artigo.

Seção VII
Dos Recursos Financeiros de Origem Não Identificada

Art. 13. É vedado aos partidos políticos receber, direta ou indiretamente, sob qualquer forma ou pretexto, recursos de origem não identificada.

Parágrafo único. Constituem recursos de origem não identificada aqueles em que:

I. o nome ou a razão social, conforme o caso, ou a inscrição no CPF do doador ou contribuinte, ou no CNPJ, em se tratando de partidos políticos ou candidatos:

a) não tenham sido informados; ou

b) se informados, sejam inválidos, inexistentes, nulos, cancelados ou, por qualquer outra razão, não sejam identificados;

II. não haja correspondência entre o nome ou a razão social e a inscrição no CPF ou CNPJ informado; e

III. o bem estimável em dinheiro que tenha sido doado ou cedido temporariamente não pertença ao patrimônio do doador ou, quando se tratar de serviços, não sejam produtos da sua atividade.

Seção VIII
Das Implicações Decorrentes do Recebimento ou Uso de Recursos de Fonte Vedada ou de Origem Não Identificada

Art. 14. O recebimento direto ou indireto dos recursos previstos no art. 13 desta resolução sujeita o órgão partidário a recolher o montante ao Tesouro Nacional, por meio de Guia de Recolhimento da União (GRU), até o último dia útil do mês subsequente à efetivação do crédito em qualquer das contas bancárias de que trata o art. 6º desta resolução, sendo vedada a devolução ao doador originário.

§ 1º O disposto no *caput* deste artigo também se aplica aos recursos provenientes de fontes vedadas que não tenham sido estornados no prazo previsto no § 5º do art. 11, os quais devem, nesta hipótese, ser recolhidos ao Tesouro Nacional.

§ 2º No caso das doações estimáveis em dinheiro por meio de doação ou cessão temporária de bem que não seja do patrimônio do doador identificado, ou do recebimento de serviços que não sejam produto da atividade do doador, as consequências são apuradas e decididas no momento do julgamento da prestação de contas.

§ 3º O não recolhimento dos recursos no prazo estabelecido neste artigo ou a sua utilização constitui irregularidade grave a ser apreciada no julgamento das contas.

§ 4º Para o recolhimento previsto no § 1º deste artigo, não podem ser utilizados recursos do Fundo Partidário.

§ 5º Independentemente das disposições previstas nesta resolução, a Justiça Eleitoral deve dar imediata ciência ao Ministério Público Eleitoral sempre que for identificado que o partido político recebeu ou está recebendo recursos financeiros de procedência estrangeira, para os fins previstos no art. 28 da Lei nº 9.096, de 1995.

§ 6º A autoridade judicial, à vista de denúncia fundamentada de filiado ou delegado de partido, de representação do Procurador-Geral ou Regional ou de iniciativa do Corregedor, diante de indícios de irregularidades na gestão financeira e econômica da campanha, pode determinar as diligências e providências que julgar necessárias para obstar a utilização de recursos de origem não identificada ou de fonte vedada e, se julgada procedente a denúncia, propor a aplicação das providências previstas no art. 35 da Lei nº 9.096/95.

Seção IX
Das Sobras de Campanhas

Art. 15. Constituem sobras de campanha:

I. a diferença positiva entre os recursos arrecadados e os gastos realizados pelos candidatos e pelo partido político até a data da entrega das prestações de contas de campanha; e

II. os bens materiais permanentes adquiridos ou recebidos em doação pelo candidato até a data da entrega das prestações de contas de campanha.

Art. 16. A comprovação da existência e a destinação das sobras de campanha incumbem ao:

I. diretório nacional, no que se refere às campanhas para o cargo de Presidente da República;

II. diretório estadual ou distrital, no que se refere às campanhas para Governador, Senador, Deputado Federal, Estadual ou Distrital; e

III. diretório municipal, no que se refere às campanhas para Prefeito e Vereador.

§ 1º As sobras financeiras de campanha recebidas de candidatos devem ser creditadas nas contas bancárias de que tratam os incisos do art. 6º desta resolução, conforme a natureza dos recursos, obedecendo-se aos seguintes critérios (Lei nº 9.504/97, art. 31):

I. no caso de candidato a Prefeito, Vice-Prefeito e Vereador, esses recursos devem ser transferidos para o órgão diretivo municipal do partido na cidade onde ocorreu a eleição, o qual será o responsável exclusivo pela identificação desses recursos, sua utilização, contabilização e respectiva prestação de contas perante o juízo eleitoral correspondente;

II. no caso de candidato a Governador, Vice-Governador, Senador, Deputado Federal e Deputado Estadual ou Distrital, esses recursos devem ser transferidos para o órgão diretivo regional do partido no Estado onde ocorreu a eleição ou no Distrito Federal, se for o caso, o qual será o responsável exclusivo pela identificação desses recursos, sua utilização, contabilização e respectiva prestação de contas perante o Tribunal Regional Eleitoral correspondente;

III. no caso de candidato a Presidente e Vice-Presidente da República, esses recursos devem ser transferidos para o órgão diretivo nacional do partido, o qual será o responsável exclusivo pela identificação desses recursos, sua utilização, contabilização e respectiva prestação de contas perante o Tribunal Superior Eleitoral;

IV. o órgão diretivo nacional do partido não pode ser responsabilizado nem penalizado pelo descumprimento do disposto neste artigo por parte dos órgãos diretivos municipais e regionais.

§ 2º Os bens materiais permanentes adquiridos ou recebidos pelo candidato devem ser transferidos, sem ônus, para o respectivo diretório do partido político e devidamente lançados na sua contabilidade.

§ 3º A transferência dos recursos financeiros e dos bens materiais permanentes para o patrimônio do partido deve ser realizada até a data prevista para o candidato apresentar a sua prestação de contas de campanha.

§ 4º Na hipótese de não se efetivar o recebimento das sobras de campanha até o prazo estabelecido para a prestação de contas à Justiça Eleitoral, incumbe aos órgãos previstos no *caput* deste artigo reconhecer, contabilmente, o direito ao recebimento dessas sobras, identificando os candidatos que estiverem obrigados à devolução.

§ 5º Nas prestações de contas anuais, o respectivo diretório deve apresentar, em notas explicativas de acordo com cada eleição, o detalhamento dos bens previstos no § 2º deste artigo, indicando as ações e providências adotadas para a cobrança das sobras não creditadas ou transferidas.

Art. 16

§ 6º As sobras financeiras verificadas na conta bancária destinada às "doações para campanha" podem ser revertidas para a conta bancária "outros recursos" após a apresentação das contas de campanha pelo órgão partidário.

CAPÍTULO III
DOS GASTOS PARTIDÁRIOS

Art. 17. Constituem gastos partidários todos os custos e despesas utilizadas pelo órgão do partido político para a sua manutenção e consecução de seus objetivos e programas.

§ 1º Os recursos oriundos do Fundo Partidário somente podem ser utilizados para pagamento de gastos relacionados à/ao (Lei nº 9.096/95, art. 44):

I. manutenção das sedes e serviços do partido;

II. propaganda doutrinária e política;

III. alistamento e campanhas eleitorais;

IV. criação e manutenção de fundação de pesquisa e de doutrinação e educação política;

V. criação e manutenção de programas de promoção e difusão da participação política das mulheres.

VI. pagamento de mensalidades, anuidades e congêneres devidos a organismos partidários internacionais que se destinem ao apoio à pesquisa, ao estudo e à doutrinação política, aos quais seja o partido político regularmente filiado; e

VII. pagamento de despesas com alimentação, incluindo restaurantes e lanchonetes.

§ 2º Os recursos do Fundo Partidário não podem ser utilizados para a quitação de multas relativas a atos infracionais, ilícitos penais, administrativos ou eleitorais ou para a quitação de encargos decorrentes de inadimplência de pagamentos, tais como multa de mora, atualização monetária ou juros.

§ 3º Os recursos do Fundo Partidário, ainda que depositados na conta bancária prevista no inciso I do art. 6º desta resolução, são impenhoráveis e não podem ser dados em garantia.

Art. 18. A comprovação dos gastos deve ser realizada por meio de documento fiscal idôneo, sem emendas ou rasuras, devendo conter a data de emissão, a descrição detalhada, o valor da operação e a identificação do emitente e do destinatário ou dos contraentes pelo nome ou razão social, CPF ou CNPJ e endereço.

§ 1º Além do documento fiscal idôneo a que se refere o *caput* deste artigo, a Justiça Eleitoral pode admitir, para fins de comprovação de gasto, qualquer meio idôneo de prova, inclusive outros documentos, tais como:

I. contrato;

II. comprovante de entrega de material ou da prestação efetiva do serviço;

III. comprovante bancário de pagamento; ou

IV. Guia de Recolhimento do FGTS e de Informações da Previdência Social (GFIP).

§ 2º Quando dispensada a emissão de documento fiscal, na forma da legislação aplicável, a comprovação da despesa pode ser realizada por meio de documentação que contenha a data de emissão, a descrição e o valor da operação ou prestação, a identificação do destinatário e do emitente pelo nome ou razão social, CPF ou CNPJ e endereço.

§ 3º Os documentos relativos aos gastos com a criação ou manutenção de programas de promoção e difusão da participação política das mulheres devem evidenciar a efetiva execução e manutenção dos referidos programas, nos termos do inciso V do art. 44 da Lei nº 9.096, de 1995, não sendo admissível mero provisionamento contábil.

§ 4º Os gastos partidários devem ser pagos mediante a emissão de cheque nominativo cruzado ou por transação bancária que identifique o CPF ou CNPJ do beneficiário, ressalvado o disposto no art. 19 desta resolução.

§ 5º O pagamento de gasto, na forma prevista no *caput* deste artigo, pode envolver mais de uma operação, desde que o beneficiário do pagamento seja a mesma pessoa física ou jurídica.

§ 6º Nos serviços contratados com a finalidade de locação de mão de obra, é exigida a apresentação da relação do pessoal alocado para a prestação dos serviços, com a indicação dos respectivos nomes e CPFs.

§ 7º Os comprovantes de gastos devem conter descrição detalhada, observando-se que:

I. nos gastos com publicidade, consultoria e pesquisa de opinião, os respectivos documentos fiscais devem identificar, no seu corpo ou em relação anexa, o nome de terceiros contratados ou subcontratados e devem ser acompanhados de prova material da contratação;

II. os gastos com passagens aéreas serão comprovados mediante apresentação de fatura ou duplicata emitida por agência de viagem, quando for o caso, desde que informados os beneficiários, as datas e os itinerários, vedada a exigência de apresentação de qualquer outro documento para esse fim (Lei nº 9.096, art. 37, § 10); e

III. a comprovação de gastos relativos a hospedagem deve ser realizada mediante a apresentação de nota fiscal emitida pelo estabelecimento hoteleiro com identificação do hóspede.

Art. 19. Para efetuar pagamento de gastos de pequeno vulto, o órgão partidário, de qualquer esfera, pode constituir reserva em dinheiro (Fundo de Caixa), que observe o saldo máximo de R$ 5.000,00 (cinco mil reais), desde que os recursos destinados à respectiva reserva transitem previamente por conta bancária específica do partido e, no ano, não ultrapasse 2% (dois por cento) dos gastos lançados no exercício anterior.

§ 1º O saldo do Fundo de Caixa pode ser recomposto mensalmente, com a complementação de seu limite, de acordo com os valores despendidos no mês anterior.

§ 2º O saque dos valores destinados ao Fundo de Caixa devem ser realizados da conta bancária específica do partido, mediante a emissão de cheque nominativo em favor do próprio órgão partidário.

§ 3º Consideram-se de pequeno vulto os gastos cujos valores individuais não ultrapassem o limite de R$ 400,00 (quatrocentos reais), vedado, em qualquer caso, o fracionamento desses gastos.

§ 4º A utilização dos recursos do Fundo de Caixa não dispensa a comprovação dos gastos nos termos do art. 18 desta resolução.

§ 5º O percentual e os valores previstos neste artigo podem ser revistos, anualmente, mediante Portaria do Presidente do Tribunal Superior Eleitoral.

Art. 20. Os órgãos nacionais dos Partidos devem destinar, no mínimo, 20% (vinte por cento) do total de recursos do Fundo Partidário recebidos no exercício financeiro para criação ou manutenção de fundação de pesquisa, de doutrinação e educação política.

§ 1º A destinação deve ser feita mediante crédito em conta-corrente da fundação no prazo de quinze dias a partir da data em que forem recebidas as importâncias do Fundo Partidário.

§ 2º No exercício financeiro em que a fundação não despender a totalidade dos recursos que lhe forem assinalados, a eventual sobra pode ser revertida para outras atividades partidárias previstas no *caput* do art. 44 da Lei nº 9.096, de 1995, observando-se que:

I. as sobras devem ser apuradas até o fim do exercício financeiro e devem ser integralmente transferidas para a conta bancária destinada à movimentação dos recursos derivados do Fundo Partidário, no mês de janeiro do exercício seguinte;

II. o valor das sobras transferido não deve ser computado para efeito do cálculo previsto neste artigo; e

III. o valor das sobras deve ser computado para efeito dos cálculos previstos nos arts. 21 e 22 desta resolução.

§ 3º Inexistindo fundação de pesquisa, de doutrinação e de educação política, o percentual estabelecido no inciso IV do art. 44 da Lei nº 9.096, de 1995, deve ser levado à conta especial do diretório nacional do partido político, permanecendo esta bloqueada até que se verifique a criação da referida entidade.

Art. 21. No caso de utilização dos recursos oriundos do Fundo Partidário para pagamento de despesas com pessoal, a qualquer título, inclusive mediante locação de mão de obra, devem ser observados os seguintes limites relativos ao total do Fundo Partidário recebido no exercício financeiro em cada nível de direção:

I. 50% (cinquenta por cento) para o órgão nacional; e

II. 60% (sessenta por cento) para cada órgão estadual e municipal.

§ 1º As despesas e os gastos relacionados à contratação de serviços ou produtos prestados ou fornecidos por terceiros autônomos, sem vínculo trabalhista, não devem ser considerados para efeito da aferição do limite previsto neste artigo, salvo seja comprovado fraude.

§ 2º A fiscalização do limite de que trata este artigo será feita nas prestações de contas anuais, apresentadas pelos partidos políticos em cada esfera de direção partidária.

§ 3º Não se incluem no cômputo do percentual previsto neste artigo encargos e tributos de qualquer natureza.

Art. 22. Os órgãos partidários devem destinar, em cada esfera, no mínimo, 5% (cinco por cento) do total de recursos do Fundo Partidário recebidos no exercício financeiro para a criação ou manutenção de programas de promoção e difusão da participação política das mulheres, a serem realizados de acordo com as orientações e responsabilidade do órgão nacional do partido político.

§ 1º O partido político que não cumprir o disposto *caput* deve transferir o saldo para conta bancária de que trata o inciso IV do art. 6º desta resolução, sendo vedada sua aplicação para finalidade diversa, de modo que o saldo remanescente deve ser aplicado dentro do exercício financeiro subsequente, sob pena de acréscimo de 12,5% (doze inteiros e cinco décimos por cento) do valor previsto no inciso V do *caput*, a ser aplicado na mesma finalidade (Lei nº 9.096/95, art. 44, § 5º).

§ 2º Na hipótese do § 1º deste artigo, o partido fica impedido de utilizar qualquer dos valores mencionados para finalidade diversa.

§ 3º A aplicação de recursos a que se refere este artigo, além da contabilização em rubrica própria do plano de contas aprovado pelo Tribunal Superior Eleitoral, deve estar comprovada mediante a apresentação de documentos fiscais em que conste expressamente a finalidade da aplicação.

§ 4º A infração às disposições previstas neste artigo implica irregularidade grave a ser apreciada no julgamento das contas.

§ 5º A critério da secretaria da mulher ou, inexistindo a secretaria, a critério da fundação de pesquisa e de doutrinação e educação política, os recursos a que se refere o *caput* podem ser acumulados em diferentes exercícios financeiros, mantidos em contas bancárias específicas, para utilização futura em campanhas eleitorais de candidatas do partido, não se aplicando, neste caso, o disposto no § 2º deste artigo.

§ 6º Nas três eleições que se seguirem ao dia 29 de setembro de 2015, os partidos reservarão, em contas bancárias específicas para este fim, no mínimo 5% (cinco por cento) e no máximo 15% (quinze por cento) do montante do Fundo Partidário destinado ao financiamento das campanhas eleitorais para aplicação nas campanhas de suas candidatas, incluídos nesse valor os recursos a que se refere o inciso V do art. 44 da Lei nº 9.096, de 1995 (Lei nº 13.165/2015, art. 9º).

§ 7º Para fins de aferição do limite mínimo legal, devem ser considerados os gastos efetivos no programa e as transferências financeiras realizadas para as contas bancárias específicas de que trata o inciso IV do art. 6º desta resolução.

CAPÍTULO IV
DA ASSUNÇÃO DE OBRIGAÇÕES

Art. 23. Órgãos partidários de qualquer esfera podem assumir obrigação de outro órgão, mediante acordo, expressamente formalizado, que deve conter a origem e o valor da obrigação assumida, os dados e a anuência do credor.

§ 1º Não podem ser utilizados recursos do Fundo Partidário para quitação, ainda que parcial, da obrigação se o órgão partidário originalmente responsável estiver impedido de receber recursos daquele Fundo.

§ 2º O disposto no § 1º deste artigo não impede que os órgãos partidários de qualquer esfera assumam obrigação de outro órgão mediante a utilização de outros recursos.

§ 3º A cópia do documento que deu origem à obrigação assumida deve ser anexada ao acordo.

§ 4º O acordo de que trata o *caput* deste artigo deve ser firmado pelos representantes dos respectivos órgãos partidários e pelo credor.

§ 5º Os órgãos partidários de que trata o *caput* deste artigo devem registrar em suas escriturações os efeitos contábeis resultantes da referida operação.

§ 6º Celebrado o acordo para a assunção da dívida, o órgão devedor originário fica desobrigado de qualquer responsabilidade e deve proceder à liquidação do respectivo registro contábil em seu passivo.

Art. 24. Os débitos de campanha não quitados, assumidos pelo partido político por decisão do seu órgão nacional de direção partidária, devem observar os critérios estabelecidos no art. 23 desta resolução.

Parágrafo único. A arrecadação financeira de recursos para pagamento de débitos de campanha eleitoral deve:

I. transitar na conta bancária de que trata o inciso II do art. 6º desta resolução;

II. obrigatoriamente ter sua origem identificada; e

III. sempre estar sujeita aos limites e vedações estabelecidos nesta resolução e nas Leis nº 9.096, de 1995, e nº 9.504, de 1997.

CAPÍTULO V
DA ESCRITURAÇÃO CONTÁBIL

Art. 25. Os órgãos partidários, em todas as esferas, são obrigados a adotar escrituração contábil digital, independentemente da existência ou não da movimentação financeira de qualquer natureza de recurso.

Parágrafo único. A escrituração contábil deve tomar como base o exercício financeiro correspondente ao ano civil.

Art. 26. A escrituração contábil digital compreende a versão digital:

I. do Livro Diário e seus auxiliares; e

II. do Livro Razão e seus auxiliares.

§ 1º A escrituração contábil digital deve observar o disposto nesta resolução e nos atos expedidos pela Receita Federal do Brasil e pelo Conselho Federal de Contabilidade.

§ 2º Na escrituração contábil digital, os registros contábeis devem:

I. identificar:

a) a origem e o valor das doações e contribuições;

b) as pessoas físicas com as quais tenha o órgão partidário transacionado, com a indicação do nome e do CPF do doador ou contribuinte, ou o CNPJ, em se tratando de partido político; e

c) os gastos de caráter eleitoral, assim considerados aqueles definidos no art. 26 da Lei nº 9.504, de 1997.

II. especificar detalhadamente os gastos e os ingressos de recursos de qualquer natureza.

§ 3º O Livro Diário, a que se refere o inciso I do *caput* deste artigo, deve ser autenticado no registro público competente da sede do órgão partidário e conter a assinatura digital do profissional de contabilidade habilitado, do presidente e do tesoureiro do órgão partidário.

§ 4º Nos casos em que inexista registro digital nos Cartórios de Registro Público da sede do órgão partidário, a exigência prevista no § 3º pode ser suprida pelo registro do Livro Diário físico, obtido a partir da escrituração digital.

Art. 27. A escrituração contábil dos órgãos partidários deve observar o plano de contas específico estabelecido pelo Tribunal Superior Eleitoral.

CAPÍTULO VI
DA APRESENTAÇÃO DA PRESTAÇÃO DE CONTAS

Art. 28. O partido político, em todas as esferas de direção, deve apresentar a sua prestação de contas à Justiça Eleitoral anualmente até 30 de abril do ano subsequente, dirigindo-a ao:

I. Juízo Eleitoral competente, no caso de prestação de contas de órgão municipal ou zonal;

II. Tribunal Regional Eleitoral, no caso de prestação de contas de órgão estadual; e

III. Tribunal Superior Eleitoral, no caso de prestação de contas de órgão nacional.

§ 1º Os Tribunais Regionais Eleitorais farão publicar até o fim do mês de fevereiro de cada ano a relação dos juízos competentes para o recebimento das contas dos órgãos municipais e zonais.

§ 2º A prestação de contas é obrigatória mesmo que não haja o recebimento de recursos financeiros ou estimáveis em dinheiro, devendo o partido apresentar sua posição patrimonial e financeira apurada no exercício.

§ 3º A prestação de contas dos órgãos partidários municipais que não tenham movimentado recursos financeiros ou bens estimáveis em dinheiro é realizada por meio da declaração de ausência de movimentação de recursos no período, a qual deve ser apresentada no prazo estipulado no *caput* e deve ser:

I. preenchida de acordo com o modelo disponível na página do Tribunal Superior Eleitoral na internet;

II. assinada pelo tesoureiro e pelo presidente do órgão partidário, que são responsáveis, inclusive criminalmente, pelo teor da declaração prestada;

III. entregue, fisicamente, ao juízo competente para a análise da respectiva prestação de contas; e

IV. processada na forma do disposto nos arts. 45 e seguintes desta resolução.

§ 4º A extinção ou dissolução de comissão provisória ou do diretório partidário não exclui a obrigação de apresentação das contas relativas ao período de vigência da comissão ou diretório.

§ 5º Na hipótese do § 4º deste artigo, a prestação de contas deve ser apresentada pela esfera partidária imediatamente superior ou por quem suceder a comissão ou diretório, com a identificação dos dirigentes partidários de acordo com o período de atuação.

Art. 29. O processo de prestação de contas partidárias tem caráter jurisdicional e se inicia com a apresentação, ao órgão da Justiça Eleitoral competente, das seguintes peças elaboradas pelo Sistema de Prestação de Contas Anual da Justiça Eleitoral:

I. comprovante de remessa, à Receita Federal do Brasil, da escrituração contábil digital;

II. parecer da Comissão Executiva ou do Conselho Fiscal do partido, se houver, sobre as respectivas contas;

III. relação das contas bancárias abertas;

IV. conciliação bancária, caso existam débitos ou créditos que não tenham constado dos respectivos extratos bancários na data de sua emissão;

V. extratos bancários, fornecidos pela instituição financeira, relativos ao período ao qual se refiram as contas prestadas, demonstrando a movimentação financeira ou a sua ausência, em sua forma definitiva, contemplando todo o exercício ao qual se referem as contas, vedada a apresentação de extratos provisórios ou sem validade legal, adulterados, parciais, ou que omitam qualquer movimentação financeira;

VI. documentos fiscais que comprovem a efetivação dos gastos realizados com recursos oriundos do Fundo Partidário, sem prejuízo da realização de diligências para apresentação de comprovantes relacionados aos demais gastos;

VII. cópia da GRU, de que trata o art. 14 desta resolução;

VIII. demonstrativo dos acordos de que trata o art. 23 desta resolução;

IX. relação identificando o presidente, o tesoureiro e os responsáveis pela movimentação financeira do partido, bem como os seus substitutos;

X. Demonstrativo de Recursos Recebidos e Distribuídos do Fundo Partidário;

XI. Demonstrativo de Doações Recebidas;

XII. Demonstrativo de Obrigações a Pagar;

XIII. Demonstrativo de Dívidas de Campanha;

XIV. Demonstrativo de Receitas e Gastos;

XV. Demonstrativo de Transferência de Recursos para Campanhas Eleitorais Efetuados a Candidatos e Diretórios Partidários, identificando para cada destinatário a origem dos recursos distribuídos;

XVI. Demonstrativo de Contribuições Recebidas;

XVII. Demonstrativo de Sobras de Campanha, discriminando os valores recebidos e os a receber;

XVIII. Demonstrativo dos Fluxos de Caixa;

XIX. parecer do Conselho Fiscal ou órgão competente da fundação mantida pelo partido político;

XX. instrumento de mandato para constituição de advogado para a prestação de contas, com a indicação do número de *fac-símile* pelo qual o patrono do órgão partidário receberá as intimações que não puderem ser publicadas no órgão oficial de imprensa;

XXI. Certidão de Regularidade do Conselho Regional de Contabilidade do profissional de contabilidade habilitado; e

XXII. notas explicativas.

§ 1º As peças devem conter assinatura digital do presidente, do tesoureiro do órgão partidário, do advogado e do profissional de contabilidade habilitado, à exceção das referidas nos incisos I, II, III, V, VI, VII e IX do *caput* deste artigo.

§ 2º O Demonstrativo de Doações Recebidas e o Demonstrativo de Contribuições Recebidas devem conter:

I. a data do depósito, do crédito ou do pagamento;

II. o meio pelo qual a doação ou contribuição foi recebida;

III. o número do documento, se existir;

IV. o nome e o CPF do doador ou do CNPJ, em se tratando de partido político ou candidato;

V. o nome, o título de eleitor e o CPF do contribuinte;

VI. os números do banco, da agência e da conta-corrente em que foi efetuado o depósito ou crédito; e

VII. o valor depositado ou creditado.

§ 3º A exigência de apresentação dos comprovantes de gastos arcados com recursos do Fundo Partidário prevista no inciso VI do *caput* deste artigo não exclui a possibilidade de, se for o caso, ser exigida a apresentação da documentação relativa aos gastos efetivados a partir das contas bancárias previstas nos incisos II e III do art. 6º desta resolução.

§ 4º A documentação relativa à prestação de contas deve permanecer sob a guarda e responsabilidade do órgão partidário por prazo não inferior a cinco anos, contado da data da apresentação das contas.

§ 5º A Justiça Eleitoral pode requisitar a documentação de que trata o § 5º deste artigo no prazo nele estabelecido, para os fins previstos no *caput* do art. 34 da Lei nº 9.096, de 1995.

§ 6º A documentação da prestação de contas deve ser apresentada de forma sequenciada, de modo que os comprovantes de receitas e gastos mantenham a cronologia da movimentação financeira, individualizada por conta bancária, acompanhados, quando for o caso, da respectiva nota explicativa e dos demais meios de prova.

§ 7º A prestação de contas do órgão nacional do partido político deve ser composta com os seguintes documentos da fundação de pesquisa do partido:

I. balanço patrimonial;

II. demonstração do resultado do exercício;

III. extratos bancários que evidenciem a movimentação de recursos do Fundo Partidário;

IV. relatório das transferências recebidas do partido político, contendo data, descrição e valores com a segregação dos recursos em Fundo Partidário e outros recursos;

V. relatório dos pagamentos efetuados com recursos do Fundo Partidário, e

VI. documentos fiscais dos gastos oriundos do Fundo Partidário.

Art. 30. Encerrado o prazo para a apresentação das contas:

I. a Secretaria Judiciária ou o Cartório Eleitoral deve notificar os órgãos partidários e seus responsáveis que deixaram de apresentar suas contas ou a declaração de que trata o § 3º do art. 28 desta resolução, para que supram a omissão no prazo de setenta e duas horas;

II. findo o prazo previsto no inciso I deste artigo, a Secretaria Judiciária ou o Cartório Eleitoral deve comunicar ao Presidente do Tribunal ou ao Juiz Eleitoral que o órgão partidário não prestou contas tempestivamente;

III. o Presidente do Tribunal ou Juiz deve determinar:

a) a imediata suspensão do repasse das quotas do Fundo Partidário; e

b) a autuação da informação, na classe processual de Prestação de Contas em nome do órgão partidário e de seus responsáveis e, nos tribunais, o seu encaminhamento para distribuição automática e aleatória.

IV. recebidos os autos da prestação de contas, a autoridade judiciária deve verificar a regularidade das notificações procedidas e, caso não tenham sido regulares, determinar a citação do órgão partidário e de seus responsáveis para que apresentem suas justificativas no prazo de 5 (cinco) dias;

V. na hipótese de o órgão partidário ou de seus responsáveis apresentarem as contas partidárias no prazo previsto no inciso IV deste artigo, o processo seguirá o rito previsto nos arts. 31 e seguintes desta resolução, e a extemporaneidade da apresentação das contas, assim como as justificativas apresentadas, devem ser avaliadas no momento do julgamento; e

Art. 30

VI. persistindo a não apresentação das contas, apresentadas ou não as justificativas de que trata o inciso IV deste artigo, a autoridade judiciária deve determinar, sucessivamente:

a) a juntada dos extratos bancários que tenham sido enviados para a Justiça Eleitoral, na forma do § 2º do art. 6º desta resolução;

b) a colheita e certificação nos autos das informações obtidas nos outros órgãos da Justiça Eleitoral sobre a eventual emissão de recibos de doação e registros de repasse ou distribuição de recursos do Fundo Partidário;

c) a oitiva do Ministério Público Eleitoral, no prazo de 5 (cinco) dias, após a juntada das informações de que tratam as alíneas *a* e *b* deste inciso;

d) as demais providências que entender necessárias, de ofício ou por provocação do órgão técnico ou do Ministério Público Eleitoral;

e) a abertura de vista aos interessados para se manifestar sobre as informações e documentos apresentados nos autos, no prazo de 3 (três) dias; e

f) a submissão do feito a julgamento, deliberando sobre as sanções cabíveis ao órgão partidário e seus responsáveis.

CAPÍTULO VII
DO PROCESSAMENTO DA PRESTAÇÃO DE CONTAS

Art. 31. A prestação de contas recebida deve ser autuada na respectiva classe processual em nome do órgão partidário e de seus responsáveis e, nos tribunais, distribuída, por sorteio, a um relator.

§ 1º Autuado e distribuído o processo de prestação de contas, a Secretaria do Tribunal ou o Cartório Eleitoral deve publicar, na imprensa oficial ou no Cartório Eleitoral em localidade onde ela não existir, a Demonstração do Resultado do Exercício e do Balanço Patrimonial apresentados, encaminhando cópias desses documentos, por mandado, ao órgão do Ministério Público Eleitoral da respectiva jurisdição.

§ 2º Realizada a publicação de que trata o § 1º deste artigo, os autos permanecerão em secretaria pelo prazo de 15 (quinze) dias, durante os quais qualquer interessado pode examiná-los e obter cópias, mediante prévia identificação, registro e pagamento das respectivas custas de reprografia.

§ 3º Findo o prazo previsto no § 2º deste artigo, a Justiça Eleitoral deve publicar, na imprensa oficial ou no Cartório Eleitoral em localidade onde ela não existir, edital para que, no prazo de 5 (cinco) dias, o Ministério Público ou qualquer partido político possa impugnar a prestação de contas apresentada, bem como relatar fatos, indicar provas e pedir abertura de investigação para apuração de qualquer ato que viole as prescrições legais ou estatutárias a que, em matéria financeira, os partidos e seus filiados estejam sujeitos (Lei nº 9.096, de 1995, art. 35).

§ 4º A impugnação à prestação de contas deve ser formulada em petição fundamentada dirigida ao Juiz ou ao Relator, que, ao recebê-la, deve determinar sua juntada no processo de prestação de contas e intimar o órgão partidário para que apresente defesa preliminar, no prazo de 15 (quinze) dias, requerendo as provas que entender necessárias.

§ 5º O requerimento de abertura de investigação para apurar ato que viole as prescrições legais ou estatutárias pode ser apresentado por qualquer partido político ou pelo Ministério Público Eleitoral em ação autônoma, que deve ser autuada na classe de Representação e processada na forma do art. 22 da Lei Complementar nº 64, de 1990, sem suspender o exame e a tramitação do processo de prestação de contas.

§ 6º A apresentação de impugnação ou a sua ausência não obstam a análise das contas pelos órgãos técnicos nem impedem a atuação do Ministério Público Eleitoral como fiscal da lei.

Art. 32. Para efetuar o exame das prestações de contas anuais dos partidos políticos, a Justiça Eleitoral pode requisitar técnicos do Tribunal de Contas da União ou dos Estados, pelo tempo que for necessário (Lei nº 9.096, de 1995, art. 34, § 2º).

Art. 33. Não podem exercer suas funções ou atribuições no processo de prestação de contas os juízes, membros de tribunal ou do Ministério Público Eleitoral, funcionários ou servidores, próprios ou requisitados, que incidam em hipótese de impedimento ou suspeição prevista na legislação processual civil, processual penal ou eleitoral.

CAPÍTULO VIII
DO EXAME DA PRESTAÇÃO DE CONTAS PELOS ÓRGÃOS TÉCNICOS

Seção I
Da Prestação de Contas com Movimentação Financeira

Art. 34. Oferecida impugnação ou não, o processo de prestação de contas deve ser preliminarmente examinado pela unidade técnica responsável pelo exame das contas partidárias, que, nesta fase, se limita a verificar se todas as peças constantes do art. 29 desta resolução foram devidamente apresentadas.

§ 1º No exame preliminar, a unidade técnica não procede à análise individualizada dos comprovantes de receitas e gastos, manifestando-se apenas em relação à sua aparente presença ou manifesta ausência.

§ 2º A conclusão preliminar sobre a aparente presença dos comprovantes de receitas e gastos não obsta que na fase do art. 35 desta resolução seja identificada a ausência de determinado documento e realizada diligência para que o prestador de contas o apresente.

§ 3º Verificada a ausência de qualquer das peças previstas no art. 29 desta resolução, a unidade técnica deve informar o fato ao Juiz ou Relator, para que o órgão partidário e os responsáveis sejam intimados a complementar a documentação no prazo de 20 (vinte) dias.

§ 4º Findo o prazo sem que a documentação ausente tenha sido apresentada, a autoridade judiciária pode:

I. julgar as contas como não prestadas, quando não houver elementos mínimos que possibilitem a análise da movimentação dos recursos oriundos do Fundo Partidário e da origem de recursos; ou

II. presentes os elementos mínimos relativos aos recursos do Fundo Partidário, determinar o prosseguimento do exame das contas para apuração do valor aplicado e verificação da origem de recursos recebidos.

§ 5º Na hipótese de prosseguimento do feito, o Juiz ou Relator pode, em decisão fundamentada, determinar a imediata suspensão do repasse das quotas do Fundo Partidário ao órgão do partido político.

Art. 35. Constatada a conformidade da apresentação de conteúdos e peças, nos termos do *caput* do art. 34 desta resolução, as contas devem ser submetidas à análise técnica para exame:

I. do cumprimento de norma legal ou regulamentar de natureza financeira;

II. da regularidade na distribuição e aplicação de recursos oriundos do Fundo Partidário, especificando o percentual de gastos irregulares em relação ao total de recursos;

III. da origem dos recursos para fins de observância das vedações previstas nos arts. 12 e 13 desta resolução;

IV. da conformidade das receitas e gastos com a movimentação financeira constante dos extratos bancários;

V. da observância dos limites previstos no art. 44 da Lei nº 9.096, de 1995, em relação aos seguintes gastos:

a) pagamento de pessoal, a qualquer título;

b) criação e manutenção de instituto ou fundação de pesquisa e de doutrinação e educação política;

c) criação e manutenção de programas de promoção e difusão da participação política das mulheres;

d) destinação ou reserva para futura destinação de recursos ao financiamento de candidatas do partido.

VI. da pertinência e validade dos comprovantes de receitas e gastos.

§ 1º O exame de que trata o *caput* deste artigo tem por escopo identificar a origem das receitas e a destinação das despesas com as atividades partidárias e eleitorais, mediante avaliação formal dos documentos contábeis e fiscais apresentados pelos partidos políticos e candidatos, sendo vedada a análise das atividades político-partidárias ou qualquer interferência em sua autonomia (Lei nº 9.096/95, art. 34, § 1º).

§ 2º A regularidade de que trata o inciso II do *caput* deste artigo abrange, além do cumprimento das normas previstas no art. 2º desta resolução, a efetiva execução do serviço ou a aquisição de bens e a sua vinculação às atividades partidárias.

§ 3º A unidade técnica, durante o exame da prestação de contas, pode solicitar:

I. do órgão partidário, documentos ausentes ou complementares que sejam necessários ao exame das contas, os quais deverão ser apresentados no prazo de 30 (trinta) dias;

II. informações dos doadores, fornecedores ou prestadores de serviço, para verificação da autenticidade dos documentos constantes da prestação de contas;

III. dos órgãos públicos, informações com vistas à verificação da origem dos recursos e das vedações previstas no art. 12 desta resolução; e

IV. informações em órgãos da Administração Direta, Indireta e Fundacional para a realização do confronto com as informações constantes da prestação de contas.

§ 4º A Justiça Eleitoral e os órgãos da Administração Direta, Indireta e Fundacional podem celebrar convênio com o objetivo de realizar o batimento eletrônico de dados.

§ 5º A requisição de informações que envolvam a quebra do sigilo fiscal do prestador de serviços ou de terceiros somente pode ser realizada após prévia e fundamentada decisão do Juiz ou Relator.

§ 6º Além das providências previstas nos §§ 3º e 4º deste artigo, a autoridade judicial pode, a qualquer tempo, de ofício ou mediante indicação ou solicitação da unidade técnica, do Ministério Público Eleitoral, do impugnante ou dos responsáveis, determinar diligências que reputar necessárias, estipulando prazo razoável para seu cumprimento.

§ 7º O não atendimento por terceiros das diligências determinadas pelo Juiz ou pelo Relator pode sujeitar o infrator à sanção prevista no art. 347 da Lei nº 4.737, de 15 de julho de 1965 (Código Eleitoral), a ser apurada em processo próprio de iniciativa do Ministério Público Eleitoral, sem prejuízo de outras cominações legais cabíveis.

§ 8º Os órgãos partidários podem apresentar documentos hábeis para esclarecer questionamentos da Justiça Eleitoral ou para sanear irregularidades a qualquer tempo, enquanto não transitada em julgado a decisão que julgar a prestação de contas (Lei nº 9.096/95, art. 37, § 11).

§ 9º O direito garantido no § 8º não se aplica na hipótese de não atendimento pelo órgão partidário das diligências determinadas pelo Juiz ou pelo Relator no prazo assinalado, o que implica a preclusão para apresentação do esclarecimento ou do documento solicitado.

§ 10. Todos os dados, papéis, arquivos e informações destinados a fins eleitorais que sejam fornecidos pelos órgãos da Administração Pública, Direta, Indireta ou Fundacional devem ser entregues de forma gratuita (CE, art. 373).

Art. 36. Encerrada a análise dos elementos da prestação de contas e requeridas todas as diligências necessárias, a unidade técnica deve apresentar parecer conclusivo, contendo, ao menos:

I. o valor total das receitas do órgão partidário, indicando-se o montante proveniente do Fundo Partidário;

II. o valor total dos gastos do órgão partidário, indicando o montante suportado com recursos do Fundo Partidário;

III. a identificação das impropriedades verificadas, com a indicação das recomendações cabíveis;

IV. a identificação das irregularidades verificadas, com a indicação do seu respectivo valor, data de ocorrência e da sua proporção em relação ao total da movimentação financeira do exercício;

V. a análise dos esclarecimentos e das manifestações apresentadas pelas partes no processo;

VI. a recomendação quanto ao julgamento das contas partidárias, observadas as hipóteses previstas no art. 45 desta resolução.

§ 1º No parecer conclusivo, não devem ser contempladas irregularidades que não tenham sido anteriormente identificadas pelo impugnante ou pela unidade técnica, em relação às quais não tenha sido dada oportunidade para o órgão partidário se manifestar ou corrigi-las.

§ 2º Consideram-se impropriedades as falhas de natureza formal das quais não resulte dano ao erário e outras que não tenham potencial para conduzir à inobservância da Constituição Federal ou à infração de normas legais e regulamentares.

§ 3º Considera-se irregularidade a prática de ato que viole a Constituição Federal, bem assim as normas legais ou estatutárias que regem as finanças dos partidos políticos e das campanhas eleitorais.

Art. 37. Apresentado o parecer conclusivo, os autos devem ser encaminhados ao Ministério Público Eleitoral para emissão de parecer no prazo de 20 (vinte) dias.

Art. 38. Havendo impugnação pendente de análise ou irregularidades constatadas no parecer conclusivo emitido pela Unidade Técnica ou no parecer oferecido pelo Ministério Público Eleitoral, o Juiz ou Relator deve determinar a citação do órgão partidário e dos responsáveis para que ofereçam defesa no prazo de 15 (quinze) dias e requeiram, sob pena de preclusão, as provas que pretendem produzir, especificando-as e demonstrando a sua relevância para o processo.

Art. 39. Findo o prazo para a apresentação das defesas, o Juiz ou o Relator deve examinar os pedidos de produção de provas formulados, determinando a realização das diligências necessárias à instrução do processo e indeferindo as inúteis ou meramente protelatórias.

Parágrafo único. Podem ser indeferidas as diligências que visem à apresentação de documento em relação ao qual tenha sido dada oportunidade prévia de apresentação por ato do Relator ou do Juiz.

Art. 40. Encerrada a produção de provas, o Juiz ou Relator pode, se entender necessário, ouvir a Unidade Técnica sobre as provas produzidas e deve abrir, em qualquer hipótese, vista às partes para a apresentação de alegações finais no prazo comum de 3 (três) dias.

Parágrafo único. A manifestação da Unidade Técnica nesta fase não enseja a elaboração de novo parecer conclusivo e deve ser restrita à análise das provas produzidas na fase do art. 39 e do seu impacto em relação às irregularidades e às impropriedades anteriormente indicadas.

Art. 41. Transcorrido o prazo para a apresentação das alegações finais, os autos devem ser conclusos ao Juiz ou Relator para análise e decisão no prazo máximo de 15 (quinze) dias.

§ 1º O Juiz ou o Tribunal forma a sua convicção pela livre apreciação da prova, atendendo aos fatos e às circunstâncias constantes dos autos, ainda que não alegados pelas partes, mencionando, na decisão, os que motivaram o seu convencimento.

§ 2º Nos tribunais, o Relator, ao concluir a análise do feito, deve determinar a sua inclusão em pauta, que deve ser publicada com antecedência mínima de 48 (quarenta e oito) horas.

§ 3º Na sessão de julgamento, após a leitura do relatório e a manifestação do Ministério Público Eleitoral, as partes podem sustentar oralmente pelo prazo de 10 (dez) minutos.

§ 4º Nos tribunais, os processos de prestação de contas não impugnados que contenham manifestação da Unidade Técnica e do Ministério Público Eleitoral favorável à aprovação, total ou com ressalvas, podem ser decididos monocraticamente pelo Relator.

Art. 42. As decisões interlocutórias proferidas no curso do processo de prestação de contas não são recorríveis de imediato, não precluem e devem ser analisadas pelo Tribunal por ocasião do julgamento, caso assim requeiram as partes ou o Ministério Público Eleitoral.

Parágrafo único. Modificada a decisão interlocutória pelo Tribunal, somente devem ser anulados os atos que não puderem ser aproveitados, com a subsequente realização ou renovação dos que forem necessários.

Art. 43. Todas as intimações do órgão partidário e dos seus dirigentes devem ser realizadas na pessoa do seu advogado, mediante publicação no *Diário da Justiça Eletrônico* ou, onde ele não existir, por meio de *fac-símile* para o número previamente indicado no momento da apresentação das contas.

Parágrafo único. Na impossibilidade de transmitir a intimação por *fac-símile*, esta deve ser encaminhada para o endereço do patrono via postal, com aviso de recebimento, ou por Oficial de Justiça, ou, ainda, por servidor designado pelo Juiz Eleitoral.

Art. 44. Verificando a ausência ou a irregularidade da representação processual do órgão partidário ou dos responsáveis, o Juiz ou Relator, suspendendo o processo, marcará prazo razoável para ser sanado o defeito.

Seção II
Da Prestação de Contas sem Movimentação Financeira

Art. 45. Na hipótese de apresentação da declaração de ausência de movimentação de recursos, na forma do § 2º do art. 28 desta resolução, a autoridade judiciária determina, sucessivamente:

I. a publicação de edital no *Diário da Justiça Eletrônico* ou, se não houver, em cartório, com o nome de todos os órgãos partidários e respectivos responsáveis que apresentaram a declaração de ausência de movimentação de recursos, facultando a qualquer interessado, no prazo de 3 (três) dias contados da publicação do edital, a apresentação de impugnação que deve ser apresentada em petição fundamentada e acompanhada das provas que demonstrem a existência de movimentação financeira ou de bens estimáveis no período;

II. a juntada dos extratos bancários que tenham sido enviados para a Justiça Eleitoral, na forma do § 3º do art. 6º desta resolução;

III. a colheita e certificação nos autos das informações obtidas nos outros órgãos da Justiça Eleitoral sobre a eventual emissão de recibos de doação e registros de repasse ou distribuição de recursos do Fundo Partidário;

IV. a manifestação do responsável pela análise técnica sobre as matérias previstas os incisos I, II e III deste parágrafo, no prazo de 5 (cinco) dias;

V. a manifestação do Ministério Público Eleitoral, após as informações de que tratam as alíneas *a* e *b* deste parágrafo, no prazo de 5 (cinco) dias;

VI. as demais providências que entender necessárias, de ofício ou mediante provocação do órgão técnico, do impugnante ou do Ministério Público Eleitoral;

VII. a abertura de vista aos interessados para se manifestar sobre, se houver, a impugnação, as informações e os documentos apresentados nos autos, no prazo comum de 3 (três) dias; e

VIII. a submissão do feito a julgamento, observando que:

a) na hipótese de, concomitantemente, não existir impugnação ou movimentação financeira registrada nos extratos bancários e existir manifestação favorável da análise técnica e do Ministério Público Eleitoral, deve ser determinado o imediato arquivamento da declaração apresentada pelo órgão partidário, considerando, para todos os efeitos, como prestadas e aprovadas as respectivas contas;

b) na hipótese de existir impugnação ou manifestação contrária da análise técnica ou do Ministério Público Eleitoral, a autoridade judiciária, após ter assegurado o amplo direito de defesa, decide a causa de acordo com os elementos existentes e sua livre convicção;

c) verificado que a declaração apresentada não retrata a verdade, a autoridade judiciária deve determinar a aplicação das sanções cabíveis ao órgão partidário e seus responsáveis, na forma do art. 46 dessa resolução e a extração de cópias para encaminhamento ao Ministério Público Eleitoral para apuração da prática de crime eleitoral, em especial, o previsto no art. 350 do Código Eleitoral.

CAPÍTULO IX
DO JULGAMENTO DAS CONTAS, DAS SANÇÕES, DOS RECURSOS E DA REVISÃO DAS DESAPROVAÇÕES

Seção I
Do Julgamento das Contas

Art. 46. Compete à Justiça Eleitoral decidir sobre a regularidade das contas partidárias, julgando:

I. pela aprovação, quando elas estiverem regulares;

II. pela aprovação com ressalvas, quando verificadas impropriedades de natureza formal, falhas ou ausências irrelevantes;

III. pela desaprovação, quando:

a) for verificada irregularidade que comprometa a integralidade das contas;

b) os documentos e informações de que trata o art. 29 desta resolução forem apresentados apenas parcialmente, e não seja possível verificar a movimentação financeira do órgão partidário; ou

c) for verificado que a declaração de que trata o § 2º do art. 28 dessa resolução não corresponde à verdade.

IV. pela não prestação, quando:

a) depois de intimados na forma do art. 30 desta resolução, o órgão partidário e os responsáveis permanecerem omissos ou as suas justificativas não forem aceitas; ou

b) não forem apresentados os documentos e as informações de que trata o art. 29 desta resolução, ou o órgão partidário deixar de atender às diligências determinadas para suprir a ausência que impeça a análise da movimentação dos seus recursos financeiros.

§ 1º A ausência parcial dos documentos e das informações de que trata o art. 29 desta resolução não enseja o julgamento das contas como não prestadas se os autos contiverem elementos mínimos que permitam a análise da prestação de contas.

§ 2º Na hipótese do § 1º deste artigo, a autoridade judiciária deve examinar se a ausência verificada é relevante e compromete a regularidade das contas para efeito de sua aprovação com ressalvas ou de sua desaprovação.

§ 3º Erros formais ou materiais que no conjunto da prestação de contas não comprometam o conhecimento da origem das receitas e a destinação das despesas não acarretarão a desaprovação das contas (Lei nº 9.096/95, art. 37, § 12).

Seção II
Das Sanções

Art. 47. Constatada a violação de normas legais ou estatutárias, o órgão partidário fica sujeito às seguintes sanções:

I. no caso de recebimento de recursos das fontes vedadas de que trata o art. 12 desta resolução, sem que tenham sido adotadas as providências de devolução à origem ou recolhimento ao Tesouro Nacional na forma do art. 14 desta resolução, o órgão partidário fica sujeito à suspensão da distribuição ou do repasse dos recursos provenientes do Fundo Partidário pelo período de um ano (Lei nº 9.096/95, art. 36, II); e

II. no caso de não recolhimento ao Tesouro Nacional dos recursos de origem não identificada de que trata o art. 13 desta resolução, deve ser suspensa a distribuição ou o repasse dos recursos provenientes do Fundo Partidário até que o esclarecimento da origem do recurso seja aceito pela Justiça Eleitoral (Lei nº 9.096/95, art. 36, I).

Art. 48. A falta de prestação de contas implica a proibição de recebimento de recursos oriundos do Fundo Partidário, enquanto não for regularizada a situação do partido político.

§ 1º Julgadas não prestadas as contas do órgão nacional do partido, o Tribunal Superior Eleitoral deve encaminhar os autos ao Ministério Público Eleitoral para os fins do art. 28, III, da Lei nº 9.096, de 1995.

§ 2º O órgão partidário, de qualquer esfera, que tiver as suas contas julgadas como não prestadas fica obrigado a devolver integralmente todos os recursos provenientes do Fundo Partidário que lhe forem entregues, distribuídos ou repassados.

Art. 49. A desaprovação das contas do partido implicará a sanção de devolução da importância apontada como irregular, acrescida de multa de até 20% (vinte por cento) (Lei nº 9.096/95, art. 37).

§ 1º A sanção a que se refere o *caput* deste artigo será aplicada exclusivamente à esfera partidária responsável pela irregularidade, não suspendendo o registro ou a anotação de seus órgãos de direção partidária nem tornando devedores ou inadimplentes os respectivos responsáveis partidários (Lei nº 9.096/95, art. 37, § 2º).

§ 2º A sanção e a multa a que se refere o *caput* deste artigo deve ser aplicada de forma proporcional e razoável, pelo período de um a doze meses, o qual será fixado pela autoridade judicial observando:

I. a proporção entre o valor da irregularidade detectada e o valor dos recursos provenientes do Fundo Partidário que o órgão partidário estiver recebendo no momento da decisão; e

II. o valor absoluto da irregularidade detectada.

§ 3º O pagamento da sanção imposta deve ser feito por meio de desconto nos futuros repasses de quotas do Fundo Partidário, observando-se que:

I. o desconto da sanção imposta ao órgão nacional do partido deve ser efetuado pelo Tribunal Superior Eleitoral, no momento da distribuição das quotas do Fundo Partidário;

II. o desconto da sanção imposta aos órgãos regionais e municipais deve ser efetuado pelo órgão partidário hierarquicamente superior, no momento do repasse da parcela do Fundo Partidário destinada ao órgão sancionado;

III. os valores descontados pelo Tribunal Superior Eleitoral e pelos órgãos partidários devem ser destinados à conta única do Tesouro Nacional, com a apresentação do respectivo comprovante nos autos da prestação de contas em que aplicada a sanção; e

IV. inexistindo repasse futuro aos órgãos partidários municipais e estaduais que permita a realização do desconto previsto neste artigo, o pagamento deverá ser efetuado diretamente pelo órgão partidário sancionado.

§ 4º A sanção prevista neste artigo somente pode ser aplicada se a prestação de contas for julgada no prazo de cinco anos contados da sua apresentação à Justiça Eleitoral.

§ 5º O prazo previsto no § 4º deste artigo é interrompido com o julgamento do mérito das contas e não reinicia na hipótese da eventual interposição de recursos.

§ 6º O desconto no repasse de quotas resultante da aplicação da sanção a que se refere o *caput* deste artigo será suspenso durante o segundo semestre do ano em que se realizarem as eleições (Lei nº 9.096/95, art. 37, § 9º).

Art. 50. O órgão nacional do partido político não deve sofrer a suspensão das quotas do Fundo Partidário nem qualquer outra punição como consequência de atos praticados por órgãos regionais ou municipais.

Parágrafo único. O instituto ou fundação de pesquisa e de doutrinação e educação política não será atingido pela sanção aplicada ao partido político em caso de desaprovação de suas contas, exceto se tiver diretamente dado causa à reprovação (Lei nº 9.096/95, art. 37, § 14).

Art. 51. A responsabilização pessoal civil e criminal dos dirigentes partidários decorrente da desaprovação das contas partidárias e de atos ilícitos atribuídos ao partido político somente ocorrerá se verificada irregularidade grave e insanável resultante de conduta dolosa que importe enriquecimento ilícito e lesão ao patrimônio do partido (Lei nº 9.096/95, art. 37, § 13).

§ 1º O disposto neste artigo não impede que a autoridade judiciária, diante dos fatos apurados, verifique a incidência das regras e princípios constitucionais que regem a responsabilidade daqueles que manuseiam recursos públicos.

§ 2º Identificados indícios de irregularidades graves na prestação de contas, o Juiz ou Relator, antes de aplicar as sanções cabíveis, deve intimar os dirigentes, os tesoureiros e os responsáveis pelo órgão partidário, concedendo-lhes a oportunidade de defesa prevista no artigo 38 desta resolução.

Seção III
Dos Recursos

Art. 52. Da decisão sobre a prestação de contas dos órgãos partidários, cabe recurso para os Tribunais Regionais Eleitorais ou para o Tribunal Superior Eleitoral, conforme o caso, o qual deve ser recebido com efeito suspensivo.

§ 1º Os recursos devem ser apresentados no prazo de 3 (três) dias a contar da data da publicação da sentença ou do acórdão.

§ 2º O recurso apresentado contra a sentença proferida pelo Juiz Eleitoral tem natureza ordinária e deve ser processado na forma dos artigos 265 e seguintes do Código Eleitoral.

§ 3º Das decisões dos Tribunais Regionais Eleitorais, somente cabe recurso especial para o Tribunal Superior Eleitoral quando:

I. forem proferidas contra disposição expressa da Constituição Federal ou da lei; ou

II. ocorrer divergência na interpretação de lei entre dois ou mais tribunais eleitorais.

§ 4º Os recursos contra as decisões que julgarem as contas como não prestadas não terão efeito suspensivo.

Seção IV
Da Revisão das Desaprovações

Art. 53. As prestações de contas apreciadas na via administrativa e desaprovadas antes da edição da Lei nº 12.034, de 2009, podem ser revistas para fins de aplicação proporcional da sanção aplicada, mediante requerimento ofertado nos autos da prestação de contas.

Art. 54. O requerimento de revisão da sanção pode ser apresentado, uma única vez ao Relator originário do processo de prestação de contas no prazo de 3 (três) dias contados do trânsito em julgado da decisão de desaprovação.

Art. 55. O requerimento de revisão somente pode versar sobre o montante da sanção aplicado.

§ 1º No requerimento de revisão, não devem ser reexaminadas as impropriedades ou as irregularidades verificadas na decisão de desaprovação das contas ou das suas causas.

§ 2º O requerimento de revisão não pode alterar o resultado da decisão da prestação de contas, salvo em relação ao valor da sanção imposta ao órgão partidário.

Art. 56. Recebido o requerimento de revisão, o Relator pode indeferi-lo liminarmente quando verificar que os fundamentos e argumentos do órgão partidário já foram enfrentados e decididos no julgamento que desaprovou a prestação de contas.

Art. 57. Admitido, o requerimento de revisão deve ser recebido sem efeito suspensivo, podendo o Relator atribuir-lhe tal efeito desde que sejam relevantes os seus fundamentos e a execução seja manifestamente suscetível de causar ao órgão partidário grave dano de difícil ou incerta reparação.

§ 1º Deferido o efeito suspensivo, o requerimento de revisão deve ser processado nos próprios autos da prestação de contas, caso contrário, o Relator deve determinar o seu desentranhamento e autuação em separado.

§ 2º Recebido o pedido de revisão, o Relator deve:

I. oficiar à Secretaria de Administração do Tribunal Superior Eleitoral ou ao órgão partidário responsável pelo repasse dos recursos do Fundo Partidário para que, sem prejuízo da suspensão determinada, os respectivos valores fiquem reservados até a decisão final do pedido de revisão;

II. ouvir o Ministério Público Eleitoral no prazo de cinco dias; e

III. em igual prazo, submeter o pedido ao Plenário do Tribunal.

Art. 58. Julgado procedente o pedido de revisão, a sanção imposta ao órgão partidário deve ser ajustada e os recursos provenientes do Fundo Partidário que não forem atingidos pela nova fixação da sanção devem ser liberados.

Seção V
Da Regularização das Contas Não Prestadas

Art. 59. Transitada em julgado a decisão que julgar as contas como não prestadas, os órgãos partidários podem requerer a regularização da situação de inadimplência para suspender as consequências previstas no *caput* e no § 2º do art. 48 desta resolução.

§ 1º O requerimento de regularização:

I. pode ser apresentado pelo próprio órgão partidário, cujos direitos estão suspensos, ou pelo hierarquicamente superior;

II. deve ser autuado na classe Petição, consignando-se os nomes dos responsáveis, e distribuído por prevenção ao Juiz ou

Relator que conduziu o processo de prestação de contas a que ele se refere;

III. deve ser instruído com todos os dados e documentos previstos no art. 29 desta resolução;

IV. não deve ser recebido com efeito suspensivo;

V. deve observar o rito previsto nesta resolução para o processamento da prestação de contas, no que couber.

§ 2º Caso constatada impropriedade ou irregularidade na aplicação dos recursos do Fundo Partidário ou no recebimento dos recursos de que tratam os arts. 12 e 13 desta resolução, o órgão partidário e os seus responsáveis devem ser notificados para fins de devolução ao erário, se já não houver sido demonstrada a sua realização.

§ 3º Recolhidos os valores mencionados no § 2º deste artigo, o Tribunal deve julgar o requerimento apresentado, aplicando ao órgão partidário e aos seus responsáveis, quando for o caso, as sanções previstas nos artigos 47 e 49 desta resolução.

§ 4º A situação de inadimplência do órgão partidário e dos seus dirigentes somente deve ser levantada após o efetivo recolhimento dos valores devidos e o cumprimento das sanções impostas na decisão prevista no § 3º deste artigo.

CAPÍTULO X
DA EXECUÇÃO DAS DECISÕES

Art. 60. Transitada em julgado a decisão que julgar as contas do órgão partidário ou regularizar a situação do órgão partidário:

I. A Secretaria Judiciária do Tribunal ou o Cartório Eleitoral, nos casos de prestação de contas dos órgãos de qualquer esfera, deve proceder de acordo com os termos da decisão transitada em julgado e, quando for o caso, deve:

a) notificar os órgãos nacional e estaduais do partido sobre o inteiro teor da decisão; e

b) intimar o devedor e/ou devedores solidários para que providenciem o recolhimento ao Tesouro Nacional, no prazo de quinze dias, dos valores determinados na decisão judicial, sob pena de ser inscrito no Cadastro Informativo dos Créditos não Quitados de Órgãos e Entidades Federais (Cadin);

II. na hipótese de prestação de contas dos órgãos nacionais, a Secretaria Judiciária do Tribunal Superior Eleitoral, além das providências previstas no inciso I deste artigo, quando for o caso, deve:

a) proceder à comunicação do teor da decisão à Secretaria de Administração do TSE, na hipótese de julgamento de contas do órgão nacional do partido que resultem na sanção de desconto aplicado a novas quotas do Fundo Partidário;

b) encaminhar à Secretaria da Receita Federal do Brasil cópia do inteiro teor do processo, para as providências tributárias que forem cabíveis; e

c) encaminhar os autos à Procuradoria-Geral Eleitoral nas hipóteses previstas nesta resolução.

III. na hipótese de prestação de contas dos órgãos regionais ou municipais, a Secretaria Judiciária dos Tribunais Regionais ou os cartórios eleitorais, conforme o caso, além das providências previstas no inciso I deste artigo, deve:

a) intimar o órgão partidário hierarquicamente superior para que:

1. proceda, até o limite da sanção, ao desconto e retenção dos recursos provenientes do Fundo Partidário destinados ao órgão sancionado, de acordo com as regras e critérios de que trata o inciso II do art. 3º desta resolução;

2. destine a quantia retida à conta única do Tesouro Nacional;

3. junte aos autos da prestação de contas a respectiva Guia de Recolhimento da União (GRU), na forma prevista na decisão; ou

4. informe, nos autos da prestação de contas e no prazo máximo de 15 (quinze) dias, a inexistência ou insuficiência de repasses destinados ao órgão partidário sancionado.

b) Intimar, apenas na hipótese de ser recebida a informação de que trata o item 4 da alínea "*a*" deste inciso, o órgão partidário sancionado para que promova o pagamento do valor devido nos termos da decisão transitada em julgado.

§ 1º Incide atualização monetária e juros moratórios, calculados com base na taxa aplicável aos créditos da Fazenda Pública, sobre os valores a serem recolhidos ao Tesouro Nacional, desde a data da ocorrência do fato gerador até a do efetivo recolhimento, salvo se tiver sido determinado de forma diversa na decisão judicial.

§ 2º O prazo de inscrição do devedor no Cadin a que se referem os §§ 2º e 3º do art. 2º da Lei nº 10.522, de 2002, deve ser contado a partir da notificação prevista no inciso I, alínea *b*, do *caput* deste artigo.

§ 3º É vedada a utilização de recursos do Fundo Partidário para os pagamentos e recolhimentos previstos neste artigo.

§ 4º Na hipótese de parcelamento das sanções previstas nesta resolução, devem ser observados os seguintes procedimentos:

I. o valor de cada parcela mensal deve ser acrescido de juros equivalentes à taxa referencial do Sistema Especial de Liquidação e de Custódia (SELIC) para títulos federais, acumulada mensalmente, calculados a partir do mês subsequente ao da publicação da decisão até o mês anterior ao do pagamento, acrescido de 1% (um por cento) relativamente ao mês em que o pagamento estiver sendo efetuado (art. 406 da Lei nº 10.406/2002 e art. 13 da Lei nº 10.522/2002).

II. após a realização do pagamento de cada parcela, o órgão que proceder ao desconto ou o devedor que efetuar o seu pagamento deve encaminhar cópia do comprovante de pagamento mediante requerimento dirigido à autoridade judicial que determinará a sua juntada nos autos da prestação de contas.

III. incumbe à Secretaria Judiciária nos Tribunais Eleitorais ou ao chefe de cartório nas zonas eleitorais, o acompanhamento quanto aos prazos para pagamento das parcelas e a certificação de seu pagamento.

IV. a falta de pagamento de 3 (três) parcelas, consecutivas ou não, deve ser certificada nos autos da prestação de contas e comunicada à autoridade judicial para decisão sobre a imediata rescisão do parcelamento e o prosseguimento da cobrança, nos termos do art. 61 desta resolução.

§ 5º Em qualquer situação, deve ser encaminhada cópia da decisão com a certidão de trânsito em julgado para a unidade de exame de contas, para registro do julgamento da prestação de contas no Sistema de Informações de Contas Partidárias e Eleitorais (Sico).

Art. 61. Transcorrido o prazo previsto no inciso I, alínea *b*, do art. 60, sem que tenham sido recolhidos os valores devidos,

Art. 61

a Secretaria Judiciária do Tribunal ou o Cartório Eleitoral deve encaminhar cópia digital dos autos à Advocacia-Geral da União, para que promova as medidas cabíveis visando à execução do título judicial, mediante a apresentação de petição de cumprimento de sentença, nos termos do Código de Processo Civil.

§ 1º A Advocacia-Geral da União pode adotar medidas extrajudiciais para a cobrança do crédito previamente à instauração da fase de cumprimento de sentença, bem como propor a celebração de acordo com o devedor, nos termos da legislação em vigor.

§ 2º Esgotadas as tentativas de cobrança extrajudicial do crédito, a Advocacia-Geral da União deve solicitar à Secretaria de Administração do Tribunal ou ao Cartório Eleitoral que proceda à inscrição do devedor e/ou devedores solidários no Cadin e apresentar petição de cumprimento de sentença ao juízo eleitoral, instruída com memória de cálculo atualizada.

Art. 62. O disposto nos incisos I e II do art. 60 e no art. 61 desta resolução também é aplicável no caso das prestações de contas que tenham sido aprovadas com ressalvas, nas quais tenha sido identificada irregularidade que, independentemente do seu valor, deve ser ressarcida aos cofres públicos.

TÍTULO II
PRESTAÇÃO DE CONTAS DECORRENTES DA FUSÃO, INCORPORAÇÃO E EXTINÇÃO DE PARTIDOS POLÍTICOS

Art. 63. Na hipótese de incorporação ou fusão de partidos, o partido político incorporador ou o derivado da fusão deve prestar contas dos ativos e passivos daquele incorporado ou daqueles fundidos, nos termos desta resolução, no prazo de noventa dias, a contar da data de averbação do novo estatuto partidário no Tribunal Superior Eleitoral.

§ 1º Na hipótese de fusão, o novo partido deve:

I. providenciar a abertura de novas contas bancárias, em nome do novo partido, informando ao TSE qual se destina ao recebimento de quotas do Fundo Partidário;

II. providenciar o cancelamento das contas bancárias e da inscrição no CNPJ dos partidos que se fundiram;

III. transferir os saldos contábeis, respeitada a natureza das respectivas contas;

IV. obter a certidão de cancelamento dos registros dos partidos que se fundiram; e

V. promover o registro de transferência dos ativos dos partidos que se fundiram, consignando os débitos existentes.

§ 2º Na hipótese de incorporação, o incorporador deve:

I. providenciar o cancelamento das contas bancárias e da inscrição no CNPJ do partido incorporado;

II. transferir os saldos financeiros e contábeis, respeitada a natureza das respectivas contas;

III. obter a certidão de cancelamento do registro do partido incorporado; e

IV. promover o registro da transferência dos ativos do partido incorporado, consignando os débitos existentes.

Art. 64. Na hipótese de extinção do partido político, os seus dirigentes estarão obrigados, no prazo de 90 (noventa) dias da averbação do cancelamento do estatuto partidário, a apresentar a respectiva prestação de contas, nos termos desta resolução.

Parágrafo único. Na prestação de contas prevista neste artigo, além dos documentos indicados no art. 29 desta resolução, os dirigentes do partido político extinto devem demonstrar, sob pena de responsabilidade civil e penal, que procederam à devolução:

I. de todos os recursos disponíveis oriundos do Fundo Partidário à conta prevista no art. 40, § 1º, da Lei nº 9.096, de 1995; e

II. em favor da União de todos os bens e ativos adquiridos pelos órgãos do partido político extinto com recursos provenientes do Fundo Partidário.

TÍTULO III
DISPOSIÇÕES TRANSITÓRIAS

Art. 65. As disposições previstas nesta resolução não atingem o mérito dos processos de prestação de contas relativos aos exercícios anteriores ao de 2016.

§ 1º As disposições processuais previstas nesta resolução devem ser aplicadas aos processos de prestação de contas relativos aos exercícios de 2009 e seguintes que ainda não tenham sido julgados.

§ 2º A adequação do rito dos processos de prestação de contas previstos no § 1º deste artigo deve observar forma determinada pelo Juiz ou Relator do feito, sem que sejam anulados ou prejudicados os atos já realizados.

§ 3º As irregularidades e impropriedades contidas nas prestações de contas relativas aos exercícios anteriores a 2015 devem ser analisadas de acordo com as regras vigentes no respectivo exercício, observando-se que:

I. as prestações de contas relativas aos exercícios anteriores a 2015 devem ser examinadas de acordo com as regras previstas na Res.-TSE nº 21.841/2004;

II. as prestações de contas relativas ao exercício de 2015 devem ser examinadas de acordo com as regras previstas na Res.-TSE nº 23.432; e

III. as prestações de contas relativas aos exercícios de 2016 e seguintes deverão ser examinadas de acordo com as regras previstas nesta resolução e as que a alterarem.

§ 4º As alterações realizadas nesta resolução que impliquem a análise das irregularidades e impropriedades contidas nas prestações de contas somente devem ser aplicáveis no exercício seguinte ao da deliberação pelo Plenário do Tribunal Superior Eleitoral, salvo previsão expressa em sentido contrário.

Art. 66. A adoção da escrituração digital e o encaminhamento pelo Sistema Público de Escrituração Digital (SPED), previstos no art. 26, § 2º, e 27 desta resolução são obrigatórios em relação às prestações de contas dos:

I. órgãos nacionais dos partidos políticos, a partir da apresentação de contas do exercício de 2015, a ser realizada até 30 de abril de 2016;

II. órgãos estaduais dos partidos políticos, a partir da apresentação de contas do exercício de 2016, a ser realizada até 30 de abril de 2017; e

III. órgãos municipais dos partidos políticos, a partir da apresentação de contas do exercício de 2017, a ser realizada até 30 de abril de 2018.

Art. 67. Até que o sistema previsto no art. 29 desta resolução seja disponibilizado pelo Tribunal Superior Eleitoral, a escrituração contábil, as peças e os documentos exigidos no art. 29 devem observar os modelos disponibilizados pelo Tribunal Superior Eleitoral na internet e as orientações técnicas pertinentes.

Parágrafo único. A partir do momento em que o sistema previsto no art. 29 desta resolução estiver disponível, a sua utilização será obrigatória aos órgãos nacionais dos partidos políticos e será implementada pelos órgãos estaduais e municipais de acordo com as datas e formas previstas no art. 66 desta resolução.

TÍTULO IV
DISPOSIÇÕES FINAIS

Art. 68. Os processos de prestação de contas partidárias são públicos e podem ser livremente consultados por qualquer interessado, o qual responde pelos custos de reprodução e pela utilização das cópias de peças e documentos que requerer.

§ 1º O Juiz ou Relator pode, mediante requerimento do órgão partidário ou dos responsáveis, limitar o acesso aos autos e a presença, em determinados atos, às próprias partes e a seus advogados, ou somente a estes, em casos nos quais a preservação do direito à intimidade do interessado no sigilo não prejudique o interesse público à informação.

§ 2º A Secretaria de Tecnologia da Informação do Tribunal Superior Eleitoral deve desenvolver, no prazo de um ano, contado da vigência desta resolução um sistema para divulgação, pela internet, dos dados relativos aos valores arrecadados e gastos pelos partidos políticos.

Art. 69. A obrigação da utilização do sistema previsto no art. 29 desta resolução ocorrerá nos termos estabelecidos pelo Tribunal Superior Eleitoral.

Art. 70. O Juiz ou o Relator do processo de prestação de contas pode determinar a suspensão ou a interrupção do prazo de cinco anos previsto no § 4º do art. 49 desta resolução nas hipóteses em que identificar a intenção deliberada da agremiação partidária em opor resistência injustificada ao andamento do processo, proceder de modo temerário em qualquer incidente ou ato do processo, provocar incidentes manifestadamente infundados ou interpor recurso com intuito claramente protelatório.

Art. 71. A qualquer tempo, o Ministério Público Eleitoral e os demais partidos políticos podem relatar indícios e apresentar provas de irregularidade relativa à movimentação financeira, recebimento de recursos de fontes vedadas, utilização de recursos provenientes do Fundo Partidário e realização de gastos que esteja sendo cometida ou esteja prestes a ser cometida por partido político, requerendo à autoridade judicial competente a adoção das medidas cautelares pertinentes para evitar a irregularidade ou permitir o pronto restabelecimento da legalidade.

§ 1º Na hipótese prevista neste artigo, a representação dos partidos políticos e do Ministério Público Eleitoral deve ser realizada pelos seus representantes que possuam legitimidade para atuar perante a instância judicial competente para a análise e julgamento da prestação de contas do órgão partidário que estiver cometendo a irregularidade.

§ 2º As ações preparatórias previstas neste artigo devem ser autuadas na classe Ação Cautelar e, nos tribunais, devem ser distribuídas a um relator.

§ 3º Recebida a inicial, a autoridade judicial, deve determinar:

I. as medidas urgentes que considerar adequadas para efetivação da tutela provisória, quando houver elementos que evidenciem a probabilidade do direito e o perigo de dano ou o risco ao resultado útil do processo; e

II. a citação do órgão partidário, entregando-lhe cópia da inicial e dos documentos que a acompanham, a fim de que, no prazo de 5 (cinco) dias, ofereça ampla defesa acompanhada dos documentos e provas que pretenda produzir.

§ 4º A ação prevista neste artigo deve observar, no que couber, o rito das ações cautelares preparatórias ou antecedentes previsto no Código de Processo Civil.

§ 5º Definida a tutela provisória, que pode a qualquer tempo ser revogada ou alterada, os autos da ação cautelar permanecerão em secretaria para serem apensados à prestação de contas do respectivo exercício quando esta for apresentada.

Art. 72. O julgamento da prestação de contas pela Justiça Eleitoral não afasta a possibilidade de apuração por outros órgãos quanto à prática de eventuais ilícitos antecedentes e/ou vinculados, verificados no curso de investigações em andamento ou futuras.

Parágrafo único. A autoridade judicial responsável pela análise das contas, ao verificar a presença de indícios de irregularidades que possam configurar ilícitos, remeterá as respectivas informações e documentos aos órgãos competentes para apuração de eventuais crimes (Lei nº 9.096/95, art. 35; e Código de Processo Penal, art. 40).

Art. 73. O Tribunal Superior Eleitoral pode emitir orientações técnicas referentes à prestação de contas, preparadas pela Assessoria de Exame de Contas Eleitorais e Partidárias (Asepa) e aprovadas pelo Presidente do Tribunal.

Art. 74. Os prazos contados em horas podem ser transformados em dias.

Art. 75. Esta resolução entra em vigor em 1º de janeiro de 2016.

Art. 76. Ficam revogadas: a Res.-TSE nº 23.432, de 16 de dezembro de 2014, sem prejuízo de sua aplicação ao exercício de 2015, na forma do art. 65, § 3º, II, desta resolução, e a Res.-TSE nº 23.437, de 26 de fevereiro de 2015.

Brasília, 17 de dezembro de 2015.

Ministro DIAS TOFFOLI – Presidente
Ministro HENRIQUE NEVES DA SILVA – Relator
Ministro GILMAR MENDES
Ministra ROSA WEBER
Ministra MARIA THEREZA DE ASSIS MOURA
Ministro HERMAN BENJAMIN
Ministra LUCIANA LÓSSIO

*Republicada por determinação do Relator, em virtude de erro material na redação do art. 72.

Este texto não substitui o publicado no DJE-TSE, nº 240, de 21/12/2015, p. 3-25.

Republicada no DJE-TSE, nº 28, de 11/02/2016, p. 114-136.

Resolução Nº 23.465, de 17 de dezembro de 2015

> Disciplina a criação, organização, fusão, incorporação e extinção de partidos políticos.

O TRIBUNAL SUPERIOR ELEITORAL, no uso de suas competências e tendo em vista o disposto no art. 61 da Lei nº 9.096, de 19 de setembro de 1995, resolve expedir a seguinte resolução:

TÍTULO I
DISPOSIÇÕES PRELIMINARES

Art. 1º O partido político, pessoa jurídica de direito privado, destina-se a assegurar, no interesse do regime democrático, a autenticidade do sistema representativo e a defender os direitos fundamentais definidos na Constituição Federal (Lei nº 9.096/95, art. 1º).

Art. 2º É livre a criação, fusão, incorporação e extinção de partidos políticos cujos programas respeitem a soberania nacional, o regime democrático, o pluripartidarismo e os direitos fundamentais da pessoa humana, observadas as normas desta resolução (Lei nº 9.096/95, art. 2º).

Art. 3º É assegurada ao partido político autonomia para definir sua estrutura interna, organização e funcionamento (Lei nº 9.096/95, art. 3º).

Art. 4º Os filiados de um partido político têm iguais direitos e deveres (Lei nº 9.096/95, art. 4º).

Art. 5º A ação do partido tem caráter nacional e é exercida de acordo com seu estatuto e programa, sem subordinação a entidades ou governos estrangeiros (Lei nº 9.096/95, art. 5º).

Art. 6º É vedado ao partido político ministrar instrução militar ou paramilitar, utilizar-se de organização da mesma natureza e adotar uniforme para seus membros (Lei nº 9.096/95, art. 6º).

TÍTULO II
DA ORGANIZAÇÃO E DO FUNCIONAMENTO DOS PARTIDOS POLÍTICOS

CAPÍTULO I
DA CRIAÇÃO E DO REGISTRO DOS PARTIDOS POLÍTICOS

Seção I
Da Criação

Art. 7º O partido político, após adquirir personalidade jurídica na forma da lei civil, registrará seu estatuto no Tribunal Superior Eleitoral. (Lei nº 9.096/95, art. 7º, *caput*).

§ 1º Só é admitido o registro do estatuto de partido político que tenha caráter nacional, considerando-se como tal aquele que comprove, no período de dois anos, o apoiamento de eleitores não filiados a partido político, correspondente a, pelo menos, 0,5% (cinco décimos por cento) dos votos dados na última eleição geral para a Câmara dos Deputados, não computados os votos em branco e os nulos, distribuídos por um terço, ou mais, dos estados, com um mínimo de 0,1% (um décimo por cento) do eleitorado que haja votado em cada um deles (Lei nº 9.096/95, art. 7º, § 1º).

§ 2º O apoiamento mínimo de que trata o § 1º deste artigo é calculado de acordo com os votos dados, na última eleição geral para a Câmara dos Deputados, não computados os votos em branco e os nulos, de acordo como os registros da Justiça Eleitoral constantes no último dia previsto para a diplomação dos candidatos eleitos no respectivo pleito.

§ 3º O prazo de dois anos para obtenção do apoiamento de que trata o § 1º deste artigo é contado a partir da data da aquisição da personalidade jurídica do partido político em formação, na forma prevista no art. 10 desta resolução.

Art. 8º Somente o partido político que tiver registrado o seu estatuto no Tribunal Superior Eleitoral pode participar do processo eleitoral, receber recursos do Fundo Partidário e ter acesso gratuito ao rádio e à televisão, nos termos da Lei (Lei nº 9.096/95, art. 7º, § 2º).

§ 1º Somente o registro do estatuto do partido no Tribunal Superior Eleitoral assegura a exclusividade da sua denominação, sigla e símbolos, vedada a utilização, por outros partidos, de variações que venham a induzir a erro ou confusão (Lei nº 9.096/95, art. 7º, § 3º).

§ 2º Pode participar das eleições o partido que, até um ano antes do pleito, tiver registrado seu estatuto no Tribunal Superior Eleitoral, conforme o disposto em lei, e tiver, até a data da convenção, órgão de direção constituído na circunscrição, de acordo com o respectivo estatuto e devidamente anotado (Lei nº 9.504/97, art. 4º; Código Eleitoral, art. 90).

Art. 9º Os fundadores, em número nunca inferior a 101 (cento e um) eleitores no gozo de seus direitos políticos, com domicílio eleitoral em, no mínimo, um terço dos estados, elaboram o programa e o estatuto do partido político em formação e elegem, na forma do estatuto, os seus dirigentes nacionais provisórios, os quais se encarregam das providências necessárias para o registro do estatuto perante o Cartório do Registro Civil competente e no Tribunal Superior Eleitoral (Lei nº 9.096/95, art. 8º).

§ 1º Devem ser publicados no *Diário Oficial da União* o inteiro teor do programa e do estatuto aprovados na reunião de fundadores do partido político.

§ 2º Antes da apresentação para anotação perante a Justiça Eleitoral, as alterações programáticas e estatutárias devem ser publicadas no *Diário Oficial da União* e, em seguida, registradas no cartório civil.

Seção II
Do Registro Civil

Art. 10. O requerimento do registro de partido político em formação, dirigido ao cartório competente do Registro Civil das Pessoas Jurídicas da Capital Federal, deve ser subscrito pelos seus fundadores, em número nunca inferior a 101 (cento e um), com domicílio eleitoral em, no mínimo, um 1/3 (um terço dos estados), e acompanhado de (Lei nº 9.096/95, art. 8º, incisos I a III, §§ 1º e 2º):

I. cópia autêntica da ata da reunião de fundação do partido político;

II. exemplares do *Diário Oficial da União* que publicou, no seu inteiro teor, o programa e o estatuto; e

III. relação de todos os fundadores com nome completo, naturalidade, número do título eleitoral com a zona, seção, município e unidade da Federação, profissão e endereço da residência.

§ 1º O requerimento deve indicar o nome e a função dos dirigentes provisórios e o endereço da sede nacional do partido político, que deverá ser sempre na Capital Federal (Res.-TSE nº 22.316/2006).

§ 2º Satisfeitas as exigências deste artigo, além dos requisitos estabelecidos na Lei de Registros Públicos, o Oficial do Registro Civil efetua o registro no livro correspondente, expedindo certidão de inteiro teor.

§ 3º O partido político em formação, no prazo de até 100 (cem) dias contados da obtenção do seu registro civil, deve informar ao Tribunal Superior Eleitoral a sua criação, apresentando:

I. a respectiva certidão do Registro Civil de Pessoas Jurídicas;

II. o seu número de inscrição no Cadastro Nacional de Pessoas Jurídicas (CNPJ);

III. cópia da ata de fundação e da relação dos fundadores, acompanhada do estatuto e do programa aprovados no momento da fundação; e

IV. o endereço, telefone e número de *fac-símile* de sua sede e de seus dirigentes nacionais provisórios.

§ 4º As informações prestadas ao Tribunal Superior Eleitoral nos termos do § 3º deste artigo não acarretam a autuação do processo administrativo de que trata o art. 26 desta resolução, não são objeto de análise pela Justiça Eleitoral nesta fase e podem ser divulgadas no sítio do Tribunal Superior Eleitoral para efeito de consulta dos interessados.

Seção III
Do Apoiamento de Eleitores

Art. 11. O partido político em formação, por meio de seu representante legal, em requerimento acompanhado de certidão do Registro Civil das Pessoas Jurídicas da Capital Federal, deve informar aos Tribunais Regionais Eleitorais o nome das pessoas responsáveis pela apresentação das listas ou dos formulários de assinaturas e solicitação de certidão de apoiamento perante os cartórios eleitorais.

Parágrafo único. Os Tribunais Regionais Eleitorais devem encaminhar as informações prestadas na forma do *caput* para os cartórios eleitorais em relação aos quais tenham sido indicados responsáveis.

Art. 12. Adquirida a personalidade jurídica na forma do art. 10 desta resolução, o partido político em formação promove a obtenção do apoiamento mínimo de eleitores a que se refere o § 1º do art. 7º desta resolução e realiza os atos necessários para a constituição definitiva de seus órgãos e designação dos dirigentes, na forma do seu estatuto (Lei nº 9.096/95, art. 8º, § 3º).

§ 1º O apoiamento mínimo deve ser obtido no prazo de que trata o § 3º do art. 7º desta resolução, mediante a assinatura de eleitor não filiado a partido político em listas ou formulários de acordo com os modelos disponibilizados pela Justiça Eleitoral, organizados pela agremiação em formação para cada zona eleitoral, as quais conterão:

I. a denominação do partido político, sua sigla e o seu número de inscrição no CNPJ;

II. declaração de que o(s) subscritor(es) não é(são) filiado(s) a partido político e apoia(m) a criação do partido político em formação;

III. o nome completo do eleitor que manifesta seu apoio à criação do partido político, indicando o número de seu título de eleitor, zona e seção eleitoral;

IV. a data do apoio manifestado;

V. a assinatura ou, no caso de eleitor analfabeto, a impressão digital do eleitor, de acordo com as cadastradas perante a Justiça Eleitoral;

VI. informação de que a assinatura da lista de apoio não caracteriza ato de filiação partidária; e

VI. o nome de quem coletou a assinatura do apoiador, com declaração de quem pessoalmente a colheu, sob as penas da lei.

§ 2º O eleitor analfabeto manifesta seu apoio mediante aposição da impressão digital, devendo constar das listas ou dos formulários a identificação pelo nome, número de inscrição, zona e seção, município, unidade da Federação e data de emissão do título eleitoral (Res.-TSE nº 21.853/2004).

§ 3º A assinatura ou impressão digital aposta pelo eleitor nas listas ou nos formulários de apoiamento a partido político em formação não implica filiação partidária (Res.-TSE nº 21.853/2004).

Art. 13. O representante legal, mediante senha entregue pela Justiça Eleitoral, deve realizar o cadastro prévio dos dados dos eleitores que manifestaram apoio à criação do partido político em formação, por meio de sistema específico, em relações individualizadas por zona eleitoral.

§ 1º Não são aceitos no momento do pré-cadastramento nomes de eleitores que constem nos registros da Justiça Eleitoral como filiados a partido político ou que já tenham sido previamente cadastrados como apoiadores da respectiva agremiação.

§ 2º O eleitor não filiado pode manifestar apoio à criação de mais de uma agremiação.

Art. 14. Preenchidos os dados do pré-cadastramento, os responsáveis credenciados devem apresentar, em duas vias (original e cópia), os formulários, listas ou fichas individuais de apoiamento ao cartório da respectiva zona eleitoral para conferência das assinaturas.

§ 1º O chefe de cartório deve dar imediato recibo de cada lista ou formulário que lhe for apresentado e, no prazo de até 15 (quinze) dias, após conferir, por semelhança, as assinaturas e os números dos títulos eleitorais, deve lavrar o seu atestado nas listas ou nos formulários, devolvendo a cópia ao representante credenciado do partido em formação (Lei nº 9.096/95, art. 9º, § 2º, c.c. o art. 4º da Lei nº 10.842/2004).

§ 2º O prazo referido no parágrafo anterior pode ser prorrogado pelo juiz eleitoral, por igual período, quando houver motivo que o justifique.

§ 3º A via original das listas ou formulários deve permanecer sob a guarda do juízo eleitoral até o julgamento, pelo Tribunal Superior Eleitoral, do pedido de registro do estatuto e do órgão de direção nacional do partido em formação, após o que, se sua autenticidade não estiver sendo discutida judicialmente, pode ser devolvida aos interessados ou descartada.

Art. 14

§ 4º A verificação dos dados do eleitor, em especial sua assinatura, deve ser realizada mediante a comparação com os que constam do cadastro de eleitores e das folhas de votação utilizadas nas duas últimas eleições.

§ 5º Não devem ser atestadas como válidas as assinaturas que:
I. divirjam dos padrões constantes dos registros da Justiça Eleitoral;
II. não possuam registros suficientes para a comparação; ou
III. tenham sido obtidas antes do registro civil do partido em formação ou após o transcurso do prazo previsto no § 3º do art. 7º desta resolução.

§ 6º Em qualquer hipótese, a razão do não reconhecimento da assinatura deve ser informada ao partido político em formação, ainda que de forma sucinta.

§ 7º É facultado ao interessado e aos partidos em formação comprovar a autenticidade da assinatura recusada pelo cartório mediante o comparecimento pessoal do eleitor para ratificação de seu apoio e, se for o caso, atualização de seus dados.

§ 8º O nome dos eleitores cujos dados forem atestados pelo chefe do cartório devem ser validados no sistema de que trata o art. 13 desta resolução e podem ser consultados no sítio do Tribunal Superior Eleitoral na internet.

Art. 15. Os dados constantes nas listas ou nos formulários devem ser publicados em cartório e no sítio do Tribunal Superior Eleitoral no prazo de 3 (três) dias contados do seu recebimento e podem ser impugnados por qualquer interessado, em petição fundamentada, no prazo de 5 (cinco) dias contados da publicação.

§ 1º A impugnação deve ser apresentada diretamente ao juízo eleitoral competente, relatando fatos devidamente comprovados.

§ 2º Conhecida a impugnação, o juiz determinará a notificação do responsável indicado pelo partido político em formação e, se for o caso, de quem mais estiver indicado na impugnação para que, no prazo de 5 (cinco) dias, apresente(m) defesa, com as provas que entender(em) cabíveis.

§ 3º Apresentada ou não defesa, o juiz eleitoral, após ouvir o Ministério Público Eleitoral, decidirá o incidente em até 3 (três) dias.

§ 4º Julgada procedente a impugnação, o juiz determinará a exclusão do nome do eleitor da respectiva lista de apoiamento.

§ 5º Havendo indícios da prática de crime na documentação apresentada para apoiamento, será remetida cópia desta ao Ministério Público Eleitoral para as providências cabíveis, independentemente do oferecimento de impugnação.

Art. 16. As certidões comprobatórias do apoiamento mínimo podem ser obtidas diretamente no sítio do Tribunal Superior Eleitoral na internet.

Art. 17. O eleitor cujo nome tenha sido registrado no sistema de que trata o art. 13 desta resolução pode, mediante requerimento justificado e endereçado ao juízo competente, requerer a exclusão de seu nome.

§ 1º Recebido o pedido de exclusão de apoio e verificada a autenticidade da representação do eleitor, o Juiz Eleitoral deve determinar liminarmente a retirada do nome do requerente da lista de apoiamento à criação do partido político em formação, sem prejuízo da comunicação prevista no § 5º do art. 15 desta resolução.

§ 2º A exclusão do nome do eleitor somente é admitida até o encerramento da fase de instrução do processo de registro do estatuto e do órgão de direção nacional do partido em formação pelo Tribunal Superior Eleitoral.

§ 3º Havendo indícios de ilicitude, os pedidos formulados após a fase prevista no § 2º deste artigo podem ser encaminhados ao Ministério Público Eleitoral, sem prejuízo de o eleitor requerer judicialmente o que for cabível.

Art. 18. Obtido o apoiamento mínimo de eleitores na unidade da Federação, o partido político em formação deve constituir, definitivamente, na forma do seu estatuto, órgãos de direção regional e municipais, designando os seus dirigentes, organizados em, no mínimo, 1/3 (um terço) dos estados, e constituirá, também definitivamente, o seu órgão de direção nacional (Lei nº 9.096/95, art. 8º, § 3º).

Art. 19. Os partidos em formação têm o direito de obter, no respectivo cartório eleitoral, a lista de eleitores com informações sobre o nome, o número do título, a zona, a seção e a eventual filiação a partido político, vedada a divulgação de outros dados (Res.-TSE nº 21.966, de 2004).

Seção IV
Do Registro dos Órgãos Partidários nos Tribunais Regionais Eleitorais

Art. 20. Feita a constituição definitiva e a designação dos órgãos de direção regional e municipais, o presidente regional do partido político em formação deve solicitar o registro no respectivo Tribunal Regional Eleitoral, por meio de requerimento acompanhado de:

I. exemplar autenticado do inteiro teor do programa e do estatuto partidários, inscritos no registro civil;
II. certidão do Cartório do Registro Civil das Pessoas Jurídicas a que se refere o § 2º do art. 10 desta resolução;
III. cópia da(s) ata(s) de escolha e designação, na forma do respectivo estatuto, dos dirigentes dos órgãos partidários regionais e, se houver, municipais, com a indicação do respectivo nome, endereço, número de telefone e de *fac-símile* e *e-mail*.

Parágrafo único. As certidões comprobatórias do apoiamento mínimo são impressas diretamente do sistema de que trata o art. 13 e juntadas aos autos pelo respectivo Tribunal Regional Eleitoral, sendo dispensada a sua apresentação pelo partido em formação.

Art. 21. O pedido de registro, após o protocolo, deve ser autuado e distribuído, na classe própria, a um relator, no prazo de até 48 (quarenta e oito) horas, devendo a secretaria do tribunal publicar, imediatamente, no *Diário da Justiça Eletrônico*, edital para ciência dos interessados.

Art. 22. Cabe a qualquer interessado impugnar, no prazo de 5 (cinco) dias, contados da publicação do edital, em petição fundamentada, o pedido de registro.

§ 1º A impugnação deve ser formulada em petição fundamentada dirigida ao relator, com a clara identificação dos fatos e dos fundamentos jurídicos do pedido.

§ 2º Na impugnação, o impugnante deve juntar desde logo a prova documental pertinente e, se for o caso, requerer, justificadamente, outras provas, inclusive requisição de documentos em poder de terceiros ou de repartições públicas.

Art. 23. Oferecida impugnação, o relator determina a intimação do requerente do registro para apresentação de defesa, no prazo de 7 (sete) dias.

Parágrafo único. Na defesa, o partido em formação deve juntar desde logo a prova documental pertinente e, se for o caso, requerer, justificadamente, outras provas, inclusive documentos em poder de terceiros ou de repartições públicas.

Art. 24. Oferecida a resposta ou findo o respectivo prazo, o relator decidirá sobre a pertinência das provas requeridas pelas partes, determinando a realização daquelas que contribuírem para decisão da causa e indeferindo as inúteis ou meramente protelatórias.

Parágrafo único. Da juntada de qualquer documento, deve ser dada vista a outra parte para manifestação no prazo de 3 (três) dias.

Art. 25. Não havendo impugnação ou finda a instrução do feito, o relator deve ouvir o Ministério Público Eleitoral no prazo de 10 (dez) dias e determinar, em igual prazo, as diligências para sanar eventuais falhas do processo.

§ 1º Ouvido o Ministério Público, os autos são conclusos ao relator, que os apresentará para julgamento perante o Plenário do Tribunal no prazo de até 30 (trinta) dias.

§ 2º Na sessão de julgamento, após o relatório, as partes, inclusive o Procurador Regional Eleitoral, podem sustentar oralmente suas razões, no prazo improrrogável de 20 (vinte) minutos cada um.

Seção V
Do Registro do Estatuto e do Órgão de Direção Nacional no Tribunal Superior Eleitoral

Art. 26. Registrados os órgãos de direção regional em, pelo menos, 1/3 (um terço) dos estados, o presidente do partido político em formação deve solicitar o registro do estatuto e do respectivo órgão de direção nacional no Tribunal Superior Eleitoral, por meio de requerimento acompanhado de:

I. cópia da ata da reunião de fundação do partido político autenticada por tabelião de notas;

II. exemplar autenticado do inteiro teor do programa e do estatuto partidários, inscritos no cartório competente do Registro Civil das Pessoas Jurídicas da Capital Federal;

III. relação de todos os fundadores com o nome completo, naturalidade, número do título eleitoral com a zona, seção, município e unidade da Federação, profissão e endereço da residência;

IV. certidão do Cartório do Registro Civil das Pessoas Jurídicas a que se refere o § 2º do art. 9º desta resolução;

V. certidões expedidas pelos Tribunais Regionais Eleitorais que comprovem ter o partido político em formação obtido o registro do órgão de direção nos respectivos estados; e

VI. cópia da ata da reunião que comprova a constituição definitiva do órgão de direção nacional, com a designação de seus dirigentes, autenticada por tabelião de notas, quando se tratar de cópia.

§ 1º As certidões comprobatórias do apoiamento mínimo e do deferimento do registro do órgão de direção, nos respectivos estados, são impressas e juntadas aos autos pelo Tribunal Superior Eleitoral, sendo dispensada a sua apresentação pelo partido em formação.

§ 2º O partido político em formação deve indicar, no pedido de registro, o nome, a sigla e o número da legenda pretendidos.

§ 3º É vedada a utilização do número da agremiação juntamente com a sigla partidária.

§ 4º O número da legenda deverá ser escolhido entre o 10 (dez) e o 90 (noventa).

§ 5º A preferência para a utilização de determinado número pelo partido em formação é verificada pela ordem cronológica dos pedidos de registro de partidos políticos protocolizados perante o Tribunal Superior Eleitoral, observando-se que:

I. é assegurada a exclusividade do número da legenda após o deferimento do registro do estatuto do partido no Tribunal Superior Eleitoral; e

II. indeferido o pedido de registro, a preferência de uso do número é transferida em ordem cronológica, se for o caso, para o próximo pedido de registro que o pretenda utilizar ou, não havendo, pode ser requerida por qualquer interessado.

Art. 27. Protocolizado o pedido de registro, será ele autuado e distribuído a um relator no prazo de 48 (quarenta e oito) horas, devendo a secretaria do tribunal publicar, imediatamente, no *Diário da Justiça Eletrônico*, edital para ciência dos interessados (Lei nº 9.096/95, art. 9º, § 3º).

Art. 28. Cabe a qualquer interessado impugnar, no prazo de 5 (cinco) dias contados da publicação do edital, em petição fundamentada, o pedido de registro.

§ 1º A impugnação deve ser formulada em petição fundamentada dirigida ao relator, com a clara identificação dos fatos e dos fundamentos jurídicos do pedido.

§ 2º Na impugnação, o impugnante deve juntar desde logo a prova documental pertinente e, se for o caso, requerer, justificadamente, outras provas, inclusive requisição de documentos em poder de terceiros ou de repartições públicas.

Art. 29. Oferecida impugnação, o relator determina a intimação do requerente do registro para apresentação de defesa, no prazo de 7 (sete) dias.

Parágrafo único. Na defesa, o partido em formação deve juntar desde logo a prova documental pertinente e, se for o caso, requerer, justificadamente, outras provas, inclusive documentos em poder de terceiros ou de repartições públicas.

Art. 30. Oferecida a resposta ou findo o respectivo prazo, o relator decidirá sobre a pertinência das provas requeridas pelas partes, determinado a realização daquelas que contribuírem para a decisão da causa e indeferindo as inúteis ou meramente protelatórias.

Parágrafo único. Da juntada de qualquer documento, deve ser dada vista a outra parte para manifestação no prazo de 3 (três) dias.

Art. 31. Não havendo impugnação ou finda a instrução do feito, o relator deve ouvir o Ministério Público Eleitoral no prazo de 10 (dez) dias e determinar, em igual prazo, as diligências para sanar eventuais falhas do processo.

§ 1º Ouvido o Ministério Público, os autos são conclusos ao relator, que os apresentará para julgamento perante o Plenário do Tribunal no prazo de até 30 (trinta) dias.

§ 2º Na sessão de julgamento, após o relatório, as partes, inclusive o Procurador-Geral Eleitoral, podem sustentar oralmente suas razões, no prazo improrrogável de 20 (vinte) minutos cada um.

Art. 32

Art. 32. Deferido ou não o registro do estatuto e do órgão de direção nacional, o tribunal deve fazer imediata comunicação do resultado aos Tribunais Regionais Eleitorais, e estes, da mesma forma, aos juízos eleitorais.

Art. 33. Indeferido o pedido de registro pelo Tribunal Superior Eleitoral, os interessados podem requerer o desentranhamento dos documentos juntados nos autos para posterior utilização, se for o caso, em novo pedido.

Parágrafo único. Salvo deliberação em contrário do Plenário do Tribunal Superior Eleitoral, o novo pedido de registro do estatuto e do órgão de direção nacional do partido político que tenha sido anteriormente indeferido somente pode ser requerido em autos próprios, com a observância do prazo previsto no § 3º do art. 7º desta resolução e de todos os requisitos necessários.

Art. 34. Ficam automaticamente sem efeito, independentemente de decisão de qualquer órgão da Justiça Eleitoral, os registros dos órgãos de direção municipais e regionais se indeferido o pedido de registro do estatuto e do órgão de direção nacional.

CAPÍTULO II
DA ANOTAÇÃO DOS ÓRGÃOS DIRETIVOS PARTIDÁRIOS E DOS DELEGADOS

Seção I
Da Anotação dos Órgãos Partidários nos Tribunais Regionais Eleitorais

Art. 35. O órgão de direção nacional ou regional deve comunicar ao respectivo tribunal eleitoral, no prazo de 30 (trinta) dias contados da deliberação, por meio de sistema específico da Justiça Eleitoral, a constituição de seus órgãos de direção partidária regional e municipais, seu início e fim de vigência, os nomes, números de inscrição no Cadastro de Pessoas Físicas (CPF) e do título de eleitor dos respectivos integrantes, bem como as alterações que forem promovidas, para anotação (Res.-TSE nº 23.093/2009).

§ 1º. A data de início da vigência do novo órgão partidário não pode ser anterior à data de deliberação.

§ 2º Devem ser informados, além dos dados exigidos no *caput*, os números de telefone, *fac-símile*, endereço residencial e *e-mail* atualizados dos membros da comissão provisória, comissão executiva ou órgão equivalente (Res.-TSE nº 23.093/2009).

§ 3º Apenas no Distrito Federal é autorizada a anotação de órgãos de direção zonais, que corresponderão aos órgãos de direção municipais para fins de aplicação das normas estabelecidas nesta resolução (Lei nº 9.096/95, art. 54, c. c. o art. 1º da Lei nº 9.259/96).

§ 4º Nos demais Tribunais Regionais Eleitorais, as anotações restringem-se exclusivamente aos órgãos de direção regionais e municipais.

§ 5º Os Tribunais Regionais Eleitorais podem solicitar que o órgão nacional do partido político comunique diretamente ou ratifique a anotação de órgão regional.

§ 6º Protocolizado o pedido, não havendo necessidade de diligências, o Presidente do Tribunal Regional Eleitoral determinará à unidade competente que proceda à anotação.

§ 7º Os pedidos de anotação apresentados extemporaneamente devem ser acompanhados de justificativa, sob pena de indeferimento.

§ 8º Na hipótese de erro no pedido de anotação, o Presidente do Tribunal determinará a notificação do partido para que se manifeste no prazo de 5 (cinco) dias.

§ 9º No prazo de 30 (trinta) dias da anotação a que se refere o *caput*, o partido político deve informar ao Tribunal Regional Eleitoral os números de inscrição no Cadastro Nacional da Pessoa Jurídica (CNPJ) dos órgãos de direção regionais e municipais que houver constituído (SRF, IN nº 1.470/2014, art. 4º, § 6º), sob pena de suspensão da anotação.

§ 10. Na hipótese de eleição de novos dirigentes, o requerimento de fornecimento de senha de acesso ao sistema mencionado no *caput* deste artigo deve ser encaminhado com cópia da respectiva ata da reunião em que eles foram eleitos.

Art. 36. Ocorre a caducidade do órgão de direção partidária sempre que se der o encerramento dos mandatos de seus dirigentes e não houver pedido de anotação dos dirigentes para o período subsequente.

Parágrafo único. Os órgãos regionais e municipais dos partidos políticos não podem receber recursos do Fundo Partidário até que a situação de sua direção esteja regularizada.

Art. 37. A Justiça Eleitoral deve comunicar, por meio de sistema específico, aos órgãos nacional, estaduais e municipais do respectivo partido político a caducidade das anotações de seus órgãos diretivos para que a situação seja regularizada.

Art. 38. Na hipótese de intervenção ou dissolução dos órgãos partidários pelas instâncias hierarquicamente superiores nas hipóteses previstas nos estatutos do partido político, o órgão interventor deve comunicar ao Tribunal Regional Eleitoral competente a relação dos nomes das pessoas designadas para compor o órgão ou a comissão provisória e o prazo designado para a constituição do novo órgão definitivo do partido político.

Art. 39. As anotações relativas aos órgãos provisórios têm validade de 120 (cento e vinte) dias.

§ 1º Em situações excepcionais e devidamente justificadas, o partido político pode requerer ao Presidente do Tribunal Eleitoral competente a prorrogação do prazo de validade previsto neste artigo, pelo período necessário à realização da convenção para escolha dos novos dirigentes.

§ 2º A prorrogação do prazo de validade dos órgãos provisórios não desobriga o partido de adotar, com a urgência necessária, as medidas cabíveis para a observância do regime democrático a que está obrigado nos termos dos arts. 1º, 2º e 48, parágrafo único, desta resolução.

Art. 40. Anotada a composição de órgão de direção municipal e eventuais alterações, os dados devem ficar disponíveis para consulta pela intranet da Justiça Eleitoral e no sítio do Tribunal Superior Eleitoral, na internet, considerando-se efetivada a comunicação aos juízes eleitorais, independentemente de qualquer outro expediente ou aviso.

Art. 41. Os órgãos de direção regional e municipal devem manter atualizados perante a Justiça Eleitoral os seus dados de endereço, telefone, *fac-símile* e *e-mail*, bem como os de seus dirigentes.

§ 1º Os dados a que se refere o *caput* deste artigo são anotados pela secretaria judiciária do respectivo Tribunal Regional Eleitoral.

§ 2º A sede estadual dos partidos políticos deve estar sempre localizada na capital do respectivo estado.

§ 3º A sede municipal dos partidos políticos deve estar sempre localizada no respectivo município.

Art. 42. Será suspenso o registro ou a anotação do órgão de direção estadual ou municipal que tiver suas contas partidárias julgadas como não prestadas, até que seja regularizada a situação.

Parágrafo único. A desaprovação das contas partidárias apresentadas à Justiça Eleitoral não enseja a suspensão de que trata este artigo (Lei nº 9.096, art. 32, § 5º).

Seção II
Da Anotação dos Órgãos Partidários no Tribunal Superior Eleitoral

Art. 43. O órgão de direção nacional deve comunicar ao Tribunal Superior Eleitoral, no prazo de 30 (trinta) dias da deliberação, por meio de sistema específico da Justiça Eleitoral, a constituição de seu órgão de direção, o início e o fim de sua vigência, os nomes, números de inscrição no Cadastro de Pessoas Físicas (CPF) e do título de eleitor dos respectivos integrantes, bem como as alterações que forem promovidas, para anotação (Res.-TSE nº 23.093/2009).

§ 1º A data do início de vigência do novo órgão partidário não pode ser anterior à data de deliberação.

§ 2º Devem ser informados, além dos dados exigidos no caput, os números de telefone, fac-símile, e-mail e endereço residencial atualizado dos membros da comissão executiva ou órgão equivalente (Res.-TSE nº 23.093/2009).

§ 3º Protocolizado o pedido, não havendo a necessidade de diligência, o Presidente do Tribunal determinará à unidade competente que proceda à anotação.

§ 4º O pedido de anotação apresentado extemporaneamente deve ser acompanhado de justificativa, sob pena de indeferimento.

§ 5º Na hipótese de eleição de novos dirigentes, o requerimento de fornecimento de senha de acesso ao sistema mencionado no caput deste artigo deve ser encaminhado com cópia da respectiva ata da reunião em que eles foram eleitos.

Art. 44. Aplicam-se aos órgãos nacionais dos partidos políticos, no que couber, as disposições previstas no art. 36 desta Resolução.

Art. 45. O órgão de direção nacional deve manter atualizado perante a Justiça Eleitoral os seus dados de endereço, telefone, fac-símile e e-mail, bem como os de seus dirigentes.

Parágrafo único. Os dados a que se refere o caput deste artigo são anotados pela Secretaria Judiciária do Tribunal Superior Eleitoral.

Seção III
Dos Delegados

Art. 46. O partido político com registro no Tribunal Superior Eleitoral pode credenciar, respectivamente (Lei nº 9.096/95, art. 11, caput, I a III):

I. três delegados perante o Juízo Eleitoral;

II. quatro delegados perante o Tribunal Regional Eleitoral;

III. cinco delegados perante o Tribunal Superior Eleitoral.

§ 1º Os delegados são credenciados no órgão competente da Justiça Eleitoral, a requerimento do presidente do respectivo órgão de direção partidária.

§ 2º Quando o município abarcar mais de uma zona eleitoral, o Tribunal Regional Eleitoral deve designar uma delas para o credenciamento dos delegados; quando uma zona eleitoral abranger mais de um município, o credenciamento deve ser realizado no juízo separadamente, por município.

§ 3º Protocolizado o pedido, que deve conter os nomes, endereços, números do título de eleitor e telefone dos delegados e, se houver, o número de inscrição na Ordem dos Advogados do Brasil (OAB), o Presidente do Tribunal ou o Juiz Eleitoral determina, conforme o caso, à unidade competente do Tribunal ou ao cartório eleitoral que proceda à anotação.

§ 4º Os delegados credenciados pelo órgão de direção nacional representam o partido político perante quaisquer tribunais ou juízes eleitorais; os credenciados pelos órgãos estaduais, somente perante o tribunal regional eleitoral e os juízes eleitorais do respectivo estado, do Distrito Federal ou território federal; e os credenciados pelo órgão municipal, perante o juiz eleitoral do respectivo município (Lei nº 9.096/95, art. 11, parágrafo único).

CAPÍTULO III
DO PROGRAMA E DO ESTATUTO

Art. 47. Observadas as disposições constitucionais e legais, o partido é livre para fixar, em seu programa, seus objetivos políticos e para estabelecer, em seu estatuto, a sua estrutura interna, organização e funcionamento (CF, art. 17, caput; Lei nº 9.096/95, art. 14).

Art. 48. O estatuto do partido político deve prever, entre outras, normas sobre (Lei nº 9.096/95, art. 15, I a IX):

I. nome, denominação abreviada e estabelecimento da sede na Capital Federal;

II. filiação e desligamento de seus membros;

III. direitos e deveres dos filiados;

IV. formas de organização e administração, com a definição de sua estrutura geral e identificação, composição e competência dos órgãos partidários nos níveis municipal, estadual e nacional, duração dos mandatos e processo de eleição dos seus membros;

V. fidelidade e disciplina partidárias, processo para apuração das infrações e aplicação das penalidades, assegurado amplo direito de defesa;

VI. condições e forma de escolha de seus candidatos a cargos e funções eletivas;

VII. finanças e contabilidade, estabelecendo, inclusive, normas que os habilitem a apurar as quantias que os seus candidatos possam despender com a própria eleição, que fixem os limites das contribuições dos filiados e definam as diversas fontes de receita do partido político, além daquelas previstas nesta resolução;

VIII. critérios de distribuição dos recursos do Fundo Partidário entre os órgãos de nível municipal, estadual e nacional que compõem o partido político;

IX. procedimento de reforma do programa e do estatuto partidários.

Art. 48

Parágrafo único. Os estatutos dos partidos políticos não podem conter disposições que afrontem a legislação vigente, os direitos e garantias fundamentais previstos na Constituição da República ou que atentem contra a soberania nacional, o regime democrático, o pluripartidarismo, os direitos fundamentais da pessoa humana, e devem observar os seguintes preceitos (CF, art. 17):

I. caráter nacional;

II. proibição de recebimento de recursos financeiros de entidade ou governo estrangeiros ou de subordinação a estes;

III. prestação de contas à Justiça Eleitoral; e

IV. funcionamento parlamentar de acordo com a lei.

Art. 49. As alterações programáticas ou estatutárias, depois de registradas no ofício civil competente, devem ser encaminhadas ao Tribunal Superior Eleitoral, e tal pedido será juntado aos respectivos autos do processo de registro do partido político, ou, se for o caso, aos da petição que deferiu o registro do estatuto partidário adaptado à Lei nº 9.096/95, obedecido, no que couber, o procedimento previsto nos arts. 26 a 31 desta resolução, acompanhado de:

I. exemplar autenticado do inteiro teor do novo programa ou novo estatuto partidário inscrito no cartório competente do Registro Civil das Pessoas Jurídicas da Capital Federal;

II. certidão do Cartório do Registro Civil das Pessoas Jurídicas a que se refere o § 2º do art. 10 desta resolução; e

III. cópia da ata da reunião que deliberou pelas alterações do programa ou do estatuto do partido autenticada por tabelião de notas.

CAPÍTULO IV
DA FUSÃO, INCORPORAÇÃO E EXTINÇÃO DOS PARTIDOS POLÍTICOS

Art. 50. Fica cancelado, junto ao ofício civil e ao Tribunal Superior Eleitoral, o registro do partido político que, na forma de seu estatuto, se dissolva, se incorpore ou venha a se fundir a outro (Lei nº 9.096/95, art. 27).

Art. 51. O Tribunal Superior Eleitoral, após o trânsito em julgado da decisão, determina o cancelamento do registro civil e do estatuto do partido político contra o qual fique provado (Lei nº 9.096/95, art. 28, I a IV):

I. ter recebido ou estar recebendo recursos financeiros de procedência estrangeira;

II. estar subordinado a entidade ou governo estrangeiros;

III. não ter prestado, nos termos da legislação em vigor, as devidas contas à Justiça Eleitoral; ou

IV. manter organização paramilitar.

§ 1º A decisão judicial a que se refere este artigo deve ser precedida de processo regular, que assegure ampla defesa (Lei nº 9.096/95, art. 28, § 1º).

§ 2º O processo de cancelamento é iniciado pelo tribunal à vista de denúncia de qualquer eleitor, de representante de partido político, ou de representação do Procurador-Geral Eleitoral (Lei nº 9.096/95, art. 28, § 2º).

§ 3º Apresentada a denúncia, o feito deve ser autuado na classe Cancelamento de Registro de Partido Político (CRPP), distribuído livremente a um relator, que, verificando as condições de conhecimento, determina a citação do partido político para oferecer defesa no prazo de 15 (quinze) dias.

§ 4º O processo que visa à extinção do partido político segue o rito e os prazos previstos nos arts. 3º e seguintes da Lei Complementar nº 64/90.

Art. 52. Por decisão de seus órgãos nacionais de deliberação, dois ou mais partidos políticos podem fundir-se num só ou incorporar-se um ao outro (Lei nº 9.096/95, art. 29, *caput*).

§ 1º No caso de fusão, observam-se as seguintes normas (Lei nº 9.096/95, art. 29, § 1º, I e II):

I. os órgãos de direção dos partidos políticos elaboram projetos comuns de estatuto e programa;

II. os órgãos nacionais de deliberação dos partidos políticos em processo de fusão votam em reunião conjunta, por maioria absoluta, os projetos e elegem o órgão de direção nacional que promoverá o registro do novo partido político;

III. deferido o registro do novo partido político, devem ser cancelados, de ofício, os registros dos órgãos de direção regionais e municipais dos partidos políticos extintos.

§ 2º No caso de incorporação, observada a lei civil, cabe ao partido político incorporando deliberar, por maioria absoluta de votos, em seu órgão de direção nacional, sobre a adoção do estatuto e do programa de outra agremiação partidária (Lei nº 9.096/95, art. 29, § 2º).

§ 3º Adotados o estatuto e o programa do partido político incorporador, realiza-se, em reunião conjunta dos órgãos nacionais de deliberação, a eleição do novo órgão de direção nacional (Lei nº 9.096/95, art. 29, § 3º).

§ 4º O novo órgão de direção nacional providencia a realização de reuniões municipais e regionais conjuntas, que constituirão os novos órgãos municipais e regionais.

§ 5º Nos estados e municípios em que apenas um dos partidos políticos possuía órgão regional ou municipal, o novo órgão nacional ou regional pode requerer ao Tribunal Regional Eleitoral que seja anotada a alteração decorrente da incorporação.

§ 6º Na hipótese de fusão, a existência legal do novo partido político tem início com o registro, no ofício civil competente da Capital Federal, do estatuto e do programa, cujo requerimento deve ser acompanhado das atas das decisões dos órgãos competentes (Lei nº 9.096/95, art. 29, § 4º).

§ 7º No caso de incorporação, o instrumento respectivo deve ser levado ao ofício civil competente, que deve, então, cancelar o registro do partido político incorporado a outro (Lei nº 9.096/95, art. 29, § 6º).

§ 8º O novo estatuto, no caso de fusão, ou instrumento de incorporação deve ser levado a registro e averbado, respectivamente, no ofício civil e no Tribunal Superior Eleitoral, obedecido, no que couber, o procedimento previsto nos arts. 26 a 33 desta resolução (Lei nº 9.096/95, art. 29, § 7º).

Art. 53. Somente é admitida a fusão ou incorporação de partidos políticos que tenham obtido o registro definitivo do Tribunal Superior Eleitoral há, pelo menos, 5 (cinco) anos (Lei nº 9.096/95, art. 29, § 9º).

Art. 54. O Tribunal Superior Eleitoral fará imediata comunicação do trânsito em julgado da decisão que determinar o registro, cancelamento de registro, incorporação e fusão de partido político, bem como alteração de denominação e sigla partidárias à Câmara dos Deputados, ao Senado Federal, ao cartório competente do Registro Civil das Pessoas Jurídicas e aos Tribunais Regionais Eleitorais, e estes, da mesma forma, aos juízos eleitorais.

§ 1º Transitada em julgado a decisão de que trata o *caput* deste artigo, as agremiações partidárias extintas, incorporadas ou fundidas devem, no prazo de 30 (trinta) dias, apresentar no Tribunal Superior Eleitoral comprovação do pedido de cancelamento de contas bancárias e, no prazo de 90 (noventa) dias, a prova do cancelamento da inscrição no Cadastro Nacional da Pessoa Jurídica (CNPJ) na Secretaria da Receita Federal.

§ 2º O não cumprimento do disposto no parágrafo anterior pode ensejar a desaprovação das contas dos partidos políticos extintos ou originários da fusão ou incorporação.

§ 3º Em caso de cancelamento ou caducidade do órgão de direção nacional do partido, reverte ao Fundo Partidário a quota que àquele caberia (Lei nº 9.096/95, art. 42).

§ 4º A caducidade prevista no § 3º deste artigo configura-se com o encerramento do mandato dos dirigentes do órgão nacional de direção partidária sem que haja pedido de anotação dos dirigentes para o período subsequente.

TÍTULO III
DISPOSIÇÕES FINAIS E TRANSITÓRIAS

Art. 55. Os partidos políticos devem encaminhar ao Tribunal Superior Eleitoral, para anotação, o nome da fundação de pesquisa, doutrinação e educação política de que trata o inciso IV do art. 44 da Lei nº 9.096/95, a indicação do seu representante legal, número de inscrição no CNPJ, endereço da sede, telefone, *fac-símile* e *e-mail*.

Art. 56. Para fins de aplicação das normas estabelecidas nesta resolução, consideram-se como equivalentes a estados e municípios o Distrito Federal e os Territórios e suas respectivas divisões político-administrativas (Lei nº 9.096/95, art. 54).

Art. 57. As disposições procedimentais previstas nesta resolução aplicam-se aos processos de registro de estatuto e de órgão de direção nacional de partido político que ainda não tenham sido julgados, cabendo ao respectivo relator decidir sobre a adequação do feito, sem que sejam anulados ou prejudicados os atos já realizados.

Art. 58. O prazo de dois anos para comprovação do apoiamento de eleitores de que trata o § 1º do art. 7º desta resolução não se aplica aos pedidos protocolizados antes de 30 de setembro de 2015 (Lei nº 13.165/2015, art. 13).

Art. 59. O sistema de que trata o art. 13 desta resolução, assim como os demais que se fizerem necessários, serão desenvolvidos e mantidos pela Secretaria de Tecnologia da Informação do Tribunal Superior Eleitoral, a partir de janeiro de 2016.

Parágrafo único. A Secretaria de Tecnologia da Informação do Tribunal Superior Eleitoral, como coordenadora, poderá manter parcerias, convênios ou projetos comuns com os órgãos técnicos dos Tribunais Regionais Eleitorais para o desenvolvimento e manutenção dos sistemas informatizados previstos nesta resolução.

Art. 60. Esta resolução entra em vigor na data de sua publicação, revogada a Res.-TSE nº 23.282, de 22 de junho de 2010.

Art. 61. A regra prevista no art. 39 desta Resolução somente entrará em vigor a partir de 3 de março de 2017, cabendo aos partidos políticos proceder às alterações dos seus respectivos estatutos até a referida data, para contemplar prazo razoável de duração das comissões provisórias.

Brasília, 17 de dezembro de 2015.
Ministro DIAS TOFFOLI – Presidente
Ministro HENRIQUE NEVES DA SILVA – Relator
Ministro GILMAR MENDES
Ministra ROSA WEBER
Ministra MARIA THEREZA DE ASSIS MOURA
Ministro HERMAN BENJAMIN
Ministra LUCIANA LÓSSIO

Este texto não substitui o publicado no DJE-TSE, n° 241, de 22/12/2015, p. 2-12.

Resolução conjunta gpgj/pre nº 12 de 28 de março de 2016

> *Disciplina as atribuições dos Promotores Eleitorais no Estado do Rio de Janeiro, de acordo com a Resolução CNMP nº 30/2008, revoga a Resolução Conjunta MPRJ/MPE nº 11, de 11 de maio de 2015, e estabelece outras providências.*

O PROCURADOR-GERAL DE JUSTIÇA DO ESTADO DO RIO DE JANEIRO e o PROCURADOR REGIONAL ELEITORAL NO ESTADO DO RIO DE JANEIRO, no uso de suas atribuições constitucionais e legais,

CONSIDERANDO o disposto nos artigos 77, 78 e 79 da Lei Complementar nº 75, de 20 de maio de 1993, e nos artigos 10, inciso IX, "h", 32, inciso III, e 73, todos da Lei nº 8.625, de 12 de fevereiro de 1993;

CONSIDERANDO a necessidade de adequação da disciplina das atribuições dos Promotores Eleitorais às disposições da Resolução CNMP nº 30, de 19 de maio de 2008;

CONSIDERANDO as Resoluções nº 933/2015; 934/2015, 935/2015, 936/2015, 937/2015, expedidas pelo Tribunal Regional Eleitoral do Rio de Janeiro, as quais firmam a competência dos Juízes Eleitorais para processar e julgar as demandas judiciais relacionadas às Eleições de 2016,

RESOLVEM:

Art. 1º As funções eleitorais exercidas pelo Ministério Público perante os Juízos e Juntas Eleitorais no Estado do Rio de Janeiro são privativas dos Promotores de Justiça e dos Promotores de Justiça Substitutos.

Art. 2º As funções eleitorais afetas ao Ministério Público, no âmbito do Estado do Rio de Janeiro, são exercidas por 249 (duzentas e quarenta e nove) Promotorias Eleitorais, sendo 97 (noventa e sete) na Capital e 152 (cento e cinquenta e duas) no interior do Estado.

Art. 2º

Parágrafo único. Cada Promotoria Eleitoral funcionará perante a Zona Eleitoral de numeração correspondente.

Art. 3º Os Promotores Eleitorais serão designados pelo Procurador Regional Eleitoral, a partir de indicação do Procurador-Geral de Justiça, para exercício pelo período de 2 (dois) anos, por intermédio de Portarias distintas a serem publicadas nos respectivos órgãos.

Parágrafo único. O biênio de investidura será contado ininterruptamente, nele incluídos os períodos de férias, licenças e afastamentos, admitindo-se a recondução apenas quando houver um único membro do Ministério Público na respectiva circunscrição eleitoral.

Art. 4º As Promotorias Eleitorais serão providas pelos critérios previstos no art. 1º, II e III, da Resolução CNMP nº 30, de 19 de maio de 2008.

§ 1º Serão designados para as Promotorias Eleitorais situadas nos Foros Central e Regionais da Comarca da Capital, Promotores de Justiça lotados em qualquer órgão de execução situado na referida comarca.

§ 2º Aplica-se o disposto no parágrafo anterior às Promotorias Eleitorais situadas nas demais comarcas que possuam Foros Regionais.

§ 3º As Promotorias Eleitorais, situadas nas comarcas em que haja um único órgão de execução do Ministério Público, serão preenchidas pelo membro do Ministério Público que nele estiver lotado.

§ 4º Na hipótese do parágrafo anterior, achando-se vago o órgão de execução ou afastado o respectivo titular, será observado o disposto no inciso II e no § 2º, III, do art. 1º da Resolução CNMP nº 30, de 19 de maio de 2008.

§ 5º Os Promotores de Justiça lotados em Promotorias de Justiça de Tutela Coletiva ou de Investigação Penal somente poderão exercer funções eleitorais na sede dos respectivos órgãos de execução.

§ 6º Se a Zona Eleitoral abranger duas ou mais comarcas, poderão ser designados, para a correspondente Promotoria Eleitoral, Promotores de Justiça em exercício nos órgãos de execução situados em quaisquer das comarcas abrangidas.

§ 7º Para os fins desta Resolução, considera-se comarca contígua a que estiver localizada na área territorial do respectivo Centro Regional de Apoio Administrativo e Institucional.

Art. 5º Nas circunscrições com mais de uma Promotoria Eleitoral, as funções de fiscalização do registro de pesquisas eleitorais, de candidaturas e as representações pertinentes; representações relativas ao descumprimento da Lei nº 9.504/97; fiscalização da propaganda e pedidos de resposta; prestação de contas de campanha e respectivas impugnações serão exercidas pela Promotoria Eleitoral que atue perante a Zona Eleitoral designada para exercer as mesmas funções.

Art. 6º Em caso de remoção ou promoção do Promotor de Justiça, da qual resulte mudança de comarca, a Promotoria Eleitoral titularizada será considerada vaga para fins de novo provimento.

Art. 7º É vedada a permuta entre Promotores Eleitorais.

Art. 8º O provimento das Promotorias Eleitorais será efetivado no prazo de 30 (trinta) dias a contar da respectiva vacância.

Art. 9º As investiduras em função eleitoral não ocorrerão em prazo inferior a 90 (noventa) dias da data do pleito eleitoral nem cessarão em prazo inferior a 90 (noventa) dias após a eleição, cabendo ao Procurador Regional Eleitoral providenciar as prorrogações necessárias à observância deste preceito.

Art. 10. Na hipótese de impedimento, suspeição, afastamento ou licença do Promotor Eleitoral, não será admitida a prorrogação do prazo de sua investidura, que se limitará a 2 (dois) anos.

Art. 11. O Promotor de Justiça não poderá recusar a indicação para o exercício de funções eleitorais, ainda que cumulativas, salvo em situações excepcionais, devidamente justificadas, a critério do Procurador Geral de Justiça.

Art. 12. Os Promotores de Justiça que exercerem temporariamente funções eleitorais, nas hipóteses de impedimento, suspeição, afastamento ou licença do titular, poderão concorrer a nova lotação, na mesma ou em outra Promotoria Eleitoral, não se computando o período de investidura temporária.

Art. 13. É vedada a fruição de férias ou licença voluntária pelo Promotor Eleitoral no período de 90 (noventa) dias antes do pleito até 15 (quinze) dias após a diplomação dos eleitos.

Art. 14. O Promotor Eleitoral encaminhará ao Procurador Regional Eleitoral, preferencialmente por meio eletrônico (prerj@mpf.mp.br), a cópia do relatório trimestral de suas atividades, enviado à Corregedoria-Geral do Ministério Público do Estado do Rio de Janeiro.

Art. 15. O Procurador Regional Eleitoral será comunicado pela Corregedoria Geral do Ministério Público do Estado do Rio de Janeiro sobre eventuais representações apresentadas em desfavor de Promotor Eleitoral no exercício da função eleitoral.

Art. 16. Os prazos relativos às reclamações, às representações e aos pedidos de resposta são contínuos e peremptórios e não se suspendem aos sábados, domingos e feriados, a partir de 16 de agosto, até a proclamação dos eleitos em segundo turno, se houver.

§ 1º Fica instituído o regime de sobreaviso dos Promotores Eleitorais designados para exercer as funções descritas no art. 5º da presente Resolução.

§ 2º O regime de sobreaviso é extensivo à Procuradoria Regional Eleitoral e aos Procuradores Regionais Eleitorais Auxiliares.

Art. 17. No exercício das funções eleitorais, os membros do Ministério Público prestarão colaboração recíproca, realizando diligências que lhes sejam solicitadas por outros membros ou pela Procuradoria Regional Eleitoral.

Art. 18. Os casos omissos serão resolvidos nos termos do art. 1º, § 3º, da Resolução CNMP nº 30, de 19 de maio de 2008.

Art. 19. Esta Resolução entra em vigor na data de sua publicação, ficando revogada a Resolução Conjunta MPRJ/MPE nº 11, de 11 de maio de 2015.

Rio de Janeiro, 28 de março de 2016.
DOERJ, 04/04/2016.
Marfan Martins Vieira
Procurador-Geral de Justiça
Sidney Pessoa Madruga
Procurador Regional Eleitoral

Resolução Nº 23.478/2016

> Estabelece diretrizes gerais para a aplicação da Lei nº 13.105, de 16 de março de 2015, Novo Código de Processo Civil, no âmbito da Justiça Eleitoral.

O TRIBUNAL SUPERIOR ELEITORAL, no uso das atribuições que lhe confere o art. 23, inciso IX, do Código Eleitoral, considerando a necessidade de disciplinar a aplicabilidade da Lei nº 13.105/2015, no âmbito da Justiça Eleitoral, resolve expedir a seguinte resolução:

CAPÍTULO I
DISPOSIÇÕES GERAIS

Art. 1º A presente resolução dispõe sobre a aplicabilidade, no âmbito da Justiça Eleitoral, do Novo Código de Processo Civil Lei nº 13.105, de 16 de março de 2015, que entrou em vigor no dia 18 de março de 2016.

Parágrafo único. As disposições contidas nesta Resolução não impedem que outras sejam estipuladas a partir da verificação de sua necessidade.

Art. 2º Em razão da especialidade da matéria, as ações, os procedimentos e os recursos eleitorais permanecem regidos pelas normas específicas previstas na legislação eleitoral e nas instruções do Tribunal Superior Eleitoral.

Parágrafo único. A aplicação das regras do Novo Código de Processo Civil tem caráter supletivo e subsidiário em relação aos feitos que tramitam na Justiça Eleitoral, desde que haja compatibilidade sistêmica.

Art. 3º Aplicam-se aos processos eleitorais o contido nos arts. 9º e 10 do Novo Código de Processo Civil (Lei nº 13.105/2015).

Art. 4º Os feitos eleitorais são gratuitos, não incidindo custas, preparo ou honorários (Lei nº 9.265/96, art. 1º).

Art. 5º Não se aplica aos feitos eleitorais o instituto do *Amicus Curiae* de que trata o art. 138 da Lei nº 13.105, de 2015.

Art. 6º Não se aplicam aos feitos eleitorais as regras relativas à conciliação ou mediação previstas nos arts. 165 e seguintes do Novo Código de Processo Civil.

CAPÍTULO II
DOS PRAZOS

Art. 7º O disposto no art. 219 do Novo Código de Processo Civil não se aplica aos feitos eleitorais.

§ 1º Os prazos processuais, durante o período definido no calendário eleitoral, serão computados na forma do art. 16 da Lei Complementar nº 64, de 1990, não se suspendendo nos fins de semana ou feriados.

§ 2º Os prazos processuais, fora do período definido no calendário eleitoral, serão computados na forma do art. 224 do Novo Código de Processo Civil.

§ 3º Sempre que a lei eleitoral não fixar prazo especial, o recurso deverá ser interposto no prazo de 3 (três) dias, a teor do art. 258 do Código Eleitoral, não se aplicando os prazos previstos no Novo Código de Processo Civil.

Art. 8º O prazo de 30 (trinta) dias de que trata o art. 178 do Novo Código de Processo Civil não se aplica na Justiça Eleitoral.

Art. 9º Durante o período previsto no calendário eleitoral (Lei Complementar nº 64/90) não se aplica o prazo previsto no art. 234, § 2º, do Novo Código de Processo Civil (três dias), podendo a autoridade judiciária determinar a imediata busca e apreensão dos autos se, intimado, o advogado não os devolver.

Art. 10. A suspensão dos prazos processuais entre os dias 20 de dezembro e 20 de janeiro, de que trata o art. 220 do Novo Código de Processo Civil, aplica-se no âmbito dos cartórios eleitorais e dos Tribunais Regionais Eleitorais.

CAPÍTULO III
DOS ATOS PROCESSUAIS

Art. 11. Na Justiça Eleitoral não é admitida a autocomposição, não sendo aplicáveis as regras dos arts. 190 e 191 do Novo Código de Processo Civil.

Art. 12. As disposições previstas no artigo 203, § 4º, do Novo Código de Processo Civil são aplicáveis aos feitos eleitorais.

Art. 13. A regra do art. 205, § 3º, do Novo Código de Processo Civil não se aplica aos processos que tramitem durante o período previsto no calendário eleitoral para os quais seja admitida a publicação em cartório, sessão ou a utilização de edital eletrônico (LC nº 64/90, arts. 8º, 9º e 11, § 2º; Lei nº 9.504/97, art. 94, § 5º).

CAPÍTULO IV
DA TUTELA PROVISÓRIA

Art. 14. Os pedidos autônomos de tutela provisória serão autuados em classe própria.

Parágrafo único. Os pedidos apresentados de forma incidental em relação a feitos em tramitação serão encaminhados à autoridade judiciária competente, que determinará a sua juntada aos autos principais ou adotará as providências que entender cabíveis.

CAPÍTULO V
DOS PROCURADORES

Art. 15. Durante o período definido no calendário eleitoral, a carga dos autos para obtenção de cópias no curso de prazo comum às partes, prevista no art. 107, § 3º, do Novo Código de Processo Civil, será automaticamente permitida pela serventia pelo prazo de 2 (duas) horas, cabendo à autoridade judiciária decidir sobre eventual pedido de extensão até o limite de 6 (seis) horas.

CAPÍTULO VI
DA ORDEM DOS PROCESSOS NO TRIBUNAL

Art. 16. Nos Tribunais Eleitorais, o prazo para sustentação oral dos advogados das partes e do representante do Ministério Público será de:

I – 15 (quinze) minutos nos feitos originários (art. 937 do Novo Código de Processo Civil);

II – 10 (dez) minutos, nos recursos eleitorais (art. 272 do Código Eleitoral);

Art. 16

III – 20 (vinte) minutos no recurso contra expedição de diploma, (art. 272, parágrafo único, do Código Eleitoral).

Art. 17. Não se aplica, nos Tribunais Eleitorais, o quórum previsto no art. 941, § 2º, do Novo Código de Processo Civil (arts. 19, parágrafo único, e 28, § 4º, do Código Eleitoral).

Art. 18. Os julgamentos das ações originárias e dos recursos nos Tribunais Eleitorais, inclusive os agravos e embargos de declaração na hipótese do art. 1.024, § 1º, do Novo Código de Processo Civil, somente poderão ser realizados 24 horas após a publicação da pauta.

Parágrafo único. O disposto no *caput* não se aplica:

I – ao julgamento de *habeas corpus*; recurso em *habeas corpus*; tutela provisória; liminar em mandado de segurança; e, arguição de impedimento ou suspeição;

II – durante o período eleitoral, aos processos atinentes ao respectivo pleito;

III – às questões de ordem;

IV – à continuidade de julgamento de processos decorrentes da devolução tempestiva de pedido de vista;

V – aos feitos não apreciados cujo julgamento tiver sido expressamente adiado para a primeira sessão seguinte;

VI – aos embargos de declaração, quando julgados na sessão subsequente à respectiva oposição ou, se for o caso, à apresentação da manifestação do embargado;

VII – aos feitos administrativos, com exceção do pedido de registro de partido político;

VIII – às outras hipóteses previstas em lei ou nas resoluções do Tribunal Superior Eleitoral.

CAPÍTULO VII
DOS RECURSOS

Art. 19. As decisões interlocutórias ou sem caráter definitivo proferidas nos feitos eleitorais são irrecorríveis de imediato por não estarem sujeitas à preclusão, ficando os eventuais inconformismos para posterior manifestação em recurso contra a decisão definitiva de mérito.

§ 1º O Juiz ou Tribunal conhecerá da matéria versada na decisão interlocutória como preliminar à decisão de mérito se as partes assim requererem em suas manifestações.

§ 2º O agravo contra decisão que inadmitir o recurso especial interposto contra decisão interlocutória será processado em autos suplementares, prosseguindo o curso da demanda nos autos principais.

Art. 20. A sistemática dos recursos repetitivos prevista nos arts. 1.036 a 1.042 do Novo Código de Processo Civil não se aplica aos feitos que versem ou possam ter reflexo sobre inelegibilidade, registro de candidatura, diplomação e resultado ou anulação de eleições.

CAPÍTULO VIII
DISPOSIÇÕES FINAIS E TRANSITÓRIAS

Art. 21. Até que seja criada a nova classe processual prevista no art. 14 desta Resolução, os pedidos de tutela provisória serão autuados, no Processo Judicial Eletrônico, na classe de Ação Cautelar.

Art. 22. A oitiva de testemunhas e a sustentação oral por meio de videoconferência, previstas nos arts. 385, § 3º, 453, § 1º, 461, § 2º, e 937, § 4º, do Novo Código de Processo Civil, serão implantadas de acordo com a disponibilidade técnica de cada cartório ou Tribunal Eleitoral.

Art. 23. As disposições previstas nesta Resolução não prejudicam os atos processuais praticados antes da sua publicação.

Art. 24. Esta Resolução entra em vigor na data de sua publicação.

Brasília, 10 de maio de 2016.
MINISTRO DIAS TOFFOLI PRESIDENTE E RELATOR
MINISTRO GILMAR MENDES
MINISTRO LUIZ FUX
MINISTRO HERMAN BENJAMIN
MINISTRO NAPOLEÃO NUNES MAIA FILHO
MINISTRO HENRIQUE NEVES DA SILVA
MINISTRA LUCIANA LÓSSIO

RESOLUÇÃO
Nº 23.517/2017

Dispõe sobre a lista tríplice para preenchimento das vagas de juízes dos Tribunais Regionais Eleitorais, na classe dos advogados.

O TRIBUNAL SUPERIOR ELEITORAL, no uso das atribuições que lhe confere o art. 23, inciso XVIII, do Código Eleitoral, RESOLVE expedir instruções que regulamentam o encaminhamento de lista tríplice para preenchimento das vagas de juiz membro dos Tribunais Regionais Eleitorais, na classe dos advogados.

Art. 1º. Os advogados a que se refere o inciso III do § 1º do art. 120 da Constituição Federal (CF/88) serão indicados em lista tríplice organizada pelos Tribunais de Justiça que será encaminhada ao Tribunal Superior Eleitoral (TSE) pelo respectivo Tribunal Regional Eleitoral (TRE).

Art. 2º. Até 90 dias antes do término do biênio de juiz da classe dos advogados, ou imediatamente depois da vacância do cargo por motivo diverso, o presidente do TRE notificará o respectivo Tribunal de Justiça (TJ) para a indicação de advogados em ordem de classificação na lista tríplice.

§ 1º Da notificação deverão constar o nome do juiz e o respectivo biênio a que se refere a vaga.

§ 2º Caberá ao TRE, de posse do ofício do TJ, notificar os advogados indicados para que apresentem os documentos de que trata o art. 4º, encaminhando-os ao TSE.

§ 3º Somente deverá ser encaminhada a documentação dos advogados indicados para compor a lista tríplice.

Art. 3º. O procedimento de lista tríplice, a ser encaminhado ao TSE, deverá ser instruído com os seguintes documentos:

I – ofício do TRE informando:

a) a categoria do cargo a ser provido, se efetivo ou substituto;

b) o nome do juiz cujo cargo será preenchido e a causa da vacância;

c) se a vaga decorre do término do primeiro ou do segundo biênio, quando for o caso.

II – ofício do TJ com os nomes dos advogados indicados em ordem de classificação;

III – cópia do acórdão – ou a data da sessão ou de documento equivalente da qual conste a ordem de escolha, a quantidade de votos computada a cada candidato e, se for o caso, o número de escrutínios em que eventualmente se deliberou para a escolha do candidato;

IV – documentação dos advogados indicados.

Parágrafo único. Ao receber o ofício do TJ, a Secretaria do TRE certificará se ele atende aos requisitos previstos neste artigo e adotará, se for o caso, as providências necessárias à sua complementação.

Art. 4º. Os advogados indicados deverão preencher o formulário constante do Anexo e apresentar a seguinte documentação:

I – certidão atualizada da Seção da Ordem dos Advogados do Brasil (OAB) em que o advogado estiver inscrito, com indicação da data de inscrição definitiva, da ocorrência de sanção disciplinar e do histórico de impedimentos e licenças, se existentes;

II – certidão atualizada das Justiças:

a) Federal;

b) Eleitoral (quitação, crimes eleitorais e filiação partidária);

c) Estadual ou do Distrito Federal.

III – documentos comprobatórios do exercício da advocacia;

IV – curriculum vitae.

§ 1º As certidões de que trata o inciso II devem ser emitidas pelos órgãos de distribuição dos juízos de primeira instância com jurisdição sobre o domicílio do integrante da lista.

§ 2º As certidões mencionadas neste artigo têm por finalidade subsidiar a análise do requisito constitucional da idoneidade moral, atribuição reservada ao Plenário do TSE (CF/88, art. 120, inciso III).

§ 3º Na hipótese de existência de certidão positiva, deverá o indicado apresentar imediatamente certidão circunstanciada do processo em que for parte, sendo facultada a apresentação conjunta de esclarecimentos.

Art. 5º. Na data em que forem indicados, os advogados deverão estar no exercício da advocacia e possuir 10 anos consecutivos ou não de prática profissional.

§ 1º O exercício da advocacia será comprovado pela inscrição na OAB e por documentos que atestem a prática de atos privativos (Lei nº 8.906/1994, art. 1º).

§ 2º A postulação em juízo poderá ser comprovada por certidão expedida por cartórios ou secretarias judiciais; pela relação fornecida pelos terminais eletrônicos de andamento processual; pela cópia autenticada de atos privativos; ou ainda por consulta processual extraída do sítio eletrônico do órgão judicial no qual o indicado tenha atuado.

§ 3º A consultoria, assessoria e direção jurídica prestadas a entidades privadas devem ser comprovadas por meio de certidão emitida pela respectiva pessoa jurídica, constando detalhadamente os atos praticados e o tempo de atividade, acompanhada da declaração fiscal que identifique, na origem das suas receitas, a atividade advocatícia exercida.

§ 4º A consultoria, assessoria e direção jurídica exercidas no âmbito da administração pública só serão consideradas como exercício da advocacia quando prestadas por integrantes das carreiras previstas no art. 9º do Regulamento Geral do Estatuto da Advocacia e da OAB ou em cargos ou funções cujas atribuições sejam reservadas privativamente a advogados.

§ 5º A comprovação a que se refere o § 4º far-se-á por meio de certidão que especifique os atos praticados pelo advogado, bem como o tempo de atividade, emitida pelo respectivo órgão, e, na última hipótese prevista no parágrafo anterior, por meio de diploma normativo que regulamente as atribuições do cargo e estabeleça como requisito de investidura a inscrição na OAB.

§ 6º A contabilização do tempo de advocacia será realizada considerando-se a prática de ato privativo em ao menos cinco causas distintas para cada ano a ser comprovado (Regulamento Geral do Estatuto da Advocacia e da OAB, art. 5º).

§ 7º No caso de assessoria, consultoria ou direção jurídica, será considerado como um ano de exercício profissional a comprovação de, no mínimo, seis meses de efetiva dedicação ou a apresentação de ao menos cinco peças elaboradas no período.

§ 8º Será dispensada a comprovação do efetivo exercício da advocacia aos advogados que tiveram seus nomes deferidos pelo Plenário do TSE em listas tríplices anteriores, ainda que não tenham sido escolhidos para compor o TRE.

Art. 6º. O advogado não poderá figurar em mais de uma lista simultaneamente, salvo se for referente ao cargo de titular e outra de substituto.

Art. 7º. Não poderá ser indicado para compor lista tríplice magistrado aposentado ou membro do Ministério Público (Código Eleitoral, art. 25, § 2º), bem como advogado filiado a partido político.

Art. 8º. Também não poderá ser indicado quem exerça cargo público de que possa ser exonerado ad nutum, quem seja diretor, proprietário ou sócio de empresa beneficiada com subvenção, privilégio, isenção ou favor em virtude de contrato com a administração pública ou exerça mandato de caráter político, nos termos do art. 25, § 7º, do Código Eleitoral.

Art. 9º. Aplica-se ao procedimento de formação de lista tríplice a disciplina prevista na resolução do Conselho Nacional de Justiça que versa sobre nepotismo no âmbito do Poder Judiciário.

Parágrafo único. Por ocasião do preenchimento do formulário constante do Anexo, o advogado indicado deverá consignar eventual parentesco com membros do TJ ou do TRE.

Art. 10. Aprovado o encaminhamento da lista tríplice, a Presidência do TSE expedirá ofício ao Poder Executivo, acompanhado dos documentos mencionados nos arts. 3º, incisos I, II e III, e 4º, inciso IV; e do formulário de dados pessoais constante do Anexo.

Art. 11. Esta resolução entra em vigor na data de sua publicação; revogadas as Resoluções nºs 9.407, de 14 de dezembro de 1972; 21.461, de 19 de agosto de 2003; 21.644, de 26 de fevereiro de 2004; 22.222, de 6 de junho de 2006; e o art. 12 da Resolução nº 20.958, de 18 de dezembro de 2001.

Brasília, 4 de abril de 2017.
Ministro Gilmar Mendes
Presidente e Relator
DJE de 07.04.2017.

RESOLUÇÃO Nº 23.547/2017

Dispõe sobre representações, reclamações e pedidos de resposta previstos na Lei nº 9.504/1997 para as eleições.

Relator: Ministro Luiz Fux
Interessado: Tribunal Superior Eleitoral

O TRIBUNAL SUPERIOR ELEITORAL, no uso das atribuições que lhe conferem o art. 23, inciso IX, do Código Eleitoral e o art. 105 da Lei nº 9.504, de 30 de setembro de 1997,
RESOLVE:

CAPÍTULO I
DISPOSIÇÕES GERAIS

Art. 1º Esta resolução disciplina o processamento das representações, dos pedidos de direito de resposta e das reclamações previstos na Lei nº 9.504/1997, para as eleições aos cargos de Presidente da República, Governador de Estado e do Distrito Federal, Senador e Deputados Federal, Estadual e Distrital.

Art. 2º Os tribunais eleitorais designarão, até o dia 19 de dezembro do ano anterior à eleição, dentre os seus integrantes substitutos, três juízes auxiliares aos quais competirá a apreciação das representações e dos pedidos de direito de resposta (Lei nº 9.504/1997, art. 96, § 3º).

§ 1º Os processos previstos nesta resolução serão autuados na classe Representação (Rp) e tramitarão exclusivamente no Sistema Processo Judicial Eletrônico (PJe).

§ 2º A distribuição das representações será feita equitativamente entre os juízes auxiliares, procedendo-se à compensação nos casos de prevenção ou impedimento.

§ 3º A atuação dos juízes auxiliares encerrar-se-á com a diplomação dos eleitos.

§ 4º Caso o mandato de juiz auxiliar termine antes da diplomação dos eleitos, sem a sua recondução, o tribunal eleitoral designará novo juiz, dentre os seus substitutos, para sucedê-lo.

§ 5º Após o prazo de que trata o § 3º, as representações e os pedidos de direito de resposta ainda pendentes de julgamento serão redistribuídos, de ofício, pela Secretaria Judiciária aos membros efetivos do respectivo tribunal eleitoral.

Art. 3º As representações poderão ser feitas por qualquer partido político, coligação, candidato ou pelo Ministério Público e deverão dirigir-se (Lei nº 9.504/1997, art. 96, *caput*, incisos II e III):
I - ao Tribunal Superior Eleitoral, na eleição presidencial;
II - aos Tribunais Regionais Eleitorais, nas eleições federais, estaduais e distritais.

Art. 4º Os pedidos de direito de resposta e as representações por propaganda eleitoral irregular em rádio, televisão e internet tramitarão preferencialmente em relação aos demais processos em curso na Justiça Eleitoral (Lei nº 9.504/1997, art. 58-A).

Art. 5º A partir da escolha de candidatos em convenção, é assegurado o exercício do direito de resposta ao candidato, ao partido político ou à coligação atingidos, ainda que de forma indireta, por conceito, imagem ou afirmação caluniosa, difamatória, injuriosa ou sabidamente inverídica, difundidos por qualquer veículo de comunicação social (Lei nº 9.504/1997, art. 58, *caput*).

Art. 6º Os prazos relativos às reclamações, às representações e aos pedidos de resposta são contínuos e peremptórios e não se suspendem aos sábados, domingos e feriados, entre 15 de agosto e 19 de dezembro (Lei Complementar nº 64/1990, art. 16).

Parágrafo único. No período tratado no *caput*, as intimações não serão realizadas na forma específica do art. 5º da Lei nº 11.419/2006.

Art. 7º As representações, subscritas por advogado ou por representante do Ministério Público, relatarão fatos, indicando provas, indícios e circunstâncias (Lei nº 9.504/1997, art. 96, § 1º).

§ 1º A inicial deverá qualificar as partes e identificar os endereços eletrônicos e de citação (Código de Processo Civil, art. 319, inciso II).

§ 2º Caso as representações venham acompanhadas de arquivos de mídia, estes deverão observar os formatos e as restrições de tamanho suportados pelo PJe.

§ 3º As representações relativas à propaganda irregular serão instruídas com prova da autoria ou do prévio conhecimento do beneficiário, caso este não seja por ela responsável, observando-se o disposto no art. 40-B da Lei nº 9.504/1997.

§ 4º A coligação deve ser devidamente identificada nas ações eleitorais, com a nominação dos respectivos partidos que a compõem.

§ 5º Em caso de não vir a identificação da coligação, na petição inicial ou na defesa, deverá a Secretaria Judiciária juntar aos autos relatório expedido pelo Sistema de Candidaturas em que conste essa informação.

§ 6º As representações relativas à propaganda irregular no rádio e na televisão deverão ser instruídas com a informação de dia e horário em que foi exibida e com a respectiva degravação da propaganda ou trecho impugnado.

CAPÍTULO II
DAS RECLAMAÇÕES, DAS REPRESENTAÇÕES E DOS PEDIDOS DE RESPOSTA

Seção I
Do Processamento

Art. 8º Recebida a petição inicial, a Secretaria Judiciária providenciará a imediata citação do representado, preferencialmente por meio eletrônico, para, querendo, apresentar defesa no prazo de 2 (dois) dias, exceto quando se tratar de pedido de direito de resposta, cujo prazo será de 1 (um) dia.

§ 1º No período compreendido entre 15 de agosto e a data-limite para a diplomação dos eleitos, a citação do candidato, do partido político ou da coligação será encaminhada, preferencialmente, para um dos meios de comunicação eletrônica previamente cadastrados no pedido de registro de candidatura, iniciando-se o prazo na data de entrega da citação.

§ 2º No instrumento de citação, deverá constar cópia da petição inicial, acompanhada da transcrição da mídia de áudio ou vídeo, se houver, e a indicação do acesso ao inteiro teor dos autos digitais no endereço do sítio eletrônico do PJe no respectivo tribunal (Resolução-TSE nº 23.417/2014, art. 20, *caput*).

§ 3º Encaminhado o instrumento de citação para o meio de comunicação de que trata o § 1º, considerar-se-á citado o representado, independentemente de registro eletrônico da ciência.

§ 4º Na impossibilidade de se realizar a citação por comunicação eletrônica, serão utilizados quaisquer meios previstos pelo Código de Processo Civil ou determinados pelo relator.

§ 5º Se houver pedido de tutela provisória, os autos serão conclusos ao relator, que os analisará imediatamente, procedendo-se em seguida à citação do representado, com a intimação da decisão proferida.

Art. 9º As emissoras de rádio e televisão e demais veículos de comunicação, inclusive provedores e servidores de internet, deverão, independentemente de intimação, indicar expressamente aos tribunais eleitorais os respectivos endereços, incluindo o eletrônico, ou um número de telefone móvel que disponha de aplicativo de mensagens instantâneas, pelos quais receberão ofícios, intimações ou citações, e deverão, ainda, indicar o nome de representante ou de procurador com poderes para representar a empresa e, em seu nome, receber citações pessoais.

Parágrafo único. Na hipótese de a emissora não atender ao disposto neste artigo, os ofícios, as intimações e as citações encaminhados pela Justiça Eleitoral serão considerados como válidos no momento de sua entrega na portaria da sede da emissora ou quando encaminhados para qualquer forma de comunicação da emissora que permita constatar o recebimento.

Art. 10. Constatado vício de representação processual das partes, o relator determinará a respectiva regularização no prazo de 1 (um) dia, sob pena de indeferimento da petição inicial.

Art. 11. As comunicações processuais ordinárias serão realizadas no horário das 10 às 19 horas, salvo quando o relator determinar que sejam feitas em horário diverso.

Parágrafo único. As decisões de concessão de tutela provisória serão comunicadas das 8 às 24 horas, salvo quando o relator determinar que sejam feitas em horário diverso.

Art. 12. Apresentada a defesa, ou decorrido o respectivo prazo, o Ministério Público, quando estiver atuando exclusivamente como fiscal da ordem jurídica, deverá ser intimado pessoalmente ou no endereço eletrônico previamente cadastrado no tribunal, para emissão de parecer no prazo de 1 (um) dia, findo o qual, com ou sem parecer, o processo será imediatamente devolvido ao relator.

Art. 13. Transcorrido o prazo previsto no artigo anterior, o relator decidirá e fará publicar a decisão em 1 (um) dia, exceto quando se tratar de pedido de resposta, cuja decisão deverá ser proferida no prazo máximo de 3 (três) dias da data do peticionamento eletrônico.

Art. 14. No período compreendido entre 15 de agosto e a data-limite para a diplomação dos eleitos, a publicação dos atos judiciais será realizada em mural eletrônico, disponível no sítio do respectivo tribunal, com o registro do horário da publicação, e os acórdãos serão publicados em sessão de julgamento.

§ 1º A publicação dos atos judiciais fora do período estabelecido no *caput* será realizada no Diário da Justiça Eletrônico ou, na impossibilidade, em outro veículo da imprensa oficial.

§ 2º No período mencionado no *caput*, o Ministério Público será intimado das decisões e despachos por meio eletrônico e, dos acórdãos, em sessão de julgamento, quando nela forem publicados.

§ 3º Nas publicações realizadas em meio eletrônico, aplica-se o art. 272 do Novo Código de Processo Civil.

Seção II
Do Direito de Resposta

Art. 15. Serão observadas, ainda, as seguintes regras no caso de pedido de direito de resposta relativo à ofensa veiculada:

I - em órgão da imprensa escrita:

a) o pedido deverá ser feito no prazo de 3 (três) dias, a contar da data constante da edição em que foi veiculada a ofensa (Lei nº 9.504/1997, art. 58, § 1º, inciso III);

b) o pedido deverá ser instruído com uma cópia eletrônica da publicação e o texto da resposta (Lei nº 9.504/1997, art. 58, § 3º, inciso I, alínea *a*);

c) deferido o pedido, a resposta será divulgada no mesmo veículo, espaço, local, página, tamanho, caracteres e outros elementos de realce usados na ofensa, em até 48 (quarenta e oito) horas após a decisão, ou, tratando-se de veículo com periodicidade de circulação maior do que 48 (quarenta e oito) horas, na primeira oportunidade em que circular (Lei nº 9.504/1997, art. 58, § 3º, inciso I, alínea *b*);

d) por solicitação do ofendido, a divulgação da resposta será feita no mesmo dia da semana em que a ofensa for divulgada, ainda que fora do prazo de 48 (quarenta e oito) horas (Lei nº 9.504/1997, art. 58, § 3º, inciso I, alínea *c*);

e) se a ofensa for produzida em dia e hora que inviabilizem sua reparação dentro dos prazos estabelecidos nas alíneas anteriores, a Justiça Eleitoral determinará a imediata divulgação da resposta (Lei nº 9.504/1997, art. 58, § 3º, inciso I, alínea *d*);

f) o ofensor deverá comprovar nos autos o cumprimento da decisão, mediante dados sobre a regular distribuição dos exemplares, a quantidade impressa e o raio de abrangência na distribuição (Lei nº 9.504/1997, art. 58, § 3º, inciso I, alínea *e*).

II - em programação normal das emissoras de rádio e televisão:

a) o pedido, com a transcrição do trecho considerado ofensivo ou inverídico, deverá ser feito no prazo de 2 (dois) dias, contado a partir da veiculação da ofensa (Lei nº 9.504/1997, art. 58, § 1º, inciso II);

b) a Justiça Eleitoral, à vista do pedido, deverá notificar imediatamente o responsável pela emissora que realizou o programa, para que confirme data e horário da veiculação e entregue, em 24 (vinte e quatro) horas, sob as penas do art. 347 do Código Eleitoral, cópia da mídia da transmissão, que será devolvida após a decisão (Lei nº 9.504/1997, art. 58, § 3º, inciso II, alínea *a*);

c) o responsável pela emissora, ao ser notificado pela Justiça Eleitoral ou informado pelo representante, por cópia protocolada do pedido de resposta, preservará a gravação até a decisão final do processo (Lei nº 9.504/1997, art. 58, § 3º, inciso II, alínea *b*);

d) deferido o pedido, a resposta será dada em até 48 (quarenta e oito) horas após a decisão, em tempo igual ao da ofensa,

Art. 15

nunca inferior a 1 (um) minuto (Lei nº 9.504/1997, art. 58, § 3º, inciso II, alínea c).

III - no horário eleitoral gratuito:

a) o pedido deverá ser feito no de prazo de 1 (um) dia, contado a partir da veiculação do programa (Lei nº 9.504/1997, art. 58, § 1º, inciso I);

b) o pedido deverá especificar o trecho considerado ofensivo ou inverídico e ser instruído com a mídia da gravação do programa, acompanhada da respectiva transcrição do conteúdo; c) deferido o pedido, o ofendido usará, para a resposta, tempo igual ao da ofensa, porém nunca inferior a 1 (um) minuto (Lei nº 9.504/1997, art. 58, § 3º, inciso III, alínea a);

d) a resposta será veiculada no horário destinado ao partido político ou à coligação responsável pela ofensa, devendo dirigir-se aos fatos nela veiculados (Lei nº 9.504/1997, art. 58, § 3º, inciso III, alínea b);

e) se o tempo reservado ao partido político ou à coligação responsável pela ofensa for inferior a 1 (um) minuto, a resposta será levada ao ar tantas vezes quantas forem necessárias para a sua complementação (Lei nº 9.504/1997, art. 58, § 3º, inciso III, alínea c);

f) deferido o pedido para resposta, a emissora geradora e o partido político ou a coligação atingidos deverão ser notificados imediatamente da decisão, na qual deverão estar indicados os períodos, diurno ou noturno, para a veiculação da resposta, sempre no início do programa do partido político ou da coligação, e, ainda, o bloco de audiência, caso se trate de inserção (Lei nº 9.504/1997, art. 58, § 3º, inciso III, alínea d);

g) o meio de armazenamento com a resposta deverá ser entregue à emissora geradora, até 36 (trinta e seis) horas após a ciência da decisão, para veiculação no programa subsequente do partido político ou da coligação em cujo horário se praticou a ofensa (Lei nº 9.504/1997, art. 58, § 3º, inciso III, alínea e);

h) se o ofendido for candidato, partido político ou coligação que tenha usado o tempo concedido sem responder aos fatos veiculados na ofensa, terá subtraído tempo idêntico do respectivo programa eleitoral; tratando-se de terceiros, ficarão sujeitos à suspensão de igual tempo em eventuais novos pedidos de resposta e à multa no valor de R$ 2.128,20 (dois mil, cento e vinte e oito reais e vinte centavos) a R$ 5.320,50 (cinco mil, trezentos e vinte reais e cinquenta centavos) (Lei nº 9.504/1997, art. 58, § 3º, inciso III, alínea f).

IV - em propaganda eleitoral pela internet:

a) o pedido poderá ser feito enquanto a ofensa estiver sendo veiculada, ou no prazo de 3 (três) dias, contado da sua retirada (Lei nº 9.504/1997, art. 58, § 1º, inciso IV);

b) a inicial deverá ser instruída com cópia eletrônica da página em que foi divulgada a ofensa e com a perfeita identificação de seu endereço na internet (URL);

c) deferido o pedido, o usuário ofensor deverá divulgar a resposta do ofendido em até 48 (quarenta e oito) horas após sua entrega em mídia física, empregando nessa divulgação o mesmo impulsionamento de conteúdo eventualmente contratado e o mesmo veículo, espaço, local, horário, página eletrônica, tamanho, caracteres e outros elementos de realce usados na ofensa (Lei nº 9.504/1997, art. 58, § 3º, inciso IV, alínea a);

d) a resposta ficará disponível para acesso pelos usuários do serviço de internet por tempo não inferior ao dobro em que esteve disponível a mensagem considerada ofensiva (Lei nº 9.504/1997, art. 58, § 3º, inciso IV, alínea b);

e) os custos de veiculação da resposta correrão por conta do responsável pela propaganda original (Lei nº 9.504/1997, art. 58, § 3º, inciso IV, alínea c).

§ 1º Se a ofensa ocorrer em dia e hora que inviabilizem sua reparação dentro dos prazos estabelecidos neste artigo, a resposta será divulgada nos horários que a Justiça Eleitoral determinar, ainda que nas 48 (quarenta e oito) horas anteriores ao pleito, em termos e forma previamente aprovados, de modo a não ensejar tréplica (Lei nº 9.504/1997, art. 58, § 4º).

§ 2º Apenas as decisões comunicadas à emissora geradora até 1 (uma) hora antes da geração ou do início do bloco, quando se tratar de inserções, poderão interferir no conteúdo a ser transmitido; após esse prazo, as decisões somente poderão ter efeito na geração ou nos blocos seguintes.

§ 3º Caso a emissora geradora seja comunicada, entre a entrega do material e o horário de geração dos programas, de decisão proibindo trecho da propaganda, deverá aguardar a substituição do meio de armazenamento até o limite de 1 (uma) hora antes do início do programa; no caso de o novo material não ser entregue, a emissora veiculará programa anterior, desde que não contenha propaganda já declarada proibida pela Justiça Eleitoral.

§ 4º Caso o relator determine a retirada de material considerado ofensivo de sítio da internet, o respectivo provedor responsável pela hospedagem deverá promover a imediata retirada, sob pena de responder na forma do art. 19, sem prejuízo de arcar com as medidas coercitivas que forem determinadas, inclusive as de natureza pecuniária decorrentes do descumprimento da decisão.

§ 5º A ordem judicial mencionada no § 4º deverá conter, sob pena de nulidade, a URL específica do conteúdo considerado ofensivo, nos termos do § 1º do artigo 19 da Lei 12.965/2014.

Art. 16. As decisões dos juízes auxiliares indicarão de modo preciso o que, na propaganda impugnada, deverá ser excluído ou substituído.

§ 1º Nas inserções de que trata o art. 51 da Lei nº 9.504/1997, as exclusões ou substituições observarão o tempo mínimo de 15 (quinze) segundos e os respectivos múltiplos.

§ 2º A Secretaria Judiciária comunicará o teor da decisão às emissoras de rádio e televisão, às empresas jornalísticas e aos provedores ou servidores de internet.

Art. 17. Os pedidos de direito de resposta formulados por terceiro, em relação ao que foi veiculado no horário eleitoral gratuito, serão examinados pela Justiça Eleitoral e deverão observar os procedimentos previstos na Lei nº 9.504/1997, naquilo que couber.

Art. 18. Quando o provimento do recurso resultar na cassação do direito de resposta já exercido, os tribunais eleitorais deverão observar o disposto nas alíneas f e g do inciso III do art. 15, para a restituição do tempo (Lei nº 9.504/1997, art. 58, § 6º).

Art. 19. O descumprimento, ainda que parcial, da decisão que reconhecer o direito de resposta, sujeitará o infrator ao pagamento de multa no valor de R$ 5.320,50 (cinco mil trezentos e vinte reais e cinquenta centavos) a R$ 15.961,50 (quinze mil novecentos e sessenta e um reais e cinquenta centavos), duplicada em caso de reiteração de conduta, sem prejuízo do disposto no art. 347 do Código Eleitoral (Lei nº 9.504/1997, art. 58, § 8º).

Seção III
Dos Recursos

Art. 20. A decisão final proferida por juiz auxiliar estará sujeita a recurso para o plenário do tribunal eleitoral, no prazo de 1 (um) dia da publicação da decisão em mural eletrônico ou em sessão, assegurado ao recorrido o oferecimento de contrarrazões, em igual prazo, a contar da sua intimação (Lei nº 9.504/1997, art. 96, §§ 4º e 8º).

§ 1º Oferecidas contrarrazões ou decorrido o respectivo prazo, os autos serão enviados ao relator, o qual deverá apresentá-los em mesa para julgamento em 2 (dois) dias, independentemente de publicação de pauta (Lei nº 9.504/1997, art. 96, § 9º), exceto quando se tratar de direito de resposta, cujo prazo será de 1 (um) dia, contado da conclusão dos autos (Lei nº 9.504/1997, art. 96, § 7º).

§ 2º Caso o tribunal não se reúna no prazo previsto no § 1º, o recurso deverá ser julgado na primeira sessão subsequente.

§ 3º Ao advogado de cada parte é assegurado o uso da tribuna, para sustentação oral de suas razões, na forma regimental.

§ 4º Os acórdãos serão publicados na sessão em que os recursos forem julgados, salvo determinação do plenário ou disposição diversa prevista nesta resolução.

Art. 21. Do acórdão do tribunal regional eleitoral caberá recurso especial para o Tribunal Superior Eleitoral, no prazo de 3 (três) dias, a contar da publicação (Código Eleitoral, art. 276, inciso I, alíneas *a* e *b* e § 1º), salvo quando se tratar de pedido de direito de resposta, cujo prazo será de 1 (um) dia.

§ 1º Interposto o recurso especial eleitoral, os autos serão conclusos ao presidente do respectivo tribunal, que, no prazo de 1 (um) dia, proferirá decisão fundamentada, admitindo ou não o recurso.

§ 2º Quando se tratar de direito de resposta, será dispensado o juízo de admissibilidade, com a imediata intimação do recorrido, em mural eletrônico, para o oferecimento de contrarrazões, no prazo de 1 (um) dia.

§ 3º Admitido o recurso especial eleitoral, será assegurado ao recorrido o oferecimento de contrarrazões, no prazo de 3 (três) dias, contados da publicação em mural eletrônico.

§ 4º O prazo do parágrafo anterior será comum caso haja mais de um recorrido.

§ 5º Oferecidas as contrarrazões, ou decorrido o prazo sem o seu oferecimento, serão os autos imediatamente remetidos ao Tribunal Superior Eleitoral.

§ 6º Não admitido o recurso especial eleitoral, caberá agravo nos próprios autos para o Tribunal Superior Eleitoral, no prazo de 3 (três) dias, contados da publicação em mural eletrônico.

§ 7º Interposto o agravo, será intimado o agravado para oferecer resposta ao agravo e ao recurso especial eleitoral, no prazo de 3 (três) dias, contados da publicação em mural eletrônico.

§ 8º O prazo do parágrafo anterior será comum caso haja mais de um agravado.

§ 9º Recebido na Secretaria Judiciária do Tribunal Superior Eleitoral, o recurso deverá ser remetido ao Ministério Público, para manifestação.

§ 10. O relator, no Tribunal Superior Eleitoral, negará seguimento a pedido ou recurso intempestivo, manifestamente inadmissível ou improcedente, prejudicado ou em confronto com súmula ou jurisprudência dominante do Tribunal Superior Eleitoral, do Supremo Tribunal Federal ou de tribunal superior (RITSE, art. 36, § 6º); ou poderá dar provimento ao recurso especial eleitoral se o acórdão recorrido estiver em manifesto confronto com súmula ou com jurisprudência dominante do próprio Tribunal Superior Eleitoral, do Supremo Tribunal Federal ou de tribunal superior (RITSE, art. 36, § 7º).

Art. 22. Do acórdão do Tribunal Superior Eleitoral caberá recurso extraordinário para o Supremo Tribunal Federal, quando a decisão declarar a invalidade de lei ou contrariar a Constituição Federal, no prazo de 3 (três) dias, a contar da publicação no Diário da Justiça Eletrônico (Código Eleitoral, art. 281, *caput*; e Constituição Federal, art. 121, § 3º).

§ 1º Interposto o recurso extraordinário, o recorrido será intimado para apresentação de contrarrazões, no prazo de 3 (três) dias, a contar da publicação no Diário da Justiça Eletrônico.

§ 2º A intimação do Ministério Público e da Defensoria Pública será feita pessoalmente.

§ 3º Apresentadas as contrarrazões ou transcorrido o respectivo prazo, os autos serão conclusos ao presidente, para juízo de admissibilidade.

§ 4º Da decisão de admissibilidade, o Ministério Público e a Defensoria Pública serão intimados na forma do § 2º, quando integrantes da lide, e as demais partes mediante publicação no Diário da Justiça Eletrônico.

§ 5º Admitido o recurso e feitas as intimações, os autos serão remetidos imediatamente ao Supremo Tribunal Federal.

CAPÍTULO III
DAS REPRESENTAÇÕES ESPECIAIS

Seção I
Do Processamento

Art. 23. As representações que visarem à apuração das hipóteses previstas nos arts. 23, 30-A, 41-A, 45, inciso VI, 73, 74, 75 e 77 da Lei nº 9.504/1997 observarão o rito estabelecido pelo art. 22 da Lei Complementar nº 64/1990.

§ 1º As representações de que trata o *caput* poderão ser ajuizadas até a data da diplomação, exceto as do art. 30-A e 23 da Lei nº 9.504/1997, que poderão ser propostas, respectivamente, no prazo de 15 (quinze) dias da diplomação e até 31 de dezembro do ano posterior à eleição.

§ 2º O juízo eleitoral do domicílio civil do doador será o competente para processar e julgar as representações por doação de recursos para campanha eleitoral acima do limite legal de que trata o art. 23 da Lei nº 9.504/1997.

Art. 24. Ao despachar a inicial, o relator adotará as seguintes providências:

a) ordenará que seja citado o representado, com cópia da petição inicial e documentos que a acompanham, para que, no prazo de 5 (cinco) dias, ofereça defesa (Lei Complementar nº 64/1990, art. 22, inciso I, alínea *a*);

b) determinará que se suspenda o ato que deu origem à representação, quando relevante o fundamento e do ato impugnado puder resultar na ineficácia da medida, caso seja

Art. 24

julgada procedente (Lei Complementar nº 64/1990, art. 22, inciso I, alínea *b*);

c) indeferirá desde logo a inicial, quando não for caso de representação ou lhe faltar algum requisito essencial (Lei Complementar nº 64/1990, art. 22, inciso I, alínea *c*).

§ 1º No caso de representação instruída com vídeo ou áudio, a citação será acompanhada, se houver, de cópia da transcrição do conteúdo e da informação de dia e horário em que o material impugnado foi exibido.

§ 2º No caso de o relator indeferir a representação, ou retardar-lhe a solução, poderá o interessado renová-la no respectivo tribunal regional eleitoral, que a resolverá dentro de 1 (um) dia (Lei Complementar nº 64/1990, art. 22, inciso II).

§ 3º O interessado, quando não for atendido ou ocorrer demora, poderá levar o fato ao conhecimento do Tribunal Superior Eleitoral, a fim de que sejam tomadas as providências necessárias (Lei Complementar nº 64/1990, art. 22, inciso III).

§ 4º Sem prejuízo do disposto no § 2º, da decisão que indeferir o processamento da representação caberá agravo interno no prazo de 3 (três) dias.

Art. 25. Feita a citação, a Secretaria Judiciária juntará aos autos cópia autêntica do ofício endereçado ao representado, bem como a prova da entrega ou da sua recusa em aceitá-la ou em dar recibo (Lei Complementar nº 64/1990, art. 22, inciso IV).

Art. 26. Se a defesa for instruída com documentos, a Secretaria Judiciária intimará o representante a se manifestar sobre eles, no prazo de 2 (dois) dias.

Art. 27. Não sendo apresentada a defesa, ou apresentada sem a juntada de documentos, ou, ainda, decorrido o prazo para que o representante se manifeste sobre os documentos juntados, os autos serão imediatamente conclusos ao relator que designará, nos 5 (cinco) dias seguintes, data, hora e local para a realização, em única assentada, de audiência para oitiva de testemunhas arroladas (Lei Complementar nº 64/1990, art. 22, inciso V).

§ 1º As testemunhas deverão ser arroladas pelo representante, na inicial, e, pelo representado, na defesa, com o limite de 6 (seis) para cada parte, sob pena de preclusão.

§ 2º As testemunhas deverão comparecer à audiência independentemente de intimação.

§ 3º Versando a representação sobre mais de um fato determinado, o relator poderá, mediante pedido justificado da parte, admitir a oitiva de testemunhas acima do limite previsto no § 1º, desde que não ultrapassado o número de 6 (seis) testemunhas para cada fato.

Art. 28. Ouvidas as testemunhas, ou indeferida a oitiva, o relator, nos 3 (três) dias subsequentes, procederá a todas as diligências que determinar, de ofício ou a requerimento das partes (Lei Complementar nº 64/1990, art. 22, inciso VI).

§ 1º Nesse mesmo prazo de 3 (três) dias, o relator poderá, na presença das partes e do Ministério Público, ouvir terceiros, referidos pelas partes, ou testemunhas, como conhecedores dos fatos e das circunstâncias que possam influir na decisão do feito (Lei Complementar nº 64/1990, art. 22, inciso VII).

§ 2º Quando qualquer documento necessário à formação da prova se achar em poder de terceiro, inclusive estabelecimento de crédito, oficial ou privado, o relator poderá, ainda, naquele prazo, ordenar o respectivo depósito ou requisitar cópias (Lei Complementar nº 64/1990, art. 22, inciso VIII).

§ 3º Se o terceiro, sem justa causa, não exibir o documento ou não comparecer a juízo, o relator poderá expedir contra ele mandado de prisão e instaurar processo por crime de desobediência (Lei Complementar nº 64/1990, art. 22, inciso IX).

Art. 29. As decisões interlocutórias proferidas no curso da representação não são recorríveis de imediato, não precluem e deverão ser novamente analisadas pelo relator por ocasião do julgamento, caso assim o requeiram as partes ou o Ministério Público em suas alegações finais.

Parágrafo único. Modificada a decisão interlocutória pelo relator, somente serão anulados os atos que não puderem ser aproveitados, com a subsequente realização ou renovação dos que forem necessários.

Art. 30. Encerrado o prazo da dilação probatória, as partes, inclusive o Ministério Público, poderão apresentar alegações finais no prazo comum de 2 (dois) dias (Lei Complementar nº 64/1990, art. 22, inciso X).

Parágrafo único. Nas ações em que não for parte o Ministério Público, apresentadas as alegações finais, ou decorrido o prazo sem o seu oferecimento, os autos lhe serão remetidos para, querendo, se manifestar no prazo de 2 (dois) dias.

Art. 31. Findo o prazo para alegações finais ou para manifestação do Ministério Público, os autos serão conclusos ao relator, no dia imediato, para elaboração de relatório conclusivo, no prazo de 3 (três) dias (Lei Complementar nº 64/1990, art. 22, incisos XI e XII).

Art. 32. Apresentado o relatório, os autos da representação serão remetidos à unidade competente, com pedido de inclusão incontinenti em pauta, que será publicada no Diário da Justiça Eletrônico, para julgamento na primeira sessão subsequente (Lei Complementar nº 64/1990, art. 22, inciso XII).

Parágrafo único. Entre a data de publicação da pauta e a da sessão de julgamento decorrerá, pelo menos, o prazo de 1 (um) dia.

Art. 33. Julgada a representação, o tribunal providenciará a imediata publicação do acórdão no Diário da Justiça Eletrônico.

Parágrafo único. No caso de cassação de registro de candidato antes da realização das eleições, o relator determinará a notificação do partido político ou da coligação pela qual o candidato concorre, encaminhando-lhe cópia da decisão, para os fins previstos no § 1º do art. 13 da Lei nº 9.504/1997, se para tanto ainda houver tempo.

Art. 34. Os recursos eleitorais contra decisões e acórdãos que julgarem as representações previstas nesta seção deverão ser interpostos no prazo de 3 (três) dias, contados da publicação no Diário da Justiça Eletrônico, observando-se o mesmo prazo para os recursos subsequentes, inclusive recurso especial eleitoral e agravo, bem como as respectivas contrarrazões e respostas.

Seção II
Dos Recursos

Art. 35. Contra as decisões dos Tribunais Regionais Eleitorais caberá recurso ordinário, quando se pretenda a anulação, reforma, manutenção ou cassação da decisão que tenha ou possa ter reflexo sobre o registro ou o diploma.

§ 1º Interposto o recurso ordinário, o recorrido será imediatamente intimado para oferecer contrarrazões no prazo de 3 (três) dias, findo o qual, com ou sem apresentação, os autos serão conclusos ao presidente do tribunal, que determinará a remessa dos autos à instância superior.

§ 2º O prazo do parágrafo anterior será comum caso haja mais de um recorrido.

§ 3º O recurso ordinário interposto contra decisão proferida por tribunal regional eleitoral que resulte em cassação de registro, afastamento do titular ou perda de mandato eletivo será recebido pelo tribunal competente com efeito suspensivo (Código Eleitoral, art. 257, § 2º).

Art. 36. Do acórdão do Tribunal Superior Eleitoral caberá recurso extraordinário para o Supremo Tribunal Federal, quando a decisão declarar a invalidade de lei ou contrariar a Constituição Federal, no prazo de 3 (três) dias, a contar da publicação no Diário da Justiça Eletrônico (Código Eleitoral, art. 281, *caput*; e Constituição Federal, art. 121, § 3º).

§ 1º Interposto o recurso extraordinário, o recorrido será intimado para apresentação de contrarrazões, no prazo de 3 (três) dias, a contar da publicação no Diário da Justiça Eletrônico.

§ 2º A intimação do Ministério Público e da Defensoria Pública será feita pessoalmente.

§ 3º Apresentadas as contrarrazões ou transcorrido o respectivo prazo, os autos serão conclusos ao presidente, para juízo de admissibilidade.

§ 4º Da decisão de admissibilidade, o Ministério Público e a Defensoria Pública serão intimados na forma do § 2º, quando integrantes da lide, e as demais partes mediante publicação no Diário da Justiça Eletrônico.

§ 5º Admitido o recurso e feitas as intimações, os autos serão remetidos imediatamente ao Supremo Tribunal Federal.

CAPÍTULO III
DISPOSIÇÕES FINAIS

Art. 37. A competência para o processamento e julgamento das representações previstas no art. 3º não exclui o poder de polícia sobre a propaganda eleitoral, que será exercido pelos juízes eleitorais, pelos membros dos tribunais eleitorais e pelos juízes auxiliares designados.

§ 1º O poder de polícia sobre a propaganda eleitoral é restrito às providências necessárias para inibir ou fazer cessar práticas ilegais, vedada a censura prévia sobre o teor dos programas e matérias jornalísticas ou de caráter meramente informativo a serem exibidos na televisão, no rádio, na internet e na imprensa escrita.

§ 2º Qualquer pessoa, inclusive os órgãos da administração, funcionários, agentes públicos, até mesmo os da área de segurança, que tiver ciência da prática de ilegalidade ou irregularidade relacionada com a eleição deverão comunicar o fato ao Ministério Público, para a adoção das medidas que entender cabíveis.

§ 3º O disposto no § 2º não impede que o juiz eleitoral, no exercício do poder de polícia, adote as medidas administrativas necessárias e, em seguida, se for o caso, cientifique o Ministério Público para eventual representação com vistas à aplicação das sanções pecuniárias, as quais não podem ser impostas de ofício pelo magistrado.

Art. 38. Da homologação da respectiva convenção partidária até a diplomação e nos feitos decorrentes do processo eleitoral, não poderão servir como juízes, nos tribunais eleitorais, ou como juízes auxiliares, o cônjuge ou companheiro, o parente consanguíneo ou afim, até o segundo grau, de candidato a cargo eletivo registrado na circunscrição (Código Eleitoral, art. 14, § 3º).

Art. 39. No mesmo período do art. 38, não poderá servir como chefe de cartório eleitoral, sob pena de demissão, membro de órgão de direção partidária, candidato a cargo eletivo, seu cônjuge ou companheiro e parente consanguíneo ou afim até o segundo grau (Código Eleitoral, art. 33, § 1º).

Art. 40. O representante do Ministério Público que tiver sido filiado a partido político não poderá exercer funções eleitorais enquanto não decorridos 2 (dois) anos do cancelamento de sua filiação (Lei Complementar nº 75/1993, art. 80).

Art. 41. Ao juiz eleitoral que for parte em ações judiciais que envolvam determinado candidato é defeso exercer suas funções em processo eleitoral no qual o mesmo candidato seja interessado (Lei nº 9.504/1997, art. 95).

Parágrafo único. Se o candidato propuser ação contra juiz que exerça função eleitoral, posteriormente ao pedido de registro de candidatura, o afastamento do magistrado somente decorrerá de declaração espontânea de suspeição ou da procedência da respectiva exceção.

Art. 42. Poderá o candidato, o partido político, a coligação ou o Ministério Público representar ao tribunal regional eleitoral contra o juiz eleitoral que descumprir as disposições desta resolução ou der causa a seu descumprimento, inclusive quanto aos prazos processuais; neste caso, ouvido o representado em 1 (um) dia, o tribunal ordenará a observância do procedimento que explicitar, sob pena de incorrer o juiz em desobediência (Lei nº 9.504/1997, art. 97, *caput*).

§ 1º É obrigatório, para os membros dos tribunais eleitorais e para os representantes do Ministério Público, fiscalizar o cumprimento das disposições desta resolução pelos juízes e promotores eleitorais das instâncias inferiores, determinando, quando for o caso, a abertura de procedimento disciplinar para apuração de eventuais irregularidades que verificarem (Lei nº 9.504/1997, art. 97, § 1º).

§ 2º No caso de descumprimento das disposições desta resolução por tribunal regional eleitoral, a representação poderá ser feita ao Tribunal Superior Eleitoral, observado o disposto neste artigo (Lei nº 9.504/1997, art. 97, § 2º).

Art. 43. Os feitos eleitorais, no período entre o registro das candidaturas até 5 (cinco) dias após a realização do segundo turno das eleições, terão prioridade para a participação do Ministério Público e dos juízes de todas as Justiças e instâncias, ressalvados os processos de *habeas corpus* e mandado de segurança (Lei nº 9.504/1997, art. 94, *caput*).

§ 1º É defeso às autoridades mencionadas neste artigo deixar de cumprir qualquer prazo desta resolução, em razão do exercício de suas funções regulares (Lei nº 9.504/1997, art. 94, § 1º).

§ 2º O descumprimento do disposto neste artigo constitui crime de responsabilidade e será objeto de anotação funcional para efeito de promoção na carreira (Lei nº 9.504/1997, art. 94, § 2º).

§ 3º Além das polícias judiciárias, os órgãos da receita federal, estadual e municipal, os tribunais e os órgãos de contas auxiliarão a Justiça Eleitoral na apuração dos delitos eleitorais, com prioridade sobre suas atribuições regulares (Lei nº 9.504/1997, art. 94, § 3º).

Art. 44

Art. 44. As decisões dos tribunais eleitorais sobre quaisquer ações que importem cassação de registro, anulação geral de eleições ou perda de diplomas somente poderão ser tomadas com a presença de todos os seus membros (Código Eleitoral, arts. 19, parágrafo único, e 28, § 4º).

Parágrafo único. No caso do *caput*, se ocorrer impedimento de algum juiz, será convocado o suplente da mesma classe (Código Eleitoral, arts. 19, parágrafo único, e 28, § 5º).

Art. 45. Serão reunidas para julgamento comum as ações eleitorais propostas por partes diversas sobre o mesmo fato, sendo competente para apreciá-las o juiz ou relator que tiver recebido a primeira (Lei nº 9.504/1997, art. 96-B).

§ 1º O ajuizamento de ação eleitoral por candidato ou partido político não impede ação do Ministério Público no mesmo sentido.

§ 2º Se proposta ação sobre o mesmo fato apreciado em outra cuja decisão ainda não transitou em julgado, será ela associada ao processo anterior, na instância em que ele se encontrar, figurando a parte como litisconsorte no feito principal.

§ 3º Se proposta ação sobre o mesmo fato apreciado em outra cuja decisão já tenha transitado em julgado, não será ela conhecida pelo juiz, ressalvada a apresentação de outras ou novas provas.

Art. 46. Aplicam-se as disposições contidas nesta resolução aos mandados de segurança e demais tutelas relativas à propaganda irregular e direito de resposta.

Art. 47. Esta resolução entra em vigor na data de sua publicação.

Brasília, 18 de dezembro de 2017.

Composição: Ministros Gilmar Mendes (presidente), Luiz Fux, Rosa Weber, Napoleão Nunes Maia Filho, Jorge Mussi, Admar Gonzaga e Tarcisio Vieira de Carvalho Neto. Vice-Procurador-Geral Eleitoral: Humberto Jacques de Medeiros.

Publicada no DJe do TSE em 28.12.2017.

RESOLUÇÃO Nº 23.548

Dispõe sobre a escolha e o registro de candidatos para as eleições.

Relator: Ministro Luiz Fux
Interessado: Tribunal Superior Eleitoral

O Tribunal Superior Eleitoral, no uso das atribuições que lhe conferem o art. 23, inciso IX, do Código Eleitoral e o art. 105 da Lei nº 9.504, de 30 de setembro de 1997, RESOLVE:

Art. 1º Esta resolução disciplina os procedimentos relativos à escolha e ao registro de candidatos nas eleições aos cargos de Presidente da República, Governador de Estado e do Distrito Federal, Senador e Deputados Federal, Estadual e Distrital.

CAPÍTULO I
DOS PARTIDOS POLÍTICOS E DAS COLIGAÇÕES

Art. 2º Poderá participar das eleições o partido político que, até 6 (seis) meses antes, tenha registrado seu estatuto no TSE e tenha, até a data da convenção, órgão de direção constituído na circunscrição, devidamente anotado no tribunal eleitoral competente, de acordo com o respectivo estatuto partidário (Lei nº 9.504/1997, art. 4º; Lei nº 9.096/1995, art. 10, parágrafo único, inciso II; e Res.-TSE nº 23.465/2015, arts. 35 e 43).

Art. 3º É assegurada aos partidos políticos autonomia para adotar os critérios de escolha e o regime de suas coligações eleitorais, sem obrigatoriedade de vinculação entre as candidaturas em âmbito nacional, estadual ou distrital (Constituição Federal, art. 17, § 1º).

Art. 4º É facultado aos partidos políticos, dentro da mesma circunscrição, celebrar coligações para eleição majoritária, proporcional, ou para ambas, podendo, neste último caso, formar-se mais de uma coligação para a eleição proporcional dentre os partidos que integram a coligação para o pleito majoritário (Lei nº 9.504/1997, art. 6º, *caput*).

Art. 5º Na coligação para as eleições proporcionais, podem inscrever-se candidatos filiados a qualquer partido político dela integrante, em número sobre o qual deliberem, observado o art. 22 (Lei nº 9.504/1997, art. 6º, § 3º, inciso I).

Art. 6º A coligação terá denominação própria, que poderá ser a junção de todas as siglas dos partidos políticos que a integram, sendo a ela atribuídas as prerrogativas e obrigações de partido político no que se refere ao processo eleitoral, devendo funcionar como um só partido político no relacionamento com a Justiça Eleitoral e no trato dos interesses interpartidários (Lei nº 9.504/1997, art. 6º, § 1º).

§ 1º A denominação da coligação não poderá coincidir, incluir ou fazer referência a nome ou a número de candidato, nem conter pedido de voto para partido político (Lei nº 9.504/1997, art. 6º, § 1º-A).

§ 2º A Justiça Eleitoral decidirá sobre denominações idênticas de coligações, observadas, no que couber, as regras constantes desta resolução relativas à homonímia de candidatos.

§ 3º O partido político coligado somente possui legitimidade para atuar de forma isolada no processo eleitoral quando questionar a validade da própria coligação, durante o período compreendido entre a data da convenção e o termo final do prazo para a impugnação do registro de candidatos (Lei nº 9.504/1997, art. 6º, § 4º).

Art. 7º Na formação de coligações, devem ser observadas, ainda, as seguintes normas (Lei nº 9.504/1997, art. 6º, § 3º, III e IV):

I - os partidos políticos integrantes de coligação devem designar um representante, que terá atribuições equivalentes às de presidente de partido político no trato dos interesses e na representação da coligação no que se refere ao processo eleitoral;

II - a coligação será representada perante a Justiça Eleitoral pela pessoa designada na forma do inciso I deste artigo ou por delegados indicados pelos partidos políticos que a compõem, podendo nomear até:

a) quatro delegados perante o tribunal regional eleitoral;

b) cinco delegados perante o Tribunal Superior Eleitoral.

CAPÍTULO II
DAS CONVENÇÕES

Art. 8º A escolha de candidatos pelos partidos políticos e a deliberação sobre coligações deverão ser feitas no período de 20 de julho a 5 de agosto do ano em que se realizarem as eleições, obedecidas as normas estabelecidas no estatuto partidário, lavrando-se a respectiva ata e a lista de presença em livro aberto e rubricado pela Justiça Eleitoral (Lei nº 9.504/1997, arts. 7º e 8º).

§ 1º A ata da convenção e a lista dos presentes serão digitadas no Módulo Externo do Sistema de Candidaturas (CANDex), desenvolvido pelo TSE, devendo a mídia ser entregue no tribunal eleitoral ou transmitida via internet pelo próprio CANDex, até o dia seguinte ao da realização da convenção, para:

I - publicação na página de internet do tribunal eleitoral correspondente (art. 8º da Lei nº 9.504/1997); e

II - integrar os autos de registro de candidatura.

§ 2º O Sistema CANDex poderá ser obtido nos sítios eletrônicos dos tribunais eleitorais.

§ 3º O livro de que trata o *caput* poderá ser requerido pela Justiça Eleitoral para conferência da veracidade das informações apresentadas.

§ 4º Em caso de omissão do estatuto sobre normas para escolha e substituição dos candidatos e para a formação de coligações, caberá ao órgão de direção nacional do partido político estabelecê-las, publicando-as no Diário Oficial da União até 180 (cento e oitenta) dias da eleição e encaminhando-as ao TSE antes da realização das convenções (Lei nº 9.504/1997, art. 7º, § 1º; e Lei nº 9.096/1995, art. 10).

§ 5º Para a realização das convenções, os partidos políticos poderão usar gratuitamente prédios públicos, responsabilizando-se por danos causados com a realização do evento (Lei nº 9.504/1997, art. 8º, § 2º).

§ 6º Para os efeitos do § 5º, os partidos políticos deverão:

I - comunicar por escrito ao responsável pelo local, com antecedência mínima de uma semana, a intenção de nele realizar a convenção;

II - providenciar a realização de vistoria, às suas expensas, acompanhada por representante do partido político e pelo responsável pelo prédio público;

III - respeitar a ordem de protocolo das comunicações, na hipótese de coincidência de datas de pedidos de outros partidos políticos.

Art. 9º Nas convenções partidárias, em cada circunscrição, será sorteado o número com o qual cada candidato concorrerá, consignando na ata o resultado, observado o que dispõem os arts. 18 e 19 desta resolução (Código Eleitoral, art. 100, § 2º).

Art. 10. Se, na deliberação sobre coligações, a convenção partidária de nível inferior se opuser às diretrizes legitimamente estabelecidas pelo órgão de direção nacional, nos termos do respectivo estatuto, poderá esse órgão anular a deliberação e os atos dela decorrentes (Lei nº 9.504/1997, art. 7º, § 2º).

§ 1º As anulações de deliberações dos atos decorrentes de convenção partidária na condição estabelecida no *caput* deste artigo deverão ser comunicadas à Justiça Eleitoral até 30 (trinta) dias após a data-limite para o registro de candidatos pelos partidos do ano da eleição (Lei nº 9.504/1997, art. 7º, § 3º).

§ 2º Se da anulação decorrer a necessidade de escolha de novos candidatos, o pedido de registro deverá ser apresentado à Justiça Eleitoral nos 10 (dez) dias subsequentes à anulação, observado o disposto no art. 68 desta resolução (Lei nº 9.504/1997, art. 7º, § 4º).

CAPÍTULO III
DOS CANDIDATOS

Art. 11. Qualquer cidadão pode pretender investidura em cargo eletivo, respeitadas as condições constitucionais e legais de elegibilidade e de incompatibilidade, desde que não incida em quaisquer das causas de inelegibilidade (Código Eleitoral, art. 3º, e Lei Complementar nº 64/1990, art. 1º).

§ 1º São condições de elegibilidade, na forma da lei (Constituição Federal, art. 14, § 3º, I a VI, *a*, *b* e *c*):

I - a nacionalidade brasileira;

II - o pleno exercício dos direitos políticos;

III - o alistamento eleitoral;

IV - o domicílio eleitoral na circunscrição;

V - a filiação partidária;

VI - a idade mínima de:

a) 35 (trinta e cinco) anos para Presidente e Vice-Presidente da República e Senador;

b) 30 (trinta) anos para Governador e Vice-Governador de Estado e do Distrito Federal;

c) 21 (vinte e um) anos para Deputado Federal, Deputado Estadual ou Distrital.

§ 2º A idade mínima constitucionalmente estabelecida como condição de elegibilidade é verificada tendo por referência a data da posse (Lei nº 9.504/1997, art. 11, § 2º).

§ 3º É vedado o registro de candidatura avulsa, ainda que o requerente tenha filiação partidária (Lei nº 9.504/1997, art. 11, § 14).

Art. 12. Para concorrer às eleições, o candidato deverá possuir domicílio eleitoral na respectiva circunscrição pelo prazo de 6 (seis) meses e estar com a filiação deferida pelo partido político no mesmo prazo (Lei nº 9.504/1997, art. 9º).

§ 1º Havendo fusão ou incorporação de partidos políticos após o prazo estabelecido no *caput*, será considerada, para efeito de filiação partidária, a data de filiação do candidato ao partido político de origem (Lei nº 9.504/1997, art. 9º, parágrafo único).

§ 2º É facultado ao partido político estabelecer, em seu estatuto, prazos de filiação partidária superiores aos previstos em lei com vistas a candidaturas a cargos eletivos (Lei nº 9.096/1995, art. 20).

§ 3º Os prazos de filiação partidária fixados no estatuto do partido com vistas a candidatura a cargos eletivos não podem ser alterados no ano da eleição (Lei nº 9.096/1995, art. 20, parágrafo único).

Art. 13. São inelegíveis:

I - os inalistáveis e os analfabetos (Constituição Federal, art. 14, § 4º);

II - no território de jurisdição do titular, o cônjuge e os parentes consanguíneos ou afins, até o segundo grau ou por adoção, do Presidente da República, de Governador de Estado ou do Distrito Federal ou de quem os haja substituído dentro dos 6 (seis) meses anteriores ao pleito, salvo se já titular de mandato

Art. 13

eletivo e candidato à reeleição (Constituição Federal, art. 14, § 7º);

III - os que se enquadrarem nas hipóteses previstas na Lei Complementar nº 64/1990.

Art. 14. O Presidente da República, os Governadores de Estado e do Distrito Federal e quem os houver sucedido ou substituído no curso dos mandatos poderão ser reeleitos para um único período subsequente (Constituição Federal, art. 14, § 5º).

Parágrafo único. O Presidente da República ou os Governadores reeleitos não poderão candidatar-se ao mesmo cargo nem ao cargo de vice para mandato consecutivo na mesma circunscrição (Res.-TSE nº 22.005/2005).

Art. 15. Para concorrer a outros cargos, o Presidente da República, os Governadores de Estado e do Distrito Federal e os Prefeitos devem renunciar aos respectivos mandatos até 6 (seis) meses antes do pleito (Constituição Federal, art. 14, § 6º).

CAPÍTULO IV
DO NÚMERO DOS CANDIDATOS E DAS LEGENDAS PARTIDÁRIAS

Art. 16. A identificação numérica dos candidatos observará os seguintes critérios (Lei nº 9.504/1997, art. 15, I a III):

I - os candidatos aos cargos de Presidente da República e Governador concorrerão com o número identificador do partido político ao qual estiverem filiados;

II - os candidatos ao cargo de Senador concorrerão com o número identificador do partido político ao qual estiverem filiados, seguido de um algarismo à direita;

III - os candidatos ao cargo de Deputado Federal concorrerão com o número identificador do partido político ao qual estiverem filiados, acrescido de dois algarismos à direita;

IV - os candidatos aos cargos de Deputado Estadual ou Distrital concorrerão com o número identificador do partido político ao qual estiverem filiados acrescido de três algarismos à direita.

Parágrafo único. Os candidatos de coligações, nas eleições majoritárias, serão registrados com o número da legenda do respectivo partido e, nas eleições proporcionais, com o número da legenda do respectivo partido, acrescido do número que lhes couber, observado o disposto no *caput* (Lei nº 9.504/1997, art. 15, § 3º).

Art. 17. Aos partidos políticos fica assegurado o direito de manter os números atribuídos à sua legenda na eleição anterior, e aos candidatos, nesta hipótese, o direito de manter os números que lhes foram atribuídos na eleição anterior, para o mesmo cargo (Lei nº 9.504/1997, art. 15, § 1º).

§ 1º Os detentores de mandato de Deputado Federal, Estadual ou Distrital que não queiram fazer uso da prerrogativa de que trata o *caput* poderão requerer novo número ao órgão de direção de seu partido político, independentemente do sorteio a que se refere o art. 9º desta resolução (Código Eleitoral, art. 100, § 2º, e Lei nº 9.504/1997, art. 15, § 2º).

§ 2º Aos candidatos de partidos políticos resultantes de fusão, será permitido:

I - manter os números que lhes foram atribuídos na eleição anterior para o mesmo cargo, desde que o número do novo partido político coincida com aquele ao qual pertenciam;

II - manter, para o mesmo cargo, os dois dígitos finais dos números que lhes foram atribuídos na eleição anterior para a Câmara dos Deputados e os três dígitos para as Assembleias Legislativas e Câmara Distrital quando o número do novo partido político não coincidir com aquele ao qual pertenciam, desde que outro candidato não tenha preferência sobre o número que vier a ser composto.

CAPÍTULO V
DO REGISTRO DOS CANDIDATOS

Seção I
Do Número de Candidatos a Serem Registrados

Art. 18. Não é permitido registro de um mesmo candidato para mais de um cargo eletivo (Código Eleitoral, art. 88, *caput*).

Art.19. Cada partido político ou coligação poderá requerer registro de (Constituição Federal, art. 46, §§ 1º a 3º, e Código Eleitoral, art. 91, *caput* e § 1º):

I - um candidato a Presidente da República com seu respectivo Vice;

II - um candidato a Governador, com seu respectivo Vice, em cada Estado e no Distrito Federal;

III - um candidato ao Senado Federal em cada Unidade da Federação, com dois suplentes, quando a renovação for de um terço; ou dois candidatos, com dois suplentes cada um, quando a renovação for de dois terços.

Art. 20. Cada partido político ou coligação poderá registrar candidatos para a Câmara dos Deputados, a Câmara Legislativa e as Assembleias Legislativas no total de até 150% (cento e cinquenta por cento) do número de lugares a preencher, salvo nas Unidades da Federação em que o número de lugares a preencher para a Câmara dos Deputados não exceder a 12 (doze), para as quais cada partido político ou coligação poderá registrar candidatos a Deputado Federal e a Deputado Estadual ou Distrital no total de até 200% (duzentos por cento) das respectivas vagas.

§ 1º No cálculo do número de lugares previsto no *caput* deste artigo, será sempre desprezada a fração, se inferior a 0,5 (meio), e igualada a 1 (um), se igual ou superior (Lei nº 9.504/1997, art. 10, § 4º).

§ 2º Do número de vagas resultantes das regras previstas neste artigo, cada partido político ou coligação preencherá o mínimo de 30% (trinta por cento) e o máximo de 70% (setenta por cento) para candidaturas de cada sexo (Lei nº 9.504/1997, art. 10, § 3º).

§ 3º No cálculo de vagas previsto no § 2º deste artigo, qualquer fração resultante será igualada a 1 (um) no cálculo do percentual mínimo estabelecido para um dos sexos e desprezada no cálculo das vagas restantes para o outro sexo (Ac.-TSE no REspe nº 22.764).

§ 4º O cálculo dos percentuais de candidatos para cada sexo terá como base o número de candidaturas efetivamente requeridas pelo partido político ou coligação e deverá ser observado nos casos de vagas remanescentes ou de substituição.

§ 5º O deferimento do pedido de registro do partido político ou coligação ficará condicionado à observância do disposto nos parágrafos anteriores, atendidas as diligências referidas no art. 35.

§ 6º No caso de as convenções para a escolha de candidatos não indicarem o número máximo de candidatos previsto no *caput*, os órgãos de direção dos respectivos partidos políticos poderão preencher as vagas remanescentes, requerendo o registro até 30 (trinta) dias antes do pleito (Lei nº 9.504/1997, art. 10, § 5º).

§ 7º O partido político, concorrendo por si ou coligado, observada a limitação estabelecida no *caput*, poderá requerer o registro de até 100 candidatos ao cargo de Deputado Federal, em decorrência do disposto no inciso II do art. 15 da Lei nº 9.504/1997.

Seção II
Do Pedido de Registro

Art. 21. Os candidatos a Presidente e Vice-Presidente da República serão registrados no Tribunal Superior Eleitoral; os candidatos a Governador e Vice-Governador, a Senador e respectivos suplentes, e a Deputado Federal, Estadual ou Distrital serão registrados nos Tribunais Regionais Eleitorais (Código Eleitoral, art. 89, I e II).

§ 1º O registro de candidatos a Presidente e Vice-Presidente e a Governador e Vice-Governador far-se-á sempre em chapa única e indivisível, ainda que resulte na indicação de coligação (Código Eleitoral, art. 91, *caput*).

§ 2º O registro de candidatos a Senador far-se-á com os respectivos suplentes (Constituição Federal, art. 46, § 3º, e Código Eleitoral, art. 91, § 1º).

Art. 22. Os partidos políticos e as coligações solicitarão aos tribunais eleitorais o registro de seus candidatos até as 19 (dezenove) horas do dia 15 de agosto do ano em que se realizarem as eleições (Lei nº 9.504/1997, art. 11, *caput*).

§ 1º Os pedidos serão obrigatoriamente elaborados no Módulo Externo do Sistema de Candidaturas CANDex, e gravados em mídia eletrônica, a qual deverá ser entregue no tribunal eleitoral, observado o prazo-limite previsto no *caput* (Lei nº 9.504/1997, art. 11, *caput*, e Lei nº 11.419/2006, art. 10, § 1º).

§ 2º O pedido mencionado no *caput* poderá ser transmitido via internet pelo CANDex até as 24 (vinte e quatro) horas do dia 14 de agosto, caso em que os arquivos gerados pelo CANDex, contendo os documentos previstos nos incisos III a VI do art. 26 desta resolução, deverão ser entregues, separadamente, em mídia eletrônica, na secretaria do tribunal eleitoral até as 19 (dezenove) horas do dia 15 de agosto do ano da eleição.

§ 3º Na hipótese do parágrafo anterior, o CANDex emitirá recibo de entrega consignando o horário em que foi transmitido o pedido de registro.

Art. 23. Os pedidos de registro serão compostos pelos seguintes formulários gerados pelo CANDex:

I - Demonstrativo de Regularidade de Atos Partidários (DRAP);

II - Requerimento de Registro de Candidatura (RRC);

III - Requerimento de Registro de Candidatura Individual (RRCI).

Parágrafo único. Os formulários deverão ser impressos, assinados e mantidos pelos respectivos subscritores, e poderão ser requeridos pela Justiça Eleitoral para conferência da sua veracidade.

Art. 24. O pedido de registro será subscrito:

I - no caso de partido isolado, pelo presidente do órgão de direção estadual ou por delegado registrado no Sistema de Gerenciamento de Informações Partidárias (SGIP);

II - na hipótese de coligação, pelos presidentes dos partidos políticos coligados, ou por seus delegados, ou pela maioria dos membros dos respectivos órgãos executivos de direção, ou por representante ou delegado da coligação designados na forma do inciso I do art. 7º (Lei nº 9.504/1997, art. 6º, § 3º, inciso II).

Parágrafo único. Os subscritores do pedido de registro deverão informar, no CANDex, os números do seu título eleitoral e CPF.

Art. 25. O formulário DRAP deve ser preenchido com as seguintes informações:

I - nome e sigla do partido político;

II - nome da coligação, siglas dos partidos políticos que a compõem, nome, CPF e número do título eleitoral de seu representante e de seus delegados (Lei nº 9.504/1997, art. 6º, § 3º, inciso IV);

III - datas das convenções;

IV - cargos pleiteados;

V - telefone móvel que disponha de aplicativo de mensagens instantâneas para comunicação com a Justiça Eleitoral;

VI - endereço eletrônico para recebimento de comunicações;

VII endereço completo para recebimento de comunicações;

VIII - telefone fixo (Lei nº 9.504/1997, art. 96-A);

IX - lista com o nome, número e cargo pleiteado pelos candidatos.

Parágrafo único. Os formulários DRAP deverão ser impressos, assinados e mantidos pelos respectivos subscritores e poderão ser requeridos pela Justiça Eleitoral para conferência da sua veracidade.

Art. 26. O formulário RRC deve ser preenchido com as seguintes informações:

I - dados pessoais: título de eleitor, nome completo, data de nascimento, Unidade da Federação e Município de nascimento, nacionalidade, sexo, cor ou raça, estado civil, ocupação, grau de instrução, indicação de ocupação de cargo em comissão ou função comissionada na administração pública, número da carteira de identidade com o órgão expedidor e a Unidade da Federação, número de registro no Cadastro de Pessoa Física (CPF);

II - dados para contato: telefone móvel que disponha de aplicativo de mensagens instantâneas para comunicação com a Justiça Eleitoral, endereço eletrônico para recebimento de comunicações, endereço completo para recebimento de comunicações, telefone fixo e endereço fiscal para atribuição de CNPJ;

III - dados do candidato: partido político, cargo pleiteado, número do candidato, nome para constar da urna eletrônica, informação se é candidato à reeleição, qual cargo eletivo que ocupa e a quais eleições já concorreu;

IV - declaração de ciência do candidato de que deverá prestar contas à Justiça Eleitoral, ainda que haja renúncia, desistência, substituição ou indeferimento, cassação ou cancelamento do registro;

V - autorização do candidato;

VI - o endereço eletrônico onde estão disponíveis as propostas defendidas pelo candidato a Governador de Estado e a Presidente da República.

§ 1º Os formulários RRC devem ser impressos, assinados pelos candidatos e mantidos sob a guarda dos respectivos subscritores

Art. 26

e podem ser requeridos pela Justiça Eleitoral para conferência da sua veracidade.

§ 2º O formulário RRC pode ser subscrito por procurador constituído por instrumento particular, com poder específico para o ato (Acórdão no REspe nº 2765-24.2014.6.26.0000).

§ 3º Caso as propostas previstas no inciso VI não estejam disponíveis em sítio na internet, o documento deve ser anexado ao CANDex para entrega com o pedido de registro, nos termos do § 2º do art. 22 desta resolução.

Art. 27. O nome indicado, que será também utilizado na urna eletrônica, terá no máximo 30 (trinta) caracteres, incluindo-se o espaço entre os nomes, podendo ser o prenome, sobrenome, cognome, nome abreviado, apelido ou nome pelo qual o candidato é mais conhecido, desde que não se estabeleça dúvida quanto a sua identidade, não atente contra o pudor e não seja ridículo ou irreverente.

Parágrafo único. Não será permitido, na composição do nome a ser inserido na urna eletrônica, o uso de expressão ou de siglas pertencentes a qualquer órgão da administração pública direta, indireta federal, estadual, distrital e municipal.

Art. 28. O formulário RRC deve ser apresentado com os seguintes documentos anexados ao CANDex:

I - relação atual de bens, preenchida no Sistema CANDex;

II - fotografia recente do candidato, inclusive dos candidatos a vice e suplentes, observado o seguinte (Lei nº 9.504/1997, art. 11, § 1º, inciso VIII):

a) dimensões: 161 x 225 pixels (L x A), sem moldura;

b) profundidade de cor: 24bpp;

c) cor de fundo uniforme, preferencialmente branca;

d) características: frontal (busto), trajes adequados para fotografia oficial e sem adornos, especialmente aqueles que tenham conotação de propaganda eleitoral ou que induzam ou dificultem o reconhecimento pelo eleitor;

III - certidões criminais fornecidas (Lei nº 9.504/1997, art. 11, § 1º, inciso VII):

a) pela Justiça Federal de 1º e 2º graus da circunscrição na qual o candidato tenha o seu domicílio eleitoral;

b) pela Justiça Estadual de 1º e 2º graus da circunscrição na qual o candidato tenha o seu domicílio eleitoral;

c) pelos tribunais competentes, quando os candidatos gozarem foro por prerrogativa de função;

IV - prova de alfabetização;

V - prova de desincompatibilização, quando for o caso;

VI - cópia de documento oficial de identificação.

§ 1º O partido político ou a coligação deve manter em sua posse uma via impressa da relação de bens assinada pelo candidato, que pode ser requerida pela Justiça Eleitoral para conferência da sua veracidade.

§ 2º A relação de bens do candidato de que trata o inciso I do *caput* pode ser subscrita por procurador constituído por instrumento particular, com poder específico para o ato (Acórdão no REspe nº 2765-24. 2014.6.26.0000).

§ 3° A prova de alfabetização de que trata o inciso IV pode ser suprida por declaração de próprio punho preenchida pelo interessado, em ambiente individual e reservado, na presença de servidor da Justiça Eleitoral.

§ 4° Está dispensada a apresentação de certidões emitidas pela própria Justiça Eleitoral.

§ 5º No caso de as certidões a que se refere o inciso III do *caput* serem positivas em decorrência de homonímia e não se referirem ao candidato, este pode apresentar declaração de homonímia a fim de afastar as ocorrências verificadas (Lei nº 7.115/1983; e Decreto nº 85.708/1981).

§ 6º Fica facultada aos tribunais eleitorais a celebração de convênios para o fornecimento de certidões de que trata o inciso III do *caput*.

Art. 29. Os requisitos legais referentes à filiação partidária, domicílio eleitoral, quitação eleitoral e inexistência de crimes eleitorais são aferidos com base nas informações constantes dos bancos de dados da Justiça Eleitoral, sendo dispensada a apresentação de documentos comprobatórios pelos requerentes (Lei nº 9.504/1997, art. 11, § 1º, incisos III, V, VI e VII).

§ 1º A quitação eleitoral de que trata o *caput* deve abranger exclusivamente a plenitude do gozo dos direitos políticos, o regular exercício do voto, o atendimento a convocações da Justiça Eleitoral para auxiliar os trabalhos relativos ao pleito, a inexistência de multas aplicadas, em caráter definitivo, pela Justiça Eleitoral e não remitidas, e a apresentação de contas de campanha eleitoral.

§ 2º Para fins de verificação da quitação eleitoral de que trata o § 1º, são considerados quites aqueles que:

I - condenados ao pagamento de multa, tenham, até a data do julgamento do seu pedido de registro de candidatura, comprovado o pagamento ou o parcelamento da dívida regularmente cumprido;

II - pagarem a multa que lhes couber individualmente, excluindo-se qualquer modalidade de responsabilidade solidária, mesmo quando imposta concomitantemente com outros candidatos e em razão do mesmo fato.

Art. 30. Na hipótese de o partido político ou a coligação não requerer o registro de seus candidatos, estes podem fazê-lo no prazo máximo de 2 (dois) dias seguintes à publicação do edital de candidatos do respectivo partido político pelo tribunal eleitoral, com as informações e os documentos previstos nos arts. 26 e 28 desta resolução (Lei nº 9.504/1997, art. 11, § 4º).

§ 1º O pedido deve ser obrigatoriamente elaborado no Sistema CANDex e gravado em mídia a ser entregue no tribunal eleitoral até as 19 (dezenove) horas, observado o prazo-limite estabelecido no *caput* (Lei nº 9.504/1997, art. 11, *caput*), não sendo possível a transmissão pela internet.

§ 2º Caso o partido político ou a coligação não tenha apresentado o formulário DRAP, o respectivo representante será intimado, de ofício, pela secretaria do tribunal eleitoral para fazê-lo no prazo de 3 (três) dias.

Art. 31. No caso de ser requerido pelo mesmo partido político mais de um pedido de registro de candidatura para o mesmo cargo, caracterizando dissidência partidária, a Justiça Eleitoral procederá à inclusão de todos os pedidos no Sistema de Candidaturas (CAND), certificando a ocorrência em cada um dos pedidos.

Parágrafo único. Na hipótese prevista no *caput*, serão observadas as seguintes regras:

I - serão inseridos na urna eletrônica apenas os dados do candidato vinculado ao DRAP que tenha sido julgado regular;

II - não havendo decisão até o fechamento do Sistema de Candidaturas (CAND) e na hipótese de haver coincidência de números de candidatos, competirá à Justiça Eleitoral decidir, de imediato, qual dos candidatos com o mesmo número terá seus dados inseridos na urna eletrônica;

III - os pedidos de registro serão distribuídos ao mesmo relator para processamento e julgamento em conjunto.

Seção III
Do Processamento do Pedido de Registro

Art. 32. Os pedidos de registro de candidaturas recebidos pela Justiça Eleitoral são autuados e distribuídos automaticamente no Sistema Processo Judicial Eletrônico (PJe), na classe Registro de Candidatura (RCand).

Parágrafo único. Os processos de Registro de Candidatura (RCand) tramitam obrigatoriamente no Sistema Processo Judicial Eletrônico (PJe).

Art. 33. Na autuação, adotam-se os seguintes procedimentos:

I - o DRAP e os documentos que o acompanham constituem o processo principal dos pedidos de registro de candidatura;

II - cada RRC e os documentos que o acompanham constituem o processo de cada candidato, distribuído por prevenção ao relator do respectivo DRAP.

§ 1º Os processos dos candidatos são associados automaticamente no PJe ao processo do partido político ou coligação.

§ 2º Os pedidos de registro para os cargos majoritários de uma mesma chapa devem ser associados no PJe para julgamento conjunto.

§ 3º Os processos associados relativos a candidatos de uma mesma chapa tramitam independentes, ainda que haja recurso, remetendo-se para a instância superior apenas o processo em que houver a interposição de recurso.

Art. 34. Após o recebimento dos pedidos, os dados serão encaminhados automaticamente à Receita Federal para fornecimento, em até 3 (três) dias úteis, do número de registro no CNPJ (Lei nº 9.504/1997, art. 22-A).

Art. 35. Depois de verificados os dados dos processos, a Secretaria Judiciária deve providenciar imediatamente a publicação do edital contendo os pedidos de registro para ciência dos interessados no Diário da Justiça Eletrônico (DJE) (Código Eleitoral, art. 97, § 1º).

§ 1º Da publicação do edital previsto no *caput* deste artigo, correrá:

I - o prazo de 2 (dois) dias para que o candidato escolhido em convenção requeira individualmente o registro de sua candidatura, caso o partido político ou a coligação não o tenha requerido, na forma prevista no art. 30 desta resolução (Lei nº 9.504/1997, art. 11, § 4º);

II - o prazo de 5 (cinco) dias para a impugnação dos pedidos de registro de candidatura requeridos pelos partidos políticos ou coligações (Lei Complementar nº 64/1990, art. 3º).

§ 2º Decorrido o prazo a que se refere o inciso I do § 1º e havendo pedidos individuais de registro de candidatura, será publicado edital, passando a correr, para esses pedidos, o prazo de impugnação previsto no inciso II do § 1º.

§ 3º Não havendo impugnação ao DRAP e aos RRCs, o PJe registrará o decurso do prazo do inciso II do § 1º nos respectivos autos.

Art. 36. Encerrado o prazo de impugnação ou, se for o caso, o de contestação, a Secretaria Judiciária informará, para apreciação do relator:

I - no processo principal (DRAP):

a) a situação jurídica do partido político na circunscrição;

b) a realização da convenção;

c) a legitimidade do subscritor para representar o partido político ou a coligação;

d) o valor máximo de gastos de campanha;

e) a observância dos percentuais a que se refere o art. 20.

II - nos processos dos candidatos (RRC e RRCI):

a) a regularidade do preenchimento do pedido;

b) a verificação das condições de elegibilidade descritas no art. 12;

c) a regularidade da documentação descrita no art. 28;

d) a validação do nome e do número com o qual concorre, do cargo, do partido político, do sexo e da qualidade técnica da fotografia, na urna eletrônica.

Parágrafo único. A verificação dos dados previstos na alínea *d* do inciso II será realizada pela Secretaria Judiciária por meio do Sistema de Verificação e Validação de Dados e Fotografia.

Art. 37. Constatada qualquer falha, omissão ou ausência de documentos necessários à instrução do pedido, inclusive no que se refere à inobservância dos percentuais previstos no § 4º do art. 20, o partido político, a coligação ou o candidato será intimado, de ofício, pela Secretaria Judiciária, para que o vício seja sanado no prazo de 3 (três) dias, na forma prevista nesta resolução (Lei nº 9.504/1997, art. 11, § 3º).

Parágrafo único. As intimações serão realizadas, preferencialmente, pelo mural eletrônico ou por outro meio eletrônico que garanta a entrega ao destinatário.

Seção IV
Das Impugnações

Art. 38. Cabe a qualquer candidato, partido político, coligação ou ao Ministério Público, no prazo de 5 (cinco) dias, contados da publicação do edital relativo ao pedido de registro, impugná-lo em petição fundamentada (Lei Complementar nº 64/1990, art. 3º, *caput*).

§ 1º A impugnação ao registro de candidatura exige representação processual e será peticionada diretamente no PJe.

§ 2º A impugnação, por parte do candidato, do partido político ou da coligação, não impede a ação do Ministério Público no mesmo sentido (Lei Complementar nº 64/1990, art. 3º, § 1º).

§ 3º Não pode impugnar o registro de candidato o representante do Ministério Público que, nos 2 (dois) anos anteriores, tenha disputado cargo eletivo, integrado diretório de partido político ou exercido atividade político-partidária (Lei Complementar nº 64/1990, art. 3º, § 2º, e Lei Complementar nº 75/1993, art. 80).

§ 4º O impugnante deve especificar, desde logo, os meios de prova com que pretende demonstrar a veracidade do alegado, arrolando testemunhas, se for o caso, no máximo de 6 (seis) (Lei Complementar nº 64/1990, art. 3º, § 3º).

Art. 39. Terminado o prazo para impugnação, o candidato, o partido político ou a coligação devem ser intimados, na forma do parágrafo único do art. 37 desta resolução, para, no prazo de 7 (sete) dias, contestá-la ou se manifestar sobre a notícia de inelegibilidade, juntar documentos, indicar rol de testemunhas e requerer a produção de outras provas, inclusive documentais, que se encontrarem em poder de terceiros, de repartições públicas ou em procedimentos judiciais ou administrativos, salvo os processos que estiverem tramitando em segredo de justiça (Lei Complementar nº 64/1990, art. 4º).

Parágrafo único. A contestação, subscrita por advogado, deve ser apresentada diretamente no PJe.

Art. 40. Decorrido o prazo para contestação, caso não se trate apenas de matéria de direito e a prova protestada for relevante, o relator deve designar os 4 (quatro) dias seguintes para inquirição das testemunhas do impugnante e do impugnado, as quais comparecerão por iniciativa das partes que as tiverem arrolado, após notificação judicial realizada pelos advogados (Lei Complementar nº 64/1990, art. 5º, *caput*).

§ 1º As testemunhas do impugnante e do impugnado devem ser ouvidas em uma só assentada (Lei Complementar nº 64/1990, art. 5º, § 1º).

§ 2º Nos 5 (cinco) dias subsequentes, o relator deve proceder a todas as diligências que determinar, de ofício ou a requerimento das partes (Lei Complementar nº 64/1990, art. 5º, § 2º).

§ 3º No prazo de que trata o § 2º, o relator pode ouvir terceiros, referidos pelas partes ou testemunhas, como conhecedores dos fatos e das circunstâncias que possam influir na decisão da causa (Lei Complementar nº 64/1990, art. 5º, § 3º).

§ 4º Quando qualquer documento necessário à formação da prova se achar em poder de terceiro, o relator pode, ainda, no mesmo prazo de 5 (cinco) dias, ordenar o respectivo depósito (Lei Complementar nº 64/1990, art. 5º, § 4º).

§ 5º Se o terceiro, sem justa causa, não exibir o documento, ou não comparecer a juízo, pode o relator expedir mandado de prisão e instaurar processo por crime de desobediência (Lei Complementar nº 64/1990, art. 5º, § 5º).

Art. 41. Encerrado o prazo da dilação probatória, as partes poderão apresentar alegações, no PJe, no prazo comum de 5 (cinco) dias, sendo os autos conclusos ao relator no dia imediato, para julgamento pelo tribunal (Lei Complementar nº 64/1990, arts. 6º e 7º, *caput*).

Parágrafo único. O Ministério Público, nas impugnações que não houver ajuizado, disporá de 2 (dois) dias para apresentar alegações finais.

Art. 42. Qualquer cidadão no gozo de seus direitos políticos pode, no prazo de 5 (cinco) dias contados da publicação do edital relativo ao pedido de registro, dar notícia de inelegibilidade ao tribunal eleitoral competente, mediante petição fundamentada.

§ 1º A notícia de inelegibilidade pode ser apresentada diretamente no PJe.

§ 2º Se o noticiante não possuir representação processual, pode apresentar a notícia de inelegibilidade na Secretaria Judiciária, caso em que deve ser providenciada a inserção no PJe.

§ 3º A Secretaria Judiciária deve comunicar imediatamente o recebimento da notícia de inelegibilidade ao Ministério Público.

§ 4º Na instrução da notícia de inelegibilidade, deve ser adotado o procedimento previsto para as impugnações.

Art. 43. Constitui crime eleitoral a arguição de inelegibilidade ou a impugnação de registro de candidato feita por interferência do poder econômico, desvio ou abuso do poder de autoridade, deduzida de forma temerária ou de manifesta má-fé, incorrendo os infratores na pena de detenção de 6 (seis) meses a 2 (dois) anos e multa (Lei Complementar nº 64/1990, art. 25).

Seção V
Do Julgamento dos Pedidos de Registro pelos Tribunais Regionais Eleitorais

Art. 44. O tribunal formará sua convicção pela livre apreciação da prova, atendendo aos fatos e às circunstâncias constantes dos autos, ainda que não alegados pelas partes, mencionando, na decisão, os que motivaram seu convencimento (Lei Complementar nº 64/1990, art. 7º, parágrafo único).

Art. 45. O pedido de registro, com ou sem impugnação, deve ser julgado no prazo de 3 (três) dias após a conclusão dos autos ao relator, independentemente de publicação em pauta (Lei Complementar nº 64/1990, art. 13, *caput*).

§ 1º Caso o tribunal não se reúna no prazo previsto no *caput*, o feito deve ser julgado na primeira sessão subsequente.

§ 2º Não atendido o prazo do § 1º, pode a Justiça Eleitoral publicar lista contendo a relação dos processos que serão julgados nas sessões subsequentes.

§ 3º Só podem ser apreciados em sessão de julgamento os processos relacionados até o seu início.

Art. 46. Na sessão de julgamento, feito o relatório, será facultada a palavra às partes e ao Ministério Público pelo prazo de 10 (dez) minutos (Lei Complementar nº 64/1990, art. 11, *caput*, c.c. o art. 13, parágrafo único).

§ 1º Havendo pedido de vista, o julgamento deverá ser retomado na sessão seguinte.

§ 2º Proclamado o resultado, o relator fará a lavratura e a publicação do acórdão, passando a correr dessa data o prazo para a interposição dos recursos cabíveis.

§ 3º O Ministério Público será pessoalmente intimado dos acórdãos, em sessão de julgamento, quando nela publicados.

§ 4º O Ministério Público poderá recorrer ainda que não tenha oferecido impugnação ao pedido de registro.

Art. 47. O julgamento do processo principal (DRAP) precederá o julgamento dos processos dos candidatos (RRC), devendo o resultado daquele ser certificado nos autos destes.

Art. 48. O indeferimento do DRAP é fundamento suficiente para indeferir os pedidos de registro a ele vinculados; entretanto, enquanto não transitada em julgado aquela decisão, o tribunal eleitoral deve dar continuidade à análise, diligências e decisão sobre os demais requisitos individuais dos candidatos nos respectivos processos.

Parágrafo único. O indeferimento definitivo do DRAP implica o prejuízo dos pedidos de registros de candidatura a ele vinculados, inclusive aqueles já deferidos.

Art. 49. O trânsito em julgado dos processos dos candidatos somente ocorrerá com o efetivo trânsito dos respectivos DRAPs.

Art. 50. Os pedidos de registro dos candidatos a Governador e a Senador e dos respectivos vices e suplentes são julgados individualmente.

§ 1º O resultado do julgamento do processo do titular deve ser certificado nos autos dos respectivos vices e suplentes e vice-versa.

§ 2º Podem participar do pleito as chapas cujos candidatos estejam nas situações deferido ou sub judice (Lei nº 9.504/1997, art. 16-A).

§ 3º Cabe à Secretaria Judiciária acompanhar a situação dos candidatos até o trânsito em julgado, para atualização do Sistema de Candidaturas (CAND).

Art. 51. Ainda que não tenha havido impugnação, o pedido de registro deve ser indeferido quando o candidato for inelegível ou não atender a qualquer das condições de elegibilidade.

Parágrafo único. Constatada qualquer das situações previstas no *caput*, o relator, antes de decidir, deve determinar a intimação prévia do interessado para que se manifeste nos termos do art. 3º da Lei Complementar nº 64/1990.

Art. 52. O relator poderá decidir monocraticamente os pedidos de registro de candidatura nos quais não tenha havido impugnação.

Parágrafo único. Durante o período eleitoral, as decisões monocráticas podem ser publicadas no mural eletrônico ou em sessão.

Art. 53. Verificada a ocorrência de homonímia, o tribunal eleitoral deve proceder da seguinte forma (Lei nº 9.504/1997, art. 12, § 1º, incisos I a V):

I - havendo dúvida, pode exigir do candidato prova de que é conhecido pela opção de nome indicada no pedido de registro;

II - ao candidato que, até 15 de agosto, estiver exercendo mandato eletivo ou o tenha exercido nos últimos 4 (quatro) anos, ou que se tenha candidatado, nesse mesmo prazo, com o nome que indicou, deve ser deferido o seu uso, ficando outros candidatos impedidos de fazer propaganda com esse mesmo nome;

III - deve ser deferido o uso do nome indicado, desde que este identifique o candidato por sua vida política, social ou profissional, ficando os outros candidatos impedidos de fazer propaganda com o mesmo nome;

IV - tratando-se de candidatos cuja homonímia não se resolva pelas regras dos incisos II e III, o relator deve notificá-los para que, em 2 (dois) dias, cheguem a acordo sobre os respectivos nomes a serem usados;

V - não havendo acordo no caso do inciso IV, a Justiça Eleitoral deve registrar cada candidato com o nome e sobrenome constantes do pedido de registro.

§ 1º O tribunal eleitoral pode exigir do candidato prova de que é conhecido por determinado nome por ele indicado quando seu uso puder confundir o eleitor (Lei nº 9.504/1997, art. 12, § 2º).

§ 2º O tribunal eleitoral deve indeferir todo pedido de nome coincidente com nome de candidato aos cargos de Presidente da República, Governador de Estado e do Distrito Federal e Senador, salvo para candidato que esteja exercendo mandato eletivo ou o tenha exercido nos últimos 4 (quatro) anos, ou que, nesse mesmo período, tenha concorrido em eleição com o nome coincidente (Lei nº 9.504/1997, art. 12, § 3º).

§ 3º Não havendo preferência entre candidatos que pretendam o registro do mesmo nome para urna, será deferido o do que primeiro o tenha requerido (Súmula nº 4/TSE).

Art. 54. O pedido de registro do candidato, a impugnação, a notícia de inelegibilidade e as questões relativas à homonímia devem ser julgados em uma só decisão.

Art. 55. O candidato cujo registro esteja sub judice pode efetuar todos os atos relativos à campanha eleitoral, inclusive utilizar o horário eleitoral gratuito no rádio e na televisão e ter seu nome mantido na urna eletrônica enquanto estiver sob essa condição.

Parágrafo único. Na hipótese de dissidência partidária, o relator deve decidir qual dos partidos políticos envolvidos pode participar da distribuição do horário eleitoral gratuito.

Art. 56. As condições de elegibilidade e as causas de inelegibilidade devem ser aferidas no momento da formalização do pedido de registro da candidatura, ressalvadas as alterações, fáticas ou jurídicas, supervenientes ao registro que afastem a inelegibilidade (Lei nº 9.504/1997, art. 11, § 10).

Art. 57. Cabem os seguintes recursos para o Tribunal Superior Eleitoral, no prazo de 3 (três) dias, em petição fundamentada (Lei Complementar nº 64/1990, art. 11, § 2º):

I - recurso ordinário, quando versar sobre inelegibilidade (Constituição Federal, art. 121, § 4º, III);

II - recurso especial, quando versar sobre condições de elegibilidade (Constituição Federal, art. 121, § 4º, I e II).

Parágrafo único. O recorrido deve ser notificado pelo mural eletrônico para apresentar contrarrazões, no prazo de 3 (três) dias (Lei Complementar nº 64/1990, art. 12, *caput*).

Art. 58. Apresentadas as contrarrazões ou transcorrido o respectivo prazo, os autos devem ser imediatamente remetidos ao Tribunal Superior Eleitoral, dispensado o juízo prévio de admissibilidade do recurso (Lei Complementar nº 64/1990, art. 8º, § 2º, c.c. o art. 12, parágrafo único).

Art. 59. Todos os pedidos de registro de candidatos, inclusive os impugnados e os respectivos recursos, devem estar julgados pelas instâncias ordinárias, e publicadas as decisões a eles relativas até 20 (vinte) dias antes da eleição (Lei nº 9.504/1997, art. 16, § 1º).

Art. 60. Após decidir sobre os pedidos de registro e determinar o fechamento do Sistema de Candidaturas (CAND), os tribunais eleitorais devem publicar no DJE a relação dos nomes dos candidatos e respectivos números com os quais concorrerão nas eleições, inclusive daqueles cujos pedidos indeferidos estiverem em grau de recurso.

Seção VI
Do Julgamento dos Pedidos de Registro pelo Tribunal Superior Eleitoral

Art. 61. Aplicam-se ao julgamento dos pedidos de registro dos candidatos a Presidente e a Vice-Presidente da República requeridos perante o Tribunal Superior Eleitoral as disposições previstas na Seção V desta resolução, no que couber.

Seção VII
Do Julgamento dos Recursos pelo Tribunal Superior Eleitoral

Art. 62. Recebidos os autos no PJe do Tribunal Superior Eleitoral, a Secretaria Judiciária deve abrir vista ao Ministério Público pelo prazo de 2 (dois) dias (Lei Complementar nº 64/1990, art. 14, c.c. o art. 10, *caput*).

Art. 62

Parágrafo único. Findo o prazo, com ou sem parecer, os autos serão enviados ao relator, que os apresentará em mesa para julgamento em 3 (três) dias, independentemente de publicação em pauta. (Lei Complementar nº 64/1990, art. 14, c.c. o art. 10, *caput*).

Art. 63. Os recursos sobre registro de candidatos serão julgados na forma prevista nos artigos 44 e 45 desta resolução.

Seção VIII
Dos Recursos para o Supremo Tribunal Federal

Art. 64. Interposto recurso extraordinário para o Supremo Tribunal Federal, a parte recorrida deve ser intimada para apresentação de contrarrazões no prazo de 3 (três) dias.

§ 1º A intimação do Ministério Público e da Defensoria Pública é feita pessoalmente e, para as demais partes, mediante publicação no mural eletrônico.

§ 2º Apresentadas as contrarrazões ou transcorrido o respectivo prazo, os autos devem ser conclusos ao Presidente para juízo de admissibilidade.

§ 3º As intimações das decisões de admissibilidade são realizadas na forma prevista no § 1º.

§ 4º Admitido o recurso e feitas as intimações, os autos devem ser remetidos imediatamente ao Supremo Tribunal Federal.

CAPÍTULO VI
DA RENÚNCIA, DO FALECIMENTO, DO CANCELAMENTO E DA SUBSTITUIÇÃO

Art. 65. O ato de renúncia do candidato, datado e assinado, deverá ser expresso em documento com firma reconhecida por tabelião ou por duas testemunhas.

§ 1º O pedido de renúncia deve ser apresentado sempre ao juízo originário e juntado aos autos do pedido de registro do respectivo candidato, para homologação.

§ 2º Caso o processo esteja em grau de recurso, o pedido deve ser autuado na classe Petição (Pet) e, após homologação, remetido à instância superior.

§ 3º A renúncia ao registro de candidatura homologada por decisão judicial impede que o candidato renunciante volte a concorrer ao mesmo cargo na mesma eleição (Acórdão no REspe nº 264-18).

Art. 66. Os tribunais eleitorais deverão imediatamente, de ofício, extinguir o registro de candidato que venha a falecer quando tiverem conhecimento do fato, cuja veracidade deverá ser comprovada.

Art. 67. O partido político poderá requerer, até a data da eleição, o cancelamento do registro do candidato que dele for expulso, em processo no qual seja assegurada ampla defesa, com observância das normas estatutárias (Lei nº 9.504/1997, art. 14).

Art. 68. É facultado ao partido político ou à coligação substituir candidato que tiver seu registro indeferido, cancelado ou cassado, ou, ainda, que renunciar ou falecer após o termo final do prazo do registro (Lei nº 9.504/1997, art. 13, *caput*; Lei Complementar nº 64/1990, art. 17, e Código Eleitoral, art. 101, § 1º).

§ 1º A escolha do substituto deve ser feita na forma estabelecida no estatuto do partido político a que pertencer o substituído, devendo o pedido de registro ser requerido até 10 (dez) dias contados do fato ou da notificação do partido da decisão judicial que deu origem à substituição (Lei nº 9.504/1997, art. 13, § 1º, e Código Eleitoral, art. 101, § 5º).

§ 2º Tanto nas eleições majoritárias quanto nas proporcionais, a substituição somente deve ser efetivada se o novo pedido for apresentado até 20 (vinte) dias antes do pleito, exceto no caso de falecimento de candidato, quando a substituição poderá ser efetivada após esse prazo, observado em qualquer hipótese o previsto no § 1º (Lei nº 9.504/1997, art. 13, § 3º).

§ 3º O prazo de substituição para o candidato que renunciar é contado a partir da homologação da renúncia.

§ 4º Se ocorrer substituição após a geração das tabelas para elaboração da lista de candidatos e preparação das urnas, o substituto concorrerá com o nome, o número e, na urna eletrônica, com a fotografia do substituído.

§ 5º Na hipótese de substituição, cabe ao partido político ou à coligação do substituto dar ampla divulgação ao fato, para esclarecimento do eleitorado, sem prejuízo da divulgação também por outros candidatos, partidos políticos ou coligações e, ainda, pela Justiça Eleitoral.

§ 6º Não deve ser deferido o pedido de substituição de candidatos quando não forem respeitados os limites mínimo e máximo das candidaturas de cada sexo previstos no § 2º do art. 20.

Art. 69. O pedido de registro de substituto deve obrigatoriamente ser elaborado no CANDex, devendo a mídia ser entregue no tribunal eleitoral ou transmitida via internet, na forma do art. 22, contendo as informações e os documentos previstos nos arts. 26 e 28 desta resolução.

CAPÍTULO VII
DISPOSIÇÕES FINAIS

Art. 70. Os formulários e todos os documentos que acompanham o pedido de registro são públicos e podem ser livremente consultados pelos interessados, que poderão obter cópia de suas peças, respondendo pelos respectivos custos e pela utilização que derem aos documentos recebidos (Lei nº 9.504/1997, art. 11, § 6º).

Art. 71. Dados, documentos e estatísticas referentes aos registros de candidaturas estarão disponíveis no sítio eletrônico do TSE.

Art. 72. Transitada em julgado ou publicada a decisão proferida por órgão colegiado que declarar a inelegibilidade do candidato, será indeferido seu registro ou declarado nulo o diploma, se já expedido (Lei Complementar nº 64/1990, art. 15, *caput*).

Parágrafo único. A decisão a que se refere o *caput*, independentemente da apresentação de recurso, deverá ser comunicada, de imediato, ao Ministério Público e ao órgão da Justiça Eleitoral competente para o registro de candidatura e expedição de diploma do réu (Lei Complementar nº 64/1990, art. 15, parágrafo único).

Art. 73. Os processos de registro de candidaturas terão prioridade sobre quaisquer outros, devendo a Justiça Eleitoral adotar as providências necessárias para o cumprimento dos prazos previstos nesta resolução, inclusive com a realização de sessões extraordinárias e a convocação dos juízes suplentes, pelos tribunais, sem prejuízo da eventual aplicação do disposto no art. 97 da Lei nº 9.504/1997 e de representação ao Conselho Nacional de Justiça (Lei nº 9.504/1997, art. 16, § 2º).

Art. 74. Os prazos a que se refere esta resolução são contínuos e peremptórios, correndo em secretaria, e não se suspendem aos sábados, domingos e feriados, entre 15 de agosto e 19 de dezembro (Lei Complementar nº 64/1990, art. 16).

§ 1º Os tribunais eleitorais devem divulgar o horário de seu funcionamento para o período previsto no *caput*, que não poderá ser encerrado antes das 19 horas locais.

§ 2º O horário de funcionamento da Secretaria Judiciária não interfere no processamento dos feitos eletrônicos, regulamentado pela Resolução-TSE nº 23.417/2014.

§ 3º No período tratado no *caput*, as intimações não serão realizadas na forma específica do art. 5º da Lei nº 11.419/2006.

Art. 75. Da homologação da respectiva convenção partidária até a diplomação dos eleitos e nos feitos decorrentes do processo eleitoral, não podem servir como juízes, nos tribunais eleitorais, ou como juízes auxiliares, o cônjuge ou companheiro, parente consanguíneo ou afim, até o segundo grau, de candidato a cargo eletivo registrado na circunscrição (Código Eleitoral, art. 14, § 3º).

Art. 76. A filiação a partido político impede o exercício de funções eleitorais por membro do Ministério Público até 2 (dois) anos depois do seu cancelamento (Lei Complementar n° 75/1993, art. 80).

Art. 77. Ao juiz eleitoral que seja parte em ações judiciais que envolvam determinado candidato, é vedado exercer suas funções em processo eleitoral no qual o mesmo candidato seja interessado (Lei nº 9.504/1997, art. 95).

Parágrafo único. Se o candidato propuser ação contra juiz que exerce função eleitoral, posteriormente ao registro da candidatura, o afastamento do magistrado somente decorrerá de declaração espontânea de suspeição ou da procedência da respectiva exceção.

Art. 78. Os feitos eleitorais, no período entre o registro das candidaturas até 5 (cinco) dias após a realização do segundo turno das eleições, terão prioridade para a participação do Ministério Público e dos juízes de todas as Justiças e instâncias, ressalvados os processos de habeas corpus e mandado de segurança.

§ 1º É vedado às autoridades mencionadas neste artigo deixar de cumprir qualquer prazo em razão do exercício de suas funções regulares (Lei nº 9.504/1997, art. 94, § 1º).

§ 2º O descumprimento do disposto neste artigo constitui crime de responsabilidade e será objeto de anotação funcional para efeito de promoção na carreira (Lei nº 9.504/1997, art. 94, § 2º).

§ 3º Além das polícias judiciárias, os órgãos das Receitas Federal, Estadual e Municipal, os tribunais e os órgãos de contas auxiliarão a Justiça Eleitoral na apuração dos delitos eleitorais, com prioridade sobre suas atribuições regulares (Lei nº 9.504/1997, art. 94, § 3º).

Art. 79. Para os fins dispostos nesta resolução, a eleição para o Senado Federal de que trata o art. 19, inciso III, será realizada com renovação de dois terços em 2018.

Art. 80. Nas publicações realizadas em meio eletrônico, aplica-se o art. 272 do Novo Código de Processo Civil.

Art. 81. Esta resolução entra em vigor na data de sua publicação.

Brasília, 18 de dezembro de 2017.
MINISTRO LUIZ FUX RELATOR
Publicada no DJe do TSE em 02/02/2018.

RESOLUÇÃO Nº 23.549

Dispõe sobre pesquisas eleitorais para as eleições.

Relator: Ministro Luiz Fux
Interessado: Tribunal Superior Eleitoral
O TRIBUNAL SUPERIOR ELEITORAL, no uso das atribuições que lhe conferem o art. 23, inciso IX, do Código Eleitoral e o art. 105 da Lei nº 9.504, de 30 de setembro de 1997, RESOLVE:

CAPÍTULO I
DISPOSIÇÕES GERAIS

Art. 1º Esta resolução disciplina os procedimentos relativos ao registro e a posterior divulgação, por qualquer meio de comunicação, de pesquisas de opinião pública para as eleições aos cargos de Presidente da República, Governador de Estado e do Distrito Federal, Senador e Deputados Federal, Estadual e Distrital.

Art. 2º A partir de 1º de janeiro do ano da eleição, as entidades e as empresas que realizarem pesquisas de opinião pública relativas às eleições ou aos candidatos, para conhecimento público, são obrigadas, para cada pesquisa, a registrar no tribunal eleitoral ao qual compete fazer o registro dos candidatos, até 5 (cinco) dias antes da divulgação, as seguintes informações (Lei nº 9.504/1997, art. 33, *caput*, incisos I a VII e § 1º):

I - contratante da pesquisa e seu número de inscrição no Cadastro de Pessoas Físicas (CPF) ou no Cadastro Nacional de Pessoas Jurídicas (CNPJ);

II - valor e origem dos recursos despendidos no trabalho;

III - metodologia e período de realização da pesquisa;

IV - plano amostral e ponderação quanto a sexo, idade, grau de instrução, nível econômico do entrevistado e área física de realização do trabalho a ser executado, nível de confiança e margem de erro, com a indicação da fonte pública dos dados utilizados;

V - sistema interno de controle e verificação, conferência e fiscalização da coleta de dados e do trabalho de campo;

VI - questionário completo aplicado ou a ser aplicado;

VII - quem pagou pela realização do trabalho e seu número de inscrição no CPF ou no CNPJ;

VIII - cópia da respectiva nota fiscal;

IX - nome do estatístico responsável pela pesquisa, acompanhado de sua assinatura com certificação digital e o número de seu registro no Conselho Regional de Estatística competente;

X - indicação do Estado ou Unidade da Federação, bem como dos cargos aos quais se refere a pesquisa.

§ 1º Na contagem do prazo de que cuida o *caput*, deve ser excluído o dia do início e incluído o do vencimento.

§ 2º O Sistema de Registro de Pesquisas Eleitorais (PesqEle) deve informar o dia a partir do qual a pesquisa poderá ser divulgada.

Art. 2º

§ 3º O registro de pesquisa será realizado via internet, e todas as informações de que trata este artigo deverão ser inseridas no PesqEle, devendo os arquivos estar no formato PDF (*Portable Document Format*).

§ 4º A Justiça Eleitoral não se responsabiliza por erros de digitação, de geração, de conteúdo ou de leitura dos arquivos anexados ao PesqEle.

§ 5º O registro de pesquisa poderá ser realizado a qualquer tempo, independentemente do horário de funcionamento da Justiça Eleitoral.

§ 6º Até o sétimo dia seguinte ao registro da pesquisa, será ele complementado com os dados relativos aos municípios e bairros abrangidos; na ausência de delimitação do bairro, será identificada a área em que foi realizada.

§ 7º As empresas ou entidades poderão utilizar dispositivos eletrônicos portáteis, tais como tablets e similares, para a realização da pesquisa, os quais poderão ser auditados, a qualquer tempo, pela Justiça Eleitoral.

§ 8º Na hipótese de a nota fiscal de que trata o inciso VIII do *caput* contemplar o pagamento de mais de uma pesquisa eleitoral, o valor individual de cada pesquisa deverá ser devidamente discriminado no corpo do documento fiscal.

§ 9º Para efeito do disposto no inciso VIII do *caput*, na hipótese de o pagamento ser faturado ou parcelado, as entidades e as empresas deverão informar a condição de pagamento no momento do registro da pesquisa e apresentar a(s) respectiva(s) nota(s) fiscal(is), tão logo ocorra a quitação integral do pagamento faturado ou da parcela vencida, observando-se, quando aplicável, o disposto no § 8º.

Art. 3º A partir das publicações dos editais de registro de candidatos, os nomes de todos os candidatos cujo registro tenha sido requerido deverão constar da lista apresentada aos entrevistados durante a realização das pesquisas.

CAPÍTULO II
DO REGISTRO DAS PESQUISAS ELEITORAIS

Seção I
Do Sistema de Registro de Pesquisas Eleitorais

Art. 4º O registro de pesquisa será obrigatoriamente realizado por meio do PesqEle, disponível nas páginas dos tribunais eleitorais, na internet.

Art. 5º Para a utilização do PesqEle, as entidades e as empresas deverão obrigatoriamente cadastrar-se eletronicamente na Justiça Eleitoral, mediante o fornecimento das seguintes informações e documento eletrônico:

I - nome de pelo menos um e no máximo três dos responsáveis legais;
II - razão social ou denominação;
III - número de inscrição no CNPJ;
IV - número do registro da empresa responsável pela pesquisa no Conselho Regional de Estatística, caso o tenha;
V - telefone móvel que disponha de aplicativo de mensagens instantâneas para comunicação com a Justiça Eleitoral;
VI - endereço eletrônico;
VII - endereço completo para recebimento de comunicações;
VIII - telefone fixo;
IX - arquivo, no formato PDF, com a íntegra do contrato social, estatuto social ou inscrição como empresário, que comprove o regular registro.

§ 1º Não será permitido mais de um cadastro por número de inscrição no CNPJ.

§ 2º É de inteira responsabilidade da empresa ou da entidade o cadastro para a utilização do sistema e a manutenção de dados atualizados na Justiça Eleitoral, inclusive quanto à legibilidade e à integridade do arquivo a que se refere o inciso IX.

Art. 6º O PesqEle permitirá que as empresas ou as entidades responsáveis pela pesquisa façam alterações nos dados do registro previamente à sua efetivação.

Art. 7º Efetivado ou alterado o registro, será emitido recibo eletrônico, que conterá:

I - resumo das informações;
II - número de identificação da pesquisa.

§ 1º O número de identificação de que trata o inciso II deverá constar da divulgação e da publicação dos resultados da pesquisa.

§ 2º O PesqEle veiculará aviso com as informações constantes do registro na página dos tribunais eleitorais, na internet, pelo período de 30 (trinta) dias (Lei nº 9.504/1997, art. 33, § 2º).

Art. 8º O registro da pesquisa poderá ser alterado desde que não expirado o prazo de 5 (cinco) dias para a divulgação do seu resultado.

§ 1º A alteração de que trata o *caput* implica atribuição de novo número de identificação à pesquisa e o reinício da contagem do prazo previsto no *caput* do art. 2º, a partir do recebimento das alterações com a indicação, pelo sistema, da nova data a partir da qual será permitida a divulgação da pesquisa.

§ 2º Serão mantidos no sistema a data do registro e o histórico das alterações realizadas e do cancelamento, se for o caso.

§ 3º Não será permitida a alteração no campo correspondente à Unidade da Federação (UF), devendo, em caso de erro em relação a esse campo, a pesquisa ser cancelada pelo próprio usuário, sem prejuízo da apresentação de um novo registro.

Art. 9º Será livre o acesso, para consulta, aos dados do registro da pesquisa, nas páginas dos tribunais eleitorais, na internet.

SEÇÃO II
DA DIVULGAÇÃO DOS RESULTADOS

Art. 10. Na divulgação dos resultados de pesquisas, atuais ou não, serão obrigatoriamente informados:

I - o período de realização da coleta de dados;
II - a margem de erro;
III - o nível de confiança;
IV - o número de entrevistas;
V - o nome da entidade ou da empresa que a realizou e, se for o caso, de quem a contratou;
VI - o número de registro da pesquisa.

Art. 11. As pesquisas realizadas em data anterior ao dia das eleições poderão ser divulgadas a qualquer momento, inclusive no dia das eleições, desde que respeitado o prazo de 5 (cinco) dias previsto no art. 2º desta resolução e a menção às informações previstas no art. 10.

Art. 12. A divulgação de levantamento de intenção de voto efetivado no dia das eleições somente poderá ocorrer:

I - nas eleições relativas à escolha de Governador, Senador e Deputados Federal, Estadual e Distrital, a partir das 17 (dezessete) horas do horário local.

II - na eleição para a Presidência da República, após o horário previsto para encerramento da votação em todo o território nacional.

Art. 13. Mediante requerimento à Justiça Eleitoral, o Ministério Público, os candidatos, os partidos políticos e as coligações poderão ter acesso ao sistema interno de controle, à verificação e à fiscalização de coleta de dados das entidades e das empresas que divulgarem pesquisas de opinião relativas aos candidatos e às eleições, incluídos os referentes à identificação dos entrevistadores e, por meio de escolha livre e aleatória de planilhas individuais, mapas ou equivalentes, confrontar e conferir os dados publicados, preservada a identidade dos entrevistados (Lei nº 9.504/1997, art. 34, § 1º).

§ 1º Além dos dados de que trata o *caput*, poderá o interessado ter acesso ao relatório entregue ao solicitante da pesquisa e ao modelo do questionário aplicado, para facilitar a conferência das informações divulgadas.

§ 2º O requerimento de que trata o *caput* tramitará obrigatoriamente no Sistema Processo Judicial Eletrônico (PJe), devendo ser autuado na classe Petição (Pet), com indicação do número de identificação da pesquisa, e distribuído aos juízes auxiliares do tribunal eleitoral.

§ 3º Deferido o pedido, a empresa responsável pela realização da pesquisa será intimada para disponibilizar o acesso aos documentos solicitados.

§ 4º Sendo de interesse do requerente, a empresa responsável pela pesquisa lhe encaminhará os dados solicitados para o endereço eletrônico informado, ou por meio da mídia digital fornecida por ele, no prazo de 2 (dois) dias, e, em igual prazo, permitirá seu acesso, ou de representante por ele nomeado, à sede ou à filial da empresa para o exame aleatório das planilhas, mapas ou equivalentes, em horário comercial, na forma definida pelo juízo eleitoral.

§ 5º O requerente ficará responsável pelo fornecimento de mídia para acesso digital ou pelo custo de reprografia de eventuais cópias físicas das planilhas, mapas ou equivalentes que solicitar.

§ 6º As informações das pesquisas realizadas por meio de dispositivos eletrônicos portáteis, de que trata o § 7º do art. 2º, ressalvada a identificação dos entrevistados, deverão ser auditáveis e acessíveis no formato eletrônico.

Art. 14. Na divulgação de pesquisas no horário eleitoral gratuito não será obrigatória a menção aos nomes dos concorrentes, desde que o modo de apresentação dos resultados não induza o eleitor a erro quanto ao desempenho do candidato em relação aos demais, devendo ser informados com clareza os dados especificados no art. 10.

SEÇÃO III
DAS IMPUGNAÇÕES

Art. 15. O Ministério Público, os candidatos, os partidos políticos e as coligações são partes legítimas para impugnar o registro ou a divulgação de pesquisas eleitorais perante o tribunal competente, quando não atendidas as exigências contidas nesta resolução e no art. 33 da Lei nº 9.504/1997.

Art. 16. O pedido de impugnação do registro de pesquisa deve ser autuado no Processo Judicial Eletrônico (PJe), na classe Representação (Rp), devendo a Secretaria Judiciária providenciar a citação imediata do representado, para, querendo, apresentar defesa em 2 (dois) dias.

§ 1º Considerando a relevância do direito invocado e a possibilidade de prejuízo de difícil reparação, o relator poderá determinar a suspensão da divulgação dos resultados da pesquisa impugnada ou a inclusão de esclarecimento na divulgação de seus resultados.

§ 2º A suspensão da divulgação da pesquisa será comunicada ao responsável por seu registro e ao respectivo contratante.

§ 3º As impugnações serão processadas na forma da resolução do Tribunal Superior Eleitoral que dispuser sobre as representações.

§ 4º No período compreendido entre 15 de agosto e 19 de dezembro, as intimações serão realizadas preferencialmente pelo mural eletrônico ou por qualquer outro meio que garanta a entrega ao destinatário (Lei nº 9.504/1997, art. 94, § 5º), não se aplicando a forma de intimação do art. 5º da Lei nº 11.419/2006.

CAPÍTULO III
DA PENALIDADE ADMINISTRATIVA

Art. 17. A divulgação de pesquisa sem o prévio registro das informações constantes do art. 2º sujeita os responsáveis à multa no valor de R$ 53.205,00 (cinquenta e três mil, duzentos e cinco reais) a R$ 106.410,00 (cento e seis mil, quatrocentos e dez reais) (Lei nº 9.504/1997, arts. 33, § 3º, e 105, § 2º).

CAPÍTULO IV
DAS DISPOSIÇÕES PENAIS

Art. 18. A divulgação de pesquisa fraudulenta constitui crime, punível com detenção de seis meses a um ano e multa no valor de R$ 53.205,00 (cinquenta e três mil, duzentos e cinco reais) a R$ 106.410,00 (cento e seis mil, quatrocentos e dez reais) (Lei nº 9.504/1997, arts. 33, § 4º, e 105, § 2º).

Art. 19. O não cumprimento do disposto no art. 34 da Lei nº 9.504/1997 ou a prática de qualquer ato que vise retardar, impedir ou dificultar a ação fiscalizadora dos partidos políticos constitui crime, punível com detenção de seis meses a um ano, com a alternativa de prestação de serviços à comunidade pelo mesmo prazo, e multa no valor de R$ 10.641,00 (dez mil, seiscentos e quarenta e um reais) a R$ 21.282,00 (vinte e um mil, duzentos e oitenta e dois reais) (Lei nº 9.504/1997, arts. 34, § 2º, e 105, § 2º).

Parágrafo único. A comprovação de irregularidade nos dados publicados sujeita os responsáveis às penas mencionadas no *caput*, sem prejuízo da obrigatoriedade de veiculação dos dados corretos no mesmo espaço, local, horário, página e com

Art. 19

caracteres e outros elementos de destaque, de acordo com o veículo usado (Lei nº 9.504/1997, art. 34, § 3º).

Art. 20. Pelos crimes definidos nos arts. 33, § 4º, e 34, §§ 2º e 3º, da Lei nº 9.504/1997, podem ser responsabilizados penalmente os representantes legais da empresa ou da entidade de pesquisa e do órgão veiculador (Lei nº 9.504/1997, art. 35).

CAPÍTULO V
DAS DISPOSIÇÕES FINAIS

Art. 21. Os responsáveis pela publicação da pesquisa não registrada ou em desacordo com as determinações legais, inclusive o veículo de comunicação social, arcarão com as consequências da publicação, mesmo que estejam reproduzindo matéria veiculada em outro órgão de imprensa.

Art. 22. As penalidades previstas nesta resolução não obstam eventual propositura de ações eleitorais ou de outras ações cabíveis nos foros competentes.

Art. 23. É vedada, no período de campanha eleitoral, a realização de enquetes relacionadas ao processo eleitoral.

§ 1º Entende-se por enquete ou sondagem a pesquisa de opinião pública que não obedeça às disposições legais e às determinações previstas nesta resolução.

§ 2º Se comprovada a realização e divulgação de enquete no período da campanha eleitoral, incidirá a multa prevista no § 3º do art. 33 da Lei nº 9.504/1997, independentemente da menção ao fato de não se tratar de pesquisa eleitoral.

Art. 24. Esta resolução entra em vigor na data de sua publicação.

Brasília, 18 de dezembro de 2017.

Composição: Ministros Gilmar Mendes (presidente), Luiz Fux, Rosa Weber, Napoleão Nunes Maia Filho, Jorge Mussi, Admar Gonzaga e Tarcisio Vieira de Carvalho Neto. Vice-Procurador-Geral Eleitoral: Humberto Jacques de Medeiros.

Publicada no DJe do TSE em 28/12/2017.

RESOLUÇÃO Nº 23.550

Dispõe sobre a cerimônia de assinatura digital e fiscalização do sistema eletrônico de votação, do registro digital do voto, da auditoria de funcionamento das urnas eletrônicas e dos procedimentos de segurança dos dados dos sistemas eleitorais.

Relator: Ministro Luiz Fux

Interessado: Tribunal Superior Eleitoral

O TRIBUNAL SUPERIOR ELEITORAL, no uso das atribuições que lhe conferem o art. 23, inciso IX, do Código Eleitoral e o art. 105 da Lei nº 9.504, de 30 de setembro de 1997, RESOLVE:

CAPÍTULO I
DISPOSIÇÕES PRELIMINARES

Art. 1º Aos fiscais dos partidos políticos e das coligações, à Ordem dos Advogados do Brasil, ao Ministério Público, ao Congresso Nacional, ao Supremo Tribunal Federal, à Controladoria-Geral da União, ao Departamento de Polícia Federal, à Sociedade Brasileira de Computação, ao Conselho Federal de Engenharia e Agronomia e aos departamentos de Tecnologia da Informação de universidades, é garantido acesso antecipado aos programas de computador desenvolvidos pelo Tribunal Superior Eleitoral ou sob sua encomenda a serem utilizados nas eleições, para fins de fiscalização e auditoria, em ambiente específico e sob a supervisão do Tribunal Superior Eleitoral.

Parágrafo único. Serão fiscalizados, auditados, assinados digitalmente, lacrados e verificados todos os sistemas e programas, a saber:

I - Gerenciador de Dados, Aplicativos e Interface com a Urna Eletrônica;

II - Preparação;

III - Gerenciamento;

IV - Transporte de Arquivos da Urna Eletrônica;

V - Informação de Arquivos de Urna InfoArquivos;

VI - JE-Connect;

VII - Receptor de Arquivos de Urna;

VIII - Votação, Justificativa Eleitoral, Apuração da Urna Eletrônica e demais aplicativos;

IX - Sistemas operacional e de segurança da urna;

X - Bibliotecas-padrão e especiais;

XI - Programas de criptografia, inseridos nos programas utilizados nos sistemas de coleta, totalização e transmissão dos votos; e

XII - Programas utilizados para compilação dos códigos-fonte de todos os programas desenvolvidos e utilizados no processo eleitoral.

Art. 2º Para efeito dos procedimentos previstos nesta resolução, os partidos políticos serão representados, respectivamente, perante o Tribunal Superior Eleitoral, pelos diretórios nacionais, perante os Tribunais Regionais Eleitorais, pelos diretórios estaduais e, perante os juízos eleitorais, pelos diretórios municipais; e as coligações, após sua formação, por representantes ou delegados indicados perante os tribunais eleitorais.

CAPÍTULO II
DO ACOMPANHAMENTO DO DESENVOLVIMENTO DOS SISTEMAS

Art. 3º Os partidos políticos, as coligações, a Ordem dos Advogados do Brasil, o Ministério Público, o Congresso Nacional, o Supremo Tribunal Federal, a Controladoria-Geral da União, o Departamento de Polícia Federal, a Sociedade Brasileira de Computação, o Conselho Federal de Engenharia e Agronomia, os departamentos de Tecnologia da Informação de universidades, a partir de 6 (seis) meses antes do primeiro turno das eleições, poderão acompanhar as fases de especificação e de desenvolvimento dos sistemas a que se refere o art. 1º desta resolução, por representantes indicados e qualificados perante a Secretaria de Tecnologia da Informação do Tribunal Superior Eleitoral (STI/TSE).

§ 1º A partir de 5 de março de 2018, as universidades interessadas em participar do acompanhamento do desenvolvimento dos sistemas deverão manifestar seu interesse via ofício à Presidência do Tribunal Superior Eleitoral, estando limitada a participação às 3 (três) primeiras universidades que solicitarem.

§ 2º As instituições referidas no *caput* e os departamentos de Tecnologia da Informação das universidades que tenham indicado representantes na forma do § 1º serão convidadas para o acompanhamento das fases de especificação e de desenvolvimento dos sistemas por meio de correspondência com Aviso de Recebimento (AR) enviada pelo Tribunal Superior Eleitoral, da qual constarão a data de início, o horário e o local de realização dos trabalhos.

§ 3º Às instituições citadas neste artigo, será admitida a participação de representantes, observado o seguinte:

I - Sociedade Brasileira de Computação: 1 (um) indicado;

II - Conselho Federal de Engenharia e Agronomia: 1 (um) engenheiro elétrico, eletrônico ou de computação, com o devido registro profissional no Conselho Regional de Engenharia e Agronomia;

III - cada uma das universidades selecionadas: até 2 (dois) representantes da comunidade acadêmica ou científica, de notório saber na área de segurança da informação.

Art. 4º O acompanhamento de que trata o artigo anterior será realizado no Tribunal Superior Eleitoral, em ambiente controlado, sem acesso à internet, sendo vedado portar qualquer dispositivo que permita o registro ou a gravação de áudio ou imagem, bem como retirar, sem a expressa autorização da Secretaria de Tecnologia da Informação (STI), qualquer elemento ou fragmento dos sistemas ou programas elaborados ou em elaboração.

Parágrafo único. Os participantes deverão assinar termo de sigilo e confidencialidade, a eles apresentado pela STI na oportunidade do primeiro acesso ao ambiente controlado.

Art. 5º Os pedidos, inclusive dúvidas e questionamentos técnicos, formulados durante o acompanhamento dos sistemas deverão ser formalizados pelo participante à STI para análise e posterior resposta, no prazo de até 10 (dez) dias úteis, prorrogável por igual período em razão da complexidade da matéria.

§ 1º As respostas previstas no *caput* deverão ser apresentadas antes do início da cerimônia, ressalvadas as decorrentes de pedidos formalizados nos 10 (dez) dias úteis que a antecedem, os quais deverão, se possível, ser respondidos na própria cerimônia de assinatura digital e lacração dos sistemas, resguardado, em qualquer hipótese, o direito à dilação do prazo em razão da complexidade da matéria.

§ 2º O descumprimento do disposto neste artigo poderá ser comunicado ao presidente do tribunal que, após ouvir a STI, determinará as providências cabíveis.

CAPÍTULO III
DA CERIMÔNIA DE ASSINATURA DIGITAL E LACRAÇÃO DOS SISTEMAS

Art. 6º Os programas relacionados no parágrafo único do art. 1º desta resolução, após concluídos, serão apresentados, compilados e assinados digitalmente pelo Tribunal Superior Eleitoral em Cerimônia de Assinatura Digital e Lacração dos Sistemas, que terá duração mínima de 3 (três) dias.

§ 1º A convocação das entidades e instituições referidas no art. 3º desta resolução para a Cerimônia de Assinatura Digital e Lacração dos Sistemas se dará por meio de correspondência com Aviso de Recebimento (AR) enviada pelo Tribunal Superior Eleitoral com pelo menos 10 (dez) dias de antecedência, da qual constarão a data, o horário e o local do evento.

§ 2º Os representantes das entidades e instituições convidadas que demonstrarem interesse poderão, ao final da cerimônia, assinar digitalmente os programas relacionados no parágrafo único do art. 1º desta resolução.

§ 3º Até 5 (cinco) dias antes da data fixada para a cerimônia, os representantes das entidades que tiverem interesse em assinar digitalmente os programas deverão informar à Secretaria de Tecnologia da Informação do Tribunal Superior Eleitoral e apresentar o certificado digital com o qual irá assinar os programas, para conferência de sua validade.

§ 4º A informação de que trata o parágrafo anterior será solicitada por meio de formulário próprio, entregue pela STI ao representante credenciado, no ato de seu primeiro comparecimento ao Tribunal Superior Eleitoral, para a inspeção dos códigos fonte.

Art. 7º Os programas relacionados no parágrafo único do art. 1º desta resolução serão apresentados para inspeção na forma de programas-fonte e programas-executáveis, enquanto as chaves privadas e as senhas de acesso serão mantidas em sigilo pela Justiça Eleitoral.

Art. 8º Durante a Cerimônia de Assinatura Digital e Lacração dos Sistemas, na presença dos representantes credenciados, os programas relacionados no parágrafo único do art. 1º desta resolução serão compilados e assinados digitalmente pelo Presidente do Tribunal Superior Eleitoral, que poderá delegar a atribuição a Ministro ou a servidor do Tribunal Superior Eleitoral.

§ 1º Previamente à cerimônia, os equipamentos nos quais serão realizados os trabalhos de compilação e de assinatura dos programas poderão ter instaladas as imagens dos ambientes de desenvolvimento e ficarão à disposição dos representantes credenciados para fins de auditoria.

§ 2º As cópias dos programas-fonte e dos programas-executáveis assinados na cerimônia serão lacradas e ficarão sob a guarda do Tribunal Superior Eleitoral.

Art. 9º Na mesma cerimônia, serão compilados e lacrados, se houver, os programas das entidades e instituições credenciadas a serem utilizados na assinatura digital dos sistemas e na respectiva verificação.

§ 1º Os programas de que trata o *caput* deverão ser previamente homologados pela equipe designada pela Secretaria de Tecnologia da Informação do Tribunal Superior Eleitoral, nos termos desta resolução.

§ 2º Os representantes das entidades e instituições credenciadas assinarão os respectivos programas e chaves públicas, desde que tenham expressamente manifestado o interesse nos termos do § 3º do art. 6º desta resolução.

§ 3º Durante a Cerimônia de Assinatura Digital e Lacração dos Sistemas, na presença dos representantes credenciados, os programas de verificação e respectivos arquivos auxiliares das entidades e agremiações que tenham manifestado interesse,

Art. 9º

nos termos do § 3º do art. 6º desta resolução, serão assinados digitalmente pelo Presidente do Tribunal Superior Eleitoral, que poderá delegar a atribuição a Ministro ou a servidor do Tribunal Superior Eleitoral, assim como pelos representantes presentes que tenham manifestado interesse.

Art. 10. Após os procedimentos de compilação e assinatura digital, serão calculados os resumos digitais (hash) de todos os programas-fonte, programas-executáveis, arquivos fixos dos sistemas, arquivos de assinatura digital e chaves públicas.

Parágrafo único. O arquivo contendo os resumos digitais será assinado digitalmente pelo Presidente e pelo Secretário de Tecnologia da Informação do Tribunal Superior Eleitoral, ou pelos substitutos por eles formalmente designados, e pelos representantes presentes que tenham manifestado interesse, nos termos do § 3º do art. 6º desta resolução.

Art. 11. A cópia dos resumos digitais será entregue aos representantes das entidades e instituições presentes na cerimônia, bem como publicada na página da internet do Tribunal Superior Eleitoral.

Art. 12. Os arquivos referentes aos programas-fonte, programas-executáveis, arquivos fixos dos sistemas, arquivos de assinatura digital, chaves públicas e resumos digitais dos sistemas e dos programas de assinatura digital e verificação apresentados pelas entidades e instituições serão gravados em mídias não regraváveis.

Parágrafo único. As mídias serão acondicionadas em invólucro lacrado, assinado por todos os presentes, e armazenadas em cofre da Secretaria de Tecnologia da Informação do Tribunal Superior Eleitoral.

Art. 13. A Cerimônia de Assinatura Digital e Lacração dos Sistemas será finalizada com a assinatura da ata de encerramento pelos presentes, da qual deverão constar, obrigatoriamente:

I - nomes, versões e datas dos sistemas compilados e lacrados;

II - relação das consultas e dos pedidos apresentados pelas entidades, bem como datas em que as respostas foram apresentadas;

III - relação de todas as pessoas que assinaram digitalmente os sistemas, na qual se discriminam os programas utilizados e os respectivos fornecedores.

Art. 14. Encerrada a Cerimônia de Assinatura Digital e Lacração dos Sistemas, havendo necessidade de modificação dos programas a serem utilizados nas eleições, o fato será divulgado no sítio do Tribunal Superior Eleitoral na internet, e será dado conhecimento às entidades e instituições credenciadas para que sejam novamente analisados, compilados, assinados digitalmente e lacrados.

§ 1º As modificações nos programas já lacrados somente poderão ser executadas após prévia autorização do Presidente do Tribunal Superior Eleitoral ou do seu substituto.

§ 2º Na hipótese prevista no *caput*, a comunicação deverá ser feita com antecedência mínima de 2 (dois) dias do início da nova cerimônia, cuja duração será estabelecida pelo Tribunal Superior Eleitoral, não podendo ser inferior a 2 (dois) dias.

Art. 15. No prazo de 5 (cinco) dias contados do encerramento da Cerimônia de Assinatura Digital e Lacração dos Sistemas, as entidades e instituições relacionadas no art. 1º desta resolução poderão impugnar os programas apresentados, em petição fundamentada (Lei nº 9.504/1997, art. 66, § 3º).

Parágrafo único. A impugnação será autuada na classe Petição (Pet) e distribuída a relator que, após ouvir a STI e o Ministério Público e determinar as diligências que entender necessárias, a apresentará para julgamento pelo Plenário do Tribunal, em sessão administrativa.

Art. 16. Se forem marcadas eleições suplementares, após a notificação oficial da decisão judicial que tenha autorizado a realização de nova eleição, caso necessário, os programas de computador serão atualizados pelo Tribunal Superior Eleitoral.

§ 1º Havendo necessidade de modificação dos programas a serem utilizados nas eleições suplementares, será dado conhecimento do fato aos representantes das entidades e instituições relacionadas no art. 1º desta resolução para análise, compilação e assinatura digital dos programas modificados, seguidos de nova lacração.

§ 2º A convocação das instituições referida no § 1º deste artigo será realizada por meio de correspondência com Aviso de Recebimento (AR), com a antecedência mínima de 2 (dois) dias.

§ 3º A Cerimônia de Assinatura Digital e Lacração dos Sistemas para uso nas eleições suplementares terá duração mínima de 2 (dois) dias.

§ 4º No prazo de 2 (dois) dias, a contar do encerramento da cerimônia, as entidades e instituições relacionadas no art. 1º desta resolução poderão apresentar impugnação fundamentada ao Tribunal Superior Eleitoral.

§ 5º A publicação dos resumos digitais dos programas utilizados nas eleições suplementares obedecerá aos procedimentos previstos nos arts. 10 e 11 desta resolução.

CAPÍTULO IV
DOS PROGRAMAS PARA ANÁLISE DE CÓDIGO

Art. 17. As entidades e instituições credenciadas poderão utilizar programas de análise de códigos para a análise estática do software, desde que sejam programas de conhecimento público e normalmente comercializados ou disponíveis no mercado para proceder à fiscalização e à auditoria na fase de especificação e de desenvolvimento, assim como na Cerimônia de Assinatura Digital e Lacração dos Sistemas.

Parágrafo único. É vedado o desenvolvimento ou a introdução, nos equipamentos da Justiça Eleitoral, de comando, instrução ou programa de computador diferentes dos estabelecidos no *caput* ou, ainda, o acesso aos sistemas com o objetivo de copiá-los.

Art. 18. Os interessados em utilizar programa para análise de código deverão comunicar ao Tribunal Superior Eleitoral com a antecedência mínima de 15 (quinze) dias da data prevista para a sua primeira utilização, indicada em plano de uso.

Parágrafo único. O plano de uso deve conter obrigatoriamente o nome do programa, o nome da empresa fabricante, os eventuais recursos necessários a serem providos pelo Tribunal Superior Eleitoral com as respectivas configurações necessárias ao funcionamento do programa e demais informações pertinentes à avaliação de sua aplicabilidade.

Art. 19. Caberá à Secretaria de Tecnologia da Informação do Tribunal Superior Eleitoral avaliar e aprovar o programa referido no art. 18 desta resolução, ou vetar, de forma fundamentada, a sua utilização, se o considerar inadequado, enviando ao interessado os termos do indeferimento por meio de correspondência com Aviso de Recebimento (AR).

§ 1º No caso do indeferimento previsto no *caput*, os interessados poderão apresentar impugnação no prazo de 3 (três) dias contados do recebimento da comunicação, a qual obedecerá aos mesmos procedimentos previstos no parágrafo único do art. 15 desta resolução.

§ 2º O indeferimento de determinado programa de análise de código não impede que o interessado apresente requerimento para homologação de outro programa, o que poderá ser feito no curso da tramitação da impugnação.

Art. 20. Os programas para análise de código aprovados pela Secretaria de Tecnologia da Informação do Tribunal Superior Eleitoral deverão ser instalados em equipamentos da Justiça Eleitoral, no ambiente destinado ao acompanhamento das fases de especificação e desenvolvimento e de assinatura digital e lacração dos sistemas.

Art. 21. Os representantes das entidades e instituições relacionadas no art. 1º desta resolução poderão apenas consultar os resultados dos testes e dados estatísticos obtidos com o respectivo programa de análise de código apresentado, não sendo permitida sua extração, impressão ou reprodução por qualquer forma.

Parágrafo único. Os autores dos testes poderão autorizar, por meio de comunicado apresentado à Secretaria de Tecnologia da Informação do Tribunal Superior Eleitoral, a consulta dos resultados dos testes e dados estatísticos às demais entidades e instituições legitimadas.

Art. 22. A licença de uso e a integridade do programa de análise de código, durante todo o período dos eventos, serão de responsabilidade da entidade ou instituição que solicitar sua utilização.

CAPÍTULO V
DOS PROGRAMAS E DAS CHAVES PARA ASSINATURA DIGITAL

Seção I
Do Programa de Assinatura Digital do Tribunal Superior Eleitoral

Art. 23. As assinaturas digitais dos representantes do Tribunal Superior Eleitoral serão executadas por meio de certificado emitido por autoridade certificadora credenciada pelo Comitê Gestor da Infraestrutura de Chaves Públicas Brasileira (ICP Brasil).

Art. 24. A geração das chaves utilizadas pela Justiça Eleitoral será de responsabilidade do Tribunal Superior Eleitoral, sendo essas chaves entregues a servidor da Secretaria de Tecnologia da Informação, a quem caberá seu exclusivo controle, uso e conhecimento.

Seção II
Dos Programas de Assinatura Digital e Verificação

Art. 25. Os representantes das entidades e instituições relacionadas no art. 1º desta resolução interessados em assinar digitalmente os programas a serem utilizados nas eleições poderão fazer uso dos programas desenvolvidos e distribuídos pelo Tribunal Superior Eleitoral.

Parágrafo único. Os programas de que trata o *caput* não poderão ser comercializados pelo Tribunal Superior Eleitoral ou por qualquer pessoa física ou jurídica.

Art. 26. Caso tenham interesse em fazer uso de programa próprio, os representantes das entidades e instituições interessadas deverão entregar, até 90 (noventa) dias antes da realização do primeiro turno das eleições, o seguinte material:

I - programas-fonte a serem empregados na assinatura digital e em sua verificação, que deverão estar em conformidade com a especificação técnica disponível na STI;

II - certificado digital, emitido por autoridade certificadora vinculada à ICP Brasil, contendo a chave pública correspondente àquela que será utilizada pelos representantes na Cerimônia de Assinatura Digital e Lacração dos Sistemas;

III - licenças de uso das ferramentas de desenvolvimento empregadas na construção do programa, na hipótese de o Tribunal Superior Eleitoral não as possuir, as quais ficarão sob a guarda do Tribunal até a realização das eleições.

Parágrafo único. No prazo de que trata o *caput*, os representantes das entidades e instituições mencionadas no *caput* deverão entregar documentos de especificação e utilização, assim como todas as informações necessárias à geração do programa executável, na forma do art. 9º desta resolução.

Art. 27. Os responsáveis pela entrega dos programas de assinatura digital e verificação garantirão seu funcionamento, bem como sua qualidade e segurança.

§ 1º O Tribunal Superior Eleitoral realizará a análise dos programas-fonte entregues, verificando a sua segurança, integridade e funcionalidade.

§ 2º Detectado qualquer problema ou falha de segurança no funcionamento dos programas ou em sua implementação, a equipe da Secretaria de Tecnologia da Informação do Tribunal Superior Eleitoral informará o fato para que o respectivo representante, em até 5 (cinco) dias contados da data do recebimento do laudo, providencie o ajuste, submetendo-os a novos testes.

§ 3º A homologação dos programas de assinatura digital e verificação somente se dará após realizados todos os ajustes solicitados pela equipe da Secretaria de Tecnologia da Informação do Tribunal Superior Eleitoral e deverá ocorrer em até 15 (quinze) dias da data determinada para a Cerimônia de Assinatura Digital e Lacração dos Sistemas.

§ 4º Caso os representantes não providenciem os ajustes solicitados, observado o prazo estabelecido no § 2º deste artigo, a equipe designada pela STI expedirá laudo fundamentado declarando o programa inabilitado para os fins a que se destina.

Art. 28. Os programas utilizados para verificação da assinatura digital poderão calcular o resumo digital (hash) de cada arquivo assinado na forma do art. 10 desta resolução, utilizando-se do mesmo algoritmo público e na mesma forma de representação utilizada pelo Tribunal Superior Eleitoral.

Art. 29. Os programas de assinatura digital e verificação não homologados, bem como aqueles homologados cujos representantes não comparecerem à Cerimônia de Assinatura Digital e Lacração dos Sistemas, serão desconsiderados para todos os efeitos.

Art. 30. Não será permitida a gravação na urna ou nos sistemas e programas da Justiça Eleitoral de nenhum tipo de

Art. 30

dado ou função pelos programas próprios apresentados pelos interessados para a verificação das respectivas assinaturas digitais.

Parágrafo único. Os programas próprios apresentados pelos interessados poderão utilizar a impressora da urna para imprimir relatórios desde que não comprometam a capacidade de papel disponível.

Art. 31. Compete, exclusivamente, às entidades e instituições que apresentaram programa próprio para verificação da assinatura e resumo digitais, a respectiva distribuição.

Parágrafo único. Os programas desenvolvidos para verificação da assinatura e resumos digitais referidos no art. 26 desta resolução poderão ser cedidos a quaisquer outros interessados, desde que comunicado o fato ao Tribunal Superior Eleitoral até a véspera de seu efetivo uso.

Art. 32. Para a verificação dos resumos digitais (hash), também poderão ser utilizados os seguintes programas, de propriedade da Justiça Eleitoral:

I - Verificação Pré-Pós Eleição (VPP), que é parte integrante dos programas da urna, para conferir os sistemas nela instalados;

II - Verificador de Autenticação de Programas (VAP), para conferir os sistemas instalados em microcomputadores.

Art. 33. Os programas-executáveis e as informações necessárias à verificação da assinatura digital dos programas instalados na urna deverão estar armazenados, obrigatoriamente, em mídia compatível com a urna eletrônica.

Art. 34. A execução dos programas será precedida da confirmação da sua autenticidade, por meio de verificação da assinatura digital, utilizando-se programa próprio da Justiça Eleitoral, sendo recusados aqueles com arquivo danificado, ausente ou excedente.

Seção III
Dos Momentos para a Verificação

Art. 35. A verificação da assinatura digital e dos resumos digitais (hash) poderá ser realizada:

I - durante a cerimônia de geração de mídias, quando poderão ser verificados o Sistema Gerenciador de Dados, Aplicativos e Interface com a Urna Eletrônica e o Subsistema de Instalação e Segurança instalados nos equipamentos da Justiça Eleitoral;

II - durante a carga das urnas, quando poderão ser verificados todos os sistemas instalados nesses equipamentos;

III - desde as 48 (quarenta e oito) horas que antecedem o início da votação até as 17 horas do dia da eleição, quando poderão ser verificados os Sistemas de Transporte de Arquivos da Urna Eletrônica, o Subsistema de Instalação e Segurança e a Solução JEConnect instalados nos equipamentos da Justiça Eleitoral.

Art. 36. A verificação da assinatura digital e dos resumos digitais (hash) tratada no artigo anterior poderá ser realizada após o pleito, desde que sejam relatados fatos e apresentados indícios e circunstâncias que a justifique, sob pena de indeferimento liminar.

§ 1º O prazo para o pedido de verificação posterior ao pleito se encerra em 5 (cinco) dias antecedentes à data-limite estabelecida no Calendário Eleitoral para manutenção dos lacres das urnas e de liberação para desinstalação dos sistemas.

§ 2º Acatado o pedido, o juiz eleitoral designará local, data e hora para realizar a verificação, notificando os partidos políticos, as coligações, a Ordem dos Advogados do Brasil e o Ministério Público, bem como informando o fato ao respectivo tribunal regional eleitoral.

§ 3º Quando se tratar de sistema instalado em urna, o pedido deverá indicar quais urnas se deseja verificar.

§ 4º No caso previsto no § 3º deste artigo, recebida a petição, o juiz eleitoral determinará imediatamente a separação das urnas indicadas e adotará as providências para seu acautelamento até ser realizada a verificação.

Seção IV
Dos Pedidos de Verificação

Art. 37. Os representantes das entidades e instituições relacionadas no art. 1º desta resolução interessados em realizar a verificação das assinaturas digitais dos sistemas eleitorais deverão formalizar o pedido ao juiz eleitoral ou ao tribunal regional eleitoral, de acordo com o local de utilização dos sistemas a serem verificados, nos seguintes prazos:

I - a qualquer momento, antes do final das fases previstas nos incisos I e II do art. 35 desta resolução;

II - 5 (cinco) dias antes das eleições, na fase prevista no inciso III do art. 35 desta resolução.

Parágrafo único. Poderá o tribunal regional eleitoral ou o juiz eleitoral, a qualquer momento, determinar, de ofício, a verificação das assinaturas de que trata o *caput*.

Art. 38. Ao apresentar o pedido de verificação, deverá ser informado com quais sistemas serão verificadas as assinaturas e os resumos digitais (hash): pelo programa próprio, nos termos dos arts. 26 e seguintes desta resolução, pelo programa VPP, desenvolvido pelo TSE, ou por ambos.

Seção V
Dos Procedimentos de Verificação

Art. 39. A execução dos procedimentos de verificação somente poderá ser realizada por técnico da Justiça Eleitoral, independentemente do programa a ser utilizado, e ocorrerá na presença dos representantes das entidades e instituições que comparecerem ao ato.

Art. 40. Na verificação dos sistemas instalados nas urnas por meio do aplicativo de Verificação Pré-Pós Eleição (VPP), além do resumo digital (hash), poderá haver a conferência dos dados constantes do boletim de urna, caso seja realizada após as eleições.

Art. 41. De todo o processo de verificação, deverá ser lavrada ata circunstanciada, assinada pela autoridade eleitoral e pelos presentes, registrando-se os seguintes dados, sem prejuízo de outros que se entendam necessários:

I - local, data e horário de início e término das atividades;

II - nome e qualificação dos presentes;

III - identificação e versão dos sistemas verificados, bem como o resultado obtido;

IV - programas utilizados na verificação.

Parágrafo único. A ata deverá ser arquivada no cartório eleitoral ou tribunal regional eleitoral em que se realizou o procedimento de verificação.

Seção VI
Da Verificação no Tribunal Superior Eleitoral

Art. 42. A verificação dos Sistemas Preparação e Gerenciamento, assim como a do Receptor de Arquivos de Urna e do InfoArquivos, será realizada exclusivamente no Tribunal Superior Eleitoral.

§ 1º As entidades e instituições que tenham indicado representante na forma do art. 3º desta resolução serão convocados com antecedência mínima de 2 (dois) dias para verificarem:

I - O Sistema de Preparação, após sua oficialização; e

II - Os Sistemas de Gerenciamento, InfoArquivos e Receptor de Arquivos de Urna, na véspera da eleição.

§ 2º Após as eleições, a verificação dos sistemas de que trata este artigo obedecerá às regras estabelecidas no art. 36 desta resolução.

§ 3º Será lavrada ata específica do evento, contendo, no mínimo, local, data, relação de participantes e relato dos trabalhos realizados durante a verificação.

CAPÍTULO VI
DO REGISTRO DIGITAL DO VOTO

Art. 43. A urna será dotada de arquivo denominado Registro Digital do Voto, no qual ficará gravado aleatoriamente cada voto, separado por cargo, em arquivo único.

Art. 44. A Justiça Eleitoral fornecerá, mediante solicitação, cópia do Registro Digital do Voto para fins de fiscalização, conferência, estatística e auditoria do processo de totalização das eleições.

§ 1º O Registro Digital do Voto será fornecido em arquivo único por seção eleitoral, contendo a gravação aleatória de cada voto, separada por cargo.

§ 2º A solicitação deverá ser feita frente aos Tribunais Regionais Eleitorais, observada a circunscrição da eleição, e deverá ser atendida em até 3 (três) dias.

§ 3º O requerente deverá especificar os Municípios, as zonas eleitorais ou seções de seu interesse, fornecendo as mídias necessárias para gravação.

Art. 45. Os arquivos contendo os Registros Digitais dos Votos fornecidos devem estar intactos, no mesmo formato e leiaute em que foram gravados originalmente.

Art. 46. Os arquivos contendo os Registros Digitais dos Votos deverão ser preservados nos Tribunais Regionais Eleitorais, em qualquer equipamento ou mídia, pelo prazo mínimo de 180 (cento e oitenta dias) após a proclamação dos resultados da eleição.

Parágrafo único. Findo o prazo mencionado no *caput*, os arquivos poderão ser descartados, desde que não haja procedimento administrativo ou processo judicial impugnando ou auditando a votação nas respectivas seções eleitorais.

CAPÍTULO VII
DA AUDITORIA DE FUNCIONAMENTO DAS URNAS ELETRÔNICAS

Seção I
Disposições Preliminares

Art. 47. Os Tribunais Regionais Eleitorais realizarão, por amostragem, auditoria de funcionamento das urnas eletrônicas para fins de verificação do funcionamento das urnas sob condições normais de uso.

§ 1º A auditoria de funcionamento das urnas eletrônicas será realizada, em cada Unidade da Federação, em um só local, público e com expressiva circulação de pessoas, designado pelo tribunal regional eleitoral, no mesmo dia e horário da votação oficial, em ambos os turnos.

§ 2º Os Tribunais Regionais Eleitorais informarão, em edital e mediante divulgação nos respectivos sítios na internet, até 20 (vinte) dias antes das eleições, o local onde será realizada a auditoria de funcionamento das urnas eletrônicas.

§ 3º No mesmo prazo mencionado no § 2º deste artigo, os Tribunais Regionais Eleitorais expedirão ofícios aos partidos políticos comunicando-os sobre o horário e local onde será realizado o sorteio, na véspera do pleito, das urnas que serão auditadas, assim como o horário e local da auditoria no dia da eleição, informando-os sobre a participação de seus representantes nos referidos eventos.

§ 4º A Justiça Eleitoral dará ampla divulgação à realização do evento em todas as Unidades da Federação.

Seção II
Da Comissão de Auditoria da Votação Eletrônica

Art. 48. Para a organização e a condução dos trabalhos, será designada, pelos Tribunais Regionais Eleitorais, em sessão pública, até 30 (trinta) dias antes das eleições, Comissão de Auditoria da Votação Eletrônica, composta por:

I - 1 (um) juiz de direito, que será o presidente;

II - 4 (quatro) servidores da Justiça Eleitoral, sendo pelo menos 1 (um) da Corregedoria Regional Eleitoral, 1 (um) da Secretaria Judiciária e 1 (um) da Secretaria de Tecnologia da Informação.

§ 1º O procurador regional eleitoral indicará 1 (um) representante do Ministério Público para acompanhar os trabalhos da Comissão de Auditoria da Votação Eletrônica.

§ 2º As entidades e instituições relacionados no art. 1º desta resolução poderão indicar representantes para acompanhar os trabalhos da Comissão de Auditoria da Votação Eletrônica.

Art. 49. As entidades e instituições relacionadas no art. 1º desta resolução poderão, no prazo de 3 (três) dias contados da divulgação dos nomes daqueles que comporão a Comissão de Auditoria da Votação Eletrônica, impugnar, justificadamente, as designações.

Art. 50. Será instalada, até 20 (vinte) dias antes das eleições, a Comissão de Auditoria da Votação Eletrônica, à qual caberá planejar e definir a organização e o cronograma dos trabalhos, dando publicidade às decisões tomadas.

Art. 51. Os trabalhos de auditoria de funcionamento das urnas eletrônicas são públicos, podendo ser acompanhados por qualquer interessado.

Seção III
Dos Sorteios das Seções Eleitorais

Art. 52. A Comissão de Auditoria da Votação Eletrônica deverá promover os sorteios das seções eleitorais entre as 9 e as 12 horas do dia anterior às eleições, no primeiro e no segundo turnos, em local e horário previamente divulgados.

Parágrafo único. As seções agregadas não serão consideradas para fins do sorteio de que trata o *caput*.

Art. 53. Para a realização da auditoria de funcionamento das urnas, deverão ser sorteados, por turno, em cada Unidade da Federação, os seguintes quantitativos de seções eleitorais, sendo 1 (uma) delas obrigatoriamente da capital:

I - 3 (três) nas Unidades da Federação com até 15.000 (quinze mil) seções no cadastro eleitoral;

II - 4 (quatro) nas Unidades da Federação que possuam de 15.001 (quinze mil e uma) a 30.000 (trinta mil) seções no cadastro eleitoral;

III - 5 (cinco) nas demais Unidades da Federação.

Parágrafo único. Não poderá ser sorteada mais de 1 (uma) seção por zona eleitoral.

Art. 54. A Comissão de Auditoria da Votação Eletrônica poderá restringir a abrangência dos sorteios a determinados Municípios ou zonas eleitorais, na hipótese da existência de localidades de difícil acesso, onde o recolhimento da urna em tempo hábil seja inviável, de comum acordo com os representantes presentes dos partidos políticos, das coligações, da Ordem dos Advogados do Brasil e do Ministério Público.

Seção IV
Da Remessa das Urnas

Art. 55. O presidente da Comissão de Auditoria da Votação Eletrônica comunicará imediatamente o resultado do sorteio ao juiz eleitoral da zona correspondente à seção sorteada.

§ 1º O juiz eleitoral imediatamente lacrará a caixa da urna da seção sorteada, sendo o lacre assinado por ele e pelos representantes dos partidos políticos e das coligações interessados, e, em seguida, providenciará o imediato transporte da urna juntamente com a respectiva ata de carga para o local indicado.

§ 2º Verificado, pelo juiz eleitoral, que circunstância peculiar da seção eleitoral sorteada impede a remessa da urna em tempo hábil, a Comissão de Auditoria da Votação Eletrônica sorteará outra seção da mesma zona eleitoral.

§ 3º Os Tribunais Regionais Eleitorais providenciarão meio de transporte para a remessa da urna correspondente à seção eleitoral sorteada, que poderá ser acompanhada pelos partidos políticos.

Art. 56. Realizadas as providências previstas no art. 55 desta resolução, o juiz eleitoral, de acordo com a logística estabelecida pelo tribunal regional eleitoral, providenciará:

I - a preparação de urna substituta;

II - a substituição da urna;

III - a atualização das tabelas de correspondência entre urna e seção eleitoral.

Parágrafo único. De todo o procedimento de recolhimento, preparação de urna substituta e remessa da urna original, deverá ser lavrada ata circunstanciada, que será assinada pelo juiz responsável pela preparação, pelo representante do Ministério Público e pelos fiscais dos partidos políticos presentes, os quais poderão acompanhar todas as fases.

Seção V
Da Preparação

Art. 57. A Comissão de Auditoria da Votação Eletrônica providenciará o número de cédulas de votação, por seção eleitoral sorteada, que corresponda a, aleatoriamente, entre 82% (oitenta e dois por cento) e 75% (setenta e cinco por cento) do número de eleitores registrados na respectiva seção eleitoral, as quais serão preenchidas por representantes dos partidos políticos e das coligações e guardadas em urnas de lona lacradas.

§ 1º Na ausência dos representantes dos partidos políticos e das coligações, a Comissão de Auditoria da Votação Eletrônica providenciará o preenchimento das cédulas por terceiros, excluídos os servidores da Justiça Eleitoral.

§ 2º As cédulas deverão ser preenchidas com os números correspondentes a candidatos registrados, a votos nulos, a votos de legenda, e deverão existir cédulas com votos em branco.

Art. 58. O ambiente em que se realizarão os trabalhos será aberto a qualquer interessado, mas a circulação na área onde as urnas e os computadores estiverem instalados será restrita aos membros da Comissão, aos auxiliares por ela designados e aos auditores credenciados, assegurando-se a fiscalização de todas as fases do processo por pessoas previamente autorizadas.

§ 1º A área de circulação restrita de que trata o *caput* será isolada por meio de fitas, cavaletes ou outro material disponível que permita total visibilidade aos interessados para acompanhamento e fiscalização dos trabalhos.

§ 2º A auditoria de funcionamento das urnas eletrônicas será filmada pela Justiça Eleitoral.

Seção VI
Do Processo Complementar de Auditoria

Art. 59. O Tribunal Superior Eleitoral poderá firmar convênio com instituições públicas de fiscalização ou realizar contratação de empresa especializada em auditoria para fiscalizar os trabalhos da auditoria de funcionamento das urnas eletrônicas.

§ 1º A fiscalização deverá ser realizada, em todas as fases dos trabalhos da auditoria de funcionamento das urnas eletrônicas, nos Tribunais Regionais Eleitorais, por representante das instituições conveniadas ou das empresas previamente credenciadas pelo Tribunal Superior Eleitoral.

§ 2º O representante credenciado deverá reportar-se exclusivamente à Comissão de Auditoria da Votação Eletrônica.

Art. 60. A instituição conveniada ou a empresa de auditoria encaminhará ao Tribunal Superior Eleitoral, ao final dos trabalhos, relatório conclusivo da fiscalização realizada na auditoria de funcionamento das urnas eletrônicas.

§ 1º Os relatórios de auditoria deverão necessariamente incluir os seguintes itens:

I - resultado da contagem independente dos votos, realizada manualmente pelo fiscal sem utilizar o sistema de apoio do TSE;

II - descrição de qualquer evento que possa ser entendido como fora da rotina de uma votação normal, mesmo que ocorrido antes do início da votação e da emissão da Zerésima até a impressão final do Boletim de Urna.

§ 2º Os relatórios de auditoria serão publicados na página do TSE na internet, em até 30 (trinta) dias após a eleição.

Seção VII
Dos Procedimentos de Votação e Encerramento

Art. 61. Após a emissão dos relatórios Zerésima, expedidos pela urna e pelo sistema de apoio à auditoria de funcionamento das urnas eletrônicas, serão iniciados os trabalhos de auditoria, conforme os procedimentos e horários estabelecidos pelo Tribunal Superior Eleitoral para a votação oficial.

§ 1º A ordem de votação deverá ser aleatória em relação à folha de votação.

§ 2º No caso da habilitação de eleitor cuja votação se restrinja à abrangência federal, os demais votos consignados na cédula devem ser ignorados, registrando-se esta situação na própria cédula.

Art. 62. Na hipótese de a urna em auditoria apresentar defeito que impeça o prosseguimento dos trabalhos, a Comissão de Auditoria da Votação Eletrônica adotará os mesmos procedimentos de contingência das urnas de seção.

Parágrafo único. Persistindo o defeito, a auditoria será interrompida, considerando-se a votação realizada até o momento.

Art. 63. Às 17 horas, será encerrada a votação, mesmo que a totalidade das cédulas não tenha sido digitada, adotando a Comissão de Auditoria da Votação Eletrônica as providências necessárias para a conferência dos resultados obtidos nas urnas verificadas.

Parágrafo único. No encerramento, deverá constar na urna um número de votos não registrados que corresponda, aleatoriamente, à abstenção entre 18 (dezoito) e 25% (vinte e cinco) por cento dos votos da seção eleitoral.

Art. 64. Verificada a coincidência entre os resultados obtidos nos boletins de urna e os dos relatórios emitidos pelo sistema de apoio à votação, será lavrada ata de encerramento dos trabalhos.

Art. 65. Na hipótese de divergência entre o boletim de urna e o resultado esperado, serão adotadas as seguintes providências:

I - localizar as divergências;

II - conferir a digitação das respectivas cédulas divergentes, com base no horário de votação.

Parágrafo único. Persistindo a divergência da votação eletrônica, deverá proceder-se à conferência de todas as cédulas digitadas e fazer o registro minucioso em ata de todas as divergências, ainda que solucionadas.

Seção VIII
Da Conclusão dos Trabalhos

Art. 66. A ata de encerramento dos trabalhos será encaminhada ao respectivo tribunal regional eleitoral.

§ 1º Os demais documentos e materiais produzidos serão lacrados, identificados como sendo da auditoria de funcionamento das urnas eletrônicas e encaminhados à Secretaria Judiciária do tribunal regional eleitoral, para arquivamento durante o mesmo tempo estabelecido no Calendário Eleitoral para a manutenção dos arquivos de eleição, manutenção dos lacres dos equipamentos e instalação dos sistemas eleitorais.

§ 2º Os documentos e a identificação dos materiais produzidos devem ser rubricados pela Comissão de Auditoria da Votação Eletrônica, pelos fiscais e pelo representante da empresa de auditoria presentes.

§ 3º As urnas utilizadas na auditoria de funcionamento das urnas eletrônicas deverão permanecer lacradas pelo mesmo tempo estabelecido no Calendário Eleitoral para as demais urnas de votação.

§ 4º Havendo questionamento quanto ao resultado da auditoria, o material deverá permanecer guardado até o trânsito em julgado da respectiva decisão.

Art. 67. A Comissão de Auditoria da Votação Eletrônica comunicará o resultado dos trabalhos ao juízo eleitoral do qual foram originadas as urnas auditadas.

CAPÍTULO VIII
DA SEGURANÇA DA INFORMAÇÃO

Art. 68. Na fase oficial, sempre que houver alteração na base de dados, deverão ser providenciadas cópias de segurança dos dados relativos aos sistemas das eleições.

Parágrafo único. Encerrados os trabalhos das juntas eleitorais, será feita cópia de segurança de todos os dados dos sistemas eleitorais, em ambiente autenticado pelo Subsistema de Instalação e Segurança.

Art. 69. Todos os meios de armazenamento de dados utilizados pelos sistemas eleitorais, bem como as cópias de segurança dos dados, serão identificados e mantidos em condições apropriadas, até a data estabelecida no Calendário Eleitoral, desde que as informações neles constantes não estejam sendo objeto de discussão em procedimento administrativo ou processo judicial impugnando ou auditando a votação.

Art. 70. A desinstalação dos sistemas eleitorais somente poderá ser efetuada a partir de data estabelecida no Calendário Eleitoral, desde que os procedimentos a eles inerentes não estejam sendo objeto de discussão em procedimento administrativo ou processo judicial impugnando ou auditando a votação.

CAPÍTULO IX
DISPOSIÇÕES FINAIS

Art. 71. Esta resolução entra em vigor na data de sua publicação.

Brasília, 18 de dezembro de 2017.
MINISTRO LUIZ FUX RELATOR
Publicada no DJe do TSE em 02/02/2018.

RESOLUÇÃO Nº 23.551

Dispõe sobre propaganda eleitoral, utilização e geração do horário gratuito e condutas ilícitas em campanha eleitoral nas eleições.

Relator: Ministro Luiz Fux

Interessado: Tribunal Superior Eleitoral

O TRIBUNAL SUPERIOR ELEITORAL, no uso de suas atribuições legais, RESOLVE:

CAPÍTULO I
DISPOSIÇÕES PRELIMINARES

Art. 1º Esta resolução dispõe sobre a propaganda eleitoral, as condutas ilícitas praticadas em campanha e o horário eleitoral gratuito.

Art. 2º A propaganda eleitoral é permitida a partir de 16 de agosto do ano da eleição (Lei nº 9.504/1997, art. 36).

§ 1º Ao postulante a candidatura a cargo eletivo, é permitida a realização, durante as prévias e na quinzena anterior à escolha em convenção, de propaganda intrapartidária com vista à indicação de seu nome, inclusive mediante a afixação de faixas e cartazes em local próximo ao da convenção, com mensagem aos convencionais, vedado o uso de rádio, de televisão e de *outdoor* (Lei nº 9.504/1997, art. 36, § 1º).

§ 2º A propaganda de que trata o § 1º deverá ser imediatamente retirada após a respectiva convenção.

§ 3º Não será permitido qualquer tipo de propaganda política paga no rádio e na televisão (Lei nº 9.504/1997, art. 36, § 2º).

§ 4º A violação do disposto neste artigo sujeitará o responsável pela divulgação da propaganda e o beneficiário, quando comprovado o seu prévio conhecimento, à multa no valor de R$ 5.000,00 (cinco mil reais) a R$ 25.000,00 (vinte e cinco mil reais) ou equivalente ao custo da propaganda, se este for maior (Lei nº 9.504/1997, art. 36, § 3º).

Art. 3º Não configuram propaganda eleitoral antecipada, desde que não envolvam pedido explícito de voto, a menção à pretensa candidatura, a exaltação das qualidades pessoais dos pré-candidatos e os seguintes atos, que poderão ter cobertura dos meios de comunicação social, inclusive via internet (Lei nº 9.504/1997, art. 36-A, *caput*, incisos I a VII e parágrafos):

I - a participação de filiados a partidos políticos ou de pré-candidatos em entrevistas, programas, encontros ou debates no rádio, na televisão e na internet, inclusive com a exposição de plataformas e projetos políticos, observado pelas emissoras de rádio e de televisão o dever de conferir tratamento isonômico;

II - a realização de encontros, seminários ou congressos, em ambiente fechado e a expensas dos partidos políticos, para tratar da organização dos processos eleitorais, da discussão de políticas públicas, dos planos de governo ou das alianças partidárias visando às eleições, podendo tais atividades ser divulgadas pelos instrumentos de comunicação intrapartidária;

III - a realização de prévias partidárias e a respectiva distribuição de material informativo, a divulgação dos nomes dos filiados que participarão da disputa e a realização de debates entre os pré-candidatos;

IV - a divulgação de atos de parlamentares e de debates legislativos, desde que não se faça pedido de votos;

V - a divulgação de posicionamento pessoal sobre questões políticas, inclusive em redes sociais, blogues, sítios eletrônicos pessoais e aplicativos (apps);

VI - a realização, a expensas de partido político, de reuniões de iniciativa da sociedade civil, de veículo ou meio de comunicação ou do próprio partido político, em qualquer localidade, para divulgar ideias, objetivos e propostas partidárias;

VII - campanha de arrecadação prévia de recursos na modalidade prevista no inciso IV do § 4º do art. 23 da Lei nº 9.504/1997.

§ 1º É vedada a transmissão ao vivo por emissoras de rádio e de televisão das prévias partidárias, sem prejuízo da cobertura dos meios de comunicação social (Lei nº 9.504/1997, art. 36-A, § 1º).

§ 2º Nas hipóteses dos incisos I a VI do *caput*, são permitidos o pedido de apoio político e a divulgação da pré-candidatura, das ações políticas desenvolvidas e das que se pretende desenvolver (Lei nº 9.504/1997, art. 36-A, § 2º).

§ 3º O disposto no § 2º não se aplica aos profissionais de comunicação social no exercício da profissão (Lei nº 9.504/1997, art. 36-A, § 3º).

Art. 4º Será considerada propaganda eleitoral antecipada a convocação, por parte do Presidente da República, dos Presidentes da Câmara dos Deputados, do Senado Federal e do Supremo Tribunal Federal, de redes de radiodifusão para divulgação de atos que denotem propaganda política ou ataques a partidos políticos e seus filiados ou instituições (Lei nº 9.504/1997, art. 36-B).

Parágrafo único. Nos casos permitidos de convocação das redes de radiodifusão, é vedada a utilização de símbolos ou imagens, exceto aqueles previstos no § 1º do art. 13 da Constituição Federal (Lei nº 9.504/1997, art. 36-B, parágrafo único).

Art. 5º É vedada, desde 48 (quarenta e oito) horas antes até 24 (vinte e quatro) horas depois da eleição, a veiculação de qualquer propaganda política no rádio ou na televisão incluídos, entre outros, as rádios comunitárias e os canais de televisão que operam em UHF, VHF e por assinatura e ainda a realização de comícios ou reuniões públicas (Código Eleitoral, art. 240, parágrafo único).

CAPÍTULO II
DA PROPAGANDA EM GERAL

Art. 6º A propaganda, qualquer que seja sua forma ou modalidade, mencionará sempre a legenda partidária e só poderá ser feita em língua nacional, não devendo empregar meios publicitários destinados a criar, artificialmente, na opinião pública, estados mentais, emocionais ou passionais (Código Eleitoral, art. 242, e Lei nº 10.436/2002, arts. 1º e 2º).

§ 1º Sem prejuízo do processo e das penas cominadas, a Justiça Eleitoral adotará medidas para impedir ou fazer cessar imediatamente a propaganda realizada com infração do disposto neste artigo (Código Eleitoral, art. 242, parágrafo único).

§ 2º Sem prejuízo das sanções pecuniárias específicas, os atos de propaganda eleitoral que importem em abuso do poder econômico, abuso do poder político ou uso indevido dos meios de comunicação social, independentemente do momento de sua realização ou verificação, poderão ser examinados na forma e para os fins previstos no art. 22 da Lei Complementar nº 64, de 18 de maio de 1990.

Art. 7º Na propaganda para eleição majoritária, a coligação usará, obrigatoriamente, sob a sua denominação, as legendas todos os partidos políticos que a integram; na propaganda para eleição proporcional, cada partido político usará apenas a sua legenda sob o nome da coligação (Lei nº 9.504/1997, art. 6º, § 2º).

Parágrafo único. A denominação da coligação não poderá coincidir, incluir ou fazer referência a nome ou a número de candidato, nem conter pedido de voto para partido político (Lei nº 9.504/1997, art. 6º, § 1º-A).

Art. 8º Da propaganda dos candidatos a cargo majoritário, deverão constar também os nomes dos candidatos a vice ou a suplentes de Senador, de modo claro e legível, em tamanho não inferior a 30% (trinta por cento) do nome do titular (Lei nº 9.504/1997, art. 36, § 4º).

Parágrafo único. A aferição do disposto no *caput* será feita de acordo com a proporção entre os tamanhos das fontes (altura e comprimento das letras) empregadas na grafia dos nomes dos candidatos, sem prejuízo da aferição da legibilidade e da clareza.

Art. 9º A realização de qualquer ato de propaganda partidária ou eleitoral, em recinto aberto ou fechado, não depende de licença da polícia (Lei nº 9.504/1997, art. 39, *caput*).

§ 1º O candidato, o partido político ou a coligação que promover o ato fará a devida comunicação à autoridade policial com, no mínimo, 24 (vinte e quatro) horas de antecedência, a fim de que esta lhe garanta, segundo a prioridade do aviso, o direito contra quem pretenda usar o local no mesmo dia e horário (Lei nº 9.504/1997, art. 39, § 1º).

§ 2º A autoridade policial tomará as providências necessárias à garantia da realização do ato e ao funcionamento do tráfego e dos serviços públicos que o evento possa afetar (Lei nº 9.504/1997, art. 39, § 2º).

Art. 10. É assegurado aos partidos políticos registrados o direito de, independentemente de licença da autoridade pública e do pagamento de qualquer contribuição, fazer inscrever, na fachada de suas sedes e dependências, o nome que os designe, pela forma que melhor lhes parecer (Código Eleitoral, art. 244, inciso I).

§ 1º Os candidatos, os partidos políticos e as coligações poderão fazer inscrever, na sede do comitê central de campanha, a sua designação, bem como o nome e o número do candidato, em formato que não se assemelhe a *outdoor* nem gere esse efeito.

§ 2º Nos demais comitês de campanha, que não o central, a divulgação dos dados da candidatura deverá observar os limites previstos no art. 37, § 2º, da Lei nº 9.504/1997.

§ 3º Para efeito do disposto no § 1º, o candidato deverá informar ao juiz eleitoral o endereço do seu comitê central de campanha.

Art. 11. O funcionamento de alto-falantes ou amplificadores de som, ressalvada a hipótese de comício de encerramento de campanha, somente é permitido entre as 8 (oito) e as 22h (vinte e duas horas), sendo vedados a instalação e o uso daqueles equipamentos em distância inferior a 200m (duzentos metros) (Lei nº 9.504/1997, art. 39, § 3º):

I - das sedes dos Poderes Executivo e Legislativo da União, dos Estados, do Distrito Federal e dos Municípios, das sedes dos tribunais judiciais, dos quartéis e de outros estabelecimentos militares;

II - dos hospitais e casas de saúde;

III - das escolas, bibliotecas públicas, igrejas e teatros, quando em funcionamento.

§ 1º A realização de comícios e a utilização de aparelhagens de sonorização fixas são permitidas no horário compreendido entre as 8 (oito) e as 24h (vinte e quatro horas), com exceção do comício de encerramento da campanha, que poderá ser prorrogado por mais 2 (duas) horas (Lei nº 9.504/1997, art. 39, § 4º).

§ 2º É vedada a utilização de trios elétricos em campanhas eleitorais, exceto para a sonorização de comícios (Lei nº 9.504/1997, art. 39, § 10).

§ 3º É permitida a circulação de carros de som e minitrios como meio de propaganda eleitoral, desde que observado o limite de 80dB (oitenta decibéis) de nível de pressão sonora, medido a 7m (sete metros) de distância do veículo, e respeitadas as vedações previstas neste artigo, apenas em carreatas, caminhadas e passeatas ou durante reuniões e comícios (Lei nº 9.504/1997, art. 39, § 11).

§ 4º Para efeitos desta resolução, considera-se (Lei nº 9.504/1997, art. 39, §§ 9º-A e 12):

I - carro de som: qualquer veículo, motorizado ou não, ou ainda tracionado por animais, que use equipamento de som com potência nominal de amplificação de, no máximo, 10.000W (dez mil watts) e que transite divulgando jingles ou mensagens de candidatos;

II - minitrio: veículo automotor que use equipamento de som com potência nominal de amplificação maior que 10.000W (dez mil watts) e até 20.000W (vinte mil watts);

III - trio elétrico: veículo automotor que use equipamento de som com potência nominal de amplificação maior que 20.000W (vinte mil watts).

§ 5º Até as 22h (vinte e duas horas) do dia que antecede o da eleição, serão permitidos distribuição de material gráfico, caminhada, carreata, passeata ou carro de som que transite pela cidade divulgando jingles ou mensagens de candidatos, observados os limites impostos pela legislação comum (Lei nº 9.504/1997, art. 39, § 9º).

Art. 12. São proibidas a realização de showmício e de evento assemelhado para promoção de candidatos e a apresentação, remunerada ou não, de artistas com a finalidade de animar comício e reunião eleitoral, respondendo o infrator pelo emprego de processo de propaganda vedada e, se for o caso, pelo abuso do poder (Lei nº 9.504/1997, art. 39, § 7º; Código Eleitoral, arts. 222 e 237; e Lei Complementar nº 64/1990, art. 22).

Parágrafo único. A proibição de que trata o *caput* não se estende aos candidatos que sejam profissionais da classe artística cantores, atores e apresentadores, que poderão exercer as atividades normais de sua profissão durante o período eleitoral, exceto em programas de rádio e de televisão, na animação de comício ou para divulgação, ainda que de forma dissimulada, de sua candidatura ou de campanha eleitoral.

Art. 13. São vedadas na campanha eleitoral confecção, utilização, distribuição por comitê, candidato, ou com a sua autorização, de camisetas, chaveiros, bonés, canetas, brindes, cestas básicas ou quaisquer outros bens ou materiais que possam proporcionar vantagem ao eleitor, respondendo o infrator, conforme o caso, pela prática de captação ilícita de sufrágio, emprego de processo de propaganda vedada e, se for o caso, pelo abuso do poder (Lei nº 9.504/1997, art. 39, § 6º; Código Eleitoral, arts. 222 e 237; e Lei Complementar nº 64/1990, art. 22).

Art. 14. Nos bens cujo uso dependa de cessão ou permissão do poder público, ou que a ele pertençam, e nos bens de uso comum, inclusive postes de iluminação pública, sinalização de

Art. 14

tráfego, viadutos, passarelas, pontes, paradas de ônibus e outros equipamentos urbanos, é vedada a veiculação de propaganda de qualquer natureza, inclusive pichação, inscrição a tinta e exposição de placas, estandartes, faixas, cavaletes, bonecos e assemelhados (Lei nº 9.504/1997, art. 37, *caput*).

§ 1º Quem veicular propaganda em desacordo com o disposto no *caput* será notificado para, no prazo de 48 (quarenta e oito) horas, removê-la e restaurar o bem, sob pena de multa no valor de R$ 2.000,00 (dois mil reais) a R$ 8.000,00 (oito mil reais), a ser fixada na representação de que trata o art. 96 da Lei nº 9.504/1997, após oportunidade de defesa (Lei nº 9.504/1997, art. 37, § 1º).

§ 2º Bens de uso comum, para fins eleitorais, são os assim definidos pelo Código Civil e também aqueles a que a população em geral tem acesso, tais como cinemas, clubes, lojas, centros comerciais, templos, ginásios, estádios, ainda que de propriedade privada (Lei nº 9.504/1997, art. 37, § 4º).

§ 3º Nas árvores e nos jardins localizados em áreas públicas, bem como em muros, cercas e tapumes divisórios, não é permitida a colocação de propaganda eleitoral de qualquer natureza, mesmo que não lhes cause dano (Lei nº 9.504/1997, art. 37, § 5º).

§ 4º É permitida a colocação de mesas para distribuição de material de campanha e a utilização de bandeiras ao longo das vias públicas, desde que móveis e que não dificultem o bom andamento do trânsito de pessoas e veículos (Lei nº 9.504/1997, art. 37, § 6º).

§ 5º A mobilidade referida no § 4º estará caracterizada com a colocação e a retirada dos meios de propaganda entre as 6 (seis) e as 22h (vinte e duas horas) (Lei nº 9.504/1997, art. 37, § 7º).

§ 6º Nas dependências do Poder Legislativo, a veiculação de propaganda eleitoral ficará a critério da Mesa Diretora (Lei nº 9.504/1997, art. 37, § 3º).

§ 7º O derrame ou a anuência com o derrame de material de propaganda no local de votação ou nas vias próximas, ainda que realizado na véspera da eleição, configura propaganda irregular, sujeitando-se o infrator à multa prevista no § 1º do art. 37 da Lei nº 9.504/1997, sem prejuízo da apuração do crime previsto no inciso III do § 5º do art. 39 da Lei nº 9.504/1997.

Art. 15. Não é permitida a veiculação de material de propaganda eleitoral em bens públicos ou particulares, exceto de (Lei nº 9.504/1997, art. 37, § 2º):

I - bandeiras ao longo de vias públicas, desde que móveis e que não dificultem o bom andamento do trânsito de pessoas e veículos;

II - adesivo plástico em automóveis, caminhões, bicicletas, motocicletas e janelas residenciais, desde que não exceda a 0,5m² (meio metro quadrado).

§ 1º A justaposição de adesivo ou de papel cuja dimensão exceda a 0,5m² (meio metro quadrado) caracteriza propaganda irregular, em razão do efeito visual único, ainda que a publicidade, individualmente, tenha respeitado o limite previsto no inciso II deste artigo.

§ 2º A veiculação de propaganda eleitoral em bens particulares deve ser espontânea e gratuita, sendo vedado qualquer tipo de pagamento em troca de espaço para essa finalidade (Lei nº 9.504/1997, art. 37, § 8º).

§ 3º É proibido colar propaganda eleitoral em veículos, exceto adesivos microperfurados até a extensão total do para-brisa traseiro e, em outras posições, adesivos que não excedam a 0,5m² (meio metro quadrado), observado o disposto no § 1º deste artigo (Lei nº 9.504/1997, art. 37, § 2º, II; art. 38, § 4º).

§ 4º Na hipótese do § 3º, não é aplicável, em relação ao para-brisa traseiro, o limite máximo estabelecido no inciso II.

§ 5º A propaganda eleitoral em bens particulares não pode ser feita mediante inscrição ou pintura em fachadas, muros ou paredes, admitida apenas a afixação de papel ou de adesivo, com dimensão que não ultrapasse o limite previsto no inciso II.

Art. 16. Independe da obtenção de licença municipal e de autorização da Justiça Eleitoral a veiculação de propaganda eleitoral por meio de distribuição de folhetos, adesivos, volantes e outros impressos, os quais devem ser editados sob a responsabilidade do partido político, da coligação ou do candidato, sendo-lhes facultada, inclusive, a impressão em braille dos mesmos conteúdos, quando assim demandados (Lei nº 9.504/1997, art. 38, e Convenção sobre os Direitos das Pessoas com Deficiência Decreto nº 6.949/2009, arts. 9º, 21 e 29).

§ 1º Todo material impresso de campanha eleitoral deverá conter o número de inscrição no CNPJ ou o número de inscrição no CPF do responsável pela confecção, bem como de quem a contratou, e a respectiva tiragem, respondendo o infrator pelo emprego de processo de propaganda vedada e, se for o caso, pelo abuso do poder (Lei nº 9.504/1997, art. 38, § 1º; Código Eleitoral, arts. 222 e 237; e Lei Complementar nº 64/1990, art. 22).

§ 2º Os adesivos de que trata o *caput* poderão ter a dimensão máxima de 50cm x 40cm (cinquenta centímetros por quarenta centímetros) (Lei nº 9.504/1997, art. 38, § 3º).

Art. 17. Não será tolerada propaganda, respondendo o infrator pelo emprego de processo de propaganda vedada e, se for o caso, pelo abuso de poder (Código Eleitoral, arts. 222, 237 e 243, incisos I a IX; Lei nº 5.700/1971; e Lei Complementar nº 64/1990, art. 22):

I - que veicule preconceitos de origem, raça, sexo, cor, idade e quaisquer outras formas de discriminação (Constituição Federal, art. 3º, IV);

II - de guerra, de processos violentos para subverter o regime, a ordem política e social;

III - que provoque animosidade entre as Forças Armadas ou contra elas, ou delas contra as classes e as instituições civis;

IV - de incitamento de atentado contra pessoa ou bens;

V - de instigação à desobediência coletiva ao cumprimento da lei de ordem pública;

VI - que implique oferecimento, promessa ou solicitação de dinheiro, dádiva, rifa, sorteio ou vantagem de qualquer natureza;

VII - que perturbe o sossego público, com algazarra ou abuso de instrumentos sonoros ou sinais acústicos;

VIII - por meio de impressos ou de objeto que pessoa inexperiente ou rústica possa confundir com moeda;

IX - que prejudique a higiene e a estética urbana;

X - que caluniar, difamar ou injuriar qualquer pessoa, bem como atingir órgãos ou entidades que exerçam autoridade pública;

XI - que desrespeite os símbolos nacionais.

Art. 18. O ofendido por calúnia, difamação ou injúria, sem prejuízo e independentemente da ação penal competente, poderá demandar, no juízo cível, a reparação do dano moral, respondendo por este o ofensor e, solidariamente, o partido político deste, quando responsável por ação ou omissão, e quem quer que, favorecido pelo crime, haja de qualquer modo contribuído para ele (Código Eleitoral, art. 243, § 1º).

Art. 19. Aos juízes eleitorais designados pelos Tribunais Regionais Eleitorais, nas capitais e nos Municípios onde houver mais de 1 (uma) zona eleitoral, e aos juízes eleitorais, nas demais localidades, competirá julgar as reclamações sobre a localização dos comícios e tomar providências sobre a distribuição equitativa dos locais aos partidos políticos e às coligações (Código Eleitoral, art. 245, § 3º).

Art. 20. O candidato cujo registro esteja sub judice poderá efetuar todos os atos relativos à sua campanha eleitoral, inclusive utilizar o horário eleitoral gratuito, para sua propaganda, no rádio e na televisão (Lei nº 9.504/1997, art. 16-A).

Parágrafo único. O disposto neste artigo se aplica igualmente ao candidato cujo pedido de registro tenha sido protocolado no prazo legal e ainda não tenha sido apreciado pela Justiça Eleitoral (Lei nº 9.504/1997, art. 16-B).

CAPÍTULO III
DA PROPAGANDA ELEITORAL EM *OUTDOOR*

Art. 21. É vedada a propaganda eleitoral por meio de *outdoors*, inclusive eletrônicos, sujeitando-se a empresa responsável, os partidos políticos, as coligações e os candidatos à imediata retirada da propaganda irregular e ao pagamento de multa no valor de R$ 5.000,00 (cinco mil reais) a R$ 15.000,00 (quinze mil reais) (Lei nº 9.504/1997, art. 39, § 8º).

§ 1º A utilização de engenhos ou de equipamentos publicitários ou ainda de conjunto de peças de propaganda que, justapostas, se assemelhem ou causem efeito visual de *outdoor* sujeita o infrator à multa prevista neste artigo.

§ 2º A caracterização da responsabilidade do candidato na hipótese do § 1º não depende de prévia notificação, bastando a existência de circunstâncias que demonstrem o seu prévio conhecimento.

CAPÍTULO IV
DA PROPAGANDA ELEITORAL NA INTERNET

Art. 22. É permitida a propaganda eleitoral na internet a partir do dia 16 de agosto do ano da eleição (Lei nº 9.504/1997, art. 57-A).

§ 1º A livre manifestação do pensamento do eleitor identificado ou identificável na internet somente é passível de limitação quando ocorrer ofensa à honra de terceiros ou divulgação de fatos sabidamente inverídicos.

§ 2º O disposto no § 1º se aplica, inclusive, às manifestações ocorridas antes da data prevista no *caput*, ainda que delas conste mensagem de apoio ou crítica a partido político ou a candidato, próprias do debate político e democrático.

Art. 23. A propaganda eleitoral na internet poderá ser realizada nas seguintes formas (Lei nº 9.504/1997, art. 57-B, incisos I a IV):

I - em sítio do candidato, com endereço eletrônico comunicado à Justiça Eleitoral e hospedado, direta ou indiretamente, em provedor de serviço de internet estabelecido no País;

II - em sítio do partido político ou da coligação, com endereço eletrônico comunicado à Justiça Eleitoral e hospedado, direta ou indiretamente, em provedor de serviço de internet estabelecido no País;

III - por meio de mensagem eletrônica para endereços cadastrados gratuitamente pelo candidato, pelo partido político ou pela coligação;

IV - por meio de blogues, redes sociais, sítios de mensagens instantâneas e aplicações de internet assemelhadas cujo conteúdo seja gerado ou editado por:

a) candidatos, partidos políticos ou coligações; ou

b) qualquer pessoa natural, desde que não contrate impulsionamento de conteúdos.

§ 1º Os endereços eletrônicos das aplicações de que trata este artigo, salvo aqueles de iniciativa de pessoa natural, deverão ser comunicados à Justiça Eleitoral, podendo ser mantidos durante todo o pleito eleitoral os mesmos endereços eletrônicos em uso antes do início da propaganda eleitoral (Lei nº 9.504/1997, art. 57-B, § 1º).

§ 2º Não é admitida a veiculação de conteúdos de cunho eleitoral mediante cadastro de usuário de aplicação de internet com a intenção de falsear identidade (Lei nº 9.504/1997, art. 57-B, § 2º).

§ 3º É vedada a utilização de impulsionamento de conteúdos e ferramentas digitais não disponibilizadas pelo provedor da aplicação de internet, ainda que gratuitas, para alterar o teor ou a repercussão de propaganda eleitoral, tanto próprios quanto de terceiros (Lei nº 9.504/1997, art. 57-B, § 3º).

§ 4º O provedor de aplicação de internet que possibilite o impulsionamento pago de conteúdos deverá contar com canal de comunicação com seus usuários e somente poderá ser responsabilizado por danos decorrentes do conteúdo impulsionado se, após ordem judicial específica, não tomar as providências para, no âmbito e nos limites técnicos do seu serviço e dentro do prazo assinalado, tornar indisponível o conteúdo apontado como infringente pela Justiça Eleitoral (Lei nº 9.504/1997, art. 57-B, § 4º).

§ 5º A violação do disposto neste artigo sujeita o usuário responsável pelo conteúdo e, quando comprovado seu prévio conhecimento, o beneficiário, à multa no valor de R$ 5.000,00 (cinco mil reais) a R$ 30.000,00 (trinta mil reais) ou em valor equivalente ao dobro da quantia despendida, se esse cálculo superar o limite máximo da multa (Lei nº 9.504/1997, art. 57-B, § 5º).

§ 6º A manifestação espontânea na internet de pessoas naturais em matéria político-eleitoral, mesmo que sob a forma de elogio ou crítica a candidato ou partido político, não será considerada propaganda eleitoral na forma do inciso IV, devendo observar, no entanto, os limites estabelecidos no § 1º do art. 22 desta resolução (Lei nº 9.504/1997, art. 57-J).

§ 7º Para os fins desta resolução, inclui-se entre as formas de impulsionamento de conteúdo a priorização paga de conteúdos resultantes de aplicações de busca na internet (Lei nº 9.504/1997, art. 26, § 2º).

Art. 24. É vedada a veiculação de qualquer tipo de propaganda eleitoral paga na internet, excetuado o impulsionamento de conteúdos, desde que identificado de forma inequívoca como tal e contratado exclusivamente por partidos políticos, coligações e

Art. 24

candidatos e seus representantes (Lei nº 9.504/1997, art. 57-C, *caput*).

§ 1º É vedada, ainda que gratuitamente, a veiculação de propaganda eleitoral na internet em sítios (Lei nº 9.504/1997, art. 57- C, § 1º, incisos I e II):

I - de pessoas jurídicas, com ou sem fins lucrativos;

II - oficiais ou hospedados por órgãos ou por entidades da administração pública direta ou indireta da União, dos Estados, do Distrito Federal e dos Municípios.

§ 2º A violação do disposto neste artigo sujeita o responsável pela divulgação da propaganda ou pelo impulsionamento de conteúdos e, quando comprovado seu prévio conhecimento, o beneficiário, à multa no valor de R$ 5.000,00 (cinco mil reais) a R$ 30.000,00 (trinta mil reais) ou em valor equivalente ao dobro da quantia despendida, se esse cálculo superar o limite máximo da multa (Lei nº 9.504/1997, art. 57-C, § 2º).

§ 3º O impulsionamento de que trata o *caput* deste artigo deverá ser contratado diretamente com provedor da aplicação de internet com sede e foro no País, ou de sua filial, sucursal, escritório, estabelecimento ou representante legalmente estabelecido no País e apenas com o fim de promover ou beneficiar candidatos ou suas agremiações (Lei nº 9.504/1997, art. 57- C, § 3º).

§ 4º O representante do candidato a que alude o *caput* se restringe à pessoa do administrador financeiro da respectiva campanha.

§ 5º Todo impulsionamento deverá conter, de forma clara e legível, o número de inscrição no Cadastro Nacional da Pessoa Jurídica (CNPJ) ou o número de inscrição no Cadastro de Pessoas Físicas (CPF) do responsável, além da expressão "Propaganda Eleitoral".

Art. 25. É livre a manifestação do pensamento, vedado o anonimato durante a campanha eleitoral, por meio da internet, assegurado o direito de resposta, nos termos dos arts. 58, § 3º, inciso IV, alíneas *a*, *b* e *c*, e 58-A da Lei nº 9.504/1997, e por outros meios de comunicação interpessoal mediante mensagem eletrônica (Lei nº 9.504/1997, art. 57-D, *caput*).

§ 1º A violação do disposto neste artigo sujeitará o responsável pela divulgação da propaganda e, quando comprovado seu prévio conhecimento, o beneficiário à multa no valor de R$ 5.000,00 (cinco mil reais) a R$ 30.000,00 (trinta mil reais) (Lei nº 9.504/1997, art. 57-D, § 2º).

§ 2º Sem prejuízo das sanções civis e criminais aplicáveis ao responsável, a Justiça Eleitoral poderá determinar, por solicitação do ofendido, a retirada de publicações que contenham agressões ou ataques a candidatos em sítios da internet, inclusive redes sociais (Lei nº 9.504/1997, art. 57-D, § 3º).

§ 3º Nos casos de direito de resposta em propaganda eleitoral realizada na internet, prevista no art. 58, § 3º, inciso IV, da Lei nº 9.504/1997, em se tratando de sítio eletrônico que não exerça controle editorial prévio sobre o conteúdo publicado por seus usuários, a obrigação de divulgar a resposta recairá sobre o usuário responsável pela divulgação do conteúdo ofensivo, na forma e pelo tempo que vierem a ser definidos na respectiva decisão judicial.

Art. 26. São vedadas às pessoas relacionadas no art. 24 da Lei nº 9.504/1997 a utilização, doação ou cessão de cadastro eletrônico de seus clientes, em favor de candidatos, de partidos políticos ou de coligações (Lei nº 9.504/1997, art. 57-E, *caput*).

§ 1º É proibida a venda de cadastro de endereços eletrônicos (Lei nº 9.504/1997, art. 57-E, § 1º).

§ 2º A violação do disposto neste artigo sujeita o responsável pela divulgação da propaganda e, quando comprovado seu prévio conhecimento, o beneficiário à multa no valor de R$ 5.000,00 (cinco mil reais) a R$ 30.000,00 (trinta mil reais) (Lei nº 9.504/1997, art. 57-E, § 2º).

Art. 27. Aplicam-se ao provedor de conteúdo e de serviços multimídia que hospeda a divulgação da propaganda eleitoral de candidato, de partido político ou de coligação as penalidades previstas nesta resolução se, no prazo determinado pela Justiça Eleitoral, contado a partir da notificação de decisão judicial específica sobre a existência de propaganda irregular, não tomar providências para a cessação dessa divulgação (Lei nº 9.504/1997, art. 57-F, *caput*, c.c. a Lei nº 12.965/2014, art. 19).

§ 1º O provedor de conteúdo ou de serviços multimídia só será considerado responsável pela divulgação da propaganda se a publicação do material for comprovadamente de seu prévio conhecimento (Lei nº 9.504/1997, art. 57-F, parágrafo único).

Art. 28. As mensagens eletrônicas enviadas por candidato, partido político ou coligação, por qualquer meio, deverão dispor de mecanismo que permita seu descadastramento pelo destinatário, obrigado o remetente a providenciá-lo no prazo de 48 (quarenta e oito) horas (Lei nº 9.504/1997, art. 57-G, *caput*).

§ 1º Mensagens eletrônicas enviadas após o término do prazo previsto no *caput* sujeitam os responsáveis ao pagamento de multa no valor de R$ 100,00 (cem reais), por mensagem (Lei nº 9.504/1997, art. 57-G, parágrafo único).

§ 2º As mensagens eletrônicas enviadas consensualmente por pessoa natural, de forma privada ou em grupos restritos de participantes, não se submetem ao *caput* deste artigo e às normas sobre propaganda eleitoral previstas nesta resolução (Lei nº 9.504/1997, art. 57-J).

Art. 29. É vedada a realização de propaganda via telemarketing, em qualquer horário (Constituição Federal, art. 5º, incisos X e XI; e Código Eleitoral, art. 243, inciso VI).

Art. 30. Sem prejuízo das demais sanções legais cabíveis, será punido, com multa de R$ 5.000,00 (cinco mil reais) a R$ 30.000,00 (trinta mil reais), quem realizar propaganda eleitoral na internet atribuindo indevidamente sua autoria a terceiro, inclusive candidato, partido político ou coligação (Lei nº 9.504/1997, art. 57-H).

Art. 31. A requerimento do Ministério Público, de candidato, partido político ou coligação, observado o rito previsto no art. 96 da Lei nº 9.504/1997, a Justiça Eleitoral poderá determinar, no âmbito e nos limites técnicos de cada aplicação de internet, a suspensão do acesso a todo conteúdo veiculado que deixar de cumprir as disposições da Lei nº 9.504/1997, devendo o número de horas de suspensão ser definido proporcionalmente à gravidade da infração cometida em cada caso, observado o limite máximo de 24 (vinte e quatro) horas (Lei nº 9.504/1997, art. 57-I; e Constituição Federal, art. 127).

§ 1º A cada reiteração de conduta, será duplicado o período de suspensão, observado o limite máximo previsto no *caput* (Lei nº 9.504/1997, art. 57-I, § 1º).

§ 2º No período de suspensão a que se refere este artigo, a empresa informará a todos os usuários que tentarem acessar o conteúdo que ele está temporariamente indisponível por desobediência à legislação eleitoral (Lei nº 9.504/1997, art. 57-I, § 2º).

Art. 32. Para o fim desta resolução, considera-se:

I - internet: o sistema constituído do conjunto de protocolos lógicos, estruturado em escala mundial para uso público e irrestrito, com a finalidade de possibilitar a comunicação de dados entre terminais por meio de diferentes redes;

II - terminal: o computador ou qualquer dispositivo que se conecte à internet;

III - endereço de protocolo de internet (endereço IP): o código atribuído a um terminal de uma rede para permitir sua identificação, definido segundo parâmetros internacionais;

IV - administrador de sistema autônomo: a pessoa física ou jurídica que administra blocos de endereço IP específicos e o respectivo sistema autônomo de roteamento, devidamente cadastrada no ente nacional responsável pelo registro e pela distribuição de endereços IP geograficamente referentes ao País;

V - conexão à internet: a habilitação de um terminal para envio e recebimento de pacotes de dados pela internet, mediante a atribuição ou autenticação de um endereço IP;

VI - registro de conexão: o conjunto de informações referentes à data e hora de início e término de uma conexão à internet, sua duração e o endereço IP utilizado pelo terminal para o envio e recebimento de pacotes de dados;

VII - aplicações de internet: o conjunto de funcionalidades que podem ser acessadas por meio de um terminal conectado à internet;

VIII - registros de acesso a aplicações de internet: o conjunto de informações referentes à data e hora de uso de uma determinada aplicação de internet a partir de um determinado endereço IP;

IX - sítio hospedado diretamente em provedor de internet estabelecido no País: aquele cujo endereço (URL *Uniform Resource Locator*) é registrado no organismo regulador da internet no Brasil e cujo conteúdo é mantido pelo provedor de hospedagem em servidor instalado em solo brasileiro;

X - sítio hospedado indiretamente em provedor de internet estabelecido no País: aquele cujo endereço é registrado em organismos internacionais e cujo conteúdo é mantido por provedor de hospedagem em equipamento servidor instalado em solo brasileiro;

XI - sítio: o endereço eletrônico na internet subdividido em uma ou mais páginas que possam ser acessadas com base na mesma raiz;

XII - blogue: o endereço eletrônico na internet, mantido ou não por provedor de hospedagem, composto por uma única página em caráter pessoal;

XIII - impulsionamento de conteúdo: o mecanismo ou serviço que, mediante contratação com os provedores de aplicação de internet, potencializem o alcance e a divulgação da informação para atingir usuários que, normalmente, não teriam acesso ao seu conteúdo;

XIV - rede social na internet: a estrutura social composta por pessoas ou organizações, conectadas por um ou vários tipos de relações, que compartilham valores e objetivos comuns;

XV - aplicativo de mensagens instantâneas ou chamada de voz: o aplicativo multiplataforma de mensagens instantâneas e chamadas de voz para smartphones;

XVI - provedor de acesso ou de conexão à internet: a pessoa jurídica fornecedora de serviços que consistem em possibilitar o acesso de seus consumidores à internet;

XVII - provedor de aplicação de internet: a empresa, organização ou pessoa natural que, de forma profissional ou amadora, forneça um conjunto de funcionalidades que podem ser acessadas por meio de um terminal conectado à internet, não importando se os objetivos são econômicos;

XVIII - provedor de conteúdo na internet: a pessoa natural ou jurídica que disponibiliza na internet as informações criadas ou desenvolvidas pelos provedores de informação (ou autores), utilizando servidores próprios ou os serviços de um provedor de hospedagem para armazená-las.

Parágrafo único. Tratando-se de empresa estrangeira, responde solidariamente pelo pagamento das multas eleitorais sua filial, sucursal, escritório ou estabelecimento situado no País.

Seção I
Da Remoção de Conteúdo da Internet

Art. 33. A atuação da Justiça Eleitoral em relação a conteúdos divulgados na internet deve ser realizada com a menor interferência possível no debate democrático (Lei nº 9.504/1997, art. 57-J).

§ 1º Com o intuito de assegurar a liberdade de expressão e impedir a censura, as ordens judiciais de remoção de conteúdo divulgado na internet serão limitadas às hipóteses em que, mediante decisão fundamentada, sejam constatadas violações às regras eleitorais ou ofensas a direitos de pessoas que participam do processo eleitoral.

§ 2º A ausência de identificação imediata do usuário responsável pela divulgação do conteúdo não constitui circunstância suficiente para o deferimento do pedido de remoção de conteúdo da internet e somente será considerada anônima caso não seja possível a identificação dos usuários após a adoção das providências previstas nos arts. 10 e 22 da Lei 12.965/2014 (Marco Civil da Internet).

§ 3º A ordem judicial que determinar a remoção de conteúdo divulgado na internet fixará prazo razoável para o cumprimento, não inferior a 24 (vinte e quatro) horas, e deverá conter, sob pena de nulidade, a URL do conteúdo específico.

§ 4º Em circunstâncias excepcionais devidamente justificadas, o prazo de que trata o parágrafo anterior poderá ser reduzido.

§ 5º O provedor responsável pela aplicação de internet em que hospedado o material deverá promover a sua remoção dentro do prazo razoável assinalado, sob pena de arcar com as sanções aplicáveis à espécie.

§ 6º Findo o período eleitoral, as ordens judiciais de remoção de conteúdo da internet deixarão de produzir efeitos, cabendo à parte interessada requerer a remoção do conteúdo por meio de ação judicial autônoma perante a Justiça Comum.

§ 7º As sanções aplicadas em razão da demora ou descumprimento da ordem judicial reverterão aos cofres da União.

Seção II
Da Requisição Judicial de Dados e Registros Eletrônicos

Art. 34. O provedor responsável pela guarda somente será obrigado a disponibilizar os registros de acesso a aplicações de internet, de forma autônoma ou associados a dados cadastrais, dados pessoais ou a outras informações disponíveis que possam contribuir para a identificação do usuário, mediante ordem judicial, na forma prevista nesta Seção (Lei nº 9.504/1997, art. 57-J, e Lei nº 12.965/2014, art. 10, § 1º).

Art. 35. O representante poderá, com o propósito de formar conjunto probatório, em caráter incidental ou autônomo, requerer ao juiz eleitoral que ordene ao responsável pela guarda o fornecimento dos dados constantes do art. 33 (Lei nº 9.504/1997, art. 57-J, e Lei nº 12.965/2014, art. 22).

§ 1º Sem prejuízo dos demais requisitos legais, o requerimento deverá conter, sob pena de inadmissibilidade:

I - fundados indícios da ocorrência do ilícito de natureza eleitoral;

II - justificativa motivada da utilidade dos dados solicitados para fins de investigação ou instrução probatória;

III - período ao qual se referem os registros.

§ 2º A ausência de identificação imediata do usuário responsável pela divulgação do conteúdo não constitui circunstância suficiente para o deferimento do pedido de quebra de sigilo de dados.

§ 3º A ordem judicial que apreciar o pedido deverá conter, sob pena de nulidade, fundamentação específica quanto ao preenchimento de todos os requisitos legais previstos nos incisos I a III do § 1º.

CAPÍTULO V
DA PROPAGANDA ELEITORAL NA IMPRENSA

Art. 36. São permitidas, até a antevéspera das eleições, a divulgação paga, na imprensa escrita, e a reprodução na internet do jornal impresso, de até 10 (dez) anúncios de propaganda eleitoral, por veículo, em datas diversas, para cada candidato, no espaço máximo, por edição, de 1/8 (um oitavo) de página de jornal padrão e de 1/4 (um quarto) de página de revista ou tabloide (Lei nº 9.504/1997, art. 43, *caput*).

§ 1º Deverá constar no anúncio, de forma visível, o valor pago pela inserção (Lei nº 9.504/1997, art. 43, § 1º).

§ 2º A inobservância do disposto neste artigo sujeita os responsáveis pelos veículos de divulgação e os partidos políticos, as coligações ou os candidatos beneficiados a multa no valor de R$ 1.000,00 (mil reais) a R$ 10.000,00 (dez mil reais) ou equivalente ao da divulgação da propaganda paga, se este for maior (Lei nº 9.504/1997, art. 43, § 2º).

§ 3º Ao jornal de dimensão diversa do padrão e do tabloide, aplica-se a regra do *caput*, de acordo com o tipo de que mais se aproxime.

§ 4º Não caracterizará propaganda eleitoral a divulgação de opinião favorável a candidato, a partido político ou a coligação pela imprensa escrita, desde que não seja matéria paga, mas os abusos e os excessos, assim como as demais formas de uso indevido do meio de comunicação, serão apurados e punidos nos termos do art. 22 da Lei Complementar nº 64/1990.

§ 5º É autorizada a reprodução virtual das páginas do jornal impresso na internet, desde que seja feita no sítio do próprio jornal, independentemente do seu conteúdo, devendo ser respeitado integralmente o formato gráfico e o conteúdo editorial da versão impressa, atendido, nesta hipótese, o disposto no *caput*.

§ 6º O limite de anúncios previsto no *caput* será verificado de acordo com a imagem ou o nome do respectivo candidato, independentemente de quem tenha contratado a divulgação da propaganda.

CAPÍTULO VI
DA PROGRAMAÇÃO NORMAL E DO NOTICIÁRIO NO RÁDIO E NA TELEVISÃO

Art. 37. A partir de 6 de agosto do ano da eleição, é vedado às emissoras de rádio e de televisão, em sua programação normal e noticiário (Lei nº 9.504/1997, art. 45, incisos I, III, IV, V e VI):

I - transmitir, ainda que sob a forma de entrevista jornalística, imagens de realização de pesquisa ou qualquer outro tipo de consulta popular de natureza eleitoral em que seja possível identificar o entrevistado ou em que haja manipulação de dados;

II - veicular propaganda política;

III - dar tratamento privilegiado a candidato, partido político ou coligação;

IV - veicular ou divulgar filmes, novelas, minisséries ou qualquer outro programa com alusão ou crítica a candidato ou a partido político, mesmo que dissimuladamente, exceto programas jornalísticos ou debates políticos;

V - divulgar nome de programa que se refira a candidato escolhido em convenção, ainda quando preexistente, inclusive se coincidente com o nome do candidato ou o nome por ele indicado para uso na urna eletrônica, e, sendo o nome do programa e o do candidato coincidentes, fica proibida a sua divulgação, sob pena de cancelamento do respectivo registro.

§ 1º A partir de 30 de junho do ano da eleição, é vedado, ainda, às emissoras transmitir programa apresentado ou comentado por pré-candidato, sob pena, no caso de sua escolha na convenção partidária, de imposição da multa prevista no § 2º e de cancelamento do registro da candidatura do beneficiário (Lei nº 9.504/1997, art. 45, § 1º).

§ 2º Sem prejuízo do disposto no parágrafo único do art. 68, a inobservância do estabelecido neste artigo sujeita a emissora ao pagamento de multa no valor de R$ 21.282,00 (vinte e um mil, duzentos e oitenta e dois reais) a R$ 106.410,00 (cento e seis mil, quatrocentos e dez reais), duplicada em caso de reincidência (Lei nº 9.504/1997, art. 45, § 2º).

Seção I
Dos Debates

Art. 38. Os debates, transmitidos por emissora de rádio ou de televisão, serão realizados segundo as regras estabelecidas em acordo celebrado entre os partidos políticos e a pessoa jurídica interessada na realização do evento, dando-se ciência à Justiça Eleitoral (Lei nº 9.504/1997, art. 46, § 4º).

§ 1º Para os debates que se realizarem no primeiro turno das eleições, serão consideradas aprovadas as regras, inclusive as que definam o número de participantes, que obtiverem a concordância de pelo menos 2/3 (dois terços) dos candidatos aptos, para as eleições majoritárias, e de pelo menos 2/3 (dois terços) dos partidos políticos ou coligações com candidatos aptos, no caso de eleições proporcionais (Lei nº 9.504/1997, art. 46, § 5º).

§ 2º São considerados aptos, para os fins previstos no § 1º, os candidatos filiados a partido político com representação no Congresso Nacional, de, no mínimo, cinco parlamentares e que tenham requerido o registro de candidatura na Justiça Eleitoral (Lei nº 9.504/1997, art. 46).

§ 3º Julgado o registro, permanecem aptos apenas os candidatos com registro deferido ou, se indeferido, os que estejam *sub judice*.

§ 4º Os debates transmitidos na televisão deverão utilizar, entre outros recursos, subtitulação por meio de legenda oculta, janela com intérprete da Língua Brasileira de Sinais (Libras) e audiodescrição (Lei nº 13.146/2015, arts. 67 e 76, § 1º, inciso III e ABNT/NBR 9050/15, itens 5.2.9.1 e 5.2.9.1.1).

§ 5º Na elaboração das regras para a realização dos debates, a emissora responsável e os candidatos que representem 2/3 (dois terços) dos aptos não poderão deliberar pela exclusão de candidato cuja presença seja garantida nos termos do art. 38, § 2º, desta resolução.

§ 6º Emissora de rádio ou de televisão poderá convidar candidato cuja participação seja facultativa, sendo vedada sua exclusão pela deliberação da maioria dos candidatos aptos na forma do art. 38, § 2º, desta resolução.

Art. 39. Inexistindo acordo, os debates transmitidos por emissora de rádio ou de televisão deverão obedecer às seguintes regras (Lei nº 9.504/1997, art. 46, incisos I, alíneas *a* e *b*, II e III):

I - nas eleições majoritárias, a apresentação dos debates poderá ser feita:

a) em conjunto, estando presentes todos os candidatos a um mesmo cargo eletivo;

b) em grupos, estando presentes, no mínimo, três candidatos.

II - nas eleições proporcionais, os debates deverão ser organizados de modo que assegurem a presença de número equivalente de candidatos de todos os partidos políticos e coligações a um mesmo cargo eletivo, podendo desdobrar-se em mais de 1 (um) dia;

III - os debates deverão ser parte de programação previamente estabelecida e divulgada pela emissora, fazendo-se mediante sorteio a escolha do dia e da ordem de fala de cada candidato.

§ 1º Na hipótese deste artigo, é assegurada a participação de candidatos dos partidos políticos que possuam, no mínimo, cinco parlamentares no Congresso Nacional, facultada a dos demais.

§ 2º Para efeito do disposto no § 1º deste artigo e no § 2º do art. 38, considera-se a representação de cada partido político no Congresso Nacional a resultante da eleição, ressalvadas as mudanças de filiação partidária ocorridas até a data da convenção que, relativamente aos Deputados Federais, não tenham sido contestadas ou cuja justa causa tenha sido reconhecida pela Justiça Eleitoral.

Art. 40. Em qualquer hipótese, deverá ser observado o seguinte:

I - é admitida a realização de debate sem a presença de candidato de algum partido político ou coligação, desde que o veículo de comunicação responsável comprove tê-lo convidado com a antecedência mínima de 72 (setenta e duas) horas da realização do debate (Lei nº 9.504/1997, art. 46, § 1º);

II - é vedada a presença de um mesmo candidato à eleição proporcional em mais de um debate da mesma emissora (Lei nº 9.504/1997, art. 46, § 2º);

III - o horário designado para a realização de debate poderá ser destinado à entrevista de candidato, caso apenas este tenha comparecido ao evento (Ac.-TSE nº 19.433, de 25 de junho de 2002);

IV - no primeiro turno, o debate poderá estender-se até as 7h (sete horas) da sexta-feira imediatamente anterior ao dia da eleição e, no caso de segundo turno, não poderá ultrapassar o horário de meia-noite da sexta-feira imediatamente anterior ao dia do pleito.

Art. 41. O descumprimento do disposto nesta seção sujeita a empresa infratora à suspensão, por 24 (vinte e quatro) horas, da sua programação, com a transmissão, intercalada, a cada 15 (quinze) minutos, de mensagem de orientação ao eleitor; em cada reiteração de conduta, o período de suspensão será duplicado (Lei nº 9.504/1997, arts. 46, § 3º, e 56, §§ 1º e 2º).

§ 1º A sanção prevista neste artigo somente poderá ser aplicada em processo judicial em que seja assegurada a ampla defesa e o contraditório.

§ 2º A suspensão de que trata este artigo será aplicável apenas na circunscrição do pleito.

CAPÍTULO VII
DA PROPAGANDA ELEITORAL GRATUITA NO RÁDIO E NA TELEVISÃO

Art. 42. A propaganda eleitoral no rádio e na televisão se restringirá ao horário gratuito definido nesta resolução, vedada a veiculação de propaganda paga, respondendo o candidato, o partido político e a coligação pelo seu conteúdo (Lei nº 9.504/1997, art. 44).

§ 1º A propaganda no horário eleitoral gratuito será veiculada nas emissoras de rádio, inclusive nas comunitárias, e de televisão que operam em VHF e UHF, bem como nos canais de TV por assinatura sob a responsabilidade do Senado Federal, da Câmara dos Deputados, das Assembleias Legislativas, da Câmara Legislativa do Distrito Federal ou das Câmaras Municipais.

§ 2º As emissoras de rádio sob responsabilidade do Senado Federal e da Câmara dos Deputados instaladas em localidades fora do Distrito Federal são dispensadas da veiculação da propaganda eleitoral gratuita de que tratam os incisos II a VI do § 1º do art. 47 da Lei das Eleições (Lei nº 9.504/1997, art. 47, § 9º).

§ 3º A propaganda eleitoral gratuita na televisão deverá utilizar, entre outros recursos, subtitulação por meio de legenda oculta, janela com intérprete da Libras e audiodescrição, sob responsabilidade dos partidos políticos e das coligações (Lei nº 13.146/2015, arts. 67 e 76, § 1º, inciso III).

§ 4º No horário reservado para a propaganda eleitoral, não se permitirá utilização comercial ou propaganda realizada com a intenção, ainda que disfarçada ou subliminar, de promover marca ou produto (Lei nº 9.504/1997, art. 44, § 2º).

§ 5º Será punida, nos termos do § 1º do art. 37 da Lei nº 9.504/1997, a emissora que, não autorizada a funcionar

Art. 42

pelo poder competente, veicular propaganda eleitoral (Lei nº 9.504/1997, art. 44, § 3º).

§ 6º Na hipótese do § 5º, demonstrada a participação direta, anuência ou benefício exclusivo de candidato, de partido político ou de coligação em razão da transmissão de propaganda eleitoral por emissora não autorizada, a gravidade dos fatos poderá ser apurada nos termos do art. 22 da Lei Complementar nº 64/1990.

Art. 43. Nos 35 (trinta e cinco) dias anteriores à antevéspera do primeiro turno, as emissoras de rádio e de televisão indicadas no § 1º do art. 42 devem veicular a propaganda eleitoral gratuita, em rede, da seguinte forma, observado o horário de Brasília (Lei nº 9.504/1997, art. 47, caput, § 1º, incisos I e II):

I - na eleição para Presidente da República, às terças e quintas-feiras e aos sábados:

a) das 7h (sete horas) às 7h12m30 (sete horas e doze minutos e trinta segundos) e das 12h (doze horas) às 12h12m30 (doze horas e doze minutos e trinta segundos), no rádio;

b) das 13h (treze horas) às 13h12m30 (treze horas e doze minutos e trinta segundos) e das 20h30 (vinte horas e trinta minutos) às 20h42m30 (vinte horas e quarenta e dois minutos e trinta segundos), na televisão.

II - nas eleições para Deputado Federal, às terças e quintas-feiras e aos sábados:

a) das 7h12m30 (sete horas e doze minutos e trinta segundos) às 7h25 (sete horas e vinte e cinco minutos) e das 12h12m30 (doze horas e doze minutos e trinta segundos) às 12h25 (doze horas e vinte e cinco minutos), no rádio;

b) das 13h12m30 (treze horas e doze minutos e trinta segundos) às 13h25 (treze horas e vinte e cinco minutos) e das 20h42m30 (vinte horas e quarenta e dois minutos e trinta segundos) às 20h55 (vinte horas e cinquenta e cinco minutos), na televisão.

Art. 44. No mesmo período do art. 43, quando a renovação do Senado se der por 1/3 (um terço), a veiculação da propaganda eleitoral gratuita em rede ocorre da seguinte forma, observado o horário de Brasília (Lei nº 9.504/1997, art. 47, caput, § 1º, incisos III, IV e V):

I - nas eleições para Senador, às segundas, quartas e sextas-feiras:

a) das 7h (sete horas) às 7h05 (sete horas e cinco minutos) e das 12h (doze horas) às 12h05 (doze horas e cinco minutos), no rádio;

b) das 13h (treze horas) às 13h05 (treze horas e cinco minutos) e das 20h30 (vinte horas e trinta minutos) às 20h35 (vinte horas e trinta e cinco minutos), na televisão.

II - nas eleições para Deputado Estadual e Deputado Distrital, às segundas, quartas e sextas-feiras:

a) das 7h05 (sete horas e cinco minutos) às 7h15 (sete horas e quinze minutos) e das 12h05 (doze horas e cinco minutos) às 12h15 (doze horas e quinze minutos), no rádio;

b) das 13h05 (treze horas e cinco minutos) às 13h15 (treze horas e quinze minutos) e das 20h37 (vinte horas e trinta e sete minutos) às 20h45 (vinte horas e quarenta e cinco minutos), na televisão.

III - na eleição para Governador de Estado e do Distrito Federal, às segundas, quartas e sextas-feiras:

a) das 7h15 (sete horas e quinze minutos) às 7h25 (sete horas e vinte e cinco minutos) e das 12h15 (doze horas e quinze minutos) às 12h25 (doze horas e vinte e cinco minutos), no rádio;

b) das 13h15 (treze horas e quinze minutos) às 13h25 (treze horas e vinte e cinco minutos) e das 20h45 (vinte horas e quarenta e cinco minutos) às 20h55 (vinte horas e cinquenta e cinco minutos), na televisão.

Art. 45. No mesmo período do art. 43, quando a renovação do Senado se der por 2/3 (dois terços), a veiculação da propaganda eleitoral gratuita em rede ocorre da seguinte forma, observado o horário de Brasília (Lei nº 9.504/1997, art. 47, caput, § 1º, incisos III, IV e V):

I - nas eleições para Senador, às segundas, quartas e sextas-feiras:

a) das 7h (sete horas) às 7h07 (sete horas e sete minutos) e das 12h (doze horas) às 12h07 (doze horas e sete minutos), no rádio;

b) das 13h (treze horas) às 13h07 (treze horas e sete minutos) e das 20h30 (vinte horas e trinta minutos) às 20h37 (vinte horas e trinta e sete minutos), na televisão.

II - nas eleições para Deputado Estadual e Deputado Distrital, às segundas, quartas e sextas-feiras:

a) das 7h07 (sete horas e sete minutos) às 7h16 (sete horas e dezesseis minutos) e das 12h07 (doze horas e sete minutos) às 12h16 (doze horas e dezesseis minutos), no rádio;

b) das 13h07 (treze horas e sete minutos) às 13h16 (treze horas e dezesseis minutos) e das 20h37 (vinte horas e trinta e sete minutos) às 20h46 (vinte horas e quarenta e seis minutos), na televisão.

III - na eleição para Governador de Estado e do Distrito Federal, às segundas, quartas e sextas-feiras:

a) das 7h16 (sete horas e dezesseis minutos) às 7h25 (sete horas e vinte e cinco minutos) e das 12h16 (doze horas e dezesseis minutos) às 12h25 (doze horas e vinte e cinco minutos), no rádio;

b) das 13h16 (treze horas e dezesseis minutos) às 13h25 (treze horas e vinte e cinco minutos) e das 20h46 (vinte horas e quarenta e seis minutos) às 20h55 (vinte horas e cinquenta e cinco minutos), na televisão.

Art. 46. No mesmo período reservado à propaganda eleitoral em rede, as emissoras de rádio e de televisão indicadas no § 1º do art. 42 reservarão, ainda, de segunda-feira a domingo, 70 (setenta) minutos diários para a propaganda eleitoral gratuita em inserções de 30 (trinta) e 60 (sessenta) segundos, a critério do respectivo partido político ou coligação, assinadas obrigatoriamente pelo partido político ou coligação, e distribuídas, ao longo da programação veiculada entre as 5 (cinco) e as 24h (vinte e quatro horas), observados os critérios de proporcionalidade do art. 43, obedecido o seguinte (Lei nº 9.504/1997, art. 51):

I - o tempo será dividido em partes iguais para a utilização nas campanhas dos candidatos às eleições majoritárias e proporcionais, bem como de suas legendas partidárias ou das que componham a coligação, quando for o caso;

II - a distribuição levará em conta os seguintes blocos de audiência:

a) entre as 5 (cinco) e as 11h (onze horas);

b) entre as 11 (onze) e as 18h (dezoito horas);

c) entre as 18 (dezoito) e 24h (vinte e quatro horas).

§ 1º É vedada a veiculação de inserções idênticas no mesmo intervalo de programação, exceto se o número de inserções de que dispuser o partido político exceder os intervalos disponíveis ou se o material apresentado pelo partido político impossibilitar a veiculação nos termos estabelecidos neste parágrafo, sendo vedada, em qualquer caso, a transmissão em sequência para o mesmo partido político (Lei nº 9.504/1997, art. 51, § 1º).

§ 2º A distribuição das inserções dentro da grade de programação deverá ser feita de modo uniforme e com espaçamento equilibrado.

§ 3º Os partidos políticos e as coligações poderão optar por agrupar as inserções de 30 (trinta) segundos em módulos de 60 (sessenta) segundos dentro de um mesmo bloco, observados os prazos estabelecidos nos arts. 56, III, e 58, § 4º, desta resolução.

Art. 47. No período de 15 a 24 de agosto do ano da eleição, a Justiça Eleitoral deve convocar os partidos políticos e a representação das emissoras de rádio e de televisão para elaborar plano de mídia, nos termos do art. 46, para uso da parcela do horário eleitoral gratuito a que tenham direito, garantida a todos a participação nos horários de maior e de menor audiência (Lei nº 9.504/1997, art. 52).

§ 1º Na mesma ocasião referida no *caput*, deve ser efetuado sorteio para a escolha da ordem de veiculação da propaganda em rede de cada partido político ou coligação para o primeiro dia do horário eleitoral gratuito (Lei nº 9.504/1997, art. 50).

§ 2º A Justiça Eleitoral, os partidos políticos e as emissoras poderão utilizar o Sistema de Horário Eleitoral desenvolvido pelo Tribunal Superior Eleitoral para elaborar o plano de mídia a que se refere o *caput*.

§ 3º Nas eleições para os cargos de Prefeito, Vice-Prefeito e Vereador, nos Municípios em que não haja emissora de rádio e de televisão, a Justiça Eleitoral garantirá aos partidos políticos participantes do pleito a veiculação de propaganda eleitoral gratuita nas localidades aptas à realização de segundo turno de eleições e nas quais seja operacionalmente viável realizar a retransmissão (Lei nº 9.504/1997, art. 48).

Art. 48. Os órgãos da Justiça Eleitoral distribuirão os horários reservados à propaganda de cada eleição entre os partidos políticos e as coligações que tenham candidato, observados os seguintes critérios, tanto para distribuição em rede quanto para inserções (Lei nº 9.504/1997, art. 47, § 2º e art. 51):

I - 90% (noventa por cento) distribuídos proporcionalmente ao número de representantes na Câmara dos Deputados, considerando, no caso de coligações para as eleições:

a) majoritárias, o resultado da soma do número de representantes dos seis maiores partidos políticos que a integrem;

b) proporcionais, o resultado da soma do número de representantes de todos os partidos políticos que a integrem.

II - 10% (dez por cento) distribuídos igualitariamente.

§ 1º Para efeito do disposto neste artigo, serão consideradas as eventuais novas totalizações do resultado das últimas eleições para a Câmara dos Deputados que ocorrerem até o dia 20 de julho do ano da eleição (Lei nº 9.504/1997, art. 47, § 3º).

§ 2º O número de representantes de partido político que tenha resultado de fusão ou a que se tenha incorporado outro corresponde à soma das vagas obtidas pelo partido político de origem na eleição, observado o § 1º deste artigo (Lei nº 9.504/1997, art. 47, § 4º).

§ 3º Para efeito do disposto neste artigo, serão desconsideradas as mudanças de filiação partidária, ressalvada a hipótese de criação de nova legenda, quando prevalecerá a representatividade política conferida aos parlamentares que migraram diretamente dos partidos políticos pelos quais foram eleitos para o novo partido político, no momento de sua criação (Lei nº 9.504/1997, art. 47, § 3º; STF ADI nº 4.430/DF, DJE de 19/9/2013, e ADI nº 5.105/DF, 1º/10/2015).

§ 4º A ressalva constante do § 3º deste artigo não se aplica no caso de o parlamentar que migrou para formação do novo partido político não estar a ele filiado no momento da convenção para escolha dos candidatos, hipótese na qual a representatividade política será computada para o partido político pelo qual o parlamentar foi originariamente eleito.

§ 5º Aos partidos políticos e às coligações que, após a aplicação dos critérios de distribuição referidos neste artigo, obtiverem direito a parcela do horário eleitoral em rede inferior a 30 (trinta) segundos, será assegurado o direito de acumulá-lo para uso em tempo equivalente (Lei nº 9.504/1997, art. 47, § 6º).

§ 6º Na distribuição do tempo para o horário eleitoral gratuito em rede, as sobras e os excessos devem ser compensados entre os partidos políticos e as coligações concorrentes, respeitando-se o horário reservado para a propaganda eleitoral gratuita.

§ 7º Depois de sorteada a ordem de veiculação da propaganda em rede para o primeiro dia, a cada dia que se seguir, o partido político ou coligação que veiculou sua propaganda em último lugar será o primeiro a apresentá-la no dia seguinte, apresentando-se as demais na ordem do sorteio (Lei nº 9.504/1997, art. 50).

Art. 49. Se o candidato à eleição majoritária deixar de concorrer, em qualquer etapa do pleito, e não havendo substituição, será feita nova distribuição do tempo entre os candidatos remanescentes (Lei nº 9.504/1997, art. 47, § 5º).

Art. 50. Nas eleições proporcionais, se um partido político ou uma coligação deixar de concorrer definitivamente em qualquer etapa do pleito, será feita nova distribuição do tempo entre os remanescentes.

Art. 51. O candidato cujo pedido de registro esteja sub judice ou que, protocolado no prazo legal, ainda não tenha sido apreciado pela Justiça Eleitoral, poderá participar do horário eleitoral gratuito (Lei nº 9.504/1997, arts. 16-A e 16-B).

Art. 52. Na hipótese de dissidência partidária, o órgão da Justiça Eleitoral competente para julgar o registro do candidato decidirá qual dos envolvidos poderá participar da distribuição do horário eleitoral gratuito.

Art. 53. Se houver segundo turno, as emissoras de rádio e de televisão reservarão, a partir da sexta-feira seguinte à realização do primeiro turno e até a antevéspera da eleição, horário destinado à divulgação da propaganda eleitoral gratuita em rede, da seguinte forma (Lei nº 9.504/1997, art. 49, *caput* e § 1º):

I - onde houver eleição para Presidente da República e Governador, diariamente, de segunda-feira a sábado:

a) das 7h (sete horas) às 7h10 (sete horas e dez minutos), e das 12h (doze horas) às 12h10 (doze horas e dez minutos) para Presidente, no rádio;

b) das 7h10 (sete horas e dez minutos) às 7h20 (sete horas e vinte minutos), e das 12h10 (doze horas e dez minutos) às 12h20 (doze horas e vinte minutos) para Governador, no rádio;

c) das 13h (treze horas) às 13h10 (treze horas e dez minutos), e das 20h30 (vinte horas e trinta minutos) às 20h40 (vinte horas e quarenta minutos) para Presidente, na televisão;

d) das 13h10 (treze horas e dez minutos) às 13h20 (treze horas e vinte minutos), e das 20h40 (vinte horas e quarenta minutos) às 20h50 (vinte horas e cinquenta) minutos para Governador, na televisão.

II - onde houver eleição apenas para um dos cargos, diariamente, de segunda-feira a sábado:

a) das 7h (sete horas) às 7h10 (sete horas e dez minutos), no rádio;

b) das 13h (treze horas) às 13h10 (treze horas e dez minutos), na televisão.

Art. 54. Durante o período previsto no art. 53, onde houver segundo turno, as emissoras de rádio e de televisão e os canais de televisão por assinatura reservarão, por cada cargo em disputa, 25 (vinte e cinco) minutos, de segunda-feira a domingo, para serem usados em inserções de 30 (trinta) e de 60 (sessenta) segundos, observado o § 1º do art. 46 e levando-se em conta os seguintes blocos de audiência (Lei 9.504/1997, art. 51 § 2º):

a) entre as 5 (cinco) e as 11h (onze horas);

b) entre as 11 (onze) e as 18h (dezoito horas);

c) entre as 18 (dezoito) e as 24h (vinte e quatro horas).

Art. 55. Se houver segundo turno, a Justiça Eleitoral elaborará nova distribuição de horário eleitoral, observado o seguinte:

a) para a grade de exibição das inserções, a veiculação inicia-se pelo candidato mais votado no primeiro turno, com a alternância da ordem a cada programa ou veiculação de inserção;

b) o tempo de propaganda em rede e em inserções será dividido igualitariamente entre os partidos políticos ou as coligações dos dois candidatos que disputam o segundo turno.

Art. 56. No plano de mídia que de trata o art. 47, será observado o seguinte:

I - as emissoras deverão organizar-se e informar à Justiça Eleitoral e aos partidos políticos e coligações quais serão os períodos e as emissoras responsáveis pela geração da propaganda, ou se adotarão a formação de pool de emissoras, nos termos do art. 57;

II - caso não haja acordo entre as emissoras, o tribunal eleitoral dividirá o período da propaganda pela quantidade de emissoras disponíveis e atribuirá, por sorteio, a responsabilidade pela geração da propaganda durante os períodos resultantes;

III - os partidos políticos e as coligações que optarem por agrupar inserções dentro do mesmo bloco de exibição deverão comunicar essa intenção às emissoras com a antecedência mínima de 48 (quarenta e oito) horas, a fim de que elas possam efetuar as alterações necessárias em sua grade de programação.

Art. 57. Nas Unidades da Federação em que a veiculação da propaganda eleitoral for realizada por mais de uma emissora de rádio ou de televisão, as emissoras geradoras poderão reunir-se em grupo único, o qual ficará encarregado do recebimento das mídias que contêm a propaganda eleitoral e será responsável pela geração do sinal que deverá ser retransmitido por todas as emissoras.

§ 1º Na hipótese de formação de grupo único, a Justiça Eleitoral, de acordo com a disponibilidade existente, poderá designar local para o funcionamento de posto de atendimento.

§ 2º Até o dia 30 de agosto do ano da eleição, as emissoras distribuirão, entre si, as atribuições relativas ao fornecimento de equipamentos e mão de obra especializada para a geração da propaganda eleitoral, bem como definirão:

I - a forma de veiculação de sinal único de propaganda;

II - a forma pela qual todas as emissoras deverão captar e retransmitir o sinal.

Art. 58. Independentemente do meio de geração, os partidos políticos e as coligações deverão apresentar mapas de mídia diários ou periódicos às emissoras, em formulário constante no Anexo III desta resolução, observados os seguintes requisitos:

I - nome do partido político ou da coligação;

II - título ou número do filme a ser veiculado;

III - duração do filme;

IV - dias e faixas de veiculação;

V - nome e assinatura de pessoa credenciada pelos partidos políticos e pelas coligações para a entrega das mídias com os programas que serão veiculados, nos termos dos §§ 1º e 2º deste artigo.

§ 1º Os partidos políticos e as coligações deverão indicar ao grupo de emissoras ou à emissora responsável pela geração, até o dia 30 de agosto do ano da eleição, as pessoas autorizadas a entregar os mapas e as mídias, comunicando eventual substituição com 24 (vinte e quatro) horas de antecedência mínima.

§ 2º O credenciamento de pessoas autorizadas a entregar os mapas e as mídias obedecerá ao modelo estabelecido na forma do Anexo I e deverá ser assinado por representante ou por advogado do partido político ou da coligação.

§ 3º Sem prejuízo do prazo para a entrega das mídias, os mapas de mídia deverão ser apresentados ao grupo de emissoras ou à emissora responsável pela geração do sinal de televisão até as 14h (quatorze horas) da véspera de sua veiculação.

§ 4º Para as transmissões previstas para sábados, domingos e segundas-feiras, os mapas deverão ser apresentados ao grupo de emissoras ou à emissora responsável pela geração até as 14h (quatorze horas) da sexta-feira imediatamente anterior; e para as transmissões previstas para os feriados, até as 14h (quatorze horas) do dia útil anterior.

§ 5º O grupo de emissoras ou a emissora responsável pela geração ficam eximidas de responsabilidade decorrente de transmissão de programa em desacordo com os mapas de mídia apresentados, quando não observado o prazo estabelecido nos §§ 3º e 4º.

§ 6º O grupo de emissoras e a emissora responsável pela geração estarão desobrigadas do recebimento de mapas de mídia e mídias que não forem encaminhados pelas pessoas credenciadas.

§ 7º O grupo de emissoras e as emissoras responsáveis pela geração deverão fornecer à Justiça Eleitoral, aos partidos políticos e às coligações, por meio do formulário estabelecido no Anexo II, seus telefones, endereços inclusive eletrônico e nomes das pessoas responsáveis pelo recebimento de mapas e de mídias, até o dia 30 de agosto do ano da eleição.

§ 8º Aplicam-se às emissoras de rádio as disciplinas deste artigo, exceto no que se referir às eleições para os cargos de Presidente e Vice-Presidente da República.

§ 9º As emissoras de rádio estão obrigadas a transmitir as inserções da propaganda eleitoral para os cargos de Presidente e Vice- Presidente da República, exclusivamente, com base nos mapas de mídias disponibilizados na página do TSE na internet, observado, no que couber, o disposto nos §§ 1º, 2º, 6º e 7º deste artigo.

§ 10. Para o cumprimento da obrigação prevista no § 9º deste artigo, os partidos políticos e as coligações deverão apresentar os mapas de mídias no TSE, com 40 (quarenta) horas de antecedência da veiculação da inserção, observando o prazo de apresentação dos mapas no TSE até as 22h (vinte e duas horas) da quinta-feira imediatamente anterior, para as transmissões previstas para sábados, domingos e segundas-feiras.

§ 11. Na hipótese de o grupo de emissoras ou emissoras responsáveis pela geração não fornecerem os dados de que trata o § 7º, as entregas dos mapas de mídia e das mídias com as gravações da propaganda eleitoral serão consideradas como válidas se enviadas ou entregues na portaria da sede da emissora ou enviadas por qualquer outro meio de comunicação disponível pela emissora, que arcará com a responsabilidade por eventual omissão ou desacerto na geração da propaganda eleitoral.

Art. 59. As mídias com as gravações da propaganda eleitoral no rádio e na televisão serão entregues ou encaminhadas ao grupo de emissoras ou à emissora responsável pela geração, inclusive nos sábados, domingos e feriados, com a antecedência mínima (Lei nº 9.504/1997, art. 47, § 8º):

I - de 6 (seis) horas do horário previsto para o início da transmissão, no caso dos programas em rede;

II - de 12 (doze) horas do horário previsto para o início da transmissão, no caso das inserções.

Parágrafo único. Por ocasião da elaboração do plano de mídia, as emissoras, os partidos políticos e as coligações poderão acordar outros prazos, sob a supervisão do tribunal eleitoral competente.

Art. 60. As mídias apresentadas deverão ser individuais, delas constando apenas uma peça de propaganda eleitoral, seja ela destinada à propaganda em rede (bloco) ou à modalidade de inserções, e deverão ser gravadas e apresentadas em meio de armazenamento compatível com as condições técnicas da emissora geradora.

§ 1º As emissoras deverão informar, por ocasião da realização da reunião do plano de mídia, os tipos compatíveis de armazenamento aos partidos políticos ou coligações para veiculação da propaganda.

§ 2º Em cada mídia, o partido político ou a coligação deverá incluir a claquete, da qual deverão estar registradas as informações constantes nos incisos I a IV do *caput* do art. 58, que servirão para controle interno da emissora, não devendo ser veiculadas ou computadas no tempo reservado para o programa eleitoral.

Art. 61. As mídias serão entregues fisicamente ou encaminhadas eletronicamente às emissoras, conforme deliberado na reunião para elaboração do plano de mídia, acompanhadas do formulário estabelecido no Anexo IV.

§ 1º As mídias deverão estar identificadas inequivocamente, de modo que seja possível associá-las às informações constantes no formulário de entrega e na claquete gravada.

§ 2º No momento do recebimento físico das mídias e na presença do representante credenciado do partido político ou da coligação, será efetuada a conferência da qualidade da mídia e da duração do programa, e, constatada a perfeição técnica do material, o formulário de entrega será protocolado, devendo permanecer uma via no local e a outra ser devolvida à pessoa autorizada.

§ 3º Caso as mídias sejam entregues fisicamente, o formulário deverá constar de duas vias, sendo uma para recibo, e, caso enviadas eletronicamente, a emissora deverá confirmar o recebimento pelo mesmo meio eletrônico.

§ 4º Verificada incompatibilidade, erro ou defeito na mídia ou inadequação dos dados com a descrição constante no formulário de entrega, o material será devolvido ao portador com o registro das razões da recusa nas duas vias do formulário de entrega ou no meio eletrônico disponível.

Art. 62. Se o partido político ou a coligação desejar substituir uma propaganda por outra anteriormente encaminhada, deverá indicar, com destaque, a substituição da mídia, além de respeitar o prazo de entrega do material.

Art. 63. Caso o partido político ou a coligação não entregue, na forma e no prazo previstos, a mídia que contém o programa ou inserção a ser veiculado, ou esta não apresente condições técnicas para a sua veiculação, o último programa ou inserção entregue deverá ser retransmitido no horário reservado ao respectivo partido político ou coligação.

§ 1º Se nenhum programa tiver sido entregue, será levada ao ar apenas a informação de que tal horário está reservado para a propaganda eleitoral do respectivo partido político ou coligação.

§ 2º Na propaganda em bloco, as emissoras deverão cortar de sua parte final o que ultrapassar o tempo atribuído ao partido político ou à coligação e, caso a duração seja insuficiente, o tempo será completado pela emissora geradora com a veiculação dos seguintes dizeres: «Horário reservado à propaganda eleitoral gratuita Lei nº 9.504/1997».

§ 3º Na propaganda em inserções, caso a duração ultrapasse o tempo destinado e estabelecido no plano de mídia, o corte do excesso será realizado na parte final da propaganda.

§ 4º Na hipótese de algum partido político ou coligação não entregar o mapa de mídia indicando qual inserção deverá ser veiculada em determinado horário, as emissoras poderão transmitir qualquer inserção anteriormente entregue que não tenha sido obstada por ordem judicial.

Art. 64. As gravações da propaganda eleitoral deverão ser conservadas pelo prazo de 20 (vinte) dias depois de transmitidas pelas emissoras de até 1 kWh (um quilowatt) e pelo prazo de 30 (trinta) dias pelas demais (Lei nº 4.117/1962, art. 71, § 3º, com alterações do Decreto-Lei nº 236, de 28 de fevereiro de 1967).

Parágrafo único. Durante os períodos mencionados no *caput*, as gravações ficarão no arquivo da emissora, mas à disposição da Justiça Eleitoral, para servir como prova sempre que requerido.

Art. 65. Não serão admitidos cortes instantâneos ou qualquer tipo de censura prévia nos programas eleitorais gratuitos (Lei nº 9.504/1997, art. 53, *caput*).

§ 1º É vedada a veiculação de propaganda que possa degradar ou ridicularizar candidatos, sujeitando-se o partido político ou a coligação que cometeu infração à perda do direito à veiculação de propaganda no horário eleitoral gratuito do dia seguinte ao da decisão (Lei nº 9.504/1997, arts. 51, inciso IV, e 53, § 1º).

Art. 65

§ 2º Sem prejuízo do disposto no § 1º, a requerimento de partido político, de coligação ou de candidato, a Justiça Eleitoral impedirá a reapresentação de propaganda eleitoral gratuita ofensiva à honra de candidato, à moral e aos bons costumes (Lei nº 9.504/1997, art. 53, § 2º).

§ 3º A reiteração de conduta que já tenha sido punida pela Justiça Eleitoral poderá ensejar a suspensão temporária da participação do partido político ou da coligação no programa eleitoral gratuito.

Art. 66. É vedado aos partidos políticos e às coligações incluir no horário destinado aos candidatos às eleições proporcionais propaganda das candidaturas a eleições majoritárias ou vice-versa, ressalvada a utilização, durante a exibição do programa, de legendas com referência aos candidatos majoritários, ou, ao fundo, de cartazes ou fotografias desses candidatos, ficando autorizada a menção ao nome e ao número de qualquer candidato do partido político ou da coligação (Lei nº 9.504/1997, art. 53-A, *caput* e § 2º).

§ 1º É facultada a inserção de depoimento de candidatos a eleições proporcionais no horário da propaganda das candidaturas majoritárias e vice-versa, registrados sob o mesmo partido político ou coligação, desde que o depoimento consista exclusivamente em pedido de voto ao candidato que cedeu o tempo e não exceda 25% (vinte e cinco por cento) do tempo de cada programa ou inserção (Lei nº 9.504/1997, arts. 53-A, § 1º, e 54).

§ 2º O partido político ou a coligação que não observar a regra constante neste artigo perderá, em seu horário de propaganda gratuita, tempo equivalente no horário reservado à propaganda da eleição disputada pelo candidato beneficiado (Lei nº 9.504/1997, art. 53-A, § 3º).

Art. 67. Nos programas e inserções de rádio e de televisão destinados à propaganda eleitoral gratuita de cada partido político ou coligação só poderão aparecer, em gravações internas e externas, observado o disposto no § 2º, candidatos, caracteres com propostas, fotos, jingles, clipes com música ou vinhetas, inclusive de passagem, com indicação do número do candidato ou do partido político, bem como de seus apoiadores, inclusive os candidatos de que trata o § 1º do art. 66, que poderão dispor de até 25% (vinte e cinco por cento) do tempo de cada programa ou inserção, sendo vedadas montagens, trucagens, computação gráfica, desenhos animados e efeitos especiais (Lei nº 9.504/1997, art. 54).

§ 1º No segundo turno das eleições, não será permitida, nos programas de que trata este artigo, a participação de filiados a partidos políticos que tenham formalizado o apoio a outros candidatos (Lei nº 9.504/1997, art. 54, § 1º).

§ 2º Será permitida a veiculação de entrevistas com o candidato e de cenas externas nas quais ele, pessoalmente, exponha (Lei nº 9.504/1997, art. 54, § 2º):

I - realizações de governo ou da administração pública;

II - falhas administrativas e deficiências verificadas em obras e serviços públicos em geral;

III - atos parlamentares e debates legislativos.

Art. 68. Na propaganda eleitoral gratuita, é vedado ao partido político, à coligação ou ao candidato, transmitir, ainda que sob a forma de entrevista jornalística, imagens de realização de pesquisa ou qualquer outro tipo de consulta popular de natureza eleitoral em que seja possível identificar o entrevistado ou em que haja manipulação de dados, assim como usar trucagem, montagem ou outro recurso de áudio ou de vídeo que, de qualquer forma, degradem ou ridicularizem candidato, partido político ou coligação, ou produzir ou veicular programa com esse efeito (Lei nº 9.504/1997, art. 55, *caput*, c.c. o art. 45, *caput* e incisos I e II).

Parágrafo único. A inobservância do disposto neste artigo sujeita o partido político ou a coligação à perda de tempo equivalente ao dobro do usado na prática do ilícito, no período do horário gratuito subsequente, dobrada a cada reincidência, devendo o tempo correspondente ser veiculado após o programa dos demais candidatos com a informação de que a não veiculação do programa resulta de infração da lei eleitoral (Lei nº 9.504/1997, art. 55, parágrafo único).

Art. 69. Durante toda a transmissão pela televisão, em bloco ou em inserções, a propaganda deverá ser identificada pela legenda "Propaganda Eleitoral Gratuita".

Parágrafo único. A identificação de que trata o *caput* é de responsabilidade dos partidos políticos e das coligações.

Art. 70. Competirá aos partidos políticos e às coligações distribuir entre os candidatos registrados os horários que lhes forem destinados pela Justiça Eleitoral.

Art. 71. Na divulgação de pesquisas no horário eleitoral gratuito, devem ser informados, com clareza, o período de sua realização e a margem de erro, não sendo obrigatória a menção aos concorrentes, desde que o modo de apresentação dos resultados não induza o eleitor a erro quanto ao desempenho do candidato em relação aos demais.

Art. 72. As emissoras deverão, até o dia da reunião de que trata o art. 47, independentemente de intimação, indicar expressamente aos tribunais eleitorais os seus respectivos endereços, incluindo o eletrônico, ou um número de telefone que disponha de aplicativo de mensagens instantâneas, pelos quais receberão ofícios, intimações ou citações; deverão, ainda, indicar o nome de representante ou de procurador com poderes para representar a empresa e, em seu nome, receber citações pessoais.

Parágrafo único. Na hipótese de a emissora não atender ao disposto neste artigo, os ofícios, as intimações e as citações encaminhados pela Justiça Eleitoral serão considerados como válidos no momento de sua entrega na portaria da sede da emissora ou quando encaminhados para qualquer forma de comunicação da emissora que permita constatar o recebimento.

Art. 73. As emissoras que sejam obrigadas por lei a transmitir a propaganda eleitoral não poderão deixar de fazê-lo sob a alegação de desconhecer as informações relativas à captação do sinal e à veiculação da propaganda eleitoral.

§ 1º As emissoras não poderão deixar de exibir a propaganda eleitoral, salvo se o partido político ou a coligação deixar de entregar ao grupo de emissoras ou à emissora geradora a respectiva mídia, hipótese na qual deverá ser reexibida a propaganda anterior ou veiculado o aviso previsto nesta resolução.

§ 2º Não sendo transmitida a propaganda eleitoral, o tribunal eleitoral competente, a requerimento dos partidos políticos, das coligações, dos candidatos ou do Ministério Público, poderá determinar a intimação pessoal dos representantes da emissora para que obedeçam, imediatamente, às disposições legais vigentes e transmitam a propaganda eleitoral gratuita, sem prejuízo do ajuizamento da ação cabível para a apuração de responsabilidade ou de eventual abuso, a qual, observados o contraditório e a ampla defesa, será decidida, com a aplicação das devidas sanções.

§ 3º Constatado, na hipótese prevista no § 2º, que houve a divulgação da propaganda eleitoral de apenas um ou de alguns partidos políticos ou coligações, o tribunal eleitoral poderá determinar a exibição da propaganda eleitoral dos partidos políticos ou coligações preteridos no horário da programação normal da emissora, imediatamente posterior ao reservado para a propaganda eleitoral, arcando a emissora com os custos de tal exibição.

§ 4º Verificada a exibição da propaganda eleitoral com falha técnica relevante atribuída à emissora, que comprometa a sua compreensão, o tribunal eleitoral determinará as providências necessárias para que o fato não se repita e, se for o caso, determinará nova exibição da propaganda nos termos do § 3º.

§ 5º Erros técnicos na geração da propaganda eleitoral não excluirão a responsabilidade das emissoras que não estavam encarregadas da geração por eventual retransmissão que venha a ser determinada pela Justiça Eleitoral.

Art. 74. A requerimento do Ministério Público, de partido político, de coligação ou de candidato, a Justiça Eleitoral poderá determinar a suspensão, por 24 (vinte e quatro) horas, da programação normal de emissora que deixar de cumprir as disposições desta resolução (Lei nº 9.504/1997, art. 56; e Constituição Federal, art. 127).

§ 1º No período de suspensão a que se refere este artigo, a Justiça Eleitoral veiculará mensagem de orientação ao eleitor, intercalada, a cada 15 (quinze) minutos (Lei nº 9.504/1997, art. 56, § 1º).

§ 2º Em cada reiteração de conduta, o período de suspensão será duplicado.

Art. 75. O disposto no § 3º do art. 17 da Constituição Federal quanto ao acesso dos partidos políticos aos recursos do Fundo Partidário e à propaganda gratuita no rádio e na televisão aplicar-se-á a partir das eleições de 2030.

CAPÍTULO VIII
DAS PERMISSÕES E VEDAÇÕES NO DIA DA ELEIÇÃO

Art. 76. É permitida, no dia das eleições, a manifestação individual e silenciosa da preferência do eleitor por partido político, coligação ou candidato, revelada exclusivamente pelo uso de bandeiras, broches, dísticos e adesivos (Lei nº 9.504/1997, art. 39- A, *caput*).

§ 1º São vedados, no dia do pleito, até o término do horário de votação, a aglomeração de pessoas portando vestuário padronizado e os instrumentos de propaganda referidos no *caput*, de modo a caracterizar manifestação coletiva, com ou sem utilização de veículos (Lei nº 9.504/1997, art. 39-A, § 1º).

§ 2º No recinto das seções eleitorais e juntas apuradoras, é proibido aos servidores da Justiça Eleitoral, aos mesários e aos escrutinadores o uso de vestuário ou objeto que contenha qualquer propaganda de partido político, de coligação ou de candidato (Lei nº 9.504/1997, art. 39-A, § 2º).

§ 3º Aos fiscais partidários, nos trabalhos de votação, só é permitido que, de seus crachás, constem o nome e a sigla do partido político ou da coligação a que sirvam, vedada a padronização do vestuário (Lei nº 9.504/1997, art. 39-A, § 3º).

§ 4º No dia da eleição, serão afixadas cópias deste artigo em lugares visíveis nas partes interna e externa das seções eleitorais (Lei nº 9.504/1997, art. 39-A, § 4º).

§ 5º A violação dos §§ 1º a 3º configurará divulgação de propaganda, nos termos do inciso III do § 5º do art. 39 da Lei nº 9.504/1997.

CAPÍTULO IX
DAS CONDUTAS VEDADAS AOS AGENTES PÚBLICOS EM CAMPANHA ELEITORAL

Art. 77. São proibidas aos agentes públicos, servidores ou não, as seguintes condutas tendentes a afetar a igualdade de oportunidades entre candidatos nos pleitos eleitorais (Lei nº 9.504/1997, art. 73, incisos I a VIII):

I - ceder ou usar, em benefício de candidato, de partido político ou de coligação, bens móveis ou imóveis pertencentes à administração direta ou indireta da União, dos Estados, do Distrito Federal, dos Territórios e dos Municípios, ressalvada a realização de convenção partidária;

II - usar materiais ou serviços, custeados pelos governos ou casas legislativas, que excedam as prerrogativas consignadas nos regimentos e nas normas dos órgãos que integram;

III - ceder servidor público ou empregado da administração direta ou indireta federal, estadual ou municipal do Poder Executivo, ou usar de seus serviços para comitês de campanha eleitoral de candidato, de partido político ou de coligação durante o horário de expediente normal, salvo se o servidor ou o empregado estiver licenciado;

IV - fazer ou permitir uso promocional em favor de candidato, de partido político ou de coligação, de distribuição gratuita de bens e serviços de caráter social custeados ou subvencionados pelo poder público;

V - nomear, contratar ou de qualquer forma admitir, demitir sem justa causa, suprimir ou readaptar vantagens ou por outros meios dificultar ou impedir o exercício funcional e, ainda, ex officio, remover, transferir ou exonerar servidor público, na circunscrição do pleito, nos 3 (três) meses que antecedem a eleição até a posse dos eleitos, sob pena de nulidade de pleno direito, ressalvadas:

a) a nomeação ou exoneração de cargos em comissão e designação ou dispensa de funções de confiança;

b) a nomeação para cargos do Poder Judiciário, do Ministério Público, dos tribunais ou conselhos de contas e dos órgãos da Presidência da República;

c) a nomeação dos aprovados em concursos públicos homologados até o início daquele prazo;

d) a nomeação ou contratação necessária à instalação ou ao funcionamento inadiável de serviços públicos essenciais, com prévia e expressa autorização do Chefe do Poder Executivo;

e) a transferência ou a remoção ex officio de militares, de policiais civis e de agentes penitenciários.

VI - nos 3 (três) meses que antecedem a eleição até a sua realização:

a) realizar transferência voluntária de recursos da União aos Estados e Municípios, e dos Estados aos Municípios, sob pena

Art. 77

de nulidade de pleno direito, ressalvados os recursos destinados a cumprir obrigação formal preexistente para a execução de obra ou serviço em andamento e com cronograma prefixado, e os destinados a atender situações de emergência e de calamidade pública;

b) com exceção da propaganda de produtos e serviços que tenham concorrência no mercado, autorizar publicidade institucional de atos, programas, obras, serviços e campanhas dos órgãos públicos ou das respectivas entidades da administração indireta, salvo em caso de grave e urgente necessidade pública, assim reconhecida pela Justiça Eleitoral;

c) fazer pronunciamento em cadeia de rádio e de televisão fora do horário eleitoral gratuito, salvo quando, a critério da Justiça Eleitoral, tratar-se de matéria urgente, relevante e característica das funções de governo.

VII - realizar, no primeiro semestre do ano da eleição, despesas com publicidade dos órgãos públicos ou das respectivas entidades da administração indireta que excedam a média dos gastos no primeiro semestre dos 3 (três) últimos anos que antecedem o pleito;

VIII - fazer, na circunscrição do pleito, revisão geral da remuneração dos servidores públicos que exceda a recomposição da perda de seu poder aquisitivo ao longo do ano da eleição, nos 180 (cento e oitenta) dias que antecedem a eleição até a posse dos eleitos.

§ 1º Reputa-se agente público, para os efeitos deste artigo, quem exerce, ainda que transitoriamente ou sem remuneração, por eleição, nomeação, designação, contratação ou qualquer outra forma de investidura ou vínculo, mandato, cargo, emprego ou função nos órgãos ou entidades da administração pública direta, indireta ou fundacional (Lei nº 9.504/1997, art. 73, § 1º).

§ 2º A vedação do inciso I deste artigo não se aplica ao uso, em campanha, de transporte oficial pelo Presidente da República, obedecido o disposto no art. 117 desta resolução, nem ao uso, em campanha, pelos candidatos à reeleição aos cargos de Presidente e Vice-Presidente da República, de Governador e Vice-Governador de Estado e do Distrito Federal, de Prefeito e de Vice-Prefeito, de suas residências oficiais, com os serviços inerentes à sua utilização normal, para realização de contatos, encontros e reuniões pertinentes à própria campanha, desde que não tenham caráter de ato público (Lei nº 9.504/1997, art. 73, § 2º).

§ 3º As vedações do inciso VI, alíneas b e c, aplicam-se apenas aos agentes públicos das esferas administrativas cujos cargos estejam em disputa na eleição (Lei nº 9.504/1997, art. 73, § 3º).

§ 4º O descumprimento do disposto neste artigo acarretará a suspensão imediata da conduta vedada, quando for o caso, e sujeitará os agentes responsáveis a multa no valor de R$ 5.320,50 (cinco mil, trezentos e vinte reais e cinquenta centavos) a R$ 106.410,00 (cento e seis mil, quatrocentos e dez reais), sem prejuízo de outras sanções de caráter constitucional, administrativo ou disciplinar fixadas pelas demais leis vigentes (Lei nº 9.504/1997, art. 73, § 4º, c.c. o art. 78).

§ 5º Nos casos de descumprimento dos incisos do caput e do § 10 do art. 73 da Lei nº 9.504/1997, sem prejuízo do disposto no § 4º deste artigo, o candidato beneficiado, agente público ou não, ficará sujeito à cassação do registro ou do diploma, sem prejuízo de outras sanções de caráter constitucional, administrativo ou disciplinar fixadas pelas demais leis vigentes (Lei nº 9.504/1997, art. 73, § 5º, c.c. o art. 78).

§ 6º As multas de que trata este artigo serão duplicadas a cada reincidência (Lei nº 9.504/1997, art. 73, § 6º).

§ 7º As condutas enumeradas no caput caracterizam ainda atos de improbidade administrativa, a que se refere o art. 11, inciso I, da Lei nº 8.429/1992, e sujeitam-se às disposições daquele diploma legal, em especial às cominações do art. 12, inciso III (Lei nº 9.504/1997, art. 73, § 7º).

§ 8º Aplicam-se as sanções do § 4º aos agentes públicos responsáveis pelas condutas vedadas e aos partidos políticos, às coligações e aos candidatos que delas se beneficiarem (Lei nº 9.504/1997, art. 73, § 8º).

§ 9º No ano em que se realizar eleição, fica proibida a distribuição gratuita de bens, valores ou benefícios por parte da administração pública, exceto nos casos de calamidade pública, de estado de emergência ou de programas sociais autorizados em lei e já em execução orçamentária no exercício anterior, casos em que o Ministério Público poderá promover o acompanhamento de sua execução financeira e administrativa (Lei nº 9.504/1997, art. 73, § 10).

§ 10. Nos anos eleitorais, os programas sociais de que trata o § 9º não poderão ser executados por entidade nominalmente vinculada a candidato ou por esse mantida (Lei nº 9.504/1997, art. 73, § 11).

§ 11. Para a caracterização da reincidência de que trata o § 6º, não é necessário o trânsito em julgado de decisão que tenha reconhecido a prática de conduta vedada, bastando existir ciência da sentença ou do acórdão que tenha reconhecido a ilegalidade da conduta.

§ 12. Na hipótese da conduta do inciso VI, alínea b, a suspensão da publicidade institucional realizada em rede social na internet não implicará a remoção da conta responsável pela postagem do conteúdo (Lei nº 9.504/1997, art. 57-J).

Art. 78. A publicidade dos atos, programas, obras, serviços e campanhas dos órgãos públicos deverá ter caráter educativo, informativo ou de orientação social, dela não podendo constar nomes, símbolos ou imagens que caracterizem promoção pessoal de autoridades ou de servidores públicos (Constituição Federal, art. 37, § 1º).

Parágrafo único. Configura abuso de autoridade, para os fins do disposto no art. 22 da Lei Complementar nº 64/1990, a infringência do fixado no caput, ficando o responsável, se candidato, sujeito ao cancelamento do registro de sua candidatura ou do diploma (Lei nº 9.504/1997, art. 74).

Art. 79. Nos 3 (três) meses que antecedem as eleições, na realização de inaugurações, é vedada a contratação de shows artísticos pagos com recursos públicos (Lei nº 9.504/1997, art. 75).

Parágrafo único. Nos casos de descumprimento do disposto neste artigo, sem prejuízo da suspensão imediata da conduta, o candidato beneficiado, agente público ou não, ficará sujeito à cassação do registro ou do diploma (Lei nº 9.504/1997, art. 75, parágrafo único).

Art. 80. É proibido a qualquer candidato comparecer, nos 3 (três) meses que precedem a eleição, a inaugurações de obras públicas (Lei nº 9.504/1997, art. 77, caput).

§ 1º A inobservância do disposto neste artigo sujeita o infrator à cassação do registro ou do diploma (Lei nº 9.504/1997, art. 77, parágrafo único).

§ 2º A realização de evento assemelhado ou que simule inauguração poderá ser apurada na forma do art. 22 da Lei Complementar nº 64/1990 ou ser verificada na ação de impugnação de mandato eletivo.

CAPÍTULO X
DISPOSIÇÕES PENAIS RELATIVAS À PROPAGANDA ELEITORAL

Art. 81. Constituem crimes, no dia da eleição, puníveis com detenção de 6 (seis) meses a 1 (um) ano, com a alternativa de prestação de serviços à comunidade pelo mesmo período, e multa no valor de R$ 5.320,50 (cinco mil, trezentos e vinte reais e cinquenta centavos) a R$ 15.961,50 (quinze mil, novecentos e sessenta e um reais e cinquenta centavos) (Lei nº 9.504/1997, art. 39, § 5º, incisos I a IV):

I - o uso de alto-falantes e amplificadores de som ou a promoção de comício ou carreata;

II - a arregimentação de eleitor ou a propaganda de boca de urna;

III - a divulgação de qualquer espécie de propaganda de partidos políticos ou de seus candidatos;

IV - a publicação de novos conteúdos ou o impulsionamento de conteúdos nas aplicações de internet de que trata o art. 57-B da Lei nº 9.504/1997, podendo ser mantidos em funcionamento as aplicações e os conteúdos publicados anteriormente.

§ 1º O disposto no inciso III não inclui a manutenção da propaganda que tenha sido divulgada na internet antes do dia da eleição.

§ 2º As circunstâncias relativas ao derrame de material impresso de propaganda no dia da eleição ou na véspera, previstas no § 7º do art. 14, poderão ser apuradas para efeito do estabelecimento da culpabilidade dos envolvidos diante do crime de que trata o inciso III deste artigo.

Art. 82. Constitui crime, punível com detenção de 6 (seis) meses a 1 (um) ano, com a alternativa de prestação de serviços à comunidade pelo mesmo período, e multa no valor de R$ 10.641,00 (dez mil, seiscentos e quarenta e um reais) a R$ 21.282,00 (vinte e um mil, duzentos e oitenta e dois reais), o uso, na propaganda eleitoral, de símbolos, frases ou imagens, associadas ou semelhantes às empregadas por órgão de governo, por empresa pública ou por sociedade de economia mista (Lei nº 9.504/1997, art. 40).

Art. 83. Constitui crime, punível com detenção de 2 (dois) a 4 (quatro) anos e multa de R$ 15.000,00 (quinze mil reais) a R$ 50.000,00 (cinquenta mil reais), a contratação direta ou indireta de grupo de pessoas com a finalidade específica de emitir mensagens ou comentários na internet para ofender a honra ou denegrir a imagem de candidato, de partido político ou de coligação (Lei nº 9.504/1997, art. 57-H, § 1º).

Parágrafo único. Igualmente incorrem em crime, punível com detenção de 6 (seis) meses a 1 (um) ano, com alternativa de prestação de serviços à comunidade pelo mesmo período, e multa de R$ 5.000,00 (cinco mil reais) a R$ 30.000,00 (trinta mil reais), as pessoas contratadas na forma do *caput* (Lei nº 9.504/1997, art. 57-H, § 2º).

Art. 84. Constitui crime, punível com detenção de 2 (dois) meses a um 1 (ano) ou pagamento de 120 (cento e vinte) a 150 (cento e cinquenta) dias-multa, divulgar, na propaganda, fatos que se sabem inverídicos, em relação a partidos políticos ou a candidatos, capazes de exercer influência sobre o eleitorado (Código Eleitoral, art. 323, *caput*).

Parágrafo único. A pena é agravada se o crime é cometido pela imprensa, rádio ou televisão (Código Eleitoral, art. 323, parágrafo único).

Art. 85. Constitui crime, punível com detenção de 6 (seis) meses a 2 (dois) anos e pagamento de 10 (dez) a 40 (quarenta) dias-multa, caluniar alguém, na propaganda eleitoral ou para fins de propaganda, imputando-lhe falsamente fato definido como crime (Código Eleitoral, art. 324, *caput*).

§ 1º Nas mesmas penas incorre quem, sabendo falsa a imputação, a propala ou a divulga (Código Eleitoral, art. 324, § 1º).

§ 2º A prova da verdade do fato imputado exclui o crime, mas não é admitida (Código Eleitoral, art. 324, § 2º, incisos I a III):

I - se, constituindo o fato imputado crime de ação privada, o ofendido não foi condenado por sentença irrecorrível;

II - se o fato é imputado ao Presidente da República ou a chefe de governo estrangeiro;

III - se do crime imputado, embora de ação pública, o ofendido foi absolvido por sentença irrecorrível.

Art. 86. Constitui crime, punível com detenção de 3 (três) meses a 1 (um) ano e pagamento de 5 (cinco) a 30 (trinta) dias-multa, difamar alguém, na propaganda eleitoral ou para fins de propaganda, imputando-lhe fato ofensivo à sua reputação (Código Eleitoral, art. 325, *caput*).

Parágrafo único. A exceção da verdade somente se admite se o ofendido é funcionário público e a ofensa é relativa ao exercício de suas funções (Código Eleitoral, art. 325, parágrafo único).

Art. 87. Constitui crime, punível com detenção de até 6 (seis) meses ou pagamento de 30 (trinta) a 60 (sessenta) dias-multa, injuriar alguém, na propaganda eleitoral, ou visando a fins de propaganda, ofendendo-lhe a dignidade ou o decoro (Código Eleitoral, art. 326, *caput*).

§ 1º O juiz pode deixar de aplicar a pena (Código Eleitoral, art. 326, § 1º, incisos I e II):

I - se o ofendido, de forma reprovável, provocou diretamente a injúria;

II - no caso de retorsão imediata que consista em outra injúria.

§ 2º Se a injúria consistir em violência ou em vias de fato, que, por sua natureza ou meio empregado, se considere aviltante, a pena será de detenção de 3 (três) meses a 1 (um) ano e pagamento de 5 (cinco) a 20 (vinte) dias-multa, além das penas correspondentes à violência prevista no Código Penal (Código Eleitoral, art. 326, § 2º).

Art. 88. As penas cominadas nos arts. 324, 325 e 326 do Código Eleitoral serão aumentadas em 1/3 (um terço), se qualquer dos crimes for cometido (Código Eleitoral, art. 327, incisos I a III):

I - contra o Presidente da República ou chefe de governo estrangeiro;

II - contra funcionário público, em razão de suas funções;

III - na presença de várias pessoas, ou por meio que facilite a divulgação da ofensa.

Art. 89. Constitui crime, punível com detenção de até 6 (seis) meses ou pagamento de 90 (noventa) a 120 (cento e vinte)

Art. 89

dias-multa, inutilizar, alterar ou perturbar meio de propaganda devidamente empregado (Código Eleitoral, art. 331).

Art. 90. Constitui crime, punível com detenção de até 6 (seis) meses e pagamento de 30 (trinta) a 60 (sessenta) dias-multa, impedir o exercício de propaganda (Código Eleitoral, art. 332).

Art. 91. Constitui crime, punível com detenção de 6 (seis) meses a 1 (um) ano e cassação do registro se o responsável for candidato, utilizar organização comercial de vendas, distribuição de mercadorias, prêmios e sorteios para propaganda ou aliciamento de eleitores (Código Eleitoral, art. 334).

Art. 92. Constitui crime, punível com detenção de 3 (três) a 6 (seis) meses e pagamento de 30 (trinta) a 60 (sessenta) dias-multa, fazer propaganda, qualquer que seja a sua forma, em língua estrangeira (Código Eleitoral, art. 335).

Parágrafo único. Além da pena cominada, a infração a este artigo importa a apreensão e a perda do material utilizado na propaganda (Código Eleitoral, art. 335, parágrafo único).

Art. 93. Constitui crime, punível com o pagamento de 30 (trinta) a 60 (sessenta) dias-multa, não assegurar o funcionário postal a prioridade prevista no art. 239 do Código Eleitoral (Código Eleitoral, art. 338).

Art. 94. Constitui crime, punível com reclusão de até 4 (quatro) anos e pagamento de 5 (cinco) a 15 (quinze) dias-multa, dar, oferecer, prometer, solicitar ou receber, para si ou para outrem, dinheiro, dádiva, ou qualquer outra vantagem, para obter ou dar voto e para conseguir ou prometer abstenção, ainda que a oferta não seja aceita (Código Eleitoral, art. 299).

Art. 95. Aplicam-se aos fatos incriminados no Código Eleitoral e na Lei nº 9.504/1997 as regras gerais do Código Penal (Código Eleitoral, art. 287; e Lei nº 9.504/1997, art. 90, *caput*).

Art. 96. As infrações penais aludidas nesta resolução são puníveis mediante ação pública, e o processo seguirá o disposto nos arts. 357 e seguintes do Código Eleitoral (Código Eleitoral, art. 355; e Lei nº 9.504/1997, art. 90, *caput*).

Art. 97. Na sentença que julgar ação penal pela infração de qualquer dos arts. 84 a 87 e 89 a 92, deve o juiz verificar, de acordo com o seu livre convencimento, se o diretório local do partido político, por qualquer dos seus membros, concorreu para a prática de delito, ou dela se beneficiou conscientemente (Código Eleitoral, art. 336, *caput*).

Parágrafo único. Nesse caso, o juiz imporá ao diretório responsável pena de suspensão de sua atividade eleitoral pelo prazo de 6 (seis) a 12 (doze) meses, agravada até o dobro nas reincidências (Código Eleitoral, art. 336, parágrafo único).

Art. 98. Todo cidadão que tiver conhecimento de infração penal prevista na legislação eleitoral deverá comunicá-la ao juiz da zona eleitoral onde ela se verificou (Código Eleitoral, art. 356, *caput*).

§ 1º Quando a comunicação for verbal, mandará a autoridade judicial reduzi-la a termo, assinado pelo comunicante e por duas testemunhas, e remeterá ao órgão do Ministério Público local, que procederá na forma do Código Eleitoral (Código Eleitoral, art. 356, § 1º).

§ 2º Se o Ministério Público julgar necessários maiores esclarecimentos e documentos complementares ou outros elementos de convicção, deverá requisitá-los diretamente de quaisquer autoridades ou funcionários que possam fornecê-los (Código Eleitoral, art. 356, § 2º).

Art. 99. Para os efeitos da Lei nº 9.504/1997, respondem penalmente pelos partidos políticos e pelas coligações os seus representantes legais (Lei nº 9.504/1997, art. 90, § 1º).

Art. 100. Nos casos de reincidência no descumprimento dos arts. 81 a 83, as penas pecuniárias serão aplicadas em dobro (Lei nº 9.504/1997, art. 90, § 2º).

CAPÍTULO XI
DISPOSIÇÕES FINAIS

Art. 101. A representação relativa à propaganda irregular deve ser instruída com prova da autoria ou do prévio conhecimento do beneficiário, caso este não seja por ela responsável (Lei nº 9.504/1997, art. 40-B).

§ 1º A responsabilidade do candidato estará demonstrada se este, intimado da existência da propaganda irregular, não providenciar, no prazo de 48 (quarenta e oito) horas, sua retirada ou regularização e, ainda, se as circunstâncias e as peculiaridades do caso específico revelarem a impossibilidade de o beneficiário não ter tido conhecimento da propaganda (Lei nº 9.504/1997, art. 40-B, parágrafo único).

§ 2º A intimação de que trata o § 1º poderá ser realizada por candidato, partido político, coligação, Ministério Público ou pela Justiça Eleitoral, por meio de comunicação feita diretamente ao responsável ou beneficiário da propaganda, com prova de recebimento, devendo dela constar a precisa identificação da propaganda apontada como irregular.

Art. 102. A comprovação do cumprimento das determinações da Justiça Eleitoral relacionadas a propaganda realizada em desconformidade com o disposto na Lei nº 9.504/1997 poderá ser apresentada no Tribunal Superior Eleitoral, no caso de candidatos a Presidente e Vice-Presidente da República e nas sedes dos respectivos Tribunais Regionais Eleitorais, no caso de candidatos a Governador, Vice-Governador, Deputado Federal, Senador da República, Deputados Estadual e Distrital (Lei nº 9.504/1997, art. 36, § 5º).

Parágrafo único. A comprovação de que trata o *caput* poderá ser apresentada diretamente ao juiz eleitoral que determinou a regularização ou a retirada da propaganda eleitoral.

Art. 103. A propaganda exercida nos termos da legislação eleitoral não poderá ser objeto de multa nem cerceada sob alegação do exercício do poder de polícia ou de violação de postura municipal, casos em que se deve proceder na forma prevista no art. 40 da Lei nº 9.504/1997 (Lei nº 9.504/1997, art. 41, *caput*).

§ 1º O poder de polícia sobre a propaganda eleitoral será exercido pelos Juízes Eleitorais e pelos Juízes designados pelos Tribunais Regionais Eleitorais (Lei nº 9.504/1997, art. 41, § 1º).

§ 2º O poder de polícia se restringe às providências necessárias para inibir práticas ilegais, vedada a censura prévia sobre o teor dos programas e matérias jornalísticas a serem exibidos na televisão, no rádio, na internet e na imprensa escrita (Lei nº 9.504/1997, art. 41, § 2º).

§ 3º No caso de condutas sujeitas a penalidades, o juiz eleitoral delas cientificará o Ministério Público, para os fins previstos nesta resolução.

Art. 104. Ressalvado o disposto no art. 26 e incisos da Lei nº 9.504/1997, constitui captação ilegal de sufrágio o candidato doar, oferecer, prometer ou entregar ao eleitor, com o fim de obter-lhe o voto, bem ou vantagem pessoal de qualquer natureza, inclusive emprego ou função pública, desde o registro da candidatura até o dia da eleição, inclusive, sob pena de multa de R$ 1.064,10 (mil e sessenta e quatro reais e dez centavos) a R$ 53.205,00 (cinquenta e três mil, duzentos e cinco reais) e cassação do registro ou do diploma, observado o procedimento previsto nos incisos I a XIII do art. 22 da Lei Complementar nº 64/1990 (Lei nº 9.504/1997, art. 41-A).

§ 1º Para a caracterização da conduta ilícita, é desnecessário o pedido explícito de votos, bastando a evidência do dolo, consistente no especial fim de agir (Lei nº 9.504/1997, art. 41-A, § 1º).

§ 2º As sanções previstas no *caput* se aplicam contra quem praticar atos de violência ou grave ameaça à pessoa, com o fim de obter-lhe o voto (Lei nº 9.504/1997, art. 41-A, § 2º).

§ 3º A representação prevista no *caput* poderá ser ajuizada até a data da diplomação (Lei nº 9.504/1997, art. 41-A, § 3º).

Art. 105. Ninguém poderá impedir a propaganda eleitoral nem inutilizar, alterar ou perturbar os meios lícitos nela empregados, bem como realizar propaganda eleitoral vedada por lei ou por esta resolução (Código Eleitoral, art. 248).

Art. 106. A requerimento do interessado, a Justiça Eleitoral adotará as providências necessárias para coibir, no horário eleitoral gratuito, propaganda que se utilize de criação intelectual sem autorização do respectivo autor ou titular.

Parágrafo único. A indenização pela violação do direito autoral deverá ser pleiteada na Justiça Comum.

Art. 107. É vedada a utilização de artefato que se assemelhe a urna eletrônica como veículo de propaganda eleitoral (Res.-TSE nº 21.161/2002).

Art. 108. As disposições desta resolução se aplicam às emissoras de rádio e de televisão comunitárias, às emissoras de televisão que operam em VHF e UHF, aos provedores de internet e aos canais de televisão por assinatura sob a responsabilidade do Senado Federal, da Câmara dos Deputados, das Assembleias Legislativas, da Câmara Legislativa do Distrito Federal ou das Câmaras Municipais (Lei nº 9.504/1997, arts. 57 e 57-A).

Parágrafo único. Aos canais de televisão por assinatura não compreendidos no *caput*, será vedada a veiculação de qualquer propaganda eleitoral, salvo a retransmissão integral do horário eleitoral gratuito e a realização de debates, observadas as disposições legais.

Art. 109. As emissoras de rádio e de televisão terão direito à compensação fiscal pela cessão do horário gratuito previsto nesta resolução (Lei nº 9.504/1997, art. 99).

Art. 110. O Tribunal Superior Eleitoral poderá divulgar, no período compreendido entre 1 (um) mês antes do início da propaganda eleitoral e nos 3 (três) dias que antecedem o pleito, até 10 (dez) minutos diários requisitados das emissoras de rádio e de televisão, contínuos ou não, que poderão ser somados e usados em dias espaçados, comunicados, boletins e instruções ao eleitorado (Lei nº 9.504/1997, art. 93).

Parágrafo único. O Tribunal Superior Eleitoral, a seu juízo exclusivo, poderá ceder parte do tempo referido no *caput* para utilização por tribunal regional eleitoral.

Art. 111. O Tribunal Superior Eleitoral, no período compreendido entre 1º de abril e 30 de julho dos anos eleitorais, promoverá, em até 5 (cinco) minutos diários, contínuos ou não, requisitados às emissoras de rádio e televisão, propaganda institucional, em rádio e televisão, destinada a incentivar a participação feminina, dos jovens e da comunidade negra na política, bem como a esclarecer os cidadãos sobre as regras e o funcionamento do sistema eleitoral brasileiro (Lei nº 9.504/1997, art. 93-A).

Art. 112. As autoridades administrativas federais, estaduais e municipais proporcionarão aos partidos políticos e às coligações, em igualdade de condições, as facilidades permitidas para a respectiva propaganda (Código Eleitoral, art. 256).

Parágrafo único. A partir de 16 de agosto do ano da eleição, independentemente do critério de prioridade, os serviços telefônicos, oficiais ou concedidos, farão instalar, nas sedes dos diretórios nacionais, regionais e municipais devidamente registrados, telefones necessários, mediante requerimento do respectivo presidente e pagamento das taxas devidas (Código Eleitoral, art. 256, § 1º).

Art. 113. O serviço de qualquer repartição federal, estadual ou municipal, autarquia, fundação pública, sociedade de economia mista, entidade mantida ou subvencionada pelo poder público, ou que realize contrato com este, inclusive o respectivo prédio e suas dependências, não poderá ser utilizado para beneficiar partido político ou coligação (Código Eleitoral, art. 377, *caput*).

Parágrafo único. O disposto no *caput* será tornado efetivo, a qualquer tempo, pelo órgão competente da Justiça Eleitoral, conforme o âmbito nacional, regional ou municipal do órgão infrator, mediante representação fundamentada de autoridade pública, de representante partidário ou de qualquer eleitor (Código Eleitoral, art. 377, parágrafo único).

Art. 114. Aos partidos políticos e às coligações, é assegurada a prioridade postal nos 60 (sessenta) dias que antecedem a eleição, para a remessa de material de propaganda de seus candidatos (Código Eleitoral, art. 239).

Art. 115. No prazo de até 30 (trinta) dias após a eleição, os candidatos, os partidos políticos e as coligações deverão remover a propaganda eleitoral, com a restauração do bem em que afixada, se for o caso.

Parágrafo único. O descumprimento do que determinado no *caput* sujeitará os responsáveis às consequências previstas na legislação comum aplicável.

Art. 116. O material da propaganda eleitoral gratuita deverá ser retirado das emissoras 60 (sessenta) dias após a respectiva divulgação, sob pena de sua destruição.

Art. 117. O ressarcimento das despesas com o uso de transporte oficial pelo Presidente da República e sua comitiva em campanha ou evento eleitoral será de responsabilidade do partido político ou da coligação a que esteja vinculado (Lei nº 9.504/1997, art. 76, *caput*).

§ 1º O ressarcimento de que trata este artigo terá por base o tipo de transporte usado e a respectiva tarifa de mercado cobrada no trecho correspondente, ressalvado o uso do avião presidencial, cujo ressarcimento corresponderá ao aluguel de uma aeronave de propulsão a jato do tipo táxi aéreo (Lei nº 9.504/1997, art. 76, § 1º).

§ 2º Serão considerados como integrantes da comitiva de campanha eleitoral todos os acompanhantes que não estiverem em serviço oficial.

§ 3º No transporte do Presidente em campanha ou evento eleitoral, serão excluídas da obrigação de ressarcimento as despesas com o transporte dos servidores indispensáveis

Art. 117

à sua segurança e atendimento pessoal, que não podem desempenhar atividades relacionadas com a campanha, bem como a utilização de equipamentos, veículos e materiais necessários à execução daquelas atividades, que não podem ser empregados em outras.

§ 4º O Vice-Presidente da República, o Governador ou o Vice-Governador de Estado ou do Distrito Federal em campanha eleitoral não poderão utilizar transporte oficial, que, entretanto, poderá ser usado exclusivamente pelos servidores indispensáveis à sua segurança e atendimento pessoal, sendo-lhes vedado desempenhar atividades relacionadas com a campanha.

§ 5º No prazo de 10 (dez) dias úteis da realização da eleição em primeiro turno ou segundo, se houver, o órgão competente de controle interno procederá, *ex officio*, à cobrança dos valores devidos nos termos dos §§ 1º ao 4º deste artigo (Lei nº 9.504/1997, art. 76, § 2º).

§ 6º A falta do ressarcimento, no prazo estipulado, implicará a comunicação do fato ao Ministério Público, pelo órgão de controle interno (Lei nº 9.504/1997, art. 76, § 3º).

Art. 118. Na fixação das multas de natureza não penal, o juiz eleitoral deverá considerar a condição econômica do infrator, a gravidade do fato e a repercussão da infração, sempre justificando a aplicação do valor acima do mínimo legal.

Parágrafo único. A multa pode ser aumentada até 10 (dez) vezes se o juiz ou tribunal considerar que, em virtude da situação econômica do infrator, é ineficaz, embora aplicada no máximo (Código Eleitoral, art. 367, § 2º).

Art. 119. Esta resolução entra em vigor na data de sua publicação.

Brasília, 18 de dezembro de 2017.

Ministros Gilmar Mendes (presidente), Luiz Fux, Rosa Weber, Napoleão Nunes Maia Filho, Jorge Mussi, Admar Gonzaga e Tarcisio Vieira de Carvalho Neto. Vice-Procurador-Geral Eleitoral: Humberto Jacques de Medeiros.

Publicada no DJe do TSE em 05/02/2018.

RESOLUÇÃO Nº 23.553

Dispõe sobre a arrecadação e os gastos de recursos por partidos políticos e candidatos e sobre a prestação de contas nas eleições.

Relator: Ministro Luiz Fux

Interessado: Tribunal Superior Eleitoral

O TRIBUNAL SUPERIOR ELEITORAL, no uso das atribuições que lhe conferem o art. 23, inciso IX, do Código Eleitoral e o art. 105 da Lei nº 9.504, de 30 de setembro de 1997, RESOLVE:

TÍTULO I
DA ARRECADAÇÃO E APLICAÇÃO DE RECURSOS

CAPÍTULO I
DISPOSIÇÕES GERAIS

Art. 1º Esta resolução disciplina a arrecadação e os gastos de recursos por partidos políticos e candidatos em campanha eleitoral e a prestação de contas à Justiça Eleitoral.

§ 1º Os recursos arrecadados por partido político fora do período eleitoral são regulados pela resolução específica que trata das prestações de contas anuais dos partidos políticos.

§ 2º A aplicação dos recursos captados por partido político para as campanhas eleitorais deverá observar o disposto nesta resolução.

Art. 2º Os partidos políticos e os candidatos poderão arrecadar recursos para custear as despesas de campanhas destinadas às eleições, nos termos desta resolução.

Art. 3º A arrecadação de recursos para campanha eleitoral de qualquer natureza por partidos políticos e candidatos deverá observar os seguintes pré-requisitos:

I - requerimento do registro de candidatura;

II - inscrição no Cadastro Nacional da Pessoa Jurídica (CNPJ);

III - abertura de conta bancária específica destinada a registrar a movimentação financeira de campanha; e

IV - emissão de recibos eleitorais na hipótese de:

a) doações estimáveis em dinheiro; e

b) doações pela internet (Lei nº 9.504/1997, art. 23, 4º, III, *b*).

Parágrafo único. Na hipótese de partido político, a conta bancária a que se refere o inciso III é aquela prevista na resolução que trata das prestações de contas anuais dos partidos políticos e que se destina à movimentação de recursos referentes às "Doações para Campanha".

Seção I
Do Limite de Gastos

Art. 4º Nas eleições para Presidente da República em 2018, o limite de gastos de campanha de cada candidato será de R$ 70.000.000,00 (setenta milhões de reais).

Parágrafo único. Na campanha para o segundo turno, se houver, o limite de gastos de cada candidato será de 50% (cinquenta por cento) do valor estabelecido no *caput*.

Art. 5º O limite de gastos nas campanhas dos candidatos às eleições de Governador e Senador em 2018 será definido de acordo com o número de eleitores de cada Unidade da Federação apurado no dia 31 de maio de 2018.

§ 1º Nas eleições para Governador, serão os seguintes os limites de gastos de campanha de cada candidato:

I - nas Unidades da Federação com até um milhão de eleitores: R$ 2.800.000,00 (dois milhões e oitocentos mil reais);

II - nas Unidades da Federação com mais de um milhão de eleitores e até dois milhões de eleitores: R$ 4.900.000,00 (quatro milhões e novecentos mil reais);

III - nas Unidades da Federação com mais de dois milhões de eleitores e até quatro milhões de eleitores: R$ 5.600.000,00 (cinco milhões e seiscentos mil reais);

IV - nas Unidades da Federação com mais de quatro milhões de eleitores e até dez milhões de eleitores: R$ 9.100.000,00 (nove milhões e cem mil reais);

V - nas Unidades da Federação com mais de dez milhões de eleitores e até vinte milhões de eleitores: R$ 14.000.000,00 (catorze milhões de reais);

VI - nas Unidades da Federação com mais de vinte milhões de eleitores: R$ 21.000.000,00 (vinte e um milhões de reais).

§ 2º Nas eleições para Senador, serão os seguintes os limites de gastos de campanha de cada candidato:

I - nas Unidades da Federação com até dois milhões de eleitores: R$ 2.500.000,00 (dois milhões e quinhentos mil reais);

II - nas Unidades da Federação com mais de dois milhões de eleitores e até quatro milhões de eleitores: R$ 3.000.000,00 (três milhões de reais);

III - nas Unidades da Federação com mais de quatro milhões de eleitores e até dez milhões de eleitores: R$ 3.500.000,00 (três milhões e quinhentos mil reais);

IV - nas Unidades da Federação com mais de dez milhões de eleitores e até vinte milhões de eleitores: R$ 4.200.000,00 (quatro milhões e duzentos mil reais);

V - nas Unidades da Federação com mais de vinte milhões de eleitores: R$ 5.600.000,00 (cinco milhões e seiscentos mil reais).

§ 3º Nas campanhas para o segundo turno de Governador, onde houver, o limite de gastos de cada candidato será de 50% (cinquenta por cento) dos limites fixados no § 1º.

Art. 6º Nas eleições para Deputado Federal, Estadual ou Distrital em 2018, o limite de gastos será de:

I - R$ 2.500.000,00 (dois milhões e quinhentos mil reais) para as campanhas dos candidatos às eleições de Deputado Federal; e

II - R$ 1.000.000,00 (um milhão de reais) para as de Deputado Estadual ou Distrital.

Art. 7º Os limites de gastos para cada eleição compreendem os gastos realizados pelo candidato e os efetuados por partido político que possam ser individualizados, na forma do § 3º do art. 21 desta resolução, e incluirão:

I - o total dos gastos de campanha contratados pelos candidatos;

II - as transferências financeiras efetuadas para outros partidos políticos ou outros candidatos; e

III - as doações estimáveis em dinheiro recebidas.

Parágrafo único. Os valores transferidos pelo candidato para a conta bancária do seu partido político serão considerados, para a aferição do limite de gastos, no que excederem as despesas realizadas pelo partido político em prol de sua candidatura, excetuadas:

I - a transferência das sobras de campanhas;

II - nas eleições de 2018, as transferências relativas a valores doados por pessoas físicas que, somados aos recursos públicos recebidos, ultrapassarem o limite de gastos estabelecido para a candidatura, nos termos do art. 8º da Lei 13.488/2017.

Art. 8º Gastar recursos além dos limites estabelecidos sujeita os responsáveis ao pagamento de multa no valor equivalente a 100% (cem por cento) da quantia que exceder o limite estabelecido, a qual deverá ser recolhida no prazo de cinco dias úteis contados da intimação da decisão judicial, podendo os responsáveis responder ainda por abuso do poder econômico,

na forma do art. 22 da Lei Complementar nº 64/1990, sem prejuízo de outras sanções cabíveis (Lei nº 9.504/1997, art. 18-B).

§ 1º A apuração do excesso de gastos poderá ser realizada no momento do exame da prestação de contas dos candidatos e dos partidos políticos, se houver elementos suficientes para sua constatação, sem prejuízo de o excesso ser verificado nas representações de que tratam o art. 22 da Lei Complementar nº 64/1990 e o art. 30-A da Lei nº 9.504/1997.

§ 2º A apuração ou a decisão sobre o excesso de gastos no processo de prestação de contas não prejudica a análise das representações de que tratam o art. 22 da Lei Complementar nº 64/1990 e o art. 30-A da Lei nº 9.504/1997 nem a aplicação das demais sanções previstas na legislação.

§ 3º A apuração do excesso de gastos no processo de prestação de contas não impede que a verificação também seja realizada em outros feitos judiciais, a partir de outros elementos, hipótese em que o valor penalizado na prestação de contas deverá ser descontado da multa incidente sobre o novo excesso de gastos verificado em outros feitos, de forma a não permitir a duplicidade da sanção.

§ 4º O disposto no § 3º não impede que o total dos excessos revelados em todos os feitos possa ser considerado, quando for o caso, para a análise da gravidade da irregularidade e para a aplicação das demais sanções.

SEÇÃO II
DOS RECIBOS ELEITORAIS

Art. 9º Deverá ser emitido recibo eleitoral de toda e qualquer arrecadação de recursos:

I - estimáveis em dinheiro para a campanha eleitoral, inclusive próprios; e

II - por meio da internet (Lei nº 9.504/1997, art. 23, § 4º, III, b).

§ 1º As doações financeiras devem ser comprovadas, obrigatoriamente, por meio de documento bancário que identifique o CPF dos doadores, sob pena de configurar o recebimento de recursos de origem não identificada de que trata o art. 34 desta resolução.

§ 2º Os candidatos deverão imprimir recibos eleitorais diretamente do Sistema de Prestação de Contas Eleitorais (SPCE).

§ 3º Os partidos políticos deverão utilizar os recibos emitidos pelo Sistema de Prestação de Contas Anual (SPCA), ainda que as doações sejam recebidas durante o período eleitoral.

§ 4º Os recibos eleitorais deverão ser emitidos em ordem cronológica concomitantemente ao recebimento da doação.

§ 5º No caso das doações com cartão de crédito, o recibo eleitoral deverá ser emitido no ato da doação, devendo ser cancelado na hipótese de estorno, desistência ou não confirmação da despesa do cartão (Lei nº 9.504/1997, art. 23, § 4º, III, b).

§ 6º Não se submetem à emissão do recibo eleitoral previsto no *caput*:

I - a cessão de bens móveis, limitada ao valor de R$ 4.000,00 (quatro mil reais) por cedente;

II - doações estimáveis em dinheiro entre candidatos e partidos políticos decorrentes do uso comum tanto de sedes quanto

Art. 9º

de materiais de propaganda eleitoral, cujo gasto deverá ser registrado na prestação de contas do responsável pelo pagamento da despesa;

III - a cessão de automóvel de propriedade do candidato, do cônjuge e de seus parentes até o terceiro grau para seu uso pessoal durante a campanha.

§ 7º Para os fins do disposto no inciso II do § 6º, considera-se uso comum:

I - de sede: o compartilhamento de idêntico espaço físico para atividades de campanha eleitoral, compreendidas a doação estimável referente à locação e manutenção do espaço físico, excetuada a doação estimável referente às despesas com pessoal, regulamentada no art. 43 desta norma;

II - de materiais de propaganda eleitoral: a produção conjunta de materiais publicitários impressos.

§ 8º Na hipótese de arrecadação de campanha realizada pelo vice ou suplente, devem ser utilizados os recibos eleitorais do titular.

§ 9º Os recibos eleitorais conterão referência aos limites de doação, com a advertência de que a doação destinada às campanhas eleitorais acima de tais limites poderá gerar a aplicação de multa de até 100% (cem por cento) do valor do excesso.

§ 10. A dispensa de emissão de recibo eleitoral prevista no § 6º deste artigo não afasta a obrigatoriedade de serem registrados na prestação de contas dos doadores e na de seus beneficiários os valores das operações constantes dos incisos I a III do referido parágrafo.

Seção III
Da Conta Bancária

Art. 10. É obrigatória para os partidos políticos e os candidatos a abertura de conta bancária específica, na Caixa Econômica Federal, no Banco do Brasil ou em outra instituição financeira com carteira comercial reconhecida pelo Banco Central do Brasil.

§ 1º A conta bancária deve ser aberta em agências bancárias ou postos de atendimento bancário:

I - pelo candidato, no prazo de dez dias contados da concessão do CNPJ pela Secretaria da Receita Federal do Brasil;

II - pelos partidos políticos registrados após 15 de agosto de 2016, até 15 de agosto do ano eleitoral, caso ainda não tenham aberto a conta "Doações para Campanha", disciplinada no art. 6º, II, da Resolução-TSE nº 23.464/2015.

§ 2º A obrigação prevista neste artigo deve ser cumprida pelos partidos políticos e pelos candidatos, mesmo que não ocorra arrecadação e/ou movimentação de recursos financeiros, observado o disposto no § 4º.

§ 3º Os candidatos a vice e suplente não são obrigados a abrir conta bancária específica, mas, se o fizerem, os respectivos extratos bancários deverão compor a prestação de contas dos titulares.

§ 4º A obrigatoriedade de abertura de conta bancária eleitoral prevista no *caput* não se aplica às candidaturas:

I - em circunscrição onde não haja agência bancária ou posto de atendimento bancário (Lei nº 9.504/1997, art. 22, § 2º);

II - cujo candidato renunciou ao registro antes do fim do prazo de 10 (dez) dias a contar da emissão do CNPJ de campanha, desde que não haja indícios de arrecadação de recursos e realização de gastos eleitorais.

§ 5º A abertura de conta nas situações descritas no § 4º deste artigo obriga os candidatos a apresentar os extratos bancários em sua integralidade.

Art. 11. Os partidos políticos e os candidatos devem abrir contas bancárias distintas e específicas para o recebimento e a utilização de recursos oriundos do Fundo de Assistência Financeira aos Partidos Políticos (Fundo Partidário) e para aqueles provenientes do Fundo Especial de Financiamento de Campanha (FEFC), na hipótese de repasse de recursos dessas espécies.

§ 1º O partido político que aplicar recursos do Fundo Partidário na campanha eleitoral deve fazer a movimentação financeira diretamente na conta bancária estabelecida no art. 43 da Lei nº 9.096/1995, vedada a transferência desses recursos para a conta «Doações para Campanha» ou para a conta destinada à movimentação de recursos do Fundo Especial de Financiamento de Campanha (FEFC).

§ 2º É vedada a transferência de recursos do Fundo Especial de Financiamento de Campanha (FEFC) para as contas «Doações para Campanha» e «Fundo Partidário».

Art. 12. As contas bancárias devem ser abertas mediante a apresentação dos seguintes documentos:

I - pelos candidatos:

a) Requerimento de Abertura de Conta Bancária, disponível na página dos tribunais eleitorais na internet;

b) comprovante de inscrição no CNPJ para as eleições, disponível na página da Secretaria da Receita Federal do Brasil na internet (www.receita.fazenda.gov.br); e

c) nome dos responsáveis pela movimentação da conta bancária com endereço atualizado.

II - pelos partidos políticos:

a) Requerimento de Abertura de Conta Bancária, disponível na página do Tribunal Superior Eleitoral na internet;

b) comprovante da inscrição no CNPJ já existente, disponível na página da Secretaria da Receita Federal do Brasil na internet (www.receita.fazenda.gov.br);

c) certidão de composição partidária, disponível na página do Tribunal Superior Eleitoral na internet (www.tse.jus.br); e

d) nome dos responsáveis pela movimentação da conta bancária com endereço atualizado.

§ 1º As contas bancárias específicas de campanha eleitoral devem ser identificadas pelos partidos políticos e pelos candidatos de acordo com o nome constante no CNPJ fornecido pela Secretaria da Receita Federal do Brasil.

§ 2º Os representantes, mandatários ou prepostos autorizados a movimentar a conta devem ser identificados e qualificados conforme regulamentação específica do Banco Central do Brasil para o atendimento quanto ao disposto no art. 3º da Resolução nº 2.025 do Conselho Monetário Nacional, de 24 de novembro de 1993, e das disposições da Circular nº 3.461 do Banco Central do Brasil, de 24 de julho de 2009; e, além daqueles exigidos no *caput*, os bancos devem exigir a apresentação dos seguintes documentos:

I - do candidato e das demais pessoas autorizadas a movimentar a conta bancária:

a) documento de identificação pessoal;

b) comprovante de endereço atualizado;

c) comprovante de inscrição no CPF.

II - dos partidos políticos, seus dirigentes e demais pessoas autorizadas a movimentar a conta bancária:

a) documento de identificação pessoal;

b) comprovante de endereço atualizado;

c) comprovante de inscrição no CPF.

§ 3º A apresentação dos documentos exigidos nas alíneas *a* e *b* dos incisos I e II do § 2º devem observar o disposto na Carta Circular nº 3.813 do Banco Central do Brasil, de 7 de abril de 2017.

§ 4º A informação do endereço do candidato, constante no documento exigido na alínea *b* do inciso I do § 2º deste artigo, deve ser compatível com o endereço informado no Requerimento de Abertura de Conta (RAC).

§ 5º A apresentação dos documentos previstos no *caput* pode ser dispensada, a critério do banco, na hipótese de abertura de nova conta bancária para movimentação de recursos do Fundo Partidário e do Fundo Especial de Financiamento de Campanha (FEFC) por candidato na mesma agência bancária na qual foi aberta a conta original de campanha.

§ 6º A eventual recusa ou o embaraço à abertura de conta pela instituição financeira, inclusive no prazo fixado em lei, sujeitará o responsável ao disposto no art. 347 do Código Eleitoral.

Art. 13. Os partidos políticos devem manter em sua prestação de contas anual contas específicas para o registro da escrituração contábil das movimentações financeiras dos recursos destinados às campanhas eleitorais, a fim de permitir a segregação desses recursos em relação a quaisquer outros e a identificação de sua origem.

Art. 14. Os bancos são obrigados a (Lei nº 9.504/1997, art. 22, § 1º):

I - acatar, em até 3 (três) dias, o pedido de abertura de conta de qualquer candidato escolhido em convenção, sendo-lhes vedado condicioná-la a depósito mínimo e à cobrança de taxas ou de outras despesas de manutenção;

II - identificar, nos extratos bancários da conta-corrente a que se referem o inciso I deste artigo e o art. 11 desta resolução, o CPF ou o CNPJ do doador e do fornecedor de campanha;

III - encerrar as contas bancárias dos candidatos destinadas à movimentação de recursos do Fundo Partidário e de Doações para Campanha no final do ano da eleição, transferindo a totalidade do saldo existente para a conta bancária do órgão de direção da circunscrição, na forma prevista no art. 54 desta resolução, e informar o fato à Justiça Eleitoral;

IV - encerrar as contas bancárias do candidato e do partido político destinadas à movimentação de recursos do Fundo Especial de Financiamento de Campanha (FEFC) no final do ano da eleição, transferindo a totalidade do saldo existente para o Tesouro Nacional, na forma prevista no art. 54 desta resolução, e informar o fato à Justiça Eleitoral.

§ 1º A obrigação prevista no inciso I abrange a abertura de contas específicas para a movimentação de recursos do Fundo Partidário e do Fundo Especial de Financiamento de Campanha (FEFC) de que trata o art. 11, bem como as contas dos partidos políticos denominadas "Doações para Campanha".

§ 2º A vedação quanto à cobrança de taxas e/ou outras despesas de manutenção não alcança as demais taxas e despesas normalmente cobradas por serviços bancários avulsos, na forma autorizada e disciplinada pelo Banco Central do Brasil.

§ 3º Os bancos somente aceitarão, nas contas abertas para uso em campanha, depósitos/créditos de origem identificada pelo nome ou razão social e pelo respectivo número de inscrição no CPF ou no CNPJ.

§ 4º A obrigação prevista no *caput* deve ser cumprida pelos bancos mesmo se vencidos os prazos previstos no § 1º do art. 10 desta resolução.

§ 5º A exigência de identificação do CPF/CNPJ do doador nos extratos bancários de que trata o inciso II será atendida pelos bancos mediante o envio à Justiça Eleitoral dos respectivos extratos eletrônicos, na forma do art. 15 desta resolução.

§ 6º A não identificação do CPF/CNPJ do doador nos extratos bancários de que trata o inciso II, inclusive no que se refere ao prazo fixado para envio à Justiça Eleitoral, sujeitará o responsável ao disposto no art. 347 do Código Eleitoral.

Art. 15. As instituições financeiras devem fornecer quinzenalmente, observado o prazo de trinta dias para processamento, ou em lotes mensais, a partir da data de início do processo eleitoral, observado o prazo de quinze dias úteis para processamento dos extratos, aos órgãos da Justiça Eleitoral e ao Ministério Público os extratos eletrônicos do movimento financeiro das contas bancárias abertas para as campanhas eleitorais pelos partidos políticos e pelos candidatos, para instrução dos respectivos processos de prestação de contas.

§ 1º O disposto no *caput* aplica-se às contas bancárias específicas denominadas "Doações para Campanha", às destinadas à movimentação dos recursos do Fundo Partidário e do Fundo Especial de Financiamento de Campanha (FEFC).

§ 2º As contas bancárias utilizadas para o registro da movimentação financeira de campanha eleitoral não estão submetidas ao sigilo disposto na Lei Complementar nº 105, de 10 de janeiro de 2001, e seus extratos, em meio físico ou eletrônico, integram as informações de natureza pública que compõem a prestação de contas à Justiça Eleitoral.

§ 3º Os extratos eletrônicos das contas bancárias, tão logo recebidos pela Justiça Eleitoral, serão disponibilizados para consulta pública na página do Tribunal Superior Eleitoral na internet.

§ 4º Os extratos eletrônicos devem ser padronizados e fornecidos conforme normas específicas do Banco Central do Brasil e devem compreender o registro da movimentação financeira entre as datas de abertura e encerramento da conta bancária.

§ 5º Os extratos bancários previstos neste artigo devem ser enviados pelas instituições financeiras em lotes quinzenais, a partir da data de início do processo eleitoral, observado o prazo de trinta dias para processamento dos extratos.

Art. 16. O uso de recursos financeiros para o pagamento de gastos eleitorais que não provenham das contas específicas de que tratam os arts. 10 e 11 implicará a desaprovação da prestação de contas do partido político ou do candidato.

§ 1º Se comprovado o abuso do poder econômico por candidato, será cancelado o registro da sua candidatura ou cassado o seu diploma, se já houver sido outorgado (Lei nº 9.504/1997, art. 22, § 3º).

Art. 16

§ 2º O disposto no *caput* também se aplica à arrecadação de recursos para campanha eleitoral que não transitem pelas contas específicas previstas nesta resolução.

§ 2º A autoridade judicial pode determinar que o candidato ou o partido político identifique a origem dos recursos utilizados para a quitação.

CAPÍTULO II
DA ARRECADAÇÃO

Seção I
Das Origens dos Recursos

Art. 17. Os recursos destinados às campanhas eleitorais, respeitados os limites previstos, somente são admitidos quando provenientes de:

I - recursos próprios dos candidatos;

II - doações financeiras ou estimáveis em dinheiro de pessoas físicas;

III - doações de outros partidos políticos e de outros candidatos;

IV - comercialização de bens e/ou serviços ou promoção de eventos de arrecadação realizados diretamente pelo candidato ou pelo partido político;

V - recursos próprios dos partidos políticos, desde que identificada a sua origem e que sejam provenientes:

a) do Fundo Partidário, de que trata o art. 38 da Lei nº 9.096/1995;

b) do Fundo Especial de Financiamento de Campanha (FEFC);

c) de doações de pessoas físicas efetuadas aos partidos políticos;

d) de contribuição dos seus filiados;

e) da comercialização de bens, serviços ou promoção de eventos de arrecadação;

f) de rendimentos decorrentes da locação de bens próprios dos partidos políticos.

VI - rendimentos gerados pela aplicação de suas disponibilidades.

§ 1º Os rendimentos financeiros e os recursos obtidos com a alienação de bens têm a mesma natureza dos recursos investidos ou utilizados para sua aquisição e devem ser creditados na conta bancária na qual os recursos financeiros foram aplicados ou utilizados para aquisição do bem.

§ 2º O partido político não poderá transferir para o candidato ou utilizar, direta ou indiretamente, nas campanhas eleitorais, recursos que tenham sido doados por pessoas jurídicas, ainda que em exercícios anteriores (STF, ADI nº 4.650).

Art. 18. A utilização de recursos próprios que tenham sido obtidos mediante empréstimo somente é admitida quando a contratação ocorra em instituições financeiras ou equiparadas autorizadas a funcionar pelo Banco Central do Brasil, e, no caso de candidatos, quando cumpridos os seguintes requisitos cumulativos:

I - estejam caucionados por bem integrante do seu patrimônio no momento do registro de candidatura;

II - não ultrapassem a capacidade de pagamento decorrente dos rendimentos de sua atividade econômica.

§ 1º O candidato e o partido político devem comprovar à Justiça Eleitoral até a entrega da prestação de contas final:

I - a realização do empréstimo por meio de documentação legal e idônea; e

II - na hipótese de candidato, a sua integral quitação em relação aos recursos aplicados em campanha.

Seção II
DO FUNDO ESPECIAL DE FINANCIAMENTO DE CAMPANHA (FEFC)

Art. 19. O Fundo Especial de Financiamento de Campanha (FEFC) será disponibilizado pelo Tesouro Nacional ao Tribunal Superior Eleitoral e distribuído aos diretórios nacionais dos partidos políticos na forma disciplinada pelo Tribunal Superior Eleitoral (Lei nº 9.504/1997, art. 16-C, § 2º).

§ 1º Inexistindo candidatura própria ou em coligação, é vedada a distribuição dos recursos do Fundo Especial de Financiamento de Campanha (FEFC) para outros partidos políticos ou candidaturas desses mesmos partidos.

§ 2º Os recursos provenientes do Fundo Especial de Financiamento de Campanha (FEFC) que não forem utilizados nas campanhas eleitorais deverão ser devolvidos ao Tesouro Nacional, integralmente, por meio de Guia de Recolhimento da União (GRU), no momento da apresentação da respectiva prestação de contas.

Seção III
Da Aplicação dos Recursos

Art. 20. As doações realizadas por pessoas físicas ou as contribuições de filiados recebidas pelos partidos políticos em anos anteriores ao da eleição para sua manutenção ordinária, creditadas na conta bancária destinada à movimentação financeira de "Outros Recursos", prevista na resolução que trata das prestações de contas anuais dos partidos políticos, podem ser aplicadas nas campanhas eleitorais, desde que observados os seguintes requisitos cumulativos:

I - identificação da sua origem e escrituração individualizada das doações e contribuições recebidas, na prestação de contas anual, assim como seu registro financeiro na prestação de contas de campanha eleitoral do partido político;

II - observância das normas estatutárias e dos critérios definidos pelos respectivos órgãos de direção nacional, os quais devem ser fixados objetivamente e encaminhados ao Tribunal Superior Eleitoral até a data determinada no Calendário Eleitoral (Lei nº 9.096/1995, art. 39, § 5º);

III - transferência para a conta bancária "Doações para Campanha", antes de sua destinação ou utilização, respeitados os limites legais impostos a tais doações, calculados com base nos rendimentos auferidos no ano anterior ao da eleição em que a doação for aplicada, ressalvados os recursos do Fundo Partidário, cuja utilização deverá observar o disposto no § 1º do art. 11 desta resolução; e

IV - identificação, na prestação de contas eleitoral do partido político e também nas respectivas contas anuais, do nome ou razão social e do número do CPF da pessoa física ou do CNPJ do candidato ou partido doador, bem como a identificação do número do recibo de doação original, emitido na forma do art. 9º desta resolução.

§ 1º O encaminhamento de que trata o inciso II deve ser endereçado à Presidência do Tribunal Superior Eleitoral, que os divulgará em sua página na internet.

§ 2º Os recursos auferidos nos anos anteriores devem ser identificados nas respectivas contas contábeis nas prestações de contas anuais da agremiação, que devem ser apresentadas até 30 de abril do ano eleitoral.

§ 3º Somente os recursos provenientes do Fundo Partidário ou de doações de pessoas físicas contabilizados na forma do parágrafo anterior podem ser utilizados nas campanhas eleitorais.

§ 4º No ano da eleição, a parcela do Fundo Partidário prevista no inciso V do art. 44 da Lei nº 9.096/1995, relativa à criação e manutenção de programas de promoção e difusão da participação política das mulheres, pode ser integralmente destinada ao custeio de campanhas eleitorais de mulheres candidatas, a ser apurado por ocasião da prestação de contas anual do partido político a ser entregue no exercício subsequente (Lei nº 9.096/1995, art. 44, § 7º).

Art. 21. Os partidos políticos podem aplicar nas campanhas eleitorais os recursos do Fundo Partidário, inclusive aqueles recebidos em exercícios anteriores.

§ 1º A aplicação dos recursos provenientes do Fundo Partidário nas campanhas eleitorais pode ser realizada mediante:

I - transferência bancária eletrônica para conta bancária do candidato, aberta nos termos do art. 11 desta resolução;

II - transferência dos recursos de que tratam o § 5º-A do art. 44 da Lei nº 9.096/1995 e o art. 9º da Lei nº 13.165/2015 para a conta bancária da candidata, aberta na forma do art. 11 desta resolução;

III - pagamento dos custos e despesas diretamente relacionados às campanhas eleitorais dos candidatos e dos partidos políticos, procedendo-se à sua individualização.

§ 2º Os partidos políticos devem manter as anotações relativas à origem e à transferência dos recursos na sua prestação de contas anual e devem registrá-las na prestação de contas de campanha eleitoral de forma a permitir a identificação do destinatário dos recursos ou o seu beneficiário.

§ 3º As despesas e os custos assumidos pelo partido político e utilizados em benefício de uma ou mais candidaturas devem ser registrados integralmente como despesas financeiras na conta do partido e, concomitantemente, como transferências realizadas de recursos estimáveis aos candidatos beneficiados, de acordo com o valor individualizado, apurado mediante o rateio entre todas as candidaturas beneficiadas, na proporção do benefício auferido.

§ 4º Os partidos políticos devem destinar no mínimo 5% (cinco por cento) e no máximo 15% (quinze por cento) do montante do Fundo Partidário, destinado ao financiamento das campanhas eleitorais, para aplicação nas campanhas de suas candidatas, incluídos nesse valor os recursos a que se refere o inciso V do art. 44 da Lei nº 9.096/1995 (Lei nº 13.165/2015, art. 9º).

Seção IV
Das Doações

Art. 22. As doações de pessoas físicas e de recursos próprios somente poderão ser realizadas, inclusive pela internet, por meio de:

I - transação bancária na qual o CPF do doador seja obrigatoriamente identificado;

II - doação ou cessão temporária de bens e/ou serviços estimáveis em dinheiro, com a demonstração de que o doador é proprietário do bem ou é o responsável direto pela prestação de serviços;

III - instituições que promovam técnicas e serviços de financiamento coletivo por meio de sítios da internet, aplicativos eletrônicos e outros recursos similares.

§ 1º As doações financeiras de valor igual ou superior a R$ 1.064,10 (mil e sessenta e quatro reais e dez centavos) só poderão ser realizadas mediante transferência eletrônica entre as contas bancárias do doador e do beneficiário da doação.

§ 2º O disposto no § 1º aplica-se também à hipótese de doações sucessivas realizadas por um mesmo doador em um mesmo dia.

§ 3º As doações financeiras recebidas em desacordo com este artigo não podem ser utilizadas e devem, na hipótese de identificação do doador, ser a ele restituídas ou, se isso não for possível, recolhidas ao Tesouro Nacional, na forma prevista no *caput* do art. 34 desta resolução.

§ 4º As consequências da utilização dos recursos recebidos em desacordo com este artigo serão apuradas e decididas por ocasião do julgamento da prestação de contas.

§ 5º É vedado o uso de moedas virtuais para o recebimento de doações financeiras.

Art. 23. O financiamento coletivo, se adotado, deverá atender aos seguintes requisitos:

I - cadastro prévio na Justiça Eleitoral pela instituição arrecadadora, observado o atendimento, nos termos da lei e da regulamentação expedida pelo Banco Central do Brasil, dos critérios para operar arranjos de pagamento;

II - identificação obrigatória, com o nome completo e o número de inscrição no cadastro de pessoas físicas (CPF) de cada um dos doadores, o valor das quantias doadas individualmente, forma de pagamento e as datas das respectivas doações;

III - disponibilização em sítio eletrônico de lista com identificação dos doadores e das respectivas quantias doadas, a ser atualizada instantaneamente a cada nova doação, cujo endereço eletrônico, bem como a identificação da instituição arrecadadora, devem ser informados à Justiça Eleitoral, na forma por ela fixada;

IV - emissão obrigatória de recibo para o doador, relativo a cada doação realizada, sob a responsabilidade da entidade arrecadadora;

V - envio imediato para a Justiça Eleitoral, na forma por ela estabelecida, e para o candidato de todas as informações relativas à doação;

VI - ampla ciência a candidatos e eleitores acerca das taxas administrativas a serem cobradas pela realização do serviço;

VII - não incidência em quaisquer das hipóteses de vedação listadas no art. 33 desta resolução;

VIII - observância do Calendário Eleitoral para arrecadação de recursos, especialmente quanto aos requisitos dispostos no art. 3º desta resolução;

IX - movimentação dos recursos captados na conta bancária "Doações para Campanha";

X - observância dos dispositivos da legislação eleitoral relacionados à propaganda na internet.

Art. 23

§ 1º O cadastramento prévio a que se refere o inciso I deste artigo ocorrerá mediante:

I - preenchimento de formulário eletrônico disponível na página do Tribunal Superior Eleitoral na internet;

II - encaminhamento eletrônico dos seguintes documentos comprobatórios:

a) requerimento assinado pelo administrador responsável pelas atividades da instituição arrecadadora;

b) cópia dos atos constitutivos em sua versão vigente e atualizada, revestidos das formalidades legais, que devem conter previsão para o exercício da atividade e certidão de pessoa jurídica emitida pela Receita Federal do Brasil;

c) declaração emitida pelo administrador responsável que ateste a adequação dos sistemas utilizados pela instituição arrecadadora e passíveis de verificação para efetuar a identificação do doador, a divulgação dos valores arrecadados e o atendimento a reclamações dos doadores;

III - documentos de identificação de sócios e administradores, incluindo identidade, CPF e comprovante de residência no caso dos administradores;

IV - declarações individuais firmadas pelos sócios e administradores da plataforma atestando que não estão inabilitados ou suspensos para o exercício de cargo em instituições financeiras e demais entidades autorizadas a funcionar pela CVM e pelo Banco Central do Brasil.

§ 2º O recibo a que se refere o inciso IV do *caput* deste artigo deve ser emitido pela instituição arrecadadora como prova de recebimento dos recursos do doador, contendo:

I - identificação do doador, com a indicação do nome completo, CPF e endereço;

II - identificação do beneficiário, com a indicação do CNPJ ou CPF, na hipótese de pré-candidato, e a eleição a que se refere;

III - valor doado;

IV - data de recebimento da doação;

V - forma de pagamento e

VI - identificação da instituição arrecadadora emitente do recibo, com a indicação da razão social e do CNPJ.

§ 3º O prazo a ser observado para o repasse de recursos arrecadados pela instituição arrecadadora ao beneficiário, bem como a destinação dos eventuais rendimentos decorrentes de aplicação financeira, deve ser estabelecido entre as partes no momento da contratação da prestação do serviço.

§ 4º A partir de 15 de maio do ano eleitoral, é facultada aos pré-candidatos a arrecadação prévia de recursos nesta modalidade, mas a liberação de recursos por parte das entidades arrecadadoras fica condicionada ao cumprimento, pelo candidato, dos requisitos dispostos nos incisos I a III do art. 3º desta resolução.

§ 5º Na hipótese prevista no parágrafo anterior, se não for efetivado o registro da candidatura, as entidades arrecadadoras deverão devolver os valores arrecadados aos doadores na forma das condições estabelecidas entre a entidade arrecadadora e o pré-candidato (Lei nº 9.504/1997, art. 22-A, § 4º).

Art. 24. Todas as doações recebidas mediante financiamento coletivo deverão ser lançadas individualmente pelo valor bruto na prestação de contas de campanha eleitoral de candidatos e partidos políticos.

Parágrafo único. As taxas cobradas pelas instituições arrecadadoras deverão ser consideradas despesas de campanha eleitoral e lançadas na prestação de contas de candidatos e partidos políticos, sendo pagas no prazo fixado entre as partes no contrato de prestação de serviços.

Art. 25. Havendo conta intermediária para a captação de doações por financiamento coletivo, a instituição arrecadadora deve efetuar o repasse dos respectivos recursos à conta bancária de campanha eleitoral do candidato ou do partido político (conta "Doações para Campanha").

Parágrafo único. No momento do repasse ao candidato ou ao partido político, que deverá ser feito obrigatoriamente por transação bancária identificada, a instituição arrecadadora deverá identificar, individualmente, os doadores relativos ao crédito na conta bancária do destinatário final.

Art. 26. Nas eleições de 2018, se as doações de pessoas físicas a candidatos, somadas aos recursos públicos, excederem o limite de gastos permitido para a respectiva campanha, o valor excedente poderá ser transferido para o partido do candidato.

Art. 27. Os bens e/ou serviços estimáveis em dinheiro doados por pessoas físicas devem constituir produto de seu próprio serviço, de suas atividades econômicas e, no caso dos bens, devem integrar seu patrimônio.

§ 1º Os bens próprios do candidato somente podem ser utilizados na campanha eleitoral quando demonstrado que já integravam seu patrimônio em período anterior ao pedido de registro da respectiva candidatura.

§ 2º Partidos políticos e candidatos podem doar entre si bens próprios ou serviços estimáveis em dinheiro, ou ceder seu uso, ainda que não constituam produto de seus próprios serviços ou de suas atividades.

§ 3º O disposto no § 2º não se aplica à aquisição de bens ou serviços que sejam destinados à manutenção da estrutura do partido político durante a campanha eleitoral, hipótese em que deverão ser devidamente contratados pela agremiação e registrados na sua prestação de contas de campanha.

Art. 28. Para arrecadar recursos pela internet, o partido político e o candidato deverão tornar disponível mecanismo em página eletrônica, observados os seguintes requisitos:

I - identificação do doador pelo nome e pelo CPF;

II - emissão de recibo eleitoral para cada doação realizada, dispensada a assinatura do doador;

III - utilização de terminal de captura de transações para as doações por meio de cartão de crédito e de cartão de débito.

§ 1º As doações por meio de cartão de crédito ou cartão de débito somente serão admitidas quando realizadas pelo titular do cartão.

§ 2º Eventuais estornos, desistências ou não confirmação da despesa do cartão serão informados pela administradora ao beneficiário e à Justiça Eleitoral.

§ 3º As doações recebidas serão registradas pelo valor bruto no Sistema de Prestação de Contas (SPCE), e as tarifas referentes às administradoras de cartão serão registradas em despesa.

Art. 29. As doações realizadas por pessoas físicas são limitadas a 10% (dez por cento) dos rendimentos brutos auferidos pelo doador no ano-calendário anterior à eleição (Lei nº 9.504/1997, art. 23, § 1º).

§ 1º O candidato poderá usar recursos próprios em sua campanha até o limite de gastos estabelecido para o cargo ao qual concorre, devendo observar, no caso de recursos financeiros, o disposto no § 1º do art. 22 desta resolução (Lei nº 9.504/1997, art. 23, §1º).

§ 2º O limite previsto no *caput* não se aplica a doações estimáveis em dinheiro relativas à utilização de bens móveis ou imóveis de propriedade do doador ou à prestação de serviços próprios, desde que o valor estimado não ultrapasse R$ 40.000,00 (quarenta mil reais) (Lei nº 9.504/1997, art. 23, § 7º).

§ 3º A doação acima dos limites fixados neste artigo sujeita o infrator ao pagamento de multa no valor de até 100% (cem por cento) da quantia em excesso, sem prejuízo de o candidato responder por abuso do poder econômico, nos termos do art. 22 da Lei Complementar nº 64/1990 (Lei nº 9.504/1997, art. 23, § 3º).

§ 4º O limite de doação previsto no *caput* será apurado anualmente pelo Tribunal Superior Eleitoral e pela Secretaria da Receita Federal do Brasil, observando-se os seguintes procedimentos:

I - o Tribunal Superior Eleitoral consolidará as informações sobre as doações registradas até 31 de dezembro do ano eleitoral, considerando (Lei nº 9.504/1997, art. 24-C, § 1º):

a) as prestações de contas anuais dos partidos políticos entregues à Justiça Eleitoral até 30 de abril do ano subsequente ao da apuração;

b) as prestações de contas eleitorais apresentadas pelos candidatos e pelos partidos políticos em relação à eleição.

II - após a consolidação das informações sobre os valores doados e apurados, o Tribunal Superior Eleitoral as encaminhará à Secretaria da Receita Federal do Brasil até 30 de maio do ano seguinte ao da apuração (Lei nº 9.504/1997, art. 24-C, § 2º);

III - a Secretaria da Receita Federal do Brasil fará o cruzamento dos valores doados com os rendimentos da pessoa física e, apurando indício de excesso, comunicará o fato, até 30 de julho do ano seguinte ao ano eleitoral, ao Ministério Público, que poderá, até 31 de dezembro do mesmo ano, apresentar representação com vistas à aplicação da penalidade prevista no § 3º e de outras sanções que julgar cabíveis (Lei nº 9.504/1997, art. 24-C, § 3º);

IV - o Ministério Público poderá apresentar representação com vistas à aplicação da penalidade prevista no § 3º do art. 23 da Lei nº 9.504/1997 e de outras sanções que julgar cabíveis, ocasião em que poderá solicitar à autoridade judicial competente a quebra do sigilo fiscal do doador e, se for o caso, do beneficiado.

§ 5º A comunicação a que se refere o inciso III do § 4º se restringe à identificação nominal, seguida do respectivo número de inscrição no CPF, Município e UF fiscal do domicílio do doador, resguardado o sigilo dos rendimentos da pessoa física e do possível excesso apurado.

§ 6º Para os Municípios com mais de uma zona eleitoral, a comunicação a que se refere o inciso III do § 4º deve incluir também a zona eleitoral correspondente ao domicílio do doador.

§ 7º A aferição do limite de doação do contribuinte dispensado da apresentação de Declaração de Ajuste Anual do Imposto de Renda deve ser realizada com base no limite de isenção previsto para o exercício financeiro do ano da eleição.

§ 8º Eventual declaração anual retificadora apresentada à Secretaria da Receita Federal do Brasil deve ser considerada na aferição do limite de doação do contribuinte.

§ 9º Se, por ocasião da prestação de contas, ainda que parcial, surgirem fundadas suspeitas de que determinado doador extrapolou o limite de doação, o juiz, de ofício ou a requerimento do Ministério Público, determinará que a Secretaria da Receita Federal do Brasil informe o valor dos rendimentos do contribuinte no ano anterior.

Art. 30. Partidos políticos, candidatos e doadores devem manter, até 17 de junho do ano subsequente ao ano eleitoral, a documentação relacionada às doações realizadas.

Parágrafo único. Estando pendente de julgamento qualquer processo judicial relativo às contas, a documentação a elas concernente deverá ser conservada até a decisão final (Lei nº 9.504/1997, art. 32, parágrafo único).

Art. 31. As doações de recursos captados para campanha eleitoral realizadas entre partidos políticos, entre partido político e candidato e entre candidatos estão sujeitas à emissão de recibo eleitoral na forma do art. 9º desta resolução.

§ 1º As doações de que trata o *caput* deste artigo não estão sujeitas ao limite previsto *caput* do art. 29 desta resolução, exceto quando se tratar de doação realizada por candidato, com recursos próprios, para outro candidato ou partido político.

§ 2º Os valores transferidos pelos partidos políticos oriundos de doações serão registrados na prestação de contas dos candidatos como transferência dos partidos e, na prestação de contas dos partidos, como transferência aos candidatos (Lei nº 9.504/1997, art. 28, § 12; STF, ADI nº 5.394).

§ 3º As doações referidas no *caput* devem ser identificadas pelo CPF do doador originário das doações financeiras, devendo ser emitido o respectivo recibo eleitoral para cada doação, na forma do art. 9º desta resolução (STF, ADI nº 5.394).

Seção V
Da Comercialização de Bens e/ou Serviços e/ou da Promoção de Eventos

Art. 32. Para a comercialização de bens e/ou serviços e/ou a promoção de eventos que se destinem a arrecadar recursos para campanha eleitoral, o partido político ou o candidato deve:

I - comunicar sua realização, formalmente e com antecedência mínima de 5 (cinco) dias úteis, à Justiça Eleitoral, que poderá determinar sua fiscalização;

II - manter à disposição da Justiça Eleitoral a documentação necessária à comprovação de sua realização e de seus custos, despesas e receita obtida.

§ 1º Os valores arrecadados constituem doação e estão sujeitos aos limites legais e à emissão de recibos eleitorais.

§ 2º O montante bruto dos recursos arrecadados deve, antes de sua utilização, ser depositado na conta bancária específica.

§ 3º Para a fiscalização de eventos prevista no inciso I deste artigo, a Justiça Eleitoral poderá nomear, entre seus servidores, fiscais *ad hoc*, devidamente credenciados.

§ 4º As despesas e os custos relativos à realização do evento devem ser comprovados por documentação idônea e respectivos recibos eleitorais, mesmo quando provenientes de doações de terceiros em espécie, bens ou serviços estimados em dinheiro.

Seção VI
Das Fontes Vedadas

Art. 33. É vedado a partido político e a candidato receber, direta ou indiretamente, doação em dinheiro ou estimável em dinheiro, inclusive por meio de publicidade de qualquer espécie, procedente de:

I - pessoas jurídicas;

II - origem estrangeira;

III - pessoa física que exerça atividade comercial decorrente de permissão pública.

§ 1º A vedação prevista no inciso III não alcança a aplicação de recursos próprios do candidato em sua campanha.

§ 2º O recurso recebido por candidato ou partido oriundo de fontes vedadas deve ser imediatamente devolvido ao doador, sendo vedada sua utilização ou aplicação financeira.

§ 3º Na impossibilidade de devolução dos recursos ao doador, o prestador de contas deve providenciar imediatamente a transferência dos recursos recebidos ao Tesouro Nacional, por meio de Guia de Recolhimento da União (GRU).

§ 4º Incidirão atualização monetária e juros moratórios, calculados com base na taxa aplicável aos créditos da Fazenda Pública, sobre os valores a serem recolhidos ao Tesouro Nacional, desde a data da ocorrência do fato gerador até a do efetivo recolhimento, salvo se tiver sido determinado de forma diversa na decisão judicial.

§ 5º O disposto no § 4º não se aplica quando o candidato ou o partido político promove espontânea e imediatamente a transferência dos recursos para o Tesouro Nacional, sem deles se utilizar.

§ 6º A transferência de recurso recebido de fonte vedada para outro órgão partidário ou candidato não isenta o donatário da obrigação prevista no § 2º.

§ 7º O beneficiário de transferência cuja origem seja considerada fonte vedada pela Justiça Eleitoral responde solidariamente pela irregularidade, e as consequências serão aferidas por ocasião do julgamento das respectivas contas.

§ 8º A devolução ou a determinação de devolução de recursos recebidos de fonte vedada não impedem, se for o caso, a reprovação das contas, quando constatado que o candidato se beneficiou, ainda que temporariamente, dos recursos ilícitos recebidos, assim como a apuração do fato na forma do art. 30-A da Lei nº 9.504/1997, do art. 22 da Lei Complementar nº 64/1990 e do art. 14, § 10, da Constituição da República.

§ 9º O comprovante de devolução ou de recolhimento, conforme o caso, poderá ser apresentado em qualquer fase da prestação de contas ou até 5 (cinco) dias após o trânsito em julgado da decisão que julgar as contas de campanha, sob pena de encaminhamento das informações à representação estadual ou municipal da Advocacia-Geral da União para fins de cobrança.

Seção VII
Dos Recursos de Origem Não Identificada

Art. 34. Os recursos de origem não identificada não podem ser utilizados por partidos políticos e candidatos e devem ser transferidos ao Tesouro Nacional por meio de Guia de Recolhimento da União (GRU).

§ 1º Caracterizam o recurso como de origem não identificada:

I - a falta ou a identificação incorreta do doador; e/ou

II - a falta de identificação do doador originário nas doações financeiras recebidas de outros candidatos ou partidos políticos; e/ou

III - a informação de número de inscrição inválida no CPF do doador pessoa física ou no CNPJ quando o doador for candidato ou partido político.

§ 2º O comprovante de devolução ou de recolhimento, conforme o caso, poderá ser apresentado em qualquer fase da prestação de contas ou até 5 (cinco) dias após o trânsito em julgado da decisão que julgar as contas de campanha, sob pena de encaminhamento das informações à representação estadual ou municipal da Advocacia-Geral da União, para fins de cobrança.

§ 3º Incidirão atualização monetária e juros moratórios, calculados com base na taxa aplicável aos créditos da Fazenda Pública, sobre os valores a serem recolhidos ao Tesouro Nacional, desde a data da ocorrência do fato gerador até a do efetivo recolhimento, salvo se tiver sido determinado de forma diversa na decisão judicial.

§ 4º O disposto no § 3º não se aplica quando o candidato ou o partido político promove espontânea e imediatamente a transferência dos recursos para o Tesouro Nacional, sem deles se utilizar.

§ 5º O candidato ou o partido político pode retificar a doação, registrando-a no SPCE, ou devolvê-la ao doador quando a não identificação decorra do erro de identificação de que trata o inciso III do § 1º e haja elementos suficientes para identificar a origem da doação.

§ 6º Não sendo possível a retificação ou a devolução de que trata o § 5º, o valor deverá ser imediatamente recolhido ao Tesouro Nacional.

Seção VIII
Da Data-Limite para a Arrecadação e Despesas

Art. 35. Partidos políticos e candidatos podem arrecadar recursos e contrair obrigações até o dia da eleição.

§ 1º Após o prazo fixado no *caput*, é permitida a arrecadação de recursos exclusivamente para a quitação de despesas já contraídas e não pagas até o dia da eleição, as quais deverão estar integralmente quitadas até o prazo de entrega da prestação de contas à Justiça Eleitoral.

§ 2º Eventuais débitos de campanha não quitados até a data fixada para a apresentação da prestação de contas podem ser assumidos pelo partido político (Lei nº 9.504/1997, art. 29, § 3º; e Código Civil, art. 299).

§ 3º A assunção da dívida de campanha somente é possível por decisão do órgão nacional de direção partidária, com apresentação, no ato da prestação de contas final, de:

I - acordo expressamente formalizado, no qual deverão constar a origem e o valor da obrigação assumida, os dados e a anuência do credor;

II - cronograma de pagamento e quitação que não ultrapasse o prazo fixado para a prestação de contas da eleição subsequente para o mesmo cargo;

III - indicação da fonte dos recursos que serão utilizados para a quitação do débito assumido.

§ 4º No caso do disposto no § 3º, o órgão partidário da respectiva circunscrição eleitoral passa a responder solidariamente com o candidato por todas as dívidas, hipótese em que a existência do débito não pode ser considerada como causa para a rejeição das contas do candidato (Lei nº 9.504/1997, art. 29, § 4º).

§ 5º Os valores arrecadados para a quitação dos débitos de campanha a que se refere o § 2º devem, cumulativamente:

I - observar os requisitos da Lei nº 9.504/1997 quanto aos limites legais de doação e às fontes lícitas de arrecadação;

II - transitar necessariamente pela conta "Doações para Campanha" do partido político, prevista na resolução que trata das prestações de contas anuais dos partidos políticos, excetuada a hipótese de pagamento das dívidas com recursos do Fundo Partidário;

III - constar da prestação de contas anual do partido político até a integral quitação dos débitos, conforme o cronograma de pagamento e quitação apresentado por ocasião da assunção da dívida.

§ 6º As despesas já contraídas e não pagas até a data a que se refere o *caput* devem ser comprovadas por documento fiscal hábil e idôneo emitido na data da realização da despesa ou por outro meio de prova permitido.

§ 7º As dívidas de campanha contraídas diretamente pelos órgãos partidários não estão sujeitas à autorização da direção nacional prevista no § 3º e devem observar as exigências previstas nos §§ 5º e 6º deste artigo.

Art. 36. A existência de débitos de campanha não assumidos pelo partido, na forma prevista no § 2º do art. 35 desta resolução, será aferida na oportunidade do julgamento da prestação de contas do candidato e poderá ser considerada motivo para sua rejeição.

CAPÍTULO III
DOS GASTOS ELEITORAIS

Art. 37. São gastos eleitorais, sujeitos ao registro e aos limites fixados nesta resolução (Lei nº 9.504/1997, art. 26):

I - confecção de material impresso de qualquer natureza, observado o tamanho fixado no § 2º do art. 37 e nos §§ 3º e 4º do art. 38 da Lei nº 9.504/1997;

II - propaganda e publicidade direta ou indireta, por qualquer meio de divulgação;

III - aluguel de locais para a promoção de atos de campanha eleitoral;

IV - despesas com transporte ou deslocamento de candidato e de pessoal a serviço das candidaturas;

V - correspondências e despesas postais;

VI - despesas de instalação, organização e funcionamento de comitês de campanha e serviços necessários às eleições, observadas as exceções previstas no § 5º do art. 63 desta resolução;

VII - remuneração ou gratificação de qualquer espécie paga a quem preste serviço a candidatos e a partidos políticos;

VIII - montagem e operação de carros de som, de propaganda e de assemelhados;

IX - realização de comícios ou eventos destinados à promoção de candidatura;

X - produção de programas de rádio, televisão ou vídeo, inclusive os destinados à propaganda gratuita;

XI - realização de pesquisas ou testes pré-eleitorais;

XII - custos com a criação e inclusão de páginas na internet e com o impulsionamento de conteúdos contratados diretamente de provedor da aplicação de internet com sede e foro no País;

XIII - multas aplicadas, até as eleições, aos candidatos e partidos políticos por infração do disposto na legislação eleitoral;

XIV - doações para outros partidos políticos ou outros candidatos;

XV - produção de jingles, vinhetas e slogans para propaganda eleitoral.

§ 1º Inclui-se entre as formas de impulsionamento de conteúdo, de que trata o inciso XII deste artigo, a priorização paga de conteúdos resultantes de aplicações de busca na internet.

§ 2º As contratações de serviços de consultoria jurídica e de contabilidade prestados durante as campanhas eleitorais em favor destas deverão ser pagas com recursos provenientes da conta de campanha e constituem gastos eleitorais que devem ser declarados de acordo com os valores efetivamente pagos (Resolução-TSE nº 23.470/2016).

§ 3º Os honorários referentes à contratação de serviços de advocacia e de contabilidade relacionados à defesa de interesses de candidato ou de partido político em processo judicial não poderão ser pagos com recursos da campanha e não caracterizam gastos eleitorais, cabendo o seu registro nas declarações fiscais das pessoas envolvidas e, no caso dos partidos políticos, na respectiva prestação de contas anual.

§ 4º Todo material de campanha eleitoral impresso deverá conter o número de inscrição no CNPJ ou o número de inscrição no CPF do responsável pela confecção e de quem a contratou, a respectiva tiragem e as dimensões do produto (Lei nº 9.504/1997, art. 38, § 1º).

§ 5º Os gastos efetuados por candidato ou partido político em benefício de outro candidato ou outro partido político constituem doações estimáveis em dinheiro.

§ 6º O pagamento dos gastos eleitorais contraídos pelos candidatos será de sua responsabilidade, cabendo aos partidos políticos responder apenas pelos gastos que realizarem e por aqueles que, após o dia da eleição, forem assumidos na forma do § 2º do art. 35 desta resolução.

Art. 38. Os gastos de campanha por partido político ou candidato somente poderão ser efetivados a partir da data da realização da respectiva convenção partidária, observado o preenchimento dos pré-requisitos de que tratam os incisos I, II e III do *caput* do art. 3º desta resolução.

§ 1º Os gastos eleitorais efetivam-se na data da sua contratação, independentemente da realização do seu pagamento, e devem ser registrados na prestação de contas no ato da sua contratação.

§ 2º Os gastos destinados à preparação da campanha e à instalação física ou de página de internet de comitês de campanha de candidatos e de partidos políticos poderão ser contratados a partir da data efetiva da realização da respectiva convenção partidária, desde que, cumulativamente:

I - sejam devidamente formalizados; e

II - o desembolso financeiro ocorra apenas após a obtenção do número de inscrição no CNPJ, a abertura de conta bancária específica para a movimentação financeira de campanha e a emissão de recibos eleitorais, na forma do art. 9º desta resolução.

Art. 39. Os recursos provenientes do Fundo Partidário não poderão ser utilizados para pagamento de encargos decorrentes de inadimplência de pagamentos, tais como multa de mora, atualização monetária ou juros, ou para pagamento de multas relativas a atos infracionais, ilícitos penais, administrativos ou eleitorais.

Parágrafo único. As multas aplicadas por propaganda antecipada deverão ser arcadas pelos responsáveis e não serão computadas como despesas de campanha, ainda que aplicadas a quem venha a se tornar candidato.

Art. 40. Os gastos eleitorais de natureza financeira, ressalvados os de pequeno vulto previstos no art. 41 e o disposto no § 4º do art. 10 desta resolução, só podem ser efetuados por meio de:

I - cheque nominal;

II - transferência bancária que identifique o CPF ou CNPJ do beneficiário; ou

III - débito em conta.

§ 1º O pagamento de boletos registrados pode ser realizado diretamente por meio da conta bancária, vedado o pagamento em espécie.

§ 2º É vedado o pagamento de gastos eleitorais com moedas virtuais.

Art. 41. Para efetuar pagamento de gastos de pequeno vulto, o órgão partidário e o candidato podem constituir reserva em dinheiro (Fundo de Caixa), desde que:

I - observem o saldo máximo de 2% (dois por cento) dos gastos contratados, vedada a recomposição;

II - os recursos destinados à respectiva reserva transitem previamente pela conta bancária específica de campanha;

III - o saque para constituição do Fundo de Caixa seja realizado mediante cartão de débito ou emissão de cheque nominativo em favor do próprio sacado.

Parágrafo único. O candidato a vice ou a suplente não pode constituir Fundo de Caixa.

Art. 42. Para efeito do disposto no art. 41, consideram-se gastos de pequeno vulto as despesas individuais que não ultrapassem o limite de meio salário mínimo, vedado o fracionamento de despesa.

Parágrafo único. Os pagamentos de pequeno valor realizados por meio do Fundo de Caixa não dispensam a respectiva comprovação na forma do art. 63 desta resolução.

Art. 43. A realização de gastos eleitorais para contratação direta ou terceirizada de pessoal para prestação de serviços referentes a atividades de militância e mobilização de rua nas campanhas eleitorais, que se incluem no previsto no inciso VII do art. 37 desta resolução, observará os seguintes critérios para aferição do limite de número de contratações (Lei nº 9.504/1997, art. 100-A):

I - em Municípios com até 30.000 (trinta mil) eleitores, não excederá a 1% (um por cento) do eleitorado;

II - nos demais Municípios e no Distrito Federal, corresponderá ao número máximo apurado no inciso I, acrescido de uma contratação para cada 1.000 (mil) eleitores que excederem o número de 30.000 (trinta mil).

§ 1º As contratações observarão ainda os seguintes limites nas candidaturas aos cargos a (Lei nº 9.504/1997, art. 100-A, § 1º):

I - Presidente da República e Senador: em cada Estado, o número estabelecido para o Município com o maior número de eleitores;

II - Governador de Estado e do Distrito Federal: no Estado, o dobro do limite estabelecido para o Município com o maior número de eleitores, e, no Distrito Federal, o dobro do número alcançado no inciso II do *caput*;

III - Deputado Federal: na circunscrição, 70% (setenta por cento) do limite estabelecido para o Município com o maior número de eleitores, e, no Distrito Federal, esse mesmo percentual aplicado sobre o limite calculado na forma do inciso II do *caput*, considerado o eleitorado da maior região administrativa;

IV - Deputado Estadual ou Distrital: na circunscrição, 50% (cinquenta por cento) do limite estabelecido para Deputados Federais;

V - Prefeito: nos limites previstos nos incisos I e II do *caput*;

VI - Vereador: 50% (cinquenta por cento) dos limites previstos nos incisos I e II do *caput*, até o máximo de 80% (oitenta por cento) do limite estabelecido para Deputados Estaduais.

§ 2º Os limites previstos no § 1º deste artigo devem ser observados para toda a campanha eleitoral, incluindo primeiro e segundo turnos, se houver.

§ 3º Nos cálculos previstos nos incisos I e II do *caput* e no § 1º, a fração será desprezada, se inferior a 0,5 (meio), e igualada a 1 (um), se igual ou superior (Lei nº 9.504/1997, art. 100-A, § 2º).

§ 4º O Tribunal Superior Eleitoral, após o fechamento do cadastro eleitoral, divulgará, na sua página na internet, os limites quantitativos de que trata este artigo por candidatura em cada Município.

§ 5º Para a aferição dos limites, serão consideradas e somadas as contratações realizadas pelo candidato titular ao cargo eletivo e as que eventualmente tenham sido realizadas pelos respectivos candidatos a vice e a suplente (Lei nº 9.504/1997, art. 100-A, § 3º, primeira parte).

§ 6º A contratação de pessoal por partidos políticos limitar-se-á ao somatório dos limites dos cargos em que tiverem candidato concorrendo à eleição.

§ 7º O descumprimento dos limites previstos no art. 100-A da Lei nº 9.504/1997, reproduzidos neste artigo, sujeita o candidato às penas previstas no art. 299 da Lei nº 4.737, de 15 de julho de 1965 (Lei nº 9.504/1997, art.100-A, § 5º).

§ 8º São excluídos dos limites fixados neste artigo a militância não remunerada, pessoal contratado para apoio administrativo e operacional, fiscais e delegados credenciados para trabalhar nas eleições e advogados dos candidatos ou dos partidos políticos e das coligações (Lei nº 9.504/1997, art.100-A, § 6º).

§ 9º O disposto no § 7º não impede a apuração de eventual abuso de poder pela Justiça Eleitoral, por meio das vias próprias.

Art. 44. A contratação de pessoal para prestação de serviços nas campanhas eleitorais não gera vínculo empregatício com o candidato ou partido político contratantes, aplicando-se à pessoa física contratada o disposto na alínea *h* do inciso V do art. 12 da Lei nº 8.212, de 24 de julho de 1991 (Lei nº 9.504/1997, art. 100).

Art. 45. São estabelecidos os seguintes limites em relação ao total dos gastos de campanha contratados (Lei nº 9.504/1997, art. 26, parágrafo único):

I - alimentação do pessoal que presta serviços às candidaturas ou aos comitês de campanha: 10% (dez por cento);

II - aluguel de veículos automotores: 20% (vinte por cento).

Art. 46. Com a finalidade de apoiar candidato de sua preferência, qualquer eleitor pode realizar pessoalmente gastos totais até o valor de R$ 1.064,10 (mil e sessenta e quatro reais e dez centavos), não sujeitos à contabilização, desde que não reembolsados (Lei nº 9.504/1997, art. 27).

§ 1º Na hipótese prevista neste artigo, o comprovante da despesa deve ser emitido em nome do eleitor.

§ 2º Bens e serviços entregues ou prestados ao candidato não representam os gastos de que trata o *caput* e caracterizam doação, sujeitando-se às regras do art. 27 desta resolução.

Art. 47. A autoridade judicial pode, a qualquer tempo, mediante provocação ou de ofício, determinar a realização de diligências para verificação da regularidade e efetiva realização dos gastos informados pelos partidos políticos ou candidatos.

§ 1º Para apuração da veracidade dos gastos eleitorais, a autoridade judicial, mediante provocação do Ministério Público ou de qualquer partido político, coligação ou candidato, pode determinar, em decisão fundamentada:

I - a apresentação de provas aptas pelos respectivos fornecedores para demonstrar a prestação de serviços ou a entrega dos bens contratados;

II - a realização de busca e apreensão, exibição de documentos e demais medidas antecipatórias de produção de prova admitidas pela legislação;

III - a quebra do sigilo bancário e fiscal do fornecedor e/ou de terceiros envolvidos.

§ 2º Independentemente da adoção das medidas previstas neste artigo, enquanto não apreciadas as contas finais do partido político ou do candidato, a autoridade judicial poderá intimá-lo a comprovar a realização dos gastos de campanha por meio de documentos e provas idôneas.

TÍTULO II
DA PRESTAÇÃO DE CONTAS

CAPÍTULO I
DA OBRIGAÇÃO DE PRESTAR CONTAS

Art. 48. Devem prestar contas à Justiça Eleitoral:

I - o candidato;

II - os órgãos partidários, ainda que constituídos sob forma provisória:

a) nacionais;

b) estaduais;

c) distritais; e

d) municipais.

§ 1º O candidato fará, diretamente ou por intermédio de pessoa por ele designada, a administração financeira de sua campanha usando recursos repassados pelo partido, inclusive os relativos à quota do Fundo Partidário ou do Fundo Especial de Financiamento de Campanha (FEFC), recursos próprios ou doações de pessoas físicas (Lei nº 9.504/1997, art. 20).

§ 2º O candidato é solidariamente responsável com a pessoa indicada no § 1º e com o profissional de contabilidade de que trata o § 4º deste artigo pela veracidade das informações financeiras e contábeis de sua campanha (Lei nº 9.504/1997, art. 21).

§ 3º O candidato elaborará a prestação de contas, que será encaminhada à autoridade judicial competente para o julgamento das contas, diretamente por ele, no prazo estabelecido no art. 52, abrangendo, se for o caso, o vice ou o suplente e todos aqueles que o tenham substituído, em conformidade com os respectivos períodos de composição da chapa.

§ 4º A arrecadação de recursos e a realização de gastos eleitorais devem ser acompanhadas por profissional habilitado em contabilidade desde o início da campanha, o qual realizará os registros contábeis pertinentes e auxiliará o candidato e o partido na elaboração da prestação de contas, observando as normas estabelecidas pelo Conselho Federal de Contabilidade e as regras estabelecidas nesta resolução.

§ 5º O extrato de prestação de contas deve ser assinado:

I - pelo candidato titular e vice ou suplente, se houver;

II - pelo administrador financeiro, na hipótese de prestação de contas de candidato, se constituído;

III - pelo presidente e pelo tesoureiro do partido político, na hipótese de prestação de contas de partido político;

IV - pelo profissional habilitado em contabilidade.

§ 6º O extrato de prestação de contas, depois de assinado, deve ser entregue junto com os demais documentos a que se refere o art. 56, II, desta resolução, devendo ser digitalizado na hipótese de prestação de contas nos tribunais eleitorais.

§ 7º É obrigatória a constituição de advogado para a prestação de contas.

§ 8º O candidato que renunciar à candidatura, dela desistir, for substituído ou tiver o registro indeferido pela Justiça Eleitoral deve prestar contas em relação ao período em que participou do processo eleitoral, mesmo que não tenha realizado campanha.

§ 9º Se o candidato falecer, a obrigação de prestar contas, na forma desta resolução, referente ao período em que realizou campanha, será de responsabilidade de seu administrador financeiro ou, na sua ausência, no que for possível, da respectiva direção partidária.

§ 10. O candidato que tiver seu registro de candidatura cancelado, não conhecido ou considerado inapto está desobrigado de prestar contas à Justiça Eleitoral.

§ 11. A ausência de movimentação de recursos de campanha, financeiros ou estimáveis em dinheiro, não isenta o partido político e o candidato do dever de prestar contas na forma estabelecida nesta resolução.

§ 12. O presidente, o tesoureiro do partido político e o profissional habilitado em contabilidade são responsáveis pela veracidade das informações relativas à prestação de contas do partido, devendo assinar o extrato de prestação de contas, nos termos do art. 58, § 2º, encaminhando-a à Justiça Eleitoral no prazo legal.

Art. 49. Sem prejuízo da prestação de contas anual prevista na Lei nº 9.096/1995, os órgãos partidários, em todas as suas esferas, devem prestar contas dos recursos arrecadados e aplicados exclusivamente em campanha, ou da sua ausência, da seguinte forma:

Art. 49

I - o órgão partidário municipal deve encaminhar a prestação de contas à respectiva zona eleitoral;

II - o órgão partidário estadual ou distrital deve encaminhar a prestação de contas ao respectivo tribunal regional eleitoral, via Processo Judicial Eletrônico (PJe);

III - o órgão partidário nacional deve encaminhar a prestação de contas ao Tribunal Superior Eleitoral, via Processo Judicial Eletrônico (PJe).

§ 1º Para os efeitos do disposto no *caput*, consideram-se obrigados a prestar contas de campanha os órgãos partidários vigentes após a data prevista no Calendário Eleitoral para o início das convenções partidárias.

§ 2º A extinção ou dissolução de comissão provisória ou do diretório partidário não exclui a obrigação de apresentação das contas relativas ao período de vigência da comissão ou do diretório.

§ 3º Na hipótese do § 2º deste artigo, a prestação de contas deve ser apresentada pela esfera partidária imediatamente superior ou por quem suceder a comissão ou o diretório, com a identificação dos dirigentes partidários de acordo com o período de atuação.

Art. 50. Os partidos políticos e os candidatos são obrigados, durante as campanhas eleitorais, a entregar à Justiça Eleitoral, para divulgação em página criada na internet para esse fim (Lei nº 9.504/1997, art. 28, § 4º):

I - os dados relativos aos recursos financeiros recebidos para financiamento de sua campanha eleitoral, em até 72 (setenta e duas) horas contadas do recebimento;

II - relatório parcial discriminando as transferências do Fundo Partidário e do Fundo Especial de Financiamento de Campanha (FEFC), os recursos financeiros e os estimáveis em dinheiro recebidos, bem como os gastos realizados.

§ 1º A prestação de contas parcial de que trata o inciso II do *caput* deve ser feita exclusivamente em meio eletrônico, por intermédio do SPCE, com a discriminação dos recursos financeiros ou estimáveis em dinheiro para financiamento da campanha eleitoral, contendo, cumulativamente:

I - a indicação dos nomes, do CPF das pessoas físicas doadoras ou do CNPJ dos partidos políticos ou dos candidatos doadores;

II - a especificação dos respectivos valores doados;

III - a identificação dos gastos realizados, com detalhamento dos fornecedores.

§ 2º Os relatórios de campanha de que trata o inciso I do *caput* serão informados à Justiça Eleitoral, por meio do SPCE, em até 72 (setenta e duas) horas contadas a partir da data de recebimento da doação, considerando-se data de recebimento a de efetivo crédito nas contas bancárias de campanha, sempre que a arrecadação for realizada por cartão de crédito ou mecanismo de financiamento coletivo.

§ 3º O relatório financeiro de campanha será disponibilizado pelo Tribunal Superior Eleitoral na sua página na internet em até 48 (quarenta e oito) horas, ocasião em que poderão ser divulgados também os gastos eleitorais declarados, bem como as doações estimáveis em dinheiro.

§ 4º A prestação de contas parcial de campanha deve ser encaminhada por meio do SPCE, pela internet, entre os dias 9 a 13 de setembro do ano eleitoral, dela constando o registro da movimentação financeira e/ou estimável em dinheiro ocorrida desde o início da campanha até o dia 8 de setembro do mesmo ano.

§ 5º No dia 15 de setembro do ano eleitoral, o Tribunal Superior Eleitoral divulgará, na sua página na internet, a prestação de contas parcial de campanha de candidatos e partidos políticos com a indicação dos nomes, do CPF ou CNPJ dos doadores e dos respectivos valores doados (Lei nº 9.504/1997, art. 28, § 4º, inciso II, e § 7º).

§ 6º A não apresentação tempestiva da prestação de contas parcial ou a sua entrega de forma que não corresponda à efetiva movimentação de recursos pode caracterizar infração grave, a ser apurada na oportunidade do julgamento da prestação de contas final.

§ 7º A ausência de informações sobre o recebimento de recursos financeiros de que trata o inciso I do *caput* deve ser examinada, de acordo com a quantidade e os valores envolvidos, na oportunidade do julgamento da prestação de contas, podendo, conforme o caso, levar à sua rejeição.

§ 8º Após os prazos previstos no inciso I do *caput* e no § 4º, as informações enviadas à Justiça Eleitoral somente podem ser retificadas com a apresentação de justificativa que seja aceita pela autoridade judicial e, no caso da prestação de contas parcial, mediante a apresentação de prestação retificadora na forma do art. 74, *caput*, e § 2º, desta resolução.

Art. 51. As prestações de contas parciais encaminhadas os tribunais eleitorais serão autuadas automaticamente no Processo Judicial Eletrônico (PJe) quando do envio pelo SPCE.

§ 1º Nos cartórios eleitorais, o chefe de cartório encaminhará as informações ao juiz eleitoral para que seja determinada sua autuação, caso esta ainda não tenha ocorrido em razão da apuração dos indícios de irregularidade a que se refere o art. 94 desta resolução.

§ 2º O relator ou o juiz eleitoral pode determinar o imediato início da análise das contas com base nos dados constantes da prestação de contas parcial e nos demais que estiverem disponíveis.

§ 3º Ocorrendo a autuação da prestação de contas na oportunidade da sua apresentação parcial, serão juntados ao processo já autuado os recibos eleitorais emitidos e os que forem sendo emitidos na forma do art. 9º desta resolução, os extratos eletrônicos recebidos e os que vierem a ser recebidos nos termos do art. 15 e, posteriormente, a prestação de contas final.

Art. 52. As prestações de contas finais referentes ao primeiro turno de todos os candidatos e de partidos políticos em todas as esferas devem ser prestadas à Justiça Eleitoral até o trigésimo dia posterior à realização das eleições (Lei nº 9.504/1997, art. 29, inciso III).

§ 1º Havendo segundo turno, devem prestar suas contas até o vigésimo dia posterior à sua realização, apresentando a movimentação financeira referente aos dois turnos (Lei nº 9.504/1997, art. 29, inciso IV):

I - o candidato que disputar o segundo turno;

II - os órgãos partidários vinculados ao candidato que concorre ao segundo turno, ainda que coligados, em todas as suas esferas;

III - os órgãos partidários que, ainda que não referidos no inciso II, efetuem doações ou gastos às candidaturas concorrentes no segundo turno.

§ 2º Sem prejuízo da obrigação prevista no § 1º, os candidatos e os partidos que disputarem o segundo turno da eleição devem informar à Justiça Eleitoral as doações e os gastos que tenham realizado em favor dos candidatos eleitos no primeiro turno, até o trigésimo dia posterior à realização do primeiro turno.

§ 3º Para cumprir o disposto no § 2º, candidatos e partidos devem utilizar o SPCE.

§ 4º As prestações de contas finais devem ser juntadas às prestações de contas parciais, caso já tenham sido entregues.

§ 5º Na hipótese de omissão de contas parciais, as contas finais deverão ser autuadas e distribuídas automaticamente no Sistema de Processo Judicial Eletrônico (PJe) na hipótese de tribunais eleitorais, permanecendo a autuação física nas zonas eleitorais.

§ 6º Findos os prazos fixados neste artigo sem que as contas tenham sido prestadas, observar-se-ão os seguintes procedimentos:

I - a unidade técnica responsável pelo exame das contas nos tribunais, e o chefe de cartório nas zonas eleitorais, conforme o caso, informará o fato, no prazo máximo de 3 (três) dias:

a) ao presidente do tribunal ou ao relator, caso designado; ou

b) ao juiz eleitoral;

II - a autoridade judicial determinará a autuação da informação na classe processual de Prestação de Contas, caso tenha havido omissão na prestação de contas parcial a que se refere o art. 51, e, nos tribunais, proceder-se-á à distribuição do processo a um relator, se for o caso;

III - a unidade técnica nos tribunais, e o chefe de cartório nas zonas eleitorais, instruirá os autos com os extratos eletrônicos encaminhados à Justiça Eleitoral, com as informações relativas ao recebimento de recursos do Fundo Partidário, de fonte vedada e/ou de origem não identificada e com os demais dados disponíveis;

IV - o omisso será citado para, querendo, manifestar-se no prazo de 3 (três) dias;

V - o Ministério Público terá vista dos autos da prestação de contas, devendo emitir parecer no prazo de 2 (dois) dias;

VI - permanecendo a omissão, as contas serão julgadas como não prestadas (Lei nº 9.504/1997, art. 30, inciso IV).

§ 7º A citação de que trata o inciso IV deve ser pessoal e observar os procedimentos previstos nos arts. 101 e seguintes desta resolução.

CAPÍTULO II
DAS SOBRAS DE CAMPANHA

Art. 53. Constituem sobras de campanha:

I - a diferença positiva entre os recursos financeiros arrecadados e os gastos financeiros realizados em campanha;

II - os bens e materiais permanentes adquiridos ou recebidos durante a campanha até a data da entrega das prestações de contas de campanha.

§ 1º As sobras de campanhas eleitorais devem ser transferidas ao órgão partidário, na circunscrição do pleito, conforme a origem dos recursos, até a data prevista para a apresentação das contas à Justiça Eleitoral.

§ 2º O comprovante de transferência das sobras de campanha deve ser juntado à prestação de contas do responsável pelo recolhimento, sem prejuízo dos respectivos lançamentos na contabilidade do partido político.

§ 3º As sobras financeiras de recursos oriundos do Fundo Partidário devem ser transferidas para a conta bancária do partido político destinada à movimentação de recursos dessa natureza.

§ 4º As sobras financeiras de origem diversa da prevista no § 3º devem ser depositadas na conta bancária do partido político destinada à movimentação de «Outros Recursos», prevista na resolução que trata das prestações de contas anuais dos partidos políticos.

§ 5º Os valores do Fundo Especial de Financiamento de Campanha (FEFC) eventualmente não utilizados não constituem sobras de campanha e devem ser recolhidos ao Tesouro Nacional integralmente por meio de Guia de Recolhimento da União (GRU) no momento da prestação de contas.

Art. 54. Caso não seja cumprido o disposto no § 1º do art. 53 desta resolução até 31 de dezembro do ano eleitoral, os bancos devem efetuar a transferência do saldo financeiro da conta bancária eleitoral de candidatos, na forma do art. 31 da Lei nº 9.504/1997, dando imediata ciência ao juízo ou tribunal competente para a análise da prestação de contas do candidato, observando o seguinte:

I - os bancos devem comunicar o fato previamente ao titular da conta bancária para que proceda, em até 10 (dez) dias antes do prazo previsto no *caput*, à transferência das sobras financeiras de campanha ao partido político a que estiver vinculado, observada a circunscrição do pleito (Resolução Banco Central nº 2.025/1993, art. 12, inciso V);

II - decorrido o prazo do inciso I sem que o titular da conta bancária tenha efetivado a transferência, os bancos devem efetuar a transferência do saldo financeiro existente para o órgão diretivo do partido político da circunscrição da eleição, o qual será o exclusivo responsável pela identificação desses recursos, sua utilização, contabilização e respectiva prestação de contas à Justiça Eleitoral;

III - efetivada a transferência de que trata o inciso II, os bancos devem encaminhar ofício à Justiça Eleitoral, no prazo de até 10 (dez) dias.

§ 1º Inexistindo conta bancária do órgão partidário na circunscrição da eleição, a transferência de que trata este artigo deve ser feita para a conta bancária do órgão nacional do partido político.

§ 2º Na hipótese do § 1º, além da comunicação de que trata o inciso III, os bancos devem, em igual prazo, encaminhar ofício ao Tribunal Superior Eleitoral e ao órgão partidário nacional, identificando o titular da conta bancária encerrada e a conta bancária de destino.

§ 3º Ocorrendo dúvida sobre a identificação da conta de destino, o banco pode requerer informação à Justiça Eleitoral, no prazo previsto no inciso I.

Art. 55. Caso não seja cumprido o disposto no § 5º do art. 53 desta resolução até 31 de dezembro do ano eleitoral, os bancos devem efetuar a transferência do saldo financeiro da conta bancária de candidatos e de partidos políticos destinada

Art. 55

à movimentação do Fundo Especial de Financiamento de Campanha (FEFC) ao Tesouro Nacional, por meio de Guia de Recolhimento da União (GRU), dando imediata ciência ao juízo ou tribunal competente para a análise da respectiva prestação de contas (Lei nº 9.504/1997, art. 16-C, § 11).

CAPÍTULO III
DA ELABORAÇÃO E APRESENTAÇÃO DAS CONTAS

Art. 56. Ressalvado o disposto no art. 65 desta resolução, a prestação de contas, ainda que não haja movimentação de recursos financeiros ou estimáveis em dinheiro, deve ser composta, cumulativamente:

I - pelas seguintes informações:

a) qualificação do candidato, dos responsáveis pela administração de recursos e do profissional habilitado em contabilidade;

b) recibos eleitorais emitidos;

c) recursos arrecadados, com a identificação das doações recebidas, financeiras ou estimáveis em dinheiro, e daqueles oriundos da comercialização de bens e/ou serviços e da promoção de eventos;

d) receitas estimáveis em dinheiro, com a descrição:

1. do bem recebido, da quantidade, do valor unitário e da avaliação pelos preços praticados no mercado, com a identificação da fonte de avaliação;

2. do serviço prestado, da avaliação realizada em conformidade com os preços habitualmente praticados pelo prestador, sem prejuízo da apuração dos preços praticados pelo mercado, caso o valor informado seja inferior a estes;

e) doações efetuadas a outros partidos políticos e/ou outros candidatos;

f) transferência financeira de recursos entre o partido político e seu candidato, e vice-versa;

g) receitas e despesas, especificadas;

h) eventuais sobras ou dívidas de campanha;

i) gastos individuais realizados pelo candidato e pelo partido político;

j) gastos realizados pelo partido político em favor do seu candidato;

k) comercialização de bens e/ou serviços e/ou da promoção de eventos, com a discriminação do período de realização, o valor total auferido, o custo total, as especificações necessárias à identificação da operação e a identificação dos adquirentes dos bens ou serviços;

l) conciliação bancária, com os débitos e os créditos ainda não lançados pela instituição bancária, a qual deve ser apresentada quando houver diferença entre o saldo financeiro do demonstrativo de receitas e despesas e o saldo bancário registrado em extrato, de forma a justificá-la;

II - pelos seguintes documentos, na forma prevista no § 1º deste artigo:

a) extratos das contas bancárias abertas em nome do candidato e do partido político, inclusive da conta aberta para movimentação de recursos do Fundo Partidário e daquela aberta para movimentação de recursos do Fundo Especial de Financiamento de Campanha (FEFC), quando for o caso, nos termos exigidos pelo inciso III do art. 3º desta resolução, demonstrando a movimentação financeira ou sua ausência, em sua forma definitiva, contemplando todo o período de campanha, vedada a apresentação de extratos sem validade legal, adulterados, parciais ou que omitam qualquer movimentação financeira;

b) comprovantes de recolhimento (depósitos/transferências) à respectiva direção partidária das sobras financeiras de campanha;

c) documentos fiscais que comprovem a regularidade dos gastos eleitorais realizados com recursos do Fundo Partidário e com recursos do Fundo Especial de Financiamento de Campanha (FEFC), na forma do art. 63 desta resolução;

d) declaração firmada pela direção partidária comprovando o recebimento das sobras de campanha constituídas por bens e/ou materiais permanentes, quando houver;

e) autorização do órgão nacional de direção partidária, na hipótese de assunção de dívida pelo partido político, acompanhada dos documentos previstos no § 3º do art. 35 desta resolução;

f) instrumento de mandato para constituição de advogado para a prestação de contas;

g) comprovantes bancários de devolução dos recursos recebidos de fonte vedada ou guia de recolhimento ao Tesouro Nacional dos recursos provenientes de origem não identificada;

h) notas explicativas, com as justificações pertinentes.

§ 1º Os documentos a que se refere o inciso II do *caput* deste artigo, na hipótese de serem entregues nos tribunais eleitorais respectivos, devem ser digitalizados e apresentados exclusivamente em mídia eletrônica, nos termos do art. 103 desta resolução.

§ 2º Para subsidiar o exame das contas prestadas, a Justiça Eleitoral poderá requerer a apresentação dos seguintes documentos, observado o que dispõe o § 1º deste artigo:

I - documentos fiscais e outros legalmente admitidos que comprovem a regularidade dos gastos eleitorais;

II - outros elementos que comprovem a movimentação realizada na campanha eleitoral, inclusive a proveniente de bens ou serviços estimáveis.

Art. 57. A elaboração da prestação de contas deve ser feita e transmitida por meio do SPCE, disponibilizado na página da Justiça Eleitoral na internet.

Art. 58. A prestação de contas deve ser encaminhada à Justiça Eleitoral em meio eletrônico, pela internet, na forma do art. 57 desta resolução.

§ 1º Recebidas na base de dados da Justiça Eleitoral as informações de que trata o inciso I do *caput* do art. 56 desta resolução, o sistema emitirá o extrato da prestação de contas, certificando a entrega eletrônica.

§ 2º O prestador de contas, na hipótese de serem as contas encaminhadas à zona eleitoral, deve imprimir o extrato da prestação de contas, assiná-lo e, juntamente com os documentos a que se refere o inciso II do *caput* do art. 56 desta resolução, protocolar a prestação de contas na Justiça Eleitoral até o prazo fixado no art. 52.

§ 3º Na hipótese de serem as contas entregues nos tribunais eleitorais respectivos, o extrato de prestação de contas deve ser assinado e digitalizado para entrega com os documentos a que se refere o inciso II do art. 56 desta resolução, exclusivamente em mídia eletrônica, na forma do art. 103, até o prazo fixado no art. 52.

§ 4º O recibo de entrega da prestação de contas somente será emitido:

I - na hipótese de prestação de contas na zona eleitoral, após a certificação de que o número de controle do extrato da prestação de contas é idêntico ao que consta na base de dados da Justiça Eleitoral;

II - na hipótese de prestação de contas nos tribunais eleitorais, após o recebimento da mídia eletrônica com os documentos a que se refere o art. 56 desta resolução, inciso II, e o extrato de prestação de contas a que se refere o § 1º deste artigo, observada a forma do art. 103.

§ 5º Na hipótese de prestação de contas na zona eleitoral, ausente o número de controle no extrato da prestação de contas, ou sendo divergente daquele constante da base de dados da Justiça Eleitoral, o SPCE emitirá aviso com a informação de impossibilidade técnica de sua recepção.

§ 6º Na hipótese do § 5º, é necessária a correta reapresentação da prestação de contas, sob pena de estas serem julgadas não prestadas.

§ 7º Na hipótese de prestação de contas nos tribunais eleitorais, a omissão na entrega da mídia eletrônica a que se refere o § 3º deste artigo sujeita o prestador de contas ao julgamento de contas como não prestadas.

§ 8º Os autos físicos das prestações de contas dos candidatos eleitos nas eleições municipais serão encaminhados, tão logo recebidos, à unidade ou ao responsável por sua análise técnica para que esta seja desde logo iniciada.

§ 9º Na hipótese de contas prestadas nos tribunais eleitorais, os documentos digitalizados e entregues exclusivamente em mídia eletrônica serão incluídos no sistema de gerenciamento de documentos e referenciados no processo judicial eletrônico (PJe), após o que os autos digitais serão encaminhados à unidade ou ao responsável por sua análise técnica para que esta seja desde logo iniciada.

§ 10. Os autos das prestações de contas dos candidatos não eleitos permanecerão em cartório até o encerramento do prazo para impugnação, previsto no art. 59 desta resolução.

Art. 59. Com a apresentação das contas finais, a Justiça Eleitoral disponibilizará as informações a que se refere o inciso I do *caput* do art. 56 desta resolução, bem como os extratos eletrônicos encaminhados à Justiça Eleitoral, na página do TSE na internet, e determinará a imediata publicação de edital para que qualquer partido político, candidato ou coligação, o Ministério Público, bem como qualquer outro interessado, possa impugná-las no prazo de 3 (três) dias.

§ 1º A impugnação à prestação de contas deve ser formulada em petição fundamentada dirigida ao relator ou ao juiz eleitoral, relatando fatos e indicando provas, indícios e circunstâncias.

§ 2º As impugnações à prestação de contas dos candidatos eleitos e dos respectivos partidos políticos, inclusive dos coligados, serão autuadas em separado, e o cartório eleitoral ou a secretaria do tribunal notificará imediatamente o candidato ou o órgão partidário, encaminhando-lhe a cópia da impugnação e dos documentos que a acompanham, para manifestação no prazo de 3 (três) dias.

§ 3º Apresentada ou não a manifestação do impugnado, transcorrido o prazo previsto no § 2º deste artigo, o cartório eleitoral ou a secretaria do tribunal cientificará o Ministério Público da impugnação.

§ 4º Decorrido o prazo previsto no § 2º e cientificado o Ministério Público na forma do § 3º deste artigo, com ou sem manifestação daquele órgão, o cartório eleitoral solicitará os autos da prestação de contas à unidade ou ao responsável pela análise técnica, providenciando, imediatamente, o apensamento da impugnação e sua pronta devolução para a continuidade do exame e, na hipótese dos tribunais eleitorais, a secretaria do tribunal providenciará a associação dos autos digitais no PJe.

§ 5º Nas prestações de contas dos candidatos não eleitos e dos órgãos de seus partidos políticos, inclusive dos coligados, a impugnação será juntada aos próprios autos da prestação de contas, abrindo-se vista ao prestador de contas e ao Ministério Público, na forma da parte final dos §§ 2º e 3º, e, em seguida, os autos serão encaminhados à unidade ou ao responsável pela análise técnica.

§ 6º A disponibilização das informações previstas no *caput*, bem como a apresentação ou não de impugnação não impedem a atuação do Ministério Público como custos legis nem o exame das contas pela unidade técnica ou pelo responsável por sua análise no cartório eleitoral.

Seção I
Da Comprovação da Arrecadação de Recursos e da Realização de Gastos

Art. 60. A comprovação dos recursos financeiros arrecadados deve ser feita mediante:

I - os recibos eleitorais emitidos, nos termos do art. 9º desta resolução; ou

II - pela correspondência entre o número do CPF/CNPJ do doador registrado na prestação de contas e aquele constante do extrato eletrônico da conta bancária.

§ 1º A comprovação da ausência de movimentação de recursos financeiros deve ser efetuada mediante a apresentação dos correspondentes extratos bancários ou de declaração firmada pelo gerente da instituição financeira.

§ 2º A ausência de movimentação financeira não isenta o prestador de contas de efetuar o registro das doações estimáveis em dinheiro.

§ 3º Havendo indício de recurso recebido de fonte vedada, apurado durante o exame, o prestador de contas deve esclarecer a situação e comprovar a regularidade da origem dos recursos.

Art. 61. As doações de bens ou serviços estimáveis em dinheiro ou cessões temporárias devem ser avaliadas com base nos preços praticados no mercado no momento de sua realização e comprovadas por:

I - documento fiscal ou, quando dispensado, comprovante emitido em nome do doador ou instrumento de doação, quando se tratar de doação de bens de propriedade do doador pessoa física em favor de candidato ou partido político;

II - instrumento de cessão e comprovante de propriedade do bem cedido pelo doador, quando se tratar de bens cedidos temporariamente ao candidato ou ao partido político;

Art. 61

III - instrumento de prestação de serviços, quando se tratar de produto de serviço próprio ou atividades econômicas prestadas por pessoa física em favor de candidato ou partido político.

§ 1º A avaliação do bem ou do serviço doado de que trata o *caput* deve ser feita mediante a comprovação dos preços habitualmente praticados pelo doador e a sua adequação aos praticados no mercado, com indicação da fonte de avaliação.

§ 2º Além dos documentos previstos no *caput* e seus incisos, poderão ser admitidos outros meios de prova lícitos para a demonstração das doações, cujo valor probante será aferido na oportunidade do julgamento da prestação de contas.

Art. 62. O cancelamento de documentos fiscais deve observar o disposto na legislação tributária, sob pena de ser considerado irregular.

Art. 63. A comprovação dos gastos eleitorais deve ser feita por meio de documento fiscal idôneo emitido em nome dos candidatos e partidos políticos, sem emendas ou rasuras, devendo conter a data de emissão, a descrição detalhada, o valor da operação e a identificação do emitente e do destinatário ou dos contraentes pelo nome ou razão social, CPF ou CNPJ e endereço.

§ 1º Além do documento fiscal idôneo a que se refere o *caput*, a Justiça Eleitoral poderá admitir, para fins de comprovação de gasto, qualquer meio idôneo de prova, inclusive outros documentos, tais como:

I - contrato;

II - comprovante de entrega de material ou da prestação efetiva do serviço;

III - comprovante bancário de pagamento; ou

IV - Guia de Recolhimento do FGTS e de Informações da Previdência Social (GFIP).

§ 2º Quando dispensada a emissão de documento fiscal, na forma da legislação aplicável, a comprovação da despesa pode ser feita por meio de recibo que contenha a data de emissão, a descrição e o valor da operação ou prestação, a identificação do destinatário e do emitente pelo nome ou razão social, CPF ou CNPJ, endereço e assinatura do prestador de serviços.

§ 3º Ficam dispensadas de comprovação na prestação de contas:

I - a cessão de bens móveis, limitada ao valor de R$ 4.000,00 (quatro mil reais) por pessoa cedente;

II - as doações estimáveis em dinheiro entre candidatos ou partidos decorrentes do uso comum tanto de sedes quanto de materiais de propaganda eleitoral, cujo gasto deverá ser registrado na prestação de contas do responsável pelo pagamento da despesa;

III - a cessão de automóvel de propriedade do candidato, do cônjuge e de seus parentes até o terceiro grau para seu uso pessoal durante a campanha.

§ 4º A dispensa de comprovação prevista no § 3º deste artigo não afasta a obrigatoriedade de serem registrados na prestação de contas dos doadores e de seus beneficiários os valores das operações constantes dos incisos I a III do referido parágrafo.

§ 5º São dispensadas de registro na prestação de contas dos candidatos as seguintes despesas de natureza pessoal:

I - combustível e manutenção de veículo automotor usado na campanha pelo próprio candidato;

II - remuneração, alimentação e hospedagem do condutor do veículo a que se refere a alínea *a* deste parágrafo;

III - alimentação e hospedagem própria;

IV - uso de linhas telefônicas registradas em nome do candidato como pessoa física, até o limite de três linhas.

§ 6º Para fins do disposto no inciso II do § 3º, considera-se uso comum:

I - de sede: o compartilhamento de imóvel para instalação de comitê de campanha e realização de atividades de campanha eleitoral, compreendido no valor da doação estimável o uso e/ou a locação do espaço, assim como as despesas para sua manutenção, excetuadas as despesas com pessoal, regulamentadas na forma do art. 43;

II - de materiais de propaganda eleitoral: a produção de materiais publicitários que beneficiem duas ou mais campanhas eleitorais.

§ 7º Os gastos com passagens aéreas efetuados nas campanhas eleitorais serão comprovados mediante a apresentação de fatura ou duplicata emitida por agência de viagem, quando for o caso, desde que informados os beneficiários, as datas e os itinerários, vedada a exigência de apresentação de qualquer outro documento para esse fim (Lei nº 9.504/1997, art. 28, § 8º).

Art. 64. No caso de utilização de recursos financeiros próprios, a Justiça Eleitoral pode exigir do candidato a apresentação de documentos comprobatórios da respectiva origem e disponibilidade.

Parágrafo único. A comprovação de origem e disponibilidade de que trata este artigo deve ser instruída com documentos e elementos que demonstrem a procedência lícita dos recursos e a sua não caracterização como fonte vedada.

CAPÍTULO IV
DA PRESTAÇÃO DE CONTAS SIMPLIFICADA

Art. 65. A Justiça Eleitoral adotará sistema simplificado de prestação de contas para candidatos que apresentem movimentação financeira correspondente a, no máximo, R$ 20.000,00 (vinte mil reais) (Lei nº 9.504/1997, art. 28, § 9º).

§ 1º Nas eleições para prefeito e vereador em Municípios com menos de 50.000 (cinquenta mil) eleitores, a prestação de contas será feita pelo sistema simplificado (Lei 9.504/1997, art. 28, § 11).

§ 2º Para os fins deste artigo, considera-se movimentação financeira o total das despesas contratadas e registradas na prestação de contas.

Art. 66. O sistema simplificado de prestação de contas se caracteriza pela análise informatizada e simplificada da prestação de contas que será elaborada exclusivamente pelo SPCE.

Parágrafo único. Poderão ser submetidas ao exame simplificado também as contas dos candidatos não eleitos.

Art. 67. A prestação de contas simplificada será composta exclusivamente pelas informações prestadas diretamente no SPCE e pelos documentos descritos nas alíneas *a*, *b*, *d* e *f* do inciso II do art. 56.

§ 1º A adoção da prestação de contas simplificada não dispensa sua apresentação por meio do SPCE, disponibilizado na página da Justiça Eleitoral na internet.

§ 2º O recebimento e/ou processamento da prestação de contas simplificada, assim como de eventual impugnação oferecida, observará o disposto nos arts. 58 e 59.

§ 3º Concluída a análise técnica, caso tenha sido oferecida impugnação ou detectada qualquer irregularidade pelo órgão técnico, o prestador de contas será intimado para se manifestar no prazo de 3 (três) dias, podendo juntar documentos.

§ 4º Apresentada ou não a manifestação do prestador de contas, o Ministério Público terá vista dos autos para apresentação de parecer no prazo de 2 (dois) dias.

§ 5º Na hipótese de utilização de recursos provenientes do Fundo Partidário e/ou do Fundo Especial de Financiamento de Campanha (FEFC), além das informações transmitidas pelo SPCE, na forma do *caput*, o prestador de contas deverá apresentar os respectivos comprovantes dos recursos utilizados.

Art. 68. A análise técnica da prestação de contas simplificada será realizada de forma informatizada, com o objetivo de detectar:

I - recebimento direto ou indireto de fontes vedadas;

II - recebimento de recursos de origem não identificada;

III - extrapolação de limite de gastos;

IV - omissão de receitas e gastos eleitorais;

V - não identificação de doadores originários, nas doações recebidas de outros prestadores de contas.

Parágrafo único. Na hipótese de recebimento de recursos do Fundo Partidário e/ou do Fundo Especial de Financiamento de Campanha (FEFC), além da verificação informatizada da prestação de contas simplificada, a análise dos documentos de que trata o § 5º do art. 67 desta resolução deve ser feita mediante o exame da respectiva documentação que comprove a correta utilização dos valores.

Art. 69. As contas serão julgadas sem a realização de diligências, desde que verificadas, cumulativamente, as seguintes hipóteses:

I - inexistência de impugnação;

II - emissão de parecer conclusivo pela unidade técnica nos tribunais, ou pelo chefe de cartório nas zonas eleitorais, sem identificação de nenhuma das irregularidades previstas no art. 68; e

III - parecer favorável do Ministério Público.

Art. 70. Não sendo possível decidir de plano sobre a regularidade das contas, na forma do art. 77, com os elementos constantes dos autos, a autoridade eleitoral determinará a realização de diligência, que deverá ser cumprida no prazo de 3 (três) dias, seguindo-se novas manifestações da unidade técnica nos tribunais, e do chefe de cartório nas zonas eleitorais, e do Ministério Público, este no prazo de 2 (dois) dias, após o que o feito será julgado.

CAPÍTULO V
DA ANÁLISE E DO JULGAMENTO DAS CONTAS

Art. 71. Para efetuar o exame das contas, a Justiça Eleitoral pode requisitar técnicos do Tribunal de Contas da União, dos Estados e dos tribunais e conselhos de contas dos Municípios, pelo tempo que for necessário, bem como servidores ou empregados públicos do Município, ou nele lotados, ou ainda pessoas idôneas da comunidade, devendo a escolha recair preferencialmente naqueles que tenham formação técnica compatível, dando ampla e imediata publicidade de cada requisição (Lei nº 9.504/1997, art. 30, § 3º).

§ 1º Para a requisição de técnicos e outros colaboradores previstos no *caput*, devem ser observados os impedimentos aplicáveis aos integrantes de mesas receptoras de votos, previstos nos incisos de I a III do § 1º do art. 120 do Código Eleitoral.

§ 2º As razões de impedimento apresentadas pelos técnicos requisitados serão submetidas à apreciação da Justiça Eleitoral e somente poderão ser alegadas até 5 (cinco) dias contados da designação, salvo na hipótese de motivos supervenientes.

Art. 72. Havendo indício de irregularidade na prestação de contas, a Justiça Eleitoral pode requisitar diretamente ou por delegação informações adicionais, bem como determinar diligências específicas para a complementação dos dados ou para o saneamento das falhas, com a perfeita identificação dos documentos ou elementos que devem ser apresentados (Lei nº 9.504/1997, art. 30, § 4º).

§ 1º As diligências devem ser cumpridas pelos candidatos e partidos políticos no prazo de 3 (três) dias contados da intimação, sob pena de preclusão.

§ 2º Na fase de exame técnico, inclusive de contas parciais, a unidade ou o responsável pela análise técnica das contas pode promover circularizações, fixando o prazo máximo de 3 (três) dias para cumprimento.

§ 3º Determinada a diligência, decorrido o prazo do seu cumprimento com ou sem manifestação, acompanhados ou não de documentos, os autos serão remetidos para a unidade ou o responsável pela análise técnica para emissão de parecer conclusivo acerca das contas.

§ 4º Verificada a existência de falha, impropriedade ou irregularidade em relação à qual não se tenha dado ao prestador de contas prévia oportunidade de manifestação ou complementação, a unidade ou o responsável pela análise técnica deve notificá-lo, no prazo do § 2º e na forma do art. 101 desta resolução.

§ 5º Somente a autoridade judicial pode, em decisão fundamentada, de ofício ou por provocação do órgão técnico, do Ministério Público ou do impugnante, determinar a quebra dos sigilos fiscal e bancário do candidato, dos partidos políticos, dos doadores ou dos fornecedores da campanha.

§ 6º Nas diligências determinadas na prestação de contas, a Justiça Eleitoral deverá privilegiar a oportunidade de o interessado sanar, tempestivamente e quando possível, as irregularidades e impropriedades verificadas, identificando de forma específica e individualizada as providências a serem adotadas e seu escopo.

Art. 73. No exame técnico dos documentos comprobatórios das prestações de contas, poderá ser utilizada a técnica de amostragem.

Art. 74. A retificação da prestação de contas somente é permitida, sob pena de ser considerada inválida:

I - na hipótese de cumprimento de diligência que implicar a alteração das peças inicialmente apresentadas;

II - voluntariamente, na ocorrência de erro material detectado antes do pronunciamento técnico.

Art. 74

§ 1º Em quaisquer das hipóteses descritas nos incisos I e II, a retificação das contas obriga o prestador de contas a:

I - enviar o arquivo da prestação de contas retificadora pela internet, mediante o uso do SPCE;

II - apresentar extrato da prestação de contas devidamente assinado, acompanhado de justificativas e, quando cabível, de documentos que comprovem a alteração realizada, mediante petição dirigida:

a) no caso de prestação de contas a ser apresentada no tribunal, ao relator, via Processo Judicial Eletrônico (PJe), na forma do art. 56 desta resolução;

b) no caso de prestação de contas a ser apresentada na zona eleitoral, ao juiz eleitoral.

§ 2º Findo o prazo para apresentação das contas finais, não é admitida a retificação das contas parciais, e qualquer alteração deve ser feita por meio da retificação das contas finais, com a apresentação de nota explicativa.

§ 3º A validade da prestação de contas retificadora, assim como a pertinência da nota explicativa de que trata o § 2º serão analisadas e registradas no parecer técnico conclusivo de que trata o § 3º do art. 72, a fim de que a autoridade judicial sobre elas decida na oportunidade do julgamento da prestação de contas e, se for o caso, determine a exclusão das informações retificadas na base de dados da Justiça Eleitoral.

§ 4º A retificação da prestação de contas observará o rito previsto nos arts. 57 e seguintes desta resolução, devendo ser encaminhadas cópias do extrato da prestação de contas retificada ao Ministério Público e, se houver, ao impugnante, para manifestação a respeito da retificação e, se for o caso, para retificação da impugnação.

§ 5º O encaminhamento de cópias do extrato da prestação de contas retificada a que alude o § 4º deste artigo não impede o imediato encaminhamento da retificação das contas dos candidatos eleitos para exame técnico, tão logo recebidas na Justiça Eleitoral.

Art. 75. Emitido parecer técnico conclusivo pela existência de irregularidades e/ou impropriedades sobre as quais não se tenha dado oportunidade específica de manifestação ao prestador de contas, a Justiça Eleitoral intimá-lo-á para, querendo, manifestar-se no prazo de 3 (três) dias contados da intimação, vedada a juntada de documentos que não se refiram especificamente à irregularidade e/ou impropriedade apontada.

Art. 76. Apresentado o parecer conclusivo da unidade técnica nos tribunais, e do chefe de cartório nas zonas eleitorais, e observado o disposto no art. 75, o Ministério Público terá vista dos autos da prestação de contas, devendo emitir parecer no prazo de 2 (dois) dias.

Parágrafo único. O disposto no art. 75 também é aplicável quando o Ministério Público apresentar parecer pela rejeição das contas por motivo que não tenha sido anteriormente identificado ou considerado pelo órgão técnico.

Art. 77. Apresentado o parecer do Ministério Público e observado o disposto no parágrafo único do art. 76 desta resolução, a Justiça Eleitoral verificará a regularidade das contas, decidindo (Lei nº 9.504/1997, art. 30, *caput*):

I - pela aprovação, quando estiverem regulares;

II - pela aprovação com ressalvas, quando verificadas falhas que não lhes comprometam a regularidade;

III - pela desaprovação, quando constatadas falhas que comprometam sua regularidade;

IV - pela não prestação, quando, observado o disposto no § 1º:

a) depois de citados, na forma do inciso IV do § 6º do art. 52, o candidato ou o órgão partidário e os responsáveis permanecerem omissos ou as suas justificativas não forem aceitas;

b) não forem apresentados os documentos e as informações de que trata o art. 56; ou

c) o responsável deixar de atender às diligências determinadas para suprir a ausência que impeça a análise da movimentação declarada na prestação de contas.

§ 1º A ausência parcial dos documentos e das informações de que trata o art. 56 ou o não atendimento das diligências determinadas não enseja o julgamento das contas como não prestadas se os autos contiverem elementos mínimos que permitam a análise da prestação de contas.

§ 2º O disposto no § 1º deste artigo não se aplica quando for constatada a ausência do instrumento de mandato para constituição de advogado para a prestação de contas, hipótese em que estas devem ser julgadas não prestadas.

§ 3º Na hipótese do § 1º deste artigo, a autoridade judiciária examinará se a ausência verificada é relevante e compromete a regularidade das contas para efeito de sua aprovação com ressalvas ou desaprovação.

§ 4º O partido que descumprir as normas referentes à arrecadação e à aplicação de recursos perderá o direito ao recebimento da quota do Fundo Partidário do ano seguinte, sem prejuízo de responderem os candidatos beneficiados por abuso do poder econômico (Lei nº 9.504/1997, art. 25).

§ 5º Na hipótese de infração às normas legais, os dirigentes partidários poderão ser responsabilizados pessoalmente, em processos específicos a serem instaurados nos foros competentes.

§ 6º A sanção prevista no § 4º deste artigo será aplicada no ano seguinte ao do trânsito em julgado da decisão que desaprovar as contas do partido político ou do candidato, de forma proporcional e razoável, pelo período de 1 (um) a 12 (doze) meses, ou será aplicada por meio do desconto no valor a ser repassado da importância apontada como irregular, não podendo ser aplicada a sanção de suspensão caso a prestação de contas não seja julgada pelo juízo ou tribunal competente após 5 (cinco) anos de sua apresentação.

§ 7º A perda do direito ao recebimento da quota do Fundo Partidário ou o desconto no repasse de quotas resultante da aplicação da sanção a que se refere o § 6º será suspenso durante o segundo semestre do ano eleitoral (Lei nº 9.096/1995, art. 37, § 9º).

§ 8º As sanções previstas no § 6º não são aplicáveis no caso de desaprovação de prestação de contas de candidato, salvo quando ficar comprovada a efetiva participação do partido político nas infrações que acarretarem a rejeição das contas e, nessa hipótese, tiver sido assegurado o direito de defesa ao órgão partidário.

§ 9º As unidades técnicas devem registrar, no Sistema de Informações de Contas Eleitorais e Partidárias (SICO), a decisão que determinar a perda do direito ao recebimento da quota do Fundo Partidário ou o desconto no repasse de quotas resultante da aplicação da sanção a que se refere o § 6º.

Art. 78. O julgamento da prestação de contas pela Justiça Eleitoral não afasta a possibilidade de apuração por outros órgãos quanto à prática de eventuais ilícitos antecedentes e/ou vinculados, verificados no curso de investigações em andamento ou futuras.

Parágrafo único. A autoridade judicial responsável pela análise das contas, ao verificar a presença de indícios de irregularidades que possam configurar ilícitos, remeterá as respectivas informações e documentos aos órgãos competentes para apuração de eventuais crimes (Lei nº 9.096/1995, art. 35; e Código de Processo Penal, art. 40).

Art. 79. Erros formais e materiais corrigidos ou tidos como irrelevantes no conjunto da prestação de contas não ensejam sua desaprovação e aplicação de sanção (Lei nº 9.504/1997, art. 30, §§ 2º e 2º-A).

Art. 80. A decisão que julgar as contas do candidato às eleições majoritárias abrangerá as de vice e as de suplente, conforme o caso, ainda que substituídos.

Parágrafo único. Se, no prazo legal, o titular não prestar contas, o vice e os suplentes, ainda que substituídos, poderão fazê-lo separadamente, no prazo de 3 (três) dias contados da citação de que trata o inciso IV do § 6º do art. 52, para que suas contas sejam julgadas independentemente das contas do titular, salvo se este, em igual prazo, também apresentar suas contas, hipótese na qual os respectivos processos serão examinados em conjunto.

Art. 81. A decisão que julgar as contas dos candidatos eleitos será publicada em sessão, na hipótese de acórdão prolatado por tribunal, e no mural eletrônico, na hipótese de decisão proferida no primeiro grau, até 3 (três) dias antes da diplomação (Lei nº 9.504/1997, art. 30, § 1º).

Parágrafo único. A decisão que julgar as contas dos candidatos não eleitos será publicada no Diário da Justiça Eletrônico da Justiça Eleitoral.

Art. 82. A aprovação com ressalvas da prestação de contas não obsta que seja determinada a devolução dos recursos recebidos de fonte vedada ou a sua transferência para a conta única do Tesouro Nacional, assim como dos recursos de origem não identificada, na forma prevista nos arts. 33 e 34 desta resolução.

§ 1º Verificada a ausência de comprovação da utilização dos recursos do Fundo Partidário e/ou do Fundo Especial de Financiamento de Campanha (FEFC) ou a sua utilização indevida, a decisão que julgar as contas determinará a devolução do valor correspondente ao Tesouro Nacional no prazo de 5 (cinco) dias após o trânsito em julgado, sob pena de remessa de cópia digitalizada dos autos à representação estadual ou municipal da Advocacia-Geral da União, para fins de cobrança.

§ 2º Na hipótese do § 1º, incidirão juros moratórios e atualização monetária, calculados com base na taxa aplicável aos créditos da Fazenda Pública, sobre os valores a ser recolhidos ao Tesouro Nacional, desde a data da ocorrência do fato gerador até a do efetivo recolhimento, salvo se tiver sido determinado de forma diversa na decisão judicial.

Art. 83. A decisão que julgar as contas eleitorais como não prestadas acarreta:

I - ao candidato, o impedimento de obter a certidão de quitação eleitoral até o final da legislatura, persistindo os efeitos da restrição após esse período até a efetiva apresentação das contas;

II - ao partido político, a perda do direito ao recebimento da quota do Fundo Partidário e a suspensão do registro ou da anotação do órgão de direção estadual ou municipal.

§ 1º Após o trânsito em julgado da decisão que julgar as contas como não prestadas, o interessado pode requerer, na forma do disposto no § 2º deste artigo, a regularização de sua situação para:

I - no caso de candidato, evitar que persistam os efeitos do impedimento de obter a certidão de quitação eleitoral após o final da legislatura; ou

II - no caso de partido político, restabelecer o direito ao recebimento da quota do Fundo Partidário e reverter a suspensão do registro ou da anotação do órgão de direção estadual ou municipal.

§ 2º O requerimento de regularização:

I - pode ser apresentado:

a) pelo candidato interessado, para efeito da regularização de sua situação cadastral;

b) pelo órgão partidário cujo direito ao recebimento da quota do Fundo Partidário esteja suspenso ou pelo hierarquicamente superior;

II - deve ser autuado na classe Petição, consignando-se os nomes dos responsáveis, e distribuído por prevenção ao juiz ou relator que conduziu o processo de prestação de contas a que ele se refere;

III - deve ser instruído com todos os dados e documentos previstos no art. 56 desta resolução utilizando-se, em relação aos dados, o sistema de que trata o art. 57;

IV - não deve ser recebido com efeito suspensivo;

V - deve observar o rito previsto nesta resolução para o processamento da prestação de contas, no que couber, com a finalidade de verificar:

a) eventual existência de recursos de fontes vedadas;

b) eventual existência de recursos de origem não identificada;

c) ausência de comprovação ou irregularidade na aplicação de recursos oriundos do Fundo Partidário e/ou do Fundo Especial de Financiamento de Campanha (FEFC);

d) outras irregularidades de natureza grave.

§ 3º Caso constatada impropriedade ou irregularidade na aplicação dos recursos do Fundo Partidário e/ou do Fundo Especial de Financiamento de Campanha (FEFC) ou no recebimento dos recursos de que tratam os arts. 33 e 34 desta resolução, o órgão partidário e os seus responsáveis serão intimados para fins de devolução ao erário, se já não demonstrada a sua realização.

§ 4º Recolhidos os valores mencionados no § 3º, a autoridade judicial julgará o requerimento apresentado, decidindo pela regularização ou não da omissão, aplicando ao órgão partidário e aos seus responsáveis, quando for o caso, as sanções previstas no § 4º do art. 77 desta resolução.

§ 5º A situação de inadimplência do órgão partidário ou do candidato somente deve ser levantada após:

I - o efetivo recolhimento dos valores devidos; e

Art. 83

II - o cumprimento das sanções impostas na decisão prevista nos incisos I e II do *caput* e no § 4º deste artigo.

Art. 84. Desaprovadas as contas, a Justiça Eleitoral remeterá cópia de todo o processo ao Ministério Público para os fins previstos no art. 22 da Lei Complementar nº 64/1990 (Lei nº 9.504/1997, art. 22, § 4º).

Art. 85. Se identificado indício de apropriação, pelo candidato, pelo administrador financeiro da campanha ou por quem de fato exerça essa função de bens, recursos ou valores destinados ao financiamento eleitoral, em proveito próprio ou alheio, cópia dos autos deve ser encaminhada ao Ministério Público para apuração (Lei nº 4.737/1965, art. 354-A).

Art. 86. A inobservância do prazo para encaminhamento das prestações de contas impede a diplomação dos eleitos enquanto perdurar a omissão (Lei nº 9.504/1997, art. 29, § 2º).

Art. 87. A Justiça Eleitoral divulgará na página do Tribunal Superior Eleitoral na internet o nome dos candidatos e dos órgãos partidários que não apresentaram as contas de suas campanhas.

Parágrafo único. O registro no cadastro eleitoral será feito de forma automática quanto à apresentação das contas, sua extemporaneidade ou inadimplência.

Seção I
Dos Recursos

Art. 88. Da decisão do juiz eleitoral, cabe recurso para o tribunal regional eleitoral, no prazo de 3 (três) dias contados da publicação no Diário da Justiça Eletrônico (Lei nº 9.504/1997, art. 30, § 5º).

Art. 89. Na hipótese do julgamento das prestações de contas dos candidatos eleitos, o prazo recursal é contado da publicação em sessão do acórdão prolatado por tribunal eleitoral.

Parágrafo único. Na hipótese de decisão proferida no primeiro grau, o prazo recursal conta-se a partir da publicação em cartório.

Art. 90. Do acórdão do tribunal regional eleitoral, cabe recurso especial para o Tribunal Superior Eleitoral, nas hipóteses previstas nos incisos I e II do § 4º do art. 121 da Constituição Federal, no prazo de 3 (três) dias contados da publicação no Diário da Justiça Eletrônico (Lei nº 9.504/1997, art. 30, § 6º).

Art. 91. São irrecorríveis as decisões do Tribunal Superior Eleitoral, salvo as que contrariarem a Constituição Federal.

CAPÍTULO VI
DO CONTROLE E FISCALIZAÇÃO CONCOMITANTE

Art. 92. Durante todo o processo eleitoral, a Justiça Eleitoral pode fiscalizar a arrecadação e a aplicação de recursos, visando a subsidiar a análise das prestações de contas.

§ 1º A fiscalização a que alude o *caput* deste artigo deve ser:

I - precedida de autorização do presidente do tribunal ou do relator do processo, caso já tenha sido designado, ou ainda do juiz eleitoral, conforme o caso, que designará, entre os servidores da Justiça Eleitoral, fiscais *ad hoc*, devidamente credenciados para atuação;

II - registrada no SPCE para confronto com as informações lançadas na prestação de contas.

§ 2º Na hipótese de a fiscalização ocorrer em Município diferente da sede, a autoridade judiciária pode solicitar ao juiz da respectiva circunscrição eleitoral que designe servidor da zona eleitoral para exercer a fiscalização.

Art. 93. Os órgãos e as entidades da administração pública direta e indireta devem ceder, sem ônus para a Justiça Eleitoral, em formatos abertos e compatíveis, informações de suas bases de dados na área de sua competência, quando solicitadas pela Justiça Eleitoral (Lei nº 9.504/1997, art. 94-A, inciso I).

Art. 94. Os indícios de irregularidade relativos à arrecadação de recursos e gastos eleitorais obtidos mediante cruzamento de informações entre órgãos e entidades da administração pública devem ser processados na forma descrita a seguir:

I - tão logo identificados os indícios de irregularidade, a unidade técnica nos tribunais, ou o chefe de cartório nas zonas eleitorais, deve levar o fato ao conhecimento da presidência do tribunal ou do juiz eleitoral, conforme o caso;

II - ciente da identificação dos indícios, a autoridade judicial deve determinar a autuação do processo de prestação de contas ou, se já autuado, a juntada dos documentos aos autos respectivos;

III - a autoridade judicial, no prazo de 5 (cinco) dias, examinará a materialidade e a relevância dos indícios identificados, encaminhando-os, se julgar necessário, ao Ministério Público, para apuração;

IV - o Ministério Público procederá à apuração dos indícios, podendo:

a) requisitar à autoridade policial a instauração de inquérito;

b) requisitar informações a candidatos, partidos políticos, doadores, fornecedores e a terceiros para a apuração dos fatos, além de determinar outras diligências que julgar necessárias;

c) requerer a quebra dos sigilos fiscal e bancário de candidato, partido político, doador ou fornecedor de campanha (Lei Complementar nº 105/2001, art. 1º, § 4º);

V - concluída a apuração dos indícios, o Ministério Público, juntando os elementos probatórios colhidos e manifestando-se sobre eles, fará a imediata comunicação à autoridade judicial;

VI - a autoridade judicial, recebendo a manifestação ministerial, examinará com prioridade a matéria, determinando as providências urgentes que entender necessárias para evitar a irregularidade ou permitir o pronto restabelecimento da legalidade;

VII - inexistindo providências urgentes a adotar, o resultado da apuração dos indícios de irregularidade será juntado aos autos da prestação de contas e será considerado por ocasião do julgamento de regularidade da prestação de contas.

§ 1º A autoridade judicial poderá fixar prazo de 3 (três) dias para o cumprimento de eventuais diligências necessárias à instrução da apuração dos indícios de irregularidade de que trata este artigo, com a advertência de que o seu descumprimento poderá configurar crime de desobediência (Código Eleitoral, art. 347).

§ 2º Se até o prazo fixado para o pronunciamento do Ministério Público a respeito da regularidade da prestação de contas, disposto no art. 76 desta resolução, não houver sido encaminhada à autoridade judicial a manifestação de que trata o inciso V do *caput* deste artigo, o Ministério Público deverá proferir, naquela ocasião, manifestação sobre os indícios de irregularidade que lhe foram encaminhados para apuração.

§ 3º Se até o julgamento da prestação de contas do candidato ou do partido político a que se referem os indícios, a apuração não houver sido concluída, o resultado desta que detecte a prática de ilícitos antecedentes e/ou vinculados às contas deve ser encaminhado aos órgãos competentes para apreciação.

Art. 95. A Secretaria da Receita Federal do Brasil e as secretarias estaduais e municipais de Fazenda encaminharão ao Tribunal Superior Eleitoral, pela internet, arquivo eletrônico contendo as notas fiscais eletrônicas relativas ao fornecimento de bens e serviços para campanha eleitoral (Lei nº 9.504/1997, art. 94-A, inciso I), nos seguintes prazos:

I - até o 15º (décimo quinto) dia do mês de outubro do ano eleitoral, as notas fiscais eletrônicas emitidas desde o prazo final para o registro de candidaturas até o dia da eleição;

II - até o 10º (décimo) dia do mês de novembro do ano eleitoral, o arquivo complementar, contendo as notas fiscais eletrônicas emitidas do dia imediatamente posterior à eleição até o último dia do mês de outubro do mesmo ano.

§ 1º Para fins do previsto no *caput* deste artigo:

I - o Presidente do Tribunal Superior Eleitoral requisitará, por meio de ofício, à Secretaria da Receita Federal do Brasil cópia eletrônica de todas as notas fiscais eletrônicas (NF-e) emitidas pelo número de CNPJ de candidatos e de partidos políticos e contra ele (Lei nº 5.172/1966, art. 198, § 1º, inciso I).

II - os presidentes dos Tribunais Regionais Eleitorais requisitarão, por meio de ofício, às secretarias estaduais e municipais de Fazenda que adotem sistema de emissão eletrônica de nota fiscal, cópia eletrônica de todas as notas fiscais eletrônicas de serviços emitidas pelo número de CNPJ de candidatos e de partidos políticos e contra ele (Lei nº 5.172/1966, art. 198, § 1º, inciso I).

§ 2º Os ofícios de que trata o § 1º deste artigo deverão:

I - ser entregues até o primeiro dia do mês de setembro do ano eleitoral; e

II - fazer referência à determinação contida nesta resolução.

§ 3º Para o envio das informações requeridas nos termos do § 1º deste artigo, deverá ser observado o seguinte:

I - a Secretaria da Receita Federal do Brasil e as secretarias estaduais de Fazenda utilizarão o leiaute padrão da nota fiscal eletrônica (NF-e); e

II - as secretarias municipais de Fazenda observarão o leiaute padrão fixado pela Justiça Eleitoral e o validador e transmissor de dados, disponíveis na página do Tribunal Superior Eleitoral na internet.

§ 4º Não serão recebidos, na base de dados da Justiça Eleitoral, os arquivos eletrônicos de notas fiscais eletrônicas de prestação de serviços que não sejam aprovados pelo validador a que se refere o inciso II do § 3º deste artigo.

§ 5º O eventual cancelamento de notas fiscais eletrônicas após sua regular informação como válidas pelos órgãos fazendários à Justiça Eleitoral, apresentado por ocasião do cumprimento de diligências determinadas nos autos de prestação de contas, será objeto de notificação específica à Fazenda informante, no julgamento das contas, para apuração de suposta infração fiscal, bem como de encaminhamento ao Ministério Público.

§ 6º Na situação de eventual cancelamento de notas fiscais eletrônicas após sua regular informação como válidas pelos órgãos fazendários à Justiça Eleitoral, o prestador deverá apresentar a comprovação de cancelamento, junto com esclarecimentos firmados pelo fornecedor.

Art. 96. Os doadores e os fornecedores podem, no curso da campanha, prestar informações diretamente à Justiça Eleitoral sobre doações em favor de partidos políticos e candidatos e ainda sobre gastos por eles efetuados.

§ 1º Para encaminhar as informações, será necessário o cadastramento prévio na página do Tribunal Superior Eleitoral na internet.

§ 2º A apresentação de informações falsas sujeita o infrator às penas previstas nos arts. 348 e seguintes do Código Eleitoral, sem prejuízo das demais sanções cabíveis.

Art. 97. Eventuais fatos que possam configurar ilícitos de campanha eleitoral, informados por intermédio do uso de aplicativos da Justiça Eleitoral, devem ser encaminhados ao Ministério Público, que, se entender relevantes, promoverá a devida apuração.

CAPÍTULO VII
DAS DENÚNCIAS E REPRESENTAÇÕES

Art. 98. A autoridade judicial, à vista de denúncia fundamentada de filiado ou delegado de partido, de representação do representante do Ministério Público ou de iniciativa do Corregedor, diante de indícios de irregularidades na gestão financeira e econômica da campanha, poderá determinar as diligências e providências que julgar necessárias para obstar a utilização de recursos de origem não identificada ou de fonte vedada.

Art. 99. Qualquer partido político ou coligação pode representar à Justiça Eleitoral, no prazo de 15 (quinze) dias contados da diplomação, relatando fatos e indicando provas, e pedir a abertura de investigação judicial para apurar condutas em desacordo com as normas vigentes relativas à arrecadação e gastos de recursos (Lei nº 9.504/1997, art. 30-A).

§ 1º Na apuração de que trata o *caput*, aplicar-se-á o procedimento previsto no art. 22 da Lei Complementar nº 64/1990, no que couber (Lei nº 9.504/1997, art. 30-A, § 1º).

§ 2º Comprovados captação ou gastos ilícitos de recursos, para fins eleitorais, será negado diploma ao candidato, ou cassado, se já houver sido outorgado (Lei nº 9.504/1997, art. 30-A, § 2º).

§ 3º O ajuizamento da representação de que trata o *caput* não obsta nem suspende o exame e o julgamento da prestação de contas a ser realizado nos termos desta resolução.

§ 4º A aprovação, com ou sem ressalvas, ou desaprovação da prestação de contas do candidato não vincula o resultado da representação de que trata o art. 30-A da Lei nº 9.504/1997 nem impede a apuração do abuso do poder econômico em processo apropriado.

Art. 100. A qualquer tempo, o Ministério Público e os demais partidos políticos poderão relatar indícios e apresentar provas de irregularidade relativa a movimentação financeira, recebimento de recursos de fontes vedadas, utilização de recursos provenientes do Fundo Partidário e do Fundo Especial de Financiamento de Campanha (FEFC) e realização de gastos que esteja sendo cometida ou esteja prestes a ser cometida por candidato ou partido político antes da apresentação de suas contas à Justiça Eleitoral, requerendo à autoridade judicial competente a adoção das medidas cautelares pertinentes para

Art. 100

evitar a irregularidade ou permitir o pronto restabelecimento da legalidade.

§ 1º Na hipótese prevista neste artigo, a representação dos partidos políticos e do Ministério Público deverá ser feita pelos seus representantes que possuam legitimidade para atuar perante a instância judicial competente para a análise e o julgamento da prestação de contas do candidato ou do órgão partidário que estiver cometendo a irregularidade.

§ 2º As ações preparatórias previstas neste artigo serão autuadas na classe Ação Cautelar e, nos tribunais, serão distribuídas a um relator.

§ 3º Recebida a inicial, a autoridade judicial, determinará:

I - as medidas urgentes que considerar adequadas para efetivação da tutela provisória, quando houver elementos que evidenciem a probabilidade do direito e o perigo de dano ou o risco ao resultado útil do processo;

II - a citação do candidato ou do órgão partidário, conforme o caso, entregando-lhe cópia da inicial e dos documentos que a acompanham, a fim de que, no prazo de 5 (cinco) dias, ofereça ampla defesa acompanhada dos documentos e das provas que pretende produzir.

§ 4º A ação prevista neste artigo observará, no que couber, o rito das ações cautelares preparatórias ou antecedentes previstas no Código de Processo Civil.

§ 5º Definida a tutela provisória, que poderá a qualquer tempo ser revogada ou alterada, os autos da ação cautelar permanecerão em cartório para serem apensados à prestação de contas do respectivo exercício quando esta for apresentada.

CAPÍTULO VIII
DAS DISPOSIÇÕES FINAIS

Art. 101. As intimações relativas aos processos de prestação de contas devem ser feitas na pessoa do advogado constituído pelo partido político ou pelo candidato, devendo abranger:

I - na hipótese de prestação de contas de candidato à eleição majoritária, o titular e o vice ou suplente, conforme o caso, ainda que substituídos, na pessoa de seus advogados;

II - na hipótese de prestação de contas relativa à eleição proporcional, o candidato, na pessoa de seu advogado;

III - na hipótese de prestação de contas de órgão partidário, o partido político, o presidente e o tesoureiro, bem como seus substitutos, na pessoa de seus advogados.

§ 1º Na prestação de contas de candidato eleito e de seu respectivo partido político, a intimação de que trata este artigo deve ser feita, preferencialmente, por mural eletrônico, ou por outro meio eletrônico que garanta a entrega ao destinatário.

§ 2º Na prestação de contas de candidato não eleito, a intimação deve ser feita pelo órgão oficial de imprensa.

§ 3º Se não houver na localidade publicação em órgão oficial, incumbirá ao chefe do cartório eleitoral ou à Secretaria Judiciária intimar o advogado:

I - pessoalmente, se tiver domicílio na sede do juízo;

II - por carta registrada com Aviso de Recebimento (AR), quando for domiciliado fora do juízo.

§ 4º Na hipótese de não haver advogado regularmente constituído nos autos, o candidato e/ou partido político, bem como o presidente, o tesoureiro e seus substitutos, devem ser notificados pessoalmente na forma do art. 8º da resolução que dispõe sobre as representações e reclamações para as eleições, para que, no prazo de 3 (três) dias, constitua defensor, sob pena de serem as contas julgadas não prestadas.

Art. 102. O inteiro teor das decisões e intimações determinadas pela autoridade judicial, ressalvadas aquelas abrangidas por sigilo, deve constar da página de andamento do processo na internet, de modo a viabilizar que qualquer interessado que consultar a página ou estiver cadastrado no Sistema Push possa ter ciência do seu teor.

Art. 103. Os processos de prestação de contas tramitam, nos tribunais eleitorais, obrigatoriamente no Sistema Processo Judicial Eletrônico (PJe).

§ 1º Os documentos integrantes da mídia eletrônica a que se refere o § 1º do art. 56 desta resolução devem ser digitalizados pelo prestador de contas, observando-se o disposto no art. 4º da Portaria-TSE nº 1.143, de 17 de novembro de 2016, e os requisitos previstos nas Portarias-TSE nº 886, de 22 de novembro de 2017, e nº 1.216, de 13 de dezembro de 2016, e incluídos no Processo Judicial Eletrônico (PJe).

§ 2º Quando a forma de apresentação dos documentos não observar o previsto nesta norma ou puder ensejar prejuízo ao exercício do contraditório e da ampla defesa ou, ainda, prejudicar a análise do processo, caberá ao magistrado determinar nova apresentação e a exclusão dos anteriormente juntados (Resolução-TSE nº 23.417/2014, art. 17, parágrafo único).

Art. 104. Até 180 (cento e oitenta) dias após a diplomação, os partidos políticos e candidatos conservarão a documentação concernente às suas contas (Lei nº 9.504/1997, art. 32, *caput*).

Parágrafo único. Estando pendente de julgamento qualquer processo judicial relativo às contas eleitorais, a documentação a elas concernente deverá ser conservada até a decisão final (Lei nº 9.504/1997, art. 32, parágrafo único).

Art. 105. O Ministério Público, os partidos políticos e os candidatos podem acompanhar o exame das prestações de contas.

§ 1º No caso de acompanhamento por partidos políticos, será exigida a indicação expressa e formal de seu representante, respeitado o limite de um por partido político, em cada circunscrição.

§ 2º O acompanhamento do exame das prestações de contas dos candidatos não pode ser feito de forma que impeça ou retarde o exame das contas pela unidade técnica nos tribunais, ou pelo chefe de cartório nas zonas eleitorais, ou o seu julgamento.

§ 3º O não oferecimento de impugnação à prestação de contas pelo Ministério Público não obsta sua atuação como fiscal da lei e a interposição de recurso contra o julgamento da prestação de contas.

Art. 106. Os processos de prestação de contas são públicos e podem ser consultados por qualquer interessado, que poderá obter cópia de suas peças e documentos, respondendo pelos respectivos custos de reprodução e pela utilização que deles fizer, desde que as consultas sejam feitas de forma que não obstruam os trabalhos de análise ou o julgamento das respectivas contas.

Parágrafo único. A Justiça Eleitoral dará ampla e irrestrita publicidade aos dados eletrônicos das doações e gastos eleitorais declarados nas prestações de contas e ao conteúdo dos extratos eletrônicos das contas eleitorais na página do Tribunal Superior Eleitoral na internet.

Art. 107. Na hipótese de dissidência partidária, independente do resultado do julgamento a respeito da legitimidade da representação, o partido político e os candidatos dissidentes estão sujeitos às normas de arrecadação e aplicação de recursos desta resolução, devendo apresentar as respectivas prestações de contas à Justiça Eleitoral.

Parágrafo único. A responsabilidade pela regularidade das contas recai pessoalmente sobre os respectivos dirigentes e candidatos dissidentes, em relação às próprias contas.

Art. 108. O Tribunal Superior Eleitoral pode emitir orientações técnicas referentes ao processo de prestação de contas de campanha, as quais serão propostas pela Assessoria de Exame de Contas Eleitorais e Partidárias e aprovadas por portaria do Presidente.

Art. 109. Será dada ampla divulgação dos dados e das informações estatísticas relativas às prestações de contas recebidas pela Justiça Eleitoral.

Art. 110. Esta resolução entra em vigor na data de sua publicação.

Brasília, 18 de dezembro de 2017.
MINISTRO LUIZ FUX RELATOR
Publicada do DJe do TSE em 02/02/2018.

RESOLUÇÃO Nº 23.554

Dispõe sobre os atos preparatórios para as Eleições 2018.

Relator: Ministro Luiz Fux
Interessado: Tribunal Superior Eleitoral

O TRIBUNAL SUPERIOR ELEITORAL, no uso das atribuições que lhe conferem o art. 23, inciso IX, do Código Eleitoral e o art. 105 da Lei nº 9.504, de 30 de setembro de 1997, RESOLVE:

TÍTULO I
DA PREPARAÇÃO DAS ELEIÇÕES

CAPÍTULO I
DISPOSIÇÕES PRELIMINARES

Art. 1º Serão realizadas eleições simultaneamente em todo o País em 7 de outubro de 2018, primeiro turno, e em 28 de outubro de 2018, segundo turno, onde houver, por sufrágio universal e voto direto e secreto (Constituição Federal, arts. 14, *caput*, 28 e 32, § 2º; Código Eleitoral, arts. 82 e 85; Lei nº 9.504/1997, art. 1º, parágrafo único, inciso I, e art. 2º, § 1º).

Art. 2º Na eleição presidencial, a circunscrição será o País; nas eleições federais, estaduais e distritais, o respectivo Estado ou o Distrito Federal (Código Eleitoral, art. 86).

Art. 3º O voto é (Constituição Federal, art. 14, § 1º, incisos I e II):
I – obrigatório para os maiores de 18 (dezoito) anos;
II – facultativo para:
a) os analfabetos;
b) os maiores de 70 (setenta) anos;
c) os maiores de 16 (dezesseis) e menores de 18 (dezoito)

Parágrafo único. Poderão votar os eleitores regularmente inscritos até 9 de maio de 2018 (Lei nº 9.504/1997, art. 91, *caput*).

CAPÍTULO II
DO SISTEMA ELEITORAL

Seção I
Do Sistema Eleitoral – Representação Majoritária

Art. 4º As eleições para Presidente e Vice-Presidente da República, Governador e Vice-Governador de Estado e do Distrito Federal e para Senador da República obedecerão ao princípio majoritário (Constituição Federal, art. 77, § 2º; e Código Eleitoral, art. 83).

§ 1º A eleição do Presidente da República importará a do candidato a Vice-Presidente com ele registrado, o mesmo se aplicando à eleição de Governador.

§ 2º Serão eleitos os candidatos a Presidente da República e a Governador de Estado e do Distrito Federal que obtiverem a maioria de votos, não computados os votos em branco e os votos nulos (Constituição Federal, art. 77, § 2º; e Lei nº 9.504/1997, art. 2º, *caput*).

§ 3º Serão eleitos os dois Senadores mais votados com os respectivos suplentes com eles registrados (Constituição Federal, art. 46, § 3º).

§ 4º Em qualquer hipótese de empate, será qualificado o mais idoso (Constituição Federal, art. 77, § 5º; e Lei nº 9.504/1997, art. 2º, § 3º).

Art. 5º Se nenhum candidato aos cargos de Presidente da República e Governador de Estado e do Distrito Federal alcançar maioria absoluta no primeiro turno, será realizada nova eleição em 28 de outubro de 2018 (segundo turno) com os dois mais votados, considerando-se eleito o que obtiver a maioria dos votos válidos (Constituição Federal, art. 77, § 3º; e Lei nº 9.504/1997, art. 2º, § 1º).

Parágrafo único. Se, antes de realizado o segundo turno, ocorrer morte, desistência ou impedimento legal de candidato, deverá ser convocado, entre os remanescentes, o de maior votação (Constituição Federal, art. 77, § 4º; e Lei nº 9.504/1997, art. 2º, § 2º).

Seção II
Do Sistema Eleitoral – Representação Proporcional

Art. 6º As eleições para Deputado Federal, Estadual e Distrital obedecerão ao princípio da representação proporcional (Constituição Federal, art. 45, *caput*; e Código Eleitoral, art. 84).

Art. 7º Estarão eleitos, entre os candidatos registrados por partido político ou coligação que tenham obtido votos em número igual ou superior a 10% (dez por cento) do quociente eleitoral, tantos quantos o respectivo quociente partidário indicar, na ordem da votação nominal que cada um tenha recebido (Código Eleitoral, art. 108).

Art. 8º O quociente eleitoral é determinado pela divisão da quantidade de votos válidos apurados pelo número de vagas a

Art. 8º

preencher, desprezando-se a fração, se igual ou inferior a 0,5 (meio), ou arredondando-se para 1 (um), se superior (Código Eleitoral, art. 106, *caput*).

Parágrafo único. Nas eleições proporcionais, contam-se como válidos apenas os votos dados a candidatos regularmente inscritos e às legendas partidárias (Lei nº 9.504/1997, art. 5º).

Art. 9º O quociente partidário é determinado pela divisão da quantidade de votos válidos dados sob o mesmo partido político ou coligação pelo quociente eleitoral, desprezada a fração (Código Eleitoral, art. 107).

Art. 10. As vagas não preenchidas com a aplicação do quociente partidário e a exigência de votação nominal mínima, a que se refere o art. 7º, serão distribuídas entre todos os partidos políticos e coligações que participam do pleito, independentemente de terem ou não atingido o quociente eleitoral, mediante observância do cálculo de médias (Código Eleitoral, art. 109):

I – a média de cada partido político ou coligação é determinada pela quantidade de votos válidos a ele atribuída dividida pelo respectivo quociente partidário acrescido de 1 (um);

II – ao partido político ou à coligação que apresentar a maior média cabe uma das vagas a preencher, desde que tenha candidato que atenda à exigência de votação nominal mínima (Código Eleitoral, art. 109, inciso I);

III – deverá ser repetida a operação para a distribuição de cada uma das vagas (Código Eleitoral, art. 109, inciso II);

IV – quando não houver mais partidos políticos ou coligações com candidatos que atendam à exigência de votação nominal mínima, as cadeiras deverão ser distribuídas aos partidos políticos que apresentem as maiores médias (Código Eleitoral, art. 109, incisos II e III).

§ 1º Na repetição de que trata o inciso III, para o cálculo de médias, serão consideradas, além das vagas obtidas por quociente partidário, também as sobras de vagas que já tenham sido obtidas pelo partido político ou pela coligação, em cálculos anteriores, ainda que não preenchidas (ADI nº 5.420/2015).

§ 2º No caso de empate de médias entre dois ou mais partidos políticos ou coligações, considera-se aquele com maior votação (Res.-TSE nº 16.844/1990).

§ 3º Ocorrendo empate na média e no número de votos dados aos partidos políticos ou às coligações, prevalece, para o desempate, o número de votos nominais recebidos pelo candidato que disputa a vaga.

§ 4º O preenchimento das vagas com que cada partido político ou coligação for contemplado deverá obedecer à ordem de votação nominal de seus candidatos (Código Eleitoral, art. 109, § 1º).

§ 5º Em caso de empate na votação de candidatos e de suplentes de um mesmo partido político ou coligação, deverá ser eleito o candidato mais idoso (Código Eleitoral, art. 110).

Art. 11. Se nenhum partido político ou coligação alcançar o quociente eleitoral, serão eleitos, até o preenchimento de todas as vagas, os candidatos mais votados (Código Eleitoral, art. 111).

Art. 12. Nas eleições proporcionais, serão suplentes do partido político ou coligação que ocupar vaga todos os demais candidatos que não foram efetivamente eleitos, na ordem decrescente de votação (Código Eleitoral, art. 112).

Parágrafo único. Na definição dos suplentes do partido político ou coligação, não há exigência de votação nominal mínima prevista no art. 7º.

CAPÍTULO III
DOS SISTEMAS INFORMATIZADOS PARA AS ELEIÇÕES

Art. 13. Nas eleições serão utilizados exclusivamente os sistemas informatizados desenvolvidos pelo Tribunal Superior Eleitoral, sob sua encomenda ou por ele autorizados (Lei nº 9.504/1997, art. 59, *caput*).

§ 1º O sistema eletrônico de votação será utilizado, exclusivamente, nas urnas eletrônicas da Justiça Eleitoral.

§ 2º Os sistemas de que trata o *caput* serão utilizados, exclusivamente, em equipamentos de posse da Justiça Eleitoral, observadas as especificações técnicas definidas pelo Tribunal Superior Eleitoral, à exceção dos sistemas eleitorais disponibilizados ao público externo e do sistema de conexão de que trata o § 1º do art. 204 desta resolução.

§ 3º É vedada a utilização, pelos órgãos da Justiça Eleitoral, de qualquer outro sistema em substituição aos desenvolvidos ou autorizados pelo Tribunal Superior Eleitoral.

CAPÍTULO IV
DA PREPARAÇÃO PARA A VOTAÇÃO

Seção I
Das Mesas Receptoras de Votos e de Justificativas e do Apoio Logístico

Art. 14. A cada seção eleitoral corresponde uma mesa receptora de votos, salvo na hipótese de agregação (Código Eleitoral, art. 119).

Parágrafo único. Os Tribunais Regionais Eleitorais poderão determinar a agregação de seções eleitorais visando à racionalização dos trabalhos eleitorais, desde que não importe prejuízo ao exercício do voto (Código Eleitoral, art. 117, § 1º).

Art. 15. Os Tribunais Regionais Eleitorais deverão determinar o recebimento das justificativas, no dia da eleição, por mesas receptoras de votos, por mesas receptoras de justificativas ou por ambas.

§ 1º Nas Unidades da Federação onde não houver segundo turno de votação, é obrigatória a instalação de pelo menos uma mesa receptora de justificativas nas capitais e nos Municípios com mais de 100.000 (cem mil) eleitores, facultada nos demais, a critério dos Tribunais Regionais Eleitorais.

§ 2º Os Tribunais Regionais Eleitorais poderão dispensar o uso de urna eletrônica para recebimento de justificativas nas mesas receptoras de justificativas.

§ 3º O Tribunal Superior Eleitoral regulamentará outras formas de recebimento de justificativas eleitorais.

Art. 16. Constituirão as mesas receptoras de votos e as de justificativas um presidente, um primeiro e um segundo mesários, dois secretários e um suplente (Código Eleitoral, art. 120, *caput*).

§ 1º Os Tribunais Regionais Eleitorais, visando à racionalização de recursos, poderão dispensar o segundo secretário e o suplente na composição das mesas receptoras de votos.

§ 2º No segundo turno, conforme avaliação dos Tribunais Regionais Eleitorais, a composição das mesas receptoras de votos poderá ser reduzida para três membros.

§ 3º Conforme avaliação dos Tribunais Regionais Eleitorais, a composição das mesas receptoras de justificativas poderá ser reduzida para dois membros.

Art. 17. É facultada a nomeação de eleitores para apoio logístico, em número e pelo período necessário, observado o limite máximo de

10 (dez) dias, distribuídos nos dois turnos, para atuar como auxiliares dos trabalhos eleitorais e cumprir outras atribuições a critério do juiz eleitoral.

Parágrafo único. Excluem-se do limite estabelecido no *caput* os dias de convocação para o treinamento previsto no art. 21.

Art. 18. Não poderão ser nomeados para compor as mesas receptoras nem para atuar no apoio logístico (Código Eleitoral, art. 120, § 1º, incisos I a IV; e Lei nº 9.504/1997, art. 63, § 2º):

I – os candidatos e seus parentes, ainda que por afinidade, até o segundo grau, inclusive, e o cônjuge;

II – os membros de diretórios de partido político que exerçam função executiva;

III – as autoridades e os agentes policiais, bem como os funcionários no desempenho de cargos de confiança do Poder Executivo;

IV – os que pertencem ao serviço eleitoral;

V – os eleitores menores de 18 (dezoito) anos.

§ 1º A vedação do inciso IV do *caput* não se aplica às mesas que sejam exclusivamente receptoras de justificativas e para atuação como apoio logístico.

§ 2º O impedimento de que trata o inciso III do *caput* abrange a impossibilidade de indicação, como mesários das mesas receptoras instaladas nos estabelecimentos penais e unidades de internação de adolescentes, dos agentes policiais de quaisquer das carreiras civis e militares, dos agentes penitenciários e de escolta e dos integrantes das guardas municipais.

§ 3º Na mesma mesa receptora de votos, é vedada a participação de parentes em qualquer grau ou de servidores da mesma repartição pública ou empresa privada (Lei nº 9.504/1997, art. 64).

§ 4º Não se incluem na proibição do § 3º os servidores de dependências diversas do mesmo Ministério, Secretaria de Estado, Secretaria de Município, autarquia ou fundação pública de qualquer ente federativo, sociedade de economia mista ou empresa pública nem os serventuários de cartórios judiciais e extrajudiciais diferentes.

Art. 19. Os componentes das mesas receptoras de votos serão nomeados, de preferência, entre os eleitores da própria seção eleitoral, com prioridade para os voluntários, os diplomados em escola superior e os serventuários da Justiça e, caso não haja número suficiente, os professores (Código Eleitoral, art. 120, § 2º).

§ 1º A convocação para os trabalhos eleitorais deverá ser realizada, em regra, entre os eleitores pertencentes à zona eleitoral da autoridade judiciária convocadora, excepcionadas as situações de absoluta necessidade e mediante autorização do juízo da inscrição, ainda que se trate de voluntário (Res.-TSE nº 22.098/2005).

§ 2º A regra prevista no § 1º não se aplica à convocação dos componentes das mesas receptoras de votos localizadas no exterior, bastando nesse caso a comunicação ao juiz da zona eleitoral de origem do eleitor, para as devidas anotações (Res.-TSE nº 22.098/2005).

§ 3º A inobservância dos pressupostos descritos no § 1º poderá resultar na nulidade da convocação, impedindo a imposição de multa pela Justiça Eleitoral (Res.-TSE nº 22.098/2005).

§ 4º Os membros das mesas receptoras instaladas em estabelecimentos penais e unidades de internação de adolescentes deverão ser escolhidos, preferencialmente, entre servidores dos órgãos de administração penitenciária dos Estados e do Distrito Federal; da Secretaria de Justiça, Cidadania e Direitos Humanos; da Secretaria de Defesa Social; da Secretaria de Assistência Social; do Ministério Público Federal, Estadual e do Distrito Federal; da Defensoria Pública dos Estados, do Distrito Federal e da União; da Ordem dos Advogados do Brasil; secretarias e órgãos responsáveis pelo sistema socioeducativo da infância e da juventude nos Estados e no Distrito Federal ou entre outros cidadãos indicados pelos órgãos citados, nos moldes do inciso II do art. 50.

Art. 20. O juiz eleitoral nomeará, no período compreendido entre 6 de julho e 8 de agosto de 2018, os eleitores que constituirão as mesas receptoras de votos e de justificativas e os que atuarão como apoio logístico, fixando os dias, horários e lugares em que prestarão seus serviços, intimando-os pelo meio que considerar necessário (Código Eleitoral, art. 120, *caput* e § 3º, e art. 135).

§ 1º Os membros das mesas receptoras instaladas em estabelecimentos penais e unidades de internação de adolescentes e as exclusivas para voto em trânsito, de que trata o Capítulo V do Título I desta resolução, serão nomeados até o dia 28 de agosto de 2018.

§ 2º Os eleitores referidos no *caput* e no § 1º poderão apresentar recusa justificada à nomeação em até 5 (cinco) dias a contar de sua nomeação, cabendo ao juiz eleitoral apreciar livremente os motivos apresentados, ressalvada a hipótese de fato superveniente que venha a impedir o trabalho do eleitor (Código Eleitoral, art. 120, § 4º).

§ 3º O juiz eleitoral deverá publicar as nomeações dos membros das mesas receptoras e apoio logístico no *Diário da Justiça Eletrônico*, nas capitais, e mediante afixação no átrio do cartório eleitoral, nas demais localidades, sem prejuízo de outros meios oficiais, obedecendo aos seguintes prazos (Código Eleitoral, art. 120, § 3º):

I – ao que se refere o *caput* deste artigo, até 8 de agosto de 2018;

II – aos membros das mesas previstas no § 1º, até 28 de agosto de 2018;

III – eventuais substituições dos membros de mesas, imediatamente após as nomeações.

§ 4º Da composição da mesa receptora de votos ou de justificativas e da nomeação dos eleitores para o apoio logístico, qualquer partido político ou coligação poderá reclamar ao juiz eleitoral, no prazo de 5 (cinco) dias da publicação, devendo a decisão ser proferida em 2 (dois) dias (Lei nº 9.504/1997, art. 63).

Art. 20

§ 5º Da decisão do juiz eleitoral, caberá recurso para o tribunal regional eleitoral, interposto dentro de 3 (três) dias, devendo, em igual prazo, ser resolvido (Código Eleitoral, art. 121, § 1º).

§ 6º Na hipótese de escolha superveniente de candidato que atraia o disposto no inciso I do art. 18 desta resolução, o prazo para reclamação será contado da publicação do edital referente ao pedido de registro do candidato (Código Eleitoral, art. 121, § 2º; e Lei nº 9.504/1997, art. 63).

§ 7º Se o vício da nomeação resultar de qualquer das proibições dos incisos II, III e IV do art. 18 desta resolução e em virtude de fato superveniente, o prazo será contado a partir do ato da nomeação ou eleição (Código Eleitoral, art. 121, § 2º).

§ 8º O partido político ou a coligação que não reclamar contra as nomeações dos eleitores que constituirão as mesas receptoras e dos que atuarão como apoio logístico não poderá arguir, sob esse fundamento, a nulidade da seção respectiva (Código Eleitoral, art. 121, § 3º).

§ 9º O nomeado para apoio logístico que não comparecer aos locais e dias marcados para as atividades, inclusive ao treinamento, deverá apresentar justificativas ao juiz eleitoral em até 5 (cinco) dias.

Art. 21. Os juízes eleitorais ou quem estes designarem deverão instruir os mesários e os nomeados para apoio logístico sobre o processo de votação e de justificativa, em reuniões para esse fim, convocadas com a necessária antecedência.

§ 1º Os Tribunais Regionais Eleitorais poderão, conforme a conveniência, oferecer instrução para os mesários e os nomeados para apoio logístico, por meio da utilização de tecnologias de capacitação a distância.

§ 2º A participação no treinamento a distância será comprovada pela emissão de declaração eletrônica expedida pelo tribunal regional eleitoral, por meio da ferramenta tecnológica utilizada no gerenciamento do ambiente virtual de aprendizagem.

Art. 22. Os eleitores nomeados para compor as mesas receptoras de votos, de justificativas, as juntas eleitorais, o apoio logístico e os demais convocados pelo juiz eleitoral para auxiliar nos trabalhos eleitorais serão dispensados do serviço e terão direito à concessão de folga, mediante declaração expedida pelo juiz eleitoral ou pelo tribunal regional eleitoral, sem prejuízo do salário, vencimento ou qualquer outra vantagem, pelo dobro dos dias de convocação, inclusive aos dias destinados a treinamento (Lei nº 9.504/1997, art. 98).

Parágrafo único. A certificação da participação no treinamento a distância mediante a declaração eletrônica de que trata o § 2º do art. 21, desde que validada pelo respectivo cartório eleitoral, implicará a concessão da dispensa prevista no *caput*, equivalente a 1 (um) dia de convocação.

Seção II
Dos Locais de Votação e de Justificativa

Art. 23. Os locais designados para o funcionamento das mesas receptoras de votos e de justificativas, inclusive os locais destinados à votação em trânsito, serão publicados até 8 de agosto de 2018, no *Diário da Justiça Eletrônico*, nas capitais, e mediante afixação no átrio do cartório eleitoral, nas demais localidades, sem prejuízo de outros meios oficiais (Código Eleitoral, art. 135).

§ 1º A publicação deverá conter as seções, inclusive as agregadas, com a numeração ordinal e o local em que deverá funcionar, assim como a indicação da rua, número e qualquer outro elemento que facilite a sua localização pelo eleitor (Código Eleitoral, art. 135, § 1º).

§ 2º Havendo criação de novos locais para voto em trânsito entre 9 e 23 de agosto de 2018, o juiz eleitoral deverá providenciar nova publicação, na forma prevista no *caput*.

§ 3º Da designação dos locais de votação, qualquer partido político ou coligação poderá reclamar ao juiz eleitoral, dentro de 3 (três) dias a contar da publicação, devendo a decisão ser proferida dentro de 2 (dois) dias (Código Eleitoral, art. 135, § 7º).

§ 4º Da decisão do juiz eleitoral, caberá recurso ao tribunal regional eleitoral, interposto dentro de 3 (três) dias, devendo, no mesmo prazo, ser resolvido (Código Eleitoral, art. 135, § 8º).

§ 5º Esgotados os prazos referidos nos §§ 3º e 4º deste artigo, não mais poderá ser alegada, no processo eleitoral, a proibição contida no § 3º do artigo 24 desta resolução (Código Eleitoral, art. 135, § 9º).

Art. 24. Anteriormente à publicação dos locais designados para o funcionamento das mesas receptoras, de que trata o art. 23, os juízes eleitorais deverão comunicar aos chefes das repartições públicas e aos proprietários, arrendatários ou administradores das propriedades particulares a resolução de que deverão ser os respectivos edifícios, ou parte deles, utilizados para a votação (Código Eleitoral, art. 137).

§ 1º Será dada preferência aos edifícios públicos, recorrendo-se aos particulares se faltarem aqueles em número e condições adequadas (Código Eleitoral, art. 135, § 2º).

§ 2º É expressamente vedado o uso de propriedade pertencente a candidato, membro de diretório de partido político, delegado de partido político ou de coligação, autoridade policial, bem como dos respectivos cônjuges e parentes, consanguíneos ou afins, até o segundo grau, inclusive (Código Eleitoral, art. 135, § 4º).

§ 3º Não poderão ser localizadas seções eleitorais em fazenda, sítio ou qualquer propriedade rural privada, mesmo existindo prédio público no local (Código Eleitoral, art. 135, § 5º).

§ 4º A propriedade particular deverá ser obrigatória e gratuitamente cedida para esse fim, ficando à disposição nos dias e horários requeridos pela Justiça Eleitoral, não podendo ser negado acesso às suas dependências (Código Eleitoral, art. 135, § 3º).

§ 5º Será assegurado o ressarcimento ou restauração do bem, em caso de eventuais danos decorrentes do uso dos locais de votação.

§ 6º Os Tribunais Regionais Eleitorais deverão expedir instruções aos juízes eleitorais para orientá-los na escolha dos locais de votação, de maneira a garantir acessibilidade para o eleitor com deficiência ou com mobilidade reduzida, inclusive em seu entorno e nos sistemas de transporte que lhe dão acesso (Código Eleitoral, art. 135, § 6º-A).

Art. 25. Os Tribunais Regionais Eleitorais, nas capitais, e os juízes eleitorais, nas demais zonas eleitorais, deverão divulgar amplamente a localização das seções eleitorais (Código Eleitoral, art. 135, § 6º).

Art. 26. No local destinado à votação, a mesa receptora deverá ficar em recinto separado do público, devendo a urna estar na cabina de votação (Código Eleitoral, art. 138).

Parágrafo único. O juiz eleitoral deverá providenciar para que, nos edifícios escolhidos, sejam feitas as necessárias adaptações (Código Eleitoral, art. 138, parágrafo único).

Seção III
Do Transporte dos Eleitores no Dia da Votação

Art. 27. Os veículos e embarcações, devidamente abastecidos e tripulados, pertencentes à União, Estados e Municípios e suas respectivas autarquias e sociedades de economia mista, excluídos os de uso militar, ficarão à disposição da Justiça Eleitoral para o transporte gratuito de eleitores residentes em zonas rurais para os respectivos locais de votação nas eleições (Lei nº 6.091/1974, art. 1º).

§ 1º Excetuam-se do disposto neste artigo os veículos e embarcações em número justificadamente indispensável ao funcionamento de serviço público insusceptível de interrupção (Lei nº 6.091/1974, art. 1º, § 1º).

§ 2º Até 22 de setembro de 2018, o juiz eleitoral, quando identificada a necessidade, requisitará dos órgãos da administração direta ou indireta da União, dos Estados, Distrito Federal e Municípios os funcionários e as instalações de que necessitar para possibilitar a execução dos serviços de transporte e alimentação de eleitores para o primeiro e eventual segundo turnos de votação (Lei nº 6.091/1974, art. 1º, § 2º).

Art. 28. Até 18 de agosto de 2018, os responsáveis pelas repartições, órgãos e unidades do serviço público federal, estadual e municipal oficiarão ao juízo eleitoral correspondente, informando o número, a espécie e lotação dos veículos e embarcações de sua propriedade, e justificando, se for o caso, a ocorrência da exceção prevista no § 1º do art. 27 desta resolução (Lei nº 6.091/1974, art. 3º).

§ 1º Os veículos e embarcações à disposição da Justiça Eleitoral deverão, mediante comunicação expressa de seus proprietários, estar em condições de ser utilizados, pelo menos, 24 (vinte e quatro) horas antes da data planejada para o uso e circularão exibindo de modo bem visível, a mensagem: "A serviço da Justiça Eleitoral." (Lei nº 6.091/1974, art. 3º, § 1º).

§ 2º O juiz eleitoral, à vista das informações recebidas, planejará a execução do serviço de transporte de eleitores e requisitará aos responsáveis pelas repartições, órgãos ou unidades, até 7 de setembro de 2018, os veículos e embarcações necessários (Lei nº 6.091/1974, art. 3º, § 2º).

Art. 29. O juiz eleitoral divulgará, em 22 de setembro de 2018, o quadro geral de percursos e horários programados para o transporte de eleitores, para ambos os turnos, dando conhecimento aos partidos políticos e coligações (Lei nº 6.091/1974, art. 4º).

§ 1º Quando a zona eleitoral se constituir de mais de um Município, haverá um quadro para cada um (Resolução-TSE nº 9.641/1974, art. 4º, § 1º).

§ 2º O transporte de eleitores somente será feito para atender eleitores do respectivo Município e apenas na hipótese de os locais de votação distarem 2 km (dois quilômetros) ou mais da região onde residem os eleitores (Lei nº 6.091/1974, art. 4º, § 1º).

§ 3º Os partidos políticos, os candidatos, ou eleitores poderão oferecer reclamações em 3 (três) dias contados da divulgação do quadro (Lei nº 6.091/1974, art. 4º, § 2º).

§ 4º As reclamações serão apreciadas nos 3 (três) dias subsequentes, delas cabendo recurso sem efeito suspensivo (Lei nº 6.091/1974, art. 4º, § 3º).

§ 5º Decididas as reclamações, o juiz eleitoral divulgará, pelos meios disponíveis, o quadro definitivo (Lei nº 6.091/1974, art. 4º, § 4º).

Art. 30. É facultado aos partidos políticos e coligações exercer fiscalização nos locais onde houver transporte e fornecimento de refeições a eleitores (Lei nº 6.091/1974, art. 9º).

Art. 31. É vedado aos candidatos ou órgãos partidários, ou a qualquer pessoa, o fornecimento de transporte ou refeições aos eleitores (Lei nº 6.091/1974, art. 10).

Art. 32. O juízo eleitoral, até 7 de setembro de 2018, providenciará a instalação de uma comissão especial de transporte e alimentação para os Municípios sob sua jurisdição que se enquadrarem no disposto nesta seção, composta de eleitores indicados pelos partidos políticos e coligações, com a finalidade de colaborar na execução deste serviço (Lei nº 6.091/1974, arts. 14 e 15; Resolução-TSE nº 9.641/1974, art. 13).

§ 1º Até 28 de agosto de 2018, os partidos políticos e coligações poderão indicar ao juiz eleitoral até três pessoas para compor a comissão, vedada a participação de candidatos.

§ 2º Nos Municípios em que não houver indicação dos partidos políticos, ou apenas um partido político indicar membros, o juiz eleitoral designará ou completará a comissão especial com eleitores de sua confiança, que não pertençam a nenhum dos partidos políticos (Resolução-TSE nº 9.641/1974, art. 3º, § 5º).

Art. 33. Onde houver mais de uma zona eleitoral em um mesmo Município, cada uma delas equivalerá a Município para o efeito da execução desta seção (Resolução-TSE nº 9.641/1974, art. 14).

CAPÍTULO V
DA TRANSFERÊNCIA TEMPORÁRIA DE ELEITORES

Seção I
Da Sistemática para a Transferência Temporária de Eleitores

Art. 34. Nas eleições gerais, é facultada aos eleitores a transferência temporária de seção eleitoral para votação no primeiro turno, no segundo turno ou em ambos, nas seguintes situações:

I – eleitores em trânsito no território nacional;

II – presos provisórios e adolescentes em unidades de internação;

III – membros das Forças Armadas, polícia federal, polícia rodoviária federal, polícia ferroviária federal, polícias civis, polícias militares, corpos de bombeiros militares e guardas municipais, que estiverem em serviço por ocasião das eleições; ou

IV – eleitores com deficiência ou mobilidade reduzida.

Parágrafo único. A transferência dos eleitores mencionada no *caput* deverá ser requerida no período de 17 de julho a 23 de agosto de 2018, na forma estabelecida nesta resolução, especificada para cada hipótese prevista nos incisos I a IV do *caput*.

Art. 35. O eleitor transferido temporariamente estará desabilitado para votar na sua seção de origem e habilitado em seção do local indicado no momento da solicitação.

Art. 36. Encerradas as eleições, as inscrições dos eleitores que se transferiram temporariamente para as seções eleitorais a que se refere este capítulo voltam a figurar automaticamente nas seções eleitorais de origem.

Seção II
Do Voto em Trânsito

Art. 37. Os eleitores que não estiverem em seu domicílio eleitoral no primeiro, no segundo ou em ambos os turnos poderão votar em trânsito nas capitais e nos Municípios com mais de 100.000 (cem mil) eleitores (Código Eleitoral, art. 233-A).

§ 1º O exercício do direito previsto neste artigo sujeita-se à observância das seguintes regras:

I – para votar em trânsito, o eleitor deverá habilitar-se perante a Justiça Eleitoral no período de 17 de julho a 23 de agosto de 2018, indicando o local em que pretende votar;

II – os eleitores que se encontrarem fora da Unidade da Federação de seu domicílio eleitoral poderão votar em trânsito apenas na eleição para Presidente da República;

III – os eleitores que se encontrarem em trânsito dentro da Unidade da Federação de seu domicílio eleitoral poderão votar nas eleições para Presidente da República, Governador, Senador, Deputado Federal e Deputado Estadual;

IV – os eleitores inscritos no exterior, que estiverem em trânsito no território nacional, poderão votar apenas na eleição para Presidente da República.

§ 2º Não será permitido o voto em trânsito em urnas instaladas no exterior.

Art. 38. Para votar em trânsito, o eleitor deverá comparecer a qualquer cartório eleitoral e requerer sua habilitação mediante a apresentação de documento oficial com foto.

§ 1º O eleitor poderá alterar ou cancelar a habilitação para votar em trânsito no período de 17 de julho a 23 de agosto de 2018.

§ 2º A habilitação para votar em trânsito somente será admitida para os eleitores que estiverem com situação regular no Cadastro Eleitoral.

Art. 39. O eleitor que não comparecer à seção para votar em trânsito deverá justificar a sua ausência, inclusive se estiver no seu domicílio eleitoral de origem no dia da eleição, não podendo justificar no Município por ele indicado para o exercício do voto.

Art. 40. Cabe aos Tribunais Regionais Eleitorais, até 16 de julho de 2018, designar os locais de votação entre os já existentes ou criá-los especificamente para receber eleitores em transferência temporária.

§ 1º Nos locais já existentes, poderão ser indicadas as seções eleitorais que não devem ser habilitadas para receber eleitor em trânsito.

§ 2º A relação dos locais onde haverá voto em trânsito deverá ser divulgada nos respectivos sítios dos tribunais eleitorais até 17 de julho de 2018.

§ 3º Até 23 de agosto de 2018, os Tribunais Regionais Eleitorais poderão atualizar os locais disponíveis para receber eleitores em trânsito em função da demanda, observando a permanente disponibilidade de vagas, atualizando de imediato a relação referida no § 2º deste artigo.

Art. 41. A seção eleitoral destinada exclusivamente à recepção do voto em trânsito deverá conter no mínimo 50 (cinquenta) e no máximo 400 (quatrocentos) eleitores.

Parágrafo único. Quando o número não atingir o mínimo previsto no *caput*, o tribunal regional eleitoral deverá agregá-la a qualquer outra seção mais próxima, ainda que seja convencional, visando a garantir o exercício do voto.

Seção III
Do Voto do Preso Provisório e dos Adolescentes em Unidades de Internação

Art. 42. Os juízes eleitorais, sob a coordenação dos Tribunais Regionais Eleitorais, deverão disponibilizar seções eleitorais em estabelecimentos penais e em unidades de internação tratadas pelo Estatuto da Criança e do Adolescente, a fim de que os presos provisórios e os adolescentes internados tenham assegurado o direito de voto.

Parágrafo único. Para efeito desta resolução, consideram-se:

I – presos provisórios: as pessoas recolhidas em estabelecimentos penais sem condenação criminal transitada em julgado;

II – adolescentes internados: os maiores de 16 (dezesseis) e menores de 21 (vinte e um) anos submetidos a medida socioeducativa de internação ou a internação provisória, nos termos da Lei nº 8.069, de 13 de julho de 1990, que dispõe sobre o Estatuto da Criança e do Adolescente;

III – estabelecimentos penais: todas as instalações e os estabelecimentos onde haja presos provisórios;

IV – unidades de internação: todas as instalações e unidades onde haja adolescentes internados.

Art. 43. Os presos provisórios e os adolescentes internados que não possuírem inscrição eleitoral regular deverão, para votar, ser alistados ou ter a situação de sua inscrição regularizada até 9 de maio de 2018.

§ 1º As novas inscrições ficarão vinculadas à zona eleitoral cuja circunscrição abranja o estabelecimento em que se encontram os presos provisórios e os adolescentes internados.

§ 2º Os serviços eleitorais mencionados no *caput* serão realizados nos estabelecimentos em que se encontram os presos provisórios e os adolescentes internados, por meio de procedimentos operacionais e de segurança adequados à realidade de cada local, definidos em comum acordo entre o juiz eleitoral e os administradores dos referidos estabelecimentos.

Art. 44. A seção eleitoral destinada exclusivamente à recepção do voto nos estabelecimentos penais e nas unidades de internação de adolescentes deverá conter no mínimo 20 (vinte) eleitores aptos a votar.

§ 1º Quando o número de eleitores não atingir o mínimo previsto no *caput*, os Tribunais Regionais Eleitorais deverão avaliar a possibilidade de agregação da seção para um local mais próximo, a fim de viabilizar o exercício do voto dos mesários e funcionários do estabelecimento eventualmente transferidos para essa seção eleitoral.

§ 2º Os Tribunais Regionais Eleitorais deverão definir a forma de recebimento de justificativa eleitoral nos estabelecimentos penais e nas unidades de internação de adolescentes.

Art. 45. A transferência de eleitores para as seções instaladas na forma do art. 34 poderá ser feita no período de 17 de julho a 23 de agosto de 2018.

§ 1º A opção de transferência para as seções poderá ser efetuada mediante formulário, com a manifestação de vontade do eleitor e sua assinatura.

§ 2º Os administradores dos estabelecimentos penais e das unidades de internação encaminharão aos cartórios eleitorais, até a data estabelecida no termo de cooperação mencionado no art. 49 desta resolução, a relação atualizada dos eleitores que manifestaram interesse na transferência, acompanhada dos respectivos formulários e de cópias dos documentos de identificação com foto.

§ 3º O eleitor habilitado a votar na seção eleitoral instalada em estabelecimento penal e em unidade de internação de adolescentes estará impedido de votar na sua seção eleitoral de origem.

§ 4º O eleitor habilitado nos termos deste artigo, se posto em liberdade, poderá, até o dia 23 de agosto de 2018, cancelar a habilitação para votar na referida seção, com reversão à seção de origem.

§ 5º Os eleitores submetidos a medidas cautelares alternativas à prisão, atendidas as condições estabelecidas no deferimento da medida, ou que obtiverem a liberdade em data posterior a 23 de agosto de 2018, poderão, observadas as regras de segurança pertinentes:

I – votar na seção em que foram inscritos no estabelecimento; ou

II – apresentar justificativa na forma da lei.

§ 6º A Justiça Eleitoral deverá comunicar, com antecedência mínima de 15 (quinze) dias, as datas definidas neste artigo aos partidos políticos, à Defensoria Pública, ao Ministério Público, à Seccional da Ordem dos Advogados do Brasil, às secretarias e aos órgãos responsáveis pela administração do sistema prisional e pelo sistema socioeducativo nos Estados e no Distrito Federal, assim como à autoridade judicial responsável pela correição dos estabelecimentos penais e de internação.

Art. 46. As mesas receptoras de votos e de justificativa deverão funcionar em locais previamente definidos pelos administradores dos estabelecimentos penais e das unidades de internação de adolescentes.

Art. 47. Os membros nomeados para compor as mesas receptoras nos estabelecimentos penais e nas unidades de internação de adolescentes, bem como os agentes penitenciários e os demais servidores dos referidos estabelecimentos, poderão, até o dia 23 de agosto de 2018, requerer a transferência de seu local de votação para a seção eleitoral na qual atuarão.

Art. 48. O Tribunal Superior Eleitoral poderá firmar parcerias com o Conselho Nacional de Justiça, o Conselho Nacional do Ministério Público, o Departamento Penitenciário Nacional, o Conselho Nacional de Política Criminal e Penitenciária, o Conselho Nacional dos Direitos da Criança e do Adolescente, a Defensoria Pública da União, a Secretaria Especial dos Direitos Humanos, o Conselho Nacional dos Direitos Humanos e o Conselho Nacional de Secretários de Justiça, Cidadania, Direitos Humanos e Administração Penitenciária, sem prejuízo de outras entidades, para o encaminhamento de ações conjuntas que possam assegurar o efetivo cumprimento dos objetivos desta seção.

Art. 49. Os Tribunais Regionais Eleitorais deverão firmar, até 12 de março de 2018, termo de cooperação técnica com o Ministério Público, a Defensoria Pública, a Seccional da Ordem dos Advogados do Brasil e as secretarias e órgãos responsáveis pela administração do sistema prisional e pelo sistema socioeducativo da infância e da juventude nos Estados e no Distrito Federal, sem prejuízo de outras entidades que possam cooperar com as atividades eleitorais objeto dos artigos desta seção.

Parágrafo único. Os termos de cooperação técnica deverão contemplar, pelo menos, os seguintes tópicos:

I – indicação dos locais em que se pretende instalar as seções eleitorais, com o nome do estabelecimento, endereço, telefone e contatos do administrador, a quantidade de presos provisórios ou de adolescentes internados, e as condições de segurança e lotação do estabelecimento;

II – promoção de campanhas informativas com vistas a orientar os presos provisórios e os adolescentes internados quanto à obtenção de documentos de identificação e à opção de voto nas seções eleitorais instaladas nos estabelecimentos;

III – previsão de fornecimento de documentos de identificação aos presos provisórios e aos adolescentes internados que manifestarem interesse em votar nas seções eleitorais;

IV – garantia da segurança e da integridade física dos servidores da Justiça Eleitoral nos procedimentos de alistamento de que trata o § 2º do art. 43 e de instalação das seções eleitorais;

V – garantia do funcionamento das seções eleitorais;

VI – sistemática a ser observada na nomeação dos mesários;

VII – previsão de não deslocamento, para outros estabelecimentos, de presos provisórios e de adolescentes internados cadastrados para votar nas respectivas seções eleitorais, salvo por força maior ou deliberação da autoridade judicial competente.

Art. 50. Compete à Justiça Eleitoral:

I – criar, até o dia 16 de julho de 2018, no Cadastro Eleitoral, os locais de votação em estabelecimentos penais e unidades de internação de adolescentes;

II – nomear, até o dia 28 de agosto de 2018, os membros das mesas receptoras de votos e de justificativas com base no estabelecido no acordo de que trata o art. 49;

III – promover a capacitação dos mesários;

IV – fornecer a urna e o material necessário à instalação da seção eleitoral;

V – viabilizar a justificação de ausência à votação nos estabelecimentos objeto desta seção, observados os requisitos legais;

VI – comunicar às autoridades competentes as condições necessárias para garantir o regular exercício da votação.

Art. 51. Fica impedido de votar o preso que, no dia da eleição, tiver contra si sentença penal condenatória com trânsito em julgado.

Parágrafo único. Na hipótese prevista no *caput*, os juízes criminais deverão comunicar o trânsito em julgado à Justiça Eleitoral para que seja consignado no Caderno de Votação da respectiva seção eleitoral o impedimento ao exercício do voto do eleitor definitivamente condenado.

Art. 52. Nas seções eleitorais de que trata esta seção, será permitida a presença dos candidatos, na qualidade de fiscais natos, e de um fiscal de cada partido político ou coligação.

§ 1º O ingresso dos candidatos e dos fiscais nas seções eleitorais depende da observância das normas de segurança do estabelecimento penal ou da unidade de internação de adolescentes.

§ 2º A presença dos fiscais, por motivo de segurança, ficará condicionada, excepcionalmente, ao credenciamento prévio no cartório eleitoral.

Art. 53. A listagem dos candidatos deverá ser fornecida à autoridade responsável pelo estabelecimento penal e pela unidade de internação de adolescentes, que deverá providenciar a sua afixação nas salas destinadas às seções eleitorais para o exercício do voto pelos presos provisórios ou adolescentes internados.

Art. 54. Compete ao juiz eleitoral definir com a direção dos estabelecimentos penais e das unidades de internação de adolescentes a forma de veiculação de propaganda eleitoral entre os eleitores ali recolhidos, observadas as recomendações da autoridade judicial responsável pela correição dos referidos estabelecimentos e unidades.

Seção IV
Do Voto dos Militares, Agentes de Segurança Pública e Guardas Municipais em Serviço

Art. 55. Os membros das Forças Armadas, as polícias federal, rodoviária federal, ferroviária federal, civis e militares, os corpos de bombeiros militares e as guardas municipais poderão votar em trânsito se estiverem em serviço por ocasião das eleições.

Art. 56. Os juízes eleitorais, sob a coordenação dos Tribunais Regionais Eleitorais, deverão contatar os comandos locais para estabelecer os procedimentos necessários a fim de viabilizar o voto dos militares, dos agentes policiais e dos guardas municipais que estiverem em serviço no dia da eleição.

Art. 57. A transferência temporária do eleitor para as seções de destino deverá ser efetuada mediante formulário, a ser fornecido pela Justiça Eleitoral, contendo o número da inscrição, o nome do eleitor, o Município, o local de votação de destino, a manifestação de vontade do eleitor e sua assinatura, assim como em quais turnos votará em local distinto de sua origem.

§ 1º As chefias ou comandos dos órgãos a que estiverem subordinados os eleitores mencionados no *caput* deverão encaminhar à Justiça Eleitoral, na forma que for previamente estabelecida, até o dia 23 de agosto de 2018, listagem dos eleitores que estarão em serviço no dia da eleição, acompanhada dos respectivos formulários e de cópia dos documentos de identificação com foto.

§ 2º Para fins de seleção dos locais de votação de destino a que se refere o *caput*, a lista contendo todos os locais que tiverem vagas deverá estar disponível nos sítios dos Tribunais Regionais Eleitorais e do Tribunal Superior Eleitoral a partir de 17 de julho de 2018.

§ 3º Qualquer inconsistência que inviabilize a identificação do eleitor importará o não atendimento da solicitação para votação em trânsito, hipótese na qual as ocorrências deverão ser comunicadas às chefias ou comandos.

§ 4º Na inexistência de vagas no local de votação escolhido, o eleitor deverá ser habilitado para votar no local mais próximo, hipótese na qual as chefias ou comandos deverão ser comunicados.

§ 5º A confirmação do local onde o eleitor votará poderá ser realizada a partir de 3 de setembro de 2018, por meio de consulta por aplicativo ou pelo sítio da internet, ambos disponibilizados pelo Tribunal Superior Eleitoral.

Seção V
Do Voto do Eleitor com Deficiência ou Mobilidade Reduzida

Art. 58. O eleitor com deficiência ou mobilidade reduzida que não tenha solicitado transferência para seções eleitorais aptas ao atendimento de suas necessidades até 9 de maio de 2018 poderá solicitar transferência temporária, no período de 17 de julho a 23 de agosto de 2018, para votar no primeiro, no segundo ou em ambos os turnos em seção com acessibilidade do mesmo Município (Res.-TSE 21.008/2002, art. 2º).

§ 1º Na hipótese do *caput*, o eleitor deverá comparecer a qualquer cartório eleitoral do Município em que estiver regularmente inscrito para requerer sua habilitação mediante a apresentação de documento oficial com foto.

§ 2º O eleitor poderá alterar ou cancelar a habilitação no período de 17 de julho a 23 de agosto de 2018.

§ 3º O disposto no *caput* não se aplica aos eleitores inscritos no exterior.

CAPÍTULO VI
DO VOTO NO EXTERIOR

Art. 59. Nas eleições para Presidente e Vice-Presidente da República, poderá votar o eleitor residente no exterior, desde que tenha requerido sua inscrição aos juízes das zonas eleitorais do exterior até 9 de maio de 2018 (Código Eleitoral, art. 225; e Lei nº 9.504/1997, art. 91).

Art. 60. O cadastro dos eleitores residentes no exterior ficará sob a responsabilidade dos juízes das zonas eleitorais do exterior situadas no Distrito Federal (Código Eleitoral, art. 232).

Art. 61. As operações de alistamento, transferência e revisão para o eleitor residente no exterior serão feitas utilizando-se o Requerimento de Alistamento Eleitoral (RAE), devendo o eleitor comparecer às sedes das embaixadas e repartições consulares, munido da seguinte documentação:

I – título eleitoral anterior ou certidão de quitação eleitoral;

II – documento de identidade ou documento emitido por órgãos controladores do exercício profissional, passaporte, carteira de trabalho, certidão de nascimento expedida no Brasil ou registrada em repartição diplomática brasileira, ou certidão de casamento, desde que reconhecida pela lei brasileira;

III – certificado de quitação do serviço militar obrigatório, para os brasileiros do sexo masculino maiores de 18 (dezoito) anos que estiverem requerendo pela primeira vez o alistamento eleitoral.

§ 1º O passaporte que não contemple os dados reputados indispensáveis para individualização do eleitor, como filiação, somente será aceito na hipótese de ser acompanhado de outro documento que supra a informação.

§ 2º A Carteira Nacional de Habilitação (CNH), na hipótese de primeiro alistamento, deverá ser acompanhada de outro documento hábil que contenha informação sobre a nacionalidade do alistando.

§ 3º As operações descritas no *caput* serão formalizadas pela internet em aplicativo específico para o pré-atendimento, o Título Net.

§ 4º Excepcionalmente, as operações descritas no *caput* poderão ser realizadas por meio do RAE impresso, disponível nas missões diplomáticas e repartições consulares.

§ 5º Não serão enviados ou impressos, pelos órgãos competentes no Brasil, títulos de eleitor para eleitores domiciliados no exterior, sendo-lhes facultado acessar a via digital do documento pelo aplicativo e-Título, desenvolvido pelo Tribunal Superior Eleitoral.

Art. 62. A data-limite para o aceite dos RAEs eletrônicos via Módulo Repartição Consular (MRC), bem como para o recebimento dos RAEs impressos, pelos cartórios das zonas eleitorais do exterior, será 18 de maio de 2018.

Art. 63. Compete às zonas eleitorais do exterior, situadas no Distrito Federal, digitar os dados contidos nos formulários RAE até 15 de junho de 2018, para fins de processamento.

Art. 64. Os Cadernos de Votação para a eleição no exterior serão impressos pelo Tribunal Superior Eleitoral e encaminhados ao Tribunal Regional Eleitoral do Distrito Federal até 5 de setembro de 2018, o qual providenciará sua remessa às missões diplomáticas e repartições consulares.

Art. 65. O material necessário à votação do eleitor no exterior será fornecido pelo Tribunal Regional Eleitoral do Distrito Federal, remetido por mala diplomática e entregue ao presidente da mesa receptora de votos, conforme logística estabelecida pela respectiva repartição consular.

Art. 66. Para a instalação de seção eleitoral no exterior, é necessário que, na circunscrição sob a jurisdição da missão diplomática ou da repartição consular, haja, no mínimo, 30 (trinta) eleitores inscritos (Código Eleitoral, art. 226, *caput*).

§ 1º Se o número de eleitores inscritos for superior a 800 (oitocentos), será instalada nova seção eleitoral.

§ 2º Quando a quantidade de eleitores não atingir o mínimo previsto no *caput*, o tribunal regional eleitoral poderá agregar a seção a qualquer outra mais próxima, desde que seja localizada no mesmo município eleitoral e país, visando a garantir o exercício do voto (Código Eleitoral, art. 226, parágrafo único).

Art. 67. As seções eleitorais para votação no exterior serão designadas e comunicadas ao Ministério das Relações Exteriores até 8 de agosto de 2018 e funcionarão nas sedes das embaixadas, em repartições consulares ou em locais em que funcionem serviços do governo brasileiro (Código Eleitoral, arts. 135 e 225, §§ 1º e 2º).

Parágrafo único. Os pedidos para funcionamento de seções eleitorais fora dos locais previstos neste artigo poderão ser formulados pelo Ministério das Relações Exteriores até 6 de julho de 2018, devendo ser apreciados pelo Tribunal Superior Eleitoral até a data indicada no *caput*.

Art. 68. Os integrantes das mesas receptoras para o primeiro e segundo turnos de votação no exterior serão nomeados pelo Tribunal Regional Eleitoral do Distrito Federal até 8 de agosto de 2018, mediante proposta dos chefes de missão diplomática e das repartições consulares, que ficarão investidos das funções administrativas de juiz eleitoral (Código Eleitoral, art. 120, *caput*; e art. 227, *caput*).

§ 1º Será aplicável às mesas receptoras de votos localizadas no exterior o processo de composição e fiscalização partidária vigente para as que funcionarem no território nacional (Código Eleitoral, art. 227, parágrafo único).

§ 2º Na impossibilidade de serem convocados para composição da mesa receptora de votos eleitores com domicílio eleitoral no Município da seção eleitoral, poderão integrá-la eleitores que tenham domicílio eleitoral diverso, observando-se, nessa hipótese, a comunicação constante do art. 19, § 2º.

Art. 69. Para a votação e apuração dos votos consignados nas seções eleitorais instaladas no exterior, será observado o horário local.

Art. 70. A votação no exterior obedecerá aos procedimentos previstos para a que se realiza no território nacional, independentemente da utilização do voto eletrônico.

Art. 71. Cada partido político ou coligação poderá nomear até dois delegados e dois fiscais junto a cada mesa receptora de votos instalada no exterior, funcionando um de cada vez (Código Eleitoral, art. 131).

Parágrafo único. A conferência das credenciais dos fiscais e dos delegados será feita pelo chefe da missão diplomática ou repartição consular do local onde funcionar a seção eleitoral ou, no caso de funcionamento de mais de um local de votação na jurisdição consular, por funcionário indicado pelo chefe da missão diplomática ou repartição consular.

Art. 72. A apuração dos votos nas seções eleitorais instaladas no exterior será feita pela própria mesa receptora, designando-se os mesários como escrutinadores (Código Eleitoral, arts. 188 e 189).

Art. 73. Aos chefes das missões diplomáticas ou repartições consulares, competirá a transmissão dos arquivos de urna e os demais procedimentos relativos à apuração, de acordo com as orientações do Tribunal Regional Eleitoral do Distrito Federal.

Art. 74. A apuração dos votos nas seções eleitorais instaladas no exterior em que houver votação manual observará, no que couber, os mesmos procedimentos estabelecidos no Capítulo III do Título III.

Parágrafo único. Ao final da apuração da seção eleitoral, será preenchido o boletim de urna, e o chefe da missão diplomática ou repartição consular providenciará o envio, de imediato, ao Tribunal Regional Eleitoral do Distrito Federal, pelo meio eletrônico estabelecido pela Justiça Eleitoral.

Art. 75. Compete ao chefe da missão diplomática ou repartição consular preparar e lacrar a urna para uso no segundo turno de votação.

Art. 76. Nas localidades no exterior onde não for utilizada a urna eletrônica, concluída a apuração, as cédulas serão recolhidas, no primeiro turno de votação, em envelope especial, e no segundo turno, à urna, os quais serão fechados e lacrados, não podendo ser reabertos até 15 de janeiro de 2019, salvo nos casos em que houver pedido de recontagem de votos ou recurso quanto ao seu conteúdo (Código Eleitoral, art. 183).

Art. 77. Concluída a eleição, o responsável pelos trabalhos remeterá, imediatamente, por mala diplomática, ao Tribunal Regional Eleitoral do Distrito Federal, as urnas eletrônicas, acompanhadas de todo o material da eleição.

CAPÍTULO VII
DA PREPARAÇÃO DAS URNAS

Art. 78. Antes da geração das mídias, o tribunal regional eleitoral deverá emitir o relatório Ambiente de Votação – Candidatos, pelo Sistema de Preparação, para a conferência dos dados a serem utilizados na preparação das urnas e totalização de resultados, que deverá ser assinado pelo presidente do tribunal regional eleitoral ou por autoridade por ele designada.

Parágrafo único. O relatório de que trata o *caput* deverá ser anexado à Ata Geral da Eleição.

Art. 79. Antes da geração das mídias, o cartório eleitoral deverá emitir o relatório Ambiente de Votação – Seções, pelo Sistema de Preparação, para a conferência dos dados a serem utilizados na preparação das urnas e totalização de resultados, que deverá ser assinado pelo juiz eleitoral, assim como o relatório Ambiente de Votação – Candidatos.

Parágrafo único. Os relatórios de que trata o *caput* serão anexados à Ata da Junta Eleitoral.

Art. 80. Os Tribunais Regionais Eleitorais, de acordo com o planejamento estabelecido, deverão determinar a geração das mídias, por meio de sistema informatizado, utilizando-se dos dados das tabelas de:

I – partidos políticos e coligações;

II – eleitores;

III – seções com as respectivas agregações e mesas receptoras de justificativas;

IV – candidatos aptos a concorrer à eleição, da qual constarão os números, os nomes indicados para urna e as correspondentes fotografias;

V – candidatos inaptos a concorrer à eleição para cargos proporcionais, exceto os que tenham sido substituídos por candidatos com o mesmo número.

§ 1º Os dados constantes das tabelas a que se referem os incisos IV e V do *caput* são os relativos à data do fechamento do Sistema de Candidaturas.

§ 2º A geração de mídias se dará em cerimônia pública presidida pelo juiz eleitoral ou autoridade designada pelo tribunal regional eleitoral.

§ 3º As mídias a que se refere o *caput* são dispositivos utilizados para carga da urna, para votação, para ativação de aplicativos de urna e para gravação de resultado.

§ 4º Os partidos políticos, as coligações, o Ministério Público e a Ordem dos Advogados do Brasil podem acompanhar a geração das mídias a que se refere o *caput*, para o que serão convocados, por edital publicado no *Diário da Justiça Eletrônico*, nas capitais, e afixado no átrio do cartório eleitoral, nas demais localidades, com a antecedência mínima de 2 (dois) dias.

§ 5º Na hipótese de a geração das mídias e a preparação das urnas não ocorrerem em ato contínuo, as mídias para carga, ao final da geração, devem ser acondicionadas em envelopes lacrados, conforme logística de cada tribunal regional eleitoral.

§ 6º Após o início da geração das mídias, não serão alterados nas urnas os dados de que tratam os incisos deste artigo, salvo por determinação do presidente do respectivo tribunal eleitoral ou por autoridade por ele designada, ouvida a área de tecnologia da informação sobre a viabilidade técnica.

Art. 81. Os arquivos *log* referentes ao Sistema Gerenciador de Dados, Aplicativos e Interface com a Urna Eletrônica (GEDAI) somente poderão ser solicitados pelos partidos políticos, coligações, Ministério Público e Ordem dos Advogados do Brasil à autoridade responsável pela geração das mídias nos locais de sua utilização até 17 de janeiro de 2019.

Parágrafo único. Os arquivos de que trata o *caput* deverão ser fornecidos em sua forma original, em mídia fornecida pelo solicitante, mediante cópia não submetida a tratamento.

Art. 82. Do procedimento de geração das mídias, deverá ser lavrada ata circunstanciada, assinada pelo juiz eleitoral ou autoridade designada pelo tribunal regional eleitoral para esse fim, pelos representantes do Ministério Público, da Ordem dos Advogados do Brasil e pelos fiscais dos partidos políticos e coligações presentes.

§ 1º A ata de que trata o *caput* deverá registrar os seguintes dados:

I – identificação e versão dos sistemas utilizados;

II – data, horário e local de início e término das atividades;

III – nome e qualificação dos presentes;

IV – quantidade de mídias de votação e de carga geradas.

§ 2º As informações requeridas nos incisos II a IV do § 1º deverão ser consignadas diariamente.

§ 3º Cópia da ata será afixada no local de geração das mídias para conhecimento geral, mantendo-se a original arquivada sob a guarda do juiz eleitoral ou da autoridade responsável pelo procedimento.

Art. 83. Havendo necessidade de nova geração de mídias, os representantes do Ministério Público, da Ordem dos Advogados do Brasil e os fiscais dos partidos políticos e coligações deverão ser imediatamente convocados.

Art. 84. A autoridade ou comissão designada pelo tribunal regional eleitoral, ou o juiz, nas zonas eleitorais, em dia e hora previamente indicados em edital de convocação publicado no *Diário da Justiça Eletrônico*, nas capitais, e afixado no átrio do cartório eleitoral, nas demais localidades, sem prejuízo de outros meios oficiais, com a antecedência mínima de 2 (dois) dias, na sua presença, na dos representantes do Ministério Público, da Ordem dos Advogados do Brasil, dos fiscais dos partidos políticos e coligações que comparecerem, deverá determinar que sejam:

I – preparadas, testadas e lacradas as urnas de votação, bem como identificadas suas embalagens com a zona eleitoral, o Município e a seção a que se destinam;

II – preparadas, testadas e lacradas as urnas das mesas receptoras de justificativas, bem como identificadas suas embalagens com o fim e o local a que se destinam;

III – preparadas, testadas e lacradas as urnas de contingência, bem como identificadas suas embalagens com o fim a que se destinam;

IV – acondicionadas as mídias de votação para contingência, individualmente, em envelopes lacrados;

V – acondicionadas, ao final da preparação das urnas eletrônicas, as mídias de carga em envelopes lacrados;

VI – lacradas as urnas de lona, a serem utilizadas no caso de votação por cédula, depois de verificado se estão vazias.

§ 1º Do edital de que trata o *caput*, deverá constar o nome dos técnicos responsáveis pela preparação das urnas.

§ 2º Na hipótese de criação da comissão citada no *caput*, sua presidência deverá ser exercida por juiz efetivo do tribunal regional eleitoral e terá por membros, no mínimo, três servidores do quadro permanente.

§ 3º Os lacres referidos neste artigo deverão ser assinados por juiz eleitoral, ou autoridade designada pelo tribunal regional eleitoral, ou, no mínimo, por dois integrantes da comissão citados no § 2º e, ainda, pelos representantes do Ministério Público e da Ordem dos Advogados do Brasil e pelos fiscais dos partidos políticos e coligações presentes, vedado o uso de chancela.

§ 4º O extrato de carga deverá ser assinado pelo técnico responsável pela preparação da urna e nele deve ser colada a etiqueta relativa ao conjunto de lacres utilizado.

§ 5º Antes de lavrar a ata da cerimônia de carga, os lacres não assinados deverão ser acondicionados em envelope lacrado e assinado pelos presentes.

§ 6º Os lacres assinados e não utilizados deverão ser destruídos, preservando-se as etiquetas de numeração, que deverão ser anexadas à ata da cerimônia.

Art. 85. Onde houver segundo turno, serão observadas, na geração das mídias, no que couber, todas as formalidades e procedimentos adotados para o primeiro turno.

Parágrafo único. As mídias de resultado utilizadas no primeiro turno não poderão ser utilizadas no segundo turno.

Art. 86. A preparação das urnas para o segundo turno deverá ser efetuada por meio da inserção da mídia de resultado para segundo turno nas urnas utilizadas no primeiro turno.

§ 1º Caso o procedimento descrito no *caput* não seja suficiente, serão observados os procedimentos previstos no art. 84 desta resolução, no que couber, preservando-se a mídia de votação utilizada no primeiro turno, devendo ser acondicionadas em envelope lacrado, podendo ser armazenadas em cada envelope mais de uma mídia.

§ 2º Para fins do disposto no § 1º, poderá ser usada a mídia de carga do primeiro turno, que deverá ser novamente lacrada após a conclusão da preparação.

§ 3º Para a lacração da urna eletrônica que recebeu nova carga nos termos do § 1º, deverá ser utilizado um novo conjunto de lacres do primeiro turno, à exceção do lacre da tampa da mídia de resultado, que deverá ser de um conjunto do segundo turno.

Art. 87. Havendo necessidade de substituição de algum dos lacres por dano ocasionado pelo manuseio, poderá ser utilizado lacre equivalente de outro conjunto, registrando-se o fato em ata.

§ 1º As etiquetas identificadoras dos conjuntos de lacres utilizadas na preparação das urnas para o segundo turno deverão ser coladas nos respectivos extratos de carga.

§ 2º Antes de lavrar a ata da cerimônia de carga, os lacres não assinados deverão ser acondicionados em envelope lacrado e assinado pelos presentes.

§ 3º Os lacres assinados e não utilizados deverão ser destruídos, preservando-se as etiquetas de numeração, que deverão ser anexadas à ata da cerimônia.

Art. 88. Após a lacração das urnas a que se refere o art. 84 desta resolução, ficará facultado à Justiça Eleitoral realizar a conferência visual dos dados constantes da tela inicial da urna mediante a ligação dos equipamentos, notificados por edital o Ministério Público, a Ordem dos Advogados do Brasil, os partidos políticos e as coligações com antecedência mínima de 1 (um) dia.

Art. 89. Após a lacração a que se refere o art. 84 desta resolução, eventual ajuste de horário ou calendário interno da urna deverá ser feito por meio da utilização de programa específico desenvolvido pelo Tribunal Superior Eleitoral, operado por técnico autorizado pelo juiz eleitoral, notificados os partidos políticos, as coligações, o Ministério Público e a Ordem dos Advogados do Brasil, lavrando-se ata.

§ 1º A ata a que se refere o *caput* deverá ser assinada pelos presentes e conter os seguintes dados:

I – data, horário e local de início e término das atividades;

II – nome e qualificação dos presentes;

III – quantidade e identificação das urnas que tiveram o calendário ou o horário alterado.

§ 2º Cópia da ata deverá ser afixada no local onde se realizou o procedimento, mantendo-se a original arquivada no respectivo cartório eleitoral.

§ 3º O uso do programa de ajuste de data e hora no dia da eleição, realizado nas dependências da seção eleitoral, deverá também ser consignado na Ata da Mesa Receptora.

Art. 90. Na hipótese de ser constatado problema em uma ou mais urnas antes do dia da votação, o juiz eleitoral poderá determinar a substituição por urna de contingência, a substituição da mídia de votação ou ainda a realização de nova carga, conforme conveniência, sendo convocados os representantes do Ministério Público, da Ordem dos Advogados do Brasil, dos partidos políticos e das coligações para, querendo, participar do ato, que deverá, no que couber, obedecer ao disposto nos arts. 80 a 84 desta resolução.

Parágrafo único. Ocorrendo a hipótese prevista no *caput*, as mídias de carga utilizadas para a intervenção, assim como os lacres restantes não utilizados serão novamente colocados em envelopes, que deverão ser imediatamente lacrados.

Art. 91. Durante o período de carga e lacração descrito nos arts. 80 e 84 desta resolução, aos representantes do Ministério Público, da Ordem dos Advogados do Brasil, dos partidos políticos e das coligações deverá ser garantida a conferência dos dados constantes das urnas, inclusive para verificar se os programas são idênticos aos que foram lacrados (Lei nº 9.504/1997, art. 66, § 5º).

§ 1º A conferência por amostragem deverá ser realizada em até 3% (três por cento) das urnas preparadas para cada zona eleitoral, observado o mínimo de uma urna por zona eleitoral, escolhidas pelos representantes do Ministério Público, da Ordem dos Advogados do Brasil, dos partidos políticos e das coligações, aleatoriamente entre as urnas de votação, as de justificativa e as de contingência.

§ 2º Na hipótese de escolha de urnas destinadas exclusivamente ao recebimento de justificativa e à contingência, a conferência deverá se restringir à confirmação da ausência de dados relativos a eleitores e candidatos.

§ 3º Na hipótese de ser verificada qualquer inconsistência nas urnas conferidas por amostragem, ou diante de fato relevante, o juiz eleitoral poderá ampliar o percentual previsto no § 1º deste artigo.

Art. 92. No período que abrange o procedimento de carga e lacração, deverá ser realizado teste de votação acionado pelo

Art. 92

aplicativo de Verificação Pré-Pós Eleição em pelo menos uma urna por zona eleitoral.

§ 1º O teste de que trata o *caput* poderá ser realizado em uma das urnas escolhidas para a conferência prevista no § 1º do art. 91 desta resolução.

§ 2º Nas urnas submetidas ao teste de votação, deverão ser realizadas nova carga e lacração, sendo permitida a reutilização das mídias, mediante nova geração.

§ 3º No período a que se refere o *caput*, é facultada a conferência das assinaturas digitais dos programas instalados nas urnas.

§ 4º É obrigatória a impressão do relatório do resumo digital (*hash*) dos arquivos fixos das urnas submetidas a teste.

§ 5º Durante a verificação, o relatório citado no § 4º poderá ser reemitido e fornecido aos representantes do Ministério Público, à Ordem dos Advogados do Brasil, aos partidos políticos e às coligações, para possibilitar a conferência dos programas instalados.

§ 6º Nos casos de teste de votação realizados para o segundo turno, a urna deverá ser novamente preparada conforme o disposto nos arts. 80 e 84 desta resolução, no que couber, preservando-se a mídia de votação com os dados do primeiro turno até 17 de janeiro de 2019, em envelope lacrado.

Art. 93. As mídias que apresentarem defeito durante a carga ou teste de votação não poderão ser reutilizadas, devendo ser remetidas ao respectivo tribunal regional eleitoral no prazo e pelo meio por ele estabelecido.

Art. 94. As mídias de votação utilizadas em cargas não concluídas com sucesso por defeito na urna poderão ser reutilizadas mediante nova gravação da mídia.

Art. 95. Do procedimento de carga, lacração e conferência das urnas, deverá ser lavrada ata circunstanciada, que será assinada pelo juiz eleitoral ou autoridade designada pelo tribunal regional eleitoral, pelos representantes do Ministério Público e da Ordem dos Advogados do Brasil e pelos fiscais dos partidos políticos e das coligações presentes.

§ 1º A ata de que trata o *caput* deverá registrar, no mínimo, os seguintes dados:

I – identificação e versão dos sistemas utilizados;

II – data, horário e local de início e término das atividades; III – nome e qualificação dos presentes;

IV – quantidade de urnas preparadas para votação, contingência e justificativa;

V – quantidade e identificação das urnas submetidas à conferência e ao teste de votação, com o resultado obtido em cada uma delas;

VI – quantidade de mídias de votação para contingência; VII – quantidade de urnas de lona lacradas;

VIII – quantidade de mídias de carga e de votação defeituosas.

§ 2º As informações requeridas nos incisos II a VIII do § 1º deverão ser consignadas diariamente.

§ 3º Todos os relatórios emitidos pelas urnas nos procedimentos de conferência e teste de votação, inclusive relatórios de *hash*, devem ser anexados à ata de que trata o *caput*.

§ 4º Os extratos de carga identificados com as respectivas etiquetas de controle dos conjuntos de lacres deverão ser anexados à ata.

§ 5º Cópia da ata deverá ser afixada no local de preparação das urnas, para conhecimento geral, arquivando-se a original e seus anexos no respectivo cartório eleitoral ou no tribunal regional eleitoral.

Art. 96. No dia determinado para a realização das eleições, as urnas deverão ser utilizadas exclusivamente para votação oficial, recebimento de justificativas, contingências, apuração e procedimentos de auditoria previstos em resolução específica do Tribunal Superior Eleitoral.

Art. 97. No dia da votação, poderá ser efetuada carga, a qualquer momento, em urnas para contingência ou justificativa, observado, no que couber, o disposto nos arts. 84, 90 e 95 desta resolução.

Art. 98. Até a véspera da votação, o Tribunal Superior Eleitoral tornará disponível, em sua página na internet, arquivo contendo as correspondências esperadas entre urna e seção.

§ 1º Ocorrendo justo motivo, o arquivo a que se refere o *caput* poderá ser atualizado até as 16h (dezesseis horas) do dia da eleição, observado o horário de Brasília.

§ 2º A atualização das correspondências esperadas entre urna e seção divulgadas na internet não substituirá as originalmente divulgadas e será feita em separado.

CAPÍTULO VIII
DO MATERIAL DE VOTAÇÃO E DE JUSTIFICATIVA

Art. 99. Os juízes eleitorais, ou quem eles designarem, entregarão ao presidente de cada mesa receptora de votos e de justificativas, no que couber, o seguinte material:

I – urna lacrada, podendo, a critério do tribunal regional eleitoral, ser previamente entregue no local de votação ou no posto de justificativa por equipe designada pela Justiça Eleitoral;

II – Cadernos de Votação dos eleitores da seção e dos eleitores transferidos temporariamente para votar na seção, assim como a lista dos eleitores impedidos de votar, onde houver;

III – cabina de votação sem alusão a entidades externas; IV – formulário Ata da Mesa Receptora;

V – almofada para carimbo, visando à coleta da impressão digital do eleitor que não saiba ou não possa assinar;

VI – senhas para serem distribuídas aos eleitores após as 17h (dezessete horas);

VII – canetas esferográficas e papéis necessários aos trabalhos;

VIII – envelopes para remessa à junta eleitoral dos documentos relativos à mesa;

IX – embalagem apropriada para acondicionar a mídia de resultado retirada da urna, ao final dos trabalhos;

X – exemplar do Manual do Mesário, elaborado pela Justiça Eleitoral;

XI – formulários Requerimento de Justificativa Eleitoral;

XII – formulários de Identificação de Eleitor com Deficiência ou Mobilidade Reduzida;

XIII – envelope para acondicionar os formulários Requerimento de Justificativa Eleitoral e Identificação de Eleitor com Deficiência ou Mobilidade Reduzida;

XIV – cópias padronizadas do inteiro teor do disposto no art. 39-A da Lei nº 9.504/1997, com material para afixação.

§ 1º A forma de entrega e distribuição dos itens relacionados será adequada à logística estabelecida pelo juiz eleitoral.

§ 2º O material de que trata este artigo deverá ser entregue mediante protocolo, acompanhado de relação na qual o destinatário declarará o que e como recebeu, apondo sua assinatura (Código Eleitoral, art. 133, § 1º).

Art. 100. A lista contendo o nome e o número dos candidatos registrados deverá ser afixada em lugar visível nas seções eleitorais, podendo, a critério do juiz eleitoral, quando o espaço disponível no interior da seção eleitoral não for suficiente, ser afixada em espaço visível a todos os eleitores no interior dos locais de votação.

Art. 101. As decisões de cancelamento e suspensão de inscrição que não tiverem sido registradas no Cadastro Eleitoral nos prazos previstos no Cronograma Operacional do Cadastro deverão ser anotadas diretamente nos Cadernos de Votação, de modo a impedir o irregular exercício do voto.

TÍTULO II
DA VOTAÇÃO

CAPÍTULO I
DOS PROCEDIMENTOS DE VOTAÇÃO

Seção I
Das Providências Preliminares

Art. 102. No dia marcado para a votação, às 7h (sete horas), os componentes da mesa receptora verificarão se estão em ordem, no lugar designado, o material entregue e a urna, bem como se estão presentes os fiscais dos partidos políticos e das coligações (Código Eleitoral, art. 142).

Parágrafo único. A eventual ausência dos fiscais dos partidos políticos e coligações deverá ser consignada em ata, sem prejuízo do início dos trabalhos.

Art. 103. Concluídas as verificações do art. 102 e a composição da mesa receptora, o presidente emitirá o relatório Zerésima da urna, que será assinado por ele, pelos demais mesários e fiscais dos partidos políticos e das coligações que o desejarem.

Art. 104. Os mesários substituirão o presidente, de modo que haja sempre quem responda pessoalmente pela ordem e regularidade do processo eleitoral, cabendo-lhes, ainda, assinar a Ata da Mesa Receptora (Código Eleitoral, art. 123, *caput*).

§ 1º O presidente deverá estar presente ao ato de abertura e de encerramento das atividades, salvo por motivo de força maior, comunicando o impedimento ao juiz eleitoral pelo menos 24 (vinte e quatro) horas antes da abertura dos trabalhos ou, imediatamente, aos mesários, se o impedimento se der no curso dos procedimentos de votação (Código Eleitoral, art. 123, § 1º).

§ 2º Não comparecendo o presidente até as 7h30 (sete horas e trinta minutos), assumirá a presidência um dos mesários (Código Eleitoral, art. 123, § 2º).

§ 3º Na hipótese de ausência de um ou mais membros da mesa receptora, o presidente ou o membro que assumir a presidência da mesa receptora poderá nomear ad hoc, entre os eleitores presentes, os membros que forem necessários para complementá-la, obedecidas as normas do art. 18 desta resolução (Código Eleitoral, art. 123, § 3º).

Art. 105. É nula a votação quando preterida formalidade essencial da integridade e do sigilo do voto (Código Eleitoral, art. 220, inciso IV).

Seção II
Das Atribuições dos Membros da Mesa Receptora

Art. 106. Compete ao presidente da mesa receptora de votos e da mesa receptora de justificativas, no que couber (Código Eleitoral, art. 127):

I – verificar as credenciais dos fiscais dos partidos políticos e das coligações;

II – adotar os procedimentos para emissão do relatório Zerésima antes do início da votação;

III – autorizar os eleitores a votar ou a justificar;

IV – resolver as dificuldades ou dúvidas que ocorrerem;

V – manter a ordem, para o que disporá de força pública necessária;

VI – comunicar ao juiz eleitoral as ocorrências cujas soluções dele dependerem;

VII – receber as impugnações dos fiscais dos partidos políticos e das coligações concernentes à identidade do eleitor, consignando-as em ata;

VIII – fiscalizar a distribuição das senhas; IX – zelar pela preservação da urna;

X – zelar pela preservação da embalagem da urna; XI – zelar pela preservação da cabina de votação;

XII – zelar pela preservação da lista com os nomes e os números dos candidatos, quando disponível no recinto da seção, tomando providências para a imediata obtenção de nova lista, no caso de sua inutilização total ou parcial;

XIII – zelar pela preservação do cartaz com o inteiro teor do disposto no art. 39-A da Lei nº 9.504/1997.

Art. 107. Compete, ao final dos trabalhos, ao presidente da mesa receptora de votos e da mesa receptora de justificativas, no que couber:

I – proceder ao encerramento da urna;

II – registrar o comparecimento dos mesários na Ata da Mesa Receptora;

III – emitir as vias do boletim de urna;

IV – emitir o boletim de justificativa, acondicionando-o, com os requerimentos recebidos, em envelope próprio;

V – assinar todas as vias do boletim de urna e do boletim de justificativa com os demais mesários e os fiscais dos partidos políticos e das coligações presentes;

VI – afixar uma cópia do boletim de urna em local visível da seção;

VII – romper o lacre do compartimento da mídia de gravação de resultados da urna e retirá-la, após o que colocará novo lacre, por ele assinado;

VIII – desligar a urna;

IX – desconectar a urna da tomada ou da bateria externa; X – acondicionar a urna na embalagem própria;

XI – anotar o não comparecimento do eleitor, fazendo constar do local destinado à assinatura, no Caderno de Votação, a observação "não compareceu" ou "NC";

XII – entregar uma das vias obrigatórias e as demais vias adicionais do boletim de urna, assinadas, aos interessados dos

Art. 107

partidos políticos, das coligações, da imprensa e do Ministério Público, desde que as requeiram no momento do encerramento da votação;

XIII – remeter à junta eleitoral, mediante recibo em duas vias, com a indicação da hora de entrega, a mídia de resultado acondicionada em embalagem lacrada, duas vias do boletim de urna, o relatório Zerésima, o boletim de justificativa, os requerimentos de justificativa eleitoral, os formulários de identificação de eleitor com deficiência ou mobilidade reduzida, o Caderno de Votação e a Ata da Mesa Receptora, bem como os demais materiais em sua responsabilidade, entregues para funcionamento da seção;

XIV – reter em seu poder uma das vias do boletim de urna e, com base nela, conferir os resultados da respectiva seção divulgados na página do Tribunal Superior Eleitoral na internet, tão logo estejam disponíveis, comunicando imediatamente ao juiz eleitoral qualquer inconsistência verificada.

Art. 108. Compete aos mesários, no que couber:

I – identificar o eleitor e entregar o comprovante de votação;

II – conferir o preenchimento dos requerimentos de justificativa eleitoral e entregar ao eleitor seu comprovante;

III – distribuir e conferir o preenchimento do Formulário de Identificação de Eleitor com Deficiência ou Mobilidade Reduzida aos eleitores que se encontrarem nessa condição, sempre que autorizada pelo eleitor deficiente a anotação da circunstância em seu cadastro;

IV – distribuir aos eleitores, às 17h (dezessete horas), as senhas de acesso à seção eleitoral, previamente rubricadas ou carimbadas;

V – lavrar a Ata da Mesa Receptora, na qual deverão ser anotadas, durante os trabalhos, todas as ocorrências que se verificarem;

VI – observar, na organização da fila de votação, as prioridades para votação relacionadas no art. 103, §§ 2º e 3º;

VII – cumprir as demais obrigações que lhes forem atribuídas.

Seção III
Dos Trabalhos de Votação

Art. 109. O presidente da mesa receptora de votos, às 8h (oito horas), declarará iniciada a votação (Código Eleitoral, art. 143).

§ 1º Os membros da mesa receptora de votos e os fiscais dos partidos políticos e das coligações, munidos da respectiva credencial, deverão votar depois dos eleitores que já se encontravam presentes no momento da abertura dos trabalhos, ou no encerramento da votação (Código Eleitoral, art. 143, § 1º).

§ 2º Terão preferência para votar os candidatos, os juízes eleitorais, seus auxiliares, os servidores da Justiça Eleitoral, os promotores eleitorais, os policiais militares em serviço, os eleitores maiores de 60 (sessenta) anos, os enfermos, os eleitores com deficiência ou com mobilidade reduzida, as mulheres grávidas, as lactantes, aqueles acompanhados de criança de colo e obesos (Código Eleitoral, art. 143, § 2º; Lei nº 10.048/2000, art. 1º; e Res.-TSE nº 23.381/2012, art. 5º, § 1º).

§ 3º A preferência garantida no § 2º considerará a ordem de chegada à fila de votação, ressalvados os idosos com mais de 80 (oitenta) anos, que terão preferência sobre os demais eleitores independentemente do momento de sua chegada à seção eleitoral (Lei nº 10.471/2003, art. 3º, § 2º).

Art. 110. Serão observados, na votação, os seguintes procedimentos (Código Eleitoral, art. 146):

I – o eleitor, ao apresentar-se na seção e antes de adentrar o recinto da mesa receptora de votos, deverá postar-se em fila;

II – admitido a adentrar, o eleitor apresentará seu documento de identificação com foto à mesa receptora de votos, o qual poderá ser examinado pelos fiscais dos partidos políticos e das coligações;

III – o mesário localizará no cadastro de eleitores da urna e no Caderno de Votação o nome do eleitor e o confrontará com o nome constante do documento de identificação;

IV – não havendo dúvida sobre a identidade do eleitor, será ele convidado a apor sua assinatura ou impressão digital no Caderno de Votação;

V – em seguida, o eleitor será autorizado a votar;

VI – na cabina de votação, o eleitor indicará os números correspondentes aos seus candidatos;

VII – concluída a votação, serão restituídos ao eleitor os documentos apresentados e o comprovante de votação.

Art. 111. Só serão admitidos a votar os eleitores cujos nomes estiverem cadastrados na seção eleitoral.

§ 1º Poderá votar o eleitor cujo nome não figure no Caderno de Votação, desde que os seus dados constem do cadastro de eleitores da urna.

§ 2º Para votar, o eleitor deverá apresentar documento oficial com foto que comprove sua identidade.

§ 3º Para comprovar a identidade do eleitor perante a mesa receptora de votos, serão aceitos os seguintes documentos:

I – via digital do título de eleitor (e-Título);

II – carteira de identidade, passaporte ou outro documento oficial com foto de valor legal equivalente, inclusive carteira de categoria profissional reconhecida por lei;

III – certificado de reservista; IV – carteira de trabalho;

V – carteira nacional de habilitação.

§ 4º Os documentos relacionados no § 3º poderão ser aceitos ainda que expirada a data de validade, desde que seja possível comprovar a identidade do eleitor.

§ 5º Não será admitida certidão de nascimento ou de casamento como prova de identidade do eleitor no momento da votação.

§ 6º Não poderá votar o eleitor cujos dados não figurem no cadastro de eleitores da seção constante da urna, ainda que apresente título de eleitor correspondente à seção e documento que comprove sua identidade, devendo, nessa hipótese, a mesa receptora de votos registrar a ocorrência em ata e orientar o eleitor a comparecer ao cartório eleitoral a fim de regularizar sua situação.

§ 7º A via digital do título do eleitor (e-Título), a que se refere o inciso I do § 3º deste artigo, somente será admitida como instrumento de identificação quando o eleitor houver realizado o cadastramento eleitoral com coleta da fotografia.

Art. 112. Existindo dúvida quanto à identidade do eleitor, mesmo que esteja portando título de eleitor e documento oficial, o presidente da mesa receptora de votos deverá interrogá-lo sobre os dados do título, do documento oficial ou do Caderno de Votação; em seguida, deverá confrontar a assinatura constante desses documentos com aquela feita pelo eleitor na sua presença e fazer constar da ata os detalhes do ocorrido (Código Eleitoral, art. 147).

§ 1º Adicionalmente aos procedimentos do *caput*, a identidade do eleitor poderá ser validada por meio do reconhecimento biométrico na urna eletrônica, quando disponível.

§ 2º A impugnação à identidade do eleitor, formulada pelos membros da mesa receptora de votos, pelos fiscais ou por qualquer eleitor, será apresentada verbalmente ou por escrito antes de ser admitido a votar (Código Eleitoral, art. 147, § 1º).

§ 3º Se persistir a dúvida ou for mantida a impugnação, o presidente da mesa receptora de votos solicitará a presença do juiz eleitoral para decisão (Código Eleitoral, art. 147, § 2º).

Art. 113. Na cabina de votação, é vedado ao eleitor portar aparelho de telefonia celular, máquinas fotográficas, filmadoras, equipamento de radiocomunicação ou qualquer instrumento que possa comprometer o sigilo do voto (Lei nº 9.504/1997, art. 91-A, parágrafo único).

Parágrafo único. Para que o eleitor possa se dirigir à cabina de votação, os aparelhos mencionados no *caput* poderão ficar sob a guarda da mesa receptora ou deverão ser mantidos em outro local de escolha do eleitor.

Art. 114. Será permitido o uso de instrumentos que auxiliem o eleitor analfabeto a votar, os quais serão submetidos à decisão do presidente da mesa receptora, não sendo a Justiça Eleitoral obrigada a fornecê-los (Lei nº 9.504/1997, art. 89).

Art. 115. O eleitor com deficiência ou mobilidade reduzida, ao votar, poderá ser auxiliado por pessoa de sua confiança, ainda que não o tenha requerido antecipadamente ao juiz eleitoral (Lei nº 13.146/2015, art. 76, § 1º, inciso IV).

§ 1º O presidente da mesa receptora de votos, verificando ser imprescindível que o eleitor com deficiência ou mobilidade reduzida seja auxiliado por pessoa de sua confiança para votar, autorizará o ingresso dessa segunda pessoa com o eleitor na cabina, sendo permitido inclusive digitar os números na urna.

§ 2º A pessoa que auxiliará o eleitor com deficiência ou mobilidade reduzida deverá identificar-se perante a mesa receptora e não poderá estar a serviço da Justiça Eleitoral, de partido político ou de coligação.

§ 3º A assistência de outra pessoa ao eleitor com deficiência ou mobilidade reduzida de que trata este artigo deverá ser consignada em ata.

§ 4º Para votar, serão assegurados ao eleitor com deficiência visual (Código Eleitoral, art. 150, incisos I a III):

I – a utilização do alfabeto comum ou do sistema braile para assinar o Caderno de Votação ou assinalar as cédulas, se for o caso;

II – o uso de qualquer instrumento mecânico que portar ou lhe for fornecido pela mesa receptora de votos;

III – receber dos mesários orientação sobre o uso do sistema de áudio disponível na urna com fone de ouvido fornecido pela Justiça Eleitoral;

IV – receber dos mesários orientação sobre o uso da marca de identificação da tecla 5 da urna.

§ 5º Para garantir o recurso descrito no inciso III do § 4º, os Tribunais Regionais Eleitorais providenciarão fones de ouvido em número suficiente por local de votação, para atender a sua demanda específica.

§ 6º Ao eleitor com deficiência ou mobilidade reduzida que desejar registrar sua situação no Cadastro Eleitoral, será distribuído o Formulário de Identificação do Eleitor com Deficiência ou Mobilidade Reduzida, o qual deverá ser preenchido pelo eleitor, datado e assinado ou registrada sua digital, para encaminhamento ao cartório eleitoral ao final dos trabalhos da mesa receptora (Res.-TSE nº 23.381/2012, art. 8º).

Art. 116. A votação será feita no número do candidato ou da legenda partidária, devendo o nome e a fotografia do candidato, assim como a sigla do partido político, aparecer no painel da urna, com o respectivo cargo disputado (Lei nº 9.504/1997, art. 59, § 1º).

§ 1º A urna eletrônica exibirá para o eleitor, primeiramente, os painéis referentes às eleições proporcionais e, em seguida, os referentes às eleições majoritárias, nesta ordem (Lei nº 9.504/1997, art. 59, § 3º):

I – Deputado Federal;

II – Deputado Estadual ou Distrital;

III – Senador primeira vaga;

IV – Senador segunda vaga;

V – Governador;

VI – Presidente da República.

§ 2º Os painéis referentes aos candidatos a Senador, a Governador e a Presidente da República exibirão, também, as fotos e os nomes dos respectivos candidatos a suplentes e a vice.

§ 3º Na hipótese da realização de consulta popular, os painéis referentes às perguntas serão apresentados após a votação para os cargos majoritários.

§ 4º Ao término da sequência de votação, a urna apresentará uma tela contendo o resumo das escolhas do eleitor para confirmação dos votos.

§ 5º Se o eleitor estiver de acordo com os dados apresentados na tela resumo da urna, deve confirmar sua votação para registro dos votos na urna.

§ 6º Se o eleitor não estiver de acordo com os dados apresentados na tela resumo da urna, os votos não serão registrados e deve-se recomeçar a sequência de votação.

§ 7º Caso o eleitor reitere a discordância, após a segunda tentativa, o presidente da mesa solicitará que aquele se retire da cabina e volte posteriormente à seção eleitoral para nova tentativa de votação.

§ 8º Na hipótese do parágrafo anterior, o eleitor não terá registrado seu comparecimento e não receberá o comprovante de votação, sendo-lhe assegurado o direito do exercício do voto em outro momento até o encerramento da votação na seção.

Art. 117. Na hipótese de o eleitor, após a identificação, recusar-se a votar ou apresentar dificuldade na votação eletrônica antes de confirmar seus votos na tela resumo da urna, deverá o presidente da mesa receptora de votos suspender a liberação de votação do eleitor por meio de código próprio.

Parágrafo único. Ocorrendo a situação descrita no *caput*, o presidente da mesa receptora de votos reterá o comprovante de votação, assegurando ao eleitor o exercício do direito do voto em outro momento até o encerramento da votação, registrando o fato em ata.

Seção IV
Da Identificação do Eleitor por Biometria

Art. 118. A identificação biométrica do eleitor, nas eleições gerais de 2018, será adotada, obrigatoriamente, nas localidades onde foi utilizada nas eleições municipais de 2016 e em todos os Municípios que concluíram o processo de revisão biométrica.

§ 1º Fica facultado ao tribunal regional eleitoral o uso da identificação biométrica nos demais Municípios da sua jurisdição.

§ 2º A indicação de uso da identificação biométrica deverá ser feita pelo tribunal regional eleitoral até o dia 20 de junho de 2018, por meio de aplicativo desenvolvido pelo Tribunal Superior Eleitoral.

Art. 119. Nas seções eleitorais dos Municípios que utilizarem a biometria como forma de identificação do eleitor, aplica-se o disposto no Título II desta resolução, no que couber, obedecendo aos seguintes procedimentos em substituição aos contidos nos incisos I a VII do art. 110 desta resolução:

I – o eleitor, ao apresentar-se na seção e antes de adentrar o recinto da mesa receptora de votos, deverá postar-se em fila;

II – admitido a adentrar, o eleitor apresentará seu documento de identificação com foto à mesa receptora de votos, o qual poderá ser examinado pelos fiscais dos partidos políticos e das coligações;

III – o mesário digitará o número do título de eleitor;

IV – aceito o número do título pelo sistema, o mesário solicitará ao eleitor que posicione o dedo polegar ou o indicador sobre o sensor biométrico, para identificação;

V – havendo a identificação do eleitor por intermédio da biometria, o mesário o autorizará a votar, dispensando a assinatura do eleitor no Caderno de Votação;

VI – o procedimento de identificação biométrica poderá ser repetido por até quatro vezes para cada tentativa de habilitação do eleitor, observando-se as mensagens apresentadas pelo sistema no terminal do mesário;

VII – na hipótese de não haver a identificação do eleitor por meio da biometria após a última tentativa, o presidente da mesa deverá conferir se o número do título do eleitor digitado no terminal do mesário corresponde à identificação do eleitor e, se confirmada, indagará ao eleitor o ano do seu nascimento e o informará no terminal do mesário;

VIII – se coincidente a informação do ano de nascimento, o eleitor estará habilitado a votar;

IX – comprovada a identidade do eleitor, na forma do inciso VII:
a) o eleitor assinará o Caderno de Votação;
b) o mesário utilizará sua impressão digital no sistema para autorizar o eleitor a votar;
c) o mesário consignará o fato na Ata da Mesa Receptora e orientará o eleitor a comparecer posteriormente ao cartório eleitoral, para verificação de sua identificação biométrica;

X – na hipótese de o ano informado não coincidir com o cadastro da urna eletrônica, o mesário poderá confirmar com o eleitor seu ano de nascimento e realizar uma nova tentativa;

XI – persistindo a não identificação do eleitor, o mesário orientará o eleitor a contatar a Justiça Eleitoral para consultar sobre a data de nascimento constante do Cadastro Eleitoral, para que proceda à nova tentativa de votação.

Parágrafo único. O mesário deverá anotar na Ata da Mesa Receptora, no curso da votação, todos os incidentes relacionados com a identificação biométrica do eleitor, registrando as dificuldades verificadas e relatando eventos relevantes.

Seção V
Da Contingência na Votação

Art. 120. Na hipótese de falha na urna, em qualquer momento da votação, o presidente da mesa receptora de votos, à vista dos fiscais presentes, deverá desligar e religar a urna, digitando o código de reinício da votação.

§ 1º Persistindo a falha, o presidente da mesa receptora de votos solicitará a presença de equipe designada pelo juiz eleitoral, à qual caberá analisar a situação e adotar, em qualquer ordem, um ou mais dos seguintes procedimentos para a solução do problema:

I – reposicionar a mídia de votação;

II – utilizar uma urna de contingência, remetendo a urna com defeito ao local designado pela Justiça Eleitoral;

III – utilizar a mídia de contingência na urna de votação, acondicionando a mídia de votação danificada em envelope específico e remetendo-a ao local designado pela Justiça Eleitoral.

§ 2º Os lacres das urnas rompidos durante os procedimentos deverão ser repostos e assinados pelo juiz eleitoral ou, na sua impossibilidade, pelos componentes da mesa receptora de votos, bem como pelos fiscais dos partidos políticos e das coligações presentes.

§ 3º A equipe designada pelo juiz eleitoral poderá realizar mais de uma tentativa, entre as previstas neste artigo.

Art. 121. Para garantir o uso do sistema eletrônico, além do previsto no art. 120, poderá ser realizada carga de urna de seção, obedecendo, no que couber, ao disposto nos artigos 84, 90 e 95 desta resolução, desde que não tenha ocorrido votação naquela seção.

§ 1º O primeiro eleitor a votar será convidado a aguardar, junto com a mesa receptora de votos, até que o segundo eleitor conclua o seu voto.

§ 2º Na hipótese de ocorrer falha na urna que impeça a continuidade da votação eletrônica antes que o segundo eleitor conclua seu voto, esgotadas as possibilidades previstas no art. 120 desta resolução, deverá o primeiro eleitor votar novamente, em outra urna ou em cédulas, sendo o voto sufragado na urna danificada considerado insubsistente.

§ 3º Ocorrendo a situação descrita no § 2º, será permitida a carga de urna para a respectiva seção.

Art. 122. Não havendo êxito nos procedimentos de contingência, a votação se dará por cédulas até seu encerramento, adotando o presidente da mesa receptora de votos, ou o mesário, se aquele determinar, as seguintes providências:

I – retornar a mídia de votação à urna defeituosa;

II – lacrar a urna defeituosa, enviando-a, ao final da votação, à junta eleitoral, com os demais materiais de votação;

III – lacrar a urna de contingência, que ficará sob a guarda da equipe designada pelo juiz eleitoral;

IV – colocar a mídia de contingência em envelope específico, que deverá ser lacrado e remetido ao local designado pela justiça eleitoral, não podendo ser reutilizada.

Art. 123. Todas as ocorrências descritas nos arts. 120 a 122 deverão ser consignadas na Ata da Mesa Receptora e registradas em sistema de registro de ocorrências, indicando o problema verificado, as providências adotadas e o resultado obtido.

Art. 124. Uma vez iniciada a votação por cédulas, não se poderá retornar ao processo eletrônico de votação na mesma seção eleitoral.

Art. 125. É proibido realizar manutenção de urna eletrônica na seção eleitoral no dia da votação, salvo ajuste ou troca de bateria e de módulo impressor, ressalvados os procedimentos descritos no art. 120.

Art. 126. As ocorrências de troca de urnas deverão ser comunicadas pelos juízes eleitorais, por meio de sistema de registro de ocorrências, aos Tribunais Regionais Eleitorais durante o processo de votação.

Parágrafo único. Os partidos políticos, as coligações, o Ministério Público e a Ordem dos Advogados do Brasil poderão requerer formalmente aos Tribunais Regionais Eleitorais, até 17 de janeiro de 2019, as informações relativas à troca de urnas.

Seção VI
Da Votação por Cédulas de Uso Contingente

Art. 127. A forma de votação descrita nesta seção apenas será realizada na impossibilidade da utilização do sistema eletrônico de votação.

Parágrafo único. As cédulas de uso contingente serão confeccionadas em obediência ao modelo definido pelo Tribunal Superior Eleitoral, constante do Anexo desta resolução.

Art. 128. Para os casos de votação por cédulas, o juiz eleitoral fará entregar ao presidente da mesa receptora de votos, mediante recibo, os seguintes materiais:

I – cédulas de uso contingente, destinadas à votação;

II – urna de lona lacrada;

III – lacre para a fenda da urna de lona, a ser colocado após a votação.

Art. 129. Serão observadas, na votação por cédulas, no que couber, as normas do art. 110, e ainda:

I – identificado o eleitor:

a) se originário da seção eleitoral, serão entregues as cédulas relativas a todos os cargos;

b) se transferido temporariamente, serão entregues apenas as cédulas relativas aos cargos identificados no Caderno de Votação dos Eleitores Transferidos Temporariamente (Código Eleitoral, art. 233-A);

II – o eleitor será instruído sobre a forma de dobrar as cédulas após a anotação do voto e a maneira de colocá-las na urna de lona;

III – as cédulas serão entregues ao eleitor abertas, rubricadas e numeradas, em séries de um a nove, pelos mesários (Código Eleitoral, art. 127, inciso VI);

IV – o eleitor será convidado a se dirigir à cabina para indicar os números ou os nomes dos candidatos ou a sigla ou número do partido de sua preferência, e dobrar as cédulas;

V – ao sair da cabina, o eleitor depositará as cédulas na urna de lona, fazendo-o de maneira a mostrar a parte rubricada ao mesário e aos fiscais dos partidos políticos e das coligações, para que verifiquem, sem nelas tocar, se não foram substituídas;

VI – se as cédulas não forem as mesmas, o eleitor será convidado a voltar à cabina e a trazer o seu voto nas cédulas que recebeu; se não quiser retornar à cabina, será anotada a ocorrência na ata e, nesse caso, ficará o eleitor retido pela mesa receptora de votos e à sua disposição até o término da votação, ou até que lhe devolva as cédulas rubricadas que dela recebeu;

VII – se o eleitor, ao receber as cédulas, ou durante o ato de votar, verificar que estão rasuradas ou de algum modo viciadas, ou se ele, por imprudência, negligência ou imperícia, as inutilizar, estragar ou assinalar erradamente, poderá pedir outras ao mesário, restituindo-lhe as primeiras, que serão imediatamente inutilizadas à vista dos presentes e sem quebra do sigilo do que o eleitor nelas haja indicado, fazendo constar a ocorrência em ata;

VIII – após o depósito das cédulas na urna de lona, o mesário devolverá o documento de identificação ao eleitor, entregando-lhe o comprovante de votação.

Art. 130. Ao término da votação na seção eleitoral, além da aplicação do previsto no art. 143 desta resolução, no que couber, o presidente da mesa receptora de votos tomará as seguintes providências:

I – vedará a fenda da urna de lona com o lacre apropriado, rubricado por ele, pelos demais mesários e, facultativamente, pelos fiscais dos partidos políticos e das coligações presentes;

II – entregará a urna de lona, a urna eletrônica e os documentos da votação ao presidente da junta ou a quem for por ele designado, mediante recibo em duas vias, com a indicação de hora, devendo os documentos da seção eleitoral ser acondicionados em envelopes rubricados por ele e pelos fiscais dos partidos políticos e das coligações que o desejarem.

Seção VII
Dos Trabalhos de Justificativa

Art. 131. O eleitor ausente do seu domicílio eleitoral na data do pleito poderá, no mesmo dia e horário da votação, justificar sua falta exclusivamente perante as mesas receptoras de votos ou de justificativas.

Parágrafo único. O comparecimento do eleitor, no dia da eleição, para justificar em mesa receptora instalada fora do seu domicílio eleitoral dispensa a apresentação de qualquer outra justificação.

Art. 132. As mesas receptoras de justificativas receberão justificativas das 8h (oito horas) às 17h (dezessete horas) do dia da eleição.

Parágrafo único. Às 17h (dezessete horas) do dia da votação, o mesário entregará as senhas e recolherá os documentos de identificação de todos os eleitores presentes, começando pelo último da fila.

Art. 133. Cada mesa receptora de justificativas poderá funcionar com até três urnas.

Art. 134. O eleitor deverá comparecer aos locais destinados ao recebimento das justificativas com o formulário Requerimento de Justificativa Eleitoral preenchido, munido do número da inscrição eleitoral e de documento de identificação, nos termos do § 3º do art. 111 desta resolução.

Art. 134

§ 1º O eleitor deverá postar-se em fila única à entrada do recinto da mesa e, quando autorizado, entregará o formulário preenchido e apresentará o documento de identificação ao mesário.

§ 2º Após a conferência do preenchimento do formulário e da verificação da identidade do eleitor, o número da inscrição eleitoral será digitado na urna e, em seguida, serão anotados a Unidade da Federação, o Município, a zona eleitoral e a mesa receptora da entrega do requerimento, nos campos próprios do formulário, e serão restituídos ao eleitor o seu documento e o comprovante de justificativa, autenticado com a rubrica do mesário.

§ 3º O formulário preenchido com dados incorretos, que não permitam a identificação do eleitor, não será hábil para justificar a ausência na eleição.

Art. 135. Quando verificada a impossibilidade do uso de urnas, será utilizado o processo manual de recepção de justificativas, com posterior digitação dos dados na zona eleitoral responsável pelo recebimento.

Art. 136. Compete ao juízo eleitoral responsável pela recepção dos requerimentos de justificativa eleitoral assegurar o lançamento dessas informações no Cadastro Eleitoral, determinando a conferência quanto ao processamento e à digitação dos dados, quando necessário, até 6 de dezembro de 2018, em relação ao primeiro turno, e até 27 de dezembro de 2018, quanto ao segundo turno.

Parágrafo único. Os formulários Requerimento de Justificativa Eleitoral, após seu processamento, serão arquivados, no cartório eleitoral responsável pela recepção das justificativas, até o próximo pleito, quando poderão ser descartados (Res.-TSE nº 21.538/2003, art. 55, VII).

Art. 137. O formulário Requerimento de Justificativa Eleitoral será fornecido gratuitamente aos eleitores, nos seguintes locais:

I – cartórios eleitorais;

II – páginas da Justiça Eleitoral na internet;

III – locais de votação ou de justificativa, no dia da eleição;

IV – outros locais, desde que haja prévia autorização da Justiça Eleitoral.

Art. 138. O eleitor que deixar de votar e não justificar a falta no dia da eleição poderá fazê-lo até 6 de dezembro de 2018, em relação ao primeiro turno, e até 27 de dezembro de 2018, em relação ao segundo turno, por meio de requerimento a ser apresentado em qualquer zona eleitoral.

§ 1º O requerimento de justificação deverá ser acompanhado dos documentos que comprovem o motivo justificador declinado pelo eleitor.

§ 2º O chefe do cartório eleitoral que receber o requerimento providenciará a sua remessa à zona eleitoral em que o eleitor é inscrito.

§ 3º Para o eleitor inscrito no Brasil que se encontrar no exterior na data do pleito, o prazo de que trata o *caput* será de 30 (trinta) dias, contados do seu retorno ao País (Lei nº 6.091/1974, art. 16, § 2º; e Res.-TSE nº 21.538/2003, art. 80, § 1º).

§ 4º O eleitor inscrito no Brasil que se encontre no exterior no dia do pleito e queira justificar a ausência antes do retorno ao Brasil deverá encaminhar justificativa de ausência de voto diretamente ao cartório eleitoral do Município de sua inscrição, por meio dos serviços de postagens, dentro do período previsto no *caput*.

Art. 139. Os Tribunais Regionais Eleitorais, após o dia da eleição, poderão adotar mecanismo alternativo de recebimento de justificativa, inclusive por meio das suas páginas na internet, nas quais será dada ampla divulgação às orientações pertinentes.

Art. 140. O eleitor inscrito no exterior, ausente do seu domicílio eleitoral na data do pleito, e aquele que, mesmo presente, não comparecer à eleição deverão justificar sua falta, mediante requerimento a ser encaminhado diretamente ao juiz eleitoral do Distrito Federal responsável pelo cartório eleitoral de sua inscrição, até 6 de dezembro de 2018, se a ausência ocorrer no primeiro turno, e até 27 de dezembro de 2018, se relativa ao segundo turno.

Parágrafo único. Ao eleitor inscrito no exterior será garantida ainda a possibilidade de encaminhar sua justificativa, respeitados os prazos assinalados no *caput*, às missões diplomáticas ou repartições consulares brasileiras localizadas no país em que estiver, que, em até 15 (quinze) dias após o seu recebimento, remetê-la-á ao Ministério das Relações Exteriores para envio ao Tribunal Regional Eleitoral do Distrito Federal para processamento.

Seção VIII
Do Encerramento da Votação

Art. 141. O recebimento dos votos terminará às 17h (dezessete horas) do horário local, desde que não haja eleitores presentes na fila de votação da seção eleitoral (Código Eleitoral, art. 144).

Art. 142. Às 17h (dezessete horas) do dia da votação, o mesário deverá entregar as senhas de acesso à seção eleitoral e recolher os documentos de identificação de todos os eleitores presentes, começando pelo último da fila, para que sejam admitidos a votar (Código Eleitoral, art. 153, *caput*).

Parágrafo único. A votação continuará na ordem decrescente das senhas distribuídas, sendo o documento de identificação devolvido ao eleitor logo que este tenha votado (Código Eleitoral, art. 153, parágrafo único).

Art. 143. Encerrada a votação, o presidente da mesa receptora de votos adotará as providências previstas no art. 107 e finalizará a Ata da Mesa Receptora, da qual constarão, sem prejuízo de outras ocorrências significativas, pelo menos os seguintes itens:

I – o nome dos membros da mesa receptora que compareceram, consignando atrasos e saídas antecipadas;

II – as substituições e nomeações de membros da mesa receptora eventualmente realizadas;

III – os nomes dos fiscais que compareceram durante a votação;

IV – a causa, se houver, do retardamento para o início ou encerramento da votação;

V – o motivo de não haverem votado eleitores que compareceram;

VI – os protestos e as impugnações apresentados, assim como as decisões sobre eles proferidas, tudo em seu inteiro teor;

VII – a razão da interrupção da votação, se tiver havido, o tempo da interrupção e as providências adotadas;

VIII – a ressalva das rasuras, emendas e entrelinhas porventura existentes nos Cadernos de Votação e na Ata da Mesa Receptora, ou a declaração de não existirem.

Parágrafo único. A urna ficará permanentemente à vista dos interessados e sob a guarda de pessoa designada pelo presidente da junta eleitoral até que seja determinado o seu recolhimento (Código Eleitoral, art. 155, § 2º).

Art. 144. Os boletins de urna serão impressos em 5 (cinco) vias obrigatórias e em até 5 (cinco) vias adicionais.

Art. 145. Na hipótese de não serem emitidas, por qualquer motivo, todas as vias obrigatórias dos boletins de urna, ou de serem estas ilegíveis, observado o disposto no art. 125 desta resolução, o presidente da mesa receptora de votos tomará, à vista dos fiscais dos partidos políticos e das coligações presentes, as seguintes providências:

I – desligará a urna;

II – desconectará a urna da tomada ou da bateria externa; III – acondicionará a urna na embalagem própria;

IV – registrará na Ata da Mesa Receptora a ocorrência;

V – comunicará o fato ao presidente da junta eleitoral pelo meio de comunicação mais rápido;

VI – encaminhará a urna para a junta eleitoral, para a adoção de medidas que possibilitem a impressão dos boletins de urna.

Parágrafo único. Na hipótese de ser emitida apenas 1 (uma) via obrigatória, esta deverá ser encaminhada à junta eleitoral, sem prejuízo das providências previstas neste artigo.

Art. 146. O presidente da junta eleitoral, ou quem for por ele designado, tomará as providências necessárias para o recebimento das mídias com os arquivos e dos documentos da votação (Código Eleitoral, art. 155, *caput*).

Art. 147. Os fiscais dos partidos políticos e das coligações poderão acompanhar a urna e todo e qualquer material referente à votação, do início ao encerramento dos trabalhos, até sua entrega na junta eleitoral, desde que às suas expensas.

Art. 148. Os candidatos, delegados ou fiscais de partido político ou de coligação poderão obter cópia do relatório emitido pelo sistema informatizado, com dados sobre o comparecimento e a abstenção em cada seção eleitoral, sendo vedado ao juiz eleitoral recusar ou procrastinar sua entrega ao requerente (Código Eleitoral, art.156, § 3º).

CAPÍTULO II
DA FISCALIZAÇÃO PERANTE AS MESAS RECEPTORAS

Art. 149. Cada partido político ou coligação poderá nomear dois delegados para cada Município e dois fiscais para cada mesa receptora (Código Eleitoral, art. 131, *caput*).

Art. 150. Nas mesas receptoras, poderá atuar um fiscal de cada partido político ou coligação por vez, mantendo-se a ordem no local de votação (Código Eleitoral, art. 131, *caput*).

§ 1º O fiscal poderá acompanhar mais de uma seção eleitoral (Lei nº 9.504/1997, art. 65, § 1º).

§ 2º Quando o Município abranger mais de uma zona eleitoral, cada partido político ou coligação poderá nomear dois delegados para cada uma delas (Código Eleitoral, art. 131, § 1º).

§ 3º A escolha de fiscal e delegado de partido político ou de coligação não poderá recair em menor de 18 (dezoito) anos ou em quem, por nomeação de juiz eleitoral, já faça parte de mesa receptora, do apoio logístico ou da junta eleitoral (Lei nº 9.504/1997, art. 65, *caput*).

§ 4º As credenciais dos fiscais e delegados serão expedidas, exclusivamente, pelos partidos políticos e coligações, sendo desnecessário o visto do juiz eleitoral (Lei nº 9.504/1997, art. 65, § 2º).

§ 5º Para efeito do disposto no § 4º deste artigo, o presidente do partido político, o representante da coligação ou outra pessoa por eles indicada deverá informar aos juízes eleitorais os nomes das pessoas autorizadas a expedir as credenciais dos fiscais e delegados (Lei nº 9.504/1997, art. 65, § 3º).

§ 6º O credenciamento de fiscais se restringirá aos partidos políticos e às coligações que participarem das eleições.

§ 7º O fiscal de partido politico ou de coligação poderá ser substituído no curso dos trabalhos eleitorais (Código Eleitoral, art. 131, § 7º).

§ 8º Para o credenciamento e atuação dos fiscais nas seções eleitorais instaladas nos estabelecimentos penais e de internação de adolescentes, deverá ser observada a ressalva contida no § 2º do art. 52 desta resolução.

Art. 151. Os candidatos registrados, os delegados e os fiscais de partidos políticos e de coligações serão admitidos pelas mesas receptoras a fiscalizar a votação, formular protestos e fazer impugnações, inclusive sobre a identidade do eleitor (Código Eleitoral, art. 132).

Art. 152. No dia da votação, durante os trabalhos, é obrigatório o uso de crachá de identificação pelos fiscais dos partidos políticos e das coligações, vedada a padronização do vestuário (Lei nº 9.504/1997, art. 39-A, § 3º).

§ 1º O crachá deverá ter medidas que não ultrapassem 10cm (dez centímetros) de comprimento por 5cm (cinco centímetros) de largura e conterá apenas o nome do fiscal e o nome e a sigla do partido político ou da coligação que representa, sem referência que possa ser interpretada como propaganda eleitoral (Res.-TSE 22.412/2006, art. 3º).

§ 2º Caso o crachá ou o vestuário estejam em desacordo com as normas previstas neste artigo, o presidente da mesa receptora orientará os ajustes necessários para que o fiscal possa exercer sua função na seção.

CAPÍTULO III
DA POLÍCIA DOS TRABALHOS ELEITORAIS

Art. 153. Ao presidente da mesa receptora e ao juiz eleitoral, caberá a polícia dos trabalhos eleitorais (Código Eleitoral, art. 139).

Art. 154. Somente poderão permanecer no recinto da mesa receptora os membros que a compõem, os candidatos, um fiscal e um delegado de cada partido político ou coligação e, durante o tempo necessário à votação, o eleitor, mantendo-se a ordem no local de votação (Código Eleitoral, art. 140, *caput*).

§ 1º O presidente da mesa receptora, que é, durante os trabalhos, a autoridade superior, fará retirar do recinto ou do edifício quem não guardar a ordem e a compostura devidas e estiver praticando qualquer ato atentatório à liberdade eleitoral (Código Eleitoral, art. 140, § 1º).

§ 2º Salvo o juiz eleitoral e os técnicos por ele designados, nenhuma autoridade estranha à mesa receptora poderá intervir em seu funcionamento (Código Eleitoral, art. 140, § 2º).

Art. 155. A força armada se conservará a 100m (cem metros) da seção eleitoral e não poderá aproximar-se do lugar da votação

Art. 155

ou nele adentrar sem ordem judicial ou do presidente da mesa receptora, exceto nos estabelecimentos penais e nas unidades de internação de adolescentes, respeitado o sigilo do voto (Código Eleitoral, art. 141).

CAPÍTULO IV
DOS IMPRESSOS PARA A ELEIÇÃO

Seção I
Dos Formulários

Art. 156. Os modelos de impressos, cédulas para uso contingente e etiquetas para identificação das mídias para uso na urna a serem utilizados nas eleições de 2018 são os constantes do Anexo desta resolução.

Art. 157. Será de responsabilidade do Tribunal Superior Eleitoral a confecção dos seguintes impressos:

I – Caderno de Votação, incluindo a listagem de eleitores impedidos de votar na seção a partir da última eleição ordinária; e

II – Caderno de Votação dos Eleitores Transferidos Temporariamente.

Art. 158. Será de responsabilidade dos Tribunais Regionais Eleitorais a confecção dos seguintes impressos:

I – Ata da Mesa Receptora;

II – Formulário de Identificação de Eleitor com Deficiência ou Mobilidade Reduzida; e

III – Requerimento de Justificativa Eleitoral.

Parágrafo único. Os Requerimentos de Justificativa Eleitoral em estoque nos Tribunais Regionais Eleitorais poderão ser utilizados, desde que em conformidade com o modelo estabelecido no Anexo da Resolução-TSE nº 23.456/2015.

Art. 159. Será de responsabilidade do Tribunal Regional Eleitoral do Distrito Federal, ou, quando autorizado, das missões diplomáticas ou repartições consulares, utilizando reprodução eletrônica ou impressão gráfica, a confecção dos impressos:

I – Ata da Mesa Receptora; e II – Boletim de Urna – Exterior.

Art. 160. A distribuição dos impressos a que se referem os arts. 157 a 159 desta resolução será realizada conforme planejamento estabelecido pelo respectivo tribunal regional eleitoral.

Seção II
Das Etiquetas e Lacres

Art. 161. Será de responsabilidade do Tribunal Superior Eleitoral a confecção de:

I – etiquetas para identificação das mídias de carga, de resultado e de votação utilizadas nas urnas, conforme Anexo; e

II – lacres para as urnas, nas especificações constantes de resolução específica.

Seção III
Das Cédulas Oficiais para Uso Contingente

Art. 162. As cédulas a serem utilizadas pela seção eleitoral que passar para o sistema de votação manual serão confeccionadas pelo tribunal regional eleitoral, conforme modelo constante do Anexo, e distribuídas de acordo com sua logística.

Art. 163. Haverá cinco cédulas distintas:

I – Presidente: para uso no primeiro e no segundo turnos, inclusive nas seções eleitorais instaladas no exterior;

II – Governador e dois Senadores: para uso no primeiro turno;

III – Governador: para uso no segundo turno;

IV – Deputado Distrital e Federal: para uso no primeiro turno no Distrito Federal;

V – Deputado Estadual e Federal: para uso no primeiro turno nas demais Unidades da Federação.

§ 1º As cédulas para eleição majoritária serão de cor amarela e as cédulas para eleição proporcional serão de cor branca, confeccionadas em maneira tal que, dobradas, resguardem o sigilo do voto sem que seja necessário o emprego de cola para fechá-las, conforme Anexo (Código Eleitoral, art. 104, § 6º; e Lei nº 9.504/1997, arts. 83, § 1º, e 84).

§ 2º Em casos excepcionais para o voto no exterior, poderá ser autorizada pelo Tribunal Superior Eleitoral a reprodução eletrônica ou impressão gráfica da cédula pelas missões diplomáticas ou repartições consulares, podendo ser dispensado, em sua confecção, o uso da cor amarela.

§ 3º Na hipótese de haver consulta popular concomitante às eleições, a respectiva cédula de uso contingente deverá ser confeccionada obedecendo às mesmas medidas e o padrão das demais cédulas, na cor verde para abrangência estadual e na cor rosa para abrangência municipal, ficando a cargo de cada tribunal regional eleitoral confeccioná-las e distribuí-las, de forma a atender à respectiva Unidade da Federação ou Município.

§ 4º Se a consulta popular abranger todo o País, o modelo a ser confeccionado e distribuído pelos Tribunais Regionais Eleitorais será elaborado pelo Tribunal Superior Eleitoral, na cor cinza.

Art. 164. A cédula terá espaços para que o eleitor escreva o nome ou o número do candidato escolhido, ou a sigla ou o número do partido político de sua preferência, ou, em caso de consulta popular, as opções de resposta para cada pergunta formulada (Lei nº 9.504/1997, art. 83, § 3º).

TÍTULO III
DA APURAÇÃO E TOTALIZAÇÃO DAS ELEIÇÕES

CAPÍTULO I
DAS PROVIDÊNCIAS PRELIMINARES

Seção I
Das Juntas Eleitorais

Art. 165. Em cada zona eleitoral, haverá pelo menos uma junta eleitoral, composta por um juiz de direito, que será o presidente, e por dois ou quatro cidadãos que atuarão como membros titulares, de notória idoneidade, convocados e nomeados pelo tribunal regional eleitoral, por edital publicado no *Diário da Justiça Eletrônico* até 8 de agosto de 2018 (Código Eleitoral, art. 36, *caput* e § 1º).

§ 1º Até 10 (dez) dias antes da nomeação, os nomes das pessoas indicadas para compor as juntas eleitorais serão publicados no *Diário da Justiça Eletrônico*, podendo ser impugnados em petição fundamentada por qualquer partido político ou coligação, no prazo de 3 (três) dias (Código Eleitoral, art. 36, § 2º).

§ 2º A partir da publicação do edital contendo os nomes dos candidatos registrados, inclusive os substitutos ou de vaga remanescente, poderá ser apresentada impugnação no prazo de 3 (três) dias na hipótese de o nomeado enquadrar-se na proibição de que trata o art. 168, inciso I, desta resolução.

Art. 166. Se necessário, poderão ser organizadas tantas juntas eleitorais quanto permitir o número de juízes de direito que gozem das garantias do art. 95 da Constituição Federal, mesmo que não sejam juízes eleitorais (Código Eleitoral, art. 37, *caput*).

Parágrafo único. Nas zonas eleitorais em que for organizada mais de uma junta, ou quando estiver vago o cargo de juiz eleitoral, ou estiver este impedido, o presidente do tribunal regional eleitoral, com a aprovação do pleno, designará juízes de direito da mesma ou de outras comarcas para presidir as juntas eleitorais (Código Eleitoral, art. 37, parágrafo único).

Art. 167. Ao presidente da junta eleitoral será facultado nomear, entre cidadãos de notória idoneidade, até dois escrutinadores ou auxiliares (Código Eleitoral, art. 38, *caput*).

§ 1º Até 7 de setembro de 2018, o presidente da junta eleitoral deve comunicar ao presidente do tribunal regional eleitoral as nomeações que houver feito e as divulgar, por edital publicado no *Diário da Justiça Eletrônico*, na capital, ou afixado no átrio do cartório eleitoral, nas demais localidades, sem prejuízo de outros meios oficiais, podendo qualquer partido político ou coligação oferecer impugnação motivada no prazo de 3 (três) dias (Código Eleitoral, art. 39, *caput*).

§ 2º O presidente da junta eleitoral designará o secretário-geral entre os membros e escrutinadores, competindo-lhe organizar e coordenar os trabalhos da junta eleitoral, lavrar as atas e tomar por termo ou protocolar os recursos, neles funcionando como escrivão (Código Eleitoral, art. 38, § 3º, I e II).

§ 3º O tribunal regional eleitoral poderá autorizar, excepcionalmente, a contagem de votos pelas mesas receptoras, designando os mesários como escrutinadores da junta eleitoral (Código Eleitoral, arts. 188 e 189).

Art. 168. Não podem ser nomeados membros das juntas ou escrutinadores (Código Eleitoral, art. 36, § 3º):

I – os candidatos e seus parentes, ainda que por afinidade, até o segundo grau, inclusive, e o cônjuge;

II – os membros de diretorias de partidos políticos devidamente registrados e cujos nomes tenham sido oficialmente publicados;

III – as autoridades e agentes policiais, bem como os funcionários no desempenho de cargos de confiança do Poder Executivo;

IV – os que pertencerem ao serviço eleitoral.

Art. 169. Compete à junta eleitoral (Código Eleitoral, art. 40, incisos I a III):

I – apurar a votação realizada nas seções eleitorais sob sua jurisdição;

II – resolver as impugnações, dúvidas e demais incidentes verificados durante os trabalhos da apuração;

III – expedir os boletins de urna na impossibilidade de sua emissão normal nas seções eleitorais, com emprego dos sistemas de votação, de recuperação de dados ou de apuração.

Parágrafo único. O presidente da junta eleitoral designará os responsáveis pela operação do Sistema de Apuração da urna eletrônica.

Art. 170. Havendo necessidade, mais de uma junta eleitoral poderá ser instalada no mesmo local de apuração, mediante prévia autorização do tribunal regional eleitoral, desde que fiquem separadas, de modo a acomodar, perfeitamente distinguidos, os trabalhos de cada uma delas.

Seção II
Da Fiscalização Perante as Juntas Eleitorais

Art. 171. Cada partido político ou coligação poderá credenciar, perante as juntas eleitorais, até três fiscais, que se revezarão na fiscalização dos trabalhos de apuração (Código Eleitoral, art. 161, *caput*).

§ 1º A escolha de fiscal de partido político ou de coligação não poderá recair em menor de 18 (dezoito) anos ou em quem, por nomeação de juiz eleitoral, já faça parte de mesa receptora, do apoio logístico ou da junta eleitoral (Lei nº 9.504/1997, art. 65, *caput*).

§ 2º As credenciais dos fiscais serão expedidas, exclusivamente, pelos partidos políticos ou coligações, e não necessitam de visto do presidente da junta eleitoral (Lei nº 9.504/1997, art. 65, § 2º).

§ 3º Para efeito do disposto no § 2º deste artigo, os representantes dos partidos políticos ou das coligações deverão informar ao presidente da junta eleitoral o nome das pessoas autorizadas a expedir as credenciais dos fiscais (Lei nº 9.504/1997, art. 65, § 3º).

§ 4º Não será permitida, na junta eleitoral, a atuação concomitante de mais de um fiscal de cada partido político ou coligação (Código Eleitoral, art.161, § 2º).

§ 5º O fiscal de partido político ou de coligação poderá ser substituído no curso dos trabalhos eleitorais.

§ 6º O credenciamento de fiscais se restringirá aos partidos políticos ou às coligações que participarem das eleições.

§ 7º A expedição dos crachás dos fiscais das juntas eleitorais observará, no que couber, o previsto para a dos fiscais das mesas receptoras, nos termos do art. 152 desta resolução.

Art. 172. Os fiscais dos partidos políticos e das coligações serão posicionados a distância não superior a 1m (um metro) de onde estiverem sendo desenvolvidos os trabalhos da junta eleitoral, de modo que possam observar diretamente qualquer procedimento realizado nas urnas eletrônicas e, na hipótese de apuração de cédulas (Lei nº 9.504/1997, art. 87):

I – a abertura da urna de lona;

II – a numeração sequencial das cédulas;

III – o desdobramento das cédulas;

IV – a leitura dos votos;

V – a digitação dos números no Sistema de Apuração.

CAPÍTULO II
DA APURAÇÃO DA VOTAÇÃO NA URNA

Seção I
Do Registro e Apuração dos Votos na Urna

Art. 173. Os votos serão registrados individualmente nas seções eleitorais pelo sistema de votação da urna, resguardando-se o anonimato do eleitor.

Parágrafo único. Após a confirmação dos votos de cada eleitor, o arquivo de registro digital de votos será atualizado e assinado

Art. 173

digitalmente, com aplicação do registro de horário no arquivo *log*, de maneira a garantir a segurança.

Art. 174. O voto digitado na urna que corresponda integralmente ao número de candidato apto será registrado como voto nominal.

Art. 175. Nas eleições majoritárias, os votos digitados que não correspondam a número de candidato constante da urna eletrônica serão registrados como nulos.

Parágrafo único. Na hipótese do *caput*, antes da confirmação do voto, a urna apresentará mensagem informando ao eleitor que, se confirmado o voto, ele será computado como nulo.

Art. 176. O eleitor deverá votar em candidatos diferentes para cada vaga de Senador.

§ 1º Caso o eleitor vote no mesmo candidato para as duas vagas, o segundo voto será considerado nulo.

§ 2º Na hipótese do § 1º, antes da confirmação do voto, a urna apresentará mensagem informando ao eleitor que, se confirmado o voto, ele será computado como nulo.

Art. 177. Nas eleições proporcionais, serão registrados como votos para a legenda os digitados na urna cujos dois primeiros dígitos coincidam com a numeração de partido político que concorra ao pleito e os últimos dígitos não sejam informados ou não correspondam a nenhum candidato.

Parágrafo único. Na hipótese do *caput*, antes da confirmação do voto, a urna apresentará a informação do respectivo partido político e mensagem alertando o eleitor que, se confirmado, o voto será registrado para a legenda (Lei nº 9.504/1997, art. 59, § 2º).

Art. 178. Nas eleições proporcionais, serão registrados como nulos os votos digitados na urna cujos dois primeiros dígitos coincidam com a numeração de partido político que concorra ao pleito e os últimos dígitos correspondam a candidato que, antes da geração dos dados para carga da urna, conste como inapto.

Parágrafo único. Na hipótese do *caput*, antes da confirmação do voto, a urna apresentará mensagem informando ao eleitor que, se confirmado o voto, ele será computado como nulo.

Art. 179. Ao final da votação, os votos serão apurados eletronicamente e o boletim de urna, o registro digital do voto e os demais arquivos serão gerados e assinados digitalmente, com aplicação do registro de horário em arquivo *log*, de forma a garantir a segurança.

Seção II
Dos Boletins Emitidos pela Urna

Art. 180. Os boletins de urna conterão os seguintes dados (Código Eleitoral, art. 179):

I – a data da eleição;

II – a identificação do Município, da zona eleitoral e da seção;

III – a data e o horário de encerramento da votação;

IV – o código de identificação da urna; V – a quantidade de eleitores aptos;

VI – a quantidade de eleitores que compareceram; VII – a votação individual de cada candidato;

VIII – os votos para cada legenda partidária; IX – os votos nulos;

X – os votos em branco;

XI – a soma geral dos votos;

XII – a quantidade de eleitores cuja habilitação para votar não ocorreu por reconhecimento biométrico;

XIII – código de barras bidimensional (Código QR).

§ 1º As informações constantes nos incisos V e VI serão apresentadas separadamente para a eleição ao cargo de Presidente da República e para a eleição aos demais cargos.

§ 2º O inciso XII aplica-se apenas às seções com biometria.

Art. 181. O boletim de urna fará prova do resultado apurado, podendo ser apresentado recurso à respectiva junta eleitoral caso o número de votos constantes do resultado da apuração não coincida com os nele consignados.

§ 1º A coincidência entre os votos constantes do boletim de urna emitido pela urna ao final da apuração e o seu correspondente disponível na internet, nos termos do art. 236 desta resolução, poderá ser atestada mediante o boletim de urna impresso ou por meio do código de barras bidimensional (Código QR) nele contido.

§ 2º O Tribunal Superior Eleitoral disponibilizará aplicativo para dispositivos móveis para a leitura do código de barras bidimensional (Código QR), sem prejuízo da utilização de outros aplicativos desenvolvidos para esse fim.

CAPÍTULO III
DA APURAÇÃO DA VOTAÇÃO POR MEIO DE CÉDULAS

Seção I
Disposições Preliminares

Art. 182. A apuração dos votos das seções eleitorais em que houver votação por cédulas será processada com a utilização do Sistema de Apuração, imediatamente após o seu recebimento pela junta eleitoral, observados, no que couber, os procedimentos previstos nos arts. 159 a 187 do Código Eleitoral e o disposto nesta resolução.

Art. 183. Os membros, os escrutinadores e os auxiliares das juntas eleitorais somente poderão, no curso dos trabalhos, utilizar caneta esferográfica de cor vermelha.

Seção II
Dos Procedimentos

Art. 184. Na hipótese em que a votação tenha iniciado com o uso da urna eletrônica, a apuração dos votos das seções eleitorais que passarem à votação por cédulas ocorrerá, sempre à vista dos fiscais dos partidos políticos e das coligações presentes, da seguinte maneira:

I – a equipe técnica designada pelo presidente da junta eleitoral procederá à geração da mídia com os dados recuperados, contendo os votos colhidos pelo sistema eletrônico até o momento da interrupção havida, imprimirá o boletim parcial da urna em 2 (duas) vias obrigatórias e em até 3 (três) vias opcionais e entregá-las-á ao secretário da junta eleitoral;

II – o secretário da junta eleitoral colherá a assinatura do presidente e dos componentes da junta e, se presentes, dos fiscais dos partidos políticos e das coligações e do representante do Ministério Público, nas vias do boletim parcial da urna;

III – os dados constantes da mídia serão recebidos pelo Sistema de Apuração;

IV – em seguida, será iniciada a apuração das cédulas.

Parágrafo único. No início dos trabalhos, será emitido o relatório Zerésima do Sistema de Apuração, que deverá ser assinado pelos fiscais dos partidos políticos e das coligações que o desejarem e pelo secretário da junta eleitoral, devendo fazer constar da ata, à qual será anexado.

Art. 185. As urnas eletrônicas utilizadas para a apuração dos votos serão configuradas, no Sistema de Apuração, para cada seção a ser apurada, com a identificação do Município, da zona eleitoral, da seção, da junta e do motivo da operação.

Art. 186. Para apuração dos votos consignados em cédulas das seções onde houve votação parcial ou totalmente manual, as juntas eleitorais deverão:

I – havendo mídia com os dados parciais de votação, inseri-la na urna na qual se realizará a apuração;

II – separar os diferentes tipos de cédula;

III – contar as cédulas, digitando essa informação na urna;

IV – iniciar a apuração no sistema eletrônico, obedecendo aos seguintes procedimentos:

a) desdobrar as cédulas, uma de cada vez, numerando-as sequencialmente;

b) ler os votos e apor, nas cédulas, as expressões "em branco" ou "nulo", se for o caso, colhendo-se a rubrica do secretário;

c) digitar no Sistema de Apuração o número do candidato ou da legenda referente ao voto do eleitor;

V – gravar a mídia com os dados da votação da seção.

Art. 187. Compete ao escrutinador da junta eleitoral, na hipótese de utilização do Sistema de Apuração:

I – proceder à contagem das cédulas, sem abri-las;

II – abrir as cédulas e apor as expressões "em branco" ou "nulo", conforme o caso;

III – colher, nas vias dos boletins de urna emitidas, as assinaturas do presidente e dos demais componentes da junta eleitoral e, se presentes, dos fiscais dos partidos políticos e das coligações e do representante do Ministério Público;

IV – entregar as vias do boletim de urna e a respectiva mídia gerada pela urna ao secretário da junta eleitoral.

§ 1º As ocorrências relativas às cédulas somente poderão ser suscitadas nessa oportunidade (Código Eleitoral, art. 174, § 4º).

§ 2º A junta eleitoral somente desdobrará a cédula seguinte após a confirmação do registro da cédula anterior na urna.

§ 3º Os eventuais erros de digitação deverão ser corrigidos enquanto não for comandada a confirmação final do conteúdo da cédula.

§ 4º O presidente da junta eleitoral dirimirá, quando houver, as dúvidas relativas às cédulas.

Art. 188. Verificada a não correspondência entre o número sequencial da cédula em apuração e o apresentado pela urna, deverá a junta eleitoral proceder da seguinte maneira:

I – emitir o espelho parcial de cédulas;

II – comparar o conteúdo das cédulas com o do espelho parcial, a partir da última cédula até o momento em que se iniciou a incoincidência;

III – comandar a exclusão dos dados referentes às cédulas incoincidentes e retomar a apuração.

Parágrafo único. Havendo motivo justificado, a critério da junta eleitoral, a apuração poderá ser reiniciada, apagando-se todos os dados da seção até então registrados.

Art. 189. A incoincidência entre o número de votantes e o de cédulas apuradas não constituirá motivo de nulidade da votação, desde que não resulte de fraude comprovada (Código Eleitoral, art. 166, § 1º).

Parágrafo único. Se a junta eleitoral entender que a incoincidência resulta de fraude, anulará a votação, fará a apuração em separado e recorrerá de ofício para o tribunal regional eleitoral (Código Eleitoral, art. 166, § 2º).

Art. 190. Concluída a contagem dos votos, a junta eleitoral providenciará a emissão de 2 (duas) vias obrigatórias e até 5 (cinco) vias adicionais do boletim de urna.

§ 1º Os boletins de urna serão assinados pelo presidente e demais componentes da junta eleitoral e, se presentes, pelos fiscais dos partidos políticos e das coligações e pelo representante do Ministério Público.

§ 2º Apenas os boletins de urna poderão servir como prova posterior perante a junta eleitoral.

Art. 191. O encerramento da apuração de uma seção consistirá na emissão do boletim de urna e na geração da mídia com os resultados.

Art. 192. Durante a apuração, na hipótese de defeito da urna instalada na junta eleitoral, uma nova urna deverá ser utilizada, e o procedimento de apuração deverá ser reiniciado.

Art. 193. Concluída a apuração de uma urna e antes de se passar à subsequente, as cédulas serão recolhidas, no primeiro turno de votação, em envelope especial, e, no segundo, à urna de lona, os quais serão fechados e lacrados, assim permanecendo até 17 de janeiro de 2019, salvo se houver pedido de recontagem ou se o conteúdo for objeto de discussão em processo judicial (Código Eleitoral, art. 183, *caput*).

CAPÍTULO IV
DA TOTALIZAÇÃO DAS ELEIÇÕES

Seção I
Dos Sistemas de Transmissão e Totalização

Art. 194. A oficialização do Sistema de Gerenciamento nos tribunais e nas zonas eleitorais será realizada pelos técnicos designados pela Justiça Eleitoral, por meio de senha específica para esse fim, após as 12h (doze horas) do dia anterior à eleição, observado o horário local.

§ 1º Os representantes do Ministério Público, da Ordem dos Advogados do Brasil e os fiscais e delegados dos partidos políticos e das coligações serão convocados com 2 (dois) dias de antecedência por edital publicado no *Diário da Justiça Eletrônico*, nas capitais, ou no átrio do cartório eleitoral, nas demais localidades, para acompanhar a oficialização de que trata o *caput*.

§ 2º Após a oficialização do Sistema de Gerenciamento, à vista dos presentes, será emitido o relatório Espelho da Oficialização, que mostrará a situação dos candidatos na urna e deverá compor a Ata da Junta Eleitoral, nas juntas eleitorais, e a Ata Geral da Eleição, nos tribunais eleitorais.

Art. 195. Ato contínuo à emissão do Espelho de Oficialização, o tribunal eleitoral emitirá o relatório Zerésima, com a finalidade de comprovar a inexistência de votos computados no sistema.

Parágrafo único. Antes da emissão da Zerésima, devem estar processadas, no Sistema de Gerenciamento, todas as

Art. 195

atualizações das situações e dos dados alterados após o fechamento do Sistema de Candidaturas.

Art. 196. As zonas eleitorais somente realizarão os procedimentos de oficialização do Sistema de Gerenciamento e de emissão de Zerésima após serem realizados os procedimentos descritos nos arts. 194 e 195 desta resolução pelo respectivo tribunal eleitoral, o mesmo se aplicando aos Tribunais Regionais Eleitorais em relação ao TSE.

Art. 197. Os relatórios emitidos durante os procedimentos dos arts. 194, 195 e 196 desta resolução devem ser assinados pelas autoridades presentes e comporão a Ata da Junta Eleitoral, nas juntas eleitorais, e a Ata Geral da Eleição, nos tribunais eleitorais.

Art. 198. A oficialização do sistema de transmissão de arquivos de urna será realizada pelo próprio sistema, automaticamente, a partir das 12h (doze horas) do dia da eleição, observado o horário local.

Art. 199. Se, no decorrer dos trabalhos, houver necessidade de reinicialização do Sistema de Gerenciamento, deverá ser utilizada senha específica, comunicando-se o fato aos partidos políticos, às coligações e ao Ministério Público.

Parágrafo único. Ocorrendo a hipótese prevista no *caput*, os relatórios emitidos pelo sistema e os dados anteriores à reinicialização serão tornados sem efeito.

Seção II
Dos Procedimentos na Junta Eleitoral

Art. 200. As juntas eleitorais procederão da seguinte forma:

I – receberão as mídias com os arquivos oriundos das urnas e providenciarão imediatamente a sua transmissão;

II – receberão os documentos da votação, examinando sua idoneidade e regularidade, inclusive quanto ao funcionamento normal da seção;

III – destinarão as vias do boletim recebidas, da seguinte forma:

a) uma via acompanhará a mídia de gravação dos arquivos, para posterior arquivamento no cartório eleitoral;

b) uma via será afixada no local de funcionamento da junta eleitoral;

IV – resolverão todas as impugnações e incidentes verificados durante os trabalhos de apuração;

V – providenciarão a recuperação dos dados constantes da urna, em caso de necessidade.

Art. 201. A autenticidade e a integridade dos arquivos constantes das mídias de resultado recebidas na junta eleitoral serão verificadas pelos sistemas eleitorais.

Art. 202. Detectada qualquer irregularidade na documentação referente a seção cuja mídia já tenha sido processada, o presidente da junta poderá excluir da totalização os dados recebidos, fundamentando sua decisão.

Art. 203. A transmissão e a recuperação de dados de votação, bem como a reimpressão dos boletins de urna, poderão ser efetuadas por técnicos designados pelo presidente da junta eleitoral nos locais previamente definidos pelos Tribunais Regionais Eleitorais.

Art. 204. Os Tribunais Regionais Eleitorais poderão instalar pontos de transmissão distintos do local de funcionamento da junta eleitoral, de acordo com as necessidades específicas, divulgando previamente sua localização nos respectivos sítios na internet, pelo menos 5 (cinco) dias antes da data da eleição.

§ 1º Nos pontos de transmissão mencionados no *caput* em que forem utilizados equipamentos que não pertençam à Justiça Eleitoral, será utilizado obrigatoriamente o sistema de conexão denominado *JE-Connect*.

§ 2º Os técnicos designados para operação do *JE-Connect* são responsáveis pela guarda e pelo uso das mídias de ativação da solução e seus conteúdos.

Art. 205. Havendo necessidade de recuperação dos dados da urna, serão adotados os seguintes procedimentos, na ordem que se fizer adequada, para a solução do problema:

I – geração de nova mídia, a partir da urna utilizada na seção, com emprego do Sistema Recuperador de Dados;

II – geração de nova mídia, a partir das mídias de votação da urna utilizada na seção, por meio do Sistema Recuperador de Dados, em urna de contingência;

III – digitação dos dados constantes do boletim de urna no Sistema de Apuração.

§ 1º As mídias retiradas das urnas de votação para recuperação de dados em urna de contingência deverão ser recolocadas nas respectivas urnas de votação utilizadas nas seções.

§ 2º Os boletins de urna, impressos em 2 (duas) obrigatórias e em até cinco opcionais, e o boletim de justificativa serão assinados pelo presidente e demais integrantes da junta eleitoral e, se presentes, pelos fiscais dos partidos políticos e das coligações e pelo representante do Ministério Público.

§ 3º As urnas de votação cujos lacres forem removidos para recuperação de dados deverão ser novamente lacradas.

§ 4º É facultado aos fiscais dos partidos políticos e das coligações e ao representante do Ministério Público o acompanhamento da execução dos procedimentos previstos neste artigo, observado o disposto no art. 172 desta resolução.

Art. 206. Verificada a impossibilidade de leitura da mídia gerada pelo Sistema de Apuração, no sistema de transmissão, o presidente da junta eleitoral determinará, para a solução do problema, a realização de um dos seguintes procedimentos:

I – a geração de nova mídia, a partir da urna na qual a seção foi apurada;

II – a digitação, em nova urna, dos dados constantes do boletim de urna, utilizando o Sistema de Apuração.

Art. 207. Nos casos de perda total ou parcial dos votos de determinada seção, a junta eleitoral poderá decidir:

I – pela não apuração da seção, se ocorrer perda total dos votos;

II – pelo aproveitamento dos votos recuperados, no caso de perda parcial, considerando, para efeito da verificação de comparecimento na seção, o número de votos apurados.

Art. 208. Na impossibilidade da transmissão de dados, a junta eleitoral providenciará a remessa das mídias ao ponto de transmissão da Justiça Eleitoral mais próximo, para os respectivos procedimentos.

Art. 209. A decisão da junta eleitoral que determinar a não instalação, a não apuração ou a anulação e a apuração em separado da respectiva seção deverá ser fundamentada e registrada em opção própria do Sistema de Gerenciamento.

Art. 210. Concluídos os trabalhos de apuração das seções e de transmissão dos dados pela junta eleitoral, esta providenciará, no prazo máximo de 24 (vinte e quatro) horas, a transmissão dos arquivos *log* das urnas e da imagem do boletim de urna.

Art. 211. O juiz eleitoral poderá autorizar, excepcionalmente, após a totalização final, a retirada dos lacres da urna, a fim de possibilitar a recuperação de arquivos de urna.

§ 1º Os fiscais dos partidos políticos e das coligações deverão ser convocados por edital, com pelo menos 1 (um) dia de antecedência, para que acompanhem os procedimentos previstos no *caput*.

§ 2º Concluído o procedimento de que trata o *caput*, a urna deverá ser novamente lacrada, mantendo as mídias originais em seus respectivos compartimentos.

§ 3º Todos os procedimentos descritos neste artigo deverão ser registrados em ata.

Art. 212. O presidente da junta eleitoral, finalizado o processamento dos boletins de urna pelo Sistema de Gerenciamento de sua jurisdição, lavrará a Ata da Junta Eleitoral.

§ 1º A Ata da Junta Eleitoral, assinada pelo presidente e rubricada pelos membros da junta eleitoral e, se desejarem, pelos representantes do Ministério Público, dos partidos políticos e das coligações, será composta dos seguintes documentos, no mínimo:

I – Ambiente de Votação, emitido pelo Sistema de Preparação;

II – Espelho da Oficialização, emitido pelo Sistema de Gerenciamento;

III – Zerésima do Sistema de Gerenciamento; e

IV – Relatório Resultado da Junta Eleitoral, emitido pelo Sistema de Gerenciamento.

§ 2º A Ata da Junta Eleitoral deverá ser arquivada no cartório eleitoral, sendo dispensado o envio de cópia ao tribunal regional eleitoral.

Seção III
Da Destinação dos Votos na Totalização Majoritária

Art. 213. Serão válidos os votos dados a candidato cuja chapa esteja deferida, ainda que haja recurso pendente de julgamento.

§ 1º A chapa de que trata o *caput* é a forma como se dá o registro de candidatos a Presidente e Vice-Presidente da República, a Governador e Vice-Governador ou a Senador e seus respectivos suplentes, e será sempre única e indivisível, ainda que resulte da formação de coligação (Código Eleitoral, art. 91).

§ 2º Considera-se "chapa deferida" a situação resultante do julgamento dos componentes da chapa cujos pedidos de registro dos seus candidatos foram deferidos, observada a regularidade do respectivo Demonstrativo de Regularidade de Atos Partidários (DRAP).

Art. 214. Serão computados como válidos os votos atribuídos à chapa regular que, no dia da eleição, tenha candidato cujo pedido de registro ainda não tenha sido apreciado pela Justiça Eleitoral, inclusive se substituto de qualquer um dos integrantes.

Parágrafo único. A validade definitiva dos votos atribuídos ao titular da chapa com candidatos pendentes de julgamento está condicionada ao deferimento de seus registros.

Art. 215. Nas eleições majoritárias, serão nulos:

I – os votos dados a candidatos inelegíveis ou não registrados (Código Eleitoral, art. 175, § 3º; e Lei nº 9.504/1997, art. 16-A);

II – os votos dados a candidatos com o registro indeferido, ainda que o respectivo recurso esteja pendente de apreciação;

III – os votos dados a candidatos cujo Demonstrativo de Regularidade de Atos Partidários (DRAP) tenha sido indeferido, ainda que haja recurso pendente de apreciação;

IV – os votos dados a candidato cujo registro tenha sido deferido, porém posteriormente cassado por decisão em ação autônoma, independentemente do momento da publicação do acórdão que confirmar a sentença condenatória;

V – os votos dados a candidato deferido cuja chapa tenha sido indeferida, ainda que haja recurso pendente de apreciação.

Parágrafo único. A validade dos votos descritos nos incisos II e III ficará condicionada ao deferimento do registro (Lei nº 9.504/1997, art. 16-A, *caput* e parágrafo único).

Seção IV
Da Destinação dos Votos na Totalização Proporcional

Art. 216. Serão válidos os votos dados a candidatos e às legendas partidárias deferidos, ainda que haja recurso pendente de julgamento (Lei nº 9.504/1997, art. 5º).

Art. 217. Serão computados como válidos os votos atribuídos aos candidatos, inclusive aos substitutos, que, no dia da eleição, ainda não tenham o pedido de registro de candidatura apreciado pela Justiça Eleitoral.

Parágrafo único. A validade definitiva dos votos atribuídos ao candidato cujo pedido de registro de candidatura não tenha sido apreciado está condicionada ao deferimento de seu registro.

Art. 218. Serão contados para a legenda os votos dados a candidato:

I – cujo registro esteja deferido na data do pleito e tenha sido indeferido posteriormente (Código Eleitoral, art. 175, § 4º; e Lei nº 9.504/1997, art. 16-A, parágrafo único);

II – cujo registro esteja deferido na data do pleito, porém tenha sido posteriormente cassado por decisão em ação autônoma, caso a decisão condenatória seja publicada depois das eleições;

III – que concorreu sem apreciação do pedido de registro, cujo indeferimento tenha sido publicado depois das eleições.

Art. 219. Serão nulos, para todos os efeitos, inclusive para a legenda, os votos dados:

I – a candidato inelegível na data do pleito (Código Eleitoral, art. 175, § 3º; e Lei nº 9.504/1997, art. 16-A);

II – a candidato que, na data do pleito, esteja com o registro indeferido, ainda que o respectivo recurso esteja pendente de apreciação;

III – a partido político ou coligação, bem como a seus respectivos candidatos, cujo Demonstrativo de Regularidade de Atos Partidários (DRAP) esteja indeferido, ainda que haja recurso pendente de apreciação;

IV – a candidato que, na data do pleito, esteja com o registro deferido, porém posteriormente cassado por decisão em ação autônoma, se a decisão condenatória for publicada antes das eleições.

Parágrafo único. A validade dos votos descritos nos incisos II e III ficará condicionada ao deferimento do registro, inclusive para o cômputo para o respectivo partido político ou coligação (Lei nº 9.504/1997, art. 16-A, *caput* e parágrafo único).

Seção V
Das Atribuições dos Tribunais Regionais Eleitorais

Art. 220. Compete aos Tribunais Regionais Eleitorais (Código Eleitoral, art. 197):

I – resolver as dúvidas não decididas e os recursos interpostos sobre as eleições;

II – totalizar os votos da Unidade da Federação e, ao final, proclamar o resultado das eleições no âmbito da sua circunscrição;

III – verificar o total de votos apurados, inclusive os em branco e os nulos, e determinar os quocientes eleitoral e partidário, bem como a distribuição das sobras e desempate de candidatos e médias;

IV – proclamar os eleitos e expedir os respectivos diplomas;

V – fazer a apuração parcial da eleição para Presidente e Vice-Presidente da República.

Parágrafo único. Os votos de eleitores em trânsito serão totalizados pelos Tribunais Regionais Eleitorais das Unidades da Federação onde os votos foram registrados.

Art. 221. O tribunal regional eleitoral, até a véspera das eleições, constituirá uma comissão apuradora com três de seus membros, presidida por um deles (Código Eleitoral, art. 199, *caput*).

Parágrafo único. O presidente da comissão designará um servidor do tribunal como secretário e tantos outros quantos julgar necessários para auxiliar os seus trabalhos (Código Eleitoral, art. 199, § 1º).

Art. 222. Os trabalhos da comissão apuradora poderão ser acompanhados pelos partidos políticos e coligações, sem que, entretanto, neles intervenham com protestos, impugnações ou recursos (Código Eleitoral, art. 199, § 4º).

Art. 223. Finalizado o processamento, o responsável pela área de tecnologia da informação do tribunal regional eleitoral providenciará a emissão do relatório Resultado da Totalização e o encaminhará, assinado, à comissão apuradora, para subsidiar o Relatório Geral de Apuração.

Parágrafo único. Do relatório Resultado da Totalização, constarão os seguintes dados:

I – as seções apuradas e a quantidade de votos apurados diretamente pelas urnas;

II – as seções apuradas pelo Sistema de Apuração, os motivos da utilização do Sistema de Apuração e a respectiva quantidade de votos;

III – as seções anuladas e as não apuradas, os motivos e a quantidade de votos anulados ou não apurados;

IV – as seções onde não houve votação e os motivos;

V – a votação de cada partido político, coligação e candidato nas eleições majoritária e proporcional;

VI – o quociente eleitoral, os quocientes partidários e a distribuição das sobras;

VII – a votação dos candidatos a Deputado Federal, Estadual e Distrital, na ordem da votação recebida;

VIII – a votação dos candidatos a Presidente da República, Governador e a Senador, na ordem da votação recebida;

IX – as impugnações apresentadas às juntas eleitorais e como foram resolvidas, assim como os recursos que tenham sido interpostos.

Art. 224. Ao final dos trabalhos, a comissão apuradora apresentará o Relatório Geral de Apuração ao tribunal regional eleitoral.

Art. 225. O relatório a que se refere o art. 224 desta resolução ficará na secretaria do tribunal regional eleitoral pelo prazo de 3 (três) dias, para exame pelos partidos políticos e coligações interessados, que poderão examinar, também, os documentos nos quais foi baseado, inclusive arquivo ou relatório gerado pelo sistema de votação ou totalização (Código Eleitoral, art. 200, *caput*).

§ 1º Terminado o prazo previsto no *caput* deste artigo, os partidos políticos e coligações poderão apresentar reclamações em 2 (dois) dias, sendo estas submetidas a parecer da comissão apuradora, que, no prazo de 3 (três) dias, apresentará aditamento ao relatório com a proposta das modificações que julgar procedentes ou com a justificação da improcedência das arguições (Código Eleitoral, art. 200, § 1º).

§ 2º O tribunal regional eleitoral, antes de aprovar o relatório da comissão apuradora, em 3 (três) dias, improrrogáveis, julgará as reclamações não providas pela comissão apuradora e, se as deferir, devolverá o relatório a fim de que sejam feitas as alterações resultantes da decisão (Código Eleitoral, art. 200, § 2º).

§ 3º Os prazos para análise e apresentação de reclamações sobre o relatório citado no *caput* e nos §§ 1º e 2º somente começarão a ser contados após a disponibilização dos dados de votação especificados por seção eleitoral na página da Justiça Eleitoral na internet, referida no art. 236.

Art. 226. De posse do Relatório Geral de Apuração referido no art. 224 desta resolução, o tribunal regional eleitoral reunir-se-á para o conhecimento do total de votos apurados, devendo ser lavrada a Ata Geral das Eleições, que será assinada pelos seus membros e da qual constarão os dados consignados no Relatório Geral de Apuração.

Parágrafo único. Na mesma sessão, o tribunal regional eleitoral proclamará o resultado definitivo das eleições no âmbito daquela circunscrição eleitoral, publicando-se em secretaria a Ata Geral das Eleições.

Seção VI
Das Atribuições do Tribunal Superior Eleitoral

Art. 227. O Tribunal Superior Eleitoral fará a totalização final da eleição para os cargos de Presidente e Vice-Presidente da República (Código Eleitoral, art. 205).

Art. 228. Na sessão imediatamente anterior à data da eleição, o Presidente do Tribunal sorteará, entre os seus membros, o relator de cada um dos seguintes grupos, ao qual serão distribuídos todos os recursos e documentos da eleição nas respectivas circunscrições (Código Eleitoral, art. 206):

1º – Amazonas, Alagoas, São Paulo e Tocantins;

2º – Minas Gerais, Mato Grosso, Espírito Santo e Mato Grosso do Sul;

3º – Ceará, Sergipe, Maranhão e Goiás;

4º – Rio de Janeiro, Paraná, Pará e Piauí;

5º – Bahia, Pernambuco, Paraíba e Santa Catarina;

6º – Distrito Federal, Rio Grande do Sul, Rio Grande do Norte, Acre, Amapá, Roraima e Rondônia.

Parágrafo único. A Secretaria de Tecnologia da Informação do Tribunal Superior Eleitoral emitirá o Relatório do Resultado da Totalização da eleição presidencial, contendo os resultados verificados nas Unidades da Federação e no exterior.

Art. 229. A partir do recebimento do Relatório do Resultado da Totalização a que se refere o parágrafo único do art. 228, cada relator terá o prazo de 5 (cinco) dias para apresentar seu relatório, contendo, para cada circunscrição eleitoral, as seguintes conclusões (Código Eleitoral, art. 207):

I – os totais dos votos válidos, nulos e em branco;

II – os votos apurados pelo tribunal regional eleitoral que devem ser anulados;

III – os votos anulados pelo tribunal regional eleitoral que devem ser computados como válidos;

IV – a votação de cada candidato;

V – o resumo das decisões do tribunal regional eleitoral sobre as dúvidas e impugnações, bem como dos recursos que hajam sido interpostos para o Tribunal Superior Eleitoral, com as respectivas decisões e indicação das implicações sobre os resultados.

Parágrafo único. Antes de iniciar a apuração, o Tribunal Superior Eleitoral decidirá os recursos interpostos das decisões dos tribunais regionais (RITSE, art. 86, parágrafo único).

Art. 230. Apresentados os autos com o relatório de que trata o *caput* do artigo anterior, no mesmo dia este será publicado no mural eletrônico.

§ 1º Nos 2 (dois) dias seguintes à publicação, os candidatos, os partidos políticos e as coligações poderão ter vista dos autos e apresentar alegações ou documentos sobre o relatório (Código Eleitoral, artigo 208).

§ 2º Findo esse prazo, serão os autos conclusos ao relator, que, em 2 (dois) dias, os apresentará a julgamento, previamente anunciado (Código Eleitoral, artigo 208, parágrafo único).

Art. 231. Na sessão designada, chamado o processo a julgamento, com preferência sobre qualquer outro, e feito o relatório, será dada a palavra, se pedida, a qualquer dos contestantes ou candidatos, ou a seus procuradores, pelo prazo improrrogável de 15 (quinze) minutos para cada um.

§ 1º Findos os debates, o relator proferirá seu voto, votando, a seguir, os demais ministros, na ordem regimental.

§ 2º Se do julgamento resultarem alterações na apuração efetuada pelo tribunal regional, o acórdão determinará que a secretaria, em até 5 (cinco) dias, publique o Relatório Resultado da Totalização da respectiva circunscrição, com as alterações decorrentes do julgado, passando a correr o prazo de 2 (dois) dias para impugnação fundada em erro de conta ou de cálculo.

§ 3º Na hipótese do § 2º deste artigo, a área de tecnologia da informação do tribunal regional eleitoral comunicará as modificações à Secretaria de Tecnologia da Informação do Tribunal Superior Eleitoral para que se extraia dos sistemas de totalização o respectivo relatório atualizado e o encaminhe à Secretaria Judiciária, para juntada aos autos.

Art. 232. Os relatórios de todos os grupos com as impugnações que tenham sido apresentadas serão autuados e distribuídos a um único relator, designado pelo Presidente (Código Eleitoral, art. 210, *caput*).

Parágrafo único. Recebidos os autos, será aberta vista ao Procurador-Geral Eleitoral por 24 (vinte e quatro) horas e, nas 48 (quarenta e oito) horas seguintes, o relator apresentará à Corte o relatório final (Código Eleitoral, art. 210, parágrafo único).

Art. 233. Aprovado o relatório final, o Tribunal Superior Eleitoral proclamará o resultado das eleições no País, publicando-se a decisão no mural eletrônico.

CAPÍTULO V
DA FISCALIZAÇÃO DA TOTALIZAÇÃO

Art. 234. Aos candidatos, aos partidos políticos, às coligações, à Ordem dos Advogados do Brasil e ao Ministério Público é garantido amplo direito de fiscalização dos trabalhos de transmissão e totalização de dados.

Parágrafo único. Nas instalações onde se desenvolverão os trabalhos de que trata o *caput*, será vedado o ingresso simultâneo de mais de um representante de cada partido político ou coligação, ou da Ordem dos Advogados do Brasil, os quais não poderão se dirigir diretamente aos responsáveis pelos trabalhos.

Art. 235. Os partidos políticos e as coligações concorrentes ao pleito poderão constituir sistema próprio de fiscalização, apuração e totalização dos resultados, contratando, inclusive, empresas de auditoria de sistemas, que, credenciadas na Justiça Eleitoral, receberão os dados alimentadores dos sistemas de totalização (Lei nº 9.504/1997, art. 66, § 7º).

§ 1º Os dados alimentadores dos sistemas de totalização serão os referentes a candidatos, partidos políticos, coligações, Municípios, zonas e seções constantes em arquivos, e os dados de votação por seção serão provenientes dos boletins de urna.

§ 2º Os arquivos a que se refere o § 1º serão entregues aos interessados em meio de armazenamento de dados definido pela Justiça Eleitoral, desde que os requerentes forneçam as mídias.

Art. 236. Em até 3 (três) dias após o encerramento da totalização em cada Unidade da Federação, o Tribunal Superior Eleitoral disponibilizará em sua página na internet opção de visualização dos boletins de urna recebidos para a totalização, assim como as tabelas de correspondências efetivadas, dando ampla divulgação nos meios de comunicação.

Art. 237. Após a conclusão dos trabalhos de totalização, os partidos políticos, as coligações, o Ministério Público e a Ordem dos Advogados do Brasil poderão solicitar aos tribunais eleitorais, até 17 de janeiro de 2019, os seguintes relatórios e cópias dos arquivos de sistemas, mediante mídia para respectiva gravação:

I – *log* de operações do Sistema de Gerenciamento;

II – imagem dos boletins de urna;

III – *log* das urnas;

IV – registros digitais dos votos; e

V – relatório dos boletins de urna que estiveram em pendência, sua motivação e respectiva decisão.

§ 1º O pedido de que trata o *caput* deverá ser atendido no prazo máximo de 3 (três) dias úteis contados do recebimento da solicitação pela unidade técnica.

§ 2º Os arquivos deverão ser fornecidos em sua forma original, mediante cópia não submetida a tratamento.

CAPÍTULO VI
DA DIVULGAÇÃO DOS RESULTADOS

Art. 238. Para a divulgação dos resultados parciais ou totais das eleições pelos tribunais eleitorais, deverá ser utilizado exclusivamente sistemas desenvolvidos ou homologados pelo Tribunal Superior Eleitoral, nos termos do art. 13 desta resolução.

Parágrafo único. A divulgação pela Justiça Eleitoral será feita nas páginas da Justiça Eleitoral na internet ou por outros recursos autorizados pelo Tribunal Superior Eleitoral.

Art. 239. Os resultados das votações para todos os cargos, incluindo os votos em branco, os nulos e as abstenções verificadas nas eleições, serão divulgados na abrangência estadual e distrital, e para o cargo de Presidente da República, serão também divulgados na abrangência nacional, observado o seguinte:

I – os dados do resultado para o cargo de Presidente da República serão liberados somente a partir das 17h (dezessete horas) do fuso horário do Acre;

II – os dados de resultado para os demais cargos estarão disponíveis a partir das 17h (dezessete horas) do fuso horário da respectiva Unidade da Federação;

III – é facultado à presidência do tribunal regional eleitoral suspender, fundamentadamente, a divulgação dos resultados da eleição de sua Unidade da Federação a qualquer momento;

IV – é facultado à Presidência do Tribunal Superior Eleitoral suspender a divulgação dos resultados da eleição para o cargo de Presidente da República a qualquer momento.

Art. 240. Até 9 de julho de 2018, a Justiça Eleitoral realizará audiência com as entidades interessadas na divulgação dos resultados visando a apresentar as definições sobre o modelo de distribuição e padrões tecnológicos e de segurança para a divulgação dos resultados para as eleições.

Art. 241. Os dados dos resultados das eleições estarão disponíveis em centro de dados provido pelo Tribunal Superior Eleitoral no período de 7 a 20 de outubro de 2018, no primeiro turno, e de 28 de outubro a 10 de novembro de 2018, no segundo turno.

§ 1º Os dados do resultado das eleições serão distribuídos pela Justiça Eleitoral às entidades interessadas na divulgação por meio de arquivo digital ou de programa de computador.

§ 2º Será de responsabilidade das entidades interessadas em divulgar os resultados estabelecer infraestrutura de comunicação com o centro de dados provido pelo Tribunal Superior Eleitoral.

§ 3º As entidades interessadas na divulgação dos resultados deverão buscar os arquivos periodicamente à medida que forem atualizados, em conformidade com os padrões a ser definidos pela Justiça Eleitoral.

Art. 242. É vedado às entidades envolvidas na divulgação oficial dos resultados promover qualquer alteração de conteúdo dos dados produzidos pela Justiça Eleitoral.

Art. 243. Na divulgação dos resultados parciais ou totais das eleições, as entidades envolvidas não poderão majorar o preço de seus serviços em razão dos dados fornecidos pela Justiça Eleitoral.

Art. 244. O não cumprimento das exigências descritas neste capítulo impedirá o acesso da entidade ao centro de dados provido pelo Tribunal Superior Eleitoral ou acarretará a sua desconexão dele.

TÍTULO III
DA PROCLAMAÇÃO DOS RESULTADOS E DA DIPLOMAÇÃO

CAPÍTULO I
DA PROCLAMAÇÃO DOS RESULTADOS

Art. 245. Nas eleições majoritárias, deve o tribunal eleitoral proclamar eleito o candidato que obtiver a maioria dos votos válidos, não computados os votos em branco e os votos nulos, devendo, no entanto, aguardar enquanto houver candidatos nas seguintes situações:

I – com registro indeferido e recurso pendente de julgamento no dia da eleição cuja votação nominal tenha sido a maior;

II – com registro indeferido e recurso pendente de julgamento no dia da eleição cuja soma das votações nominais tenha sido superior a 50% (cinquenta por cento) da votação válida.

§ 1º Para fins de aplicação deste artigo, a votação válida deve ser aferida levando-se em consideração os votos dados a todos os candidatos participantes do pleito, excluindo-se somente os votos em branco e os nulos decorrentes da manifestação apolítica ou de erro do eleitor.

§ 2º Quando as decisões sobre os recursos a que se referem os incisos I e II puderem ensejar a realização de novas eleições, os feitos judiciais deverão tramitar no Tribunal Superior Eleitoral em regime de urgência.

§ 3º Na hipótese do *caput*, o Tribunal Superior Eleitoral, ao apreciar o recurso contra a decisão proferida pelo tribunal regional eleitoral que tenha indeferido ou cassado o registro do candidato deverá observar o disposto no art. 257 do Código Eleitoral e o art. 15 da Lei Complementar nº 64/1990.

CAPÍTULO II
DOS REPROCESSAMENTOS E DAS NOVAS ELEIÇÕES

Art. 246. Nas eleições para Presidente da República, havendo decisão do Tribunal Superior Eleitoral, e nas eleições para Governador, decisão do tribunal regional eleitoral ou do TSE indeferindo pedidos de registro de candidatos cujos votos recebidos alcançarem mais de 50% (cinquenta por cento) dos votos válidos da circunscrição, deverão ser convocadas novas eleições imediatamente (Código Eleitoral, art. 224, *caput*).

§ 1º O disposto no *caput* também se aplica à decisão da Justiça Eleitoral que importe o indeferimento do registro, a cassação do diploma ou a perda do mandato de candidato eleito em pleito majoritário, independentemente do número de votos anulados (Código Eleitoral, art. 224, § 3º).

§ 2º Para fins de aplicação deste artigo, a votação válida deve ser aferida levando-se em consideração os votos dados a todos os candidatos participantes do pleito, excluindo-se somente os votos em branco e os nulos decorrentes de manifestação apolítica ou erro do eleitor.

§ 3º As novas eleições previstas neste artigo correrão às expensas da Justiça Eleitoral e serão (Código Eleitoral, art. 224, § 4º):

I – indiretas, se a vacância do cargo ocorrer a menos de 6 (seis) meses do final do mandato;

II – diretas, nos demais casos.

Art. 247. Havendo alteração na situação jurídica do partido político, da coligação ou do candidato que acarrete alteração de resultado, será obrigatoriamente realizada nova totalização dos votos, observado, no que couber, o disposto nesta resolução, inclusive quanto à realização de novas eleições.

Parágrafo único. Se o reprocessamento do resultado for realizado após a diplomação, o tribunal eleitoral adotará providências, expedindo novos diplomas e cancelando os anteriores, se houver alteração dos eleitos.

CAPÍTULO III
DA DIPLOMAÇÃO

Art. 248. Os candidatos eleitos aos cargos de Presidente e Vice-Presidente da República receberão diplomas assinados pelo Presidente do Tribunal Superior Eleitoral; os eleitos aos demais cargos federais, estaduais e distritais, assim como os vices e suplentes, receberão diplomas assinados pelo presidente do respectivo tribunal regional eleitoral (Código Eleitoral, art. 215, *caput*).

§ 1º Dos diplomas deverão constar o nome do candidato, a indicação da legenda do partido político ou da coligação sob a qual concorreu, o cargo para o qual foi eleito ou a sua classificação como suplente e, facultativamente, outros dados a critério da Justiça Eleitoral (Código Eleitoral, art. 215, parágrafo único).

§ 2º O diploma emitido deverá apresentar código de autenticidade gerado pelo Sistema de Candidaturas após o registro da diplomação.

Art. 249. A diplomação de militar candidato a cargo eletivo implica a imediata comunicação à autoridade a que ele estiver subordinado, para fins do disposto no art. 98 do Código Eleitoral (Código Eleitoral, art. 218).

Art. 250. A expedição de qualquer diploma pela Justiça Eleitoral dependerá de prova de que o eleito esteja em dia com o serviço militar.

Art. 251. Não poderá ser diplomado nas eleições majoritárias ou proporcionais o candidato que estiver com o registro indeferido, ainda que *sub judice*.

Parágrafo único. Nas eleições majoritárias, na data da respectiva posse, se não houver candidato diplomado, observar-se-á o seguinte:

I – caberá ao presidente do Poder Legislativo assumir e exercer o cargo até que sobrevenha decisão favorável no processo de registro;

II – se já encerrado o processo de registro ou concedida antecipação de tutela pelo Tribunal Superior Eleitoral, na forma do § 1º do art. 246, realizar-se-ão novas eleições.

Art. 252. Contra a expedição de diploma, caberá o recurso previsto no art. 262 do Código Eleitoral, no prazo de 3 (três) dias contados da diplomação.

Parágrafo único. Enquanto o Tribunal Superior Eleitoral não decidir o recurso interposto contra a expedição do diploma, poderá o diplomado exercer o mandato em toda sua plenitude (Código Eleitoral, art. 216).

Art. 253. O mandato eletivo poderá também ser impugnado na Justiça Eleitoral após a diplomação, no prazo de 15 (quinze) dias, instruída a ação com provas de abuso do poder econômico, corrupção ou fraude (Constituição Federal, art. 14, § 10).

§ 1º A ação de impugnação de mandato eletivo observará o procedimento previsto na Lei Complementar nº 64/1990 para o registro de candidaturas, com a aplicação subsidiária, conforme o caso, das disposições do Código de Processo Civil, e tramitará em segredo de justiça, respondendo o autor na forma da lei se temerária ou de manifesta má-fé (Constituição Federal, art. 14, § 11).

§ 2º A decisão proferida na ação de impugnação de mandato eletivo tem eficácia imediata a partir da publicação do respectivo acórdão lavrado em grau de recurso ordinário, não se lhe aplicando a regra do art. 216 do Código Eleitoral.

TÍTULO V
DOS PROCEDIMENTOS COM AS URNAS APÓS AS ELEIÇÕES

Art. 254. Encerrada a apuração, as urnas de votação e as mídias de carga deverão permanecer lacradas até o dia 17 de janeiro de 2019.

§ 1º As urnas que apresentarem defeito no dia da eleição e forem substituídas com sucesso por urnas de contingência poderão ser encaminhadas para manutenção, a qualquer tempo.

§ 2º Decorrido o prazo de que cuida o *caput* e de acordo com os procedimentos definidos pelo tribunal regional eleitoral, serão permitidas:

I – a remoção dos lacres das urnas eletrônicas;

II – a retirada e a formatação das mídias de votação;

III – a formatação das mídias de carga;

IV – a formatação das mídias de resultado da votação;

V – a manutenção das urnas eletrônicas.

§ 3º A manutenção relativa à carga elétrica das urnas poderá ser realizada ainda que estejam *sub judice* depois do prazo previsto no *caput,* de forma a não comprometer seu funcionamento futuro.

Art. 255. Poderão ser reutilizadas, a qualquer tempo, as urnas de contingência não utilizadas, as urnas utilizadas em mesas receptoras de justificativas, as mídias de votação de contingência e as mídias de resultado que não contenham dados de votação.

Art. 256. Havendo ação judicial relativa aos sistemas de votação ou de apuração, a autoridade judiciária designará dia e hora para realização de audiência pública, intimando o partido político ou a coligação reclamante, o Ministério Público, a Ordem dos Advogados do Brasil e demais interessados, na qual será escolhida e separada uma amostra das urnas eletrônicas alcançadas pela ação, observado o seguinte:

I – as urnas eletrônicas que comporão a amostra serão sorteadas entre todas aquelas que foram utilizadas nas seções eleitorais ou considerando-se delimitação a ser apontada pelo recorrente, hipóteses em que ficarão lacradas até o encerramento do processo de auditoria;

II – a quantidade de urnas que representará a amostra atenderá a percentuais mínimos, a seguir discriminados:

Art. 256

a) até 1.000 – 69%;
b) de 1.001 a 1.500 – 52%;
c) de 1.501 a 2.000 – 42%;
d) de 2.001 a 3.000 – 35%;
e) de 3.001 a 4.000 – 27%;
f) de 4.001 a 5.000 – 21%;
g) de 5.001 a 7.000 – 18%;
h) de 7.001 a 9.000 – 14%;
i) de 9.001 a 12.000 – 11%;
j) de 12.001 a 15.000 – 8%;
k) de 15.001 a 20.000 – 7%;
l) de 20.001 a 30.000 – 5%;
m) de 30.001 a 40.000 – 3,5%;
n) acima de 40.000 – 3%.

§ 1º O partido político ou a coligação requerente deverá indicar técnicos ou auditores próprios para acompanhar os trabalhos de auditoria, que serão realizados por servidores da Justiça Eleitoral ou funcionários designados pela autoridade administrativa do órgão.

§ 2º Na hipótese do *caput*, até o encerramento do processo de auditoria, as mídias de carga deverão permanecer lacradas, e as mídias de resultado com os dados das respectivas urnas escolhidas deverão ser preservadas.

TÍTULO VI
DISPOSIÇÕES FINAIS

Art. 257. A Justiça Eleitoral, por meio de ampla campanha de esclarecimento, informará aos eleitores como proceder para justificar a ausência às eleições e para votar em trânsito e em seções com melhores condições de acessibilidade.

Art. 258. Os Tribunais Regionais Eleitorais, a partir de 27 de setembro de 2018, informarão o que for necessário para que o eleitor vote, sendo vedada a prestação de tal serviço por terceiros.

Parágrafo único. A vedação prevista no *caput* não se aplicará à contratação de mão de obra para montagem de central de atendimento telefônico em ambiente supervisionado pelos Tribunais Regionais Eleitorais, assim como para divulgação de dados referentes ao endereço de seções e locais de votação.

Art. 259. A nulidade de qualquer ato não decretada de ofício pela junta eleitoral só poderá ser arguida por ocasião de sua prática, não mais podendo ser alegada, salvo se a arguição se basear em motivo superveniente ou de ordem constitucional (Código Eleitoral, art. 223, *caput*).

§ 1º Caso ocorra em fase na qual não possa ser alegada no ato, a nulidade poderá ser arguida na primeira oportunidade subsequente que para tanto houver (Código Eleitoral, art. 223, § 1º).

§ 2º A nulidade fundada em motivo superveniente deverá ser alegada imediatamente, assim que se tornar conhecida, podendo as razões do recurso ser aditadas no prazo de 2 (dois) dias (Código Eleitoral, art. 223, § 2º).

§ 3º A nulidade de qualquer ato baseada em motivo de ordem constitucional não poderá ser conhecida em recurso interposto fora do prazo; perdido o prazo numa fase própria, só em outra que se apresentar poderá ser arguida (Código Eleitoral, art. 223, § 3º).

Art. 260. Quando a nulidade atingir mais da metade dos votos do País, nas eleições presidenciais, ou do Estado ou do Distrito Federal, nas eleições federais e estaduais, as demais votações serão julgadas prejudicadas, e o tribunal eleitoral marcará data para nova eleição dentro do prazo de 20 (vinte) a 40 (quarenta) dias (Código Eleitoral, art. 224, *caput*).

Art. 261. Os recursos eleitorais não terão efeito suspensivo (Código Eleitoral, art. 257).

§ 1º A execução de qualquer acórdão será feita imediatamente, por meio da comunicação mais célere, a critério do tribunal eleitoral.

§ 2º O recurso ordinário interposto de decisão proferida por tribunal regional eleitoral que resulte em cassação de registro, afastamento do titular ou perda de mandato eletivo será recebido pelo Tribunal Superior Eleitoral com efeito suspensivo.

§ 3º O tribunal dará preferência ao recurso sobre quaisquer outros processos, ressalvados *habeas corpus* e mandado de segurança.

Art. 262. Poderá o candidato, o partido político, a coligação ou o Ministério Público reclamar ao tribunal regional eleitoral contra o juiz eleitoral que descumprir as disposições desta resolução ou der causa a seu descumprimento, inclusive quanto aos prazos processuais, caso em que, ouvido o representado em 24 (vinte e quatro) horas, o tribunal ordenará a observância do procedimento que explicitar, sob pena de incorrer o juiz em desobediência (Lei nº 9.504/1997, art. 97, *caput*).

§ 1º É obrigatório, para os membros dos tribunais eleitorais e do Ministério Público, fiscalizar o cumprimento desta resolução e da Lei nº 9.504/1997 pelos juízes e promotores eleitorais das instâncias inferiores, determinando, quando for o caso, a abertura de procedimento disciplinar para apuração de eventuais irregularidades que verificarem (Lei nº 9.504/1997, art. 97, § 1º).

§ 2º No caso de descumprimento das disposições desta resolução e da Lei nº 9.504/1997 por tribunal regional eleitoral, a representação poderá ser feita ao Tribunal Superior Eleitoral, observado o disposto neste artigo (Lei nº 9.504/1997, art. 97, § 2º).

Art. 263. Bases externas de biometria oriundas de entidades conveniadas com o Tribunal Superior Eleitoral poderão ser utilizadas para fins de validação do eleitor na seção eleitoral.

Art. 264. Os comprovantes de comparecimento que permanecerem junto ao Caderno de Votação poderão ser descartados depois de finalizado o processamento dos arquivos de faltosos pelo TSE.

Art. 265. Esta resolução entra em vigor na data de sua publicação.

Brasília, 18 de dezembro de 2017.
MINISTRO LUIZ FUX
RELATOR

RESOLUÇÃO Nº 23.555/2017

Calendário Eleitoral (Eleições 2018).

Relator: Ministro Luiz Fux
Interessado: Tribunal Superior Eleitoral

O TRIBUNAL SUPERIOR ELEITORAL, no uso das atribuições que lhe conferem o art. 23, IX, do Código Eleitoral e o art. 105 da Lei nº 9.504, de 30 de setembro de 1997, RESOLVE expedir a seguinte instrução:

Art. 1º Fica estabelecido o Calendário Eleitoral das Eleições 2018 de acordo com o Anexo desta resolução.

Art. 2º Esta resolução entra em vigor na data de sua publicação.

Brasília, 18 de dezembro de 2017.
MINISTRO LUIZ FUX – RELATOR

ANEXO

NOVEMBRO DE 2017
28 de novembro – terça-feira
Data a partir da qual, até 1º de dezembro de 2017, serão realizados, no Tribunal Superior Eleitoral, testes públicos de segurança no sistema eletrônico de votação (Resolução-TSE nº 23.444/2015, art. 1º, § 1º).

DEZEMBRO DE 2017
12 de dezembro – terça-feira
Data em que será divulgado, pelo Tribunal Superior Eleitoral, o resultado dos testes públicos de segurança no sistema eletrônico de votação (Resolução-TSE nº 23.444/2015, art. 1º, § 1º).

19 de dezembro – terça-feira
Último dia para os tribunais eleitorais designarem os juízes auxiliares para a apreciação das representações, reclamações e pedidos de direito de resposta (Lei nº 9.504/1997, art. 96, § 3º).

JANEIRO DE 2018
1º de janeiro – segunda-feira
1. Data a partir da qual as entidades ou empresas que realizarem pesquisas de opinião pública relativas às eleições ou aos possíveis candidatos, para conhecimento público, ficam obrigadas a registrar, no tribunal eleitoral competente para processar o registro das respectivas candidaturas, as informações previstas em lei e em instruções expedidas pelo Tribunal Superior Eleitoral (Lei nº 9.504/1997, art. 33, *caput* e § 1º).

2. Data a partir da qual fica proibida a distribuição gratuita de bens, valores ou benefícios por parte da Administração Pública, exceto nos casos de calamidade pública, de estado de emergência ou de programas sociais autorizados em lei e já em execução orçamentária no exercício anterior, casos em que o Ministério Público poderá promover o acompanhamento de sua execução financeira e administrativa (Lei nº 9.504/1997, art. 73, § 10).

3. Data a partir da qual ficam vedados os programas sociais executados por entidade nominalmente vinculada a candidato ou por este mantida, ainda que autorizados em lei ou em execução orçamentária no exercício anterior (Lei nº 9.504/1997, art. 73, § 11).

4. Data a partir da qual é vedado realizar despesas com publicidade dos órgãos públicos federais, estaduais ou municipais, ou das respectivas entidades da administração indireta, que excedam a média dos gastos no primeiro semestre dos três últimos anos que antecedem o pleito (Lei nº 9.504/1997, art. 73, inciso VII).

MARÇO DE 2018
5 de março – segunda-feira
Último dia para o Tribunal Superior Eleitoral publicar as instruções relativas às eleições de 2018 (Lei nº 9.504/1997, art. 105, *caput* e § 3º).

12 de março – segunda-feira
Data-limite para os Tribunais Regionais Eleitorais firmarem termo de cooperação técnica com o Ministério Público, a Defensoria Pública, a Seccional da Ordem dos Advogados do Brasil, as secretarias e os órgãos responsáveis pela administração do sistema prisional e pelo sistema socioeducativo da infância e da juventude nos Estados e no Distrito Federal para o encaminhamento de ações conjuntas que possam assegurar o exercício do voto dos presos provisórios e adolescentes submetidos a medidas socioeducativas em unidades de internação.

ABRIL DE 2018
1º de abril – domingo
Data a partir da qual o Tribunal Superior Eleitoral promoverá, em até 5 (cinco) minutos diários, contínuos ou não, requisitados às emissoras de rádio e de televisão, propaganda institucional destinada a incentivar a participação feminina, dos jovens e da comunidade negra na política, bem como a esclarecer os cidadãos sobre as regras e o funcionamento do sistema eleitoral brasileiro (Lei nº 9.504/1997, art. 93-A)

7 de abril – sábado
(6 meses antes)
1. Data até a qual todos os partidos políticos que pretendam participar das eleições de 2018 devem ter obtido registro de seus estatutos no Tribunal Superior Eleitoral (Lei nº 9.504/1997, art. 4º).

2. Data até a qual os que pretendam ser candidatos a cargo eletivo nas eleições de 2018 devem ter domicílio eleitoral na circunscrição na qual desejam concorrer e estar com a filiação deferida pelo partido, desde que o estatuto partidário não estabeleça prazo superior (Lei nº 9.504/1997, art. 9º, *caput* e Lei nº 9.096/1995, art. 20, *caput*).

3. Data até a qual o Presidente da República, os Governadores de Estado e do Distrito Federal e os Prefeitos devem renunciar aos respectivos mandatos caso pretendam concorrer a outros cargos (Constituição Federal, art. 14, § 6º).

Art. 2º

4. Data a partir da qual todos os programas de computador de propriedade do Tribunal Superior Eleitoral, desenvolvidos por ele ou sob sua encomenda, utilizados nas urnas eletrônicas e nos computadores da Justiça Eleitoral para os processos de votação, apuração e totalização, poderão ter suas fases de especificação e de desenvolvimento acompanhadas por técnicos indicados pelos partidos políticos, pela Ordem dos Advogados do Brasil, pelo Ministério Público e por pessoas autorizadas em resolução específica (Lei nº 9.504/1997, art. 66, § 1º).

10 de abril – terça-feira
(180 dias antes)

1. Último dia para o órgão de direção nacional do partido político publicar, no Diário Oficial da União, as normas para a escolha e substituição de candidatos e para a formação de coligações, na hipótese de omissão do estatuto (Lei nº 9.504/1997, art. 7º, § 1º).

2. Data a partir da qual, até a posse dos eleitos, é vedado aos agentes públicos fazer, na circunscrição do pleito, revisão geral da remuneração dos servidores públicos que exceda a recomposição da perda de seu poder aquisitivo ao longo do ano da eleição (Lei nº 9.504/1997, art. 73, inciso VIII, e Resolução-TSE nº 22.252/2006).

30 de abril – segunda-feira

Data-limite para a prestação de contas anual dos partidos políticos (Lei nº 9.096/1995, art. 32).

MAIO DE 2018
4 de maio – sexta-feira

Último dia para utilização do serviço de pré-atendimento, via internet, para requerimento de operações de alistamento, transferência e revisão (Título Net), pelo eleitor, para zonas eleitorais no Brasil.

9 de maio – quarta-feira
(151 dias antes)

1. Último dia para o eleitor que pretenda votar nas eleições de 2018 requeira sua inscrição eleitoral, altere seus dados cadastrais ou transfira seu domicílio eleitoral (Lei nº 9.504/1997, art. 91, *caput*).

2. Último dia para o eleitor com deficiência ou mobilidade reduzida solicitar sua transferência para seção com acessibilidade (Lei nº 9.504/1997, art. 91, *caput*, e Resolução-TSE nº 21.008/2002, art. 2º).

3. Último dia para que os presos provisórios e os adolescentes internados que não possuírem inscrição eleitoral regular sejam alistados ou requeiram a regularização de sua situação para votarem nas eleições de 2018.

15 de maio – terça-feira

Data a partir da qual é facultada aos pré-candidatos a arrecadação prévia de recursos na modalidade de financiamento coletivo, ficando a liberação de recursos por parte das entidades arrecadadoras condicionada ao cumprimento, pelo candidato, do registro de sua candidatura, da obtenção do CNPJ e da abertura de conta bancária (Lei n° 9.504/1997, art. 22-A, § 3º).

31 de maio – quinta-feira

Data em que o Tribunal Superior Eleitoral divulgará, na internet, o quantitativo de eleitores por Município, para fins do cálculo do limite de gastos e do número de contratações diretas ou terceirizadas de pessoal para prestação de serviços referentes a atividades de militância e mobilização de rua nas campanhas eleitorais (Lei nº 9.504/1997, art. 100-A e Lei n° 13.488/2017, art. 6º).

JUNHO DE 2018
5 de junho – terça-feira

Data a partir da qual a Justiça Eleitoral deve tornar disponível aos partidos políticos a relação de todos os devedores de multa eleitoral, a qual embasará a expedição das certidões de quitação eleitoral (Lei nº 9.504/1997, art. 11, § 9º).

18 de junho – segunda-feira

Data na qual o Tribunal Superior Eleitoral divulgará o montante de recursos disponíveis no Fundo Especial de Financiamento de Campanha (FEFC), observado o prazo-limite para o depósito pelo Tesouro Nacional, no Banco do Brasil, até 1º de junho de 2018.

20 de junho – quarta-feira

Último dia para os Tribunais Regionais Eleitorais indicarem em sistema específico (Sistema ELO) os novos Municípios que terão eleições com identificação biométrica híbrida.

30 de junho – sábado

Data a partir da qual é vedado às emissoras de rádio e de televisão transmitir programa apresentado ou comentado por pré-candidato (Lei nº 9.504/1997, art. 45, § 1º).

JULHO DE 2018
5 de julho – quinta-feira

Data a partir da qual, observado o prazo de 15 (quinze) dias que antecede a data definida pelo partido para a escolha dos candidatos, é permitido ao postulante à candidatura a cargo eletivo realizar propaganda intrapartidária com vistas à indicação de seu nome, vedado o uso de rádio, televisão e *outdoor* (Lei nº 9.504/1997, art. 36, § 1º).

6 de julho – sexta-feira

Início do período para nomeação dos membros das mesas receptoras e do pessoal de apoio logístico dos locais de votação para o primeiro e eventual segundo turnos de votação.

7 de julho – sábado
(3 meses antes)

1. Data a partir da qual são vedadas aos agentes públicos as seguintes condutas (Lei nº 9.504/1997, art. 73, incisos V e VI, alínea *a*):

I - nomear, contratar ou de qualquer forma admitir, demitir sem justa causa, suprimir ou readaptar vantagens ou por outros meios dificultar ou impedir o exercício funcional e, ainda, *ex officio*, remover, transferir ou exonerar servidor público, na circunscrição do pleito, até a posse dos eleitos, sob pena de nulidade de pleno direito, ressalvados os casos de: a) nomeação ou exoneração de cargos em comissão e designação ou dispensa de funções de confiança;

b) nomeação para cargos do Poder Judiciário, do Ministério Público, dos tribunais ou conselhos de contas e dos órgãos da Presidência da República;

c) nomeação dos aprovados em concursos públicos homologados até 7 de julho de 2018;

d) nomeação ou contratação necessária à instalação ou ao funcionamento inadiável de serviços públicos essenciais, com prévia e expressa autorização do Chefe do Poder Executivo;

e) transferência ou remoção *ex officio* de militares, de policiais civis e de agentes penitenciários;

II - realizar transferência voluntária de recursos da União aos Estados e Municípios e dos Estados aos Municípios, sob pena de nulidade de pleno direito, ressalvados os recursos destinados a cumprir obrigação formal preexistente para execução de obra ou de serviço em andamento e com cronograma prefixado, bem como os destinados a atender situações de emergência e de calamidade pública.

2. Data a partir da qual é vedado aos agentes públicos das esferas administrativas cujos cargos estejam em disputa na eleição (Lei nº 9.504/1997, art. 73, inciso VI, alíneas *b* e *c*, e § 3º):

I - com exceção da propaganda de produtos e serviços que tenham concorrência no mercado, autorizar publicidade institucional dos atos, programas, obras, serviços e campanhas dos órgãos públicos federais, estaduais ou municipais, ou das respectivas entidades da administração indireta, salvo em caso de grave e urgente necessidade pública, assim reconhecida pela Justiça Eleitoral;

II - fazer pronunciamento em cadeia de rádio e de televisão, fora do horário eleitoral gratuito, salvo quando, a critério da Justiça Eleitoral, tratar-se de matéria urgente, relevante e característica das funções de governo.

3. Data a partir da qual é vedada, na realização de inaugurações, a contratação de shows artísticos pagos com recursos públicos (Lei nº 9.504/1997, art. 75).

4. Data a partir da qual órgãos e entidades da Administração Pública direta e indireta poderão, quando solicitados, em casos específicos e de forma motivada, pelos tribunais eleitorais, ceder funcionários à Justiça Eleitoral (Lei nº 9.504/1997, art. 94-A, inciso II).

9 de julho – segunda-feira
(90 dias antes)

1. Último dia para os representantes dos partidos políticos, da Ordem dos Advogados do Brasil, do Ministério Público e as demais pessoas autorizadas em resolução específica, interessados em assinar digitalmente os programas a serem utilizados nas eleições, entregarem à Secretaria de Tecnologia da Informação do Tribunal Superior Eleitoral programa próprio, para análise e posterior homologação.

2. Último dia para a Justiça Eleitoral realizar audiência com os interessados na divulgação dos resultados.

3. Último dia para o Tribunal Superior Eleitoral apresentar o modelo de distribuição e os padrões tecnológicos e de segurança a serem adotados ao disponibilizar os dados oficiais às entidades interessadas na divulgação dos resultados.

16 de julho – segunda-feira

1. Último dia para os Tribunais Regionais Eleitorais designarem os locais de votação dos Municípios com mais de cem mil eleitores que terão seções disponíveis para o voto em trânsito, entre os já existentes ou criados especificamente para essa finalidade.

2. Último dia para os Tribunais Regionais Eleitorais criarem, no cadastro eleitoral, locais de votação onde funcionarão as seções eleitorais dos estabelecimentos penais e das unidades de internação de adolescentes, caso ainda não existam.

3. Data a partir da qual, até 15 de agosto de 2018 e nos 3 (três) dias que antecedem a eleição, o Tribunal Superior Eleitoral poderá divulgar comunicados, boletins e instruções ao eleitorado, em até 10 (dez) minutos diários requisitados às emissoras de rádio e de televisão, contínuos ou não, que poderão ser somados e usados em dias espaçados, podendo ceder, a seu juízo, parte desse tempo para utilização por tribunal regional eleitoral (Lei nº 9.504/1997, art. 93).

17 de julho – terça-feira

1. Data a partir da qual, até 23 de agosto de 2018, o eleitor poderá habilitar-se perante a Justiça Eleitoral para votar em trânsito, indicando o local em que pretende votar, assim como alterar ou cancelar sua habilitação, caso já o tenha requerido.

2. Data a partir da qual, até 23 de agosto de 2018, o eleitor com mobilidade reduzida ou com deficiência poderá habilitar-se perante a Justiça Eleitoral para votar em outra seção ou local de votação de seu Município.

3. Data a partir da qual, até 23 de agosto de 2018, será possível a transferência de eleitores para as seções instaladas especificamente para o voto dos presos provisórios e adolescentes internados.

4. Data a partir da qual, até 23 de agosto de 2018, as chefias ou comandos dos órgãos a que estiverem subordinados os membros das Forças Armadas, as polícias federal, rodoviária federal, ferroviária federal, civis e militares, os corpos de bombeiros militares e as guardas municipais que estiverem em serviço no dia da eleição podem encaminhar listagem para a Justiça Eleitoral para que votem em trânsito (Código Eleitoral, art. 233-A, § 3º).

5. Data a partir da qual os tribunais eleitorais divulgarão na internet a relação dos locais onde haverá voto em trânsito, atualizando-a periodicamente até 23 de agosto de 2018.

6. Data a partir da qual será disponibilizada relação, na internet, com atualização diária, de locais de votação com vagas para transferência temporária de militares, agentes de segurança pública e guardas municipais em serviço para votarem em trânsito.

20 de julho – sexta-feira

1. Data a partir da qual, até 5 de agosto de 2018, é permitida a realização de convenções destinadas a deliberar sobre coligações e a escolher candidatos a Presidente e Vice-Presidente da República, Governador e Vice-Governador, Senador e respectivos suplentes, Deputado Federal, Deputado Estadual ou Distrital (Lei nº 9.504/1997, art. 8º, *caput*).

2. Data a partir da qual os feitos eleitorais, até 2 de novembro de 2018, terão prioridade para a participação do Ministério Público e dos juízes de todas as Justiças e instâncias, ressalvados os processos de *habeas corpus* e mandado de segurança (Lei nº 9.504/1997, art. 94, *caput*).

3. Data a partir da qual é assegurado o exercício do direito de resposta ao candidato, ao partido político ou à coligação atingidos, ainda que de forma indireta, por conceito, imagem ou afirmação caluniosa, difamatória, injuriosa ou sabidamente inverídica, difundidos por qualquer veículo de comunicação social (Lei nº 9.504/1997, art. 58, *caput*).

4. Data a ser considerada, para fins de divisão do tempo destinado à propaganda no rádio e na televisão por meio do horário eleitoral gratuito, para a representatividade na Câmara dos Deputados resultante de eventuais novas totalizações do resultado das eleições de 2014.

Art. 2º

5. Data a partir da qual, considerada a data efetiva da realização da respectiva convenção partidária, é permitida a formalização de contratos que gerem despesas e gastos com a instalação física e virtual de comitês de candidatos e de partidos políticos, desde que só haja o efetivo desembolso financeiro após a obtenção do número de registro de CNPJ do candidato e a abertura de conta bancária específica para a movimentação financeira de campanha e emissão de recibos eleitorais.

6. Último dia para a Justiça Eleitoral dar publicidade aos limites de gastos para cada cargo eletivo em disputa (Lei nº 9.504/1997, art. 18).

7. Data a partir da qual, observada a homologação da respectiva convenção partidária, até a diplomação e nos feitos decorrentes do processo eleitoral, não poderão servir como juízes nos tribunais eleitorais, o cônjuge ou o parente consanguíneo ou afim, até o segundo grau, de candidato a cargo eletivo registrado na circunscrição (Código Eleitoral, art. 14, § 3º).

8. Data a partir da qual não será permitida a realização de enquetes relacionadas ao processo eleitoral (Lei nº 9.504/1997, art. 33, § 5º).

9. Data a partir da qual os nomes de todos aqueles que constem de edital de registros de candidatura deverão ser incluídos nas pesquisas realizadas com a apresentação da relação de candidatos ao entrevistado.

25 de julho – quarta-feira

1. Data a partir da qual, observado o prazo de 3 (três) dias úteis contados do pedido de registro de candidatura, a Justiça Eleitoral encaminhará o pedido à Secretaria da Receita Federal do Brasil para inscrição de candidatos no CNPJ cujos registros tenham sido requeridos pelos partidos políticos ou coligações (Lei nº 9.504/1997, art. 22-A, § 1º).

2. Data a partir da qual os partidos políticos e os candidatos, após a obtenção do número de registro de CNPJ do candidato e a abertura de conta bancária específica para movimentação financeira de campanha e emissão de recibos eleitorais, deverão enviar à Justiça Eleitoral, para fins de divulgação na internet, os dados sobre recursos financeiros recebidos para financiamento de sua campanha eleitoral, observado o prazo de 72 (setenta e duas) horas do recebimento desses recursos. (Lei nº 9.504/1997, art. 28, § 4º, inciso I).

27 de julho – sexta-feira

Último dia para a publicação, no órgão oficial do Estado, dos nomes das pessoas indicadas para compor as juntas eleitorais para o primeiro e eventual segundo turnos de votação (Código Eleitoral, art. 36, § 2º).

30 de julho – segunda-feira

Último dia para o Tribunal Superior Eleitoral promover, em até 5 (cinco) minutos diários, contínuos ou não, requisitados às emissoras de rádio e de televisão, propaganda institucional destinada a incentivar a participação feminina, dos jovens e da comunidade negra na política, bem como a esclarecer os cidadãos sobre as regras e o funcionamento do sistema eleitoral brasileiro (Lei nº 9.504/1997, art. 93-A).

AGOSTO DE 2018

1º de agosto – quarta-feira
(67 dias antes)

Último dia para os partidos políticos impugnarem, em petição fundamentada, os nomes das pessoas indicadas para compor as juntas eleitorais, observado o prazo de 3 (três) dias contados da publicação do edital (Código Eleitoral, art. 36, § 2º).

5 de agosto – domingo

Último dia para a realização de convenções destinadas a deliberar sobre coligações e a escolher candidatos a Presidente e Vice-Presidente da República, Governador e Vice-Governador, Senador e respectivos suplentes, Deputado Federal, Deputado Estadual ou Distrital (Lei nº 9.504/1997, art. 8º, *caput*).

6 de agosto – segunda-feira

Data a partir da qual é vedado às emissoras de rádio e de televisão, em programação normal e em noticiário (Lei nº 9.504/1997, art. 45, incisos I, III a VI):

I - transmitir, ainda que sob a forma de entrevista jornalística, imagens de realização de pesquisa ou de qualquer outro tipo de consulta popular de natureza eleitoral em que seja possível identificar o entrevistado ou em que haja manipulação de dados;

II - veicular propaganda política ou difundir opinião favorável ou contrária a candidato, partido, coligação, seus órgãos ou representantes;

III - dar tratamento privilegiado a candidato, partido ou coligação;

IV - veicular ou divulgar, mesmo que dissimuladamente, filmes, novelas, minisséries ou qualquer outro programa com alusão ou crítica a candidato ou partido político, exceto programas jornalísticos ou debates políticos;

V - divulgar nome de programa que se refira a candidato escolhido em convenção, ainda quando preexistente, inclusive se coincidente com o nome do candidato ou com a variação nominal por ele adotada. Sendo o nome do programa o mesmo que o do candidato, fica proibida a sua divulgação, sob pena de cancelamento do respectivo registro.

8 de agosto – quarta-feira
(60 dias antes)

1. Data a partir da qual é assegurada a prioridade postal aos partidos políticos para a remessa da propaganda de seus candidatos registrados (Código Eleitoral, art. 239).

2. Último dia para a publicação da designação da localização das mesas receptoras para o primeiro e eventual segundo turnos de votação, inclusive os locais destinados à votação em trânsito (Código Eleitoral, arts. 35, inciso XIII, e 135, *caput*).

3. Último dia para a nomeação dos membros das mesas receptoras e do pessoal de apoio logístico para o primeiro e eventual segundo turnos de votação em edital publicado no Diário da Justiça Eletrônico, nas capitais, e mediante afixação no átrio do cartório eleitoral, nas demais localidades (Código Eleitoral, art. 35, inciso XIV e art. 120, *caput*).

4. Último dia para a publicação no jornal oficial, onde houver, e, não havendo, em cartório, das nomeações feitas pelo juízo eleitoral, constando dessa publicação os locais designados para o funcionamento das mesas receptoras, o respectivo endereço, assim como os nomes dos mesários que atuarão em cada seção instalada (Código Eleitoral, arts. 120, § 3º, e 135, § 1º).

5. Último dia para o tribunal regional eleitoral nomear os membros das juntas eleitorais para o primeiro e eventual

segundo turnos de votação, em edital publicado no Diário da Justiça Eletrônico (Código Eleitoral, art. 36, § 1º).

6. Último dia para o eleitor que estiver fora do seu domicílio eleitoral requerer a segunda via do título eleitoral em qualquer cartório eleitoral, esclarecendo se vai recebê-la na sua zona eleitoral ou naquela em que a requereu (Código Eleitoral, art. 53, § 4º).

13 de agosto – segunda-feira

1. Último dia para os partidos políticos ou as coligações reclamarem da nomeação dos membros das mesas receptoras e do pessoal de apoio logístico dos locais de votação, observado o prazo de 5 (cinco) dias contados da nomeação (Lei nº 9.504/1997, art. 63, *caput*).

2. Último dia para os membros das mesas receptoras e pessoal de apoio logístico dos locais de votação recusarem a nomeação, observado o prazo de 5 (cinco) dias contados da nomeação (Código Eleitoral, art. 120, § 4º).

3. Último dia para os partidos políticos reclamarem da designação da localização das mesas receptoras para o primeiro e eventual segundo turnos de votação, observado o prazo de 3 (três) dias contados da publicação (Código Eleitoral, art. 135, § 7º).

14 de agosto – terça-feira

Último dia, até as 24 horas, para a transmissão do pedido de registro pela internet pelos partidos, via Sistema Candex.

15 de agosto – quarta-feira

1. Último dia para os partidos políticos e as coligações apresentarem no Tribunal Superior Eleitoral, até as 19 horas, o requerimento de registro de candidatos a Presidente e a Vice-Presidente da República (Lei nº 9.504/1997, art. 11, *caput*).

2. Último dia para os partidos políticos e as coligações apresentarem nos Tribunais Regionais Eleitorais, até as 19 horas, o requerimento de registro de candidatos a Governador e Vice-Governador, Senador e respectivos suplentes, Deputado Federal e Deputado Estadual ou Distrital (Lei nº 9.504/1997, art. 11, *caput*).

3. Último dia para os partidos e as coligações que enviaram os pedidos de registro via internet, pelo Sistema Candex, apresentarem, até as 19 horas, os documentos relativos ao pedido, gravados em mídia, nos respectivos tribunais eleitorais.

4. Data a partir da qual, até 19 de dezembro de 2018, permanecerão abertas aos sábados, domingos e feriados as secretarias dos tribunais eleitorais, devendo os prazos processuais relativos aos feitos eleitorais serem contínuos e peremptórios (Lei Complementar nº 64/1990, art. 16).

5. Último dia para os tribunais e conselhos de contas tornarem disponível à Justiça Eleitoral relação daqueles que tiveram suas contas relativas ao exercício de cargos ou funções públicas rejeitadas por irregularidade insanável e por decisão irrecorrível do órgão competente, ressalvados os casos em que a questão estiver sendo submetida à apreciação do Poder Judiciário, ou em que haja sentença judicial favorável ao interessado (Lei nº 9.504/1997, art. 11, § 5º).

6. Data a partir da qual, até a proclamação dos eleitos, as intimações das decisões serão publicadas em secretaria, certificando-se no edital e nos autos o horário, salvo nas representações a que se referem os arts. 23, 30-A, 41-A, 73, 74, 75 e 77 da Lei nº 9.504/1997, cujas decisões continuarão a ser publicadas no Diário da Justiça Eletrônico.

7. Data a partir da qual, até a diplomação dos eleitos, a citação do candidato, do partido político ou da coligação será encaminhada, preferencialmente, para um dos meios de comunicação eletrônica previamente cadastrados no pedido de registro de candidatura, iniciando-se o prazo na data de entrega da mensagem.

8. Data a partir da qual, até a diplomação dos eleitos, a publicação dos atos judiciais será realizada em mural eletrônico, disponível no sítio do respectivo tribunal, com o registro do horário da publicação, e os acórdãos serão publicados em sessão de julgamento.

9. Data a partir da qual, até a diplomação dos eleitos, o Ministério Público será intimado das decisões e dos despachos por meio eletrônico e, dos acórdãos, em sessão de julgamento, quando nela forem publicados.

10. Data a partir da qual, até 24 de agosto de 2018, os tribunais eleitorais convocarão os partidos políticos e a representação das emissoras de televisão e de rádio para a elaboração de plano de mídia para uso da parcela do horário eleitoral gratuito a que tenham direito, assim como para realizar o sorteio para escolha da ordem de veiculação da propaganda em rede (Lei nº 9.504/1997, art. 52).

11. Último dia para o Tribunal Superior Eleitoral divulgar comunicados, boletins e instruções ao eleitorado, em até 10 (dez) minutos diários requisitados das emissoras de rádio e de televisão, contínuos ou não, que poderão ser somados e usados em dias espaçados, podendo ceder, a seu juízo, parte desse tempo para utilização por tribunal regional eleitoral (Lei nº 9.504/1997, art. 93).

12. Último dia para o juiz eleitoral decidir sobre as reclamações relativas à composição das mesas receptoras de votos e de justificativas e dos eleitores nomeados para apoio logístico (Lei nº 9.504/1997, art. 63, *caput*).

13. Último dia para o juiz eleitoral decidir sobre as reclamações relativas às designações dos locais de votação (Código Eleitoral, art. 135, § 7º).

14. Data-limite para que os partidos providenciem a abertura de conta bancária específica destinadas à movimentação de recursos públicos e privados para a campanha eleitoral, na Caixa Econômica Federal, no Banco do Brasil ou em outra instituição financeira com carteira comercial reconhecida pelo Banco Central do Brasil.

16 de agosto – quinta-feira

1. Data a partir da qual será permitida a propaganda eleitoral (Lei nº 9.504/1997, art. 36, *caput*).

2. Data a partir da qual os candidatos, os partidos ou as coligações podem fazer funcionar, das 8 às 22 horas, alto-falantes ou amplificadores de som, nas suas sedes ou em veículos (Lei nº 9.504/1997, art. 39, § 3º).

3. Data a partir da qual os candidatos, os partidos políticos e as coligações poderão realizar comícios e utilizar aparelhagem de sonorização fixa, das 8 às 24 horas, podendo o horário ser prorrogado por mais 2 (duas) horas quando se tratar de comício de encerramento de campanha (Lei nº 9.504/1997, art. 39, § 4º).

Art. 2º

4. Data a partir da qual será permitida a propaganda eleitoral na internet, vedada a veiculação de qualquer tipo de propaganda paga (Lei nº 9.504/1997, arts. 57-A e 57-C, *caput*).

5. Data a partir da qual, independentemente do critério de prioridade, os serviços telefônicos, oficiais ou concedidos, farão instalar, nas sedes dos diretórios devidamente registrados, telefones necessários, mediante requerimento do respectivo presidente e pagamento das taxas devidas (Código Eleitoral, art. 256, § 1º).

6. Data a partir da qual, até as 22 horas do dia 6 de outubro de 2018, poderá haver distribuição de material gráfico, caminhada, carreata, passeata ou carro de som que transite pela cidade divulgando jingles ou mensagens de candidatos, observados os limites e as vedações legais (Lei nº 9.504/1997, art. 39, § 9º).

7. Data a partir da qual, até 5 de outubro de 2018, serão permitidas a divulgação paga, na imprensa escrita, e a reprodução na internet do jornal impresso, de até 10 (dez) anúncios de propaganda eleitoral, por veículo, em datas diversas, para cada candidato, no espaço máximo, por edição, de 1/8 (um oitavo) de página de jornal padrão e de 1/4 (um quarto) de página de revista ou tabloide (Lei n° 9.504/1997, art. 43, *caput*).

18 de agosto – sábado
(50 dias antes)

1. Último dia para a Justiça Eleitoral enviar à publicação edital dos pedidos de registro de candidatos apresentados pelos partidos políticos ou coligações (Código Eleitoral, art. 97).

2. Último dia para os partidos políticos recorrerem da decisão do juiz eleitoral sobre a nomeação dos membros das mesas receptoras e do pessoal de apoio logístico, observado o prazo de 3 (três) dias contados da publicação da decisão (Lei nº 9.504/1997, art. 63, § 1º).

3. Último dia para os partidos políticos recorrerem da decisão do juiz eleitoral sobre a designação dos locais de votação, observado o prazo de 3 (três) dias contados da publicação da decisão (Código Eleitoral, art. 135, § 8º).

4. Último dia para os responsáveis por todas as repartições, órgãos e unidades do serviço público oficiarem ao juízo eleitoral, informando o número, a espécie e a lotação dos veículos e embarcações de que dispõem para o primeiro e eventual segundo turnos de votação (Lei nº 6.091/1974, art. 3º).

20 de agosto – segunda-feira

Último dia, observado o prazo de 48 (quarenta e oito) horas contadas da publicação do edital de candidaturas requeridas, para os candidatos escolhidos em convenção solicitarem seus registros no tribunal eleitoral competente, até as 19 horas, caso os partidos políticos ou as coligações não os tenham requerido (Lei nº 9.504/1997, art. 11, § 4º).

21 de agosto – terça-feira

1. Último dia para os Tribunais Regionais Eleitorais decidirem sobre os recursos interpostos contra a nomeação dos membros das mesas receptoras e do pessoal de apoio logístico dos locais de votação, observado o prazo de 3 (três) dias da chegada do recurso no tribunal (Lei nº 9.504/1997, art. 63, § 1º).

2. Último dia para os Tribunais Regionais Eleitorais decidirem sobre os recursos interpostos da designação dos locais de votação, observado o prazo de 3 (três) dias da chegada do recurso no tribunal (Código Eleitoral, art. 135, § 8º).

22 de agosto – quarta-feira

Último dia para a Justiça Eleitoral enviar à publicação lista/edital dos pedidos de registro individual de candidatos escolhidos em convenção cujos partidos políticos ou coligações não os tenham requerido, considerado o prazo de apresentação do pedido que esses candidatos deveriam observar (Código Eleitoral, art. 97, e Lei nº 9.504/1997, art. 11, § 4º).

23 de agosto – quinta-feira
(45 dias antes)

1. Último dia, observado o prazo de 5 (cinco) dias contados da publicação do edital de candidaturas requeridas, para qualquer candidato, partido político, coligação ou o Ministério Público impugnar os pedidos de registro de candidatos apresentados pelos partidos políticos ou coligações (Lei Complementar nº 64/1990, art. 3º).

2. Último dia, observado o prazo de 5 (cinco) dias contados da publicação do edital de candidaturas requeridas, para qualquer cidadão no gozo de seus direitos políticos dar ao juízo eleitoral notícia de inelegibilidade que recaia em candidato com pedido de registro apresentado pelo partido político ou pela coligação.

3. Último dia para requerimento de habilitação para voto em estabelecimentos prisionais e unidades de internação de adolescentes, para voto em trânsito, para transferência temporária de eleitores com deficiência e para militares, agentes de segurança pública e guardas municipais em serviço; assim como para alterar ou cancelar a habilitação, caso já a tenha requerido.

24 de agosto – sexta-feira

Último dia para os tribunais eleitorais elaborarem, junto com os partidos políticos e a representação das emissoras de televisão e de rádio, plano de mídia para uso da parcela do horário eleitoral gratuito a que tenham direito, assim como para realizar o sorteio para escolha da ordem de veiculação da propaganda em rede (Lei nº 9.504/1997, art. 50 e 52).

25 de agosto – sábado

1. Último dia, observado o prazo de 48 (quarenta e oito) horas contadas da publicação do edital de candidaturas requeridas individualmente, para qualquer candidato, partido político, coligação ou o Ministério Público impugnar os pedidos de registro individual de candidatos cujos partidos políticos ou coligações não os tenham requerido (Lei Complementar nº 64/1990, art. 3º).

2. Último dia para qualquer cidadão no gozo de seus direitos políticos dar ao juízo eleitoral notícia de inelegibilidade que recaia em candidato que tenha formulado pedido de registro individual, na hipótese de o partido político ou a coligação não o ter requerido.

28 de agosto – terça-feira
(40 dias antes)

1. Último dia para os diretórios regionais dos partidos políticos indicarem integrantes da Comissão Especial de Transporte e Alimentação para o primeiro e eventual segundo turnos de votação (Lei nº 6.091/1974, art. 15).

2. Último dia para o juiz eleitoral nomear os membros das mesas receptoras que atuarão nas seções eleitorais instaladas em estabelecimentos penais e unidades de internação de adolescentes e nas exclusivas para voto em trânsito.

30 de agosto – quinta-feira

1. Último dia para as emissoras distribuírem entre si as atribuições relativas ao fornecimento de equipamentos e mão de obra especializada para a geração da propaganda eleitoral, assim como definir a forma de veiculação de sinal único de propaganda e a forma pela qual todas as emissoras deverão captar e retransmitir o sinal.

2. Último dia para os partidos e as coligações indicarem ao grupo de emissoras, ou à emissora responsável pela geração do sinal para veiculação da propaganda eleitoral gratuita, as pessoas autorizadas a entregar os mapas e as mídias, comunicando eventual substituição com 24 (vinte e quatro) horas de antecedência mínima.

31 de agosto – sexta-feira
(37 dias antes)

Início do período da propaganda eleitoral gratuita no rádio e na televisão (Lei nº 9.504/1997, art. 47, *caput*).

SETEMBRO DE 2018
2 de setembro – domingo

1. Último dia para os membros das mesas receptoras das seções eleitorais dos estabelecimentos penais e de internação de adolescentes, assim como das exclusivas para voto em trânsito recusarem a nomeação, observado o prazo de 5 (cinco) dias contados da nomeação (Código Eleitoral, art. 120, § 4º).

2. Último dia para os partidos políticos ou coligações reclamarem da nomeação dos membros das mesas receptoras das seções eleitorais dos estabelecimentos penais e adolescentes internos, assim como das seções instaladas exclusivamente para voto em trânsito, observado o prazo de 5 (cinco) dias contados da nomeação (Lei nº 9.504/1997, art. 63, *caput*).

3 de setembro – segunda-feira

1. Data a partir da qual os eleitores em trânsito, os militares, os agentes de segurança pública e os guardas municipais em serviço, bem como os que solicitaram transferência temporária para seções com acessibilidade, poderão consultar os locais de votação escolhidos para votarem no primeiro e no segundo turnos.

2. Último dia para o Tribunal Superior Eleitoral convocar os partidos políticos, as coligações, a Ordem dos Advogados do Brasil, o Ministério Público e as pessoas autorizadas em resolução específica para a Cerimônia de Assinatura Digital e Lacração dos Sistemas a serem utilizados nas Eleições 2018.

4 de setembro – terça-feira

Último dia para o juiz eleitoral decidir sobre as reclamações relativas à composição das mesas receptoras de votos instaladas nos estabelecimentos penais e de internação de adolescentes, assim como nas exclusivas para voto em trânsito (Lei nº 9.504/1997, art. 63, *caput*).

7 de setembro – sexta-feira
(30 dias antes)

1. Último dia para os órgãos de direção dos partidos políticos preencherem as vagas remanescentes para as eleições proporcionais, observados os percentuais mínimo e máximo para candidaturas de cada sexo, no caso de as convenções para a escolha de candidatos não terem indicado o número máximo previsto no *caput* do art. 10 da Lei nº 9.504/1997 (Lei nº 9.504/1997, art. 10, § 5º).

2. Último dia para o juízo eleitoral comunicar ao presidente do tribunal regional eleitoral os nomes dos escrutinadores e dos componentes da junta eleitoral nomeados e publicar, mediante edital, a composição do órgão (Código Eleitoral, art. 39).

3. Último dia para a instalação da Comissão Especial de Transporte e Alimentação (Lei nº 6.091/1974, art. 14).

4. Último dia para a requisição de veículos e embarcações aos órgãos ou unidades do serviço público para o primeiro e eventual segundo turnos de votação (Lei nº 6.091/1974, art. 3º, § 2º).

5. Último dia para os Tribunais Regionais Eleitorais designarem, em sessão pública, a Comissão de Auditoria da Votação Eletrônica.

6. Último dia para os partidos políticos recorrerem da decisão do juiz eleitoral sobre a nomeação dos membros das mesas receptoras das seções eleitorais dos estabelecimentos penais e de internação de adolescentes, assim como as exclusivas para voto em trânsito, observado o prazo de 3 (três) dias contados da publicação da decisão (Lei nº 9.504/1997, art. 63, § 1º).

9 de setembro – domingo

Data a partir da qual os partidos políticos, as coligações e os candidatos deverão enviar à Justiça Eleitoral, por meio do Sistema de Prestação de Contas Eleitorais (SPCE), a prestação de contas parcial, dela constando o registro da movimentação financeira e/ou estimável em dinheiro ocorrida desde o início da campanha até o dia 8 de setembro do mesmo ano, para fins de cumprimento do disposto no art. 28, § 4º, inciso II, da Lei nº 9.504/1997.

10 de setembro – segunda-feira

1. Último dia para os partidos políticos oferecerem impugnação motivada aos nomes dos escrutinadores e aos componentes da junta eleitoral nomeados, observado o prazo de 3 (três) dias contados da publicação do respectivo edital (Código Eleitoral, art. 39).

2. Último dia para os partidos políticos, as coligações, a Ordem dos Advogados do Brasil, o Ministério Público e as pessoas autorizadas em resolução específica impugnarem a indicação de componente da Comissão de Auditoria da Votação Eletrônica, observado o prazo de 3 (três) dias contados da divulgação dos nomes que a comporão.

3. Último dia para os Tribunais Regionais Eleitorais decidirem sobre os recursos interpostos contra a nomeação dos membros das mesas receptoras instaladas nos estabelecimentos penais e de internação de adolescentes, assim como nas exclusivas para o voto em trânsito, observado o prazo de 3 (três) dias da chegada do recurso no tribunal (Lei nº 9.504/1997, art. 63, § 1º).

4. Último dia para os representantes das entidades informarem à Secretaria de Tecnologia da Informação do Tribunal Superior Eleitoral o interesse em assinar digitalmente os programas, apresentando para tanto certificado digital para conferência de sua validade.

13 de setembro – quinta-feira

Último dia para que os partidos políticos, as coligações e os candidatos enviem à Justiça Eleitoral, por meio do Sistema de Prestação de Contas Eleitorais (SPCE), a prestação de contas parcial, dela constando o registro da movimentação financeira e/ou estimável em dinheiro ocorrida desde o início da campanha até o dia 8 de setembro do mesmo ano, para fins

Art. 2º

de cumprimento do disposto no art. 28, § 4º, inciso II, da Lei nº 9.504/1997.

14 de setembro – sexta-feira

Último dia para os partidos políticos ou as coligações comunicarem à Justiça Eleitoral as anulações de deliberações dos atos decorrentes de convenção partidária (Lei nº 9.504/1997, art. 7º, §§ 2º e 3º).

15 de setembro – sábado

Data em que será divulgada, pela internet, em sítio criado pela Justiça Eleitoral para esse fim, a prestação de contas parcial, dela constando o registro da movimentação financeira e/ou estimável em dinheiro ocorrida desde o início da campanha até o dia 8 de setembro do mesmo ano (Lei nº 9.504/1997, art. 28, § 4º, inciso II).

17 de setembro – segunda-feira
(20 dias antes)

1. Data em que todos os pedidos de registro de candidatos a Governador, Vice-Governador, Senador, suplentes, Deputados Federais, Estaduais e Distritais, inclusive os impugnados e os respectivos recursos, devem estar julgados pelos Tribunais Regionais Eleitorais, e publicadas as decisões a eles relativas (Lei nº 9.504/1997, art. 16, § 1º).

2. Data em que todos os pedidos de registro de candidatos a Presidente e Vice-Presidente da República, inclusive os impugnados e os respectivos recursos, devem estar julgados pelo Tribunal Superior Eleitoral, e publicadas as decisões a eles relativas (Lei nº 9.504/1997, art. 16, § 1º).

3. Último dia para o pedido de substituição de candidatos para os cargos majoritários e proporcionais, exceto em caso de falecimento, caso em que poderá ser efetivado após esta data, observado, em qualquer situação, o prazo de até 10 (dez) dias contados do fato ou da decisão judicial que deu origem à substituição (Lei nº 9.504/1997, art. 13, §§ 1º e 3º).

4. Último dia para a instalação da Comissão de Auditoria da Votação Eletrônica.

5. Último dia para os Tribunais Regionais Eleitorais informarem, em edital e mediante divulgação nos respectivos sítios na internet, o local onde será realizada a auditoria da votação eletrônica.

6. Último dia para o Tribunal Superior Eleitoral compilar, assinar digitalmente, gerar os resumos digitais (hash) e lacrar todos os programas-fonte, programas-executáveis, arquivos fixos, arquivos de assinatura digital e chaves públicas em cerimônia marcada para essa finalidade.

22 de setembro – sábado
(15 dias antes)

1. Data a partir da qual nenhum candidato poderá ser detido ou preso, salvo em flagrante delito (Código Eleitoral, art. 236, § 1º).

2. Último dia para a requisição de funcionários e instalações destinados aos serviços de transporte e alimentação de eleitores no primeiro e eventual segundo turnos de votação (Lei nº 6.091/1974, art. 1º, § 2º).

3. Data em que deverá ser divulgado o quadro geral de percursos e horários programados para o transporte de eleitores para o primeiro e eventual segundo turnos de votação (Lei nº 6.091/1974, art. 4º).

4. Último dia para os partidos políticos, as coligações, a Ordem dos Advogados do Brasil, o Ministério Público e as pessoas autorizadas em resolução específica impugnarem os programas a serem utilizados nas eleições de 2018, por meio de petição fundamentada, observada a data de encerramento da Cerimônia de Assinatura Digital e Lacração dos Sistemas (Lei nº 9.504/1997, art. 66, § 3º).

25 de setembro – terça-feira

Último dia para reclamação contra o quadro geral de percursos e horários programados para o transporte de eleitores no primeiro e eventual segundo turnos de votação (Lei nº 6.091/1974, art. 4º, § 2º).

27 de setembro – quinta-feira
(10 dias antes)

1. Último dia para o eleitor requerer a segunda via do título eleitoral dentro do seu domicílio eleitoral (Código Eleitoral, art. 52).

2. Data a partir da qual a Justiça Eleitoral informará o que é necessário para o eleitor votar, vedada a prestação de tal serviço por terceiros.

28 de setembro – sexta-feira

Último dia para o juízo eleitoral decidir as reclamações contra o quadro geral de percursos e horários para o transporte de eleitores, devendo, em seguida, divulgar, pelos meios disponíveis, o quadro definitivo (Lei nº 6.091/1974, art. 4º, §§ 3º e 4º).

OUTUBRO DE 2018

2 de outubro – terça-feira
(5 dias antes)

1. Data a partir da qual nenhum eleitor poderá ser preso ou detido, salvo em flagrante delito, ou em virtude de sentença criminal condenatória por crime inafiançável, ou por desrespeito a salvo-conduto (Código Eleitoral, art. 236, *caput*).

2. Último dia para que os representantes dos partidos políticos e das coligações, da Ordem dos Advogados do Brasil, do Ministério Público e as pessoas autorizadas em resolução específica formalizem pedido ao juízo eleitoral para a verificação das assinaturas digitais do Sistema de Transporte de Arquivos da Urna Eletrônica, do Subsistema de Instalação e Segurança e da Solução JE-Connect instalados nos equipamentos da Justiça Eleitoral.

3. Último dia para os Tribunais Regionais Eleitorais divulgarem na internet os pontos de transmissão de dados que funcionarão em locais distintos do local de funcionamento da junta eleitoral.

4 de outubro – quinta-feira
(3 dias antes)

1. Data a partir da qual o juízo eleitoral ou o presidente da mesa receptora poderá expedir salvo-conduto em favor de eleitor que sofrer violência moral ou física na sua liberdade de votar (Código Eleitoral, art. 235, parágrafo único).

2. Último dia para a divulgação da propaganda eleitoral gratuita no rádio e na televisão (Lei nº 9.504/1997, art. 47, *caput*).

3. Último dia para propaganda política mediante reuniões públicas ou promoção de comícios e utilização de aparelhagem de sonorização fixa, entre as 8 e as 24 horas, com exceção do comício de encerramento da campanha, que poderá ser prorrogado por mais 2 (duas) horas (Código Eleitoral, art. 240, parágrafo único, e Lei nº 9.504/1997, art. 39, §§ 4º e 5º, inciso I).

4. Último dia para a realização de debate no rádio e na televisão, admitida a extensão do debate cuja transmissão se inicie nesta data e se estenda até as 7 horas do dia 5 de outubro de 2018.

5. Último dia para os partidos políticos e as coligações indicarem aos juízos eleitorais o nome das pessoas autorizadas a expedir as credenciais dos fiscais e dos delegados habilitados a fiscalizar os trabalhos de votação durante o primeiro turno das eleições (Lei nº 9.504/1997, art. 65, § 3°).

6. Data a partir da qual, até 6 de outubro de 2018, o Tribunal Superior Eleitoral poderá divulgar comunicados, boletins e instruções ao eleitorado, em até 10 (dez) minutos diários requisitados das emissoras de rádio e de televisão, contínuos ou não, que poderão ser somados e usados em dias espaçados, podendo ceder, a seu juízo, parte desse tempo para utilização por tribunal regional eleitoral (Lei nº 9.504/1997, art. 93).

7. Último dia para a publicação do edital convocando os representantes dos partidos, das coligações, do Ministério Público e da Ordem dos Advogados do Brasil para a oficialização do Sistema de Gerenciamento nos cartórios eleitorais e nos tribunais eleitorais, observadas as 48 (quarenta e oito) horas de antecedência.

5 de outubro – sexta-feira
(2 dias antes)

1. Último dia para a divulgação paga, na imprensa escrita, de propaganda eleitoral e a reprodução, na internet, de jornal impresso com propaganda eleitoral (Lei nº 9.504/1997, art. 43).

2. Data a partir da qual, desde 8 até as 17 horas da véspera da eleição, poderá ser realizada a verificação da assinatura digital e dos resumos digitais (hash) do Sistema de Transporte de Arquivos da Urna Eletrônica, do Subsistema de Instalação e Segurança e da Solução JE-Connect instalados nos equipamentos da Justiça Eleitoral, observada a antecedência de 5 (cinco) dias para o requerimento.

6 de outubro – sábado
(1 dia antes do 1º turno)

1. Último dia para a propaganda eleitoral mediante alto-falantes ou amplificadores de som, entre as 8 e as 22 horas (Lei nº 9.504/1997, art. 39, §§ 3º e 5º, inciso I).

2. Último dia, até as 22 horas, para a distribuição de material gráfico e a promoção de caminhada, carreata, passeata ou carro de som que transite pela cidade divulgando jingles ou mensagens de candidatos (Lei nº 9.504/1997, art. 39, § 9º).

3. Data em que a Comissão de Auditoria da Votação Eletrônica deverá promover, entre as 9 e as 12 horas, em local e horário previamente divulgados, os sorteios das seções eleitorais cujas urnas serão submetidas aos procedimentos de auditoria da votação eletrônica.

4. Último dia para o Tribunal Superior Eleitoral tornar disponível, na sua página da internet, arquivo contendo as correspondências esperadas entre urna e seção, podendo ser atualizada até as 16 horas do dia da eleição.

5. Data a partir da qual, após as 12 horas, observado o horário local, será realizada a oficialização do Sistema de Gerenciamento nos tribunais eleitorais e nas zonas eleitorais.

6. Data em que será realizada, no Tribunal Superior Eleitoral, a verificação dos Sistemas de Gerenciamento, Preparação e Receptor de Arquivos da Urna.

7. Último dia para o Tribunal Superior Eleitoral divulgar comunicados, boletins e instruções ao eleitorado, em até 10 (dez) minutos diários requisitados das emissoras de rádio e de televisão, contínuos ou não, que poderão ser somados e usados em dias espaçados, podendo ceder, a seu juízo, parte desse tempo para utilização por tribunal regional eleitoral (Lei nº 9.504/1997, art. 93).

8. Último dia, até as 17 horas, para a verificação da assinatura digital e dos resumos digitais (hash) do Sistema de Transporte de Arquivos da Urna Eletrônica, do Subsistema de Instalação e Segurança e da Solução JE-Connect instalados nos equipamentos da Justiça Eleitoral, observada a antecedência de 5 (cinco) dias para o requerimento.

9. Data até a qual o tribunal regional eleitoral constituirá uma Comissão Apuradora com 3 (três) de seus membros, presidida por um deles. (Código Eleitoral, art. 199, *caput*)

7 de outubro – domingo
DIA DAS ELEIÇÕES (1º turno)
(Lei nº 9.504/1997, art. 1º, caput)

1. Data em que se realizará a votação do primeiro turno das eleições, por sufrágio universal e voto direto e secreto, observando-se na seção eleitoral, de acordo com o horário local:

A partir das 7 horas

1. Instalação da seção eleitoral (Código Eleitoral, art. 142).

2. Emissão do Relatório Zerésima da urna eletrônica instalada na seção eleitoral.

Às 8 horas

3. Início da votação (Código Eleitoral, art. 144).

Às 17 horas

4. Encerramento da votação (Código Eleitoral, arts. 144 e 153).

A partir das 17 horas

5. Emissão dos boletins de urna.

2. Data em que serão observados os seguintes procedimentos, vedações e permissões:

1. Quanto aos eleitores, fiscais, mesários e servidores nas seções eleitorais, nos locais de votação e nas juntas apuradoras:

a) Facultado ao eleitor que estiver ausente de seu domicílio eleitoral inclusive o transferido temporariamente para votar em trânsito justificar sua ausência na votação nas mesas receptoras de votos ou nas de justificativas, instaladas para esse fim, no mesmo horário reservado para a votação.

b) Vedado ao eleitor portar aparelho de telefonia celular, máquina fotográfica, filmadora, equipamento de radiocomunicação ou qualquer instrumento que possa comprometer o sigilo do voto, devendo a mesa receptora, em caso de porte, reter esses objetos enquanto o eleitor estiver votando (Lei nº 9.504/1997, art. 91-A, parágrafo único).

c) Permitida a manifestação individual e silenciosa da preferência do eleitor por partido político, coligação ou candidato (Lei nº 9.504/1997, art. 39-A, *caput*).

d) Vedada, até o término da votação, a aglomeração de pessoas portando vestuário padronizado, bem como bandeiras, broches, dísticos e adesivos que caracterizem manifestação coletiva, com ou sem utilização de veículos (Lei nº 9.504/1997, art. 39-A, § 1º).

e) Vedado aos servidores da Justiça Eleitoral, aos mesários e aos escrutinadores, no recinto das seções eleitorais e juntas

Art. 2º

apuradoras, o uso de vestuário ou objeto que contenha qualquer propaganda de partido político, de coligação ou de candidato (Lei nº 9.504/1997, art. 39-A, § 2º).

f) Vedado aos fiscais partidários, nos trabalhos de votação, o uso de vestuário padronizado, sendo-lhes permitido tão só o uso de crachás com o nome e a sigla do partido político ou coligação (Lei nº 9.504/1997, art. 39-A, § 3º).

2. Quanto aos candidatos, partidos políticos e coligações:

a) Último dia para o partido político requerer o cancelamento do registro do candidato que dele for expulso, em processo no qual seja assegurada a ampla defesa, com observância das normas estatutárias (Lei nº 9.504/1997, art. 14).

b) Último dia para candidatos e partidos arrecadarem recursos e contraírem obrigações, ressalvada a hipótese de arrecadação com o fim exclusivo de quitação de despesas já contraídas e não pagas até esta data (Lei nº 9.504/1997, art. 29, § 3º).

3. Quanto aos locais de votação:

a) Afixação obrigatória, nas partes interna e externa das seções eleitorais e em local visível, cópia do inteiro teor do disposto no art. 39-A da Lei nº 9.504/1997 (Lei nº 9.504/1997, art. 39-A, § 4º).

4. Quanto à propaganda eleitoral:

a) Vedado, constituindo crime a desobediência à norma, o uso de alto-falantes e amplificadores de som ou a promoção de comício ou carreata, a arregimentação de eleitor ou a propaganda de boca de urna, a divulgação de qualquer espécie de propaganda de partidos políticos ou de seus candidatos e a publicação de novos conteúdos ou o impulsionamento de conteúdos nas aplicações de internet de que trata o art. 57-B da Lei n° 9.504/1997, podendo ser mantidos em funcionamento as aplicações e os conteúdos publicados anteriormente (Lei nº 9.504/1997, art. 39, § 5º, incisos I, II e III).

5. Quanto às pesquisas eleitorais:

a) Permitida a divulgação, a qualquer momento, das pesquisas realizadas em data anterior à da eleição, para todos os cargos.

b) Permitida a divulgação, tão logo encerrado o pleito em todo o território nacional, das pesquisas realizadas no dia da eleição relativas às eleições presidenciais.

c) Permitida a divulgação, a partir das 17 horas do horário local, das pesquisas realizadas no dia da eleição referentes aos cargos de Governador, Senador, Deputado Federal, Estadual e Distrital.

6. Quanto à urna eletrônica:

a) Permitida a substituição da urna que apresentar problema antes do início da votação por urna de contingência, substituição do cartão de memória de votação ou realização de nova carga, mediante autorização do juiz eleitoral, convocando-se os representantes dos partidos políticos, das coligações, da Ordem dos Advogados do Brasil e do Ministério Público para, querendo, acompanharem os procedimentos.

b) Permitida a carga, a qualquer momento, em urnas de contingência ou de justificativa.

7. Quanto à fiscalização, auditoria e à divulgação dos dados:

a) Realização dos procedimentos, por amostragem, de auditoria da votação eletrônica sob condições normais de uso, das 8 às 17 horas, em cada unidade da Federação, em um só local, público e com expressiva circulação de pessoas, designado pelo respectivo tribunal regional eleitoral.

b) Atualização, até as 16 horas do horário de Brasília, das correspondências esperadas entre urna e seção, na internet, pelo Tribunal Superior Eleitoral.

c) Oficialização automática do sistema de transmissão de arquivos de urna, a partir das 12 horas, observado o horário local.

d) Último dia, até as 17 horas, para a realização da verificação da assinatura digital e dos resumos digitais (hash) do Sistema de Transporte de Arquivos da Urna Eletrônica, do Subsistema de Instalação e Segurança e da Solução JE-Connect instalados nos equipamentos da Justiça Eleitoral, caso requeridos à Justiça Eleitoral até 5 (cinco) dias antes das eleições.

e) Data a partir da qual, até 20 de outubro de 2018, os dados dos resultados relativos ao primeiro turno estarão disponíveis em Centro de Dados provido pelo Tribunal Superior Eleitoral.

8. Quanto ao comércio:

a) Possibilidade de funcionamento, desde que os estabelecimentos que funcionarem neste dia proporcionem efetivas condições para que seus funcionários possam exercer o direito e o dever do voto (Resolução-TSE nº 22.963/2008).

8 de outubro – segunda-feira
(dia seguinte ao primeiro turno)

1. Data a partir da qual, decorrido o prazo de 24 (vinte e quatro) horas do encerramento da votação (17 horas do dia anterior no horário local), será permitida a promoção de carreata e distribuição de material de propaganda política para o segundo turno, bem como a propaganda eleitoral mediante alto-falantes ou amplificadores de som, entre as 8 e as 22 horas, promoção de comício ou utilização de aparelhagem de sonorização fixa, entre as 8 e as 24 horas, podendo o horário ser prorrogado por mais 2 (duas) horas quando se tratar de comício de encerramento de campanha (Código Eleitoral, art. 240, parágrafo único, c.c. a Lei nº 9.504/1997, art. 39, §§ 3º e 4º).

4. Data a partir da qual, até 26 de outubro de 2018, serão permitidas a divulgação paga, na imprensa escrita, e a reprodução na internet do jornal impresso, de até 10 (dez) anúncios de propaganda eleitoral, por veículo, em datas diversas, para cada candidato, no espaço máximo, por edição, de 1/8 (um oitavo) de página de jornal padrão e de 1/4 (um quarto) de página de revista ou tabloide (Lei n° 9.504/1997, art. 43, *caput*).

5. Último dia para os Tribunais Regionais Eleitorais informarem, em edital e mediante divulgação nos respectivos sítios na internet, o local onde será realizada a auditoria da votação eletrônica relativa ao segundo turno.

Numeração dos itens de acordo com publicação original.

9 de outubro – terça-feira
(2 dias após o primeiro turno)

1. Término do prazo, às 17 horas, do período de validade de salvo-condutos expedidos por juízo eleitoral ou por presidente de mesa receptora (Código Eleitoral, art. 235, parágrafo único).

2. Término, após as 17 horas, do período em que nenhum eleitor poderá ser preso ou detido (Código Eleitoral, art. 236, *caput*).

10 de outubro – quarta-feira
(3 dias após o primeiro turno)

1. Último dia para o mesário que abandonou os trabalhos durante a votação apresentar justificativa ao juízo eleitoral (Código Eleitoral, art. 124, § 4º).

2. Último dia para a Justiça Eleitoral tornar disponível, em sua página na internet, opção de visualização dos boletins de urna recebidos para a totalização, assim como as tabelas de correspondências efetivadas, observado o horário de encerramento da totalização em cada unidade da Federação.

12 de outubro – sexta-feira

Início do período de propaganda eleitoral gratuita, no rádio e na televisão, relativa ao segundo turno (Lei nº 9.504/1997, art. 49, *caput*).

13 de outubro – sábado
(15 dias antes do segundo turno)

1. Data a partir da qual nenhum candidato que participará do segundo turno de votação poderá ser detido ou preso, salvo no caso de flagrante delito (Código Eleitoral, art. 236, § 1º).

2. Data a partir da qual, nos Estados em que não houver votação em segundo turno, as secretarias dos Tribunais Regionais Eleitorais, salvo as unidades responsáveis pela análise das prestações de contas e aquelas cujo funcionamento seja imprescindível à execução dessa análise, não mais permanecerão abertas aos sábados, domingos e feriados, e as decisões não mais serão publicadas em secretaria ou em sessão, exceto as referentes à prestação de contas.

20 de outubro – sábado

Data até a qual os dados de resultados relativos ao primeiro turno estarão disponíveis em Centro de Dados provido pelo Tribunal Superior Eleitoral.

22 de outubro – segunda-feira

Último dia para os representantes dos partidos políticos e das coligações, da Ordem dos Advogados do Brasil, do Ministério Público e as pessoas autorizadas em resolução específica formalizarem pedido ao juízo eleitoral para a verificação das assinaturas digitais do Sistema de Transporte de Arquivos da Urna Eletrônica, do Subsistema de Instalação e Segurança e da Solução JE-Connect instalados nos equipamentos da Justiça Eleitoral, a serem utilizados no segundo turno.

23 de outubro – terça-feira
(5 dias antes do segundo turno)

1. Data a partir da qual nenhum eleitor poderá ser preso ou detido, salvo em flagrante delito, ou em virtude de sentença criminal condenatória por crime inafiançável, ou por desrespeito a salvo-conduto (Código Eleitoral, art. 236, *caput*).

2. Último dia para que os representantes dos partidos políticos e coligações, da Ordem dos Advogados do Brasil, do Ministério Público e as pessoas autorizadas em resolução específica formalizem pedido ao juízo eleitoral para a verificação das assinaturas digitais do Sistema de Transporte de Arquivos da Urna Eletrônica, do Subsistema de Instalação e Segurança e da Solução JEConnect instalados nos equipamentos da Justiça Eleitoral, a serem utilizados no segundo turno.

3. Último dia para os Tribunais Regionais Eleitorais divulgarem na internet os pontos de transmissão de dados que funcionarão em locais distintos do local de funcionamento da junta eleitoral.

25 de outubro – quinta-feira
(3 dias antes do segundo turno)

1. Início do prazo de validade do salvo-conduto expedido pelo juízo eleitoral ou pelo presidente da mesa receptora (Código Eleitoral, art. 235, parágrafo único).

2. Último dia para propaganda política mediante reuniões públicas ou promoção de comícios e utilização de aparelhagem de sonorização fixa, entre as 8 e as 24 horas, com exceção do comício de encerramento da campanha, que poderá ser prorrogado por mais 2 (duas) horas (Código Eleitoral, art. 240, parágrafo único, e Lei nº 9.504/1997, art. 39, §§ 4º e 5º, inciso I).

3. Último dia para os partidos políticos e coligações indicarem aos juízos eleitorais o nome das pessoas autorizadas a expedir as credenciais dos fiscais e dos delegados habilitados a fiscalizar os trabalhos de votação durante o segundo turno das eleições (Lei nº 9.504/1997, art. 65, § 3º).

4. Data a partir da qual, até 27 de outubro de 2018, o Tribunal Superior Eleitoral poderá divulgar comunicados, boletins e instruções ao eleitorado, em até 10 (dez) minutos diários requisitados das emissoras de rádio e de televisão, contínuos ou não, que poderão ser somados e usados em dias espaçados, podendo ceder, a seu juízo, parte desse tempo para utilização por tribunal regional eleitoral (Lei nº 9.504/1997, art. 93).

5. Último dia para a publicação do edital convocando os representantes dos partidos, das coligações, do Ministério Público e da Ordem dos Advogados do Brasil para a oficialização do Sistema de Gerenciamento para o segundo turno, nos cartórios eleitorais e nos tribunais eleitorais, observadas as 48 (quarenta e oito) horas de antecedência.

26 de outubro – sexta-feira
(2 dias antes do segundo turno)

1. Último dia para a divulgação da propaganda eleitoral gratuita do segundo turno no rádio e na televisão (Lei nº 9.504/1997, art. 49, *caput*).

2. Último dia para a divulgação paga, na imprensa escrita, de propaganda eleitoral do segundo turno (Lei nº 9.504/1997, art. 43, *caput*).

3. Último dia para a realização de debate, não se podendo estender além da meia-noite (Resolução-TSE nº 22.452/2006).

4. Data a partir da qual, desde 8 até as 17 horas da véspera da eleição, poderá ser realizada a verificação da assinatura digital e dos resumos digitais (hash) do Sistema de Transporte de Arquivos da Urna Eletrônica, do Subsistema de Instalação e Segurança e da Solução JE-Connect instalados nos equipamentos da Justiça Eleitoral, observada a antecedência de 5 (cinco) dias para o requerimento.

27 de outubro – sábado
(1 dia antes do segundo turno)

1. Último dia para a propaganda eleitoral mediante alto-falantes ou amplificadores de som, entre as 8 e as 22 horas (Lei nº 9.504/1997, art. 39, §§ 3º e 5º, inciso I).

2. Último dia, até as 22 horas, para a distribuição de material gráfico e a promoção de caminhada, carreata, passeata ou carro de som que transite pela cidade divulgando jingles ou mensagens de candidatos (Lei nº 9.504/1997, art. 39, § 9º).

3. Data em que a Comissão de Auditoria da Votação Eletrônica deverá promover, entre as 9 e as 12 horas, em local e horário previamente divulgados, os sorteios das seções eleitorais cujas urnas serão submetidas aos procedimentos de auditoria da votação eletrônica.

4. Último dia para o Tribunal Superior Eleitoral tornar disponível, na sua página da internet, arquivo contendo as

Art. 2º

correspondências esperadas entre urna e seção, podendo ser atualizada até as 16 horas do dia da eleição.

5. Data em que será realizada, no Tribunal Superior Eleitoral, a verificação dos Sistemas de Gerenciamento, Preparação e Receptor de Arquivos da Urna.

6. Último dia para o Tribunal Superior Eleitoral divulgar comunicados, boletins e instruções ao eleitorado, em até 10 (dez) minutos diários requisitados das emissoras de rádio e de televisão, contínuos ou não, que poderão ser somados e usados em dias espaçados, podendo ceder, a seu juízo, parte desse tempo para utilização por tribunal regional eleitoral (Lei nº 9.504/1997, art. 93).

7. Data a partir da qual, após as 12 horas, observado o horário local, será realizada a oficialização do Sistema de Gerenciamento nos tribunais eleitorais e nas zonas eleitorais.

8. Último dia, até as 17 horas, para a verificação da assinatura digital e dos resumos digitais (hash) do Sistema de Transporte de Arquivos da Urna Eletrônica, do Subsistema de Instalação e Segurança e da Solução JE-Connect instalados nos equipamentos da Justiça Eleitoral, a serem utilizados no segundo turno, observada a antecedência de 5 (cinco) dias para o requerimento.

28 de outubro – domingo
DIA DA ELEIÇÃO (segundo turno)
(Lei nº 9.504/1997, art. 2º, § 1º)

1. Data em que se realizará a votação do segundo turno das eleições, por sufrágio universal e voto direto e secreto, observando-se na seção eleitoral, de acordo com o horário local:

A partir das 7 horas

1. Instalação da seção eleitoral (Código Eleitoral, art. 142).

2. Emissão do Relatório Zerésima da urna eletrônica instalada na seção eleitoral.

Às 8 horas

3. Início da votação (Código Eleitoral, art. 144).

Às 17 horas

4. Encerramento da votação (Código Eleitoral, arts. 144 e 153).

A partir das 17 horas

5. Emissão dos boletins de urna.

2. Data em que serão observados os seguintes procedimentos, vedações e permissões:

1. Quanto aos eleitores, fiscais, mesários e servidores nas seções eleitorais, nos locais de votação e nas juntas apuradoras:

a) Facultado ao eleitor que estiver ausente de seu domicílio eleitoral inclusive o transferido temporariamente para votar em trânsito justificar sua ausência na votação nas mesas receptoras de votos ou nas de justificativas, instaladas para esse fim, no mesmo horário reservado para a votação.

b) Vedado ao eleitor portar aparelho de telefonia celular, máquina fotográfica, filmadora, equipamento de radiocomunicação ou qualquer instrumento que possa comprometer o sigilo do voto, devendo a mesa receptora, em caso de porte, reter esses objetos enquanto o eleitor estiver votando (Lei nº 9.504/1997, art. 91-A, parágrafo único).

c) Permitida a manifestação individual e silenciosa da preferência do eleitor por partido político, coligação ou candidato (Lei nº 9.504/1997, art. 39-A, *caput*).

d) Vedada, até o término da votação, a aglomeração de pessoas portando vestuário padronizado, bem como bandeiras, broches, dísticos e adesivos que caracterizem manifestação coletiva, com ou sem utilização de veículos (Lei nº 9.504/1997, art. 39-A, § 1º).

e) Vedado aos servidores da Justiça Eleitoral, aos mesários e aos escrutinadores, no recinto das seções eleitorais e juntas apuradoras, o uso de vestuário ou objeto que contenha qualquer propaganda de partido político, de coligação ou de candidato (Lei nº 9.504/1997, art. 39-A, § 2º).

f) Vedado aos fiscais partidários, nos trabalhos de votação, o uso de vestuário padronizado, sendo-lhes permitido tão só o uso de crachás com o nome e a sigla do partido político ou coligação (Lei nº 9.504/1997, art. 39-A, § 3º).

2. Quanto aos candidatos, partidos políticos e coligações:

a) Último dia para o partido político requerer o cancelamento do registro do candidato que dele for expulso, em processo no qual seja assegurada a ampla defesa, com observância das normas estatutárias (Lei nº 9.504/1997, art. 14).

b) Último dia para candidatos e partidos arrecadarem recursos e contraírem obrigações, ressalvada a hipótese de arrecadação com o fim exclusivo de quitação de despesas já contraídas e não pagas até esta data (Lei nº 9.504/1997, art. 29, § 3º).

3. Quanto aos locais de votação:

a) Afixação obrigatória, nas partes interna e externa das seções eleitorais e em local visível, cópia do inteiro teor do disposto no art. 39-A da Lei nº 9.504/1997 (Lei nº 9.504/1997, art. 39-A, § 4º).

4. Quanto à propaganda eleitoral:

a) Vedado, constituindo crime a desobediência à norma, o uso de alto-falantes e amplificadores de som ou a promoção de comício ou carreata, a arregimentação de eleitor ou a propaganda de boca de urna, a divulgação de qualquer espécie de propaganda de partidos políticos ou de seus candidatos e a publicação de novos conteúdos ou o impulsionamento de conteúdos nas aplicações de internet de que trata o art. 57-B da Lei n° 9.504/1997, podendo ser mantidos em funcionamento as aplicações e os conteúdos publicados anteriormente (Lei nº 9.504/1997, art. 39, § 5º, incisos I, II e III).

5. Quanto às pesquisas eleitorais:

a) Permitida a divulgação, a qualquer momento, das pesquisas realizadas em data anterior à da eleição, para todos os cargos.

b) Permitida a divulgação, tão logo encerrado o pleito em todo o território nacional, das pesquisas realizadas no dia da eleição relativas às eleições presidenciais.

c) Permitida a divulgação, a partir das 17 horas do horário local, das pesquisas realizadas no dia da eleição referentes ao cargo de Governador.

6. Quanto à urna eletrônica:

a) Permitida a substituição da urna que apresentar problema antes do início da votação por urna de contingência, substituição do cartão de memória de votação ou realização de nova carga, mediante autorização do juiz eleitoral, convocando-se os representantes dos partidos políticos, das coligações, da Ordem dos Advogados do Brasil e do Ministério Público para, querendo, acompanharem os procedimentos.

b) Permitida a carga, a qualquer momento, em urnas de contingência ou de justificativa.

7. Quanto à fiscalização, auditoria e à divulgação dos dados:

a) Realização dos procedimentos, por amostragem, de auditoria da votação eletrônica sob condições normais de uso, das 8 às 17 horas, em cada unidade da Federação, em um só local, público e com expressiva circulação de pessoas, designado pelo respectivo tribunal regional eleitoral.

b) Atualização, até as 16 horas do horário de Brasília, das correspondências esperadas entre urna e seção, na internet, pelo Tribunal Superior Eleitoral.

c) Oficialização automática do sistema de transmissão de arquivos de urna, a partir das 12 horas, observado o horário local.

d) Último dia, até as 17 horas, para a realização da verificação da assinatura digital e dos resumos digitais (hash) do Sistema de Transporte de Arquivos da Urna Eletrônica, do Subsistema de Instalação e Segurança e da Solução JE-Connect instalados nos equipamentos da Justiça Eleitoral, caso requeridos à Justiça Eleitoral até 5 (cinco) dias antes das eleições.

e) Data a partir da qual, até 10 de novembro de 2018, os dados dos resultados relativos ao segundo turno estarão disponíveis em Centro de Dados provido pelo Tribunal Superior Eleitoral.

8. Quanto ao comércio:

a) Possibilidade de funcionamento, desde que os estabelecimentos que funcionarem neste dia proporcionem efetivas condições para que seus funcionários possam exercer o direito e o dever do voto (Resolução-TSE nº 22.963/2008).

30 de outubro – terça-feira
(2 dias após o segundo turno)

1. Término do prazo, às 17 horas, do período de validade de salvo-condutos expedidos por juízo eleitoral ou por presidente de mesa receptora (Código Eleitoral, art. 235, parágrafo único).

2. Término, após as 17 horas, do período em que nenhum eleitor poderá ser preso ou detido (Código Eleitoral, art. 236, *caput*).

31 de outubro – quarta-feira
(3 dias após o segundo turno)

1. Último dia para o mesário que abandonou os trabalhos durante a votação de 28 de outubro de 2018 apresentar justificativa ao juízo eleitoral (Código Eleitoral, art. 124, § 4º).

2. Último dia para a Justiça Eleitoral tornar disponíveis, em sua página na internet, os dados de votação especificados por seção eleitoral, assim como as tabelas de correspondências efetivadas, observado o horário de encerramento da totalização em cada unidade da Federação onde tiver ocorrido segundo turno.

NOVEMBRO DE 2018

2 de novembro – sexta-feira
(5 dias após o segundo turno)

Último dia em que os feitos eleitorais terão prioridade para a participação do Ministério Público e dos juízes de todas as Justiças e instâncias, ressalvados os processos de *habeas corpus* e mandado de segurança (Lei nº 9.504/1997, art. 94, *caput*).

5 de novembro – segunda-feira

1. Reabertura do cadastro eleitoral e reinício da emissão da certidão de quitação eleitoral. 2. Reativação do serviço de pré-atendimento, via internet, para requerimento de alistamento, transferência e revisão (Título Net).

6 de novembro – terça-feira
(30 dias após o primeiro turno)

1. Último dia para o mesário que faltou à votação de 7 de outubro apresentar justificativa ao juízo eleitoral (Código Eleitoral, art. 124).

2. Último dia para os candidatos, inclusive a vice e a suplentes, e os partidos políticos encaminharem à Justiça Eleitoral as prestações de contas referentes ao primeiro turno (Lei nº 9.504/1997, art. 29).

3. Último dia para os candidatos, os partidos políticos e as coligações removerem as propagandas relativas ao primeiro turno das eleições e promoverem a restauração do bem, se for o caso.

4. Último dia para o pagamento de aluguel de veículos e embarcações referente à votação de 7 de outubro, caso não tenha havido votação em segundo turno (Lei nº 6.091/1974, art. 2º, parágrafo único).

5. Data-limite para a publicação, na página da internet do TSE, do relatório conclusivo sobre a fiscalização realizada na auditoria da votação eletrônica no primeiro turno elaborado pela empresa de auditoria.

10 de novembro – sábado

Data até a qual os dados de resultados relativos ao segundo turno estarão disponíveis em Centro de Dados provido pelo Tribunal Superior Eleitoral.

11 de novembro – domingo

1. Data em que a unidade técnica responsável pelo exame das contas de campanha dos candidatos e partidos políticos deve informar ao presidente do tribunal ou ao relator, caso designado, as que não foram apresentadas, relativamente aos candidatos que concorreram no primeiro turno.

2. Último dia para qualquer interessado, observado o prazo de 3 (três) dias contados da publicação do respectivo edital, impugnar as prestações de contas de campanha relativas ao primeiro turno das eleições.

12 de novembro – segunda-feira

Data a partir da qual as secretarias dos Tribunais Regionais Eleitorais que realizaram segundo turno, salvo as unidades responsáveis pela análise das prestações de contas e aquelas cujo funcionamento seja imprescindível à execução dessa análise, não mais permanecerão abertas aos sábados, domingos e feriados, e as decisões não mais serão publicadas em secretaria ou em sessão, exceto as referentes à prestação de contas.

17 de novembro – sábado
(20 dias após o segundo turno)

Último dia para os candidatos que concorreram no segundo turno das eleições, inclusive a vice e a suplentes, e os partidos políticos encaminharem à Justiça Eleitoral, por meio do Sistema de Prestação de Contas Eleitorais (SPCE), as prestações de contas referentes aos dois turnos, incluindo todos os órgãos partidários que efetuarem doações ou gastos às candidaturas do segundo turno, ainda que não concorrentes (Lei nº 9.504/1997, art. 29, inciso IV).

20 de novembro – terça-feira

1. Data em que a unidade técnica responsável pelo exame das contas de campanha dos candidatos e partidos políticos deve informar ao presidente do tribunal ou ao relator, caso

Art. 2º

designado, as que não foram apresentadas, relativamente aos candidatos que concorreram no segundo turno.

2. Último dia para qualquer interessado, observado o prazo de 3 (três) dias contados da publicação do respectivo edital, impugnar as prestações de contas de campanha referentes aos candidatos que concorreram no segundo turno das eleições.

27 de novembro – terça-feira
(30 dias após o segundo turno)

1. Último dia para os candidatos, os partidos políticos e as coligações, nos Estados onde houve segundo turno, removerem as propagandas relativas às eleições e promoverem a restauração do bem, se for o caso.

2. Último dia para o pagamento do aluguel de veículos e embarcações referente às eleições de 2018, nos Estados onde tenha havido votação em segundo turno (Lei nº 6.091/1974, art. 2º, parágrafo único).

3. Último dia para o mesário que faltou à votação de 28 de outubro apresentar justificativa ao juízo eleitoral (Código Eleitoral, art. 124).

4. Data-limite para a publicação, na página da internet do TSE, do relatório conclusivo sobre a fiscalização realizada na auditoria da votação eletrônica no segundo turno elaborado pela empresa de auditoria.

DEZEMBRO DE 2018
6 de dezembro – quinta-feira
(60 dias após o primeiro turno)

1. Último dia para o eleitor que deixou de votar nas eleições de 7 de outubro apresentar justificativa ao juízo eleitoral (Lei nº 6.091/1974, art. 7º).

2. Último dia para o juízo eleitoral responsável pela recepção dos requerimentos de justificativa no primeiro turno assegurar o lançamento dessas informações no cadastro de eleitores.

15 de dezembro – sábado

Último dia para julgamento da prestação de contas dos candidatos eleitos, observado o prazo de 3 (três) dias antes da data limite para diplomação dos eleitos (Lei nº 9.504/1997, art. 30, § 1º)

19 de dezembro – quarta-feira

1. Último dia para a diplomação dos eleitos.

2. Último dia de atuação dos juízes auxiliares, observada a diplomação dos eleitos (Lei nº 9.504/1997, art. 96, § 3º).

3. Último dia em que, nos feitos decorrentes do processo eleitoral, não poderão servir como juízes nos tribunais eleitorais, o cônjuge ou o parente consanguíneo ou afim, até o segundo grau, de candidato a cargo eletivo registrado na circunscrição (Código Eleitoral, art. 14, § 3º).

4. Data a partir da qual a citação do candidato, do partido político ou da coligação não mais deverá ser encaminhada, preferencialmente, para um dos meios de comunicação eletrônica previamente cadastrados no pedido de registro de candidatura.

5. Data a partir da qual os prazos processuais relativos aos feitos eleitorais deixam de ser contínuos, não mais permanecendo abertas aos sábados, domingos e feriados a Secretaria do Tribunal Superior Eleitoral e as secretarias dos tribunais eleitorais responsáveis pela análise e execução das prestações de contas (Lei Complementar nº 64/1990, art. 16).

6. Fim do prazo em que as publicações dos atos judiciais sejam realizadas em mural eletrônico, assim como os acórdãos sejam publicados em sessão de julgamento.

7. Fim do prazo para que o Ministério Público seja intimado das decisões e despachos por meio eletrônico e, dos acórdãos, em sessão de julgamento, quando nela forem publicados.

8. Fim do prazo em que as ordens judiciais de remoção de conteúdo da internet deixam de produzir efeitos, cabendo à parte interessada requerer a remoção do conteúdo por meio de ação judicial autônoma perante a Justiça Comum.

27 de dezembro – quinta-feira
(60 dias após o segundo turno)

1. Último dia para o eleitor que deixou de votar no segundo turno da eleição apresentar justificativa ao juízo eleitoral (Lei nº 6.091/1974, art. 7º).

2. Último dia para o juízo eleitoral responsável pela recepção dos requerimentos de justificativa no segundo turno assegurar o lançamento dessas informações no cadastro de eleitores.

31 de dezembro – domingo

1. Data em que todas as inscrições dos candidatos na Receita Federal serão, de ofício, canceladas (Instrução Normativa Conjunta RFB/TSE nº 1.019/2010, art. 7º).

2. Data em que os bancos serão obrigados a encerrar as contas bancárias abertas para a movimentação de recursos do Fundo Partidário e de Doações de Campanha, transferindo a totalidade do saldo existente para a conta bancária do órgão de direção da circunscrição, na forma do art. 31 da Lei nº 9.504/1997 e em resolução específica do TSE, informando o fato à Justiça Eleitoral (Lei nº 9.504/1997, art. 22, § 1º, inciso III, incluído pela Lei nº 13.165/2015).

JANEIRO DE 2019
12 de janeiro – quinta-feira

Último dia para os representantes dos partidos políticos, da Ordem dos Advogados do Brasil, do Ministério Público e as demais pessoas autorizadas em resolução específica, interessados em realizar a verificação pós-pleito das assinaturas digitais do Sistema de Transporte de Arquivos da Urna Eletrônica, do Subsistema de Instalação e Segurança, da Solução JE-Connect, do Sistema Gerenciador de Dados, Aplicativos e Interface com a Urna Eletrônica, Sistema de Preparação, Sistema de Gerenciamento, Infoarquivos, Receptor de Arquivos de Urna, e dos sistemas de urna eletrônica, instalados nos equipamentos da Justiça Eleitoral, formalizarem o pedido ao juiz eleitoral, tribunal regional eleitoral ou ao Tribunal Superior Eleitoral, de acordo com o local de sua utilização, desde que sejam relatados fatos e apresentados indícios e circunstâncias que a justifique.

17 de janeiro – quinta-feira

1. Último dia para os partidos políticos, as coligações, o Ministério Público e a Ordem dos Advogados do Brasil solicitarem aos tribunais eleitorais as seguintes cópias dos arquivos e informações:

a) log do Sistema Gerenciador de Dados, Aplicativos e Interface com a Urna Eletrônica;

b) log do Sistema de Gerenciamento;

c) imagem dos boletins de urna;

d) log das urnas;

e) registros digitais dos votos (RDV);

f) ocorrências de substituição de urnas; e

g) relatório dos boletins de urna que estiveram em pendência, sua motivação e respectiva decisão.

2. Último dia para a verificação da assinatura digital e dos resumos digitais (hash) dos sistemas eleitorais e de urna, realizada após o pleito.

18 de janeiro – quarta-feira

1. Data a partir da qual poderão ser retirados das urnas os lacres e os cartões de memória de carga, inclusive as urnas utilizadas na auditoria da votação eletrônica, desde que as informações neles contidas não sejam objeto de discussão em processo judicial, sendo permitidos os seguintes procedimentos:

I - a remoção dos lacres das urnas eletrônicas;

II - a retirada e a formatação das mídias de votação;

III - a formatação das mídias de carga;

IV - a formatação das mídias de resultado da votação;

V - a manutenção das urnas eletrônicas.

2. Data a partir da qual as cédulas e as urnas de lona, porventura utilizadas nas eleições de 2018, poderão ser respectivamente inutilizadas e deslacradas, desde que não haja pedido de recontagem de votos ou não sejam objeto de discussão em processo judicial.

3. Data a partir da qual os sistemas utilizados nas eleições de 2018 poderão ser desinstalados, desde que os procedimentos a eles inerentes não sejam objeto de discussão em processo judicial.

4. Data a partir da qual não há mais necessidade de preservação e guarda dos documentos e materiais produzidos nas eleições de 2018, dos meios de armazenamento de dados utilizados pelos sistemas eleitorais, bem como das cópias de segurança dos dados, desde que as informações neles contidas não sejam objeto de discussão em processo judicial.

5. Data a partir da qual os documentos e materiais produzidos pela Comissão de Auditoria da Votação Eletrônica relativos à auditoria do funcionamento das urnas do dia da eleição podem ser descartados, à exceção da ata de encerramento dos trabalhos do primeiro e segundo turnos.

MAIO DE 2019

30 de maio – quinta-feira

Último dia para o Tribunal Superior Eleitoral enviar à Secretaria da Receita Federal do Brasil a consolidação das informações sobre os valores doados e apurados até 31 de dezembro de 2018, tendo por base a prestação de contas anual dos partidos políticos e a dos candidatos à eleição ordinária ou suplementar realizada em 2018 (Lei nº 9.504/1997, art. 24-C, §§ 1º e 2º, incluídos pela Lei nº 13.165/2015).

JUNHO DE 2019

17 de junho – segunda-feira

(180 dias após o último dia para a diplomação em 2018)

Data até a qual os candidatos e os partidos políticos deverão conservar a documentação concernente às suas contas, desde que não estejam pendentes de julgamento, hipótese na qual deverão conservá-la até a decisão final (Lei nº 9.504/1997, art. 32, *caput* e parágrafo único).

JULHO DE 2019

30 de julho – terça-feira

Último dia para a Secretaria da Receita Federal do Brasil comunicar ao Ministério Público os excessos quanto aos limites de doação à campanha eleitoral, após o cruzamento dos valores doados apurados em relação ao exercício anterior com os rendimentos da pessoa física do ano anterior (Lei nº 9.504/1997, art. 24-C, § 3º, incluído pela Lei nº 13.165/2015).

NOVEMBRO DE 2019

29 de novembro – sexta-feira

Último dia para os juízes eleitorais concluírem os julgamentos das prestações de contas de campanha eleitoral dos candidatos não eleitos.

DEZEMBRO DE 2019

31 de dezembro – domingo

Último dia para o Ministério Público apresentar representação visando à aplicação da penalidade prevista no art. 23 da Lei nº 9.504/1997 e de outras sanções cabíveis nos casos de doação acima do limite legal, quanto ao que foi apurado relativamente ao exercício anterior (Lei nº 9.504/1997, art. 24-C, § 3º, incluído pela Lei nº 13.165/2015).

Publicada no DJE do TSE no dia 29/12/2017.

RESOLUÇÃO Nº 23.521, DE 1º.03.2018

Regulamenta os procedimentos nas seções eleitorais que utilizarão o módulo impressor nas eleições de 2018.

Relator: Ministro Luiz Fux

O TRIBUNAL SUPERIOR ELEITORAL, no uso de suas atribuições legais, resolve:

CAPÍTULO I
DAS DISPOSIÇÕES PRELIMINARES

Art. 1º Esta resolução destina-se a regulamentar os procedimentos que envolvem o registro impresso do voto nas eleições de 2018.

Art. 2º Para os efeitos desta resolução, aplicam-se as seguintes definições:

I – Registro Impresso do Voto (RIV): documento impresso pela urna do qual constam a votação do eleitor para os cargos em disputa e a informação acerca da confirmação ou do cancelamento de suas escolhas;

II – Urna Plástica Descartável (UPD): repositório em que serão depositados automaticamente os RIVs, confirmados ou não, bem como relatórios de controle;

III – Módulo Impressor de Votos (MIV): impressora acoplada à urna eletrônica com a finalidade de imprimir o RIV;

Art. 2º

IV – Conjunto Impressor de Votos (CIV): conjunto formado após o acoplamento de um MIV a uma UPD, realizado durante a cerimônia de preparação das urnas eletrônicas conforme o disposto na Resolução-TSE nº 23.554, de 18 de dezembro de 2017;

V – tela-resumo: tela apresentada pela urna eletrônica após a confirmação, pelo eleitor, de sua votação para o último dos cargos em disputa, apresentando todas as escolhas realizadas, com o objetivo de possibilitar a comparação com o RIV;

VI – código autenticador: sequência de caracteres constantes do RIV para garantir sua origem e autenticidade;

VII – QR Code: código de barras bidimensional, impresso no RIV, com as escolhas do eleitor e mecanismos de controle.

Art. 3º A impressão do voto destina-se à verificação, pelo eleitor, da correspondência entre o teor de seu voto e o registro impresso, assim como o exibido pela urna eletrônica (Lei nº 9.504/97, art. 59-A). § 1º O eleitor não terá contato manual com o RIV (Lei nº 9.504/97, art. 59-A, parágrafo único).

§ 2º Os RIVs serão utilizados, subsidiariamente, para verificação da contabilização dos votos eletrônicos pela urna, nos termos do Capítulo III.

§ 3º Excepcionalmente, os RIVs poderão ser utilizados para recuperação do resultado da votação, na hipótese de perda do resultado eletrônico.

§ 4º Do RIV não constará nenhuma informação que permita a identificação do eleitor.

Art. 4º O Tribunal Superior Eleitoral (TSE) determinará, até 13 de abril de 2018, a quantidade mínima de seções com voto impresso em cada Unidade da Federação (UF).

§ 1º Caberá aos Tribunais Regionais Eleitorais (TREs) determinar quais Municípios, zonas e seções terão o voto impresso implementado, considerando as diretrizes que forem expedidas pelo TSE.

§ 2º As seções nas quais haverá a impressão do voto serão cadastradas no Sistema Elo, no âmbito de cada TRE, no período de 23 de julho a 31 de agosto de 2018.

§ 3º Nas eleições de 2018, o RIV, onde for adotado, será utilizado exclusivamente em urnas eletrônicas modelo UE2015.

§ 4º A Justiça Eleitoral dará ampla divulgação à quantidade de seções com voto impresso e respectivos locais onde serão instaladas por UF.

Art. 5º A preparação das urnas, a recepção e a apuração dos votos nas seções eleitorais em que for adotada a impressão do voto obedecerão, no que couber, às normas expedidas para as eleições de 2018 e ao disposto nesta resolução.

CAPÍTULO II
DAS SEÇÕES ELEITORAIS COM REGISTRO IMPRESSO DO VOTO

Seção I
Da Preparação das Urnas

Art. 6º Os CIVs serão lacrados por ocasião da cerimônia de preparação das urnas, observados os seguintes procedimentos, para cada unidade:

I – verificar se a UPD está vazia;

II – acoplar a UPD ao MIV, formando o CIV;

III – acoplar o CIV à urna eletrônica para realização de carga e autoteste;

IV – desacoplar o CIV da urna eletrônica;

V – lacrar o CIV;

VI – identificar o CIV, se destinado a uma seção eleitoral ou à contingência;

VII – acondicionar o CIV para transporte.

Art. 7º Na preparação dos CIVs para o segundo turno, durante a cerimônia de preparação das urnas e antes da execução dos procedimentos descritos no art. 6º, a UPD e o MIV utilizados no primeiro turno deverão ser desacoplados.

§ 1º As UPDs utilizadas no primeiro turno serão lacradas imediatamente após o desacoplamento, verificando-se previamente se estão devidamente identificadas.

§ 2º Os CIVs de contingência não usados no primeiro turno estarão aptos a ser utilizados no segundo turno.

Art. 8º Caso haja algum dano no CIV antes do início da votação e após a cerimônia de preparação das urnas, poderá ser feita a substituição do componente danificado, observando-se, no que couber, o disposto na Resolução-TSE nº 23.554/2017, registrando-se em ata o evento.

Seção II
Da Instalação do Conjunto Impressor do Voto na Seção

Art. 9º Antes de ligar a urna na seção eleitoral, o CIV deverá ser devidamente acoplado, conforme procedimentos de instalação definidos no âmbito de cada TRE.

Parágrafo único. O número do lacre do CIV deverá ser registrado na ata da mesa receptora.

Seção III
Dos Trabalhos de Votação

Art. 10. Depois de consignados os votos para todos os cargos disponíveis, será exibida a tela-resumo, apresentando o número e o nome dos candidatos escolhidos, concomitantemente ao RIV, de forma a viabilizar a conferência pelo eleitor.

Parágrafo único. Haverá reprodução sonora do conteúdo da tela-resumo para as votações em que o áudio estiver habilitado.

Art. 11. Se o eleitor estiver de acordo com os dados apresentados na tela-resumo em comparação com os registrados na impressão, deverá confirmar o voto pressionando a tecla CONFIRMA, o que acarretará:

I – o registro do voto eletrônico na urna;

II – a impressão do indicativo de confirmação, assim como o código autenticador e o QR Code; e

III – o corte do RIV e seu depósito automático na UPD.

Art. 12. Se o eleitor não estiver de acordo com os dados apresentados na tela-resumo em comparação com os registrados na impressão, deverá pressionar a tecla CORRIGE, o que acarretará:

I – a impressão do indicativo de cancelamento, sendo desconsiderados os votos consignados pelo eleitor;

II – o corte do RIV cancelado e seu depósito automático na UPD;

III – o reinício do processo de votação.

§ 1º Reiterada a discordância:

I – a votação será suspensa;

II – o eleitor deverá retirar-se da cabina de votação;

III – não será registrado o comparecimento do eleitor;

IV – não será entregue o comprovante de votação ao eleitor.

§ 2º Na hipótese do § 1º, será assegurado ao eleitor o direito de retornar à seção para o exercício do voto, respeitados, no entanto, os eleitores que já estiverem na fila.

Art. 13. Na hipótese de o eleitor, após a identificação, recusar-se a votar ou apresentar dificuldade na votação eletrônica antes de confirmar seus votos na tela-resumo da urna, deverá o presidente da mesa receptora de votos suspender a liberação de votação do eleitor por meio de código próprio.

§ 1º Ocorrendo a situação descrita no *caput*, o presidente da mesa receptora de votos reterá o comprovante de votação, assegurando ao eleitor o exercício do direito do voto em outro momento até o encerramento da votação, registrando o fato em ata.

§ 2º Ocorrendo a suspensão antes da exibição da tela-resumo, não haverá impressão do voto.

§ 3º Ocorrendo a suspensão depois da exibição da tela-resumo, será impresso indicativo de cancelamento no respectivo registro, seguido de corte e depósito na UPD.

Seção IV
Do Encerramento da Votação

Art. 14. O presidente da mesa receptora de votos, após o encerramento da votação, desconectará o CIV da urna, acondicionando-o em embalagem própria, e o entregará à pessoa designada pelo juiz eleitoral, com a urna e os demais materiais da seção.

Seção V
Da Contingência do Conjunto Impressor de Votos

Art. 15. Na hipótese de falha do CIV, o presidente da mesa, à vista dos fiscais dos partidos ou coligações presentes, deverá desligar a urna e verificar a sua conexão com o CIV, religando-a em seguida.

§ 1º Persistindo a falha, o presidente da mesa suspenderá a votação e solicitará a presença da pessoa designada pelo juiz eleitoral, a quem caberá analisar a situação e adotar, em qualquer ordem, um ou mais dos seguintes procedimentos para a solução do problema, observando o disposto na seção "Da Contingência na Votação" da Resolução-TSE nº 23.554/2017:

I – com a urna desligada, desconectar e reconectar o CIV;

II – efetuar a substituição do CIV;

III – trocar a urna ou sua mídia de votação, mantendo o CIV original;

IV – trocar a urna e o CIV.

§ 2º Se houver sucesso na substituição do CIV, o novo conjunto será identificado com Município, zona eleitoral e seção onde foi instalado.

§ 3º Qualquer conjunto impressor que contenha RIVs deverá ser mantido na seção eleitoral até o encerramento da votação e acompanhará a urna quando retirada.

§ 4º Todas as ações e procedimentos adotados para sanar a falha do CIV deverão ser registrados na ata da mesa receptora.

Art. 16. Na hipótese de ocorrer total impossibilidade de prosseguir com a impressão do voto, a votação terá continuidade em urna eletrônica, sem o CIV, mediante autorização do juiz eleitoral e registro na ata da mesa receptora.

CAPÍTULO III
DA VERIFICAÇÃO DOS REGISTROS IMPRESSOS DOS VOTOS

Seção I
Dos Preparativos

Art. 17. A organização e a condução dos trabalhos de verificação dos RIVs ficarão a cargo da Comissão de Auditoria da Votação Eletrônica, regulamentada pela Resolução-TSE nº 23.550, de 18 de dezembro de 2017.

Parágrafo único. Os trabalhos de verificação são públicos, podendo ser acompanhados por qualquer interessado.

Art. 18. Se houver conveniência, em razão do número de seções submetidas à verificação, a Comissão poderá organizar-se em equipes, cada uma delas presidida por um de seus membros.

§ 1º Cada equipe será composta por pelo menos três servidores da Justiça Eleitoral, nomeados pelo presidente da Comissão por ocasião da cerimônia de escolha das seções, podendo ser substituídos no decorrer dos trabalhos.

§ 2º As dúvidas que forem levantadas no âmbito da equipe serão decididas por maioria de votos dos seus membros.

Art. 19. Cada partido com representação na UF poderá nomear até dois fiscais para cada equipe, atuando um de cada vez.

Art. 20. A verificação será realizada em cada UF em um só local, designado pelo TRE.

Art. 21. A Comissão de Auditoria da Votação Eletrônica informará, em edital e mediante divulgação nos respectivos sítios na internet, até 20 (vinte) dias antes do primeiro turno das eleições, o local, a data e o horário da audiência de escolha das seções a serem verificadas, assim como da audiência de verificação, com as orientações sobre a participação dos representantes dos partidos nos eventos.

§ 1º A audiência para a escolha das seções deverá acontecer até 2 (dois) dias úteis após as eleições, no primeiro e no segundo turnos, não podendo ser realizada antes do encerramento da votação na UF.

§ 2º A audiência de verificação começará até o quarto dia útil posterior ao dia das eleições, no primeiro e no segundo turnos.

Art. 22. A verificação será realizada preferencialmente em dias úteis e deverá terminar dentro de 3 (três) dias úteis, salvo motivo justificado.

Parágrafo único. Em caso de impossibilidade de observância do prazo previsto no *caput*, a Comissão estabelecerá novo prazo para a conclusão dos trabalhos e fará constar a justificativa pelo não cumprimento na ata da audiência.

Art. 23. O TSE, ao firmar convênio com instituições públicas de fiscalização ou ao contratar empresa especializada para fiscalizar os trabalhos da auditoria de funcionamento das urnas eletrônicas, nos termos do art. 59 da Resolução-TSE nº 23.550/2017, poderá incluir no escopo dos trabalhos as atividades relacionadas à verificação dos RIVs, observando-se:

I – a fiscalização deverá ser realizada, em todas as fases dos trabalhos da verificação dos RIVs, nos TREs, por representante

Art. 23

das instituições conveniadas ou das empresas previamente credenciadas pelo TSE;

II – o representante credenciado deverá reportar-se exclusivamente à Comissão de Auditoria da Votação Eletrônica.

Art. 24. A instituição conveniada ou a empresa de auditoria encaminhará ao TSE, ao final dos trabalhos, relatório conclusivo da fiscalização realizada na verificação dos RIVs.

Parágrafo único. Os relatórios de auditoria deverão necessariamente incluir os seguintes itens:

I – resultado da contagem independente dos votos, realizada manualmente pelo fiscal sem utilizar o sistema de apoio do TSE;

II – descrição de qualquer evento que possa ser entendido como fora da rotina de uma apuração normal.

Art. 25. Para a realização da verificação dos RIVs, deverão ser escolhidas seções, em cada UF, em quantitativo equivalente até o quíntuplo do número de seções sorteadas para a votação paralela para o respectivo turno.

Art. 26. A escolha das seções a serem verificadas será realizada obedecendo-se aos seguintes critérios:

I – cada partido presente na audiência poderá indicar uma seção para a verificação;

II – na hipótese de o número de indicações ser inferior ao estabelecido, a Comissão sorteará tantas seções quantas forem necessárias para atingir a quantidade determinada;

III – se houver mais indicações dos partidos que o número de seções a serem verificadas estabelecido para a UF, a Comissão sorteará, entre as indicadas, a quantidade determinada.

Parágrafo único. A Comissão, em comum acordo com os partidos presentes, poderá restringir a abrangência do sorteio.

Art. 27. O presidente da Comissão comunicará o resultado da escolha aos juízes eleitorais das zonas correspondentes às seções que serão submetidas à verificação dos votos impressos.

§ 1º Na forma indicada pelo TRE, o juiz eleitoral remeterá os seguintes materiais das seções selecionadas:

I – o CIV;

II – uma via do boletim de urna;

III – a mídia de resultado;

IV – cópia da ata da mesa receptora; e

V – relatório emitido pelo Sistema de Gerenciamento com o histórico da seção de voto impresso.

§ 2º O juiz eleitoral poderá autorizar a retirada do lacre da mídia de resultados da urna a fim de possibilitar a reimpressão do boletim de urna, nos termos da Resolução-TSE nº 23.554/2017.

Seção II
Da Verificação dos Registros Impressos dos Votos

Art. 28. A verificação dos RIVs será processada com a utilização de sistema de apoio à verificação, desenvolvido pelo TSE, sendo vedada aos TREs a utilização de outra ferramenta para o mesmo fim.

Art. 29. A verificação da seção, uma vez iniciada, não será interrompida, salvo motivo de força maior, caso em que será retomada desde o início.

Art. 30. Antes de iniciar a verificação da seção, a equipe observará:

I – se estão presentes todos os CIVs utilizados na seção;

II – se há indício de violação de algum CIV;

III – se está presente o boletim de urna;

IV – se está presente a mídia de resultado da seção;

V – se está presente a cópia da ata da mesa receptora;

VI – se está presente o relatório emitido pelo Sistema de Gerenciamento com o histórico da seção de voto impresso.

§ 1º Se houver indício de violação de algum CIV, o presidente da Comissão descreverá o estado em que se encontra, produzindo todas as provas do fato que entender necessárias, fazendo constar tal descrição na ata, e em seguida determinará a realização da verificação.

§ 2º A ausência do material descrito nos incisos III a VI não inviabilizará a realização da verificação, cabendo ao presidente da Comissão buscar o resultado da votação na seção com base no boletim de urna publicado no sítio do TSE na internet ou no Sistema de Gerenciamento, registrando tal fato na ata.

Art. 31. A verificação dos RIVs ocorrerá sempre à vista dos fiscais dos partidos presentes.

Art. 32. No início dos trabalhos de cada uma das urnas a serem verificadas, será emitido o relatório zerésima do sistema de apoio, a ser assinado pelos fiscais dos partidos que o desejarem, pelo representante do Ministério Público e pelos membros da equipe, anexando-o à ata da audiência.

Art. 33. Para a verificação de cada seção, a equipe deverá:

I – abrir a UPD da seção à vista de todos, garantindo que sejam retirados todos os impressos de seu interior e que não haja adição, subtração ou substituição de nenhum documento;

II – separar os RIVs identificados como "confirmado" daqueles marcados como "cancelado", assim como dos demais documentos constantes da UPD;

III – contar os RIVs identificados como "confirmado" e informar a quantidade total no sistema de apoio;

IV – realizar o lançamento dos RIVs identificados como "confirmado" no sistema de apoio, obedecendo, para cada um deles, aos seguintes procedimentos:

a) numerar sequencialmente o RIV;

b) ler o QR Code do RIV para que seu conteúdo seja exibido pelo sistema ou, na impossibilidade de leitura do QR Code, digitar seu conteúdo no sistema;

c) ler em voz alta a votação consignada no RIV;

d) confirmar se o conteúdo lido corresponde ao exibido pelo sistema;

V – ao final da leitura de todos os RIVs, emitir o relatório com o resultado da contagem;

VI – comparar o resultado obtido com o boletim de urna da seção;

VII – emitir relatório de resultado da verificação dos RIVs, o qual deve ser assinado pela equipe, pelos fiscais dos partidos e pelo representante do Ministério Público e anexado à ata da audiência.

Parágrafo único. Os RIVs que não tiverem sua autenticidade confirmada pelo sistema de apoio serão contabilizados em separado, cabendo ao presidente da Comissão decidir sobre a questão.

Art. 34. Constatada a não correspondência entre o número sequencial do RIV em verificação e o apresentado pelo sistema de apoio, a equipe deverá assim proceder:

I – emitir, no sistema de apoio, relatório com os RIVs lidos;

II – comparar o conteúdo dos RIVs com os dados do relatório, a partir do último, até identificar o momento em que se iniciou o descompasso;

III comandar, no sistema de apoio, a exclusão dos dados referentes aos RIVs, a partir do último até o momento em que se iniciou a inconsistência;

IV – retomar a leitura dos RIVs.

Parágrafo único. Se houver motivo justificado, a verificação poderá ser reiniciada a critério da equipe, apagando-se todos os dados da seção até então registrados, com nova emissão de zerésima.

Art. 35. Concluída a verificação de uma seção e antes de passar à subsequente, os RIVs serão recolhidos à UPD, que será fechada e lacrada, assim permanecendo até 17 de janeiro de 2019.

Parágrafo único. Se houver mais de uma UPD correspondente a uma seção específica, todos os RIVs e demais documentos deverão ser reunidos em um único repositório.

Art. 36. Ao final dos trabalhos de verificação, será lavrada a ata circunstanciada, assinada pelos membros da Comissão, pelo representante do Ministério Público e pelos partidos presentes, a qual será acompanhada dos documentos gerados na audiência e de outros que se entendam necessários, além das seguintes informações, consignadas diariamente:

I – local, data e horário de início e término das atividades;

II – nome e qualificação dos presentes; e

III – quantidade e identificação das seções verificadas, com o resultado da verificação de cada uma delas.

§ 1º A ata mencionada no *caput* deverá ser encaminhada ao TRE.

§ 2º Os demais documentos e materiais produzidos pela Comissão serão lacrados, identificados como sendo da verificação dos RIVs e encaminhados à Secretaria Judiciária do TRE, que os manterá sob sua guarda até o dia 17 de janeiro de 2019.

§ 3º Havendo recurso quanto ao resultado da verificação, o material deverá permanecer guardado até o trânsito em julgado da respectiva decisão.

Art. 37. A Comissão comunicará o resultado dos trabalhos ao juízo eleitoral do qual foram originadas as seções verificadas.

Art. 38. Concluído o trabalho, todos os materiais remetidos pelos cartórios eleitorais e recebidos pela Comissão serão devolvidos para a zona eleitoral originária, na forma definida no âmbito de cada TRE.

CAPÍTULO IV
DAS DISPOSIÇÕES FINAIS

Art. 39. Os RIVs e as UPDs devem ser preservados até 17 de janeiro de 2019.

§ 1º Findo o prazo mencionado no *caput*, poderá haver o desacoplamento das UPDs utilizadas no segundo turno e o descarte, desde que não exista ação judicial pendente de julgamento que implique a manutenção dos lacres na urna eletrônica e seus componentes.

§ 2º Caso a respectiva ação judicial perdure por mais de 180 (cento e oitenta) dias, poderá haver a contagem dos votos impressos, cautelarmente, de forma a permitir o descarte do material impresso e consequente liberação dos equipamentos e componentes para manutenção.

§ 3º É vedado a qualquer pessoa ou à junta eleitoral o exame dos RIVs, inclusive por ocasião do seu descarte, ressalvados os procedimentos regulados por esta resolução.

Art. 40. Em caso de perda irrecuperável dos registros eletrônicos dos votos, o juiz eleitoral, a seu critério, poderá determinar o aproveitamento dos RIVs para apuração da votação da seção eleitoral, aplicando-se, no que couber, o capítulo "Da Apuração da Votação por Meio de Cédulas" da Resolução-TSE nº 23.554/2017.

Art. 41. A verificação dos RIVs não afetará prazos e atos relacionados à análise e apresentação de reclamações sobre o Relatório Geral da Apuração de que tratam a Seção V Das Atribuições dos Tribunais Regionais Eleitorais e a Seção VI Das Atribuições do Tribunal Superior Eleitoral do Capítulo IV da Resolução-TSE nº 23.554/2017.

Art. 42. Esta resolução entra em vigor na data de sua publicação.

Brasília, 1º de março de 2018.

MINISTRO LUIZ FUX – PRESIDENTE E RELATOR

DJE de 05.03.2018

Legislação Eleitoral Brasileira

Súmulas

- Súmulas do Tribunal Superior Eleitoral
- Súmulas do Superior Tribunal de Justiça
- Súmulas do Supremo Tribunal Federal
- Súmula Vinculante

Súmulas do Tribunal Superior Eleitoral

Súmula nº 1. (Cancelada) Proposta a ação para desconstituir a decisão que rejeitou as contas, anteriormente à impugnação, fica suspensa a inelegibilidade (Lei Complementar nº 64/90, art. 1º, I, *g*).

Súmula nº 2. Assinada e recebida a ficha de filiação partidária até o termo final do prazo fixado em lei, considera-se satisfeita a correspondente condição de elegibilidade, ainda que não tenha fluído, até a mesma data, o tríduo legal de impugnação.

Súmula nº 3. No processo de registro de candidatos, não tendo o juiz aberto prazo para o suprimento de defeito da instrução do pedido, pode o documento, cuja falta houver motivado o indeferimento, ser juntado com o recurso ordinário.

Súmula nº 4. Não havendo preferência entre candidatos que pretendam o registro da mesma variação nominal, defere-se o do que primeiro o tenha requerido.

Súmula nº 5. Serventuário de cartório, celetista, não se inclui na exigência do art. 1º, II, l, da LC nº 64/90.

Súmula nº 6. Atualizada com a seguinte redação: São inelegíveis para o cargo de Chefe do Executivo o cônjuge e os parentes, indicados no § 7º do art. 14 da Constituição Federal, do titular do mandato, salvo se este, reelegível, tenha falecido, renunciado ou se afastado definitivamente do cargo até seis meses antes do pleito.

Súmula nº 7. (Cancelada) É inelegível para o cargo de prefeito a irmã da concubina do atual titular do mandato.

Súmula nº 8. (Cancelada) O vice-prefeito é inelegível para o mesmo cargo.

Súmula nº 9. A suspensão de direitos políticos decorrente de condenação criminal transitada em julgado cessa com o cumprimento ou a extinção da pena, independendo de reabilitação ou de prova de reparação dos danos.

Súmula nº 10. No processo de registro de candidatos, quando a sentença for entregue em cartório antes de três dias contados da conclusão ao juiz, o prazo para o recurso ordinário, salvo intimação pessoal anterior, só se conta do termo final daquele tríduo.

Súmula nº 11. No processo de registro de candidatos, o partido que não o impugnou não tem legitimidade para recorrer da sentença que o deferiu, salvo se se cuidar de matéria constitucional.

Súmula nº 12. São inelegíveis, no município desmembrado, e ainda não instalado, o cônjuge e os parentes consanguíneos ou afins, até o segundo grau ou por adoção, do prefeito do município-mãe, ou de quem o tenha substituído, dentro dos seis meses anteriores ao pleito, salvo se já titular de mandato eletivo.

Súmula nº 13. Não é autoaplicável o § 9º do art. 14 da Constituição, com a redação da Emenda Constitucional de Revisão nº 4/94.

Súmula nº 14. (Cancelada) A duplicidade de que cuida o parágrafo único do artigo 22 da Lei n° 9.096/95 somente fica caracterizada caso a nova filiação houver ocorrido após a remessa das listas previstas no parágrafo único do artigo 58 da referida lei.

Súmula nº 15. Atualizada com a seguinte redação: O exercício de mandato eletivo não é circunstância capaz, por si só, de comprovar a condição de alfabetizado do candidato.

Súmula nº 16. (Cancelada) A falta de abertura de conta bancária específica não é fundamento suficiente para a rejeição de contas de campanha eleitoral, desde que, por outros meios, se possa demonstrar sua regularidade.

Súmula nº 17. (Cancelada) Não é admissível a presunção de que o candidato, por ser beneficiário de propaganda eleitoral irregular, tenha prévio conhecimento de sua veiculação.

Súmula nº 18. Conquanto investido de poder de polícia, não tem legitimidade o juiz eleitoral para, de ofício, instaurar procedimento com a finalidade de impor multa pela veiculação de propaganda eleitoral em desacordo com a Lei nº 9.504/97.

Súmula nº 19. Atualizada com a seguinte redação: O prazo de inelegibilidade decorrente da condenação por abuso do poder econômico ou político tem início no dia da eleição em que este se verificou e finda no dia de igual número no oitavo ano seguinte (art. 22, XIV, da LC nº 64/90).

Súmula nº 20. Atualizada com a seguinte redação: A prova de filiação partidária daquele cujo nome não constou da lista de filiados de que trata o art. 19 da Lei nº 9.096/95 pode ser realizada por outros elementos de convicção, salvo quando se tratar de documentos produzidos unilateralmente, destituídos de fé pública.

Súmula nº 21. (Cancelada) O prazo para ajuizamento da representação contra doação de campanha acima do limite legal é de 180 dias, contados da data da diplomação.

Súmula nº 22. Não cabe mandado de segurança contra decisão judicial recorrível, salvo situações de teratologia ou manifestamente ilegais.

Súmula nº 23. Não cabe mandado de segurança contra decisão judicial transitada em julgado.

Súmula nº 24. Não cabe recurso especial eleitoral para simples reexame do conjunto fático-probatório.

Súmula nº 25. É indispensável o esgotamento das instâncias ordinárias para a interposição de recurso especial eleitoral.

Súmula nº 26. É inadmissível o recurso que deixa de impugnar especificamente fundamento da decisão recorrida que é, por si só, suficiente para a manutenção desta.

Súmula nº 27. É inadmissível recurso cuja deficiência de fundamentação impossibilite a compreensão da controvérsia.

Súmula nº 28. A divergência jurisprudencial que fundamenta o recurso especial interposto com base na alínea *b* do inciso I do art. 276 do Código Eleitoral somente estará demonstrada mediante a realização de cotejo analítico e a existência de similitude fática entre os acórdãos paradigma e o aresto recorrido.

Súmula nº 29. A divergência entre julgados do mesmo Tribunal não se presta a configurar dissídio jurisprudencial apto a fundamentar recurso especial eleitoral.

Súmula nº 30. Não se conhece de recurso especial eleitoral por dissídio jurisprudencial, quando a decisão recorrida estiver em conformidade com a jurisprudência do Tribunal Superior Eleitoral.

Súmula nº 31. Não cabe recurso especial eleitoral contra acórdão que decide sobre pedido de medida liminar.

Súmula nº 32. É inadmissível recurso especial eleitoral por violação à legislação municipal ou estadual, ao Regimento Interno dos Tribunais Eleitorais ou às normas partidárias.

Súmula nº 33. Somente é cabível ação rescisória de decisões do Tribunal Superior Eleitoral que versem sobre a incidência de causa de inelegibilidade.

Súmula nº 34. Não compete ao Tribunal Superior Eleitoral processar e julgar mandado de segurança contra ato de membro de Tribunal Regional Eleitoral.

Súmula nº 35. Não é cabível reclamação para arguir o descumprimento de resposta a consulta ou de ato normativo do Tribunal Superior Eleitoral.

Súmula nº 36. Cabe recurso ordinário de acórdão de Tribunal Regional Eleitoral que decida sobre inelegibilidade, expedição ou anulação de diploma ou perda de mandato eletivo nas eleições federais ou estaduais (art. 121, § 4º, incisos III e IV, da Constituição Federal).

Súmula nº 37. Compete originariamente ao Tribunal Superior Eleitoral processar e julgar recurso contra expedição de diploma envolvendo eleições federais ou estaduais.

Súmula nº 38. Nas ações que visem à cassação de registro, diploma ou mandato, há litisconsórcio passivo necessário entre o titular e o respectivo vice da chapa majoritária.

Súmula nº 39. Não há formação de litisconsórcio necessário em processos de registro de candidatura.

Súmula nº 40. O partido político não é litisconsorte passivo necessário em ações que visem à cassação de diploma.

Súmula nº 41. Não cabe à Justiça Eleitoral decidir sobre o acerto ou desacerto das decisões proferidas por outros Órgãos do Judiciário ou dos Tribunais de Contas que configurem causa de inelegibilidade.

Súmula nº 42. A decisão que julga não prestadas as contas de campanha impede o candidato de obter a certidão de quitação eleitoral durante o curso do mandato ao qual concorreu, persistindo esses efeitos, após esse período, até a efetiva apresentação das contas.

Súmula nº 43. As alterações fáticas ou jurídicas supervenientes ao registro que beneficiem o candidato, nos termos da parte final do art. 11, § 10, da Lei nº 9.504/97, também devem ser admitidas para as condições de elegibilidade.

Súmula nº 44. O disposto no art. 26-C da LC nº 64/90 não afasta o poder geral de cautela conferido ao magistrado pelo Código de Processo Civil.

Súmula nº 45. Nos processos de registro de candidatura, o Juiz Eleitoral pode conhecer de ofício da existência de causas de inelegibilidade ou da ausência de condição de elegibilidade, desde que resguardados o contraditório e a ampla defesa.

Súmula nº 46. É ilícita a prova colhida por meio da quebra do sigilo fiscal sem prévia e fundamentada autorização judicial, podendo o Ministério Público Eleitoral acessar diretamente apenas a relação dos doadores que excederam os limites legais, para os fins da representação cabível, em que poderá requerer, judicialmente e de forma individualizada, o acesso aos dados relativos aos rendimentos do doador.

Súmula nº 47. A inelegibilidade superveniente que autoriza a interposição de recurso contra expedição de diploma, fundado no art. 262 do Código Eleitoral, é aquela de índole constitucional ou, se infraconstitucional, superveniente ao registro de candidatura, e que surge até a data do pleito.

Súmula nº 48. A retirada da propaganda irregular, quando realizada em bem particular, não é capaz de elidir a multa prevista no art. 37, § 1º, da Lei nº 9.504/97.

Súmula nº 49. O prazo de cinco dias, previsto no art. 3º da LC nº 64/90, para o Ministério Público impugnar o registro inicia-se com a publicação do edital, caso em que é excepcionada a regra que determina a sua intimação pessoal.

Súmula nº 50. O pagamento da multa eleitoral pelo candidato ou a comprovação do cumprimento regular de seu parcelamento após o pedido de registro, mas antes do julgamento respectivo, afasta a ausência de quitação eleitoral.

Súmula nº 51. O processo de registro de candidatura não é o meio adequado para se afastarem os eventuais vícios apurados no processo de prestação de contas de campanha ou partidárias.

Súmula nº 52. Em registro de candidatura, não cabe examinar o acerto ou o desacerto da decisão que examinou, em processo específico, a filiação partidária do eleitor.

Súmula nº 53. O filiado a partido político, ainda que não seja candidato, possui legitimidade e interesse para impugnar pedido de registro de coligação partidária da qual é integrante, em razão de eventuais irregularidades havidas em convenção.

Súmula nº 54. A desincompatibilização de servidor público que possui cargo em comissão é de três meses antes do pleito e pressupõe a exoneração do cargo comissionado, e não apenas seu afastamento de fato.

Súmula nº 55. A Carteira Nacional de Habilitação gera a presunção da escolaridade necessária ao deferimento do registro de candidatura.

Súmula nº 56. A multa eleitoral constitui dívida ativa de natureza não tributária, submetendo-se ao prazo prescricional de 10 (dez) anos, nos moldes do art. 205 do Código Civil.

Súmula nº 57. A apresentação das contas de campanha é suficiente para a obtenção da quitação eleitoral, nos termos da nova redação conferida ao art. 11, § 7º, da Lei nº 9.504/97, pela Lei nº 12.034/2009.

Súmula nº 58. Não compete à Justiça Eleitoral, em processo de registro de candidatura, verificar a prescrição da pretensão punitiva ou executória do candidato e declarar a extinção da pena imposta pela Justiça Comum.

Súmula nº 59. O reconhecimento da prescrição da pretensão executória pela Justiça Comum não afasta a inelegibilidade prevista no art. 1º, I, e, da LC nº 64/90, porquanto não extingue os efeitos secundários da condenação.

Súmula nº 60. O prazo da causa de inelegibilidade prevista no art. 1º, I, e, da LC nº 64/90 deve ser contado a partir da data em que ocorrida a prescrição da pretensão executória e não do momento da sua declaração judicial.

Súmula nº 61. O prazo concernente à hipótese de inelegibilidade prevista no art. 1º, I, e, da LC nº 64/90 projeta-se por oito anos após o cumprimento da pena, seja ela privativa de liberdade, restritiva de direito ou multa.

Súmula nº 62. Os limites do pedido são demarcados pelos fatos imputados na inicial, dos quais a parte se defende, e não pela capitulação legal atribuída pelo autor.

Súmula nº 63. A execução fiscal de multa eleitoral só pode atingir os sócios se preenchidos os requisitos para a desconsideração da personalidade jurídica previstos no art. 50 do Código Civil, tendo em vista a natureza não tributária da dívida, observados, ainda, o contraditório e a ampla defesa.

Súmula nº 64. Contra acórdão que discute, simultaneamente, condições de elegibilidade e de inelegibilidade, é cabível o recurso ordinário.

Súmula nº 65. Considera-se tempestivo o recurso interposto antes da publicação da decisão recorrida.

Súmula nº 66. A incidência do § 2º do art. 26-C da LC nº 64/90 não acarreta o imediato indeferimento do registro ou o cancelamento do diploma, sendo necessário o exame da presença de todos os requisitos essenciais à configuração da inelegibilidade, observados os princípios do contraditório e da ampla defesa.

Súmula nº 67. A perda do mandato em razão da desfiliação partidária não se aplica aos candidatos eleitos pelo sistema majoritário.

Súmula nº 68. A União é parte legítima para requerer a execução de *astreintes*, fixada por descumprimento de ordem judicial no âmbito da Justiça Eleitoral.

Súmula nº 69. Os prazos de inelegibilidade previstos nas alíneas *j* e *h* do inciso I do art. 1º da LC nº 64/90 têm termo inicial no dia do primeiro turno da eleição e termo final no dia de igual número no oitavo ano seguinte.

Súmula nº 70. O encerramento do prazo de inelegibilidade antes do dia da eleição constitui fato superveniente que afasta a inelegibilidade, nos termos do art. 11, § 10, da Lei nº 9.504/97.

Súmula nº 71. Na hipótese de negativa de seguimento ao recurso especial e da consequente interposição de agravo, a parte deverá apresentar contrarrazões tanto ao agravo quanto ao recurso especial, dentro do mesmo tríduo legal.

Brasília, 10 de maio de 2016.
MINISTRO DIAS TOFFOLI – PRESIDENTE E RELATOR
MINISTRO GILMAR MENDES
MINISTRO LUIZ FUX
MINISTRO HERMAN BENJAMIN
MINISTRO NAPOLEÃO NUNES MAIA FILHO
MINISTRO HENRIQUE NEVES DA SILVA
MINISTRA LUCIANA LÓSSIO

Súmulas do Supremo Tribunal Federal

Súmula nº 72. No julgamento de questão constitucional, vinculada a decisão do Tribunal Superior Eleitoral, não estão impedidos os ministros do Supremo Tribunal Federal que ali tenham funcionado no mesmo processo, ou no processo originário.

Súmula nº 301. *(cancelada)* Por crime de responsabilidade, o procedimento penal contra prefeito municipal fica condicionado ao seu afastamento do cargo por *impeachment*, ou à cessação do exercício por outro motivo.

Súmula nº 702. A competência do Tribunal de Justiça para julgar prefeitos restringe-se aos crimes de competência da Justiça Comum Estadual; nos demais casos, a competência originária caberá ao respectivo Tribunal de Segundo Grau.

Súmula nº 703. A extinção do mandato do prefeito não impede a instauração de processo pela prática dos crimes previstos no art. 1º do Dec.-Lei nº 201/67.

Súmula nº 728. É de três dias o prazo para a interposição de recurso extraordinário contra decisão do Tribunal Superior Eleitoral, contado, quando for o caso, a partir da publicação do acórdão, na própria sessão de julgamento, nos termos do art. 12 da Lei nº 6.055/74, que não foi revogado pela Lei nº 8.950/94.

Súmula Vinculante

Súmula Vinculante nº 18. A dissolução da sociedade ou do vínculo conjugal, no curso do mandato, não afasta a inelegibilidade prevista no § 7º do art. 14 da Constituição Federal.

Súmulas do Superior Tribunal de Justiça

Súmula nº 192. Compete ao juízo das execuções penais do Estado a execução das penas impostas a sentenciados pela Justiça Federal, Militar ou Eleitoral, quando recolhidos a estabelecimentos sujeitos a administração estadual.

Súmula nº 368. Compete à Justiça comum estadual processar e julgar os pedidos de retificação de dados cadastrais da Justiça Eleitoral.

Súmula nº 374. Compete à Justiça Eleitoral processar e julgar a ação para anular débito decorrente de multa eleitoral.

Legislação Eleitoral Brasileira

Índice Remissivo

A

Ação Penal
designação: CE, art. 357, § 4º
iniciativa do Ministério Público Eleitoral: CE, art. 355
notícia criminal: CE, art. 356, §§ 1º, 2º
prazo: CE, art. 357
prazo para a defesa: CE, art. 359
subsidiariedade: CE, art. 364

Acórdão
assinatura e publicação: CE, art. 274
embargos de declaração: CE, art. 275, I
execução: CE, art. 257, parágrafo único
órgão oficial: CE, art. 274, § 1º
redação: CE, art. 273
síntese: CE, art. 273, § 1º

Advogados
nomeação: CE, arts. 16, II; 25, III

Afastamento
competência privativa dos Tribunais Regionais Eleitorais: CE, art. 30, III
competência privativa do Tribunal Superior Eleitoral: CE, art. 23, III
integrantes do Tribunal Regional Eleitoral: CE, art. 14, § 2º
recusa ou abandono do serviço eleitoral, sem justa causa – crime eleitoral: CE, art. 344

Agente público
conduta vedada – campanha eleitoral: Lei nº 9.504/97 art. 73
improbidade administrativa: Lei nº 9.504/97 art. 73, § 7º
propaganda institucional – proibição: Lei nº 9.504/97 art. 73, § 3º

Agravo de Instrumento
denegação: CE, art. 279
formação: CE, art. 279, § 3º
fotocópias – preço de custo: CE, art. 279, § 7º
não conhecimento: CE, art. 279, § 6º
negativa de seguimento: CE, art. 279, § 5º
prazo: CE, art. 282

Alistamento
acompanhamento aos processos de inscrição: CE, art. 66, I
alistamento nas próprias sedes: CE, art. 50
alistando: CE, art. 43
brasileiros natos ou naturalizados, maiores de 18 anos – prova: CE, art. 7º, § 3º
cancelamento: CE, arts. 7º, § 3º; 71, *caput*, § 1º; 74; 75
cegos no alistamento – sistema Braille: CE, art. 49
comunicação ao Tribunal Regional Eleitoral, pela Zona Eleitoral: CE, art. 68
conceito de domicílio eleitoral: CE, art. 42, parágrafo único
decisão – prazo legal: CE, art. 57, § 3º
deferimento do pedido – prazo legal: CE, art. 45, § 4º
delegado de partido: CE, art. 45, § 7º
despacho de indeferimento: CE, art. 45, § 7º
despacho do juiz: CE, art. 57, § 1º
despacho do juiz – prazo legal: CE, art. 45, § 1º
devolução do requerimento: CE, art. 44, parágrafo único
dúvida quanto à identidade: CE, art. 45, § 2º
eleitor fora do domicílio – segunda via: CE, art. 53
eleitores não cegos – inclusão: CE, art. 50, § 2º
encerramento – prazo: CE, art. 67
expedição de novo título: CE, art. 58
folha individual de votação: CE, art. 46, § 1º
gratuidade das certidões de nascimento ou casamento para fins de alistamento: CE, art. 47
impedir ou perturbar o alistamento: CE, art. 293
inscrição fraudulenta: CE, art. 291
justificativa do empregado perante o empregador: CE, art. 48
multa: CE, art. 45, § 4º
não podem alistar-se eleitores: CE, art. 5º, incisos
nomeação de delegados para fins de fiscalização do alistamento eleitoral: CE, art. 66, III
obrigatoriedade do alistamento: CE, art. 6º
obrigatoriedade da remessa: CE, art. 45, § 12
omissão e irregularidade: CE, art. 45, § 3º
pedido negado – recurso, prazo, decisão prazo legal: CE, art. 57, §§ 2º, 3º
pena não aplicável ao não alistável: CE, art. 8º, parágrafo único
perda ou extravio do título: CE, art. 52
prazo de entrega dos novos títulos: CE, art. 69
prazo de recurso: CE, art. 45, § 8º
prazo sujeito a alterações: CE, art. 53, § 4º
publicação de requerimento de transferência: CE, art. 57
publicação quinzenal: CE, art. 45, § 6º
qualificação e inscrição: CE, art. 42
quitação com a Justiça Eleitoral, para fins de expedição da segunda via do título eleitoral: CE, art. 54, parágrafo único
reabertura do alistamento: CE, art. 70
requerimentos – documentos: CE, art. 44, I-V
requisitos da transferência: CE, art. 55, § 1º, I-III
restituição de documentos: CE, art. 45, § 5º
retificação a qualquer tempo: CE, art. 46, § 4º
segunda via: CE, art. 52, § 1º
sistema eletrônico na apuração: CE, art. 173, parágrafo único
transferência de título de servidor público: CE, art. 55, § 2º
transferência – novo domicílio: CE, art. 55
vinculação do eleitor à seção eleitoral: CE, art. 46, § 3º
zona de origem – providências: CE, art. 59, I-IV

Analfabeto: CE, art. 5º, I

Apuração
abertura de urna: CE, art. 165
adiamento: CE, art. 159, § 2º
anulação das eleições: CE, art. 201
apuração em separado: CE, arts. 165, § 3º; 166, § 2º
apuração nos Tribunais Regionais Eleitorais: CE, art. 197, I-V
apuração no Tribunal Superior Eleitoral: CE, art. 205
ata geral: CE, art. 203
boletins de apuração: CE, art. 179, § 5º
candidatos inelegíveis ou não registrados: CE, art. 175, § 3º

cédulas nulas: CE, art. 175, I-III
Comissão Apuradora: CE, art. 199
competência: CE, art. 158, I-III
comunicação do Tribunal Regional Eleitoral ao Senado, Câmara dos Deputados e Assembleia Legislativa: CE, art. 202, § 5º
conclusão dos trabalhos: CE, art. 203, § 2º
contagem errônea – vício de cédulas: CE, art. 172
contagem dos votos: CE, art. 173
contagem de votos autorizada pelo Tribunal Superior Eleitoral: CE, art. 188
cópia da ata geral municipal: CE, art. 186, § 2º
credenciamento de delegados: CE, art. 162
credenciamento de fiscais: CE, art. 161
decisão por maioria de votos: CE, art. 160, parágrafo único
demora na entrega da urna: CE, art. 165, X
designação de funcionários para recolher as urnas: CE, art. 194, § 1º
distribuição das sobras: CE, art. 199, § 5º, X
eleições suplementares: CE, art. 187, § 4º
eleitor excluído: CE, art. 165, VIII
eleitores faltosos: CE, art. 165, XI
emendas, rasuras e entrelinhas – prazo: CE, art. 168
expedição dos diplomas em sessão pública pelo Tribunal Superior Eleitoral: CE, art. 211, § 2º
fiscalização de partidos: CE, art. 165, VII
frases, desenhos e expressões vedadas por lei: CE, art. 164
fraude: CE, art. 166, § 2º
impedimento de votar: CE, art. 187
impugnação aos votos: CE, art. 169
impugnações e reclamações: CE, art. 200, § 2º
impugnação por erro de conta: CE, art. 209, § 3º
impugnação quanto à identidade do eleitor: CE, art. 169, § 4º
incineração de urnas: CE, art. 185
incoincidência do número de votos com o de votantes: CE, art. 166, § 1º
incoincidência e indício de fraude: CE, art. 182, parágrafo único
indício de violação: CE, art. 165, I, § 1º
início da apuração: CE, art. 159, § 1º
julgamento que resulta em alterações na apuração: CE, art. 209, § 2º
mapas gerais das circunscrições: CE, art. 210
mapismo: CE, art. 315
motivos relevantes: CE, art. 198, § 1º
multa pelo excesso de prazo: CE, art. 198, § 2º
prazo nos Tribunais Regionais Eleitorais: CE, art. 198
proclamação dos eleitos: CE, art. 202, § 1º
Procurador-Geral – parecer: CE, art. 210, parágrafo único
quociente eleitoral: CE, art. 199, § 5º, VIII
quociente partidário: CE, art. 199, § 5º, IX
recebimento de urnas e documentos: CE, art. 195
reciclagem industrial das cédulas: CE, art. 185, parágrafo único
reclamação contra o relatório da Comissão Apuradora: CE, art. 200, § 1º
relator por grupo de Estados: CE, art. 206
relatório da Comissão Apuradora – prazo: CE, art. 200
relatório de cada Estado: CE, art. 208
renúncia ou morte: CE, art. 213, § 2º
resumo de dúvidas e impugnações: CE, art. 207, V
retardamento na remessa ao Tribunal Regional Eleitoral: CE, art. 184, § 2º
reunião do Tribunal Regional Eleitoral: CE, art. 202
sistema eletrônico na apuração: CE, art. 173, parágrafo único
suplente de Senador: CE, art. 202, § 2º
totalização dos resultados: CE, art. 204
trabalhos da Comissão Apuradora: CE, art. 199, § 2º
traslado da ata da sessão: CE, art. 202, § 4º
urnas de lona: CE, art. 134
Vice-Governador: CE, art. 202, § 3º
Vice-Presidente eleito: CE, art. 211, § 1º
voto para a legenda: CE, art. 176
voto para o Presidente da República: CE, art. 178
voto para os vices: CE, art. 178
votos nulos: CE, art. 175, § 2º, I-III

Atas
ata da apuração: CE, art. 186, § 1º
ata da eleição: CE, arts. 168; 195, V
ata geral – cópia: CE, arts. 186, §§ 1º, 2º; 202; 203
ata resumida: CE, art. 193, § 2º
lavratura: CE, art. 194
lavratura e assinatura presidente da mesa: CE, art. 192

Ato público
alto-falante: CE, art. 244, II, parágrafo único; Lei nº 9.504/97 art. 39, § 3º
comício: CE, arts. 240, parágrafo único; 245, § 3º; Lei nº 9.504/97 art. 39, § 4º

Audiências
deliberação com a presença da maioria: CE, art. 28
encerramento da inscrição de eleitores: CE, art. 68
nomeação: CE, art. 120
nomeação dos membros das mesas receptoras: CE, art. 35, XIV
oitiva de testemunhas: CE, art. 360
sessão com a presença dos delegados – sorteio: CE, art. 100
sessão de julgamento: CE, art. 272
sessão pública para expedição de diplomas: CE, arts. 211, § 2º; 215
sessões do Tribunal: CE, art. 27, § 4º
sessões do Tribunal Superior: CE, art. 24, I
sorteio do nome nas cédulas: CE, art. 104, § 2º
substituição: CE, art. 104, § 4º

B/C

Boletins
boletim eleitoral: CE, art. 23, XVII
cópia: CE, arts. 179, § 4º; 193, § 2º; Lei nº 9.504/97, arts. 68, § 1º; 87, §§ 2º, 3º
expedição: CE, art. 179, II

modelo previamente aprovado: CE, art. 179, § 2º
não expedição do boletim: CE, arts. 179, § 9º; 313
prazo: CE, art. 180, I

Cabinas
indevassável: CE, arts. 130, II; 146, V
local: CE, art. 138
não ultrapassar um minuto: CE, art. 146, IX

Campanha eleitoral
arrecadação e aplicação de recursos – abuso do poder econômico: Lei nº 9.504/97, art. 25
arrecadação e aplicação de recursos – recurso próprio: Lei nº 9.504/97 art. 23, § 1º, II
conta bancária: Lei nº 9.504/97, art. 22
contabilidade: Lei nº 9.096/95, art. 34, III
contratação de pessoal: Lei nº 9.504/97, art. 100
doação – pessoa física: Lei nº 9.504/97, art. 23
doação – pessoa jurídica: Lei nº 9.504/97, art. 81
doação – recibo: Lei nº 9.504/97, art. 23, § 2º
gastos – limite: Lei nº 9.504/97, art. 18, *caput*, § 1º
obras públicas – inauguração: Lei nº 9.504/97, art. 77
prestação de contas: Lei nº 9.096/95, art. 34, V; Lei nº 9.504/97, art. 28
prestação de contas – diploma, impedimento: Lei nº 9.504/97, art. 29, § 2º
recursos financeiros – movimentação: Lei nº 9.096/95, art. 34, I
recursos financeiros – responsabilidade: Lei nº 9.096/95, art. 34, II
residência oficial – utilização: Lei nº 9.504/97, art. 73, § 2º
responsabilidade: Lei nº 9.504/97, art. 17

Candidatos
apresentação de impugnações: CE, art. 169
ausência de possibilidade de distinção: CE, art. 175, § 2º, I
cancelamento da inscrição: CE, art. 101, § 3º
candidato a Presidente: CE, art. 178
cancelamento do registro: CE, art. 101
candidato mais idoso: CE, art. 110
candidato mais votado: CE, art. 111
candidato nato: Lei nº 9.504/97, art. 8º, § 1º
candidato – prioridade para votar: CE, art. 145, II, V, VII
convenção para coligação: CE, art. 105, § 2º
documentos: CE, art. 94, § 1º, I-VI
edital: CE, art. 97, § 1º
empate: CE, art. 110; Lei nº 9.504/97, art. 2º, § 3º
escolha – ata da convenção: Lei nº 9.504/97, art. 8º
filiação partidária: CE, art. 87, *caput*
homonímia – apuração de voto: Lei nº 9.504/97, art. 85
impugnação: CE, art. 97, § 4º
indicação do candidato de preferência: CE, art. 146, IX
inelegibilidade: CE, art. 101, § 5º
inelegíveis: CE, art. 175, § 3º
militares: CE, art. 98
morte: CE, art. 101, § 5º
não registrados: CE, art. 175, § 3º
nome dos candidatos nas cédulas: CE, art. 104, § 1º
nome nas cédulas: CE, art. 177, I
nulidades: CE, art. 175, § 2º, I-III
registro – locais: CE, art. 89, I-III
renúncia: CE, art. 101, § 5º
prazo do registro: CE, art. 93
preenchimento de vagas: CE, art. 101, § 5º
prenome: CE, art. 95
propaganda: CE, art. 240
sorteio na presença dos candidatos: CE, art. 104, § 2º
substituição: CE, art. 104, § 4º
suplentes: CE, art. 112
votação nominal: CE, art. 109, § 1º

Captação de sufrágio
diploma – cassação: Lei nº 9.504/97 art. 41-A
registro de candidato – cassação: Lei nº 9.504/97, art. 41-A

Cédula oficial
assinalada ou marcada – crime: CE, art. 307
autenticidade: CE, art. 103, III
distribuição: CE, art. 104
fornecimento em outra oportunidade – crime: CE, art. 308
incineração: CE, art. 185
indevassabilidade: CE, art. 103, II
reciclagem industrial: CE, art. 185, parágrafo único

Cegos
alistamento: CE, art. 50
inclusão de não cegos: CE, art. 50, § 2º
sistema Braille: CE, art. 49
única seção: CE, art. 50, § 1º
vilas e povoados: CE, art. 136
votação: CE, art. 150

Certidões
gratuidade: CE, art. 47

Cidadão sem direitos políticos: CE, art. 5º, III

Coação
crime: CE, art. 300

Código Eleitoral
desobediência: CE, arts. 345; 347
vigência: CE, art. 382

Código Penal
subsidiariedade: CE, arts. 287; 364

Coligação
candidatos registrados: CE, art. 108
denominação: Lei nº 9.504/97, art. 6º, §§ 1º, 2º
divisão do quociente eleitoral: CE, art. 107
indicação em convenção: CE, art. 105, § 2º

Comissão Apuradora
aditamento ao relatório: CE, art. 200, § 1º
ata: CE, art. 199, § 2º
atribuições: CE, art. 199, §§ 2º, 3º, 5º
mapas e totalização: CE, art. 204, parágrafo único, VII
relatórios: CE, arts. 199, § 5º; 203, § 1º
representante legal: Lei nº 9.504/97, art. 6º, § 3º, III, IV

Competência
apuração pela Junta Eleitoral: CE, art. 158, I
apuração pelos Tribunais Regionais Eleitorais: CE, art. 158, II
apuração pelo Tribunal Superior Eleitoral: CE, art. 158, III
conexão: CE, art. 364
juntas eleitorais: CE, art. 40
juízes eleitorais: CE, arts. 32; 35
registro de candidatos: CE, art. 89, I-III
Tribunais Regionais Eleitorais: CE, arts. 23; 29; 30
Tribunal Superior Eleitoral: CE, art. 22

Composição
juntas eleitorais: CE, art. 36
Tribunais Regionais Eleitorais: CE, art. 25
Tribunal Superior Eleitoral: CE, art. 16

Confecção de cédula: CE, art. 104, §§
Consultas: CE, arts. 23, XII; 30, VIII
Contagem de votos
Junta Eleitoral: CE, art. 173
Convocação de mesários
atribuição dos juízes: CE, art. 122
Corregedoria Eleitoral: CE, art. 237, §§ 2º, 3º
Credenciamento: CE, art. 131, §§ 3º, 6º
Crimes eleitorais
abandono pelo mesário: CE, art. 344
açambarcar, ocultar ou sonegar alimentos e transportes: CE, art. 304
agravação e atenuação: CE, art. 285
apuração de voto – fiscalização: Lei nº 9.504/97 art. 87, § 4º
atentado ao sigilo da urna: CE, art. 317
atentado ao sigilo do voto: CE, art. 312
aumento até o triplo: CE, art. 286, § 2º
aumento de pena – hipóteses: CE, art. 327, I-III
boletim de urna – expedição: CE, arts. 179, § 9º; 313
calúnia: CE, art. 324
coação para votar: CE, arts. 300, 301
colher assinatura em ficha de registro: CE, art. 321
concentração de eleitores: CE, art. 302
contagem indevida: CE, art. 318
corrupção eleitoral: CE, art. 299
crimes por meio da imprensa: CE, art. 288
difamação: CE, art. 325
descumprimento pelo juiz: CE, art. 343
desobediência – Justiça Eleitoral: CE, art. 347; LC nº 64/90 art. 22, IX
desobediência especial eleitoral: CE, art. 345
destruir urna: CE, art. 339
direito de resposta – descumprimento de decisão: Lei nº 9.504/97 art. 58, § 8º
direito de resposta – descumprimento de prazo: Lei nº 9.504/97 art. 58, § 7º
divulgação inverídica: CE, art. 323
dupla filiação fraudulenta: CE, art. 320
equiparação de documentos: CE, art. 351
estrangeiros em atividades partidárias: CE, art. 337
falsidade ideológica eleitoral: CE, art. 350
falsidade material eleitoral: CE, arts. 348; 349
firma – falso reconhecimento: CE, art. 352
fornecimento de cédula em outra oportunidade: CE, art. 308
fornecimento de cédula marcada: CE, art. 307
funcionário público – conceito: CE, art. 283, I-IV
impedimento ao exercício do sufrágio: CE, art. 297
impedir o exercício da propaganda: CE, art. 332
indução à inscrição: CE, art. 290
injúria: CE, art. 326
inobservância da ordem de votação: CE, art. 301
inscrição fraudulenta: CE, art. 289
intervenção no funcionamento – mesa receptora: CE, art. 305
inutilização de meios de propaganda: CE, art. 331
juiz fraudando o alistamento: CE, art. 291
majoração de preços e serviços: CE, art. 303
mapismo: CE, art. 315
Ministério Público Eleitoral – desídia: CE, art. 342
montante do dia – multa: CE, art. 286, § 1º
ocultar urna: CE, art. 339
omissão da expedição de boletins de urna: CE, art. 313
omissão de protestos em ata: CE, art. 316
omissão do Ministério Público: CE, art. 342
omissão dolosa na inscrição requerida: CE, art. 292
organização comercial de vendas, sorteios: CE, art. 334
pena ao diretório do partido: CE, art. 336
pena de multa: CE, art. 286
pertubação ao alistamento: CE, art. 293
praticar irregularidade para fins de anulação: CE, art. 310
prisão ilícita do eleitor: CE, art. 298
promoção de desordem eleitoral: CE, art. 296
propaganda eleitoral – calúnia: CE, arts. 324; 327
propaganda eleitoral – difamação: CE, arts. 325; 327
propaganda eleitoral – uso de símbolos, frases ou imagens de governo: Lei nº 9.504/97, art. 40
propaganda em língua estrangeira: CE, art. 335
recolhimento de cédulas: CE, art. 314
reconhecimento de firma: CE, art. 352
recusa ao serviço eleitoral: CE, art. 344
reparação do dano: CE, art. 330
retardar publicação: CE, art. 341
retenção ilícita do título eleitoral: CE, art. 295
seção eleitoral – localização: CE, art. 135, § 5º
serviço eleitoral – abandono ou recusa: CE, art. 344
serviço público – utilização: CE, art. 346
subscrição dupla: CE, art. 319
subsidiariedade: CE, art. 287
subtrair mapas, cédulas ou papéis: CE, art. 340
suprimir urna: CE, art. 339
transporte: CE, art. 302
uso de documento falso: CE, art. 353
violência para votar: CE, art. 301
votação – identidade falsa: CE, art. 309
votar em seção diversa: CE, art. 311

Crime de responsabilidade
função eleitoral – prioridade: Lei nº 9.504/97, art. 94, §§ 1º, 2º

D/E

Delegado de partido
credenciamento: CE, art. 66, § 4º
inscrição: CE, art. 66, I

Denúncia
ação penal pública incondicionada: CE, art. 355
conteúdo: CE, art. 357, § 2º
legitimidade: CE, art. 237, §§ 1º-3º
notícia criminal: CE, art. 356
prazo: CE, art. 357
recebimento: CE, art. 359
rejeição: CE, art. 358
remessa ao Procurador Regional Eleitoral: CE, art. 357, § 1º

Desincompatibilização
autoridade policial civil ou militar: LC nº 64/90, art. 1º, IV, "c"
chefe – EMFA: LC nº 64/90, art. 1º, II, "a", 4, 6, III, "a", IV, "a", V, "a", VI, VII
chefe – gabinete civil ou militar: LC nº 64/90, art. 1º, III, "b", 1, IV, "a", V, "b", VI, VII
comandante – Exército, Marinha ou Aeronáutica: LC nº 64/90, art. 1º, II, "a", 7, III, "a", IV, "a", V, "a", VI, VII
consultor-geral da República: LC nº 64/90, art. 1º, II, "a", 5, III, "a", IV, "a", V, "a", VI, VII
Defensoria Pública: LC nº 64/90, art. 1º, IV, "b"
entidade de classe: LC nº 64/90, art. 1º, II, "g", III, "a", IV, "a", V, "a", VI, VII
Governador: LC nº 64/90, art. 1º, II, "a", 10, III, "a", IV, "a", V, "a", VI, VII, § 1º
Ministério Público: LC nº 64/90, art. 1º, II, "j", III, "a", IV, "a", "b", V, "a", VI, VII
ministro de Estado: LC nº 64/90, art. 1º, II, "a", 1
Prefeito: LC nº 64/90, art. 1º, II, "a", 13, III, "a", IV, "a", V, "a", VI, VII, § 1º
Presidente da República: LC nº 64/90, art. 1º, § 1º
secretário de Estado: LC nº 64/90, art. 1º, II, "a", 12, III, "a", IV, "a", V, "a", VI, VII
secretário de ministérios: LC nº 64/90, art. 1º, II, "a", 16, III, "a", IV, "a", V, "a", VI, VII
secretário municipal: LC nº 64/90, art. 1º, III, "b", 4, V, "b", IV, "a", VI, VII
servidor público: LC nº 64/90, art. 1º, II, "l", III, "a", IV, "a", V, "a", VI, VII
Tribunal de Contas: LC nº 64/90, arts. 1º, II, "a", 14, III, "a", IV, "a", V, "a", VI, VII
Vice-Governador: LC nº 64/90, art. 1º, § 2º
Vice-Prefeito: LC nº 64/90, art. 1º, § 2º
Vice-Presidente da República: LC nº 64/90, art. 1º, § 2º

Diploma
eleição suplementar: CE, arts. 187, §§ 2º, 3º; 202, § 3º; 212, § 2º; 217, caput
expedição: CE, arts. 22, I, "g"; 30, VII; 40, IV; 202, § 1º; 211, § 2º
militar: CE, art. 218

Direito de resposta
competência – Justiça Eleitoral: Lei nº 9.504/97, art. 58, § 1º
rádio e televisão: CE, art. 243, § 3º

Domicílio eleitoral
definição: CE, art. 42, parágrafo único
transferência: CE, art. 55

Eleição
eleição majoritária: CE, art. 83
eleição proporcional: CE, art. 84
eleições simultâneas: CE, art. 85; Lei nº 9.504/97, art. 1º, parágrafo único
Eleição suplementar: CE, arts. 187, § 4º; 201, parágrafo único, VI
apuração de voto: CE, art. 201, parágrafo único, VI
data: CE, arts. 201, parágrafo único, I; 212, § 1º
normas: CE, art. 201, parágrafo único
voto de legenda: CE, art. 187, § 4º

Eleitor
identidade – impugnação: CE, arts. 147, § 1º; 170
identificação: CE, art. 147
justificação: CE, arts. 7º, caput; 10; 231
quitação eleitoral: CE, arts. 11; 61
serviço – falta justificada: CE, art. 48
servidor público – transferência de domicílio: CE, art. 55, § 2º
tempo de votação – votação convencional: CE, art. 146, IX; Lei no 9.504/97 art. 84, parágrafo único

Escrivão eleitoral
incompatibilidade: CE, art. 33, § 1º

Escrutinador e auxiliar
nomeação: CE, arts. 38, caput, §§ 1º, 2º; 189

Estatuto partidário
autonomia: Lei nº 9.096/95, art. 14
registro: Lei nº 9.096/95 arts. 7º; 9º; 29, § 7º

Estrangeiro: CE, art. 5º, II

F/G

Férias: CE, arts. 23, III; 30, III; 374.
Ficha de eleitor: CE, art. 45, § 12
Filiação partidária
comprovante: Lei nº 9.096/95, art. 17, parágrafo único
duplicidade: Lei nº 9.096/95, art. 22, parágrafo único
Fiscais de partidos políticos e coligação: CE, arts. 66, incisos; 131; 143, § 1º; 161, §§; 165, VII; 194, § 2º; 196, parágrafo único; 298
credenciamento: CE, arts. 131, §§ 3º-5º; 161, caput, § 1º; 196, parágrafo único; Lei nº 9.504/97, arts. 65, §§ 2º, 3º; 87, § 3º
prisão ou detenção: CE, art. 236, §§ 1º, 2º
Folha de votação
modelo: CE, art. 46, caput, § 1º
Franquia postal: CE, art. 370
Fraude
correição: CE, art. 71, § 4º
revisão do eleitorado: CE, art. 71, § 4º

Funcionário
coação: CE, art. 300
designação: CE, art. 194, § 1º
desobediência: CE, art. 345
impedimento: CE, arts. 36, § 3º, III; 366
relevâncias dos serviços: CE, art. 379
requisição: CE, art. 365
Fundo Partidário
constituição: Lei nº 9.096/95, art. 38
prestação de contas: Lei nº 9.096/95, art. 44, § 1º
Garantias eleitorais: CE, arts. 234-239

H/I

Hansenianos: CE, arts. 51, §§; 136; 151
Homonímia: Lei nº 9.504/97, art. 85
Impedimentos
autoridades: CE, art. 36, § 3º, III
escrivão: CE, art. 33, § 1º
funcionários de confiança: CE, art. 36, § 3º, III
juízes: CE, art. 14, § 3º
membros das Juntas Eleitorais: CE, art. 36, § 3º, I-IV
Imprensa
dever de publicação da matéria: CE, art. 341
divulgação de fatos inverídicos: CE, art. 323, parágrafo único
meio para a prática de crime: CE, art. 288
Impugnações
à identidade do eleitor:
à nomeação dos membros da Junta Eleitoral: CE, art. 36, § 2º
apuração: CE, arts. 174, § 4º; 169, § 1º
apuração no Tribunal Superior Eleitoral: CE, art. 210, parágrafo único
candidatos – registro, impugnação: CE, art. 97, §§ 2º, 4º
membros dos Tribunais Regionais Eleitorais: CE, art. 25, §§ 3º, 4º
mesários: CE, art. 121, §§
pedidos de transferência: CE, art. 57
violação de urna: CE, art. 165, § 2º
Inelegibilidade
abuso do poder de autoridade: LC nº 64/90, art. 22, XIV
abuso do poder econômico: LC nº 64/90, arts. 1º, I, "d", "h"; 22, XIV
analfabeto: LC nº 64/90, art. 1º, I, "a"
condenação criminal: LC nº 64/90, art. 1º, I, "e"
indigno ou incompatível com o oficialato: LC 64/90, art. 1º, I, "f"
parente: LC nº 64/90, art. 1º, § 3º
perda de mandato eletivo: LC nº 64/90, art. 1º, I, "b", "c"
rejeição de contas: LC nº 64/90, art. 1º, I, "g"
Investigação judicial
procedimento: LC nº 64/90, art. 21

J/L

Juiz auxiliar
designação: Lei nº 9.504/97, art. 96, § 3º

Juiz Eleitoral
competência: CE, art. 35
férias: CE, art. 374
fraude na inscrição: CE, arts. 291; 292
juízo de retratação: CE, art. 267, §§ 6º, 7º
jurisdição: CE, art. 32
recursos: CE, arts. 265; 267, §§
votação: CE, art. 145, I
Junta Eleitoral
composição: CE, art. 36
organização: CE, art. 37
penalidades: CE, art. 314
presidente: CE, arts. 36; 37, parágrafo único
turma: CE, arts. 38, §§ 2º, 3º; 160
Justiça Eleitoral
composição: CE, art. 12
Juiz Eleitoral: CE, arts. 13-15; 32-34
Junta Eleitoral: CE, arts. 36; 37; 38, § 2º; 40; 41
Tribunais Regionais Eleitorais: CE, arts. 13; 25; 29-31
Tribunal Superior Eleitoral: CE, arts. 22; 23
Legendas
propaganda: CE, art. 242
nulidade dos votos: CE, art. 175, § 2º, III
voto de legenda: CE, art. 146, IX, "c"

M/N

Mandato
recurso interposto contra o diploma: CE, arts. 216; 262
Mapa de apuração
comissão apuradora: CE, art. 199, § 5º
Máquina de votar: CE, art. 152
Matéria constitucional: CE, art. 259, parágrafo único
Meios de comunicação – utilização indevida
inelegibilidade: LC nº 64/90 art. 22, XIV
Mesa receptora: CE, arts. 41; 188-196
boletim de urna: CE, arts. 179, §§ 5º-8º; 180
composição: CE, art. 120, *caput*
junta eleitoral – providências: CE, art. 195
presidente – competência: CE, art. 127
presidente – falta: CE, art. 123, §§ 1º, 2º
presidente – poder de polícia: CE, arts. 139; 140, § 1º
rascunho: Lei nº 9.504/97, art. 87, § 5º
Mesários: CE, arts. 120; 122; 143, § 1º; 189; 298; 379, §§
nomeação: CE, arts. 120, *caput*; 123, § 3º; 130
nomeação – *ad hoc*: CE, art. 123, § 3º
prisão ou detenção CE, art. 236, §§ 1º, 2º
Ministério Público
alistamento: CE, art. 71, § 4º
audiência com o Procurador-Geral: CE, art. 210, parágrafo único
crime: CE, art. 342
denúncia: CE, art. 357
execução de sentença: CE, art. 363

novas eleições: CE, art. 224, § 1º
Procurador-Geral – competência: CE, art. 24
Procurador Regional – designação: CE, art. 27, *caput*, § 1º
remessa ao Procurador Regional: CE, art. 357, § 1º
representação: CE, art. 357, § 3º
suspeição: CE, art. 28, § 2º
Multas: CE, arts. 7º, §§; 124, §§; 146; 159, §§; 164, §§ 1º, 2º; 198, § 2º; 286; 367, III; 373
cobrança judicial – custas: CE, art. 373, parágrafo único
isenção: CE, art. 367, § 3º
valor: CE, art. 367, § 2º
Nomeação
funcionários: CE, art. 38, § 1º
Junta Eleitoral: CE, art. 36, § 1º
mesários: CE, art. 120, § 2º
Nulidades: CE, arts. 165; 166; 175; 219- 222; 223, § 3º; 224

O/P

Órgão oficial: CE, art. 321
Outdoor
sorteio: Lei nº 9.504/97, art. 42, *caput*, §§ 5º, 7º
Partidos políticos
autonomia: Lei nº 9.096/95, art. 3º
balanço contábil – conteúdo: Lei nº 9.096/95, art. 33
certidão: CE, art. 371
coação: CE, art. 300
coligações: CE, art. 105
criação: Lei nº 9.096/95, art. 2º
direitos: CE, art. 244, I, II
doação: Lei nº 9.096/95, art. 31
funcionamento parlamentar: Lei nº 9.096/95, arts. 12; 13; 56; 57, I
Fundo Partidário – cotas: Lei nº 9.096/95, art. 28, § 3º
fusão ou incorporação: Lei nº 9.096/95, arts. 2º; 27; 29
órgão partidário – constituição: Lei nº 9.096/95, arts. 8º, § 3º; 10, parágrafo único
preferência: CE, art. 256, § 1º
prestação de contas: Lei nº 9.096/95, arts. 30-37; Lei nº 9.504/97, arts. 17-28; Res.-TSE nº 23.282/2010. Res.-TSE nº 21.841/2004 arts. 13-18
prioridade postal: CE, art. 239
Penalidades: CE, arts. 7º; 8º; 114, parágrafo único; 124, §§; 129, parágrafo único
Perícia: CE, art. 165, § 1º
prestação de contas: Lei nº 9.096/95, arts. 30-37
quociente partidário: CE, art. 107
registro – cancelamento: Lei nº 9.096/95, arts. 27; 28; 29, § 5º
responsabilidade: CE, art. 241
Pesquisa eleitoral
crime eleitoral: Lei nº 9.504/97, art. 34, § 3º
registro: Lei nº 9.504/97, art. 33
Poder de polícia: CE, art. 139; 249
Prazos
agravo de instrumento: CE, art. 282
alegações finais: CE, art. 360
alistamento: CE, art. 45, §§
apuração nas juntas eleitorais: CE, art. 159, §§
apuração nos Tribunais Regionais Eleitorais: CE, art. 198, § 2º
conclusão ao juiz em matéria penal: CE, art. 361
defesa contra a denúncia: CE, art. 359
denúncia do Ministério Público Eleitoral: CE, art. 357
designação de local: CE, art. 135
eleitor que não apresentou justificativa: CE, art. 7º
grupo de Estados – apresentação de relatórios: CE, art. 207
mapas gerais: CE, art. 210, parágrafo único
matéria constitucional: CE, art. 259, parágrafo único
membros das juntas eleitorais: CE, art. 36, § 1º
multa: CE, art. 367, III
novas eleições: CE, art. 224
propaganda – locais designados: CE, art. 245, §§ 1º, 2º
recurso de apelação criminal: CE, art. 362
recursos: CE, art. 258
recursos – atos da Presidência: CE, art. 264
registro de candidatos: CE, arts. 87; parágrafo único; 93
relatórios da Comissão Apuradora: CE, arts. 209, § 2º; 200, § 1º
representação: CE, art. 357, § 5º
salvo-conduto: CE, art. 235, parágrafo único
segunda via do título: CE, art. 52
sentença penal: CE, art. 361
transferência: CE, art. 55, § 1º, I-III
transferência, impugnação, certidões: CE, art. 371
Prefeito
registro de candidato – chapa: CE, art. 91, *caput*
Prioridade postal: CE, arts. 239; 338
Prisão ou detenção
crime eleitoral: CE, art. 298
Processo penal eleitoral
citação do acusado: CE, art. 359, *caput*
Código de Processo Penal – aplicação subsidiária: CE, art. 364
denúncia: CE, arts. 357; 358
testemunha: CE, art. 359, parágrafo único
Proclamação dos eleitos: CE, arts. 186; 197, IV; 202, § 1º
Propaganda: CE, arts. 240-256
Propaganda eleitoral
bens particulares: Lei nº 9.504/97, art. 37, § 2º
bens públicos: Lei nº 9.504/97, art. 37, *caput*, § 3º
dano moral: CE, art. 243, §§ 1º, 2º
injúria – crime eleitoral: CE, arts. 326; 327
legenda – obrigatoriedade: CE, art. 242
língua estrangeira – crime eleitoral: CE, art. 335
propaganda intrapartidária – penalidade: Lei nº 9.504/97, art. 36, § 3º
propaganda paga – rádio e televisão: Lei nº 9.504/97, arts. 36, §§ 2º, 3º; 44
rádio e televisão – compensação fiscal: Lei nº 9.504/97, art. 99
rádio e televisão – horário gratuito: Lei nº 9.504/97, art. 44

rádio e televisão – segundo turno: Lei nº 9.504/97, art. 49
responsabilidade: CE, art. 241
Propaganda institucional
proibição: Lei nº 9.504/97, art. 73, § 3º
Propaganda partidária
ano eleitoral: CE, art. 240, parágrafo único; Lei nº 9.504/97, art. 36, §§ 2º, 3º
propaganda paga – rádio e televisão: Lei nº 9.504/97, art. 36, §§ 2º, 3º; Lei nº 9.096/95, art. 45, § 3º
rádio e televisão: Lei nº 9.096/95, arts. 45-49
rádio e televisão – finalidade: Lei nº 9.096/95, art. 45, *caput*
rádio e televisão – garantia: Lei nº 9.096/95, arts. 48; 56, III, IV; 57, III
rádio e televisão – gratuidade: Lei nº 9.096/95, art. 46
rádio e televisão – transmissão: Lei nº 9.096/95, art. 46

Q/R

Quociente
eleitoral – determinação: CE, arts. 106; 186, *caput*; 197, III
partidário – determinação: CE, arts. 107; 186, *caput*; 197, III
Rádio e televisão
debate de candidato: Lei nº 9.504/97, art. 46
direito de resposta – horário gratuito: CE, art. 243, § 3º; Lei nº 9.504/97, art. 58, § 3º, II
televisão por assinatura – inserção de propaganda: Lei nº 9.504/97, art. 51
Reclamações: CE, arts. 121, §§; 133, § 2º; 135, § 7º; 200, §§ 1º, 2º
competência: Lei nº 9.504/97, art. 96, I-III, § 2º
notificação: Lei nº 9.504/97, art. 94, § 4º
Recursos: CE, arts. 265-267
agravo de instrumento – cabimento: CE, arts. 279, *caput*; 282
alistamento: CE, art. 45, §§ 7º, 9º
apuração: CE, art. 171
atos e despachos: CE, art. 265
contra a expedição do diploma: CE, art. 262, I-IV
decisões da Junta Eleitoral: CE, arts. 169, §§ 2º-4º; 171; 172
decisões dos Tribunais Regionais Eleitorais: CE, art. 276
decisões do Tribunal Superior Eleitoral: CE, art. 281, §§
devolução – prazo: CE, art. 271, *caput*, § 1º
efeito suspensivo: CE, art. 257
exceções à irrecorribilidade: CE, art. 281
lugares de votação: CE, art. 135, § 8º
nulidade – votação: CE, art. 223, § 3º
ofício: CE, art. 166, § 2º
ordem constitucional: CE, art. 223, § 3º
parecer – Ministério Público Eleitoral: CE, art. 269, §§ 1º, 2º
preclusão – não incidência: CE, art. 259, parágrafo único
reconhecimento de firmas: CE, art. 372
recurso especial – cabimento: CE, art. 276, I
recurso de ofício – nulidade de votação: CE, arts. 165, § 3º; 166, § 2º
recurso ordinário – cabimento: CE, art. 276, II
recurso parcial – diploma: CE, arts. 217, parágrafo único; 261, §§ 5º, 6º

reforma da própria decisão – retratação: CE, art. 267, § 7º
registro de candidato – prazo: LC nº 64/90, arts. 8º, *caput*; 9º, *caput*; 11, § 2º; 16
sem prazo fixado em lei: CE, art. 258
votação: CE, art. 149
Registro de candidato
impugnação – alegações finais: LC nº 64/90, art. 6º
Relator: CE, arts. 208; 209; 260
Relatórios: CE, arts. 199, § 5º, I-X; 200; 203, § 1º; 207, I-V; 208 parágrafo único; 209, § 1º
Representação
competência: Lei nº 9.504/97, art. 96, I-III, § 2º
legitimidade: Lei nº 9.504/97, art. 96
rito: LC nº 64/90, art. 22
vista – Ministério Público Eleitoral: LC nº 64/90, art. 22, XIII
Requisições: CE, art. 30, XII-XIV
Resultados parciais
eleição presidencial: CE, art. 203, § 2º
Revisão do alistamento: CE, art. 71, § 4º

S

Seções eleitorais
deficiente físico – acesso: CE, art. 135, § 6º-A
eleitores: CE, art. 117
locais – designação: CE, art. 35, XIII
no exterior: CE, arts. 225, §§ 1º, 2º; 226
Segunda via do título: CE, arts. 53; 54; 69, parágrafo único
Senador
suplente – eleição: CE, art. 202, § 2º
Sentença: CE, arts. 342; 361; 363, parágrafo único
Serviços eleitorais: CE, arts. 344; 365; 379
Servidor público
promoção – serviço eleitoral: CE, art. 379, §§ 1º-3º
Sistema eletrônico: Lei nº 9.504/97, art. 66, § 7º
Suplente: CE, art. 112

T/U

Título eleitoral: CE, arts. 45; 46; 52; 68, § 2º; 182; 295
entrega: CE, arts. 69; 114
modelo: CE, art. 46, *caput*, § 1º
retificação: CE, art. 46, § 4º
segunda via: CE, arts. 52-54
TRE
competência: CE, art. 197
Tribunal de Contas
membro – desincompatibilização: LC nº 64/90, arts. 1º, II, "a"; 14, III, "a", IV, "a", V, "a", VI, VII
rejeição de contas – lista dos responsáveis: Lei nº 9.504/97 art. 11, § 5º
TSE
competência: CE, art. 205
Urnas: CE, arts. 103, IV; 134; 194; 229; 317; 339

V/Z

Votação
exterior: CE, art. 229, *caput*
Voto: CE, arts. 146, VII; 147; 150; 170; 180; 183; 220-222; 234; 239; 306
cômputo – candidato: CE, art. 177, I-V
sigilo – crime eleitoral: CE, art. 312
Voto de legenda
cômputo: CE, art. 176; Lei nº 9.504/97, arts. 59, § 2º; 60; 86
definição: Lei nº 9.504/97, arts. 60; 86
Voto eletrônico
assinatura digital: Lei nº 9.504/97, art. 59, §§ 4º, 6º
contabilização e fiscalização: Lei nº 9.504/97, art. 61
Voto em branco
cômputo: CE, art. 211, *caput*; Lei nº 9.096/95, art. 7º, § 1º; Lei nº 9.504/97, arts. 2º; 3º
votação convencional: CE, art. 174, §§ 1º, 3º
Voto em separado: CE, art. 167; Lei nº 9.504/97, art. 59, § 5º
Zona Eleitoral
cegos: CE, art. 50
despacho do juiz na sede da zona eleitoral: CE, art. 34
divisão da circunscrição: CE, art. 30, IX
divisão das zonas: CE, art. 35, X
divisão do Estado em zonas: CE, art. 23, VIII
eleitor que não votar: CE, art. 11, §§ 1º, 2º
indicação ao TSE das zonas eleitorais para fins de contagem de votos: CE, art. 30, VI
jurisdição: CE, art. 32
locomoção do Corregedor Regional: CE, art. 26, § 2º
multa: CE, art. 9º
revisão do eleitorado: Lei nº 9.504/97, art. 92
Zona de origem para fins de transferência: CE, art. 58, § 1º

Rua Alexandre Moura, 51
24210-200 – Gragoatá – Niterói – RJ
Telefax: (21) 2621-7007
www.impetus.com.br

Esta obra foi impressa em papel offset 75g/m².